Michael B. Buchholz
Günter Gödde (Hg.)

Das Unbewusste in aktuellen Diskursen

Das Anliegen der Buchreihe Bibliothek der Psychoanalyse besteht darin, ein Forum der Auseinandersetzung zu schaffen, das der Psychoanalyse als Grundlagenwissenschaft, als Human- und Kulturwissenschaft und als klinische Theorie und Praxis neue Impulse verleiht. Die verschiedenen Strömungen innerhalb der Psychoanalyse sollen zu Wort kommen, und der kritische Dialog mit den Nachbarwissenschaften soll intensiviert werden. Bislang haben sich folgende Themenschwerpunkte herauskristallisiert:

Die Wiederentdeckung lange vergriffener Klassiker der Psychoanalyse – wie beispielsweise der Werke von Otto Fenichel, Karl Abraham, W. R. D. Fairbairn und Otto Rank – soll die gemeinsamen Wurzeln der von Zersplitterung bedrohten psychoanalytischen Bewegung stärken. Einen weiteren Baustein psychoanalytischer Identität bildet die Beschäftigung mit dem Werk und der Person Sigmund Freuds und den Diskussionen und Konflikten in der Frühgeschichte der psychoanalytischen Bewegung.

Im Zuge ihrer Etablierung als medizinisch-psychologisches Heilverfahren hat die Psychoanalyse ihre geisteswissenschaftlichen, kulturanalytischen und politischen Ansätze vernachlässigt. Indem der Dialog mit den Nachbarwissenschaften wiederaufgenommen wird, soll das kultur- und gesellschaftskritische Erbe der Psychoanalyse wiederbelebt und weiterentwickelt werden.

Stärker als früher steht die Psychoanalyse in Konkurrenz zu benachbarten Psychotherapieverfahren und der biologischen Psychiatrie. Als das anspruchsvollste unter den psychotherapeutischen Verfahren sollte sich die Psychoanalyse der Überprüfung ihrer Verfahrensweisen und ihrer Therapie-Erfolge durch die empirischen Wissenschaften stellen, aber auch eigene Kriterien und Konzepte zur Erfolgskontrolle entwickeln. In diesen Zusammenhang gehört auch die Wiederaufnahme der Diskussion über den besonderen wissenschaftstheoretischen Status der Psychoanalyse.

Hundert Jahre nach ihrer Schöpfung durch Sigmund Freud sieht sich die Psychoanalyse vor neue Herausforderungen gestellt, die sie nur bewältigen kann, wenn sie sich auf ihr kritisches Potential besinnt.

BIBLIOTHEK DER PSYCHOANALYSE
HERAUSGEGEBEN VON HANS-JÜRGEN WIRTH

Michael B. Buchholz
Günter Gödde (Hg.)

Das Unbewusste in aktuellen Diskursen

Anschlüsse

Das Unbewusste – Ein Projekt in drei Bänden:

Band I
*Macht und Dynamik des Unbewussten
Auseinandersetzungen in Philosophie, Medizin und Psychoanalyse*

Band II
*Das Unbewusste in aktuellen Diskursen
Anschlüsse*

Band III
*Das Unbewusste in der Praxis
Erfahrungen verschiedener Professionen*

Psychosozial Verlag

Bibliografische Information Der Deutschen Bibliothek
Die Deutsche Bibliothek verzeichnet diese Publikation in der Deutschen
Nationalbibliografie; detaillierte bibliografische Daten sind im Internet
über <http://dnb.ddb.de> abrufbar.

Originalausgabe
© 2005 Psychosozial-Verlag
Goethestr. 29, D-35390 Gießen.
Tel.: 0641/77819; Fax: 0641/77742
e-mail: info@psychosozial-verlag.de
www.psychosozial-verlag.de
Alle Rechte, insbesondere das des auszugsweisen Abdrucks
und das der photomechanischen Wiedergabe, vorbehalten.
Umschlagabbildung: Volker Bartsch: Immaginazione aperta, 2000
Umschlaggestaltung: Christof Röhl nach Entwürfen
des Ateliers Warminski, Büdingen
Printed in Germany
ISBN 3-89806-448-4

Inhalt

Vorwort   9

Neue entwicklungstheoretische Konzeptionen

Einführung der Herausgeber   16

Ludwig Janus: Das vorgeburtliche und geburtliche Unbewusste –
Erkundungen und Überlegungen   23

Gerhard Schüßler: Das Unbewusste in der Säuglingsforschung   47

Inge Seiffge-Krenke: Auf Umwegen zum UBW:
Das Unbewusste in der Bindungsforschung   65

Vera King: Unbewusstheit der Adoleszenz   93

Anschlüsse der Psychoanalyse an die Sozialwissenschaften

Einführung der Herausgeber   109

Bernard Görlich & Robert Walter: Das Unbewusste
in der Perspektive Kritischer Theorie:
Horkheimer, Adorno, Lorenzer   117

Siegfried Zepf: Das Unbewusste und die Sprache   137

Philipp Soldt: Metapher, Bild und Unbewusstes.
Überlegungen zum Ort der Metapher in einer Theorie
der psychischen Repräsentanzenwelt   164

Michael B. Buchholz: Vom Primat der Metapher –
Kultur und Körper, Kognition und Konversation (Teil 1)   193

Michael B. Buchholz: Vom »Austausch in Worten« (Freud)
zur »Interaktion der Bilder« – Kultur und Körper,
Kognition und Konversation (Teil 2)   230

Wolfgang Mertens: Das Unbewusste in der Kognitionspsychologie –
wird damit Freuds Unbewusstes hinfällig?   264

Evelyne Steimer: Ein Beitrag aus der Affektforschung   310

Peter Fuchs: ~~Das Unbewusste~~ in der Systemtheorie   335

Auf den Spuren des kulturellen und gesellschaftlichen Unbewussten

Einführung der Herausgeber   361

Jan Assmann: Das Kulturelle Gedächtnis und das Unbewusste   368

Christina von Braun: Alphabet und Kastration   393

Günter Gödde & Wolfgang Hegener: Freuds Kulturtheorie und
ihre Nachwirkungen   416

Hans-Jürgen Wirth: Das Unbewusste in der Politik –
der Beitrag der Psychoanalyse   452

Johannes Reichmayr: Psychoanalytische Ethnologie,
Ethnopsychoanalyse und interkulturelle psychoanalytische Therapie   494

Das Unbewusste in übergeifenden Denkhorizonten: Phänomenologie, Existenzphilosophie, Diskursanalyse, Ethik

Einführung der Herausgeber   515

Johannes Oberthür: Wiedergefundener Verlust?
Heidegger und die radikale Selbstkritik des Denkens   525

Günter Zurhorst: Sartre contra Freud: Die Theorie der »gelebten Erfahrung« (le vécu)   558

Stephan Günzel & Christof Windgätter: Leib / Raum: Das Unbewusste bei Maurice Merleau-Ponty   582

Wolfgang Hegener: Zwischen Gegenwissenschaft und Unterwerfungsmacht – Foucault, die Psychoanalyse und das Unbewusste   614

Klaus-Jürgen Bruder: Das Unbewusste, der Diskurs der Macht   635

Alfred Schöpf: Die Bedeutung des Unbewussten in der Ethik: Von Aristoteles und Kant zu Freud und Lacan   669

Die Psychoanalyse im Dialog mit den modernen Naturwissenschaften

Einführung der Herausgeber   695

Gerald Hüther: Die vergebliche Suche der Hirnforscher nach der Region im menschlichen Gehirn, in der Bewusstsein entsteht   704

Thomas & Brigitte Görnitz: Das Bild des Menschen im Lichte der Quantentheorie   720

Herbert Stein: Quantentheorie und die Zukunft der Psychoanalyse   746

Brigitte & Thomas Görnitz: Das Unbewusste aus Sicht einer Quanten-Psycho-Physik – ein theoretischer Entwurf   757

Autorinnen und Autoren   805

Vorwort

Wenn Sie den ersten Band »*Macht und Dynamik des Unbewussten*« zur Hand nehmen, sehen Sie als Titelbild eine junge Frau, die nachts aus ihren Träumen erwacht, sich auf dem Bett aufrichtet und in eine große Dunkelheit starrt. Sie wirkt blass, ungesund, angstvoll. Hat sie schlecht geträumt, so dass sie davon irritiert und verstört ist? Rauben Sorgen ihr den Schlaf, wird sie von Unverarbeitetem gequält? Wir haben uns für diese dem Jugendstil nahe stehende Illustration von Carl Otto Czeschka aus dem Jahre 1908 entschieden, weil sie das Wirken unbewusster Vorstellungen und Phantasien symbolisiert, die sich in Ohnmachtsgefühlen, Angst, Erschrecken, Desorientierung, Leiden bis hin zu psychischen Krankheiten manifestieren können. Drastischer wäre Goyas Zyklus der »Caprichos« gewesen, der 1799 veröffentlicht wurde. Dazu gehört die berühmte Radierung »Der Traum der Vernunft gebiert Ungeheuer«. Sie zeigt den Menschen als gequälte Kreatur, in deren Träumen animalische Ungeheuer in Gestalt unheimlich umherflatternder Fledermäuse, großäugiger Eulen und gierig dreinschauender Raubtiere auf dem Sprung stehen. Dieses überall zu sehende Bild lässt die in der Aufklärung so glorreich heraufbeschworene Herrschaft der menschlichen Vernunft als Farce erscheinen.

Auf dem Titelblatt des vorliegenden zweiten Bandes »*Das Unbewusste in aktuellen Diskursen*« sehen Sie das farbige in kleinflächige Segmente aufgeteilte Bild »Immaginazione aperta« (Tempera/Leinwand, 200 x 140 cm) des Berliner Künstlers Volker Bartsch. Hat die Thematik von »Toren«, »missing links« und »Brückenschlag« Bartsch in den 90er Jahren zunehmend in ihren Bann gezogen, so symbolisiert dieses im Jahr 2000 entstandene Bild für uns das, was wir im Untertitel »*Anschlüsse*« genannt haben: die Herstellung von Verbindungen zu anderen, Austausch, net-working, Bemühungen um soziale Kooperation und Integration. Durch eine solche soziale Anschlussfähigkeit und Beweglichkeit, wie sie die kraftvollen Farben des Bildes zum Ausdruck bringen, können emotionale und geistige Kräfte freigesetzt werden, die zu einer Vitalisierung und Weltoffenheit führen und Phantasie und kreatives Denken ins Spiel kommen lassen.

Für den dritten Band »*Das Unbewusste in der Praxis*«, das sei schon vorweggenommen, haben wir ein weiteres Kunstwerk von Volker Bartsch ausgewählt: ein Bronzetor (35 x 24 x 24 cm), das in unseren Augen für Begegnung, »moments of meeting« (Daniel Stern) und gefestigtes Bezogensein in einer vertrauensvollen Beziehung steht; ein Prozess der »Gesundung«, Heilung, des Ruhens in der Beziehung ist gleichsam zu einem Abschluss gekommen.

Freud betrachtete die Wissenschaft als einzige Garantin der Wahrheit. Es sei nun einmal so, dass »die Wahrheit nicht tolerant sein kann, keine Kompromisse und Einschränkungen zuläßt, dass die Forschung alle Gebiete menschlicher Tätigkeit als ihr eigen betrachtet und unerbittlich kritisch werden muß, wenn eine andere Macht ein Stück davon für sich beschlagnahmen will«. Für Nietzsche war Wahrheit dagegen »ein bewegliches Heer von Metaphern, Metonymien, Anthropomorphismen, kurz eine Summe von menschlichen Relationen, die, poetisch und rhetorisch gesteigert, übertragen, geschmückt wurden, [...] Illusionen, von denen man vergessen hat, dass es welche sind, Metaphern, die abgenutzt und sinnlich kraftlos geworden sind, Münzen, die ihr Bild verloren haben und nun als Metall nicht mehr als Münzen in Betracht kommen«.

Wenn Wahrheit im Sinne Nietzsches »nicht etwas [ist], was da wäre und was aufzufinden, zu entdecken wäre, – sondern etwas, das zu schaffen ist«, können wir nur *perspektivische* Deutungen der Welt geben und »folglich gibt es vielerlei ›Wahrheiten‹, und folglich gibt es keine Wahrheit«. Die Beurteilungskriterien wahr oder falsch können dann allenfalls für Interpretationen der Realität gelten. So ist es nur folgerichtig, wenn Nietzsche nicht bei »irgendeiner Gesamtbetrachtung der Welt ein für allemal« stehen bleiben will, sondern für ein »experimentelles« Denken eintritt und seine Begriffe offen hält. Es sei viel schwieriger, »in einem unvollendeten System mit freien unabgeschlossenen Aussichten sich festzuhalten als in einer dogmatischen Welt«.

Um uns an das Unbewusste annähern zu können, benötigen wir eine Vielfalt von Perspektiven. Perspektivisch denken bedeutet: wechselnde Positionen einnehmen zu können, den Kontext einer Problemstellung unter Berücksichtigung verschiedener Methoden in verschiedenen Richtungen zu erforschen und eben Anschlüsse an andere Diskurse zu suchen, sowohl in der Philosophie, in den Sozial- und Kultur- als auch in den Naturwissenschaften. Wir plädieren für eine Haltung der Liberalität im Streit um die Wahrheit des Unbewussten.

Aufgeschlossenheit für neuartige Theorien, für wissenschaftliche Nachbarn und deren Entwicklung, Öffnung nicht nur für die schmale Tugend empirischer Methoden als die allein seligmachende Lösung – das muß die Forderung der Stunde, nein der nächsten Jahre sein. Psychoanalytiker machen sich selten kundig, was in den Gärten ihrer Nachbarn alles blüht, welche wissenschaftlichen Ernten dort eingefahren werden; vielfach zieht man dort Pflänzchen groß, die aus psychoanalytischem Mutterboden stammen, aber oft dann sehr vernachlässigt wurden; beispielsweise die Arbeit der Säuglings- und Bindungsforscher, die erst nach längerer Zeit der Ausgrenzung rehabilitiert wurden.

Als Psychotherapeuten sind wir oft nicht auf Augenhöhe mit moderner wissenschaftlicher Theoriebildungsgepflogenheit – darin folgen wir gerade nicht Freud. Und oft können wir nicht sagen, was das ist, was wir da eigentlich machen; wir haben vielfach einen eklatanten Mangel an neuartiger Theorie – und an theoretischer Neugier. Es fällt uns schwer, Theorien miteinander zu vergleichen. Lacanianer zitieren Lacanianer, Kleinianer ihre Kleinianer – und sonst nichts. So jedenfalls klagte kürzlich André Green. Und es fällt schwer, die selektiven Wirkungen der Anhängerschaft an Theorie zu reflektieren. David Tuckett, damals Herausgeber des »International Journal of Psychoanalysis«, stellte 1993 nüchtern fest, für Winnicottianer gäbe es Winnicott'sche Tatsachen, für Kohutianer Kohut'sche usw. Aber alle glaubten, Tatsachen schlechthin zu beschreiben. Die Abschottungstendenzen äußern sich gelegentlich auch auf schwierige Weise in der Idee, eine – und nur eine! – psychoanalytische Identität müsse verteidigt werde.

Andererseits findet sich das zentrale psychoanalytische Konzept des Unbewussten etwa in Darstellungen bei Sprachforschern, Wissenschaftstheoretikern, in historischen Untersuchungen zu Mimik und Gestik, bei der Erforschung der Zusammenhänge von Gewalt und Religion und in vielen anderen Bereichen. Ja, es gibt Autoren, die meinen, die psychoanalytische Methode würde von Literatur-, Kultur- und Sozialwissenschaftlern gelegentlich besser verstanden als von den Psychoanalytikern selbst. Zur Erschließung neuer Erkenntnisquellen, zum interdisziplinären Austausch und zur Zusammenarbeit in Forschungsprojekten sind Anschlüsse unumgänglich.

Der vorliegende Sammelband will einige der aktuellen Diskurse zum Unbewussten transparent werden lassen, um Interesse und Neugier, Offenheit und Toleranz zu wecken, vor allem aber um eine Grundorientierung in einer kaum mehr überschaubaren Pluralität von Theorien zu ermöglichen. Ein einfacher Reiseführer ist dabei nicht herausgekommen, da die Theorien selbst (beispielsweise die Systemtheorie, die Quantenphysik und die Cognitive Science) hochkomplex und nicht immer leicht vermittelbar sind; doch eine Kartographie und damit eine gewisse Übersichtlichkeit über wichtige Denkwege und -richtungen können wir guten Gewissens anbieten.

Jochen Hörisch hat in seiner »Theorie-Apotheke« (2004) humanwissenschaftliche Konzeptionen zusammengestellt, die uns mit neuer Kraft und frischen Denk-Motiven beleben, und ist bei seiner Recherche ins Staunen gekommen: »Wer in der Lage ist, mit Theorien und Theoremen umzugehen, die langsam als *old-fashioned* galten (z. B. mit Psychoanalyse, vergleichender Religionswissenschaft und Ethnologie), vermag möglicherweise doch mehr zu beobachten als der nachtheoretische Kopf. Er beobachtet (sicherlich kopfschüttelnd und dabei allzu fest gefügte Gedankenstrukturen aufwirbelnd) vor allem eins: dass es viele Theorien und viele Wahrheiten gibt«. Auch wir haben bei der Edition dieses Bandes des öfteren darüber gestaunt, wie viel ernsthaft vorgetragene aktuelle Theorien es gibt, die beachtens- und studierenswert sind und die man nicht voreilig abtun kann.

Die folgenden Anmerkungen zu den fünf von uns ausgewählten Diskursen mögen verdeutlichen, warum wir sie für besonders relevant und berücksichtigenswert halten:

1. *Der entwicklungstheoretische Diskurs* befasst sich mit den veränderten Konzeptionen, die sich aus der Pränatal-, Säuglings-, Bindungs- und Adoleszenzforschung für die Psychoanalyse und die gesamte Anthropologie ergeben haben. So lässt sich das aus der Erwachsenenanalyse »rekonstruierte« Bild des Säuglings und Kleinkindes als eines passiven, undifferenzierten und seinen Trieben ausgelieferten Wesens nicht aufrecht erhalten und ist durch das des »kompetenten Säuglings« (Stone, Dornes) zu ersetzen, der aktiv und gestaltend tätig ist und eine immense Lernfähigkeit aufweist. Waren die beiden Nachbardisziplinen der Psychoanalyse und Entwicklungspsychologie lange Zeit »feindliche Schwestern« (Seiffge-Krenke), so haben sie sich erfreulicherweise in den letzten Jahren, besonders an der Schnittstelle der Säuglings- und Bindungsforschung, aufeinander zu bewegt. Aber es bleibt noch einiges zu tun, um die wechselseitigen Vorbehalte und Vorurteile abzubauen und eine wirklich fundierte und konstruktive Zusammenarbeit zu ermöglichen.

2. *Der Diskurs zwischen Psychoanalyse und Sozialwissenschaften* ist in der fachlichen Aufmerksamkeit beträchtlich in den Hintergrund geraten. Dafür gibt es mehrere Gründe: Psychoanalyse hat in ihrem »mainstream« auf die Medizinalisierung setzen müssen, um selbst zu über-

leben. Damit einher ging eine einflussreiche Empirisierung, um Nachweise der Wirksamkeit psychoanalytischer Behandlungen zu erbringen – aber damit hatte man sich auch methodisch zwei Disziplinen (Medizin und akademische Psychologie) angenähert, die der Psychoanalyse nicht wohlgesonnen, teils direkt feindlich gegenüber traten. Diese Nachweise sind mittlerweile da, jedenfalls in auch für empirische Methodiker diskussionswürdigen Formaten – aber darüber ist die sozialwissenschaftliche Dimension der Psychoanalyse beinah verloren worden. Die Verbindung mit einer Sozialwissenschaft frankfurterischen Typs sah einer ihrer einst einflussreichsten Vertreter, Reimut Reiche, schon 1995 in einer Sackgasse angekommen. Erst mit der Vergegenwärtigung dessen, dass im Zentrum psychoanalytischen Handelns und Behandelns Relationalität – wechselseitige Bezogenheit, Sprechen und interaktiver Austausch – steht und danach erst die Deutung kommt, konnte eine neue sozialwissenschaftliche Empirie erprobt werden. Das schloss Analysen therapeutischer Transkripte mit den Mitteln der qualitativen Sozialforschung ebenso ein, wie es Anschlüsse an die Methoden der Affektforschung oder der Computerlinguistik mit sich brachte. Die Forderung, »dem Dialog auf die Spur« zu kommen, hatten Thomä und Kächele in ihrem Ulmer Lehrbuch 1985 erhoben und damit den Weg freigemacht, psychoanalytische Praxis als relationales Geschehen aufzufassen, das nun mit neuartigen Methoden untersucht werden konnte. Hinzu kamen Ansätze der Narratologie, der Konversationsanalyse und der kognitiven Linguistik sowie auch der historischen Erforschung von Gesten, so dass neue Anschlüsse möglich wurden, um die Psychoanalyse als Sozialwissenschaft zu etablieren. Allerdings ist die Schwäche der Sozialwissenschaften – viele Fachbereiche sind bedroht von ausschließlich naturwissenschaftlich orientierten Präsidenten – ein mögliches praktisches Hindernis. Das muss die empirische Forschung, die Adaptation von Methoden und die Auseinandersetzung mit entsprechenden methodischen Beständen jedoch nicht grundsätzlich blockieren.

3. *Der Diskurs über das kulturelle und gesellschaftliche Unbewusste* geht auf Freud zurück, der in seinem Spätwerk eine psychoanalytische »Kulturtheorie« geschaffen hat. Für ihn ist das Unbewusste auch eine Dimension von Kollektiven, von kulturellen und sozialen Prozessen und gehört damit zu den steuernden Kräften der Geschichte. Im Zuge ihrer Etablierung als medizinisch-psychologisches Heilverfahren hat die Psy-

choanalyse jedoch auch ihre kulturanalytischen und politischen Ansätze vernachlässigt. Innerhalb der Psychoanalyse und Tiefenpsychologie sind die »Kulturtheoretiker« an den Rand gedrängt, ja einige ihrer Hauptvertreter aus dem linken Spektrum (Reich, Fenichel, Fromm, Lorenzer, Dahmer u. a.) sind aus unterschiedlichen Gründen ausgegrenzt worden. In den Auseinandersetzungen mit den »Klinikern« ist es zu wechselseitigen »Klischeebildungen« (Kreuzer-Haustein) gekommen. Hatte schon Freud betont, man müsse in der Psychoanalyse Brücken zur »Kulturgeschichte, Mythologie, Religionspsychologie und Literaturwissenschaft« schlagen, so gilt das erst recht, wenn man sich die derzeitige »kulturwissenschaftliche Wende« in den Geisteswissenschaften vor Augen hält. Sie kommt in der Formel zum Ausdruck: »Der Anspruch der Kulturwissenschaften ist die Internationalisierung und die Modernisierung der ›Geisteswissenschaften‹« (Frühwald). Zur gegenwärtigen Renaissance der Kulturwissenschaften hat der Komplex Gedächtnis und Erinnerung und insbesondere das »kulturelle Gedächtnis« (A. und J. Assmann) beigetragen. Zudem hat sich das Programm der »cultural studies« in Verbindung mit den Konzepten der »gender studies«, der Medientheorie, der Diskurstheorie u. v. a. als außerordentlich anschluss- und bündnisfähig erwiesen. Indem der Dialog mit den Kulturwissenschaften wiederaufgenommen wird, soll das kultur- und gesellschaftskritische Erbe der Psychoanalyse wiederbelebt und weiterentwickelt werden.

4. *Die Horizonterweiterung durch Anschlüsse an aktuelle philosophische Diskurse* – z. B. in der Phänomenologie, Existenzphilosophie, Diskursanalyse und Ethik – erweist sich in mancher Hinsicht als eine Fortsetzung der Rationalitätskritik des 19. Jahrhunderts (Schelling, Schopenhauer, Nietzsche u. a.) und als Versuch einer »zweiten Aufklärung«, die die Grenzen der Aufklärung analysiert und zu überschreiten sucht. Es geht dabei auch um eine neue anthropologische und ontologische Grundlegung. Von der Sozialen und Kulturellen Anthropologie aus bestehen aber auch wichtige Verbindungen zu existenziellen Richtungen der Psychoanalyse und Tiefenpsychologie, zur Praktischen Philosophie und insbesondere zur Ethik. Das Problem der Ethik hat für Wilhelm Schmid viel zu tun mit dem Problem der Freiheit: »Freiheit zu gewinnen, sie jedoch auch zu bewältigen; eine reflexive Haltung selbst gegenüber unabänderlich erscheinenden Notwendigkeiten einzunehmen, um sie anzuerkennen oder an ihrer Veränderung zu arbeiten, vor

allem aber eine frei gewählte Notwendigkeit dort neu zu begründen, wo die Freiheit ruinös zu werden beginnt«.
5. *Der Dialog der Psychoanalyse mit den modernen Naturwissenschaften* hat in den letzten Jahren v. a. durch die Neurowissenschaften und die Quantenphysik wichtige Impulse erhalten. Die Arbeiten der Gehirnforscher haben in den letzten Jahren unsere Vorstellungen vom Unbewussten radikal verändert – aber sie haben Freud in vielem recht gegeben, so auch darin, dass ein entscheidender Teil menschlichen Verhaltens unbewusst gesteuert ist. Auch in der Zusammenarbeit mit quantentheoretisch ausgerichteten Physikern finden sich Bestätigungen des psychoanalytischen Zentralkonzepts vom Unbewussten. Damit zeichnet sich eine bemerkenswerte Neubewertung der Psychoanalyse ab, die sogar öffentliche Aufmerksamkeit der Medien erhielt und erhält. Der zweite Band unseres Projekts zum Unbewussten will also anregen, auf den hier eingeschlagenen Wegen weiter zu gehen und überall tiefere Sondierungen vorzunehmen. Es lohnt sich, wie Balint einmal formulierte, jeden Stein umzudrehen, denn nur dann weiß man, was darunter ist. Das gilt für die psychotherapeutische Situation der professionellen klinischen Praxis, aber es gilt auch für die Kooperationsmöglichkeiten mit den hier angeführten und weiteren Feldern. Das macht das Gehen zwar langsam, aber ertrags- und erfahrungsreich.

Im August 2005, Göttingen und Berlin

Michael B. Buchholz und Günter Gödde

Neue entwicklungstheoretische Konzeptionen

Einführung der Herausgeber

Als Freud im Jahre 1905 seine »Drei Abhandlungen zur Sexualtheorie« veröffentlichte, erregten zwei Thesen dieses Buches Skandal. Die eine akzentuierte die »polymorph perverse« Anlage jedes Menschen und riss die Trennungslinie zwischen den Abartigen und den Normalen ein; die andere Provokation ging noch weit darüber hinaus und behauptete, nicht nur die Erwachsenen, sondern auch und gerade die Kinder seien solcherart sexuelle, ja »perverse« Wesen. Hier wurde nicht nur eine wohl etablierte Trennungslinie eingerissen, hier wurde das schlechthinnige Bild der kindlichen Unschuld in Zweifel und bei den Gegnern in den Schmutz gezogen.

Es hatte schon vor der Zeit von Freuds Buch einen lebhaften Diskurs um diese Fragen gegeben, der verschiedene Tendenzen erkennen ließ. Eine Tendenz war, das Perverse und Abartige zu skandalisieren. Unter Anzeichen größten Abscheus wurde über sexuelle Praktiken geschrieben, die als Ausdruck humaner Artung galten; um die zarten Gemüter insbesondere des lesenden Damenpublikums nicht zu verletzen, sprachen manche Autoren nur in verfremdendem Latein in ihren Büchern über solch anstößige Themen. Hier war Freud nüchtern und erklärte souverän, natürlich seien diese naturalia eben nicht turpia (so im Fall »Katharina« aus den »Studien über Hysterie«) und selbst mit jungen Damen wie »Dora« könne man über solche Themen sprechen. Das Natürliche kann besprochen werden, natürlich. Der skandalisierende Diskurs erregte sich, wie Freud nüchtern sah, im Namen der Aufklärung. Und dieser Diskurs wollte kriminalisieren. In der Kritik dieser Tendenz fand Freud die Unterstützung von Karl Kraus.

Eine andere Tendenz des öffentlichen Sexualdiskurses, wie sie in den Publikationen etwa von Havelock Ellis vertreten wurde, verhielt sich nüchtern, konnte aber manche Einzelheiten des Beobachtbaren nicht zuordnen. Dieser Autor war von Freud sehr geschätzt, weil auch er die Rolle der kindlichen Sexualität beschrieb, aber ihre Bedeutung für die Entstehung von neurotischen oder hysterischen Symptomen nach Freuds Auffassung unterschätzte. Ellis fehlte eine Vorstellung vom dynamischen Ineinander und Gegeneinander der seelischen Kräfte, wie Freud sie mit der Verdrängung fasste. Sich nicht einfach auf die Seite des Moralischen, sich aber auch nicht einfach auf die des Natürlichen zu schlagen, war Freuds Haltung, denn er erkannte klar in einer berühmten Fußnote (GW V, S. 44), dass eben auch die sogenannte »normale« Heterosexualität nichts einfach Natürliches sei, sondern ein Mixtum Compositum aus den gegensätzlichsten Strebungen und als solches selbstverständlich auch der Analyse fähig – und bedürftig!

Die Sexualtheorie mit diesen provozierenden Annahmen durchzusetzen, war eine der heroischen Leistungen und sie blieb nie ohne Widerspruch auch innerhalb der Psychoanalyse. Anlass des Bruchs mit C. G. Jung war u. a. dessen Auffassung der Libido nicht als einer sexuellen, sondern als einer allgemeinen seelischen Energie – ein Streit, den von heute aus zu verstehen nicht mehr leicht ist, denn es haben sich viele Verzweigungen ergeben. Die wichtigeren davon sollen hier genannt werden.

Wo Freud den Trieb als einen Grenzbegriff zwischen dem Somatischen und dem Seelischen fasste, musste er die Lustsuche als zentrales Befriedigungsziel des Triebes, aufgeteilt nach den oralen, analen und genitalen erogenen Körperzonen ansiedeln. Es musste nicht lange dauern, bis dem widersprochen wurde. In ihrer Schrift »Entwicklungsziele der Psychoanalyse« von 1924 meinten bereits Sándor Ferenczi und Otto Rank, es sei ein Irrtum anzunehmen, jede Analyse müsse gleichsam bis in diese körperlichen Zonen geführt werden und nur dann, wenn Oralität des Säuglings wiedererlebt worden sei, sei die Analyse am Ziel angekommen. Die Theorie und die therapeutische Praxis mit ihren besonderen Erfordernissen sollten voneinander getrennt betrachtet werden. Ferenczis Schüler Michael Balint schloss sich dem bald an. Er kritisierte vehement die Tendenz der Vorverlegung und Vordatierung, weil man irgendwann den Zeugungsakt selbst als ursächlich für die Neurose annehmen müsse und dann alle klinische Differenzierung verspielt sei. Und Balint formulierte auch eine Kritik am Konzept des »primären Narzißmus«, den er durch ein Konzept der »primären Liebe« ersetzt sehen wollte. Primär sei nicht die Selbstliebe, sondern eine Form des passiven Geliebtwerdenwollens gerade durch die »Objekte«, die deswegen aktiv geliebt würden; von heute aus könnte man beinahe meinen, Balint habe versucht, einen mit seiner Umwelt geschlossenen Liebeskreislauf des Säuglings zu beschreiben und so eine bestimmte Form der »Relationalität«, der liebenden Bezogenheit vorweg gedacht.

Melanie Klein datierte ihrerseits die Entwicklung des Ödipuskomplexes, den Freud für das 4. bis 6. Lebensjahr angenommen hatte, ins zweite Lebensjahr und früher und nahm an, dass schon Kleinkinder aktive Phantasien, vom Todestrieb gespeist, hätten, die sie ängstigten. Sie seien im Verhältnis zur Brust artikulierbar und müssten kontinuierlich gedeutet werden. Diese Phantasien gruppierten sich nach ihrer Auffassung im wesentlichen um die schizoid-paranoide und um die depressive Position.

Während hier also der Tendenz zur Vordatierung nachgegeben wurde, die Balint nachdrücklich kritisiert hatte, nahm Fairbairn an, nicht Lust-, sondern Objektsuche sei das primäre Liebesagens des Kindes und näherte sich damit der Balint'schen Position mehr und mehr an. Fairbairn wollte so die Beobachtung erklären, dass gerade Kinder, die von ihren Eltern nicht gut behandelt worden waren, an ihnen mit besonderer Intensität hingen; Lust konnte es also nicht sein, was sie suchten, es musste die Bindung an das Objekt sein, das ihnen dann auch nicht Befriedigung, sondern ein Minimum an prekärer Bindungssicherheit gewährte. John Bowlby brachte den Begriff der Bindung dann zur vollen Blüte, freilich zunächst massiv im psychoanalytischen Establishment abgelehnt und als »behavioristisch« befeindet, weil er seine Theorien durch Beobachtungen stützte und sich nicht allein auf die klinische Couch-Situation berief.

Eine weitere, meist übersehene Linie der Diskussion leitet sich ebenfalls aus Ungarn her. Lajos Szekely teilte zu Anfang der 1960er Jahre seinerseits nicht nur eine neuartige Auffassung des Körpers mit, sondern klärte auch mit kleinen, aber wichtigen Beobachtungen die Stellung des Subjekts im Entwicklungsgeschehen. Eine dieser Beobachtungen zeigt seine feine Sensibilität für die komplexe Verschachtelungsstruktur der Beobachtung: ein kleiner zweijähriger Junge beobachtet ein Huhn, das ein Ei legt. Das Kind sagt aber nicht: »Ei«, sondern es sagt: »a-a«. Es projiziert seine anale Organisation auf seine Wahrnehmung. Eierlegen kommt ihm wie Defäzieren vor. So etwa wäre die klassische, auf Freud zurückgehende Deutung. Szekely geht aber einen Schritt weiter und vermerkt, dass dieser kleine Beobachter von einem erwachsenen Beobachter beobachtet wurde – und so legt dieser Autor die Frage nahe, welche Projektionen seiner Organisation der Erwachsene wohl auf das Kind projiziere? Bemerkenswert ist daran sowohl, dass Szekely sich hier einer modernen Theorie der Beobachtung zweiter Ordnung annähert und dass er auch annimmt, die jeweilige psychosexuelle Organisation spreche ein erhebliches Wörtchen bei der kognitiven Organisation mit. Er interpretiert die psychosexuelle Entwicklung implizit als Entwicklung kognitiver Schemata, die vom Körperlichen mitbestimmt werden. Was einer kognitiv weiß und in naturalia wissen kann, ist bestimmt von der Art seiner psychosexuellen Schemata.

Diese Denklinie ist im psychoanalytischen mainstream bedauerlicherweise ebenso längere Zeit ignoriert worden wie Bowlbys bahnbrechende Entdeckungen. Beide können jedoch späte Triumphe feiern. Die empirische Forschung hat mit dem Beginn der 1980er Jahre Bowlbys Bindungskonzept mit Nachdruck zu untersuchen begonnen und die Anschlüsse an die kognitive Entwicklung unter Berücksichtigung des Körperlichen finden besondere Beachtung gerade bei den akademischen Entwicklungspsychologen. Von hier geht ein enorm befruchtender Diskurs auf die Psychoanalyse aus, die sich durchaus auf eigene Traditionen berufen kann, wenn sie nur die unselige Tradition des Ausschlusses unliebsamer Meinungen verabschieden würde. *Anschlüsse* entstehen, weil und soweit die Psychoanalyse bereit wird, eine einst festgefügte Ignoranz gegenüber anderen Forschungsmethoden aufzugeben und so neue Gesprächsbereitschaften entstehen zu lassen. Das zeigt sich nicht nur bei den Bindungsforschern, sondern ebenso bei der »theory of mind«-Forschung, die sich bekanntlich damit befasst, welche Vorstellungen (»theories«) sich Kinder über die Vorstellungen (»minds«) anderer zu machen bereits in der Lage sind. Können sie die Welt aus deren Blickwinkel verstehen? Können sie verstehen, dass einer etwas nicht gesehen hat, was sie selbst gesehen haben? Wie entwickelt sich diese Fähigkeit, in welchem Zusammenhang steht sie mit sicher gewährten Bindungen an elterliche Figuren, welche Störungen bilden sich aus?

Damit zeichnet sich ein ganz neues Verständnis des Unbewussten ab, das nun Entwicklung nicht mehr nur als Konflikt zwischen dem Natürlichen und dem Moralischen ansieht, sondern sie in einem Feld der Bezogenheit, der Relationalität ansiedelt, das jene seelischen Strukturen überhaupt erst mit erschafft, die sich hier entwickeln sollen. Ohne sichere Bindung, so wissen wir mittlerweile aus zahllosen Befunden, kann sich die »theory of mind« des Kindes nicht entwickeln; ohne die Fähigkeit zum »Als-ob«-Spiel mit dem Kind differenziert sich dessen Imagination nicht heraus oder wird beschädigt. Wenn das Kind den mütterlichen Schlüsselbund nimmt, ihn über den Boden reibt und »brumm-brumm« dazu macht, reagiert die Mutter, indem sie versteht, hier wird ein Schlüsselbund als Auto benutzt und sie nimmt vielleicht ein Stück Holz, das einen Fußgänger darstellt und spielt mit. Beide wissen, das ist ein Spiel, ein »Als-ob«-Spiel und beide betreiben mit großem Ernst die gemeinsame, kooperative

Entwicklungsaufgabe. Zugleich kann man verstehen, dass hier der Entstehungsort einer für die Phantasiebildung wichtigen sprachlichen Figur ist, der Metapher nämlich; denn der Schlüsselbund wird als Auto behandelt und in dieser spielerischen Gleichsetzung überzeugen die beiden Spieler sich gegenseitig von der momentanen Wirklichkeit einer Metapher.

Wir wissen aus den Untersuchungen der Arbeitsgruppe um Peter Fonagy, dass gerade schwerer gestörte Menschen diese Möglichkeit des Spielerischen zu wenig hatten, sie sind im »Äquivalenzmodus« fixiert mit der Folge, dass sie ihr eigenes Denken nicht denken, dass sie nicht »mentalisieren« können, wie diese Autoren das nennen. Ihnen ist seelisches Erleben genaues Abbild des Äußeren; wenn sie also Angst haben, dann ist auch etwas wirklich Gefährliches gegeben; wenn sie sich minderwertig fühlen, dann sind sie es ihrer Überzeugung nach auch; wenn sie Schuldgefühle haben, dann auch wirkliche Schuld. Sie bringen die Beobachtung zweiter Ordnung – das eigene Seelenleben zu beobachten, wie es die Welt beobachtet – nicht oder kaum zustande und das imponiert dann in der Behandlungssituation als gestörte oder fehlende Introspektionsfähigkeit.

Es ist nun geradezu aufregend, nach zu verfolgen, wie sich die psychoanalytische Entwicklungspsychologie in beide Richtungen verlängert hat. *Ludwig Janus* dokumentiert die Abwehr der frühen Psychoanalyse gegen die Erkenntnisse des vorgeburtlichen Lebens und bringt neuere empirische Evidenzen bei, die belegen, wie intuitiv recht jene hatten, die vom mainstream der Psychoanalyse exkommuniziert, nämlich mit Nicht-Zitierung ignoriert wurden. Man sprach nicht mit, man sprach nicht von ihnen. In der Sache ist die Öffnung erfreulich, im Rückblick kann das Unbehagen an dem Zuviel der Ignoranz-Kultur nicht mehr ignoriert werden. Hier ist durchaus Trauerarbeit vonnöten.

Die Revolutionierungen der Säuglingsforschung fasst im Überblick *Gerhard Schüßler* zusammen, der die Anerkennung des Unbewussten durch Kognitions- und Neurowissenschaften herausstellt, aber auch überzeugend zeigt, welche Re-Visionen hier erforderlich sind.

Die Bedeutung der Bindungsforschung wird von *Inge Seiffge-Krenke* herausgestellt, die sich auch kritisch mit einigen methodischen Instrumenten dieser Forschungsrichtung auseinandersetzt, wie etwa mit dem sog. »adult attachment interview«. Auf Grice und seine Konversationsmaximen jedenfalls können sich Bindungsforscher nicht mehr umstandslos berufen und Seiffge-Krenke plädiert durchaus dafür, ein klinisches Konzept des Unbewussten beizubehalten.

Vera King fasst die Adoleszenz als Entwicklungsphase ganz eigenen Rechts auf und grenzt sie gegen die ältere Auffassung ab, hier würden nur die frühinfantilen Konflikte eine Neuauflage erfahren. Nein, die Riesenchance zur Kultivierung beim Abgang von der Familie und beim Übergang in die Kultur bedeutet weit mehr.

Ein letzter zugesagter Beitrag von *Gereon Heuft* über das Alter musste dieser Autor in buchstäblich letzter Minute zurückziehen; wir bedauern das sehr, weil Alter und Älterwerden längst auch eine eigene entwicklungspsychologische Würdigung verdienen. Es bleibt uns nur, Leser auf die Zeitschrift »Psychotherapie im Alter« aufmerksam zu machen, die sich seit einigen Jahren dieser Aufgabe spezialisiert und kenntnisreich widmet.

Michael B. Buchholz und Günter Gödde

Ludwig Janus

Das vorgeburtliche und geburtliche Unbewusste – Erkundungen und Überlegungen

Einleitung

Der konzeptuelle Status des vorgeburtlichen und geburtlichen Unbewussten ist in der Psychoanalyse in einer merkwürdigen Weise offen geblieben. Das hat Gründe, die in der Sache liegen, weil es um eine Einfühlung vom Sprach-Ich her in die vorsprachliche Zeit unseres Lebens geht und darüber hinaus noch um eine Einfühlung in eine andere existentielle Dimension, die der Mutterleibsexistenz. Die andere Schwierigkeit scheint mir darin zu bestehen, dass eine Einbeziehung des vorgeburtlichen und geburtlichen Unbewussten sehr unmittelbar Fragen des eigenen Selbstverständnisses und der eigenen Weltanschauung berührt. Die Einbeziehung meiner Erfahrungen als Kind mit mir und meinen Eltern als einem Wurzelgrund meiner späteren Identität, wie sie in der Psychoanalyse vollzogen wurde, bedeutete gleichzeitig ein Heraustreten aus dem christlichen Verstehenshorizont, wo alles in Gottes Hand liegt. So radikal Freud hier die Gottesvorstellung auf die Vaterbeziehung hinterfragte (Freud 1927), so zögernd blieb er hier in Bezug auf die mütterliche Dimension des Unbewussten bzw. der Religion. Dies zeigte sich in der Diskussion mit Romain Rolland, der ihm vom »ozeanischen Gefühl« als einem Wurzelgrund der Religion gesprochen hatte, wozu Freud nur feststellte, dass dieses Gefühl ihm fremd sei (Freud 1930). Auch hätte es ihm wohl fern gelegen, dieses Gefühl, wie es von der psychoanalytischen Sicht nahe gelegen hätte, als vorgeburtliche Fruchtwassererfahrung aufzufassen. Ähnliches gilt für die Geburtsgefühle, von denen für Freud nur die Angst fassbar war und nicht die ganze Fülle komplexer Empfindungen und Gefühle, wie sie die spätere außeranalytische Selbsterfahrungskultur zugänglich machte, worauf ich später zurückkomme. Interessant ist, dass Freud in »Das ökonomische Problem des Masochismus« (1924) offenkundig mit den Wünschen nach Gefesseltwerden und Eingeschlossenwerden Geburtsgefühle und -empfindungen beschrieb. Er konnte sie jedoch nicht als solche benennen, sondern ordnete diese Gefühle als Äußerungen des Masochismus ein.

Mit dem Vorgeburtlichen und Geburtlichen war offenbar ein schwieriger Bereich berührt und nach meinem Eindruck haben sich die frühen Dissidenzen in der Psychoanalyse entlang der unterschiedlichen Perspektiven auf die vorsprachliche Muttererfahrung vollzogen, die als solche noch zu wenig reflektiert werden konnten. Es wurden stattdessen ganz persönliche und affektiv besetzte Einsichten und Intuitionen formuliert. Bei Freud verschwand die frühe Mutter gewissermaßen im Schatten der Vaterbeziehung und der Gesetze des psychischen Geschehens, während die Schüler den Mutterbezug unseres Erlebens und unserer Konflikte explizit machten. So beschrieb Adler (1907, 1911) die Ohnmachts- und Schwächungserfahrungen des Kindes in der frühen Mutterbeziehung: »Ich habe noch keinen Neurotiker getroffen, der nicht zumindest heimlich von dieser Furcht (vor der überlegen mächtigen Frau) benagt würde« (Adler 1911, S. 199). Jung hingegen beschrieb in »Symbole und Wandlungen der Libido« (1912) die regressiv-regenerative Seite des frühen Mutterbezuges als Medium von Wandel und Erneuerung. Da diese verschiedenen Aspekte durch die Schulenbildungen als Theoreme wie dem »Minderwertigkeitskomplex« oder dem »Archetyp der großen Mutter« verabsolutiert wurden, ging der Raum für eine kreative Diskussion des vorgeburtlichen und geburtlichen Unbewussten verloren. Die weitere Forschung vollzog sich entlang einer Vertiefung und Differenzierung der Beobachtungen der nachgeburtlichen Mutter- und Elternbeziehung. Die Zeit war wohl noch nicht reif, um den biografischen Raum ins Vorgeburtliche hinein zu erweitern. Der Common Sense war apodiktisch darin, dass das persönliche Leben erst nach der Geburt beginnt. Das zeigte sich am Schicksal Ranks, der ganz konkret die traumatische Trennungserfahrung der Geburt erfasst und beschrieben hatte (Rank 1924). Damit hatte er gegen diesen gesellschaftlichen Common Sense verstoßen und sich damit quasi selbst aus der Gruppe der Psychoanalytiker ausgeschlossen, die damals noch im Banne dieses Common Sense stand. Die Säkularisierung der europäischen Gesellschaften im Gefolge der Aufklärung erlaubte zwar die Infragestellung der Projektion der Vaterbeziehung in die Gottesbeziehung, aber trotz dieses Zeitenwandels blieben noch die patriarchalen Werte mit ihrer Abwertung des Weiblichen und insbesondere des Mütterlichen wirksam.

Diese Situation hatte zur Folge, dass die von Rank ausgehende Forschungslinie nur individuell und außerhalb der etablierten Tradition weiter verfolgt werden konnte. Erst in den 1970er Jahren lockerten sich mit dem beginnenden postmodernen Zeitgeist die bis dahin vorherrschenden patriarchalen Werteausrichtungen in den westlichen Gesellschaften und das frühe mütterliche Vorgeburtliche und Geburtliche konnte in der von den drei Psychoanalytikern Gustav Hans Graber, Igor Caruso und Arnaldo Rascovsky initiierten Gründung einer Internationalen Studiengemeinschaft für Pränatale Psychologie und Medizin (ISPPM) ein diskursives Forum für die Bedeutung unseres Lebensanfanges gewinnen. Bis dahin waren Versuche, diese Thematik im Rahmen der psychoanalytischen Gesellschaften zu diskutieren, regelmäßig gescheitert. Ich habe diese wechselvolle Geschichte der Thematisierungen und Verwerfungen des vorgeburtlichen und geburtlichen Unbewussten in der Geschichte der Psychoanalyse im Einzelnen in meinem Buch »Die Psychoanalyse der vorgeburtlichen Lebenszeit und der Geburt« (2000a) nachgezeichnet.

Ebenfalls in den 1970er Jahren entwickelte sich, zwar von Psychoanalytikern initiiert, aber dann außerhalb der psychoanalytischen Gruppen realisiert, ein weites Feld praktischer Bemühungen, frühestes Erleben zu erkunden. Hierbei spielte die Verwendung von psychoaktiven Substanzen wie dem LSD eine gewichtige Rolle, weil es hierdurch möglich war, die Erfahrungen von vielen Personen miteinander zu vergleichen, was dem tschechischen Analytiker Stanislav Grof ermöglichte, den Geburtsprozess als inneren Erlebnisvorgang zu rekonstruieren (Grof 1983a). Das pränatale Erleben wurde auf diese Weise von dem griechischen Psychiater Kafakalides (1995) zugänglich gemacht. Ein reiches Beobachtungsfeld für frühe Erfahrungen wurde durch die Primärtherapie Arthur Janovs (1984) erschlossen, der ebenfalls einen psychoanalytischen Hintergrund hatte,. Dabei diente eine Verstärkung der spontanen Gefühle und Empfindungen als Kompass zu den frühen vorsprachlichen Erfahrungen. Man könnte sagen, das Prinzip der freien Assoziation wurde auf die vorsprachliche Ebene als freie Assoziation der Empfindungen und Gefühle übertragen. Der Psychoanalytiker Wolfgang Hollweg (1995) hat dies am differenziertesten ausgearbeitet. In England war es der ebenfalls stark psychoanalytisch beeinflusste, aber außerhalb der psychoanalytischen Gruppen stehende Pastoraltheologe Frank Lake (1978, 1980, s. auch House 1999), der ebenfalls anfangs durch LSD und später durch szenische Inszenierungen und Bilder in Selbsterfahrungsgruppen frühe Erlebnisinhalte zugänglich machte.

Am nachhaltigsten sind diese Entwicklungslinien von dem amerikanischen Pränatalpsychologen William Emerson (1997, 2000) weitergeführt worden. Er entwickelte auf dem Boden jahrzehntelanger Regressionsarbeit in Gruppen die heute differenziertesten Landkarten vorgeburtlicher und geburtlicher Erfahrungen, deren Veröffentlichung in der nächsten Zeit zu erwarten ist.

Die Problematik der genannten Ansätze, wie sie sich im Rahmen der Humanistischen Psychologie entwickelten, bestand darin, dass es in den entwickelten Selbsterfahrungssettings wohl möglich war, früheste Erfahrungen zu aktualisieren, deren innere Verarbeitung aber oft unvollständig blieb, wie ebenso die integrierende Durcharbeitung. Das führte dazu, dass sich etliche Psychoanalytiker, die sich anfangs diesen neuen Feldern zugewandt hatten, wieder zurückzogen.

Möglicherweise bietet jedoch gerade die analytische Situation mit ihrer – im Vergleich zu den genannten Settings – größeren Strukturiertheit und ihren regelmäßigen Terminen einen Rahmen, diese letztlich genuin psychoanalytische Thematik wieder aufzugreifen und im Rahmen eines offeneren Zeitgeistes und erweiterten entwicklungspsychologischen Wissens neu zu verhandeln. Insbesondere durch die Säuglingsforschung, die Psychotraumatologie, die Stressforschung und die Neurobiologie ist die empirische Ausgangslage heute sehr viel günstiger als in den Anfangszeiten der Psychoanalyse, wo dann sehr rasch die Befürchtung war, man könne sich in Spekulationen verlieren und den sicheren Grund gesellschaftlich geteilter Annahmen verlieren, der auch für die praktische Behauptung im gesellschaftlichen Feld bedeutsam war.

Es ist ein eigentümliches Phänomen in der Geschichte der psychoanalytischen Forschung, dass neue Erkenntnisinhalte anfangs mit Ausgrenzung verbunden werden, auf die dann später ein Reintegrationsprozess folgt (Janus 1992). Einen solchen Reintegrationsprozess in Bezug auf das vorgeburtliche und geburtliche Unbewusste, das mit einem so großen Elan in der frühen Psychoanalyse thematisiert worden war (Janus 2000a), will dieser Beitrag fördern. Nach methodischen Vorüberlegungen will ich den Entdeckungsprozess des vorgeburtlichen und geburtlichen Unbewussten nachzeichnen, um dann die heutige Situation und ihre Möglichkeiten zu diskutieren.

Methodische Vorüberlegungen

Die merkwürdige Verschlungenheit der Wege zur Erforschung des vorgeburtlichen und geburtlichen Unbewussten verlangt nach einer Erklärung. Warum war es nicht möglich, wie es anfangs Freud noch vorgeschwebt hatte, »den wertvollen Fund Ranks« zu integrieren und »unter einem Dach« zusammen zu bleiben und die Forschung weiter voranzutreiben? Das hat zum Teil persönliche Gründe, wie sie mit Freuds Ambivalenz gegenüber dem frühen Mütterlichen angedeutet wurden, ebenso die erwähnten Gründe eines immer noch patriarchalen Zeitgeistes, und dann aber auch systematische Gründe in der Relativität unserer Erkenntnismöglichkeiten. Die reichen und vielfältigen vorsprachlichen Erfahrungen begleiteten bis zur Aufklärung, projiziert in Mythen, Märchen und religiösen Vorstellungen, unser Leben (Janus 1988). Der Wille zu einem eigenen Denken und einem selbst verantworteten Leben, wie er im Projekt der Aufklärung zum Ausdruck kam, relativierte diese von heute aus naiv erscheinenden Projektionen. Sie wurden als Aberglauben entwertet, wobei man ihre Wurzeln in der eigenen Entwicklung verkannte. Als das »Unbewusste« wurden die vordem projizierten Inhalte des frühen Erlebens in der Psychoanalyse dann wieder entdeckt. Dabei ging der Impetus, insbesondere bei Freud, im Sinne der Aufklärung dahin, das Unbewusste aufzulösen und dem Primat des Wissenschaftlichen und Rationalen unterzuordnen. Seine Schüler waren hier wesentlich vorsichtiger und würdigten die lebenslange Wirkung früher Erfahrungen, Adler im Charakterologischen, Jung im bildhaft-imaginären Erleben und Rank in der Annahme der Lebensnotwendigkeit von Illusionen, bzw. der lebenslangen Wirksamkeit von primären Kinderwünschen, wie eben dem Wunsch, in der Sicherheit eines ›Mutterleibs‹ geborgen zu sein. Rank hat dabei einen wichtigen Grund für die Persistenz und lebenslange Wirksamkeit von frühem Erleben darin erkannt, dass wir uns in der Welt dadurch beheimaten, dass wir sie als einen Ersatzuterus nehmen oder zu einem solchen umgestalten. Der Makrokosmos der Welt wird zu einer Widerspiegelung des vorgeburtlichen Mikrokosmos (Rank 1932), der damit zu einer Urhermeneutik unserer Orientierung in der Welt wird.

Die evolutionsbiologische Forschung der letzten Jahrzehnte liefert Begründungen für diese intuitiven Erkenntnisse Ranks. Kennzeichnend für den Menschen ist seine »physiologische Frühgeburtlichkeit«, wir werden ein Jahr zu früh in einem noch fötalen Körper geboren. Wir können uns nicht, wie ein Primatenbaby, an unserer Mutter festhalten und uns dadurch sichern. Menschenbabys haben zur Kompensation über Mimik, stimmlichen Austausch und Augenkontakt die Beziehung zur Mutter so intensiviert (Morgan 1995), dass diese leidlich motiviert ist, im »extrauterinen Frühjahr« ihrem Baby als »sekundärem Nesthocker« oder »Tragling« eine Art Ersatzuterus zur Verfügung zu stellen. Die Intensivierung der Frühbeziehung kompensiert also den biologischen Mangel der Frühgeburtlichkeit. Dies hat prägende Wirkung und motiviert Menschen, in der Welt primäre Sicherheit zu suchen, bzw. die Welt zu einem Ersatzuterus umzugestalten. In dieser Konstellation liegen wesentliche Wurzeln der menschlichen Kreativität und der Kulturbildung. Über die szenische Vergegenwärtigung der vorgeburtlichen Situation machen Religion und Kunst die Welt seelisch bewohnbar, durch Umgestaltung der Welt entsprechend unseren primären Bedürfnissen machen Wissenschaft und Technik auch die widrigsten Umwelten praktisch bewohnbar.

So kreativ die Anpassung und Umgestaltungen der Welt durch den Menschen auf diese Weise sind, so bergen sie doch die Gefahr, dass elementarste Angst- und Wutaffekte aus dem vorgeburtlichen und geburtlichen Unbewussten freigesetzt werden, wenn die »Heimat« in Gefahr ist (Grof 1983b; DeMause 1996, 2000; Wasdell 1993). Die »Heimat« oder das »Vaterland« sind eben mehr als reale Überlebensorte, sondern sind imaginäre, pränatalsymbolische Usprungsorte, die auf keinen Fall verloren gehen dürfen, weil man damit sein ›Leben‹ verliert.

All diese Zusammenhänge sollen hier nur angedeutet werden, um sichtbar werden zu lassen, dass unser Verhältnis zur Welt in unseren Kulturen in einem tiefen Sinne »unbewusst« ist, d. h. geprägt durch das vorgeburtliche und geburtliche Unbewusste und nicht nur durch das nachgeburtliche Unbewusste und die »archaische Erbschaft« oder die Archetypen, wie die etablierten analytischen Traditionen annehmen.

Konkret und klinisch bedeutet dies, dass in unserem Umweltbezug und in unseren persönlichen Beziehungen immer mehr enthalten ist als unsere Erwachsenenwünsche und unsere Kinderwünsche, sondern auch die Wünsche des Babys in seiner Frühgeburtlichkeitssituation mit der daraus resultierenden Sehnsucht nach einer magisch intensivierten Beziehung und nach einer Rückkehr in den zu früh verlorenen Mutterleib. Wegen ihrer Frühgeburtlichkeit suchen Menschen in der Welt und in den Beziehungen immer mehr, als diese eigentlich geben können, nämlich ein Stück primäres Heil und letztlich die vorgeburtliche ›Unsterblichkeit‹. Wir laden die Welt und die Beziehungen mit vorgeburtlichen Wünschen gewissermaßen auf, machen einen Wald zum heiligen Hain, einen Baum zum heiligen Baum, erleben die Welt als für uns gemacht und vergöttlichen unsere Lieben. In dieser Sicht erscheint der Mensch als unverbesserlicher Romantiker, der vermutlich sein großes Hirn nicht so sehr für die Entwicklung von Steinwerkzeugen gebraucht hat, sondern als Gegengewicht gegen seine Verträumtheiten. So prekär und ungesichert diese weitläufigen Zusammenhänge auch erscheinen mögen, so ist es doch möglich, von diesem Grundrahmen aus sehr systematisch die Eigenart menschlicher Beziehungen und kultureller Räume auf ihren vorgeburtlichen Ursprung hin zu befragen und hierdurch überraschende Klärungen zu gewinnen, wie dies etwa Rank (1924, 1930, 1932) und Sloterdijk (1998, 1999, 2004) getan haben. Es ist dies sogar notwendig, um mehr Verantwortlichkeit im gesellschaftlichen Bereich zu erreichen und nicht von der Magie der mythischen Projektion verführt zu werden, wie dies in der Vergangenheit und auch jetzt noch so häufig der Fall ist.

Nach diesen methodologischen Vorüberlegungen kehre ich zurück zur Geschichte der Entdeckung des vorgeburtlichen und geburtlichen Unbewussten innerhalb und außerhalb der Psychoanalyse. Bis in die 1960er Jahre war diese Thematik nur in der Psychoanalyse behandelt worden, wenn auch hier in einer sehr verborgenen Hintergrundtradition, die hier nur in exemplarischen Schlaglichtern vorgestellt sei.

Ranks Systematik

Aufgrund seiner jahrelangen Vertrautheit mit der Entwicklung der psychoanalytischen Forschung und Theorie (s. Beitrag von Janus und Wirth in Band 1) war Rank in der Lage, die Thematik des vorgeburtlichen und geburtlichen Unbewussten in einer systematischen Weise einzuführen und zu diskutieren. Er beschrieb die analytische Situation als eine Aktivierung der vorgeburtlichen Beziehung im Verantwortungsrahmen der therapeutischen Beziehung, in deren Medium es möglich war, die wichtigen Konflikte des Patienten durchzuarbeiten. Er schuf in diesem Sinne den Begriff der »analytischen Situation« und machte ihn zum Titel von Band 1 seiner »Technik der Psychoanalyse« (1926). Darin ist ausgedrückt, dass die analytische Beziehung durch die primäre Übertragung des vorgeburtlichen Unbewussten fundiert ist. Ranks Übertragungsauffassung, auf die sich insbesondere Ferenczi bezog, ist eine wesentliche Wurzel der späteren immer größeren Zentrierung auf Übertragung und Gegenübertragung in der psychoanalytischen Tradition. Eine der Paradoxien dieser Tradition ist, dass zwar die Begrifflichkeit »analytische Situation« übernommen wurde, gleichzeitig aber der zentrale Gedanke, dass die analytische Situation durch das vorgeburtliche Unbewusste fundiert ist, verleugnet wurde.

Wegen der paradigmatischen Bedeutung der Rankschen Systematik sei er hier ausführlicher zitiert: »Die analytische Situation ist im Wesentlichen für die Libido des Patienten eine Muttersituation; der Analytiker muss sie durch Analyse erst zu einer Vateranpassung erheben und schließlich auch darüber hinausgehend den Patienten auf sein eigenes Ich führen. Allgemeiner gesagt, bildet den Inhalt der von mir so genannten ›analytischen Situation‹ alles im Verhältnis zur Person des Analytikers aktuell reproduzierte, im Besonderen auf der präödipalen Mutterstufe. Im Verlauf der Analyse wird dann die analytische Situation zur Ödipus-Situation, zur Übertragung im Freudschen Sinne, die also eigentlich nicht zu ›analysieren‹, sondern als neu erworbene Liebesfähigkeit des Patienten zu erhalten und auf andere ich-gerechte Objekte überzuleiten ist. Die eigentliche analytische Arbeit besteht in der Analyse der tiefsten Mutterbindung, auf ihren verschiedenen Stufen (Geburt, Entwöhnung, Geschwister, Kastration) bis zur Ödipus-Situation, welche therapeutisch die erste Anpassungssituation darstellt, der dann als nächste die Überwindung der Ödipus-Abhängigkeit in der eigenen Ich-Entwicklung folgt. Die ganze Therapie ist also auf das emotionelle Übertragungsverhältnis basiert, wie es sich in der analytischen Situation als Wiederholung der biologischen und infantilen darstellt« (Rank 1926, S. 108).

Um die hieraus folgende Behandlungstechnik Ranks anschaulich zu machen, seien einige Passagen aus seinem ausführlichen Fallbeispiel in »Die analytische Situation« zusammengefasst. Es handelt sich um eine Frau mittleren Lebensalters mit einer Abhängigkeitsproblematik, die eine schwierige Geburt hatte und mit 12 Jahren ihre Mutter verlor. Die Vaterbeziehung war negativ. »In der 4. Stunde berichtete sie, aus einem Traum erwacht zu sein, dessen Ende war, dass Wasser über ihrem Gesicht zusammenschlug. Dieser Traum ist ein deutliches Zurückflüchten zur ›toten‹ Mutter vor der Analyse, die der Traum gleichzeitig symbolisiert, da sie nachträglich hinzufügt, dass sie darin auf dem Rücken auf einem Diwan gelegen sei. Bereits hier ist die Parallele – analytische Situation – Mutterleibssituation deutlich, die der Patientin aber nicht gezeigt wurde«. »20. Stunde: ›Ich war auf einem Schiff, wo wir für irgendeine Aufführung Tanzproben abhalten mussten. Dabei wurde ich an den Füßen gepackt und in horizontaler Lage heftig im Kreise herum geschwungen.‹ Assoziationen: ›Es ist möglich, dass ich als Neugeborenes in ähnlicher Weise irgendwie geschüttelt wurde, da man mir später erzählte, ich hätte keine Luft bekommen und manche Hebammen das zu tun pflegen, meist so, dass sie das Kind mit dem Kopf nach abwärts ein wenig mit den Beinen baumeln lassen. Übrigens hatte ich, was der Arzt als Ausnahme bezeichnete, schon im Laufe meines ersten Lebensjahres Keuchhusten und wurde vielleicht auch da irgendwie geschüttelt, um Luft zu bekommen. Ich bin eine leidenschaftliche Tänzerin, hatte schon als Kind sehr viel Talent dazu, ein ausgeprägtes rhythmisches Gefühl und tanzte mit 8 Jahren bereits sehr gut. Gestern war ich vom vielen Tanzen ein wenig schwindelig geworden‹«. »Die Deutung ist nach dem vorher Gesagten leicht: Die Traumsensation kombiniert das unlustvolle Geburtstrauma mit der lustvollen Tanzbewegung d. h. versucht, es dadurch zu kompensieren. Da die Patientin auch ihre Hemmungs- und Schwebeträume vom 8. Jahre an datiert, war das Tanzen die motorische Abfuhr und Sublimierung der gleichen traumatischen Affekte gewesen [...]«. »In der 52. Stunde erzählt sie, sie sei wieder genau 5 Minuten nach 3 Uhr aufgewacht und hätte den Traum gewusst. Weiter berichtet sie eine merkwürdige Gewohnheit, eher ein Symptom, dass sie nämlich, wenn sie im Dunkeln erwacht, sofort aufsteht, um Licht anzuzünden und dabei wiederholt von einer Ohnmacht befallen worden war; offenbar, weil sie das plötzliche Licht nicht ertragen könne. Wir verstehen dieses Symptom so wie ihr jüngstes Verdrängen der Träume, wenn wir hören, dass das Erwachen auf den Lichtreiz der Morgendämmerung zurückgeht [...] Nun scheint uns nahe liegend dazu, das intensive Geburtstrauma der Patientin zur Erklärung heranzuziehen. Wenn sie den ersten Schimmer des Tageslichtes erblickt, sozusagen das Licht der Welt, oder wenn im Dunkel der Nacht plötzlich ein Licht aufflammt, so erinnert sie das an den ersten Schock, der zweifellos auch ein intensiv optischer ist und sie kann nicht mehr schlafen, sie erwacht [...]«. »71. Stunde. Die Patientin erzählt, sie sei wieder sehr früh erwacht und hätte wieder etwas vom Vater geträumt, wisse aber nicht mehr was. Nachher sei sie sofort wieder eingeschlafen und hatte folgenden Traum: ›Ich habe in meinem Zimmer geschlafen, da kam jemand herein und weckte mich. Ich stand auf, ging ins Nebenzimmer, sah auf die Wanduhr und merkte, dass es 5 Minuten nach 11.00 Uhr war. Da dachte ich, ich kann doch nicht mehr rechtzeitig zu Dr. Rank kommen. Bis ich mich anziehe und hingehe, ist ja die Zeit fast vorbei; außer ich sage ihm, dass ich verschlafen habe, was er verstehen wird. Dann träumte ich etwas von meinem Vater und dann war ich auf einem Schiff mit vielen Leuten, das fuhr und dann plötzlich stehen blieb. Ich dachte, wir sind aufgefahren und müssen nur warten, bis die Flut kommt. Da spürte ich, dass das Schiff schaukelte und dachte, wir bewegen uns also doch. Da wollte ich im Hafen an Land gehen, aber da stand das

Wasser über dem Landungssteg, so dass ich nicht aussteigen konnte.‹ Deutung: dieser Traum zeigt – wie gesagt klar – dass bzw. inwieweit der Analytiker jetzt bereits den Vater vertritt, der ja in den letzten Träumen immer deutlicher zum Vorschein kommt. Hatte der vorhergehende Traum ihr Schuldgefühl gegen den Vater, den sie vergessen (verdrängt) hatte, gezeigt, so verrät dieser Traum die auf den Analytiker übertragene gleiche Tendenz, ihn aufsitzen zu lassen, d. h. nicht zur vereinbarten Stunde zu kommen. Wie stark dabei das dem Vater geltende Schuldgefühl nachwirkt bzw. überhaupt wirkt, zeigt ein Nachtrag: ›Im Traum war ein Stubenmädchen im Zimmer, der ich sagte, sie solle mich rechtzeitig wecken, da ich immer um 11.00 Uhr eine Verabredung habe‹«. »Warum sie nicht zum Mann kommen kann, zeigt das 2. Traumstück, welches deutlich die Mutterfixierung (das Liegen im Bett, Schiff) als Motiv angibt, gleichzeitig in der aktuellen Schicht die analytische (Mutter-) Fixierung bedeutet […]«. »91. Stunde. Traum: ›Ich sah einen Knaben auf einer Art Ringelspielrad sich drehen, wobei man heftig mit den Füßen treten musste, um im Gleichgewicht zu bleiben. Anfangs schien ihm dies Vergnügen zu machen, aber dann sah ich ihn daneben lehnen, seine Füße schienen gelähmt zu sein […] Dann sagte mir meine Schwester, die zum Ausgehen bereit war, ich solle mit ihr mitkommen, sie müsse weggehen, sie halte die Monotonie nicht aus. Ich sagte, ich kann nicht weggehen, ich habe zu viel zu tun.‹ Assoziationen: ›Beides sagte ich dieser Tage: Ich habe viel zu tun, wegen meiner Abreise; auch klagte ich über Monotonie des Lebens hier‹«. »Deutung: Da im Traum die Schwester das sagt, handelt es sich offensichtlich um eine Identifizierung mit ihr, welche dazu dient, den Konflikt der Patientin wegen ihres Weggehens aus der Analyse von sich auf die Schwester als ihrem Ich-Ideal (Mutterersatz) zu verschieben. So kann die Patientin im Traum antworten, sie könne nicht mitgehen, sie bleibe hier. Den gleichen Konflikt wie der zweite Traum auf der Ich-Stufe zeigt der erste in infantiler Sprache bzw. auf der Stufe infantiler Regressionen: Der Knabe machte heftige (Geh-) Bewegungen mit den Beinen (Ungeduld), ohne von der Stelle zu kommen; später ist er sogar gelähmt, d. h. er kann überhaupt nicht weggehen« (Rank 1926, S. 108 ff.).

Nur eine eingehende Analyse der Lähmungshemmung auf dem Hintergrund der geburtstraumatischen Fixierung ist, wie hier angedeutet, nach Rank in der Lage, den Ablösungskonflikt wirklich durchzuarbeiten, die der Patientin dann ermöglicht, sich neuen Lebenszielen zuzuwenden.

Es ist deutlich, wie Rank seine Einsichten in die Bedeutung vorgeburtlicher und geburtlicher Gefühle für ein vertieftes Verständnis des therapeutischen Prozesses zur Förderung der kreativen Entwicklung der Liebesfähigkeit, des eigenen Wollens und der Fähigkeit zur eigenen Lebensgestaltung nutzt. Sein klinischer Ausgangspunkt war die Beobachtung, dass es am Ende der Analyse zum Auftreten von Geburtssymbolik kommt. Er schreibt dazu: »In einer Reihe meist erfolgreich zu Ende geführter Analysen ist es aufgefallen, dass in der Endphase der Analyse der Heilungsvorgang vom Unbewussten ganz regelmäßig in der uns großen Teils schon bekannten typischen Geburtssymbolik dargestellt wurde. Ich hatte bemerkt, dass es sich offenbar um die bekannte Phantasie der Wiedergeburt handelte, in die der Genesungswille des Patienten seine Heilung einkleidet, bis mir eines Tages an einem besonders deutlichen Fall klar wurde, dass der stärkste Widerstand gegen die Lösung der Übertragungslibido in der Endphase der Analyse sich in Form der frühesten infantilen Fixierungen an die Mutter äußert, dass diese Fixierung an die Mutter, welche der analytischen Fixierung zu Grunde zu legen schien, die früheste, rein physiologische Beziehung zum mütterlichen Körper beinhaltete. Damit wurde auch die Regelmäßigkeit der Wiedergeburtsphantasie verständlich und ihr reales Substrat analytisch fassbar. Die ›Wiedergeburtsphantasie‹ des Patienten erwies sich einfach als Wiederholung seiner Geburt in der Analyse, wobei die Lösung vom Libidoobjekt des Analytikers einer genauen Reproduktion der ersten Lösung vom ersten Libidoobjekt des Neugeborenen von der Mutter zu entsprechen schien. Die Analyse erweist sich also letzten Endes als nachträgliche Erledigung des unvollkommen bewältigten Geburtstraumas. Daraus ergibt sich, dass die eigentliche Übertragungslibido, die wir bei beiden Geschlechtern analytisch aufzulösen haben, die mütterliche ist, wie sie in der pränatalen, physiologischen Bindung zwischen Mutter und Kind gegeben war« (Rank 1924, S. 5).

Mit Recht betont Rank den kulturpsychologischen Zusammenhang jeder menschlichen Individuation. Der moderne Mensch ist nicht nur im Sinne der Aufklärung ein eigenständig Denkender, sondern im Sinne der Tiefenpsychologie auch ein eigenständig und aus sich heraus Fühlender und Handelnder, ein Schöpfer und Gestalter seines Lebens. Dieses Selbstverwirklichungs-Ideal in den demokratisch verfassten Gesellschaften ist in der Psychoanalyse Freuds angelegt, gelangt m. E. aber erst in der Psychoanalyse Ranks mit der Integration des vorgeburtlichen und geburtlichen Unbewussten zum Durchbruch. Zum Zusammenhang zwischen therapeutischer Individuation und moderner Individuationsmöglichkeit noch einmal Rank: »Ich fasse die Übertragung und die ihr zu Grunde liegende Verliebtheit selbst als ein Projektionsphänomen auf, d. h. aber in der Sprache der Willenspsychologie als einen Versuch des Individuums, seinen eigenen Willen statt zu verleugnen im anderen zu personifizieren und ihn so zu rechtfertigen. In diesem Sinne ist das Liebesgefühl, auch historisch betrachtet, eine Fortsetzung des religiösen Gefühls, mit dem es auch vielfach, am deutlichsten bei den Mystikern, verschmilzt. Die Verliebtheit ist die Fortsetzung der irrealen Willensrechtfertigung in Gott, in der irdischen Vergötterung eines realen Menschen, dessen eigener Wille dem unserigen möglichst gleich sein soll, doch immer von ihm verschieden bleibt«. »Der willensgebrochene Neurotiker will sich zunächst im Therapeuten einen »strengen Gott« setzen, der erlaubt und verbietet, d. h. aber, die moralische Verantwortung für den ethischen Willenskonflikt des Patienten übernimmt. Dieser ewige Menschheitskonflikt zwischen der Personifikation des eigenen Willens im anderen (Gott) und der Personifizierung des ihn gutheißenden ethischen Ideals im anderen (Liebe), mit anderen Worten zwischen religiösem Gefühl und erotischem Gefühl, spielt sich in der therapeutischen Situation vor unseren Augen ab. Und in beiden Sphären, als Kampf zwischen der Tendenz zur Verinhaltlichung, zur Realisierung und dem Wunsch nach Irrealität, die aber im Sinne der konstruktiven Therapie Ichheit, d. h. Selbständigkeit und Unabhängigkeit, bedeutet.« »Denn die Personifikation der Gottschöpfung muss irreal bleiben, wenn sie ihren Zweck, den Eigenwillen darzustellen, erfüllen soll: dass der Gott realiter nicht existiert, ist sein eigentlicher Wert, damit seine ganze Größe und Macht von selbst auf das Individuum zurück fällt. Umgekehrt muss die Liebesschöpfung realisiert werden, weil sie ihren Zweck, die positive Willensdurchsetzung durch Gutheißung des anderen erfüllen soll. Dieses tief wurzelnde Liebesbedürfnis unseres heutigen Menschentyps, das wir als reale Fortsetzung des irrealen Gottesbedürfnisses auf Erden charakterisiert haben, bildet das größte Hindernis einer konstruktiven Therapie, deren Aufgabe es ist, das Individuum diese Zusammenhänge im therapeutischen Erlebnis verstehen zu lassen. Dadurch wird erreicht, dass das Übermaß von neurotischer Selbstverachtung, wie es sich im Schuld- und Minderwertigkeitsgefühl manifestiert, zu einer Selbstakzeptierung der eigenen Individualität führt, die so von der Wertung irrealer und realer Außenmächte unabhängig wird« (Rank 1931, S. 39 ff.).

Entscheidend für die therapeutische Individuation ist nach Rank das Erleben in der analytischen Situation. Er schreibt dazu: »Das therapeutische Erlebnis muss nun das Individuum zum ersten Male (am Ende der Therapie) eine solche notwendige Trennung als eine selbst gewollte empfinden und auch durchführen lassen, was einem Willenssieg entspricht, wie ihn sonst nur der schöpferische Mensch zu erleben fähig ist. Im therapeutischen Erlebnis (jeder Art) scheint es notwendig, dass das Individuum seinen Schicksal schaffenden Eigenwillen auf den anderen projiziert, um sich als Geschöpf von der schöpferischen Schuld zu entlasten. Im konstruktiven Erlebnis der Trennung soll das in der analytischen Situation auf 2 Rollen verteilte Willensproblem wieder vereinheitlicht werden, indem das Individuum in den Stand gesetzt wird, die schöpferische Rolle des sich selbst und sein Schicksal schaffenden Ich zu übernehmen und zu bejahen« (Rank 1931, S. 44).

Ein wichtiger Gesichtspunkt für die Entwicklungspsychologie Otto Ranks (1927, 1928) ist der, dass das nachgeburtliche Ich gewissermaßen der Nachfolger des vorgeburtlichen Selbst ist. Daraus folgt der von ihm so genannte Total-Partial-Konflikt: wir streben immer nach der vorgeburtlichen Ganzheit, dem primären Narzissmus Freuds, können aber nur leben, wenn wir die Begrenztheit des realen Lebens akzeptieren, seine Partialität in der Ausdrucksweise Ranks: »Die allmähliche Entwicklung der eigenen Ganzheit im Ich-Gefühl ist der individuelle Ersatz der verlorenen Gesamttotalität und schützt das Kind vor der Urangst, wenngleich diese bei erreichter Ich-Einheitlichkeit durch die Angst vor dem möglichen Verlust derselben abgelöst wird. Diese Angst heftet sich dann bei Kenntnis des Todes an dieses universale Symbol der Ich-Auflösung, ist aber konkreterweise an die ständige Bedrohung des Total-Ichs durch die Außenwelt, das Leben selbst, gebunden. Denn das Leben fordert ständige Partialisierung und der gut angepasste Mensch wird im Stande sein müssen, durch ständige Partialabzahlung zu leben. Das neurotische Scheitern an dieser Aufgabe kann prinzipiell auf zweierlei Weise erfolgen: entweder, man wirft in jedes noch so unbedeutende Ereignis das ganze Ich, aus Angst, es sonst partiell zu verlieren (Lebensangst); oder man hält überhaupt das ganze Ich vom Leben fern (Todesangst), da weder die Partialisierung noch die Totalisierung möglich ist. Der Neurotiker, der sich aus Angst, sein Ich zu verlieren, nicht ans Leben heranwagt, kann auch nur durch Angst aus seiner Ich-Gebundenheit heraus getrieben werden. In diesem Sinne ist die Neurose zugleich ein Zurückgehalten- und ein Vorwärtsgetrieben werden, Krankheits- und Heilungsprozess in einem. Die Therapie hat nur die Heilungstendenzen zu stärken und die Krankheitstendenzen zu schwächen, ist mehr eine Akzentverschiebung im Menschen als eine Veränderung des ganzen. Die große Veränderung, die zur Entwicklung nötig ist, die Neurose selbst ist im Individuum bereits angebahnt, nur lässt es die Angst über einen gewissen Punkt nicht hinauskommen« (Rank 1931, S. 54).

Ich habe Rank so ausführlich zitiert, um die Systematik seiner Grundgedanken zu verdeutlichen, und zwar in der Überzeugung, dass die Ranksche Psychoanalyse wirklich der große Fortschritt war, als den Freud auch ihren ersten Entwurf im »Trauma der Geburt« zunächst gesehen hat. Doch aus den anfangs genannten zeitbedingten Widerständen heraus konnte sich in den damaligen psychoanalytischen Gesellschaften kein ausreichend stabiler Raum für einen wirklichen Diskurs entwickeln. Die ausführlichen Zitate sollten auch deutlich machen, dass er bereits eine Systematik der Integration des vorgeburtlichen und geburtlichen Unbewussten mit den nachgeburtlichen Individuationsvorgängen entworfen hat, die in dieser Form nicht wieder erreicht worden ist. In diesem Sinne sind die nachfolgenden weiteren Forschungen und Beobachtungen im Wesentlichen Ergänzungen, Vertiefungen von Einzelaspekten und eine Vervollständigung von Einsichten, die bei Rank auch schon angelegt sind. Darum will ich im Folgenden auch die weitere Entwicklung nur skizzieren und Hinweise auf die entsprechende Literatur geben. Doch zunächst noch eine Überlegung dazu, wie es möglich war, dass Rank in einer so genial erscheinenden Weise das vorgeburtliche und geburtliche Unbewusste entdecken und damit für die Psychoanalyse einen neuen Rahmen entwerfen konnte. Der Grund hierfür bestand darin, dass die vorgeburtliche und geburtliche Dimension des Unbewussten in einer latenten Weise von den Anfängen an in der Psychoanalyse präsent war. Hierzu zunächst einige Erläuterungen.

Die latente Präsenz des vorgeburtlichen und geburtlichen Unbewussten in der frühen Psychoanalyse

Freud hatte bereits 1900 in der »Traumdeutung« Geburtsträume behandelt und hat dieses Kapitel fortlaufend ab 1909 erheblich erweitert. Im gleichen Jahr erscheint Ranks »Mythos von der Geburt des Helden« (1909), der auf Freuds Anregung hin entstand. Die zentrale Folgerung formuliert Freud in einer neu hinzugefügten Fußnote in der Neuauflage der Traumdeutung von 1909, was dieser zentralen Folgerung jedoch einen Charakter der Beiläufigkeit gibt: »Der Geburtsakt ist übrigens das erste Angsterlebnis und somit die Quelle und das Vorbild des Angstaffektes« (Freud 1900a, S. 391). Zu den Geburtsträumen schreibt er: »Einer großen Anzahl von Träumen, die häufig angsterfüllt sind, oft das Passieren von engen Räumen oder den Aufenthalt im Wasser zum Inhalt haben, liegen Phantasien über das Intrauterinleben, das Verweilen im Mutterleib und den Geburtsakt zugrunde« (Freud 1900a, S. 390).

Ich habe in meinem Buch »Die Psychoanalyse der vorgeburtlichen Lebenszeit und der Geburt« die einzelnen Äußerungen Freuds zu dieser Thematik zusammengestellt und will dies hier nicht wiederholen, zumal diese Äußerungen sehr bekannt sind. Doch wurden diese Einsichten nie systematisiert. Freud spricht von Phantasien und der entscheidende Schritt von Rank besteht in der Anerkenntnis der Präsenz der ursprünglichen Erlebnisrealität in der »Geburtsphantasie« und der Realität der mit der Geburt verbundenen Trennungserfahrung. In einer verborgenen Weise ist aber die frühe Mutter-Imago im Werk Freuds, wie ich an anderem Ort ausgeführt habe (Janus 1989), durchaus präsent. Die Konzepte Freuds sind trotz ihrer Abstraktheit, durch den sie den konkreten frühen Mutterbezug verleugnen, offen für die vorgeburtliche und geburtliche Dimension. Das gilt für die Beschreibung des Unbewussten mit seinem traumartigen Charakter von Zeitlosigkeit und Jenseitigkeit, für die Libido in ihren Aspekten von Grenzenlosigkeit und traumartiger Wandlungsfähigkeit, in der etwas vom vorgeburtlichen Psychismus zum Ausdruck kommt, für die latente Geburtsbedeutung der Kastrationsangst, die die Trennung so zentral in den Vordergrund rückt, für den Narzissmus, den Freud im primären Narzissmus auch offen auf die vorgeburtliche Situation zurückführt, für den Todestrieb als Abstrahierung der Imago der bösen frühen vorgeburtlichen und geburtlichen Mutter, für den Ur-Masochismus als Beschreibung geburtstraumatischer Fixierungen usw. Besonders deutlich ist der latente pränatale Bezug auch in Freuds »Massenpsychologie und Ich-Analyse« (Janus 1994).

Bedeutsame Intuitionen in Bezug auf das vorgeburtliche Unbewusste formulierte Ferenczi an verschiedenen Stellen seines Werkes, insbesondere in »Entwicklungsstufen des Wirklichkeitssinnes« (1913) aber auch in kleineren Arbeiten wie »Der Todestrieb des unwillkommenen Kindes« (1929) formuliert er implizit tiefe Einsichten über die Folgewirkungen von ungewollter Schwangerschaft (s. auch Janus 1996; Häsing & Janus 1999; Levend & Janus 2002).

Bei Jung wird das vorgeburtliche Unbewusste, wie er es bei psychotischen Patienten und in der eigenen Selbsterfahrung entdeckte und vor allem im Mythos gespiegelt sah, zu einem wichtigen Bezugspunkt: »Die regredierende Libido desexualisiert sich anscheinend dadurch, dass sie allmählich bis auf vorsexuelle, frühinfantile Stufen zurückweicht. Auch dort macht sie nicht halt, sondern greift sogar auf den intrauterinen, pränatalen Zustand zurück [...] bricht damit aus der Sphäre persönlicher Psychologie in diejenige der kollektiven Psyche ein, d. h. Jona sieht die Mysterien, die ›représentations collectives‹ im Walfischbauch. Die Libido erreicht damit sozusagen eine Art Urzustand, in welchem sie wie Theseus und Perithoos bei ihrer Unterweltsfahrt festwachsen kann. Sie kann sich aber auch aus der mütterlichen Umschlingung wieder befreien und eine neue Lebensmöglichkeit an die Oberfläche bringen« (Jung 1985, S. 278).

Auch die Krankengeschichten Freuds lassen sich, wie ich an anderer Stelle dargestellt habe (Janus 1991), auf eine latente Präsenz vorgeburtlicher und geburtlicher Inhalte hin untersuchen. Besonders eindrücklich ist dies im »Kleinen Hans«, wo die Angst ausbricht, als ein Pferd in der Straße zusammenbricht und die durch die Schwangerschaft der Mutter aktivierten eigenen Geburtsängste des kleinen Hans aktualisiert werden. Auch in anderen Krankengeschichten lässt sich diese vorgeburtliche Dimension nachweisen (s. Janus 1991). Ich will dies nicht weiter verfolgen, sondern jetzt auf die Entwicklung nach Rank zurückkommen.

Weitere Erkundungen des vorgeburtlichen und geburtlichen Unbewussten

In gleicher Weise wie Rank hatte der jüngere Gustav Hans Graber die zentrale Bedeutung der vorgeburtlichen Beziehung und deren abrupte Trennung durch die Geburt erkannt. Er führte hierauf die menschliche Ambivalenz zurück und beschrieb neurotische Erkrankungen als vielfach bedingt durch vorgeburtliche Fixierungen (Graber 1924, 1966, 1978; s. auch Reiter 2005). Ein bedeutender Fortschritt war die Formulierung des »pränatalen Traumas« durch Fodor (1949), während insbesondere bei Graber noch eine gewisse Idealisierung des vorgeburtlichen Zustandes deutlich ist. Fodor bietet eine reiche Kasuistik zur Präsenz des vorgeburtlichen und geburtlichen Unbewussten in der analytischen Situation. Sein Schüler Francis Mott (1959, 1960, 1964) hat diese Anregungen in sehr kreativer Weise weiter verfolgt, fand aber trotz eines umfangreichen Werkes noch weniger Resonanz als Fodor. Die Marginalisierung von Graber, Fodor und Mott zeigt, dass es in den Nach-Freudschen psychoanalytischen Traditionen und Gruppen nicht möglich war, das Thema des vorgeburtlichen und geburtlichen Unbewussten zentral zu thematisieren. Eine Ausnahme bildete möglicherweise die argentinische Gruppe, in der Arnaldo Rascovsky (1974, 1978), einer der Mitbegründer der Internationalen Studiengemeinschaft für Pränatale und Perinatale Psychologie und Medizin (ISPPM), eine führende Rolle hatte.

Weitgehend unbeachtet von den Psychoanalytikern und Psychotherapeuten entwickelte die pränatale Stressforschung in den letzten 50 Jahren eine reiche Empirie zu den Folgewirkungen von vorgeburtlichem und geburtlichem Stress, letztlich mit dem irgendwie auch banalen Ergebnis, dass gestresste Mütter gestresste Kinder zur Welt bringen (Van den Bergh, 2002, 2005; Huizink 2005). Dieses Ergebnis findet durch die Befunde der modernen Hirnforschung eine Bestätigung. Danach erfolgen die synaptischen Verschaltungen während der vorgeburtlichen Entwicklung entsprechend den Bedingungen des Entwicklungsmilieus (Hüther 2005; Verny 2003), also z. B. ein Proliferieren der Verschaltungen für Stress bei stressreichen vorgeburtlichen Bedingungen und umgekehrt ein Proliferieren der Verschaltungen für Glücksgefühle bei positiven und bezogenen Entwicklungsbedingungen.

Große öffentliche Aufmerksamkeit fanden in den 1970er und -80er Jahren die Selbsterfahrungsmöglichkeiten von geburtlichen und vorgeburtlichen Erlebnisinhalten im Rahmen der Primärtherapie (Janov 1984), der LSD-Therapie (Grof 1983a; Kafkalides 1995) und des holotropen Atmens. Diese therapeutischen Ansätze und Erfahrungen bahnten die Entwicklung von Methoden an, die Präsenz von vorgeburtlichen und geburtlichen Erlebnisinhalten auch im Rahmen erlebniszentrierter Gruppenselbsterfahrung ohne besondere Hilfsmittel zugänglich zu machen (Emerson 2000). Dies förderte auch die Sensibilität für die latente Präsenz dieser Erlebensschicht im Alltagserleben. Ein Problem blieb die therapeutische Aufarbeitung. Besonders systematisch ist die Erfassung vorgeburtlicher und geburtlicher Erfahrungen, wie schon gesagt, durch die therapeutische Arbeit von William Emerson (1997, 2000) gefördert worden. In dem von mir herausgegebenen Buch »Pränatale Psychologie und Psychotherapie« (2004) finden sich auch Arbeiten von William Emerson (2004) über die therapeutische Aufarbeitung einer Traumatisierung in der frühen Schwangerschaft und von seinem Schüler Karlton Terry (2004) über Beobachtungen der Folgewirkungen bei künstlicher Befruchtung. Wenn auch in Relation zu der ungeheueren Fülle von psychoanalytischen Arbeiten die Zahl der pränatalpsychologisch orientierten Arbeiten relativ gering ist, so habe ich doch in einer Leseliste in dem angegebenen Buch weit über 300 Arbeiten zum Thema pränatal basierte Psychotherapie und Psychoanalyse angegeben, zu einem wichtigen Anteil auch von Psychoanalytikern (z. B. Blazy 1991; Huber 1994; Hollweg 1995; Sonne 1996; Wilheim 1995, 1998).

Eine neuere Entwicklung ist die so genannte Babytherapie, bei der auf einer vorsprachlichen Ebene Babys in der Verarbeitung vorgeburtlicher und geburtlicher Belastungen unterstützt werden (Renggli 2004). Eine Sonderentwicklung ist die Säuglingstherapie auf einer rein sprachlichen Ebene, wie sie von der Psychoanalytikerin Eliacheff (1994) beschrieben wird, wobei ich aber den Eindruck habe, dass entsprechend der französischen sprachzentrierten Kultur die vorsprachliche Wirkungsebene, die aus den Fallbeschreibungen durchaus ableitbar ist, zu wenig reflektiert wird.

In neuerer Zeit wird der pränatalpsychologische Gesichtspunkt auch durch die Ergebnisse der Psychotraumatologie zu den Folgewirkungen von sehr frühen Traumatisierungen (Hochauf 1999; Unfried 1999) bestätigt. Letztere haben auf einem psychoanalytischen Hintergrund ein auf die Erscheinungen vorsprachlicher Traumaelemente in der therapeutischen Situation zentriertes therapeutisches Vorgehen entwickelt. In ihren Fallbeschreibungen, insbesondere in der Kindertherapie, ist die Präsenz vorgeburtlicher und geburtlicher Verhaltens- und Erlebniselemente sehr prägnant. Dies gilt auch für die Arbeiten in dem von mir mit Sigrun Haibach herausgegebenen Reader »Seelisches Erleben vor und während der Geburt« (1997) mit Arbeiten psychoanalytischer Kinderpsychotherapeuten und körpertherapeutisch orientierter Regressionstherapeuten. Dabei finden auch die Folgewirkungen von den heute so häufigen geburtshilflichen Interventionen eine eingehende Schilderung.

Abschließende Bemerkungen

Die Forschungen auf verschiedenen methodischen Ebenen zur Bedeutung der vorgeburtlichen und geburtlichen Erfahrung haben die Einsichten der frühen Psychoanalyse eindrücklich bestätigt. Der Rückzug der psychoanalytischen Gesellschaften von diesem Terrain hatte u. a. auch den Grund, dass nicht nur in Bezug auf den Zeitgeist, sondern auch für die empirische

Wissenschaft die intuitiven Einsichten, wie Rank, Graber, Fodor u. a. sie dargestellt hatten, nicht akzeptabel waren und deshalb eine Gefahr für die Seriosität der Psychoanalyse darstellten. Das führte zum Teil dazu, dass Psychoanalytiker neurologische Argumente wie das vorbrachten, dass wegen der relativen Unreife der Markscheiden die Nervenfasern noch nicht leitungsfähig seien, um entsprechende Beobachtungen von Kollegen über die Aktualisierung von frühen Erfahrungen in der analytischen Situation zu widerlegen. Richtig ist, dass die Nervenleitung bei voll ausgereiften Markscheiden schneller verläuft, die Nervenleitung aber auch vorher schon vorhanden ist. Eine solche Argumentation scheint auch mehr eine Ratlosigkeit auszudrücken und die Befürchtung, sich mit Beobachtungen zu vorgeburtlichen Lebensinhalten zu weit zu exponieren. In der Zwischenzeit hat sich die Forschungslage grundlegend gewandelt. Die Befunde der Säuglingsforschung, der Psychotraumatologie (Hochauf 1999; Unfried 1999), der neurobiologischen Entwicklungsforschung (Hüther 2005, zusammengefasst in Verny 2003), und der Stressforschung (Van den Bergh 2005; Huizink 2005) sind eindeutig in der Aussage, dass vorgeburtliche und geburtliche Erfahrungen lebensgeschichtlich eine große Bedeutung haben. Mir scheint damit der Ball wieder zu den Psychoanalytikern und Tiefenpsychologen zurückzukommen zu sein, eine Differenzierung am Einzelfall (Janus 2000b; Milch 2005 u. a.) und eine kulturpsychologische Reflexion (Renggli 2003) durchzuführen, die auf den anderen Forschungsebenen nicht möglich ist. Dann kann auch deutlich werden, wie tief die Reflexion des vorgeburtlichen und geburtlichen Unbewussten in der kulturellen Tradition wurzelt. Der dänische Kulturwissenschaftler Johannes Fabricius (2003) hat in Fortführung von Einsichten Silberers und Jungs gezeigt, wie das vorgeburtliche und geburtliche Unbewusste in der Bildmetaphorik der alchemistischen Bilderserien erkundet wurde. Die kreative Ursprünglichkeit der alchemistischen Bilderserien erlaubt hochmoderne tiefe Einsichten in die Wurzeln unserer Identitätsbildung (Fabricius 2002a; Sahlberg 2004). Dies kann wiederum dafür sensibilisieren, wie in der Entwicklung von Künstlern in ihren Werken das vorgeburtliche und geburtliche Unbewusste verarbeitet worden ist (Fabricius 2002b, 2003; Janus & Evertz 2003).

Die gute Nachricht, die ich mit all diesen Hinweisen zu vermitteln suche, ist die, dass wir mit den Arbeiten der genannten und noch etlicher anderer Psychoanalytiker und insbesondere der Systematik von Rank einen guten Ausgangsgrund für eine neue Zuwendung zur Erkundung der lebensgeschichtlichen Bedeutung frühester Erfahrung haben. Dies birgt auch große Möglichkeiten der Prävention durch eine psychoanalytisch basierte Förderung der vorgeburtlichen Beziehung (Hidas & Raffai 2005; Raffai 1999). Die Befunde zu den schlimmen Auswirkungen von vorgeburtlichen Belastungen durch Kriege (Janus 1999; Puhar 2000) fordern eine größere Verantwortlichkeit in dieser Hinsicht. Um eine Erweiterung der Psychoanalyse um den biographischen Raum der vorgeburtlichen Lebenszeit und der Geburt zu erreichen, ist sicher eine nachdenkliche Reflexion der Schattenseite von Schulenbildungen und von Verleugnungen und Verdrängungen schon gewonnener Einsichten in der Tradition der Psychoanalyse notwendig.

Literatur

Adler, A (1907): Studie über Minderwertigkeit von Organen. Darmstadt (Wissenschaftliche Buchgemeinschaft) 1965.
Adler, A. (1911): Zur Kritik der Freudschen Lehre des Sexuallebens. In: A. Adler & C. Furtmüller (Hg.): Heilen und Bilden. Frankfurt/M. (Fischer) 1983, S. 94–113.
Alberti, B. (2005): Die Seele fühlt von Anfang an. München (Kösel).
DeMause, L. (1996): Restaging Fetal Traumas in War and Social Violence. In: Int J of Prenatal and Perinatal Psychology and Medicine 8, S. 171–212.
DeMause, L. (2000): Was ist Psychohistorie? Gießen (Psychosozial).
Eliacheff, C .(1994): Das Kind, das eine Katze sein wollte. München (Kunstmann).
Emerson, W. (1997): Die Folgen von geburtshilflichen Eingriffen. In: L. Janus & S. Haibach (Hg.): Seelisches Erleben vor und während der Geburt. Neu-Isenburg (LinguaMed).
Emerson, W. (2000): Die Behandlung von Geburtstraumata bei Säuglingen und Kindern. Bezug: Sekretariat der ISPPM, Friedhofweg 8, 69118 Heidelberg.
Emerson, W. (2004): Psychotherapy with Children. In: L. Janus (Hg.): Pränatale Psychologie und Psychotherapie. Heidelberg (Mattes).
Evertz, K. & Janus, L. (2003) (Hg.): Kunstanalyse. Heidelberg (Mattes).
Fabricius, J. (2002a): The Depth Regression of the Libido in the Individuation Process: Playback of the Film of Life. In: Int J of Prenatal and Perinatal Psychology and Medicine 14, S. 213–221.
Fabricius, J. (2002b): Der Individuationsprozess bei Carl Maria von Weber. In: Int J of Prenatal and Perinatal Psychology and Medicine 14, S. 349–306.
Fabricius, J. (2003): Alchemie – Ursprung der Tiefenpsychologie. Gießen (Psychosozial).
Ferenczi, S. (1913): Entwicklungsstufen des Wirklichkeitssinnes. In: Ders.: Bausteine der Psychoanalyse, Bd. I. Bern (Huber) 1964.
Fodor, N. (1949): The Search for the Beloved. A Clinical Investigation of the Trauma of Birth and the Prenatal Condition. New York (University Books).

Freud, S. (1900a): Die Traumdeutung, GW II/III, S. 1–624, zitiert nach Freud S. Studienausgabe Bd. II. Fischer, Frankfurt 1972.
Freud, S. (1924c): Das ökonomische Problem des Masochismus. GW XIII, S. 371–383.
Freud, S. (1927c): Die Zukunft einer Illusion. GW IV, S. 325–380.
Freud, S. (1930a): Das Unbehagen an der Kultur. GW XIV, S. 390–506.
Freud, W. E. (2003) Pränatale Bindung, das Pränatale Kontinuum und die psychologische Seite der Neugeborenen Intensivpflege. In: Ders.: Remaining in Touch – zur Bedeutung der Kontinuität früher Beziehungserfahrungen. Frankfurt/M. (Edition Déjà-vu).
Graber, G. H. (1924): Die Ambivalenz des Kindes. Ges. Werke, Bd. 1. Bezug: Sekretariat der ISPPM, Friedhofweg 8, 69118 Heidelberg.
Graber, G. H. (1966): Die Not des Lebens und seine Überwindung. Düsseldorf (Ardschuna).
Graber, G. H. (1978): Gesammelte Schriften, Band I–IV. Berlin (Pinel). Bezug: Sekretariat der ISPPM, Friedhofweg 8, 69118 Heidelberg.
Grof, S. (1983a): Topographie des Unbewußten. Stuttgart (Klett-Cotta).
Grof, S. (1983b): Perinatale Ursprünge von Kriegen, Revolutionen und Totalitarismus. In: Kindheit 5, S. 25–40.
Häsing, H. & Janus, L. (Hg.): Ungewollte Kinder. Wiesbaden (text-o-phon).
Hidas, G. & Raffai, J. (2005): Die Nabelschnur der Seele. Gießen (Psychosozial).
Hochauf. R. (1999): Imaginative Psychotherapie bei frühtraumatisierten Kindern. In: Int J of Prenatal and Perinatal Psychology and Medicine 11, S. 503–517.
Hollweg, W. H. (1995): Von der Wahrheit die frei macht. Heidelberg (Mattes).
House, S. (1999): Primal Integration. The School of Lake. In: Int J of Prenatal and Perinatal Psychology and Medicine 11, S. 437–458.
Huber, R. (1994): Die wiedergefundene vorgeburtliche Beziehung. Die Bedeutung der vorgeburtlichen Mutter-Kindbeziehung für das Lebensgefühl an einem klinischen Beispiel. In: Int J of Prenatal and Perinatal Psychology and Medicine 6, S. 141–149.
Hüther, G. (2005): Pränatale Einflüsse auf die Hirnentwicklung. In: I. Krens & H. Krens (Hg.): Grundlagen einer vorgeburtlichen Psychologie. Göttingen (Vandenhoeck & Rupprecht).
Huizink A (2005): Pränataler mütterlicher Stress und die Entwicklung des Säuglings. In: I. Krens & H. Krens (Hg.): Grundlagen einer vorgeburtlichen Psychologie. Göttingen (Vandenhoeck & Rupprecht).
Janus, L. (1988): Zum Zusammenhang von Geburt und Lebensgestaltung im Märchen und Mythos. In: Kind und Umwelt 57, S. 3–19.
Janus, L. (1989): Erscheinungsweisen der frühen Mutter im Werk Freuds. In: H. V. Werthmann (Hg.): Unbewußte Phantasien. München (Pfeiffer).
Janus, L. (1991): Prä- und perinatale Aspekte in Freuds Krankengeschichten. In: C. Büttner, H. V. Werthmann, D. Elschenbroich & A. Ende (Hg.): Aller Anfang ist schwer – die Bedeutung der Geburt für psychische und historische Prozesse. Weinheim (Beltz).
Janus, L. (1992): Ausgrenzung und Reintegration in der Forschungsgeschichte der Psychoanalyse. In: Psychoanalyse im Widerspruch 7, S. 101–112.
Janus L (1994): Pränatalpsychologische Aspekte in Freuds Massenpsychologie und

Ich-Analyse. In: Int J of Prenatal and Perinatal Psychology and Medicine 6, S. 335–344.

Janus, L. (1995): Entwicklungen zu einer neuen Kultur im Umgang mit Schwangerschaft und Geburt. In: Gebären – Ethnomedizinische Perspektiven und neue Wege. Berlin (VWB).

Janus, L. (1996): Das ungewollte Kind und sein Todestrieb. In: Int J of Prenatal and Perinatal Psychology and Medicine 8, S. 367–378.

Janus, L. (1997a): Wie die Seele entsteht? Heidelberg (Mattes).

Janus, L. (1997b): Die Objektbeziehungspsychologie Otto Ranks. In: Int J of Prenatal and Perinatal Psychology and Medicine 9, S. 323–340.

Janus, L. (1999): Das vergessene Leid der deutschen Kriegskinder. In: L. Janus (Hg.): Ungewollte Kinder. Wiesbaden (text-o-phon).

Janus, L. (2000a): Die Psychoanalyse der vorgeburtlichen Lebenszeit und der Geburt. Gießen (Psychosozial).

Janus, L. (2000b): Der Seelenraum des Ungeborenen. Düsseldorf (Walter).

Janus, L. (Hg.) (2002): The Significance of the Earliest Phases of Childhood for Later Life and Society. Bezug: Sekretariat der ISPPM, Friedhofweg 8, 69118 Heidelberg.

Janus, L. (2004): Pränatale Psychologie und Psychotherapie. Heidelberg (Mattes).

Jung, C. G. (1912): Wandlungen und Symbole der Libido. Wien, Leipzig, Zürich (Internationaler Psychoanalytischer Verlag).

Jung, C. G. (1985): Heros und Mutterarchetyp. Grundwerk, Bd. 8. Olten, Freiburg (Walter).

Kafkalides, A. (1995): The Knowledge of the Womb. Heidelberg (Mattes).

Leitner, M. (1998): Der Einfluß Otto Ranks auf die Entwicklung der Technik in der Psychoanalyse. In: L. Janus (Hg.): Die Wiederentdeckung Otto Ranks für die Psychoanalyse. Psychosozial 21, S. 53–69.

Leitner, M. (1998): Freud, Rank und die Folgen. Wien (Turia und Kant).

Levend, H, & Janus, L. (Hg.) (2000): Drum hab ich kein Gesicht – Kinder aus ungewollten Schwangerschaften. Würzburg (Echter).

Lake, F. (1978): Treating Psychosomatic Disorders Relating to Birthtrauma. In: Journal of Psychosomatic Research 22, S. 227–238.

Lake, F (1980): Constricted Confusions. Bezug: Textstudio Gross, Brahmsstr. 1, 69118 Heidelberg.

Milch W. & Berliner, B. (2005): Auf den Spuren der Selbstwerdung. In: I. Krens & H. Krens (Hg.): Grundlagen einer vorgeburtlichen Psychologie. Göttingen (Vandenhoeck & Rupprecht).

Morgan, E. (1959): The Descent of the Child. New York, Oxford (Oxford University Press).

Mott, F. (1959): The Nature of Self. London (Allen Wingate).

Mott, F. (1960): The Mythology of Prenatal Life. London (The Integration Publishing Company).

Mott, F. (1964): The Universal Design of Creation. Edenbridge (Mark Beech).

Puhar, A. (2000): Die Kindheitsursprünge des Krieges in Jugoslawien. In: L. Janus & W. Kurth (Hg.): Psychohistorie, Gruppenphantasie und Krieg. Heidelberg (Mattes).

Raffai, J. (1999): Die größeren Entwicklungschancen des Kindes im Mutterleib durch die Bindungsanalyse. In: Int J of Prenatal and Perinatal Psychology and Medicine 11, S. 353-364.
Rank, O. (1909): Der Mythos von der Geburt des Helden. Versuch einer psychologischen Mythendeutung. Zweite, wesentlich erweiterte Auflage (1922), Leipzig und Wien (Deuticke).
Rank, O. (1924): Das Trauma der Geburt. Gießen (Psychosozial) 1998.
Rank, O. (1926): Die analytische Situation. Technik der Psychoanalyse I. Leipzig, Wien (Deuticke).
Rank, O. (1926): Technik der Psychoanalyse I. Die analytische Situation illustriert an der Traumdeutungstechnik. Leipzig und Wien (Deuticke).
Rank, O. (1927): Grundzüge einer Genetischen Psychologie. Auf Grund der Psychoanalyse der Ichstruktur. I. Teil. Leipzig und Wien (Deuticke).
Rank, O. (1928): Gestaltung und Ausdruck der Persönlichkeit. II. Teil der »Grundzüge einer Genetischen Psychologie«. Leipzig und Wien (Deuticke).
Rank, O. (1929): Technik der Psychoanalyse II. Die analytische Reaktion in ihren konstruktiven Elementen. Leipzig und Wien (Deuticke).
Rank, O. (1930): Seelenglaube und Psychologie. Eine prinzipielle Untersuchung über Ursprung, Entwicklung und Wesen des Seelischen. Leipzig und Wien (Deuticke).
Rank, O. (1931): Technik der Psychoanalyse III. Die Analyse des Analytikers und seiner Rolle in der Gesamtsituation. Leipzig und Wien (Deuticke).
Rank, O. (1932): Der Künstler. Gießen (Psychosozial) 2000.
Rascovsky, A. (1974): Das Ich als Doppel des Es und die Entwicklung der primitiven Objektbeziehungen. In: G. H. Graber (Hg.): Pränatale Psychologie. München (Kindler).
Rascovky, A. (1978): Die vorgeburtliche Entwicklung. München (Kindler).
Reiter, A. (2004): Introspektiver Zugang zum vorgeburtlichen Erleben – eine kasuistische Illustration. In: L. Janus (Hg.): Pränatale Psychologie und Psychotherapie. Heidelberg (Mattes).
Reiter, A. (2004): Dialektik von Ich-Entwicklung und Individuation bei Gustav H. Graber. In: L. Janus (Hg.): Pränatale Psychologie und Psychotherapie. Heidelberg (Mattes).
Renggli, F. (2003): Der Ursprung der Angst – antike Mythen und das Trauma der Geburt. Düsseldorf (Walter).
Renggli, F. (2004): Babytherapie. In: L. Janus (Hg.): Pränatale Psychologie und Psychotherapie. Heidelberg (Mattes).
Sahlberg, O. (2004): Reise zu Gott und Rückkehr ins Leben. Gießen (Psychosozial).
Sloterdijk, P. (1998): Sphären I. Frankfurt/M. (Suhrkamp).
Sloterdijk, P. (1999): Sphären II. Frankfurt/M. (Suhrkamp).
Sloterdijk, P. (2004): Sphären III. Frankfurt/M. (Suhrkamp).
Schwartz, P. (1964): Geburtsschäden bei Neugeborenen. Jena (Gustav Fischer).
Sonne, J. (1996): Interpreting the Dread of Being Aborted to Models of Therapy and Models of Mind. In: Int J of Prenatal and Perinatal Psychology and Medicine 8, S. 317-340.

Terry, K. (2004): Observations in Treatment of children conceived by In Vitro Fertilisation. In: L. Janus (Hg.): Pränatale Psychologie und Psychotherapie. Heidelberg (Mattes).

Unfried, N. (1999): Erfahrungsbilanz bei Behandlung von Kindern mit prä- und perinatalen Traumen. In: Int J of Prenatal and Perinatal Psychology and Medicine 11, S. 518–528.

Van den Bergh, B. (2002): The effect of maternal stress and anxiety in prenatal life on fetus and child. In: L. Janus (Hg.): The Significance of Early Childhood for Later Life and Society. Bezug: Sekretariat der ISPPM, Friedhofweg 8, 69118 Heidelberg.

Van den Bergh, B. (2005): Über die Folgen negativer mütterlicher Emotionalität während der Schwangerschaft. In: I. Krens & H. Krens (Hg.): Grundlagen einer vorgeburtlichen Psychologie. Göttingen (Vandenhoeck & Rupprecht).

Verny, T. (2003): Das Baby von Morgen. Frankfurt/M. (Zweitausendeins).

Wasdell, D. (1993): Die pränatalen und perinatalen Wurzeln von Religion und Krieg. Bezug: Textstudio Gross, Brahmsstr. 1, 69118 Heidelberg.

Wilheim, J. (1995): Unterwegs zur Geburt. Heidelberg (Mattes).

Wilheim, J. (1998): Klinische Manifestationen früher traumatischer Eindrücke. In: Int J of Prenatal and Perinatal Psychology and Medicine 10, S. 197–208.

Gerhard Schüßler

Das Unbewusste in der Säuglingsforschung

> »*Die Bewusstheit ist die letzte und späteste Entwickelung des Organischen und folglich auch das Unfertigste und Unkräftigste daran*«
> (Nietzsche, Die fröhliche Wissenschaft, Aph. 11, Das Bewusstsein, 1882).

Der Gedanke des Unbewussten lag im 19. Jahrhundert als philosophischer Grundgedanke »in der Luft«. Insbesondere von Schopenhauer, Nietzsche und der Philosophie des deutschen Idealismus vorbereitet, verbleibt es dennoch das größte Verdienst Freuds, das Unbewusste klinisch und theoretisch erschlossen zu haben (Ellenberger 1970). Freud selbst hat bekanntlich seine Entdeckung des Unbewussten – und die damit zur Illusion werdende Überzeugung des Menschen, über sich selbst vollständige Kontrolle zu haben – als dritte große Revolution nach der kopernikanischen und darwinistischen Wende bezeichnet.

Mit der immensen Ausdehnung der Säuglingsforschung ist die historisch erstmalige Möglichkeit entstanden, das Unbewusste in seiner Entstehungsgeschichte zu beobachten, in Abhängigkeit und in aktiver Auseinandersetzung mit seiner – vorwiegend familialen – Umwelt. Durch die Befunde der Säuglingsforscher, die innerhalb der Psychoanalyse breit rezipiert worden sind, hat sich das Bild des Säuglings entschieden gewandelt. Der in Analysen rekonstruierte Säugling ist nicht derselbe wie der, der empirisch beobachtet werden kann. Darüber hat es breite und ausgedehnte Kontroversen gegeben, die teilweise immer noch andauern. Ich werde hier skizzieren, was die empirische Säuglingsforschung zur Veränderung dieses Bildes beigetragen hat und welche Folgerungen sich m. E. für eine veränderte Konzeption des Unbewussten ergeben.

Nicht nur in der Psychoanalyse, sondern auch in anderen Wissenschaftsdisziplinen wurde immer wieder die Auffassung vertreten, dass das Neugeborene zu Beginn seiner seelischen und geistigen Entwicklung als »Tabula rasa« zu betrachten sei, lediglich ausgestattet mit lebensnotwendigen Reflexen. »Nicht wahr, das kleine Lebewesen ist ein recht armseliges, ohnmächtiges Ding gegen die übermächtige Außenwelt, die voll ist von zerstörenden Einwirkungen. Ein primitives Lebewesen, das keine zureichende

Ich-Organisation entwickelt hat, ist all diesen Traumen ausgesetzt. [...] Es lebt der blinden Befriedigung seiner Triebwünsche und geht so häufig an diesen zugrunde« – so heißt es noch bei Freud (1926, S. 229), der damit zugleich ein unfreiwilliges Beispiel dafür liefert, wie sehr eine Theorie (die Triebtheorie) die Wahrnehmung färbt. Freilich gilt das auch für heutige Theorien über die Entwicklung des Säuglings.

Der Entwicklung der ersten Lebensjahre wurde durch die Psychoanalyse eine entscheidende Bedeutung für das gesamte spätere Leben zugewiesen und dies bestätigen die Ergebnisse der heutigen Säuglingsforscher nachhaltig. Freud sah die Entwicklung des Kindes getrieben durch die Entfaltung der Libido und benannte die Schritte entsprechend der Triebentwicklung als Phase des primären Narzissmus (nach Geburt) und die darauf folgenden Phasen oral (1. Lebensjahr), anal und genital (ödipal). Während sein Augenmerk im Wesentlichen den ödipalen Störungen galt (Störungen, die er in der ödipalen Phase der Triebentwicklung begründet glaubte), haben seine Nachfolger die Ursachen seelischer Störungen immer weiter und früher in das Leben eines Menschen zurückdatiert – in die ersten Lebensjahre, ja bis in die ersten Lebensmonate.

Die Säuglingsphase (die eine Lebensspanne von der Geburt bis zu etwa 1½ Jahren umfasst) steht – wie das Zitat Freuds zeigt – unter dem Einfluss unbewusster, langsam beginnender vorbewusster Einflüsse. Freuds Unbewusstes zeichnet sich aus durch nonverbales, primär-prozesshaftes Denken und arbeitet gemäß dem Lustprinzip. Erst mit der Entwicklung der Ich-Funktionen (Ende des ersten bis zum zweiten Lebensjahr) aus einzelnen »Ich-Kernen« in Beziehung zur äußeren Wirklichkeit komme es langsam zum Aufbau seelischer Strukturen, die als Ich und Über-Ich bezeichnet werden. Das kindliche Unbewusste ist im Wesentlichen primärprozesshaft, während die durch Abwehr bestimmten verdrängten Inhalte des Unbewussten erst später hinzuwachsen.

Während sich die Theorie des Unbewussten in der Psychoanalyse zunehmend weiterentwickelte, hafteten ihr dennoch die ungelösten Fragen der Theorie-Vergangenheit weiter an: Stimmt das Bild, wonach man sich das Unbewusste als im Wesentlichen von primitiven, emotionalen und Instinkt-gesteuerten Prozessen komponiert vorzustellen habe? Ist das kleine Lebewesen wirklich ein so armseliges, ohnmächtiges Ding, das nur seinen primär-prozesshaften Trieben ausgeliefert ist und der fürsorglichen Steuerung der Eltern bedarf? Schauen wir uns einige Befunde der Säuglingsforschung dazu an.

Ergebnisse der Säuglingsforschung

Forschungsmethoden

Seit über drei Jahrzehnten stellen die Ergebnisse der empirischen Verhaltensforschung den Säugling in einem völlig veränderten Licht dar. Der Säugling erscheint als aktives, kompetentes und interagierendes Wesen (Keller & Meyer 1982). Das Neugeborene besitzt bereits differenzierte Wahrnehmungsfunktionen zum Erkennen der Umwelt. Es ist fähig zu lernen und Gedächtnisspuren anzulegen, um komplexe Vorgänge aufnehmen zu können und verfügt über verschiedene präverbale Kommunikationsweisen, die eine zielgerichtete Interaktion mit den ersten Beziehungspersonen ermöglichen. Solche Ergebnisse wurden überwiegend in sorgfältigen empirischen Videoanalysen mit Methoden wie Präferenztest, Habituierungsversuch, Konditionierungsexperiment gewonnen. Erst die Videotechnik mit der Möglichkeit der extremen zeitlichen Verlangsamung bot hier neue Zugänge.

Beim Präferenztest werden dem Säugling alternative Reize gleichzeitig angeboten und anhand der Reaktionen festgestellt, ob die Reaktion auf den einen oder den anderen Reiz überwiegt. Ist dies der Fall, so wird daraus die Schlussfolgerung gezogen, dass das Kind in der Lage ist, die angebotenen Reize zu unterscheiden. So kann man dem Säugling etwa ein Bild der Mutter und ein anderes beliebiges Photo zeigen und beobachten, wohin seine Augen wandern und schließlich, wo sein Blick länger »hängen« bleibt.

Bei einem Habituierungsversuch wird dem Kind ein Reiz solange angeboten, bis es auf ihn nicht mehr bzw. mit einem Reaktionsabfall reagiert, indem es etwa den Kopf abwendet oder anderweitig anzeigt, das Interesse zu verlieren. Es wird dann ein neuer Reiz präsentiert, um daraus zu schließen, ob es den neuen von dem alten unterscheiden kann. Habituierungsexperimente lassen sich interessanterweise schon beim Neugeborenen durchführen, was die Schlussfolgerung zulässt, dass bereits Neugeborene über Gedächtnisstrukturen verfügen. Präferenztest und Habituierungsversuche werden hauptsächlich zur Erfassung von Wahrnehmungsfunktionen im Säuglingsalter eingesetzt.

Konditionierungsexperimente im frühen Säuglingsalter konzentrieren sich ebenfalls auf die Untersuchung der Wahrnehmungsentwicklung und der damit verbundenen Prozesse wie Lernen, Gedächtnis und Informationsverarbeitung.

Diese Methoden dienten vor allem dem Nachweis, dass Säuglinge schon viel früher als bislang angenommen, über erhebliche Kompetenzen – etwa bei der Unterscheidung von Reizen, bei der Erinnerung an Gesehenes und beim Vergleichen – verfügen. Bei der Erforschung der Eltern-Kind-Interaktion gelangten diese Methoden jedoch sehr bald an Grenzen, weil man den Säugling nicht isoliert von seinen Pflegepersonen auf längere Sicht halten kann.

Die Entwicklung der Film- und Computertechnik eröffnete nun ungeahnte Möglichkeiten, Eltern-Kind-Interaktionen mikroanalytisch zu betrachten, d. h. Verhalten in kleinsten Sequenzen zu entschlüsseln, die mit dem bloßen Auge nicht zu sehen sind. Diese Methoden erlauben den Nachweis von feinsten Verhaltensregulationen zwischen Kind und Pflegeperson. Durch die mikroanalytischen Untersuchungen von Mimik und Motorik des Säuglings gelang es, emotionale Zustände und Prozesse aufzuschlüsseln und Querverbindungen zu den Bezugspersonen aufzuzeigen.

Die Entfaltung der angeborenen Potentiale in der Interaktion

Mittels Präferenz und Habituierungsversuch lässt sich erschließen, dass Kinder visuell und auditiv bereits in den ersten Lebenswochen auf verschiedene mimische Gesichtsausdrücke oder Töne klar reagieren und sie auch unterscheiden können. Auch im Bereich des Geruchssinnes können bereits ab den ersten Lebenstagen z. B. die Gerüche der Mutter gegenüber neutralen Geruchsqualitäten bzw. dem Geruch einer fremden Frau unterschieden werden. In Konditionierungsexperimenten werden Lernprozesse entschlüsselt: Kinder sind bereits von Lebensbeginn an fähig, Gedächtnisstrukturen aufzubauen.

In der Mutter-Kind-Interaktion entfalten sich unbewusste (aber bewusstseinsfähige) biologisch vorgegebene Muster: So halten Eltern automatisch, wenn sie den Dialog mit dem Säugling aufnehmen, ihr Gesicht in einer frontalen durchschnittlichen Entfernung von 22,5 cm – dieser Abstand entspricht der optimalen Sehschärfe des Neugeborenen. Das machen Eltern in allen Kulturen so! Wenn ein Kleinkind den Kontakt zur Betreuungsperson aufnimmt, antwortet diese Person automatisch mit einer Grußreaktion, indem sie den Mund etwas öffnet und die Augenbrauen hochzieht. Auch das scheint ein kulturinvariantes Muster zu sein.

Ein solches experimentell-beobachtendes Vorgehen ergibt sich aus der

Notwendigkeit, dass der Säugling aufgrund seiner fehlenden Sprachkompetenz nicht Bericht über sich oder sein Erleben geben kann. Man musste deshalb feinsinnige und sensible Beobachtungsmethoden und apparative Messverfahren entwickeln, die einen Rückschluss auf sein Erleben und Verhalten ermöglichen. Inneres Erleben und innere Wirklichkeit des Kleinkindes bleiben damit nur durch die Ergebnisse »der äußeren beobachtbaren Wirklichkeit« erschließbar. Was der Säugling wirklich erlebt, ist letztlich unzugänglich, dennoch kann bezüglich der seelischen Fähigkeiten und Funktionen mittlerweile recht viel berichtet werden. Es ist anzumerken, dass auch im Fall von sprachfähigen Erwachsenen ein verbaler »Bericht« keineswegs ein zuverlässiges Dokument des inneren Erlebens ist; auch hier muss erschlossen werden, was seelisch vermutlich vor sich geht und das kann dann in sinnreichen Experimenten erneut überprüft werden. Die Situation ist in dieser Hinsicht also nicht sehr viel anders beim Erwachsenen und beim Säugling. Das Argument, der Säugling könne nicht berichten, trifft – aber eben auch bei allen anderen Gelegenheiten und dann ist es zu allgemein. Es spricht jedenfalls nicht gegen beobachtend-experimentelle Säuglingsforschung.

Das Gedächtnis ermöglicht soziale Bezugnahme

Das Neugeborene – dies belegen derartige Befunde – ist kein isoliertes, passiv-subcortikales Wesen, sondern von Geburt an ein aktives soziales Wesen. Es ist ein bezogenes »offenes« Wesen (System) und besitzt nichts »narzisstisch in sich Geschlossenes«, wie Freud und andere nach ihm meinten. Es verfügt in allen seinen Modalitäten über primitive Wahrnehmungsfähigkeiten, kann einfache Denkprozesse durchführen und ist in einer beginnenden Form zu absichtvollen Handlungen fähig (Gergely et al. 2002). Dies ermöglicht dem Kleinkind, in einen Dialog mit der Umwelt zu treten, zugleich aber einen gewissen Grad von Unabhängigkeit von der ihn umsorgenden Umwelt zu erlangen (Stone et al. 1973). Die auditive Wahrnehmung und der Geschmackssinn sind bereits vor der Geburt ausgebildet, die visuelle Wahrnehmung und der Geruchssinn sind ebenso wie der Tast- und Bewegungssinn von Anfang an vorhanden. Die Fähigkeiten zum Lernen sind aufgrund der unterschiedlichen Gedächtnissysteme, die erst in den ersten Lebensjahren heranreifen, begrenzt. Die Fähigkeiten des Neugeborenen wachsen jedoch rasch an. Neugeborene entwickeln damit bereits von Lebensbeginn an Gedächtnisspuren und wie die gesamte Gedächtnisforschung belegt, spielen die Affekte eine bedeutende Rolle. Drei Lernarten scheinen im Vordergrund zu stehen: das konditionierte Lernen, die Gewöhnung und prozedurales Lernen. Der Säugling verfügt freilich nur über erste Ansätze zu einer symbolischen Informationsverarbeitung. Die wesentlichen Gedächtnisinhalte sind implizit (unbewusst). Den Aufbau des Gedächtnisses und seiner verschiedenen Typen kann man sich in einer überblicksartigen »Gehirnlandkarte« etwa folgendermaßen vorstellen:

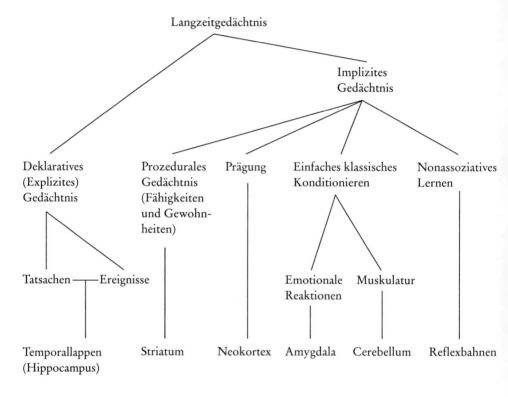

Abbildung 1: Diese Aufstellung listet die wesentlichen Gedächtnisformen und ihre neuroanatomische Lokalisation auf (in Anlehnung an Squire 1987)

Das explizite (deklarative) Gedächtnis steht dem Menschen erst mit der Ausreifung des Hippocampus, des Temporallappens und der präfrontalen Regionen im ersten, zweiten und dritten Lebensjahr völlig zur Verfügung.

Dies bedeutet, dass der Säugling eine Fülle von Erinnerungen speichert, die dem symbolischen System nur in Form von Bildern oder Bildfragmenten, aber nicht in der Form von Sprache zugänglich sind. In impliziten Gedächtnisbereichen vollziehen sich hingegen fundamentale Entwicklungen. So gehen Neurobiologen davon aus, dass ein Großteil des Lernens (vor allen Dingen unser soziales Lernen) sich in den ersten 5–6 Lebensjahren vollzieht. Das beim Säugling im Vordergrund stehende implizite Gedächtnis ist auch beim Erwachsenen überwiegend automatischer Natur, sein Abruf ist nicht an eine bewusste Aufmerksamkeit geknüpft. »Skillfull behavior or habits, simple conditioning including emotional learning, the phenomenon of priming and other instances where experience changes the facility for operating in the world but without affording conscious access to specific past events. Where as a declarative memory concerns recollection, non-declarative memory concerns behavior change [...] The representation of a past event that is inaccessible to retrieval but that affects one functioning would be considered part of procedural knowledge« (Squire 1992, S. 210).

Ein Erinnern, das über symbolisches Wissen verfügen kann, entsteht danach also relativ spät; aber es kann dieses Erinnern »deklarieren«. Unterbau dieser symbolisierungsfähigen Gedächtnisleistung ist das nicht-deklarative Gedächtnis, das sich nicht auf Symbole, sondern auf Handlungen und Erleben jenseits der Sprachfähigkeit bezieht. Als implizit-unbewusst Erlerntes bestimmt es auch nach Erwerb der symbolisch-bewussten Gedächtnis- und Verarbeitungssysteme weiterhin unser Verhalten und Erleben. Zu diesen frühen impliziten Erinnerungen kann jedoch (das ist eine wichtige therapeutische Konsequenz) durch Introspektion kaum Zugang gewonnen werden (Bewusstmachung).

Die Emotionen regulieren den sozialen Austausch

Die Entwicklung der basalen psychischen Funktionen, insbesondere der motorischen und kognitiven Entwicklung ist hinreichend bekannt (zur Übersicht: Resch 1999). Wichtige Marksteine der Entwicklung – die entsprechend der Reifung des Gehirns vollzogen werden – sind die Fähigkeit zu Kopfkontrolle (ab 4. Lebensmonat), zum Stehen und Gehen (ab 1. Lebensjahr), zum Greifen (ab 1. Lebensjahr), zur Sprachproduktion (ab 6. Lebensmonat: Mama und Papa) und zum Sprachverständnis (ab

1. Lebensjahr Befolgung von Aufforderungen). Die zeitlichen Datierungen haben eine große individuelle Schwankungsbreite.

Die Emotionen als wesentliche Ausdrucksform und Entscheidungsgrundlage für den Menschen sind als primäres Motivations- und Kommunikationssystem angeboren; so werden einige basale Emotionen wie Interesse, Freude, Schreck, Angst, Kummer, Ärger, Ekel, Zurückweisung in mimischen Darbietungen bei kleinen Kindern aller Kulturen in derselben Weise gefunden; sie entfalten sich im ersten Lebensjahr durch soziale Interaktion und kulturell variante Bedeutungsgebungen. Komplexere Emotionen wie Scham und Schuld bedürfen der Entwicklung kortikaler (vor allem präfrontaler) Gehirnsysteme und reifen damit erst im dritten/vierten Lebensjahr aus. Scham und Schuld sind zudem nicht nur neuronal komplex, sondern auch sozial. Beide Gefühle können als »Sozialgefühle« schlechthin bezeichnet werden. Scham zu empfinden, setzt nämlich das Wissen voraus, dass der andere mich wahrnimmt und über meine Fehler und Schwächen oder mein Versagen urteilt in Situationen, in denen ich dem sozialen Blick exponiert bin. Vergleichbare Überlegungen gelten für die Schuld.

Auch für die Emotionen lassen sich, wie für die kognitive Entwicklung, Etappen bzw. Wendepunkte angeben, in denen sie unter normalen Umständen beobachtet werden können. Meilensteine einer emotionalen Entwicklung sind Interesse an der Umwelt und Selbstregulation (Entwicklung bis zum 3. Lebensmonat), Aufbau einer engen Bindung (bis zum 7./8. Lebensmonat), intensive Kommunikation (ab dem 3.–10. Monat) und Entwicklung eines organisierten Selbstbewusstseins (ab dem 8.–18. Monat). Das komplexe emotionale Denken als Grundlage für den Bezug zur Wirklichkeit, das Selbstgefühl und die Fantasie ist erst ab dem 3. und 4. Lebensjahr (wiederum mit der Reifung der entsprechenden Gehirnstrukturen) vorhanden. Insbesondere die relativ späte Datierung der Phantasie, die den Gebrauch von Symbolen oder wenigstens Bildern benötigt, steht im Widerspruch zum Bild des rekonstruierten Säuglings aus Analysen; doch sind die empirischen Befunde hier eindeutig.

Gemäß dieser Gedächtnisentwicklung beschrieb Bruner (1968) die Repräsentationen als »enaktive Form«, d.h. es werden aktionale Beziehungsschemata eigener Handlungen enkodiert. Der Ausdruck »enaktiv« bezieht sich auf das Gewahrwerden einer gegebenen Situation (»dieselbe wie …«) als auch auf das eigene Selbstgefühl und die Einpassung von verfügbaren Handlungen in solche Situationen. Hier kommt ein Begriff wie »situationsgerecht« zum Zug, weil Handlungen »passend« zur Situationsdeutung vollzogen werden, jedoch nicht als reflektorische Kopie. Diese aktionale Repräsentationsform stellt ein Handlungsrepertoire zur Verfügung und ermöglicht eine über die angeborenen reflexhaften Regelkreise hinausgehende Erweiterung des kindlichen Verhaltensraumes. Lernen und Gedächtnis sind damit im wahrsten Sinn des Wortes das Ergebnis des Begreifens. Bildhaft-symbolische Repräsentationsformen werden zunehmend erst mit dem episodischen Gedächtnis gespeichert, d. h. die symbolische Repräsentation vollzieht sich erst ab Mitte des 2. Lebensjahres.

Entwicklung des Selbst

Primär- und Sekundärprozess sind ein Begriffspaar, das Freud in der »Traumdeutung« (1900) eingeführt hatte. Sie müssen auf dem Hintergrund dieser Befunde neu bestimmt werden: Als Primärprozess kann nun ein enaktiver Repräsentationsmodus, ein Prozess, der sich um aktional-sensorisch-soziale Muster und Repräsentationen aufbaut, aufgefasst werden. Der Sekundärprozess stellt eine symbolische Repräsentationsform dar, die sich erst allmählich überhaupt ausdifferenziert. Primärprozesshaftes beinhaltet also überwiegend Emotionen und Aktionen.

Das Selbstempfinden entwickelt sich nach Daniel Stern (1985), der die empirische Säuglingsforschung unter psychoanalytischen Aspekten zusammenfasst, im ersten Lebensjahr als Kern-Selbst: Ab den ersten Monaten erfolgt eine klare Abgrenzung von Selbst und Objekt; darauf aufbauend entwickelt sich ein subjektives Selbstempfinden, das durch den intersubjektiven Austausch vorangetrieben wird, um dann frühestens mit 15–18 Monaten in ein verbales Selbst und Selbstkonzept überzugehen. Bereits in den ersten Wochen wird somit ein grundlegendes Selbstempfinden angenommen. Das Kind erlebt sich bereits sehr früh als Urheber seiner eigenen Handlungen (self agency) und drückt dies mit eigenen Handlungen aus. Hinzu kommt eine weitere Dimension des Selbstgefühls: das Kind erlebt Selbstkohärenz, d. h. es erfährt sich in unterschiedlichen Handlungsmustern immer als gleich. Den Affekten kommt beim Aufbau des Selbst mittels Interaktionen entscheidende Bedeutung zu: Sie steuern den Austausch und werden von diesen wiederum beeinflusst. Diese intersubjektive Bezogenheit und die affektive Abstimmung zwischen den Bezugspersonen und dem Kind hat Stern als »affective attunement« bezeichnet. Zum Kern-Selbst zählt auch die Selbstgeschichte, das sich formierende Gedächtnis, das jedoch vorwiegend auf motorischen, perzeptuellen und affektiven Inhalten beruht. Stern (1985) geht von sogenannten Interaktionsrepräsentanzen (representation of interactions that have been generalized, abgekürzt: RIG) aus.

Erst mit der Fähigkeit zur symbolischen Repräsentanz entwickeln sich dann Fantasie und Abwehrmechanismen im klassischen psychoanalytischen Sinn, die erst mit dem Erwerb der Sprache, des kognitiven Selbst und der Objekt-Repräsentanzen möglich werden.

Zwischenbilanz – Umschreiben und Aufräumen

Die geschilderten Befunde lassen es mehr als begründet erscheinen, von einem von Anfang an bestehenden einheitlichen basalen Selbst- und Objektempfinden auszugehen. Theoretische Konzepte wie primärer Narzissmus, autistische und symbiotische Phase nach Margret Mahler oder Konzepte von Melanie Klein, wie paranoide oder depressive Position müssen somit verworfen werden. Dies bedeutet, dass eine große Zahl der psychoanalytischen Schriften heute völlig umgeschrieben bzw. anders gelesen werden müssen. Die in der psychoanalytischen Entwicklungstheorie gewonnenen Befunde basieren im Wesentlichen auf der Analyse Heranwachsender oder sogar Erwachsener.

Erst Melanie Klein und Margaret Mahler versuchten frühe Kindheitsentwicklung durch Verhaltensbeobachtungen an Kleinkindern und ihren Müttern zu überprüfen. Auch die hier gewonnenen Vorstellungen basierten jedoch nicht auf empirisch gewonnenen Daten, sondern sind aus psychoanalytischen Rekonstruktionen von pathologischen Kindern und Eltern-Kind-Interaktionen abgeleitet. Rückblickend erkennen wir, dass manche Beobachtungen massiv vorstrukturiert waren; so beobachtete Melanie Klein zunächst ihre eigenen Kinder, ohne dies jedoch kenntlich zu machen und fand dann die Ergebnisse, die sie vorher angenommen hatte.

Am Beispiel der entwicklungspsychologischen Annahmen von Margaret Mahler soll hier versucht werden, eine »neue Lesart« vorzuschlagen. Margaret Mahler unterschied drei Hauptphasen der Entwicklung: die autistische Phase, die symbiotische Phase und die Loslösungs-Individuations-Phase. Diese Ergebnisse sind – wie gesagt – psychoanalytische Rekonstruktionen von psychopathologischen Entwicklungen. Es werden also auch hier nicht reguläre, sondern auf Abwege geleitete Entwicklungsschritte beschrieben. Und dies heißt, dass das Lesen dieser Texte insofern »neu« geschehen muss. Dem Leser muss klar sein, dass es sich nicht um Aussagen zur Entwicklungspsychologie, sondern zur Entwicklungspsychopathologie handelt. Dennoch verbleibt vieles im Bereich der Theoriespekulation und wird mehr und mehr Geschichte werden. So ist die Annahme einer autistischen Phase nicht begründbar (sie stammt aus der Forschung an »autistischen« Kindern). Symbiotische und Loslösung-Individuations-Phase beschreiben jedoch Phänomene der normalen bis hin zur auffälligen Entwicklung in recht guter Übereinstimmung mit den heutigen Befunden.

Von lediglich historischem Wert sind m. E. heute – trotz ihrer immer wieder zitierten Annahme für die Borderline-Störung – auch die Theorien von Melanie Klein. Sie nahm bereits im 3. und 4. Lebensmonat eine paranoid-schizoide Position an, die von der primären Angst, d. h. der Angst vor Vernichtung gekennzeichnet sei. Auch bei diesen Aussagen wird wiederum die zeitliche Vordatierung von späteren Befunden (Aggressivität bei entwicklungsgestörten Jugendlichen) deutlich. Aufbauend auf den Theorien von Melanie Klein wurde dem Mechanismus einer »Spaltung« in der frühesten Kindheit eine große Bedeutung zugewiesen, etwa in der Auffassung der Borderline-Störung von Otto Kernberg. Dieser in Theorien als zentral angenommene frühe Abwehrmechanismus der Spaltung steht jedoch erst gegen Ende des zweiten Lebensjahrs mit der Fantasietätigkeit zur Verfügung – ohne Symbolisierungs- und Fantasiefähigkeit kann es einfach keine Spaltung geben! Selbst- oder Teilobjekte sind nicht vor diesem Zeitpunkt zu vermuten und eher Ausdruck viel später ablaufender psychopathologischer Prozesse (Dornes 1993). Psychopathologische Symptome sind damit nicht Folge einer Regression (im psychoanalytischen Sinne) auf die früheste Entwicklung, sondern Ergebnis einer auf Abwege geratenen seelischen Entwicklung (Bowlby 1976): In die Interaktion Bezugsperson/Kind fließen die bewussten Motive und unbewussten Konflikte und Fantasien des Erwachsenen übersteuernd ein, übertragen sich in die Interaktion und werden vom Kind im interaktiven Modul in die Gedächtnisbildung überführt. Das Kleinkind ist hierbei der Empfänger und nicht der Sender von Fantasien (Dornes 1993); überspitzt könnte man sagen: das Kleinkind gewährt erwachsenen Bezugspersonen gerade aufgrund seiner noch weitgehend personalen Ungestaltetheit einen weiten Raum der Neutralität zur Übertragung (das Kind als Übertragungsobjekt) auch destruktiver elterlicher Fantasien; es fungiert wie ein Analytiker, ohne jedoch analysieren zu können – so wird es in seiner Entwicklung beschädigt.

Von der Interaktion zum Selbst

Elterliche Konflikte übertragen sich mittels bewusster und unbewusster Handlung, Gesten und Fantasien und finden Niederschlag in den Interaktionsrepräsentanzen bzw. Handlungs-Wahrnehmungs-Affektmustern – dieser Befund der Säuglingsforschung ist in bester Übereinstimmung mit der psychoanalytischen Familientherapie, wo Kinder als Empfänger von »Rollen« (H.-E. Richter) oder als Träger elterlicher »Delegationen« (H. Stierlin) gesehen werden. Die gestaltende Kraft der unbewussten elterlichen Interaktionen und Fantasien wird klinisch eindrucksvoll in der Therapiesituation von frühen Mutter-Kind-Beziehungen beschrieben (z. B. Cramer 1991). Störungen in der frühen Bezugsperson-Kind-Interaktion finden ihren Niederschlag damit in gestörten Selbst- und Ich-Entwicklungslinien des Kindes. Selbst und Ich sind, wie es Freud einst formulierte, der Niederschlag der aufgegebenen Objektbeziehungen; aber anders als bei Freud kann diese These heute nicht nur global, sondern en detail beobachtet, beschrieben und manche daraus resultierenden Störungen können auch im Kleinkindalter therapeutisch behandelt werden.

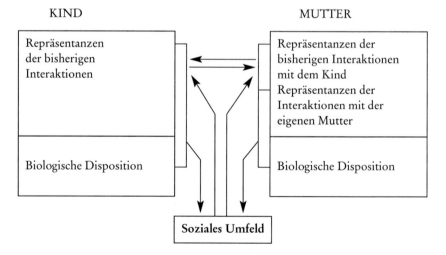

Abbildung: Transaktionales Modell der Mutter-Kind-Interaktion; die psychischen Repräsentanzen umfassen die internalisierte Selbst-Objektbeziehung und den begleitenden Affekt

Zwei Muster sind zu erwarten:
- Völliges Fehlen der intersubjektiven Bezogenheit von Mutter und Kind
- Selektiv-affektives Einstimmen, d. h. die Eltern vermitteln überwiegend selektive Einstellungen, Handlungen und Wünsche und fördern so die Entstehung eines falschen Selbst (z. B. Aussparung der aggressiven Gefühle).

Zum Verständnis der wechselseitigen Prozesse während der Entwicklung ist damit das transaktionale Entwicklungsmodell geeignet. In ihm wird die wechselseitige Beziehung zwischen Kind und Umgebung abgebildet (Schüßler & Bertl-Schüßler 1992).

Verstimmungen des Kindes

Stimmungen als länger anhaltende Affekte sind ein wesentliches Kennzeichen gesunder Funktionen aber auch der Psychopathologie. Stimmungen und ihre Entwicklung beim Kind verleihen der Welt Bedeutung, indem sie die Vernetzung mit der Welt herstellen und die Vergangenheit in die Gegenwart bringen (Tronick 2003). Stimmungen sind somit ein dyadisches Phänomen und nicht nur ein intrapsychischer Prozess. In diesem Bereich ist sicherlich noch viel Forschungsarbeit zu leisten, da Stimmungen (dem Primat der Kognitionspsychologie folgend) bisher meist als Folge von kognitiven Prozessen und nicht als ihre Ursache gesehen wurden.

Die Bedeutung der Stimmungen für die Verbindung von Bezugspersonen und Kind kann eindrücklich im sogenannten »still-face-Versuch« aufgezeigt werden. Mütter werden gebeten, ihrem Kind regungslos gegenüber zu sitzen, es anzublicken und nicht auf das Kind zu reagieren. Kinder reagieren außerordentlich heftig auf dieses Verhalten. Nachdem sie erkennen, dass ihre Mutter nicht auf sie reagiert, wenden sie sich von ihr ab, um sich ihr dann wieder zuzuwenden und versuchen eine Reaktion hervorzurufen. Wenn alle Manöver misslingen, verliert das Kind seine Haltungskontrolle und verfällt in einen traurigen Affekt. Dieser Ablauf zeigt, dass das mütterliche Verhalten signifikante Bedeutung für das Kind besitzt und das Verhalten des Kindes organisiert. Die wechselseitige Regulation von Bezugsperson und Kind ist damit abhängig vom Austausch bedeutungsvoller Informationen. Die mütterlichen regulatorischen Fähigkeiten fördern die regulatorischen Fähigkeiten – auch die physiologischen – des Kindes (wie Stresskontrolle, Sich-selbst-Trösten, Rückzug/Annäherung, Aufmerksamkeitskontrolle, Gesichtsausdruck usw.). Interaktionen erhalten damit drei Zielrichtungen: sie sind an sich selbst und an den anderen gerichtet sowie Ausdruck einer Intention (z. B. »lass uns weiter machen«). Interaktionen können misslingen. Ebenso wichtig wie ihr Gelingen ist ihre Wiederherstellung (Reparatur). Man kann sogar beobachten, dass in der Feinabstimmung zwischen Mutter und Kleinkind oft »Fehler« auftreten – und dass diese von feinfühligen Müttern ebenso beständig korrigiert werden. Die Korrektur von misslingenden interaktiv-affektiven Abstimmungen vermittelt dem Säugling fraglos eine besondere Interaktionserfahrung des Zusammenspiels. Freilich gibt es auch die umgekehrte Vermutung, dass das Übergehen von interaktiven Fehlabstimmungen möglicherweise nachhaltige Entwicklungsentgleisungen zur Folge hat.

Entwicklung ist somit kein gradliniger Prozess. Desorganisation, Irrtum und Missverständnis (miss-match) sind die Quelle, aus der Neues entsteht, wenn diese Prozesse interaktionell repariert werden.

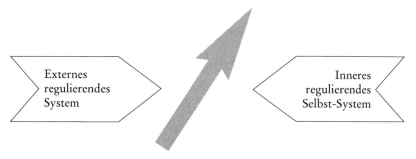

Regulation durch genetische und Reifungsschritte

Abbildung: Drei die Entwicklung regulierende Prozesse nach Tronick 2003

Wie sehr diese wechselseitige Regulation die Interaktionen des Kindes unbewusst auf lange Sicht beeinflusst, zeigen Untersuchungen zu depressiven Müttern und ihren Kindern. Depressive Mütter haben mehr Probleme mit dem Verstehen der kindlichen affektiven Kommunikationssignale und mit einer angemessenen Reaktion darauf. Als Folge entstehen dauerhafte Erfahrungen des negativen Affektes. Das Kind entwickelt negative Stimmungen und wird damit auch zu einem unergiebigen interaktiven Partner, was wiederum zu einer weiteren Ausweitung der negativen Stimmungszustände und der interaktiven Probleme führt. Dies geschieht auf einem langfristigen, immer wiederkehrenden Hintergrund, d. h. die Interaktionen folgen der ziemlich unveränderten und stabilen Natur der depressiven Symptome und der damit verbundenen Beeinträchtigung des psychosozialen Funktionierens bei depressiven Müttern im ersten Lebensjahr. Depressive Mütter zeigten weniger positive Emotionalität gegenüber ihren Kindern, sie schauten von ihren Kindern weg und waren im Allgemeinen weniger ansprechbar (unbewusst affektiv prozedurale Signale). Als Antwort darauf schauten auch die Kinder depressiver Mütter mehr von ihren Müttern weg als Kinder von nicht-depressiven Müttern und sie drückten mehr Ärger und depressive Gefühle aus. Vom Kind werden also affektiv Interaktionen als Repräsentanzen gespeichert. Sie beeinflussen das Selbsterleben und werden als Antwort zurückgegeben. All diese Prozesse verlaufen ohne Sprache, unbewusst, emotional und prozedural. Die Entstehung, z. B. trauriger Stimmung bei Kindern, kann damit als Folge der dauerhaft misslungenen Interaktionserfahrung mit der Mutter gesehen werden und bedarf nicht der Annahme traditioneller psychoanalytischer Entwicklungskonzepte wie depressive Position usw. Dieser interaktive Erfahrungshintergrund des Kindes, abgespeichert im nicht-deklarativen Gedächtnis in Gestalt einer vorsymbolischen Repräsentanz, erklärt gut, dass Kinder von depressiven Müttern auch mit fremden Erwachsenen mehr negative Interaktionen herbeiführen (Field 1995). Sie tragen ihre negative Stimmung in die Interaktion mit fremden Personen hinein, ihre Stimmung macht sie zu schwierigen Interaktionspartnern.

Sind Mütter hingegen überfürsorglich eindringlich, so ruft dies eine andere Interaktion bei den Kleinkindern hervor: Die Kinder erfahren zuerst Ärger, sie wenden sich dann von der Mutter ab, stoßen sie weg oder blenden sie aus (Vorformen der symbolischen Abwehrmechanismen), sie versuchen die mütterliche Zudringlichkeit zu begrenzen. In der Folge werden diese Kinder leichter ärgerlich, wenn sie mit ihren Müttern und anderen interagieren, und schneller frustriert (Tronick 2004).

Diese Ausführungen zur Entwicklung und ihrer Störbarkeit belegen den unbewussten interaktiven Rahmen einer frühen Entwicklung.

Der Säugling und das Unbewusste

Das Unbewusste als die Gesamtheit des Verdrängten oder als die Gesamtheit der primär prozesshaften Triebe – dies sind etwas vereinfachte Vorstellungen, die auf dem Hintergrund des Wissens, gerade des Wissens um die Entwicklung des Säuglings, nicht mehr zu halten sein dürften. Bereits für Jung (1900) beinhaltete das Unbewusste nicht nur das Verdrängte, sondern all diejenigen psychischen Prozesse, die nicht die Schwelle des Bewusstseins erreichen. Auch die Ich-Psychologie und die Objektbeziehungs-Psychologie sahen wesentliche Anteile der gesunden Funktion eines Menschen im Unbewussten verankert. Die Säuglingsforschung belegt eindringlich, dass bewusste, also symbolvermittelte Prozesse in der Lebensgeschichte eines jeden Menschen erst ab dem vollendeten ersten und zweiten Lebensjahr beginnen. Auch beim erwachsenen Menschen verläuft die Mehrzahl der seelischen Prozesse unverändert unbewusst. Und auch die höchsten kognitiven Funktionen wie Wahrnehmung, Gedächtnis oder höhere mentale Verarbeitungsprozesse vollziehen sich zu einem erheblichen Teil unbewusst. Die Entwicklung des ersten Lebensjahres lässt uns verstehen, dass wir nicht mehr von dem »Unbewussten« sprechen können, sondern unterschiedliche unbewusste Systeme unterscheiden müssen. Diese unbewussten Systeme sind in ihrer Ausrichtung adaptiv, d. h. sie haben das Ziel, die Überlebensfähigkeit und Anpassungsfähigkeit des Lebewesens zu steigern. Selbstverständlich können alle adaptiven Prozesse auf Abwege geraten, wenn schädigende Einflüsse intensiv und/oder lange genug bestehen. Alle sozialen Erfahrungen werden vom Säugling und in der Kindheit implizit, d. h. unbewusst, erfahren, also zu einem Zeitpunkt, in dem sich das explizit-symbolische System erst entwickelt. Affektiv-prozedurale Regeln der Kommunikation und des Zusammenseins und prototypische Erfahrungen werden implizit gespeichert und wirken als Schema und internalisierte Selbst- und Objekt-Repräsentanten ein Leben lang weiter, unabhängig von der Angemessenheit einer derartigen Wahrnehmung und Verarbeitung. Derartige implizite Beziehungsschemata beeinflussen unbewusst die Selbstregulation und Beziehungsgestaltung. Im Laufe der weiteren Entwicklung werden diese Schemata und Selbstkonzepte dann kognitiv überlagert. Um den konstruktiv-adaptiven Teil dieser unbewussten Prozesse zu betonen, wird immer mehr der Ausdruck »adaptiv-unbewusste Systeme« verwandt, aufbauend auf der Definition, dass unbewusste Prozesse all jene seelischen Prozesse umfassen, die dem Bewusstsein unzugänglich sind, aber unser Urteilsvermögen, Gefühle oder Verhalten beeinflussen (Wilson 2002, Schüßler 2002). Derartige Prozesse können auch beim heranwachsenden Kind (ähnlich wie beim Säugling) und beim Erwachsenen nur bedingt oder kaum durch Introspektion und Selbstauskunft, aber umso mehr durch Beobachtung erschlossen werden. Den Versuch, die Eigenschaften der unbewussten Systeme und des bewussten Systems zu differenzieren, unternimmt die folgende Tabelle.

Adaptives UBW	Bewusste Prozesse
Multiple Systeme mit paralleler Verarbeitung Sofort-Erkennung Hier-und-Jetzt Automatisch (schnell, unkontrollierbar, unabsichtlich, mühelos) Festgelegt Sensitiv für negative Information	Sequentielles, einkanaliges System (Bilder, Werte) Bewertung bereits wahrgenommener Ereignisse Langfristige Ausrichtung, Antizipation Kontrollierbar (langsam, absichtlich, mühevoll) Flexibel Benötigen Entwicklung Sensitiv für positive Information

Resumée

Mit der Entwicklung des Bewusstseins gewinnt der heranwachsende Mensch zunehmende Fähigkeiten, die uns als Conditio humana über alle Lebewesen der Erde herausheben. Aber wie immer bedeutet Entwicklung gleichzeitig auch Verlust. Es ist der Verlust des direkten Hier-und-Jetzt-Zugangs zur Welt.

Die Säuglingsforschung gibt uns ebenso wie die Neurobiologie, die Kognitionswissenschaften, die Sozialpsychologie und die Emotionsforschung ein neues umfassendes Bild unbewusster Prozesse (zur Übersicht: Schüßler 2002). Manches wird bestätigt, vieles ist aufzugeben, aber die wichtigste Botschaft ist: Wir wissen heute um die Mannigfaltigkeit unbewusster Prozesse!

Literatur

Bowlby, J. (1976): Trennung. München (Kindler).
Bruner, J. (1968): Process of Cognitive Growth. Infancy. Worcester Mass. (Clark Univ.Press & Barre Publ.).
Bucci, W. (1997): Psychoanalysis and cognitive science. New York/London (Guilford).
Cramer, B. (1991): Frühe Erwartungen. München (Kösel).
Dornes, M. (1993): Der kompetente Säugling. Frankfurt/M. (Fischer).
Ellenberger, H. F. (1970): Die Entdeckung des Unbewußten. Bern (Huber).
Field, T. (1995): Infants of depressed mothers. Infant Behavior and Development 18, S. 1–13.
Freud, S. (1926): Die Frage der Laienanalyse. Unterredungen mit einem Unparteiischen. GW XIV, S. 207–286.
Gergely, G., Bekkering, H. & Kiraly I. (2002): Rational imitation in preverbal infants. In: Nature 415, S. 755.
Jung, C. G. (1934): Archetyp und Unbewußtes. Olten und Freiburg/Br. 1984 (Walter).
Keller, H. & Meyer, H. J. (1982): Psychologie der frühesten Kindheit. Stuttgart (Kohlhammer).
Resch, F. (1999): Entwicklungspsychopathologie des Kindes- und Jugendalters. Weinheim (Beltz).
Schüßler, G. & Bertl-Schüßler, A. (1989): Psychoanalytische Theorien der frühen Kindheit und Ergebnisse der Verhaltensforschung. Ist eine Revision notwendig? In: Prax. Psychother. Psychosom. 34, S. 270–281.
Schüßler, G. & Bertl-Schüßler, A. (1992): Neue Ansätze zur Revision der psychoanalytischen Entwicklungstheorie. II. Das Konzept von J. D. Lichtenberg und Grundsätze einer neuen psychoanalytischen Entwicklungstheorie. In: Z. Psychosom. Med. 38, S. 101–114.
Schüßler, G. (2002): Aktuelle Konzeption des Unbewußten – Empirische Ergebnisse der Neurobiologie, Kognitionswissenschaften, Sozialpsychologie und Emotionsforschung. In: Z. Psychosom. Med. Psychother. 48, S. 192–214.
Squire, L. R. (1992): Memory and the hippocampus. A synthesis from findings with rats, monkeys and humans. In: Psychological Review 99, S. 195–231.
Stern, D. N. (1985): The interpersonal world of the infant. New York (Basic Books).
Stone, L. J., Smith, T. H. & Murphy, L. B. (1973): The competent infant research and commentary. New York (Basic Books).
Tronick, E. (2004): Äthiopathogenese depressiver Störungen. Teil I. Z. Psychosom. Med. Psychother. 49, S. 408–424.
Tronick, E. (2005): Äthiopathogenese depressiver Störungen. Teil II. Z. Psychosom. Med. Psychother. (in press).
Wilson, T. D. (2002): Strangers to Ourselves. Cambridge, Massachusetts, London (The Belknap Press of Harvard University Press).

Inge Seiffge-Krenke
Auf Umwegen zum UBW:
Das Unbewusste in der Bindungsforschung

Als Freud in seinem berühmten Brief an Fließ 1889 das topographische Modell mit der Untergliederung in unbewusst, vorbewusst und bewusst zeichnete, hätten sich der »liebste Sigmund« und »teure Wilhelm« sicher nicht träumen lassen, welchen enormen Einfluss Freuds Vorstellungen vom Unbewussten auf die Entwicklung in der Psychoanalyse, aber auch auf Entwicklungen in anderen Fachwissenschaften wie der Psychologie haben sollte. Die Frage, die uns in diesem Kapitel beschäftigen soll, ist, welche Rolle das Unbewusste in Konzepten und Untersuchungsmethoden eines psychologischen Konzeptes, der Bindung, spielt.

Die Bindungstheorie bzw. -forschung stellt eine Schnittstelle zwischen Psychoanalyse und Entwicklungspsychologie dar und wurde in ihren Anfängen von einem Psychoanalytiker (John Bowlby) und einer Psychologin (Mary Ainsworth, mit absolvierter Psychoanalyse) begründet. Inhaltlich nahmen sie ein Grundanliegen der psychoanalytischen Entwicklungstheorie auf, nämlich die Untersuchung der Qualität früher Mutter-Kind-Beziehungen und den Nachweis ihrer gravierenden Bedeutung für die spätere Entwicklung des Kindes. Entsprechend war der empirische Nachweis langfristiger Effekte dieser frühen Beziehungen für die Psychoanalyse sehr bedeutsam.

Bemerkenswert ist, dass Sigmund und Anna Freud, Winnicott und Melanie Klein für die heutige entwicklungspsychologische Forschung und Theorienbildung weniger relevant sind (Seiffge-Krenke 2004a) als ein »Abtrünniger« – John Bowlby, der mit seinen 1960 erschienenen Veröffentlichungen über »Trennungsangst und Trauer bei Kleinkindern« (Bowlby 1973) nicht nur auf erbitterten Widerstand der Kleinianer stieß, von denen er selbst abstammte, sondern auch von der Schule Anna Freuds stark kritisiert wurde. Für die Entwicklungspsychologie waren seine Konzepte der *Bindung*, der *mütterlichen Feinfühligkeit* sowie das Konzept des *inner working models* (den in kognitiven Repräsentationen niedergelegten Erfahrungen mit Bindungsbeziehungen) von großer Bedeutung. Bowlbys Arbeiten haben eine Neuorientierung in der empirisch-psychologischen Forschung eingeleitet. Möglicherweise war es Bowlbys Ausschluss aus der orthodoxen Psychoanalyse, der ihn als Theoretiker für die Psychologie »salonfähig« machte (Köhler 1990).

Bowlbys (1988) Bindungstheorie stellt die Fortführung – und in den Untersuchungen von Mary Ainsworth – die empirische Beweisführung für Freuds bahnbrechende Einsicht in die enorme, prägende Bedeutung früher enger Beziehungen dar. Seit dreißig Jahren wird kontinuierlich und intensiv in diesem Bereich geforscht. In den letzen Jahren hat es sogar eine regelrechte Explosion von Arbeiten zur Bindungsforschung gegeben (Ahnert 2004; Cassidy & Shaver 1999; Gloger-Tippelt 2001; Waters & Cummings 2000), u. a. bedingt durch die Tatsache, dass die Personen, deren Bindungsstatus in den 70er Jahren durch den Fremde-Situations-Test (FST) erfasst worden waren, mittlerweile erwachsen geworden waren und man nun ganz konkret prüfen konnte, welche langfristigen Auswirkungen die frühen Bindungserfahrungen etwa auf die Entwicklung von Partnerschaften haben.

Gegenstand dieses Beitrags ist eine kritische Sicht einiger dieser Ergebnisse und Befunde. Dabei soll herausgearbeitet werden, wie sich Bowlby zunächst vom Unbewussten weg und zur Realität wandte, während sich die neuere Bindungstheorie und -forschung nun – erfreulicherweise – wieder mehr dem Unbewussten zuwendet.

1. Die Aufgabe des Unbewussten zugunsten der Empirie

Für Freud ist Bewusstsein bekanntlich nur *ein* geistiger Zustand, ein großer Teil der tatsächlichen Wünsche und Antriebe des Menschen, also auch des kleinen Kindes, sind unbewusst (vgl. dazu den Beitrag von Gödde in Band 1). Die psychische Struktur besteht aus drei Instanzen: dem Es (den triebhaften Bestrebungen), dem Ich (dem Vermittler zwischen Triebansprüchen und Umweltanforderungen) und dem Über-Ich (dem Repräsentanten der gesellschaftlichen Normen und Verbote), die sich im Laufe der ersten Lebensjahre auseinander differenzieren und verschiedene Funktionen haben. Charakteristisch für das komplexe Freudsche Theoriengebäude, in dem die Konzeption des psychischen Apparates, die Phasenlehre und die Triebtheorie ineinander greifen, ist, dass in jeder Entwicklungsphase drei miteinander verbundene Lernprozesse erfolgen: a) eine Veränderung in den Objektbeziehungen (von symbiotischen zu triadischen Beziehungen), b) eine Verschiebung in den Körperzonen für sexuelle Befriedigung (von oral über anal bis ödipal) und c) eine Ausdifferenzierung der Instanzen (vom Es zum Ich und Über-Ich). Dieser Konzeption zufolge entstehen demnach Bewusstseinprozesse aus frühen Beziehungserfahrungen und sind von ihrer dynamischen Seite wesentlich durch mehr oder weniger unbewusste Triebkomponenten mitbestimmt.

Für Bowlbys theoretische Ansätze der 50er und 60er Jahre war eine Abneigung gegen die »exzessive Betonung von Phantasie« (Dornes, 2004, S. 44) charakteristisch, vor allem seine Marginalisierung des Ödipuskomplexes. Für ihn standen an Stelle von Trieben andere Bedürfnisse im Vordergrund, die nach Spiegelung, nach Kommunikation, nach Affektaustausch, nach Körperkontakt, die er in seinem Konzept der Bindung zusammenfasst. Dieses intensive affektive Band zwischen Mutter und Kind – Väter kommen in den Werken von Bowlby selten vor – und die langdauernden Auswirkungen früher Bindungsbeziehungen stellen den Kern seiner Theorie dar.

Für die Entwicklungspsychologie war die Relativierung der Bedeutung der Sexualität und die Hervorhebung nicht-sexueller Bedürfnisse eine attraktive Perspektive. Hinzu kam, dass Bowlby der Umwelt einen ganz entscheidenden Einfluss zusprach und sich damit gegen die »Innenwelt«, die deterministische Funktion früher, teilweise unbewusster Phantasien, aussprach. Für die Bindungstheorie liegen die Ursachen für Veränderungen, für Entwicklung, eher in der Außenwelt. Die stärkere »realistische« Orientierung wurde von der Bindungsforschung aufgegriffen, die Veränderungen in der Mutter-Kind-Interaktion beobachtet und die interaktive Feinfühligkeit zwischen Mutter und Kind im ersten Lebensjahr als wesentliche Determinante späterer Bindungssicherheit betrachtet (de Wolff & Van IJzendoorn 1997). Der starke Akzent auf interpersoneller Interaktion, statt auf intrapsychischer Dynamik, war dem traditionellen psychoanalytischen Denken fremd. Bowlbys Interesse an Forschung und sein relatives Desinteresse an klinischer Kasuistik führte dazu, dass er seine Theorien nicht aus Einzelfällen ableitete, sondern aus systematischen, prospektiven Untersuchungen an großen Fallzahlen, ein Vorgehen, das dann für die Bindungsforschung bestimmend werden sollte.

2. Wichtige Ergebnisse der Bindungsforschung

Die Bindungsforschung hat in ihrer über 30-jährigen Forschungsgeschichte zahlreiche Befunde erhoben, die für die entwicklungspsychologische Theorienbildung, aber auch die klinische Anwendung relevant sind. Ihre Forschungsgeschichte zeichnet sich jedoch auch durch spezifische Fokussierungen und Skotome aus, die im Folgenden genauer dargestellt werden sollen. Dabei werden vor allem Ergebnisse zur mentalen Repräsentation im Erwachsenenalter herangezogen, die eher Rückschlüsse auf unbewusste Prozesse zulassen als die Verhaltensbeobachtung in der frühen Kindheit.

Methodenaspekte: Vom Beobachtbaren zur Verbalisierung innerer Repräsentation

In der frühen Kindheit wird die Bindungssicherheit mit dem Fremde-Situations-Test (FST, vgl. Ainsworth et al. 1978) erfasst, der auf einem vorsprachlichen Niveau funktioniert und aus dem beobachteten Verhalten des Kindes bzw. der Interaktion zwischen Mutter und Kind während einer Trennungssituation erschlossen wird. Spezifischer: Die Reaktion des kleinen Kindes auf die Wiedervereinigung mit der Mutter wird ausgewertet, nachdem diese das Kind zweimal während einer kurzen Trennung mit einer Fremden allein gelassen hat. Die Reaktionen des Kindes und das Verhalten der Mutter werden beobachtet und ausgewertet. Dabei wurde deutlich, dass es eine ganz enge Verzahnung und Synchronizität zwischen dem Verhalten der Mutter und dem Verhalten des Kindes gibt. Bei den sicher gebundenen Kindern (*secure*) wird der Kummer deutlich ausgedrückt, sie lassen sich nicht von einer Fremden trösten, sie freuen sich, wenn die Mutter wieder da ist und die Belastung ist durch die Rückkehr der Mutter verschwunden. Diese Mütter zeigen eine feinfühlige Wahrnehmung und Beantwortung der Signale des Kindes. Unsicher gebundene Kinder zeichnen sich entweder dadurch aus, dass das Kind wenig auf die Trennung von der Mutter reagiert und sich scheinbar gut trösten lässt bzw. die Umwelt exploriert (*dismissing*) bzw. extrem auf den Weggang durch die Mutter reagiert und sich auch nach deren Wiederkommen kaum trösten lässt und ständig zwischen Nähe und Wegstreben von der Mutter schwankt, sich also ambivalent verhält (*preoccupied*).

Im Erwachsenenalter wird die Bindungsorganisation nicht mehr, wie in der Kindheit, auf der Ebene des Bindungsverhaltens, sondern auf der Ebene der Bindungsrepräsentation erfasst. Auf der Basis der Theorie Bowlbys geht man davon aus, dass die frühen Erfahrungen mit den Bezugspersonen in Form von Arbeitsmodellen über sich und andere niedergelegt werden, die zukünftige Interaktionen bestimmen. Mit Hilfe des Bindungsinterviews für Erwachsene (Adult Attachment Interview, AAI) von George, Kaplan und Main (1985) wird versucht, solche inneren Arbeitsmodelle von Bindung zu erheben. Die Fragen des ca. einstündigen halb-strukturierten Interviews beziehen sich auf die Beschreibung der Beziehung zu den Eltern in der Kindheit, als man etwa 6 bis 12 Jahre alt war. Es geht um spezifische Erfahrungen von Trost, Zurückweisung und Trennung und auf den subjektiv bewerteten Einfluss dieser Erfahrungen auf die eigene Persönlichkeit und die weitere Entwicklung.

Bei der Auswertung des Interviews wird vor allem auf die Organisation der Gedanken, Erinnerungen und Gefühle geachtet, die sich in sprachlichen Kohärenzkriterien manifestiert, und weniger auf die tatsächlich berichteten Erfahrungen. Unabhängig also davon, wie »gut« oder »schlecht« die früheren Erfahrungen mit den Bezugspersonen waren, ist deren balancierte, kohärente Darstellung entscheidendes Kriterium für die Zuschreibung von Bindungssicherheit:

Personen, die sich leicht an konkrete Erfahrungen erinnern können und die sowohl positive als auch negative Erinnerungen in ein kohärentes Gesamtbild integrieren und die Bindungen wertschätzen, werden als sicher/autonom (*secure*) in ihrer Bindungsrepräsentation klassifiziert.

Personen, die ihre Kindheit idealisieren und sich kaum an konkrete Erfahrungen erinnern können und die Bindungserfahrungen abwerten, wird eine vermeidende Bindungsrepräsentation (*dismissing*) zugeordnet.

Bei der verstrickten Bindungsrepräsentation (*preoccupied*) sind inkohärente, sehr detaillierte Schilderungen der Kindheitserfahrungen charakteristisch, aus denen deutlich wird, dass der Erwachsene immer noch konflikthaft in die Beziehung zu seinen Eltern verstrickt ist.

Später wurden sowohl beim FST als auch beim AAI weitere Bindungsklassifikationen gefunden, die im klinischen Bereich besonders relevant sind, so u. a. *unresolved trauma* und *desorganisierte Bindung*, die vor allem bei Patienten mit Gewalt- und Missbrauchserfahrungen häufig sind.

Auffallende Unterschiede im Bindungsstatus zwischen klinischen und unauffälligen Gruppen: Das »Umbrella«-Konzept

Forschungsergebnisse zum AAI zeigen auffallende Verteilungsunterschiede zwischen klinisch auffälligen und unauffälligen Gruppen. Eine Metaanalyse von Bakermans-Kranenburg und Van IJzendoorn (1993) berichtet über die Verteilung der AAI-Klassifikationen in nichtklinischen Stichproben an Erwachsenen von 58 % sicher (*secure*), 24 % unsicher-distanziert (*dismissing*) und 18 % unsicher-verwickelt (*preoccupied*) gebunden. In einer eigenen Studie (vgl. Seiffge-Krenke 2004b) wurden von 105 Personen auf der Basis der Bindungsinterviews 51 % als sicher Gebunde, 38 % als unsicher-distanziert und 11 % als unsicher-verwickelt Gebundene klassifiziert werden. Die Verteilung der Bindungsrepräsentation der von uns untersuchten jungen Erwachsenen, bei der der Hälfte der Stichprobe eine sichere Bindungsrepräsentation zugeordnet wurde, entspricht weitgehend anderen Untersuchungen; wie in unserer Studie wurden auch bei anderen Untersuchungen keine Einflüsse von Geschlecht oder Schicht auf die Bindungsrepräsentation gefunden (Cassidy 1999).

Innerhalb klinischer und Hochrisikostichproben waren die Basisraten für unsichere Bindung sehr viel höher, nur noch rund 8–13 % waren sicher gebunden. Etwas über 40 % wurden jeweils als unsicher-distanziert bzw. unsicher-verwickelt gebunden eingestuft.

Nur ein verschwindend geringer Prozentsatz von psychisch kranken Patienten ist demnach sicher gebunden. Des Weiteren konnten keine eindeutigen Zusammenhänge zwischen Diagnose und Bindungsstatus gefunden werden. Zahlreiche zumeist querschnittlich durchgeführte Studien versuchten, spezifische Krankheitsbilder wie Psychosomatosen, Angststörungen oder Depressionen bestimmten Bindungsmustern zuzuordnen. Es gibt Befunde, die eine Zuordnung da und dort wahrscheinlich erscheinen lassen, aber insgesamt ist die Zuordnung zu bestimmten Krankheitsbildern nicht geglückt (Strauß, Buchheim & Kächele 2002). Den Schluss, den man aus diesen Befunden ziehen kann, ist, dass unsichere Bindung einen Risikofaktor für eine Vielzahl von Störungen darstellen kann, dass der Effekt jedoch eher unspezifisch ist. Auffallend ist ferner, dass in klinischen Fallberichten das Konzept der »Bindungsstörungen« oft unkritisch und generalisierend auf Patienten mit allen möglichen Störungen angewandt wird (vgl. besonders Brisch 1999), dass es zu einer Art »Umbrella«-Konzept zu werden droht, mit dem man alles zu erklären versucht.

Weitere konzeptuelle Einschränkungen: die fehlende Balance von Bindung und Exploration

Die Bindungsforschung hat bislang vor allem die Qualität von Beziehungen betrachtet und die Exploration vernachlässigt, obgleich im Ansatz von Bowlby (1988) Bindung und Exploration einander wechselseitig bedingen. In seinem Konzept der Bindungs-Explorations-Balance hat er die gegenseitige Beeinflussung von zwei Verhaltenssystemen beschrieben, die man in der fremden Situation beobachten kann. Für ihn war unmittelbar einsichtig, dass beide Verhaltenssysteme zusammenhängen, und dass ein Kind etwa die neugierige Exploration seiner Umgebung nur von einer sicheren Basis (*secure base*) aus vornehmen kann. Erst dann, so vermutet er, wenn das Bindungssystem zur Ruhe gekommen ist, weil die stressauslösende Situation beendet ist (indem etwa die Mutter nach der Trennung wieder mit dem Kind vereint ist), tritt das Explorationssystem in Aktion. Die Folgen unsicherer Bindung für Neugier, Kreativität und Problemlösen bei Kindern sind weitgehend unerforscht geblieben (Seiffge-Krenke 2001a). Studien im Jugendalter und jungen Erwachsenenalter belegen gravierende Einschränkungen in der Fähigkeit zum kompetenten Problemlösen bei unsicherer Bindung (Seiffge-Krenke 2004c).

Fokus auf der Mutter, Vernachlässigung des Vaters

Des Weiteren ist bemerkenswert – und dies hängt mit der Fokussierung auf den Beziehungsaspekt und Vernachlässigung des Explorationsaspekts zusammen –, dass die Mutter im Zentrum stand. Untersuchungen an Vätern sind rar (Shulman & Seiffge-Krenke 1997). Erst in jüngster Zeit konnte nachgewiesen werden, dass der Vater einen entscheidenden, bislang übersehenen Beitrag zur Entwicklung kindlicher Bindung, insbesondere für den Explorationsaspekt leistet (Seiffge-Krenke 2001b). Die Spielfeinfühligkeit des Vaters, d. h. die väterliche Herausforderung im Spiel, die sensitiv ist für die Bedürfnisse und den Entwicklungsstand des Kindes, ist ebenso bedeutsam für die langfristige Bindungssicherheit wie die feinfühlige Interaktion der Mutter, wenn sich das Kind gestresst, traurig oder alleingelassen fühlt (Seiffge-Krenke, 2004a). Der mütterlichen Feinfühligkeit im Umgang mit Affekten des Kindes, vor allem negativen Affekten, die den Bindungsaspekt betont, entspricht demnach eine spezifische Spielfeinfühligkeit des

Vaters, die den Explorationsaspekt unterstützt und damit die notwendige Bindungs-Explorations-Balance sicherstellt.

Das Bindungsloch in der Adoleszenz

Bowlby nahm an, dass sich die Art der Bindung in der Adoleszenz verändert. Aus der Eltern-Kind-Bindung, die in der frühen Kindheit vorherrscht, würden neue Bindungen entstehen, die sich auf weitere Personengruppen, andere Erwachsene, aber auch auf Gleichaltrige ausdehnen. Die Forschungssituation in Bezug auf Jugendliche ist allerdings ausgesprochen mager. Erst in der jüngsten Zeit wurde das AAI, das ursprünglich für Erwachsene entwickelt wurde, ab dem Alter von 16 Jahren eingesetzt.

In der retrospektiven Befragung des AAI zu Fragen wie »Wie hast Du dich gefühlt, wenn Deine Eltern Dich abends allein gelassen haben?« oder: »Kannst du Dich an das erste Mal erinnern, als Du eine längere Zeit von Deinen Eltern getrennt warst?« findet man bei sicher gebundenen Jugendlichen hohe Autonomie von den Eltern, hohes Vertrauen in die Eltern, nicht weniger Konflikte mit den Eltern, sondern produktivere Konfliktlösungen. Während demnach sicher gebundene Jugendliche die Beziehungen zu ihren Eltern wertschätzen, sich aber allmählich ablösen, bleibt für die beiden Gruppen unsicher gebundener Jugendlicher die elterliche Beziehung ein zentrales Thema (Allen & Land 1999). Sie sind gefangen in ihren frühen Bindungserfahrungen durch Abwertung der Beziehung bzw. unangemessene Idealisierung der Eltern (*dismissing*) oder ständige Versuche, noch etwas von den Eltern zu bekommen (*preoccupied*) – und damit ist eine Exploration von einer sicheren Basis aus kaum möglich.

Insgesamt gibt es nicht nur deutlich weniger Studien an Jugendlichen, wir finden auch kaum Stabilität vom Jugendalter zum Erwachsenenalter. Bemerkenswert sind die sehr geringen bzw. fehlenden Konkordanzen zwischen Jugendlichen-AAI und dem AAI ihrer Eltern, während man hohe Konkordanzen (66 bis 82%) zwischen dem Bindungsstatus der Eltern und dem ihrer kleinen Kinder findet (Fonagy et al. 1991). Über dieses »Bindungsloch« in der Adoleszenz habe ich an anderer Stelle berichtet (Seiffge-Krenke 2004c).

Stabilität und transgenerationale Weitergabe von Bindungsmustern: Ja, aber nur, wenn ...

Bowlby war der Überzeugung, dass Unterschiede in der Sicherheit der Mutter-Kind-Bindung langfristige Folgen haben. Diese langfristigen Folgen wurden in der Bindungsforschung im Hinblick auf verschiedene Perspektiven untersucht: so u. a. in den Auswirkungen früher Bindungserfahrungen auf die weitere soziale Entwicklung, sowie die kurz- und langfristige Stabilität der Bindungsklassifikation und die transgenerationale Weitergabe von Bindungsmustern.

Was die Stabilität von Bindungsklassifikationen angeht, so ist auffällig, dass es eine gewisse Stabilität von der Kindheit ins Erwachsenenalter gibt (das Jugendalter wurde wie erwähnt nicht untersucht), auch wenn *verschiedene* Methoden benutzt wurden wie FST und AAI, z. B. 72–75 % in den Studien von Main (1997) und Waters et al. (2000). Für diese Studien wurden sehr kleine Stichproben von 50 und 30 Vpn herangezogen, und man fand die Stabilität über einen Zeitraum von etwa 20 Jahren nur, wenn zwischenzeitlich *keine* kritischen Lebensereignisse aufgetreten waren. Treten kritische Lebensereignisse wie Scheidung, chronische Krankheit, Tod von Angehörigen in der Zwischenzeit auf, hatte dies nicht selten einen Wechsel von sicherer zu unsicherer Bindung zur Folge. Auch in der Regensburger Studie an 42 16-jährigen Jugendlichen fand man keine Stabilität, u. a. weil kritische Ereignisse wie die Scheidung der Eltern zu einer Veränderung in Richtung unsichere Bindungsmuster führten (Grossmann et al. 1997).

Es gibt darüber hinaus einige Hinweise, dass die frühe Bindung eine Schlüsselrolle bei der transgenerationalen Weitergabe von Bindungsmustern spielen könnte. Es ist drei- oder viermal wahrscheinlicher, dass sicher gebundene Eltern ebenfalls Kinder bekommen, die eine sichere Bindung zu ihnen entwickeln (Van IJzendoorn 1995). Auch prospektive Studien, bei denen die elterliche Bindung vor der Geburt des Kindes festgestellt wurde, zeigen dieses Ergebnis (Benoit & Parker 1994). Allerdings ist diese Weitergabe weniger »stabil«, als man ursprünglich annahm.

Diese insgesamt etwas ernüchternden Ergebnisse sind ein deutlicher Hinweis darauf, dass der Entwicklungskontext eine sehr große Rolle spielt; wie eingangs dargestellt, hatte Bowlby Umweltfaktoren für sehr wichtig gehalten, etwa im Vergleich zu unbewussten Phantasien.

3. Die Versprachlichung früher Erfahrungen – Hinweise auf Unbewusstes?

Die Frage, die uns in diesem Kapitel beschäftigt, ist die nach den unbewussten Anteilen und ihrer Darstellung durch das Bindungsinterview. Kann ein halbstrukturiertes Interview wie das AAI, das in einer streng festgelegten Fragenfolge (einschließlich der Nachfragen, dem *probing*) bestimmte Kindheitserfahrungen thematisiert, überhaupt unbewusstes Material zutage fördern? Es ist einleuchtend, dass diese Rahmenbedingungen sicher nicht den »Königsweg zum Unbewussten« darstellen, der für Freud bekanntlich in der Traumanalyse bestand. Zuviel ist festgelegt, zu wenig Raum für die unbewusste Inszenierung (wie etwa beim Erstinterview, vgl. Argelander, 1970) gegeben. Dennoch zeigen sich einige Phänomene, die betrachtenswert und aufschlussreich sind und offenkundig das Beziehungsgeschehen weitgehend bestimmen. Um dies besser zu verstehen, wollen wir uns zunächst anhand einiger Beispiele aus meinen Forschungsarbeiten mit dem entscheidenden Kriterium für Bindungssicherheit, der Kohärenz, beschäftigen.

Kohärenz = Bindungssicherheit?

Das Kriterium für die Bindungssicherheit ist die Kohärenz der Beschreibung früherer Kindheitserlebnisse. Bei der Auswertung des Interviews wird daher vor allem auf die Organisation der Gedanken, Erinnerungen und Gefühle geachtet, die sich in sprachlichen Kohärenzkriterien manifestiert und weniger auf die tatsächlichen berichteten Erfahrungen. Es ist also nicht entscheidend, ob die Kindheit grausam und furchtbar war, sondern ob sie kohärent beschrieben wird. Mit dieser Kohärenz ist etwas gemeint, was an die *depressive Position* von Melanie Klein erinnert, nämlich eine balancierte Sicht der Beziehung zu den Eltern. Auch wenn die Eltern als hart, autoritär, uneinfühlsam beschrieben werden, wird doch eine Person, die gleichzeitig auch die Gründe erwähnt, weshalb sie glaubt, warum die Eltern so reagiert haben, eher eine Einstufung als sicher gebunden bekommen.

Die Gesprächsprotokolle des AAI werden wörtlich transkribiert und nach einer speziellen linguistischen Analyse ausgewertet, wobei Kohärenz (Kohärenz des Transkripts und Kohärenz der Darstellung) das Hauptkriterium für diese Auswertung bildet. Eine Schilderung gilt als kohärent, wenn der Sprecher seine Aussagen belegt, wenn er sich kurz fasst, ohne wesentliche Punkte auszulassen, wenn er themenrelevante Aussagen macht ohne abzuschweifen, wenn er sich klar und verständlich ausdrückt und seine Äußerungen gliedert. Zentral ist – wie dargestellt – die balancierte Darstellung der elterlichen Reaktionen.

Die kohärente Darstellung von Beziehungserfahrungen, retrospektiv von der Person geschildert (»Wenn Sie als Kind irgendwie durcheinander und beunruhigt waren, ... was haben Sie dann getan?«), ist das entscheidende Kriterium, dabei spielt es keine Rolle, ob die Beziehung zu den Eltern eher positiv oder eher negativ erlebt wurde – wenn dies nur kohärent dargestellt wird. Dies soll im Folgenden anhand von Textauszügen aus drei AAIs kritisch verdeutlicht werden.

Personen, die sich leicht an konkrete Erfahrungen erinnern können, sowohl positive als auch negative Erinnerungen in ein kohärentes Gesamtbild integrieren und die erfahrenen Bindungen wertschätzen, werden als sicher/autonom (*secure*) in ihrer Bindungsrepräsentation klassifiziert. AAIs mit sicher gebundenen Personen sind meist recht lang und ausführlich. Das folgende Beispiel verdeutlicht, dass die Person Zugang zu ihren Gefühlen hat und ein plastisches Bild ihrer Kindheit und der Beziehung zu ihren Eltern geben kann.

Vp-Nr. L 1804 P, männlich, Interviewer: weiblich

2.) Vielleicht versuchst du noch mal ein bisschen genauer die Beziehung zu deinen Eltern zu beschreiben (*mh*), damals die Beziehung zu deinem Vater und zu deiner Mutter, so als Kind jetzt.

Also, als Kind hab ich immer mehr mit meiner Mutter gemacht (*mh*), ich hab mich mit meiner Mutter auch immer besser verstanden, also ähm, wenn ich ein, wenn ich irgendwie, wenn was, wenn ich was Schlimmes gemacht hab, bin ich direkt zu meiner Mutter gegangen (*mh*), und nachher, äh, ja als ich so anfing so schon älter zu werden, so 17, 18, hab ich halt auch so ein ziemlich gutes Verhältnis zu meinem Vater aufgebaut, das hat dann so, also das ist sehr gut gewesen, zum Schluss (*mh*) und teilweise noch ähm, ja teilweise auch besser als zu meiner Mutter (*mh*) zum Schluss (*mh*). Also – und äh

Wie war das, als du, als du ein Kind warst, das Verhältnis zu deinem Vater?

Ähm, also, wir haben uns immer gut verstanden, aber mein Vater hat sich immer besser mit meinem Bruder verstanden (*mh, ach so, mh*) und äh, mein Bruder hat sich schlechter mit meiner Mutter (*mh, das ist ja oft so*) also mein Vater und mein Bruder waren sich sehr ähnlich, und dann haben sich einfach so, was heißt sehr ähnlich, das kann man nicht sagen, aber sie haben sich einfach-, ähm, ich war meinem Vater sehr ähnlich, so, und ähm (*ach so, mh*) und ähm, aber irgendwie war mein Bruder immer so-, mein Vater hatte immer das Gefühl, er müsste meinen Bruder ein bisschen so behüten, so aufpassen auf ihn, und ich sei schon alt, auf mich bräuchte er nicht aufzupassen, weil ich halt sehr ähnlich ihm war (*mh*), und da wusste er genau, wie ich handle (*mh*), also nicht, wir haben uns nicht gezankt oder gestritten groß (*ja*), aber es war einfach eine nähere Verbindung zu meiner Mutter (*ja, ja*). Ich hab mich auch mit meinem Vater immer gut verstanden so, also, und es war halt auch zum Schluss-, ja, nee, Kindheit soll ich, okay {{lacht}}.

Ja, so dass da der Schwerpunkt ist, ja mh. Also das hat sich dann entwickelt, ne, so wie du eben schon gesagt hast, dass es, dass es zu deinem Vater enger geworden ist.

Ja, ja (*mh*) vor allen Dingen so im Laufe der Pubertät immer mehr (*mh*), immer mehr (*ja*) also. Es war halt so, wir haben halt auch viele Familienurlaube gemacht (*mh*), und da sind, also meine Eltern, die wandern immer gerne (*mh*), und äh, das war immer so, dass ich neben meiner Mutter gelaufen bin, und mein Bruder neben meinem Vater (*mh*), das war einfach ganz normal (*mh*), das war auch nicht so, dass ich das als schlimm empfunden hab oder eifersüchtig, gar nicht (*mh, war einfach so*) mh ({{unverständlich}}), ich bin auch unheimlich gerne so Einkaufen gegangen und so (*mh*), in der Stadt, einkaufen. Weihnachtseinkäufe und so (*mh*), das würd' ich jetzt nie mehr machen {{lachen beide}}, aber (*ja*), doch ich geh immer noch gerne, in der Stadt, so bummeln (*mh*), das mach ich immer noch gerne (*mh, ja, mh*). // Und//

4.) Ähm, was hast du denn gemacht, wenn du traurig warst, als Kind? Weißt du das noch? Vielleicht gibt's da irgendwie so was Typisches?

Da bin ich zu meiner Mutter gegangen (*zur Mutter, mh*), mein Vater (*mh*) war auch nicht da zu-, also der war halt abends da. Und meine Mutter war immer, wenn so was passiert ist, dann in der Nähe (*mh*). Und ich muss sagen, ich war immer sehr, also meine Mutter war immer sehr lieb zu mir (*mh*), und auch-, mein Vater auch, so ist es nicht (*mh*). Und äh, also ich, ich war selten traurig oder so, ich konnte immer zu meinen Eltern gehen (*mh*), wenn meine Mutter nicht da war, konnte ich auch zu meinem Vater gehen (*mh*), so war es nicht.

Mh. Und was haben die dann gemacht?

Ja, dann haben die mich in den Arm genommen (*mh*), oder so und das- verarztet (*ja*). Ich bin oft hingeflogen, früher ({{lacht}}) *ja?*) Ja, also schon. Ah ja, ich weiß halt auch, meine Eltern haben immer sehr für uns gesorgt, und das hat halt auch Nachteile, also, das ist zwar gut, man wird halt so'n (*ja*) sehr gefestigter Mensch, aber das hat halt auch Nachteile, also ich persönlich hab echt, ich glaub, ich war zu behütet teilweise (*mh*), weil meine Mutter ist auch jetzt noch immer dran, und, und fragt mich, ... hast du schon gegessen, soll ich dir noch was zu essen kochen?« (*mh*)

Mh. Gab's da auch Zeiten, die äh, irgendwie äh sehr schwierig waren, in der Beziehung zu deinem Vater oder zu deiner Mutter?

Also zu meiner Mutter war es eigentlich nur schwierig nach dem Tod von meinem Vater (*mh*) in den letzten paar Monaten, also in den letzten, in den Monaten kurz danach, weil sie sehr anstrengend war, und ein bisschen geklammert hat (*ja*), aber das hat sie ganz abgebaut, weil ich halt auch ein bisschen mit ihr darüber gesprochen hab, dass es, da haben wir halt auch gegen, da hab ich auch gegengewirkt irgendwie dann immer (*mh*), aber sonst war es nicht schwierig. Zu meinem Vater war es, äh, eigentlich auch wenig schwierig, es war so eine Zeit lang, ähm, wir waren uns schon ähnlich, sehr ähnlich, und teilweise sind wir halt auch aneinander geraten, vor allem nachher, nach dem Abitur, also leider kurz vor seinem Tod dann (*mh*), haben wir uns, sind wir oft aneinander geraten, dann hab ich immer gesagt, nee, jetzt machen wir's mal so, (*mh, mh*) und äh, wenn ich da anderer Meinung war, meinte er »nein, ich hab da bessere Erfahrung drin« und so, da sind wir dann in solchen Sachen aneinander geraten (*mh*), aber wir waren uns schon geistig sehr ähnlich, also sehr auf einer Ebene (*mh*) zu der Zeit (*ja, ja*).

8.) Ähm, wie die Beziehung zu deiner Mutter jetzt ist, hast du ja auch eben eigentlich schon ein bisschen beschrieben (mh), so dass es sich ein bisschen mehr entspannt hat/

/Ja, es hat sich entspannt, also (*mh*), sie ähm, hm, ja, sie hat mich halt eine Zeit lang so geklammert (*ja*), das war aber so ähm, ich hab das vielleicht auch ein bisschen übersteigert so empfunden, ich weiß es nicht, auf jeden Fall-, und manchmal macht sie sich halt so so riesige Sorgen um irgendwelche- weil das halt für sie eine schlimme Sache- also klar (*sicher, mh*) und damals hatte sie halt, so ist halt alles auf sie eingestürzt, wer zahlt jetzt das Haus weiter (*mh*), und wer macht jetzt dies und jenes, und wer- schon die blödesten Sachen, wer schraubt die Glühbirnen ein im Haus, (*ja, ja*) und so was alles, 'n (*mh*) und dann hat sie halt immer gesagt, ihr müsst das machen, ihr müsst das, ich kann das alles nicht, und das hat mich halt nachher unheimlich genervt, weil dann fing ich halt, dann hab ich hier halt irgendwann erklärt, Mama, ich wohn hier nicht mehr lang, da musst du die Glühbirnen selber reinschrauben (*mh*), und wenn das halt, manchmal kommt das noch raus irgendwie, aber sie hat in letzter Zeit eine unheimliche Entwicklung gemacht, zumal sie auch, ähm, es ist in der gleichen, zur gleichen Zeit ist eine Kollegin von meinem Vater gestorben (*mh*), und der Mann äh, der hat sich dann mit meiner Mutter getroffen, und die verstehen sich unheimlich gut, die sind so beste Freunde geworden, (*mh*), und so, also, ja das schon richtig so eine geistige Verbindung, weil die halt sehr ähnlich, auch sehr ähnliche Erfahrungen gemacht haben (*ja*).

Der junge Erwachsene in diesem Interview wird als sicher kategorisiert, weil er eine konkrete Erinnerung an Kindheitsepisoden hat, die bindungsrelevant sind. Er vermittelt einen guten Zugang zu seinen Gefühlen und kann seine Beziehung zu Vater und Mutter als unterschiedlich, aber in sich stimmig und kohärent darstellen. So ist die Beziehung zur Mutter zunächst enger, in der Adoleszenz wird jedoch der Vater wichtiger. Er kann die familiäre Aufteilung Bruder–Vater und er selbst–Mutter, die über seine gesamte Kindheit eine große Rolle gespielt hat, anschaulich machen, sieht jedoch auch Ähnlichkeiten zu seinem Vater, der stärker den jüngeren Bruder unterstützt und betreut hat. Die enge, vielleicht zu enge Beziehung zu seiner Mutter reflektiert er kritisch, als es später um seine mangelnde Selbstständigkeit geht. Andererseits kann er bei seiner Mutter – nach dem Tod des Vaters – deren Abhängigkeit und Hilfsbedürftigkeit sehen einschließlich ihrer immer noch vorhandenen, aber unangemessenen Bemutterung ihm gegenüber. Er kann ferner Entwicklungsperspektiven bei seiner Mutter, aber auch in seiner eigenen Beziehungsentwicklung aufzeigen und zeigt Bedauern, dass er sich gerade in den letzten Jahren, unmittelbar vor dem Tod seines Vaters, viel mit ihm, auch kritisch, auseinandergesetzt hat, möglicherweise, weil ihm nun auch mehr Ähnlichkeit zu seinem Vater bewusst wurde, als ihm als Kind wahrnehmbar war. Beide Eltern werden als unterstützend und hilfreich in Belastungssituationen beschrieben, aber es wird auch offen ausgesprochen, dass der Vater deutlich weniger verfügbar war als die Mutter.

Ganz anders verhält es sich im folgenden Interviewausschnitt einer Person, die als unsicher-vermeidend (*dismissing*) klassifiziert wurde. Personen, die einerseits ihre Kindheit idealisieren und sich andererseits kaum an konkrete Erfahrungen erinnern können, die dies belegen und die außerdem die Bindungserfahrungen abwerten, wird eine vermeidende bzw. unsicher-distanzierte Bindungsrepräsentation zugeordnet. Der folgende Ausschnitt aus einem typischen sehr kurzen Interview eines als *dismissing* eingestuften jungen Erwachsenen verdeutlicht, dass auch auf Nachfragen wenig konkrete Beziehungsepisoden mitgeteilt werden.

Vp-Nr. N 0503 S, Interviewer: männlich

4.) Wenn du als Kind mal traurig warst, Kummer hattest, was hast du dann gemacht?

Ja, da hab' ich mich meistens in mein Zimmer verkrochen.

Das Unbewusste in der Bindungsforschung

Ja? ... Bist du dann alleine geblieben?

Ja, ich glaub' schon.

Mh.. Und was hast du dann gemacht, in deinem Zimmer?

... Pf. Gab's sehr viel Möglichkeiten. Ich weiß nicht, ob da schon der erste Computer hier im Haus war und ich mich einfach hingesetzt hab', ich hab' irgendwas gespielt oder, wenn's mal wirklich schlimm war, hab' ich wahrscheinlich ins Kopfkissen geheult oder so. Aber/

/mh, mh. **Aber bist eher alleine geblieben.**

Hm, ja (*mh*), schon.

Hattest du vielleicht 'n Stofftier, mit dem du dann irgendwie/

/nee, Stofftier hatt' ich eigentlich keins, mit dem ich gekuschelt hab'.

Oder 'n Haustier? Gibt's manchmal auch, dass (*hm, nee*) Leute erzählen, sie hätten dann/

/nee, nee, ich hatt', ja, ich hatte ganz früher irgendwann mal 'nen Hamster, aber mit dem hab' ich dann, glaub' ich, weniger gekuschelt oder (*mh*) sonst irgendwas. Nee, nee ... Nö, da hab' ich eigentlich ... hab' ich immer selbständig bewältigt.

Mh, mh. Und wenn du, wenn du gefallen bist und dir, oder irgendwie dich verletzt hattest, dir weh getan hattest? ... Ne ähnliche Situation? Irgendwas, vielleicht auch was Kleines, was verarztet werden musste, wie, wie war das dann?

Ja, ich kann mich mal erinnern, dass ich mit meinem Fahrrad hingefallen bin und mir dann mal unten am, am Fußrücken bis zum Schienbein hoch irgendwo 'ne fette, tiefe Wunde geholt hab' (*ja*), die auch wenig geblutet hat (*ja*). Aber da bin ich, glaub' ich, einfach nach Hause gefahren, hab' gesagt »Mama, hast du mal 'n Pflaster?« Oder so. Ohne rum zu heulen oder so, sondern einfach nur (*mh*), auch wenn's weh tat.

Bindungsinterviews von unsicher-*dismissing* Personen zeichnen sich, wie in unserem Beispiel, durch Kürze und Knappheit aus. Häufige Nachfragen sind notwendig, dennoch: Erinnerungen fehlen, konkrete Beziehungsepisoden zur Illustration etwa von Erfahrungen des Verlustes, der Tröstung sind rar. Gefühle werden selten konkret benannt, an ihre Stelle treten Handlungen oder unwichtige Details (»Pflaster«). Man kann sich kein plastisches Bild von den frühen Beziehungspersonen machen, und auch Vater und Mutter erscheinen nicht als distinkte, eigenständige Persönlichkeiten. Das Material erinnert in seiner Kargheit an ein Phänomen, das von der französischen Schule als Alexythymie bezeichnet wurde und sich durch eine farblose Beziehung (*relation blanche*) und die Schilderung nebensächlicher Details anstelle von Gefühlen (*pensee operatoire*) auszeichnet.

Das dritte Bindungsmuster ist die verstrickte bzw. unsicher-verwickelte Bindungsrepräsentation (*preoccupied*). Sie ist gekennzeichnet durch inkohärente, sehr detaillierte Schilderungen der Kindheitserfahrungen, aus denen deutlich wird, dass der Erwachsene noch heute konflikthaft in die Beziehung zu seinen Eltern verstrickt ist. In solchen Interviews wird viel aktueller Ärger geäußert.

Vp-Nr. N 0311 M, männlich, Interviewer: weiblich

2.) Okay, versuch doch mal einfach die Beziehung zu deinem Vater und deiner Mutter damals zu beschreiben, so ansatzweise, hast Du zu Vater ...

//Also//, die Beziehung zu mir und meinem Vater war, ja, oft wenn wir uns am Wochenende gesehen haben, ganz super, also, da war er der Vater überhaupt, aber das war eh nur gespielt (*mh*), und zur Mutter halt eben die größte Beziehung, weil sie für mich zwei Elternteile in einem war, (*mh, mh*), mein Vater war, äh, wenn er nich grade-, hat sich nicht um uns gekümmert, wenn wir Besuchswochenende hatten, sondern da war seine Freundin da (*mh*), da ging's so mit der und da gibt's ein Beispiel, da war ich, da war'n wir im Kölner Zoo (*mh*) und da bin ich, da stand ne Dampflok, ich weiß nicht, ob die heute da noch steht, wo Kinder sich dran rumtoben können, und da bin ich vom Schornstein geschubst worden und hab mir den Arm gebrochen (*mh*), ich hab auf dem Boden gelegen, hab wie am Spieß gebrüllt und der einzige, der gekommen ist, war mein Bruder (*mh*), weil mein Vater mit der Freundin da rumgeturtelt hat und hat mich noch nicht mal brüllen gehört (*mh*), ja, ganz toll (*mh*). Das einzige, was er gemacht hat, ist, mit mir-, hat mich ins Krankenhaus gebracht (*mh*)- das ist mein Vater, und damals hab ich das noch nicht richtig einsehen wollen, dass es so läuft, aber mittlerweile sehe ich's doch so (*mh*). Dass er das größte Arschloch ist ... (*mh, mh*) was auf Erden rumläuft und zu meiner Mutter hatte ich immer en sehr gutes Verhältnis (*mh*).

1.) Also zunächst mal versuch Dich mal möglichst weit so in die Kindheit zurück zu erinnern, so weit Du's kannst, und dann vielleicht so'n bisschen Atmosphäre beschreiben, wo Du so aufgewachsen bist. Geschwister, okay, der Bruder, was haben die Eltern gemacht und so weiter (*mh*).

Also, es war früher war bei uns, da ham wir halt eben noch zu viert gewohnt, da ham meine Eltern halt bestimmt-, hm, ham sich, oder wann war das, da war ich in der zweiten Klasse, da war ich acht, da ham se sich scheiden lassen (*mh*), mein Vater ist ein notorisches {{unverständlich}} und ne notorische Flasche (*mh*), also die größte Flasche, die es überhaupt auf der Welt gibt (*mh*), denk ich mittlerweile, weil es is nich die feine Art, seine Frau da noch zu betrügen (*mh*), und das hat er gewaltig getan und dementsprechend ham wir das auch zuhause mitbekommen, vom Umfeld (*mh*), und mein Vater ist eigentlich nur blau nach Hause gekommen, {{räuspert sich}} dann gab's halt eben den Zoff, und das ham wir mitbekommen, dann bin ich dann zu meinem Bruder, (*mh*), hab dann bei dem gepennt (*mh*) und äh/

/Dein Bruder ist älter, oder/

/Älter, fünf Jahre älter, {{stockt kurz}} fünf, ja fünf und ähm, der hat dann en bisschen auf mich aufgepasst, er war auch der, wo meine Mutter gesagt hat, geh ihn vom Kindergarten bitte abholen, oder (*mh*) von der Schule, (*mh*), weil sie das alleine nicht konnte (*mh*), vom Stress her ging's auch, als der zuhause war. Ja, und als dann die Trennung war, als dann meine Eltern geschieden ham, dann hab ich sehr dadrunter gelitten (*mh*), weil so plötzlich nen Vater zu verlieren is (*mh*), kann man beinah sagen wie ein Tod, aber, jetzt so, wenn ich jetzt so drüber nachdenke, war's eigentlich sehr gut (*ja*) und ähm, dann hat mich das also en gutes Jahr in der Schule zurückgeworfen (*mh*), weil ich ziemlich fertig war (*mh*), weil dann die ganze Rennerei zum Gericht, und, wo willst du wohnen und, (*mh*), ich hing halt eben doch sehr an meinem Vater, wie jedes Kind an nem Vater hängt (*mh*), und dann war's auf einmal, hieß es dann, ja, hm, Vater ist ausgezogen, find dich damit ab (*mh*), wurd ich halt eben ins kalte Wasser geworfen, mein Bruder halt zwar auch, meine Mutter hat nicht so viel dafür getan, ja und dann fing das dann an mit äh, Lesestörung, Schreibstörung, (*mh*) und Legasthenie (*mh*), war halt ganz zu Anfang ganz schwach aber nur, dann ging das halt eben zur Rennerei zu Kinderpsychiater und weil mich das halt alles sehr mitgenommen hat (*mh*). Ja, ansonsten war das eigentlich ne ganz lockre Kindheit (*mh*). Ich hab halt eben meinen Vater nur alle zwei Wochen gesehen, (*ja*) am Wochenende (*ja*), gut, war halt eben schmerzlich, aber … war auch toll an Weihnachten zwei Geschenke zu bekommen {{Interviewerin lacht verständnisvoll}}, von Eltern (*mh*), statt eins (*mh*).

Und, ähm, du sagst, Kontakt alle zwei Wochen, das besteht heute auch noch //nee// ist das so geblieben oder

/Nee. Heute äh, mein Vater und ich führ'n Krieg miteinander, und zwar geht's um Unterhaltskosten, mein Vater ist freiberuflich, und, Krieg kann man das …

Wie wir sehen, kann die unsicher-verwickelte Person durchaus umfangreich und detailreich Beziehungsepisoden aus ihrer Kindheit berichten, allerdings wird deutlich, dass sie immer noch sehr verwickelt mit ihren früheren Bezugspersonen ist und viel aktueller Ärger geäußert wird. Motive für das damalige Verhalten der Eltern werden nicht in Betracht gezogen. Eine reife Abgrenzung von den Eltern ist nicht erreicht, dagegen ist ein unproduktives ständiges Involviertsein spürbar.

Kann man mit dem AAI das Unbewusste überraschen?

Wenn Patienten in der Lage sind, positive und negative Anteile in ihren Beziehungserfahrungen mit dem gleichen Objekt zu integrieren, ist dies ein entscheidender Schritt in Richtung auf Reife. Insofern ist das Kohärenzkriterium auch klinisch bedeutsam.

Es ist übrigens bemerkenswert, dass in allen drei Interviews, die hier passagenweise abgedruckt wurden, Tod oder Verlust des Vaters vorkam. Die genauen Schilderungen waren, wie oft auch in analytischen Erstgesprächen, erst am Ende der Sitzung erfolgt. Ob man allerdings davon sprechen kann, das »Unbewusste zu überraschen«, wie Mary Main es formulierte, bleibt fraglich. Zunächst einmal: das Unbewusste lässt sich nicht überraschen, bestenfalls das Ich. Die etwas missverständliche Formulierung von Mary Main taucht auch in einem Aufsatz von Buchheim und Kächele (2002) auf, in der ein Stück einer Analyse und das AAI mit der betreffenden Patientin dargestellt werden. Es stellte sich heraus, dass die Patientin ihre Erfahrungen mit dem Vater nicht in die Analyse (bei einem männlichen Analytiker) einbrachte, jedoch anscheinend spontan bei einer weiblichen Interviewerin über den Tod, genauer die Betrachtung des aufgebahrten Vaters sprach.

Auch in den Interviews, die wir führten, kamen solche überraschenden Phänomene vor, etwa, wenn man ganz zum Schluss des Interviews der Person, die als sicher eingestuft worden war, erfährt, dass der Vater auf ungeklärte Weise im Bodenseen ertrunken ist. Im Folgenden ist eine der letzten Passagen aus dem Interview von Vp-Nr. L 1804 P, männlich, Interviewer: weiblich, wiedergegeben, bei der eigentlich nach den Beziehungen zu anderen wichtigen Personen, z. B. den Großeltern, gefragt worden war.

Ähm; ja, würdest du die Beziehung zu denen als ähnlich wie die zu deinen Eltern bezeichnen?

Nee, eigentlich nicht, also meine Eltern waren schon die wichtigsten Erwachsenen *(mh, mh, mh)*. Aber es sind halt die, die mir jetzt so spontan einfallen würden *(ja, mh, klar)*. Meine O-, meine Großeltern äh (ja), die waren zwar auch immer da, aber das war nicht so, dass man mit denen Probleme besprechen konnte, oder irgendwie, dass die so-, die {{ffh}} die waren halt da *(ja)*. Ich hab mich halt gut mit denen auch verstanden, *(mh)*, mein Opa ist sehr früh gestorben, meinen anderen Opa kannte ich nicht. Meine Oma ist, äh, leider auch vor 'nem-, im Februar gestorben, die Mutter von meiner Mutter *(mh)*. Das war (//{{setzt zum Sprechen an, unverständlich}}/) //noch mal// schlimm *(mh)* für meine Mutter *(mh)*, aber, äh, wenn man einmal so eine Erfahrung gemacht hat, dann äh, ja, irgendwie, das ist dann nicht mehr zu überbieten {{lacht kurz auf}}. *(mh)*, also, das hört sich blöd an, aber das ist so *(mh)*. Abgesehen davon war es auch vorhersehbar, man konnte sich darauf vorbereiten *(ja. Das ist dann natürlich noch mal etwas anders, aber trotzdem)* ja (//{{unverständlich}}/) //und für meine Mutter// war das irgendwie noch eine Art Trauerarbeit. Weil sie äh, hat halt kein Grab von meinem Vater *(mh)*, weil der ja nicht gefunden-, nie gefunden wurde, der ist ja ertrunken *(ja)*, im Bodensee *(ja)*, und der ist halt nie gefunden worden. Und ähm, dann haben sie halt dann so 'n Stein für meinen Vater in den- ins Grab von meiner Oma gestellt *(mh)*, und dann war das für meine Mutter so 'ne Ersatzbeerdigung, das war sehr wichtig für sie *(ja, ja, das glaub ich/)*. /Für mich persönlich/ *(/so ganz ohne Beerdigung ist irgendwie, ist gar kein richtiger Abschied so* //{{unverständlich}}/) //ja, aber// die meinten am Bodensee, dass es sehr selten ist, dass da jemand wieder hervorkommt *(mh)*, weil der Bodensee sehr tief sei *(mh, mh)*. Das war, war 'ne ganz schlimme Zeit also *(mh)*, als wir da dahin gefahren sind *(mh)*, wir waren auch dieses Jahr noch mal da, *(mh)* m. Na ja. *(mh)*. Und die äh-, für mich hat der Tod von meiner Oma-, ich hab mich zwar gut mit ihr verstanden, aber sie war auch eine ziemliche Belastung für meine Mutter, auch weil sie halt pflegebedürftig war *(ach so, mh)*. Sie konnte zwar noch reden und auch laufen, aber *(mh)*, aber sie war halt äh wenig selbständig so *(mh)*, konnte halt nur, wie so ein alter Mensch halt ist, sie hat halt äh, konnte nichts mehr sich selber kochen und *(mh)* hat halt hier gewohnt, in dem Haus *(mh)*. Sie war für meine Mutter auf der einen Seite ein guter Ersatz, dass sie halt jemanden hatte *(ja)*, auf der anderen Seite auch unheimlich viel Belastung *(mh, ja, ich glaub* //{{unverständlich}}/) //und ihr geht// es besser *(mh)*, also *(ja)*, wo sie jetzt ein bisschen selbständig sein kann/

Allerdings darf man mit Carl (2003) durchaus in Zweifel ziehen, ob das, was durch das AAI kommuniziert wird, etwas Unbewusstes ist. Die sprachliche Ebene ist die letzte und reifste Ebene der Verarbeitung und von zahlreichen Faktoren beeinflusst, die u. a. verhindern sollen, dass man allzu viel über sich gegenüber einer fremden Person enthüllt. Dies ist sicher auch der Grund, weshalb besonders intime oder wichtige Informationen in aller Regel erst ganz zum Schluss des Gesprächs und eher zufällig, beiläufig »herauskommen«. Bislang haben sprachliche Aspekte des AAIs, d. h. die Frage, wie Bindungserfahrungen in Sprache umgesetzt und dem Gegenüber kommuniziert werden, wenig Beachtung gefunden. Es stellt sich jedoch die Frage, inwieweit die Schilderung früher Beziehungserfahrungen u. U. auch durch subtile Mechanismen der Kontrolle von selbstwertrelevanten Informationen beeinflusst werden – und damit eben genau verhindert wird, dass Unbewusstes »kommuniziert wird«, zumindest auf der sprachlich-bewussten Ebene.

Zusammenhänge zwischen Bindungssicherheit und Selbstpräsentation

Diese Idee aufgreifend, wurde an den Daten der Mainzer Längsschnittstudie geprüft, wie die Darstellung der früheren Beziehungen zu den Eltern, also die Bindung, gemessen mit dem AAI, mit der Offenheit und Bereitschaft der Personen zusammenhängt, über sich, ihre Probleme und Schwächen zu berichten (Seiffge-Krenke 2003). Sind sicher gebundene Personen wirklich »sicher gebunden«, oder können sie sich nur besonders gut selbst darstellen? Zu diesem Zweck haben wir die Bindungssicherheit im AAI, gemessen im Erwachsenenalter unserer Stichprobe, mit ihren Angaben zur Offenheit und sozialen Erwünschtheit in Beziehung gesetzt, die sie während ihrer Adoleszenz und im Erwachsenalter gemacht haben. Ein typisches Item aus der Subskala Soziale Erwünschtheit (20 Items) ist »Ich habe noch nie gelogen«. Da auch die Schilderung psychischer Probleme eine gewisse Offenheit verlangt – oder zu einer bestimmten Selbstdarstellung veranlasst –, wurden auch die Symptomschilderungen genauer betrachtet, die diese Personen während ihrer Adoleszenz und im Erwachsenenalter gegeben haben.

In der Tat fanden sich sowohl im Jugendalter als auch im jungen Erwachsenenalter signifikante Unterschiede in der Selbstrepräsentation und der psychischen Symptombelastung in Abhängigkeit von der Bindungsrepräsentation. Personen, die im Erwachsenenalter als sicher gebunden klassifiziert wurden, wiesen sowohl in der Adoleszenz als auch im Alter von 21 Jahren weniger psychische und körperliche Symptome auf, zeichneten sich aber andererseits durch eine größere soziale Erwünschtheit in ihrer Selbstdarstellung aus. Demgegenüber nannten unsicher-verwickelte Personen sowohl als Jugendliche als auch als Erwachsene mehr psychische Symptome und wiesen eine deutlich geringere Tendenz zur sozial erwünschten Darstellung auf. Diese Unterschiede waren über einen Zeitraum von 7 Jahren stabil.

Auffälligstes Ergebnis ist demnach die günstigere Selbstdarstellung der sicher gebundenen Personen, die sich zum einen in einem höheren Ausmaß sozial erwünschter Antworten und zum anderen in einer geringeren Anzahl selbstberichteter Symptome festmachen lässt, und zwar jeweils verglichen mit unsicher-verwickelt gebundenen Personen. Ein weiterer wichtiger Befund war eine ungenügende Differenzierung zwischen sicher gebundenen und unsicher-distanziert gebundenen Personen, ein Ergebnis, das auch in anderen Studien berichtet wird (vgl. Cassidy & Shaver 1999; Gloger-Tippelt 2001) und mit der erhöhten Tendenz zur Idealisierung bei den unsicher-distanziert gebundenen Personen in Beziehung gebracht wird.

Zusammengenommen deuten beide Befunde auf das Problem der sprachlichen Darstellung von Bindungserfahrungen hin, das von Carl (2003) und Grimmer (2003) problematisiert wurde. Carl (2003) kritisiert nicht nur die irreführende Verwendung und Generalisierung des Begriffes der Kohärenz durch die Bindungsforscher, sondern betont nachdrücklich, dass die Konversationsprinzipien von Grice (nämlich die der Qualität: »sei aufrichtig und belege deine Aussagen« und der Quantität: »fasse dich kurz und sei vollständig«) nicht ausreichend für eine Interaktionssituation sind, wie sie die Interviewsituation des AAIs vorgibt. Anders als der FST, der in vorsprachlicher Form durch direkte Beobachtung des Verhaltens von Mutter und Kind eine eindeutige Zuordnung von Bindungssicherheit möglich macht, reflektiert das AAI die organisierte, verbal ausgedrückte Bindungserfahrung, und zwar in einer Interviewsituation, die in aller Regel wenig ängstigend ist – verglichen etwa mit dem FST, wo es ja definitiv um die Erzeugung einer für das Kind angstauslösenden Erfahrung geht. Im AAI berichten Erwachsene rückblickend über angstauslösende, Bindungsverhalten mobilisierende Situationen gegenüber einem neutralen Interviewer. Es bleibt die Frage, wie Bindungserfahrungen in Sprache transformiert werden und dem Interviewer so mitgeteilt werden, dass er daraus Rückschlüsse auf frühere Beziehungserfahrungen ziehen kann. In jedem Fall aber scheint die enorme Kontrolle beziehungsrelevanter Aussagen im Sinne der sozialen Erwünschtheit darauf hinzudeuten, dass es eher nicht um Unbewusstes geht.

Es ist offenkundig, dass die Merkmale der Kommunikation genauer erforscht werden müssen, um letztendlich auch den Verdacht auszuräumen, dass sichere Bindung nur eine besonders geglückte Form der Selbstpräsentation ist.

4. Mentalisierung und Unbewusstes

Wie bereits dargestellt, hat die Bindungstheorie die Bedeutung der Sexualität relativiert und den Stellenwert nicht-sexueller Bedürfnisse für den Entwicklungsverlauf herausgearbeitet. In ihrer Sorge um die Vernachlässigung von Umweltfaktoren bei der Erklärung der psychischen Entwicklung von Kindern hatte sich Bowlby von den unbewussten Phantasien abgekehrt und der Realität zugewandt, wobei diese auf die Beziehung zwischen Mutter und Kind eingegrenzt wurde. Die Methoden der Erfassung dieser Beziehung sowohl im Kleinkindalter als auch im Erwachsenenalter waren an Kriterien der objektiven Auswertung orientiert, Unbewusstes hatte da (fast) keinen Platz.

Allerdings bleibt die Frage, ob man die unterschiedlich hohe Übereinstimmung zwischen der Bindungsqualität von Eltern und ihren Kindern überhaupt hinreichend erklären kann ohne die Rolle, die Phantasien, vor allem unbewusste Phantasien der Eltern über ihre Kinder, spielen. Ausgelöst durch die Arbeiten von Fonagy (2003) hat sich die Bindungsforschung schließlich einem genuin analytischen Element zugewandt, der unbewussten Phantasie und ihrem Niederschlag in mentalen Repräsentationen. Wie Fonagy (2003) herausgearbeitet hat, ist die frühe Beziehungsumwelt von entscheidender Bedeutung – nicht so sehr, weil sie die Qualität der späteren Beziehung prägt, wofür es, wie gesagt, an Beweisen mangelt, sondern weil sie dazu beiträgt, das Individuum mit einem mentalen Verarbeitungssystem auszustatten, das bestimmte Beziehungsrepräsentationen hervorbringt. Tatsächlich hat sich die Bindungsforschung in den letzten Jahren von der Frage der Korrespondenz zwischen kindlichen und elterlichen Bindungsmustern etwas abgewandt, weil offenkundig eine Reihe von Faktoren diese »Weitergabe« von Bindung beeinflussen, die nicht in der Hand der Eltern liegen – z. B. das Auftreten starker Stressoren – und sich der Frage der Mentalisierung zugewandt. Dabei beschäftigte man sich besonders mit der Frage, wie die organisierten mentalen Repräsentationen von Bindung entstehen und warum sie nur unzureichend vermittelbar sind, was Van IJzendoorn (1995) als *transmission gap* bezeichnet.

Eine sichere Bindung umfasst ein Repräsentationssystem, bei dem das Kind die Bindungsfigur als zugänglich und reaktionsbereit erlebt, wenn es sie braucht. Relativ eindeutig sind Nachweise, die zeigen, dass die frühe Bindung Auswirkungen auf mentale Prozesse hat, die der Persönlichkeit und der Psychopathologie zugrunde liegen können. Immer wieder fand man Zusammenhänge zwischen Bindungsstatus und Repräsentationsfähigkeiten, die das Selbst, die anderen und die Beziehungen zwischen ihnen beiden betreffen. Kinder mit sicherem Bindungsstatus beispielsweise können sich an angenehme Ereignisse besser erinnern als an unangenehme und können auch ihre negativen Emotionen besser verstehen (Laible & Thompson 1998).

Nach Ansicht Winnicotts (1971) entstehen Objektbeziehungen aus magischen Allmachtserfahrungen. Zunächst muss eine Differenzierung zwischen Ich und Nicht-Ich, den eigenen Gefühlen und Wahrnehmungen und den Wahrnehmungen und Gefühlen anderer vollzogen werden. Die *hinreichend gute Mutter*, so eine Formulierung Winnicotts (1971), fordert den Säugling zu dieser Differenzierung heraus und »erklärt« dem Säugling und Kleinkind durch ihre Mimik und ihre Stimme die Ähnlichkeiten, aber auch Unterschiede zwischen sich und dem Kind. Zentral ist dabei Winnicotts Konzept der Spiegelung, das Ähnlichkeiten mit Bions Konzept des *psychischen Containers* hat: Die Mutter nimmt die negativen Gefühle des Kindes auf und spiegelt sie, aber nicht in direkter Form, sondern gleichsam »metabolisiert«, in dem sie die Gefühle anerkennt, aber zugleich deutlich macht, dass das Kind sich nicht fürchten muss, weil sie ja da ist.

Entscheidend ist, dass die Reaktion auf Kummer des Kindes aus einem Feedback besteht, dem Gesicht und der Stimme der Mutter, durch das sie dem Kind »erklärt«, was es fühlt und ihm gleichzeitig vermittelt, dass es die Situation bewältigt (Fonagy et al. 1995). Einer unsicher-*dismissing* gebundenen Betreuungsperson gelingt es möglicherweise überhaupt nicht, den Kummer des Kindes zu spiegeln, weil sie ihn selbst als schmerzlich empfindet oder weil ihr die Fähigkeit fehlt, sich eine kohärente Vorstellung vom mentalen Zustand des Kindes zu machen. Bei einer unsicher-verstrickten Betreuungsperson wird das Kind überstark mit den ambivalenten Emotionen der Mutter konfrontiert, ohne dass diese von ihr »metabolisiert«, d. h. verarbeitet und in geschützter Form an das Kind vermittelt werden.

Bowlby erkannte, dass das Kind einen bedeutungsvollen Entwicklungsschritt macht, wenn ihm allmählich klar wird, dass die Mutter ihre eigenen Ziele, Ideen und Gefühle haben kann. Etwa zur gleichen Zeit beginnt das Kind, über seine eigene innere Verfassung zu reflektieren, eine Theorie des Mentalen (*theory of mind*) zu entwickeln (Baron-Cohen 1995). Man vermutet, dass die Fähigkeit zur Mentalisierung aus der Bindungsbeziehung hervorgeht, und zwar dann, wenn das Kind die mentale Situation der Mutter erforscht. Eine sichere Bindung gestattet eine umfassende

Erforschung; schwere Deprivationen verhindern, dass sich die Fähigkeit zur *Mentalisierung* herausbildet.

In der Tat haben Studien zur *theory of mind* von kleinen Kindern, d. h. ihren Vorstellungen über die mentalen Prozesse anderer Personen, enorme Unterschiede in Abhängigkeit von familiären Faktoren erbracht (Cutting & Dunn 1999). Kinder, die schon relativ viele Gedanken und Gefühle über den geistigen Zustand einer anderen Person äußern konnten, also eine gut entwickelte *theory of mind* hatten, stammten aus Elternhäusern, in denen sehr viel kommuniziert wurde und insbesondere Gefühlszustände und Vorstellungen offen angesprochen wurden.

Die kindliche Bindungsqualität ist eine Funktion des Grades, in dem sich Eltern in die vermuteten seelischen Zustände hineinversetzen können, indem sozusagen das Unbewusste der Eltern das Unbewusste des Kindes »versteht«, etwa wenn es darum geht, zu verstehen, warum ein kleines Kind von seiner Angst überschwemmt wird in einer Situation, die einem Erwachsenen keineswegs Angst bereitet. Durch das Containment versteht die Mutter oder der Vater nicht nur die negativen Affekte des Kindes, sondern beantwortet sie kindbezogen, d. h. verändert sie gleichzeitig so, dass sie für das Kind erträglich werden (*affect attunement*). Mütterliche und väterliche Interaktionen werden aber auch von unbewussten Phantasien gespeist, wie Selma Fraiberg (1975) in ihrem »Ghost in the nursery« deutlich gemacht hat. Damit sind Gefühle und Erwartungen negativer Art gemeint, die die Eltern auf Grund ihrer eigenen Beziehungsgeschichte in die Situation hineininterpretieren. Die Ursachen für wenig feinfühliges Verhalten der Eltern liegen demnach häufig in spezifischen Phantasien über sich selbst und das Kind. Sie führen nicht selten zu einer Übertragung eigener unbewusster Erwartungen und Phantasien auf das Kind, was letztendlich zu einer Störung echter Empathie für die Bedürfnisse des Kindes führt. Auch die Tatsache, dass Mütter bzw. Väter unterschiedliche Bindungsqualitäten mit ihren verschiedenen Kindern erleben, ist u. a. darauf zurückzuführen, dass sie unterschiedliche Phantasien über die verschiedenen Kinder haben. Solche unbewussten Phantasien sind im klinischen Erstinterview besser zugänglich als in halbstandardisierten Interviews mit fester Fragenfolge wie dem AAI. Von daher ergibt sich ein Plädoyer für die Nützlichkeit einer Kombination beider Methoden, um dem Unbewussten eine bessere Chance zu geben.

5. Abschließende Bemerkungen: Zurück zum Unbewussten

Bowlby (1988) hatte Ähnlichkeiten zwischen der Bindungsbeziehung der frühen Kindheit und den späteren Liebesbeziehungen postuliert und damit Freuds Idee der prägenden frühen Erfahrungen aufgegriffen und einer empirischen Überprüfung zugänglich gemacht. Dies geschah allerdings auf der Basis sehr starker konzeptueller Veränderungen ursprünglich psychoanalytischen Gedankenguts. Die Bindungstheorie hat sich in ihren Anfängen von den unbewussten Phantasien abgekehrt und sich der Realität zugewandt, sie hat Triebaspekte vernachlässigt und die Beziehung zwischen Mutter und Kind in den Vordergrund gestellt. Die Methoden der Erfassung dieser Beziehungen, sowohl im Kleinkindalter als auch im Erwachsenenalter, waren an Kriterien der objektiven Auswertung orientiert, Unbewusstes hatte da (fast) keinen Platz

Erst in jüngster Zeit, ausgelöst durch die Arbeiten von Fonagy (2003), hat sich die Bindungsforschung einem genuin analytischen Element zugewandt, das unbewusste Phantasien und ihren Niederschlag in mentalen Repräsentationen zum Gegenstand hat. Aber dies war ein langer Weg; dazwischen lagen über 30 Jahre Bindungsforschung, die geprägt waren von einer teilweise erheblichen Überschätzung des Bindungskonstruktes und seinen weitreichenden Folgen für die klinische Praxis. Die Bindungstheorie geht von einem entscheidenden Einfluss der Bindungsorganisation in der frühen Kindheit bis ins hohe Erwachsenenalter aus. Die Frage der Übereinstimmung zwischen der Bindungsqualität von Eltern und ihren Kindern stand lange Zeit sehr im Vordergrund der Bindungsforschung. Sie scheint auch aus klinischer Sicht unmittelbar relevant. Allerdings zeigen die neueren Ansätze eine Rückkehr zu genuin analytischem Gedankengut und machen Hoffnung, dass eine der Ursachen für die (mehr oder weniger großen) Konkordanzen zwischen Bindungsstatus von Eltern und Kind, die unbewussten Phantasien, in Zukunft besser verstanden werden.

Literatur

Ahnert, L. (Hg.) (2004): Frühe Bindung. Entstehung und Entwicklung. München (Reinhardt).
Ainsworth, M. D. S., Blehar, M. C., Waters, E. & Wall, S. (1978): Patterns of attachment. A psychological study of the strange situation. Hillsdale, NJ (Erlbaum).
Allen, J. P., & Land, D. (1999): Attachment in adolescence. In J. Cassidy & P. R.

Shaver (Eds.): Handbook of attachment: Theory, research and clinical applications. New York (Guilford Press), S. 319–336.
Argelander, H. (1970): Das Erstinterview in der Psychoanalyse. Darmstadt (Wissenschaftliche Buchgemeinschaft).
Bakermans-Kranenburg, M. J., & van IJzendoorn, M. H. (1993): A psychometric study of the Adult Attachment Interview: Reliability and discriminant validity. In: Developmental Psychology 29, S. 870–879.
Baron-Cohen, S. (1995): Mindblindness: An essay on autism and theory of mind. Cambridge, MA (MIT Press).
Benoit, D. & Parker, K. C. H. (1994): Stability and transmission of attachment across three generations. In: Child Development 65, S. 1444–1456.
Bowlby, J. (1973): Attachment and loss, Vol. 2: Separation: Anxiety and anger. London (Hogarth Press and Institute of Psychoanalysis).
Bowlby, J. (1988): A secure base. Clinical applications of attachment theory. London (Routledge).
Brisch, K. H. (1999): Bindungsstörungen. Stuttgart (Klett-Cotta).
Buchheim, A. & Kächele, H. (2002): Das Adult Attachment Interview und psychoanalytisches Verstehen: Ein klinischer Dialog. In: Psyche 56, S. 946–973.
Carl, W. (2003): Grice' Konversationsmaximen und ihre Anwendung in der Analyse von Bindungserfahrungen. In: Psychotherapie und Sozialwissenschaft 1, S. 4–14.
Cassidy, J. (1999): The nature of the child's ties. In: J. Cassidy & P. R. Shaver (Eds.): Handbook of attachment. Theory, research, and clinical applications. New York (Guilford Press), S. 3–21.
Cassidy, J. &. Shaver, P. R. (Eds.) (1999): Handbook of attachment. Theory, research and clinical applications. New York (Guilford Press).
Cutting, A. L. & Dunn, J. (1999): Theory of mind, emotion understanding, language, and family background: Individual differences and interrelations. In: Child Development 70, S. 853–865.
De Wolf, M. S. & Van IJzendoorn, M. H. (1997): Sensitivity and attachment: A meta-analysis on parental antecedents of infant attachment. In: Child Development 68, S. 571–591.
Dornes, M. (2004): Psychoanalytische Aspekte der Bindungstheorie. In: L. Ahnert (Hg.): Frühe Bindung. Entstehung und Entwicklung. München (Reinhardt), S. 42–62.
Fonagy, P. (2003): Bindungstheorie und Psychoanalyse. Stuttgart (Klett-Cotta).
Fonagy, P., Steele, H., & Steele, M. (1991): Maternal representations of attachment during pregnancy predict the organization of infant-mother attachment at one year of age. In: Child Development 62, S. 891–905.
Fonagy, P., Steele, M., Steele, H. Leigh, T., Kennedy, R., Mattoon, G., & Target, M. (1995): Attachment, the reflective self, and borderline states: The predictive specificity of the Adult Attachment Interview and pathological emotional development. In: S. Goldberg, R. Muir, & J. Kerr (Eds.): Attachment Theory: Social, developmental and clinical perspectives. Hillsdale, NJ (Analytic Press), S. 233–278.

Fraiberg, S., Adelson, E. & Shapiro, V. (1975): Ghost in the nursery. In: Journal of the American Academy of Child Psychiatry 14, S. 387–422.

Freud, S. (1986): Briefe an Wilhelm Fließ 1887–1904, hrsg. v. J. M. Masson. Bearb. d. deutschen Fassung v. M. Schröter. Frankfurt/M. (Fischer).

George, C., Kaplan, N., & Main, M. (1985): The Berkeley Adult Attachment Interview. Unpublished protocol, Dept. Psychology, University of California (Berkeley).

Gloger-Tippelt, G. (Hg.) (2001): Bindung im Erwachsenenalter. Bern (Huber).

Grimmer, B. (2003): Wie Bindungserfahrungen im Bindungsinterview erzählt werden. In: Psychotherapie und Sozialwissenschaft 1, S. 63–68.

Grossmann, K. E., Becker-Stoll, F., Grossmann, K., Kindler, H., Schieche, M., Spangler, G., Wensauer, M., & Zimmermann, P. (1997): Die Bindungstheorie: Modell, entwicklungspsychologische Forschung und Ergebnisse. In: H. Keller (Hg.): Handbuch der Kleinkindforschung. Göttingen (Hogrefe), S. 51–95.

Köhler, L. (1990): Neuere Ergebnisse der Kleinkindforschung: Ihre Bedeutung für die Psychoanalyse. In: Forum der Psychoanalyse 6, S. 32–51.

Laible, D. J., & Thompson, R. A. (1998): Attachment and emotional understanding in pre-school children. In: Developmental Psychology 34, S. 1038–1045.

Main, M. (1997): Desorganisation im Bindungsverhalten. In G. Spangler & P. Zimmermann (Hg.): Die Bindungstheorie. Stuttgart (Klett-Cotta), S. 120–139.

Seiffge-Krenke, I. (2001a): Die Bedeutung von Phantasieproduktionen für die Psychotherapie bei Kindern und Jugendlichen. In: Zeitschrift für Analytische Kinder- und Jugendlichenpsychotherapie 109 (1), S. 113–130.

Seiffge-Krenke, I. (2001b): Neuere Ergebnisse der Vaterforschung: Sind Väter notwendig, überflüssig oder sogar schädlich für die Entwicklung ihrer Kinder? In: Psychotherapeut 46 (6), S. 391–397.

Seiffge-Krenke, I. (2003): Bindung und Selbstdarstellung: Wie »sicher« sind sicher gebundene Personen? In: Psychotherapie und Sozialwissenschaft 5 (4), S. 316–329.

Seiffge-Krenke, I. (2004a): Psychotherapie und Entwicklungspsychologie. Heidelberg (Springer).

Seiffge-Krenke, I. (2004b): Die langfristige Bedeutung von funktionalen und dysfunktionalen Copingstilen zur Vorhersage von Bindungssicherheit. In: Zeitschrift für Medizinische Psychologie 13 (1), S. 37–45.

Seiffge-Krenke, I. (2004c). Adoleszenzentwicklung und Bindung. In: A. Streeck-Fischer (Hg): Adoleszenz – Bindung – Destruktivität. Stuttgart (Klett-Cotta), S. 156–175.

Shulman, S. & Seiffge-Krenke, I. (1997). Fathers and adolescents. Developmental and clinical perspectives. London, New York (Routledge).

Strauß, B. Buchheim, A. & Kächele, H. (Hg.) (2002): Klinische Bindungsforschung. Theorien, Methoden, Ergebnisse. Stuttgart – New York (Schattauer).

Van IJzendoorn, M. H. (1995): Adult attachment representations, parental responsiveness, and infant attachment: A meta-analysis on the predictive validity of the Adult Attachment Interview. In: Psychological Bulletin 117, S. 387–403.

Waters, E., Merrick, S. K., Treboux, D., Crowell, J. & Albersheim, L. (2000):

Attachment security from infancy to early adulthood: A 20-year longitudinal study. In: Child Development 71(3), S. 684–689.
Waters, E. & Cummings, E. M. (2000): A secure base from which to explore close relationships. In: Child Development 71, S. 164–172.
Winnicott, D. W. (1971): Vom Spiel zur Kreativität. Stuttgart (Klett) 1997.

Vera King

Unbewusstheit der Adoleszenz

Unbewusstes (in) der ›Adoleszenz‹ – Begriffsbestimmungen und Perspektiven

Dieser Beitrag befasst sich mit Unbewusstem (in) der Adoleszenz aus unterschiedlichen Perspektiven: erstens mit der psychoanalytischen Sicht auf individuell unbewusste Konflikte der Adoleszenz, zweitens mit der ethnopsychoanalytischen Sicht auf die Bedeutung der Adoleszenz für die gesellschaftliche Herstellung von Unbewusstheit, 3. mit einer soziologisch-sozialpsychologischen Sicht auf unbewusste Ambivalenzen in Generationenbeziehungen der Adoleszenz. Und schließlich – so ist disziplinübergreifend auf einer metatheoretischen und wissenschaftstheoretischen Ebene zu fragen – aus welchen Gründen, mit welchen Folgen und in welchen Hinsichten wird Adoleszenz im Gefüge psychologischer oder sozialwissenschaftlicher Theoriebildung unterbelichtet, verdrängt oder unbewusst gehalten? Um dies beantworten zu können, sei zunächst der Begriff der ›Adoleszenz‹ genauer betrachtet.

Mit *Adoleszenz* oder *Jugend* wird in modernen Gesellschaften die lebensgeschichtliche Phase zwischen Kindheit und Erwachsensein bezeichnet.[1] Insofern das Selbstverständnis von ›Adoleszenz‹ als Entwicklungsphase, als Statuspassage und Zeit der Vorbereitung auf den Erwachsenenstatus in Abhängigkeit von der jeweiligen historischen, kulturell-gesellschaftlichen Situation variiert, verändert sich auch der wissenschaftliche Blick auf diesen Gegenstand. Adoleszenz- oder Jugendforschung stellt ein entsprechend vielfältiges, starken historischen und sozialen Wandlungen unterworfenes, zudem interdisziplinäres Forschungsfeld dar.[2] Diese Interdisziplinarität liegt in der Sache selbst begründet, da sich in der Betrachtung der Adoleszenz leib- oder körperbezogene mit psychologischen und kulturell-gesellschaftlichen Aspekten verknüpfen: In der Adoleszenz vollzieht sich im günstigen Fall eine Ablösung von den kindlichen Bindungen zu den Eltern, der herangewachsene sexuelle Geschlechtskörper wird psychisch integriert und Heranwachsende nähern sich den psychischen und sozialen Positionen des erwachsenen Lebens an. In modernisierten Gesellschaften sind diese Prozesse für größere Teile der jugendlichen Bevölkerung in ein sog. ›Bildungsmoratorium‹, das heisst in eine Zeit des »Sozial-aus-dem-Spiel-Seins« eingebettet (Bourdieu), innerhalb dessen – wiederum im günstigen Fall – Zeit und Raum für psychosoziale Veränderungsprozesse im Sinne der Individuation zur Verfügung stehen. Die historische Jugendforschung zeigt zudem auf, dass sich eine dafür notwendige, gesonderte Lebensphase zwischen Kindheit und Erwachsensein als schicht- und geschlechterspezifische, insofern sozial ungleich verteilte Zeit der Ausbildung und Vorbereitung auf den Erwachsenenstatus herausgebildet hat. Generationenverhältnisse der Adoleszenz sind mit sozialen Ungleichheitsverhältnissen verschränkt – entsprechend unterscheiden sich Dauer und Qualität der Jugendphase über die Zeit sowie zwischen den Kulturen und sozialen Milieus innerhalb einer Gesellschaft.

Unbewusstes in der Adoleszenz oder in der Adoleszenzforschung wie auch die Unbewusstmachung *der* Adoleszenz lassen sich daher mehrperspektivisch und mulidisziplinär beschreiben. Bei der Beschäftigung mit den eingangs ausgeführten Fragen werden jedoch Überschneidungen oder gemeinsame Kristallisationspunkte deutlich werden, die einen Hinweis auf die Quelle der ›Unbewusstmachung‹ oder der Verdrängungen geben – und zwar insbesondere dann, wenn wir Adoleszenz nicht einfach nur als eine Lebensphase zwischen Kindheit und Erwachsensein begreifen, sondern wesentlich als ein *Generationenverhältnis*. ›Jugend‹ oder ›Adoleszenz‹ bezeichnet i. d. S. ein historisch, kulturell und sozial variierendes Verhältnis zwischen den je ›Erwachsenen‹ und den je im Übergang zum Erwachsensein sich befindenden Heranwachsenden: Adoleszente bewegen sich – psychisch und sozial – auf jenen Status und jene Positionen zu, die Erwachsene innehaben. In diesem Sinne ringen Adoleszente nicht nur mit der Ablösung *von*, sondern auch mit der Ablösung *der* Erwachsenen. Adoleszente Generationenverhältnisse sind daher *strukturell ambivalent* – ein Umstand, der in vielen Diskussionen der Jugend- und Adoleszenzforschung darüber, ob es noch nennenswerte Generationskonflikte zwischen Erwachsenen und Jugendlichen gibt, ob diese abgenommen haben oder nur in besonderen Fällen auftreten, unberücksichtigt bleibt: Die Ambivalenz zwischen den Generationen stellt eine Herausforderung für beide Teile des Generationenverhältnisses dar, unabhängig davon, ob diese sich als manifeste Konflikthaftigkeit artikuliert, und unabhängig von der Art und Qualität ihrer Bewältigung. Diese intergenerationale Ambivalenz wird im Folgenden im Mittelpunkt der Betrachtung stehen. Sie kann als bedeutsame Quelle verschiedener Abwehr- und Verdrängungsvorgänge angenommen werden, deren Auswirkungen bis in die entwicklungstheoretischen und sozialwissenschaftlichen Diskurse hineinreichen.

1. Adoleszenz und Unbewusstheit in der Psychoanalyse

Eine besondere Rolle spielt dabei die Psychoanalyse als eine Theorie und Methode, in der es konstitutiv um ein Verständnis des individuellen unbewussten Seelenlebens und seiner Dynamiken geht: Nach Freud wird »die Rückkehr von der Überschätzung der Bewusstseinseigenschaft [...] zur unerlässlichen Vorbedingung für jede richtige Einsicht in den Hergang des Psychischen«. In diesem Sinne ist »das Unbewusste [...] das eigentlich reale Psychische, uns nach seiner inneren Natur so unbekannt wie das Reale der Außenwelt und uns durch die Daten des Bewusstseins ebenso unvollständig gegeben wie die Außenwelt durch die Angaben unserer Sinnesorgane« (Freud 1900a, S. 580).[3]

Welche Rolle spielt die Adoleszenz als Gegenstand innerhalb der Psychoanalyse als einer »Grundlagenwissenschaft der Seele«, als deren »Aufgabe« angesehen werden kann, »Methoden zu entwickeln, die dazu in der Lage sind, die Verzerrungen und Auslassungen, die die wahre Natur der Seele verdecken, (so weit wie möglich), aufzudecken« (Solms 2000, S. 772)? Welche »Verdunkelungsmechanismen« (ebd.) verhüllen die Dynamiken der Adoleszenz und wie werden sie psychoanalytisch erhellt?

Adoleszenz kann aus der Sicht psychoanalytischer Theorie zunächst als eine entscheidende und weichenstellende Phase der Entwicklung angesehen werden, insofern sich im Verlauf der Adoleszenz in Hinblick auf Konfliktthemen der Kindheit und die neuen Herausforderungen der jugendlichen Entwicklung eine spezifische Konstellation von Integration und Abwehr herstellt. Worauf Aufmerksamkeit sich im Verständnis psychischer Prozesse der Adoleszenz richtete und richtet, hängt allerdings von der jeweiligen theoretisch-methodischen Ausrichtung ab. Während etwa Anna Freud und die Vertreter der Ich-Psychologie sich vor allem mit der intensivierten Abwehr (unbewusster) Triebregungen der Pubertät befassten, standen in anderen Ansätzen eher die unbewussten sexuellen Identifizierungen und neu aktivierten präödipalen und ödipalen Konflikte im Vordergrund. Während Adoleszenz von vielen Psychoanalytikern als eine Phase der Wiederholung kindlicher Konflikte erachtet wurde und wird, beton(t)en einige die besonderen Anforderungen, Chancen und

Neubildungen der Adoleszenz (ausführlicher: Flaake & King 2003). Gab es bereits in den 20er Jahren sehr differerenzierte Ausführungen zur Adoleszenz (etwa bei Bernfeld), so verwies Anna Freud (1958, S. 1744) in einer Rückschau auf die psychoanalytische Theoriebildung darauf, dass »trotz aller Anstrengungen und Veröffentlichungen [...] die Pubertät nach wie vor ein Stiefkind in der psychoanalytischen Theorie und Therapie« geblieben sei. Sie legte auch ihre Vermutungen darüber dar, woraus diese »Lücken [im] theoretischen Bild der Pubertät« entstanden sein könnten: Da es Erwachsenen in der Regel schwer falle, die Pubertätserlebnisse emotional wiederzubeleben, und sich die Erinnerungen »gewöhnlich nur auf die Tatsachen an sich, nicht auf die sie begleitenden Affekte« (ebd., S. 1745 f.) beziehen, könne sich diese Form der Amnesie auch auf die wissenschaftliche Auseinandersetzung mit der Adoleszenz auswirken.

Doch worin genau lagen und liegen diese Amnesie oder die ›Unbewusstheit‹ in Bezug auf die Auseinandersetzung mit verschiedenen Aspekten der Adoleszenz begründet? Innerhalb der Psychoanalyse als Theorie, so lässt sich zunächst festhalten, reproduzierte sich eine »Amnesie« insofern, als die Betonung der psychosexuellen Entwicklung in der Kindheit zu einer unterkomplexen Betrachtung der Adoleszenz führte. Dies zeigt sich besonders deutlich an jenen psychoanalytischen Theorien der Geschlechterentwicklung, in denen die Adoleszenz als jene Phase, in der es zum Beispiel um die psychische Aneignung des herangewachsenen weiblichen oder männlichen Körpers geht, bis in zeitgenössische Diskussionen hinein wenig Beachtung findet. Dies muss umso mehr erstaunen, als die Entstehung der Psychoanalyse als Theorie und Methode in starkem Maße durch die Behandlung und Auseinandersetzung mit adoleszenten (hysterischen) Frauen erfolgte. Auch in der ersten großen psychoanalytischen Fallgeschichte, dem »Bruchstück einer Hysterie-Analyse« (Fall Dora), handelt es sich um die Behandlung einer Adoleszenten. Mit Blick auf die zentrale Bedeutung der Adoleszenz in der Entstehungsgeschichte der Psychoanalyse kann geradezu von einer Verdrängung der Adoleszenz im Ursprung der Psychoanalyse gesprochen werden (ausführlich: King 1995).

Freud selbst schrieb nach 1905 – dem Erscheinungsjahr der Falldarstellung Doras und der »Drei Abhandlungen zur Sexualtheorie« – »nur noch sporadisch zur Pubertät« (Bohleber 2000, S. 26). Diese Verdrängung und Unterbelichtung der Adoleszenz ist insofern nicht nur im Hinblick darauf folgenreich, dass, wie insbesondere Erdheim immer wieder herausgestellt hat, die von Eissler und Blos herausgestellte ›zweite Chance‹ der Adoleszenz unterbelichtet blieb und sich stattdessen eine Tendenz zum ›Determinismus der frühen Kindheit‹ etablierte. Sie wirkte sich eben zudem aus auf das Verständnis von Geschlechterentwicklung – in Verbindung mit der Ausblendung bestimmter Aspekte der Sexualität – und schließlich auf das Verständnis des ödipalen Konflikts. Denn auch der Ödipuskomplex »erhebt […] nicht nur sein Haupt in der Adoleszenz wieder«, wie es Loewald ausgedrückt hat, sondern lässt sich nur unter konsequentem Einschluss der adoleszenten Prozesse vollständig ausloten. Denn worum anderes als um die adoleszente Individuation und adoleszente Generationenbeziehungen könnte es gehen, wenn Loewald (1976, S. 43) zurecht betont, dass »in dem ödipalen Kampf zwischen den Generationen […] die Übernahme oder die Durchsetzung von Verantwortung, die dem Vorfahren gehörte, durch den Nachkommen Schuldgefühle [erregt]. Es sieht aus, als seien Gegner nötig, die das Drama beim Gewinn von Macht, Autorität, Autonomie und bei der Schuldverteilung mit ausspielen könnten«. Und er führt weiter aus: »Insoweit Menschen nach Emanzipation und Individuation sowie nach Objektliebe streben, stellt Elternmord – auf der Ebene psychischer Handlung – eine Entwicklungsnotwendigkeit dar« (ebd., S. 44). Diese Formulierungen lassen sich geradezu als luzide Beschreibungen der adoleszenten ödipalen Generationenspannung lesen. Denn in der Adoleszenz bekommt vor dem Hintergrund der herangewachsenen Potenzen der jungen Männer und Frauen die Auseinandersetzung sowohl mit der Geschlechter- als auch mit der Generationenspannung eine fundamental neue Qualität und Realität und bildet die Schubkraft für den Individuierungsprozess.

Kehren wir zu Freuds Theorie selbst zurück, so taucht die Adoleszenz zwar in über das Werk verstreuten Bemerkungen zum Ödipuskomplex immer wieder auf. Freud war jedoch vorrangig bestrebt, der Bedeutung der infantilen Sexualität Nachdruck zu verleihen, und hat insofern den Schicksalen der Sexualität in der Pubertät und Adoleszenz weniger Aufmerksamkeit gewidmet. Ein ausgeführtes Verständnis der Adoleszenz hätte zudem eine differenziertere Auseinandersetzung mit der Geschlechterspannung und der weiblichen Entwicklung erfordert, insofern eine Theorie der psychosexuellen Entwicklung unter Einschluss der psychischen Aneignung des geschlechtsreifen sexuellen Körpers in der Adoleszenz beinhalten müssen (King 1995) – ein Unterfangen, mit dem Freud aus einer Reihe viel diskutierter Gründe Schwierigkeiten hatte. So ist die Adoleszenz zwar immer wieder Thema innerhalb der Freudschen Theoriebildung, jedoch nicht in dem strukturlogischen Sinne, der auf ein vollständiges Verständnis des Ödipuskomplexes und der Individuierung als innere Aufhebung und Integration der ödipalen Triade abzielt. Im Freudschen Denken zeigen sich zwei einander überlappende Schwachstellen oder gar blinde Flecken auf der Geschlechter- und der Generationenachse der ödipalen Konflikttriade: Die eine Schwachstelle betrifft das Verständnis der weiblichen Entwicklung[4] (und der psychischen Bedeutungen von Körper und Geschlecht in der Adoleszenz). Die andere Schwachstelle betrifft – gleichsam komplementär auf der Generationenlinie – die Konzeption der Adoleszenz als entscheidendem Scharnier des Durcharbeitens des ödipalen Konflikts.[5]

Allerdings handelt es sich bei der Psychoanalyse nicht um die einzige Sozialwissenschaft, innerhalb derer Nicht-Erwachsene oder die systematische Betrachtung adoleszenter Generationenverhältnisse aus vielen Bereichen ausgeblendet werden.[6] Wie sich noch zeigen wird, wirkt sich dies im Besonderen auf das Verständnis der intergenerationalen Ambivalenz und der mit ihr verbundenen (bewussten und unbewussten) Konflikte aus. Im nächsten Schritt sollen daher Unbewusstes und Prozesse der Unbewusstmachung der Adoleszenz aus ethnopsychoanalytischer oder kulturanalytischer und aus soziologisch-sozialpsychologischer Sicht genauer beschrieben werden.

2. Unbewusstmachung in der Adoleszenz

Dass die Adoleszenz bei der von ihm so bezeichneten »gesellschaftlichen Produktion von Unbewusstheit« (1982) eine zentrale Rolle spielt, hat Erdheim herausgearbeitet. Er geht davon aus, dass Initiationsrituale in ethnischen Gesellschaften, die in Anknüpfung an Levi-Strauss als ›kalte‹ Gesellschaften bezeichnet werden, in denen der soziale Wandel gleichsam eingefroren wird, u. a. die Funktion haben, die Wandlungspotenziale der Adoleszenz einzuschränken und die Reproduktion der Kultur als einer Immergleichen zu sichern.

Erdheim analysiert, wie auch in modernen Gesellschaften sozialer und kultureller Wandel gehemmt werden. Dabei interessiert ihn aus einer herrschaftstheoretischen Sicht im Besonderen, wie bestimmte Strukturen, Abläufe und Institutionen, die in der Adoleszenz bedeutsam sind, beispielsweise die Schule, aber auch institutionelle Verankerungen der Geschlechterverhältnisse, ähnlich wie Rituale die Auswirkung haben, innere und äußere Realität zu vermischen und dadurch bestimmte regressive Formen der Realitätsverarbeitung zu fixieren. Eine besondere Rolle spielt dabei nach Erdheim, dass die Differenz[7] von Familie und Kultur aufgehoben wird, sodass der adoleszente Ablösungsprozess sistiert wird. Dies führe dazu, dass kindliche Muster der Realitätswahrnehmung und der Auseinandersetzung mit Machtverhältnissen im Erwachsenenleben konserviert werden. Eine besondere Rolle spiele gerade aus herrschaftstheoretischer Sicht die Frage, dass und wie sich aufgrund infantiler Übertragungen die Wahrnehmung der gesellschaftlichen Realität insbesondere der Machtverhältnisse verzerren kann (etwa in Richtung einer Identifikation mit dem Aggressor oder in Richtung einer Identifizierung mit dem Narzissmus der Herrschenden etc.) – oder anders formuliert – welche Schicksale die Aggression dabei nimmt (also in Richtung einer Wendung nach innen, einer Projektion auf Sündenböcke usw.).

Eine Folge dieser Vermischung innerer und äußerer Realität, so können Erdheims Überlegungen ergänzt werden, liegt in der Möglichkeit, die mit der adoleszenten Individuation verbundenen Schuldgefühle zu vermeiden und der Generationenspannung kindlich auszuweichen. Denn, so Loewalds Beschreibung der regressiven Abwehr ödipaler Auseinandersetzungen, »aus der Perspektive von Elternmord, Schuld und Verantwortung gesehen, bildet Verdrängung des (ödipalen, V. K.) Komplexes ein unbewußtes Ausweichen vor der emanzipatorischen Tötung der Eltern, sowie ein Mittel, die infantilen libidinös-abhängigen Bindungen mit ihnen zu erhalten« (1976, S. 44).

Aus dieser Perspektive lässt sich Adoleszenz als eine sowohl individuell-biographische als auch kulturell-gesellschaftliche Umschlagstelle fassen, an der sich entscheidet, in welchem Maße in Gesellschaften die Chance besteht, eine individuierte Sicht auf die soziale Realität zu entwickeln – oder ob vielmehr die Wahrnehmung und Deutung und das Erleben gesellschaftlicher Realität und sozialer Beziehungen von unbewussten Verdrängungen und Verleugnungen verzerrt werden. Auch hieran wird deutlich, wie Psychisches und Soziales auf komplexe Weise verknüpft sind und welche Bedeutung der Adoleszenz dabei zukommt. Adoleszenz spielt eine zentrale Rolle in Hinblick auf die gesellschaftliche Produktion von Unbewusstheit – und zwar gerade weil auf der anderen Seite Adoleszenz einen Motor des sozialen Wandels und eine potenzielle Quelle des Neuen darstellt.[8] Die verschiedenen Bedingungen und Folgen der Entstehung des Neuen in der Adoleszenz sind daher in Hinblick auf die damit verknüpften

Konflikte und Verdrängungs- und Kompensationsmechanismen eingehender aus soziologisch-sozialpsychologischer Sicht zu untersuchen.

3. Ambivalenz und Unbewusstheit in Generationenverhältnissen der Adoleszenz aus soziologisch-sozialpsychologischer Perspektive

Die Übernahme von Erwachsenenpositionen ist in modernisierten Gesellschaften in soziale Wandlungsprozesse eingebettet. Lebensentwürfe, Normen, soziale Praxen und Relevanzen verändern sich und Adoleszente bringen in diesem Sinne potenziell Neues in die Welt. Auf individueller Ebene liegt eine der Voraussetzungen für die Entstehung des Neuen in der vielfach beschriebenen Plastizität der menschlichen Entwicklung: Die Geschlechtsreifung und das Aufflammen der Sexualität in der Pubertät erfordern und aktivieren eine erhebliche psychische Umstrukturierung und Neuanpassung und drängen zur ›Ablösung‹ oder zur Umgestaltung der primären kindlichen, insbesondere familialen Bindungen. Aus dieser Dynamik entsteht zumindest potenziell eine Offenheit für Veränderung und Neuschöpfung. Die Plastizität oder anthropologisch fundierte »Zweizeitigkeit« der psychosexuellen Entwicklung (Erdheim 1982; Blos 1962) stellt eine der allgemeinen Grundbedingungen dar für die kreativen Potenziale von Gesellschaften und ihrer sozialen Wandlungsprozesse.

Eine weitere Bedingung für Adoleszenz liegt jedoch in der gesellschaftlichen Notwendigkeit, zwischen den Generationen immer wieder Formen der Weitergabe und Tradierung zu entwickeln und zugleich Innovation zu ermöglichen. Aus dieser Perspektive dient Jugend oder Adoleszenz in modernen oder modernisierten Gesellschaften der *Vorbereitung – wie zugleich auch dem Aufschub – der Ablösung der vorausgehenden Generation*, der Vorbereitung und zugleich dem Aufschub der Ablösung »früherer Kulturträger«, wie es der Soziologe Karl Mannheim (1928, S. 175) formuliert hat, durch das »Neueinsetzen neuer Kulturträger«. Die viel verwendete Terminologie der »Ablösung« hat insofern eben eine doppelsinnige und in ihrer ganzen Tragweite für das Verständnis sozialer und psychischer Dimensionen der Adoleszenz oftmals unausgelotete Bedeutung. Denn gerade in dieser Dynamik der sich einerseits vorbereitenden und andererseits zugleich verzögerten Ablösung der je vorausgehenden Generation liegt subjektiv wie objektiv ein zentrales Spannungsmoment der Adoleszenz, das auf individueller Ebene häufig in Abwehrkonstruktionen und kollektiv in ideologisierende soziale Konstruktionen eingeht und darin in jeweils verhüllter Form zum Ausdruck gelangt. Die Diskurse über Jugend sind von diesen unterschwelligen, jedenfalls den Beteiligten keinesfalls umfassend bewussten Kämpfen geprägt. Auf psychodynamischer Ebene, so wurde bereits angedeutet, impliziert die Ablösung *von* den Eltern zugleich die Auseinandersetzung mit der Ablösung *der* Eltern hinsichtlich ihrer generationellen Position, in einem allgemeineren Sinne: die Ablösung der vorausgehenden Generation. Intersubjektiv muss die in diesem Prozess sich vollziehende Individuierungsbewegung wiederum darauf bauen können, dass die Elterngeneration sie bis zu einem gewissen Grad mittragen und (aus-)halten kann. »Wenn sich eine neue Generation formiert, dann sendet das unweigerlich Erschütterungswellen durch die früheren Generationen. [...] Denn es gibt Generationskonflikte, wenn die eigene kulturelle Zeugungskraft von nachfolgenden Generationen definiert wird, die eine andere Sicht auf die soziale Realität haben« (Bollas 2000, S. 244). Welche Dramatik damit verbunden sein kann, verdeutlicht sich in Bollas' Zuspitzung der Sicht der jeweils erwachsenen oder elterlichen Generation: »So werden wir, vor unserem Tod, zu Zeugen, wie die nachfolgenden Generationen uns zu Geschichte machen« (ebd., S. 250).

Die potenzielle Konflikthaftigkeit und Ambivalenz werden in modernen gegenüber traditionalen Gesellschaften zusätzlich dadurch gesteigert, dass keine einfache Übergabe von Traditionen an die Nachkommen erfolgt, wodurch die Lebensentwürfe, Normen und Errungenschaften der vorausgehenden Generation zumindest relativiert werden können. Diese mit der Abfolge der Generationen konstitutiv verbundene Spannung – dass einerseits adoleszente Entwicklungen und die Entstehung von Neuem in der Adoleszenz familial und gesellschaftlich zugelassen und befördert werden müssen, dies andererseits aber aus der Sicht der je erwachsenen Generation immer auch eine Relativierung des Eigenen bedeutet – kann als eine wesentliche Quelle der mit der Adoleszenz verbundenen unbewussten Konflikte auf beiden Seiten des Generationenverhältnisses angesehen werden. Die Gratifikation liegt dabei für die erwachsene Generation im günstigen Fall darin, an der produktiven Fortführung einer Genealogie mitzuwirken. In dem Maße, wie es in modernisierten Gesellschaften keine bruchlosen ›Weitergaben‹ mehr geben kann, muss das Verhältnis von Fortführung, Bruch und Veränderung in der Genealogie allerdings individuell balanciert und bewältigt werden. Bourdieu hat die damit einhergehenden Potenziale der Überforderung am Beispiel der veränderten sozialen Vererbungsmechanismen in Vater-Sohn-Beziehungen beschrieben: »In ausdifferenzierten Gesellschaften stellt sich die für jede Gesellschaft fundamentale Frage der *Erbfolge*, also des Umgangs mit den Eltern-Kind-Beziehungen, oder, genauer gesagt, die Frage der Sicherung des Fortbestands der Abstammungslinie und ihres Erbes im weitesten Sinne, sicherlich auf eine ganz besondere Weise [...] Das zentrale Element des väterlichen Erbes besteht zweifellos darin, den Vater, also denjenigen, der in unseren Gesellschaften die Abstammungslinie verkörpert, fortleben zu lassen, also eine Art ›Tendenz, ein Fortdauern zu sichern‹, seine *gesellschaftliche Position* zu perpetuieren. In vielen Fällen muß man sich hierfür vom Vater unterscheiden, ihn übertreffen und in gewissem Sinne negieren. Dies geht nicht ohne Probleme vonstatten, und zwar einerseits für den Vater, der dieses mörderische Übertroffenwerden durch seinen Nachkommen gleichzeitig wünscht und fürchtet, und andererseits für den Sohn [...], der sich mit einer Mission beauftragt sieht, die ihn zu zerreißen droht und die als eine Art Transgression erlebt werden kann« (Bourdieu 2000, S. 83).

Während Jugendforschung demgegenüber oftmals – hinsichtlich der damit strukturell verbundenen intergenerationellen Spannung – scheinbar neutral das ›Nachrücken in Erwachsenenpositionen‹ untersucht, werden aus dieser Perspektive die Ängste und ›Gefahren‹ deutlich, die mit der Generationenabfolge verknüpft sind. In Konfrontation mit den Adoleszenten werden die Erwachsenen, die dabei keineswegs im Sinne der Alltagsbedeutungen ›alt‹ oder ›schwach‹ sein müssen, strukturell mit der Relativität ihres eigenen Tuns und ihrer Wirkungsmächtigkeit im geschichtlichen Prozess und im »zeitlichen Zusammenhang der Sozialität« konfrontiert, wie Waldenfels (2000) die Generationenabfolge umschreibt. Sie müssen beobachten, wie sie von Adoleszenten im Sinne Bollas' zu »Geschichte« gemacht werden. Allerdings darf dabei das Moment des Kampfes zwischen den Generationen nicht unterschätzt werden, denn die je ältere Generation schaut keineswegs in aller Stille zu, wie sie, und sei es zunächst auch nur symbolisch, hinsichtlich der bisher von ihr selbst in mancher Hinsicht empfundenen Absolutheit ihrer kulturellen Setzungen relativiert wird. Vielmehr versucht die jeweils ältere Generation zwangsläufig immer auch, in die adoleszenten Neugestaltungsprozesse einzugreifen und auch intergenerational hegemoniale Vormachtstellungen zu behalten.

Die unbewussten Ambivalenzen und Kämpfe der je erwachsenen Generation im Verhältnis zu Adoleszenten kann erneut der heuristische Blick auf Initiationsrituale verdeutlichen. Im Prozess der Initiation wird der

Umschlagspunkt vom Kind zum Erwachsenen in traditionalen Gesellschaften rituell vorgegeben. Den Jugendlichen wird das Privileg der Zugehörigkeit zur Erwachsenenwelt, also erwachsene Männlichkeit oder Weiblichkeit rituell *gegeben* (Bosse 1994) und die geschlechtsreif Herangewachsenen zu Erwachsenen *gemacht*. Dabei verschafft sich die ältere Generation der Initiierenden zugleich Kompensation und *nimmt* sich gleichsam ihren Teil: Die Initianden werden, wie Ritualanalysen deutlich machen, vielfach unterworfen, zugerichtet und zur eigenen Befriedigung gebraucht (Herdt 1982), mitunter durchaus unmittelbar zur Befriedigung sexueller und aggressiver Impulse – zugleich eingebettet in mythische oder ideologische Begründungszusammenhänge, die auf die Notwendigkeiten der Belehrung und insofern auf das »Wohl« der jungen Herangewachsenen abzielen. Modernisierte Gesellschaften, die sich – zumindest dem eigenen Selbstverständnis nach – in stärkerem Maße der Optimierung der Lebenschancen der Einzelnen und der Demokratisierung oder Informalisierung auch der intimen Beziehungen verschrieben haben, verlangen demgegenüber der erwachsenen Generation virtuell ein gesteigertes Maß an psychischer Reife ab. Diese beruht im Kern auf einem Verzicht, wie er mit der Anerkennung von Differenz immer verbunden ist – nicht alles und nicht für immer sein zu können.

In vor- und frühmodernen Gesellschaften werden Trennungen und Verzicht durch Rituale und festgefügtere soziale Konventionen ermöglicht oder auch erzwungen. In modernisierten Gesellschaften obliegen die Bewältigungen zunehmend der individuellen psychosozialen Kompetenz. Unter den Bedingungen modernisierter Gesellschaften wird der Erwachsenen-/Elterngeneration, deren Kinder sich in der Phase des adoleszenten Ringens um Individuierung befinden, abverlangt, einen adoleszenten Möglichkeitsraum zur Vefügung zu stellen und dabei zugleich von unmittelbaren Kompensationen Abstand zu nehmen, um nicht störend oder gar destruktiv in die adoleszenten Selbstfindungsprozesse einzugreifen. Sorge für die nachwachsende Generation und generative Haltungen beinhalten in diesem Sinne zum einen, den Adoleszenten genügend Freiraum zu lassen, zum zweiten, den Entwicklungsraum nicht für sich selbst zu okkupieren, und zum dritten aber auch, zur ›Verwendung‹ als stabile Objekte der Auseinandersetzung für die adoleszenten Kinder zur Verfügung zu stehen. Dies bedeutet zudem, einen sicheren Hafen und Anker zu bieten, der den Gang hinaus in die Welt ermöglicht.

Die Gesamtheit der Haltungen und Bedingungskonstellationen, die aufseiten der Eltern in der Familie und aufseiten der Erwachsenengeneration eingenommen werden müssen, um Adoleszenz oder adoleszente Individuation zu ermöglichen – negativ formuliert: um diese nicht zu zerstören – kann als Position der ›Generativität‹ bezeichnet werden (King 2002). Generativität umfasst die Kompetenz, Ambivalenz gleichsam ›bei sich‹ zu halten und nicht destruktiv auszuspielen. Unbewusste Ambivalenz ist in der Praxis der Generationenbeziehungen eine ständige Quelle für ›Störungen‹ des adoleszenten Prozesses und auch für destruktives Agieren. Die Destruktivität der elterlichen Gier, die sich die kindlichen Ressourcen in der Überschreitung generativer Grenzen unvermittelt anzueignen versucht, wird etwa anhand der Thematik des »Missbrauchs« auf oftmals unverstandene Weise verhandelt. Umgekehrt sind Eltern oder die jeweilige Elterngeneration mit der Herausforderung konfrontiert, Formen der Anerkennung und Möglichkeiten der Sublimierung libidinös-bemächtigender oder aggressiver Impulse gegenüber der je adoleszenten Generation zu finden.

Verfügen Heranwachsende über ausreichend Spielräume und Ressourcen, so können sie am Ende des adoleszenten Prozesses selbst eine ›generative‹ Position psychischer und sozialer Wirkmächtigkeit einnehmen, die in modernisierten Gesellschaften in der Generationenabfolge zwangsläufig neue Formen oder Inhalte bekommt. Die psychoanalytische Metaphorik des ödipalen Elternmordes, und damit schließt sich der Kreis zu den Ausführungen über die psychoanalytische Perspektive im engeren Sinne, bekommt hier erneut eine adoleszenz- oder individuationstheoretische Konkretisierung: »In einem wichtigen Sinne töten wir unsere Eltern, indem wir unsere eigene Autonomie, unser eigenes Überich entfalten, und indem wir nicht-inzestuöse Objektbeziehungen eingehen. Wir eignen uns ihre Macht, ihre Kompetenz, ihre Verantwortung an, und wir verleugnen und lehnen sie ab als libidinöse Objekte. Kurzum wir zerstören sie gerade in Bezug auf einige ihrer Eigenschaften, die für uns bis dahin am allerwichtigsten waren. Eltern widerstehen solcher Zerstörung und fördern sie nicht weniger ambivalent, als ihre Kinder sie austragen. Was übrig bleibt, wenn alles gut geht, sind Gefühle von Zärtlichkeit, gegenseitigem Vertrauen und Respekt – die Anzeichen der Gleichheit […]« (Loewald 1976, S. 44). Individuation und das Ringen um die Aneignung von Generativität (als eigener Potenz, Kreativität und Wirkmächtigkeit) bedeuten in diesem Sinne immer auch, die ›Portalsfiguren der Kindheit‹ (Peter Weiss) innerlich, und in einigen Hinsichten auch in der äußeren sozialen Realität, von ihrem Platz zu schieben, was auf beiden Seiten die vielfach beschriebene Ambivalenz der Generationen wie auch potenziell destruktive oder (selbst-) destruktive Auflösungen begründet. Wenngleich wir aus dieser Perspektive davon ausgehen können, dass Ambivalenz gleichsam ubiquitär ist, so sind doch die konkreten Ausformungen und Gestalten dieser Ambivalenz von den jeweiligen konkreten biographischen, historischen, sozial-kulturellen Bedingungen abhängig. Wie sich gezeigt hat, fallen vielfältige Aspekte dieser intergenerationalen Ambivalenzen nicht nur individuell der Verdrängung anheim und sind vor allem *unbewusst* wirksam, ersichtlich im Besonderen anhand der Abwehr. Sie sind auch theoretisch vielfältig ausgeblendet und affizieren insofern die theoretische Betrachtung der Adoleszenz selbst, die damit häufig dem Sog der Unbewusstmachung der Generationenspannung und der Abwehr von Angst und Ambivalenz, die sich mit Individuation verbindet, zum Opfer fällt.

Zusammengefasst: Unbewusstheit der Adoleszenz

›Unbewusstheit‹ der Adoleszenz wurde aus verschiedenen Richtungen untersucht, wobei hauptsächlich Aspekte und Folgen der *Unbewusstmachung oder Verdrängung* der *intergenerationalen Ambivalenz*, wie sie mit Adoleszenz konstitutiv verbunden ist, im Zentrum der Betrachtung standen. Aus psychoanalytischer Perspektive stellte sich die Frage nach den individuellen unbewussten Konflikten der Adoleszenz. Als keineswegs selbstverständlich stellte sich dabei das Verständnis des Ödipuskonflikts als adoleszentem intergenerationalen Konflikt heraus – obgleich das *Ringen um Individuation in der Adoleszenz eine Zuspitzung und einen lebensgeschichtlichen Höhepunkt des Ödipuskomplexes* darstellt. Die insbesondere von der Ethnopsychoanalyse aufgeworfene Frage nach der Bedeutung der Adoleszenz für die Herstellung von gesellschaftlicher Unbewusstheit wurde in diesem Sinne unter dem Gesichtspunkt eines *durch gesellschaftliche Bedingungen begünstigten Ausweichens vor der Auseinandersetzung mit der Ablösung der vorausgehenden Generation* erörtert. Aus soziologisch-sozialpsychologischer Sicht erwiesen sich die Ambivalenz zwischen den Generationen und damit verbundene, konflikthafte, oftmals verdrängte und verleugnete Aspekte von Adoleszenz als bedeutsam. Auch hier erschließen sich die Herausforderungen und vielfach verdrängten Bedeutungen der Adoleszenz erst aus einer *intersubjektiven, auf beide Teile des jeweiligen Generationenverhältnisses* bezogenen Betrachtung. In Hinblick auf die meta- und wissenschaftstheoretischen Fragen, warum und mit welchen Folgen Adoleszenz im Gefüge der Theorie verdrängt oder unbewusst gehalten wird, lassen sich die verschiedenen Stränge verbinden: Sie verdeutlichen jeweils die Hintergründe der Dynamiken der Unbewusstmachung oder Verdrängung der Adoleszenz auch in der Theorie – der Adoleszenz als eben jener lebensgeschichtlich bedeutsamen Phase, in der sich Generationen- und Geschlechterspannung verdichten und das Ringen um Individuation und die Art der Bewältigung der damit intersubjektiv verbundenen Angst und Ambivalenz eine weichenstellende Bedeutung erlangen.

Anmerkungen

1 Eine Analyse der Begriffsgeschichte ergibt bereits interessante Hinweise auf die Konzeptionen des Unbewussten in der Jugend- und Adoleszenzforschung. So ist innerhalb derjenigen Disziplinen, die sich mit Dynamiken des Unbewussten befassen, – also zum Beispiel Psychoanalyse, Ethnopsychoanalyse, bestimmte Bereiche der Literaturwissenschaft – der Begriff ›Adoleszenz‹ verbreiteter. Die Begriffe ›Adoleszenz‹ oder ›Jugend‹, die innerhalb der Sozialwissenschaften variierenden Bedeutungen unterliegen (sie werden zum Beispiel auch zur Bezeichnung aufeinander folgender Phasen verwendet), werden hier der Einfachheit halber synonym gebraucht. Der Vorzug des Begriffs Adoleszenz liegt u. a. in seiner größeren Distanz zu den kaum vermeidlichen Konnotationen des Alltagsbewusstseins, die sich um den Jugendbegriff ranken. Zur unterschiedlichen Verwendung der Begriffe vgl. King 2002.
2 Wichtige Beiträge stammen aus der Soziologie, Ethnologie, Kulturanthropologie, Psychologie, Psychoanalyse und Pädagogik, aber auch aus den Geschichts-, Kultur- und Literaturwissenschaften.
3 Vgl. dazu auch Gödde 1999.
4 Vgl. Flaake 2002; Gast 1992.
5 Das Verständnis der weiblichen ödipalen Entwicklung und der weiblichen Adoleszenz wie auch das Verständnis der weiblichen Sublimierungsfähigkeiten bleiben dabei, gleichsam als Schnittfläche beider Schwachstellen, die dunkelsten Punkte (nicht nur) der Freudschen Theorie (King 1999a, b).
6 So erfährt zwar die sozialwissenschaftliche Jugendforschung vergleichsweise große öffentliche Resonanz, während in den »gegenwärtig einflussreichen soziologischen Grundlagentheorien [...] der gesellschaftlichen Ordnung der Altersgruppen« kein »zentraler Stellenwert« beigemessen wird (Scherr u. a. 2004, S. 7 f.). Scherr u. a. (ebd.) sprechen in diesem Sinne von einer »wechselseitige(n) Abkopplung von Jugendforschung und soziologischer Theorie« (S. 8). Resultat ist ein blinder Fleck – ›Unbewusstheit‹ in der Theoriebildung – in Bezug auf die theoretische Analyse gesellschaftlicher Generationenverhältnisse der Adoleszenz.

⁷ Erdheim verwendet den Begriff ›Antagonismus‹. Zur Kritik des Antagonismus-Konzepts vgl. King 2002, Kap. II.2.
⁸ Nach Erdheim wirkt sich »der kulturtypische Ablauf der Adoleszenz [...] auf die Art und Weise – auf den Rhythmus aus, wie sich eine Gesellschaft wandelt« (1982).

Literatur

Bernfeld, S. (1923): Über eine typische männliche Form der Pubertät. In: Ders.: Sämtliche Werke, Bd. 1. Theorie des Jugendalters. Hrsg. v. U. Herrmann. Weinheim (Beltz) 1991, S. 139–159.
Bohleber, W. (2000): Adoleszenz. In: W. Mertens & B. Waldvogel (Hg.): Handbuch psychoanalytischer Grundbegriffe. Stuttgart (Kohlhammer), S. 24–30.
Bollas, Ch. (2000): Genese der Persönlichkeit. Stuttgart (Klett-Cotta).
Bosse, H., (1994b): Der fremde Mann. Jugend, Männlichkeit, Macht. Eine Ethnoanalyse. Frankfurt/M. (Fischer).
Bourdieu, P. (2000): Das väterliche Erbe. Probleme der Vater-Sohn-Beziehung. In: H. Bosse & V. King (Hrsg.): Männlichkeitsentwürfe. Wandlungen und Widerstände im Geschlechterverhältnis. Frankfurt/M. (Campus), S. 83–91.
Buchholz, M. (1990): Die Rotation der Triade. In: Forum Psychoanal. 6, S. 116–134.
Erdheim, M. (1982): Die gesellschaftliche Produktion von Unbewußtheit. Frankfurt/M. (Suhrkamp).
Flaake, K. (2002): Psychoanalyse. In: R. Kroll (Hg.): Gender Studies, Geschlechterforschung. Stuttgart (Metzler), S. 322–324.
Flaake, K. & King, V. (2003) (Hrsg.): Weibliche Adoleszenz. Zur Sozialisation junger Frauen. Weinheim (Beltz).
Freud, A. (1958): Probleme der Pubertät. In: Die Schriften der Anna Freud. Bd. IV. München (Kindler) 1980.
Freud, S. (1900a): Die Traumdeutung. GW II/III.
Freud, S. (1905d): Drei Abhandlungen zur Sexualtheorie. GW V, S. 33–145.
Freud, S. (1905e): Bruchstück einer Hysterie-Analyse. GW V, S. 161–286.
Gast, L. (1992): Libido und Narzißmus. Tübingen (edition diskord).
Gödde, G. (1999): Traditionslinien des »Unbewussten«. Schopenhauer, Nietzsche, Freud. Tübingen (edition discord).
Herdt, G. (1982): Rituals of Manhood. Male Initiation in Papua New Guinea. Berkeley.
King, V. (1995): Die Urszene der Psychoanalyse. Adoleszenz und Geschlechterspannung im Fall Dora. Stuttgart (Klett-Cotta, VIP).
King, V. (1999a): Lösungen des Ödipuskonflikts – Genitalität und Sublimierung. In: L. Gast, & J. Körner (Hrsg.): Psychoanalytische Anthropologie II. Ödipales Denken in der Psychoanalyse. Tübingen (edition diskord), S. 13–43.
King, V. (1999b): Der Ursprung im Innern. In: E. Brech u. a. (Hg.): Weiblicher und männlicher Ödipuskomplex. Göttingen (Vandenhoeck & Ruprecht), S. 204–229.

King, V. (2002): Die Entstehung des Neuen in der Adoleszenz. 2. Aufl. Wiesbaden (VS-Verlag für Sozialwissenschaften) 2004.

Loewald, H. (1976): Das Schwinden des Ödipuskomplexes. In: Jahrbuch für Psychoanalyse 13, 1981, S. 37–62.

Mannheim, K. (1928): Das Problem der Generationen. In: Kölner Vierteljahreshefte für Soziologie 7, Heft 2.

Scherr, A. u. a. (2004): Einleitung. Jugendforschung – und das Theoriedefizit? In: J. Mansel u. a. (Hg.): Theoriedefizite der Jugendforschung. Weinheim (Juventa), S. 7–10.

Solms, M. (2000): Das Unbewusste. In: W. Mertens & B. Waldvogel (Hg.): Handbuch psychoanalytischer Grundbegriffe. Stuttgart (Kohlhammer), S. 771–775.

Waldenfels, B. (2000): Das leibliche Selbst. Vorlesungen zur Phänomenologie des Leibes. Frankfurt/M. (Suhrkamp).

Anschlüsse der Psychoanalyse an die Sozialwissenschaften

Einführung der Herausgeber

Dass die Psychoanalyse eine Naturwissenschaft sei, war von Habermas in seiner epochemachenden Schrift »Erkenntnis und Interesse« aus dem schönen Jahre 1968 als »szientifisches Selbstmißverständnis« ausgezeichnet und als einprägsame Formel vielfach zitiert worden. Gegen dieses Selbstmißverständnis hatte Habermas die Psychoanalyse als eine besondere Wissenschaft herausgestellt, weil sie einzig methodisch Selbstreflexion in Anspruch nehme und ihr damit eine Sonderstellung eingeräumt – und dann sich von der Auseinandersetzung um und mit der Psychoanalyse eher abgewandt. Alfred Lorenzer war es, der mit seiner Habilitationsschrift über »Sprachzerstörung und Rekonstruktion« von 1970 hier anknüpfte und systematisch Ausarbeitungen vornahm, die ihm in einem Bericht des »Spiegel« jener Jahre die Auszeichnung eines »deutschen Lacan« einbrachten. Insbesondere die sprachtheoretische Rekonstruktion der Verdrängung, die er als Exkommunikation und Desymbolisierung fasste, hinterließ ihre Spuren in der Methodologie der Sozialwissenschaften, weil man nun verstärkt danach fahnden konnte, welchen unbewussten Sinn Gesellschafts- und Gesprächsteilnehmer mitteilten, wenn man sie mit qualitativen, narrativen oder expressiven Interviews um die Darstellung ihrer Ansichten zu den verschiedensten sujets bat. Qualitative Sozialforschung entwickelte zeitweilig eine Haltung in Analogie zur anspruchsvollen psychoanalytischen Erstinterviewtechnik und in jener Zeit gab es wohl auch kaum ein Forschungsprojekt, das sich nicht wenigstens um Supervision durch einen Psychoanalytiker oder eine Psychoanalytikerin bemüht hätte. Man untersuchte Fragen der Gewalt, der Karrieren von Strafgefangenen, der Generationenverhältnisse und -differenzen, des unbewussten Erlebens beim Konsum, der Veränderung in Eltern-Kind-Verhältnissen und vieles mehr. Zugleich wurde die psychoanalytische Sprach- und Symboltheorie um sprachphilosophische Ansätze wie die von Wittgenstein oder Susanne Langer inspiriert und schien sich dies alles leicht amalgamieren zu können.

Eine sprachtheoretisch orientierte und um soziale Verhältnisse informierte Psychoanalyse schien zugleich eine starke argumentative Waffe im Kampf mit einer akademischen Psychologie, die sich wenig um subjektives Erleben und Verarbeitung kümmerte, deren Methoden als »positivistisch« (wie das verkürzende Schlagwort hieß) abgetan wurden und die eher auf »Anpassung« denn auf subjektive Gehalte ausgerichtet zu sein schien.

Obwohl sich Adorno und Horkheimer als die damaligen sozialwissenschaftlichen Hauptvertreter des Diskurses mit der Psychoanalyse nach anfänglicher Emphase von ihr distanziert hatten, war hier ein Hoffnungsprogramm der Zusammenarbeit von »frankfurterischer« Sozialwissenschaft und Psychoanalyse entstanden, das viele beflügelte – aber im wesentlichen Programm blieb. Vor allem mangelte es an empirischen Einlösungen. Wo Forschungen betrieben wurden, etwa zum Thema des Antisemitismus, kam aus den empirischen Ermittlungen wenig, das man nicht auch vorher schon gewusst hätte; der Eindruck blieb hängen, dass hier eher jene Eier gefunden wurden, die man vorher versteckt hatte. Die psychoanalytische Theorie des Antisemitismus kam nicht so recht über die Projektionsthese hinaus. Antisemitismus, das war Projektion (eigenen Neids, eigener oraler Gier etc.) auf die Juden und man konnte das massenhaft durchaus konstatieren. Aber auch bei anderen Themen ging es nicht so recht weiter; wo man »Gesellschaft« in Form von Kollektiven oder Gruppen untersuchte, setzte man sich leicht dem Vorwurf aus, dass diese Gebilde eigentlich eher wie Einzelpersonen auf der Couch behandelt würden, das Besondere und Eigentümliche des Sozialen also eher gerade nicht erfasst werde. So konstatierte es Reimut Reiche 1995 in seinem »Abgesang« auf die Verbindung von Frankfurter Sozialforschung und Psychoanalyse. Reiche argumentierte auch als heimlicher Luhmannianer, den die intellektuelle Attraktivität von dessen Theorie geistig hatte nach Bielefeld umsiedeln lassen. In der Tat war durch Luhmann der Habermas'schen Grundierung von Psychoanalyse und Sozialwissenschaft eine gewaltige intellektuelle Konkurrenz entstanden, der sich Habermas gewachsen zeigte, indem er in großer Redlichkeit einzelne theoretische Zugeständnisse an Luhmann gemacht hatte.

Den meisten Psychoanalytikern jedoch blieb der intelligente Reiz der Luhmann'schen Systemtheorie verschlossen; mit dessen Namen verband sich für viele noch die Vorstellung einer manipulativen Sozialtechnologie, die sie sich aus der Habermas-Luhmann-Kontroverse der frühen 1970er Jahre bewahrt hatten. Dass diese Vorstellung falsch war, konnte man bei

Reiche auch lernen, aber auch, wie sehr man vor einem Fahnenwechsel zur soziologischen Systemtheorie meinte zurückschrecken zu müssen, obwohl im internationalen Schrifttum die neuartig scheinende Verbindung von Psychoanalyse und Systemtheorie unter dem Einfluß der Säuglingsforscher längst eingeleitet war. Im deutschen Schrifttum suchte man eher nach Verbindungen unter Stichworten wie »psychosozial« oder »intersubjektiv«, ohne sich freilich genügend Rechenschaft über die Problematik einer solchen Terminologie abzulegen. Intersubjektiv – ein solches Konzept unterstellte ja immer noch das einzelne Subjekt als Ausgangspunkt. Gesucht werden dann Verbindungen zwischen Subjekten, die mit dem Partikel »inter« oder mit dem Bindestrich (»psycho-sozial«) gekennzeichnet werden. Aber diese Wortwahl war eine unentschlossene Theorieentscheidung; die psychoanalytische Theorie belehrte einen ja gerade mehr und mehr darüber, dass »Subjekt« Endpunkt einer langen und komplizierten Entwicklung unter Beteiligung anderer war, also gerade nicht zum Ausgangspunkt genommen werden konnte. »Subjekt« als Ausgangspunkt zu nehmen, zog unbemerkt nach sich, dass man das Soziale nicht als eigene Dimension fasste, sondern nach wie vor als Ausdehnung des Individuellen. Solche terminologischen Entscheidungen blieben lange in ihren Folgewirkungen unreflektiert. Aus dem amerikanischen Schrifttum hat sich mittlerweile die Bezeichnung »relational« für das Gemeinte eingebürgert. Das ist eine Terminologie, welche die Relationen, also Beziehungen als primär ansetzt. Aus ihnen erst entsteht dann Subjektivität.

Manchmal auch schien die Interpretation von Befunden aus der Zusammenarbeit mit den Sozialwissenschaften eigenwillig, etwa wenn der Wechsel psychischer Dispositionen im Verhältnis zu kulturellen Gebilden wie der Religion gedeutet wurde. Dass religiöse Bindungen ebenso abnahmen wie die patriarchalische Familienstruktur oder die traditionelle Mann-Frau-Rollenverteilung wurde deutlich gesehen und als massiver Abbau institutionalisierter Abwehr gedeutet. Daraus hätte man gemäß dem gesamten Impetus einer psychoanalytischen Kulturtheorie auf mehr Freiheiten schließen müssen. Stattdessen aber wurde hier ein Stabilisierungsverlust gedeutet und dieser für die Zunahme psychosomatischer Störungen verantwortlich gemacht – solche Uneindeutigkeiten mussten empirische Forscher höchst widerwillig reagieren lassen, selbst wenn sie qualitativ orientiert waren. Liest man heute die Klassiker der damaligen Zeit, Texte von Alexander Mitscherlich oder Horst-Eberhard Richter, dann merkt man, wie sehr hier eine moralische Autorität aus diesen Texten spricht und ihnen die Kraft gewährte, eine ganze Generation in schwierigen Fragen der Moral, der Lebenspraxis und Lebenskunst orientierend anzuleiten. Aber diese moralische Kraft hat sich erschöpft, wirkt für heutige Leser teils auch antiquiert oder rückwärts gewandt. Für empirische Forschung jedenfalls ließ sich wenig daraus gewinnen. Im 1991 erstmalig erschienenen »Handbuch qualitativer Sozialforschung« (hg. von Flick, v. Kardorff, Rosenstiel u. a.) ist deshalb auch wenig über Psychoanalyse zu lesen. Im zweibändigen Werk »Bilanz qualitativer Forschung« (hg. von Zedler und Moser 1995) tauchte die Psychoanalyse im Register schon nicht mehr auf. Die Zusammenarbeit mit der Sozialwissenschaft kam zum Erliegen.

Aus der heutigen Sicht hätten solche Anzeichen alarmierend wirken können. Die so produktiv begonnene Liaison von Psychoanalyse und Sozialforschung, die an die großen Traditionen der 1930er Jahre hatte anknüpfen wollen, verlor mehr und mehr ihren theoretischen appeal und schien diesen Verlust des verbindenden Eros selbst kaum zur Kenntnis nehmen zu können. Diese Ignoranz erwies sich im Rückblick als verhängnisvoll. Eine einfache wissenssoziologische Überlegung zu akademischen Karrieren belehrt einen schnell, dass junge Nachwuchswissenschaftler ihre Kräfte aussichtsreichen Paradigmen zur Verfügung stellen wollen; kaum jemand schreibt Dissertationen und Habilitationen, wenn diese Arbeiten nicht weitergetrieben werden können oder im Diskurs als von vornherein kommunikativ nicht anschlussfähig angesehen werden müssen. Das zentrale Problem, dass die Psychoanalyse im Laufe ihrer Geschichte kein eigenes Forschungsparadigma zu entwickeln in der Lage war, erschöpfte ihre Kräfte nachhaltig. Dass Freud von einem Junktim von Heilen und Forschen gesprochen hatte, wurde vielfach zwar wie ein Mantra wiederholt, verdrängte aber die Einsicht, dass Forschung längst Dimensionen angenommen hatte, die im Ein-Mann- oder Ein-Frau-Betrieb hinter der Couch nicht mehr zu bewältigen waren.

Innerhalb der psychotherapeutischen Forschung dominierten die Paradigmen der empirischen Forschung aus Psychologie und Medizin, die der Psychoanalyse wenn nicht feindlich, denn jedoch wenig wohlwollend gegenüberstanden. Die Anbindung der Psychoanalyse an nur dieses eine Paradigma hat einerseits die jüngsten Nachweise der Wirksamkeit psychoanalytischer Behandlungen erbracht, auf der anderen Seite aber auch zu einer erheblichen Selbst-Restriktivität geführt, die von vielen mittlerweile deutlich gespürt wird. Dass hier die eigentlichen psychoanalytischen Anliegen nicht repräsentiert sind, ist vielfach nachhaltig und zu Recht geäußert worden. Das Bedürfnis nach Anbindung an andere Forschungsparadigmen wird deutlicher gespürt, aber selbst dort, wo man sich – wie in der »Society of Psychotherapy Research« – für qualitative Forschungen öffnet, veröffentlichen Forscher wie Robert Elliot Warnungen, dass das Verfassen einer qualitativen Dissertation für die weitere Karriere hinderlich sein könnte. Elliot rechnet sich selbst dieser Richtung zu und seine Warnungen entbehren nicht einer gewissen bitteren Ironie.

An anderer Stelle sind jedoch Entwicklungen entstanden, die die ursprünglichen Lorenzer'schen Impulse aufnehmen, die Verbindung der Psychoanalyse mit den Sozialwissenschaften aber mit den Mitteln qualitativ-empirischer Forschung einzulösen suchen. Die Arbeiten im Umfeld der Zeitschrift »Psychotherapie und Sozialwissenschaft« machen deutlich, wie hier eine neue Verbindung mit Chancen zu einer Empirie gesucht wird. Empirische Methoden stammen nicht aus psychologischer Methodenlehre und Statistik, sondern aus der Kognitiven Linguistik, der Konversationsanalyse, der neueren Metapherntheorie und aus den »usage based«-Ansätzen einer Sprachgebrauchsethnographie. All diesen Ansätzen ist gemeinsam, dass Sprache nicht mehr als repräsentatives Symbolsystem angesehen wird, sondern als Entwicklungsschritt in der Entfaltung partizipativer Kooperationsmöglichkeiten. Das gilt insbesondere für die Sozialisation. Lorenzer hatte sich die »Einführungssituation von Sprache« als Namensgebung vorgestellt; sein wichtiger Schritt war, dass mit einem »Namen« nicht mehr ein Gegenstand, sondern eine Interaktionsform bezeichnet wurde. So konnte plausibilisiert werden, wie kleine Kinder ein Wort wie »Mama« hervorbringen. Das Wort schien die Interaktionsform zu repräsentieren, das Kind konnte sich die »Mama« vergegenwärtigen, selbst wenn sie abwesend war. Das war vereinbar mit bestimmten psychoanalytischen Leitvorstellungen.

Aber eine solche Theorie konnte nicht erklären, dass Worte wie »Mama« für die verschiedensten Situationen gebraucht wurden. Ein Kind, das »Mama« rief, konnte etwa die Absicht artikulieren, die Mama solle herbeikommen; das gleiche Symbol konnte aber auch heißen, die Mutter solle den runtergefallenen Ball aufheben. Oder sie solle das Kind hochnehmen oder auch auf den schönen Vogel vor dem Fenster gucken. Erstaunlich ist, dass Mütter diese so sehr verschiedenen Bedeutungen meist umstandslos verstehen. Aber wenn »Mama« Repräsentation einer Interaktionsform war, wie konnte das sein? Wie konnten so viele verschiedene Absichten, Sinnzuschreibungen und Bedeutungen in einem Wort artikuliert und dann auch noch verstanden werden? Hier musste mehr eine Rolle spielen als die Repräsentation einer Interaktionsform durch einen Namen.

Was Lorenzer übersehen hatte – und mit ihm alle, die Sprache vor allem als Repräsentationssystem auffassen –, war der situative Kontext, die stimmliche Vokalisierung, die gestische Rahmung. All dies gehört zur Verständigung in den frühen Säuglings-Welten besonders nachdrücklich dazu, hier macht es wenig Sinn, von Repräsentation oder Symbol zu sprechen; die anderen genannten sprachlichen Kontexte haben eine weit überragende Bedeutung. Und wie eigentlich hätte Lorenzer den Erwerb von sprachlichen Partikeln wie »von« oder anderen Präpositionen erklärt? Präpositionen zeigen auf nichts Sichtbares, sondern auf Relationen; auch sie haben höchst unterschiedliche Bedeutungen. Mal wird mit »von« eine lokale Relation beschrieben, mal ein Teil-Ganzes-Verhältnis. Hier wird nichts repräsentiert, weil »Repräsentation« meinen muß, auf etwas außerhalb der Sprache zu verweisen; hier werden relationale Bedeutungen kreiert, die nicht außerhalb der Sprache liegen.

Der gesamte Unterbau der Sprache einschließlich des Körpers – Stimmlichkeit, Gestik, Kontext, Relationalität – geriet damit in den Blick und das machte erhebliche Revisionen an manchen psychoanalytischen Grundvorstellungen erforderlich. Die noch von Freud inspirierte Vorstellung war, dass Sprache dort entsteht, wo die »halluzinatorische Wunscherfüllung« den Ersatz für die Abwesenheit des Anderen schafft; Spracherwerb hatte in dieser Auffassung immer einen melancholischen Beiklang: man musste die Symbiose mit der Mutter überwinden. In der neuen Auffassung zeigt sich aber, dass diese Verhältnisse auch ganz anders gedacht (und empirisch dokumentiert) werden können: dass gerade die spielerische Kooperation mit einer ihrerseits spielbereiten und spielfähigen Mutter den Spracherwerb gestaltet und ermöglicht.

Das geht in weite Bereiche hinein, die nun plötzlich erschließbar waren. Das Krabbelkind nimmt den Schlüsselbund der Mutter und macht »brumm, brumm« – es zeigt seiner Mutter an, dass es gerade eine Metapher geschaffen hat. Ausformuliert würde die Metapher heißen: Der Schlüsselbund ist ein Auto. Die Mutter belehrt ihr Kind jetzt aber nicht über den falschen Sprachgebrauch (wie es eine Repräsentationstheorie nahe legen müsste), sonder nimmt ihrerseits einen zufällig herum liegenden Bleistift; das ist der »Mann, der in das Auto einsteigt«. Eine zweite Metapher ist kreiert.

Metaphern haben bekanntlich genau diese Form. Wenn es in der traditionellen Literatur zur Metapher hieß, »Achill ist ein Löwe« oder »Das Leben ist ein Tag«, dann werden hier durch das Gleichheitszeichen (»ist«) Metaphern konstruiert. Erst allmählich hat man sehen können, dass hier nicht Vergleichs- oder Ähnlichkeitsrelationen im Spiel sind, die sich sowieso nicht präzise bestimmen lassen, sondern kreative Potentiale zum Zuge kommen, deren Vorbild in der kindlichen Spielsituation mit der Mutter, nicht aber in deren Abwesenheit zu suchen ist. Plötzlich beginnt man zu ahnen, wie man sich die Weitergabe von kulturellen Formaten vorstellen kann: sie spielen sich in den kleinen Details des verbalen und nonverbalen Dialogs ab, sie werden entwickelt und zugleich neu geschaffen, gesucht und gefunden im gemeinsamen Spiel und die Sprache ist nicht Repräsentanz dieses Spiels (der »Interaktionsform«), sondern dessen integraler Teil. Die neue Sprachauffassung lässt sehen, dass Sprache eine Fortsetzung des kindlichen Spiels mit anderen Mitteln gleichsam ist, ohne welche notwendige Übergänge in kulturelle Register schwieriger werden.

Kognitive Linguistik, Konversationsanalyse und Sprachgebrauchsethnographie haben für die Erforschung dieser Zusammenhänge methodische Mittel zur Verfügung gestellt, an die die Psychoanalyse mittlerweile Anschluss gefunden hat. Es geht dabei nicht nur um frühkindliche Entwicklungen, sondern ebenso um die Konstruktion kultureller Gedächtnisinhalte oder um Fragen des therapeutischen Dialogs; um metaphorische Konzeptualisierungen oder um therapeutischen Wandel. Der Paradigmenwechsel in der Geschichte von Psychoanalyse und Sozialwissenschaft orientiert sich an kommunikativen und interaktiven Details, hat aber weitreichende Folgerungen; er kann die Stagnation dieser Verbindung überwinden. V. a. ist hier ein Weg beschritten, der die ausschließliche Anbindung der Psychoanalyse an das empirische Forschungsparadigma überwindet; man kann durchaus empirisch forschen, aber mit neuen und aufregenden Mitteln. Hier sind Anschlüsse erreicht, die genutzt werden sollen.

Die Beiträge in diesem Teil unseres Buches informieren en detail über diese beschriebenen Entwicklungen. *Bernard Görlich* und *Robert Walter* erinnern an die Geschichte der Verbindung von Psychoanalyse und Sozialwissenschaft in Gestalt der Kritischen Theorie. *Siegfried Zepf* zeigt, wie unzulänglich die Freud'sche Sprachtheorie blieb und er zeigt dies in beinahe loyal zu nennender Detailkenntnis der Freud'schen Formulierungen über Sach- und Wortvorstellungen. *Philipp Soldt*, der einmal bei Zepf gearbeitet hat, zeichnet die Linien von der Symboltheorie zur Metaphernkonzeption. *Michael Buchholz* knüpft seinerseits an psychoanalytische Traditionen an und zeichnet Entwicklungslinien einer neuen Kooperation von Psychoanalyse und Sozialwissenschaft. *Wolfgang Mertens* detailliert dieses Thema für die Kognitionstheorie mit dem Ziel, Kooperationslinien zwischen Kognitionstheorie und Psychoanalyse auszuarbeiten; ersichtlich wird daran die Notwendigkeit einer psychoanalytischen Theorie des Bewusstseins. Sie stellt innerhalb der Psychoanalyse ein ungelöstes, teils sogar ungesehenes Problem dar, und *Evelyne Steimer* zeigt uns aus der Perspektive einer Autorin mit eigenen, ausgewiesenen Forschungserfahrungen, was die neuere Affektforschung für die Entwicklung eines neuartigen Paradigmas in der Psychoanalyse beitragen kann. Alle diese Entwicklungen sind im vollen Gang, sie ermöglichen empirische Forschung in einem neuen Geist, sie brauchen junge und helle Köpfe mit Enthusiasmus und Scharfsinn und sie versprechen Einsichten, die über die bloße Wiederholung psychoanalytischer Formeln hinaus gehen. Der psychoanalytischen Tradition zutiefst, weil kenntnisreich verpflichtet, wissen alle diese Autoren auch darum, was die Tradition nicht zu bieten hat und nur so kann im psychoanalytischen Feld Innovation entstehen: durch Anschlüsse.

Über die große Nähe der soziologischen Systemtheorie zu der von Lacan inspirierten französischen Schule informiert auf anspruchsvollem Niveau der Beitrag von *Peter Fuchs*, der wohl als einer der avanciertesten soziologischen Systemtheoretiker nach Luhmann betrachtet werden darf, der zugleich die Psychoanalyse schätzt, auch wenn er ihre theoretischen Mittel für antiquiert hält. In seinem Beitrag führt er unter anderem vor, wie Verdrängung mit den Mitteln der Systemtheorie gedacht werden kann. Das zeigt auch, auf welchem gewinnbringenden Niveau psychoanalytische Probleme diskutiert werden können. Es gibt Möglichkeiten, die schwierigen Schleifen der Selbstrückbezüglichkeit, die der Psychoanalyse als einer Wissenschaft der Reflexion systematisch und unausrottbar innewohnen, zu »entparadoxieren«, wie Luhmann vermutlich formuliert hätte.

Michael B. Buchholz und Günter Gödde

Bernard Görlich & Robert Walter

Das Unbewusste in der Perspektive Kritischer Theorie: Horkheimer, Adorno, Lorenzer

In seinen über vier Jahrzehnte alten »Vorlesungen« zur »Philosophischen Terminologie« zitiert Adorno zustimmend »den schönen und tief ironischen Satz« von Georg Simmel, »es sei erstaunlich, wie wenig man der Geschichte der Philosophie die Leiden der Menschen anmerkt« (Adorno 1974, S. 178).

Freud hätte die eigene skeptische Haltung gegenüber philosophischem Denken kaum anschaulicher begründen können. Die in philosophischen Diskursen sich zeigende Tendenz zur »Fabrikation von Weltanschauungen« (Freud 1926d, S. 123), zur »Vergeistigung von Not« (Marcuse 1971, S. 268), war ihm stets ein Dorn im Auge. Für die Distanziertheit gegenüber der Philosophie aber waren Verständnisbarrieren ausschlaggebend, die Entdeckung des Unbewussten betreffend. Die Philosophen setzten das Seelische mit dem Bewusstsein gleich, »ohne« – so Freud – »die Phänomene der unbewussten Tätigkeit zu kennen, also ohne zu ahnen, inwieweit sie den bewussten Phänomenen nahe kommen und worin sie sich von ihnen unterscheiden« (Freud 1913j, 405 f.). Vor allem, heißt es an anderer Stelle, »ergab sich durch die Gleichstellung des Seelischen mit dem Bewussten die unerfreuliche Folge, dass die psychischen Vorgänge aus dem Zusammenhang des Weltgeschehens gerissen und allem anderen fremd gegenübergestellt waren.« – Freuds Einwand gegen die Philosophie weist dabei selbst philosophische Implikationen auf, wie sich an der folgenden Bemerkung weiter verdeutlicht: »Das ging doch nicht an, denn man konnte nicht lange übersehen, dass die psychischen Phänomene in hohem Grad von körperlichen Einflüssen abhängig sind und ihrerseits die stärksten Wirkungen auf somatische Prozesse üben. Wenn menschliches Denken jemals in eine Sackgasse geführt hat, so war es hier geschehen« (Freud 1940b, S. 143).

Die Begründer der Kritischen Theorie wussten in ihrer Freud-Rezeption derartige Sackgassen zu vermeiden. In ihrer Sicht vermochte Freuds Wissenschaft vom Unbewussten auf den Begriff zu bringen, was durch die »Philosophie des Unbewussten« in der zweiten Hälfte des 19. Jahrhunderts (Schopenhauer und Nietzsche) bereits thematisch ins Zentrum gerückt worden war: radikaler Zweifel an der Vorstellung von der Selbstmächtigkeit des Ichs, scharfe Absage an jeden naiven Fortschrittsglauben, Hervorkehrung der nicht ins Bewusstsein gelangenden, nicht bereits durch den Intellekt repräsentierten Voraussetzungen alles Existierenden. Wie intensiv bereits Horkheimer den von Freud hergestellten engen Bezug zwischen unbewussten und somatischen Prozessen zu bedenken wusste, beweist der Gehalt einer kleinen Studie, verfasst 1948 zum Gedenken an Ernst Simmel.

Horkheimer prägt hier den Begriff des »biologischen Materialismus«, um mit ihm die Eigenart der Freudschen Erkenntnis provokativ zur Debatte zu stellen. Skizziert wird dabei zunächst der größere Bedeutungshorizont, den die Idee des Materialismus bezeichnet, vor allem das in ihm zum Ausdruck gelangende Bestreben, dem Niederen, Verfemten, Abgewiesenen Stütze zu bieten. In diesem Sinne sei Freuds »physiologische Terminologie« gegenüber der »Ideologie von der Erhabenheit der Liebe« zu verteidigen. Horkheimer betont Freuds Tendenz, »die höchsten Werte von materiellen Prozessen abzuleiten, das Psychologische ins Physiologische, ja Physikalische aufzulösen« (Horkheimer 1948, S. 399). In der folgenden Ernst Simmel zugeeigneten Willensbekundung wird deutlich, wie die Idee des biologischen Materialismus mit der Auffassung vom Unbewussten zusammenhängt: »Er wollte näher an die unbewussten Quellen unseres Handelns herankommen, sie dort fassen, wo sie mit biologischen Kräften zusammenfallen, nicht sie in die Sprache einer letztlich rationalistischen Ich-Psychologie des gesunden Menschenverstandes übersetzen« (Horkheimer 1948, S. 400). Horkheimer erkannte hier intuitiv, was nicht wenigen Freud-Epigonen bis zur Gegenwart einzusehen schwer fällt: dass Freuds sperrige, dem hermeneutisch erschließbaren Interpretandum so merkwürdig fremd gegenüberstehende metapsychologisch-physiologische Begrifflichkeit kein Selbstmissverständnis in sich birgt, sondern einen folgenreichen Ebenenwechsel signalisiert: Der im Zentrum des Verstehens stehende Erlebniskonflikt wird auf einen anderen als auf den bewusst intendierten Sinn hin befragt; Freud fordere, die leiblich-impulsive Grundstruktur, die diesen Sinn widerspruchsvoll unterbaut, zu begreifen, um so den somatischen, nicht bewusstseinsfähigen Eigensinn des Erlebens anzuerkennen, der sich in kommunikative Rationalität nicht einholen lässt.

Max Horkheimer:
Das Unbewusste im Kontext der Faschismus-Analysen und im Zeitalter der »instrumentellen Vernunft«

Das von den Begründern Kritischer Theorie verfolgte Interesse an Freud fügte sich bei alledem allerdings nicht mehr in den Rahmen innerphilosophischer Auseinandersetzung. Schließlich gab es zu Beginn der dreißiger Jahre, im Begründungszeitraum der Frankfurter Schule, keine gewichtigere Aufgabe in Angriff zu nehmen, als Aufklärung darüber zu gewinnen, wie, auf welcher Grundlage die Barbarei der faschistischen Bewegung aufkommen und sich wider alle – auch ökonomische – Vernunft, auf der Basis der Zustimmung breiter Massen, gewaltsam durchsetzen konnte: »Das Handeln numerisch bedeutender sozialer Schichten«, beurteilte Horkheimer denn auch 1932 in der Studie »Geschichte und Psychologie« die Lage, werde »nicht durch Erkenntnis, sondern durch eine das Bewusstsein verfälschende Triebmotorik bestimmt« – weshalb Aufklärung zu den »tieferliegenden psychischen Faktoren, mittels deren die Ökonomie die Menschen bestimmt, vorzustoßen« habe. Die heranzuziehende Psychologie könne nur »Psychologie des Unbewussten« (Horkheimer 1932, S. 59) sein, forderte er, davon ausgehend, dass Freud bereits selbst, etwa in den Studien »Massenpsychologie und Ich-Analyse« und »Das Unbehagen in der Kultur«, Hinweise dafür erteilt hatte, wie den Motiven jener sozial-psychologischen Irrationalität auf die Spur zu kommen sei.

Wie die anderen Autoren der Kritischen Theorie zielt Horkheimer darauf ab, die unbewussten Triebkräfte, die das Handeln der Individuen mitbestimmen, in ihrer Verstrickung mit dem historisch-gesellschaftlichen Bedingungsgefüge zu begreifen. Damit wendet er sich gegen die – bis heute sich durchsetzende – Tendenz in den modernen Theorien der Philosophie und Wissenschaft, die soziale Macht des Triebhaft-Irrationalen zu verleugnen. In Anlehnung an Freud dechiffriert Horkheimer jene »Überbauten« als »Rationalisierungen unbewusster Wünsche« und als »Hypostasierung von Wunschträumen« (Horkheimer 1948, S. 396).

Die Theorie politischen und sozialen Handelns müsse dagegen Horkheimer zufolge nicht nur die bewussten ökonomischen Motive der Akteure, sondern auch deren unbewusste Dispositionen berücksichtigen. So sei beispielsweise die massenhafte Beteiligung an Kriegen nicht unmittelbar und nicht ausschließlich aus ökonomischen Interessen zu erklären, sondern auch eine Folge unterdrückter libidinöser Strebungen, die sich psychodynamisch in das Bedürfnis verwandelten, an mächtigen Kollektiven teilhaben zu können. Die in Kriegshandlungen sich entladenden Aggressionen erscheinen auch als Ausdruck von latenten Klassenkämpfen, die von der manifesten Rationalität der bürgerlich-liberalen Ökonomik verdeckt werden, aber von einer zu entwickelnden (Groß-)Gruppenpsychologie unbewusster Vorgänge rekonstruiert werden könnten.

Horkheimer versucht, Freuds Idee vom Unbewussten als Erkenntnisinstrument zu nutzen für den emanzipatorischen Kampf um radikale Entmythologisierung, objektive Wahrheit, Freiheit und Gerechtigkeit. Die psychoanalytische Thematisierung des Irrationalen ergebe sich aus dem radikal ernst genommenen Anspruch auf Aufklärung und habe den Charakter eines »kämpferischen Glaubens, einer kritischen, wissenschaftlichen Weltanschauung« (Horkheimer 1948, S. 400). Ihr Anspruch auf theoretische Wahrheit und Befreiung des menschlichen Lebens aus unnötigen Zwängen verträgt sich für Horkheimer so wenig wie für Freud mit falscher Toleranz, mit Beliebigkeit und postmodernem »anything goes«. Folgerichtig verfallen jene philosophischen Denkgebäude der Kritik, die unbewusste und unaufgeklärte menschliche Zustände für naturgegeben und unveränderlich halten. Im Unterschied zu vielen anderen Intellektuellen, Wissenschaftlern und Psychoanalytikern aber spürte Horkheimer im Freudschen Werk eine – wie immer auch verzweifelte – Hoffnung darauf, dass das Zerstörungspotential der Zivilisation durch die psychoanalytische Aufklärung in konstruktive Energien verwandelt werden könne. Die folgende Passage aus der Gedenkschrift für Ernst Simmel belegt diese Lesart: »Für Simmel wie Freud – wie für alle großen Psychologen – war die Psychologie mehr als Psychologie: der Schlüssel zum Verständnis der Irrationalität der menschlichen Existenz, der rätselhaften Totalität des Lebensprozesses der Gesellschaft und des Individuums. Er sah in ihr eine mögliche Hilfe gegen die tödliche Bedrohung der Zivilisation durch jene Irrationalität« (Horkheimer 1948, S. 398).

In eben diesem Sinne verfolgt Horkheimer in seiner Studie »Zur Kritik der instrumentellen Vernunft« aus den Jahren 1944/47 das Ziel, mit Hilfe der Psychologie des Unbewussten den selbstzerstörerischen Tendenzen der spätkapitalistischen Gesellschaft auf die Spur zu kommen. Dabei kreisen seine Beobachtungen und Überlegungen immer wieder um das Phänomen, dass die unter Verhältnissen von Versagung und Gewalt lebenden Menschen sich mit eben diesen Verhältnissen identifizieren, eine Situation, die auch von einer zur bloßen Technik der Therapie herabgesetzten Psychoanalyse befestigt werde, animiere diese doch die Menschen zu Zufriedenheit und Leistungsfähigkeit, ohne den prinzipiellen Konflikt mit den sie bedrängenden Verhältnissen wirklich auszutragen (vgl. Horkheimer 1948, S. 398 f.). Die Verdrängungsleistung wachse, Horkheimer zufolge, in dem Maße, in dem die gesellschaftlichen Herrschaftsmechanismen subtiler und undurchschaubarer geworden seien, abgelöst von unmittelbar persönlichen Abhängigkeiten. Infolgedessen entwickelten die Individuen im Zeitalter der instrumentellen Vernunft die dem Selbstverständnis des Liberalismus nachgebildete Phantasie, als freie und gleiche Bürger agieren zu können, ohne gewahr zu werden, dass sie längst fremder Macht unterworfen und als Konzentrationspunkte ökonomischer Interessen vereinnahmt worden sind.

Dieser Widerspruch öffne unbewussten Beherrschungs- und Unterwerfungswünschen Tür und Tor. Die Verleugnung der tiefen Unzufriedenheit mit dem herrschenden Realitätsprinzip verwandelte sich im Unbewussten der Individuen in destruktive Aggression: Die Wut auf die undurchschauten Zwänge und lustfeindlichen Verhältnisse wende sich gegen das eigene Ich, gegen die anderen im Konkurrenzkampf und vor allem gegen gesellschaftliche Außenseiter wie »die Juden« oder »die Intellektuellen«, während die eigenen erlittenen Kränkungen durch die Identifikation mit mächtigen Autoritäten kompensiert würden. Horkheimer zeigt: Ohne die Verinnerlichung der Werte und Normen, die die gesellschaftliche Herrschaft ausmachen, ist das Individuum nicht überlebensfähig. Die Beherrschung von Natur und Menschen schließt die Beherrschung von innerer Natur und damit die Unterjochung der eigenen Subjektivität mit ein: Der kulturelle Prozess, der über die Menschen abläuft, wiederholt sich in deren innerer Organisation; in der die instrumentelle (Ir-)Rationalität regiert und sich rigoros über die Widerspenstigkeit von körperlichen und emotionalen Bedürfnissen hinwegsetzt. Der menschliche Organismus wird den Funktionsanforderungen der Zivilisation unterworfen und die Affekt- und Gefühlskontrolle den Normen der Gesellschaft gemäß modelliert. Der Körper wird zum Ort von Disziplinierungstechniken.

Deshalb vollzieht sich die Verinnerlichung von Herrschaft und Beherrschung weniger im Medium der Sprache, vielmehr in dem einer nichtsprachlichen, sinnlich-unmittelbaren Auseinandersetzung, die sich dem diskursiv organisierten Bewusstsein weitgehend entzieht. Die Anpassung der Individuen an die Realität – davon geht Horkheimer aus – erfolgt durch Mimikry, durch Nachahmung. Die Wahrnehmung von Gesichtsausdruck, Gesten, Körperbewegungen, die im frühen Kindesalter beginnt, setzt sich fort in der Nachahmung von Verhaltensmustern, die als Überlebensstrategien erfahren werden. Denn auf die Abweichung von den konformen, sozial erlaubten Verhaltensmustern folgen Bestrafung wie Isolierung oder Ausgrenzungsmechanismen (vgl. zur Analyse der Herausbildung einer konformistischen Identität Claussen 1995). Horkheimers Fazit: Das Individuum wird eingegliedert in die repressiven Organisationen der Gesellschaft, die ihm von Kindesbeinen an suggerieren, dass es sich an die herrschenden Regeln anzupassen und sich ihnen zu unterwerfen hat. Seine ganze Wahrnehmung wird dabei im Laufe der Sozialisation immer mehr für die Ge- und Verbote der Gesellschaft geschärft, seine Widerstandskräfte dagegen immer mehr geschwächt. Die Sozialisation des Individuums unter den bestehenden Verhältnissen ist somit eine Regressionsbewegung; sie manifestiert sich als Zerfall von Libido, Herrschaft des Unbewussten.

Dabei spielen die Verhaltensmuster, die den Menschen von der omnipräsenten Kulturindustrie wie der Reklame und dem Film als Handlungsentwürfe vorgegeben werden, die zentrale Rolle. Waren es früher tradierte, von Generation zu Generation weitergegebene Vorstellungen, so sind es im Zeitalter der instrumentellen Vernunft primär die Bilder und Mythen einer von auf Verwertungsinteressen ausgerichteten Unterhaltungsindustrie, von denen die Menschen ihre Verhaltensorientierungen übernehmen. Diese sind von struktureller Gewalt durchdrungen, die in ihrer Alltäglichkeit und »Normalität« nicht mehr hinterfragt wird. Herrschen und Beherrscht-Werden sind das als Naturgesetz *erscheinende* Realitätsprinzip, das zum Motor einer Sozialisation avanciert, in der die Autonomie des Einzelnen zerstört wird. Horkheimer beschreibt diese Dynamik zuspitzend so: »Wie das Kind die Worte seiner Mutter wiederholt und der Junge das brutale Verhalten der Älteren, unter deren Händen er leidet, so verdoppelt der gigantische Lautsprecher der Kulturindustrie endlos die Oberfläche der Realität, indem er in kommerzialisierter Unterhaltung und populärer Reklame erdröhnt, die immer ununterscheidbarer voneinander werden. All die ingeniösen Apparate der Vergnügungsindustrie reproduzieren stets aufs Neue banale Szenen des Alltags, die gleichwohl trügerisch sind, weil die technische Exaktheit der Reproduktion die Falschheit des ideologischen Inhalts oder die Willkür, mit der ein solcher Inhalt vorgeführt wird, verschleiert. [...] Die Filme, das Radio, die populären Biographien und Romane haben denselben Refrain: dies ist unser gewohntes Gleis, dies ist die Spur des Großen und dessen, was gern groß wäre – diese ist die Wirklichkeit, wie sie ist und sein sollte und sein wird« (Horkheimer 1944/47, S. 147 f.).

Theodor W. Adorno:
Das Unbewusste und die gesellschaftliche Liquidation des Ich

Adornos Freud-Rezeption lag das Bemühen zugrunde, in der Debatte um Psychoanalyse überall dort zu intervenieren, wo Freuds Lehre vom Unbewussten zum Gemeinplatz abzusinken drohte, wo jener kraftvolle Sinn, den Freud mit der Identifizierung von Unbewusstem, Trieb, Es stiftete, einem harmloseren, unanstößigerem Verständnis preisgegeben worden war, wie dies im sog. – von den Kritischen Theoretikern arg gescholtenen – »psychoanalytischen Revisionismus« bzw. »Kulturismus« (gemeint waren Karen Horney, Harry S. Sullivan, nicht zuletzt auch der spätere Erich Fromm) geschehen sei (vgl. Görlich & Lorenzer 1994).

Während die orthodoxen Freudianer das Wirken der Gesellschaft im Individuum ignorierten und sich gegen die Zusammenarbeit mit kritischer Gesellschaftstheorie immunisierten, wollten die kulturalistischen Neo-Freudianer die von Adorno für wesentlich gehaltenen Elemente der Psychoanalyse wie die Bedeutung der Kindheitserlebnisse für das spätere Erwachsenenleben, der Sexualität, der Kastrationsdrohung und vor allem die Triebtheorie relativieren bzw. abschaffen und durch eine Vermischung von Milieusoziologie und Ich-Psychologie ersetzen.

Gegen die Tendenz, die Psychologie des Unbewussten zu »kastrieren« (Adorno 1952, S. 25), indem kritische und revolutionäre Einsichten Freuds durch Common-sense-Psychologie verdrängt würden, setzt Adorno auf ein dialektisch vermitteltes Arbeitsbündnis von Psychoanalyse und Gesellschaftstheorie, in dem es darum geht, individuelles Leid in seiner gesellschaftlichen Genese zu erkennen, ohne vorschnell die Eigenart und den Eigensinn der Triebdynamik konkreter Individuen und ihrer materiell bedingten Lebensgeschichten in soziologistisch zugerichtete – milieutheoretische – Schemata aufzulösen. Die unterschiedlichen Gegenstandsbereiche von Psychologie und Soziologie gelte es dabei in ihrer jeweiligen Eigenlogik zur Geltung zu bringen, auf der Ebene der Resultate aber gleichzeitig wechselseitige Bezüge herzustellen, durften die in der industriellen Gesellschaft propagierte Arbeitsteilung und schroffe Trennung der wissenschaftlichen Disziplinen doch nicht das letzte Wort behalten.

Die Verteidigung Freuds führte indes keineswegs zur unkritischen Übernahme all seiner Positionen. Im Gegenteil, das von Adorno ideologiekritisch konzipierte Arbeitsprogramm forderte zu Korrekturen bestimmter Freudscher Grundannahmen geradezu heraus: Freud »neigte in seiner

Spätzeit dazu«, heißt es in der gemeinsam mit Horkheimer formulierten »Vorrede« zum Band »Freud in der Gegenwart«, »das seelische Wesen des Menschen gegenüber den Bedingungen seiner Existenz zu verabsolutieren. Das von ihm positiv vertretene ›Realitätsprinzip‹ kann dazu verleiten, die Anpassung an den blinden gesellschaftlichen Druck entsagend zu sanktionieren und schließlich den Fortbestand des Druckes zu rechtfertigen. Freilich macht diese Intention nur eine Seite der Freudschen Gedanken aus. Sie ist nicht zu trennen von der anderen, seiner todernsten Erfahrung der Last, unter der die Menschheit sich dahinschleppt – jener Erfahrung, die der Freudschen Lehre ihre Tiefe und Substantialität verleiht« (zit. nach: Schmidt & Görlich 1995, S. 65). – Derartige Einschätzungen finden sich im Schrifttum des Freud-Interpreten Adorno auf Schritt und Tritt: »Die Größe Freuds«, schreibt er im Aufsatz »Die revidierte Psychoanalyse«, »besteht wie die aller radikalen bürgerlichen Denker darin, dass er […] Widersprüche unaufgelöst stehen lässt und es verschmäht, systematische Harmonie zu prätendieren, wo die Sache selber in sich zerrissen ist. Er macht den antagonistischen Charakter der gesellschaftlichen Realität offenbar, soweit innerhalb der vorgezeichneten Arbeitsteilung seine Theorie und Praxis reicht. Die Unsicherheit des eigenen Zwecks der Anpassung, die Unvernunft vernünftigen Handelns also, die die Psychoanalyse aufdeckt, spiegelt etwas von der objektiven Unvernunft wider. Sie wird zur Anklage der Zivilisation« (Adorno 1952, S. 40).

Ausgangspunkt von Adornos Reflexionen zur Vermittlung von Psychoanalyse und Gesellschaftstheorie ist denn auch die an Freuds Einsichten anknüpfende Feststellung der Unmöglichkeit einer dauerhaften, kontinuierlichen Erfahrung von Glück in der gegenwärtigen Gesellschaft. Vorstellungen von einer integrierten Persönlichkeit oder einer Totalität des Charakters seien illusionäre Wunschträume, denen die Realität einer traumatischen Gesellschaft schroff widerspreche. Der Charakter, so Adorno, sei ein »*System von Narben*«, die »*Wirkung von jähen, abrupten Stößen*«, von »*traumatischen Schocks*«, die nie ganz integriert werden können (Adorno 1952, S. 24). Das beschädigte Leben müsse als unhintergehbare Grunderfahrung aller Individuen in der *traumatischen Gesellschaft* begriffen werden, in der die Logik der Bedingungen kapitalistischer Vergesellschaftung sich durchgesetzt habe. Vor allem die dabei den Menschen aufgezwungenen Formen monadenhafter, atomistischer Existenz führten jenes Desaster zwischenmenschlicher Beziehungen herbei, mit dem die Bemühungen um erfüllte Liebe und Glück scheiterten und das ganze Tableau narzisstischer Kränkungen, Versagung, Enttäuschung und Frustration an deren Stelle trete. Aus eben diesen Erlebnisfiguren beschädigter Subjektivität nährten sich die unbewussten Handlungsmuster der Individuen, die zum Rohstoff regressiver Massenbewegungen würden, hier wirksam werdend als Kompensationen des steten Mangels an Glück und Liebe und der Ohnmacht, daran etwas ändern zu können. Adorno rekonstruiert also das Unbewusste im Horizont der Herausbildung bürgerlicher Individualität und ihrer in der gegenwärtigen Gesellschaft unauflösbaren Widersprüche: Aporien zwischen Autonomiewunsch und Angst, Progressionszwang und Verlust emotionaler Bindungen, zwischen dem Gefüge konkreter Lebensentwürfe, narzisstischen, libidinösen und aggressiven Strebungen auf der einen und der Abstraktheit gesellschaftlich-kultureller Werte und Handlungsanweisungen auf der anderen Seite.

In seinem Aufsatz »Zum Verhältnis von Soziologie und Psychologie« treibt Adorno die Erkenntnisse der Psychoanalyse hinsichtlich der unbewussten Triebdynamik über sich hinaus, indem er die von der gesellschaftlichen Gewalt bestimmten Widersprüche im bürgerlichen Individuum als einen verhängnisvollen Kampf von Es und Über-Ich begreift, in dessen Verlauf das in der Geschichte der Psychoanalyse stets auch als rettende Instanz aufgefasste Ich – wie Don Quichote im Kampf gegen die Windmühlenflügel – unausweichlich liquidiert wird. Adorno zufolge ist die Angst vor der sozialen Deklassierung und dem gesellschaftlichen Ausschluss den Individuen im Laufe der Geschichte der Herrschaft und ihrer je eigenen Sozialisation zur zweiten Natur geworden. Dabei erscheine es sekundär, wie »realistisch« der Ausschluss für den einzelnen ist – entscheidend sei die in den Gesetzmäßigkeiten des kapitalistischen Systems angelegte Tatsache, dass ein großer Anteil der Gesamtbevölkerung zu den Verlierern des Konkurrenzkampfes gehören muss, damit das System im Ganzen »funktioniert«. Die gesellschaftliche Angst manifestiere sich so als eine Mischung aus »Realangst« und »neurotischer Angst«, wie Adorno an der folgenden Stelle verdeutlicht: »Das Überich, die Gewissensinstanz, stellt nicht allein dem einzelnen das gesellschaftlich Verpönte als das An-sich-Böse vor Augen, sondern verschmilzt irrational die alte Angst vor der physischen Vernichtung mit der weit späteren, dem gesellschaftlichen Verband nicht mehr anzugehören, der anstatt der Natur die Menschen umgreift. Diese aus atavistischen Quellen gespeiste und vielfach weit übertriebene gesellschaftliche Angst, die freilich neuerdings wieder jeden Augenblick in Realangst übergehen kann, hat solche Gewalt akkumuliert, dass der schon ein moralischer Heros sein müsste, der ihrer sich entledigte, selbst wenn er das Wahnhafte daran noch so gründlich durchschaute« (Adorno 1955, S. 47).

Für Adorno ist unbewusst erlebte *Angst vor Vernichtung* die im Individuum treibende Kraft, die sein Handeln bestimmt und ihn dazu zwingt, permanent Teile seiner Subjektivität abzuspalten, zu verdrängen und in die unbewussten Kellerregionen der eigenen Existenz abzulagern, aus denen freilich immer wieder giftige Stoffe in die oberen bewohnten Etagen dringen.

Auf das aus der sozialen Ohnmacht des Einzelnen entstehende und in der familiären Sozialisation verinnerlichte Bedürfnis, von einer als omnipotent phantasierten Autorität geschützt zu werden, reagieren die bereits von Horkheimer analysierten Kollektive und Organisationen mit Befriedigungsversprechen. Dass auch die faschistische Zurichtung der Psyche dieser Dynamik folgt, weist Adorno nach, indem er in Anlehnung an Freuds »Massenpsychologie und Ich-Analyse« weitreichende Einsichten in die innere Dialektik der Beziehung von Führer und Gefolgschaft vermittelt (vgl. dazu vor allem Adorno 1951): Die Individuen externalisieren unter ansteigendem ökonomischen Druck ihr Über-Ich, unter dem sie leiden, verlegen es in den Führer. Mit diesem sind sie über die in den faschistischen Massenorganisationen suggestiv hergestellten emotionalen Bindungen gleichzeitig libidinös vereinigt – in einer Art Symbiose von Herrscher und Beherrschten. Alle Angehörigen der faschistischen Massen spalten die mit dem sozialen Konkurrenzkampf zusammenhängenden Aggressionen und Feindseligkeiten untereinander ab und verschieben sie nach außen in ein durch falsche Projektionen zustande kommendes Feindbild, an dem die aus narzisstischen Kränkungen hervorgegangenen Destruktions- und Tötungswünsche ausagiert werden können, ohne dass Angst vor Strafe hier hindernd wirksam würde. Im Gegenteil, Hass und Verfolgungswut werden nun sozial prämiiert. Ein kollektives Wahngebilde entsteht, in dem sich die als schmerzhaft empfundene, weil mit tiefer Vernichtungsangst einhergehende Ich-Autonomie gleichsam repariert und aufgehoben wähnt. Das Zerrbild einer funktionierenden Solidargemeinschaft gewinnt so seine Konturen: Die Einsamkeit des Bürgers wird kompensiert von einer künstlich errichteten nationalen Identität; die Unfähigkeit, zu lieben und befriedigende Beziehungen einzugehen, ersetzt durch die Phantasmen der Verschmelzung mit dem vom Führer gelenkten Kollektiv. Gesellschaftlich produzierte narzisstische Kränkungen können auf diese Weise in ihr Gegenteil verkehrt werden, in das rauschhafte Gefühl, einem unbesiegbaren Kollektiv anzugehören, unverletzlich und omnipotent zu sein. Die Verleugnung der eigenen Angst vor Vernichtung verwandelt sich in die Lust, zu töten. Alles, was in der sozialen Realität daran erinnert, dass das faschistische Wahngebilde eine einzige große Lüge zur hemmungslosen Durchsetzung eigener Macht- und Herrschaftsstrategien ist, muss eliminiert werden, nicht zuletzt, um die mit der Regressionsbewegung wachsenden unbewussten Scham- und Schuldgefühle zu unterdrücken und unkenntlich zu machen.

Adorno hat in seinen Schriften und Reden immer wieder davor gewarnt, das Gewaltpotential der postfaschistischen Gesellschaften zu unterschätzen. Er selbst hielt »*das Nachleben des Nationalsozialismus in der Demokratie als potentiell bedrohlicher denn das Nachleben faschistischer Tendenzen gegen die Demokratie*« (Adorno 1959, S. 10).

Die subjektiven Voraussetzungen für faschistische wie jede Form von Herrschaft sind in einem Gesamt von Verhaltensdispositionen angelegt, die Adorno als »*autoritären*« bzw. »*manipulativen Charakter*« fasste (Adorno 1950 und 1966b, S. 97 ff.). Auch wenn sich die Sozialisationsverläufe im Laufe der Geschichte der bürgerlichen Gesellschaft veränderten, sei die weit verbreitete grundsätzliche Bereitschaft, sich mit Macht und ihren Repräsentanten vor aller inhaltlichen Prüfung zu identifizieren, erhalten geblieben. Die universale Angst, durch die Maschen zu fallen und die in der Konkurrenz entstehende Kälte der zwischenmenschlichen Beziehungen würden nach wie vor mit allen möglichen Spielarten von kollektivem Narzissmus kompensiert, wovon die historisch eingeschliffenste und politisch gefährlichste Variante der neuerdings auch wieder offiziell in Mode kommende Nationalismus ist.

Das Versprechen der politischen Form der Demokratie, eine autonome Subjektivität ausbilden und leben zu können, wurde auch nach Auschwitz nicht eingelöst und von der ökonomischen und gesellschaftlichen Realität konterkariert. Die reale Ohnmacht der Menschen und die konstante Frustration ihrer Bedürfnisse treiben sie weiter dazu, zumal in Zeiten der Verschärfung ökonomischer Krisen, sich in den »*Schmelztiegel des Kollektiv-Ich*« (Adorno 1959, S. 23) zu werfen. Die Identifikation mit dem Ganzen erleichtert die als Last empfundene Autonomie, die den Einzelnen aufgebürdet wurde, ohne dass sie nach ihrem emotionalen Einverständnis gefragt worden wären.

Trotz aller politischen, psychologischen und pädagogischen Konzepte, die Adorno zur emanzipatorischen Veränderung der gesellschaftlichen Herrschaftsverhältnisse vorgelegt hat, bleibt sein Blick pessimistisch auf das Zerstörungspotential einer mit Vernichtungswaffen hochgerüsteten Zivilisation konzentriert, in der das Flächenbombardement und der Völkermord geboren wurden. Auf Freuds Einsicht rekurrierend, dass die Zivilisation aus sich selbst das Anti-Zivilisatorische hervorbringe und dadurch die Irrationalität des Ganzen verstärke, betont er das Abgeschlossene, Abgeriegelte der Kultur der Gegenwart (vgl. Adorno 1966b, S. 88 ff.): Das Gefühl, eingeschlossen zu sein, suche sich in dem Maße immer irrationalere und gewalttätigere Ventile, wie die Wahrscheinlichkeit, hinaus zu können aus der totalen Institution der verwalteten Welt, geringer werde. Die Zunahme an alltäglicher Gewalt lässt das Angstpotential wachsen, das gleichzeitig verdrängt werden muss, gilt es doch, den Anforderungen der Realität gerecht zu werden. Die verdrängte Angst verwandelt sich entweder in larvierte Depression oder in agierte Aggression, was wiederum das Zerstörungspotential des Ganzen erhöht. Der Zivilisationsprozess ähnelt, legt Adorno nahe, immer mehr einem gigantischen Wiederholungszwang, der im Rhythmus eines primitiven Rituals von Menschen zelebriert wird, die das Projekt einer »*Selbsterhaltung ohne Selbst*« verfolgen, in dem sich sogar die Spannung und der Sinn der Differenz von Bewusstsein und Unbewusstsein aufzulösen drohten und der Psychoanalyse womöglich nur noch die Rolle einer Protokollantin der gesellschaftlichen Liquidation des Ich übrig bliebe: »Zeitgemäß sind jene Typen, die weder ein Ich haben noch eigentlich unbewusst handeln, sondern reflexartig den objektiven Zug widerspiegeln. Gemeinsam üben sie ein sinnloses Ritual, folgen dem zwanghaften Rhythmus der Wiederholung, verarmen affektiv: mit der Zerstörung des Ichs steigen der Narzissmus oder dessen kollektivistische Derivate. Der Differenzierung gebietet die Brutalität des Außen, die gleichmachende totale Gesellschaft, Einhalt, und sie nutzt den primitiven Kern des Unbewussten aus. Beide stimmen mit der Vernichtung der vermittelnden Instanz sich aufeinander ab, die triumphalen archaischen Regungen, der Sieg des Es über das Ich, harmonieren mit dem Triumph der Gesellschaft über den einzelnen. Die Psychoanalyse in ihrer authentischen und geschichtlich bereits überholten Gestalt gewinnt ihre Wahrheit als Bericht von den Mächten der Zerstörung, die inmitten des zerstörenden Allgemeinen im Besonderen wuchern« (Adorno 1955, S. 83).

Obwohl in der hier versuchten Darstellung das Unbewusste bisher ausschließlich im Horizont von Beschädigungsprozessen, von Abwehr, Verdrängung und daraus entstehenden Destruktionspotentialen bestimmt wurde, ist es gleichwohl auch der Ort des Nichtidentischen und ein Quellbecken von Sehnsucht und Utopie. Bereits im Werk von Adorno – insbesondere in seiner nicht mehr vollendeten »Ästhetischen Theorie« – wird das Unbewusste auch als Ressource kreativer Praxis verstanden, in dem bisher verschüttete, noch nicht realisierte Lebensformen der menschlichen Existenz aufgehoben sind (vgl. auch Gebauer & Wulf 1992).

In der ästhetischen Erfahrung von Kunstwerken, aber auch in Augenblicken der mimetischen Hingabe an Andere – etwa im sinnlichen Begehren und im Liebesakt – scheinen unbewusste Spuren auf, die die atomistische Existenz der Menschen transzendieren können und auf *ungelebtes Leben* verweisen. Der Psychoanalytiker und Kulturwissenschaftler Alfred Lorenzer spricht in Anlehnung an die Philosophie von Ernst Bloch vom »*Noch-Nicht-Bewussten*« unbewusster Handlungs- und Lebensentwürfe, die das bisher Gewusste und Gewesene utopisch überschreiten könnten. Die Grundlagen der von Lorenzer versuchten Weiterentwicklung der Freudschen Wissenschaft vom Unbewussten gilt es nun noch zu skizzieren.

Alfred Lorenzer:
Das Unbewusste im Zentrum einer kritischen Theorie der Subjektivität

Alfred Lorenzer hat seine Beiträge zur Psychoanalyse unmissverständlich in die Perspektive Kritischer Theorie gerückt (Lorenzer 1986a, S. 259 ff.) und dabei gleich drei ineinander verschränkte Arbeitsschwerpunkte begründet, die er zu einer »Metatheorie der Psychoanalyse« zusammenzuführen suchte: Es ging ihm, erstens, um Antworten auf die Frage nach dem Wissenschaftsstatus der Psychoanalyse, zweitens, darum, das Freudsche Erkenntniszentrum – Unbewusstes, Trieb, Es – begrifflich neu zu fassen, um es im Rahmen einer Theorie der Sozialisation bzw. der Subjektivität zur Geltung zu bringen, und, drittens, war das Modell einer Kulturanalyse zu entwickeln, die in Erkundung der Spannung zwischen bewussten und unbewussten Lebensentwürfen dem Projekt der Ideologiekritik zur Seite gestellt werden sollte.

Was die erste Frage anbetrifft, setzt Lorenzer andere Akzente als etwa Habermas, der von Freuds szientistischem Selbstmissverständnis sprach. Horkheimers anfangs zitierter Haltung vergleichbar, plädiert Lorenzer dafür, den Metapsychologen und Physiologen Freud zu rehabilitieren. In ihm sah er den Platzhalter für die der sozialwissenschaftlichen Hermeneutik offenbar schwer zugängliche Problematik der Leiblichkeit, der somatischen Matrix des Erlebens. Freuds Psychoanalyse – setzte Lorenzer den neuen Akzent – sei weder nur Sozial-, noch nur Naturwissenschaft, sondern repräsentiere die Vermittlung beider Erkenntnisperspektiven, wobei »Naturwissenschaft« aber nicht dem tradierten Wissenschaftsverständnis folgen dürfe, sondern gerade durch die Verflüssigung der Grenzen zwischen beiden Disziplinen zu einer anderen Auffassung des Gegenstandes geführt werde: in dieser fielen Natur und Sinn, Leiblichkeit und Sozialität nicht länger auseinander; sie träten vielmehr in ein – gewiss intensiv aufzuklärendes – Verhältnis. In diesem Sinne bezeichnete Lorenzer Freuds Erkenntnis des Unbewussten als Modell einer »Hermeneutik des Leibes« (Lorenzer 2002, S. 201 ff.) und schlug vor, alle psychoanalytischen Begriffe in dieser Doppelperspektive auszulegen, in ihrer leiblichen Dimensionierung wie in ihren soziokulturellen Implikationen. Für die Idee, Freuds Metapsychologie als Modell einer Brückentheorie zwischen Natur- und Sozialwissenschaften zu interpretieren, bieten sich gegenwärtig überraschende Stützen an: die Hirnforschung zum Beispiel, dort, wo sie das Gefüge sozialer Interaktion als Entwicklungsfaktor der physischen Prozesse, des Aufbaus (und der Beschädigung) von Hirnfunktionen wahrzunehmen und empirisch aufzuweisen vermag (vgl. Hüther 2001).

Wie steht es nun um die Auslegung des Unbewussten – die zweite Frage – vor dem Hintergrund der skizzierten neueren Einsicht zum Wissenschaftsverständnis? Eine erste Antwort lautet: Indem das Unbewusste – in den Freudschen Übersetzungen als Trieb, als Es – in die Perspektive der Dialektik von Natürlichkeit und Sozialität, »Sozialität der Natur und Natürlichkeit des Sozialen« (Görlich & Lorenzer 1994, S. 130 ff.) gerückt und in sozialisationstheoretischer Hinsicht als Stufe im Aufbau subjektiver Struktur konkret bestimmt wird, erweisen sich die immer noch gegen Freuds Theorie erhobenen Vorwürfe des Biologismus und des Psychologismus als gegenstandslos. Lorenzer ist um den Aufweis bemüht, dass auch die organischen Grundbausteine des Erlebens (die Triebmatrix also) Grundbausteine menschlicher Praxis sind, in intimer Interaktion (des Mutter-Kind-Zusammenspiels) gebildet und deshalb von Anfang an geschichtlich, gesellschaftlich, kulturell bestimmt. Das Unbewusste als Trieb, als Es, ist, Lorenzer zufolge, immer schon sozialisierte »innere Natur« (Görlich & Lorenzer 1994, S. 132 f.); enthält aber gerade im Anteil innerer Natur Elemente des Widerständigen, und das heißt, leiblich begründete Figuren eines imperativen Anspruchs, kulturelle Verhältnisse bedürfnisgerecht einzurichten, wie Figuren der Verweigerung, sich jeder kulturellen Vorgabe zu fügen.

Dass das System des Unbewussten unabhängig von dem der Sprache existiert, ist Lorenzers entschieden vertretene Auffassung, mit der er sich von seinem großen französischen Antipoden Jacques Lacan absetzt, bemüht, dessen Satz, das Unbewusste sei strukturiert wie eine Sprache, umzukehren: die Eigensystematik des Unbewussten als Gefüge leiblicher Praxis, Niederschlag und zugleich Entwurf leiblicher Interaktion sei längst begründet und bereits in der ersten Phase der Sozialisation ausgebaut worden, bevor Sprache verhaltensanweisend ins Spiel tritt. Im Ausbau dieser Grundannahme von der Nichtsprachlichkeit des Unbewussten verkennt Lorenzer nicht, dass Sprache, einmal ins Spiel getreten, von da an alles daran setzt, jene frühen nichtsprachlichen Praxisfiguren ins Netz der Benennungen zu zwingen. Gerade der Erlebniskonflikt und das aus ihm erwachsene psychophysische Leid bezeuge aber die weiter fortbestehende Eigensystematik jener primären nicht-sprachlichen Praxisschicht, die im Falle neurotischer Deformation, der Verdrängung etwa, die mit Sprache eingegangene Bindung aufkündigt, um zum früheren Eigenleben zurückzufinden und dabei als »Klischee« (Lorenzer 1970, S. 106 ff.) solange als möglich im Verborgenen zu wirken. In der Hysterie verrät sie sich als allzu schrille Praxis ohne Bewusstsein; die Zwangsneurose, aber auch der Intellektualismus, zeigen das Gegenstück: Bewusstsein ohne Praxis, scheinbar allmächtige Sprache, letztlich aber leere »Zeichen«, die sich vom Einspruch der Leiblichkeit freigemacht haben, um nun an der fehlenden Korrektur, der fehlenden »natürlichen« Grenzziehung für ein quälend maßlos werdendes Denken zu »leiden.«

In der so entwickelten Perspektive kann Sprache nicht alleinige Wegbereiterin zur subjektiven Selbstverfügung sein. Lorenzer bietet ein überraschendes Äquivalent, das er aus seinen Kulturanalysen (vgl. Lorenzer 1981) erschließt: die erste lebenspraktisch wirksame Symbolschicht ist in vorsprachlicher Interaktion entstanden; ihr Modell: die Auseinandersetzung des Kindes mit der Gegenstandswelt, wobei sich im Spiel sinnlich-unmittelbare Lebensszenen zusammenschließen und zusammenwirken, um im assoziativen Verbund, in der die eine Szene die andere gleichsam tätig auslegt, die Sinnfigur einer lebenspraktischen Symbolik zu begründen. Das sich bildende Subjekt vermag so, bisher angstvoll erlebte Situationen besser zu ertragen, aus Bedrängnissen herauszutreten, Auswege zu finden, von der Passivität zur Aktivität überzugehen; es gewinnt die Möglichkeiten, Lebensszenen bereits in Eigenregie nehmen zu können, ohne sich hierbei im Medium der Sprache und der Bewusstseinsauseinandersetzung fest positionieren zu müssen.

Lorenzer erfasst diese noch dem System des Unbewussten zuzurechnende Stufe der Erlebnisprofilierung im Begriff der »sinnlich-symbolischen Interaktionsform«; in ihrem Aufbau manifestiere sich die »Basisschicht der Subjektivität«; »die Schaltstelle der Persönlichkeitsbildung überhaupt« (Lorenzer 1970, S. 163). Das auch im Rückgriff auf die Cassirer-Langersche Symboltheorie, die Konzeption »präsentativer Symbolik«, (Lorenzer 1970, S. 23 ff.) erschlossene Phänomen berge noch weiter reichende Bedeutungshorizonte in sich: Es verrate sich, so Lorenzer, in der Dynamik des Traumes und erweise sich als das entscheidende Medium in der psychoanalytischen Erkundung des Unbewussten, in dem, von Lorenzer sogenannten »szenischen Verstehen« (Lorenzer 1970, S. 138 ff.). Ja, sinnliche Symbole begründeten sich, ganz allgemein, im Wechselspiel der Menschen mit kulturellen Bedeutungsträgern, überall dort, wo sich Lebensentwürfe ihren affektiv-symbolischen Eigenraum zu bewahren und im kollektiven »Spiel der Phantasie« – in relativer Freiheit von der diskursiven Ordnung der Sprache – zur Geltung zu bringen vermögen: wie dies in der Poesie geschehe, die Sprache beim Bild, nicht beim Wort nehme, in der bildenden Kunst, der Musik, dem Ritual etc.

Es ist deshalb eine wesentliche Aufgabe der von Lorenzer konzipierten tiefenhermeneutischen Kulturanalyse (Lorenzer 1986b), den Spielraum sinnlich-emotionaler Symbole zu erkunden und jener sensibelsten Registratur des Sozialen im Subjekt zu folgen, die im Konformismus ästhetischer Symptombildung ihren stärksten Widersacher hat.

Um zu bilanzieren und einen Ausblick zu versuchen: Im Zentrum von Adornos Kritischer Theorie, heißt es in Detlev Claussens jüngster Adorno-Biographie, »steht die erfahrungszerstörende Erfahrung der Gewalt« (Claussen 2003, S. 321). Es gibt vermehrt und akut beklemmende Anzeichen für jene bereits von Freud erahnte »kulturelle Regression«, die sich im Rückgang der Schuldgefühle und im Anwachsen kultureller Destruktivität ankündige. Der alles zersetzende »Destruktions- und Todestrieb« wäre dann dabei, sich gegen die bindende Macht des Eros durchzusetzen – als Prinzip der Isolation und als »Unfähigkeit zur Identifikation«, für Adorno »fraglos die wichtigste psychologische Bedingung dafür, dass so etwas wie Auschwitz sich inmitten von einigermaßen gesitteten und harmlosen Menschen hat abspielen können« (Adorno 1966, S. 101). Lorenzers Konzept bietet für die psycho- und zugleich kulturanalytische Erschließung dieses Zusammenhangs durchaus Orientierung: Aus seiner Sicht verweisen Freuds Bilder einer grandiosen Welterklärung (Eros und Todestrieb) »auf die Betrachtung der Grundschicht und Grundspannung gesellschaftlich entwickelter Subjektivität«: Der Mythos vom Todestrieb zentriere die Auseinandersetzung »um Formen der elementaren Zersetzung menschlicher Lebensentwürfe, um Formen der Bedrohung (und Vernichtung) des Eros, die aus sinnlichkeitsfeindlicher Organisiertheit der Kultur herrühren, deren Grundlagen also zu analysieren wären« (Lorenzer & Görlich 1994, S. 27).

Eine wichtige Aufgabe wäre es, Lorenzers subjekt- und kulturanalytisch erschlossene Tendenzen der Entsinnlichung (Zerstörung sinnlicher Symbole) und des Anwachsens instrumentell-zeichenhafter Formen des Erlebens mit Adornos Bestimmungen des »manipulativen Charakters« zu vergleichen, der sich auszeichne »durch Organisationswut, durch Unfähigkeit, überhaupt unmittelbare menschliche Erfahrung zu machen, durch eine gewisse Art von Emotionslosigkeit, durch überwertigen Realismus, [...] besessen vom Willen of doing things, Dinge zu tun, gleichgültig gegen den Inhalt solchen Tuns« (Adorno 1966, S. 97). – Adorno und Lorenzer treffen hier auf strukturell gleichartige *Kultursymptome im Subjekt*, die selbstzerstörerisches Unmaß in sich tragen. Es ist deshalb kein Zufall, dass beide Autoren energisch daran arbeiteten, Harmonie beschwörende Modelle von Gesellschaft und Subjektivität in die Schranken zu weisen.

Dennoch erstarrt weder bei Horkheimer und Adorno noch bei Lorenzer die kritische Haltung zu letztinstanzlichem Urteil, zum unverrückbarnegativen Dogma. Adorno hätte »Erziehung nach Auschwitz« nicht geschrieben, wäre es ihm darauf angekommen, die Verzweiflung über die Negativität des Weltlaufs ein für allemal festzuschreiben. Zur Eindruckskraft seines psychoanalytisch aufgeklärten Denkens gehören das utopische Motiv von der befreienden Wirkung einer Bekämpfung der psychosozialen Angstpotenziale und die Hoffnung, dass die Anstrengung, rücksichtslos auszusprechen, was ist und als Bedrängnis fortzubestehen droht, die bezeichneten Verhältnisse doch nicht so belässt, wie sie sind. Die von Lorenzer initiierte Kulturanalyse schließlich zielt darauf ab, das widerspruchsvolle Ineinander von Unbewusstem und Bewusstem, Sinnlichkeit und Ratio in der Strukturierung von Subjektivität einerseits, das Gemisch von

Utopischem und Ideologischem in den kulturellen Bedeutungsträgern andererseits szenisch-verstehend zu erschließen: nicht zuletzt um in den sinnlichen Symbolbildungsprozessen noch nicht realisierte und noch nicht bewusste Lebensentwürfe aufzuspüren, die auf Veränderung drängen: als »Widerwille dagegen, sich abspeisen zu lassen« und als »Kraft zum Widerstand« (Adorno 1969, S. 150), wie Adorno formulierte, einen emphatischen Begriff von Denken in Anspruch nehmend.

In einem Vortrag zum Wiener Symposium 1989 aus Anlass des 50. Todestages von Sigmund Freud hat Lorenzer das zentrale Motiv einer Psychoanalyse als kritischer Theorie noch einmal kurz umrissen und dabei über den Stellenwert der Erforschung und Erkenntnis des Unbewussten Auskunft gegeben: »Gerade weil die psychoanalytische Hermeneutik nicht nur die Ordnungsfiguren des Bewusstseins nachzuzeichnen hat, sondern darauf angelegt ist, das Unsagbare sagbar zu machen, bedarf psychoanalytische Erkenntnis der Öffnung gegenüber den anderen kritischen Wissenschaften. Denn der Konflikt zwischen den Normen und Werten des Bewusstseins einerseits und den unbewussten Lebensentwürfen andererseits ist kein bloßes individuelles Schicksal. Psychoanalytische Aufklärung muss sich des Zusammenhangs mit gesellschaftlicher Aufklärung versichern. Die Frage nach dem Unbewussten ist zugleich auch die Frage nach dem sozial Ausgeschlossenen, dem Noch-nicht-Bewussten, der noch-nicht-bewusstseinsfähigen gesellschaftlichen Praxis. Das Unbewusste als Widerspruch gegen das herrschende Bewusstsein, das Unbewusste als Reich der Unlogik – mit solchen Aussagen über das Unbewusste, diese Zentralkategorie der Psychoanalyse, hat Freud die Seelenwissenschaften seinerzeit kopfüber umgestürzt – oder sollen wir nicht auch das sagen: vom Kopf auf die Füße gestellt? Freuds scharfe Absage an die herkömmlichen Wissenschaften darf nicht wegharmonisiert werden. Vergessen wir nicht den Satz Freuds, der sich im Nachlass fand. Er lautet: ›Die Psychoanalyse […] ist […] in der Opposition gegen alles konventionell Eingeschränkte, Festgelegte, allgemein Anerkannte‹« (Lorenzer 1990, S. 29).

Literatur

Adorno, T. W. (1950): Studien zum autoritären Charakter. Frankfurt/M. (Suhrkamp) 1995.
Adorno, T. W. (1951): Die Freudsche Theorie und die Struktur der faschistischen Propaganda. In: H. Dahmer (Hg.) (1980): Analytische Sozialpsychologie, Band 1. Frankfurt/M. (Suhrkamp), S. 318–342.
Adorno, T. W. (1952): Die revidierte Psychoanalyse. In: Ders. (1972): Soziologische Schriften, Band 1. Frankfurt/M. (Suhrkamp), S. 20–41.
Adorno, T. W. (1955): Zum Verhältnis von Soziologie und Psychologie. In: Ders. (1972): Soziologische Schriften, Band 1. Frankfurt/M. (Suhrkamp), S. 42–85.
Adorno, T. W. (1959): Was bedeutet: Aufarbeitung der Vergangenheit. In: Ders. (1970): Erziehung zur Mündigkeit. Frankfurt/M. (Suhrkamp), S. 125–146.
Adorno, T. W. (1961): Meinung Wahn Gesellschaft. In: Ders. (1963): Eingriffe. Neun kritische Modelle. Frankfurt/M. (Suhrkamp), S. 147–172.
Adorno, T. W. (1966a): Postskriptum. In: Ders. (1972): Soziologische Schriften, Band 1. Frankfurt/M. (Suhrkamp), S. 86–92.
Adorno, T. W. (1966b): Erziehung nach Auschwitz. In: Ders. (1970): Erziehung zur Mündigkeit. Frankfurt/M. (Suhrkamp), S. 88–104.
Adorno, T. W. (1969): Resignation. In: Ders. (1971): Kritik. Kleine Schriften zur Gesellschaft. Frankfurt/M. (Suhrkamp), S. 145–150.
Adorno, T. W. (1974): Philosophische Terminologie. Zur Einleitung. Band 2. Frankfurt/M. (Suhrkamp).
Anselm, S. (1993): Die sozialpsychologische Perspektive der Kritischen Theorie. Zu Adornos Freud-Rezeption. In: H. Keupp (Hg.): Zugänge zum Subjekt, Perspektiven einer reflexiven Sozialpsychologie. Frankfurt/M. (Suhrkamp), S. 97–124.
Bonß, W. (1982): Psychoanalyse als Wissenschaft und Kritik. Zur Freudrezeption der Frankfurter Schule. In: W. Bonß & A. Honneth (Hg.): Sozialforschung als Kritik. Frankfurt/M. (Suhrkamp), S. 367–425.
Claussen, D. (1995): Konformistische Identität. Zur Rolle der Sozialpsychologie in der Kritischen Theorie. In: G. Schweppenhäuser (Hg.): Soziologie im Spätkapitalismus. Darmstadt (Wissenschaftliche Buchgesellschaft), S. 27–40.
Claussen, D. (2003): Theodor W. Adorno: Ein letztes Genie. Frankfurt/M. (S. Fischer).
Freud, S. (1913j): Das Interesse an der Psychoanalyse. GW VIII, S. 389–420.
Freud, S. (1921c): Massenpsychologie und Ich-Analyse. GW XIII, S. 71–161.
Freud, S. (1926d): Hemmung, Symptom und Angst. GW XIV, S. 111–205.
Freud, S. (1940b): Some Elementary Lessons in Psycho-Analysis. GW XVII, S. 139–147.
Gebauer, G. & Wulf C. (1992): Mimesis. Kultur – Kunst – Gesellschaft. Reinbek (Rowohlt).
Görlich, B. & Lorenzer, A. (1994): Der Stachel Freud. Beiträge zur Kulturismus-Kritik. Lüneburg (zu Klampen).
Horkheimer, M. (1932): Geschichte und Psychologie. Gesammelte Schriften (GS), Band 3. Frankfurt/M. (Fischer), S. 49–69.

Horkheimer, M. (1936): Autorität und Familie. GS, Band 3, S. 336–417.
Horkheimer, M. (1944/47): Zur Kritik der instrumentellen Vernunft. GS, Band 6.
Horkheimer, M. (1947/1949): Autorität und Familie in der Gegenwart. GS, Band 5, S. 377–395.
Horkheimer, M. (1948): Ernst Simmel und die Freudsche Philosophie. GS, Band 5, S. 396–405.
Horkheimer, M. & Adorno, T. W. (1944/47): Dialektik der Aufklärung. GS, Band 5, S. 13–290.
Hüther, G. (2001): Bedienungsanleitung für ein menschliches Gehirn. Göttingen (Vandenhoeck & Ruprecht).
Lorenzer, A. (1970): Sprachzerstörung und Rekonstruktion. Vorarbeiten einer Metatheorie der Psychoanalyse. Frankfurt/M. (Suhrkamp).
Lorenzer, A. (1981): Das Konzil der Buchhalter. Die Zerstörung der Sinnlichkeit. Eine Religionskritik. Frankfurt/M. (Fischer).
Lorenzer, A. (1986a): Psychoanalyse als kritische Theorie. In: A. Schmidt & N. Altwicker (Hg.): Max Horkheimer heute: Werk und Wirkung. Frankfurt/M. (Fischer), S. 259 ff.
Lorenzer, A. (1986b): Tiefenhermeneutische Kultur-Analyse. In: Ders. u. a. (Hg.): Kultur-Analysen, Psychoanalytische Studien zur Kultur. Frankfurt/M. (Fischer), S. 11–98.
Lorenzer, A. (1988): Hermeneutik des Leibes. Über die Naturwissenschaftlichkeit der Psychoanalyse. In: Ders. (2002), S. 201–226.
Lorenzer, A. (1989): Psychoanalyse zwischen Rationalität und Irrationalität. In: L. Nagl u. a. (Hg.) (1990): Philosophie und Psychoanalyse. Symposium der Wiener Festwochen. Frankfurt/M. (Nexus), S. 21–29.
Lorenzer, A. (2002): Die Sprache, der Sinn, das Unbewusste. Psychoanalytisches Grundverständnis und Neurowissenschaften. Stuttgart (Klett-Cotta).
Lorenzer, A. & Görlich, B. (1994): Einleitung zu: Sigmund Freud, Das Unbehagen in der Kultur. Und andere kulturtheoretische Schriften. Frankfurt/M. (Fischer).
Marcuse, H. (1955): Triebstruktur und Gesellschaft. Frankfurt/M. (Suhrkamp) 1971.
Müller-Dohm, S. (1996): Die Soziologie Theodor W. Adornos. Frankfurt/M.; New York (Campus).
Schmidt, A. & Görlich, B. (1995): Philosophie nach Freud. Das Vermächtnis eines geistigen Naturforschers. Lüneburg (zu Klampen).
Wiggershaus, R. (1986): Die Frankfurter Schule. Geschichte – Theoretische Entwicklung – Politische Bedeutung. München (DTV).

Siegfried Zepf

Das Unbewusste und die Sprache

Vor allem am Problem interessiert, wie psychische Vorgänge bewusst werden, hat sich Freud in mehreren Arbeiten mit dem Bewusstsein beschäftigt. Der Sprache wird dabei durchgängig eine zentrale Rolle zugeschrieben. Am prägnantesten bringt er seine Überlegungen in folgender Passage zum Ausdruck: »Was wir die bewusste Objektvorstellung heißen durften, zerlegt sich uns [...] in die *Wortvorstellung* und in die *Sachvorstellung*, die in der Besetzung, wenn nicht der direkten Sacherinnerungsbilder, doch entfernterer und von ihnen abgeleiteter Erinnerungsspuren besteht. Mit einem Male glauben wir nun zu wissen, wodurch sich eine bewusste Vorstellung von einer unbewussten unterscheidet [...] die bewusste Vorstellung umfasst die Sachvorstellung plus der zugehörigen Wortvorstellung, die unbewusste ist die Sachvorstellung allein« (Freud 1915e, S. 300). Um genau zu sein, wird festgehalten, dass allein die Verbindung von Wort- und Sachvorstellungen nicht schon garantiere, dass eine dem »System *Ubw*« [des Unbewussten] angehörende Sachvorstellung ins System des Bewussten Eingang findet. »[D]ie Verknüpfung mit Wortvorstellungen [fällt] noch nicht mit dem Bewusstwerden zusammen[.], sondern« gebe »bloß die Möglichkeit dazu [...]«. Deshalb charakterisiere diese Verknüpfung »kein anderes System als das des *Vbw* [des Vorbewussten]« (1915e, S. 301). Um bewusst zu werden, müsse eine unbewusste Vorstellung nicht nur »mit den ihr entsprechenden Wortvorstellungen überbesetzt« werden (1915e, S. 300). Sie bedürfe noch einer weiteren »Überbesetzung« (1915e, S. 292, Kursivierung aufgehoben, S. Z.) – etwa in Gestalt einer »Aufmerksamkeitsbesetzung« von Seiten des Systems *Bw* (1900a, S. 621).

Da jedoch eine verdrängte, unbewusst gewordene Sachvorstellung ihre Besetzung behielte, drohe die Gefahr, dass sie erneut über das Vorbewusste wieder ins Bewusstsein eindringe. Deshalb bedürfe es einer »*Gegenbesetzung*« (1915e, S. 280), wodurch ihr Auftreten bzw. ihr Wiederauftreten im Bewusstsein verhindert würde (1915e, S. 281; 1916–17a, S. 426; 1926d, S. 190). Für diese Gegenbesetzung werde die libidinöse Besetzung der unbewussten Sachvorstellung teilweise entzogen (1915e, S. 280) und auf eine »Ersatzvorstellung« verschoben, die sich mit den ihr zugehörigen Wortvorstellungen verbinde. Generell gilt: »Die Ersatzvorstellung spielt [...] für das

System *Bw* (*Vbw*) die Rolle einer Gegenbesetzung, indem sie es gegen das Auftauchen der verdrängten Vorstellung im *Bw* versichert« (1915e, S. 281).

Jappe (1971, S. 69) machte darauf aufmerksam, dass der »triumphale Duktus«, in dem diese vielzitierte Textstelle von Freud vorgetragen wird, nahe legt, dass hier offensichtlich ein schon länger bestehendes Problem, nämlich die sprachtheoretische Fassung von bewussten und unbewussten Vorstellungen, einer Lösung zugeführt wird. Bereits 1909 merkte er bei der Diskussion eines Vortrages von Bass mit dem Titel »Wort und Gedanke« an: »Die Wortvorstellungen haben eine ganz bestimmte Rolle zum Bewussten und Unbewussten, und das Problem, welcher Natur dieses Verhältnis ist und wieso die Verdrängung einer Vorstellung sich im Unbewusstwerden äußern kann, harrt vorläufig noch der Lösung [...] Wir können uns das vorläufig nur so vorstellen, dass die Wortvorstellungen der Schlüssel dazu sind« (Nunberg & Federn 1967, S. 151).

Dass dies für Freud kein beiläufiges, sondern ein zentral stehendes Problem war, ergibt sich schon daraus, dass er das psychoanalytische Therapieverfahren, in dem Unbewusstes bewusst zu machen ist, als ein ausschließlich sprachgebundenes konzeptualisierte – »In der analytischen Behandlung geht nichts anderes vor als ein Austausch von Worten zwischen dem Analysierten und dem Arzt«[1] (Freud 1916–17a, S. 9) –, so dass der Nachweis unabdingbar wurde, wie Worte und Unbewusstes miteinander zusammenhängen. In irgendeiner Weise musste sich das Unbewusste in der Sprache darstellen und über die Sprache auch erreichbar sein.[2]

Im vorgestellten Zitat wird nun zum erstenmal und mit Entschiedenheit die Erkenntnis formuliert, dass das Bewusstsein eines Ereignisses in seinen kognitiven Aspekten an seinem sprachlichen Ausdruck hängt, dass das unbewusst Gewordene die Sprache verliert, aber gleichwohl in der Gestalt von Ersatzvorstellungen wieder in der Sprache erscheinen kann. Die These von den Wort- und Sachvorstellungen fügte sich nahtlos in das topographische Modell ein, knüpft an eine jedermann zugängliche Erfahrung an und »erhält so den Glanz von Anschauungsnähe und Bedeutungstiefe in einem« (Jappe 1971, S. 69). Liest man ferner »Wortvorstellungen« im Lichte von Freuds (1900a, S. 51) früherer Aussage, nämlich dass im Wachzustand »die Denktätigkeit in *Begriffen* [...] vor sich geht«, hat es den Anschein, dass in diesem Terminus mit »Vorstellungen« in Begriffe gefasste und durch Worte bezeichnete Vorstellungen gemeint sind, so dass man darüber hinaus noch den Eindruck gewinnt, als stünde die Freudsche These auch im Einklang mit einigen sprachtheoretischen Konzeptionen. Deren Grundthese formuliert das scholastische Diktum »vox significat [rem] mediantibus conceptibus« (Ullmann 1957, S. 71). Danach wird der Bewusstsein konstituierende Zusammenhang von Worten und Gegebenheiten der Außenwelt nicht über bloß sinnliche Vorstellungen, den Erinnerungsbildern von Wahrnehmungen, sondern über Begriffe hergestellt, die als ideelle Abbilder der Wirklichkeit auf der Grundlage dieser Vorstellungen gebildet werden. Diese Auffassung, die de Saussure bereits 1915 (S. 98) vorgetragen hatte, wonach der Zusammenhang von Worten und Dingen kein direkter, sondern immer ein über Begriffe vermittelter ist, dass Worte Begriffe bedeuten, wurde auch in dem bekannten semiotischen Dreieck von C. K. Ogden & Richards (1923, S. 18) dargestellt. Auf diese Autoren greifen implizit auch Rapaport et al. (1968; s. auch Rosen 1966, S. 841) zurück, wenn sie darauf hinweisen, dass in eine psychoanalytische Sprachtheorie die über Sprache möglich gewordene Begriffsbildung Eingang finden muss. Sie begründen ihre Forderung wie folgt. Jeder Begriff hat eine durch Abstraktion gewonnene intensionale Bestimmung, einen Inhalt, und eine Extension, einen Umfang. Der begriffliche Inhalt ist ein Komplex von Merkmalen, die den Gegenständen gemeinsam sind, welche unter diesen Begriff subsumiert werden und die deshalb innerhalb seines Umfanges liegen. Etwa: Zum Umfang des Begriffs »Tisch« gehören »alle Tische, die existieren oder an die man denken kann, gleichgültig aus welchem Material sie sind, welche Form, Farbe und Anzahl an Beinen sie haben oder wie sie gebraucht werden. Der Inhalt des Begriffs ›Tisch‹, den man als ›Tischhaftigkeit‹ bezeichnen könnte, ist das gemeinsame Charakteristikum aller Tische. ›Tischhaftigkei‹ existiert nirgendwo allein, aber sie ist allen Tischen inhärent« (1968, S. 191, Übers. S. Z.).

Ohne über den Inhalt des Begriffs »Tisch«, ohne über die abstrahierte Intension »›Tischhaftigkeit‹« zu verfügen, könnte ein bestimmtes wahrgenommenes und in Gestalt einer Vorstellung sinnlich repräsentiertes Ding – etwa ein Holzbrett mit vier Beinen – auch nicht als Tisch bewusst werden. Da es Bewusstsein nicht an sich, sondern immer nur als ein Bewusstsein von etwas geben kann, gilt aus erkenntnis- und sprachtheoretischer wie auch aus der Sicht von Rapaport et al. (1968), dass Gegenstände in einem Prozess bewusst werden, indem sie über die extensionalen Bestimmungen ihres mit einem Wortzeichen versehenen Begriffs – über ihre Vorstellungen – identifiziert und über die Intensionen der Begriffe, in deren Umfang die Vorstellungen liegen, als konkrete Fälle bestimmter Abstraktionen ausgewiesen werden.

Erst mit dieser Auffassung kann jenes »probeweise[.] Handeln« (Freud 1933a, S. 96) auf jenem bewussten Niveau begründet werden, das Freud (1915e, S. 300) als »Sekundärvorgang« beschreibt. »Etwa begreifen«, sagt Graumann (1965, S. 36), »heißt, etwas Besonderes als zu etwas Allgemeinen gehörig aufzufassen«. Die Sprache schafft Bewusstsein aufgrund bezeichneter Begriffe, die erlauben, die »Zugehörigkeit« (Rapaport et al. 1968, S. 189) von Erfahrungen zu bestimmen, sie nach logischen Gesichtspunkten zu kategorisieren und auf ihrer Grundlage zu planen und zu handeln. Deshalb sagt Cavell (1998, S. 457, Übers. S. Z.) zurecht, »dass nur ein Verhalten, das von Begriffen gesteuert oder durch sie informiert ist, als ›bewusst‹ (minded) angesehen werden« kann.

Wenn also die Bedeutungen eines Wortes oder eines Syntagmas nicht sinnliche Vorstellungen, sondern Begriffe sind (Klaus 1962, S. 68; Lyons 1977, S. 108 ff.; Schaff 1961; Sapir 1960, S. 89; Ullmann 1957, S. 72), wäre die Freudsche Auffassung der »Wortvorstellungen« sprachtheoretisch lizenziert, wenn sie auf eine doppelte Registrierung der Wirklichkeit in sinnlichen Vorstellungen und ideellen Begriffen Bezug nähme. Diese Lesart wird allerdings zunächst durch die Art und Weise problematisiert, in der Freud in der Arbeit, der ich die zitierte Textstelle entnommen habe, zu seinem Urteil kommt. Freud diskutiert zunächst zwei Möglichkeiten der Unterscheidung von bewussten und unbewussten Vorstellungen. Die eine sieht er in einer »funktionellen Zustandsänderung« (Freud 1915e, S. 274, Kursivierung aufgehoben, S. Z.) der Vorstellung. Gemeint ist damit, dass »der Übergang aus dem System *Ubw* in ein nächstes […] nicht durch eine neue Niederschrift, sondern durch […] einen Wandel in der Besetzung« geschieht (1915e, S. 279, Kursivierung aufgehoben, S. Z.). Diese Annahme wird vor allem mit dem besetzungstheoretischen Argument verneint, dass es sich bei der Verdrängung »um einen Ersatz der vorbewussten Besetzung durch eine unbewusste« handelt. Deshalb sei es auch nicht einzusehen, »warum die besetzt gebliebene oder vom *Ubw* her mit Besetzung versehene Vorstellung nicht den Versuch erneuern sollte, kraft ihrer Besetzung in das System *Vbw* einzudringen« (1915e, S. 279 f.), und damit der Möglichkeit nach dem Bewusstsein wieder zugänglich wird.

Eine zweite Möglichkeit, die auch die eingenommene Lesart der »Wortvorstellungen« legitimieren könnte, sieht Freud (1915e, S. 274) darin, dass dieselbe Vorstellung eine Niederschrift sowohl im System *Bw* wie auch im System *Ubw* erfahren hat und damit »gleichzeitig an zwei Stellen des psychischen Apparats vorhanden« ist. Unter Hinweis auf die Ersatzbildungen bei Psychosen, bei denen im Gegensatz zu den Übertragungsneurosen seiner Meinung nach die Objektbesetzungen aufgelöst und ins Ich zurückgezogen werden und deren Untersuchung ihn letztlich zu seinem Urteil führt, wird aber auch diese Möglichkeit verworfen. U. a. führt er ein Beispiel an, das zugleich auch genauer darüber aufklärt, was Freud mit »Wortvorstellungen« meint. Freud (1915e, S. 298) schildert einen Patienten, der zunächst unter großer Befriedigung Mitesser aus seiner Gesichtshaut ausdrückte, weil dabei etwas herausspritzte. Dann begann dieser Patient zu glauben, dass das Beseitigen der Mitesser jedes Mal eine tiefe Grube hinterlassen habe, und machte sich deshalb heftige Vorwürfe. Freud (1915e, S. 298) deutet dieses Verhalten dahingehend, dass »das Auspressen des Inhaltes der Mitesser ein Ersatz für die Onanie ist«, und dass die »Grube, die darauf durch seine Schuld entsteht […] das weibliche Genitale, d. h. die Erfüllung der durch die Onanie provozierten Kastrationsdrohung […]« darstellt. Für die Entwicklung dieser Ersatzbildung macht Freud nun nicht eine sachliche Ähnlichkeit von Ejakulation und Ausdrücken der Mitesser bzw. Hautporen und Vagina verantwortlich. Im Gegenteil, Freud (1915e, S. 299) betont ausdrücklich, dass »[z]wischen dem Ausdrücken eines Mitesser und der Ejakulation aus dem Penis […] eine recht geringe Sachähnlichkeit« ebenso besteht wie »zwischen den unzählig seichten Hautporen und der Vagina«. Die Verschiebung komme lediglich durch die »Gleichheit des sprachlichen Ausdrucks« und »nicht [durch] Ähnlichkeit der bezeichneten Dinge« zustande: »[I]m ersten Fall spritzt beide Male etwas heraus, und für den zweiten Fall gilt wörtlich der zynische Satz: Loch ist Loch« (1915e, S. 299). Wenn aber die Verschiebung nicht in der Ähnlichkeit der durch die Worte »spritzen« und »Loch« bezeichneten Sachvorstellungen, d. h. in dem, was sie bedeuten, gründet, sondern lediglich durch die Ähnlichkeit der Worte fundiert ist – Freud (1915e, S. 299) nennt diese Ähnlichkeitsbeziehung im Unterschied zur »Sachbeziehung« »Wortbeziehung« –, ist die Grundlage der Verschiebung nur mehr eine formale. Sie gründet in der Klangähnlichkeit der verwendeten Wortvorstellungen »spritzen« und »Loch«.

Es handelt sich bei den Wortvorstellungen Freuds nicht um eine in Worte gefasste andere, begriffliche Niederschrift der Sachvorstellungen, sondern um die Vorstellungen von Worten. Diese Auffassung ergibt sich auch aus seiner Betrachtung der sog. Übertragungsneurosen. Während bei den Psychosen die Wortvorstellungen von den Sachvorstellungen abgetrennt, dem Primärvorgang unterworfen werden und im Unbewussten eine

Verschiebung auf der Grundlage ihrer Ähnlichkeit stattfindet, unterliegen bei den Übertragungsneurosen die Sachvorstellungen dem Primärvorgang, deren Besetzungen im Unbewussten verschoben werden. Die Sachvorstellung, auf welche die Besetzung verschoben wurde, wird dann wieder mit Wortvorstellungen verbunden und gewinnt so als eine Ersatzbildung Bewusstsein. Auch hier handelt es sich nicht um eine Doppelregistrierung einer Vorstellung. Vorstellung und Ersatzvorstellung liegen zunächst im Unbewussten, wobei dann die eine durch ihre Verbindung mit Worten ins Bewusstsein eingelassen wird. Die Wortvorstellungen sind in der Auffassung Freuds nicht die linguistische Form von Begriffen, sondern lediglich ein funktionales Mittel, das den Übergang von unbewussten in bewusste Sachvorstellungen dadurch ermöglicht, dass sie mit ihnen äußerlich verbunden werden. So wird denn auch eine Doppelregistrierung einer Vorstellung in unterschiedlichen Medien, im Unbewussten und im Bewusstsein, ausdrücklich auch in der eingangs zitierten Textstelle verneint. Ich habe diese Verneinung im angezogenen Zitat zunächst als Leerstelle ausgespart. Unbewusste und bewusste Sachvorstellungen, schreibt Freud (1915e, S. 300, Kursivierung, S. Z.) »sind *nicht*, wie wir gemeint haben, verschiedene Niederschriften desselben Inhaltes an verschiedenen Orten, auch nicht verschiedene funktionelle Bewegungszustände an demselben Orte«.

Diese formal-dingliche Auffassung der Sprache als funktionales Mittel, welches seelischen Vorgängen Bewusstsein verleiht, durchzieht auch sämtliche vorangehenden Arbeiten Freuds, die sich in systematischer Weise mit dem Problem befassen, wie psychische Prozesse bewusst werden. So entwirft er schon 22 Jahre früher in seiner Arbeit »Zur Auffassung der Aphasien«, in der er vor allem die damals herrschenden hirnanatomisch-physiologischen Vorstellungen über die Sprachfunktion kritisch diskutiert, ein psychologisches Modell der Funktionsweise des Sprachapparates. Dabei ist ihm für »die Psychologie […] die Einheit der Sprachfunktion das ›Wort‹, eine komplexe Vorstellung, die sich als zusammengesetzt aus akustischen, visuellen und kinästhetischen Elementen erweist« (1891b, S. 75). Diese sensorischen Elemente sind Produkte der Wahrnehmung und werden beim Sprechenlernen mit der motorischen »Sprachbewegungsvorstellung« in einem »Assoziationskomplex« zusammengefasst (1891b, S. 76). Dieser Komplex verknüpft sich mit einer »Objektvorstellung«, die ebenso als ein »Assoziationskomplex« betrachtet wird, der aus visuellen, akustischen, taktilen, kinästhetischen u. a. Elementen besteht (1891b, S. 78 f.). Seine Ausführungen illustriert Freud (1891b, S. 79, Kursivierung, S. Z.) mit dem berühmt gewordenen »Psychologische[n] Schema der Wortvorstellungen«, das er folgendermaßen erläutert: »Die Wortvorstellung erscheint als ein abgeschlossener Vorstellungskomplex, die Objektvorstellung hingegen als ein offener. Die Wortvorstellung ist nicht von allen ihren Bestandteilen [gemeint sind Lesebild, Schriftbild, Bewegungsbild und Klangbild], *sondern bloß vom Klangbild her mit den Objektvorstellungen verknüpft.* Unter den Objektassoziationen sind es die visuellen, welche das Objekt in ähnlicher Weise vertreten, wie das Klangbild das Wort vertritt«.

Auch im »Entwurf einer Psychologie« spielt die Sprache eine zentrale Rolle. Entsprechend seiner damaligen neurophysiologischen Orientierung ist hier allerdings nicht mehr von »Objektvorstellungen«, sondern von »Abfuhrnachrichten [und] Bewegungsbilder[n]« die Rede (1950c, S. 364). Das Problem stellt sich ihm hier so: »Das Bewusstsein gibt uns, was man Qualitäten heißt, Empfindungen, die in großer Mannigfaltigkeit anders sind und deren Anders nach Beziehungen zur Außenwelt unterschieden wird«, und er stellt sich die Frage, »wie entstehen die Qualitäten und wo entstehen die Qualitäten« (1950c, S. 317, Kursivierung aufgehoben, S. Z.).

Die psychischen Vorgänge gelten auch in dieser Arbeit solange als qualitäts- und d.h. bewusstlos, bis durch sie motorische Neuronen besetzt werden. Dies sind vor allem die Neuronen, »welche den Klangvorstellungen dienen und die selbst die engste Assoziation mit motorischen Sprachbildern haben« (1950c, S. 364). Durch die Verbindungen mit den »Sprachabfuhrzeichen« werden etwa »die Denkvorgänge den Wahrnehmungsvorgängen gleich[gestellt, sie] verleihen ihnen eine Realität und ermöglichen deren Gedächtnis« (1950c, S. 364f.). Auch 4 Jahre später, in der »Traumdeutung«, vermittelt sich das Bewusstsein psychischer Vorgänge über Sprache, weil sie dadurch eine Qualität erhalten. Das Bewusstsein ist ihm einerseits Sinnesorgan zur Wahrnehmung der äußeren Realität, und andererseits ein »Sinnesorgan zur Wahrnehmung psychischer Qualitäten« (1900a, S. 620, Kursivierung aufgehoben, S. Z.), wobei die psychischen »Vorgänge« solange »jeder psychischen Qualität« entbehren, bis sie »mit dem nicht qualitätslosen Erinnerungssystem der Sprachzeichen« verknüpft werden (1900a, S. 580): »Durch die Qualitäten dieses Systems wird jetzt das Bewusstsein, das vordem nur Sinnesorgan für die Wahrnehmungen war, auch zum Sinnesorgan für einen Teil unserer Denkvorgänge« (1900a, S. 580).

Wenigstens am Rande will ich hier erwähnen, dass es höchst problematisch ist, wenn man wie etwa Solms (1997) Freuds Gleichsetzung des Bewusstseins mit einem Sinnesorgan als eine Sachaussage versteht, und nicht zur Kenntnis nimmt, dass mit der Veränderung der topographischen Theorie in die Strukturtheorie »Bewusstsein und Unbewusstheit zu Qualitäten werden, welche verschiedene psychische Manifestationen beschreiben, so dass *Bw*, *Ubw* und *Vbw* nicht länger Substantive sind, sondern zu Adjektiven werden« (Beres 1962, S. 315, Übers. S. Z.).

Wenn man jedenfalls den Terminus »Bewusstsein« – wie in Freuds Gleichsetzung mit einem Sinnesorgan – als Substantiv und nicht als Adjektiv verwendet, merkt bspw. Holt (1975, S. 553 f.) an, führt dies zur Annahme eines kleinen Homunkulus (s. auch Shevrin 1997, S. 750), dem in einem infiniten Regress weitere kleine »Humunculi« nachgeschaltet sind, welche das von ihrem Vordermann Wahrgenommene wahrnehmen. Ferner wäre das Bewusstsein als inneres Auge auch kein bloßes Sinnesorgan, sondern »eine Art Meta-Sinnesorgan, dessen Gesichtsfeld die ganze Seele einschließlich der Apparate umfasst, welche mit den exterozeptorischen Sinnesorganen verbunden sind« (Humphrey 1997, S. 730, Übers. S. Z.).

Wie allerdings Klein (1959), Makari (1994), Shevrin (1997) und Wurmser (1977) meinen, handelt es sich bei dieser Feststellung nicht um eine Sachaussage, sondern vielmehr um eine Metapher. So sagt Freud am 11.12.1912 in der Diskussion eines Vortrages von Winterstein, in welchem die Gleichsetzung des Bewusstseins mit einem Sinnesorgan offensichtlich bezweifelt wurde: »Was die Einwendungen des Vortragenden gegen die psychologischen Formulierungen über das Verhältnis von Bewusstsein und Unbewusstem (im letzten Abschnitt der Traumdeutung) betrifft, so sei zuzugestehen, dass diese von der letzten Formulierung wie auch von der letzten Ausbeutung noch weit entfernt sind. Die Bezeichnung des Bewusstsein als eines Sinnesorgans sollte nur ein *Vergleich* sein« (Nunberg & Federn 1975, S. 129, Kursivierung, S. Z.).

Dass er seine Feststellung metaphorisch meinte, zeigt auch folgende Passage. Nachdem Freud (1916–1917a, S. 304 ff.; Kursivierung, S. Z.) feststellt, dass »Bewusstheit oder Unbewusstheit eines psychischen Vorganges […] *nur eine der Eigenschaften* derselben« ist, setzt er »das System des Unbewussten einem großen Vorraum gleich, in dem sich die seelischen Regungen wie Einzelwesen tummeln«, führt aus, dass sich daran »ein zweiter, engerer, eine Art Salon« anschließt, in welchem auch das Bewusstsein verweilt«, und schreibt: »Vorläufig sind es Hilfsvorstellungen wie die vom Ampèreschen Männchen, das im elektrischen Stromkreis schwimmt […] Ich möchte Ihnen versichern, dass diese rohen Annahmen von zwei Räumlichkeiten, dem Wächter an der Schwelle zwischen beiden und dem Bewusstsein als Zuschauer am Ende des zweiten Raumes doch sehr weitgehende Annäherungen an den wirklichen Sachverhalt bedeuten müssen«.

In der Formulierung, dass unbewusste Vorgänge »sich Zugang zum Bewusstsein durch die Verknüpfung mit Erinnerungsresten von Wahrnehmungen des Gesichtes und Gehörs auf dem Wege der Sprachfunktion« erwerben (1939a, S. 204), wird dann der passive Zuschauer ins Aktive gewendet. Diese Sprachfunktion wird schon 1909 an Wortvorstellungsreste gebunden. So sagt Freud am 03.03.1909 in der bereits erwähnten Diskussion eines Vortrages von Bass: Das Bewusstsein »wird [...] *sekundär* zum Sinnesorgan für unsere inneren Vorgänge; und zwar dadurch, dass diese Vorstellungen mit Worten verbunden werden. Das Bewusstsein ist in dieser Linie nur ein *Sinnesorgan für unsere Wortvorstellungsreste«* (Nunberg & Federn 1967, S. 150, Kursivierung, S. Z.). D. h., das Bewusstsein ist der Ort, an dem seiner Ansicht nach Wortvorstellungsreste aufbewahrt werden.

Aber wie diese Wendung eines passiv-rezeptiven Sinnesorganes in einen aktiven Prozess lässt auch die Durchsicht der früheren Ausführungen Freuds kaum Zweifel daran, dass Freud – wenn auch mit unterschiedlichen Nuancierungen – durchgängig die Verknüpfung von Wort- und Sachvorstellung als bloß äußerliche Verbindung sinnlich wahrgenommener Worte mit den inneren Vorstellungen von Sachen liest. Auch in dem eingangs vorgestellten Zitat besteht zwischen den Sach- und Wortvorstellungen nur ein instrumenteller und kein innerer, begrifflich vermittelter Zusammenhang. Diese äußerliche Beziehung führt aus zwei Gründen zum Bewusstsein der Sachvorstellungen. Zum einen, weil die »Wortreste [...] wesentlich von akustischen Wahrnehmungen ab[stammen]«, so dass »Wortvorstellungen [...] Erinnerungsreste« sind, die »einmal Wahrnehmungen« waren (1923b, S. 246 ff.), und »alle Wahrnehmungen, die von außen herankommen (Sinneswahrnehmungen) [...] [v]on vornherein« bewusst sind; und zum andern durch eine Addition der Besetzungsenergien von Sach- und Wortvorstellung (1915e, S. 300), wobei im Falle einer Ersatzbildung deren Besetzungsenergie der unbewusst bleibenden Vorstellung teilweise entzogen, auf die Ersatzbildung verschoben und als Gegenbesetzung genutzt wird.

Beide Begründungen werfen jedoch Fragen auf. Zunächst führt die These, dass Wortvorstellungen den Objektvorstellungen zum Bewusstsein verhelfen, weil sie das Resultat von Wahrnehmungen sind, zu einem Problem, dem sich auch Freud gegenüber sieht, nämlich »warum die Objektvorstellungen nicht mittels ihrer eigenen Wahrnehmungsreste bewusst werden können«, wenn »Wortvorstellungen [...] der Sinneswahrnehmung in der gleichen Weise wie die Objektvorstellungen« entstammen (1915e, S. 301), und zugleich gelten soll, dass »alle Wahrnehmungen, die von außen herankommen (Sinneswahrnehmungen)« von »vornherein« bewusst sind (1923b, S. 246). Freud (1915e, S. 301) versucht, diese Frage mit zwei Annahmen zu beantworten. Einmal wird behauptet, dass »durch die Verknüpfung mit Worten auch solche Besetzungen mit Qualität versehen werden können, die aus den Wahrnehmungen selbst keine Qualität mitbringen konnten, weil sie bloß Relationen zwischen den Objektvorstellungen entsprechen. Solche erst durch Worte fassbar gewordene Relationen sind ein Hauptbestandteil unserer Denkvorgänge« (1915e, S. 301).

Dem steht jedoch entgegen, dass schon der sprachlose Pawlowsche Hund in der Lage ist, die Beziehung zwischen »roter Lampe« und »Nahrung« wahrzunehmen und dass auch die ideelle Abbildung der Beziehungen zwischen den, als Objektvorstellungen im Subjekt existierenden Objekten im Denken nicht im Kopf, sondern mit ihrer sinnlichen Wahrnehmung beginnt. Auch die Beziehungen zwischen zwei Gegenständen – etwa ihre zeitliche Abfolge, die im Denken als ein kausaler Zusammenhang abgebildet werden kann, wie auch die Tatsache, dass der eine größer, kleiner, runder, eckiger, breiter als der andere ist – werden wahrgenommen und haben somit auch eine Wahrnehmungsqualität.

Zum anderen wird als Antwort auf die selbstgestellte Frage angenommen, dass »wahrscheinlich [...] das Denken in Systemen vor sich [geht], die von den ursprünglichen Wahrnehmungsresten [der Objekte] so weit entfernt sind, dass sie von deren Qualitäten nichts mehr erhalten haben und zum Bewusstwerden einer Verstärkung durch neue Qualitäten bedürfen« (1915e, S. 301). Wenn die Wortvorstellungen Erinnerungsreste der akustischen Wahrnehmung von Worten bleiben, die Sachvorstellungen aber – wie angenommen wird – ihren Status als Wahrnehmungsreste verloren haben, können nur noch die Wortvorstellungen in Gestalt der gehörten Worte auf eine Außenwelt, die bewussten Sachvorstellungen aber nicht mehr auf Sachen verweisen, die sich dem Bewusstsein in Vorstellungen präsentieren. Begründet man also die Bewusstsein generierende Funktion der Wortvorstellungen damit, dass sie die Resultate von Wahrnehmungen sind, und sieht man durch die Antwort Freuds das Problem gelöst, verschreibt man sich damit auch einem konstruktivistischen Standpunkt.[3] Man verpflichtet sich auf die Ansicht, dass in Gestalt von Vorstellungen zwar Innerliches Bewusstsein gewinnt, dass es aber ein Bewusstsein der äußeren Realität nicht gibt. Denn wenn man an der Auffassung festhält, dass nicht die innere, sondern die äußere Realität Gegenstand des Bewusstseins ist, würde die Annahme, dass sich das Bewusstsein der Verbindung von Wort- und Sachvorstellungen verdankt, hinfällig werden. Im Rahmen der Freudschen Überlegungen müssten Sachvorstellungen dann auch ohne diese Verbindung Bewusstsein gewinnen können.

Ferner ist Freuds Erklärung des Zusammenhanges von Sach- und Wortvorstellungen eine besetzungstheoretische. Erklärungen bestehen notwendig aus drei Klassen von Sätzen. Die erste Klasse bezieht sich auf das »Explanandum« und beschreibt das, was der Fall war bzw. ist. Die Erklärung – das »Explanans« – besteht aus zwei Klassen von Sätzen: »Die eine von ihnen enthält gewisse Sätze [...] welche spezifische Antecendenzbedingungen konstatieren; die andere ist eine Menge von Sätzen [...] welche allgemeine Gesetze darstellen« (Apel 1964/65, S. 240; s. auch Rubinstein 1973; 1980). Begreift man also die Freudsche (1915e, S. 281) These über das Zusammenspiel von Besetzung und Gegenbesetzung im Falle der Verdrängung als ein allgemeines Gesetz, wäre eine einzelne Verdrängung erklärt, wenn sie als Resultat eines besonderen Kräftespiels ausgewiesen werden könnte. Bedingung einer wahren Erklärung ist allerdings, dass sie die Existenz nicht nur des Explanandums – der Verdrängung –, sondern auch das Vorhandensein der Antecendenzbedingungen – die Kräfteverteilung in Besetzung und Gegenbesetzung – wie auch die Wahrheit ihres, im allgemeinen Gesetz formulierten Zusammenhanges gesichert ist. Diese Bedingung kann jedoch in keinem und insbesondere nicht in dem sprachgebundenen Verfahren der Psychoanalyse eingelöst werden, so dass auch gemessen am Freudschen (1900a, S. 515) Verständnis der Erklärung – »[E]rklären heißt auf Bekanntes zurückführen« – seine besetzungstheoretische Überlegungen keinen explikativen Status beanspruchen können.

Es trägt auch nicht zu einem besseren Verständnis der Beziehung von Verdrängung und Ersatzbildung bei, wenn man – wie bspw. Applegarth (1971), Horowitz (1977), Rosenblatt & Thickstun (1970), Spence (1987) u. a. – Freuds besetzungstheoretischen Begründung dieses Zusammenhanges als ein metaphorisches Konstrukt versteht.[4] Da man nicht genau weiß, für was Freuds Aussagen eine Metapher sind[5] – so dass »Metaphern wie ›Energie‹ [...] keinen spezifischen Inhalt haben und nach eigenem Gutdünken ausgefüllt werden können« (Nagel 1959, S. 41; Übers. S. Z.) –, stellen seine Aussagen ein ungelöstes Rätsel dar, und ungelöste Rätsel können keine Probleme lösen. Bestenfalls, so Kubie (1947, S. 511; Übers. S. Z.), gibt uns die »energetische Metapher ein Gefühl von wissenschaftlicher Reife, das aber in Wirklichkeit illusionär ist«, weil sie »nur den *Anschein* [erzeugt], als würden sich die psychoanalytischen Aussagen auf messbare Energieverwandlungen beziehen«, und »Beobachtbarkeit zwar sprachlich assoziiert, aber tatsächlich nicht eingelöst wird – und nicht eingelöst werden *kann*« (Habermas 1968, S. 308).[6]

Problematisch aber ist vor allem, dass Freuds Begründungen in sprachtheoretischer Hinsicht nicht haltbar sind. Genau besehen rekurriert Freud nämlich mit seiner Sprachkonzeption auch in seiner Bewusstseinskonzeption lediglich auf den sigmatischen Aspekt der Sprache, d. h. auf die Tatsache, dass die sprachlichen Zeichen mit den abgebildeten Objekten oder Sachverhalten in Beziehung stehen. Ihre wichtigste und Bewusstsein ermöglichende Funktion aber, die neben der sigmatischen auch der pragmatischen – die Benutzung der Sprache durch die Menschen in der Absicht, aufeinander einzuwirken – und syntaktischen Funktion – die Beziehungen zwischen den sprachlichen Zeichen – der Sprache zugrunde liegt, ihre Darstellungs- oder Symbolfunktion (Klaus 1962, S. 58 ff.), die sich auf die ideelle, über eine bloße sinnliche Wahrnehmung hinausreichende Abbildung der Wirklichkeit in Gestalt von Begriffen bezieht, bleibt außerhalb der Freudschen Überlegungen, bzw. wird mit dem sigmatischen Aspekt vermengt.

Wie Atkin (1969) zurecht schreibt, bedeuten bei Freud Worte nicht begrifflich verarbeitete Vorstellungen, die aus der Wahrnehmung von Objekten gebildet wurden. Vielmehr werden Worte den Vorstellungen bloß hinzuaddiert, bezeichnen sie lediglich, und d. h.: »Worte sind Signale« (1969, S. 553, Übers. S. Z.). Zwar kann dann noch in seiner Sprachkonzeption über ein Wort die ihm zugehörige Vorstellung evoziert werden. Über die Gegebenheit, die sich in der Vorstellung darstellt, kann aber nicht mehr sprachlich-begrifflich, sondern nurmehr bildhaft in sinnlichen Vorstellungen nachgedacht werden.

Bewusstsein und Begriffe

Freuds Annahmen können weder das Problem lösen, wie sich Bewusstsein generiert, noch können sie die Frage beantworten, warum menschliches Bewusstsein der Sprache bedarf. Trotz der Widersprüchlichkeiten und offenen Fragen faszinierte aber die Freudsche These die Psychoanalytiker offensichtlich so sehr, dass sie kaum ernsthaft problematisiert wurde. Außer von Lorenzer wurde auch der Freudsche Begriff der *Sach*vorstellungen zunächst nicht in Frage gestellt. Dieser Begriff ist deshalb problematisch, weil er voraussetzt, dass das kindliche Subjekt bereits auf vorsprachlichem Entwicklungsstand in der Lage ist, die Welt in verschiedene, sich in Sachvorstellungen darstellende distinkte Objekte zu differenzieren und sich selbst von ihnen abzugrenzen. Nur unter dieser Implikation ist jedenfalls die Annahme möglich, dass das kindliche Subjekt mit dem Spracherwerb Wortvorstellungen mit Sachvorstellungen verbindet. Da die Auftrennung der »primären Ungeschiedenheit« (Sandler & Joffe 1969, S. 259) von Kind und Umwelt in ein Subjekt und in eine in sich differenzierte Objektwelt jedoch erst durch Sprache besorgt wird, wird vorausgesetzt, was erst die Folge des Spracherwerbs sein kann.[7] Es scheint jedenfalls unstreitig, dass es einem Subjekt erst durch Sprache möglich wird, verschiedene Interaktionen jeweils als bestimmte, ihm zugehörige und auf ein bestimmtes Objekt gerichtete oder von einem Objekt ausgehende auszuweisen.

Entsprechend der Freudschen (1926d, S. 161) Einsicht, dass die Mutter »als Objekt« dem Neugeborenen unbekannt ist und dass »die Brust [...] anfangs gewiss nicht vom eigenen Körper unterschieden« wird (1940a, S. 115), löst Lorenzer (1972) deshalb den Begriff der Sachvorstellungen in seinem Begriff der »Interaktionsformen« kritisch auf. Wenn Sprache erworben wird, können die ersten Worte, die auch bei Lorenzer (1972) nichts anderes sind als Erinnerungsreste gehörter Worte, zunächst weder das Subjekt noch die Objekte, sondern nur das innere Abbild dessen bezeichnen, was geschieht, das Abbild einer Interaktion, d. h. eine Interaktionsform, die zwar objektiv, aber noch nicht aus der Sicht des Kindes in Subjekt-Aktion-Objekt gegliedert ist. Subjektiv sind in ihr das kindliche Subjekt und seine Objekte noch ungetrennt aufeinander bezogen. Der Sprachaufbau, schreibt Lorenzer (1974, S. 120f.; Kursivierung aufgehoben, S. Z.), ist »ein Prozess, der in der Ontogenese des einzelnen sich in folgender Weise vollzieht: 1. Ein Wort, z. B. ›Mama‹, wird von einer bestimmten Person dem Kind vorgesprochen. 2. Die ›spracheinführende Person‹ zeigt [...] dabei auf einen Gegenstand, der nun freilich kein für sich stehendes Objekt ist (Objekte werden ja erst von der Sprache gebildet), sondern als die aktuelle, bestimmt-geformte Interaktionsfigur, die gegenwärtige Interaktion zwischen beiden Partnern der Spracheinführung ausmacht. Die bestimmte

Interaktionsform erhält einen Namen. 3. Der Sprachaufbau gründet so auf der Pragmatik des Zeigens-auf, der Semantik der Verbindung von Wort (im Rahmen der gegebenen Sprache) und bestimmter Interaktionsform (im Rahmen der hergestellten Interaktionsstruktur) [...] Als benannte, also ›prädizierte bestimmte Interaktionsform‹ wird diese zur ›symbolischen Interaktionsform‹, wird sie zur Grundeinheit des semantischen Gefüges der Sprache. Die das kindliche Verhalten ausmachende ›bestimmte Interaktionsform‹ wird als ›symbolische Interaktionsform‹ zur Grundfigur des Bewusstseins«.

Im Unterschied zu Freud, bei dem für das Bewusstsein der Sachvorstellungen im wesentlichen eine bloße Addition ihrer Besetzungsenergien und der von Wortvorstellungen verantwortlich gemacht wird, versucht Lorenzer (1972, S. 79), die Beziehung zwischen Sprache und Interaktionsformen in Bildung symbolischer Interaktionsformen mit den sprachtheoretischen Begriffen der »Prädikation« und »Regulation« zu klären, die er der Sprachkonzeption von K. Lorenz (1970) entnimmt. Prädikation meint den Vorgang, in welchem ein Prädikator, ein gesprochenes Wort, einer Interaktionsform zugeordnet wird, Regulation kennzeichnet ein sprachliches Grundvermögen, welches erlaubt, die Prädikatoren, die bestimmten Interaktionsformen zugesprochen wurden, anderen Interaktionsformen abzusprechen. Wird etwa einer Interaktionsform der Prädikator »lieb« und einer zweiten der Prädikator »böse« zugesprochen, wird im Vorgang der Regulation der ersten Interaktionsform »böse« und der zweiten »lieb« abgesprochen.

Da sich Lorenzer (1972) mit seinem Symbolbegriff auf die Symbolkonzeption von Susanne Langer (1942, S. 79) beruft, in deren Verständnis das, »[w]as ein Symbol in Wirklichkeit vermittelt«, nicht das Ding, sondern »der Begriff« ist, den wir von den Dingen haben, scheint es, als ob auch er Symbole als Begriffe versteht. Bei genauerem Hinsehen kann davon nicht gesprochen werden. Denn wenn Interaktionsformen lediglich durch verschiedene Namen unterschieden werden können – nur diese Unterscheidung erlauben die Vorgänge der Prädikation und Regulation –, könnte man zwar die mit »lieb« von den mit »böse« bezeichneten Interaktionsformen unterscheiden; man könnte sich dieser Interaktionsformen aber noch nicht als »liebe« oder »böse« bewusst werden.

Zwar ist es richtig, wenn Lorenzer mit Freud Bewusstsein an Worte bindet. Aber der von Lorenzer beschriebene Vorgang des Zu- und Absprechens sprachlicher Zeichen kann allein die Entstehung von Bewusstsein nicht begründen. In sprachtheoretischer Sicht jedenfalls setzt Bewusstsein Begriffe voraus, in deren intensionalen Bestimmungen das Invariante und Allgemeine und im Verschiedenen Identische fixiert ist, das die im entsprechenden Umfang des Begriffs enthaltenen Objekten und Beziehungen gemeinsam aufweisen. Erst dies ermöglicht die abstrakte Identitätsrelation des Allgemeinen und Besonderen Graumanns (1965, S. 36), deren Funktion Kröber (1964, S. 503) so beschreibt: »Die abstrakte Identität ist unerlässlich, um den identisch-einen Sachverhalt, von dem die Rede sein soll, als diesen identisch-einen Sachverhalt zu charakterisieren. Aufgabe der abstrakten Identitätsrelation ist es, den allgemeinen Sachverhalt so festzulegen, dass man ihn überall wieder in seinen verschiedenen Erscheinungsformen als diesen identisch-einen allgemeinen Sachverhalt wiedererkennt«.

Obwohl Lorenzers Begriff der »Interaktionsform« der Sachlage mehr entspricht als der Freudsche Begriff der »Sachvorstellung« – in unterschiedlichen Bezeichnungen wurde der Begriff der »Interaktionsform« inzwischen auch von anderen Autoren übernommen (z. B. Dahl 1988; Lichtenberg 1991; Sandler & Sandler 1978; Stern 1985;[8] Thomä 1999) –, kann auch die Lorenzersche Konzeption die Grenzen, die der Freudschen Sprachauffassung innewohnen, nicht überwinden. Wie in der Freudschen energetischen Argumentation, stehen auch bei Lorenzer sprachliche Zeichen und Vorstellungen lediglich in einem formalen und nicht in einem sinnhaft-signifikanten Zusammenhang. Wie Freud begründet auch Lorenzer die Bewusstsein generierende Funktion der Sprache lediglich mit ihrem sigmatischen Aspekt. In beiden Konzeptionen bedeuten Worte nicht begrifflich verarbeitete, sich aus der Wahrnehmung von Objekten oder Interaktionen bildende Vorstellungen. Wort firmieren lediglich als ihre Zeichen.

Kröbers Formulierung macht darauf aufmerksam, dass die Intension eines Begriffssymbols, welche erlaubt, in verschiedenen Erscheinungsformen sich desselben Sachverhaltes bewusst zu werden, als ein Abstraktionsprodukt aus seinen verschiedenen Erscheinungsformen anzusehen ist. Für diesen Abstraktionsprozess sind zwar die sprachlichen Differenzierungsschritte der Prädikation und Regulation eine notwendige Voraussetzung insofern, als sich über sie die formale Zuordnung eines Wortes zu den extensionalen Bestimmungen eines Begriffssymbols herstellt. Sie können jedoch keine Auskunft darüber geben, wie sich die Intension der Symbole bildet.

Ich bin dieser Frage in einigen Arbeiten detailliert nachgegangen (z. B. Zepf 1994), so dass ich mich hier auf das Wesentliche beschränken kann.

Die begrifflichen Intensionen, welche erlauben, das Identische im Verschiedenen zu erkennen, sind das analytische Produkt, das aus einem Vergleich verschiedener Interaktionsformen resultiert. Erkenntnistheoretisch gesehen ist der Vergleich die konkrete Form, in der sich Analyse und Synthese ineinander verschränken. Der Vergleich beginnt – wie sonst auch – mit einem synthetischen Akt, in dem hier die verschiedenen und mit verschiedenen Namen prädizierten Interaktionsformen einander gegenüber gestellt werden. Durch diesen synthetischen Akt erfolgt die Analyse der zu vergleichenden Interaktionsformen, die Ermittlung ihrer Gemeinsamkeiten und Unterschiede. Das durch die Analyse ermittelte Gemeinsame wird abstrahiert und vereint, synthetisiert die zu verallgemeinernden Interaktionsformen unter der Intension der Begriffe. D. h. die Elemente, in denen Interaktionsformen einander abstrakt identisch sind, werden in den sprachlichen Prädikatoren in vollem Wortsinn »auf den Begriff« gebracht. Da sich aber Identisches immer nur in Polarität zum Verschiedenen bestimmen lässt, sind diese analytischen Abstraktionen notwendig an synthetische Konkretionen gebunden. Genauer: Die Abstraktion eines identischen Elements aus verschiedenen Interaktionsformen setzt voraus, dass in einem dazu gegenläufigen Prozess die Verschiedenheit des identischen Elements – die Verschiedenheit der Interaktionsformen, in denen das identische Element vorhanden ist – bereits als besondere Exemplare, als Konkretionen, als Fälle anderer Abstraktionen ausgewiesen werden können.

Es ist klar, dass Abstraktionen und Konkretionen nicht nacheinander, sondern gleichzeitig innerhalb eines einheitlichen Prozesses statt finden. Am Ende dieses Prozesses sind jedenfalls verschiedene Interaktionsformen unter einen Begriff subsumiert, in dem das Merkmal oder der Merkmalskomplex als Intension zum Vorschein gebracht wird, hinsichtlich dem sie abstrakt identisch sind, und eine Interaktionsform ist unter den Intensionen verschiedener Begriffe subsumiert, so dass mit der »Zugehörigkeit« in absteigender Konkretion ihrer abstrakten Kerne diese Interaktionsform zugleich als eine jeweils besondere und von anderen abgrenzbare bestimmt werden kann. D. h., eine Interaktionsform wird in dem Maße bewusst, wie sie in verschiedenen, durch Prädikatoren prädizierten Begriffen gefasst werden kann. Daraus folgt, dass die inhaltliche subjektive Differenzierung der Interaktionsformen von der Anzahl der Begriffe abhängig ist, in deren Umfang sie zu liegen kommen.

Das Vorbewusste

Die bisherigen Überlegungen geben auch einen Einblick in die Differenz, die zwischen dem besteht, was bewusst und was vorbewusst ist. Bewusstsein entsteht durch die Verbindung von sprachlichen Zeichen und Begriffen, die zusammen die Sprachymbole konstituieren Die Intension eines Begriffs liegt in dem Moment, in dem verschiedene Interaktionsformen abstrakt identisch sind, seine Extension bezieht sich auf die Interaktionsformen, in denen dieses abstrakte Moment konkret enthalten ist. Sind die Begriffe mit einem sprachlichen Zeichen verbunden, wird es möglich, Interaktionen als Realisierungen bestimmter Interaktionsformen zu identifizieren und sie unter die Intensionen verschiedener bezeichneter Begriffe, unter Sprachsymbole zu subsumieren. In dieser symbolisch-begriffstheoretischen Fassung des Bewusstseins bezieht sich das »Latente, das nur deskriptiv unbewusst ist«, das Freud (1923b, S. 241) als »vorbewusst« klassifiziert, auf die begrifflich strukturierten vielfältigen Extensionen, auf Vorstellungen – Interaktionsformen –, die im Moment nicht bewusst, gleichwohl aber deshalb prinzipiell »›bewusstseinsfähig‹« (1939a, S. 202) sind, weil das Hinzufügen sprachlicher Zeichen auch die Begriffe ins Bewusstsein hebt, in deren Umfang sie liegen, und sie damit zu anderen Zeitpunkten problemlos ins Bewusstsein gerufen werden können.[9]

Das von Freud 1915 (e, S. 301) vorgetragene Charakteristikum des Systems *Vbw* – die Verbindung von Wort und Sachvorstellungen – ist mithin jener Korrektur zu unterziehen, die Freud später selbst vornahm. Gegen Ende seines Lebens äußerte Freud (1940a, S. 84) jedenfalls Zweifel an der Auffassung, dass die Verbindung von Wort- und Sachvorstellungen für das Vorbewusste kennzeichnend ist: »Es wäre […] nicht richtig, die Verbindung mit den Erinnerungsresten der Sprache zur Bedingung für den vorbewussten Zustand zu machen, dieser ist vielmehr unabhängig davon, wenngleich die Sprachbedingung einen sicheren Schluss auf die vorbewusste Natur des Vorganges gestattet«. Implizit sagt er damit, dass Inhalte, wenn sie durch ihre Verbindung mit Wortvorstellungen Bewusstsein gewinnen können, vorbewusst waren, womit auch aus seiner Sicht die Verbindung von Wort- und Sachvorstellungen das Bewusstsein charakterisieren. Jedenfalls kennzeichnet die Verbindung von Wort- und Sachvorstellungen *nicht* vorbewusste, sondern bewusste Inhalte, und die von Freud postulierte »Aufmerksamkeitsbesetzung« (1900a, S. 621), die aus seiner Sicht für das Bewusstwerden nötig ist, enträtselt sich als mystifizierte Darstellung der

Verbindung von Wortvorstellungen und begrifflich strukturierten Vorstellungen, von Wortvorstellungen und in Begriffen gefassten Interaktionsformen.

Die Begriffe, in denen die Interaktionsformen gefasst sind, liegen auf unterster Abstraktionsebene. Oberhalb dieser Ebene kann sich dann ein in mehrere Abstraktionsstufen gegliedertes begriffliches System aufbauen, in dem die intensionalen Bestimmungen der Begriffe der tiefer liegenden Abstraktionsstufen zu den extensionalen Bestimmungen der Begriffe der nächst höheren Abstraktionsstufe werden. So werden etwa die intensionalen Bestimmungen der Begriffe »Fichte«, »Buche«, »Esche« etc. zu den extensionalen Bestimmungen des Begriffs »Baum«, dessen intensionale Bestimmung wiederum zur extensionalen Bestimmung des Begriffs »Pflanzen« wird.

Unbewusstes, Begriffe und Sprache

Die Interaktionsformen, die auf Begriffe gebracht werden, konstituieren die sog. »konnotativen« Bedeutungen der sprachlichen Zeichen eines Subjekts. Zugleich konstituieren sich die Begriffe der Sprache eines Subjekts aber nicht nur über dessen Praxis. Die im Zuge der Sozialisation erworbene Sprache verfügt bereits über Begriffe, in denen die Erkenntnisse, die Handlungsanweisungen und Handlungsnormen als Resultate gesellschaftlicher Erkenntnistätigkeit festgehalten sind.[10] Indem sie auf die objektiven Zusammenhänge verweisen, in denen die durch Worte bezeichneten Gegenstände stehen, konstituieren diese begrifflichen Inhalte die sog. »denotativen« Bedeutungen sprachlicher Zeichen. Denotative Bedeutungen sprachlicher Zeichen sind Verallgemeinerungen der Wirklichkeit, die in Begriffen kristallisiert und fixiert sind.

Auch als Bewusstseinsfiguren des Individuums behalten die Sprachfiguren ihre allgemeine denotative Bedeutung. Sie erhalten jedoch entsprechend der je individuellen Lebenspraxis ihre subjektiven, die Interaktionen des Subjekts mit den Gegenständen wiedergebenden besonderen Konnotationen. Dabei ist es wichtig zu sehen, dass im Bewusstsein des Subjekts die konnotative nicht der denotativen Bedeutung entgegensetzt ist. Genaugenommen ist der konnotative Bedeutungsraum einer Sprache immer ein Teil ihres denotativen und setzt diesen voraus. Unterscheidet man zwischen den allgemeinem, jedermann prinzipiell zugänglichen und den besonderen, konnotativen Bedeutungen, die sich der Lebensgeschichte des Subjekts verdanken, wird klar, dass die begrifflichen Sprachsymbole das Subjekt in die Lage versetzen, von sich selbst und seinen, ihrem konnotativen Bedeutungsraum angehörigen Objektbeziehungen zu abstrahieren, die Objekte in ihren objektiven, denotativen Gegenstandsbedeutungen zu erfassen und sich selbst in eine bewusste Beziehung zu ihnen zu setzen. Entstanden in der Lebenspraxis sind die begrifflichen Sprachsymbole Resultat und Voraussetzung einer menschlichen Praxis, in welcher es möglich ist, auf der Grundlage eigener Erfahrungen aus Einsicht in objektiv bestehende Zusammenhänge zu handeln.

Die Möglichkeit, auf der Grundlage eigener Erfahrungen Einsichten objektiv bestehende Zusammenhänge zu gewinnen, wird aber durch Zweierlei begrenzt. Zum einen durch die sprachlichen Zeichen und deren systematische Ordnung. Wenn Begriffe die Resultate und Mittel eines Denkens sind, das Freud als Sekundärvorgang beschreibt, können begriffliche Inhalte natürlich nur dann im Denken miteinander verbunden werden, wenn für diese Begriffe Zeichen vorhanden sind und wenn diese Verbindung auf der Ebene der Zeichenverknüpfungen, dem syntakischen und mit der Sprache erworbenen Regelwerk zulässig ist.

Zum anderen gilt die subjektive Verfügung über die eigene Lebensgeschichte – und die dadurch mögliche Auftrennung konnotativer und denotativer Bedeutungen – allerdings uneingeschränkt nur für den utopisch-idealen Fall, dass sich in der kindlichen Sozialisationspraxis die Beziehungssituationen nicht in Konflikte führten, die bewusst nicht durchgehalten werden konnten. In der Auffassung Lorenzers (1970, S. 81) wird in diesem Fall die inhaltliche Verbindung von Sprache und Praxis, welche die Praxis in Gestalt von »symbolischen Interaktionsformen« reflexiv verfügbar machte, durch eine »Desymbolisierung« aufgelöst. Formal ist dieser Vorgang der Freudschen sprachtheoretischen Fassung der Verdrängung – sie führt zu einer Disjunktion von Wort- und Sachvorstellungen – nachgebildet. Im neurotischen Konflikt verlieren die Interaktionsformen die ihnen lebensgeschichtlich zugehörigen Sprachfiguren und werden als »Klischee« (1970, S. 81 f.) unter falschen Namen, unter falschen sprachlichen Zeichen wieder in das Symbolsystem eingebracht. In semantischer Hinsicht heißt dies, dass das eine sprachliche Zeichen einen bewusst verfügbaren, konnotativen Bedeutungsanteil verliert, der in den Bedeutungshof eines anderen Zeichens als nicht mehr aktualisierbare unbewusste Bedeutung eingelagert wird. Begriffstheoretisch liest sich diese erneute Verbindung der desymbolisierten Interaktionsformen mit Sprachfiguren im Zuge einer bewusstseinsfähigen »Ersatzbildung« (Freud 1915d, S. 256) als eine semantische Verschiebung, welche die Intension der ihnen lebensgeschichtlich zugehörigen Begriffe unverändert lässt, aber deren Extension, der Umfang bestimmter Begriffe, um die zu Klischees gewordenen Interaktionsformen erweitert, die aus der Extension der ihnen lebensgeschichtlich zugehörigen Begriffe exkommuniziert wurden.

D. h. die unbewussten Interaktionsformen existieren nicht außer- oder unterhalb, sondern, wie bspw. auch T. H. Ogden (1997)[11] meint, als unbewusste Bedeutungen sprachlicher Zeichen in mystifizierter Form *in* der Sprache. Da ein Zugriff auf diese, zu Klischees gewordenen Interaktionsformen nur mehr unter den intensionalen Bestimmungen falscher, ihnen lebensgeschichtlich nicht zugehörigen Begriffen und deren sprachlichen Zeichen möglich ist, kann von ihnen auch nicht mehr abstrahiert werden.

Schlussbemerkungen

Vor hier aus wird einsichtig, dass mit den vorgetragenen Überlegungen die von Horowitz (1988) diagnostizierte Lücke – die Psychoanalyse habe zwar differenzierte Vorstellungen, warum verdrängt wird, aber so gut wie keine Theorie entwickelt, wie eine Verdrängung genau funktioniert – ein Stück weit geschlossen werden kann. Liest man jedenfalls die Überlegungen Freuds sprachtheoretisch, gewinnen die operativen Momente der Verdrängung und Ersatzbildung wie auch die von Freud (z. B. 1915d, S. 250; 1937c, S. 81) an mehreren Stellen betonte Sonderstellung der Verdrängung Kontur. Der Vorgang, den Freud als Verdrängung und Lorenzer als Desymbolisierung beschreiben, enträtselt sich als eine Operation, die sich analytisch in zwei Schritte gliedert. Im ersten werden Elemente triebbestimmter Interaktionsformen aus der Extension der mit ihnen lebensgeschichtlich verbundenen Begriffe exkommuniziert, ohne dass die intensionalen Bestimmungen dieser Begriffe verändert werden. Diese Elemente, die bewusstlos werden, weil sie nicht mehr als »Fall« dieser Intensionen ausgewiesen werden können, werden im zweiten Schritt in die Extensionen von Begriffen transferiert, die ihnen lebensgeschichtlich nicht zugehören, so dass sie unter der Intension dieser falschen Begriffe wieder ein Bewusstsein, wenn auch ein falsches, gewinnen. Der denotative Bedeutungsraum beider Begriffe verändert sich durch diese semantische Verschiebung nicht.

Obwohl Freuds (1909b) kleiner Hans mit dem Resultat einer Pferdephobie unbewusst Pferd und Vater hinsichtlich eines Verhaltensaspektes gleichsetzt, weiß Hans unverändert, dass Pferde die und die Eigenschaften haben und wie mit ihnen umzugehen ist; aber er weiß nicht mehr, warum er sich vor beißenden Pferden ängstigt. Er weiß auch weiter, wer sein Vater ist und was dieser tut. Aber mit dieser semantischen Verschiebung wird ein Beziehungsaspekt aus dem Beziehungsgefüge zum Vater herausgelöst, so dass das Wort »Vater« seine konnotative Bedeutung verliert. Es ist nicht mehr Signifikant jener Beziehung zum Vater, die sich in der verdrängten, desymbolisierten Interaktionsform repräsentierte. Das Wort »Vater« steht nicht mehr in einer sigmatischen Beziehung zu einem, dem realen Vater angehörigen Verhaltensaspekt; es verliert eine seiner konnotativen Bedeutungen, eine Bedeutung, welche unbewusst auf das Wort »Pferd« verschoben wurde. Generalisiert und in semantischer Hinsicht gelesen, heißt dies, dass im neurotischen Konflikt im Zuge von Abwehroperationen die Sprache eines Subjekts systematisch zerstört wird. Produkt dieser Zerstörung ist eine Bedeutungsverfälschung insofern, als sprachliche Zeichen bewusst verfügbare, konnotative Bedeutungsanteile verlieren und unbewusste Bedeutungsanteile hinzugewinnen.

Die von Freud betonte Sonderstellung der Verdrängung liegt darin, dass ihr »Wesen nur in der Abweisung und Fernhaltung vom Bewussten [besteht]« (1915d, S. 250, Kursivierung aufgehoben, S. Z.), m. a. W., dass sie allein für die Disjunktion von Wort- und Sachvorstellungen verantwortlich ist. Deshalb ist die Verdrängung »von den anderen Mechanismen schärfer geschieden [...], als diese untereinander« (1937c, S. 81), wobei mit »anderen Mechanismen« die »sehr verschiedenen Mechanismen der Ersatzbildung [...]« (1915d, S. 257) gemeint sind. Ausdrücklich betont Freud (1915d, S. 257, Kursivierung aufgehoben, S. Z.), »dass es nicht die Verdrängung selbst ist, welche Ersatzbildungen [...] schafft, sondern dass diese letzteren als Anzeichen einer Wiederkehr des Verdrängten ganz anderen Vorgängen ihr Entstehen verdanken«. Freud erläutert die Differenz von Verdrängung und diesen »ganz anderen Vorgängen« mit der Analogie eines Buches aus der Zeit, als es nur Einzelexemplare gab, und dieser Analogie können unmittelbar die Operationen entnommen werden, welche der Verdrängung und den anderen Mechanismen in begriffstheoretischer Hinsicht entsprechen. Unerwünschte Textstellen, schreibt Freud (1937c, S. 81 f.), wurden von der amtlichen Zensur durchgestrichen; um jedoch »den Hinweis auf die Verstümmelung des Textes [zu] vermeiden, [ging man] dazu über, den Text zu entstellen. Man ließ einzelne Worte aus oder ersetzte sie durch andere, man schaltete neue Sätze ein; am besten strich man die ganze Stelle heraus und fügte an ihrer Statt eine andere ein, die das genaue Gegenteil besagte. Der nächste Abschreiber des Buches konnte dann einen unverdächtigen Text herstellen, der aber verfälscht war«.

In diesem Beispiel verhält sich »die Verdrängung […] zu den anderen Abwehrmethoden wie die Auslassung zur Textentstellung«, und die Textentstellungen, die »verschiedenen Formen der Verfälschung«, entsprechen den bewusstseinskonformen Ersatzbildungen (1937c, S. 82), deren »auszeichnender Charakter […] die weitgehende Entstellung [ist], die das Wiederkehrende im Vergleich zum Ursprünglichen erfahren hat« (1939a, S. 236).

Auf begrifflicher Ebene findet sich die Verdrängung in der Ausgliederung einer Interaktionsform aus den Extensionen der ihr zugehörigen Begriffe wieder; durch diese Ausgliederung entsteht für das Bewusstsein sozusagen eine Leerstelle, während die anderen Abwehrmethoden – bspw. die Verschiebung, Verneinung, Projektion, Reaktionsbildung etc. (s. Zepf 2000, S. 280 ff.) – für die Wiedereingliederung der ausgestanzten Interaktionsform in die Extensionen ihr lebensgeschichtlich nicht zugehöriger Begriffe verantwortlich sind, so dass die unbewusst gewordene Interaktionsform ein falsches Bewusstsein gewinnt.

D. h., das Unbewusste verbirgt sich nicht nur, sondern stellt sich auch in verfälschten Begriffen im Bewusstsein dar. Da sprachliche Zeichen Begriffe bedeuten, richtet sich sozusagen innerhalb der für den/die Analysanden/in und Analytiker/in zugänglichen gemeinsamen Bedeutungen im »Austausch von Worten zwischen dem Analysierten und dem Arzt« (Freud 1916–17a, S. 9) eine Art Privatsprache in dem Sinne ein, dass der/die Analysand/in zwar sagt, was er/sie meint, manchmal aber mehr, und manchmal weniger meint, als er/sie sagt. Will man also zum Unbewussten vordringen ist alles, was ein/e Analysand/in vorbringt, als ein »Gleichnis zu verstehen«, als »eine Erzählung, in der etwas in Gestalt von etwas anderem ausgedrückt wird« (Heimann 1956, S. 310, Übers. S. Z.). Dies aber ist ein generelles Charakteristikum des psychoanalytischen Verfahrens.

Anmerkungen

1 Natürlich geschieht in der Behandlung mehr als nur »ein Austausch von Worten«. Man denke nur an Symptomhandlungen, Agieren, enactments, Übertragung, Gegenübertragung. Für die Erkennbarkeit des Unbewussten lassen sich diese Phänomene aber nur nutzen, wenn sie in Sprache gefasst werden und in den »Austausch von Worten« eingehen können.
2 Yerushalmi (1992) weist zurecht darauf hin, dass Freud zwar nie eine Sprachtheorie entworfen oder die Sprache systematisch diskutiert hat, er aber Zeit seines Lebens an der Auffassung festhielt, dass bei der Erfassung des Unbewussten der Sprache eine entscheidende Funktion zukommt.
3 Dieser epistemologische Standpunkt aber war Freud fremd. So schreibt er in seiner Wahrheitsdefinition: »Das wissenschaftliche Denken« ist bestrebt, »die Übereinstimmung mit der Realität zu erreichen, d. h. mit dem, was außerhalb von uns, unabhängig von uns besteht und, wie uns die Erfahrung gelehrt hat, für die Erfüllung oder Vereitelung unserer Wünsche maßgebend ist. Diese Übereinstimmung mit der realen Außenwelt heißen wir Wahrheit« (Freud 1933a, S. 184).
4 Wallerstein (1977, S. 532; Übers. S. Z.) ist der Ansicht, dass auch »Freud […] das Konzept der psychischen Energie immer nur […] metaphorisch gebraucht hat«. Shope (1977) jedoch zeigt ziemlich überzeugend, dass Freud sein Energiekonzept keineswegs metaphorisch meinte, sondern mit ihm psychische Sachverhalte erklären wollte.
5 So fragte bspw. Rubinstein (1976, S. 654; Übers. S. Z.), wofür der Ausdruck »psychische Energie« eine Metapher ist, und antwortete: »Eine Metapher ist in eine Aussage über einen Sachverhalt, der zumindest ein Merkmal mit einem anderen Sachverhalt teilt, so dass wir den zweiten in Gestalt des ersten beschreiben können. Was wird also mit dem Ausdruck psychische Energie beschrieben? Wenn er bloß Erfahrungen beschreibt, hat er keine erklärende Funktion, und wenn dieser Ausdruck eine Metapher der Neurophysiologie sein soll, ist er eine schlechte Metapher, denn er und die Hirnfunktion haben kein gemeinsames Merkmal«.
6 Möglicherweise liegt in der Diskrepanz zwischen Freuds epistemischen Verständnis der Erklärung und der im psychoanalytischen Erkenntnisverfahren nicht erfaßbaren quantitativen Verteilung der Besetzungsenergie einer der Gründe, weshalb Freud später selbst seine energetischen Begründungen als unzureichend ansah. So sagt Freud (1939a, S. 204) im Hinblick auf die psychische Topik: »Das Unbefriedigende an dieser Vorstellung, die ich so deutlich wie jeder andere verspüre, geht von unserer völligen Unwissenheit über die *dynamische* Natur seelischer Vorgänge aus. Wir sagen uns, was eine bewusste Vorstellung von einer vorbewussten, diese von einer unbewussten unterscheidet, kann nichts anderes sein als eine Modifikation, vielleicht auch eine andere Verteilung der psychischen Energie. Wir sprechen von Besetzungen und Überbesetzungen, aber darüber hinaus fehlt uns jede Kenntnis und sogar jeder Ansatz zu einer brauchbaren Arbeitshypothese«.

⁷ Dass diese Bildung eines Selbstbewusstseins an Sprache gebunden ist, zeigen implizit eine Reihe experimenteller Untersuchungen. Kindern wurden heimlich eine Markierung auf ihre Nase angebracht und vor einen Spiegel gestellt. Es zeigte sich, dass die Kinder erstmals etwa im Alter zwischen 15–18 Monaten – also nach dem Erwerb von Sprache [zu diesem Zeitpunkt verfügen die Kinder zwischen 30 (Bernstein u. Blacher 1967) und 50 Worten (Nelson 1973, S. 13)] – erkennen, dass diese Markierung zu ihnen – und nicht etwa zum Spiegel – gehört (Amsterdam & Lewitt 1980; Priel & de Schoenen 1986). Lichtenberg (1983, S. 106) sieht ebenfalls »in der Mitte des 2. Lebensjahres [ein] ganzheitliche[s] Selbst« auftauchen, und desgleichen ist Lewis (1992, S. 46 f.) auf Grund seiner vielfältigen empirischen Untersuchungen der Ansicht, dass ein selbstreferentielles Verhalten nicht vor 18 Monaten zu beobachten ist.

⁸ Z. B. Sterns (1985, S. 97) Konzept der »RIGs«, d. h. »Representations of Interactions that have been Generalized«.

⁹ Desgl. Price (1953, S. 254, S. 316): »Beim Denken werden Begriffe zu Bewusstsein gebracht durch solche Besonderheiten wie Worte [...]«. Und: »[E]inen Begriff kann man im Gedächtnis haben, wenn das entsprechende Worte nicht gegenwärtig ist« (Übers. S. Z.).

¹⁰ Das Wort »Axt« bspw. verweist nicht nur auf bestimmte figurale Eigenschaften der Axt. Es verweist zugleich auf die Existenzform einer komplexen Bedeutungseinheit, die aus dem praktischen, gesellschaftlichen Umgang mit der Axt entstanden ist und in die u. a. eingeht, dass die Axt zum Holzspalten da ist, dass sie von Menschen gemacht wurde, dass ihre Herstellung soviel kostet, dass man vorsichtig mit ihr umgehen muss etc. (z. B. Holzkamp 1973, S. 25 f.).

¹¹ »Das Unbewusste ist ... ein Aspekt der unteilbaren Einheit des Bewusstseins. Bedeutung (einschließlich der unbewussten Bedeutung) ist *in* der Sprache, die benutzt wird, und nicht unter oder hinter ihr« (T. H. Ogden 1997, S. 9; Übers. S. Z.).

Literatur

Amsterdam, B. & Lewitt, M. (1980): Consciousness of self and painful self-consciousness. In: Psychoanal. St. Child 35, S. 67–83.

Apel, K. O. (1964/65): Die Entfaltung der sprachanalytischen Philosophie und das Problem der Geisteswissenschaften. In: Phil. Jhb. 72, S. 239–289.

Applegarth, A. (1971): Comments on aspects of the theory of psychic energy. In: J. Amer. Psychoanal. Assn. 19, S. 379–416.

Atkin, S. (1969): Psychoanalytic considerations of language and thought – A comparative study. In: Psychoanal. Q. 38, S. 549–581.

Bernstein, A. E. & Blacher, R. (1967): The recovery of a memory from three months of age. In: Psychoanal. Stud. Child 22, S. 156–161.

Beres, D. (1962): The unconscious fantasy. In: Psychoanal. Q. 31, S. 309–328.

Cavell, M. (1998): Triangulation, one's own mind and objectivity. In: Int. J. Psycho-Anal. 79, S. 449–467.

Dahl, H. (1988): Frames of mind. In: H. Dahl, H. Kächele & H. Thomä (Hg.) Psychoanalytic process research strategies. Heidelberg (Springer), S. 51–66.
De Saussure, F. (1915): Cours de linguistique générale. Paris (Payot) 1972
Freud, S. (1891b): Zur Auffassung der Aphasien. Frankfurt/M. (Fischer), 1992.
Freud, S. (1900a): Die Traumdeutung. GW II/III.
Freud, S. (1909b): Analyse der Phobie eines fünfjährigen Knaben. GW VII, S. 241–377.
Freud, S. (1915d): Die Verdrängung. GW X, S. 247–262.
Freud, S. (1915e): Das Unbewußte. GW X, S. 263–303.
Freud, S. (1916–17a): Vorlesungen zur Einführung in die Psychoanalyse. GW XI.
Freud, S. (1923b): Das Ich und das Es. GW XII, S. 235–289.
Freud, S. (1926d): Hemmung, Symptom und Angst. GW XIV, S. 111–205.
Freud, S. (1933a): Neue Folge der Vorlesungen zur Einführung in die Psychoanalyse. GW XV.
Freud, S. (1937c): Die endliche und die unendliche Analyse. GW XVI, S. 57–99.
Freud, S. (1939a): Der Mann Moses und die monotheistische Religion. GW XVI, S. 101–246.
Freud, S. (1940a): Abriss der Psychoanalyse. GW XVII, S. 63–138.
Freud, S. (1950c [1895]): Entwurf einer Psychologie. In: Ders.: Aus den Anfängen der Psychoanalyse 1887–1902. Briefe an Wilhelm Fließ, hg. v. M. Bonaparte, A. Freud & E. Kris. Frankfurt/M. (Fischer), S. 297–384.
Graumann, C. F. (1965): Denken als Gegenstand der Psychologie. In: Ders. (Hg.) (1971): Denken. Köln (Kiepenheuer & Witsch), S. 23–43.
Habermas, J. (1968): Erkenntnis und Interesse. Frankfurt/M. (Suhrkamp).
Holt, R. R. (1975): The past and future of ego psychology. In: Psychoanal. Q. 44, S. 550–576.
Heimann, P. (1956): Dynamics of transference interpretations. In: Int. J. Psycho-Anal. 37, S. 303–310
Holzkamp, K. (1973): Sinnliche Erkenntnis – Historischer Ursprung und ihre gesellschaftliche Funktion. Frankfurt/M. (Athenäum).
Horowitz, M. J. (1972): Modes of representation of thought. In: J. Amer. Psychoanal. Assn. 20, S. 793–818.
Horowitz, M. J. (1988) Psychodynamics and cognition. Chicago (Univ. Chicago Press).
Humphrey, N. (1997): Commentaries. In: J. Amer. Psychoanal. Assn. 45, S. 726–731.
Jappe, G. (1971): Über Wort und Sprache in der Psychoanalyse. Frankfurt/M. (Fischer).
Klaus, G. (1962): Semiotik und Erkenntnistheorie. Berlin (Dt. Verl. Wiss.) 1973.
Klein, G. S. (1959): Consciousness in psychoanalytic theory: Some implications for current research in perception. In: J. Amer. Psychoanal. Assn. 7, S. 5–34.
Kröber, G. (1964): Identität. In: G. Klaus & M. Buhr (Hg.): Philosophisches Wörterbuch. Berlin (Das europ. Buch) 1970, S. 501–504.
Kubie, L. S. (1947): The fallacious use of quantitative concepts in dynamic psychology. In: Psychoanal. Q. 16, S. 507–518.
Langer, S. K. (1942): Philosophie auf neuem Wege. Frankfurt/M. (Fischer), 1965.

Lewis, M. (1992): Shame. The exposed self. New York (Free Press).
Lichtenberg, J. (1983): Psychoanalyse und Säuglingsforschung. Heidelberg (Springer), 1991.
Lichtenberg, J. (1991): Motivational-funktionale Systeme als psychische Strukturen. In: Forum Psychoanal. 7, S. 85–97.
Lorenz, K. (1970): Elemente der Sprachkritik. Frankfurt/M. (Suhrkamp).
Lorenzer, A. (1970): Sprachzerstörung und Rekonstruktion. Frankfurt/M. (Suhrkamp), 1974.
Lorenzer, A. (1972): Zur Begründung einer materialistischen Sozialisationstheorie. Frankfurt/M. (Suhrkamp).
Lorenzer, A. (1974): Die Wahrheit der psychoanalytischen Erkenntnis. Frankfurt/M. (Suhrkamp).
Lyons, J. (1977): Semantik Bd. 1. München (Beck) 1980.
Makari, G. J. (1994): In the eye of the beholder: Helmholtzian perception and the origins of Freud's 1900 theory of transference. In: J. Amer. Psychoanal. Assn. 42, S. 549–580.
Nagel, E. (1959): Methodological issues in psychoanalytic theory. In: S. Hook (Hg.): Psychoanalysis, scientific method and philosophy. New York (Univ. Press), S. 38–56.
Nelson, K. (1973): Structure and strategy in learning to talk. In: Monogr. Soc. Res. Child Develop, 38, Serial No. 149.
Nunberg, H. & Federn, E. (Hg.) (1967): Protokolle der Wiener Psychoanalytischen Vereinigung, Bd.II 1908–1910. Frankfurt/M. (Fischer), 1977.
Nunberg, H. & Federn, E. (Hg.) (1975): Protokolle der Wiener Psychoanalytischen Vereinigung, Bd. IV 1912–1916. Frankfurt/M. (Fischer), 1981.
Ogden, C. K. & Richards, I. A. (1923): Die Bedeutung der Bedeutung. Frankfurt/M. (Suhrkamp) 1974.
Ogden, T. H. (1997): Some thoughts on the use of language in psychoanalysis. In: Psychoanal. Dial. 7, S. 1–21.
Price, H. H. (1953): Thinking and experience. London (Hutchinson's Univ. Lib.).
Priel, B. & de Schoenen, S., (1986): Self-recognition: A study of a population without mirrors. In: J. Exp. Child. Psychol. 41, S. 237–250.
Rapaport, D., Gill, M. M. & Shafer, R. (1968): Diagnostic psychological testing, hg. v. R. R. Holt. New York (Int. Univ. Press).
Rosen, V. H. (1966): Disturbances of representation and reference in ego deviations. In: R. M. Loewenstein, L. M. Newman, M. Schur & A. J. Solnit (Hg.): Psychoanalysis – A General psychology: Essays in honor of Heinz Hartmann. New York (Int. Univ. Press), S. 634–654.
Rubinstein, B. B. (1973): On the logic of explanation in psychoanalysis. In: Psychoanal. Contem. Sci. 2, S. 238–258.
Rubinstein, B. B. (1976): In: R. S. Wallerstein & A. Applegarth, (1976): Psychic energy reconsidered. In: J. Amer. Psychoanal. Assn. 24, S. 647–657.
Rubinstein, B. B. (1980): The problem of confirmation in clinical psychoanalysis. In: J. Amer. Psychoanal. Assn. 28, S. 397–417.
Sapir, E. (1960): Culture, language and personality. Berkeley (Univ. Calif. Press).
Sandler, J. & Joffe, W. (1967): The tendency to persistence in psychological function

and development, with special reference to fixation and regression. In: Bull. Menn. Clin. 31, S. 257–271.
Sandler, J. & Sandler, A. M. (1978): On the development of object relationships and affects. In: Int. J. Psycho-Anal. 59, S. 285–296.
Schaff, A. (1961): Die Bedeutung der »Bedeutung«. In: Dt. Z. Phil. 9, S. 611–634.
Shevrin, H. (1997): Commentaries. In: J. Amer. Psychoanal. Assn. 45, S. 746–753.
Shope, R. K. (1973): Freud's concepts of meaning. In: B. B. Rubinstein (Hg.) Psychoanalysis and contemporary science, Vol. II. New York (Macmillan), S. 276–303.
Solms, M. (1997): What is consciousness? In: J Amer. Psychoanal. Assn. 45, S. 681–703.
Spence, D. P. (1987): The Freudian metaphor: Toward paradigm change in psychoanalysis. New York (Norton).
Stern, D. N. (1985): Die Lebenserfahrung des Säuglings. Stuttgart (Klett-Cotta), 1978.
Thomä, H. (1999) Zur Theorie und Praxis von Übertragung und Gegenübertragung im psychoanalytischen Pluralismus. In: Psyche 53, S. 820–872.
Ullmann, S. (1957): The principles of semantics. Glasgow (Jackson & Oxford).
Wallerstein, R. S. (1977): Psychic Energy Reconsidered – Introduction. In: J. Amer. Psychoanal. Assn. 25, S. 529–535.
Wurmser, L. (1977): A defense of the use of metaphor in analytic theory formation. In: Psychoanal. Q. 46, S. 466–498.
Yerushalmi, Y. H. (1992): The Moses of Freud and the Moses of Schoenberg – On words, idolatry, and psychoanalysis. In: Psychoanal. St. Child, 47, S. 1–20.
Zepf, S. (1994): Trieb, Sprache und Gesellschaft. In: Rhetorik 13, S. 82–102.
Zepf, S. (2000): Allgemeine psychoanalytische Neurosenlehre, Psychosomatik und Sozialpsychologie. Gießen (Psychosozial-Verl.).

Philipp Soldt

Metapher, Bild und Unbewusstes.
Überlegungen zum Ort der Metapher in einer Theorie
der psychischen Repräsentanzenwelt

Das Denken des Bewussten und Unbewussten –
Einführung und Ausweg

Eine psychoanalytische Theorie der Kognition liegt nicht auf der Hand, d. h. griffbereit in Freuds aufgeschlagenem Buch des bewussten und unbewussten Seelenlebens. Jenseits der Widrigkeiten des sperrigen (und epistemologisch unhaltbaren) Energiekonzepts muss sie herausgearbeitet werden, und einer der ersten, die auf eine systematische Lücke aufmerksam gemacht haben, war David Rapaport (et al. 1968), der nachdrücklich für die Integration der Begriffstheorie in die Psychoanalyse votierte. Der Begriff verkörpert für ihn das Desiderat der »logische[n] Zusammenhänge« (Rapaport 1959, S. 34), in denen die seelischen Repräsentanzen sekundärprozesshaft stehen.

Siegfried Zepf (2000, v. a. Kap. 3) hat diese Vorgabe in einer Theorie der psychischen Repräsentanzwelt konkretisiert, die – in Anlehnung an die Arbeiten Rubinsteins (1946) – den Begriff als Begründungsstruktur einer psychologischen Theorie des Bewusstseins einsetzt. Andernorts (2003c, 2004a, 2005a) habe ich den Versuch gemacht, das ›normale‹, sekundärprozesshafte Denken theoretisch so zu rekonstruieren, dass Sprache und Bild, Vorstellung und Emotion innerhalb eines einheitlichen Prozessmodells situiert werden können. Dabei steht der Begriff in der Tat an zentraler Stelle, kann er doch neben einer Generierung von Bewusstsein erst den Zusammenhang der verschiedenen Erscheinungsformen des Seelischen begründen. Von der Metapher ist dort bisher nicht die Rede, es muss vielmehr scheinen, als handele es sich um Gegenbegriffe. Dies hat möglicherweise mit der Konzeption des Sekundärprozesses von Freud selber zu tun (vgl. etwa 1915, 1940), der gleichwohl in seinem Theoretisieren häufig und gerne Metaphern verwendete (vgl. hierzu Buchholz 1996; Carveth 1984). Um nun diesen begriffstheoretisch-rationalistischen Bias zu korrigieren und das Modell der Kognition in kritischer Absicht zu erweitern, d. h. hier genauer: um den spezifischen Einsatzpunkt für die sich anschließenden metapherntheoretischen Überlegungen deutlich zu machen, fasse ich es zunächst kurz zusammen.

In der Lorenzerschen Theorie der Interaktionsformen (1972, 1974, 1981) sind diese bekanntlich die Grundelemente des Psychischen und entsprechen somit dem Begriff der seelischen Repräsentanz. Gebildet in und als ideeller Niederschlag von körperbestimmter, realer Interaktion, kann man sich das sich sukzessive mehr und mehr erweiternde und ausdifferenzierende Set an Interaktionsformen als fein gesponnenes Netz von schematischen Vorstellungen denken. Über Erfahrung – wie sonst? – entsteht ein System von szenischen Handlungsentwürfen, in denen motorische Aktion und sensorische Reaktion stets zusammengedacht sind. Der Grundbegriff der Psychoanalyse, die unbewusste Vorstellung, Repräsentanz oder Fantasie, ist hier interaktionstheoretisch eingefangen, was immer noch, gut dreißig Jahre nach dieser Erfindung (und ihrer weitgehenden Ignoranz zum Trotz[1]), überzeugen kann. Die als Niederschlag lebenspraktischer Erfahrungen gebildeten, individuellen Vorstellungen sind solange unbewusst, wie das Subjekt über sie nicht mittels Sprache verfügen kann.[2] Vorsprachlich sind mithin die einzelnen Interaktionsformen nicht als besondere, sondern einzig affektiv, als jene Gefühlslagen erlebbar, in die diese Vorstellungen resultieren. Auch das ist am angegebenen Ort ausführlich dargestellt und braucht hier nicht wiederholt zu werden. Nun hat Zepf (2000; Zepf et al. 2002) deutlich gemacht, dass ein gegenständliches Bewusstsein von Subjekten, das sich auf Objekte, das eigene Selbst und dessen Zustände oder auch auf Beziehungen bezieht, nicht durch eine einfache Benennung der Vorstellungen mit Worten begründet werden kann. Die Freudsche Idee einer schlichten Doppelregistrierung führt nicht weit genug, eine quantitative Verdopplung schafft noch keine Qualität. Bewusstsein kann immer nur das Bewusstsein von etwas sein, und dieses Etwas bilden wir im Zuge von Abstraktionsprozessen, d. h. in der Erzeugung von Begriffen eigens heraus. Bei Kröber (1964, S. 545) heißt es hierzu: »Die abstrakte Identität ist unerlässlich, um den identisch-einen Sachverhalt, von dem die Rede sein soll, als diesen identisch-einen Sachverhalt zu charakterisieren. Aufgabe der abstrakten Identitätsrelation ist es, den allgemeinen Sachverhalt so festzulegen, dass man ihn überall wieder in seinen verschiedenen Erscheinungsformen als diesen identisch-einen Sachverhalt wieder erkennt«.

Begriffe haben – so ist allgemein anerkannt – einen Inhalt (Intension): das ist der Zusammenhang jener abstrahierten Merkmale, die das im Begriff Begriffene ausmachen, und einen Umfang (Extension): das ist die Menge jener konkreten Exemplare, auf die diese abstrahierten Bestimmungen zutreffen. Wenn sich ontogenetisch also ein zunehmend verzweigtes Geflecht aus bestimmten seelischen Repräsentanzen, d. h. hier: Interaktionsformen bildet, dann sind die Begriffe mit den Knotenpunkten dieses Netzes vergleichbar, die jene Welt aus Fantasien, Wünschen, Beziehungserwartungen erst in eine strukturierte Form bringen. So kann in allgemeinen Begriffen über das Besondere nachgedacht, kann das Besondere ausgesprochen, angepasst, ja überhaupt erst bewusst intendiert werden. Dem hier zunächst skizzierten Modell zufolge pflanzt sich der seelische Prozess fort in einem prozessualen Hin und Her zwischen Allgemeinem und Besonderem, zwischen intensionalen und extensionalen Begriffsbestimmungen. Eine konkrete Interaktionsform: z. B. der Wunsch nach liebevoller Zuwendung durch den Partner sei bei jemandem geweckt worden und wird von dieser Person bewusst erlebt als Fall einer Reihe von Begriffen: ›Sehnsucht‹, ›Partner‹, ›Zärtlichkeiten‹, vielleicht ›Sonntagnachmittag‹, und vieles andere mehr. Der besondere Wunsch gewinnt in einem Satz Bewusstsein, dessen Worte jene Begriffe bezeichnen, als deren bestimmter Zusammenhang die repräsentierte Interaktionsform aufgegliedert wird.[3]

Ausgehend von diesem konkreten Erscheinen einer unbewussten Vorstellung in Bewusstsein generierenden Begriffen kann nun das psychische Geschehen zu all jenen Interaktionsformen fortschreiten, die auch noch im Umfang dieser beteiligten Begriffe liegen. Der Begriff ›Partner‹ umfasst gewiss eine große Vielzahl an Handlungsformen und Erfahrungen, genauso wie auch die anderen Begriffe. Anders gesagt: Unter den konkreten Begriffen, mit denen das Subjekt in dieser Situation umgeht, liegt ein bestimmter Ausschnitt seiner Repräsentanzwelt, liegt eine Vielzahl von Vorstellungen, die alle mit dem bewussten Wunsch assoziiert sind. Induktiv-deduktiv kann nun der (bewusste) Denk- und Phantasieprozess zu jedweder Vorstellung voranschreiten, er ist charakterisiert durch ein bestimmtes, jeweils einmaliges Nacheinander jeweils aktualisierter Interaktionsformen. Indem immer verschiedene Interaktionsformen im Umfang eines Begriffes liegen, jede Interaktionsform aber gleichzeitig im Umfang verschiedener Begriffe, sind alle Repräsentanzen eines Subjekts vielfältig miteinander verknüpft. Dass das Prozessieren unserer Gedanken in der Regel nun kein sinn- und regelloses Assoziieren in alle Richtungen ist, sondern meistens höchst selektiv jene Verbindungen auswählt, die uns der Lösung eines Problems oder der Befriedigung eines Bedürfnisses näher bringen, liegt unter anderem an der beständigen emotiven Evaluierung des

Prozesses. In Emotionen – auch das ein Befund der Zepfschen Theorie (2000) – erfahren wir nichts anderes als das Verhältnis, in dem ein gegenwärtiges Bedürfnis oder etwa eine vorgestellte Situation zu unserem Gesamtsystem von Interaktionsformen steht. Ergibt sich angesichts einer wahrgenommenen oder imaginierten Situation insgesamt eine ungünstige Konstellation von repräsentierten Risiken und Bewältigungsmöglichkeiten, so bedeutet uns diese Situation ›Gefahr‹, und wir verspüren Angst. Die einzelnen Phantasien, durch die sich die obige Person auf dem Weg zur Erfüllung ihres Nähebedürfnisses bewegt, erzeugen eine – sei sie auch noch so subtile – Vorlust oder -unlust, die den Verlauf dieser Probehandlungen allererst reguliert. Die simultane Evaluation eines jeden kognitiven Schritts nach dem Lust-Unlust-Prinzip gibt dem Denken wie eine Kompassnadel die Richtung vor, in der lustvolle oder doch mindestens nicht gar so unlustvolle Konsequenzen zu erwarten sind. Emotionen wären damit nicht das ›ganz Andere‹ der Kognition, sondern haben als eine Art von ›Probedeutung‹ von Situationen einen kognitiven Aspekt. Man kennt den Partner, der ›Partner-Begriff‹ ist reich, man wird, durch die eigene Gefühlslage geführt, wohl leicht solche Szenen aufrufen und umsetzen können, die den Partner zu jener gewünschten Zuwendung verführen. Wenn nicht Hindernisse anderer Art, die der psychischen Abwehr entspringen, im Wege stehen und den guten Ausgang des skizzierten Geschehens vereiteln. Abwehrprozesse wie Verschiebung, Projektion, Verkehrung ins Gegenteil usf. – auch das habe ich andernorts (2005a) in Übereinstimmung mit Zepf (2000, Kap. 8) ausgeführt – lösen Interaktionsformen aus dem Umfang ihrer Begriffe heraus und fügen sie in den Umfang anderer, falscher Begriffe ein. Dort werden sie dann, als Resultat semantischer Verschiebungen (Zepf 2000, S. 278), in entstellter Form als Ersatzbildung bewusst. Ein Zwangsneurotiker könnte z. B. eine aggressiv-kontrollierende Interaktionsform exakt unter die im obigen Beispiel genannten Begriffe verlagert haben, so dass sie ihm und anderen (zunächst) als zärtliche Szene bewusst wird. Irritationen treten spätestens dann auf, wenn die sich einstellende Gefühlslage zu der verbalisierten Wunschäußerung nicht zu passen scheinen. Der Psychoanalytiker benutzt ja diese ›Probe aufs Gefühl‹ beständig im Kontakt mit dem Unbewussten des Patienten.

Worte bezeichnen in diesem Modell allgemein also jene Begriffe, die meine Interaktionsformen aufgliedern und deren jeweils bestimmter Zusammenhang die bestimmte, aktualisierte Interaktionsform repräsentiert. Wie gesagt, sind diese Zusammenhänge in dem Maße falsch – freilich auf sinnvolle Weise falsch –, wie im Zuge unlösbarer Konflikte gewaltsame Verzerrungen am Gefüge der Begriffe vorgenommen wurden und meine Worte nicht mehr das meinen, was sie sagen. Das Unbewusste – darauf verweist auch nachdrücklich Ogden (1997, S. 3) – steckt in der Sprache und mitnichten hinter oder unter ihr: »The unconscious is [...] an aspect of the indivisible totality of consciousness. Similarly, meaning (including unconscious meaning) is in the language being used, not under it or behind it«. Insofern und in dem Maße, wie abgewehrte seelische Inhalte die Sprache des Subjekts durchdringen, konstituieren sie eine Privatsprache (Lorenzer 1970b), die zwar äußerlich daherkommt als konsensuelles Medium intersubjektiver Verständigung, in Wirklichkeit aber erst in (tiefen)hermeneutischer Arbeit eingeholt und verständlich gemacht werden muss.

In einigen Arbeiten (2004b, 2005a) habe ich versucht, in dieses Modell des Denkens und Erlebens in Begriffen und Sprache das mentale Bild (imagery) als alternatives und doch mit der Sprache aufs engste verbundenes Medium oder Mittel des Bewusstsein einzufügen. Die im Umfang von Begriffen ›liegenden‹ sinnlichen Interaktionsformen können – neu konstruiert und gestaltet – selber zu ikonischen Zeichen für begriffliche Zusammenhänge werden, mit denen das in ihnen Repräsentierte einem Subjekt zu Bewusstsein gelangen kann. Begriffstheoretisch gefasst hieße das dann: Extensionale Bestimmungen werden zu Zeichen für intensionale Bestimmungen, mentale Bilder sind als Zeichen immer auch das, auf was sie verweisen. Im Unterschied zum Denken in Sprache ist dieses Denken in Bildern damit notwendig anschaulich, es zeigt das Gedachte bildlich vor, verweist nicht bloß darauf, sondern stellt es in Konkretion dar. Mit dieser Form der Bezugnahme, die hier in den Dienst einer Theorie kognitiver Prozesse gestellt wird, ist im übrigen genau das gemeint, was Nelson Goodman (1976) in seiner Symboltheorie als »Exemplifikation« verdeutlicht hat. Beide Denkformen stehen nun nicht nebeneinander, sondern liegen im einheitlichen Denkprozess ineinander, bedingen sich wechselseitig, so dass das Denken immer eine bildliche und eine sprachliche Seite hat. Wie aber sind beide miteinander verbunden, wie lassen sich Bild und Sprache als die beiden Aspekte des einheitlichen Denkprozesses zusammendenken? Es wird sich zeigen, dass die Metapher, die weit mehr als eine Sprachfigur ist, die Vermittlung der beiden ›codes‹ (Bucci 1985, 1997) leisten kann. Und mehr noch: Dass sie in ein erhellendes Verhältnis zur hier skizzierten Theorie des Unbewussten gestellt werden kann.

Es wäre allerdings von vornherein unzureichend, die Metapher lediglich als ergänzendes Element in die Theorie der Interaktionsformen einzufügen. Mit der Theorie der Metapher verbindet sich vielmehr eine Kritik der bisher skizzierten Konzeption, die zwar nicht zu deren Verwerfung, jedoch zu interessanten Veränderungen, respektive Erweiterungen führen kann. Offensichtlich berücksichtigt nämlich die bei Lorenzer explizit gemachte, ontogenetisch hergestellte und fixe Verbindung von Zeichen und (begrifflicher) Bedeutung nicht die Ergebnisse der (neueren) semiotischen Pragmatik (vgl. z. B. Levinson 1983, S. 12), derzufolge sprachliche Bedeutungen Funktionen vielfältiger Kontextbedingungen sind. Als Präzisierung dieser Perspektive kann etwa die Sprechakttheorie (Searle 1969) gelten: Die Sprachpraxis rekurriert nicht auf dahinter bereits vorliegende Bedeutungen, sondern konstituiert diese allererst – in Rekurs auf jeweilige Kontexte des Handelns.

Aber auch aus der Sicht etwa einer kritischen Philosophie, die das Nichtidentische, wie Adorno es getan hat, als utopisches Moment in Rechnung stellt, kann das so entwickelte Modell nicht befriedigen. Sprache wird darin zu einem System definiter Bestimmungen, die – im Anschluss an die Korrektur individueller Synkretismen – jeweils eindeutige Geltung beanspruchen können. Die Logik des Begriffs ist jene von Identität und Verschiedenheit: Entweder eine Sache, ein Ereignis oder ein Gefühl fällt unter die abstrakte Bestimmung, unter die es begrifflich subsumiert ist oder nicht. Ein Dazwischen, in dem zumal Seelisches wie Erinnerung und Fantasie Raum hätte, gibt es nicht, kann es in der Logik der Abstraktion nicht geben, die Besonderes stets zergliedern muss, um es als Produkt eines synthetischen Aktes erst wieder im Schnittpunkt allgemeiner Bestimmungen zu simulieren. In der Einleitung zu seiner Metaphorologie spricht Hans Blumenberg (1960, S. 285) in diesem Sinn kritisch vom cartesianischen »Ideal voller Vergegenständlichung«, dem jegliche übertragende Redeweise vorläufig und defizitär sein muss. Gegen diesen Rigorismus des Denkens als Exekutierung aristotelischer Logik erhebt die Metapherntheorie nun konkreten Einspruch, der sich auf der Seite der Begriffskritik der »Dialektik der Aufklärung« (Horkheimer & Adorno 1947) weiß, und behauptet eine ebenso interessante wie unentbehrliche Unschärferelation. Dieser möchte ich im Folgenden auf der Spur des Unbewussten nachgehen.

Drittens ergibt sich mit der Begriffstheorie als Theorie kognitiver Prozesse ein weiteres Problem. Die sprachlichen Zeichen stehen in der Funktion des Verweises, der Prädikation, und verschwinden gleichsam in dieser Funktion. Ihnen fällt kein anderes Gewicht zu als das des Zeigens-auf-

Bedeutungen, die immer schon vor und unabhängig von ihnen existieren. Die behauptete idealtypische Arbitrarität sprachlicher Zeichen, die Äußerlichkeit ihrer Körper gegenüber dem Sinn, mit dem sie einzig konventionell verbunden sind, schafft eine gewaltige und schwer zu überspringende Kluft zur Poesie, bei der sich mit dem schönen Wort von Roman Jakobson jenes Zaudern zwischen Laut und Bedeutung bemerkbar machen soll. Wenn man dagegen zurecht einwendet, dass die poetische nicht gut das ganz Andere der alltäglichen Sprache sein kann – die poetische Rede müsste ja sonst vom Himmel gefallen sein –, dann sollte das ästhetische bereits im gewöhnlichen Sprechen aufzufinden sein. Auch hier kann die Metapher weiterhelfen, nämlich als eine solche Struktur von Zeichen, die redend gerade nicht in ihrer Bedeutung verschwinden, sondern denen eine eigentümliche Dauer und ein eigentümliches Eigengewicht zukommt. Angesichts dieser schwerwiegenden Probleme der Begriffstheorie als Theorie des Erlebens erscheint der Versuch allemal lohnend, den systematischen Ort der Metapher im skizzierten Modell der Repräsentanzwelt zu bestimmen.

Die Metapher als Aufforderung – Metapher und Imagination

Die ›freie Enzyklopädie‹ Wikipedia stellt als wesentliches Merkmal der Metapher (griechisch μεταφορά – eigentlich die Beförderung, der Übertrag, der Transfer, von meta phorein – anderswo hintragen) heraus, dass »zwei getrennte Sinnbereiche in einen ungewohnten, oft kreativen Zusammenhang gerückt« werden. Damit wird eine allgemeine Struktur beschrieben, die über die allein poetische Geltung hinausweist. Dass die Metapher nicht als bloß ornamentale Ausschmückung oder rhetorische Figur poetischer Rede gelten kann, sondern vielmehr ubiquitäres Element der alltäglichen Sprache ist, darauf wies bereits 1936 Ivor Armstrong Richards hin: »Dass die Metapher das allgegenwärtige Prinzip der Sprache ist, kann anhand bloßer Beobachtung nachgewiesen werden. Im gewöhnlichen fließenden Redeablauf kommen wir keine drei Sätze lang ohne sie aus«. Mindestens seit den siebziger Jahren schlägt sich diese Einsicht nieder in einer lebhaften und die linguistische, germanistische und sprachphilosophische Forschung umfassenden Diskussion (vgl. Schmitt 2000), die die Metapher zu einer Art Paradigma gemacht hat, dem nicht weniger zugetraut wird, als eine Integration von analytisch sprachphilosophischen, strukturalistischen und hermeneutischen Zugängen zu ermöglichen (vgl. Haverkamp 1983). In seiner ausführlichen Studie »Die Rationalität der Metapher« hat Bernhard Debatin 1995 die grundlegende Metaphorizität der Sprache bekräftigt. Und Haesler (1991, S. 79) schreibt: »Die Metapher ist das allgegenwärtige Prinzip der Sprache, ohne das es sprachliche Verständigung und Sprache nicht gäbe«. Zum Teil hat es dabei den Anschein, als gälte es, die Metapher (etwa mit Nietzsche) gegen den Begriff auszuspielen und aus den alternativen Traditionen des Denkens über das Denken auf Alternativen des Denkens selbst zurückzuschließen. Es wird sich gleich zeigen, wie wenig weit diese Intention führt.

In ihrem mittlerweile zum Klassiker avancierten Buch »Leben in Metaphern« (1980, dt. 1998) gingen Lakoff und Johnson in der Perspektive der kognitiven Linguistik einen entscheidenden Schritt weiter, indem sie die Metapher nicht länger als bloß linguistisch interessante Struktur der Sprache, sondern als kognitives Modell des Denkens, Fühlens und Handelns einführten: »Wir haben dagegen festgestellt, dass die Metapher unser Alltagsleben durchdringt, und zwar nicht nur unsere Sprache, sondern auch unser Denken und Handeln. Unser alltägliches Konzeptsystem, nachdem wir sowohl denken als auch handeln, ist im Kern und grundsätzlich metaphorisch« (S. 11).

Lakoff und Johnson entwickeln hierzu das Konzept der konzeptuellen Metapher und unterscheiden damit eine latente von einer manifesten Ebene metaphorischer Sprache und Kognition. In konkreten metaphorischen Äußerungen, wie sie die alltägliche Rede durchziehen, legen wir beständig die Konzepte des einen durch Konzepte eines anderen Gegenstandsbereiches aus, verstehen laufend bestimmte Dinge in den Begriffen anderer Dinge. Ein sogenannter bildgebender Bereich ist mit einem sogenannten bildempfangenden Bereich verknüpft (Buchholz 2003, S. 41), jener wirft Licht auf diesen. Das ist die Beschreibung der Metapher in der Metapher der Beleuchtung oder Erhellung. Möglich wird diese kreative und doch regelhafte ›Abweichung‹, weil gleichsam hinter der nicht-wörtlichen Sprache Lakoff und Johnson zufolge metaphorische Konzepte nach der Art von Gleichungen stecken. Solche Wendungen wie »Er ist bekannt für seine unzähligen Eroberungen. Sie kämpfte um ihn, aber seine Geliebte hat den Sieg davongetragen. Er flüchtete vor ihren Annäherungen. Sie war gnadenlos hinter ihm her. Allmählich gewinnt er Boden bei ihr« (Lakoff & Johnson 1980, S. 63) werden alle verständlich vor dem Hintergrund der konzeptuellen Metapher LIEBE IST KRIEG. Wenn es andererseits heißt, dass sie ihm wahnsinnig gefallen habe oder ihn gar kopflos gemacht habe, so dass er ganz verrückt oder krank nach ihr ist, dann verweisen diese Ausdrücke auf die konzeptuelle Metapher LIEBE IST VERRÜCKTHEIT. Konzeptuelle Metaphern sind systematisch aufeinander bezogen, können sich ergänzen oder auch in der Kommunikation zwischen zwei Liebenden nicht zueinander passen. Auch wenn Harald Weinrich (1976) schon ähnlich argumentiert hatte, so gehört doch Lakoff und Johnson die Entdeckung, dass unterhalb unseres Sprechens ein System von Verknüpfungen besteht, dem die Logik und Unlogik unseres Sprechens und Denkens folgt.[4] Dieses System spezifizieren sie inhaltlich weiter, indem sie den Körper als zentralen, kulturell codierten Bedeutungsgeber (Quellbereich) – Weinrich würde ›Bildbereich‹ sagen – angeben, mit dem abstraktere Gegenstände (Zielbereich) erschlossen werden können. Die metaphorischen Gleichungen haben ihren Ursprung in sinnlichen Erfahrungen, sogenannte Orientierungsmetaphern nehmen körperlich-räumliche Verhältnisse als Modell: GLÜCKLICH SEIN IST OBEN und TRAURIG SEIN IST UNTEN – diese konzeptuellen Metaphern erscheinen etwa in solchen Äußerungen wie: »Ich fühle mich heute obenauf. Das beflügelte meinen Geist. Meine Stimmung stieg. Du bist in Hochstimmung. Wenn ich über sie nachdenke, gibt mir das immer Auftrieb. Ich fühle mich niedergedrückt. Er ist zur Zeit wirklich unten. Ich verfiel in eine tiefe Depression. Meine Stimmung sank« (Lakoff & Johnson 1980, S. 23).

Der Körper steht den beiden Autoren zufolge auch Pate bei den vielen von ihnen sogenannten Gefäßmetaphern, da unsere grundlegende Innen-Außenorientierung ursprünglich aus der sinnlichen Erfahrung von Körpergrenzen herstammt: Ich habe ihn im Auge, es ist nichts in Sicht, er ist aus dem Rennen, ich bin in die Diskussion eingetaucht oder in Liebe entbrannt oder in Form gekommen, etc. Diese Beispiele sollen ausreichen, um die sinnliche Grundierung unseres metaphorisch-kognitiven Systems zu illustrieren. Da verwundert es nicht, dass Psychotherapie und Psychoanalyse auf die Metapher aufmerksam wurden, müssen sie sich doch naturgemäß für den ›Körper in der Sprache‹ interessieren. Nachdem Cornelia von Kleist (1987) die Metaphernanalyse in den achtziger Jahren in Deutschland in den Psychotherapiediskurs einführte, war es daraufhin vor allem Michael B. Buchholz, der das Metaphernkonzept der kognitiven Linguistik in vielen Arbeiten als Paradigma einer qualitativen Psychotherapieforschung vorgeschlagen und ausgearbeitet hat (vgl. 1993a, 1993b, 1996, 1998a; Buchholz & v. Kleist 1997).

Ganz grob hat die Metapher damit im 20. Jahrhundert zwei große, expansive Schritte gemacht. Erst ist sie aus der Sphäre der Poesie und Rhetorik in die des Alltags vorgedrungen. Dann übersiedelte sie aus der Domäne der Sprache in die der Kognition (und des Erlebens), als deren Erscheinungsform das metaphorische Sprechen sichtbar wurde. Mit dieser Wendung und dem Blick auf die konzeptuellen Metaphern wird deutlich, dass eine Metapherntheorie ohne eine Theorie des Begriffs nicht auskommen kann. Wenn Lakoff und Johnson nämlich zurecht schreiben, dass metaphorisches Denken das Denken des einen im Konzept des anderen sei, so müssen die Konzepte, respektive Begriffe in der Tat ihrer metaphorischen Verwendung vorausgesetzt sein. Ohne dass die Begriffe ›Liebe‹ und ›Krieg‹ einmal vorhanden wären, könnten beide jedenfalls nicht in der konzeptuellen Metapher LIEBE IST KRIEG miteinander verknüpft werden. Ohne zuvor das Identische aus dem Verschiedenen unserer mannigfaltigen Liebeserfahrungen abstrahiert, d. h. ideell herausgehoben zu haben, könnten wir weder wissen, was ›Liebe‹ ist, noch sie mit dem Licht des Krieges oder des Wahnsinns beleuchten. Dass freilich diese Beleuchtung wiederum das Konzept der Liebe verändert – anreichert und begrenzt –, rückt Metapher und Begriff wiederum in ein wechselseitiges Verhältnis. Vielleicht wird dieses Verhältnis von Metapher und Begriff, um das es mir hier in Hinsicht auf die Verortung des Unbewussten geht, deutlicher wenn man zunächst noch mal einen Schritt zurücktritt und den Blick genauer auf die eigentümliche Struktur der Metapher einstellt.

Max Black hat 1954 eine äußerst wichtige Klärung in Hinsicht auf die Funktionsweise der Metapher vorgenommen, die nichts von ihrer Aktualität verloren hat. In Abgrenzung sowohl von der von ihm sogenannten Substitutionstheorie, die davon ausgeht, metaphorische Ausdrücke würden wie Rätsel anstelle äquivalenter wörtlicher Ausdrücke gebraucht, als auch von einer Vergleichs- bzw. Analogietheorie, derzufolge Metaphern Ähnlichkeiten präsentieren und dabei lediglich das Wörtchen ›wie‹ weglassen, postuliert Black die »Interaktionstheorie der Metapher«, die auf Richards (1936) zurückgeht:

Auf die einfachste Formulierung gebracht, bringen wir beim Gebrauch der Metapher zwei unterschiedliche Vorstellungen in einen gegenseitigen aktiven Zusammenhang, unterstützt von einem einzelnen Wort oder einer einzelnen Wendung, deren Bedeutung das Ergebnis der Interaktion beider ist (S. 35).

Entscheidend ist tatsächlich der Akzent auf Interaktion, was gerade nicht heißt, dass hier zwei Bedeutungen miteinander verschmelzen, ineinander aufgehen oder eine Synthese schaffen. Vielmehr wird das die Metapher nutzende Subjekt gezwungen, die beiden Vorstellungen miteinander zu verbinden. Es stellt sich ein »clash of meaning« (Beardsley 1962, S. 125) ein, eine Spannung, die aus der Polarität des Verschiedenen resultiert und die auffordert, die Kluft in einem kreativen Sprung zu überwinden. Man kann ja kaum die Metapher LIEBE IST KRIEG hören, ohne sich ein mentales oder sprachliches Bild zu machen, das dieses offensichtliche Paradoxon aus der eigenen Erfahrung heraus zu erläutern sucht. Jemandem fällt ein, wie er und die Geliebte sich bekämpfen, einer anderen kommt das Bild einer Eroberung etc. Die Metapher stellt eine Anregung oder Aufforderung zur Konstruktion einer Szene, bzw. eines Bildes dar, das die Differenz zwischen den beiden Konzepten überbrückt. Oder anders gesagt: Sie initiiert eine Interaktion von zwei Konzepten in Erzeugung einer bildlich-anschaulichen Szene.[5] Jene Interaktionsformen, die im Umfang der beteiligten Begriffe situiert sind, werden zu einer bestimmten Szene konstruiert, es wird eine Vorstellung erzeugt, die nun in der Funktion eines ikonischen Zeichens auf den paradoxalen Zusammenhang der angesprochenen Begriffe verweist, diesen nicht denotiert, sondern exemplifiziert (vgl. Soldt 2005c). Bzw. genauer: Als Ergebnis des Zusammenspiels der beiden Begriffe, die in ihm keineswegs gleichwertig sind, werden bestimmte extensionale Bestimmungen des einen (Tenor) durch bestimmte extensionale Bestimmungen des anderen Begriffs (Vehikel[6]) nach Maßgabe der intensionalen Bestimmungen bestimmter kontextueller Begriffe gefiltert bzw. selegiert, die dann in geeigneter Form und in ›Rücksicht auf Darstellbarkeit‹ zu einer anschaulichen Vorstellung komponiert werden. Was diese Szene dann ikonisch zu Bewusstsein bringt, ist jener neue Aspekt im Verhältnis der Begriffe, den ihre sprachliche Kollision hervorgebracht hat: »Das Metaphorische ist eben etwas Neues, das aus der ›ganzen Doppeleinheit‹ erwächst« (Haesler 1991, S. 87).

Metaphorische Sprache ist damit selber nicht so sehr bildhafte, sondern eher bildprovozierende Sprache, Aufforderung zur Verbilderung des Gesagten. Dies meint auch Buchholz (1998a, S. 554), wenn er schreibt: Die Metapher »formuliert als Darstellung, was als Vorstellung entsteht und hörend wieder vernommen werden soll«, sie ist »eher ein Wegweiser zur Vorstellung«, der sprachlich nicht auf, sondern in die Richtung des Nicht-identischen weist, das in Sprache nie ganz aufgehen kann.

Ich will nun versuchen, die Funktion der Metapher innerhalb des Modells des Seelenlebens, wie ich es oben als begriffstheoretisch geläuterte Theorie der Interaktionsformen skizziert habe, anzugeben. Meine These hierzu lautet, dass das System der konzeptuellen Metaphern die Erfahrungsstruktur der Interaktionsformen ins Begriffssystem integriert. Die mit Worten verbundenen Begriffe können nicht die Interaktionsformen des Subjekts selbst aufrufen, sondern immer nur ihre in abstrakte Identitäten aufgegliederten einzelnen Aspekte. Wie schon gesagt, muss die idealtypisch angenommene begriffliche Rede notwendig von der besonderen Struktur der Interaktionsform abstrahieren. Allgemein verbindliche Bedeutungen oder auch bestimmte Konnotationen können zwar kommuniziert, d. h. geteilt werden, Erleben jedoch nicht. Dazu bedarf es der Evokation von Interaktionsformen, von Szenen, die jeweils individuell hergestellt werden müssen. Das vermag nun wie beschrieben die Metapher, als sie jene Spannung erzeugt, die nur durch die Imagination bewältigt werden kann. Entscheidend ist ja für Erleben, dass eine bestimmte kognitive Struktur auf emotive Weise aktualisiert wird. Eine imaginierte Szene ergibt im Verhältnis zum Selbst eine Emotion, besser: ihr Verhältnis, in dem sie zum Selbst der Person steht, wird als Emotion erlebt. Die Imagination erlaubt uns, »Erlebnisse nicht auf Ereignisse zu reduzieren, sondern sie als Bilder zu sehen« (Buchholz 1998a, S. 554), und die Metapher ist eben das sprachliche Vehikel der Imagination.

Ein kleines Beispiel soll das Gesagte erläutern und gleichzeitig weiterführen: Wenn ich sage ›Die Sonne lacht‹, dann entstammt dieser Satz einer szenischen Vorstellung und erzeugt wiederum eine beim Hörer, der mit dieser Vorstellung den begrifflichen Widerspruch zu überbrücken sucht. Die Metapher subsituiert keinen Wetterbericht, verweist nicht allgemein auf so oder so sagbare Denotate, sondern artikuliert Bedürftigkeit, Wünsche: Damit die Sonne lachen kann, muss sie den Charakter einer (weiblichen) Person, etwa einer oder der Mutter haben, und schon wird eine Wunschszene im Hintergrund evoziert. Die Metapher verweist nun nicht als Zeichen auf ein solches Bedürfnis, sondern wird – ganz wie Susanne Langer (1942) es für Symbole[7] allgemein formulierte – zum möglichen Vehikel der Vorstellung dieses Bedürfnisses nach einer liebevoll zugewandten Mutter. Franz Koppe, der dieses Beispiel von der lachenden Sonne in seinen »Grundbegriffen der Ästhetik« (2004) verwendet, erläutert daran sein Konzept von ästhetischer Rede, die er als endeetische, d. h. bedürfnisartikulierende Rede auffasst. Mit einem solchen Satz behaupten wir nicht in erster Linie etwas, sondern zeigen uns als bedürfnishafte Subjekte, bringen uns als solche in Interaktion ein. Diese Überlegung stützt meine These von der Metapher als sprachlich-kognitive Instantiierung bzw. Vehikel für Interaktionsformen. Interaktionsformen, so hatte Lorenzer klargemacht, sind eben die psychischen Repräsentanzen von Wünschen, Bedürfnissen, die zunächst nicht anders als körperbezogen sind. Dass auch die sublimen sprachlichen Artikulationen diesen körperlichen Bezug nicht abstreifen, der Hintergrund der Metapher mithin repräsentierte sinnliche Erfahrung ist, das hatten Lakoff und Johnson betont. Wenn auch ›kulturell überformt‹ und generalisiert, so hat doch die konzeptuelle Metapher TRAURIG SEIN IST UNTEN, die sich äußert etwa in der Aussage, dass ich ›nieder‹ gedrückt bin, sicher auch ihren jeweils individuellen Ursprung in der Erfahrung einer entsprechenden leibhaftigen Szene, die gleichzeitig eben durch den Gebrauch der Metapher evoziert und kommuniziert wird. Als Zwischenergebnis lässt sich formulieren: Die Struktur der Interaktionsformen als Basisschicht unserer Subjektivität ist nicht per se in den Begriffen aufgehoben, sondern in der metaphorischen Struktur der Sprache und des Denkens, als Möglichkeit, die allererst interaktiv realisiert werden muss. Metaphorisches kann weder von mir selbst, noch auch vom Anderen umstandslos unter vorhandene Begriffe subsumiert werden, sondern muss interpretiert und je individuell ausgestaltet werden. Damit wird die allgemeine Struktur der Begriffe gleichsam subjektiviert, begrifflich gefasste Erfahrungen können durch ihre metaphorische Transzendierung als unmittelbar eigene aktualisiert werden (Schmitt 1997).

Mit dieser Lesart der Theorie der konzeptuellen Metapher von Lakoff und Johnson wird mithin nicht nur die häufig implizierte falsche Gegenüberstellung von Metaphern- und Begriffstheorie zugunsten eines differenzierteren Ergänzungs- und Bedingungsverhältnisses korrigiert. Es bietet sich zudem die Möglichkeit, das eher allgemein und ahistorisch erscheinende Konzept in die lebensgeschichtliche Perspektive des Subjekts und seiner kognitiven Entwicklung zu rücken und etwa in die Forschungen von Wygotski (1934) zur kindlichen Begriffsentwicklung zu integrieren (vgl. zu dieser Kritik auch Schmitt 1996).

Der Verlust der Metapher – Metapher und Unbewusstes

Lakoff und Johnson (1980) weisen der Metapher eine Doppelfunktion zu, die sie metaphorisch als »Beleuchten und verbergen« (highlighting and hiding) bezeichnen:

> *Die Systematik, aufgrund derer wir den einen Aspekt eines Konzepts in Bildern eines anderen Konzepts erfassen können (z. B. einen Aspekt des Argumentiervorgangs in Bildern des Kampfes verstehen), verbirgt zwangsläufig die anderen Aspekte dieses Konzepts. Indem ein metaphorisches Konzept uns erlaubt, dass wir uns auf einen bestimmten Aspekt dieses Konzepts (z. B. die kriegerischen Aspekte einer Argumentation) konzentrieren, kann es uns davon abhalten, dass wir uns auf andere Aspekte dieses Konzeptes konzentrieren, die mit dieser Metapher nicht konsistent sind (Lakoff & Johnson 1980, S. 18).*

Dies könnte etwa das kooperative Moment einer gemeinsamen Diskussion sein, die Tatsache wechselseitiger Aufmerksamkeit füreinander. Die konzeptuelle Metapher SPRACHLICHE AUSDRÜCKE SIND GEFÄSSE FÜR BEDEUTUNGEN, die etwa in solchen Ausdrücken erscheint wie ›Seine Worte enthalten wenig Sinn, wirkten hohl oder brachten den Inhalt nicht rüber‹, impliziert, dass Wörter und Sätze dingliche Inhalte haben, die kontext- und sprecherunabhängig sind. Lakoff und Johnson betonen, dass die metaphorische Strukturierung eines Konzepts immer partiell ist, dass die Beleuchtung des einen durch einen anderen Begriff eine Art Schlaglicht wirft und logischerweise gleichzeitig einen Schatten erzeugt. Zur entscheidenden Frage wird, ob der Metapherngebrauch diesen Schatten mitreflektiert oder nicht. Auch wenn die Autoren es nicht so nennen, so sind sie doch in vielen ihrer Beispiele dem auf der Spur, was die Analytische Sozialpsychologie das gesellschaftliche Unbewusste nennt. Mehr noch: Mit dem Instrumentarium der konzeptuellen Metapher ließe sich das gesellschaftliche Unbewusste konkret empirisch untersuchen.

Wenn Metaphern auch – wie gezeigt – ihre Grundlage in der Matrix der Interaktionsformen und damit in körperlich-intimer Beziehungserfahrung haben, so sind sie nichtsdestoweniger Teil der sozialen Praxis. Die jeweils durch Metaphern erzeugten seelischen Inhalte, d. h. erlebte Bilder, mögen dem persönlichen Erfahrungsraum des Subjekts entstammen – die kollektiven, kulturell codierten Sprachfiguren begrenzen jedoch diesen Raum und lassen aus der Fülle möglicher Begriffsinteraktionen nur bestimmte zu. Diese Grenzen der allgemeinen Sprach- wie Denkpraxis zu transzendieren und das zu schaffen, was Lakoff und Johnson (1980, S. 67) »originelle Metaphern« nennen, fällt als ›Aufgabe‹ der poetischen Rede zu, die damit in der Tat, wie Lorenzer (1972, S. 117, 120) es nur skizzierte, aus dem allgemeinen Bewusstsein ausgeschiedene Lebensentwürfe einholen kann (vgl. hierzu auch Koppe 2004). Dies allerdings nicht im expliziten, deiktischen Verweis aufs Allgemeine, sondern in metaphorischer Ermöglichung des je Besonderen.

Jedoch zurück zur gesellschaftlichen Produktion von Unbewusstheit. Wie oben gesagt, sprechen die Autoren im Fall von Vergegenständlichungen und Verräumlichungen prozessualer Erfahrungen, die metaphorisch nach dem Vorbild der eigenen physischen Körperlichkeit strukturiert und dargestellt werden, von ontologischen oder Metaphern der Entität und der Materie. Beispiele, die die immense Relevanz solcher Konzepte aufzeigen, wären etwa DER GEIST IST EINE MASCHINE oder DIE SEELE IST EIN ZERBRECHLICHES OBJEKT. Unter der Bedingung, dass diese konzeptuellen Metaphern und die von ihnen abgeleiteten metaphorischen Aussagen nicht mehr als solche erfahren werden und somit als begriffliche missverstanden werden, verschwinden die in der Metapher ausgeblendeten Aspekte aus der kollektiven Aufmerksamkeit. Der Metapher eignet als wesentliche Eigenschaft das Bewusstsein ihres Gemachtseins, das notwendig ist, um überhaupt metaphorisch, d. h. über-tragend zu sein. Metapher ist die Metapher nur und solange, wie sie als intentionales Produkt des Denkens und der Kommunikation verstanden werden kann. Gesellschaftliches Unbewusstes ließe sich so über den kollektiven und ideologischen Verlust des Metaphernstatus von Metaphern begründen.[8]

Ohne Abstriche ist diese Lesart des Unbewussten auf das Individuum und sein besonderes, synkretistisches Unbewusstes übertragbar. Während die Metapherntheorie für den immer schon an Kommunikation interessierten Psychotherapiediskurs ohnehin anschlussfähig ist, wird sie es für die Psychoanalyse eigentlich erst mit dieser Konzeption. Buchholz (1998a, S. 560) hat klargemacht, dass nicht etwa ein Mangel an begrifflichem Denken, sondern die »Fixierung auf ein und nur ein Bild« neurotische Störungen ausmache:

> Denn wenn ein Patient sich selbst z. B. immer nur in einer Metapher konzeptualisiert, etwa in der Metapher ›Ich bin der Größte‹, oder ›Ich

bin ein Opfer‹, oder ›Ich bin ein Versager‹, dann haben wir die exquisite Chance eines therapeutischen Eingriffs, weil wir versuchen können, einen Metaphernwechsel zu installieren.

Auch Carveth (1984) hat den psychoanalytischen Prozess als Remetaphorisierung toter Metaphern in der Übertragung beschrieben. Bereits Cornelia von Kleist (1984) hatte in ihrer Untersuchung von psychoanalytischen Erstinterviews gefunden, dass die individuelle Beschränkung auf bestimmte Metaphoriken, die Armut im Repertoire metaphorischer Selbstkonzeptualisierung als sprachliches Korrelat psychischer Abwehr zu interpretieren sei. Wie kann nun dieser Befund mit dem obigen in Einklang gebracht werden, es sei der Verlust der Metaphorizität von Metaphern, der Unbewusstes – sei es nun auf kollektiver oder auf individueller Ebene – bewirke? Metaphern reduzieren Komplexität, indem sie die – aspekthafte – szenische Bildgebung eines komplexen wie abstrakten Zusammenhangs ermöglichen. Diese Reduktion, die erhellend wie verbergend zugleich ist, wird kompensiert durch einen ganzen Fächer immer auch möglicher alternativer metaphorischer Interaktionen der beteiligten Konzepte. Dies meint Buchholz (1996, S. 114f.) mit der Steigerung der Dimensionalität durch Metaphern. Erst indem wir gleichzeitig verschiedene Möglichkeiten der Metaphorisierung haben, kann die Metaphorisierung als Möglichkeit erkennbar werden, die wir aktiv nutzen, um einen Ereigniszusammenhang als Erlebniszusammenhang darzustellen. Dass es eine Metapher ist, durch die wir sehen, kann nur in Polarität zu einer anderen Metapher erkannt werden, als einzelne oder einzige muss sie gleichsam blind werden, bzw. stirbt sie als Folge ihrer Totalisierung zum scheinbar vollständigen Begriff.[9]

Wie steht nun die Metapher, die oben mit Black definiert wurde als semantische Interaktion zwischen zwei Begriffen im Verhältnis zu jener semantischen Verschiebung, als die eingangs die Operation der psychischen Abwehr, die Herstellung und Aufrechterhaltung des dynamisch Unbewussten gefasst wurde? Ich will dies am vereinfachten Beispiel des kleinen Hans erläutern, der bekanntlich Teile seines Ödipuskomplexes in Gestalt einer Pferdephobie abwehrte. Aggressive Strebungen gegenüber dem eigenen Vater führten den kleinen Jungen in einen antagonistischen Konflikt, der sich auf der Ebene der ihm verfügbaren Anpassung nicht lösen ließ. Unter dem Druck einer prekären Unlustdrohung und im regressiv-progressiven Wechselspiel zwischen primär- und sekundärprozesshaftem Funktionieren verschob Hans die problematisch gewordene Interaktionsform aus dem

Umfang des Vaterbegriffs in den Umfang des Pferdbegriffs, nicht ohne freilich gleichzeitig das Vorzeichen von aktiv in passiv zu verändern. Die aggressiv getönte Vorstellung erschien nun nicht mehr als das, was sie ihrem Ursprung nach eigentlich war: als Aspekt seiner Beziehung zum Vater; sondern als Ersatzbildung: als Gefahr, die vonseiten unkontrollierbarer Pferde ihm drohte. Übersetzt in die Sprache der konzeptuellen Metaphern von Lakoff und Johnson, ließe sich entsprechend die Gleichung DER VATER IST EIN PFERD formulieren. Was bisher der Darstellung halber nur angedeutet wurde, hier aber nun betont werden muss, ist jedoch, dass diese Gleichung, soll sie eine konzeptuelle Metapher begründen, gleichzeitig die Ungleichung beinhaltet: DER VATER IST KEIN PFERD. (Konzeptuelle) Metaphern sind immer Gleichungen und Ungleichungen zugleich, sind paradoxale Einheiten von Einheit und Differenz. Wäre Hans in dieser Situation ›metapherntüchtig‹, so könnte er beispielsweise die aggressive Strebung gegen den Vater in einem Satz zum Ausdruck bringen: »Mein Vater ackert wieder wie blöd«. Hier könnte in der Tat die konzeptuelle Metapher unterliegen DER VATER IST K/EIN PFERD. Abwehrbedingte semantische Verschiebungen von Interaktionsformen unter andere, falsche Begriffe sind hingegen gerade keine semantischen Interaktionen von Begriffen, die Kontexte in Erzeugung neuer Bedeutungen in der Schwebe halten. Im Gegenteil: Während aus Metaphern echte begriffliche Veränderungen hervorgehen können, werden diese im Zuge von Abwehroperationen verhindert. Im Gefolge von Sätzen wie »Mein Vater ackert wieder wie blöd« wird eine bildlich-anschauliche Szene erzeugt, aus dem Fächer oder Bündel alternativer metaphorischer Interaktionen von ›Vater‹ und ›Pferd‹ entstehen verschiedene Szenen, aus denen im Zuge von Abstraktionsprozessen sowohl der Vater- als auch der Pferd-Begriff Modifikationen erfahren können. Diese betreffen freilich nicht die denotativen Bestimmungen, sondern können etwa den bewussten Begriff des Vaters um eine ›pferdhafte‹ Konnotation erweitern oder auch Pferden etwas ›Väterliches‹ geben (vgl. Black 1954, S. 75). Die metaphorische Interaktion ist eine Art Kreativpool, aus dem neue imaginative Szenen entstehen, die intensionale Begriffsveränderungen bewirken können.

Im Fall der abwehrbedingten semantischen Verschiebung hingegen wird die dies ermöglichende »Bewusstseinslage der doppelten Bedeutung« (Stählin 1914, zit. n. Buchholz 1998a, S. 557) gerade zugunsten von falscher Identität aufgelöst: »Die Reifizierung der Metapher, deren falsche Verdinglichung, beruht auf einem Verlust jener Ambiguitätsdimension, die für sie absolut charakteristisch ist« (Haesler 1991, S. 88). Für den kleinen Hans sind im Zuge der Abwehr Vater- und Pferd-Begriff strikt voneinander getrennt, er wird keine metaphorischen Interaktionen zwischen ihnen mehr bilden, wird keine ambigen Verhältnisse zwischen ihnen mehr stiften. Wieso ist das so? Hierzu reicht nun die semantische Diskussion nicht mehr aus, man muss sich darauf besinnen, dass in jede sprachliche Bedeutungsgebung stets die subjektiv in Emotionen und Affekten erscheinende Dimension des Lust-Unlust-Gleichgewichts hineinreicht. Indem Hans die verpönte Interaktionsform mit dem Vater ›ein für allemal‹ in den Pferd-Begriff transferiert, ist sein Vater-Begriff gerade um jenes Element verkürzt, das untergründig die Verbindung zwischen beiden Begriffen konstituiert. Diese latente Verbindung liegt auf der Ebene nicht semantischer Analogien, sondern auf der Ebene von Lust-Unlust-Valenzen. Der Kontakt mit dem Vater und der Kontakt mit Pferden kann nämlich der Möglichkeit nach in eine ähnliche affektive Situation münden, und das ist der entscheidende Punkt der hier in Rede stehenden Begegnung von Konzepten, ist die Grundlage sowohl für die Metaphern, als auch für die Symptombildung der kindlichen Pferdephobie. Indem nun gerade der aggressive Anteil der Vaterbeziehung aus dem Vater-Begriff herausgelöst wurde, entfällt tendenziell diese Assoziation oder Anziehungskraft zwischen den beiden Kontexten. Hans wird keine Metaphern des Vaters in Bezug auf diesen konfliktträchtigen Aspekt erzeugen – weil er es nicht braucht. Anstelle mannigfacher Verbildlichungen seiner schwierig gewordenen Vaterbeziehung hat er ein Symptom erfunden, ein einziges, ihm freilich real erscheinendes Bild, in dem diese Beziehung in entstellter Form nun steckt.

Mit dieser Überlegung erweist sich nicht nur die Metaphorik, die man ihm von außen unterstellen könnte, als scheinbar. Sein Problem ist nicht so sehr, dass er keine alternativen Metaphern bildet und insofern fixiert ist auf eine einzige; sondern dass er statt einer Metapher (oder verschiedener Metaphern) eine unbewusste begriffliche Fixierung vornimmt, eine falsche und bewusst nicht mehr einholbare, verdinglichte Bedeutung erzeugt. Aus der psychoanalytischen Perspektive des Subjekts wäre zu unterscheiden zwischen solchen Äußerungen, die für ein Beobachtersubjekt lediglich als metaphorisch erscheinen, es in Wirklichkeit, d. h. für das Subjekt selbst jedoch nicht sind, und solchen, die auch für das Subjekt in metaphorischer Funktion stehen. Diese können im Gegenzug für den einen oder anderen Interaktionspartner wiederum gar nicht als Metapher oder als Metapher eines ganz anderen Kontextes erkannt werden.[10]

Zum anderen kann auch die Ähnlichkeitstheorie der Metapher, die mit Black oben zugunsten der Interaktionstheorie der Metapher abgewiesen worden war, neu eingeschätzt werden. Es hieß, dass Metaphern nicht auf Analogien beruhen, sondern diese in der Regel erst erzeugen. In Hinsicht auf die Semantik ist dem zuzustimmen: Auch Haesler (1991, S. 86) schreibt: »Ähnlichkeit ist [...] nicht etwa, wie Aristoteles dies formuliert, eine Bedingung metaphorischer Bedeutungserzeugung, sondern eher deren Resultat«. Dies festzuhalten ist genauso wichtig wie das, was mir an der Ähnlichkeitstheorie als richtige Intuition erscheint. Metaphorische Interaktionen zwischen Konzepten werden angetrieben von den affektiven Kongruenzen, d. h. ähnlichen Lust-Unlust-Verläufen, die jene Kontextausschnitte enthalten, die metaphorisch miteinander interagieren. Unter der Bedingung der begrifflich fixierten, semantischen Verschiebung problematisch gewordener Interaktionsformen in den Umfang falscher Begriffe entfällt diese affektive Assoziation, endet tendenziell das metaphorische Spiel der Bedeutung, die »Transaktion zwischen Kontexten« (Richards 1936, S. 35).

Im voranstehenden Abschnitt zeigte sich in der Unterscheidung von Symptom und Metapher die für die Kennzeichnung der Metapher wesentliche Stellung jener sogenannten »Bewusstseinslage der doppelten Bedeutung«. Haesler (1991) bezeichnete die Ambiguität, die als Gleichzeitigkeit von Gleichung und Ungleichung (Buchholz 1996, S. 41) präzisiert werden kann, als absolut charakteristisches Merkmal der Metapher. Im letzten Abschnitt will ich nun aufzeigen, inwiefern diese Struktur, die bereits in einen engen Zusammenhang zur Bildhaftigkeit des Denkens gerückt werden konnte und allgemeiner als Vehikel der sinnlichen Erfahrungsmatrix der Interaktionsformen *in* der begrifflichen Sprache ausgewiesen werden konnte, inwiefern also die spezifische ambivalente Struktur der Metapher die menschlichen Subjekten inhärente Konflikthaftigkeit aufzunehmen in der Lage ist. Ging es zuvor um die Metapher als das gleichsam Andere der Desymbolisierung, so soll nun im Gegenzug die Möglichkeit der Metapher beleuchtet werden, unbewusst gewordene Konflikte flexibel zu prozessieren. Dieser Aspekt, der die Metapher für die Psychoanalyse geradezu prädestiniert, und der sich aus den obigen Überlegungen zwanglos entwickeln lässt, scheint mir bisher nicht klar herausgearbeitet. Klar ist aber, dass die Metapher aus dieser Potenz heraus zweifellos für die psychotherapeutische Praxis von jenem großen Interesse ist, das sie auch bereits gefunden hat und zunehmend findet: »Professionelle Psychotherapeuten aller Couleur haben den ungeheuren Wert der Metapher schon immer geschätzt. Beinahe die gesamte Psychotherapie-Theorie, noch mehr aber unser praktisches Sprechen in therapeutischen Dialogen, ist von der Metapher geradezu durchsetzt« (Buchholz 1998b, S. 9; vgl. a. Buchholz 1995, 1996, dort weitere Literatur). Arlow (1979, S. 373) ist gar der Meinung, dass »Psychoanalysis is essentially a metaphorical enterprise«. Genauer heißt es dann: »In the psychoanalytic situation the interaction of analyst and analysand is an enterprise of mutual metaphoric stimulation in which the analyst, in a series of approximate objectications of the patient's unconscious thought processes, supplies the appropriate metaphors upon which the essential reconstructions and insights may be built« (ebd., S. 381 f.).

Arlow beschreibt einen Prozess wechselseitiger Stimulierung, in der sich beide, Analytiker und Analysand, zum Gebrauch von Metaphern anregen, auf denen dann schließlich die rekonstruierende Deutung basiert. Auch wenn Haesler (1991) deutlich auf die Gefahren und Fallstricke des Metapherngebrauchs im psychoanalytischen Dialog hinweist, so lässt auch er keinen Zweifel an der (Bedeutung der) Metaphorizität des psychoanalytischen Prozesses, insbesondere der Übertragung. Er diskutiert die Möglichkeit einer *Virtualisierung* bedrohlicher Inhalte und mobilisierter Ängste durch metaphorisches Sprechen, das neben dem ›ist‹ immer zugleich ein ›ist nicht‹ artikuliere. In der Tat: Die subjektiv intendierte Metapher erlaubt aufgrund ihrer ambivalenten Struktur[11] eine Distanzierung von der unmittelbaren Realität bzw. Realitätshaltigkeit einer Aussage. Auf diese Weise und unter dieser Bedingung kann sicher Unbewusstes eher an- und ausgesprochen werden, kann Sprechen und Denken wahrhaft *Probehandeln* sein. Mit der Möglichkeit der Distanzierung muss jedoch gleichzeitig ihr Gegenteil, die Annäherung, beachtet werden. Sprechen ist ja nicht nur für die Abwehr unlustvoller Drohungen offen, sondern durchaus auch für die Wunschseite des Erlebens. Die besondere Eignung der Metapher für den psychotherapeutischen Diskurs scheint mir in ihrem changierenden Charakter zwischen dem Aussprechen und Annähern einerseits und dem Relativieren und Distanzieren andererseits zu liegen. Sprachliche Ersatzbildungen – und in jedem Satz der analytischen Situation ist ja auf die eine oder andere Weise die neurotische Konflikthaftigkeit des Patienten (und des Therapeuten) enthalten – haben immer einen Wunsch- und einen Abwehraspekt, sie sind Teil jener »Fortsetzung des Kampfes von verdrängenden und verdrängten Kräften« (Fenichel 1945, S. 132). Zum einen bietet die Metapher nun wie gesagt die Möglichkeit, inhaltlich eindeutigen Aussagen, in denen verdrängte Wünsche sprachlich erscheinen mögen, den Zahn der eindeutigen Wirklichkeit zu ziehen. Bekräftigung und Verleugnung, Bejahung und Verneinung sind in der Figur der Metapher verklammert und erlauben das Vortasten in Bereiche, die man expressis verbis scheuen würde, weil man sie aus Gründen der Lust-Unlust-Regulation scheuen müsste. Wie auch alle anderen Arten einer sogenannten ›uneigentlichen‹ Rede können Metaphern konflikthafte Spannung regulieren, jede Verkleinerung oder sonstige Abschwächung verhilft zu Distanz.

Wichtiger noch als diese allgemeine Eigenschaft metaphorischen Sprechens erscheint mir jedoch eine andere Besonderheit der Metapher, die demselben Zweck der intra- und interpsychischen Konfliktregulation dient. Oben hatte ich verdeutlicht, dass aus der metaphorischen Interaktion zwischen zwei Konzepten anschauliche Szenen entspringen, sinnliche Beziehungsentwürfe, die ein jeder, der metaphorisch kommuniziert, eigens erzeugen muss. Die konzeptuelle Metapher LIEBE IST KRIEG lässt nun für ein bestimmtes Subjekt nicht eine, sondern verschiedene sprachliche oder bildliche Ausgestaltungen zu, Siege und Niederlagen sind ebenso nebeneinander imaginierbar wie auch die aggressiv-ungestüme Eroberung neben einem Szenario berechnender Strategie. War oben von der Metapher als Vehikel der Imagination die Rede, so kann das hier erweitert werden. Die Metapher kann Sprache gleichsam aufblättern in die Seiten eines Konfliktes, bzw. genauer: in eher wunschnahe und eher abwehrnahe Ersatzbildungen des eigenen neurotischen Dramas. Denkend wie sprechend und hörend kann das Subjekt ebenso changieren wie die Sprache selbst es tut und nicht nur damit die Lust-Unlust-Ökonomie regulieren, sondern auch die Komplexität widersprüchlicher Strebungen in einer einzigen Sprachfigur reduzieren. Damit rückt die Metapher natürlich in eine Reihe mit vielfältigen ästhetischen Praktiken, die sich allemal in der Moderne um die Erzeugung ambivalenter Strukturen drehen. Joseph Weiss (1953, S. 417f.) illustriert dies am Beispiel von Cézannes perspektivischem Changieren seiner Bilder zwischen Flachheit und Raumtiefe:

> »*From this point of view it is possible that Cézanne's technique, which expresses pictorially a particular way of looking, may help the observer of his paintings to view them with diminished anxiety. He may allow himself to become involved in Cézanne's experience but because of the ambiguities in the painting he may feel in no danger of becoming so much involved as to lose the psychic distance necessary for appreciation.*

He may permit the illusion that he is looking at objects in depth, at the same time, defend himself against anxieties this may create by a feeling that he is looking at a flat surface, or that he is merely receiving sensations. The result may be that he can then look with greater intensity«.

Die Gleichzeitigkeit differenter, und d. h. *affektiv* differenter Seh- bzw. Imaginationsweisen, die ja Erlebnisweisen sind, erlaubt in Polarität zueinander eine jeweilige Intensität, die die Metapher als Brennglas auszeichnet. Ich will dies an einem Beispiel verdeutlichen, das ich einer familientherapeutischen Falldarstellung von Buchholz (2004) entnehme.[12]

Für Paul, den 26jährigen Sohn einer Landwirtfamilie, stand von Anfang an fest, dass er den väterlichen Hof übernehmen werde. Bis auf die Zeit, in der er auf einem benachbarten Hof seine Lehre machte, ist er aus dem engen Umkreis des Dorfes bisher nicht herausgekommen. Wegen schwerer depressiver Zustände und einem Selbstmordversuch ist er nun stationär aufgenommen worden, und in einer familientherapeutischen Sitzung finden sich Paul, die beiden Eltern, ein Bruder und eine Schwester zusammen. Im gemeinsamen Versuch, sich über die Situation von Paul zu verständigen, fragt der Therapeut den Bruder, Karl, nach seiner Sicht.

»T: Und Sie, haben Sie auch eine Idee?
K: Ja, meine Idee fasst eigentlich beide zusammen. Zum einen, dass er geprägt ist, der berufliche Weg schon vorgeprägt ist, zum andern auch, dass mein Bruder ein Typ ist, der, wie soll ich sagen, ja, der niemand anders in die Grenzen weisen kann.
T: Er kann niemand anders in die Grenzen weisen?
K: Ja. Ja.
T: Aber andere können ihn?
K: Ja, so seh ich das.
T: Er ist sozusagen die Münze, die geprägt wird, und die andern sind der Prägestock?
K: Ja, kann man so sagen: Die Richtung stimmt« (Buchholz 2004, S. 10).

Die Metapher der Prägung, die Karl anbietet, wird vom Therapeuten aufgegriffen und szenisch ausgestaltet. Aus der konzeptuellen Metapher FAMILIÄRE EINFLÜSSE SIND PRÄGUNGEN wird das Bild einer in eine aktive und eine passive Seite entfalteten Interaktion: Paul ist eine Münze, und die anderen, die Familienmitglieder, sind ein Prägestock. Stellt man die Perspektive auf Paul ein, dessen Schicksal ja hier verhandelt wird, so kann man zunächst die oben erläuterte Ambivalenz von ›ist‹ und ›ist nicht‹ in Anschlag bringen. Er selbst, über den hier gesprochen wird, kann das Konflikthafte, das immerhin in eine schwere Störung geführt hat, ›im Bild‹ und d. h. ›auf Distanz‹ wiederfinden, kann den Abstand zu jenem ›als ob‹ gleichsam selbst einstellen. Zum anderen aber bietet das Bild selbst, oder besser: der eröffnete Bildraum, auch die Möglichkeit differenter Imaginationen. Er kann ja etwa eine Szene imaginieren, die ihn als Mittelpunkt einer gewalttätigen Einwirkung aller anderen ausliefert und *gleichzeitig* als das wertvolle Produkt einer gemeinsamen familiären Bemühung. Meiner Vermutung zufolge, die ich andernorts (Soldt 2003a, 2003b) anhand der Analyse ästhetischer Erfahrungen ausgeführt habe, kann überhaupt die eine, die wunschnahe Seite der Ersatzbildung, nur unter der Bedingung einer gleichzeitig verfügbaren anderen Version, der abwehrnahen Seite, gesehen und erlebt werden. Das Sprachbild, das hier zustande kommt, bietet Paul die Möglichkeit, den in dieser Sitzung aktualisierten (inneren) Konflikt aufzufalten, einen Balanceakt zwischen mehr *und* weniger entstellten Erscheinungsformen seiner verdrängten Interaktionsformen zu erzeugen, der einen Balanceakt zwischen lustvollen und unlustvermeidenden Ersatzbildungen darstellt.

Dass es sich hier nicht um eine private oder auch ›nur‹ dyadische Situation handelt, sondern um den Kommentar eines Bruders in einer Familiensitzung, verweist natürlich auf eine weitere, gerade für den (psychotherapeutischen) Dialog ungemein wichtige Potenz der Metapher. Die mit ihr jeweils möglichen und von ihr ausgehenden Imaginationen können nicht bloß das intrapsychische, sondern auch das interpersonelle Konfliktgeschehen moderieren. Im weiteren Gesprächsverlauf schaltet sich der Vater ein:

»V: Ich bin eine starke Persönlichkeit. Ich war zwanzig Jahre alt, als ich den Hof übernommen hab, heut bin ich 55. Mein Vater war schon 30 gewesen, wie ich geboren worden bin. Ich musste ran und hab es auch gemacht und dass man sich dadurch formt, das kann schon möglich sein.
T: Sie sind der Prägestock und er (weist auf Paul) ist die Münze?
V: Hundertprozentig« (Buchholz 2004, S. 11).

Die Bekräftigungen jeweils am Ende der beiden Dialogausschnitte lassen vermuten, dass hier eine Metapher gefunden wurde, die für die Familie eine erhebliche kommunikative Funktion erfüllt. Genauso wahrscheinlich ist freilich, dass bei den unterschiedlichen Familienmitgliedern dabei der imaginative Spielraum dieser Metapher auch ausgeschöpft wird. Für den Vater wird sich damit eine deutlich andere Bedeutung verbinden als etwa für den Sohn. Die Konfliktspannung, so scheint mir, ist in der Metapher nicht aufgehoben, bzw. wenn, dann im Hegelschen Sinn, der Bewahrung und Verarbeitung mit einschließt. Oder, noch eher: Die Metapher bereitet den Konflikt – sei er nun als innerpsychischer oder zwischenmenschlicher begriffen – zur Bearbeitung vor. Auch deutet sich, wenn dieses Sprachbild szenisch zwischen einem Vater und einem Sohn aufgespannt wird, die sinnlich-körperliche Komponente an, die Lakoff und Johnson im jeweiligen Ursprung der Metapher betonten, und die sich weiter extrapolieren ließe.

Als Ursprung der Metapher lässt sich die bestimmte, szenisch repräsentierte Interaktionsform ausmachen, die unmittelbar nie durch Sprache abzubilden ist. Begriffe – das war oben klar gesagt worden – können psychische Repräsentanzen immer nur als (Re-)Konstruktion ihrer Aspekte vorstellen. Die Metapher aber kann nicht nur einen Sprachraum für die szenische Wiedergewinnung der sinnlichen Erfahrung bereitstellen. Sie kann, was sie der Psychoanalyse empfiehlt, die konflikthaft antagonistischen Erscheinungsformen der in der Entwicklung problematisch gewordenen Erfahrungen in die Sprache und ins Erleben bringen.

Anmerkungen

[1] Man könnte in der Tat eine eigene Geschichte des Vergessens dieses Konzepts schreiben. Ich verweise an dieser Stelle nur auf Sterns (1986) Konzept der »representations of interactions that have been generalized (RIGs)« und auf die summarische Zusammenstellung ähnlicher Konzepte bei Zepf (2000, S. 39, FN 11).

[2] Der Umkehrschluss, Sprachlichkeit allein verbürge schon Bewusstsein, kann freilich nicht gelten. Dass die psychische Repräsentanzwelt im Laufe der kindlichen Entwicklung sprachlich organisiert wird, ist mithin nur die notwendige, nicht schon die hinreichende Bedingung für Bewusstsein (s. unten).

[3] Dabei spielt es im übrigen keine entscheidende Rolle, ob die Worte laut ausgesprochen, gehört oder in innerer Rede leise realisiert werden. Im Gegensatz zum vorbewussten Denken denken wir, wenn wir uns unserer Denkinhalte bewusst sind, in Worten. Zum Verhältnis von bewusstem und vorbewusstem Denken vgl. Soldt (2005b). Dass wir freilich nicht nur in Worten, sondern sehr wohl auch in Bildern denken können, werde ich im weiteren Verlauf einführen.

[4] Da sie in der Regel nicht aktuell bewusst, jedoch allemal bewusstseinsfähig sind, lassen sich konzeptuelle Metaphern dem psychoanalytischen Vorbewussten zuordnen (vgl. Soldt 2005b).

5   Auf diese Brücke von der Metapherntheorie der kognitiven Linguistik zum Konzept der Szene und dem Szenischen Verstehen hat Buchholz (1996, S. 195) aufmerksam gemacht.
6   Die Begriffe ›Tenor‹ und ›Vehikel‹ für die Haupt- und Nebenbedeutung der Metapher, bzw. für bildempfangenden und bildgebenden Bereich stammen von Richards (1936).
7   Oben hatte ich bemerkt, dass die Metapherntheorie in Abgrenzung zur Begriffstheorie keinen Sinn macht. Genauso wenig steht sie aber meines Erachtens neben oder außerhalb der Symbol- oder Zeichentheorie. Mit Klaus Sachs-Hombach (2003) halte ich einen weiten Zeichenbegriff für sinnvoll, der darauf Bezug nimmt, dass wir Sprache, Bilder und vieles andere mehr dazu verwenden können, *etwas zu verstehen zu geben*. Das tut freilich auch die Metapher in Sprache, und man muss nicht erst das konkrete Ding hinter der Metapher fordern, um sie als Element einer Semiotik ausweisen zu können. Wenn Lorenzer in seiner Revision der psychoanalytischen Theorie der Symbole (1970a) diese als Einheit von Zeichen und Vorstellung fasst und Zepf wie erläutert Zeichen und Bezeichnetes durch den Begriff vermittelt sieht, dann spricht nichts dagegen, die Metapher hier einzuordnen: Die manifeste Metapher ist ein sprachlicher Ausdruck, der als Zeichen auf die konzeptuelle Metapher verweist, die als begriffsanaloge Struktur zwischen Zeichen und bestimmten Vorstellungen und Bildern von Sachverhalten vermittelt. Dass diese Relationen nicht eineindeutig verlaufen, sondern einen beweglichen Spielraum besitzen, tut der grundsätzlichen Symbolizität der Metapher keinen Abbruch, sondern macht im Gegenteil gerade ihre Besonderheit aus. Dass die Metapherntheorie mitnichten eine Gegenposition zur Begriffstheorie bedeutet, geht übrigens auch aus dem Entwurf von Hans Georg Coenen (2002) hervor, der mit den Konzepten der Denotation und Konnotation argumentiert, um das von der Metapher gestiftete Analogieverhältnis zu begründen.
8   Im Fall von Strukturmetaphern wird ein komplexes Konzept dazu verwendet, ein anderes komplexes Konzept zu strukturieren, auch sie gründen wie Orientierungs- und ontologische Metaphern in der Erfahrung. Lakoff und Johnson können in einer überzeugenden Analyse zeigen, wie die beiden komplexen Strukturmetaphern Arbeit ist eine Ressource und Zeit ist eine Ressource, die nicht als metaphorisch bzw. als nicht-metaphorisch in Erscheinung treten, ontologische Metaphern (eine Aktivität ist eine Substanz, Zeit ist eine Substanz) integrieren und dabei bestimmte Aspekte beleuchten und verbergen, so dass im Ergebnis durch diese Metaphern das Konzept der Freizeit in Arbeit umgewandelt wird (Lakoff & Johnson 1980, S. 82).
9   Selbstverständlich ist mit dem hier in Rede stehenden Verlust des Metaphernstatus nicht impliziert, dass die lebendige Metapher, um als Metapher zu wirken, auch von einer höheren semantische Stufe aus als ›Metapher‹ reflektiert werden muss. Wir verwenden Metaphern ganz kontextsicher als Metaphern, ohne ihre Metaphorizität mitzureflektieren.
10 Häufig wird diese Unterscheidung nicht gemacht, sondern wird, wie das folgende Beispiel zeigt, nicht genau zwischen verschiedenen Formen nicht-wörtlicher Rede unterschieden, bzw. nicht zwischen den verschiedenen Perspektiven

unterschieden, in denen auf nicht-wörtliche Rede geblickt werden kann: »For example, a patient in conflict over homosexual wishes in the transference reported that, on the way to his session, he observed a delivery man tapping with a coin on the door of a store. Apparently the store was not yet open, and the delivery man was trying to see if anyone was inside. Immediately the thought, ›he is attempting forced entry‹, flashed into my patient's mind. With this he had a strong sensation in his anus, and he thought of the analyst standing behind him«. Arlow (1979, S. 374) unterscheidet an anderer Stelle derselben Arbeit (ebd., S. 375) sehr wohl zwischen Metapher und Symbol in einem Sinn, der meiner obigen Differenzierung von Metapher und Symptom ähnlich ist.

11 S. Buchholz und von Kleist (1995, S. 99): »Wir haben gefunden, dass, entsprechend dem konflikthaften Selbsterleben des Patienten, Prozessphantasien in Therapiegesprächen typischerweise ambivalent ausgestaltet sind, so dass sich eine dominante und eine komplementäre Elaborierung unterscheiden lassen«.

12 Beispiele finden sich naturgemäß allenthalben, besonders etwa auch im Abschnitt ›Metaphern‹ bei Thomä & Kächele (1988, S. 339 ff.).

Literatur

Arlow, J. A. (1979): Metaphor and the Psychoanalytic Situation. In: Psychoanalytic Quarterly 48, S. 363–385.
Beardsley, M. C. (1962): Die metaphorische Verdrehung. In: Haverkamp (Hg.) (1983), S. 120–141.
Bergold, J. B. & Flick, U. (Hg.) (1987): Ein-Sichten. Zugänge zur Sicht des Subjekts mittels qualitativer Forschung. Tübingen (DGVT-Verlag).
Black, M. (1954): Die Metapher. In: Haverkamp (Hg.) (1983), S. 55–79.
Blumenberg, H. (1960): Paradigmen zu einer Metaphorologie. In: Haverkamp (Hg.) (1983), S. 285–315.
Bucci, W. (1985): Dual coding. A cognitive model for psychoanalytic research. In: JAPA 33, S. 571–607.
Bucci, W. (1997): Psychoanalysis and Cognitive Science. New York (Guilford Press).
Buchholz, M. B. (Hg.) (1993a): Metaphernanalyse. Göttingen (Vandenhoeck & Ruprecht).
Buchholz, M. B. (1993b): Metaphern in der ›talking cure‹ – die Rhetorik der ›Arbeit am Widerstand‹. In: Ders. (Hg.) (1993a), S. 171–207.
Buchholz, M. B. (Hg.) (1995): Psychotherapeutische Interaktion – Qualitative Studien zur Konversation und Metapher, Geste und Plan. Opladen (Westdeutscher Verlag).
Buchholz, M. B. (1996): Metaphern der ›Kur‹. Eine qualitative Studie zum psychotherapeutischen Prozess. 2. Aufl., Gießen 2003 (Psychosozial).
Buchholz, M. B. (1998a): Die Metapher im psychoanalytischen Dialog. In: Psyche 52, S. 545–571.
Buchholz, M. B. (1998b): Vorwort. In: Lakoff & Johnson (1980), S. 7–10.

Buchholz, M. B. (2004): Herausforderung Familie: Bedingungen adäquater Beratung. Vortrag, gehalten in Bremen am 19.11.2004, unveröffentlichtes Manuskript.

Buchholz, M. B. & v. Kleist, C. (1995): Metaphernanalyse eines Therapiegesprächs. In: Buchholz (Hg.) (1995), S. 93–126.

Carveth, D. L. (1984): Die Metaphern der Analytikers. Eine dekonstruktionistische Perspektive. In: Buchholz (Hg.) (1993a), S. 15–71.

Coenen, H. G. (2002): Analogie und Metapher. Grundlegung einer Theorie der bildlichen Rede. Berlin, New York (de Gruyter).

Debatin, B. (1995): Die Rationalität der Metapher. Eine sprachphilosophische und kommunikationstheoretische Untersuchung. Berlin, New York (de Gruyter).

Fenichel, O. (1945): Psychoanalytische Neurosenlehre. Bd. III. Gießen (Psychosozial) 1997.

Freud, S. (1915): Das Unbewußte. GW X, S. 262–303.

Freud, S. (1940): Abriß der Psychoanalyse. GW XVII, S. 63–138.

Goodman, N. (1968): Languages of art. An approach to a theory of symbols. Indianapolis (Hackett).

Haesler, L. (1991): Metapher, metaphorische Struktur und psychoanalytischer Prozess. In: Zeitschrift für psychoanalytische Theorie und Praxis VI (1), S. 79–105.

Haverkamp, A. (1983): Einleitung in die Theorie der Metapher. In: Ders. (Hg.) (1983), S. 1–27.

Haverkamp, A. (Hg.) (1983): Theorie der Metapher. Darmstadt (Wissenschaftliche Buchgesellschaft) 1996.

Horkheimer, M. & Adorno, Th. W. (1944): Dialektik der Aufklärung. Frankfurt/M. (Fischer) 1995.

Klaus, G. & Buhr, M. (1964): Marxistisch-Leninistisches Wörterbuch der Philosophie. Reinbek (Rowohlt) 1983.

Kleist, C. v. (1987): Zur Verwendung von Metaphern in den Selbstdarstellungen von Psychotherapieklienten. In: Bergold & Flick (Hg.) (1987), S. 115–124.

Koppe, F. (2004): Grundbegriffe der Ästhetik. Paderborn (Mentis).

Kröber, G. (1964): Identität. In: Klaus & Buhr (Hg.) (1964), S. 543–546.

Lakoff, G. & Johnson, M. (1980): Leben in Metaphern. Heidelberg (Carl-Auer) 1998.

Langer, S. K. (1942): Philosophie auf neuem Wege. Das Symbol im Denken, im Ritus und in der Kunst. Frankfurt/M. (Mäander) 1965.

Levinson, S. C. (1983): Pragmatik. Tübingen (Niemeyer) 1994.

Lorenzer, A. (1970a): Kritik des psychoanalytischen Symbolbegriffs. Frankfurt/M. (Suhrkamp).

Lorenzer, A. (1970b): Sprachzerstörung und Rekonstruktion. Frankfurt/M. (Suhrkamp).

Lorenzer, A. (1972): Zur Begründung einer materialistischen Sozialisationstheorie. Frankfurt/M. (Suhrkamp).

Lorenzer, A. (1974): Die Wahrheit der psychoanalytischen Erkenntnis. Frankfurt/M. (Suhrkamp).

Lorenzer, A. (1981): Das Konzil der Buchhalter. Die Zerstörung der Sinnlichkeit. Eine Religionskritik. Frankfurt/M. (Fischer) 1984.

Ogden, T. H. (1997): Some thoughts on the use of language in psychoanalysis. In: Psychoanalytic Dialogues 7, S. 1–22.
Rapaport, D. (1959): Die Struktur der psychoanalytischen Theorie. Versuch einer Systematik. Stuttgart (Klett).
Rapaport, D., Gill, M. M. & Schafer, R. (1968): Diagnostic psychological testing (ed. by Holt, R. R.). New York (International Universities Press).
Richards, I. A. (1936): Die Metapher. In: Haverkamp (Hg.) (1983), S. 31–52.
Rubinstein, S. L. (1946): Grundlagen der Allgemeinen Psychologie. Berlin (Ost) (Volk und Wissen) 1971.
Sachs-Hombach, K. (2003): Das Bild als kommunikatives Medium. Elemente einer allgemeinen Bildwissenschaft. Köln (Herbert von Halem Verlag).
Schmitt, R. (1996): Metaphernanalyse und die Repräsentation biografischer Konstrukte. In: Journal für Psychologie, Doppelheft 1/1995–1/1996, S. 47–62.
Schmitt, R. (1997): Metaphernanalyse als sozialwissenschaftliche Methode. Mit einigen Bemerkungen zur theoretischen ›Fundierung‹ psychosozialen Handelns. In: Psychologie und Gesellschaftskritik 81, S. 57–86.
Schmitt, R. (2000): Metaphernanalyse und helfende Interaktion. In: Psychomed. Zeitschrift für Psychologie und Medizin 12 (3), S. 165–170.
Searle, J. R. (1969): Sprechakte. Ein sprachphilosophischer Essay. Frankfurt/M. (Suhrkamp) 1994.
Soldt, P. (2003a): Der Verlauf des Blicks. Zur Psychoanalyse der ästhetischen Erfahrung anhand des Bildes Untitled (Roma), 1962 von Cy Twombly. In: Psychoanalyse im Widerspruch 29, S. 61–79.
Soldt, P. (2003b): Konflikt im Spiel. Eine psychoanalytische Theorie des Subjekts in der ästhetischen Erfahrung. In: Psychologie und Gesellschaftskritik 106, S. 23–47.
Soldt, P. (2003c): Primär- und Sekundärprozess. In: Psychoanalyse – Texte zur Sozialforschung 13, S. 195–222.
Soldt, P. (2004a): Primär- und Sekundärprozess im psychischen Geschehen. In: Psychoanalyse – Texte zur Sozialforschung 14, S. 107–129.
Soldt, P. (2004b): Bild – Begriff – Affekt. Das bildlich-anschauliche Denken im psychischen Prozess. In: Psychoanalyse im Widerspruch 32, S. 7–30.
Soldt, P. (2005a): Denken in Bildern. Zum Verhältnis von Bild, Begriff und Affekt im seelischen Geschehen. Vorarbeiten zu einer Metapsychologie der ästhetischen Erfahrung. Lengerich (Pabst Science Publishers).
Soldt, P. (2005b): Vorbewusstes und vorbewusste seelische Prozesse. Versuch einer konzeptuellen Klärung. In: Psychoanalyse – Texte zur Sozialforschung (im Druck).
Soldt, P. (2005c): Bildliches Denken. Zum Verhältnis von Anschauung, Bewusstsein und Unbewusstem. In: Psyche (im Druck).
Stern, D. (1986): Die Lebenserfahrung des Säuglings. Stuttgart (Klett-Cotta) 1994.
Thomä, H. & Kächele, H. (1988): Lehrbuch der psychoanalytischen Therapie. Band 2: Praxis, 2. überarbeitete Aufl., Berlin, Heidelberg (Springer) 1997.
Weinrich, H. (1976): Sprache in Texten. Stuttgart (Kett-Cotta) 2001.
Weiss, J. (1953): Cézanne's Technique and Scoptophilia. In: Psychoanalytic Quarterly 22: S. 413–418.

Wikipedia, die freie Enzyklopädie: Stichwort Metapher (http://de.wikipedia.org/wiki/Metapher, Zugriff am 18.02.2005).
Wygotski, L. S. (1934): Denken und Sprechen. Frankfurt/M. (Fischer) 1977.
Zepf, S. (2000): Allgemeine psychoanalytische Neurosenlehre, Psychosomatik und Sozialpsychologie. Ein kritisches Lehrbuch. Gießen (Psychosozial).
Zepf, S., et al. (2002): »Psychische Realität«, Unbewusstes und Sprache. Versuch einer konzeptuellen Klärung. In: Psychoanalyse – Texte zur Sozialforschung 11, S. 261–284.

Michael B. Buchholz
Vom Primat der Metapher –
Kultur und Körper, Kognition und Konversation (Teil 1)

Konvergierende Entwicklungslinien

Mitscherlich führte einmal zur Verteidigung Freuds an, es komme »für eine psychologische Interpretation der menschlichen Lebensbewegung nicht darauf an, die gesuchte Kraft prägnant zu erfassen; ob man von ›Libido‹, von Energie, von Kraft‹ ... spreche, diese Bezeichnungen blieben doch nur ›Metapher‹ für ›das movens‹ der Lebensbewegung« (zit. nach Spehlmann 1953, S. 90).

Die Thematisierung der Zusammenhänge von naturwissenschaftlicher Grundlegung in Gestalt von Neurologie und Anatomie und dem höheren Verstehen, das zugleich die Tiefe des Menschlichen angemessener ausloten könne, ist sehr alt (Mancia 1983; Forrester 1990). Für Mitscherlich war die Metapher hier Ausweg aus dem Dilemma – aber muss sie immer mit dem entschuldigenden Beiwörtchen »nur« erwähnt werden (Cheshire & Thomä 1991; Wurmser 1983)? Steckt in der Metapher nicht vielleicht mehr? Etwas, das die Verbindung zwischen dem Körperlichen und dem Seelischen, zwischen dem neurowissenschaftlich Beobachtbaren und dem subjektiv Erlebbaren stiften könnte? Ist die Metapher nicht vielleicht etwas, das das Unbewusste des wissenschaftlichen Begriffs, des rationalen Begreifens ausmacht? Oder genau gefragt: Kann wissenschaftliche Modellbildung je auf die Metapher verzichten? (Siehe dazu unseren Beitrag im ersten Band, Buchholz & Gödde 2005). Die Antwort lautet: auf die Metapher kann nicht verzichtet werden! Es gibt einen Primat des Bildes vor dem Logos, der hier ausführlich unter Rückgriff auf kultur- und sozialwissenschaftliche Befunde begründet werden soll. Dieser Primat hat einige umwälzende Kraft. Dies soll hier anfänglich für das Verhältnis von Neurowissenschaften und Psychologie, dann in Kognitionsforschung und Sprachwissenschaft diskutiert und schließlich auf das Bild des Menschen erweitert betrachtet werden

Der führende Neurowissenschaftler Antonio R. Damasio anerkannte, »dass Freuds Einsichten über das Wesen des Bewusstseins gut mit avanciertesten Theorien der Neurowissenschaften übereinstimmen« (Damasio 1999,

S. 38, meine Übers. MBB). Ein solcher Befund, wie man ihn auch bei Edelman und Tononi (2003) findet, muss ermutigen, auch in anderen Bereichen nach Spuren des Unbewussten als dem Zentrum des subjektiven Erlebens zu suchen, denn auch andere kognitive Psychologen (Bargh & Chartrand 1999) kommen zu dieser Schlussfolgerung. »Spuren« – diese Metapher klingt wie aus dem chemischen Labor, als ginge es um Flüchtiges wie Verdünnungsvorgänge. Das Gegenteil jedoch ist der Fall, das Unbewusste ist präsenter denn je. Man muss seine Spuren wie die Eingeborenen nur lesen können. Der wuchtige Einleitungssatz eines der wichtigsten Bücher zu diesem Thema heißt denn auch: »The mind is inherently embodied. Thought is mostly unconscious. Abstract concepts are largely metaphorical«. Lakoff und Johnson (1999, S. 3) markieren damit ihre Position: es geht um eine kognitionstheoretisch neue Bestimmung des Leib-Seele-Themas, das Unbewusste wird als riesige Domäne des menschlichen Geistes anerkannt, Metaphern sind nicht etwa gering zu schätzende, ornamentale oder minderwertige Gegen-Stücke des eigentlich hochrangigen Denkens mittels abstrakter Konzepte, sondern auch abstraktes Denken kann auf die Bildkraft der Metapher nicht verzichten. Es wird von ihr in einer tiefen Weise strukturiert. Man kann dann die dreifache Hypothese aufstellen: die Metapher ist das Unbewusste des abstrakten Denkens, der Körper ist das Unbewusste von »mind«, das Denken selbst findet weitgehend in unbewussten Domänen statt.

Der Weg hin zu dieser führenden Position der amerikanischen kognitiven Linguistik, wie Lakoff seine Richtung bezeichnet, soll hier im Verbund mit anderen ähnlichen Entwicklungen in anderen Wissensbereichen nachgezeichnet werden. Diese Positionen aus Kognitionsforschung, Sprachphilosophie und empirischer Sprachforschung elaborieren einen Begriff des Unbewussten, der den ursprünglichen Impetus Freuds auf Augenhöhe mit der Zeit aufnimmt. Die Analyse von Kultur, Denken und (zerstörtem) Sprechen – waren das nicht die hochgesteckten Ziele Freuds? Und wenn sich das mit neurowissenschaftlichen Befunden ohne Reduktionismus verbinden ließe, könnte die Psychoanalyse an diese interessanten Wissensgebiete anschließen und ihrerseits zu deren Entwicklung beitragen.

Was kann also Neues gefunden werden zu den klassischen psychoanalytischen Fragen: in welcher Weise werden frühkindliche Interaktionserfahrungen zu internalisierten Objektrepräsentanzen? Wie wird aus Interaktion psychische Struktur? Und wie bestimmt diese wiederum nächste Interaktionen?

Dualismen oder Einheit?

Die Frage, was der Mensch sei, ist in der Tradition in einem Dreistufenmodell beantwortet worden: ein höheres Wesen zwar als das Tier, aber über sich die Gottheit. Dieses Modell konnte variiert werden, indem man den Menschen als zwischen Tier und Engel befindlich positionierte oder aber zwischen Gott und der Maschine[1]. Ein Nachhall dieser Tradition findet sich selbst noch in psychoanalytischen Konzeptualisierungen, wenn einerseits von »Mechanismen« oder dem »psychischen Apparat« die Rede ist, andererseits Freud mit der berühmten Vision, wo Es war, solle Ich werden, die grundsätzliche Möglichkeit, sich vom »Mechanischen« des Wiederholungszwangs zu lösen, in Aussicht stellt. Die metaphorische Redeweise, dass unbewusste Inhalte ins Bewusstsein »aufsteigen«, nutzt hintergründig ein solches Dreistufenmodell. Neuerdings jedoch gibt es Herausforderungen, ob dieses Modell haltbar ist (Bolz & Münkel 2003).

Menschen teilen mit den ihnen nächsten Tieren auf der evolutionären Stufenleiter, den Primaten, nicht nur etwa 99% des genetischen Codes, auch die Sprache differenziert nicht so recht. Bonobo-Affen können lernen, sich mittels der Zeichensprache für Taubstumme mit Menschen partiell zu verständigen und dabei können sie Symbole für ihr Spiegelbild auf eine Weise benutzen, die zeigt, dass sie sich als »Ich« identifizieren. Sie können zeitliche Differenzierungen nutzen und auf vergangene ebenso wie auf zukünftige Ereignisse referieren. Wie auch Schimpansen können sie andere absichtsvoll über ihre Absichten täuschen und mehr als man denkt nutzen sie Werkzeuge, etwa Stöcke, zum Nüsseknacken. Sie haben Intentionalität, wenn man diese definiert in Begriffen von Zielen, die variantenreich mit verschiedenen Mitteln verfolgt werden können (siehe dazu die Diskussion bei Povinelli 1999). Ihre erotischen Beziehungen sind keineswegs »tierisch«, denn sie paaren sich einander mit Gesichtern zugewandt und offenbar können sie sogar lachen. Es scheint, als würde der, der die Frage »Was ist der Mensch?« (im Unterschied zum Tier) verfolgt, immer mehr an Detailwissen beibringen, aber sich darin auch verlieren; die Frage selbst scheint immer weniger eindeutig zu beantworten und wird sogleich herabgestuft; bei Bolz und Münkel im Untertitel zu der Position »zwischen Affe und Roboter«. Das ist konsequenter Metaphysikverzicht. Gott oder Engel sind abgetreten, das Dreistufenmodell ist abgeflacht auf das menschlich und irdisch Mögliche.

Doch kann man hier manches durchaus einwenden. Vom gelegentlichen

Werkzeuggebrauch bei Hominiden bis zur hochentwickelten Technologie unserer Zeit sind gewaltige Schritte; vom Zeichengebrauch der Taubstummensprache bei subhumanen Primaten bis zur Lektüre eines Gedichtes oder Entwicklung höherer Mathematik ebenso; von einer seltenen momentanen Selbstauszeichnung als »Ich« vor dem Spiegelbild bis zu einer personalen Identität als selbstverständliche Verfasstheit der eigenen Lebensform trennen Welten. Aber die Frage hat immense ethische Dimensionen, wenn man sich unter dem Einfluss der Arbeiten von Peter Singer etwa gezwungen sieht, sagen zu sollen, ab wann jemand eine Person ist. Lebendig zu sein und Bewusstsein zu haben – das genügt für manche ethischen Feinheiten nicht mehr. Darauf will ich hier nur hinweisen (siehe Spaemann 1996)

Die große Differenz könnte sich an anderer Stelle ergeben, worauf Michael Tomasello (1999, 2002, 2004) und vor ihm Mervin Donald (1991) und die Entwicklungspsychologin Katherine Nelson (1996) aufmerksam machten. Werkzeuggebrauch und Sprachentwicklung ebenso wie ein personales Identitätsbewusstsein scheint es, wenn auch nur punktuell, schon bei subhumanen Primaten zu geben. Gehen wir einen Schritt weiter und fragen, ob diese Momente innerhalb einer Population oder einer Spezies weitergegeben werden? Können Kinder von jenen Affen, die Taubstummenzeichensprache gelernt haben, sie auch? Und ist sie ihnen beigebracht worden – nicht von Menschen, sondern von ihren leiblichen Affen-Eltern? Wird das Erworbene an die nächste Generation weitergegeben als verfügbarer Wissensbestand? Bildet sich eine Tradition? Tomasellos Antwort ist: nein; danach wäre hier, mit der Ausbildung von Tradition und Kultur, die individuelles Leben übergreift, also doch ein Unterschied gefunden.

Was aber bestimmt Tradition und Kultur im Kern? Warum kommt es dazu? Wozu wird sie gebraucht? Wir stoßen hier auf den existentiellen Zusammenhang, wonach die Entwicklung eines individuellen Selbstbewusstseins mit der Gewahrung des eigenen Todes verknüpft ist. Die Überwindung des individuellen Todes durch kulturelle Tradierung, so die Antwort desjenigen Kulturwissenschaftlers, der hier wohl am profundesten auskunftsfähig ist (Assmann 2000), heißt: der Tod ist »Kulturgenerator« ersten Ranges. Die Ausbildung einer Kultur des Sterbens, der Wunsch, von der Nachwelt erinnert zu werden, die Ästhetisierung des Grabes, die Schaffung religiöser Zeremonien und Feierlichkeiten sind mit der Erfahrung des individuellen Sterbens aufs engste verknüpft (Ohlig 2002). Hier wird das individuelle Sterben in der Kultivierung überhöht und überwunden, hier wird das menschliche Leben als kosmisch eingebunden gedeutet. Die Ausbildung kultureller Leistungen lassen sich dann nicht auf genetische Module reduzieren; es gibt gewissermaßen keinen Abschnitt der DNS für Kultur; hier verliert die Genetik ihre Zuständigkeit. So formuliert es Hubert Markl in einem Beitrag der Zeitschrift »Merkur« (Februar 2004). Der Biologe wird in der Frage, ob ein Säugling oder ein alter Mensch schon (bzw. noch) »Träger von Menschenwürde und Menschenrechten« ist, klar nachgeordnet: »Der Biologe muß dies vom Philosophen oder Juristen erfragen, nicht umgekehrt.«, schreibt Markl gegen den reduktionistischen Trend an. Und auf dem Göttinger Kongreß der Deutschen Gesellschaft für Psychologie (September 2004) las Markl dem Reduktionismus die Leviten: Die Zuschreibung von Absichten, Zielen, Wünschen und Gefühlen an andere befähigt Menschen, einander als absichtsvoll Handelnde wahrzunehmen. So können wir deren Absicht nutzen, uns also z. B. belehren lassen, Kooperationen aufbauen, die Technik der Lüge entwickeln und Sprachen über Sprachen entwickeln. Aber wir können nicht sicher *wissen*, was ein anderer erlebt, denn dessen Selbstbewusstsein und seine Erfahrung der Qualia bleibt uns grundsätzlich verschlossen. Und wie bei Tomasello (2004) führt diese menschliche Primär-Fähigkeit des »mind reading« zu einer unaufhebbaren Differenz zwischen dem neurowissenschaftlich Erforschbaren und der Psychologie: »Sprache schafft ein Weltmodell aus Symbolen, in dem und mit denen der Sprecher und die Zuhörer zusammen agieren können. Das ist wahrhaft menschlich. Spätestens hier hört Biologie auf und fängt Psychologie an« (Markl im Merkur 668, Dez. 2004). Und wenn hier Sprache die Autonomie der Psychologie begründet, dann könnte das Gleiche auch von der Kultur gesagt werden.

Untersuchung der Gene ist an Individuen gebunden, während es hier gerade um übergreifende Gebilde geht. Der Individualismus von Genetik und Neurowissenschaften stellt sich als das Haupthindernis heraus, während Markl einen erkennbar relationalen Standpunkt vorschlägt, wonach Menschen grundsätzlich über Sprache und Kultur mit ihrer Gattung in Kontinuität relationiert sind. Hier muss der Primat der Verbundenheit gegenüber dem Individualismus akzentuiert werden, wie das in der modernen Psychoanalyse etwa bei Stephen Mitchell der Fall ist.

Die Genetik sucht nach »Bausteinen des Lebens« im Leben Einzelner. Es ist jedoch kaum vorstellbar, dass ein heutiger Jugendlicher sich hinsichtlich seiner genetischen Ausstattung von einem Jugendlichen zu Leibniz' Zeiten genetisch substantiell unterscheidet – und dennoch können manche

Jugendliche heute mathematische Leistungen vollbringen, die damals noch nicht einmal den Erwachsenen denkbar, weil nicht entwickelt waren. Hier muss eine andere als die genetische Vererbung (Donald 1991, S. 100) stattgefunden haben. Man kann sich Evolution deshalb nicht so vorstellen, als seien neue genetische »Module« nach darwinschen Selektionsprinzipien hinzugekommen; dafür hätte die Zeit nicht gereicht. Eine modulare Theoriearchitektur verbietet sich somit von selbst – wie aber dann?

So grundlegend muss man in der Diskussion ansetzen, weil der imperiale Anspruch der Neurowissenschaften auf Psychologie und Kulturwissenschaften einerseits zurückgewiesen werden kann, wenn diese ihre Autonomie verteidigen können; andererseits kann man natürlich an den neurowissenschaftlichen Befunden nicht achtlos vorbei gehen. Sehen wir einmal, was die Kulturwissenschaften zur Entwicklung der Relationalität beizutragen haben.

Tod, Kultur, Bilder

Jan Assmann (2000, S. 18) entwickelt an reichem Material die These, Kultur »ist in ihren zentralen und normativen, anspruchsvollen Aspekten und Motiven nichts anderes als die symbolische Realisierung eines umgreifenden Horizonts, ohne den die Menschen nicht leben können«.

Der Tod wird in der von Assmann untersuchten altägyptischen Kultur in verschiedenen Bildern gedeutet, als Zerrissenheit, als Feind, als Ausbruch, Übergang, als Heimkehr oder als Geheimnis (Assmann 2001) und diese Bilder sind teils kohärent, teils widersprüchlich. Das aber ist hier nicht entscheidend, weil die »Bilder eine handlungsermöglichende Funktion haben. Bilder und Riten gehören zusammen. Bilder überwinden die lähmende, traumatisierende Wirkung des Todes und machen den Tod in gewisser Weise behandelbar. Ohne solche Figurationen des Todes wäre kein Handeln möglich« (Assmann 2000, S. 19).

Hier sind es Bilder, die dem Handeln zugrunde liegen; indem sie den Tod kulturell »behandelbar« machen, haben sie in gewissem Umfang sogar eine therapeutische Wirkung. »Bilder« jedoch sind nicht nur als sichtbare Gestalten an Wänden oder Felsen gemeint, sondern die Rede von »Bildern« ist metaphorisch zu verstehen: so, wie man sich von jemandem ein »Bild« macht, ohne es doch je herumzeigen zu können, gibt es Konfigurationen des Sozialen, die von gemeinsamen Bildern gleichsam getragen werden. Die Konfigurationen der Bilder des Todes bewältigen auf eine Weise, die von Kultur zu Kultur sehr variiert, ein fundamentales Existenzproblem; aber überall tun sie es auf diese bildhaft-figurative, kultur-generierende Weise. Man muss den individuellen Tod als Ausgangspunkt solcher Bildfigurationen deshalb ansehen, weil es noch keiner Gesellschaft gelungen ist, ihn zu überwinden, und weil Sterben individuelles Fatum ist, von dem man wissen kann. Die Kultivierung dieses individuellen und zugleich universal-existenziellen Problems formuliert den umgreifenden Horizont, ohne den Menschen aller Kulturen nicht leben können.

Bilder, auch wenn sie für andere Thematiken als den Tod dann kultivierend generiert werden, sind demnach Konstruktionen der Bewältigung des Unbewältigbaren, die über individuelle Begrenzungen weit hinausgehen, gemeinsame Handlungen ermöglichen und soziale Konfigurationen strukturieren. Sie werden so zu einem Grundstein der kulturellen Entwicklung, in die sich ein individuelles Leben immer erst einfügt. Wenn wir diese These verallgemeinern, muss man von einem *Primat der Bilder* sprechen. Menschen entwickeln und nutzen auf diesem Hintergrund Sprache für Zwecke der kulturellen Konfiguration und in einem Ausmaß für soziale Kooperation, das bei Tieren kaum gefunden wurde. Sie tun das unter dem Zwang zur Kooperation beim Überleben. Dieser Zwang bildet sich dann im Generationenverhältnis als Fähigkeit zur Instruktion fort. Die nächste Generation kann instruiert werden, welche Überlebenstechniken entwickelt und welche Kooperationsformen praktikabel sind. Eine Theorie, die hier annehmen würde, das alles geschehe allein durch genetische Selektion oder Mutation könnte ja nicht erklären, warum homo sapiens in so kurzen evolutionären Zeiträumen (wie es ungefähr 30.000 Jahre sind) sich und seine gewaltigen intellektuellen und kulturellen Leistungen entwickeln konnte. Es muss eine andere Art der Weitergabe, eben Kultur, entwickelt worden sein, jenseits der Gene und außerhalb der Individuen; eine Weitergabe, die über den individuellen Tod der Individuen hinaus bewahrt, kurz, etwas, das Assmann (1997) als »*kulturelles Gedächtnis*« bezeichnet. Kinder müssen von ihren Eltern instruiert werden können, sich in eine gegebene Welt oder Kultur um des Überlebens willen einzufügen. Sie müssen sich dazu reflexiv aufeinander beziehen können, also nicht nur imitativ Verhalten kopieren, sondern die Absichten des Anderen in höchst verfeinerter Weise aus dessen Verhalten ablesend erschließen und sich darauf einstellen können. Das können sie nach den bahnbrechenden Untersuchungen von Meltzoff et al. (1999) schon ab etwa 18 Lebensmonaten, wahrscheinlich aber schon früher[2]. Tomasello (2002) spricht in bewusster Provokation von »*kultureller Vererbung*«. Sie wäre notwendiges Gegenstück zur genetischen Vererbung. Kulturelle Vererbung beansprucht das »kulturelle Gedächtnis« (Assmann 1999, 2004) als überindividuelle Ressource, ist in vergleichsweise kurzen Zeiträumen veränderbar und reaktionsschnell und nutzt die Fähigkeit zur Symbolisierung als einer gemeinsamen Interaktionserfahrung. Genetische Veränderung hingegen braucht sehr lange, evolutionäre Zeiträume, verzichtet auf interaktive Erfahrungen und kann die Sphäre des Überindividuellen nicht erreichen.

Untersuchen wir diese Zusammenhänge der »kulturellen Vererbung« nun als Thema der Entwicklungspsychologie. Wie »vererbt« sich hier etwas an nächste Generationen weiter? Welche Rolle spielen Sprache und Sprechen? Wie kann man sich eine gemeinsame Interaktionserfahrung vorstellen?

Das Dreieck des konversationellen Austauschs

Bislang habe ich mit Assmann Bilder als Ergebnis gemeinsamer kultureller Bewältigung existenzieller Lebensthemen gesehen; solche Bilder haben rückwirkende Effekte und können dann nächste Erfahrungen steuern. Aber wenn noch gar keine gemeinsamen Erfahrungen gemacht sind? Wo fängt das eigentlich an, was sich wohl erst zu einem späteren Zeitpunkt in der Entwicklung ausdifferenziert? Zur Interaktion einerseits, zum Bild andererseits? Gibt es überhaupt einen Zeitpunkt ohne gemeinsame Interaktionserfahrung?

Zur Beantwortung dieser Fragen wende ich mich nun von der kulturwissenschaftlichen Thematisierung zu einer entwicklungspsychologischen Perspektive. Tomasello (2002, S. 142 f.) sieht Symbole als Mittel an, »andere dazu zu bringen, daß sie eine bestimmte Erfahrungssituation in bestimmter Weise auffassen bzw. eine bestimmte Perspektive auf sie einnehmen«. Menschen müssen sich in höchst unterschiedlichen kommunikativen Situationen auf höchst verschiedene Weise miteinander verständigen können und das von sehr verschiedenen Positionen aus, »andernfalls hätte jedes Ereignis oder jeder Gegenstand oder zumindest jeder Typ von Ereignis und Gegenstand seine eigene wahre Bezeichnung, und damit wäre der Fall erledigt« (ebd., S. 143) – was besagt: Verständigung wäre unmöglich. Könnte man sich vorstellen, dass Menschen, *bevor* sie sich zu verständigen beginnen, erst einmal die Konditionen dieser Verständigung aushandeln? Nein, das wäre unmöglich, obwohl es Menschen (hartnäckige Zwangsneurotiker) gibt, die das immer wieder versuchen. Man müsste ja die Sprache schon zur Verfügung haben – um sie einführen zu können. Es muss dem also etwas vorausgehen, das in der psychoanalytischen Tradition als »Vertrauen« oder gar »Urvertrauen« bezeichnet worden ist (Erikson 1968). Vertrauen ist dann, nach der unüberbietbaren Formulierung von Luhmann (1967), ein Mechanismus zur Reduktion derjenigen Komplexität, die sich auftut, wenn man versuchen wollte, eine Situation kommunikativ zu klären, für die man die (sprachlichen) Mittel freilich noch gar nicht zur Verfügung hätte oder in Anspruch nehmen könnte. Dass auch hier Gesellschaften höchst variantenreiche Sicherungen gefunden haben, hat Frevert (2003) in historischer Sicht dokumentiert.

Was aber ist es, was zu bewältigen vor aller Sprachlichkeit gelingen muss? Man kann mehrere Aspekte nennen:

Zu bewältigen ist eine enorme *Unschärfe*, denn nie ist ja klar, ob es »dasselbe« ist, über das man sich verständigen will – das Kind sagt »da«: aber meint es das Gefährliche an der Katze oder das Niedliche an ihr oder will es sagen, dass es so ein Wesen schon einmal gesehen hat? Zu bewältigen sind verschiedene *Standpunkte*, von denen aus die Erfahrung sich strukturiert – das Kind wackelt seitwärts mit dem Kopf, wenn die Mutter ihm den Nippel anbietet: aber meint es denn »nein« und lehnt ab oder ist das eher ein Suchreflex (so schon René Spitz 1960)? Ist sein Verhalten als Antwort auf das mütterliche Angebot oder als Ausdruck des Magendrucks zu verstehen? Was ist seine Perspektive? Zu bewältigen sind weiter verschiedene *Abstraktionsebenen* – es wirft beim Füttern mit dem Löffel immer wieder etwas herunter: ist das »Bosheit« oder »Spaß« oder »Absicht« oder »Zufall«? Richtet sich die Aufmerksamkeit des Kindes überhaupt aufs Essen? Oder mehr auf die Stimme der Mutter oder auf den Mann, der draußen am Fenster vorbei geht? Wie können all diese verschiedenen Aspekte so integriert werden, das noch gehandelt werden kann?

Abb. 1: Unsicherheitsbedingungen von Konversationen

Aber die Integration dieser und vieler weiterer Aspekte ist möglich. Man muss sich dazu von einem Symbolverständnis lösen, das Symbole als sprachliche Repräsentanzen entweder der Dinge in der Welt oder als Ausdruck interner Zustände sehen will. Vielmehr entwickeln sich aus dem Spiel mit diversen Unschärfen, fiktiven Standpunktübernahmen und aus dem Jonglieren mit Abstraktionsebenen allmählich raffinierter werdende Interaktionen und eigensinnige Sprachspiele. Trevarthen (2002) meint, die sog. Fremdenangst von Kindern um den 8. Lebensmonat lasse sich so verstehen, dass das Kind bereits bestimmte interaktive Spiele mit vertrauten Personen entwickelt hat, die Sicherheit geben, die es aber mit anderen nicht spielen kann, weil es bereits in reflexiver Einstellung wisse, dass der Fremde in diese ganz besonderen, in einmaliger Interaktion austarierten Spiele gewissermaßen nicht hineinsozialisiert sei. Das Kind »wisse«, dass der andere nicht »mitspielen« könne, habe aber noch keine alternativen Repertoires zur Verfügung und schäme sich, weil es sich schutzlos ausgesetzt sehe.

Das *interaktive* Symbolkonzept, das Tomasello nun als Ersatz für ein *repräsentationales* Symbolkonzept entwickelt, setzt einerseits auf solche – bereits in der frühen Mutter-Kind-Interaktion beobachtbare – Gemeinsamkeit der Interaktionserfahrung, dann aber – hier liegt die Nähe zu Assmann – auch auf Metapher und Bild, weil nur diese Sprechformate die notwendige Flexibilität für die Bewältigung der dreifachen Verschiedenheit von Standpunkt, Erfahrungsabstraktion und Gegenstandsunschärfe anbieten. »Metaphorische Auffassungen weisen auf die Freiheitsgrade und die Flexibilität dieses Prozesses hin, da wir z.B. sagen können, daß *das Leben ein Gestade ist* oder *dass die Stute ihre Reize feilbietet*. In allen Fällen impliziert die Verwendung eines bestimmten sprachlichen Symbols die Wahl einer bestimmten Abstraktionsebene oder einen Gesichtspunkt auf den Gegenstand oder das Ereignis und in vielen Fällen auch eine bestimmte Funktion im jeweiligen Kontext« (Tomasello 2002, S. 142).

Hier sehen wir schon: Sprachliche Symbole sind weit mehr als nur Bezeichnungen oder Benennungen oder bloße Informationsvermittlung über Sachverhalte eines Senders an einen Sprecher. Ein solches aus der militärischen Nachrichtentechnik stammendes Modell für das, was kommunikativ geschieht, ist in der Sprachwissenschaft (Sucharowski 1996) »out«, weil als vollkommen unzureichend für die Beschreibung kommunikativer »Lagen« erkannt. Sprachliche Symbole leisten in jedem Augenblick viel mehr, als nur Information zu übermitteln. Sie sind intersubjektiv in dem

Sinne, dass sie genau den Empfänger adressieren und der Sprecher seine Äußerungen präzise für den Rezipienten »zuschneidet«; sie bestimmen zugleich implizit die vom Sprecher aktuell gewählte Perspektive und sie zeigen an, auf welche Art der Sprecher seine Erfahrung kategorisiert.

Nehmen wir ein Beispiel aus »reifer«, sprachfähiger Entwicklungszeit: Karl hat die Blumenvase umgeworfen. Peter erzählt dies Hans. Peter kann in einer passivischen Konstruktion sagen, dass die Blumenvase umgefallen sei – und lässt den Urheber des Geschehens im Ungewissen, was Hans sofort versteht und ggf. nachfragt. Peter kann hinzufügen, Karl habe die Vase »aus Versehen« umgeworfen und damit seine Perspektive einer Entschuldigung von Karls Handlung einflechten und er kann das noch raffinieren, indem er erkennen lässt, Karl selbst würde wohl meinen, dass er das nicht mit Absicht getan habe, während er, Peter, ganz anderer Meinung sei. Peter macht also seine Perspektive (direkt oder indirekt, deutlich oder undeutlich, aber in jedem Fall) kenntlich. Und so gibt es eine Menge an Varianten, mit denen »ein und derselbe« Sachverhalt perspektivisch variantenreich durchgespielt und mit unterschiedlichsten Folgen kommuniziert werden kann. Dieser Spielraum im doppelten Wortsinn ist natürlich in einer Zeit, wo die Regulierung durch die Sprache noch nicht sicher gehandhabt werden kann, noch weitaus größer.

Auch Standpunkte werden kommuniziert. Jemand fährt »ans Meer«, ist er dort, geht er zum Baden nicht »an die Küste«, sondern »an den Strand« und markiert sich somit als Tourist, während ein Einheimischer »aufs Meer« fährt. »Dasselbe« wird nicht als »dasselbe« bezeichnet und kennzeichnet sogar rekursiv den Sprecher. Die Sprache bietet mit solchen Polysemien genügend Spielraum für Differenzierungen, Standortbestimmungen und Perspektivität.

Der Spielraum ist keine Angelegenheit des Kindesalters. Wolff und Müller (1997) haben empirisch gezeigt, dass beispielsweise Richter die Instruktion von Zeugen auf die Wahrheitsfindung im Prozess höchst genau – also variantenreich – zuschneiden, indem sie in der *Form* ihrer Äußerung erkennen lassen, wie sie den Zeugen typisieren (als vertrauten Polizeizeugen, als Parteigänger des Angeklagten etc.). Das ist deshalb so bemerkenswert, weil die Instruktion von Zeugen bis in den genauen Wortlaut hinein vom Gesetzgeber vorgeschrieben ist – und dennoch gelingen hier konversationelle Typisierungen, die erkennen lassen, was der Richter über den Zeugen schon aus der Aktenlage weiß und wie er ihn einschätzt. Auch hier wird »dasselbe« nicht als dasselbe behandelt, die konversationelle Situation erfordert ein substantielles Mehr als nur die Informationsübermittlung oder die bloße Instruktion. Das gilt natürlich auch und besonders für therapeutische Gespräche.

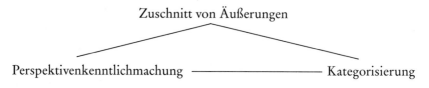

Abb. 2: Die kommunikative Antwort auf die strukturellen Unsicherheitsbedingungen

So entsteht ein zweites Dreieck des empfängerorientierten *Zuschnitts von Äußerungen*, der *Perspektivenkennung* auf den mitgeteilten Sachverhalt und der *Kategorisierung* der eigenen Erfahrung im Sinne einer Positionierung, die den konversationellen Austausch bestimmt. Dies Dreieck ist die Antwort auf die Probleme, die das erste Dreieck aufwirft. Es zeigt, dass Konversation[3] mehr ist als äußerer »Ausdruck« von inneren Gedanken. Konversation, immer von diesen Dreiecken – dem Problem und seiner Antwort – bestimmt, ermöglicht erst eine besondere Kooperation, die gerade auf konnotativer Unschärfe, nicht auf denotativem Symbolgebrauch aufruht; denn der andere versteht nicht nur die »pure Information« über ein bestimmtes Ereignis, sondern auch die Art und Weise, wie der Sprecher über etwas berichtet, was dem Hörer damit bedeutet werden soll und welche Perspektive er dazu einnimmt und vom Hörer einzunehmen erwartet. Das alles schafft beim Hörer – der ja auch ein Kind sein kann – erhebliche affektive und kognitive Resonanzen, die die Art seines Zuhörens, der Deutung des Beobachteten und seine Reaktion bestimmen und auch seine Fähigkeit, sich die Reaktion des Anderen auf seine Antwort mehr und mehr antizipierend vorzustellen und sie in seine Antwort »einzubauen«.

In diesen Resonanzen liegt somit ein erhebliches Potential des Unbewussten. Sie kommen durch intersubjektiven Symbolgebrauch, gesichert durch die Vieldeutigkeit der Metapher in einer Weise zur Geltung, dass der Bedeutungsraum gewissermaßen in jeder Situation in Sekundenschnelle exponentiell vieldimensional werden kann. In jeder Situation, so lernt man rasch in seiner Entwicklung, liegt ein enormes Potential der Vieldeutigkeit und damit der Täuschung, das genutzt oder ignoriert, das mit anderen Bedeutungen verschachtelt oder überspielt, das anders gerahmt und originell verstanden, das immer nur unter Anstrengung und nur für kurze Momente vereindeutigt werden kann. Gelingt es aber, Stabilität solcher Vereindeutigungen über längere Zeit herzustellen, entstehen soziale und kulturelle Konfigurationen, die sich in die individuelle Erfahrung einschreiben und sie überschreiben. Wir sprechen dann von Ritualen und Bräuchen, konstruieren unsere Erinnerungen passend zu aktuellen Erfordernissen (Halbwachs 1925), vergessen das Unerwünschte, wählen »passende« Szenen und richten unser Betragen konform mit unseren Mythen aus. Sie sind die Vorlagen der Bildung von Gruppen- und personaler Identität, aber sie sind immer auch jene Register, die das Nicht-Passende ausfiltern und der Verdrängung anheim geben. Das geschieht in rekonstruierbarer Weise historisch und in Kollektiven (Assmann 1997) und natürlich auch auf individueller Ebene.

Auf der Suche danach, was es eigentlich ist, was diese Dinge schon vor der Sprachentwicklung »sichert«, mache ich nun einen Umweg. Ich flattere in die Neurowissenschaften, werde dann zu den Säuglingsforschern zurückkehren, mich aber auch wieder zwischendurch bei den evolutionären Anthropologen aufhalten, die sich mit der Frage, ob und wie Affen sprechen können, beschäftigen. Hier gibt es für Psychoanalytiker auf der Suche nach einer zeitgemäßen Konzeption des Unbewussten interessante Dinge zu erkunden.

Mimetische Interaktion – im Spiegel (auch der Neuronen)

Für interaktive Potentiale und Resonanzen bieten die sog. »Spiegelneuronen« (Rizzolatti et al. 2001) eine materiale Voraussetzung. Danach fanden sich innerhalb des Sprachzentrums Nervenzellen, die auf Wahrnehmung von Absichten spiegelbildlich reagieren, also mit eben der neuronalen Aktivität, als würde der Beobachter selbst die Handlung ausüben oder die Absicht mitteilen. Für die Wahrnehmung von Absichten anderer, so vermutet Daniel Stern (2004, S. 65), könnten insbesondere die von ihm so genannten Vitalitätsaffekte eine Rolle spielen, also die Kontur des Affekts, seine »Form«. Hobson (1985) sprach von den »forms of feeling«. Gemeint ist, dass manche Handlungen sich langsam steigern, einen Höhepunkt erreichen und dann aus- bzw. abklingen; andere hingegen werden als »spitz« oder »scharf« erlebt und wahrgenommen. Das verleiht ihnen ihre Kontur und Form, die schon von Säuglingen wahrgenommen wird (Stern 1985).

Ihr Erleben und ihre Wahrnehmung (bei anderen) sowie das Gelingen einer kooperativen Affektregulierung bildet die Basis für das metaphorisch-bildhafte Sprechen; dazu später mehr.

Der ventromesiale Frontallappen des Gehirns scheint dabei eine wesentliche Rolle zu spielen (Turnbull 2003). Hier ist der Ort der das Denken emotional modulierenden Prozesse. Menschen, die durch Unfälle in diesem Bereich geschädigt sind, verfügen über Intelligenz und Sprache, aber sie können die Absichten anderer kaum noch einschätzen und »verirren« sich gewissermaßen in der sozial-emotionalen Landschaft, als hätten sie keine Karte zur Verfügung. Turnbull (2003) sieht hier eine neuronale Grundlage für Intuition. Schon lange weiß man, dass bei der Beobachtung von Bewegungen der Beobachter »stumme« Bewegungen mitmacht. Sie sind nicht sichtbar und werden vom Beobachter selbst kaum oder gar nicht bemerkt, aber man kann sie durch die entsprechenden schwachen elektrischen Muskelinnervationen nachweisen. Hier ist die gleiche Entdeckung nun auf neuronalem Gebiet gelungen und so erhalten ältere Überlegungen zur Gefühlsansteckung, aber auch zu Mimesis und Empathie eine neue Grundlage (Emrich & Trocha 1996). Durch die Arbeiten der baby-watcher, insbesondere von Trevarthen (1977), lässt sich genau nachvollziehen, wie die »Proto-Konversation« zwischen Mutter und ihrem Neugeborenen Säugling synchronisiert wird. Die großen Pupillen eines Säuglings lösen bei einer normalen Mutter Fürsorglichkeit aus, es gibt dokumentierte Szenarien der gegenseitigen Lächelstimulation und diese haben Einfluss auf das mit dem zweiten Lebensmonat beginnende Wachstum des Orbitofrontalcortex, der einzigen Gehirnregion mit direkten Verbindungen zu Amygdala und formatio reticularis. Letztere gelten als die »emotionalen Orte« des Gehirns.

Trevarthen nimmt an, dass die intrinsischen Regulationsmechanismen eines kindlichen, noch wachsenden Gehirns durch emotionale Kommunikation an die Regulatoren eines erwachsenen Gehirns spezifisch adaptiert sind. Allan N. Schore spricht davon, dass das kindliche Gehirn nicht nur von solchen Interaktionen mit der Mutter beeinflusst wird, sondern dass sein gesundes Wachstum solche »brain-brain interaction« (Schore 2003, S. 17) benötige und er erkennt darin das Zentrum der Bindung, auf die Bowlby so nachdrücklich aufmerksam machte. Das Gehirn (brain) kann demnach auf seine »soziale Konstruktion« nicht verzichten, wie der Harvard Neuro-Physiologe Eisenberg (1995) formuliert hatte. Eine der Konsequenzen, die dieser Autor damals schon zog, war, »mind« nicht auf

»brain« zu *reduzieren*, sondern die gesellschaftliche Verantwortung der Neurowissenschaften zu unterstreichen, etwa bei der affektiven Regulierung von Arzt-Patient-Interaktionen. Die Neurowissenschaften könnten ihren Nutzen weniger im Reduktionismus, sondern darin zeigen, daß es soziale Verantwortung für die individuelle Entwicklung von Menschen mit gesunden Gehirnen gibt!

Den Übergang von der körperlichen Erfahrung zur symbolvermittelten des kommunikativen Austauschs genau zu klären, hatte auch Paul Federn als zentrale Zukunftsaufgabe für die Psychoanalyse so formuliert: »Eine zukünftige Aufgabe der Psychoanalyse und Biologie gleichermaßen wird sein, herauszufinden, bis zu welchem Grad und Detail die mentalen Prozesse den körperlichen parallel laufen, und wieviele somatische Phänomene auf die mentale Ebene transponiert werden müssen« (Federn 1952, zit. nach Gaddini 1969, S. 477, Übers. MBB).

Eben diesen Übergang vom Körper zum Symbol versucht auch die Bindungsforschung zu klären: wie kommt es von der *körperlichen* Nähe zwischen einer Mutter und ihrem Säugling zu einer »Transposition« des Aufsuchens *symbolischer* Nähe im Gespräch (Bartholomew 1990; Belsky & Cassidy 1994; Hazan & Shaver 1994; Perlman & Bartholomew 1993)? Um Fragen dieser Art zu beantworten, musste man sich von der Einpersonen-Neurologie und -psychologie lösen. Es geraten dann zwangsläufig interaktive Konfigurationen in den Blick. (Mikro-)Interaktion und (Proto-)Konversation sind der »höhere Organisator« (Buchholz 1999) der Entwicklung. Über die Wahrnehmung des Gesichtsausdrucks ebenso wie über paraverbale Merkmale des Sprechens scheint mehr von den Intentionen des Anderen erschlossen zu werden, als man gemeinhin annimmt; Fühlen scheint ohne den Anderen nicht gelernt, Intentionalität ohne die Wahrnehmung der Absichten anderer nicht begriffen, Einfühlung in den Andern nur bei gleichzeitiger Einfühlung in sich selbst erworben werden zu können.

Was Psychotherapeuten und Neurowissenschaftler dabei einander zu sagen haben, wurde im September 2001 in Großbritannien auf einer »Professional Conference« des »United Kingdom Council for Psychotherapy« (UKCP) zu beantworten versucht. Ich will hier auf den Beitrag des babywatchers Colwyn Trevarthen zu sprechen kommen. Er berichtet über eine neue Thematik: die Zusammenarbeit mit dem Musikwissenschaftler Stephen Malloch, der zugleich ausgebildeter Akustikexperte und Physiker ist. Was wollen sie tun? »Die Idee, sich gleichermaßen der Choreographie wie der Musik der Kommunikation zuzuwenden, erweist sich als äußerst hilfreich, wenn man herausbekommen möchte, wie Mutter und Kleinkind ihr expressives Verhalten so präzise koordinieren und das mit solcher Leichtigkeit« (Trevarthen 1982, S. 53 f., Übers. MBB.). Ursprünglich, so habe ich schon beschrieben, suchten sie nach Mustern der Aufmerksamkeitskontrolle und des Umgangs mit Objekten, entdeckten aber rasch, dass Kinder Konversation, Unterhaltung, suchten. Kinder suchen »Konversation« und ihre Freude ist die »music of conversation« – vor aller Sprache! Anhand von Photodokumentationen konnte Trevarthen zeigen, dass Säuglinge schon 20 min (Minuten!!) nach der Geburt sich von einem vor ihnen baumelnden roten Ball faszinieren lassen, den sie mittels einer an ihrem Fuß festgebundenen Schnur bewegen können. Sie folgen ihm mit dem Blick und lassen dabei ein Gefühl der Wirksamkeit erkennen, ein rudimentäres Selbstgefühl also, das sie sichtlich freut: wenn sie sich bewegen, bewegt sich der Ball auch. Das festzustellen, macht ihnen Freude und ist zugleich ein »communication game«, schreibt Trevarthen und ist damit nicht weit von Wittgensteins Sprachspiel entfernt. Im Alter von 2 Monaten entwickelt sich dann der Orbitofrontallappen und er braucht zu seiner Entwicklung eine bestimmte Konversation und Malloch nun kann zeigen, es gibt nicht nur eine Rhythmisierung von »motherese«, dem typischen Singsang von Müttern mit so kleinen Kindern, sondern es gibt auch eine charakteristische Melodie. »Alles an dieser so typischen Proto-Konversation ist interessanterweise musikalisch«, schreibt Trevarthen (1982, S. 58). Daraus entwickeln sich dann »dynamic narrative envelops« und das, was Daniel Stern (1985) »intermodal fluency« genannt hatte. Die Modulation der Erregungskurve durch das »motherese« wird als »narrativer Zyklus« bezeichnet, denn es gibt die drei klassischen Phasen einer guten Erzählung: Einführung, Entwicklung des Themas und Klimax, dann einen Schluss. So ist auch die typische Sonatenform der Wiener Klassik (Haydn und Mozart), sie erzählt uns etwas: »Musik, mit ihren sich ändernden Stimmungen und Farben, scheint uns etwas zu erzählen. Wie oft haben wir den Eindruck, dass ein Musikstück ohne Worte uns eine richtige ›story‹ erzählt. Man kann das Narrativ der Melodie in den zyklischen Abfolgen sowohl der folkloristischen wie auch der klassischen Musik vernehmen«, schreibt Trevarthen (2003, S. 62, Übers. MBB). Nun, jetzt wissen wir also, dass Babies schon in diesem frühen Alter musikalisch etwas erzählen, dass gemeinsames Singen zwischen Mutter und Kind eine Quelle des Wohlgefühls, ja des Stolzes ist und dass Kinder sogar mit den Händen dabei dirigieren – das, so berichtet Trevarthen, habe Nigel Osborne, Musikprofessor in Edinburgh, spontan mitgeteilt, als ihm die entsprechenden Videoaufnahmen von Kindern mit Mütter (und Vätern) gezeigt wurden.

Und dabei geschieht auch neurobiologisch eine Menge. Alle Muskeln, die für Vokalisationen und Sprechen gebraucht werden oder den Gesichtsausdruck steuern, stammen von Kranialnerven und von solchen, die für die Selbstregulation viszeraler Funktionen (Blutzirkulation, Atmen, Essen, Verdauung) gebraucht werden. Bei den sozialen Tieren werden die gleichen efferenten Kranialnerven für die Kommunikation und die Regulation von Beziehungen benötigt. Die dabei entstehenden Emotionen haben wiederum die Rolle eines morphogenetischen Regulators des kortikalen Wachstums. Zeit ist ein entscheidender Faktor, den eine Forschung, die nur auf »Informationsverarbeitung« setzt, vollkommen ignoriert – so Trevarthens Kritik. Denn mit dem »Singen« macht das Baby eine grundlegende Erfahrung: dass Zeit vergeht und diese Erfahrung ist nur in solcher vertrauten Interaktion mit liebevollen Erwachsenen zu haben. Er vermutet somit, dass solche kindlichen Wachstumsregulatoren spezifisch dafür adaptiert sind, durch Gehirne Erwachsener reguliert zu werden. Allan Schore bezieht sich in diesem Band auf Trevarthens Arbeit und spricht von »brain-brain interaction« (2003, S. 17). Auch das unterstreicht den hier entworfenen relationalen Standpunkt erneut.

Am Schluss seines Beitrages nimmt Trevarthen eine Frage auf, auf die ich noch zu sprechen kommen möchte: Gibt es einen Unterschied zwischen Sprache und Sprechen? Gibt es gar eine Sprache *vor* dem Sprechen? Er bedauert, dass die spezialisierten Linguisten seiner Universität sich mit den konversationellen Aspekten des Sprechens nicht befassen: »In Edinburgh jedenfalls scheinen die Computerlinguisten alles Interesse an Konversation verloren zu haben. Grammatik auf diese Weise zu studieren bringt nicht weiter. Es wird immer komplexer. Aber sobald man Grammatik mit diesen spontanen rhythmischen Charakterisierungen zu verbinden beginnt, wie sie Mutter und Baby verbinden, dann erhält die grammatische Syntax eine ganz neue Bedeutung, eine Vitalität und neue Nützlichkeit. Was wir untersuchen ist dynamische emotionale Syntax; Phrasen und narrative Sequenzen des Fühlens, die gewiß grundlegend für die Struktur verbaler Äußerungen und deren Bedeutung sind.« (Trevarthen 2003, S. 76, Übers. MBB).

Ein neuer Begriff: dynamische emotionale Syntax. Das ist eine »Grammatik« der Tiefe, aber *zwischen* Personen. Sie ist nicht in Genen einer Person, nicht in neuronalen Verschaltungen zu finden – das Gehirn braucht offenbar diese Art von konversationeller »Nahrung«, um gedeihen zu können. Immerhin können wir sagen, dass Säuglingsforscher die Frage, ob es eine Sprache vor dem Sprechen gibt, auf eine sehr interessante Weise beantworten: es gibt Musik *vor* dem Sprechen, sie wird in einer mindestens duettierenden Zwei-Personen-Besetzung aufgeführt, sie erklingt schon sehr früh und wird gelegentlich vom Säugling dirigiert. Diese Musik vor dem Sprechen hat als ihre materiale Basis möglicherweise die Spiegelneuronen – doch wie dem auch sei: wir bekommen eine Ahnung, warum wir als Therapeuten davon sprechen, dass wir uns auf einen Patienten »einstimmen« oder »einschwingen« und hier die sonst sehr seltenen musikalischen Metaphern verwenden.

Die Rolle der Beobachtung höherer Ordnung

Kann man solche Beobachtungen der mimetischen Anschmiegung auch auf anderen Gebieten beobachten? Die Antwort ist eindeutig ja und sie hat eine wesentliche Veränderung der Forschungsperspektive zur Folge gehabt.

Das gilt erstaunlicherweise sogar für die Beziehungen zwischen Menschen und Primaten. Der berühmte Primatenforscher D. O. Hebb (1946) teilte seinerzeit eine wenig beachtete Beobachtung über das Beobachten mit. Auch damit erklimmt er die Leiter eine Stufe weiter: er beobachtet nicht mehr ein Individuum, sondern eine Interaktion.

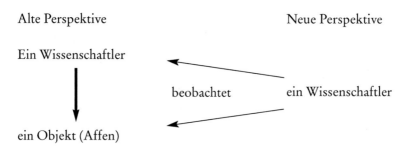

Abb. 3: Die Stufigkeit von Beobachtungen verschiedener Ordnung

Die neue Art der Beobachtung wird als Beobachtung zweiter (oder höherer) Ordnung bezeichnet; es wird nicht »etwas« nur beobachtet, sondern es wird ein Beobachter beim Beobachten beobachtet – damit kann man dessen Beziehung zu seinem Beobachtungsgegenstand in den Blick bekommen.

Hebb war aufgefallen, dass neue Mitarbeiter in seinem Labor vor Angriffen durch die Tiere besser geschützt waren, wenn sie deren Verhaltensweise in anthropomorphen Konzepten beschrieben. Hebb, selbst durch die harte Schule des Behaviorismus gegangen, hatte instruiert, das Verhalten der Tiere in behavioristischer Präzision im Laborbuch festzuhalten, musste dann aber eine erstaunliche Feststellung machen: Wer nämlich nur auf diese Weise das Verhalten der Tiere beobachtete und nicht auf deren Intentionen schloss, konnte einen möglichen Angriff schlechter vorhersagen als diejenigen Mitarbeiter, die »auf Menschenart« beobachteten: »Durch den freien Gebrauch menschenähnlicher Konzepte von Emotion und Haltung konnte man schnell und leicht die Eigenarten der individuellen Tiere erkennen und beschreiben. Mit einer solchen Information ausgestattet konnte ein Neuling im Team mit einem solchen Tier dann sicherer umgehen, was sonst nicht der Fall gewesen wäre« (Hebb 1946, S. 88, Übers. MBB).

Angemessene Beobachtung von Primaten – das ist also etwas anderes als Präzision der Beschreibung, ob ein Tier Finger spreizt oder die Augenbraue hebt und den Kopf senkt. Angemessen ist die Beschreibung der Intention, die sich im Verhalten darstellt, angemessen ist der Sinn eines Verhaltens in einer gegebenen Beziehung, die auch Tiere ihrerseits zu Menschen haben. Hier, im Zentrum der behavioristischen Verhaltensbeobachtung, finden wir also schon vor vielen Jahren das Zugeständnis, dass eine Beziehung selbst zu Primaten nicht auf Beobachtung von *Verhalten* allein aufgebaut sein kann, sondern mit anderen Kategorien operieren muss: *aus Verhalten muss auf Absicht, aus Muskelbewegung auf Sinn, aus Darstellungsfragmenten auf das ganze Stück geschlossen werden.* Das alles ist natürlich wiederum unscharf, perspektivenabhängig.

Der Psychoanalytiker Herbert Stein (1993) geht in die gleiche Richtung, wenn er Primaten nicht nur beobachtet, sondern – wie Hebb – die Beobachtung selbst beobachtet und dann feststellen muss, von wie vielen kulturellen Verzerrungen die Beziehung des Menschen zum Tier bestimmt ist. So galt etwa jahrhundertelang das Diktum Descartes', Tiere seien Maschinen und könnten wie diese keinen Schmerz empfinden. Stellt man sich aber zu ihnen anthropomorph ein, kann man noch einen Schritt weiter als Hebb gehen. Stein beobachtete in Pondicherry in Südindien einen Makaken-Affen namens Aziut, der in meditativer Versunkenheit immer wieder mit einem Stab aus Holz eine Linie in den Sand zieht. Aziut betrachtet, was in eindrucksvollen, nah berührenden Photoserien dokumentiert ist, den Stab, dann den Stab im Spiegel und wechselt den Blick zwischen Spiegelbild und Original hin und her, er scheint in meditativer Versenkung zu reflektieren. Er holt den Stab, wenn er Dinge im Garten beobachtet, die ihm nicht ganz geheuer sind. Er wickelt den Stab, wie es Priester mit dem Velum tun, in ein ihm wichtiges buntes Tuch. So zu beobachten, meint Stein (1993, S. 146) brauche Mut, »weil die Beobachtung uns sofort zu Assoziationen brachte, die als anthropomorphistisch mehr als verdächtig sein mögen«.

Aber mit Bezug auf den »harten« Behavioristen Hebb sind solche Bedenken leichter zu relativieren. Und Aziut zeichnet in den Sand und kann durch attraktive Futterangebote nicht davon abgebracht werden, bis die Zeichnung fertig ist. Der Trieb zu essen, erweist sich als schwächer. Da auch andere Autoren (von Stein ausführlich zitiert) Zeichnungen von Affen beobachtet haben, ist der Schluss bemerkenswert, den Stein (S. 148) zieht: »Das missing link, das wir suchen, ist nicht ein Individuum zwischen Tier und Mensch, sondern ein Bewußtsein, ein symbolvermittelter Bezug zur Welt«.

Die Linie, die solche Affen wie Aziut ziehen, wäre der Anfang jenes symbolvermittelten Bewusstseins des Menschen, das von Menschen freilich auch wieder verspielt werden kann. Nie wird man von Kultur so sehr bestimmt, wie wenn sie fehlt.

Über die Voraussetzungen dieses symbolvermittelten Bewusstseins kann man noch ein bisschen mehr sagen. Tecumseh Fitch hat in der Zeitschrift »Trends in Cognitive Science« (2000) einen bemerkenswerten Aufsatz über die »Evolution der Sprache« verfasst. Gleich zu Anfang bemerkt er: »Obwohl Sprechen und Sprache manchmal als gleichbedeutend aufgefasst werden, ist es wichtig, sie zu unterscheiden, wenigstens im evolutionstheoretischen Kontext« (Übers. MBB).

Das passt zum Thema des Unterschieds von Sprache und Sprechen.

Fitch, der am Massachusetts Institute of Technology in Harvard arbeitet, geht von den lautlich-akustischen Verständigungen zwischen Vögeln aus und erinnert dann daran, dass Sprechen im Sinne der hier angesprochenen Konversation eine evolutionäre körperliche Veränderung voraussetzt: den aufrechten Gang. Er hat für die Entwicklung von Sprache und Sprechen zwei wesentliche Folgen:

(1) eine Modifikation der Morphologie des vokalen Trakts, so dass der Kehlkopf sich im Laufe der Evolution so in den Brustkorb senkte, dass er als Resonanzraum fungieren kann. Menschen können deshalb tiefe Töne hervorbringen, die ihrer Körpergröße eigentlich nicht entsprechen. Opernsänger, die sich als Solisten gegen eine Menge »Lärm« (Orchester, Chor etc.) durchsetzen müssen, können das, weil sie im Laufe ihrer Ausbildung lernen, ihren Kehlkopf abzusenken! Je lauter sie singen müssen, desto tiefer! (Spitzer 2002, S. 270).

(2) Was Fitch nun als evolutionären Befund mitteilt, stimmt damit gut überein: Menschen haben, was in der Evolution sehr wichtig war, sich damit eine körperliche Möglichkeit geschaffen, Stimmen zu imitieren, also zu täuschen – bei der Jagd, bei Konkurrenten, bei den Weibchen. Ein schönes Beispiel wiederum aus der Musikgeschichte ist Antonin Dvorak, der 1893 von Jeannette Thurber in die USA eingeladen worden war, um dort bei der Entwicklung einer amerikanischen Nationalmusik einen Beitrag zu leisten. Dvorak war erst 8 Monate in New York, wo er die berühmte Symphonie »Aus der neuen Welt« komponiert. Dann aber kommt er ins kleine Städtchen Spillville in Iowa, wo er das berühmte »amerikanische Quartett« op. 96 komponiert und dabei in einem Brief zugesteht, er habe endlich wieder Vögel singen gehört und verdanke dieser Erfahrung die Komposition dieser Perle der Kammermusik!

Mária Ujhelyi von der Budapester Semmelweiß-Universität promovierte 1994 mit einer Arbeit »On the antecedent evolution to human sociality«. Sie näherte sich bei ihrer Untersuchung von Primaten einem ähnlichen Thema. Wer Sprechen und »Konversation« untersucht, der stößt auf Musik, könnte man fast meinen! Denn auch Gibbon-Affen zeigen schon ziemlich reichhaltige Konversationen – aber sie täuschen dabei gerade nicht! Diese Autorin spricht davon, dass Gibbons »singen«. Sie zeigen sich damit Sexualbereitschaft oder die Grenzen ihres Territoriums an und, jetzt wird es für uns Human-Therapeuten interessant, sie singen sogar im Duett, womit Männchen und Weibchen ihre gegenseitige *Bindung* aneinander zeigen. Das ist gesichertes Wissen, die Tonfolgen sind dokumentiert und so muss man sagen, dass hier eine Sprache beschrieben wurde, die in gewisser Weise der Sprache ohne Worte der Bienen ähnelt. Aber, um wieder den Körper mehr ins Spiel zu bringen und die Verbindung mit der Arbeit von Fitch zu sehen: Wenn sie »singen«, also »Bindungsverhalten zeigen«, dann gehen Gibbons gerne auf zwei Beinen, müssen mit ausgestreckten Armen ihre Balance halten und so macht es guten Sinn, dass Gleichgewichts- und

Hörorgan so dicht im Ohr nebeneinander angebracht sind. Nun, das sind, so meine ich, keine uninteressanten Zusammenhänge für Psychoanalytiker. Es könnte sich die Möglichkeit auftun, dass Sprechen und Gleichgewicht des Körpers zusammenhängen und dass beide ihren Vorläufer in einer Art musikalischem Empfinden haben. Und noch weiter: dass dieses musikalische Empfinden mit Sinn für Rhythmik und tänzerische Qualitäten der Konversation sogar eine neurologische Basis hat.

Für die Potentiale und Resonanzen der Symbolvermittlung, die auf dem zwischenmenschlichen Terrain eine besondere Empathie ermöglichen, bietet eine Auseinandersetzung mit einem Beispiel Freuds eine weitere schöne Gelegenheit.

In der »Psychopathologie des Alltagslebens« beschreibt Freud, dass einer Dame in einer Gesellschaft der Titel des Buches »Ben Hur« nicht einfallen wollte. In seiner schönen altmodischen Sprache schreibt er: »Auch den anwesenden Herren versagt sich der richtige Einfall«. Zur Erläuterung fügt er an: »Wir haben Grund zu der Annahme, daß ähnlich unbewußte Vorgänge das Vergessen der jungen Männer bedingt haben. Ihr Unbewußtes hat das Vergessen des Mädchens in seiner wirklichen Bedeutung erfasst und es ... gleichsam gedeutet ...« (Freud 1901b, S. 50). Wichtig ist hier zu beachten, dass die Pünktchen-Auslassung von Freud stammt.

Das ist wohlvertraut. Jeder kennt Situationen, wo einem der Name eines gemeinsamen Bekannten, einer Stadt, eines Autors, nicht einfällt und der Zuhörer stimmt mit der Bemerkung zu, ja, eben noch habe er den Namen auch gewusst, aber er sei ihm jetzt gerade entfallen. Freuds Deutung im Ben-Hur-Beispiel ist klar. Die anwesenden Herren partizipieren an der schamhaften Vermeidung der anrüchigen Wortassoziation »Hure« durch die Dame. Dazu aber müssen sie deren unbewussten Konflikt auf irgendeine Weise wahrgenommen und auch schon gedeutet haben, sonst könnten sie ja nicht so reagieren.

Wieso aber können die anwesenden Herren das Unbewusste der Dame deuten? Woher haben sie ihr Wissen von deren Schamhaftigkeit und welcher Art ist dies Wissen?

Die Linguistin Donnellon beobachtet in ihrer Studie über »Team Talk«, dass diese Deutungen in Interaktionen tatsächlich beobachtet werden können. Aber sie meint richtig, daß es dabei weit mehr als um die Inhalte des Gesprochenen geht als um andere Elemente der Konversation, die zu solchen Schlüssen verwendet werden. In Teams merkt man sehr schnell, ob ein kooperativer oder hierarchischer Stil gepflegt wird, ob es um produktive

Konkurrenz oder um ein Niederkämpfen des Anderen geht und dies lässt sich an feinen linguistischen Merkmalen erschließen. Sie schreibt deshalb eine Beobachtung zweiter Ordnung auf, die für Psychoanalytiker interessant ist: »Diese Art von Interpretationen zu machen klingt viel komplizierter als es tatsächlich ist. Tatsächlich machen wir alltäglich diese Interpretationen von dem, wie Leute miteinander reden, und wir machen es kontinuierlich und meist unbewusst« (Donellon 1996, S. 30, Übers. MBB).

Diese Art von Interpretationen geschieht dauernd, mitlaufend im konversationellen Vollzug, unbemerkt. Das aber ist nicht nur im deskriptiven Sinn unbewusst. Es folgen massive Weiterungen für den konversationellen Verlauf, die selbst wiederum nicht bewusst sein können. Es entstehen konversationelle Figurationen durch die wechselseitigen und unvermeidlichen Deutung der Beteiligten selbst. Sie deuten sich unbewusst und der interessante Aspekt ist, daß das Unbewuste hier nicht Gegenstand, nicht Objekt einer Deutung ist, sondern deren Subjekt. »Es« deutet – und erst diese Deutungen werden durch einen Psychoanalytiker gedeutet, dessen Deutungen dann genau genommen »Deutungen zweiter Ordnung« sind.

Das konversationelle Zusammenspiel ist wiederum nicht anders als in der Musik. Hier ist es wohlbekannt, dass zwei Stimmen im Duett gesungen eine dritte Melodie erklingen lassen können, die weder auf die eine noch auf die andere »zurückgeführt« werden kann; ja es gibt sogar das Phänomen, dass eine einzelne Stimmführung, etwa in Bachs Inventionen aus dem »Wohltemperierten Klavier«, wenn sie nur schnell genug gespielt wird, plötzlich eine »eingebaute« weitere Melodie hören lässt. Hier wird etwas sichtbar gemacht, was wohl als ein echtes Emergenz-Phänomen bezeichnet werden darf; nichts in jeder einzelnen Stimme eines Duetts könnte das Auftreten des Phänomens der dritten Stimme vorhersagen.

Analog verhält es sich in menschlichen Interaktionen. Jeder kennt Erfahrungen, dass man sich in der Begegnung mit bestimmten anderen Menschen plötzlich in einer Weise »fühlt«, die man sonst an sich nicht kennt, dass man sich Dinge sagen oder in einer Weise reagieren hört, die einen selbst befremdet; dass man trotz des aufmerksamen Registrierens des veränderten Selbstgefühls es nicht aufgeben, es nicht verlassen kann, und dass man erst nach einer längeren selbstreflexiven Pause versteht, was da abgelaufen ist. Man muss sich den Ablauf, also die Interaktion »bewusst« machen, weil hier etwas unbewusst von beiden am konversationellen Duett Beteiligten gleichermaßen gestaltet wurde. Diese Reflexion ist zeitverbrauchend und kann nur sehr selten *während* des konversationellen Vollzugs gleichzeitig und parallel stattfinden. Wer hier nämlich jedem Detail bewusste Aufmerksamkeit schenken wollte, würde in Sekundenschnelle den Gesprächsfluss zu einer Vollbremsung zwingen. Und auch das wäre eine konversationelle Folge, auf die andere dann wiederum mit Reparaturversuchen, neuen Gesprächsanknüpfungen, Ablenkungen etc. reagieren. Es geht also nicht um bewusste Beobachtung, sondern um Teilhabe am Gespräch, das dabei immer nur partiell beobachtet werden kann. Die Beobachtung tanzt wie ein Irrlicht auf dem Gesprächsfluss und manchmal geht sie auch darin unter. Aber das Gespräch geht dennoch weiter, gelenkt von anderen Mechanismen als einer nur bewussten Steuerung.

Sinnvoll erscheint es hier, nicht ein repräsentationales Wissen – ein akademisch-wissenschaftliches Wissen *über* einen Gegenstand – anzunehmen, sondern davon eine mimetische Repräsentation (Buchholz 2003) zu unterscheiden. Um das zu erläutern, ist es wichtig, sich klar zu machen, dass das Ben-Hur-Beispiel nun eigentlich nicht von Freud stammt, sondern von Theodor Reik. Freud hat etwas Wichtiges ausgelassen. Im Original erfährt man Genaueres über das Zustandekommen der gemeinsamen Fehlleistung: »Wir haben Grund zu der Annahme, daß ähnliche unbewußte Vorgänge das Vergessen der jungen Männer bedingt haben. Ihr Unbewußtes hat das Vergessen des Mädchens in seiner wirklichen Bedeutung erfasst und es, *gestützt auf die eigene Kenntnis des Namens und die mimischen Zeichen*, gleichsam gedeutet ...« (Reik 1922, S. 15).

Freud hat, wie der Vergleich zeigt, die Bedeutung der mimischen Zeichen – was ich hier kursiviert habe, fehlt bei Freud – weggelassen, die Reik nicht im Detail beschreibt, aber doch andeutet. Das legt nahe, einen mimetisch-expressiven Zusammenklang anzunehmen. Es sind meist solche sehr kleinformatigen und flüchtigen Momente, die hier ihre Rolle spielen. Die mimetische Symbolisierung ver-andert den eigenen Selbstzustand. Der Zuhörer schmiegt sich mimetisch in seinem Selbst-Zustand dem Anderen an, die Herren übernehmen gleichsam die peinliche Empfindung der Dame. Die mimetische Symbolisierung nimmt körperlich-sinnliche Selbst-Erfahrungen zur Vorlage, Erfahrungen wie die Raum-Lage-Labilität, die Temperatur, Balance, Klang und Rhythmus. Sie ist, wenn man so will, mit dem Hören und der Stimme, mit dem Ohr, das repräsentationale Wissen eher mit dem Distanzsinn des Auges verbunden. Was mimetisch erlebt wird – auf das kann man nicht in einer Weise zeigen wie auf ein sichtbares Objekt. Man braucht Metaphern, die mit phantastischer Genauigkeit (Bude 1989) ausformulieren, die darstellen, was wir uns vorstellen. Wir brauchen dazu die Freiheit von behavioristischer Präzision und beschreiben eine Beziehung als »im Gleichgewicht« oder nennen sie »disharmonisch« bzw. »harmonisch« und noch die Säuglingsforschung spricht vom »attunement« zwischen Mutter und Säugling in einer Zeit, die weit vor dem Spracherwerb liegt, aber schon die Fähigkeit der Ausdrucksbeobachtung eines mütterlichen Gesichts ebenso nutzen kann wie Lage, Halt und Temperatur des eigenen Körpers. Die baby-watcher Diamond und Marrone (2003, S. 133 f.) beschreiben die Mentalisierungsprozesse des Kindes als interaktive Vorgänge zwischen Erwachsenem und Kind und sprechen sogar von der Entwicklung des »co-thinking«, um auch auf diesem Gebiet die Begrenztheiten der Ein-Personen-Psychologie zu überwinden. Diese Autoren deklinieren die Psychoanalyse bindungstheoretisch durch, kommen dann auf verschiedene Mentalisierungskonzepte zu sprechen und sehen als Problem, dass die meisten dieser Konzepte im Grunde noch im Bezugsrahmen der Einpersonenpsychologie denken. »One person cannot think in isolation«, heißt es markant (ebd., S. 125) und damit ist natürlich der Anfang der Entwicklung gemeint; später geht's schon. Hier führen sie einen neuen Begriff ein: »Co-thinking« und erklären ihn so: »›Zusammendenken‹ befähigt zu konversationellem Denken. Damit ist gemeint, die Perspektive des Anderen in Bezug zum eigenen Selbst einzunehmen und auf diese Weise offen zu sein, sich selbst in der Beziehung in Frage zu stellen« (ebd. S. 126, Übers. MBB).

Das ist eine ziemlich weite Entfernung von der ursprünglichen Freudschen Annahme, dass Denken als eine Art halluzinatorischer Wunscherfüllung beginne, dann nämlich, wenn die Mutter und mit ihr Wunsch- und Bedürfnisbefriedigung weit weg sind. »Abwesenheit« heißt das gepriesene französische Zauberwort – und es ist offensichtlich nicht richtig. Um zu mentalisieren braucht es den Anderen, braucht es Anwesenheit des Anderen. Die Fähigkeit zur Symbolisierung und zum Symbolgebrauch entsteht nicht aus dem Nichts, aus der Frustration. Sie wird intersubjektiv erworben. Die Autoren erinnern hier nun daran, dass es ein anderer Franzose, Merleau-Ponty, war, der schon in den 1960er Jahren die Täuschung aufzugeben forderte, Psychisches sei privilegiert nur in der Introspektion zugänglich. Denn das Subjekt lebt in seinen Handlungen, auch in der Unterdrückung der Äußerung seiner Handlungen. Wenn Winnicott meinte, das Baby finde *sich* im Lächeln der Mutter, dann ist genau das gemeint: das Baby konstituiert sein Selbst am mütterlichen *T u n*, nämlich an deren Blick und Gesichtsausdruck. Der Körper des Anderen muss wahrgenommen, sein Ausdruck verstanden, seine Intentionen aus seinen Handlungen erschlossen werden können, um sich selbst damit synchronisieren zu können – musikalisch oder auf welche Weise auch immer. Von Merleau-Ponty übernehmen Diamond und Marrone den Begriff der *Mimesis*, also die Angleichung der Gesten, des Verhaltens, des Stils des eigenen Körpers an den des Anderen. Hier, in dieser Körperlichkeit und in dieser Gemeinsamkeit, hat das Denken seinen Ursprung, hier entstehen Symbolik und andere Formen der Repräsentation und jetzt verstehen wir, warum Ausdrücke wie »schwere Beschuldigung« sowohl Körperliches ausdrücken als auch körperliche Reaktionen nach sich ziehen können. Hier also ist das Potential für eine Diskussion auch mit der Psychosomatik versteckt.

Die New Yorker Entwicklungspsychologin Nelson (1996) legt Transkripte der Konversationen von Müttern mit anderthalb bis zweijährigen Kindern vor, an denen sich sehr schön zeigen lässt, wie Mütter Äußerungshilfen geben, wenn das Kind eine Geschichte zu erzählen versucht. Das kindliche Erzählen wird von der Mutter geformt, die ihrerseits von ihm gesteuert wird, weil sie auf das Kind »pacing step by step« reagiert. Von diesen sehr frühen Erfahrungen bleibt manches auch beim Erwachsenen erhalten und findet sein Echo in Metaphern, die, weil sie eine fiktive Welt erzeugen können, das Kreative und damit eine andere, eine elementare Wirklichkeit berühren.

Den Unterschied zwischen repräsentationaler und mimetisch-interaktiver Symbolisierung kann man sich an der emotionalen Position eines Zuschauers im Kino verdeutlichen. Zwar sitzt er *vor* der Leinwand, v. a. sein Auge ist angesprochen. Sein Erleben aber, wenn denn der Film nur »gut genug« ist, ist anders: hier ist er »im« Film und diese Fähigkeit, »im« Film »drin« zu sein, könnte den Spiegelneuronen zu verdanken sein. Die Sprache nutzt die Präposition metaphorisch: für eine genaue Bestimmung des *emotionalen* Ortes der Teilhabe. Das verfügende Wissen der repräsentationalen Symbolisierung hingegen ist immer ein Wissen *über* Etwas und positioniert den Wissenden anders.

Die Konsequenz aus diesen Unterscheidungen ist, dass sich das »Psychische jenseits des Wissens«, das die Psychoanalyse als das Unbewusste beschreibt – Bollas (1997) nannte es »das Ungedachte Bekannte« –, als eigene Welt interaktiver Symbolik und Metaphorik beschreiben lässt, die nicht auf das technisch Verfügende und Machbare reduziert werden kann. Freilich kann es immer nur durch Symboliken und Metaphoriken hindurch scheinen, weil es ohne sie nicht kommunizierbar wäre. Psychisches ist an

Darstellung, Darstellung an Rezeption durch Andere, Rezeption an Interaktion und Konversation, beides an Kontexte gebunden – und dass man auch vor sich selbst etwas »darstellen« kann, ist hier nicht ausgeschlossen. Auch kann die Rezeption durch ein Publikum Teil einer Darstellung sein. Dies alles sind basale »soziale Konfiguration«.

Zwischenschritt: Zusammenfassung

Der entscheidende Schritt in der kollektiven wie individuellen Evolution ist das Verbindlichwerden der Annahme, dass Andere für uns ebenso Gefühle haben wie wir für sie, dass wir Absichten, Gefühle, Einstellungen und Perspektiven aus deren Verhalten kognitiv erschließen müssen, wie auch unsere Gefühle und Absichten, Perspektiven und Einstellung von anderen erschließbar sind – Erschließung freilich nicht allein durch repräsentationale Symbolisierung oder rationales Kalkül, sondern durch Mimesis. Sie ist körperbasiert und immer bezogen auf den anderen; nicht individuelle Autonomie, sondern soziale Verbundenheit kann damit den Primat beanspruchen. Das Seelische wird sich somit am Anderen »selbsttransparent« (Buchholz 2003). Damit verlagert sich das Unbewusste aus einer individuellen Verfasstheit in die Interaktion, die den Körper und seine Erfahrung einschließt.

Diese sich »anschmiegende«, eben mimetische Verbundenheit während Interaktionen unter Anwesenden wäre das bislang ignorierte Unbewusste des Individualismus mit seinem Ideal der individuellen Autonomie. Ohne diese Ignoranz geht es jedoch um ein mimetisches Wissen um den Anderen, das an der eigenen Ver-Anderung wahrgenommen werden kann, dessen Tiefen der Psychoanalyse wohl vertraut sind. Ich will nur ein Beispiel nennen, wie weit manche Auffassungen da reichen.

Ulrich Moser (2003, S. 744) schreibt in der Zusammenfassung seiner Traumtheorie: »Ein Traum ist in der Therapie nicht der Traum eines Einzelnen über sich, weil die beiden, Analytiker und Analysand, durch projektive Identifikation nicht mehr unterscheidbar verknüpft sind«. Er bezieht sich dann auf Ogden, der das Erleben generell in den Raum zwischen den Partnern der psychotherapeutischen Relation lokalisiert hat: »Ein Traum, der im Verlauf einer Analyse entsteht, ist ein Traum, der im analytischen Traum-Raum Form annimmt und den man sich als Traum eines analytischen Dritten vorstellen kann. Die Frage, wem der Traum gehört, wäre irrelevant« (Ogden 2001, S. 100). Diese Behauptung, es sei irrelevant, wer geträumt habe, ist für das Ideal individueller Autonomie im Grunde unerhört; hier aber wird sie vertreten und zeigt damit an, wieweit psychoanalytische Erfahrungen und neuere Auffassungen, wie ich sie hier beschrieben habe, konvergieren. Moser geht noch einen Schritt weiter: »Der Traum ist Bestandteil einer *therapeutischen Kultur* zwischen zwei Personen. *Das intersubjektive Geschehen selbst wird* – um es wissenschaftstheoretisch zu formulieren – *zum Systembereich der Betrachtung. Die Personen Analytiker und Analysand sind Inputlieferanten*« (2003, S. 745).

Das ist wie bei den duettierenden Stimmen. Die Analyse emergiert als Dritte Stimme aus dem Duett der Beteiligten. Das englische »emergency« hat seinen Ursprung im »Notfall«. Die Entstehung der Analyse auf diese Weise kommt einer Überwindung der Unbewusstheiten des autonomen Individualismus gleich.

Das könnte übrigens in anderen Kulturen anders gewesen sein: »In alten indigenen und ozeanischen Völkern kann der Traum wandern. Er verläßt den Körper über Öffnungen des Körpers, die Aus- und Einstiegspforten sind. Im Traum (Traum-Raum) sitzen Gestalten, zum Teil fremde Dämonen, Götter und Ahnen, die den Trauminhalt bestimmen. Sie sind konkret ›da‹. Der Eigene Traum ist auch der Traum des Clans (Das Verschweigen ist bereits ein Ansatz einer der Kultur fremden individuellen Autonomie) ... Wird diese Tendenz der Entpersonalisierung des Traums in den Theorien des bi-personalen Feldes wieder aufgegriffen mit der Annahme, das Paar der Therapie erzeuge einen Traum?« (Moser 2003, S. 745). In der Analyse geht es somit nie allein um die Selbst-Erfahrung nur des Einen, sondern immer auch um die des Anderen; das kann aber nur dem deutlich werden, der das Selbst nicht in den engen individualistischen Begrenzungen versteht. Das Selbst, und v. a. das »wahre Selbst« ist mehr als das dem Einzelnen Innewohnende. Stein (1979, 1985, 1993) hat dem sein Lebenswerk gewidmet.

Das Negativ der Mimesis

Bislang habe ich Mimesis und Ver-Anderung, Spiegelung und genaue Wahrnehmung, die Körperlichkeit von zwischenmenschlicher Balance und Musikalität beschrieben und sie als positiven Wert betrachtet. Hier wird nun eine Einschränkung fällig.

Denn Mimesis ist nicht nur positiver Wert, Mimesis ist auch Gefahr. Kaum ein Autor hat dies so deutlich gesehen wie der Religionsphilosoph René Girard (1972, 2002a und b). Für ihn stammen Gewalt und Gegenseitigkeit aus dem gleichen Ursprung, dem mimetischen Begehren. Wo die bisherigen Überlegungen zeigten, dass die Fähigkeit, den anderen als »gleich wie man selbst« anzusehen, positive Voraussetzung von Interaktion mit den komplizierten Balanceleistungen, die ich als Dreiecke beschrieben habe, war, ist eben diese Gleichheit oder Gleichartigkeit, wenn sie sich im Begehren artikuliert, Quelle dauernden Streits und intensiven Vernichtungswillens. Ich begehre, was Du begehrst; Du begehrst, was ich begehre? Nur weil ich's begehre, begehrst Du, nur weil Du begehrst, begehre ich?

»Wenn wir die Menschen um uns beobachten, entdecken wir schnell: das mimetische Begehren oder die begehrende Nachahmung beherrscht unsere belanglosesten Gesten genauso wie den Wesenskern unseres Lebens, die Wahl einer Ehefrau oder eines Berufs und den Sinn, den wir dem Dasein geben. Was man ›Begehren‹ oder ›Leidenschaft‹ nennt, ist nicht zufällig oder manchmal, sondern immer mimetisch, das heißt nachahmend. Unser Begehren kennzeichnet nicht unser tiefstes Wesen, sondern hat einen fremden Ursprung. Es ist vor allem sozial ...« (Girard 2002b, S. 438).

Wir begehren, was wir an anderen beobachten, was diese begehren und geraten eben dadurch in Rivalität. Der eine hält dem anderen zur Begrüßung die Hand hin und diese Geste wird mimetisch erwidert, der Ritus der Begrüßung inszeniert. Wenn nun der eine die Hand zurückzieht, so das instruktive Beispiel Girards (ebd., S. 443) weiter, und dadurch ablehnt, den anderen nachzuahmen, wird er sofort nachgeahmt, indem der andere die Weigerung kopiert und die Hand ebenfalls zurückzieht. Es kommt zu dem, was in einer anderen Terminologie als »symmetrische Eskalation« beschrieben worden ist. Deren Kern ist Mimesis. Charakteristisch für diesen und alle verwandten Fälle ist, dass der Nachahmende zum Modell, das Modell zum Nachahmer wird. Die »Nachahmung entsteht von neuem aus den Bemühungen sie abzulehnen« (ebd., S. 443). Die Polarisierung der Schuld geht mit einer Temporalisierung einher (»Du hast zuerst angefangen«); solange eine polare Differenz zum Andern etabliert bleiben kann, ist der Andere ein Gegenüber oder ein »Du«, an dem sich dann das »Ich« profiliert. Beider Verhältnis kann als »Begegnung« zweier Identitäten aufgefasst werden, wobei einer jeden Identität die Relation zum Anderen, an dem sich das Eigene immer erst zur Identität schärft, im Kern schon eingeschrieben ist. Im Binnenverhältnis muss man wissen, was der Andere ist, um ihn sich äußerlich vom Leibe halten zu können. Friedliches Kernstück in der doppelten Relation von Identität/Anderer und Anderer/Identität ist die Anerkennung dieses Verhältnisses selbst.

Versagen jedoch die sozialen Mechanismen solcher Anerkennung und die diskursiven der Differenzbildung, so entfaltet sich das gewalttätige Potential der Mimesis. Es wird der Andere zum Fremden, der Fremde zum Gegner und der Gegner zum Feind gesteigert[4] und in einer eskalierenden Opferkrise, so Girard, kann die zerstörerische Aggression nur gebannt werden, indem sie einem Sündenbock aufgebürdet wird, von dem Girard dann an historischen Beispielen überzeugend zeigt, dass dieser zum Vorbild für die Gottheit avanciert. Sündenböcke – das waren die »pharmakoi«. Die Organisation eines Sündenbocks ist dann für das Kollektiv heilsam – für eine gewisse Zeit bis zur nächsten Krise. Im Anschluss an Batesons Begriff der Schismogenese formuliert Baecker (2001, S. 17) den Grund für die zyklisch wiederkehrenden Opferkrisen so: »Es kommt dann zu ›Projektionen‹ (Freud) der Unmöglichkeit der Selbstbestimmung auf den Anderen, der diese Selbstbestimmung veranlasst und gefährdet zugleich, und diese Projektion wird libidinös als Aggression und Gewalt ausagiert, wenn ihr kein anderer Ausweg geboten wird: etwa in der Liebe, im Gespräch oder im Respekt«.

Man leidet daran, dass (individuelle oder nationale) Selbstbestimmung nicht wirklich zu haben ist und projiziert auf den Anderen die Schuld dafür. Dieser Mechanismus übersieht das paradoxe Verhältnis, dass Selbstbestimmung nur am Anderen ihren eigenen Begriff gewinnt und doch zugleich immer durch ihn gefährdet ist. Es treibt dann aus sich einen Individualismus hervor, von dem wir mittlerweile wissen (Assmann 1987, 1991), dass er älter ist als die Renaissance und auch vor der Jaspers'schen »Achsenzeit«[5] als vorhanden dokumentiert werden kann, mindestens also etwa 4–5000 Jahre[6] mit Beginn bei den Totenkulten der Alten Ägypter – schon diese wollten als individuelle Personen erinnert werden. Hier schließt sich dann eine argumentative Runde: es war ja die Erfahrung des individuellen Todes, der von Assmann als »Kulturgenerator« ausgezeichnet werden konnte, aber er bildet auch die absolute Grenze der Selbstbestimmung, den kalten »Absolutismus der Wirklichkeit« (Hans Blumenberg). Er ist dann in mythischer Überbietung der Große Andere, die Absolutheit der Fremdbestimmung. An ihm scheitert alle individuelle Autonomie in letzter Instanz. Ihn den menschlichen Kumpanen aktiv zufügen zu wollen, um die Selbstbestimmungsillusion so lange wie möglich zu wahren, ist dann Teil der mörderischen menschlichen Erfahrung über die Jahrtausende. Und unbewusst wird, dass man sich selbst mit dem Tod identifiziert, den man den anderen in den Schlachten der Kriege zu bringen meint, dass also der Tod so nicht überwunden werden kann. Im Christuswort »siehe, ich habe den Tod überwunden«, sieht Girard (2002) deshalb die menschheitsgeschichtliche Lösung und Erlösung, die möglich wurde, weil Christus sich zum Opfer bringt, ohne dass zuvor eine Schuld, für die gesühnt werden müsste, auf ihn gefallen sei.

Dann aber wird man sagen dürfen, dass der Individualismus in seinen verschiedenen Variationen eine je aktualisierte historische Form der Bearbeitung des Problems ist, dass das Verhältnis zu anderen Menschen doppelt mimetisch geprägt ist: von Gewalt *und* von Gegenseitigkeit. Die sich auch in Gestalt der Spiegelneuronen manifestierende Möglichkeit der Empathie, die Verbundenheit mit dem symbolgebrauchenden Tier, die Möglichkeit des mimetischen Verstehens auch im mimischen Ausdruck, im Gegensatz dazu aber mimetische Rivalität mit gewaltsamen Eskalationen zur Sündenbockkonstruktion und zur Opferkrise – dies alles wäre das Unbewusste eines sich vorwärts kämpfenden Individualismus, der die Menschen in einer paradoxalen Gleichzeitigkeit enorm entsolidarisiert und zugleich die Weltgesellschaft hervorbringt.

Anmerkungen

[1] Der in den USA zum Katholizismus konvertierte Schriftsteller, Psychoanalytiker und Nervenarzt Alfred Döblin schreibt in seinem letzten Roman »Hamlet oder Die lange Nacht nimmt ein Ende« hier ganz exemplarisch: »Oh, ich möchte Seligkeit. Ich bin ein Mensch und schlecht, aber ich habe wie alle den Engel in mir, der spielen und fliegen will« (Döblin 1987, S. 554). Das »Schlechte« ist, wie die Anlage des ganzen Romans zeigt, das Tierische. Ein weiterer Beleg: der Kunsttheoretiker John Berger schreibt in dem Band »Das Leben der Bilder oder die Kunst des Sehens« (o. J., S. 15): »Worin bestand das Geheimnis der Gleichheit und Ungleichheit des Tieres mit dem Menschen? Das Geheimnis, dessen Existenz der Mensch sofort erkannte, als er den Blick eines Tieres auffing. In gewissem Sinne ist die gesamte Anthropologie, die sich mit dem Übergang von der Natur zur Kultur befasst, eine Antwort auf diese Frage. Aber es gibt auch eine allgemeine Antwort. Alle Geheimnisse handeln davon, daß Tiere *Vermittler* zwischen dem Menschen und seinem Ursprung sind. Darwins Evolutionstheorie, unauslöschlich mit dem Stempel des neunzehnten Jahrhunderts versehen, gehört dennoch einer Tradition an, die fast so alt ist wie der Mensch selbst. Tiere

vermitteln zwischen dem Menschen und seinem Ursprung, weil sie dem Menschen ebenso gleich wie ungleich waren«.

2   Meltzoff et al (1999) dachten sich ein interessantes Experiment (»failed attempt display«) aus. Vor den Augen des Kindes versucht ein Experimentator, Perlen in eine Schale zu legen und »schafft« es nicht. Jedesmal wenn die Kugel daneben rollt, stöhnt er und gibt seinem Gesicht ein trauriges Aussehen. Überläßt man dann dem Kind das Spielzeug, legt es sofort die Perlen in die Schale – es beobachtet und imitiert nicht Verhalten, sondern Intentionen. Das gilt für 14-Monate alte Kinder nicht, aber ab dem 18. Lebensmonat. »Offenbar sind Kleinkinder keine Behavioristen. [...] Personen werden in einem Bezugsrahmen von Zielen und Absichten verstanden. Menschliche Handlungen sind voller Absichtlichkeit und werden deshalb mit eigenen absichtsvollen Handlungen in Verbindung gebracht« (Meltzoff et al. 1999, S. 29, Übers. M. B.). Elisabeth Fivaz-Depeursinge (persönliche Mitteilung, Ende Oktober 2004) meint, beobachte man Kinder in der familiären Triade, könne man feststellen, dass Intentionalität schon viel eher beobachtet werden könne, im Grunde von Anfang an. Viele ihrer Befunde weisen in diese Richtung (Fivaz-Depeursinge 1991, 1994, 1998).

3   Ich ziehe den Ausdruck »Konversation« gegenüber »Kommunikation« aus mehreren Gründen vor. Kommunikation – das ist in der modernen Gesellschaft »alles«. Insofern ist dieser Begriff verschlissen. Zum anderen denken die meisten Psychotherapeuten bei Kommunikation an Watzlawick und dessen überholte Vorstellung von »Metakommunikation«. Zum dritten bezeichnet »Konversation« genauer, was gemeint ist, nämlich das Gespräch unter Anwesenden und dafür sind durch und seit Harvey Sacks genaue methodische Instrumentarien entwickelt worden (Atkinson & Heritage 1984; Bergmann 1991 a und b; Jefferson 1992; Sacks 1992), die fälschlich dem »Positivismus«-Verdacht ausgesetzt und von psychoanalytischer Seite leider verteufelt wurden. Nirgendwo jedoch wird genauer beschrieben, was in Gesprächen passiert – und dann ergeben sich interessante Befunde, wenn man therapeutische Gespräche so evaluiert. Das hat neuerdings auch die Boston-Study-Group um Daniel Stern, die sich für therapeutische Mikroprozesse interessiert, entdeckt (Bruschweiler-Stern et al. 2002; Stern 2004). Aber auch andere Psychotherapeuten (Gale 1991; Gerhardt & Stinson 1995; Levenson 1991; Meares 1998; Streeck 1995, 2002; Wilke 1992) stoßen auf diese konversationellen Methoden; hier kann man durchaus mit reichem empirischem Gewinn auf sozialwissenschaftliche Arbeiten der Konversationsanalytiker zurückgreifen (Dittmann 1977; Wittmann 1990; Wolff 1994; Wolff & Meier 1995; Wrobel 1990). Neuerdings hat Trevarthen (2003, S. 55) Beobachtungen der Mutter-Säuglings-Interaktion in Zusammenarbeit mit dem Musikspezialisten Stephen Malloch unternommen. »Wir suchten nach visueller Aufmerksamkeit und wie Objekte aufgespürt und erreicht werden, aber wir entdeckten sehr schnell, dass Kleinkinder auf Konversation aus waren« (Übers. MBB). Diese Konversationssuche lasse sich am ehesten als »music« verstehen, denn sie folge Mustern eines »Tanzes« und sie kann man schon bei Säuglingen 20 Minuten nach der Geburt nachweisen.

4   Wie ich am Beispiel des Antisemitismus und anderer historischer Vorfälle (Buchholz 2002) gezeigt habe.

5 Jaspers sah mit der griechischen Antike eine »Achsenzeit« beginnen, vor der es keinen Individualismus als bestimmende Lebensform gegeben haben soll; Assmann führt seine überzeugenden Nachweise gegen diese Jaspersche Einteilung.
6 Die soziologischen Auffassungen zur Individualisierung sind zusammengefasst bei Kippele (1998), über die modernen Widersprüche der Inszenierung von Individualität siehe Schulze (1992).

Literatur

Assmann, A. (1999): Erinnerungsräume. Formen und Wandlungen des kulturellen Gedächtnisses. München (C.H. Beck).
Assmann, J. (1987): Sepulkrale Selbstthematisierung im Alten Ägypten. In: A. Hahn & V. Kapp (Hg.): Selbstthematisierung und Selbstzeugnis: Bekenntnis und Geständnis. Frankfurt/M. (Suhrkamp).
Assmann, J. (1991): Stein und Zeit. Mensch und Gesellschaft im Alten Ägypten. 2. Aufl. München (Fink) 1995.
Assmann, J. (2000): Der Tod als Thema der Kulturtheorie. Todesbilder und Totenriten im Alten Ägypten. Frankfurt/M. (Suhrkamp).
Assmann, J. (2001): Tod und Jenseits im Alten Ägypten. München (C.H. Beck).
Assmann, J. (2004): Sigmund Freud und das kulturelle Gedächtnis. In: Psyche 58, S. 1–15.
Baecker, D. (2001): Wozu Kultur? Berlin (Kadmos).
Bargh, J. A. & Chartrand, T. L. (1999): The unbearable automaticity of being. In: American Psychologist 54, S. 462–479.
Bartholomew, K. (1990): Avoidance of intimacy: An attachment perspective. In: Journal of Social and Personal Relationships 7, S. 147–178.
Belsky, J. & Cassidy, J. (1994): Attachment and Close Relationships: An Individual-Difference Perspective. In: Psychological Inquiry 5, S. 27–30.
Berger, J. (o. J.): Das Leben der Bilder oder die Kunst des Sehens. Berlin (Wagenbach).
Bollas, C. (1997): Der Schatten des Objekts. Das Ungedachte Bekannte. Zur Psychoanalyse der frühen Entwicklung. Stuttgart (Klett-Cotta).
Bolz, N. & Münkel, A. (Hg.) (2003): Was ist der Mensch? München (Fink).
Buchholz, M. B. (1999): Psychotherapie als Profession. Gießen (Psychosozial).
Buchholz, M. B. (2002): Fremde und das Assimilationsparadox. Zur politischen Theorie des Antisemitismus. In: O. Gutjahr (Hg.): Fremde – Freiburger Literaturpsychologische Gespräche, Jahrbuch für Literatur und Psychoanalyse, Bd. 21. Würzburg (Königshausen & Neumann), S. 69–93.
Buchholz, M. B. (2003): Metaphern und ihre Analyse im therapeutischen Dialog. In: Familiendynamik 28, S. 64–94.
Buchholz, M. B. & Gödde, G. (2005): Das Unbewusste und seine Metaphern. In: Dies. (Hg.): Macht und Dynamik des Unbewussten. Gießen (Psychosozial), S. 671–712.

Bude, H. (1989): Der Essay als Form der Darstellung sozialwissenschaftlicher Erkenntnisse. In: Kölner Zeitschrift für Soziologie und Sozialpsychologie 41, S. 526–539.
Cheshire, N. & Thomä, H. (1991): Metaphor, neologism and ›open texture‹: Implications for translating Freud's scientific thought. In: Intern. Rev. Psychoanal. 18, S. 429–455.
Damasio, A. R. (1999): Commentary on Panksepp. In: Neuro-Psychoanalysis 1, S. 38–39.
Diamond, N. & Marrone, M. (2003): Attachment und Intersubjectivity. London, Philadelphia (Wurr Publishers).
Döblin, A. (1987): Hamlet oder Die lange Nacht nimmt ein Ende. München (Dtv).
Donald, M. (1991): Origins of the Modern Mind. Three Stages in the Evolution of Culture and Cognition. Cambridge, Mass./London (Harvard University Press).
Donnellon, A. (1996): Team Talk. Listening Between the Lines to Improve Team Performance. Boston (Harvard Business School Press).
Edelman, G. M. & Tononi, G. (2002): Gehirn und Geist. Wie aus Materie Bewußtsein entsteht. München (C. H. Beck).
Eisenberg, L. (1995): The Social Construction of the Human Brain. In: Amer. J. Psychiatry 152, H. 11, S. 1563–1575.
Emrich, H. M. & Trocha, K. (1996): Das Werden von Identität: Zur Entwicklung der Subjektivität am Beispiel der Synästhesie. In: Fundamenta Psychiatrica 10, S. 133–136.
Erikson, E. H. (1968): Identität und Lebenszyklus. Frankfurt/M. (Suhrkamp).
Fitch, T. (2000): The Evolution of Speech. In: Trends of Cognitive Science 4, S. 258–267.
Fivaz-Depeursinge, E. (1991): Documenting a Time-Bound. Circular View of Hierarchies: A Microanalysis of Parent-Infant Dyadic Interaction. In: Fam Proc. 30, S. 101–120.
Fivaz-Depeursinge, E., de Roten, Y., Corboz-Warnery, A., Métraux, J.-C. & Ciola, A. (1994): Die non-verbale Kommunikation zwischen Therapeut und Paar. Beobachtungsdaten und ihre mikroanalytische Untersuchung. In: System Familie 7, S. 66–82.
Fivaz-Depeursinge, E., Stern, D. N., Corboz-Warnery, A. & Bürgin, D. (1998): Wann und wie das familiale Dreieck entsteht: Vier Perspektiven affektiver Kommunikation. In: R. Welter-Enderlin & B. Hildenbrand (Hg.): Gefühle und Systeme – Die emotionale Rahmung beraterischer und therapeutischer Prozesse. Heidelberg (Carl-Auer).
Forrester, J. (1990): Die Aphasie. In: Luzifer-Amor 3, H. 5, S. 31–53.
Freud, S. (1901b): Psychopathologie des Alltagslebens. G.W. IV.
Frevert, U. (Hg.) (2003): Vertrauen. Historische Annäherungen. Göttingen (Vandenhoeck & Ruprecht).
Gaddini, E. (1969): On imitation. In: Intern. J. Psychoanal. 50, S. 475–484.
Girard, R. (1972): Das Heilige und die Gewalt. Frankfurt/M. (Fischer).
Girard, R. (2002): Ich sah den Satan vom Himmel fallen wie einen Blitz – Eine kritische Apologie des Christentums. Mit einem Nachwort von P. Sloterdijk München/Wien (Hanser).

Girard, R. (2002): Gewalt und Gegenseitigkeit. In: Sinn und Form 54, H. 4, S. 437–454.
Halbwachs, M. (1925): Das Gedächtnis und seine sozialen Bedingungen Frankfurt/M. (Suhrkamp) 1985.
Hazan, C. & P. R. Shaver (1994): Attachment as an organizational framework for research on close relationships. In: Psychological Inquiry 5, S. 1–22.
Hebb, D. O. (1946): Emotion in Man and Animal: An Analysis of the Intuitive Processes of Recognition. In: Psychological Review 53, S. 88–106.
Hobson, R. F. (1985): Forms of Feeling. The Heart of Psychotherapy. London – New York (Tavistock/Routledge).
Kippele, F. (1998): Was heißt Individualisierung? Die Antworten soziologischer Klassiker. Opladen (Westdeutscher Verlag).
Lakoff, G. & Johnson, M. (1999): Philosophy in the Flesh. The Embodied Mind and Its Challenge to Western Thought. New York (Basic Books).
Luhmann, N. (1967): Vertrauen – Ein Mechanismus der Reduktion sozialer Komplexität. 3. Aufl. Stuttgart (Enke) 1989.
Mancia, M. (1983): Archaeology of Freudian thought and the history of neurophysiology. In: Intern. Rev. Psychoanal. 10, S. 185–192.
Meltzoff, A. N., Gopnik, A. & Repacholi, B. M. (1999): Toddlers' Understanding of Intentions, Desires and Emotions: Explorations of the Dark Ages. In: P. D. Zelazo, J. W. Astington, & D. R. Olson (Hg.): Developing Theories of Intention. Social Understanding and Self-Control Mahwah. NJ/London (Lawrence Earlbaum).
Moser, U. (2003): Traumtheorien und Traumkultur in der psychoanalytischen Praxis (Teil II). In: Psyche 57, S. 729–750.
Nelson, K. (1996): Language in Cognitive Development. The Emergence of the Mediated Mind. Cambridge (Cambridge University Press).
Ogden, T. H. (2003): Gespräche im Zwischenreich des Träumens. Der analytische Dritte in Träumen, Dichtung und analytischer Literatur. Gießen (Psychosozial).
Ohlig, K.-H. (2002): Religion in der Geschichte der Menschheit. Die Entwicklung des religiösen Bewusstseins. Darmstadt (Wiss. Buchges.).
Perlman, D. & Bartholomew, K. (Hg.) (1993): Advances in Personal Relationships, Vol. 4. London (Kingsley).
Povinelli, D. J. (1999): Social Understanding in Chimpanzees: New Evidence from a Longitudinal Approach. In: P. D. Zelazo, J. W. Astington & D. R. Olson (Hg.): Developing Theories of Intention. Social Understanding and Self-Control. Mahwah, NJ/London (Lawrence Earlbaum).
Reik, T. (1922): Über kollektives Vergessen. In: Ders.: Der eigene und der fremde Gott. Zur Psychoanalyse der religiösen Entwicklung. Frankfurt/M. (Suhrkamp) 1972.
Rizzolatti,, G., Fogassi, G. & Gallese, V. (2001): Neurological mechanisms underlying the understanding and imitation of action. In: Nature Reviews Neuroscience 9, S. 661–670.
Schore, A. (2003): The seventh annual Jown Bowlby Memorial Lecture. In: J. Corrigal & H. Wilkinson (Hg.): Revolutionary Connections. Psychotherapy and Neuroscience. London, New York (Karnac).

Schulze, G. (1992): Die Erlebnisgesellschaft. Kultursoziologie der Gegenwart. Frankfurt/M. –New York (Campus).
Spaemann, R. (1996): Über das Identifizieren von Personen. In: A. Barkhaus, M. Mayer, N. Roughley & D. Thürnau (Hg.): Identität, Leiblichkeit, Normativität – Neue Horizonte anthropologischen Denkens. Frankfurt/M. (Suhrkamp).
Spehlmann, R. (1953): Sigmund Freuds Neurologische Schriften. Eine Untersuchung zur Vorgeschichte der Psychoanalyse. Mit einem Vorwort v. P. Vogel. Berlin, Göttingen, Heidelberg (Springer).
Spitz, R. A. (1960): Die Entstehung der ersten Objektbeziehungen. Stuttgart (Klett).
Spitzer, M. (2002): Musik im Kopf. Hören, Musizieren, Verstehen und Erleben im Neuronalen Netzwerk. Stuttgart – New York (Schattauer).
Stein, H. (1979): Psychoanalytische Selbstpsychologie und die Philosophie des Selbst. Meisenheim am Glan (Anton Hain).
Stein, H. (1985): Die Geometrie des »wahren Selbst« (Winnicott). Über eine psychoanalytische Leibniz-Studie von F. Eckstein aus dem Jahre 1931. In: Zeitschrift für Klinische Psychologie, Psychopathologie und Psychotherapie 33, S. 367–376.
Stein, H. (1988): Wien, Freud und die Psychoanalyse. In: Psyche 42, S. 1–18.
Stein, H. (1990): Freuds letzte Lehre (Eros und Todestrieb) und die ›Wiederkehr des Verdrängten‹ der jüdischen Mystik. In: Arch. f. Religionspsychologie 19, S. 99–110.
Stein, H. (1992): Die Psychologie des vorchristlichen Kreuzes und die christliche Kreuzestheologie. In: Archiv für Religionspsychologie 20, S. 150–169.
Stein, H. (1993): Freuds letzte Lehre oder Eros und die Linien des Affen Aziut. Heidelberg (Wunderhorn).
Stein, H. (1994): Die Religionspsychologie Ägyptens. Zum Werk Medhanandas. In: Archiv für Religionspsychologie 21, S. 284–301.
Stern, D. N. (1985): The Interpersonal World of the Infant. A View from Psychoanalysis and Developmental Psychology. New York (Basic Books).
Stern, D. N. (2004): The Present Moment in Psychotherapy and Everyday Life. New York – London (Norton & Company).
Sucharowski, W. (1996): Sprache und Kognition. Neuere Perspektiven in der Sprachwissenschaft. Opladen (Westdeutscher Verlag).
Tomasello, M. (1999): Having Intentions, Understanding Intentions, and Understanding Communicative Intentions. In: P. D. Zelazo, J. W. Astington & D. R. Olson (Hg.): Developing Theories of Intention. Social Understanding and Self-Control. Mahwah, NJ/London (Lawrence Earlbaum).
Tomasello, M. (2002): Die kulturelle Entwicklung des menschlichen Denkens. Zur Evolution der Kognition. Frankfurt/M. (Suhrkamp).
Tomasello, M. (2003): The Key Is Social Cognition. In: D. Gentner, & S. Goldin-Meadow (Hg.): Language in Mind. Advances in the Study of Language and Thought. Cambridge, London (MIT-Press).
Trevarthen, C (1977): Descriptive analyses of infant communicative behaviour. In: H. R. Schaffer (Hg.): Studies in mother-infant interaction. Academic Press (New York) 1977, S. 227–270.

Trevarthen, C. (1982): The primary motives for cooperative understanding. In: G. Butterworth & P. Light (Hg.): Social Cognition. Studies of the Development of Understanding. Brighton (The Harvester Press).

Trevarthen, C. (2002): Origins of musical identity: evidence from infancy for musical social awareness. In: R. MacDonald, D. Hargreaves & D. Miell (Hg.): Musical Identities Oxford – New York (Oxford University Press).

Trevarthen, C. (2003): Neuroscience and intrinsic psychodynamics: current knowledge and potential for therapy. In: J. Corrigal & H. Wilkinson (Hg.): Revolutionary Connections. Psychotherapy and Neuroscience. London, New York (Karnac).

Turnbull, O. (2003): Emotion, false beliefs, and the neurobiology on intuition. In: J. Corrigal & H. Wilkinson (Hg.): Revolutionary Connections. Psychotherapy and Neuroscience. London, New York (Karnac).

Ujhelyi, M. (1996): Is There Any Intermediate Stage Between Animal Communication and Language?. In: J. theor. Biol. 180, S. 71–76.

Ujhelyi, M. (1998): Long-call structures in apes as a possible precursor for language. In: J. R. Hurford, M. Studdert-Kennedy & C. Knight (Hg.): Approaches to the Evolution of Language: Social and Cognitive Bases. Cambridge (Cambridge University Press).

Ujhelyi, M., Merker, B., Buk, P. & Geissmann, T. (2000): Observations on the Behavior of Gibbons (Hylobates leucogenys, H. gabriellae, and H. lar) in the Presence of Mirrors. In: Journal of Comparative Psychology 114, H. 3, S. 253–262.

Ujhelyi, M. (2000): On the Evolution of the Capacity for Mirror-self-recognition. In: Selection 1, S. 165–172.

Ujhelyi, M. (2001): Social Organization as a Factor in the Origins of Language and Music. In: N. L. Wallin, B. Merker & S. Brown (Hg.): The Origins of Music. Cambridge, London (MIT-Press).

Wolff, S. & Müller, H. (1997): Kompetente Skepsis. Eine konversationsanalytische Untersuchung zur Glaubwürdigkeit in Strafverfahren. Opladen (Westdeutscher Verlag).

Wurmser, L. (1983): Plädoyer für die Verwendung von Metaphern in der psychoanalytischen Theoriebildung. In: Psyche 37, S. 673.

Michael B. Buchholz

Vom »Austausch von Worten« (Freud) zur »Interaktion der Bilder« – Kultur und Körper, Kognition und Konversation (Teil 2)

Keine Zwei-Welten-Modelle in der Konversation

Geschieht, nach einem Worte Freuds, in der analytischen Situation tatsächlich nichts als »ein Austausch von Worten«? Wie kann einer den Traum des anderen träumen, wenn Moser und Ogden (2003, siehe Teil 1 dieses Beitrages) recht haben? Um diese Fragen zu beantworten, muss man von der Sprache zum »Sprechen«, also auch hier zur Konversation übergehen. Das soll nun etwas nachgezeichnet werden.

In den sprachtheoretischen Positionen des 20. Jahrhunderts begegnet man ebenso wie in älteren Traditionen einem bemerkenswerten Dualismus, der die Frage formulierte, ob es eine Sprache »hinter« dem Sprechen gebe? Diese platonische Frage nach dem Ur-Bild war als unbeantwortbar abgetan, ja sogar 1866 durch die Pariser Societé de Linguistique regelrecht verboten worden. Man hatte sich auf die sprachlichen Funktionen mehr und mehr kapriziert, bemerkte unter Wittgensteins sanften Hammerschlägen, wie sehr die Sprache den Geist auch in die Irre zu führen vermag[1] und versuchte sich mit formalisierten Kunstsprachen in umschränkten Bezirken weiter zu helfen und bemerkte doch, dass auf die Normalsprache als einer »Universalpragmatik« (Habermas) nicht verzichtet werden konnte. Für Wittgenstein verschwand der Unterschied zwischen einer Regel und ihrer Anwendung, zwischen Sprache und Sprechen, denn wo gesprochen wird, wird sie gebraucht und ist Tätigkeit; wo nicht gesprochen wird, ist sie nicht da[2]. Regel und Anwendung zu unterscheiden, ist dann selbst nur eine Art und Weise der sprachlichen Aktivität (Krämer 2001, S. 110). Dass man nichts »hinter« den Phänomen suchen solle, weil sie selbst die »Lehre« seien, hatte schon Goethe gelehrt. Regeln können ihre eigene Verwendung nicht regeln.

Die Berliner Professorin für Philosophie, Sybille Krämer (2001) referiert sprachtheoretische Positionen des 20. Jahrhunderts. Sie zeigt, wie sehr einige durch einen enormen Intellektualismus, andere durch eine erhebliche Idealisierung ausgezeichnet sind. Beider Folge ist eine massive Normativität. Sie machen stillschweigend idealisierende Vorschriften eines »richtigen« Sprechens und, gelegentlich weiter noch, des richtigen Vernunftgebrauchs. Krämer meint, diese Positionen seien durch ein Zwei-Weltenmodell ausgezeichnet, welches »reine Sprache« von der Alltäglichkeit des verunreinigten Sprechens trennt. Zu den Vertretern eines solchen Zwei-Weltenmodells rechnet sie Saussure, Chomsky, Searle und Habermas.

In einem sorgfältigen Durchgang durch die Texte dieser Autoren wird das Zweiweltenmodell durchaus als Errungenschaft ausgewiesen. Es bietet nämlich eine Möglichkeit, mit der Etablierung universaler grammatischer und pragmatischer Regeln das alltägliche Sprechen erklärbar zu machen. Deckungsgleich können so verstanden ideale Sprache und empirisches Sprechen zwar nie werden, aber einsichtig wird, wie sehr die Differenz beider konstitutiv für den alltäglichen Sprachvollzug ist. Kritisch schlägt für Krämer jedoch zu Buche, dass diese Differenz die »alteuropäische« Repräsentationsbeziehung zwischen einer universellen Vernunft und ihrer immer nur praktischen Anwendung wiederholt, diesmal im Verhältnis von Sprache und Sprechen. Jedes faktisch vorliegende Sprechen kann dann nicht mehr sein als nur bloße Repräsentation eines Abwesenden (»der« Sprache), das zugleich zwangsläufig als höherwertig eingestuft wird. Das, was man vor sich hat, wird damit abgewertet, das, was man nicht hat, aufgewertet.

Es gibt nun sprachtheoretische Positionen, die das Zwei-Welten-Modell nicht teilen wollen. Der Einwand dieser Autoren (Derrida, Butler, Lacan, Wittgenstein, Austin, Luhmann) ist im wesentlich ganz hart empirisch: Die Idealisierung sprachlicher Muster greife gegenüber dem aktuellen Sprechen zu kurz. Denn es ist die Realisierung im Sprechen, die das abstrakte Muster auf eine nicht zu ignorierende Weise überbietet, ja übersteigt. Im unendlichen Variantenreichtum des gesprochenen Austauschs, der Konversation eben, geschieht sehr viel mehr als bloß Anwendung des »eigentlichen und richtigen Musters«. Der Einwand gegen die Idealisierung der Sprache lautet, dass nur auf der Seite der Aktualisierung, nur durch *sprechende Realisierung* sprachliche Innovationen stattfinden. Und sie finden ja täglich statt, Sprache verändert sich wie ein lebendiger Organismus – was sie nicht könnte, wenn sie ein invariantes System von festen Regeln und Anwendungen wäre.

Der große Nachteil einer Idealisierung »der« Sprache ist also, dass sprachlich neue Formen nur als Abweichungen, als Fehler, als situative Unreinheiten gewertet werden können. Die empirisch zu beobachtende Veränderung und Entwicklung der Sprache könnte gar nicht erklärt werden. Der interessante kulturelle Vorgang der Erfindung neuer Worte, sprachlicher Moden, kultureller Expressivität, des Untergehens etablierter Formen könnte kaum Beachtung finden. Nicht auf der Seite der Sprache, sondern des Sprechens werden neuartige Bedeutungen gefunden und erfunden, hier, auf der Seite des Gebrauchs und nicht der Idealisierungen, wächst die Sprache und bildet in ihren Bedeutungsverschiebungen zeitgeschichtliche Veränderungen nach.

Ein Beispiel wären die sprachlichen Dominanzverfahren, etwa – wie Judith Butler beschreibt – im gender-Verhältnis. Dass sprechend Personen angeredet, sozialer Verkehr geregelt, dass diffamiert oder entlastet wird, dass Rede verletzt oder heilt, dass dazu je neue Formen erfunden und verstanden werden und auch wieder verschwinden, kann mit dem Schema von idealem Muster und realisierter Anwendung nicht genügend verstanden werden. Die Differenzierung einer idealen Sprache gegenüber dem immer verunreinigten tatsächlichen Sprechen macht freilich in bestimmten, nämlich akademischen Kontexten, Sinn. Hier ist diese Unterscheidung Voraussetzung für wissenschaftliche Wahrheitssuche, die normativ gehaltvoll allgemeine Sätze gerade unabhängig von empirischen Kontingenzen zu formulieren trachten muss. Verpflichtung auf Wahrheit ist kontextrelativ. In anderen Kontexten, etwa vor Gericht, kann die Verpflichtung auf Wahrheit lebensgefährlich werden – so ein triftiger Einwand Koerfers (1994) gegen Habermas' Universalisierung der Wahrheitsbindung aller Sprache. Wahre Sätze zu formulieren ist dann eine, aber auch nur eine, Möglichkeit von Sprachspielen und sie ist nicht die übergeordnete, sondern eine *neben* unendlich vielen anderen. Diese Möglichkeit ist von akademischen Autoren, wie auch Searle und Austin selbstironisch erkennen lassen, unnötig privilegiert worden.

Bezogen auf die therapeutische Situation kann man direkt anschließen: wenn man in Fallgeschichten liest, was der Analytiker seinem Patienten gesagt hat[3], erfährt man fast immer das ideale Muster, selten oder nie, was wirklich gesprochen wurde und darin läge gerade ein Mehr, ein Sinn- und Kreativitätsüberschuß, den zu ignorieren sich eine empirische Wissenschaft im Grunde nicht leisten darf. Der paradigmatische Wechsel, den Krämer favorisiert, ist demnach der von der Untersuchung der (idealisierten und intellektualistischen) »Sprache« zur Konversation: Sprache ist nur »erklärbar als ein Gebrauch *von* Sprache *durch* Personen *in* Situationen« (Krämer 2001, S. 14).

Dass in diesen Situationen durch die Beteiligten dennoch ein Muster des Idealen in Anspruch genommen wird, muss nicht bestritten werden –

aber man kann sehen, dass diese Inanspruchnahme Teil der gemeinsamen interaktiven und kommunikativen Praxis ist. Diejenigen Theoretiker, die das Schema von Muster und Anwendung verwerfen und den Paradigmenwechsel zu Kommunikation und Konversation vollziehen, positionieren sich damit einerseits eine Abstraktionsstufe höher und zugleich werden sie empirischer. Höher – weil sie die Theorie von der Muster-Anwendung-Unterscheidung als *Teil der konversationellen Praxis* beobachten können; empirischer – weil ihnen damit eine riesige Fülle an Beobachtungen möglich wird, wie und wozu Konversation fungiert. Das ist eine Wittgenstein'sche »Praxis des Sichtbarmachens«, als die wir das Bewusstmachen, wie es die Psychoanalyse betreiben will, durchaus auch beschreiben können.

Beobachtung höherer Ordnung und die Rehabilitation der Metapher

Man geht eine Stufe höher und sieht, dass das, was man bisher für den allgemeingültigen Fall angenommen hat, nur ein Fall *neben* vielen anderen ist. Damit gerät mehr in den Blick und es kommt zu einer Umwertung der Werte und zu einem Austausch der Leitmetaphern. Wir haben gesehen, wie die Idee, Sprache als Informationsübermittlung aufzufassen, ausgetauscht wird von der neuen Idee, Konversationen musikanalog zu deuten. Das neue Paradigma ist – eine neue Metapher (Kuhn 1979).

Dieser Paradigmenwechsel von Sprache/Sprechen zu Konversation verändert radikal auch die Auffassung von sprachlichem Bild und Metapher. Wer sich auf »wahres Sprechen« bzw. »Sprache« idealisierend bezieht, muss – in der europäischen Tradition seit Aristoteles, mit Ausnahme Vicos und Nietzsches – die Metapher abwerten: sie erscheint ihm als unwahr, verführerisch, bestenfalls zur Illustration brauchbar. Wahrheit ist im Zweiweltenmodell an Freiheit *von* Metaphern gebunden. Höherrangig als die Metapher, als allein privilegiertes Modell der Wahrheit gilt hier das Prädikatenkalkül, wonach einem Subjekt Prädikate zugeordnet werden. Ein Satz ist dann wahr, wenn die ihm zugeordneten Prädikate zutreffend sind. Angestrebt wird, die Dinge der Welt taxonomisch nach dem Vorbild von Linnés Biologie zu ordnen. In die Kategorie der Giraffen gehören dann nur einzelne Giraffenexemplare, in die Kategorie der Säugetiere nur Säugetiere (und nicht etwa Fische) – doch diese Systematik kommt ins Wanken, wenn säugende Fische gefunden werden oder Tiere wie die Pinguine, die von der Umgangssprache den Fischen, biologisch aber den Vögeln zugeordnet werden müssen.

Wittgenstein sah eine solche klassifikatorische Ordnung schon aus anderen Gründen ins Wanken geraten.

Die Umgangssprache nutzt z. B. die Kategorie »Möbel« und ordnet ihr einzelne Elemente – Stühle, Lampen, Bücherregale, Couchen, Sessel etc. – zu. Man sieht sofort: die Umgangssprache verwendet zwar die Kategorie, aber in einem taxonomischen Sinne wäre es nicht erlaubt, ein und derselben Kategorie so viele verschiedenartige Elemente zuzuordnen. Auch wenn man als Unterkategorie »Sitzgelegenheiten« wählt, findet man die gleiche Heterogenität der Elemente: Hocker, Sessel, Stühle, aufklappbare Sitzschirme für Jäger und Förster, Sofas etc. Um diese »Unordnung« der taxonomischen Ordnungen zu beseitigen, hatte Wittgenstein von »Familienähnlichkeit« gesprochen und damit gemeint, die einzelnen Elemente würden aufgrund dieser Familienähnlichkeit in die gleiche Kategorie geordnet, im Grunde aber lehnt er ein solches klassifikatorisches Denken ab. Sätze und ihre Prädikate nämlich sind nach diesem Modell nicht zu verstehen, sondern danach, dass sie etwas anderes artikulieren.

Hier treffen wir also auf einem anderen akademischen Terrain das schon seit Teil 1 vertraute Problem wieder: Was unter »Möbel« zu verstehen ist, ist eine »unscharfe«, »perspektivenabhängige« Angelegenheit, die von der gewählten Abstraktionsebene mit bestimmt wird. Und jetzt finden wir noch eine Verschärfung all dieser Unsicherheitsmomente: die Kategorienbildungen selbst sind unpräzise. Das zu erklärende Phänomen ist dann: Trotzdem findet alltäglich Verständigung statt – wie?

Krämer zeigt, dass Wittgenstein den Satz als Träger eines Wahrheitswertes aufgefasst hat, insofern als er uns ein »Bild der Wirklichkeit« abgibt und soweit als Maßstab an die Wirklichkeit angelegt sei: »Diese maßstabsetzende Funktion verdankt das Bild seiner Eigenschaft, in seinen internen Relationen *die Form der Beziehung von Sprache und Welt zu zeigen*. Denn Formen sind für Wittgenstein etwas, das nur gezeigt, nicht aber ausgesagt werden kann. An dieser Idee, dass Formen sich nur zeigen, also auch nicht erklärt werden können, hat Wittgenstein Zeit seines Lebens festgehalten. So dass also, wenn sich in der Sprache Formen ausdrücken, dabei die Sprache wie ein Bild funktioniert« (Krämer 2001, S. 114 f.).

Wittgenstein bediente sich dabei seines morphologischen Verfahrens (im Unterschied zum analytischen). Es will eine ikonische Dimension zeigen. Wieder treffen wir auf die Figuration, das Bild. »Worauf immer sich die morphologische Methode richtet, wird dabei als ein Bild behandelt ... Es ist eine Praxis des Sichtbarmachens« (ebd., 115).

Damit bereitet sich mit Wittgenstein eine Aufwertung der Metapher und des bildhaften Denkens vor, die nicht hoch genug veranschlagt werden kann. Debatin hat sogar von der »Rationalität der Metapher« gesprochen und unter Hinweis auf andere Autoren im Sinne Wittgensteins darauf verwiesen, dass »ein Kulturkreis zugleich als Bildfeldgemeinschaft beschrieben werden kann« (Debatin 1995, S. 214). Und dann formuliert er prägnant: »Diese Leitbild- und Modellfunktion nimmt die Metapher aber keineswegs nur in theoretischen Kontexten ein. Vielmehr ist die Metapher gerade in lebensweltlichen Zusammenhängen nicht nur Ausdruck jeweiliger Welt- und Selbstverständnisse, sondern sie stellt zugleich das sprachliche Medium dar, durch das sich diese Welt- und Selbstverständnisse überhaupt erst orientieren und ausbilden können« (ebd., 215).

Diese Zusammenhänge zwischen Kultur, Welt- und Selbstverständnis sind mittlerweile in vielerlei Weise empirisch belegt. Dafür ein paar willkürliche Beispiele: Berkemer und Rappe (1996) zeigen, welche unterschiedlichen Bedeutungen das Herz etwa in altägyptischer oder japanischer Kultur hat im Vergleich zu unserer. Albus (2001) weist die Gemeinsamkeiten der das philosophische Denken leitenden Metaphern von Leibniz, Wolff, Vico und Herder auf. Diese Autorin kann die Gemeinsamkeiten bis in die gleichsam körperlich-sinnlichen Details von optischen und Bewegungsmetaphern, aber auch in den Metaphern des Wachstums, des Kampfes und des Geruchs zeigen – mehr als vor diesem Paradigmenwechsel angenommen, bestimmt die Metapher den Zusammenhang von philosophischer Denkweise, Sinnlichkeit und Weltbild. Diesen Zusammenhang dokumentieren auch Behrens und Galle (1993). Der Sozialpsychologie Solomon Ash (1955) hat überzeugend gezeigt, dass Personenbeschreibungen ohne metaphorischen Sprachgebrauch nicht gelingen – und dieser Befund steht in guter Übereinstimmung mit den Beobachtungen, wie sie D. O. Hebb beim Umgang mit Primaten feststellen konnte. Wer Personenbeschreibungen analysiert, macht wie Hebb Beobachtungen über das Beobachten und avanciert mit größerer empirischer Präzision zugleich eine Beobachtungsebene höher. Diese Selbstanwendung der Beobachtung auf die bisherigen Mittel der Beobachtung, die nun zu *Gegenständen* höherer Beobachtung degenerieren, ist ein sicheres Zeichen für den Paradigmawechsel. Brown (1976) beobachtete in genau diesem Sinne jene Metaphern, die in sozialen Theorien erscheinen, wovon die prominenteste die Metapher von der Gesellschaft als »Organismus« sein dürfte. Andere Autoren beobachten, wie der Computer als Metapher für den menschlichen Geist dient (Bair 1981; Brown 1994; Schneider 1996) oder organische Metaphern die Paradigmen der empirischen Hirnforschung bestimmen (Borck 1999). Wie Generationen ihre Beziehungen zu einander in Metaphern aussprechen, ist beschrieben worden (Bilstein 1996). Carveth (1993) analysierte in genau der gleichen Positionierung die Metaphern der Psychoanalyse – was Mittel der Beobachtung war, wird nun beobachtet. Es wird von einer höheren Ebene aus beobachtet und damit ein Zugewinn an empirischer Genauigkeit erreicht; zu bewältigen bleiben immer Veränderungen der Wertsysteme. Was einem vorher lieb war, kann jetzt teuer werden.

Das Dilemma der unlösbaren Frage, ob es eine Sprache »hinter« dem Sprechen gibt, wird durch eine Umwertung jener Blockierungen gelöst, die die Frage zu beantworten unmöglich machten – die einstige Herabsetzung der Metapher wird nun durch ihre Aufwertung revidiert. Die Baby-Watcher beginnen musikalische Metaphern in extenso zu nutzen und ermöglichen sich so die Lösung ihrer Probleme; in der Sprachwissenschaft findet mit der Wendung zur Konversation eine Aufwertung der figurativen Imagination, des »Träumens der Worte« statt, als das Ricoeur (1986) die Metapher bezeichnet hat.

Sprache wird für Wittgenstein »entdiskursiviert«. So entsteht eine Form der Theorie, die nach seinen Bemerkungen über das Schweigen ihm noch erträglich scheint. Zwar kennt jeder den berühmten letzten Satz des »Traktatus«, »worüber man nicht reden kann, darüber muss man schweigen«. Aber in einem Brief an Ludwig v. Ficker (zit. nach Monk 1993) schreibt er: »Ich wollte einmal in das Vorwort den Satz geben [...], mein Werk bestehe aus zwei Teilen: aus dem, der hier vorliegt, und aus alledem, was ich nicht geschrieben habe. Und gerade dieser zweite Teil ist der Wichtige«. Das nicht Geschriebene heißt es klar, sei das Wichtigere – und fraglos betont Wittgenstein hier diejenigen Aspekte der Sprache, die die Menschen voneinander trennen, während er zugleich an der Idee festhält, dass Wichtiges im Schweigen, zwischen Worten und jenseits von ihnen, sich ereignet. Es kann nicht artikuliert, aber für Momente sichtbar gemacht werden. Es kann nicht um Repräsentation gehen, sondern um Angleichung: die Praxis des Sichtbarmachens setzt ja voraus, dass einer schon etwas weiß, das durch seine Praxis sichtbar wird. Diese Praxis überwindet die Nähe der Mimesis, löst sie aber nicht in ein Verfügungswissen auf. Wo mimetische Verbundenheit war, soll Konversation werden.

Es geht dann nicht mehr um die sprachliche Autorisierung zur Mitteilung von Absichten. In den Blick rückt der konversationelle Vollzug, der das Mitteilen von Absichten als *eine* seiner Formen möglich macht – oder eben verhindert, oder die Mitteilung verzerrt oder Absichten des Sprechers beim Hörer entstellt, oder Machtausübung toleriert oder den Redefluss des einen unterbricht oder Verständigung insgesamt abbrechen lässt. Erst jetzt, wenn das Schema von idealer Sprache und konkreter Realisierung aufgegeben wird, kann man sehen, dass Sprechakte wie göttliche Mitteilungen seiner Majestät, des inneren Ich, gedacht worden sind (vgl. Krämer 2001, S. 247). Das hat Folgen, die Krämer (mit Butler) sogleich angibt: »Der Mensch ist nicht Gott, und das heißt zuerst einmal anerkennen, dass es keine durch das Eintreten gewisser Bedingungen automatisch garantierte Deckungsgleichheit gibt zwischen unseren Absichten und dem, was wir sagen, sowie dem, was geschieht, indem wir etwas sagen. Und das, was uns – unter anderem – von Gott unterscheidet, ist, dass wir einen Körper haben; dieser Körper bringt sich auch in unserem Sprechen zur Geltung. Kraft dieser Körperlichkeit unseres Sprechens ist das, was wir sagen, immer mehr, als wir zu sagen beabsichtigen« (ebd.).

Das Unbewusste in der Konversation

Dieses Mehr, als man zu sagen beabsichtigt, ist jenes Unbewusste, das der Paradigmenwechsel zur Konversation für die Psychoanalyse bereit hält. Wir sind nie Herrinnen oder Herren im kommunikativen Haus, immer kann der oder die Andere anders reagieren, dem Gesagten eine Bedeutung abgewinnen, an die wir »nicht einmal im Schlaf« gedacht hätten und die wir doch als gültig und denkbar anerkennen müssen; immer können Gespräche anders gewendet, neue Bedeutungen entfaltet, raffinierte Schleifen geflochten oder komplexe Verschachtelungen entwickelt werden – von den so eröffneten Chancen lebt die Psychotherapie: dass es gerade nicht so weitergeht, wie man's immer erwarten, hinnehmen oder erdulden musste. Von der Lust daran lebt die Komödie, die oft genug kunstvoll vorführt, dass die Beteiligten vom Gleichen zu sprechen meinen, während der Zuschauer längst weiß, dass sie den gleichen Worten gegensätzliche Bedeutungen geben und sich auf den »clash of conversation« freut, der dann sogleich Anschlussstelle für neue Konversationen wird. Mit diesen Verspieltheiten erfreut Rossini das Opernpublikum, aber auch Mozart in »Cosi fan tutte«.

Menschliche Verbindungen können aber auch aufgehoben, gegebene Versprechen stillschweigend entwertet, Verhandlungsangebote trickreich verschoben, Zuneigungen instrumentalisiert oder lächerlich gemacht werden, Illusionen als Teil abgefeimter Machtausübung sich erweisen – und immer erst in der »Nachträglichkeit« (Freud) erfährt der Protagonist solcher Tragödien die Wahrheit, deren Enthüllung er mit sozialem Tod meist zu bezahlen hat. Selbst das Schweigen, etwa von Cordelia gegenüber ihrem Vater King Lear, kann eine eigene »Rhetorik des Schweigens« (Hart Nibbrig 1981) beanspruchen. Im »Verismo« (Verdi) des echten Gefühls endet dann die Konversation und zeigt damit an, dass das echte Gefühl gar nicht gesagt, sondern nur mit anderen Mitteln wie der Musik, die sogleich wiederum der vielfältigen Ausdeutung fähig sind, sichtbar gemacht werden kann. Warum erfreuen wir uns am Bühnentod »edler Prostituierter« (Hoven-Buchholz 2003)?

Mit dem (sozialen) Tod erscheint auf der Bühne das Ende und zugleich die Fortsetzung der Konversation. Deshalb fährt Krämer auch richtig fort: »Im Horizont dieser Körperlichkeit des Sprechens erweist sich der intentional vollständig beherrschte Sprechakt als ein Phantasma«. Und weiter: »Zugleich bietet die Körperlichkeit der Sprechenden eine Erklärung dafür, warum angesprochen zu werden auch verwunden kann« (Krämer 2001, S. 248).

Körperlichkeit war aber schon immer, spätestens seit Freuds »Drei Abhandlungen zur Sexualtheorie« die Basis des Unbewussten, freilich dort noch als biologische Grundierung, als »bedrock« des Psychischen verstanden. Diese Biologisierung kann man heute nicht mehr teilen, muss aber gerade deswegen Körperlichkeit nicht in Gegensatz zum Sozialen, zur Kultur oder zum Sprechen bringen; der Körper ist vielmehr im Sprechen, in der Kultur, in der Konversation immer präsent (Buchholz 2002). Die Anthropologin Mary Douglas formuliert: »Tatsächlich würde ich in jedem Fall mit Nachdruck darauf bestehen, daß man den Körper als Träger und Ausdrucksmedium sozialer Bedeutungsgehalte ernst nimmt. Das bedeutet aber keineswegs, dass die Psychoanalyse auf den Kopf gestellt oder sonst wie total revidiert werden müsste, sondern nur, dass ihre gesellschaftliche Perspektive erweiterungsbedürftig ist« (Douglas 1986, S. 122).

Diesen Gedanken erweitert sie sogleich: »Der Körper des Menschen bringt universelle Bedeutungsgehalte nur insofern zum Ausdruck, als er als System auf das Sozialsystem reagiert und dieses systematisch zum Ausdruck bringt. Und was er auf natürliche Weise symbolisch zum Ausdruck bringen kann, sind die Beziehungen der Teile des Organismus zum Ganzen. Das ist das allgemeine systematische Niveau, auf dem natürliche Symbole das Verhältnis des einzelnen zu seiner Gesellschaft beeinflussen. Die ›zwei Körper‹ sind einmal das Selbst und zum anderen die Gesellschaft. Manchmal kommen sie sich so nahe, dass sie fast miteinander verschmelzen; manchmal sind sie durch eine beträchtliche Distanz voneinander getrennt. Die polare Spannung zwischen ihnen ist das, was die Entfaltung der Bedeutungsgehalte in ihrem Zusammenspiel ermöglicht« (ebd., S. 123) Was aber könnte es sein, was die Gesellschaft da an den Körpern tut? Sie klassifiziert die Erfahrungen (ebd., S. 152) mittels ihrer Symboliken, ihrer Bilder sozialer Konfigurationen und ihrer Metaphern. Wo klassifiziert wird, entsteht eine Ordnung und die Psychoanalyse hat sich immer schon dafür interessiert, was von dieser Ordnung ausgeschlossen werde und hat dies als »das Unbewusste« bezeichnet. Wer also eine Theorie des Unbewussten sucht, die diese Themen mit aufnehmen will und sich nicht mehr einem biologischen Reduktionismus verpflichten kann, muss nun eine Theorie der Klassifikation vorstellen, die den Körper einschliesst und dann zeigen, wie hier Metaphern entspringen. Das soll im nun folgenden Abschnitt geschehen.

Von den Schemata zu Bild und Metapher

Seine Drei-Stufen-Theorie des Mentalen skizziert Martin Dornes (1997, S. 14 f.) so: »Die ersten psychischen Aufzeichnungen haben die Gestalt sensomotorisch-affektiver Schemata, die mit etwa einem Jahr durch das bildhafte Denken überformt werden. Mit eineinhalb Jahren werden die zunächst ›statischen‹ Bilder flexibler und frei evozierbar. Sie können dann zu Bildsequenzen kombiniert werden – und damit beginnt Phantasieren im anspruchsvollen Sinn. Sein Wesen besteht im Aufbau einer seelischen Innenwelt, in der Ereignisse neu geschaffen werden können, die in der Realität nie stattgefunden haben. Zugleich mit der Fähigkeit zum evokativ-bildhaften symbolischen Denken entsteht als dritter Schritt die sprachliche Codierung des Psychischen. Sie ermöglicht das begriffliche Denken. Knapp ausgedrückt, postuliere ich also eine Entwicklung des Mentalen von der Empfindung über das Bild zum Wort«. In dieser Zusammenfassung sehen wir den beschriebenen Primat des Bildes. Die Entwicklungspsychologie des Säuglings sucht also nicht Sprache »hinter« dem Sprechen, sie geht davon aus, dass es eine Sprache »vor« dem Sprechen (des Kindes) gibt. Sie wird als Angebot der Erwachsenen an das Kind herangetragen.

Auch hier wird der Vorrang des Bildes und der Metapher vor dem Begriff akzentuiert. Aber Dornes weist uns auch darauf hin, dass es vor dem Bild noch etwas anderes gibt, das als sensomotorisch-affektive Schemata bezeichnet wird. Während Dornes jedoch sich auf die Studien von Piaget und die nach-Piaget'sche Entwicklungspsychologie sowie auf die Arbeiten von Lichtenberg bezieht, möchte ich hier eine Theorie der Ausbildung kognitiver Schemata vorstellen, die nach meinem Dafürhalten den großen Vorzug hat, die Körperlichkeit der Erfahrungsbildung zum Ausgangspunkt zu nehmen und dennoch nicht die interaktive Bezogenheit in Bild und Metapher ausklammern zu müssen.

Kognition? Und Imagination!

Diejenige Theorie, die unser Wissen über diese Zusammenhänge am meisten anregt, ist die sog. Kognitive Linguistik (Lakoff 1987; Lakoff & Johnson 1998, 1999; Lakoff & Turner 1989). Was hat man sich unter der Verbindung von »Kognition« und »Linguistik« eigentlich vorzustellen?

Der Strukturalismus, insbesondere von de Saussure und Claude Levi-Strauss, war in der Sprachwissenschaft wie in der Philosophie dominantes Paradigma und in mancherlei Hinsichten hermeneutischen Lehren verwandt. Strukturalismus, das war in den Worten von Levi-Strauss die Suche nach dem Invarianten unter den Verschiedenheiten der Oberfläche, ein Gedanke, den er in dem Buch »Die elementaren Strukturen der Verwandtschaft« (1949) vorführte.

Mit dem Erscheinen von Chomskys »Tiefengrammatik« tritt hier ein fundamentaler Wandel ein, der dann den Post-Strukturalismus, zu einem nicht genau bestimmbaren Datum, einleitet: Die Linguistik wird der Idee nach deskriptiv, das Problem der Definition eines Satzes wird operationalisiert. Damit kann man die je vorkommenden Satzformen in menschlichen Sprachen mit empirischen Mitteln untersuchen. Man kann sprachliche Universalien zu ermitteln beginnen, etwa prüfen, ob jeder Satz ein handelndes Subjekt haben müsse, und eröffnet damit ein riesiges Feld von Forschung auf der Suche nach den Invarianten. Im konzeptuellen Zentrum steht bei Chomsky die Unterscheidung zwischen »Performanz« und »Kompetenz«. Letztere wird als tiefenstrukturelle Fähigkeit zur sprachlichen Mitteilung, zur Produktion wohlgeformter Sätze verstanden; Performanz hingegen ist die bloße »Aufführung« der jeweils in bestimmten Situationen vorfallenden Äußerungen. Mitten im Zentrum eines der führenden Paradigmen der Sprachwissenschaft finden wir erneut die Idealisierung und Intellektualisierung der Sprache und die Unterscheidung gegenüber dem alltäglichen »Sprechen«. Richtig schreibt Stetter (1996, S. 440) deshalb, bei Chomsky befinde man sich »vor der Paradoxie eines empirischen Programms mit gleichsam transzendentalem Anspruch«.

Leitend wird die Unterscheidung zwischen Oberflächenstruktur und Tiefengrammatik, wobei angenommen wird, die Tiefengrammatik generiere mittels universaler Regeln »wahre« und wohlgeformte Sätze. Was in der Tiefengrammatik vorherrscht, muss dann irgendeine Art von Wissen sein, entweder neuronal mitgegeben oder durch Erfahrung erworben, in jedem Fall aber unbewusst – und so ist Chomsky in den 70er Jahren von Psychoanalytikern, die sich für diese Dinge interessieren, freudig auch deshalb begrüßt worden, weil Chomsky damit Skinners Behaviorismus erledigte. Dessen Theorie vom Spracherwerb durch Konditionierung allein war völlig unfähig zu erklären, wie Kinder korrekte Sätze zustande brachten, die sie noch nie zuvor gehört hatten. Für diese Erledigung Skinners und des Behaviorismus muss man Chomsky heute noch dankbar sein. Chomsky setzte nämlich anders an; es muss ein Wissen in der Tiefe – also jenseits der Oberfläche gesprochener Sätze – geben, welches die Produktion des Neuen zu kreieren gestattet. Dieses Wissen wird nun als »kognitiv« bezeichnet. Es ist zwar unbewusst, kann aber dennoch intelligentes Handeln und Denken anleiten und hervorbringen, soweit man Sprechen auch als Handeln bezeichnen will.

Die Lösung des Begriffs Kognition von der Unterscheidung bewusst/ unbewusst musste als Fortschritt begrüßt werden, weil man nun theoretisch bewältigen konnte, dass es unbewusste Intelligenz gab, wie schon die Alltagserfahrung – etwa in den automatisierten Handlungen wie Autofahren etc. – zeigt. Nun hatte man ein »intelligentes Unbewusstes« der Tiefengrammatik, das zugleich als »kognitiv« bezeichnet werden konnte, aber natürlich nicht als »bewusst«. Kognition – dieser Begriff avancierte seitdem zu einem universellen Schlüssel, aber auch zu einem Zaubermittel der Verbindung von Linguistik, Informationsverarbeitung, Kybernetik, Psychologie (Strube 2001). Noch weiter reichend findet man Verknüpfungen zur Psychoanalyse wie bei den Baby-watchern Beebe und Lachman (2002, S. 190): »Wir definieren Affekt in einem sehr breiten Sinne unter

Einschluss von Kognition und symbolischen Differenzierungen« (Übers. MBB).

Und dabei ist, wie der Gesamtzusammenhang verdeutlicht, mitgedacht, dass Affekt ebenso Teil des Kognitiven ist wie umgekehrt. Man muss sogar feststellen, dass mit dieser Ausweitung der Kognition auf eine beinah paradoxe Weise nun das »Bewusstsein« eher zum Problem geworden ist, während man in den älteren Theoriebildungen damit kein Problem hatte, sondern das Bewusstsein als bekannt setzen und von dort ausgehend die Reise ins »innere Afrika« (Freud) des Unbewussten glaubte starten zu können – das hat sich gänzlich verändert. Im »Wörterbuch der Kognitionswissenschaft«, Eintrag »Kognition« heißt es: »Im Gegensatz zur Bewusstseinspsychologie des 19. und frühen 20. Jahrhunderts hat die KP (= Kognitive Psychologie), der naturwissenschaftlichen Methode verbunden, das Thema Bewusstsein weitgehend ausgeklammert« (Strube et al., 2001).

Kognition, so heißt es in diesem Beitrag, ist dann bis etwa 1975 mit »Berechnung« gleichgesetzt worden. An einer solchen Verkürzung, die den Menschen als kalkulierenden Automaten sieht, setzt die Kritik auch an Chomsky an. Kognition ist zwar ein unscharfer und schwer zu begrenzender Begriff, aber er stellt heraus, dass Menschen irgendetwas *zwischen* Reiz und Reaktion tun, also ihre Reaktion nicht vom Reiz *determiniert* wird. Das herauszustellen war Chomskys Leistung, aber er blieb aus heutiger Sicht zu physikalistisch (so Stetter 1996, S. 445). Andere urteilen, Chomskys Linguistik ignoriere soziale, also interaktiv-zwischenmenschliche Beziehungskontexte und damit das, was man als soziale Imagination bezeichnen muss, sehr weitgehend. Deshalb kommen moderne Linguisten zu recht harten Urteilen über Chomsky: »Der Biologe und Kybernetiker Heinz von Foerster behauptete einmal, die chomskysche Linguistik sei in ihrer Regelstruktur unmittelbarer Ausdruck eines gewissen in Amerika damals dominierenden Militarismus. Sie sei eine schlichte Befehlslinguistik Dieser Einwand trifft den Kern der Sache. Chomsky beschreibt die Sprache als eine Hierarchie von Befehlen, die ein Mensch einer Maschine erteilt, und begreift die Erzeugung von Sprachprodukten nach einem halb industriell-maschinellen, halb hierarchisch-obrigkeitsgläubigen Modell der Befolgung von Hinweisen. Die gleichzeitig mechanistische und autoritäre Form seiner Grammatik hat berechtigte Bedenken seitens verschiedener Autoren und Richtungen verursacht« (Aparicio 1998, S. 177).

Einer, der diese Kritik zu einer neuen Sicht umgearbeitet hat, ist Chomskys Schüler George Lakoff, der

- sich von solchen rationalistischen Vorgaben weitgehend befreit,
- die Rolle des analogen Denkens über eine neue Theorie der Metapher einführt,
- den Körper rehabilitiert und zugleich
- die Fähigkeit kognitiver Systeme, sich selbst zu repräsentieren, um diese Metakognition zur Grundlage des Handelns zu nehmen, als Grundlage und Folge der Konversation ansetzt (vgl. Lakoff & Johnson 1999, S. 470f.).

Für ihn ist die Möglichkeit zur Schaffung des Neuen auf der Grundlage eines »experiential approach« sowie der »imagination« (sein Wort für Phantasie) am ehesten zu erklären.

Objektivistische Annahmen über den menschlichen Geist und die Sprache, so Lakoff, basieren auf einer falschen Annahme über Kategorisierungsprozesse. Ich habe schon beschrieben, dass taxonomische Kategorien nicht als gültig für kognitive Kategorisierungen angenommen werden können. Lakoff (1987, S. 196f.) macht hier den Schritt über Wittgensteins »Familienähnlichkeit« hinaus zu den Arbeiten von Eleanor Rosch.

Kategorienbildung und Gestaltprinzipien

Diese psychologische Autorin hatte in einer Reihe von fulminanten Arbeiten gezeigt, dass »natürliche Kategorien« (wie mein obiges Beispiel von den Möbeln) mit einem taxonomischen Verständnis nicht zu erklären sind (Rosch 1973). Sodann zeigte sie, dass es bei der Bildung von natürlichen Kategorien sogenannte »kognitive Referenzpunkte« gibt. Das sind Bezugspunkte, um die herum Elemente trotz ihrer Heterogenität gruppiert werden, etwa der Bezugspunkt »Einrichtung eines Hauses«. Das Entscheidende daran war, dass Rosch die Gestalthaftigkeit dieser Bezugspunkte nachweisen konnte – wer also Möbel in dem beschriebenen Sinne in einer Kategorie zusammenbündelt, bezieht sich dabei *imaginativ* auf eine unausgesprochene »Handlungs- und Wahrnehmungs-Gestalt«, wie Zimmer, Häuser oder Räume eingerichtet sind – nämlich mit Möbeln gerade der verschiedensten Art (Rosch 1975). Zunächst sprach sie dann von »human categorization« (1977), bis sich schließlich der Begriff der »prototypischen Kategorienbildung« durchsetzte (Rosch & Lloyd 1978). Das kann man experimentell prüfen auf eine Weise, die Psychoanalytiker interessieren muss.

Fragt man nämlich danach, was den meisten Menschen zu »Möbel« einfällt, dann sind es Stühle und Tische. Das sind die prototypischen Exemplare, die »Best-Beispiele« der Kategorie. Sie stehen im Zentrum der Kategorie. Andere Exemplare, wie etwa Lampen, Regale, Schränke fallen den meisten nur auf Nachfragen ein. Sie sind vom Zentrum entfernt. Nur wenige jedoch verbinden damit Exemplare wie eine Vitrine, eine Kredenz oder einen »Sekretär«. Sie gehören ebenso zur Kategorie, sind aber nicht »Bestbeispiele«, sondern »entfernte Verwandte«. Es gibt also Kategorien, die radial in Bezug auf ein Zentrum organisiert sind. Ähnliches gilt für eine Kategorie wie »Baum«. Die meisten nennen als prototypische Exemplare Eiche, Buche, Linde; aber jede Kultur hat Experten, die weitaus mehr Exemplare der Kategorie kennen[4].

Das Beispiel vom »Sekretär« macht nun weiter deutlich, wie solche prototypische Kategorienbildung funktioniert: Das Wort evoziert die Imagination einer schreibenden Person, sitzend vor dem entsprechenden Möbelstück, von der dieses den Namen »übertragen« bekommen hat. Dieser Gestaltcharakter der imaginierten Szene erklärt umstandslos, dass »Sekretär« als Polysemie, also als »Teekessel«, Verwendung findet; »Sekretär« bezeichnet das Möbelstück, aber auch die Person. Gestalthaftigkeit – das heißt im genauen Sinne der Gestaltpsychologie, dass einzelne Elemente genügen, um die Vervollständigung zur Gesamtgestalt hervorzurufen; es heißt weiter, dass unterschiedliche Details innerhalb gewisser Grenzen möglich sind (eine männliche, eine weibliche Person; in rokokoartiger Kleidung oder im modernen, klassischen Kostüm; in unterschiedlichem Alter), die wie eine musikalische Melodie in andere Tonarten transponiert werden können. Der Psychoanalytiker Bernfeld (1934) hat schon früh gesehen, dass Gestaltprinzipien und die psychoanalytische Konzeptualisierung des Unbewussten einander sehr nahe sind. Waldvogel (1992) hat dieser Verbindung eine eigene, gründliche Monographie gewidmet.

Beispiele

Hier nun einige Beispiele, die die Raffinesse dieses Denkens illustrieren sollen:

Was ist ein Junggeselle? Wenn man ihn taxonomisch nach seinen Attributen bestimmt (ein älterer Mann, unverheiratet), müsste der Papst als Prototyp des Junggesellen gelten, aber das tut man nur bei satirischer Absicht.

Entscheidend ist hier nicht die taxonomische, sondern die prototypische Kategorisierung, die nach imaginativen Gestaltprinzipien abläuft. Man »sieht« vor dem inneren Auge den »typischen« Junggesellen und kann sich darauf verlassen, dass der andere es auch »vor Augen hat«.

Welche Kategorisierung – reales Ereignis oder bildhafter Ausdruck? – nehmen wir vor, wenn jemand von einem anderen sagt: »Er spie Feuer«? Die meisten Menschen denken bei einem solchen Satz an die Schilderung eines Wutanfalls; aber veränderte Kontextbedingungen machen es uns leicht, anders zu kategorisieren und an einen Feuerschlucker aus dem Zirkus zu denken. Wenn es sich aber um die Schilderung eines Wutanfalls handelt –: einige werden tatsächlich einen Drachen imaginieren, andere einen brüllenden Löwen oder einen fauchenden Kater. Wie auch immer – für die Konversation sind diese Imaginationen »funktional äquivalent«; es genügt eine annähernd ähnliche Vorstellung. Diese Ähnlichkeit kann man über Gestaltprinzipien definieren (Indurkhya 1992) und sogar messen.

Prototypische Kategorienbildung in der Konversation nutzt auf vielfache Weise die Metapher und die mit ihr leicht evozierbare soziale Szene.

Wie verständigen sich ein Mann, der die Ehe als ökonomisches Unternehmen sieht, mit einer Frau, die sie als eine spirituelle Reise auffasst? Zwei Metaphern werden hier als Kategorienbildner für die »Ehe« verwendet. Die konversationellen Konflikte (Quinn 1982: Quinn & Holland 1982) sind untersucht. Sie entstehen aus der unterschiedlichen Kategorisierung, den damit gegebenen verschiedenen Wertungen und den divergierenden Perspektiven. Das ist auch der Fall, wenn Deppermann (2003) am Beispiel eines Interviews mit einer Schmerzpatientin genau zeigt, dass Ärztin und Patientin höchst verschiedene Vorstellungen vom Schmerz – als medizinische Gegebenheit (Ärztin) oder als biographisches Thema (die Patientin) – haben. Konitzer (1999) hat solche Probleme am Beispiel der hausärztlichen Praxis beschrieben.

Rosch hat nun verschiedene Arten von prototypischen Kategorienbildungen beschrieben und sie konnte verschiedene »level« von Kategorienbildungen unterscheiden. Psychoanalytiker rätseln manchmal, was den Worten im Deutschen ihr grammatisches Geschlecht gegeben haben mag? Der Apfel, die Birne? Der Teller, die Tasse? Die Erde, der Mond? Und warum haben einige das neutrale »das«? Die Antwort (Jackendoff, 1992) ergibt sich zwanglos: Nicht immer, aber doch ziemlich häufig, klassifiziert die deutsche Sprache den übergeordneten Kategorienlevel mit dem neutralen »das«: das Obst, das Geschirr, das Gestirn. Auch wenn solche

Beispiele nicht für alle Fälle generalisiert werden können, mögen sie doch hier genügen, um zu erläutern, was mit dem übergeordneten Kategorienlevel gemeint ist.

Die Sache wird interessanter noch, wenn man diese Art zu denken auf Kategorisierungen von konversationellen Ereignissen bezieht. Was ist ein konversationeller Notfall, bei dem man jemanden unterbrechen darf oder sogar sollte? Wie kann eine Situation kategorisiert werden, bei der die Verwendung des Vornamens der Konversationspartner möglich ist oder nicht (Goffman 1994, S. 84)? Ab welchem Alter soll eine junge Frau gesiezt werden? Was ist etwa eine Lüge? Welche Äußerungen werden als »Lüge« kategorisiert und welche nicht (Sweetser 1987). Was ist eine Ausrede? Auch hier gibt es prototypische Bestbeispiele der Kategorie und solche, die davon weiter entfernt sind, etwa »konventionelle Lügen« (»Das war ein netter Abend«) – jetzt wissen wir wenigstens, warum man darüber eben s trefflich streiten kann wie über »Liebe«, »Streit«, »Klatsch«, »Witz«, »Humor«. Es gibt keine objektiven Definitionen und kann sie nicht geben. Solche sozialen Ereignisse werden vielmehr situativ mit großer Variationsbreite erklärt. Liebe – das ist »Kampf« (er hat sie erobert, sie ergab sich ihm), aber auch »Wahnsinn« (sie ist verrückt nach ihm; als Hans Lisa sah, flippte er aus) oder »technische Macht« (er hat eine große Anziehungskraft, es sprangen Funken über). Auch kann man situationsunabhängig kaum festlegen, was die anderen hier als Beispiel genannten Kategorien-Namen (Klatsch, Witz, Humor etc.) sind; wir benutzen dafür vielmehr »accounts«, also »praktische Erklärungen« der Art, wie ich sie hier in Klammern eingefügt habe.

Oder wenn man die Position von Ereignissen abhängig von der eigenen Position (ist das Auto »vor« oder »hinter« der Parklücke?) kategorisieren muss, wie verwendet man die richtige Präposition? Hier kommt wieder neben der Kategorisierung das Perspektivitätsproblem dazu, das ich in meinem ersten Dreieck zu den Unsicherheitsbedingungen der Konversation beschrieben hatte. Die Konversation löst das Problem durch Verwendung der geeigneten Präpositionen. W. Klein (1994) konnte die Antwort empirisch ermitteln: indem man die eigene »Origo«-Perspektive zum Zentrum erhebt und dabei als »kommunikative Unschärfe« die Perspektive des Hörers (steht er selbst vor oder hinter der Parklücke?) mit ins Kalkül zieht (Grabowski 1994).

Goffman (1994) hat uns gezeigt, dass schon die soziale Personenwahrnehmung ohne kategoriale »Referenzpunkte« nicht auskommt. Wir kategorisieren Personen kognitiv unbewusst und deshalb sehr schnell nach vier Kategorien: Alter und Geschlecht, Rasse und Ethnie. Wenn Menschen hier nicht eindeutig in diesem Koordinatensystem verortet werden können, reagieren wir sehr irritiert, was von solchen Menschen wiederum genau registriert wird. Hirschauer (1989, 1992) hat aus Interviews mit Mann-zu-Frau-Transsexuellen die folgende Beobachtung mitgeteilt: Vor der Operation, nach länger dauernder Hormoneinnahme und beginnender Bartepilation trainieren diese Menschen nicht nur weiblichen Gang und weibliches Körperverhalten, sie suchen auch Orte sexueller Situierung (Goffman) wie Damentoiletten auf, weil sie an der Art und Weise, wie andere sie betrachten, ablesen können, wie weit ihnen der Wandel schon gelungen ist, ob sie also als »echte Frau« oder als »merkwürdig« (d.h. zwischen den Kategorien) wahrgenommen werden. Die eigene, neue sexuelle Identität wird am Blick der Anderen zu validieren versucht. Ohne diese Validierung keine Identität, ohne diese Abhängigkeit keine Selbstbestimmtheit in der Sexualität. Soziale Interaktionen, so wird an diesem Extrem klar, fordern einerseits eindeutige Kategorisierungen, andererseits spielen sie raffiniert mit deren Unmöglichkeit und erschweren sie enorm. Interaktionen schaffen auf diese Weise kognitive Ordnungen und überspielen sie zugleich immer wieder.

Alle diese Beispiele zeigen, dass in Interaktion und Konversation nicht taxonomisch, sondern prototypisch verfahren wird. Wir realisieren sprechend eine andere kategoriale Ordnung, als wir meinen. Ohne die Erfahrung der interaktiven und ohne die je aktualisierte Reproduktion der imaginierten szenischen Gestalt könnte die Kategorie nicht richtig verwendet werden – hier liegt eine wesentliche Kritik Lakoffs am Objektivismus seines Lehrers Chomsky. Chomsky, bei aller Hoffnung auf die Übersetzung der Tiefengrammatik in neuronale Konzeptionen, ignorierte den Körper. Lakoff thematisiert ihn in einer raffinierten Wendung.

Unter dem Einfluß der logischen Typenlehre von Whitehead und Russel war Lakoff natürlich nicht entgangen, dass die Kategorisierungsprozesse selbstrückbezüglich sind. Was ist zum Beispiel die Kategorie einer Kategorie? Die Kategorie einer Kategorie muss auch Bestbeispiele enthalten und andere, die weniger typisch sind. Kann die Kategorie einer Kategorie dann als Exemplar einer Kategorie sich selbst enthalten? Kann sie Kategorienname und Exemplar zugleich sein? Wie löst die Sprache solche paradoxalen Verwirrungen? Die Antwort der Post-Chomsky-Linguistik lautet: die Sprache nutzt körperliche Schemata, aus denen sie mittels metaphorischer Projektion Metaphern bildet.

Embodiment und metaphorische Projektion

Die Begriffe der körperlichen Schemata und der metaphorischen Projektion werden nun erläutert in der embodiment-These. Danach ist alle menschliche Erfahrung verkörpert und von dieser Verkörperung nicht zu lösen – das ist der Kern des »experiential approach«, die menschliche, d. h. körperliche Erfahrung zum Ausgangspunkt nimmt. Dabei lassen sich (Lakoff & Johnson 1999, S. 103) drei verschiedene Level unterscheiden: Der »neural level« bezieht sich auf Phänomene wie beispielsweise die Farbkategorisierung oder Raumwahrnehmung. Der »phenomenological level« ist der des Bewusstseins bzw. der bewusst zugänglichen Erfahrung, insbesondere unsere mentalen Zustände, unsere Umwelt, unsere körperliche Verfasstheit, unsere Interaktionen. Es ist auch der level der »Qualia«, also der ganz bestimmten Erlebnisse, die wir haben bei Zahnschmerzen oder dem Klang einer Violine. Der dritte level ist der für die Psychoanalyse besonders interessante: »Das kognitive Unbewusste ist jener riesige Teil des Eisbergs, der unter der Oberfläche liegt, unter der kleinen Spitze des Bewusstseins. Es besteht aus all jenen mentalen Operationen, die die bewusste Erfahrung möglich machen und sie strukturieren, einschließlich des Verstehens und des Gebrauchs von Sprache. Das kognitive Unbewusste gebraucht und steuert die wahrnehmenden und motorischen Aspekte des Körpers, besonders jene, die sich auf Konzepte der basalen Ebene und der räumlichen Relationen beziehen. Es umfasst all unser unbewusstes Wissen und Denkprozesse. Deshalb umfasst es auch alle Aspekte des linguistischen Prozessierens – Phonetik, Phonologie, Morphologie, Syntax, Semantik, Pragmatik und Diskurs.« (Lakoff & Johnson 1999, S. 103, Übers. MBB).

Wenn, wie Lacan behauptet hat, das Unbewusste wie eine Sprache strukturiert ist, dann hat man hier eine exzellente Möglichkeit zu seiner empirischen Untersuchung. Lakoff und Johnson bieten dafür zwei neue Begrifflichkeiten, die der körperlichen Schemata und die metaphorische Projektion.

Die körperlichen Schemata: Ein Beispiel ist das Container-Schema, das ohne jede Bezugnahme auf Bion, aber doch in deutlicher Nähe zu diesem, erläutert wird. Der Säugling macht die Erfahrung, in einem Bettchen zu liegen – das Bett ist der Container seines Körpers. Die gleiche Erfahrung macht er, wenn er von der Mutter auf dem Arm getragen wird. Dann ist der mütterliche Körper Container des kindlichen. Wenn das Kind etwas isst, ist der eigene Körper Container der Nahrung. Wenn das Kind begreift, dass das Bett, in dem es liegt, in einem Zimmer steht, begreift es auch, dass das Zimmer der Container des Bettes ist. Und wenn es das Zimmer als Teil eines Hauses erkundet hat, weiß es auch, dass das Haus Container des Zimmers, das Zimmer Container des Bettes, das Bett Container des eigenen Körpers, der Körper Container der aufgenommenen Nahrung ist. Wissen hat hier nicht die Bedeutung, dass es »gesagt« werden könnte, es ist ein kognitives und zugleich unbewusstes Wissen, das aber dennoch schon die mathematische Form der Inklusionslogik (»größer als«, »kleiner als«) hat: Haus > Zimmer > Bett > Körper > Nahrung. Aus solchen Erfahrungen sehen Lakoff und Nunez (2000) die Möglichkeit zur mathematischen Kognition entspringen; im Prinzip ganz auf die gleiche Weise formulieren sie wie Winnicott: »Und schon bekomme ich Mut, denn ich weiß, daß diese Dinge, mit denen sich befaßt, wer die menschliche Persönlichkeit zu erforschen sucht, auch den Mathematiker beschäftigen; und die Mathematik ist ja tatsächlich auch eine entkörperlichte Form der menschlichen Persönlichkeit« (Winnicott 1990, S. 62).[5]

Dass diese Erfahrungen also »entkörperlicht« werden können, wie Winnicott hier sagt, sehen Psychoanalyse und kognitive Linguistik gemeinsam. Beide gehen, bewusst oder unbewusst, von Freuds Satz aus, dass das Ich vor allem »ein körperliches« ist. Freilich, Winnicott muss die mathematische Abstraktion als »Entkörperlichung« fassen, während die kognitive Linguistik hier nun einen Begriff zur Verfügung stellt, der die Dinge etwas weiter zu klären in der Lage ist: die metaphorische Projektion.

Metaphorische Projektion – das soll man sich durchaus wie die Lichtbildprojektion bei einem Diavortrag vorstellen. Die sinnlich-körperliche Erfahrungsorganisation durch Schemata wird in abstrakte Domänen projiziert. Das Kind macht die Erfahrung, dass eine Flüssigkeit, die in ein Glas gefüllt wird, nach oben steigt. Wird sie ausgegossen, ist der Flüssigkeitsspiegel niedrig. Daraus bildet sich eine sog. Orientierungsmetapher, die formuliert werden *kann* als OBEN IST MEHR, die jedoch in diesem Alter noch gar nicht formuliert *wird*. Dennoch operiert sie im Hintergrund der weiteren Erfahrungsbildung, denn sie ist kohärent mit anderen Erfahrungen des Kindes, z. B. dass Erwachsene größer sind, dass das Kind sich bei vielfachen Gelegenheiten aufrichten muss, um dorthin zu schauen, wo die Erwachsenen etwas tun und dass es, wenn der aufrechte Gang erst einmal gelernt ist, mehr tun, mehr sehen, mehr erleben kann als je zuvor. Dies neue Liebesverhältnis mit der Welt ist von Mahler, Pine und Bergmann (1978) eindrücklich beschrieben worden. Es generiert aus der körperlichen

Erfahrung die Metapher »OBEN IST MEHR«, die schließlich abstrakte Redewendungen wie »Der Dollar steigt«, »sozialer Aufstieg« und »soziale Leiter«, »steigende Einkommen« ebenso verstehbar werden lässt wie umgekehrt Wendungen wie »in niedergeschlagener Stimmung sein«, »ganz neu von unten anfangen«, »Arafat ist in ein tieferes Koma gefallen« u. ä. Hier ist die metaphorische Projektion deutlich zu erkennen.

Ein Schema kann man definieren als eine dynamische, aber abstrakte Gestalt, die Erfahrungen organisiert; es organisiert körperliche Erfahrungen und, durch metaphorische Projektion, dann auch konversationelle Gestaltungen. Deshalb werden Schemata auch »image schemata« (Johnson 1987) genannt.

Das will ich nun an anderen Schemata noch erläutern.

Ein weiteres wichtiges Schema ist das der Kraft. Es wird körperlich erfahren. Die Nahrungsaufnahme bewirkt schon beim Säugling einen Magendruck; will das Baby krabbelnd ein Ziel erreichen, muss es Kraft aufwenden. Es bemerkt, wenn es an einer Schnur zieht, bewegt sich eine Figur. Dieses Schema, so zeigt Johnson (1987) im Detail, ist diejenige körperliche Erfahrung, aus der das Konzept der Kausalität hervorgeht. Kausalität ist demnach ein körperbasiertes Bildschema zur Deutung von Erfahrungen, es hebt – wie andere Schemata auch – die Invarianzen unserer Erfahrungen heraus. Metaphorisch in die Sprache projiziert, kann es an den Modalverben erkannt werden. Wenn wir den Satz: »Ich kann heute abend zu Dir kommen« zu illustrativen Zwecken umwandeln in »Ich muss heute abend zu Dir kommen«, merkt man unweigerlich die Intensivierung. Paraphrasiert lautet die zweite Fassung dann »Es gibt eine Kraft (eine Not oder Notwendigkeit, eine soziale Erwartung o. dgl.), die mich zwingt, heute abend zu Dir zu kommen.« Nimmt man als Beispiel die Negation »Ich kann heute abend nicht zu Dir kommen«, besagt die Paraphrasierung: »Es gibt eine Kraft, die mich hindert, heute abend zu Dir zu kommen (und meine Kraft reicht zur Überwindung dieser Gegenkraft nicht aus)«. Hier entsteht eine sehr wichtige Metapher ABSICHTEN SIND KRÄFTE. Kommuniziert wird die eigene Absicht als eine Kraft, die am Abend kommen will, aber sie wird zugleich als zu schwach dargestellt. ABSICHTEN SIND KRÄFTE ist eine unsere psychologische Welt durchziehende Metapher, die als »konzeptuelle Metapher« bezeichnet wird, weil man sie nur selten ausformuliert findet, obwohl sie viele unserer Psychologien auch des Alltags durchzieht.

Ein weiteres Schema ist das des Pfades. »Unser Leben ist durchzogen von Pfaden, die unsere räumliche Welt durchziehen. Es gibt einen Pfad vom Bett ins Badezimmer, vom Ofen an den Küchentisch, vom Haus zum Einkaufsladen, von San Franzisko nach Los Angeles und von der Erde zum Mond. Einige dieser Pfade bezeichnen eine aktuelle physische Oberfläche, auf der man sich bewegt, wie etwa der Pfad vom Haus in den Laden. Andere bezeichnen die Projektion eines Pfades, wie der Pfad eines Geschosses durch die Luft. Und manche Pfade gibt es nur in der Vorstellung, gegenwärtig jedenfalls, wie beispielsweise der Pfad von der Erde zum nächsten Stern außerhalb unseres Sonnensystems.

In all diesen Fällen gibt es ein einziges Bildschema mit einer definierten internen Struktur. In jedem Fall von Pfaden findet man drei Komponenten: (1) einen Ursprung oder Startpunkt; (2) ein Ziel oder Endpunkt; und (3) eine Reihe von zueinander gehörigen Bewegungen, die Ziel und Ursprung miteinander verbinden. Pfade sind also Routen von einem Punkt zum nächsten« (Johnson 1987, S. 113, Übers. MBB).

Diese abstrakte, aber dynamische Organisation – von Anfang. Ziel und Ortsveränderung – wird nun metaphorisch in die Sprache projiziert und lässt dann Sätze verstehen wie: »In zwei Jahren wird er ganz verändert sein«. Die konzeptuelle Metapher in einem solchen Satz lautet dann ZEIT IST EIN WEG, am Ende (Zielpunkt) dieses Weges wird sich – so die Paraphrase – sein Zustand verändert haben. Man erhält dann die weitere Metapher ZUSTÄNDE SIND ZIELE. Das psychologische Konzept der Entwicklung beispielsweise wird von dieser konzeptuellen Metapher bestimmt. In der Mathematik ist es die Linie, die wir, nach der Auffassung von Whitehead (1925) uns nicht vorstellen können, ohne eine gewisse, wenn auch noch so schmale Breite. Auch ein euklidischer Punkt, welcher zwar Position hat, aber keine Größe, ist für die Vorstellung nicht annehmbar. Wir stolpern hier in das, was Whitehead die »Täuschung der falschen Konkretheit« genannt, die sich aus der Bindung der Vorstellung an die verkörperte Anschauung leicht verstehen lässt. Dennoch kann ein Mathematiker mit solchen Größen operieren, weil die metaphorische Projektion auch die abstrakten Domänen der Mathematik erreicht. Schon vor Lakoff erklärte Whitehead, wie wir zur Vorstellung eines abstrakten Punktes gelangen, mit dem Hinweis auf die Alltagserfahrung: Man müsse nur an die russische Puppe denken, in der eine Puppe ist, in der eine Puppe ist oder an ein set von Töpfen, worin ein kleinerer Topf ist, in dem ein kleinerer Topf ist usw. bis ins unendlich Kleine. Denkt man diese Vorstellung zu Ende, erhält man den Punkt mit Position aber ohne Ausdehnung. Diese Art uns die Dinge zu erklären, ist eigentlich Alltagsart, so erläutern Mütter ihren Kindern die Welt – aber umso beruhigender finde ich es, wenn mir die Dinge so von einem Philosophen erläutert werden und ich seine Erklärung benutzen kann für das, was eine »metaphorische Projektion« ist.

Ein weiteres Schema ist das Link-Schema, mit dem wir Verbundenheiten erfahren und beschreiben. Als wäre er ein Psychoanalytiker schreibt der Philosoph Johnson: »Ohne Links könnten wir weder sein noch menschlich sein. Wir kommen auf die Welt verbunden mit unseren biologischen Müttern durch die Nabelschnur, die uns ernährt und erhält. Aber dieses rein physische Link ist niemals die ganze Geschichte des Menschlichen; hinzu kommen muss eine nicht-physische Verbindung mit unseren Eltern, Geschwistern, der Gesellschaft als Ganzer. Das Durchschneiden der Nabelschnur markiert nur den Anfang eines immer weitergehenden Prozesses des Verbindens, der Bindung und des Zusammenhalts, aus dem unsere Identität erwächst.« (Johnson 1987, S. 117, Übers. MBB).

Mit anderen Menschen verbunden zu sein, so wird hier umstandslos in guter psychoanalytischer Manier erläutert, leitet sich aus der Nabelschnur-Verbundenheit mit unseren biologischen Müttern ab – und kann dann weiter projiziert werden in abstraktere Verbundenheiten mit Liebespartnern, körperlich nicht Anwesenden, in Verbindungen von Gedanken etc. Die Metapher, die verschiedene Erfahrungsbereiche durch die Kopula »ist« miteinander verbindet (»Dies Bild *ist* ein Schinken«) nutzt, wenn sie formuliert wird, das Link-Schema. Wird es zu einer Vielzahl von Verbindungen netzartig genutzt, entsteht das, was wir eine (konzeptuelle) Struktur nennen. Im Japanischen wird die Kopula »wa« als link gedacht: watashi wa buchholz-des (= Mein Name ist Buchholz; wörtlich »Ich verbunden mit dem Namen Buchholz«); diese Kultur akzentuiert das Link-Schema stärker, als es westliche Kulturen im allgemeinen tun. – Ich habe das Link-Schema (Buchholz 2003) weiter differenziert, um mit diesen Schemata die Interaktionen zwischen einem Therapeuten und seinem Patienten im Detail analysieren zu können.

Das Schema der Balance schließlich illustriert sehr deutlich das embodiment. Ohne die Fähigkeit zur körperlichen Balance nämlich würden wir das Gehen nicht lernen und wer das Fahrradfahren durch Erläuterung der physikalischen Gesetze der schiefen Ebene und der Erdanziehung lernen musste – also durch repräsentationales Wissen, konnte es wohl nie. Aber wir projizieren dieses Schema in sehr weitgefächerter Differenzierung in unsere Beschreibungen von Beziehungen, in mathematische Symmetrien oder wenn wir von der »Ausgewogenheit« eines Arguments oder einer Darstellung sprechen. Und aus Anlass der Untersuchung von Fitch (2000) haben wir gesehen, wie Gibbon-Affen balancieren müssen, wenn sie »singend« ihre Bindungskonversationen beginnen; auch das ein Beispiel für das Balance-Schema. Hier entspringt unser Sinn für das »Gewicht« einer Persönlichkeit, für die »Schwere« einer Störung, für den interaktiven »Stoß« (Kraftschema), der uns aus dem Gleichgewicht bringt.

Natürlich gibt es eine Reihe weiterer Schemata, die wiederzugeben ich mir hier untersagen muss. Ihre Differenziertheit ist detaillierter, als auf geringem Raum wiedergegeben werden kann; es muss der Anschauungswert hier genügen.

Zurück zur Kultur

Ich habe zu zeigen versucht, welche Bedeutung körperliche Schemata bei der Generierung konzeptueller Metaphern haben. Das Bemerkenswerte aber ist die enorme Flexibilität, die sich dabei beobachten lässt. Zeit wird ja nicht nur als eine Gerade, sondern im Mythos auch als Kreis imaginiert (Overton 1994); Liebe ist nicht nur Wahn oder Kampf, sondern auch Spiel; argumentative Auseinandersetzung wird nicht nur als »Krieg« (den Gegner niederkämpfen, so dass er seine Positionen aufgeben musste, weil ihm das Wasser abgegraben wurde), sondern kann auch als »Tanz« metaphorisiert werden – dann entstehen sofort andere Imaginationen und, wenn die Umstände sie zu realisieren erlauben, auch andere »performances«. Wir fügen in die alltägliche Konversation umstandslos und freizügig jene bildspendenden Konzepte ein, die die Situation erfordert, wir legen uns nicht auf taxonomische Definitionen fest. Damit bekommen Metaphern eine geradezu explosive Kraft, sich gegenseitig zu analysieren. Whitehead (1949, S. 74) formulierte liebenswürdig: »Eine Kultur, die ihre gewohnten Abstraktionen nicht durchbrechen kann, ist nach einer sehr begrenzten Periode des Fortschritts zur Unfruchtbarkeit verurteilt. Eine rege Schule der Philosophie ist für die Bewegung der Ideen ebenso wichtig wie eine rege Bahningenieur-Schule für die Bewegung des Brennstoffs«.

Eine Metapher ist, nach der Formulierung von Berteau (1996) eine Kunst, etwas zu sehen *als*. Die Liebe kann als Wahn, als Krankheit, als physische Kraft gesehen werden; aber wer sie auch als Spiel kennt, weiß, dass sie damit nicht ausgeschöpft ist. Die Alternative zur Metapher ist somit nicht länger der wissenschaftliche Begriff (die »reine« Wahrheit), sondern nach der klugen Formulierung von Debatin (1995) die alternative Metapher. Eine Metapher, so wird hier deutlich, ist demnach weitaus mehr als die propositionale Verknüpfung von vorgängig als separat ausgezeichneten Erfahrungsbereichen. Das nahm die ältere Theorie an, die meinte, eine Metapher wie HERKULES IST EIN LÖWE als verkürzte Redeweise von Sätzen auffassen zu können. Nein, eine Metapher ist eine projektive Struktur, durch die körperbasierte Erfahrungen allererst organisiert und Beziehungen hergestellt werden (z. B. die von »oben« und »mehr«). Diese Definition der Metapher (Johnson 1987, S. 104) löst die Metapher von der Sprache (!) und ordnet sie dem Sprechen und der kognitiv organisierten Erfahrung zu mit der Folge, dass es Metaphern *vor* aller Sprache geben kann – auch wenn sie natürlich immer sprachlich *formuliert* werden müssen. Wegen dieser Lösung von der Sprache bei gleichzeitiger Einbettung in die Konversation sprechen Lakoff und seine Koautoren von kognitiver Linguistik.

Kleiner Forschungsbericht

Tatsächlich ist es möglich, mit dieser hier nur skizzierten Theorie der kognitiven Linguistik, mit der Annahme des embodiment der Erfahrung, den körperlichen Schemata und der metaphorischen Projektion sowie mit dem neuen Metaphernverständnis empirisch das Unbewusste zu untersuchen. Das ist im Detail geschehen. Eine vollständige 30-stündige Psychotherapie ist analysiert (Buchholz 2003), ein Textkorpus von 30 Interviews mit stationär behandelten Patienten, ihren Psychotherapeuten und anderen Personen (Pflegepersonal) ist als weltweit erste metaphernanalytische Studie, die so große Datenmengen empirisch analysiert hat, vorgelegt worden (Buchholz & von Kleist 1997), Supervisionsprozesse wurden analysiert (Buchholz & Hartkamp 1997; Buchholz et al. 2000), die Metaphern der Depression (Kronberger 1999) konnten ebenso untersucht werden wie die des Helfens (Schmitt 1995) oder der therapeutischen Arbeit überhaupt (Najavits 1993). Verständigungsschwierigkeiten zwischen Experten und Laien (Gülich 1999) haben metaphernanalytische Aufmerksamkeit gefunden, doch von besonderem Interesse dürfte sein, dass metaphorische Krankheitsdarstellungen von epileptischen Anfällen durch Patienten bereits treffliche Hinweise für die Differentialdiagnose enthalten (Brünner & Gülich 2002). Schachtner (1999) sieht, nach Interviews mit Medizinern, die Metapher als zentralen »reference point« für die Organisation ärztlichen Handelns überhaupt. Andere Arbeiten habe ich schon erwähnt.

Die alte linguistische Frage, ob es eine Sprache »hinter« dem Sprechen gibt, hat sich nun in eine empirsch ungemein gehaltvolle Differenzierung mit beachtlichen klinisch-psychotherapeutischen Gewinnen aufgelöst. Aber viele Psychoanalytiker vermuten das Unbewusste immer noch »hinter« der Sprache. Die hier geschilderten Dimensionen des Unbewussten machen deutlich, dass diese räumliche Metaphorik eine Verschiebung in den Präpositionen notwendig macht: Das Unbewusste ist nicht hinter der Sprache, sondern *im* Sprechen.

Die kognitiv linguistische Sicht löst nun wie die Psychoanalyse die Idee einer Herrschaft des Ich im eigenen Haus weitgehend auf: Indem ich darauf abschließend zu sprechen komme, will ich zu meinen Eingangsthemen zurückkehren. Lakoff und Johnson gehen auf die Frage, ob die Schemata oder die Kultur unsere Erfahrung bestimmt, in den folgenden Worten ein: »Das kognitive Unbewusste ist ein grundsätzlicher Ort der Macht im Foucault'schen Sinn. Macht darüber, wie wir denken und wie wir die Welt begreifen. Unsere unbewussten konzeptuellen Systeme, die das kognitive Unbewusste strukturieren, begrenzen, was und wie wir denken können und garantieren uns, dass wir wahrscheinlich nicht die Art von Autonomie haben, die Kant uns zusprechen wollte.

Und weiter muss man sagen, die Weise, in der unsere Vernunft verkörpert ist, macht so etwas wie eine volle Autonomie unmöglich. Dafür gibt es zwei Gründe. Erstens stammen viele unserer Konzepte aus gleichsam eingebauten körperlichen Begrenzungen, wie z. B. unsere Konzepte räumlicher Relationen. Zweitens, soweit wir unsere Konzepte durch Lernen erwerben, werden sie Teil unseres Körpers. Erlernte Konzepte sind verkörpert durch permanente oder sehr langfristige Veränderungen in unseren Synapsen. Vieles an unserem konzeptuellen System, tief im Körperlichen verankert, kann einfach nicht verlernt oder ›überschrieben‹ werden, jedenfalls nicht durch einen Akt des Willens und fast nie auf eine schnelle und einfache Weise.

Bedeutet dies, dass wir für immer unseren unbewussten konzeptuellen Systemen versklavt bleiben müssen? Bis zu einem gewissen Ausmaß ist die Antwort ja. Bis zu einem sehr wichtigen Ausmaß freilich nicht. Wir werden immer in Begriffen des Containment denken, in Begriffen von Pfaden oder der Ereignis-Struktur-Metapher und in vielen anderen Konzepten, die so mächtig und tief in unseren Gehirnen verkörpert sind, dass wir sie wohl immer gebrauchen werden.

Aber wir haben eine beträchtliche kognitive Flexibilität, die uns eine gewisse aber auch wesentliche Freiheit der Konzeptualisierung gewährt. Weil wir multiple Metaphern für unsere wichtigsten Konzepte haben, können sie in ihren Prioritäten changieren. Es wird so möglich, dass wir manche Metaphern eher zu gebrauchen lernen als andere, aber auch, neue Metaphern zu gebrauchen. Manchmal werden wir unserer Metaphern und ihrer Verbindungen untereinander gewahr und gelangen so zu einer neuen Weise des Verstehens [...] Wenn wir nicht realisieren, dass das Meiste unseres Denkens unbewusst ist und dass wir metaphorisch denken, dann bleiben wir Sklaven des kognitiven Unbewussten« (Lakoff & Johnson 1999, S. 537, Übers. MBB).

Jede Kultur favorisiert demnach bestimmte Metaphern und hält die mit ihnen gegebenen Konzeptualisierungen unbewusst. Dass »Anziehung« zwischen Männern und Frauen als »physische Macht« metaphorisiert wird, ist eine Metapher, die noch zu Zeiten Newtons genau anders herum gesehen wurde; damals galt die Anziehung zwischen den Gestirnen als eine, die wie die zwischen Männern und Frauen funktionierte (McReynolds 1990, S. 147). Die kulturellen Folgen für die Deutung der Geschlechterverhältnisse sind enorm: Gilt erst einmal die moderne Metapher und wird diese naturalisiert, also als »natürlich« verstanden, dann kann ein Mann unter Umständen unter Berufung auf diesen Alltagskonsens klar legen, dass er sich von der Frau so »angezogen« fühlte, dass er die Kontrolle über sich geradezu verlieren musste. Tim Benedek (1982) hat Interviews mit Vergewaltigern, aber auch mit normalen Männern (von Postbeamten bis zu Professoren) durchgeführt und in deren Interviews genau diese Metaphorik nachweisen können.

Wenn in einer Kultur wie der unserigen Ärgergefühle als »Hitze in einem Gefäß« metaphorisiert werden, wofür Lakoff (1987) zahlreiche Belege anführt (»der Ärger kochte in mir hoch«, »ich könnte platzen vor Wut«), dann muss man solchen Menschen aus dem Weg gehen; diese selbst aber müssen glauben, ihre Gefühle »entladen« zu müssen und dann folgt auch schon die »Therapie«: »Dampf ablassen«. Gelingt es jedoch, mit solchen Menschen im Gespräch eine andere metaphorische Rahmung für ihre Wut zu finden (»Sind Sie eigentlich wütend? Oder sind Sie eher empört?«), dann kann man die interessante Erfahrung machen, dass die »Hitze«

schlagartig verschwindet – wo der Bedeutungsrahmen der »Empörung« angenommen ist, ergeben sich ganz andere Möglichkeiten: wer empört ist, kann unter anderem auch über den Maßstab seiner Empörung nachdenken, er muss nicht mit Zwangsläufigkeit »Dampf ablassen«.

Freud benutzte für die narzisstische Besetzung von Objekten das berühmte Pseudopodien-Gleichnis, wonach das Ich (bzw. Selbst) seine Besetzungen wie die Amöbe ausdehne oder zurückziehe. Wenig bekannt ist, dass diese Metaphorik im Jahre 1601 von Pierre Charon in einer einflussreichen Abhandlung »Von der Weisheit« benutzt wurde. Hier geht es um den Willen, den Charon mit der Natur des Verstehens kontrastiert; dann schreibt er: »Here the Soul goes as it were out of it self, it stretches and moves forward toward the Object; it seeks and runs after it with open Arms, and is eager to take up its Residence, and dwell with the Thing desir'd and belov'd«. (zit. nach McReynolds, 1990, S. 143).

Der Wille wird hier in einen Gegensatz zum Verstehen gebracht und zugleich als etwas beschrieben, was wir mit Freuds Pseudopodiengleichnis als narzisstisch zu qualifizieren uns angewöhnt haben. Aber bei Charon geht es um politische Machtausübung, die auch in deutlicher Analogie zu regierungsamtlichen Verhältnissen gesehen wird. Die kulturelle Änderung, wonach wir die so angesprochene Macht nun als »narzisstisch« auffassen, artikuliert sich in diesen Metaphern. Die Metapher unserer Zeit lautet dann »Macht ist Narzißmus«. Und wenn wir sie umdrehen, könnte das zur Entschlüsselung des Narzißmus etwas klären.

Ausblick

Wenn mein Beitrag eine Sensibilisierung für solche und weitere Zusammenhänge zwischen metaphorischer Konzeptualisierung, kulturellem Wandel, embodiment und Kognition bewirken konnte, hat er sein Ziel einer Darstellung neuer Dimensionen des Unbewussten erreicht. Diese neuen Dimensionen nimmt eine Neurowissenschaft in den Blick, die sich dafür interessiert, wozu unser Geist einen Körper braucht (Marx 2003); sie werden bemerkt von einer Kognitionswissenschaft, die die Bedeutung der Metapher und des Primats der Bilder anerkennen kann und von einer Sprachwissenschaft, die nicht mehr nur an »Sprache«, sondern an Gespräch und Konversation ihr immens gesteigertes Interesse findet. Das Programm eines physikalischen Reduktionismus ist, wie Görnitz und Görnitz (in diesem Band) oder der Physiker Schwegler nachhaltig formuliert, nicht mehr reizvoll; Schwegler fordert einen »*methodisch* an der Physik orientierten Nichtreduktionismus« und das bezieht sich v. a. auf methodische Genauigkeit: »Einige Dinge dieser Welt haben freilich Eigenschaften, die nicht physikalisch sind, da die heutige Physik sie gar nicht kennt, und die man im allgemeinen Sprachgebrauch ›mentale Eigenschaften‹ nennt« (Schwegler 2001, S. 60 u. 76).

Interessant am Mentalen werden für die Psychoanalyse diejenigen Dimensionen des Unbewußten, die sich aus einer Überwindung der individualistischen Ein-Personen-Psychologie ergeben. Interessant wird der Primat der Bilder, den Freud als »Primärprozeß« angesprochen hatte, denn hier kann die Zusammenarbeit von körperlichen Schemata und kulturellen Bildgebungen studiert werden, die nach allen Kenntnissen in den sehr frühen, vorsprachlichen Interaktionen und Protokonversationen ihren Anfang nimmt. Interessant wird das Gespräch, nicht allein die Sprache; interessant wird ein intersubjektiver Symbol- und Metaphernbegriff, wie ich ihn im Anschluß an Tomasello (2002) angedeutet habe. Hier bieten sich Kooperationen von Säuglings- und Interaktionsforschern, Gesprächs- und Psychoanalytikern ebenso an wie die von Phänomenologen des Körpers mit der Medizin. Die nächsten Jahrzehnte lassen auf eine Rehabilitierung des zentralen psychoanalytischen Konzepts vom Unbewussten hoffen, die Psychoanalyse wird neue Dimensionen aufnehmen können.

Anmerkungen

[1] »Die Philosophie ist ein Kampf gegen die Verhexung unsres Verstandes durch die Mittel unserer Sprache«, so Wittgenstein im § 109 der »Philosophischen Untersuchungen«.

[2] John E. Joseph hat es so formuliert: »›Languages‹ in the everyday, commonsense use of the term, do not exist, or at least are irrelevant to a serious understanding of language as a human function or attribute« (zit. nach Krämer 2001, S. 11).

[3] Vgl. dazu unsere (Buchholz & Reiter 1996) empirische Studie zu Fallberichten an 5 Jahrgängen von 4 Zeitschriften (zwei psychoanalytische, zwei systemisch-familientherapeutische).

[4] Wer aus der Bindungsforschung mit der Durchführung von sog. »Adult Attachment Interviews« vertraut ist, erkennt die Gleichartigkeit des Vorgehens: Man bittet erwachsene Probanden, ihre Eltern mit je 5 Adjektiven zu beschreiben. Dann bittet man um Geschichten zu den Adjektiven. Ausgewertet wird der Grad der Diskrepanz zwischen dem verwendeten »Kategoriennamen« (meine

Eltern waren immer lieb) zu den in den Kategorien enthaltenen Erfahrungselementen (Ich wurde ständig geschlagen). Dass man diese Auswertungen nicht mehr auf der Basis der Grice'schen Konversationsmaximen durchführen kann, hat kürzlich sehr überzeugend Wolfgang Carl (2003) gezeigt.

5 Das psychotherapeutische Interesse an der Mathematik ist größer als man meint; siehe nur Eckstein 1930 und 1931; Dreseler 1996; Galatzer-Lewy 1978; Keller 1980; Spruiell 1993.

Literatur

Aparicio, A. A. (1998): Zur Ethik der Linguistik. In: J. Simon & W. Stegmaier (Hg.): Fremde Vernunft – Zeichen und Interpretation IV. Frankfurt/M. (Suhrkamp).
Assmann, J. (1997): Das kulturelle Gedächtnis. Schrift, Erinnerung und politische Identität in frühen Hochkulturen. München (C. H. Beck) 2000.
Bair, P. K. (1981): Computer Metaphors for Consciousness. In: R. S. Valle & R. v. Eckartsberg (Hg.): Metaphors of Consciousness. New York/London (Plenum Press) 1989.
Beebe, B. & Lachmann, F. M. (2002): Infant Research and Adult Treatment. Co-Constructing Interactions. Hillsdale – NJ/London (The Analytic Press).
Behrens, R. & Galle, R. (Hg.) (1993): Leib-Zeichen. Körperbilder, Rhetorik und Anthropologie im 18. Jahrhundert. Würzburg (Königshausen & Neumann).
Benedek, T. (1982): Man on Rape. New York (St. Martins Press).
Berkemer, G. & Rappe, G. (Hg.) (1996): Das Herz im Kulturvergleich. Berlin (Akademie-Verlag).
Bernfeld, S. (1934): Die Gestalttheorie. In: Imago 20, S. 32–77.
Berteau, M. C. (1996): Sprachspiel Metapher. Denkweisen und kommunikative Funktion einer rhetorischen Figur. Opladen (Westdeutscher Verlag)
Bilstein, J. (1996): Zur Metaphorik des Generationenverhältnisses. In: E. Liebau & C. Wulf (Hg.): Generation. Versuche über eine pädagogisch-anthropologische Grundbedingung. Weinheim (Deutscher Studien-Verlag).
Borck, C. (1999): Fühlfäden und Fangarme. Metaphern des Organischen als Dispositiv der Hirnforschung. In: M. Hagner (Hg.): Ecce Cortex – Beiträge zur Geschichte des modernen Gehirns. Göttingen (Wallstein-Verlag)
Brown, R. H. (1976): Social Theory as Metaphor. In: Theory and Society 3, S. 169–198.
Brown, T. (1994): Man Is Not a Machine, but Neither Are Machines Organisms. In: Psychological Inquiry 5, S. 241–244.
Brünner, G. & Gülich, E. (Hg.) (2002): Krankheit verstehen. Interdisziplinäre Beiträge zur Sprache in Krankheitsdarstellungen. Bielefeld (Aisthesis-Verlag).
Buchholz, M. B. (2000): Psychotherapieforschung: Qualitative Verfahren und Studien. In: J. Straub, A. Kochinka & H. Werbik (Hg.): Psychologie in der Praxis. Anwendungs- und Berufsfelder einer modernen Wissenschaft. München (dtv).
Buchholz, M. B. (2002): Fremde und das Assimilationsparadox. Zur politischen Theologie des Antisemitismus. In: In: O. Gutjahr (Hg.): Fremde – Jahrbuch für

Literatur und Psychoanalyse, Bd. 21. Würzburg (Königshausen und Neumann), S. 69–93.

Buchholz, M. B. & Hartkamp, N. (Hg.) (1997): Supervision im Fokus – Polyzentrische Analysen einer Supervision. Opladen (Westdeutscher Verlag).

Buchholz, M. B. & Reiter, L. (1996): Auf dem Weg zu einem empirischen Vergleich epistemischer Kulturen in der Psychotherapie. In: G. Bruns (Hg.): Psychoanalyse im Kontext. Opladen (Westdeutscher Verlag).

Buchholz, M. B. & von Kleist, C. (1997): Szenarien des Kontakts. Eine metaphernanalytische Untersuchung stationärer Psychotherapie. Gießen (Psychosozial).

Carl, W. (2003): Grice's Konversationsmaximen und ihre Anwendung in der Analyse von Bindungserfahrungen. In: Psychother. Soz. 5, S. 4–14.

Carveth, D. L. (1993): Die Metaphern des Analytikers. Eine dekonstruktionistische Perspektive. In: M. B. Buchholz (Hg.): Metaphernanalyse. Göttingen (Vandenhoeck & Ruprecht), S. 15–71.

Corrigal, J. & Wilkinson, H. (Hg.) (2003): Revolutionary Connections. Psychotherapy and Neuroscience. London, New York (Karnac).

Debatin, B. (1995): Die Rationalität der Metapher. Berlin (de Gruyter).

Deppermann, A. (2003): Wenn Semantik zum praktischen Problem wird: Divergierende Schmerzkonzepte von Ärztin und Patientin in der psychosomatischen Exploration. In: Psychother. Soz. 5, S. 165–182.

Dorer, M. (1932): Historische Grundlagen der Psychoanalyse. Leipzig (Meiner).

Dornes, M. (1997): Die frühe Kindheit. Entwicklungspsychologie der ersten Lebensjahre Frankfurt/M. (Fischer Taschenbuch Verlag).

Douglas, M. (1986): How Institutions Think. New York (Syracuse University Press).

Dreseler, B. (1996): Über die Beziehung der Mathematik zur Realität. Workshoparbeit nach TZI im Mathematikstudium: Mathematikerinnen gucken über den Zaun. In: Themenzentrierte Interaktion 10, H. 2, S. 66.

Eckstein, F. (1930): Das Unbewußte, die Vererbung und das Gedächtnis im Lichte der mathematischen Wissenschaft. In: A. J. Storfer (Hg.): Almanach der Psychoanalyse. Wien (Internationaler psychoanalytischer Verlag).

Eckstein, F. (1931): Die Flucht in das Unendlichkleine. Eine Leibnizstudie. In: Psychoanalytische Bewegung 3, S. 538–563.

Galatzer-Levy, R. M. (1978): Qualitative Change from Quantitative Change: Mathematical Catastrophe Theory in Relation to Psychoanalysis. In: J. Amer. Psychoanal. Assoc. 26, S. 921–936.

Goffman, E. (1994): Interaktion und Geschlecht. Hrsg. u. eingel. v. H. A. Knoblauch. Mit einem Nachwort von H. Kothoff. Frankfurt/M. – New York (Campus).

Grabowski, J. (1994): Kommunikative Unschärfen – Zur Rezeption und Produktion von Richtungspräpositionen am Beispiel von ›vor‹ und ›hinter‹. In: H.-J. Kornadt, J. Grabowski & R. Mangold-Allwin (Hg.): Sprache und Kognition – Perspektiven moderner Sprachpsychologie. Heidelberg – Berlin – Oxford (Spektrum Akademischer Verlag).

Gülich, E. (1999): »Experten« und »Laien«: Der Umgang mit Kompetenzunterschieden am Beispiel medizinischer Kommunikation. In: Union der Deutschen

Akademie der Wissenschaften, Sächsische Akademie der Wissenschaften zu Leipzig (Hg.): »Werkzeug Sprache«. Sprachpolitik, Sprachfähigkeit, Sprache und Macht. 3. Symposion der deutschen Akademien der Wissenschaften. Hildesheim, Zürich, New York (Olms)

Hart Nibbrig, C. L. (1981): Rhetorik des Schweigens. Frankfurt/M. (Suhrkamp).

Hesse, M. (1995): Models, Metaphors and Truth. In: Z. Radman (Hg.): From a Metaphorical Point of View. A Multidisciplinary Approach to the Cognitive Content of Metaphor. Berlin (de Gruyter).

Hirschauer, S. (1989): Die interaktive Konstruktion von Geschlechtszugehörigkeit. In: Zeitschrift für Soziologie 18, S. 100–118.

Hirschauer, S. (1992): The Meanings of ›Transsexuality‹. In: J. Lachmund & G. Stollberg (Hg.): The Social Construction of Illness. Stuttgart (Franz Steiner).

Hoffman, R. R. (1980): Metaphor in science. In: R. P. Honeck & R. R. Hoffman (Hg.): Cognition and figurative language. Hillsdale, NJ (Erlbaum).

Hoven-Buchholz, K. (2003): La Traviata – der rührende Bühnentod edler Prostituierter. In: A. Gerlach, A.-M. Schlösser & A. Springer (Hg.): Psychoanalyse mit und ohne Couch. Haltung und Methode. Gießen (Psychosozial).

Indurkhya, B. (1992): Metaphor and Cognition. Dordrecht – Boston – London (Kluwer Academic Publishers).

Jackendoff, R. (1992): Parts and boundaries. In: B. Levin & S. Pinker (Hg.): Lexical and Conceptual Semantics. Cambridge (Blackwell).

Johnson, M. (1987): The body in the mind: The bodily basis of meaning, imagination and reason. Chicago (University of Chicago Press).

Keller, E. F. (1980): Lewis Carrol: A Study of Mathematical Inhibition. In: J. Amer. Psychoanal. Assoc. 28, S. 133–160.

Klein, W. (1994): Keine Känguruhs zur Linken – Über die Variabilität von Raumvorstellungen und ihren Ausdruck in der Sprache. In: H.-J. Kornadt, J. Grabowski & R. Mangold-Allwin (Hg.): Sprache und Kognition – Perspektiven moderner Sprachpsychologie. Heidelberg – Berlin – Oxford (Spektrum Akademischer Verlag).

Knorr Cetina, K. (1995): Metaphors in the Scientific Laboratory: Why are they there and what do they do?. In: Z. Radman (Hg.): From a Metaphorical Point of View. A Multidisciplinary Approach to the Cognitive Content of Metaphor. Berlin (de Gruyter).

Koerfer, A. (1994): Institutionelle Kommunikation. Zur Methodologie und Empirie der Handlungsanalyse. Opladen (Westdeutscher Verlag).

Konitzer, M. (1999): Zur interaktiven Bedeutung der komplementären Verfahren in der hausärztlichen Praxis. Frankfurt/M. – Berlin – New York (Peter Lang).

Krämer, S. (2001): Sprache, Sprechakt, Kommunikation. Sprachtheoretische Positionen des 20. Jahrhunderts. Frankfurt/M. (Suhrkamp).

Kronberger, N. (1999): Schwarzes Loch, geistige Lähmung und Dornräschenschlaf: Ein metaphernanalytischer Beitrag zur Erfassung von Alltagsvorstellungen von Depression. In: Psychother. Soz. 1, S. 84–104.

Kuhn, T. S. (1979): Metaphor in Science. In: A. Ortony (Hg.): Metaphor and Thought. Cambridge – London – New York (Cambridge University Press).

Lakoff, G. (1987): Women, Fire, and Dangerous Things. Chicago – London (The University of Chikago Press).
Lakoff, G. & Johnson, M. (1998): Leben in Metaphern – Konstruktion und Gebrauch von Sprachbildern. Heidelberg (Carl-Auer).
Lakoff, G. & Johnson, M. (1999): Philosophy in the Flesh. The Embodied Mind and Its Challenge to Western Thought. New York (Basic Books).
Lakoff, G. & Nunez, R. E. (2002): Where Mathematics come from. How the Embodied Mind brings Mathematics in the Being. New York (Basic Books).
Levine, I. (1926): Das Unbewußte. Autorisierte Übersetzung aus dem Englischen von Anna Freud. Leipzig – Wien – Zürich (Internationaler Psychoanalytischer Verlag).
Levi-Strauss, C. (1949): Die elementaren Strukturen der Verwandtschaft. Frankfurt (Suhrkamp) 1983.
Lorenzer, A. (1974): Die Wahrheit der psychoanalytischen Erkenntnis. Frankfurt/M. (Suhrkamp).
Lorenzer, A. (1988): Freud: Die Natürlichkeit des Menschen und die Sozialität der Natur. In: Psyche 42, S. 426–438.
Lorenzer, A. (1988): Hermeneutik des Leibes. Über die Naturwissenschaftlichkeit der Psychoanalyse. In: Merkur 42, S. 838–852.
Mahler, M. S., Pine, F. & Bergman, A. (1978): Die psychische Geburt des Menschen Frankfurt/M. (Fischer).
Martin, E. (1993): Ei und Sperma – Eine wissenschaftliche Romanze aus dem Stoff der Geschlechterstereotypien. In: M. B. Buchholz (Hg.): Metaphernanalyse Göttingen (Vandenhoeck & Ruprecht), S. 293–310.
Marx, W. (2003): Warum Bewußtsein einen Körper hat. In: Merkur 57, H. 650, S. 540–543.
McReynolds, P. (1990): Motives and Metaphors: a Study in Scientific Creativity. In: D. E. Leary (Hg.): Metaphors in the History of Psychology. Cambridge (Cambridge University Press).
Monk, R. (1993): Wittgenstein. Das Handwerk des Genies. 3. Aufl., Stuttgart (Klett-Cotta).
Najavits, L. M. (1993): How Do Psychotherapists Describe Their Work? A Study of Metaphors for the Therapy Process. In: Psychotherapy Research 3, S. 294–299.
Ogden, T. H. (2003): Gespräche im Zwischenreich des Träumens. Der analytische Dritte in Träumen, Dichtung und analytischer Literatur. Gießen (Psychosozial).
Overton, W. F. (1994): The Arrow of Time and the Cycle of Time: Concepts of Change, Cognition, and Embodiment. In: Psychological Inquiry 5, S. 215–237.
Pribram, K. H. (1990): From metaphors to models: the use of analogy in neuropsychology. In: D. E. Leary (Hg.): Metaphors in the History of Psychology. Cambridge (Cambridge University Press).
Quinn, N. (1982): Commitment in American marriage: A cultural analysis. In: American Anthropologist 9, S. 775–798.
Quinn, N. & Holland, D. (Ed.) (1987): Cultural models in language and thought. Cambridge – London – New York (Cambridge University Press).
Ricoeur, P. (1986): Die lebendige Metapher. München (Fink).
Rosch, E. (1973): Natural Categories. In: Cognitive Psychology 4, S. 328–350.

Rosch, E. (1975): Cognitive reference points. In: Cognitive Psychology 7, S. 532–547.
Rosch, E. (1977): Human Categorization. In: N. Warren (Hg.): Advances in Crosscultural Psychology. New York (Academic Press).
Rosch, E. (1978): Principles of Categorization. In: E. Rosch & B. B. Lloyc (Hg.): Cognition and Categorization. Hillsdale, NJ (Lawrence Earlbaum Ass.).
Rosch, E. & Lloyd, B. B. (Ed.) (1978): Cognition and Categorization. Hillsdale, NJ (Lawrence Earlbaum Ass.).
Schachtner, C. (1999): Ärztliche Praxis. Die gestaltende Kraft der Metapher Frankfurt/M. (Suhrkamp).
Schmitt, R. O. (1995): Metaphern des Helfens. Weinheim (Beltz).
Schneider, H. J. (Hg.) (1996): Metapher – Kognition – Künstliche Intelligenz München (Fink).
Schwegler, H. (2001): Reduktionismen und Physikalismen. In: M. Pauen & G. Roth (Hg.): Neurowissenschaften und Philosophie. Eine Einführung. München (UTB – Fink).
Spruiell, V. (1993): Deterministic Chaos and the Sciences of Complexity: Psychoanalysis in the Midst of a General Scientific Revolution. In: J. Amer. Psychoanal. Assoc. 41, S. 3–44.
Stetter, C. (1996): Strukturale Sprachwissenschaft (20. Jahrhundert). In: T. Borsche (Hg.): Klassiker der Sprachphilosophie. München (C. H. Beck).
Strube, G. u. a. (2001): Wörterbuch der Kognitionswissenschaft: Stuttgart, Klett-Cotta. CD-ROM, ISBN 3-608-94167-3.
Sweetser, E. E. (1987): The definition of lie: an examination of the folk models underlying a semantic prototyp. In: D. Holland & N. Quinn (Hg.): Cultural models in language and thought. Cambridge – London – New York (Cambridge University Press).
Tomasello, M. (2002): Die kulturelle Entwicklung des menschlichen Denkens. Zur Evolution der Kognition. Frankfurt/M. (Suhrkamp).
Waldvogel, B. (1992): Psychoanalyse und Gestaltpsychologie. Historische und theoretische Berührungspunkte. Stuttgart (frommann-holzboog).
Whitehead, A. N. (1925/1949): Wissenschaft und moderne Welt. Zürich (Morgarten-Verlag).
Winnicott, D. W. (1990): Der Anfang ist unsere Heimat. Stuttgart (Klett Cotta).

Wolfgang Mertens

Das Unbewusste in der Kognitionspsychologie – wird damit das psychoanalytische Unbewusste hinfällig?

Die Beiträge von Kognitionspsychologen zu einer Psychologie unbewusster Prozesse sind nicht nur deshalb interessant, weil sie an die »kognitive« Traditionslinie des Unbewussten (Gödde 1999) anknüpfen, sondern auch weil sie nach ihrer eigenen Einschätzung ein anderes Unbewusstes als das der psychoanalytischen Forschung behandeln. Nach einem historischen Überblick über die Entstehung der Kognitionspsychologie, ihrer Sackgassen und Verkürzungen als Teil und Folge eines unreflektierten behavioristischen Erbes wird der Frage nachgegangen, inwieweit auch die Psychoanalyse in ihren Anfängen eine Kognitionspsychologie war. Gegenüber der in der psychologischen Literatur antreffbaren Charakterisierung, dass die Psychoanalyse kognitionspsychologische Themen ausgeklammert hat, wird ausgeführt, dass die Psychoanalyse sich seit Freud mit kognitiven Fragestellungen befasst hat, wofür z. B. der psychodynamisch orientierte »new look« in der Wahrnehmungsforschung oder die Auseinandersetzung mit Piaget stehen. Allerdings war die kognitionspsychologische Thematisierung in der Psychoanalyse von Beginn an bereits »embodied«. Dies stellt eine Konzeptualisierung dar, zu der die Kognitionswissenschaften erst vor kurzem hingefunden haben. Im Anschluss an einen Exkurs über die Gemeinsamkeiten und Unterschiede von Freud und Piaget und über die Auseinandersetzungen von Psychoanalytikern mit Piagets Werk werden einige Forschungsbereiche der heutigen Kognitionspsychologie und Cognitive Sciences skizziert, die für die Psychoanalyse eine systematischere Betrachtung klinischer Phänomene ermöglichen. Dabei zeigt sich, dass eine Erforschung kognitiver Phänomene nur in Verbindung mit emotionalen Prozessen sinnvoll ist, die als Erfahrungsgegenstände in der klinischen Psychoanalyse wiederum eine lange Tradition haben. Die derzeit gängige Auffassung, dass erst die kognitionspsychologische Forschung das Wissen um unbewusste Prozesse bereichert habe, ist somit differenzierter zu betrachten.

Von der Psychologie der Wahrnehmung zu einer Psychologie des Verhaltens

Ursprünglich begann die deutsche Psychologie bei Wilhelm Wundt (1832–1920) als eine Disziplin, in der vor allem die Entstehung der Wahrnehmung, vom sensorischen Eindruck bis hin zur erlebten Wahrnehmung, bevorzugter Forschungsgegenstand war. Das Wundtsche bewusstseinspsychologische Forschungsprogramm hatte sein methodisches Selbstverständnis nahezu ausschließlich auf der Methode der Introspektion aufgebaut: Geschulte Beobachter versuchten, ihre eigenen Wahrnehmungen, Erinnerungen und Denkprozesse in Eindrücke, Vorstellungen und Empfindungen zu zerlegen, in der Hoffnung, hierdurch auf elementare Untereinheiten des Bewusstseins zu kommen. Auch unbewusste Prozesse wurden in der Gründerzeit der Psychologie durchaus thematisiert. So nahm z. B. Herrmann v. Helmholtz (1821–1894) an, dass die bewusste Wahrnehmung eines Menschen auf »unbewussten Schlüssen« beruhe. Dem methodologischen Ideal des 19. Jahrhunderts entsprechend war die Forschung der frühen Introspektionisten positivistisch: Der introspektive Beobachter sollte in einer leidenschaftslosen, objektiven Weise seine eigenen Empfindungen und Wahrnehmungen in sorgfältig kontrollierten Experimenten studieren. Bei den frühen Introspektionisten war das Bewusstsein darüber, dass die zu erforschenden Gegebenheiten für die Versuchspersonen auch eine persönliche Bedeutung aufweisen müssen, noch sehr wenig ausgeprägt; so bestanden z. B. die ersten Gedächtnisexperimente von Ebbinghaus (1885) aus sinnlosen Silben. So groß war offensichtlich die Befürchtung, dass relevante Bedeutungen und emotionales Beteiligtsein zu einer Konfundierung der zu studierenden Gedächtnisphänomene führen könnten.

Die Täuschungsmöglichkeit der Introspektion und die Einbeziehung als subjektiv geltender mentalistischer Daten – in heutiger Terminologie sog. Qualia – waren unter anderem die Gründe dafür, dass die von Watson im Jahr 1913 begründete behavioristische Psychologie zumindest in der angelsächsischen Welt radikal mit dem Forschungsprogramm der Gründungsväter der Psychologie brach. Nur die Registrierung des von einem unabhängigen Beobachter von außen feststellbaren Verhaltens galt für den Behavioristen Watson als die einzig sichere methodische Grundlage für den Aufbau einer Psychologie nach naturwissenschaftlichem Muster: Denken, Urteilen, Werten, Wollen, Wünschen, Vorstellen, Imaginieren, Fühlen,

Sprechen waren fortan nicht länger Gegenstände der Psychologie. Bewusste Vorgänge wurden ebenso aus der wissenschaftlichen Betrachtung ausgeschlossen wie unbewusste Vorgänge, die sich »innerhalb« eines denkenden und wünschenden Individuums abspielen. Dies führte zu der absurden Konsequenz, dass die introspektiv gewonnenen Mitteilungen über die »innere Welt« – die »psychische Realität«, wie Psychoanalytiker diesen Betrachtungsbereich nennen, – nicht mehr erforscht werden durften.

Der sich ebenfalls in den USA entwickelnde Operationalismus des Physikers Bridgman (1927) versprach zusammen mit dem Behaviorismus und dem Neobehaviorismus eine Revolution in der Psychologie. Denn die Reduzierung des psychologischen Gegenstandes auf Beobachtbares, die wissenschaftstheoretische Forderung, dass nur empirische, d. h. mit den äußeren Sinnen erfahrbare Daten, wie Sinnesempfindungen, beobachtbare Verhaltensweisen und messbare physiologische Vorgänge, Protokoll- bzw. Basissätze im Sinne des Positivismus darstellen, ergänzte sich vorzüglich mit der Lehre des Operationalismus. Begriffe sollen keine Wesensaussagen über einen Gegenstand treffen, sondern nur noch Angaben über die Messoperationen machen, die ein Forscher bei seiner wissenschaftlichen Arbeit ausführt. Nur dann ist methodische Intersubjektivität gewährleistet: Denn von jedem, der in der Sache kundig ist, der z. B. einen Intelligenztest durchzuführen gelernt hat, kann ein diagnostischer Vorgang nachvollzogen und überprüft werden. Und nur wenn Variablen in operationalisierter Form vorliegen, kann überhaupt von einer Überprüfung einer Zusammenhangsbehauptung und somit von einem wissenschaftlichen Vorgehen gesprochen werden. Dass Phänomene auch erschlossen, dass sie manchmal aufgrund winziger Spuren erraten werden müssen, dass sie sich nicht dem Zugriff konstruierter Fragebogen-Items sofort zu erkennen geben, konnte in der Begeisterung, nun endlich eine der Physik vergleichbare Methode gefunden zu haben, lange Zeit nicht begriffen werden. Dabei haben viele Physiker die Psychologen um die Möglichkeit intensiv beneidet, ihre »Forschungsgegenstände« auch zum Sprechen bringen zu können.

Man könnte den Behaviorismus als bedauerliche (US-amerikanische) Zwischenetappe einer jungen Wissenschaft betrachten, die damals eben noch in ihren Kinderschuhen steckte, wenn die behavioristische Psychologie mit ihrem verhaltenswissenschaftlichen Credo nicht auch berufspolitisch mit der Einrichtung von Lehrstühlen, universitären Curricula, Publikationsorganen, Anwendungsmöglichkeiten in Form der Verhaltenstherapie und Diffamierungskampagnen gegenüber der Psychoanalyse und anderen tiefenpsychologischen, sozialwissenschaftlichen und phänomenologischen Auffassungen einen folgenschweren Einfluss ausgeübt und in ihren methodischen Einseitigkeiten auch noch etliche Jahre kognitionspsychologische Forschungsprogramme beinflusst hätte. Denn nahezu ein dreiviertel Jahrhundert lautete die positivistische und behavioristische Kampfansage an die psychoanalytische Postulierung eines psychologischen Unbewussten, dass es aus methodologischen Gründen unstatthaft sei, sich mit derartigen mentalistischen »homunculi« zu beschäftigen, und wer dies trotzdem tue, handele total unwissenschaftlich. Eine gehaltvollere psychologische Forschung und Theorienbildung wurde dadurch Jahrzehnte lang verhindert.

Freud kann mit seinem Forschungsprogramm als der Gegenspieler des Behaviorismus gelten, war ihm doch die Erforschung der inneren Welt vor allem hinsichtlich ihrer unbewussten Determinanten das oberste Anliegen und nicht die experimentelle Untersuchung des behavior und der funktionalen Zusammenhänge von Stimulus-Input und Reaktions-Output aus der Perspektive eines möglichst unbeteiligten Forschers, so wichtig die Beobachtung des Verhaltens und der Handlungen eines Menschen für die Psychoanalyse natürlich trotzdem ist. Deshalb verwundert es auch nicht, dass die Psychoanalyse von den Anhängern der positivistischen und behavioristischen Psychologie am heftigsten bekämpft wurde (z. B. von Skinner oder Eysenck) und dass Psychoanalytiker ihrerseits in der Regel so gut wie überhaupt nichts mit der – im Vergleich zum Reichtum einer erlebnisbezogenen und phänomenalen Beschreibung von Erfahrungsqualitäten einfältig wirkenden – Stimulus-Response-Psychologie der amerikanischen Behavioristen anfangen konnten. Dabei hatte Freud ebenfalls an der Wundtschen Methode der Introspektion Kritik geübt, allerdings aus anderen Gründen als Watson. Freuds hauptsächliche Kritik äußerte sich dahingehend, dass die Bewusstseinstätigkeit nicht aus sich selbst heraus verstanden werden kann, weil Psychisches viel umfassender ist als das introspektiv bewusst Wahrnehmbare. Unbewusste Handlungsmotive und -intentionen müssen deshalb als psychologische Konstrukte zusätzlich erschlossen werden. Ohne ihre Kenntnis bleibt die Erklärung einer Handlung bewusstseinspsychologisch oberflächlich und naiv. Denn die alleinige phänomenale und erlebnisbezogene Erklärung einer Handlung, z. B. in Form einer finalen Erklärung, welche Gründe und Überzeugungen von einer Person für das Erreichenwollen einer Handlung geltend gemacht werden, unterliegt in der Regel einer bewusstseinspsychologischen Täuschung. Weil das Ich nach Freud (1916–17a, S. 295) nicht Herr im eigenen Hause ist, sondern in seiner bewussten Wahrnehmung überhaupt nur einen Bruchteil der in Frage kommenden Motive und Absichten benennen kann, ist diese Erweiterung der herkömmlichen Handlungserklärung unbedingt notwendig. Dabei verbleibt die Erklärung aber im Bereich prinzipiell psychologischer Erfahrbarkeit, auch wenn die unbewusste psychologische Absicht nicht mehr introspektiv erfassbar, sondern nur noch erraten bzw. geschlussfolgert werden kann. Es findet also kein Wechsel der Seinsebene statt, z. B. dahingehend, dass die unbewussten Ursachen als neurophysiologisch behauptet werden. Der Übergang von einer Seinskategorie zur anderen ist nur im Fall einer *meta*psychologischen Betrachtungsweise statthaft, wobei Freud in Ermangelung erklärungskräftiger neurobiologischer Gesetzmäßigkeiten es zunächst vorzog, mit metaphorischen Grenzbegriffen zu operieren.

Trotz des grundlegenden Einwandes gegen die damalige Bewusstseinspsychologie verwarf Freud aber die Methode der Introspektion nicht, sondern betrachtete sie als eine hervorragende Möglichkeit, auf dem Weg der freien Assoziation zu Hinweisen über das Vorhandensein unbewusster Handlungsgründe zu gelangen. Denn in den Unterbrechungen, Lücken und Auslassungen kommen unbewusste Intentionen als Handlungsdeterminanten in den Erzählungen eines Analysanden zum Ausdruck.

Der Behaviorismus dominierte in den USA vor allem in der Psychologie und in den Sozialwissenschaften, bis er in den 1960er Jahren nach und nach von der Kognitionspsychologie abgelöst wurde, die als methodologische Gegenposition entstand und als »kognitive Revolution« bekannt wurde. In Deutschland, wo zu Beginn des 20. Jahrhunderts auch andere psychologische Schulrichtungen, wie z. B. die Leipziger Gestaltpsychologie, die Würzburger Schule und die Phänomenologie entstanden waren, wurde der Behaviorismus als US-amerikanischer Import wie so vieles andere, was nach dem Zweiten Weltkrieg aus den Staaten zu uns herüberkam, begeistert aufgegriffen. Erst mit etlichen Jahren Verspätung kam der Behaviorismus deshalb bei uns an, was zur Konsequenz hatte, dass eine sehr einfache »Tauben- und Ratten-Psychologie« an sehr vielen deutschen psychologischen Fakultäten zu einem bestimmenden Paradigma in den 1960er und 1970er Jahren wurde.

Ödipale Revolten gibt es nicht nur in der Psychoanalyse: Die kognitive Wende in den USA oder zurück zu den Anfängen der Psychologie

In der US-amerikanischen Szene gelten in der Regel die Veröffentlichungen von Miller, Galanter & Pribram »Plans and the structure of behavior« (1960) und das Lehrbuch von Neisser »Cognitive psychology« (1967) als Wendepunkt. Eine Gruppe junger Psychologen hatte sich gegen die Dominanz der Watsonschen und Skinnerschen Dogmen aufgelehnt und dem nunmehr bereits zum Establishment gehörenden Neobehaviorismus den Kampf angesagt. Was zunächst wie eine ödipale Revolte jugendlicher Heißsporne aussah, erwies sich recht bald als tragfähige methodologische Ablösung des behavioristischen Programms. Nunmehr durften amerikanische Forscher sich wieder mit psychologischen Funktionen, wie dem Wahrnehmen und Erkennen, dem Enkodieren, Speichern und Erinnern, dem Wollen und Entscheiden, dem Denken und Problemlösen, der motorischen Steuerung und dem Gebrauch der Sprache beschäftigen – alles Themen, die bereits die Psychologen des 19. Jahrhunderts fasziniert hatten, die aber durch rigide methodologische Vorgaben in den USA für Jahrzehnte zum Anathema erklärt worden waren. Wiederum mit einiger Verspätung wurde diese »kognitive Wende« von deutschen behavioristischen Psychologen rezipiert.

Der Behaviorismus hinterlässt doch noch Spuren: Die Kehrseite der kognitiven Revolution

Sah es zunächst so aus, als könnten Psychoanalyse und Psychologie nach deren kognitiver Wende ihre Forschungsbemühungen synergistisch nutzen, so erwuchs aus der anfänglichen Hoffnung bei interessierten Psychoanalytikern doch recht bald wieder Skepsis. Denn die Kehrseite der Wende bestand in dem, was Kritiker als Kognitivismus bezeichneten (vgl. z. B. Graumann 1988; Strube 1996).

Hierunter versteht man eine Zerrform der kognitiven Psychologie, die ihre Forschungsgegenstände nur als Algorithmen kognitiv rationaler Informationsverarbeitung betrachtet, deren berechenbare Rationalität Hypothesen über das Unbewusste wiederum als überflüssig, wenn nicht sogar als methodologischen Irrweg erscheinen ließ. Eine funktionalistische Betrachtungsweise, d. h. die Annahme einer Verhaltenssteuerung in Abhängigkeit von Wahrnehmungsinput, Koordination und Planung ließ zudem die Erlebnisqualität der Prozesse, auch wenn nunmehr in die Black Box Kognitionen als intervenierende Variablen situiert wurden, wiederum außen vor. Dass es eine »innere Repräsentanzenwelt« gibt, in der emotional und motivational besetzte Interaktionserfahrungen unbewusst einen steuernden Einfluss auf die Wahrnehmung und das Beziehungsverhalten ausüben, dass unbewusste affektive Prozesse das bewusste Denken beeinflussen können und dass Affekte durch Ereignisse entstehen können, die dem Betreffenden unbewusst bleiben, war auch für Kognitionspsychologen in den 1980er Jahren noch unvorstellbar (Westen 1999).

So war zunächst erneut die Differenz zwischen Psychoanalyse und Kognitionspsychologie unüberbrückbar. Denn leider beschränkte die in den 1980er Jahren nach und nach sich konsolidierende kognitive Psychologie ihre Forschungsaktivitäten weitgehend auf Prozesse der Wahrnehmung, der Aufmerksamkeit, des Gedächtnisses, ohne jedoch erlebnisphänomenale emotionale und motivationale Vorgänge zu berücksichtigen. Im Mittelpunkt dieser kognitionspsychologischen Forschung stand die Frage, wie der sensorische Input transformiert, reduziert, elaboriert, gespeichert, wieder abgerufen und in Verhalten und Handeln umgesetzt wird. Es war zwar jetzt nicht mehr eine »Psychologie ohne Seele« (vgl. Pongratz 1967) wie zuvor im Behaviorismus, aber die »Seelen«, die nunmehr untersucht wurden, waren »auf Eis gepackt« (vgl. Damasio 1994). Denn in der Kognitionspsychologie der 1970er und 1980er Jahre wurde den Affekten, Bedürfnissen und triebhaften Vorgängen, die auf die Tatsache zurückgehen, dass Menschen keineswegs nur informationsverarbeitende Computer, sondern sich mit ihrer menschlichen und sächlichen Umwelt leidenschaftlich und konfliktreich auseinandersetzende Wesen sind, noch sehr wenig Aufmerksamkeit geschenkt. Bestenfalls tauchten Affektzustände als Epiphänomene kognitiver Prozesse auf. Eine depressive Stimmung z. B. – so wurde angenommen – entsteht aufgrund falscher kognitiver Attribuierungsstrategien. Verändert man die kognitiven Modi der Schlussfolgerung, verschwindet auch die Depression.

Zwar war jetzt das Skinnersche antimentalistische »Ratten-Konditionierungs-Modell« mit der Black-Box-Methodologie durch die Computer-Metapher ersetzt worden, aber dafür wurde für Psychoanalytiker ein anderer Umstand schmerzlich bewusst: Entkörperte, leidenschafts- und affektlose Computerhomunculi, losgelöst von einer spezifischen soziokulturellen Umwelt sollten in der Psychologie als Modellvorstellung für die Betrachtung und Erklärung menschlichen Verhaltens gelten. Der Mensch als l'homme machine: ein Rückfall in die Zeiten des Materialismus des 17. und 18. Jahrhunderts; Descartes und Lamettrie als Urahnen der Maschinentheorie vom Menschen hätten an dieser Art von Psychologie vermutlich durchaus Gefallen gefunden.

Von der Kognitionspsychologie zu einer »embodied cognitive science«

In den kognitionspsychologischen Richtungen der Gegenwart wird jedoch die Kognition nicht mehr unabhängig von Emotion, Motivation und Handlungsbezug zur jeweiligen Umwelt betrachtet. Denn zunehmend wurde von Kognitionspsychologen erkannt, dass ihre bisherigen Modelle selbst für die Grundlagenforschung reichlich artifiziell waren, weit davon entfernt, den lebendigen menschlichen Organismus auch nur annähernd abbilden zu können. Deshalb wurden Bemühungen unternommen, z. B. lernende Computer zu konstruieren, also Maschinen, welche die evolutionär programmierten Überlebensintentionen und adaptiven Bestrebungen tierischer oder menschlicher Organismen simulieren sollten; zähneknirschend wurde auch eingestanden, dass man an den grundlegenden psychoanalytischen Entdeckungen, nämlich der Abhängigkeit des Kognitiven von Instinktresiduen, körperlichen Bedürfnissen, Emotionen und ständig produzierten Wünschen nicht vorbeikommt, auch wenn es psychologische Forscher nach wie vor tunlichst vermieden, psychoanalytische Termini zu gebrauchen. Die Gehirnmetapher wurde als zu restriktiv erkannt: Das Gehirn ist immer »embodied«; und der Körper steht von Beginn an in einem ständigen interpersonellen Austausch mit anderen Körpern, die ihre eigene Geschichte mitbringen, die sie wiederum in einem interpersonellen Feld in einer bestimmten Kultur erfahren haben. Hier wird die Anschlussmöglichkeit an die psychoanalytische Theorie und Forschung ersichtlich (z. B. Lorenzer 2002; Schüssler 2004). Natürlich hatte man in der Kognitionspsychologie auch schon vorher von einem »bio-psycho-sozialen« Ansatz gesprochen. Aber die Klärung des Zueinanders und der Wechselwirkungen der verschiedenen Systemebenen neurobiologisch – psychologisch – sozialpsychologisch/soziologisch/kulturwissenschaftlich blieb vor allem aufgrund der vorherrschenden funktionalistischen Beschreibungs- und Erklärungsebene immer noch reichlich abstrakt. Selbst Grawe (1998, S. 11) merkte selbstkritisch an, dass die Psychologie seit ihrer kognitiven Wende noch »ziemlich eng kognitiv orientiert« war. Aber, so Grawe, diese Zeit sei längst vorüber, denn in der modernen kognitiven Psychologie seien Emotion, Motivation, Wille, Bewusstsein und unbewusste Prozesse, Selbst und Selbstwertregulation legitime Gegenstände psychologischer Fragestellungen und Theoriebildung, und nicht mehr nur – mehr oder weniger emotions- und motivationslose – Prozesse der Wahrnehmung, des Gedächtnisses und des Lernens. Psychoanalytiker können sich darüber nur freuen.

Die zunehmende Erkenntnis, wie wichtig für die Konstituierung von Subjektivität auch nichtsymbolische Kommunikationsinhalte und -strukturen sind, führte dazu, dass neben der symbolischen Informationsverarbeitung auch subsymbolische Verarbeitungsleistungen angenommen und konzeptualisiert wurden. Diese in den letzten 10 bis 15 Jahren sich entwickelnden Modellvorstellungen innerhalb der Kognitionspsychologie wurden nun ebenfalls für Psychoanalytiker interessant (z.B. Bucci 1985, 1997 2000, 2002; Leuzinger-Bohleber, Pfeifer & Röckerath 1998), die zuvor in dem kognitiv reduktiven Informationsverarbeitungsansatz nur die Ausgeburt eines schizoid disponierten Wissenschaftlergehirns erblicken konnten.

Denn vor allem die Nichtberücksichtigung der Verbindungen menschlicher Geistestätigkeit zum eigenen Körper, zu anderen Menschen und zur umgebenden Kultur führte zu der Vernachlässigung des Emotionalen, Triebhaften und Sozialen bei der Thematisierung von bewussten und unbewussten Prozessen der Informationsverarbeitung. Die Kognitionspsychologie war noch nicht einmal eine one-body-psychology, – so hat man bekanntlich die psychoanalytische Konzeptualisierung des Menschen vor ihrer interpersonellen und intersubjektiven Wende bezeichnet – sondern eine Informationsverarbeitungs-Maschinen-Psychologie. Die Nähe zu den Ingenieurswissenschaften hat freilich bei vielen Außenstehenden Sympathien für diese Art psychologischer Modellierung und Forschung geweckt und für die kognitionspsychologischen Forscher selbst den Eindruck, am naturwissenschaftlichen Impuls ihrer Zeit zu sein, verstärkt. Dennoch konnte die Kluft zu einer angemessenen Konzeptualisierung psychologischer Vorgänge nicht länger übersehen werden: Der Weg zu einer sog. *embodied cognitive science* war damit eröffnet.

Kognitionswissenschaften nähern sich psychoanalytischen Modellen an

Dass die Kognitionspsychologie aus dieser erneuten Sackgasse hat herausfinden können, ist vor allem dem Umstand zu verdanken, dass sie Impulse von einer neuen wissenschaftlichen Disziplin, den Cognitive Sciences, empfing. Unter dieser versteht man eine interdisziplinäre Ausrichtung von Linguistik, Philosophie, Neurobiologie, Anthropologie, Computerwissenschaften und Psychologie. Erst mit der Entwicklung dieses interdisziplinären Forschungsverbunds lockerte sich allmählich in der Kognitionspsychologie die Zurückhaltung, um nicht zu sagen Ängstlichkeit gegenüber der Erforschung emotionaler, volitionaler und vor allem unbewusster Prozesse. Mittlerweile geht die Kognitive Psychologie sogar von einer Dominanz unbewusster Prozesse bei der Erklärung von Denkvorgängen und Handlungen aus (vgl. Mandler 1988). Dies steht gänzlich im Unterschied zur behavioristischen Psychologie, die nahezu 60 Jahre im 20. Jahrhundert vorherrschte und am meisten von allen psychologischen Denkrichtungen die psychoanalytische Theorie als unwissenschaftlich gerade eben wegen der Postulierung unbewusster Vorgänge brandmarkte.

Als sich allmählich die Konturen unbewusster Verarbeitungsprozesse in der Theoriebildung abzuzeichnen begannen, setzte nunmehr eine ergiebige Forschungstätigkeit ein. Auch die Einbeziehung unbewusster Emotionen und Motive stellt in der Gegenwart für viele Kognitionswissenschaftler kein Tabu mehr dar. Motive werden als komplexe Wissensnetzwerke über Bedürfnisse sowie Pläne und Ziele, mit denen sich Motive verwirklichen lassen, konzeptualisiert. Hierbei wird davon ausgegangen, dass für das Wissen über die eigenen Motive zumindest teilweise Erlebnisse in der frühen Kindheit geltend gemacht werden können, die somit als unbewusst angenommen werden müssen. Solche impliziten Motive können folglich auch nicht mehr per Fragebogen erfasst, sondern nur mehr indirekt erschlossen werden. Damit ergibt sich erstmals eine starke konzeptuelle und methodische Nähe zum psychoanalytischen Forschungsprogramm.

Freilich war und ist es für die meisten Kognitionspsychologen ein Anliegen, das von ihnen konzeptualisierte Unbewusste von dem Unbewussten der (Post-)Freudianer abzugrenzen. Terminologisch wurde deshalb von *kognitiv unbewussten* oder von *nichtbewussten* Prozessen gesprochen. Nicht selten wurde mit dieser terminologischen Festlegung auch suggeriert, dass das psychodynamische Unbewusste der (Post-)Freudianer eine überflüssige Konstruktion darstellt, vielleicht allenfalls für psychopathologische Phänomene zutreffe, während das kognitiv Unbewusste eine universelle und für das Überleben äußerst notwendige Dimension beinhaltet. Aber selbst schon bei Freud, ganz abgesehen von den späteren psychoanalytischen Forschern, war das Unbewusste nicht nur »ein Kessel brodelnder Triebregungen«. Denn spätestens seit der Einführung der Strukturtheorie (1923b) ging er von unbewussten Prozessen im Ich, z. B. bei der Abwehr und von unbewussten Emotionen im Über-Ich, z. B. dem Schuldgefühl, aus. Und was überraschend klingen mag: Freuds Psychoanalyse wird von nicht wenigen Forschern als die uranfängliche kognitive Psychologie eingeschätzt. Allerdings hat diese immer daran festgehalten, dass Wahrnehmen und Denken untrennbar mit Emotionen, Bedürfnissen und Wünschen verbunden sind.

Bei vielen der von Kognitionspsychologen benutzten Begriffe wurden Freudsche Konzepte einfach umformuliert. So wurde z. B. aus dem Freudschen Zensor der »Filter« oder die »Wahrnehmungsselektivität«, aus dem »Ich« wurde der »Zentralprozessor«, aus dem »Konflikt« wurden »Entscheidungsknoten«, aus »Besetzung« wurden »Gewichte in einem konnektionistischen Netzwerk«, aus der »psychischen Topographie« wurde »die Verarbeitungstiefe oder eine »up-down Verarbeitung«, aus dem »Bewusstsein wurde das »Arbeitsgedächtnis«, aus der »psychischen Struktur« wurden »Routinen«, »Programme« und »Software«. Ein jüngstes und besonders auffallendes Beispiel für den Verlust des Quellengedächtnisses bzw. für die Verleugnung der Schultern, auf denen moderne Kognitionspsychologen stehen, stammt von Grawe (1998). Er beschreibt, wie wichtig aufgrund neuerer gedächtnis- und emotionspsychologischer Befunde der Umstand sei, dass im therapeutischen Prozess die Aktivierung von impliziten Erinnerungen am besten »bottom-up« gelingt und dass diese keineswegs intentional, »top-down«, abgerufen werden können. Dass Freud vor einem Jahrhundert wegen der Unmöglichkeit bewusster Aufmerksamkeits- und Erinnerungsprozesse im Hinblick auf die in der Kindheit stattgefundenen Verdrängungen auf die Übertragung gestoßen und fortan davon überzeugt war, dass eine wirkliche Veränderung nur im »Feuer der Übertragung« geschehen könne, wird mit keiner Silbe erwähnt. Ein derartiges Totschweigen gefährdet aber nicht nur die Etablierung von Traditionslinien über das eigene Wissensgebiet hinaus, sondern auch eine notwendige Verständigung über kongruente oder disparate konzeptuelle und methodische Hintergründe.

Exkurs: War die Psychoanalyse die erste Kognitionspsychologie?

Waren Freuds Metapsychologie und ihre energietheoretischen Konstrukte mit den neurophysiologischen Erkenntnissen seiner Zeit noch weitgehend kompatibel, so ging diese Vereinbarkeit im Lauf des 20. Jahrhunderts verloren: Das Gehirn wurde nun als ein informationsverarbeitendes System konzipiert, das sich in ständiger Entwicklung und Äquilibration befindet und selbst immer wieder nicht nur in seinen Funktionen, sondern auch in seiner Morphologie Transformationen generiert. Von Beginn an verändern Informationen die Strukturen der Informationsverarbeitung und diese ermöglichen oder verhindern die Aufnahme neuer Inputs. Diese Veränderungen lassen sich am angemessensten als Lern- und Gedächtnisprozesse, die von Geburt an in einem dichten zwischenmenschlichen Feld vonstatten gehen, beschreiben. Auch die neurobiologischen Erkenntnisfortschritte machten eine fortlaufende Revision der metapsychologischen Annahmen Freuds erforderlich, die er selbst schon Zeit seines Lebens immer wieder angemahnt hatte, und die am umfassendsten von dem amerikanischen Ich-Psychologen David Rapaport (1960) vorgenommen wurde (siehe ausführlicher Mertens 2005). In den Jahren danach wurden arbeitsteilig metapsychologische Konstrukte schrittweise revidiert (z. B. Deneke 1999); am augenfälligsten und mit den weitreichendsten Konsequenzen für die klinische Praxis geschah dies in der psychoanalytischen Entwicklungspsychologie mit dem veränderten anthropologischen Konzept eines »kompetenten Säuglings« (Dornes 1993; Köhler 1986) und einer dynamischen Systemtheorie als Forschungsmethodologie (vgl. Sander 1980; Beebe & Lachmann 2004).

Lernen und Gedächtnis galten immer schon als Domänen der experimentalpsychologischen Forschung und behavioristischer Stimulus-Response-Theorien und standen deshalb in ihrer damaligen einseitigen Form in keinem allzu hohen Ansehen bei psychoanalytischen Praktikern und Forschern. Erschwerend kam vor allem hinzu, dass kognitive Vorgänge untersucht wurden, ohne hierbei affektive Prozesse mit einzubeziehen. Letztere entwickelten sich stillschweigend als Domäne der Psychoanalyse, und es etablierte sich zunehmend eine Art von Spaltung: Einerseits eine emotionslose, nüchterne, irgendwo auch lebensferne Kognitionspsychologie, andererseits eine mit menschlichen Leidenschaften und Konflikten befasste Psychoanalyse. Es gab entsprechend dieser Einschätzung deshalb auch nur relativ wenige psychoanalytische Forscher, die sich mit Prozessen der Wahrnehmung, des Denkens, des Gedächtnisses aus einer spezifisch psychodynamischen Sichtweise befasst haben. Neben den psychoanalytischen Ich-Psychologen der New Yorker Schule, wie z. B. Rapaport (1951), sind hier sicherlich auch britische Objektbeziehungstheoretiker, vor allem Bion (1962a,b) und Money-Kyrle (1968) und in jüngster Zeit z. B. die amerikanische Kognitionspsychologin und Psychoanalytikerin Wilma Bucci (1997, 2000) zu nennen.

Allerdings sind diese Verhältnisse vielschichtiger, als sie sich auf den ersten Blick darstellen, denn aus einem anderen Blickwinkel betrachtet war die Psychoanalyse immer schon eine Kognitionspsychologie, vielleicht sogar der Vorläufer derjenigen Psychologie, die sich nach der sog. kognitiven Revolution als Kognitionspsychologie herausbildete, allerdings ohne die noch aus der behavioristischen Tradition stammenden, oben ausgeführten methodischen Verkürzungen.

Psychoanalyse als erste Kognitionswissenschaft

Psychoanalyse war nach Einschätzung amerikanischer Psychoanalytiker (z. B. Erdely 1985; Wakefield 1992) sogar die erste Kognitionswissenschaft im Sinne einer Theorie der mentalen Repräsentanzen und der bewussten und unbewussten Intentionalität. Nicht zuletzt wegen ihrer Thematisierung von außen nicht messbarer, sondern »innerer« mentaler Konstrukte – von Kognitionen und in psychoanalytischer Terminologie affekt- und triebbesetzter Introjekte und Phantasien – wurde sie vom Behaviorismus und Operationalismus und von entsprechend disponierten Forschern als unwissenschaftlich abgelehnt und bekämpft.

Schlüsselkonzepte der Freudschen Theorie der Kognition erschienen bereits in seinem »Entwurf für eine wissenschaftliche Psychologie« (1950c [1895]) und wurden von ihm weiter ausgearbeitet im VII. Kapitel der »Traumdeutung« (1900a). Kognition wurde hier in einem weiten Sinn gebraucht und schloss die Wahrnehmung, das Lernen, das Denken, das Gedächtnis und die Aufmerksamkeit sowie Abwehrprozesse mit ein. Die Themen des primär- und des sekundärprozesshaften Denkens und ihre Beziehung zu halluzinatorischer Wunscherfüllung, die Entwicklung des realitätsorientierten Denkens, die Mechanismen der Verdichtung, der Verschiebung und der Symbolbildung und die Unterscheidung zwischen Wort- und Sachvorstellungen, die Tatsache der Umschreibung und Neukonstruktion von Erinnerungen sowie diverse Erinnerungstäuschungen sind einige der Konzepte, die Freud gebrauchte, um eine Vielfalt von bewussten und unbewussten psychischen Aktivitäten zu erklären, die von Träumen, Symptomen, Witzen und Fehlleistungen bis hin zu Mythen und religiösen Phänomenen reichten.

Mehrere der Freudschen Schriften aus späteren Jahren zeigen sein großes Interesse an der Natur der Kognition an, wie z. B. »Formulierungen über die zwei Prinzipien des psychischen Geschehens« (1911b) oder die Arbeit Notiz über den Wunderblock (1925a). Natürlich interessierte Freud sich auch dafür, wie das Ich zwischen den Anforderungen der Triebe und den Erfordernissen der Realität in kognitiver Hinsicht vermittelt. Zentral für Freuds Auffassung von Kognition und in einem weiteren Sinn für das Funktionieren des Ichs sind die Konzepte der Intentionalität und der psychischen Repräsentanz, die eine bedeutsame Verbindung zu den Forschungsbemühungen in der kognitiven Wissenschaft darstellen. Die auf Freud folgende Entwicklung (z. B. Hartmann 1939, 1964; Arlow & Brenner 1964) mit den Konzepten der primären und sekundären Autonomie, der konfliktfreien Sphäre des Ichs und der Ausarbeitung der Rolle des Ichs bei der Anpassung und beim realitätsorientierten Denken führten zu einem wieder aufgefrischten Interesse an der Kognition. So präsentierten z. B. Gill (1967) und Holt (1967) bedeutende theoretische Klärungen von problematischen Aspekten des Konzepts des primärprozesshaften Denkens. Wolff (1960) versuchte, die Auffassung von Piaget und Freud bezüglich der kognitiven Entwicklung miteinander zu vergleichen und zu integrieren.

Als Freud starb, war der Einfluss der psychoanalytischen Theorie auf die akademische Psychologie aus den oben ausgeführten Gründen gleich null. Die psychologische Forschung auf dem Gebiet der Kognition beschäftigte sich mit der Erstellung von generellen Gesetzen. Individuelle Differenzen wurden im allgemeinen als lästige Fehlervarianz betrachtet. Das typische Studium des kognitiven Funktionierens beinhaltete eine Versuchsperson in einem wachen Zustand ihres Bewusstseins, die realitätsorientierte intentionale Antworten auf emotional neutrale Stimuli abgeben sollte. Solche Versuchsbedingungen brachten es mit sich, dass der Beitrag persönlicher Motive äußerst minimal war. Laboratoriumsexperimentelle Bemühungen, die z. B. unternommen wurden, um das emotionale Material bezüglich Freuds Auffassung der Verdrängung zu testen, waren übermäßig vereinfacht und enthielten letztlich irrelevante Testsituationen der Verdrängung, wie bereits Rapaport (1960) aufgezeigt hat. Dieser methodische

Unfug hat allerdings auch später noch behavioristische Forscher nicht von der Behauptung abgehalten, dass es keine empirischen Beweise für die Freudsche Verdrängung gebe (Holmes 1990). Bereits in den 40er Jahren begann aber eine kleine Gruppe von psychoanalytisch ausgebildeten akademischen Psychologen Forschungen in den Bereichen des Wahrnehmens und des Denkens durchzuführen. Man kann diese Forschungsarbeiten in vier verschiedene Bereiche unterteilen: 1. die motivationale Dynamik der Kognition, 2. individuelle Unterschiede in kognitiven Strukturen, 3. die verschiedenen erfahrungsmäßigen Modalitäten der Kognition (wie Träume, Fantasien, Bilder) und 4. die funktionale Bedeutung des Wachheitszustandes, z. B. Kognition mit und ohne Bewusstheit (Barron, Eagle & Wolitzky 1992, S. 299 ff.). Einen Überblick über diese verschiedenen Bemühungen findet man auch bei Rapaport (1960), Sears (1943), Klein (1970) und Wolitzky & Wachtel (1973).

Die motivationale Dynamik der Kognition

Aus Platzgründen sei hier nur der erste Forschungsbereich kurz umrissen. Die nach dem Zweiten Weltkrieg entstehende Forschungsrichtung des sogenannten »new look« der Wahrnehmung war ein kräftiges Korrektiv für die zuvor vernachlässigten motivationalen Einflüsse auf das Verhalten. Zu den Protagonisten dieses »new look« gehörten psychoanalytisch ausgebildete Psychologen wie George Klein, Philip Holzman und Robert Holt. Etwa zur gleichen Zeit wurden in den Vereinigten Staaten von Amerika auch die Arbeiten von Piaget bekannt, aber im Unterschied zum »new look« beschäftigten sich die akademischen Psychologen nunmehr in der Forschungslinie von Piaget mit der Kognition als einem nahezu vollkommen von der Persönlichkeit und der Motivation isolierten Bereich. Der überwiegend als psychoanalytisch geltende »new look«, wozu z. B. auch die subliminalen Experimente von Lloyd Silverman und Mitarbeitern ab den 60er Jahren gehörten, wurde von der akademischen Psychologie weitgehend ignoriert. Im Jahr 1964 forderte Robert Holt seine psychoanalytischen Kollegen auf, die kognitive Betrachtungsweise auch für die praktische psychoanalytische Arbeit als wertvollen und wichtigen Gesichtspunkt anzuerkennen. John Benjamin (1961) hatte zuvor schon die Kognition als »Stiefkind« der klinischen Praxis bezeichnet und Arieti (1970) sprach von der Kognition als der »Cinderella« der Psychiatrie und Psychoanalyse und betonte, dass kein anderes Feld der menschlichen Psyche so sehr von Klinikern vernachlässigt worden sei. Dies gilt natürlich nicht für alle psychoanalytischen Kliniker und es gilt vor allem nicht für jene psychoanalytischen Forscher, die sich – ausgelöst durch die »new look«-Bewegung – der detaillierten Erforschung menschlicher Kognition widmeten und sich auch für die Theorien von Piaget aufgeschlossen zeigten (wie z. B. Anthony 1957; Wolff 1960; Décarie 1962 u. v. a., siehe hierzu auch das Kap. Freud und Piaget).

In dem Forschungsgebiet der »motivationalen Dynamik der Kognition« hat eine Vielzahl von Studien in den zurückliegenden sechs Jahrzehnten Evidenz dafür erbracht, dass die Wahrnehmung und die Eindrucksbildung durch körperliche Bedürfnisse, wie z. B. Hunger, beeinflusst werden können durch Belohnungen und Bestrafungen, durch Variationen in der Stimulusemotionalität und durch die persönlichen Charakteristika der wahrnehmenden Person. Diese Variablen, so wurde aufgezeigt, beeinflussen die Urteile über die Größe, das Gewicht und die Helligkeit, die Wahrnehmungsschwellen für das perzeptuelle Wiedererkennen und die Antwortlatenz sowie den Inhalt. So fand man z. B., dass arme Kinder im Vergleich mit reichen Kindern mehr dazu neigen, die Größe von Münzen zu überschätzen (Bruner & Goodman 1947), dass die Anzahl von Essensantworten im Hinblick auf mehrdeutige Bilder als eine Funktion des Hungers ansteigt (Sanford 1937) und dass emotional störende oder sogenannte Tabuwörter im Vergleich mit neutralen Wörtern eine höhere oder niedrigere Erkennungsschwelle hatten (genannt die »Wahrnehmungsabwehr« oder die »Wahrnehmungssensibilität«).

Viele der frühen Arbeiten zum »new look« der Wahrnehmung litten allerdings unter einer vereinfachten Anwendung des Freudschen Konzeptes der Wunscherfüllung, bei dem angenommen wurde, dass, der Einfluss auf das Erkennen umso größer ausfallen würde, je stärker ein Bedürfnis oder ein Motiv sei.

Freud hat bereits in der »Traumdeutung« grundlegende Überlegungen über den Zusammenhang zwischen Fühlen und Denken angestellt, wie z. B. hinsichtlich der Unterscheidung zwischen den triebhaft-affektgesteuerten Primärvorgängen und den durch Vernunft und Realitätserfordernisse strukturierten Sekundärvorgängen (vgl. Ciompi 1982a, S. 228 f.). Galten aber in den Anfängen der Psychoanalyse Affekte noch als Repräsentationen der Triebimpulse, so hat sich dies erst beim späten Freud mit seiner Entwicklung der Signalangst-Theorie (1926) geändert: Der Angstaffekt kann die

Wahrnehmung verändern oder zu einem bestimmten (Abwehr-)Verhalten führen. Die von Freud bereits grundgelegte und von den Ich-Psychologen wie Hartmann und Rapaport elaborierte Ich-Psychologie führte in der Folgezeit zu einem vertiefteren Verständnis von Kognition und Affekt. Die triebpsychologische Anthropologie wurde von den Ich-Psychologen durch ein Bild vom Menschen ergänzt, der nicht nur von Wünschen getrieben ist, sondern auch denken und sich – allerdings in Grenzen – auch willentlich entscheiden kann. Hartmann und seine Mitarbeiter studierten hierbei vor allem die Schriften von Heinz Werner und Jean Piaget und anderen kognitiv orientierten Entwicklungspsychologen und unternahmen 30 Jahre, bevor die kognitive Revolution in der Mainstream-Psychologie stattfand, den Versuch, eine *psychodynamische Theorie der Kognition* zu entwickeln. Von der damaligen neopositivistisch und behavioristisch orientierten Psychologie wurde dies jedoch so gut wie nicht zur Kenntnis genommen.

Freud und Piagets Kognitionspsychologie

Bei der Beschäftigung mit Wahrnehmung und Denken aus psychoanalytischer Sicht kommt man nicht umhin, sich mit dem Werk des Genfer Psychologen Jean Piaget zu befassen, dessen Arbeiten zur kognitiven Entwicklung des Kindes zu den herausragendsten psychologischen Leistungen des 20. Jahrhunderts gehören. Beide Forscher, Freud und Piaget, wiesen einige Gemeinsamkeiten auf, aber sie waren auch Welten voneinander getrennt. Beide erfuhren zunächst eine naturwissenschaftliche Ausbildung; beide beschäftigten sich mit zoologischen Studien: Freud mit den Geschlechtsorganen von Aalen, Piaget promovierte in Zoologie mit einer Arbeit über Weichtiere des Wallis; beide wandten sich später der Psychologie zu und beide hatten ein starkes entwicklungspsychologisches Interesse: so untersuchte Piaget die Genese menschlicher Erkenntnisfähigkeit in Form seiner genetischen Epistemologie, Freud die Entwicklung der Psychosexualität. Piaget war anfänglich von der Psychoanalyse angetan, er unterzog sich sogar einer kurzen Analyse bei Sabina Spielrein und doch trennte er später die Kognition säuberlich von der Entwicklung des Triebhaften und Affektiven. Als 27-Jähriger veröffentlichte Piaget (1923) eine Arbeit über das symbolische Denken des Kindes, in der er noch affektive Faktoren berücksichtigte. Aber dann spielte fast 50 Jahre lang das Affektive in seiner genetischen Epistemologie keine Rolle mehr. Als er im Jahr 1970 auf einer Vollversammlung der American Psychoanalytic Association einen Vortrag über »Das affektiv Unbewußte und über das kognitiv Unbewusste« (1973) hielt, wurde deutlich, wie unvollständig Piagets Verständnis der psychoanalytischen Theorie bis an sein Lebensende geblieben war (vgl. A.-M. Sandler 1975). Piagets Schwerpunkt lag eindeutig auf der Erforschung des kindlichen Verhaltens gegenüber unbelebten, affektiv neutralen Gegenständen. Aus wissenschaftspsychologischer Sicht hat Gertie Bögels (1987) herausgearbeitet, welche Umstände in Piagets Leben vermutlich zu dieser nahezu phobischen Scheu vor dem Affektiven, Leidenschaftlichen und Sinnlichen geführt haben. Aber immerhin finden sich in dem Vortrag auch wegweisende Äußerungen wie die folgende: »Ich glaube, daß die Probleme des kognitiven Unbewußten ähnlich sind wie die Probleme des affektiven Unbewußten. Ich bin überzeugt, daß eines Tages die kognitive Psychologie und die Psychoanalyse verschmelzen und eine allgemeine Theorie bilden müssen, welche sowohl die kognitive Psychologie wie die Psychoanalyse verbessern und korrigieren wird« (Piaget 1976, S. 63).

Auch wenn es für Psychoanalytiker als ausgemachtes Faktum gilt, dass jegliche Gegenüberstellung von Erkenntnis und Emotionalität verfehlt ist, weil die menschliche Symbolbildung von ihren ersten Anfängen eine unauflösliche Interaktion zwischen Logik bzw. Erkennenwollen und Neugierde bzw. Begehren darstellt (Furth 1990; und vor allem Bion 1962a, b), so haben sie sich dennoch mit den Auffassungen von Piaget beschäftigt, nicht nur wegen des Nachweises, was in kognitiven Konzeptualisierungen zur Denk- und Moralentwicklung unthematisiert bleibt, sondern auch um von Piagets klarer Systematik zu lernen. So gab es – abgesehen von der bereits sehr frühen Arbeit von de Saussure (1933) – ab den 50er Jahren beginnend mit dem Ich-Psychologen Rapaport (1955) eine Anzahl von Autoren, die Konzepte und Theorien von Piaget und Freud gegenüberzustellen und zu vergleichen begannen.

Wichtige Arbeiten zum Vergleich von Freud und Piaget über die kognitive und affektive Entwicklung

de Saussure (1933)	lieferte eine der ersten Arbeiten über einen Vergleich von Piaget und Freud
Rapaport (1955)	setzte sich als einer der ersten Ich-Psychologen mit einigen Konzepten von Piaget auseinander

Anthony (1957)	erinnerte seine Kollegen (Kinderpsychiater) daran, dass neben der Kenntnis der Psychodynamik der Triebe und Affekte, die Dynamik des Denkens ebenso wichtig ist, und dass dafür das Studium von Piaget eine gute Grundlage darstellt
Wolff (1960)	stellte einen umfassenden Vergleich zwischen Piagets Theorie und der Psychoanalyse an
Décarie (1962)	untersuchte Kinder mit den aus Piagets Theorie abgeleiteten Konzepten und Methoden
Cobliner (1965)	beschrieb Parallelen und Gegensätze zwischen der genetischen Psychologie der Genfer Schule und der Psychoanalyse
Nass (1966)	verglich Über-Ich- und Moral-Entwicklung nach Freud und Piaget
Haynal (1969)	stellte Parallelen und Differenzen der beiden Entwicklungspsychologien heraus
Décarie (1974)	verglich die Fremdenangst aus psychoanalytischer und Piagetscher Sicht
A.-M. Sandler (1975)	untersuchte die Nützlichkeit der Piagetschen Entwicklungspsychologie des Denkens – insbesondere der sensomotorischen Periode für die psychoanalytische Praxis
Lewis (1977)	entwarf ein Modell einer Synthese zwischen kognitiver (Piaget) und Persönlichkeits-Entwicklung
Décarie (1978)	beschrieb die Affektentwicklung und Kognition in einem Piagetschen Kontext
Greenspan (1979)	entwarf ein Modell des Lernens und der Intelligenzentwicklung auf psychoanalytischer Grundlage und orientiert an Piaget
Noy (1979)	revidierte Freuds duale Kodierungstheorie von Primär- und Sekundärvorgang und konzeptualisierte eine psychoanalytische Theorie der kognitiven Entwicklung
Schneider (1981)	untersuchte, ob die Theorie Piagets ein Paradigma für die Psychoanalyse abgeben könnte
Ciompi (1982a)	entwarf im Anschluss an einen Vergleich zwischen Freud und Piaget die sog. Affektlogik, welche die psychische Wirklichkeit begründet

Lester (1983)	verglich die Stufen der Loslösung und Individuation von Mahler mit den sensomotorischen Phasen von Piaget
Leon (1984)	untersuchte die Konstruktion des menschlichen Objekts im ersten Lebensjahr
Fast (1985)	entwickelte die sog. Ereignistheorie, welche die globale Zurückweisung der mangelnden Subjekt-Objekt-Differenzierung in einem differenzierteren Licht erscheinen lässt
Liebsch (1986)	wies insbesondere die energietheoretischen Annahmen des klassischen psychoanalytischen Konzepts des Primär- und Sekundärprozesses zurück
Posener (1989)	verglich Piagets Theorie der kognitiven Entwicklung mit psychoanalytischen Perspektiven der Entwicklung während des zweiten und dritten Lebensjahres
Lewis (1993)	arbeitete eine neo-Piagetsche Interpretation der Theorie Melanie Kleins über die frühe Kindheit aus
Dornes (1993)	verglich die primärprozesshaften Kodierungs- und Denkmodi der Verdichtung und Verschiebung mit der Theorie der Denkentwicklung von Piaget
Kapfhammer (1994)	untersuchte im Rahmen einer affektlogischen Konzeptualisierung die Entwicklung einzelner »Affektschicksale«
Hamburger (1995)	ging den Zusammenhängen zwischen Sprach- und Denkentwicklung aus psychoanalytischer Sicht nach

Tab. 1: Die Auseinandersetzung von Psychoanalytikern mit Piagets einflussreichem Werk

Hervorzuheben ist, dass die für die psychoanalytische Forschung konstitutive Verschränkung von Affekt und Kognition durch die Auseinandersetzung mit dem Werk von Piaget noch einmal eine Bestätigung und eine Vertiefung erfuhr. Piaget hatte sein frühes Interesse an affektiven Faktoren des Denkens – in einer Arbeit aus dem Jahr 1923 prägte er sogar den Begriff der »affektiven Logik« – über Jahrzehnte vernachlässigt. Erst im Alter zeigte er in dem mit Bärbel Inhelder verfassten Abriß »Die Psychologie des Kindes«, einem Buch, in dem auch psychoanalytische Erkenntnisse berücksichtigt wurden, bedeutsame Ansätze zu einer Synthese: »Wir haben wiederholt gesehen, die Affektivität ist die Energetik der Verhaltensweisen, deren kognitiver Aspekt sich nur auf die Strukturen bezieht. Es gibt deshalb kein Verhalten, so intellektuell es auch sein mag, das nicht als Triebfeder affektive Faktoren enthalten würde; doch umgekehrt kann es auch keine affektiven Zustände geben, ohne daß Wahrnehmungen und Anschauungen mitwirken, die ihre kognitive Struktur ausmachen. Das Verhalten ist folglich eins, auch wenn seine Strukturen nicht seine Energetik erklären und umgekehrt die Energetik die Strukturen unberücksichtigt läßt: Der affektive und der kognitive Aspekt sind weder voneinander zu trennen noch aufeinander zurückzuführen« (Piaget & Inhelder, 1966, S. 117).

Auf der Linie dieser Gedanken ist Ciompi (1982, S. 229 f.) in seinen Überlegungen über eine »Affektlogik« davon ausgegangen, »daß es in unserem Erleben in Wirklichkeit keinerlei scharfe Trennung gibt zwischen ›Affekt‹ und ›Intellekt‹ (oder: zwischen ›affektiven‹ und ›kognitiven‹ Funktionen, zwischen ›Fühlen‹ und ›Denken‹ – was, ... auch bedeutet: zwischen mehr körperlichen und mehr geistigen Aspekten der Psyche) gibt. Der Terminus ›Affektlogik‹ will besagen, daß die Logik und die Affekte eng verbunden sind und – genau wie Piaget bereits hervorgehoben hat – voneinander losgelöst gar nicht vorkommen. Er schließt des weiteren (in teilweiser Abweichung von Piaget) die Vermutung ein, dass beide eine ähnliche Grundstruktur aufweisen, die auf eine gleichartige und gemeinsame Genese schließen läßt. Und insofern als der affektive und der kognitive Bereich als die zwei wichtigsten Erscheinungsformen des Psychischen und als etwas recht Umfassendes angesehen werden dürfen, postuliert die ›Affektlogik‹ damit auch eine strukturelle Einheit des Psychischen überhaupt. Sie möchte also eine Art von ›einheitlicher psychischer Feldtheorie‹ aufstellen – wobei zu präzisieren ist, daß ›das Psychische‹ hier immer in seinem weitest nur denkbaren Sinn, unter Einschluß nicht nur von affektiven und kognitiven, sondern virtuell selbst von sozialen und kulturellen, ja wissenschaftlichen und künstlerischen Phänomenen gemeint ist. Das anspruchsvolle Endziel einer adäquaten affektlogischen Theorie müßte es somit sein, in allen nur möglichen psychischen Vorgängen und Erscheinungen affektive und kognitive Komponenten nicht isoliert, sondern in ihrem ständigen und engen funktionellen Zusammenwirken zu verstehen. Damit sollte schließlich auch eine ›Affektlogik‹ im engeren Sinn, d. h. eine logische Struktur der Affekte ebenso wie eine Affektstruktur der Logik faßbar werden«.

Einige post-Piagetsche Anmerkungen

Auch in der akademischen Entwicklungspsychologie ist Piaget allerdings nicht unwidersprochen geblieben. So wurde z. B. kritisiert, dass Entwicklung nicht in allen Bereichen aus qualitativen Sprüngen in der Repräsentation bestehe, wie Piaget angenommen hatte oder dass alle kritischen Entwicklungsschritte in verschiedenen Bereichen annähernd zur gleichen Zeit stattfinden. Insbesondere Piagets Annahme, die Gesamtheit der Kognition und der Intelligenz mit seinen Untersuchungen über die Fähigkeiten im naturwissenschaftlichen Bereich und hier vor allem der numerischen Kompetenz abgedeckt zu haben, wurde heftig kritisiert. Nach Howard Gardner (1993, S. 107f.) entwickeln alle normalen Menschen mehr oder weniger ausgeprägt sieben Intelligenzformen: In Sprache denken, in räumlichen Begriffen auffassen, auf musikalische Art analysieren, mit logischen und mathematischen Hilfsmitteln rechnen, Probleme unter Einsatz des ganzen Körpers oder von Teilen des Körpers lösen, andere Personen verstehen und sich selbst begreifen. Ein weiterer Kritikpunkt, den Gardner vorbrachte, ist vor allem für die psychoanalytische Betrachtungsweise aufschlussreich: Während Piaget behauptete, dass die verfeinerten Arten des Wissens älterer Kinder ihre früheren Formen des Wissens über die Welt auslöschten, konnte Gardner nachweisen, dass die frühesten Auffassungen und Fehlauffassungen von Kindern während der ganzen Schulzeit bestehen bleiben. Diese intuitiven Annahmen über die Welt »werden weder ausgelöscht noch umgestaltet, sondern tauchen einfach in den Untergrund – wie unterdrückte Erinnerungen an die frühe Kindheit – und behaupten sich wieder in Situationen, in denen sie angebracht erscheinen« (ebd., S. 46).

Diejenigen Forscher, die sich eng an Piagets Werk anlehnen, aber auch über ihn hinausgehen, sind z. B. Robbie Case (z. B. 1985, 1988) von der Stanford University und Kurt Fischer (z. B. 1980) von der Harvard University, aber auch jene Forscher, die sich mit dem Informationsverarbeitungsansatz des Denkens beschäftigen. Im Unterschied zu Piaget, der die emotionale Entwicklung zum mehr oder weniger tabuierten Forschungsgebiet erklärt hatte, zeigen die Neo-Piagetianer Interesse an diesem Bereich; allerdings spielt auch hierbei das Zahlenverständnis eine herausragende Rolle. So erklären z. B. Fischer & Watson (1981) den Ödipuskomplex ausschließlich mit Hilfe der kognitiven Fertigkeit eines Kindes, die Anzahl sozialer Rollen und deren Beziehungen untereinander zu erkennen.

Es ist erstaunlich, dass sich Psychoanalytiker zwar in den zurückliegenden Jahrzehnten mit dem Werk von Piaget auseinandergesetzt haben, aber erst sehr sporadisch mit den Arbeiten der Neo-Piagetianer. Denn in den vergangenen 30 Jahren wurde das geniale, aber doch eher idiosynkratische Werk von Piaget einer gründlichen Kritik und Revision unterzogen und eine ganze Anzahl von empirisch fundierten Modellen entwickelt. Mittlerweile existieren aber Arbeiten, in denen der Versuch unternommen wird, die neo-Piagetianischen Konzepte über die Stufen kognitiver Entwicklung mit psychoanalytischen Entwicklungsmodellen in Beziehung zu setzen (z. B. Lewis 1993; Lyons-Ruth 1999).

Kognitionspsychologische Forschungsbereiche, in denen nichtbewusste Verarbeitungsprozesse bedeutsam sind

Seitdem Kognitionspsychologen und Cognitive-Science-Forscher nun auch vom Unbewussten oder Nichtbewussten sprechen, erheben sie nicht selten den Anspruch, eine präzisere Vorstellung vom Unbewussten als psychoanalytische Forscher ausgearbeitet zu haben. Allerdings – so die geltende Auffassung – stellt das Unbewusste der Kognitionspsychologie keinen Abgrund verdrängter sexueller und aggressiver Gelüste dar, sondern beinhaltet unbewusste Vorgänge der Wahrnehmung, welche die Grundlagen jeglicher Informationsverarbeitung bilden und deshalb auch für die Anpassung höchst sinnvolle Strategien und Kompetenzen bereitstellen.

Bei dieser Unterscheidung scheint – wie oben ausgeführt – jedoch die irrige Einschätzung eine Rolle zu spielen, als hätten sich Psychoanalytiker nur mit verdrängten Bewusstseinsinhalten beschäftigt. Dass es daneben – beginnend mit den ich-psychologischen Überlegungen Freuds in der psychoanalytischen Theoriebildung auch eine »zweite Topik« gibt, d. h. Überlegungen, welche die topische Unterscheidung bewusster und unbewusster Gedächtnisinhalte auch auf nicht-erfahrungsmäßige mentale Strukturen ausweiten, so dass auch Verarbeitungsprozeduren, wie kognitive und emotionale Ich-Leistungen, Abwehrvorgänge, Über-Ich-Identifizierungen,

»Erinnerungen im Gefühl« (Klein 1957, 1961) unbewusst sein können, ist nur wenig bekannt (Pugh 2002). Die kognitionspsychologische Postulierung zweier Gedächtnissysteme und des impliziten Wahrnehmens und Lernens sowie die psychoanalytischen Elaborationen impliziter Prozeduren als emotionale Gefühlsregeln können deshalb zu weiteren Klärungen beitragen. Aus diesem Grund wird in den letzten Jahren auch von Seiten psychoanalytischer Forscher immer wieder betont, wie befruchtend für beide Disziplinen ein Austausch ihrer jeweiligen Erfahrungen sein könnte: Hatten Kognitionspsychologen in der Regel noch ein zu eingeengtes Verständnis vom Wesen unbewusster Vorgänge, weil Konzepte wie unbewusster Affekt, unbewusste Erwartung, unbewusster Konflikt und unbewusste Angst so gut wie überhaupt keine Rolle spielen, so könnten Psychoanalytiker ihre Erfahrungsbasis, die überwiegend auf klinischer Intuition und Expertise beruht, durch sorgfältig geplante Untersuchungen und experimentelle Evidenz durchaus ergänzen (z. B. Bornstein 2001; Bucci 2000; Fonagy 2003; Shevrin 2004).

Wahrnehmung

Die Psychologie der Wahrnehmung hat sich überwiegend mit den Fragestellungen beschäftigt, wie die verschiedenen menschlichen Sinnesorgane Umweltinformationen registrieren, wie diese an das Nervensystem weitergeleitet werden und wie dieser Input mit Hilfe angeborener Fähigkeiten, wie z. B. zur Bewegungs- und Richtungsdistanz, angemessen verarbeitet wird. Dabei hat sie immer detaillierter und differenzierter Gesetzmäßigkeiten erforscht, die einen Großteil dessen ausmachen, was heute das kognitive Unbewusste genannt wird (Kihlstrom 1990). Die Vorgänge der Reizverarbeitung, die unbewussten Schlussfolgerungen, die z. B. bei den Konstanzphänomenen auftreten, bleiben für uns unbewusst, geschweige denn sind die dabei in Bruchteilen von Sekunden ablaufenden, parallel auftretenden Rechenoperationen für uns bewusst zugänglich.

Mit den experimentellen Mitteln der modernen Kognitionspsychologie kann somit eindeutig nachgewiesen werden, dass unser Bewusstsein nur über ein kleines Aufmerksamkeitsfenster für lediglich einen Bruchteil der von unseren Sinnen registrierten Informationen verfügt. Ging schon Freud davon aus, dass das bewusste Ich in seiner Bedeutung und seinem Umfang enorm überschätzt wird, so lässt sich heute, in informationstechnischen

Maßeinheiten ausgedrückt, feststellen, dass wir pro Sekunde allenfalls 10–40 Bit (im Durchschnitt wahrscheinlich eher weniger) verarbeiten können, unsere nicht bewusst arbeitenden Sinnesorgane der Exterozeption und der Binnenwahrnehmung aber schätzungsweise 10–100 Millionen Bit an Informationen pro Sekunde parallel verarbeiten (manche Forscher gehen sogar von 1–10 Milliarden Bit/sec aus. Das macht schlagartig die ungeheure »Weisheit« bzw. Informationsverarbeitungskompetenz unserer nicht bewussten Wahrnehmungs- und Verarbeitungskapazität deutlich, die in Hunderttausenden von Jahren die Evolution unserer tierischen Vorfahren und schließlich auch des Menschen geleitet hat. Auch ohne reflektierendes Bewusstsein können wir uns in der Welt zurechtfinden und beachtliche Leistungen erbringen. Zwar brauchen deswegen die Möglichkeiten des reflektierenden oder autonoetischen Bewusstseins nicht unterschätzt zu werden, aber wir sind erst heute – nicht zuletzt auch dank neurophysiologischer Erkenntnisse – in der Lage, dem Rationalismus der letzten Jahrhunderte gezielt entgegentreten zu können. Das Bewusstsein der Philosophen ist in der Tat nicht identisch mit den Wahrnehmungs-, Informationsverarbeitungs- und Denkprozessen, die nichtbewusst ablaufen und das reflektierende Bewusstsein überhaupt erst ermöglichen.

In der rationalistischen Tradition der Aufklärung ging mit der Annahme vom Menschen als einem vernunftbegabten Wesen die Überzeugung einher, dass das reflektierende Bewusstsein die Vernunft schlechthin verkörpere. Nur das bewusste Denken sei deshalb zum richtigen Vernunftgebrauch in der Lage. Die bereits von Aristoteles beschriebenen Syllogismen umfassten die höchste Form menschlicher Logik. Aber bei dieser landläufigen Auffassung wird übersehen, dass die logischen Schlussfolgerungen nur bedingt mit denjenigen Denkprozessen zu tun haben, derer wir uns fortlaufend bedienen, ohne uns hierbei auf deduktive, induktive und abduktive Modi des Schließens zu beziehen. Ja, wir müssen uns allen Ernstes fragen, ob diese bewusstseinsmäßigen Denkformen für unsere natürliche Vernunfttätigkeit, die größtenteils nichtbewusst abläuft, überhaupt benötigt werden. Vielleicht brauchen wir ja die bewussten Denkmodi nur, wenn wir uns im nachhinein unsere nichtbewusst ablaufenden Entscheidungen bewusst machen wollen. Alles das, was mit Intuition, Mustererkennung, Erfahrung, Expertise, tacit knowledge, Lebensklugheit, Weisheit zu tun hat, spielt sich größtenteils »unterhalb« und außerhalb dieser bewusstseinsfähigen und explizierbaren Denkformen ab. Eine Katze z.B., die von einem Schrank auf einen ziemlich vollen Esszimmertisch springt, ohne dabei etwas umzustoßen, verfügt hierüber nicht weniger als z. B. ein Therapeut, der nach wenigen Sätzen seines Patienten bereits spezifische Konfliktmuster erkennen kann, ohne dies sofort verbal benennen zu können (vgl. Bucci 1997).

Natürlich kann es heute keinen Zweifel mehr daran geben, dass Freuds ursprüngliche Auffassung von der menschlichen Wahrnehmung unhaltbar ist. Diese ist auch als »Doktrin der unbefleckten Empfängnis« beschrieben worden. Freud war – wie die Philosophen und Psychologen der damaligen Zeit – davon ausgegangen, dass die bewusste Wahrnehmung eine nahezu veridikale Widerspiegelung der äußeren Wirklichkeit darstellt. Freuds damaliger Wissensstand ließ es nicht zu, Wahrnehmung als einen mehrstufigen Prozess der Realitätskonstruktion zu betrachten. Nur aus diesem Grund konnte er davon ausgehen, dass wir die äußere Realität wirklichkeitsgetreu wahrnehmen, sie als Vorstellung speichern, und dass diese Vorstellung uns dann zur Verfügung steht, wenn wir uns daran erinnern. Nur im Fall einer Verdrängung sei die ursprüngliche Wahrnehmung, bzw. die als Vorstellung gespeicherte Erinnerung dem Bewusstsein nicht mehr verfügbar (vgl. Mertens 1998).

Wenn man nach dem heutigen Kenntnisstand Wahrnehmung als einen mehrstufigen Prozess betrachtet, der mit der nichtbewussten Registrierung von Stimuli aus der Außen- und natürlich auch aus der inneren Welt beginnt und bei der bewussten, reflektierbaren Wahrnehmung endet, dann gilt es folgendes zu berücksichtigen: Schon bei der nichtbewussten Registrierung wird dem Menschen natürlich nicht die gesamte Bandbreite an visuellen, akustischen, taktilen, olfaktorischen, gustatorischen Eindrücken zugänglich, die es prinzipiell gibt und die andere Lebewesen wahrnehmen können. Dennoch ist die Anzahl der Informationen, die den menschlichen Sinnesorganen durchschnittlich zugänglich sind, ungeheuer groß:

So schätzt man – wiederum in Informationseinheiten ausgedrückt – z. B. die visuelle Kapazität auf 10 Mio bits (gegenüber 10–40 bits, die pro sec bewusst werden), die taktile Bandbreite oder Kanalkapazität auf 1 Mio (gegenüber 5 bits) und die akustische Bandbreite auf 100 000 bits (gegenüber etwa 30 bits, die pro sec bewusst werden können).

Damit wird deutlich, dass die Information, die uns aufgrund eines – im Vergleich zu der nichtbewussten Registrierung von Stimuli – winzigen Aufmerksamkeitsfensters überhaupt bewusst werden kann, ungleich eingeschränkter ist als die nichtbewusste sensorische Registration. Lange Zeit haben wir diese mit der bewussten und reflektierbaren Wahrnehmung gleichgesetzt, nicht ahnen könnend, dass diese Wahrnehmung uns nur einen minimalen Ausschnitt dessen bewusst werden lässt, was unsere Sinnesorgane, unser Gehirn, unser Körperbewusstsein an Informationen aufgenommen haben. Aber in diesen im Vergleich zur unbewussten Wahrnehmung so unbedeutend erscheinenden Bewusstseinsvorgängen liegt zugleich unser gesamter bewusst erlebter Reichtum an Gefühlen, Vorstellungen und Gedanken, an Liebe und Hass, Träumen von ewiger Gesundheit und Glück, wissenschaftlichen Entdeckungen und abstrakten Philosophien. Unser reflexives Bewusstsein lässt uns allerdings auch leiden, Sehnsucht empfinden und Ambivalenz und Konflikt erfahren.

Während die Tiefenpsychologen immer schon von einem psychodynamisch Unbewussten und von einem archetypisch Unbewussten gesprochen haben und unter dem ersten lebensgeschichtlich verdrängte Erlebniskomplexe, unter dem letzteren phylogenetisch entstandene dispositionelle Fühl- und Wahrnehmungsstrukturen verstanden haben, verstehen Kognitionspsychologen unter dem Unbewussten vor allem nichtbewusst ablaufende Informationsverarbeitungen im subsymbolischen Bereich. Man könnte hierbei auch in Analogie zum Computer von Software und Hardware sprechen.

Während manche Cognitive-Science-Forscher und Kognitionspsychologen noch unsicher sind, ob das sog. psychodynamisch Unbewusste, d. h. unbewusste affektive und motivationale Prozesse, tatsächlich existiert, während sie aber keinen Zweifel mehr daran hegen, dass es nichtbewusste kognitive Prozesse gibt, weisen immer mehr Befunde aus verschiedenen Disziplinen darauf hin, dass das kognitiv Unbewusste lediglich einen Teilbereich unbewusster Prozesse umfasst. Dieses sind jene Prozesse, die am meisten automatisiert und am wenigsten intentional sind und über die man am unverfängstlichsten mit seiner eigenen Schwiegermutter sprechen könnte.

Es würde im übrigen nach Westen (1999a) auch wenig Sinn machen, eine parallele Informationsverarbeitung für kognitive Prozesse anzunehmen, für emotionale und motivationale Prozesse hingegen nicht. Auch emotionale und motivationale Prozessse kommen nicht aus dem Nichts, sondern müssen unbewusst vorbereitet, aktiviert, zusammengeführt u. a. werden. Evolutionspsychologisch würde ein Mensch kaum überlebensfähig sein, wenn er sich bei Entscheidungen immer erst reflektierend verhalten würde; vielmehr muss er sich häufig auf relativ automatische oder unbewusst ablaufende emotionale und motivationale Prozesse verlassen können, um rasch und auf bestmögliche Weise reagieren zu können.

Aus einer evolutionstheoretischen Sichtweise scheint menschliches Bewusstsein ohnehin eine relativ späte Errungenschaft zu sein, das zu einem Informationsverarbeitungssystem hinzukam, das Millionen von Jahren gut funktioniert hat. Reflexives oder »Bewusstsein höherer Ordnung« (Edelman, 2004) ist deshalb nicht wesentlich für zielgerichtetes Verhalten. Tatsächlich ist menschliches Verhalten gleichzeitig durch verschiedene Ziele motiviert, die – sofern sie reflexiv bewusst würden – die Bewusstheit unterbrechen würden, weil sie zuviel Arbeitsgedächtnis beanspruchen würden. Motive müssen also automatisierbar und unbewusst sein.

Neurobiologische Daten legen nahe, dass es zwei verschiedene Wege für die affektive Informationsverarbeitung gibt (LeDoux, 1989, 1996). Der erste ist relativ direkt und kognitiv unkompliziert: Einfache sensorische und perzeptuelle Information wird vom Thalamus an die Amygdala weitergeleitet, die dieser Information eine affektive Wertigkeit hinzufügt. Diese Verbindung entsteht entweder durch solche Stimuli, die bereits genetisch vorprogrammiert affektive Responsen produzieren oder anhand von Stimuli, die durch Konditionierung diese affektive Valenz erhalten. Die affektive Antwort erfolgt unabhängig von jeder kortikalen Einschätzung, d. h. dass der Betreffende sich nicht darüber bewusst ist, warum er auf einen bestimmten Stimulus mit einer bestimmten Emotion reagiert. Die zweite Verbindung ist indirekter, beinhaltet kortikale Informationsverarbeitung, wobei der Thalamus zunächst die Information an den Kortex weiterleitet, der daraufhin die Information systematischer prüft, bevor er das limbische System aktiviert. Innerhalb dieses zweiten Verbindungsweges können einige kortikale Prozesse bewusst werden, andere hingegen nicht, weil die meisten Einschätzungsprozesse, wie auch die meisten Beurteilungsprozesse und Schlussfolgerungen unbewusst bleiben.

Psychoanalytiker und Tiefenpsychologen haben sich vorwiegend mit den unbewussten Abwehrtätigkeiten des Ichs beschäftigt. Was Freud als »Abwehr« bezeichnete, als er das Seelenleben vom Gesichtspunkt der Psychopathologie aus betrachtete, stellt im Grunde die adaptive Anwendung von Mechanismen dar, mit denen normalerweise Billionen von sog. Informations-Bits aussortiert, ausgewählt und gruppiert werden, um Prioritäten zu bilden – Informations-Bits, die täglich 24 Stunden lang produziert werden und als Grundlage für Entscheidungen dienen, die unsere Handlungen bestimmen, im Schlafen und Wachen, unbewusst oder bewusst, automatisiert oder absichtlich, unwillkürlich oder willkürlich. Manche Eindrücke verlangen eine sofortige Erledigung, andere müssen gespeichert werden, wieder andere spielen keine Rolle, manche sollen gemieden werden usw. Es gibt viele Erlebniskomplexe, die im Prozess des Heranwachsens in einer angemessenen Weise selegiert werden. Denn würden sie es nicht, entstünde eine fortgesetzte Überfrachtung mit Information. Das Leben käme zum Stillstand, wie Luria (1968) dies bei einem Patienten beschrieb, der nichts vergessen konnte. Diese normalen Mechanismen der Auslese und Einordnung werden erst dann zur Abwehr, wenn Angst uns im Übermaß dazu zwingt, wichtige Anteile des laufenden Erlebens in einem Stadium zu eliminieren, wo sie noch nicht so weit verarbeitet sind, dass sie als gelungene Problemlösungen betrachtet werden können.

Die Neuerung folgt, wie gesagt, primär aus den neurobiologischen Erkenntnissen über Struktur und Aktivität des Gehirns und aus den psychologischen Erkenntnissen über die Tätigkeit unserer Gedächtnissysteme. Das Gehirn wird heutzutage gedacht als ein dynamisches, integratives und ganzheitlich funktionierendes System von Milliarden von Zellen, die untereinander zig-tausende Verbindungen aufweisen. Eine einzige Nervenzelle kann von mehreren tausenden Nervenzellen beeinflusst werden (Konvergenz-Prinzip) so wie mehrere tausend Nervenzellen von einer einzigen Nervenzelle beeinflusst werden können (Divergenz-Prinzip). Chemische Botenstoffe, sog. Transmitter, sorgen für eine erregende (Exzitations-Prinzip) oder für eine hemmende Kontaktaufnahme an den Synapsen der Neuronen (Inhibitionsprinzip). Diese vier Prinzipien bilden die grundlegenden Mechanismen unseres Gehirns. Thematisch zusammengehörige Neuronen bilden Netzwerke, die parallel und seriell miteinander verknüpft sind. Trotz der unvorstellbar großen Anzahl der Neuronen und ihrer Verknüpfungen gilt dennoch, dass jedes Neuron nicht weiter als maximal vier Umschaltstellen von jedem anderen Neuron im Gehirn entfernt ist, was einer ungeheuer dichten Verknüpfung entspricht. Die Dichte insgesamt hängt natürlich davon ab, wie viele Verbindungen zwischen den Milliarden Neuronen im Verlauf der Entwicklung anhand von Erfahrungen und Lernprozessen hergestellt wurden und wie oft diese benützt worden sind. Nicht benützte Verbindungen verlieren im Lauf der Zeit ihre Stärke, so wie ein nicht benützter Muskel rasch an Kraft verliert. Wenn wir auf die Welt kommen, sind wir bereits mit genetisch determinierten Verschaltungsstrukturen ausgestattet, die uns für ganz bestimmte Wahrnehmungen und für assoziative Verarbeitungen prädisponieren, was z. B. auch die außergewöhnlichen Sinnesleistungen von Neugeborenen erklärbar macht, die bei den meisten Menschen dann allerdings verloren gehen. Dies erinnert an das

Konstrukt des archetypischen Unbewussten, wie es von Jung beschrieben worden ist. Spezifische Kompetenzen und Fachwissen hängen von dem raschen Zugriff auf die entsprechenden Netzwerke und von der Dichte der Verknüpfungen ab. Struktur und Funktionalität des Gehirns machen des weiteren wiederum deutlich, dass unsere im Bewusstsein entstehende und auch kraft Tradition gelernte Einteilung in verschiedene »Fakultäten«, wie Wahrnehmung, Denken, Gedächtnis, Gefühl, mit dem tatsächlichen Funktionieren unseres Gehirns nur wenig gemein hat. Denn ein Wahrnehmen ohne gleichzeitiges Erinnern und Fühlen ist genauso wenig möglich wie ein gefühlsmäßiges Bewerten ohne Erinnerung und wahrnehmungsmäßige Repräsentation. Diesen »Descartschen Irrtum«, wie ihn Damasio genannt hat, hatte Freud bereits mit seiner psychoanalytischen Lehre kritisiert und ausdrücklicher noch C. G. Jung, der von einer Komplementarität der psychologischen Typen (Denken, Intuition, Empfinden, Fühlen) sprach.

Eine weitere weit verbreitete Auffassung, die uns bis zum heutigen Tag auch in unserem Alltagsverständnis noch leitet, ist die Vorstellung, wir würden uns bei jedem Wahrnehmungsvorgang ein Abbild der äußeren Realität bilden, und die Güte unserer Wahrnehmung hänge dann von dem Ausmaß der Übereinstimmung zwischen der äußeren Realität und der inneren Repräsentation ab. Eine unvollkommene oder fehlerhafte Wahrnehmung führe dementsprechend zu einem unvollkommenen Abbild im Gehirn. Die heutige Auffassung dreht diese Jahrhunderte alte Lehrmeinung für einen Teil unserer Gedächtnissysteme nahezu um: Aufgrund eines nur minimalen Wahrnehmungs-Inputs konstruieren wir uns aufgrund unserer allzeit tätigen Netzwerke in Parallelverarbeitung zigtausende Eindrücke in Bruchteilen von Sekunden dazu. Ein winziger Eindruck von einem anderen Menschen reicht oftmals aus und schon steht unser Urteil fest, ohne dass wir weitere Informationen über ihn benötigen. Unsere innere Welt hat dann ein Bild von diesem Menschen erschaffen, und der Betreffende, obgleich eigentlich ein Fremder für uns, ist uns bereits so vertraut, als würden wir ihn jahrelang kennen. Neues zu lernen bedeutet entsprechend dieser konstruktivistischen Auffassung, dass wir permanent unsere Vorausurteile überprüfen und uns dazu zwingen, unseren Gestaltungsprinzipien nicht den Primat zu lassen. Dies kann natürlich nur in einem schrittweisen Prozess gelingen. Wahrnehmen und Lernen sind so betrachtet eine ständige Hypothesenüberprüfung. Bereits bestehende Gefühls- und Wissenskontexte müssen permanent mit der wirklichen Welt immer wieder abgeglichen werden.

In der klinischen Psychoanalyse wurde mit dem Konstrukt der »unbewussten Phantasie« der Verschränkung von affektiven und triebhaften Phänomenen mit kognitiven Funktionen und Entwicklungsleistungen Rechnung getragen. Unbewusste Phantasien sind affektiv-kognitive Konstruktionen, die aufgrund der Interaktion eines Kindes mit relevanten Bezugspersonen entstehen und neben der Wahrnehmung eines veridikalen Anteils der tatsächlichen Interaktion eine konstruktivistische Komponente enthalten. Unter Einbeziehung der Unterscheidung von zwei grundlegenden Gedächtnissystemen (s. u.) lässt sich die Proportionalität der wirklichkeitsgetreuen Wahrnehmung noch genauer bestimmen. Unbewusste Phantasien weisen hinsichtlich ihrer Entstehung die lebensalterspezifischen Denkmodi auf, wie z. B. magisches, konkretistisches Denken im Äquivalenzmodus (Ferenczi 1913; Fonagy & Target 1996, 2000), unangemessene Attribuierung von Verantwortung (Weiss & Sampson 1986), Affektansteckung und unterschiedliche Ausprägungsgrade von Perspektivenübernahme (Tuch 1999). Als affektiv-kognitive Interpretationsfolien behalten sie ihren konstruktivistischen Einfluss bei den Prozessen der Wahrnehmung, des Denken und des Erinnerns »top down«. In Abhängigkeit von Entwicklungstheorien, vom Entstehungszeitpunkt, von den beteiligten Gedächtnissystemen und hinsichtlich ihrer Bewusstseinsfähigkeit haben sie unterschiedliche Konzeptualisierungen erfahren, z. B. als »Introjekte«, »sensomotorische Schemata«, »prozedurale Gefühlsregeln«, »Arbeitsmodelle«, generalisierte Interaktionsrepräsentanzen«, »maladaptive Schemata«, »zentrale Beziehungskonfliktthemen«, u. a. m.

Zentral für die psychoanalytische Auffassung der Entstehung und Aufrechterhaltung von unbewussten Phantasien ist deren Konflikt- und Kompromisscharakter. Unabhängig davon, ob Affekte, Motive und prozedural kodierte Verbote als sog. Über-Ich-Vorläufer intrapsychisch oder interpersonell konfligieren, wird in vielen psychoanalytischen Theorien davon ausgegangen, dass sich verschiedene affektive und kognitive Faktoren miteinander im Konflikt befinden, dass aber um Integration und Adaption bemühte Ich-Kompetenzen einen Kompromiss im Erleben und im Verhalten anstreben (z. B. Brenner, 1982), der bei entsprechenden Lernerfahrungen automatisiert wird und idealtypisch als Bewältigungsmodalität beschrieben werden kann (z. B. Rudolf 2003).

Eine deutliche Erweiterung wurde auch mit dem Konzept der »Repräsentanzenwelt« (Sandler und Rosenblatt 1962; Kernberg 1980) vorgenommen. Die kognitiv-affektive Organisation von Repräsentationen des eigenen Selbst in Interaktion mit diversen Interaktionspartnern (Objekten), wobei Selbst und Objekt jeweils in einer spezifisch gefärbten affektiven Beziehung zueinander stehen, weist nicht nur eine entwicklungspsychologische Schichtung mit zahlreichen Verdichtungen auf, sondern ist auch um emotionale Knotenpunkte herum organisiert (Reiser 1984, 1991), die zustandsabhängig erinnert werden. Die Unterscheidung eines Vergangenheits- und eines Gegenwarts-Unbewussten (Sandler & Sandler 1984) schuf weitere Möglichkeiten der Differenzierung bezüglich der Abrufbar- und Rekonstruierbarkeit von Selbst-Objekt-Beziehungserfahrungen. Kernbergs Arbeiten über strukturelle Ich-Kompetenzen erleichterten ein systematisiertes Verständnis für die Integrationsfähigkeit verschiedener affektiver Erfahrungen; andere Forscher, wie z. B. Kohut (1973), beschrieben die Selbstwertregulation, Bowlby (1969) die Regulation von Bindungsbedürfnissen in interpersonellen Beziehungen, die in den inneren Arbeitsmodellen als den Repräsentationen von Bindungserfahrungen grundgelegt ist.

Generell gehen Psychoanalytiker von dem klinisch vielfach belegten Befund aus, dass die Repräsentanzenwelt wie eine Folie für die Wahrnehmung und Gestaltung von Beziehungen in der Gegenwart wirkt, z. B. dergestalt, dass der Betreffende erwartet, dass sich seine Mitmenschen so verhalten werden, wie er unbewusst und bewusst seine früheren Bezugspersonen erlebt hat, dass er andere so behandeln wird, wie er sich selbst behandelt gefühlt hat, und dass er sich zu sich selbst so verhält, wie er glaubt, früher behandelt worden zu sein (vgl. z. B. Tress et al. 1996).

Von der dualen zur multiplen Kodierungstheorie

Bereits in den Anfängen der kognitiv orientierten Psychologie wurde die Auffassung vertreten, dass neben einem propositionalen, sprachlich symbolischen Kodierungsformat der psychischen/mentalen Repräsentationen auch ein bildlich symbolisches Format angenommen werden muss. Bekannt wurde vor allem die Dual-Coding-Hypothese von Allen Paivio (1986), der für die Gedächtnisreproduktion die bildhafte Vorstellung als Unterstützung für die sprachliche Kodierung betrachtet hatte. Die piktoriale Vorstellung galt fortan – wenn auch keineswegs unbestritten – als ein zweites Repräsentationsformat für die Enkodierung im Gedächtnis.

Die Kognitionswissenschaftlerin und Psychoanalytikerin Wilma Bucci (1997) hat die duale Kodierungstheorie von Paivio zu einer multiplen Kodierungstheorie ausgeweitet und erblickt in ihr eine angemessenere und vor allem zeitgemäße Konzeptualisierung der Freudschen Unterscheidung von primär- und sekundärprozesshafter Kodierung und anderer psychoanalytischer Konstrukte.

An die Stelle sprachsymbolischer Informationstheorien tritt der sog. Konnektionismus

Für das dritte Kodierungsformat geht Bucci von einer subsymbolischen Informationsverarbeitung aus. Hierzu greift sie auf den sog. Konnektionismus zurück. Vor allem, für Prozesse des Sehens und des Hörens, des Lernens und des Sprechens, für die Darstellung und Verarbeitung von Wissen, sind herkömmliche Informationsverarbeitungstheorien nicht geeignet. Denn in diesem, der Verarbeitungsweise eines Computers nachempfundenen Modell, der sog. Computertheorie des Geistes, herrschte die Annahme vor, dass interne Repräsentationen mit denselben Mechanismen verarbeitet werden, wie sie im Computer angewendet werden. Semantische Eigenschaften werden auf physikalische zurückgeführt. Kognitive Prozesse seien nichts anderes als elementare Rechenprozeduren. Als Problem wurde aber immer schon gesehen, dass es sich bei der Computertheorie des Geistes um eine völlig unbiologische Theorie handelt.

In Anlehnung an die im Gehirn ablaufenden Vorgänge scheint deshalb ein Modell angemessener zu sein, das von einer parallelen, konnektionistischen Verarbeitung ausgeht (Strube 1996; Bucci 1997; O'Reilly & Munakata 2000). Hierbei werden Operationen wie die Summation von Eingabewerten, der Vergleich der Summe gegen einen Schwellenwert und die Erzeugung eines Ausgabesignals – in Analogie zu einem Neuronenmodell (»brain-style-modeling«) – ausgeführt. Entsprechend dieser Modellierung sind mentale Phänomene netzwerkartig miteinander verbunden (Konnektionen) und sie werden nicht entsprechend einer Ja-Nein-Logik aktiviert wie beim digital arbeitenden Computer, sondern in Analogie zu Nervenzellen entsprechend der Stärke ihrer Gewichtungen (Rumelhart & McClelland 1986; McClelland & Rumelhart 1986; Stephan 2001).

Wichtig ist bei diesem subsymbolischen Modell der Informationsverarbeitung vor allem die Annahme, dass Wissen nicht auf symbolische Weise dargestellt und verarbeitet wird, sondern dass die einzelnen parallel arbeitenden Operationen lediglich Aktivierungswerte beschränkter Genauigkeit übertragen (vgl. Kurfeß 1996, S. 328). Der Konnektionismus teilt aber mit der Computertheorie des Geistes die Annahmen, dass Informationen verarbeitet werden, dass kognitive Prozese Berechnungen darstellen und dass diese als Repräsentationen aufzufassen sind. Der Unterschied besteht darin, dass gegenüber den bedeutungshaltigen Verarbeitungseinheiten der Symbole die subsymbolischen Repräsentationen sehr viel einfacher sind und durch einen Vektor von Werten dargestellt werden können.

Die Probleme des konnektionistischen Modells wurden mittlerweile ausführlich diskutiert (z. B. Buchholz 2001). Dennoch bleibt auch für die gegenwärtige Kognitionspsychologie zur Konzeptualisierung subsymbolischer informationsverarbeitender Prozesse, die in großer Anzahl parallel in verschiedenen Informationskanälen vonstatten gehen und auf wundersame Weise – metaphorisch mit Hilfe eines Zentralprozessors – koordiniert und zusammengefügt werden, das PDP-Modell (Parallel Distributed Processing) oder das konnektionistische Modell eine sinnvolle Annahme. Die Informationsverarbeitung, die jenseits von Bildern und Worten vonstatten geht, arbeitet subsymbolisch. Ihre Elemente sind nicht diskret, ihre Organisation ist nicht kategorial und ihre Verarbeitung ist nicht seriell, sondern parallel. Im Unterschied zur seriellen, kategorialen, digitalen, bildlich oder sprachlich symbolischen Verarbeitung in der Denk- und Vorstellungstätigkeit, die uns als Endprodukt bewusst wird, fällt es schwer, sich diese Tätigkeit bewusst vorstellen zu können. Aber wir haben zumindest verschiedene Bezeichnungen dafür: »Intuition«, »aus dem Bauch heraus«, »instinktiv« u. a.

Diese beiden großen informationsverarbeitenden subsymbolischen und symbolischen Systeme operieren getrennt voneinander. Damit wir uns selbst regulieren und mit anderen Menschen kommunizieren können, müssen diese Systeme aber miteinander verbunden werden. Bucci spricht von einem *referential process*, der sowohl die verschiedenen repräsentationalen Formate des subsymbolischen Systems untereinander verknüpft als auch die Verbindungen zur bildlichen und sprachlichen Symbolik herstellt.

Auch Psychoanalytiker haben für diese Verknüpfungsnotwendigkeit unterschiedliche Konzepte aufgestellt. Bion z. B. sprach von der »Alpha-Funktion« der Mutter, die mit Hilfe ihrer Rêverie aus den nicht-symbolisierten Empfindungen ihres Kindes, den Beta-Elementen, symbolisierbare Erfahrungen ermöglicht. Borbely (1998) erblickte im »metaphorischen

Prozess«, der über das herkömmliche linguistische Konzept der Metapher hinausgeht, den Versuch, vergangenes und gegenwärtiges Erleben miteinander verbinden zu können, wodurch sowohl die Vergangenheit als auch die Gegenwart in einem anderen Licht gesehen werden können. Er siedelte ihn konzeptuell zwischen dem Primär- und dem Sekundärprozess an, weil er einerseits wie der Primärprozess Verdichtung und Verschiebung aufweist und er andererseits aber auch am Realitätsprinzip orientiert ist. Nach Ortony und Feinsilber (1987) verwenden Menschen, die intensive emotionale Erfahrungen integrieren wollen, metaphorisches Denken. Bei traumatisierten Menschen ist die Fähigkeit zur Metaphorisierung stark eingeschränkt (siehe hierzu auch Buchholz 1993).

Deklarative und nichtdeklarative Gedächtnissysteme

Die von Kognitionspsychologen erforschten unterschiedlichen Gedächtnissysteme lassen sich dieser Unterscheidung von bewusster Symbolik und nichtbewusster Subsymbolik zuordnen: Symbolisch verfügbar, bewusst abrufbar ist das sog. deklarative Gedächtnis mit seinen Unterformen des semantischen, episodischen und autobiographischen Gedächtnisses. Der subsymbolischen Informationsverbeitung entspricht das nichtdeklarative Gedächtnis mit seinen bislang beschriebenen Modulen des Konditionierungsgedächtnisses, des Gedächtnisses für Fertigkeiten und Gewohnheiten, des nichtassoziativen Gedächtnisses, des Primings und – von Psychoanalytikern hinzugefügt – des Gedächtnisses für emotionale Beziehungsregeln.

Das nichtdeklarative Gedächtnis ist prinzipiell nicht bewusstseinszugänglich und aufgrund seiner nicht bewusst abrufbaren Eigenschaften vom deklarativen Gedächtnis zu unterscheiden, dessen spezifisch menschliche Kompetenz im episodischen bzw. autobiographischen Gedächtnis anzutreffen ist. Gedächtnispsychologen haben in den letzten Jahren immer wieder hervorgehoben, dass die von Freud beschriebenen Verdrängungen, deren neurotisierende Folge zur Konstituierung des psychodynamisch verdrängt Unbewussten führe, strikt von den nichtbewussten Prozessen zu trennen seien, die im nichtdeklarativen Gedächtnis ablaufen. Im Folgenden wird zu zeigen sein, dass diese Unterscheidung in der behaupteten Pauschalität nicht aufrechterhalten werden kann.

Die von Kognitionspsychologen erforschten unterschiedlichen Gedächtnissysteme lassen sich der Unterscheidung von bewusster Symbolik und nichtbewusster Subsymbolik (vgl. Bucci 1997) zuordnen: Symbolisch verfügbar, bewusst – explizit – abrufbar ist das deklarative Gedächtnis mit seinen Unterformen des semantischen, episodischen und autobiographischen Gedächtnisses. Wir können uns bei entsprechender Aufmerksamkeitskonzentration bildlich und sprachlich bewusst in Erinnerung rufen, was, wo, wann und warum sich etwas ereignete. Allerdings kann diese explizite Abrufbarkeit entweder durch mehr oder weniger normale Vorgänge des Vergessens oder – nimmt man den psychodynamischen Kontext der Selbstwert- und Über-Ich-Regulierung hinzu – verdrängt werden. Die betreffende Person erinnert sich dann nicht mehr an autobiographische Sachverhalte, die beschämend, schuldgefühlserzeugend, angstmachend oder allgemeiner ausgedrückt sozial unerwünscht sind.

Der subsymbolischen Informationsverbeitung entspricht das nichtdeklarative Gedächtnis mit seinen bislang beschriebenen Modulen des Konditionierungsgedächtnisses, des Gedächtnisses für Fertigkeiten und Gewohnheiten und des von Psychoanalytikern hinzugefügten Gedächtnisses für emotionale Beziehungsregeln (Clyman 1992; Lyons-Ruth 1998, Stern 1998; Stern et al. 1998).

Von jeher hatten auch Psychoanalytiker angenommen, dass das präverbale Erfahrungswissen anderen Gesetzmäßigkeiten der Erinnerung unterliegt als das spätere, verbal organisierte Wissen, das vergessen und – vor allem für klinische Zwecke relevant – aus psychodynamischen Gründen verdrängt werden kann. Die nunmehr erfolgte Unterscheidung von zwei Modulen, die des nichtdeklarativen und des deklarativen Gedächtnisses führte zu einer fruchtbaren Neukonzeptualisierung psychoanalytischer entwicklungspsychologischer Annahmen (vgl. z. B. Dornes 1997; Davies, 2001; Talvitie & Ihanus 2002; Schmidt 2004). So haben z. B. Sandler und Sandler (1997) ihr oben erwähntes Modell des Gegenwarts- und des Vergangenheits-Unbewußten mit den Auffassungen über das nichtdeklarative und das deklarative Gedächtnissystem verbunden.

Vor allem die Erkenntnis, dass die Inhalte des nichtdeklarativen/impliziten Gedächtnisses nichtbewusste Wissens- und Fühlstrukturen über das Selbst und andere Personen sowie unbelebte Objekte sind, schloss an psychoanalytische Konzeptualisierungen an, die sich seit geraumer Zeit mit dem Körpergedächtnis, dem sensomotorischen Gedächtnis oder dem »ungedacht Bekannten« (Bollas 1987) in den ersten zwei bis drei Lebensjahren befasst haben. Wichtig war hierbei die bislang von der Psychoanalyse nicht ausreichend berücksichtigte Erkenntnis, dass die Inhalte des nichtdeklarativen Gedächtnisses nicht psychodynamisch organisiert sind und folglich auch nicht verdrängt oder unbewusst im psychodynamischen Sinn werden können, sondern aufgrund von Konditionierungsprozessen entstehen, wobei sich das prozedurale Gedächtnis bereits pränatal entwickelt. Das deklarative autobiographische Gedächtnis ist hingegen jenes Erinnerungssystem, auf das eine archäologisch orientierte Psychoanalyse in früheren Jahrzehnten abzielte, wenn sie von einer kindlichen Amnesie sprach, die durch die Ereignisse der ödipalen Lebenszeit entstanden sei, und die es veridikal zu rekonstruieren gälte, um eine historische Wahrheit zu erzielen (vgl. Mertens & Haubl 1997).

Neuropsychologisch betrachtet sind das nichtdeklarative und das deklarative Gedächtnissystem vollständig unabhängig: Subcorticale Strukturen wie vor allem die Amygdala sind für das nichtdeklarative/prozedurale Gedächtnis verantwortlich, der Hippocampus für das deklarative semantische, episodische und autobiographische Gedächtnis. LeDoux (1994) hat vermutet, dass der Hippocampus in den ersten Lebensjahren noch kein ausgereiftes abrufbares Gedächtnis für deklarative Inhalte bereitstellt, während das prozedurale Gedächtnis bereits funktionsfähig ist. Aus diesem Grund können unter ähnlichen Auslösebedingungen sehr frühe, z. B. angstmachende Erfahrungen wieder reaktiviert werden, ohne dass aber der dazu gehörige Kontext anamnestisch zugänglich gemacht werden kann (vgl. Köhler 1998; Deneke 1999).

Nur mit Hilfe des Kontextes – oder mit anderen Worten einer deklarativ vorgenommenen Bedeutungszuschreibung – können die frühen prozeduralen Gefühlskonditionierungen unterbrochen werden, allerdings nur wenn sie in just den Beziehungskontext gebracht werden, in dem sie entstanden sind – eine einzigartige Bestätigung der Freudschen Erkenntnis von der Bedeutung der Übertragung als das sine qua non einer erfolgreichen psychoanalytischen Behandlung. Psychoanalytisch betrachtet, ist deshalb eine sprachliche Symbolisierung des vorher sprachlosen und ohne reflexive Bewusstheit ablaufenden Geschehens äußerst sinnvoll und absolut notwendig, um eine Veränderung in den Fühlstrukturen zu erzielen.

Dies hat eine Parallele im kindlichen Sozialisationsvorgang: Im gelungenen Fall können Eltern kraft ihres Einfühlungsvermögens in ihr Kind entweder traumatisierende Überstimulierungen verhindern oder wenn diese dennoch geschehen, z. B. aufgrund innerer Reize, diese mit beruhigenden Bedeutungen versehen. Im Fall von Traumatisierung gelingt dies jedoch nicht: Das Kind bleibt den überwältigenden Ängsten ausgeliefert und kann sich, selbst wenn das deklarative Gedächtnis bereits ausgereift ist, keine erklärenden und beruhigenden Erinnerungen vergegenwärtigen. Je früher diese prägenden Erlebnisse stattgefunden haben und je traumatisierender derartige nichtdeklarative Gedächtnisinhalte waren, desto schwieriger wird später die Veränderung dieser Konditionierungsmuster sein.

Die jüngsten Forschungsergebnisse über die Parallelverarbeitung der nicht bewussten Kognition und die Kenntnis über die Begrenzungen, die der bewussten Aufmerksamkeitsbesetzung gesetzt sind, haben zu der Erkenntnis geführt, dass Denkvorgänge als ein komplex geschichteter Ablauf betrachtet werden müssen, die mit prozeduralen Wissensbeständen beginnen, wobei diese nur zum Teil in verbale, symbolisch prozessierte Vorgänge übersetzt werden können.

Wie Olds und Cooper (1997, S. 222) vermutet haben, können einige emotional prozedurale Gedächtnisinhalte vermutlich nur durch ein zunächst unbewusstes Enactment und ein emotionales Wiedererfahren in der Übertragung überhaupt entdeckt, durchgearbeitet und verändert werden. Dieses Auftauchen in der Übertragung benötigt Zeit und auch eine höhere Stundenfrequenz.

Interdisziplinäre Zusammenarbeit als Zukunftsprojekt

Es entbehrt nach Drew Westen (1999a), dem derzeit wohl kompetentesten Autor bezüglich einer Einschätzung der gegenseitigen Anschlussmöglichkeiten von Psychoanalyse und Cognitive Science, nicht einer gewissen Ironie, dass zu einem Zeitpunkt, in dem sich psychoanalytische Psychologen immer stärker aus der akademischen Forschung zurückziehen, eine neue Generation von Kognitionspsychologen und Cognitive-Science-Forschern sich mit nichtbewussten Vorgängen auseinanderzusetzen beginnt. Es wäre für die Psychoanalyse bedauerlich, wenn man ihnen allein dieses Feld überlassen würde. Denn noch immer haftet der experimentellen Psychologie eine übermäßige Komplexitätsreduktion an, die mit den wirklichen Problemen im Feld so viel zu tun hat wie ein Trockenkurs mit einer stürmischen Segelfahrt. Wissenschaftler, die mit Modellen und Metaphern aus der Künstlichen Intelligenzforschung forschen, haben es schwer, mit bewusst und unbewusst emotional bedeutungsvollen Phänomenen, die sich in realen, zwischenmenschlichen Beziehungen abspielen und sich nicht auf ein Vierfelder-Design reduzieren lassen, Schritt halten zu können. Dem unbestreitbaren Vorteil einer ökologischen Validität des psychoanalytischen Settings stehen aber durchaus auch einige Probleme gegenüber, wie z. B. die Schwierigkeit, die Komplexität der Daten auf handhabbare und intersubjektiv geteilte und überprüfbare Modelle zu reduzieren, anstatt immer wieder neue Theorien zu generieren (vgl. Fonagy 2003). Dennoch sollte sich die Psychoanalyse von einer Forschungslogik, nur das als wissenschaftlich gelten zu lassen, was mit eng operationalisierten Begriffen und einfachen Designs überprüfbar ist und in der Forschungslogik viele Jahre dem Modell eines informationsverarbeitenden Computers folgte, nicht allzu sehr einschüchtern lassen. Die nunmehr über einhundertjährige Erfahrung der klinischen und angewandten psychoanalytischen Forschung hat ein so reichhaltiges Wissen über affektiv-kognitive Phänomene in Beziehungen entstehen lassen, dass eine faire interdisziplinäre Zusammenarbeit zwischen ihr und der Kognitionspsychologie bzw. der Cognitive Science nunmehr durchaus vorstellbar ist.

Literatur

Anthony, E. J. (1957). The system makers: Piaget and Freud. In: British Journal of Medical Psychology 30, S. 255–269.
Arieti, S. (1970). The role of cognition in the development of inner reality. In: J. Hellmuth (Hg.): Cognitive studies. New York (Brunner & Mazel), S. 91–110.
Arlow, J. A., & Brenner, C. (1964): Psychoanalytic concepts and the structural theory. Madison, CT (International Universities Press).
Barron, J. W., Eagle, M. N. & Wolitzky, D. L. (Hg.) (1992): Interface of psychoanalysis and psychology. Washington DC (American Psychological Association).
Beebe, B. & Lachmann, F. (2004): Säuglingsforschung und die Psychotherapie Erwachsener. Wie interaktive Prozesse entstehen und zur Veränderungen führen. Stuttgart (Klett-Cotta).
Benjamin, J. D. (1961): The innate and experiential in development. In: H. W. Brosin (Hg.): Lectures in experimental psychiatry. Pittsburgh (University Pittsburg Press), S. 19–42.
Bion, W. R. (1962a): Eine Theorie des Denkens. In E. Bott Spillius (Hg.): Melanie Klein Heute, Bd. 1, Stuttgart (Klett-Cotta) 1990, S. 225–235.
Bion, W. R. (1962b): Lernen durch Erfahrung. Frankfurt/M. (Suhrkamp) 1990.
Blatt, S. J. & Wild, C. M. (1976): Schizophrenia – A developmental analysis. New York (Academic Press).
Bögels, G. F. (1987): A psychoanalytic approach to Piaget's autobiography linked to his theory of development. In: International Review of Psycho-Analysis 14, S. 357–372.
Bollas, C. (1987): Der Schatten des Objekts. Das ungedachte Bekannte: Zur Psychoanalyse der frühen Entwicklung. Stuttgart (Klett-Cotta).

Borbely, A. F. (1998): A psychoanalytic concept of metaphor. In: International Journal of Psycho-Analysis 79, S. 923–936.
Bornstein, R. F. (2001): The impending death of psychoanalysis. In: Psychoanalytic Psychology 18, S. 3–20.
Bowlby, J. (1969): Attachment and loss. Vol. 1. London (Hogarth Press).
Brenner, C. (1982): Elemente des seelischen Konflikts. Theorie und Praxis der modernen Psychoanalyse. Frankfurt/M. (Fischer) 1986).
Bridgman, P. W. (1927). The logic of modern physics. New York (Plenum Press).
Bruner, J., & Goodman, C. (1947): Value an need as organizing factors in perception. In: Journal of Abnormal an Social Psychology 42, S. 33–44.
Bucci, W. (1985): Dual coding: A cognitive model for psychoanalytic research. In: Journal of the American Psychoanalytic Association 33, S. 571–608.
Bucci, W. (1997): Psychoanalysis and cognitive science. A multiple code theory. New York (Guilford Press).
Bucci, W. (2000): The need for a »psychoanalytic psychology« in the cognitive science field. In: Psychoanalytic Psychology 17, S. 203–224.
Bucci, W. (2002): The referential process, consciousness, and the sense of self. In: Psychoanalytic Inquiry 22, S. 766–793.
Buchholz, M. B. (Hg.) (1993): Metaphernanalyse. Göttingen (Vandenhoeck & Ruprecht).
Buchholz, M. B. (2001): Andere metaphorische Anschlüsse an »cognitive science« sind für die Psychoanalyse denkbar. In: Ethik und Sozialwissenschaften. Streitforum für Erwägungskultur 12, S. 558–561.
Case, R. (1985): Intellectual development: Birth to adulthood. New York (Academic Press).
Case, R. (1988): The whole child: Toward an integrated view of young children's cognitive, social, and emotional development. In: A. D. Pellegrini (Hg.): Psychological bases for early education. New York (Wiley), S. 112–134.
Ciompi, L. (1982). Über Affektlogik. Auf der Grundlage von Psychoanalyse und genetischer Epistemologie. In: Psyche 36, S. 226–266.
Clyman, R. (1992): The procedural organisation of emotions: A contribution from cognitive science to the psychoanalytic theory of therapeutic action. In: T. Shapiro & R. Emde (Hg.): Affect: Psychoanalytic perspectives. Madison (International Universities Press), S. 349–382.
Cobliner, W. G. (1965): Die Genfer Schule der genetischen Psychologie und Psychoanalyse: Parallelen und Gegensätze. In: R. A. Spitz: Vom Säugling zum Kleinkind. Stuttgart (Klett) 1967.
Damasio, A. R. (1994): Descartes' Irrtum – Fühlen, Denken und das menschliche Gehirn. München (List) 1996.
Davis, T. J. (2001): Revising psychoanalytic interpretations of the past: an examination of declarative and non-declarative memory processes. In: International Journal of Psychoanalysis 82, S. 449–462.
Décarie, T. (1962): Intelligence and affectivity in early childhood. New York (International Universities Press) 1966.
Décarie, T. (1974): The infant's reactions to strangers. New York (International Universities Press).

Décarie, T. (1978): Affect development and cognition in a Piagetian context. In: M. Lewis & L. A. Rosenblum (Hg.): The development of affect. New York (Plenum), S. 401–428.
Deneke, F.-W. (1999): Psychische Struktur und Gehirn. 2. Aufl., Stuttgart (Schattauer) 2001.
De Saussure, R. (1933): Psychologie génétique et psychoanalyse. In: Revue Française de Psychoanalyse 6, S. 364–403.
Dornes, M. (1993): Der kompetente Säugling. Die präverbale Entwicklung des Menschen. Frankfurt/M. (Fischer).
Dornes, M. (1997). Der Säugling und das Unbewußte. In: Ders.: Die frühe Kindheit. Entwicklungspsychologie der ersten Lebensjahre. Frankfurt/M. (Fischer), S. 290–323.
Eagle, M. N., & Wolitzky, D. L. (1985): The current status of psychoanalysis. In: Clinical Psychology Review 5, S. 259–269.
Edelman, G. M. (2004): Das Licht des Geistes. Wie Bewusstsein entsteht. Düsseldorf (Patmos)
Erdelyi, M. H. (1974): A new look at the new look: Perceptual defense and vigilance. In: Psychological Review 81, S. 1–25.
Erdelyi, M. H. (1985): Psychoanalysis: Freud's cognitive psychology. New York (Freeman).
Fast, I. (1985): Event theory: A Piaget-Freud-integration. Hillsdale, NJ (Erlbaum).
Ferenzci, S. (1913): Entwicklungsstufen des Wirklichkeitssinnes. In: Ders.: Bausteine zur Psychoanalyse, Bd. 1. Frankfurt/M. (Fischer) 1970, S. 148–163.
Fischer, K. W. (1980). A theory of cognitive development: The control and construction of hierarchies of skills. In: Psychological Review, 87, S. 477–531.
Fischer, K. W. & Watson, M. W. (1981): Explaining the Oedipus conflict. In: K. W. Fischer (Hg.): Cognitive development. In: New directions for child development, No. 12. San Francisco (Jossey-Bass), S. 202–238.
Fonagy, P. (2003): Some complexities in the relation of psychoanalytic theory to technique. In: Psychoanalytic Quarterly 72, S. 13–47.
Fonagy, P. & Target, M. (1996): Playing with reality: I. Theory of mind and the normal development of psychic reality. In: International Journal of Psycho-Analysis 77, S. 217–233.
Fonagy, P. & Target, M. (2000): Mit der Realität spielen. Zur Doppelgesichtigkeit psychischer Realität von Borderline-Patienten. In: Psyche 55, 2001, S. 961–995.
Freud, S. (1900a): Die Traumdeutung. GW II/III.
Freud, S. (1911b): Formulierungen über die zwei Prinzipien des psychischen Geschehens. GW VIII, S. 230–238.
Freud, S. (1916–17a): Vorlesungen zur Einführung in die Psychoanalyse. GW XI.
Freud, S. (1923b): Das Ich und das Es. GW XIII, S. 237–289.
Freud, S. (1925a): Notiz über den Wunderblock. GW XIV, 3–8.
Freud, S. (1926d): Hemmung, Symptom und Angst. GW XIV, S. 11–205.
Freud, S. (1950c [1995]): Entwurf einer Psychologie. GW Nachtr., S. 387–477.
Furth, H. G. (1990): Wissen als Leidenschaft. Eine Untersuchung über Freud und Piaget. Frankfurt/M. (Suhrkamp).

Gardner, R. W. (1993): Der ungeschulte Kopf. Wie Kinder denken. Stuttgart (Klett-Cotta).
Gill, M. M. (1967): The primary process. In: R. R. Holt (Hg.): Motives and thought: Psychoanalytic essays in honor of David Rapaport. In: Psychological Issues 5, S. 260–298.
Gillett, E. (1992): The nonexperiential unconscious. In: Psychoanalysis and Contemporary Thought, 15, S. 89–96.
Gillett, E. (1995). Levels of description and the unconscious. In: Psychoanalysis and Contemporary Thought 18, S. 293–316.
Gödde, G. (1999). Traditionslinien des »Unbewussten«. Schopenhauer – Nietzsche – Freud. Tübingen (edition diskord).
Graumann, C. F. (1988): Der Kognitivismus in der Sozialpsychologie. Die Kehrseite der »Wende«. In: Psychologische Rundschau 39, S. 83–90.
Grawe, K. (1998): Psychologische Therapie. Göttingen (Hogrefe).
Greenspan, S. I. (1979). Intelligence and adaptation. In: Psychological Issues, Monogr. 47/48. New York (International Universities Press).
Hamburger, A. (1995): Entwicklung der Sprache. Stuttgart (Kohlhammer).
Hartmann, H. (1939): Ich-Psychologie und das Anpassungsproblem. Stuttgart (Klett-Cotta) 1975.
Hartmann, H. (1950): Ich-Psychologie. Studien zur psychoanalytischen Theorie. Stuttgart (Klett-Cotta) 1975.
Haynal, A. (1969): Freud und Piaget. Parallelen und Differenzen zweier Entwicklungspsychologien. Psyche 29, 1975, S. 242–272.
Holmes, D. S. (1990). The evidence for repression: An examination of sixty years of research. In: J. L. Singer (Hg.): Repression and dissociation. Chicago (Chicago University Press), S. 85–102.
Holt, R. R. (1964): The emergence of cognitive psychology. In: Journal of the American Psychoanalytic Association 12, S. 650–665.
Holt, R. R. (1967): The development of the primary process: A structural view. In: Ders. (Hg.): Motives and thought: Psychoanalytic essays in honor of David Rapaport. In: Psychological Issues 5, S. 345–383.
Kapfhammer, H.-P. (1994): Entwicklung der Emotionalität. Stuttgart (Kohlhammer).
Karasu, T. B. (1992): The worst of times, the best of times, psychotherapy in the 1990's. In: Journal of Psychotherapy, Practice & Research 1, 4.
Kernberg, O. F. (1980). Objektbeziehungen und Praxis der Psychoanalyse. Stuttgart (Klett-Cotta).
Kihlstrom, J. F. (1990): The psychological unconscious. In: L. A. Pervin (Hg.): Handbook of personality: theory and research. New York (Guilford Press), S. 445–464.
Klein, G. S. (1970): Perception, motives, and personality. New York (Knopf).
Klein, M. (1957): Neid und Dankbarkeit. In: Psyche 11, S. 241–255.
Köhler, L. (1986): Von der Biologie zur Phantasie. Forschungsbeiträge zum Verständnis der frühkindlichen Entwicklung aus den USA. In: J. Stork (Hg.): Zur Psychologie und Psychopathologie des Säuglings. Stuttgart (frommann-holzboog), S. 73–92.

Köhler, L. (1998): Einführung in die Entstehung des Gedächtnisses. In: M. Koukkou, M. Leuzinger-Bohleber & W. Mertens (Hg.): Erinnerung von Wirklichkeiten. Psychoanalyse und Neurowissenschaften im Dialog, Bd. 1: Bestandsaufnahme. Stuttgart (Verlag Internationale Psychoanalyse), S. 131–222.
Kohut, H. (1973): Narzißmus. Frankfurt/M. (Suhrkamp).
Kurfeß, F. (1996): Konnektionismus. In: G. Strube, (Hg.): Wörterbuch der Kognitionswissenschaft. Stuttgart (Klett-Cotta), S. 327–328.
LeDoux (1989): Cognitive-emotional interactions in the brain. In: Cognition and Emotion, 3, S. 267–289.
LeDoux, J. (1996): Das Netz der Gefühle: wie Emotionen entstehen. München (Hanser) 1998).
Leon, I. G. (1984): Psychoanalysis, Piaget and attachment: the construction of the human object in the first year of life. In: International Review of Psycho-Analysis 11, S. 255–278.
Lester, E. P. (1983): Separation-individuation and cognition. In: Journal of the American Psychoanalytic Association 30, S. 127–156.
Leuzinger-Bohleber, M., Pfeifer, R. & Röckerath, K. (1998): Wo bleibt das Gedächtnis? Psychoanalyse und embodied cognitive science im Dialog. In: M. Koukkou, M. Leuzinger-Bohleber & W. Mertens (Hg.): Erinnerung von Wirklichkeiten. Psychoanalyse und Neurowissenschaften im Dialog, Bd. 1: Bestandsaufnahme. Stuttgart (Verlag Internationale Psychoanalyse), S. 517–588.
Lewis, M. D. (1977): Language, cognitive development, and personality. In: Journal of the American Academy of Child Psychiatry 16, S. 646–661.
Lewis, M. D. (1993): A neo-Piagetian interpretation of Melanie Klein's theory of infancy. Psychoanalysis and Contemporary Thought,16, 519–559.
Liebsch, B. (1986). Zum Verhältnis von Psychoanalyse und Genfer Konstruktivismus. In: Psyche 40, S. 220–247.
Lorenzer, A. (2002): Die Sprache, der Sinn, das Unbewusste. Psychoanalytisches Grundverständnis und Neurowissenschaften. Stuttgart (Klett-Cotta).
Luria, A. (1968): Higher cortical functions in man. New York (Basic Books).
Lyons-Ruth, K. (1999): The two-person unconscious: Intersubjevtive dialogue, enactive relational representation, and the emergence of new forms of relational organization. In: Psychoanalytic Inquiry 19, S. 576–617.
Mandler, G. (1988): Problems and directions in the study of consciousness. In: M. J. Horowitz (Hg.): Psychodynamics and cognition. Chicago (University of Chicago Press), S. 21–45.
McClelland, J. L. & Rumelhart, D. E. (Hg.) (1986): Parallel distributed processing. Vol. 2. Cambridge Mass. (MIT Press).
Melito, R. (1983): Cognitive aspects of splitting and libidinal object constancy. In: Journal of the American Psychoanalytic Association 31, S. 515–535.
Mertens, W. (1998): Aspekte der psychoanalytischen Gedächtnistheorie. In: M. Koukkou, M. Leuzinger-Bohleber & W. Mertens (Hg.): Erinnerung von Wirklichkeiten. Psychoanalyse und Neurowissenschaften im Dialog, Bd. 1: Bestandsaufnahme. Stuttgart (Verlag Internationale Psychoanalyse), S. 48–130.
Mertens, W. (2005): Psychoanalyse. Grundlagen, Behandlungstechnik und Anwendung. Stuttgart (Kohlhammer).

Mertens, W. & Haubl, R. (1996): Der Psychoanalytiker als Archäologe. Eine Einführung in die Methode der Rekonstruktion. Stuttgart (Kohlhammer).
Miller, G. A., Galanter, E. & Pribram, K. H. (1960): Plans and the structure of behavior. New York (Holt).
Milner, B., Squire, L. & Kandel, E. R. (1998): Cognitive neuroscience and the study of memory. In: Neuron. Rev. 20, S. 445–468.
Money-Kyrle, R. (1968): Cognitive development. In: International Journal of Psychoanalysis 49, S. 691–698.
Nass, M. L. (1966): The superego and moral development in the theories of Freud and Piaget. In: Psychoanalytic Study of the Child 21, S. 57–68.
Neisser, U. (1967): Cognitive psychology. New York (Appleton-Century-Crofts).
Neisser, U. (1980): Three cognitive psychologies and their implications. In: M. J. Mahoney (Hg.): Psychotherapy process. New York (Plenum), S. 102–134.
Noy, P. (1979): The psychoanalytic theory of cognitive development. In: Psychoanalytic Study of the Child 34, S. 169–215.
O'Reilly, R. C. & Munakata, Y. (2000): Computational explorations in cognitive neuroscience. Cambridge, MA (MIT Press).
Olds, D. & Cooper, A. M. (1997): Guest editorial. Dialogue with other sciences: Opportunities for mutual gain. In: International Journal of Psycho-Analysis 78, S. 219–225.
Ortony, A. & Feinsilber, L. (1987): The role of metaphors in the description of emotions. In: Y. Wilks (Hg.): Theoretical issues in natural language processing. Hillsdale, NJ (Lawrence Erlbaum Associates), S. 178–282.
Paivio, A. (1986): Mental representations: A dual coding approach. New York (Oxford University Press).
Piaget, J. (1923): La pensée symbolique et la pensée de l'enfant. In: Archiv für Psychologie 18, S. 273–304.
Piaget, J. (1973): The affective unconscious and the cognitive unconscious. In: Journal of the American Psychoanalytic Association 21, S. 249–261.
Piaget, J. (1976): The affective unconscious and the cognitive unconscious. In: B. Inhelder & H. H. Chipman (Hg.): Piaget and his school. Berlin (Springer), S. 63–71.
Piaget, J. & Inhelder, B. (1966): Die Entwicklung des inneren Bildes beim Kind. Frankfurt/M. (Suhrkamp).
Piaget, J. & Inhelder, B. (1966): Die Psychologie des Kindes. Frankfurt/M. (Fischer) 1977.
Pongratz, L. J. (1967): Problemgeschichte der Psychologie. München (Francke).
Poetzl, O. (1917): The relationship between experimentally induced dream images and indirekt vision. In: Psychological Issues 2, (7), 1960, S. 41–120.
Posener, J. A. (1989): A cognitive perspective on object relations, drive development and ego structure in the second and third years of life. In: International Journal of Psycho-Analysis 70, S. 627–643.
Pugh, G. (2002): Freud's »problem«: Cognitive neuroscience & psychoanalysis working together on memory. In: International Journal of Psychoanalysis 83, S. 1375–1394.

Rapaport, D. (1951): Organization and pathology of thought. New York (Columbia University Press).
Rapaport, D. (1955): On the psychoanalytic theory of thinking. In: International Journal of Psycho-Analysis 31, S. 161–170.
Rapaport, D. (1960): Die Struktur der psychoanalytischen Theorien. 3. Aufl. Stuttgart: Klett) 1973.
Reiser, M. (1984): Mind, brain, body: Toward a convergence of psychoanalysis an neurobiology. New York (Basic Books).
Reiser, M. (1991): Memory in mind and brain: What dream imagery reveals. New Haven (Yale University Press).
Rosenblatt, A. & Thickstun, J. (1994): Intuition and consciousness. In: Psychoanalytic Quarterly 63, S. 696–714.
Rudolf, G. (2000): Psychotherapeutische Medizin und Psychosomatik. Ein einführendes Lehrbuch auf psychodynamischer Grundlage. 4. Aufl., Stuttgart (Thieme).
Rumelhart, D. E. & McClelland, J. L. (Hg.) (1986): Parallel distributed processing. Vol. 1. Cambridge Mass. (MIT Press).
Sander, L. (1980): New knowledge about the infant from current research: implications for psychoanalysis. In: Journal of the American Psychoanalytic Association 28, S. 181–198.
Sandler, A.-M. (1975): Comments on the significance of Piagets work for psychoanalysis. In: International Review of Psycho-Analysis 2, S. 365–377.
Sandler, J. & Rosenblatt, A. (1962): The concept of the representional world. In: Psychoanalytic Study of the Child 17, S. 128–145.
Sandler, J. & Sandler, A.-M. (1984): Vergangenheits-Unbewußtes, Gegenwarts-Unbewußtes und die Deutung der Übertragung. In: Psyche 39, 1985, S. 800–829.
Sandler, A.-M. & Sandler, J. (1997): A psychoanalytic theory of repression and the unconscious. In: J. Sandler & P. Fonagy (Hg.): Recovered memories of abuse: True or false. Madison, Conn. (International Universities Press), S. 163–181.
Sanford, R. N. (1937): The effects of abstinence from food on imaginal processes: A further experiment. In: Journal of Psychology 3, S. 21–29.
Schmidt, M. G. (2003): Inszenieren, Erinnern, Erzählen – zur Abfolge therapeutischer Veränderung. In: Psyche 57, S. 889–903.
Schneider, H. (1981): Die Theorie Piagets: ein Paradigma für die Psychoanalyse?. Bern, Stuttgart, Wien (Huber).
Schüssler, G. (2004): Neurobiologie und Psychotherapie. In: Zeitschrift für Psychosomatische Medizin und Psychotherapie 50, S. 406–429.
Sears, R. R. (1943): Survey of objective studies in psychoanalytic concepts. In: Social Science Research Council Bulletin 52 S. 192–214.
Shevrin, H. (2004): Die experimentelle Untersuchung von unbewusstem Konflikt, unbewusstem Affekt und unbewusster Signalangst. In: P. Giampieri-Deutsch (Hg.): Psychoanalyse im Dialog der Wissenschaften. Band 2: Angloamerikanische Perspektiven. Stuttgart (Kohlhammer), S. 114–142.
Stephan, A. (2001): Psychoanalyse und Konnektionismus. In: Ethik und Sozialwissenschaften. Streitforum für Erwägungskultur 12, S. 543–554.

Stern, D. (1998): The process of therapeutic change involving implicit knowledge: Some implications for adult psychotherapy. In: Infant Mental Health Journal 19, S. 300–308.
Stern, D. et al. (1998): Nicht-deutende Mechanismen in der psychoanalytischen Therapie. Das »Etwas-Mehr« als Deutung. In: Psyche 56, 2002, S. 974–1006).
Strube, G. (Hg.) (1996): Wörterbuch der Kognitionswissenschaft. Stuttgart (Klett-Cotta).
Talvitie, V. & Ihanus, J. (2002): The repressed and implicit knowledge. In: International Journal of Psychoanalysis 83, S. 1311–1323.
Tress, W., Henry, W. P., Junkert-Tress, B., Hildenbrand, G., Hartkamp, N. & Scheibe, G. (1996): Das Modell des Zyklisch-Maladaptiven Beziehungsmusters und der Strukturalen Analyse Sozialen Verhaltens (CMP/SASB). In: Psychotherapeut 41, S. 215–224.
Tuch, R. H. (1999): The construction, reconstruction, and deconstruction of memory in the light of social cognition. In: Journal of the American Psychoanalytic Association 47, S. 153–186.
Wakefield, J. C. (1992): Freud and cognitive psychology: The conceptual interface. In: J. W. Barron, M. N. Eagle & D. L. Wolitzky (Hg.): Interface of Psychoanalysis and Psychology. Washington, DC (American Psychological Association), S. 77–98.
Weiss, J. & Sampson, H. (1986): The psychoanalytic process: Theory, clinical observations, and empirical research. New York (Guilford Press).
Westen, D. (1999a): The scientific status of unconscious processes: Is Freud really dead? In: Journal of the American Psychoanalytic Association 47, S. 1061–1106.
Westen, D. (1999b): Psychodynamic theory and technique in relation to research on cognition and emotion: mutual implications. In: T. Dalgleish & M. Power (Hg.): Handbook of Cognition and emotion. Chicago (John Wiley & Sons), S. 727–746.
Wolff, P. H. (1960): The developmental psychologies of Jean Piaget and Psychoanalysis. In: Psychol. Issues, Monogr. 5, New York (International Universities Press).
Wolitzky, D. L., & Wachtel, P. L. (1973): Perception and personality. In: B. Wolman (Hg.): Handbook of general psychology. Englewood Cliffs, NJ (Prentice-Hall), S. 247–263.

Evelyne Steimer
Ein Beitrag aus der Affektforschung

Einleitung – die Affektkomponenten

Was kann die Affektforschung zum Verständnis des Unbewussten beitragen? Auf den ersten Blick scheinen doch Affekte und das Unbewusste gemäß Freud fast gegensätzliche Pole des Psychischen zu markieren: Affekte – laut und lärmend, sicht- und hörbar, das »Unbewusste« per definitionem gerade nicht. Genauso wie dieses Buch deutlich macht, dass es keine einheitliche Definition dessen, was das Unbewusste ist, gibt und geben kann, gibt es auch in der Affektforschung keine einheitliche Meinung darüber, was man unter Affekten zu verstehen hat, außer dass sie theoretisch zumeist zwischen den Kognitionen und den Motivationen angesiedelt werden.

Allerdings gibt es mehrheitlich einen Konsens, dass Affekte aus mehreren Komponenten bestehen, nämlich einer expressiven Komponente im Gesicht und der Stimme, einer physiologischen Komponente mit unterschiedlichen Reaktionen im autonomen Nerven- wie endokrinem System. Des weiteren haben Affekte einen motivationalen Anteil im Sinne von Handlungsimpulsen, die sich auch in Körperhaltungen kundtun können. Diese basalen, körperlichen Anteile können durch eine bewusste, subjektive Wahrnehmung ergänzt werden und schließlich eine Benennung und Bewertung dieser Wahrnehmung umfassen. Die ersten drei Komponenten müssen zwingend vorhanden sein, um von »echten Affekten« im Unterschied zu sozialen mehr oder weniger bewusst gesteuerten Ausdrucksweisen sprechen zu können. Die meisten in Interaktionen spontan gezeigten Affekte weisen »nur« die ersten drei Komponenten auf, d. h. es gibt kein sie begleitendes bewusstes Erleben oder einen »bewussten subjektiv-kognitiven Anteil« (Krause 1997; Steimer-Krause 1996). Meines Erachtens unterscheiden sich derzeitig sowohl die verschiedenen Theorien wie auch Forschungsmethoden besonders dadurch, welche Komponente oder Komponenten sie als Schwerpunkt und/oder Ausgangspunkt favorisieren, ob z. B. eher der subjektiv-kognitive Anteil von Affekten das primäre Interesse ausmacht, bei welchem dann das Arbeiten mit und an der Sprache unumgänglich ist.

1. Affekt und Motivation

Das Modell Freuds im Vergleich zu neueren Ansätzen

Die in dieser Arbeit vorgestellte Annäherung zum Verständnis von Affekten, nämlich über ihr Verhältnis zu und ihren Zusammenhang mit inneren Zuständen/Motivationen wurde auch von Freud gewählt. Freud leitete die Affekte aus seiner Triebtheorie ab und zwar wie etwa Laplanche & Pontalis (1980) zusammenfassen als »qualitative Äußerungsformen der Quantität der Triebenergien und ihrer Variationen« (S. 37). Selbst in der revidierten Angsttheorie (vgl. Freud 1926d) und nach dem Einführen des Konzepts »Signalangst« bleibt der quantitative »energetische« Rahmen weiter erhalten, wenn er z. B. schreibt, dass das gemeinsame aller Ängste in »der ökonomischen Störung durch das Anwachsen der Erledigung heischenden Reizgrößen« (S. 168) zu suchen sei und ist mit einer »Missachtung« des Triebobjekts, welches gemäß Freud (1915c) denn auch neben der Triebquelle und dem Triebziel am variabelsten sei, verknüpft. Freuds Verständnis von Affekten beinhaltet und verweist auf zwei wesentliche Aspekte in seinem Denken, nämlich sein »ökonomisches« Modell als Versuch über quantitative Verteilungen der »Triebenergie« qualitative Unterschiede zu erklären und zweitens sein »monadisches« Menschenmodell im Sinne einer Fokussierung auf das einzelne Individuum. Eagle (1988) drückt die Implikationen von Freuds Triebtheorie – wie ich finde – in einem Bild sehr treffend aus: »lebte man in einer Science-Fiction-Welt, in der jeder Wunsch Wahrheit würde, würde man weder andere Funktionen als das Wünschen noch Objektbeziehungen entwickeln« (S. 8 f.).

Anders als bei Freud hat das Triebobjekt – zumindest in der frühen Entwicklung – für viele Forscher und Psychoanalytiker keinen Status der Beliebigkeit bzw. beliebiger Austauschbarkeit. Einige gehen davon aus, dass ein »Trieb«-Wunsch immer auch eine gewünschte Interaktion und eine spezifische Reaktion des Objekts beinhaltet, eine Sichtweise, die sowohl für das Verständnis von Übertragungen im therapeutischen Prozess als auch für die biologische Ausstattung des Menschen und für seine Entwicklung weitreichende Folgen hat (vgl. z. B. Sandler 1982).

Gemäß dem derzeitigen ethologischen Wissensstand ist unbestritten, dass der evolutionäre Fortschritt erstens mit der Präferenz eines Lebens in sozialen Gruppen einhergeht, zweitens mit einer Entwicklung hin zu »Nesthockern im Unterschied zu Nestflüchtern« (vgl. Plessner 1982) verbunden ist, was drittens eine hohe Angewiesenheit auf versorgende Objekte beinhaltet. Viertens erforderte die evolutionäre Entwicklung zu immer komplexeren Lebensformen eine Ablösung und Ersetzung von mehr oder weniger starren Instinktsystemen durch flexiblere Mechanismen, was zur Ausbildung des Affektsystems führte (vgl. Bischof 1989; Buck 1988).

Beziehungserwartung und die Bedeutung der Affekte

Meines Erachtens und im Unterschied zu Freud impliziert die biologische Anlage des Menschen als soziales Wesen und die daraus folgende Notwendigkeit, in Beziehung zu anderen Menschen zu treten, die Existenz eines Triebes/einer Motivation, mit anderen eine Beziehung herzustellen, wie auch immer man diese Motivation nennen mag. In dieser Hinsicht schließe ich mich den Psychoanalytikern Fairbairn (1952) und Guntrip (1968) an, welche die »Suche nach einem Objekt« als den libidinösen Wünschen vorangehenden und existentiellen Triebwunsch postulierten. Es ist sehr wahrscheinlich, dass der Säugling mit einer mehr oder weniger ausgeprägten Beziehungserwartung geboren wird. Beziehungserwartung bedeutet in diesem Kontext, eine bestimmte soziale Umwelt vorzufinden, in welcher zuerst das Überleben garantiert sowie Wohlbefinden und Entwicklung ermöglicht wird, wobei sowohl die Bezugsperson(en) selbst als auch die Interaktionen mit ihr/ihnen spezifische, auch affektive, Qualitäten aufweisen sollen. Auf diesem Hintergrund sind die Affekte vor allem und zu allererst als diejenigen Instrumente oder Mechanismen zu betrachten, die der postulierten primären Motivation, nämlich eine Beziehung herzustellen und zu regulieren, dienen. Während Freud in seinem Bemühen um ein evolutionäres Verständnis des Menschen, z. B. in seiner Narzissmus-Arbeit von 1914, letztlich die Arterhaltung und das Individuum wie zwei nicht zu vereinbarende Pole gegenüberstellte, weil er Arterhaltung auf Fortpflanzung und der damit verbundenen Sexualität verkürzte, erlaubt die oben kurz skizzierte Auffassung zur Evolution und der Rolle der Affekte dabei eine Konzeption der gegenseitigen Wechselwirkungen und Bedingtheit.

2. Affekte als Signal-Systeme

– Entstehung und Funktion unter evolutionärer Perspektive –

Unter evolutionärer Perspektive können Affekte als Signale für Verhaltensbereitschaften verstanden werden, wobei sich im Laufe der Entwicklung affektspezifische Ausdrucksmuster, besonders im Gesicht und in der Stimme ausgebildet haben. So zeichnen sich beim Menschen mimische Expressionen sogenannter »Primäraffekte«: Freude, Trauer, Ekel, Angst, Wut und Überraschung durch eindeutig abgrenzbare, unterschiedliche Innervationen der Gesichtsmuskulatur aus (vgl. Ekman 1982). Die Signalfunktion der Affekte ergibt sich aus dem spezifischen Informationsinhalt jeden Affektes, welcher aus der allen Affekten inhärenten propositionellen Struktur mit einem Subjekt, Objekt und Prädikat resultiert (vgl. Krause 1997). Bei höher entwickelten Säugetieren kann man etwa Wut übersetzen in: »ich werde dich angreifen«, Angst in: »ich fliehe vor dir« – ein Merkmal, das von anderen als protokognitiv bezeichnet wird (vgl. Scherer 1984). Der evolutionäre Gewinn der spezifischen Informationen besteht besonders darin, dass die angekündigten Intentionen nicht ausgeführt werden »müssen«, sondern dass mittels der verschiedenen Signale Reorganisationen in der Lebensgemeinschaft oder den aktuellen Interaktionen ermöglicht werden, weil das Erhalten der Gemeinschaft – phylogenetisch betrachtet – überlebensnotwendig ist (vgl. Bischof-Köhler 1989). Ein tatsächlicher Angriff bei Wut etwa würde dementsprechend einem Fehlschlag des affektiven Signalsystems gleichkommen.

3. Die Bedeutung der Affekte in der ersten Lebensphase

– Beziehungserwartung und Beziehungsregulation –

Wir wissen heute, dass es bereits vor der Geburt einen »affektiven« Austausch zwischen Mutter und Fötus gibt. Brazelton konnte schon 1983 mithilfe von Ultraschall-Untersuchungen zeigen, dass es intrauterin Regulationsprozesse allgemein und individuelle Differenzierungen dabei gibt und zwar dergestalt, dass Föten unterschiedlich fähig sind, mit mütterlichem Stress, d. h. über physiologische Indikatoren übermittelte Emotionen, umzugehen, indem sie entweder einschlafen oder unruhig werden. Dieser

Befund wie auch andere aus der Säuglingsforschung über die mittlerweile unbestreitbare Tatsache des Neugeborenen als »aktives, soziales Wesen« sind Belege dafür, dass sich Entwicklung und »Leben« in gegenseitigen Austauschprozessen oder Interaktionen abspielen und sich dabei von Anfang an unterschiedliche Regulierungs-Kapazitäten beobachten lassen. Sie sind zentral für das Verständnis des Unbewussten im Sinne einer vorgeburtlichen Ausstattung sowie für dessen Entfaltung direkt nach der Geburt.

Gerade beim menschlichen Neugeborenen bedeutet die Erwartung, eine »Beziehungs-Person« zu finden, weit mehr als die Erfüllung physiologischer Bedürfnisse. Vielmehr impliziert diese Erwartung, einen sozial und affektiv responsiven Menschen anzutreffen, dem das Baby unter Einsatz all seiner körperlichen Ausdrucksmöglichkeiten, insbesondere der Affektsignale, seine Wünsche mitzuteilen versucht. Auf der Grundlage seiner biologisch bedingten positiven Erwartung wird das Kind nach der Geburt also zunächst »überprüfen«, ob überhaupt eine affektiv responsive Bezugsperson vorhanden ist. Meines Erachtens muß man sich diesen Prozess als fortlaufende Registrierung der Reaktionen und Aktionen der Pflegeperson auf geäußerte physische und psychische Wünsche vorstellen, wobei Affektexpressionen als »interpersonelle« Regulierungswünsche normalerweise als kurze Signale Veränderungen in der Beziehung herbeiführen. Gelingt dies wiederholt nicht aufgrund von Ignoranz, Fehlinterpretationen, Unvorhersehbarkeit und/oder Unzuverlässigkeit der Reaktionen auf Seiten der Mutter, dann kommt es zu Veränderungen sowohl auf der Ebene des Beziehungswunsches selbst als auch auf der Ebene der Affekte – lange vor der Entwicklung der sprachlichen Fähigkeiten. Derartige Beziehungserfahrungen sind dann gleichbedeutend mit dem Nicht-Vorhandensein eines affektiv-responsiven Beziehungspartners.

An den Neugeborenen bereits ausdifferenzierte Phantasien heranzutragen, wie dies z. B. Melanie Klein tat, halte ich für einen »adultomorphen« Fehler (vgl. Klein 1932). Das bedeutet aber nicht, dass umgekehrt eine »tabula rasa« neben der Existenz archaischer Triebe zum Ausgangspunkt gewählt werden muß. So hat selbst Freud (1912–13a, 1939a) in Antwort auf Jungs Archetypenlehre das Konzept der »Urphantasien, der Urverdrängung« als Erbe der Menschheitsgeschichte eingeführt. Allerdings werden gemäß dem heutigen Wissenstand eher evolutionär/ethologische Vorstellungen über eine Ausstattung bei höher entwickelten Lebewesen mit »Umwelterwartungen« (vgl. Bowlby 1975), am ausgeprägtesten in Form spezifischer Beziehungserwartungen inklusive eines differenzierten Affektsystems beim Menschen, gegenüber Freuds lamarckistischen Überlegungen bevorzugt. So wird etwa in der »attachment-theorie« ein von libidinösen Trieben unabhängiges Bindungs-Motiv postuliert, dessen Entwicklung in Zusammenhang mit bestimmten Merkmalen der primären Bezugsperson, vor allem mit deren Feinfühligkeit, in zahlreichen Studien untersucht worden ist und unter anderem mithilfe verschiedener sogenannter »Bindungstypen«, die in einem standardisierten Verfahren: der Fremdensituation, wenn das Baby 12 Monate alt ist, klassifiziert wird. Dabei wird dem Schicksal des Bindungs-Motivs eine hohe klinische Bedeutung, auch für die Entwicklung unterschiedlicher Psychopathologien beigemessen (vgl. Bowlby 1975; Fonagy 2003; Strauß et al. 2002).

4. Charakteristiken des Affektsystems

Das angeborene Affektsystem entspricht weder einem Reflex-System, noch handelt es sich um »Automatismen«. Bereits kurz nach der Geburt gibt es mimische und stimmliche affektive Expressionen (vgl. Oster 1978), die keine ungerichtete Erregungsabfuhr darstellen, wie z.B. Spitz (1974) annahm, sondern in einem nachvollziehbaren interaktionellen Kontext auftreten beispielsweise als Antworten auf entsprechende äußere Reize (vgl. Campos et al 1983; Malatesta 1985). Nach Field (1982, 1985) können Säuglinge schon in der ersten Woche Gesichter mit verschiedenen Affektausdrücken diskriminieren und darauf differentiell reagieren. Es gibt Hinweise dafür, dass die Mitteilung von Bedürfnissen und Affekten mittels Schreien/Wimmern bei Säuglingen je nach der Reaktionsbereitschaft der Pflegeperson und ihrer »intuitiven« empathischen Fähigkeiten nach dem dritten Lebensmonat deutlich zugunsten anderer, besonders mimischer, Signalsysteme abnehmen oder nicht (vgl. Bretherton 1987; Emde & Robinson 1979).

Eine hohe Komplexität und Flexibilität wird durch die Tatsache gewährleistet, dass erstens das Zeigen von Affekten nicht an eine Sinnesmodalität gebunden ist, und zweitens das Erkennen von Affekten beim Wechsel der Sinnesmodalität nicht beeinträchtigt ist, was als »crossmodales« Merkmal bezeichnet wird und nahe legt, dass Affekte in einer »nichtmodalitäts-gebundenen Form« repräsentiert/gespeichert sind. In der Regel werden Affekte simultan in verschiedenen sogenannten »Kommunikations-Kanälen« wie Mimik, Gestik, Stimme, Blickverhalten etc. gezeigt. Wenn die affektive Information in verschiedenen Sinnesformen nicht übereinstimmt, z. B. bei affektiven Widersprüchen in Stimme und Gesicht, dann können bereits wenige Wochen alte Babys diese Widersprüche nicht nur erkennen, sondern entscheiden sich auch für eine affektive Qualität und zwar für das Gesicht, was Stern (1985) wie folgt kommentiert »... we hear what we see, not what is said ...« (S. 50). Meltzoff (1985) konnte nachweisen, dass Säuglinge vor allem an dynamischen und sozialen Reizen, d. h. an Menschen, interessiert sind und dass bereits zu Beginn des Lebens unsere Wahrnehmung einen »multimodalen« Charakter hat. Multimodal bedeutet, dass es von Anfang an eine Wahrnehmungseinstellung für Informationen gibt, die erstens dreidimensional sind, zweitens simultan in verschiedenen Sinnesmodalitäten gezeigt werden und drittens charakteristische Zeit- und Intensitäts-Verläufe haben.

Die mittlerweile auch aus hirnphysiologischen Forschungen (vgl. Roth 2003; Singer 1995) untermauerten Befunde zu multimodalen und crossmodalen Wahrnehmungsleistungen sowie die Überlegungen zu frühen Repräsentationsformen in einer nicht »modalitätsgebundenen« Form belegen eindrucksvoll, dass das auch in der Psychoanalyse gängige konstruktivistische Entwicklungsmodell, das von Piaget (vgl. Ginsburg & Opper 1975) für die Entwicklung im Verständnis physikalischer Reize erarbeitet wurde, mit seiner zentralen Annahme, dass sich die Wahrnehmung und Bewertung von einfachen zu komplexen Reizen hin entwickeln würde, für soziale Reize unangemessen ist.

Durch die »kognitiven« Charakteristika des Affektsystems – die spezifischen Signalbedeutungen – scheint weiter die traditionelle Gegenüberstellung zwischen Affekt und Kognition/Vorstellung (vgl. Freud 1915e) oder Affekt und »inneres Abbild« überholt, was auch durch aktuelle neurophysiologische Forschungen nahegelegt wird. So schreibt LeDoux (1998, S. 325) »Wie die Dinge heute liegen, hat die Amygdala einen größeren Einfluss auf den Kortex als der Kortex auf die Amygdala ...«. Vor allem Affektforscher haben zum besseren Verständnis früher innerer Abbilder längst damit begonnen, verschiedene Formen von Kognitionen zu differenzieren, z. B. die Unterscheidung von implizitem prozessualem und explizitem deklarativem Wissen oder die Differenzierung in synkretische Kognitionen: unmittelbare Erfahrungen auf äußere oder innere Reize und analytische Kognitionen: Wissen durch Beschreibung (vgl. Buck 1988).

5. Affekte und die Mutter-Kind-Beziehung

Strukturelle Merkmale der Mutter-Kind-Beziehung

Was nun die Beziehung zwischen Mutter und Kind betrifft, so finden alle Handlungen, unabhängig davon, ob es sich um ein Spiel oder die Erfüllung eines physiologischen Bedürfnisses handelt, im Rahmen spezifischer sozialer Interaktionen statt, die – wie bei Erwachsenen auch – durch subtile, feinregulierte Austauschprozesse gekennzeichnet sind. Strukturell gesehen beinhalten diese Prozesse sowohl Synchronisierungen von Verhaltensweisen beider Beteiligten im Sinne von gleichzeitig ausgeführten Bewegungen (vgl. Condon 1984) als auch solche, die in der Einhaltung rhythmischer Abfolgemuster bestehen. Letztere treten bei Säuglingen, spätestens ab der 3. Lebenswoche auf und zwar nur in Reaktionen auf ein lebendiges Wesen im Unterschied zu einem leblosen Objekt (vgl. Brazelton 1979, 1983). Nur bei Vorhandensein einer responsiven Person lässt sich in Interaktionen ein zyklisches Verhalten zwischen Aufmerksamkeit verbunden mit einer Aktivität und Ruhephasen ausmachen, – ein Intervall, in welchem der andere Aktivitäten zeigt bzw. zeigen soll. Das Antwortverhalten des jeweils anderen ist ausschlaggebend dafür, ob es zu längeren Interaktionssequenzen kommt oder nicht.

Bereits nach wenigen Lebenswochen gibt es zwischen Mutter und Kind einen sehr lebhaften, aufeinander bezogenen Austausch von Affekten mit mehreren Expressionswechseln pro Minute auf beiden Seiten. Das interaktive Zusammenspiel zwischen Mutter und Kind beinhaltet wechselseitige Beeinflussungen sowohl im interpersonellen Timing hinsichtlich der Länge der Aktivitäts- und Ruhephasen, der Dauer von in den Phasen gezeigten mimischen, kinetischen oder visuellen Verhaltensweisen und der Intensität der gezeigten Affektexpressionen (vgl. Beebe 1988; Malatesta & Haviland 1985). Weil es sich bei diesen Austauschformen um Feinabstimmungen weit unterhalb der bewussten Reaktionsschwellen (meist < 0,25 sec) handelt und keineswegs auf beiden Seiten die identische Sinnesmodalität »gewählt« wird, sind diese interaktiven Verhaltensformen nicht mit dem Konzept der »Imitation« erklärbar. Die Tatsache, dass die Pflegeperson dabei für ihre Reaktionen eine spezifische Auswahl der kindlichen Expressionen trifft und keinesfalls immer mit dem gleichen Affektausdruck reagiert (spiegelt), ist nur ein Beleg dafür, dass das Phänomen: Spiegeln – matching – nur begrenzt auftritt. Unter der »falschen« Prämisse, dass Affektexpressionen lediglich Reflexen entsprechen würden, deren kognitive Bedeutungen erst über Erfahrungen mit der Pflegeperson vermittelt werden könnten, wurde das »Spiegeln« in seiner Relevanz beim Aufbau innerer Strukturen meines Erachtens überbewertet (vgl. Fonagy 1999, 2002).

Affektexpressionen der Mutter – was ist Feinfühligkeit

Das in der Bindungsforschung zentrale Konzept der »Feinfühligkeit der Mutter« (vgl. Ainsworth 1978) wurde in der Affektforschung schon in den 1980er Jahren in seinen verschiedenen Bestandteilen untersucht und die jeweiligen Konsequenzen aus Fehlinterpretationen und Fehlregulationen für die Entwicklung in unterschiedlichen Lebensbereichen dargestellt. Ausgehend davon, dass Feinfühligkeit nicht nur liebevolle Pflege und Zuwendung, sondern auch die Bereitschaft das Kind als eigenständiges Wesen mit spezifischen Wünschen und Affekten zu verstehen, umfasst, wurden die Komponenten: Wahrnehmung des Verhaltens des Kindes, Rückschluss vom Verhalten auf einen inneren Zustand des Kindes und Reaktionen darauf unterschieden und zwar unter Beachtung situativer Besonderheiten, z. B. Krankheit, affektiv negativer Beziehungszustand, Explorationswünsche und äußere Auslöser. Anhand von Mikro-Analysen eines umfangreichen Videomaterials von alltäglichen, häuslichen Interaktionen stellte Demos (1984) etwa für Situationen, in denen der emotional negative Zustand des Säuglings nicht zu verändern ist, weil es z. B. krank ist und deshalb schreit, fest, dass ein mütterliches Verhalten, das durch Aufmerksamkeit und Beruhigung, aber auch durch Wahrung der eigenen »inneren Position: selbst keinen Schmerz zu haben« im Unterschied zu einer Ansteckung sehr wichtig ist, damit sich das Kind trotz seiner Schmerzen aufgehoben fühlt und so erfahren kann, dass man negative Affekte und Zustände aushalten kann. Entscheidend ist die adäquate Einschätzung der Mutter, in welchem Zustand das Baby momentan ist und welcher Zustand durch ihre »affektiven« Reaktionen für das Kind erreichbar ist. Solche Feinanalysen des affektiven Dialogs erlauben eine verhaltensnahe Übersetzung und Erforschung psychoanalytischer Konzepte, hier die Konzepte des »containing« und der »capacité de rêverie« von Bion (1962).

Auch die Entwicklung der Explorationsmotivation, die Neugierde auf die Welt, scheint gemäß vielfacher Studien von affektiven Austauschprozessen zwischen Mutter und Kind abhängig. Dabei kommt es darauf an, dass die Bezugsperson erstens die Wünsche des Kindes versteht und unterstützt, zweitens das Objekt der Neugierde ersetzt, wenn es für das Kind zu gefährlich ist und drittens positiv auf Erkundungen reagiert. Wird hingegen die Sequenz aus positiven Affekten beider Partner, welche die Grundlage für angstfreie Explorationen bildet, mit negativen Affektexpressionen oder Ignoranz durchbrochen, kann es schlimmstenfalls zu einem relativen Verzicht in der Erkundung der Objektwelt kommen. Dies ist der Fall, wenn die Mutter etwa gefährliche Objekte entfernt, ohne Ersatz zu bieten, oder wenn Objektexplorationen gemäß erwachsener Leistungsstandards als zu gering eingeschätzt werden, was sich jeweils affektiv kundtut. Wenn das Verhalten oder der Körper der Mutter selbst Ziel der Neugierde des Säuglings sind und die Mutter dies nicht tolerieren kann, etwa das intensive Blickverhalten nicht aushalten kann oder die Neugierde als Langeweile fehlinterpretiert, dann können daraus schwerwiegende Reaktionen in Form von Passivität bis hin zu einer generellen Ablehnung von engem sozialen, auch Körper-Kontakt, auf Seiten des Babys nach wenigen Lebensmonaten resultieren (vgl. Demos 1984).

6. Die Bedeutung der affektiven Beziehungsregulation für die Entstehung unbewusster Prozesse

Auf der Grundlage der bisherigen Erläuterungen, nämlich, dass das Neugeborene nicht auf eine Bezugsperson »verzichten« kann, soll nun versucht werden, die postulierte Ausstattung im Sinne einer Beziehungserwartung – das Unbewusste nach der Geburt – zu beleuchten und einige Thesen über den Entwicklungsverlauf, besonders über frühe Verzerrungen, Bewältigungs-/Abwehrformen auszuführen. In psychoanalytischer Terminologie wird damit die Frage nach der Ausbildung des dynamisch Unbewussten im Unterschied zum deskriptiv Unbewussten angeschnitten. Hintergrund der Überlegungen ist die These einiger Affekt-Forscherinnen wie Malatesta (1985), Demos (1984) oder Bretherton (1987), die besonders intensiv den Affektaustausch zwischen Müttern und ihren Säuglingen untersucht haben, nämlich, dass der Beginn des Lebens durch eine Einheit von »display, state and experience«, also durch eine Kohärenz zwischen Affektexpressionen, inneren Antrieb-/Trieb-Zuständen und Erleben gekennzeichnet ist. Anders als in der klassischen Psychoanalyse wird Entwicklung eher als ein Auseinanderfallen dieser ursprünglichen Einheit, denn als Zusammenführen verschiedener Bestandteile, begriffen.

Affekte und frühe Abwehrprozesse

Schon im ersten Lebensjahr können Abwehrprozesse beobachtet werden, wobei es sich mit hoher Wahrscheinlichkeit nicht einfach um Formen sozialen Lernens oder Konditionierungen handelt, sondern um Kompromissbildungen aus Konflikten, d. h. um dynamisch unbewusste Prozesse.

Von der zentralen Überprüfung des Neugeborenen, ob eine affektivresponsive Bezugsperson überhaupt vorhanden ist, war oben bereits die Rede. Ein häufig beschriebener Mangel an »emotionaler Verfügbarkeit« besteht beispielsweise darin, dass emotionale Wünsche, etwa nach Nähe, als körperlich-somatische Bedürfnisse fehlinterpretiert werden, wenn die Mutter aufgrund von Schuldgefühlen und/oder mangelndem Zugang zu eigenen emotionalen Wünschen Schwierigkeiten hat, sich mit den Abhängigkeitsbedürfnissen des Kindes auseinander zu setzen und ihm affektive Bedürfnisse zuzugestehen (vgl. Talberg et al 1988). Dann wird erstens der Körper zum Austragungsort von Beziehungskonflikten und zweitens wird die personale Grenze des Kindes nicht respektiert, die Mutter agiert quasi in unerwünschter Weise in dessen System. Aufgrund der Unvermeidbarkeit des »Fütterns« können aus dieser unheilvollen Verquickung physiologischer und emotionaler Prozesse als Abwehr-Versuch gegen das unerwünschte Eindringen Esstörungen und/oder chronische Ekel-Ausstoßungs-Reaktionen resultieren, denn die affektive, propositionelle Botschaft von Ekel bedeutet: etwas, was mir nicht bekommt und was ich nicht will, aber in mir ist, soll raus (vgl. Krause 1997; Moser & v. Zeppelin 1995).

Eine andere Variante unzureichender Responsivität auf Seiten der Bezugsperson mit gravierenden psychopathologischen Konsequenzen für das Kind besteht darin, dass die Mutter zwar liebevoll und aufmerksam ihren Säugling pflegt und betreut, aber dies nicht in Reaktion auf die Signale des Kindes erfolgt – wie es oben als unabdingbare Interaktions-Struktur beschrieben worden ist –, sondern aufgrund eigener »innerer Regeln«. Stern (1985) hat ein solches Beispiel in der Beziehung einer schizophrenen Mutter mit ihrem Säugling beobachtet und beschrieben.

Der Ausdruck von Angst hingegen bezieht sich in der ersten Lebensphase auf Beziehungs-Konstellationen, in welchen zwar eine affektiv reagierende Bezugsperson vorhanden ist, aber deren Verfügbarkeit nicht ausreichend gewährleistet scheint, und beinhaltet dann den Wunsch, die Beziehung zu stabilisieren (»komm näher«), was beruhigende, versichernde Verhaltensweisen wie streicheln oder »Baby-Talk« – wenn die Beziehung relativ intakt ist – auslöst. Bei schwer misshandelten Säuglingen hingegen konnte Gaensbauer (1982a,b) die Ausbildung chronischer und schwerster Formen von Angst mit entsprechenden psychopathologischen Folgen nachweisen. Wie Moser (1989) meine ich, dass Ärger-Expressionen eine gewisse Beziehungs-Sicherheit voraussetzen und den Wunsch nach Veränderung der laufenden Aktivität indizieren. Dass Wutexpressionen in dieser Phase bei Frustration von Erwartungen auftreten, legen auch experimentelle Säuglings-Untersuchungen nahe (vgl. Sullivan & Lewis 1994).

In anderen Untersuchungen konnte nachgewiesen werden, dass es vor allem die Mütter sind, welche die Qualität affektiver Interaktionsmuster und deren Stabilität vom dritten Monat an bis in das 2. Lebensjahr hinein bestimmen (vgl. Bretherton 1987; Greenspan 1982; Grossmann et al 1989). Insgesamt legen die Studien nahe, dass der Säugling schon nach den ersten Lebensmonaten durch seine interaktiven, affektiven Erfahrungen »weiß«, was er ausdrücken darf, was von der Mutter toleriert wird und was er mit ihr teilen kann (vgl. Steimer-Krause 1996) mit der Konsequenz, dass die ursprüngliche Einheit von »Affekt-Trieb/Motivations-Zustand-Erleben« auseinander bricht. Repetitive Probleme und Fehlregulationen in der Beziehungsregulation führen bereits nach wenigen Lebensmonaten dazu, dass Affekte nicht mehr als kurzfristige Interaktionssignale gezeigt werden, sondern dass sich »chronischer Affekt- bzw. Stimmungslagen« ausbilden inklusive einer erheblichen Reduktion der allgemeinen Expressivität bis hin zu völliger Inexpressivität.

Der Zusammenhang von frühen affektiven Beziehungsmustern und den verschiedenen Bindungstypen

In mehreren Untersuchungen konnte ein Zusammenhang zwischen der Qualität der affektiven Interaktionen zwischen Mutter und Kind im 3. Lebensmonat und den mit 12 Monaten in der sogenannten »Fremdensituation« festgelegten Bindungstypen: sicher, unsicher-vermeidend und unsicher-ambivalent festgestellt werden. Während später als sicher gebunden eingestufte Kinder schon früh mit ihrer Bezugsperson einen offenen, alle Affektqualitäten umfassenden, Kommunikationsstil hatten, zeichnete sich das mütterliche Interaktionsverhalten mit 3 Monate alten Babys von später als ängstlich-vermeidend eingestuften Kindern durch hohe intrusive, unvorhersehbare Stimulation aus, was von einer sukzessiven Abnahme des

Lächelns auf Seiten der Säuglinge begleitet war. Bei unsicher-ambivalent eingestuften Kinder mit vielen Ärgerexpressionen in der Wiedervereinigungs-Situation waren die frühen Interaktionserfahrungen durch ein hohes Ausmaß an Frustration gekennzeichnet, während bei denjenigen mit einer Dominanz von Trauer und Passivität eine chronische Erfahrung mit einer wenig responsiven, zuweilen depressiven Mutter festgestellt wurde (vgl. Malatesta 1990). Die Tatsache, dass insbesondere der Ausdruck negativer Affekte von unsicher gebundenen Kindern schon nach 3 Lebensmonaten stark reduziert ist, haben Grossmann et al (1989, S. 38) als »Vermeiden im Dienste der Nähe« definiert, nämlich dass der Säugling auf dem Hintergrund seiner Interaktions-Erfahrungen auf die Mitteilung von Konflikten verzichtet, um die »relative Nähe« zur Mutter nicht zu gefährden. Meines Erachtens ist das Konzept der »toten Mutter« von Green (1993) in solch einem Zusammenhang zu verstehen, nämlich dass die mangelnde affektive Responsivität der Mutter, ihre Devitalisierung, dem Kind nur die Möglichkeit gibt, sich mit der »toten« Mutter zu identifizieren mit der schwerwiegenden Folge, als Erwachsener keine stabilen Liebesbeziehungen leben zu können und in Gefühlen der Unfähigkeit und Unzufriedenheit verharren zu müssen.

Es soll nicht unerwähnt bleiben, dass es auch große Unterschiede in der allgemeinen Expressivität von Neugeborenen und damit unterschiedliche Fähigkeiten, Wünsche mitzuteilen, gibt. Ob es sich dabei »nur« um genetische Unterschiede, etwa im Sinne von verschiedenen Temperamenten (vgl. Stern, 1985), handelt oder ob sich darin auch differentielle Beziehungsqualitäten aus der Schwangerschaft widerspiegeln, scheint derzeit noch offen. So gibt es Babys, die sich schon nach wenigen Wochen durch eine hohe Lächelfrequenz – charming – auszeichnen, was zwar für die Umgebung sehr angenehm ist, aber häufig eine notwendige Strategie, die Aufmerksamkeit der Mutter zu erreichen, darstellt (vgl. Stern 1985).

Auf jeden Fall scheint der Inhalt dessen, was »Wohlbefinden« für einen Säugling genau bedeutet, schon nach wenigen Lebensmonaten von den jeweiligen Erfahrungen in der Mutter-Kind-Beziehung abhängig, so dass bei gestörten Beziehungen Wohlbefinden nicht mehr mit physischer und emotionaler Nähe zur Mutter verknüpft ist.

7. Überlegungen und Befunde über den Zusammenhang zwischen dynamisch unbewussten Prozessen und frühen affektiven Beziehungen

Aus der oben aufgestellten These, nämlich dass die beschriebenen Varianten im Beziehungsgeschehen und daraus folgenden Verhaltensänderungen beim Säugling nach den ersten Lebensmonaten nicht allein als Resultat von instrumentellen Lernprozessen zu verstehen sind, sondern auch als Ausdruck von Konfliktlösungen begriffen werden müssen, resultieren wichtige Konsequenzen. So impliziert diese These, dass die ursprünglichen Wünsche, in welcher Form auch immer abgebildet, weiter in der »Seele« vorhanden bleiben, was sowohl der Ansicht einiger Therapeuten entspricht als auch von Forschern, sei es in der Affekt-, Säuglings- oder Therapieforschung, postuliert und untersucht worden ist.

Entwicklungsverlauf früher Interaktionsmuster im Vergleich zu intrapsychischen Abbildungen

Generell konnte mehrfach belegt werden, dass es große Unterschiede in der Entwicklung intrapsychischer Prozesse im Vergleich zu interaktiven Verhaltensmustern gibt und zwar derart, dass erstens »auffällige« interaktive, affektive Verhaltensmuster im weiteren Entwicklungsverlauf eine hohe Stabilität aufweisen und zweitens, dass sie nicht in den verfügbaren, intrapsychischen Repräsentanzen abgebildet sind (vgl. Emde 1988; Wilson & Malatesta 1989). So wird innerhalb der Bindungsforschung der Befund, dass es nach massiven Erfahrungen mit emotional wenig verfügbaren, insensitiven Müttern später keinen intrapsychischen Zugang zu den Erfahrungen seelischer Schmerzen und Frustrationen mehr gibt – sogenannte defensive Verwerfungen –, als Ursache für die transgenerationale Wiederholung von malignem Bindungsverhalten gesehen. Mütter, die alles richtig machen wollen, verhalten sich »trotzdem« so, wie sie es selbst als Kinder erlitten haben, es sei denn, sie konnten mit therapeutischer Hilfe einen Zugang zu den eigenen Erfahrungen des Verlassenseins und Kummers finden und verarbeiten. (vgl. Bretherton 1987; Fonagy 2001).

Dieser Befund beruht unter anderem auf der Tatsache, dass der allgemein-menschliche Wunsch, sich von Kummer, Schmerz oder traumatischen Erfahrungen zu befreien, vor allem über innerseelische Prozesse,

Abwehrmechanismen, neben Veränderungen im interaktiven Verhalten vonstatten geht und in Zusammenhang mit der Existenz eines »state-dependant-memory« steht, d. h. dass das Erinnerungsvermögen je nach affektivem Zustand variiert (vgl. Bower 1981).

In der psychoanalytischen Theorie und Praxis ist es genau dieser Umstand, nämlich dass intrapsychische Repräsentanzen oder Erinnerungen und Worte nicht mit den affektiven Interaktionsmustern zusammenfallen, welcher als eine Grundlage des wichtigen Konzeptes der »Übertragung« anzusehen ist in dem Sinne, dass die mit dem Therapeuten reinszenierte affektive Beziehung ein zentrales Agens zum Verständnis des Patienten und einer erfolgreichen Behandlung darstellt. So gesehen scheinen mir die Behandlungserfolge bei schwer gestörten Patienten mithilfe psychoanalytisch orientierter Therapien als deutlicher Hinweis dafür, dass die frühen interaktiven, relativ stabilen Verhaltensmuster als Produkt dynamischer Konflikte und nicht als Konditionierungen zu verstehen sind, auch wenn es noch ungeklärt ist, was genau in diesen Therapien wirksam ist (vgl. Stern et al 2002).

»Social referencing« und affektive (Fehl)-Entwicklung

In den Untersuchungen zum »social referencing«, – Studien, in welchen der Gebrauch qualitativ unterschiedlicher affektiver Signale auf Seiten der Mutter für Verhaltensentscheidungen des Säuglings erforscht werden – zeigte sich, dass normaler Weise die affektiven Expressionen der Mütter bei Babys in der zweiten Hälfte des ersten Lebensjahres die Entscheidungsgrundlage in für das Baby emotional unsicheren Situationen, z. B. Krabbeln über eine »visuelle Klippe«, bilden. Gleichzeitig scheint allerdings dieser Prozess: der Rückgriff auf die affektiven Signale der Mutter zur eigenen Orientierung auch maßgeblich an der Ausbildung und dem Ausmaß von »Fremdenfurcht« beteiligt, d. h. die Mutter übermittelt ihrem Säugling durch die Qualität ihrer affektiven Expressionen, ob es vertrauensvoll oder furchtsam gegenüber einem Dritten – dem Fremden – sein soll (vgl. Emde 1983). Bei schwer gestörten Mutter-Kind-Paaren gelingt es den Babies viel weniger, wenn überhaupt, affektive Informationen der Mutter zur Verhaltensorientierung in der Umwelt zu benutzen, was als ein früh ausgebildetes Merkmal von schweren Borderline- und Psychose-Patienten verstanden werden kann, nämlich die relative Unfähigkeit, affektive Signale auf etwas

Drittes statt auf sich selbst oder den Partner zu beziehen. Mithilfe dieser Studien konnte allgemein gezeigt werden, dass es bereits im Verlauf des ersten Lebensjahres zu einer zunehmenden Internalisierung von Affekten kommt, so dass Affektexpressionen nicht mehr ausschließlich dyadische Bedeutung haben, sondern sich auch auf etwas Drittes beziehen können – ein Beispiel für das Auseinanderfallen der »display-state-experience«-Einheit infolge eines gesunden Entwicklungs-/Reifungsprozesses jenseits von Traumatisierungen.

Präverbale affektive Interaktionsmuster und Psychopathologien

Der von einigen Autoren vorgenommenen Differenzierung der präverbalen, affektiven Interaktionsmuster in solche, die vorwiegend den Erfahrungsbereich des Miteinander: »sharing, attunement« ausmachen und solche, die mit – für die Entwicklung schädlichen – negativen Affekten und Frustrationen des Säuglings verbunden sind, werden unterschiedliche psychopathologische Konsequenzen zugeschrieben (vgl. Emde 1988; Wilson & Malatesta 1990).

Es wird angenommen, dass ein ausreichendes Ausmaß an Erfahrungen des Miteinander im frühen affektiven Dialog die Grundlage für »stabilere« (auch neurotische) Persönlichkeitsentwicklungen darstellt, während ein Mangel zu erheblichen Einschränkungen an »Beziehungsfähigkeit« führen würde. Für Stern (1985) bildet die Häufigkeit und Qualität des »attunements« innerhalb der ersten 6 Lebensmonate die Grundlage für das Er-/Leben von »interpersonaler Bezogenheit«. Dementsprechend führe ein zu geringes »attunement« später zu einer massiven Reduktion von »Intersubjektivität«, an Erfahrungen, die man mit anderen teilen kann, verbunden mit einem Erleben des sozialen Ausgeschlossenseins und Gefühlen des Alleinseins. Auch Emde (1988) geht davon aus, dass massive Defizite an emotionaler Verfügbarkeit in der frühen Beziehung zu schwereren psychischen Störungen führen, während bei neurotischen Pathologien eher ein Übermaß an negativen Affekten mit Feindseligkeit und Zurückweisung im Vordergrund stünde, was er mit zwei qualitativ unterschiedlichen Wiederholungsformen verbindet. Strukturell, schwer gestörte Patienten würden in ihrem Leben versuchen Beziehungen herstellen, in welchen sie »das Vertraute« im Sinne von Misstrauen, Distanz und Vorsicht wiederholen. Bei neurotischen Patienten gäbe es hingegen aufgrund der größeren emotionalen Sicherheit mehr Hoffnung und das Bestreben, die frühen schmerzvollen Erlebnisse und Affekte zu bewältigen.

Eigene Forschungsbefunde

Die Ergebnisse aus meinen eigenen Forschungen zum interaktiven Verhalten schizophrener Patienten stützen die obige These, dass bei schwer gestörten Patienten das »Miteinander« in Interaktionen reduziert ist. Im folgenden werde ich einige ausführlichere Angaben zu dieser Untersuchung machen (vgl. Steimer-Krause 1996) und einige weitere Ergebnisse aus anderen methodisch vergleichbaren Forschungsprojekten der Saarbrücker Arbeitsgruppe um Rainer Krause kurz angeben. Allgemein gilt, dass die Analyse des mimischen, visuellen, paraverbalen und kinetischen sowie des verbalen Verhaltens beider Gesprächspartner mit zum Teil sehr aufwendigen und zeitintensiven »slow-motion«-Techniken alles andere als ein stupides »Fliegenbein-Zählen« ist; vielmehr eröffnen sich damit Erkenntnisse über elementare Strukturen der Kommunikation im Bereich der Millisekunden, wie sie oben zum Teil für die Interaktionen im ersten Lebensjahr vorgestellt worden sind und welche in der Regel unserem bewussten Zugriff entgehen, aber trotzdem sehr wirksam sind. Beispielsweise gibt es in Gesprächen zwischen zwei Menschen gemeinsame – synchrone – kleine Kopfbewegungen, eine Art Ballett der Köpfe, die man erst bei einer Bild-für-Bild-Analyse von Videos feststellt oder differenzierte, teilweise mehrere Kommunikations-Kanäle umfassende Reaktionssignale und -zeiten, deren Nichteinhaltung »nicht bewusst« höchstwahrscheinlich wie ein Zusammenbruch der gemeinsamen Interaktion erlebt wird.

In dem Projekt, an welchem ich mitgearbeitet habe, wurde das interaktive Verhalten schizophrener Patienten in dyadischen Interaktionen während Alltagsgesprächen mit gesunden Partnern untersucht und mit gesunden Personen aus Kontrolldyaden verglichen. Das Besondere der Untersuchung, in der Forschung leider selten realisiert, lag neben den mannigfachen Übersetzungen (Operationalisierungen) von Beziehung und Miteinander/Intimität in beobachtbares interaktives Verhalten in der Wahl von drei Analyseebenen: erstens die Ebene der »kranken« Individuen: 10 schizophrene Patienten im Vergleich zu 10 gesunden Versuchspersonen aus den Kontrolldyaden; zweitens die Ebene der gesunden Interaktionspartner der Patienten, um nicht-bewußte Anpassungsphänomene der Partner an die Patienten zu erfassen, und drittens die dyadischen Ebene, um Unterschiede in dyadischen Kennwerten zwischen den Dyaden mit den Patienten und den Dyaden mit ausschließlich gesunden Probanden zu untersuchen.

Insgesamt wurde festgestellt, dass das nonverbale, affektive Verhalten der schizophrenen Patienten trotz erheblicher Abweichungen keinesfalls »chaotisch« war, sondern den impliziten strukturellen Regeln, welche augenscheinlich vom Säugling bis zum Erwachsenen Geltung haben (siehe oben) entsprach. Die postulierte Distanz konnte vor allem im mimisch-affektiven Verhalten der Patienten und zwar unabhängig von der Medikation nachgewiesen werden: reduzierte Gesamtexpressivität mit geringerer Häufigkeit des Lächelns und mimischen Formen emotionalen Engagements, dafür ein erhöhtes Ausmaß an Verachtungsexpressionen. Verachtung wird sowohl von einigen Psychoanalytikern (vgl. Searles 1974; Fairbairn 1952) als »schizophrenie-spezifisch«, nämlich als Ausdruck einer Abwehr von Abhängigkeitswünschen interpretiert, als auch von Affektforschern besonders bewertet: Verachtung repräsentiert einen sogenannten kalten negativen Affekt, welcher im Unterschied zu dem anderen wichtigen negativen Affekt: »Wut«, Distanz provoziert (vgl. Moser 1985). Die gesunden Gesprächspartner »passten« ihr mimisches Ausdrucksverhalten in Form einer ebenfalls reduzierten Gesamtexpressivität und einer erhöhten Verachtungsfrequenz an. Vergleichbare Anpassungsprozesse konnten auch bei gesunden Interaktions-Partnern von psychosomatisch erkrankten Patienten festgestellt werden (vgl. Krause 1997).

In den Dialogen mit schizophrenen Patienten waren auf der dyadischen Analyseebene auch die gemeinsamen mimischen Expressionen, die Synchronisationen, auffällig. Die Patienten reagierten weniger auf die mimischen Expressionen ihrer Partner in Form von Synchronisationen und kontrollierten sehr stark das Synchronisationsverhalten ihrer gesunden Partner. Die Gesprächspartner – in dieser Weise kontrolliert, ohne es zu wissen und dies sagen zu können –, wurden so in eine spezifische Haltung oder Gegenübertragung gebracht. Bei weiteren Feinanalysen in Form von simultanen Auswertungen des mimischen, visuellen und kinetischen Verhaltens beider Partner in Synchronisations-Situationen zeigte sich, dass die gesunden Partner der Patienten rasch selbst ein Stück der interaktiven Distanzierung übernahmen, indem sie etwa beim Lächeln, besonders beim gemeinsamen Lächeln, mehr den Kopf wegdrehten und/oder wegblickten. Gleichzeitig waren diese wechselseitigen mimisch-affektiven Regulierungen in den gesamten interaktiven Kontext eingebettet. Die Patienten haben relativ erfolgreich die Sprecherrolle »vermieden«: sie redeten weniger, der Sprachfluss war mit vielen Pausen insgesamt schleppender. Allerdings zeigten die gesunden Partner noch mehr Pausen, aber übernahmen – wenn auch unwillig – die Gesprächsverantwortung: sie kompensierten den Spechanteil. Darin wurden sie von den Patienten mittels eines intensiven Zuhörerverhaltens mit vielen verbalen Signalen (hm, ja) und intensiven Blick- und Kopfzuwendungen unterstützt.

Insgesamt lassen sich die Ergebnisse im Sinne einer »*negativen Intimität*« interpretieren, nämlich dass die Patienten relativ erfolgreich eine »aktive« Rolle vermeiden konnten, gleichzeitig aber in der Beziehung zum Partner durch ihre intensiven visuellen und kinetischen Zuwendungen geblieben sind. Durch das Fehlen von Verhaltensindikatoren eines affektiv positiven Miteinanders wie Lächeln und Synchronisations-Reaktionen, bei gleichzeitiger mimischer Starrheit und vielen Verachtungsexpressionen handelte es sich aber nicht um eine affektiv positiv gestaltete, zugewandte, passive Zuhörerhaltung sondern um ein Distanz indizierendes Verhalten. Man könnte sagen, dass die gesunden Partner in gewisser Weise den Wünschen der Patienten nach Distanz entsprachen. Sie übernahmen den aktiven verbalen Part, aber zogen sich gleichzeitig vom Patienten emotional zurück. Das Verhalten beider Gesprächspartner passte zusammen (vgl. Steimer-Krause 1996). Es ergibt ein Muster, das in psychoanalytischer Terminologie ausgedrückt als interaktiver Vollzug einer projektiven Identifizierung (vgl. Sandler 1987) interpretiert werden kann.

In neueren Forschungsprojekten wurde das interaktive, besonders das mimisch-affektive Verhalten in klinisch-therapeutischen Dialogen untersucht (vgl. Krause 1997). Gemäß den Annahmen über das affektive Verhalten bei Vorherrschen eines Abhängigkeits-Autonomie-Konflikts zeichnete sich das mimisch-affektive Verhalten von 20 Panikpatientinnen während der ersten Behandlungsstunde durch eine Dominanz von Lächeln und ein weitgehendes Fehlen negativer Affektexpressionen aus, seien es Angst-, Ärger-, Verachtungs- oder Ekelexpressionen – eine Widerspiegelung der Abgrenzungsproblematik im affektiven Verhalten. Korrelative Zusammenhänge zwischen den Expressionen der Patientinnen und Therapeuten ergaben Hinweise über eine interaktive Inszenierung des Abhängigkeits-Autonomiekonflikts dergestalt, dass distanzschaffende Affektausdrucksweisen der Therapeuten mit Trauerexpressionen bei den Patientinnen korrelierten (vgl. Benecke & Krause 2004). Demgegenüber waren es besonders viele negative Affektexpressionen (Ärger, Ekel, Verachtung), die von Borderline-Patientinnen während eines klinischen Interviews gezeigt worden sind. Gleichzeitig wiesen diese Patientinnen im Vergleich zu allen anderen Störungsbildern am häufigsten mimisch-affektiv Angst auf. Darüber hinaus korrelierte das Zeigen von Angst und Überraschung der Interviewer negativ mit dem Zeigen von Verachtung und Ärger auf Seiten der Patientinnen, aber positiv mit deren Lächeln. Auch dieser Befund könnte auf projektiv-identifikatorische Prozesse deuten in dem Sinne, dass die sichtbare Angst des Interviewers die Notwendigkeit der Abwehr dieses Affektes durch die Mobilisierung negativer Affekte auf Seiten der Patientinnen obsolet werden ließ (vgl. Benecke et al. 2003, 2004).

Ein Problem von mimisch-affektiven Befunden, gerade in therapeutischen Dialogen, besteht darin, wie die beobachteten affektiven Äußerungen in Relation zum Gesprochenen zu interpretieren sind. Zumindest eine grobe Differenzierung der Affektexpressionen dergestalt, ob sie sich direkt auf den Interaktionspartner (interaktive Funktion) oder auf ein drittes mentales Objekt, über das gesprochen wird (objektbezogene Funktion) beziehen, ist für die Interpretation der Befunde von großer Bedeutung. Auf dem Hintergrund der These, dass eine solche Differenzierung durch die Bestimmung des genauen Auftauchens der affektiven Ausdrucksformen im Sprachfluss möglich sei, untersuchte Benecke (2002) Verbindungen zwischen mimischen Affektausdrücken und Sprache bei Patienten und Therapeuten in Kurzzeit-Therapien. Er konnte feststellen, dass in Behandlungen mit unbefriedigendem Ergebnis sich die negativen Affektexpressionen der Therapeuten in ihrer sprachlichen Einbettung deutlich häufiger direkt auf ihre Interaktionspartner, die Patienten, bezogen als in erfolgreichen Behandlungen. Der Befund weist – psychoanalytisch formuliert – auf ein Agieren in der Gegenübertragung.

Schlussbemerkung

Die dargestellten Thesen und Befunde im Sinne eines Beitrages der Affektforschung zum Verständnis des Unbewussten lassen sich wie folgt zusammenfassen. Erstens gibt es einen biologisch verankerten Wunsch, eine Beziehung herzustellen, wobei die Affekte zuerst als diejenigen Mechanismen und Werkzeuge gesehen werden können, Wünsche und Bedürfnisse an die primäre Bezugsperson mitzuteilen. Aufgrund der Unmöglichkeit, auf die

Beziehungsperson verzichten zu können, treten bei massiven Fehlregulationen in der ersten Beziehung schon im ersten Lebensjahr erhebliche Veränderungen im nonverbalen, interaktiven Verhalten auf. Diese Verhaltensmuster spiegeln einen Kompromiss aus Konflikten wider und können ontogenetisch als Startpunkt des »dynamisch Unbewussten« verstanden werden. Diese früh ausgebildeten nonverbalen Verhaltensmuster weisen in der weiteren Entwicklung ein hohes Ausmaß an Stabilität auf und sind intrapsychisch im Sinne einer leichten Verfügbarkeit nicht repräsentiert. Je massiver die frühen Traumatisierungen waren, desto wahrscheinlicher ist mit einer Entwicklung schwerer Störungen zu rechnen, wobei sich das »Erbe« der frühen Beziehungsstörungen interaktiv vor allem im Bereich des Miteinanderseins, der maximal tolerierten Nähe oder Intimität manifestiert – eine Übertragung, die allein durch das nonverbale, affektive Verhalten einen erheblichen Druck auf alle Partner ausübt. Des weiteren gibt es aufgrund der vorgestellten Untersuchungen starke Hinweise dafür, dass Patienten mit verschiedenen Formen von Psychopathologien sich in ihrem affektiven, nonverbalen Interaktions-Verhalten unterscheiden lassen und diese Differenzen sich oftmals sinnvoll mit aus psychoanalytischen Theorien abgeleiteten Annahmen über unbewusste Konflikte und ihre Lösungen verbinden lassen. Dabei scheinen diese interaktiven »Übertragungs-Anteile« mit entsprechenden affektiven »Gegenübertragungs-Anteilen« verknüpft zu sein.

Abschließend sei bemerkt, dass die Entwicklung libidinöser Impulse höchstwahrscheinlich nicht unabhängig von der Qualität der Mutter-Kind-Beziehung zu betrachten ist, nämlich in wieweit und in welcher Art sich die unterschiedlichen Partial-Triebe in der erwachsenen Sexualität zusammenschließen können und eine stabile Liebesbeziehung im Unterschied zu perversen oder autoerotischen Praktiken möglich ist.

Literatur

Ainsworth, M. D. S., Blehar, M. C., Waters, E. & Waters, S. (1978): A psychological study of the strange situation. New York, Hillsdale (Erlbaum).
Beebe, B. & Lachmann, F. M. (1988): Mother-infant mutual influence and precursors of psychic structure. In: A. Goldberg (Hg.) (1988): Frontiers in self-pychology, Vol. 3. New Jersey (Hillsdale), S. 3–25.
Benecke, C. (2002): Mimischer Affektausdruck und Sprachinhalt. Interaktive und objektbezogene Affekte im psychotherapeutischen Prozess. Bern (Peter Lang).

Benecke, C., Krause, R. & Dammann, G. (2003): Affektdynamiken bei Panikerkrankungen und Borderline-Persönlichkeitsstörungen. In: Persönlichkeitsstörungen – Theorie und Therapie 7, S. 235–244.
Benecke, C. & Krause, R. (2004): Nonverbale Kommunikation in der Psychotherapie von Angststörungen. In: M. Hermer & H. G. Klinzing (Hg.) (2004): Nonverbale Prozesse in der Psychotherapie. Tübingen (DGVT-Verlag) im Druck.
Bion, W. R. (1962): Lernen durch Erfahrung. Frankfurt/M. (Suhrkamp) 1992.
Bischof, N. (1989): Emotionale Verwirrungen oder: Von den Schwierigkeiten im Umgang mit der Biologie. In: Psychologische Rundschau 40, S. 188–205.
Bischof-Köhler, D. (1989): Spiegelbild und Empathie – die Anfänge der sozialen Kognition. Bern (Huber).
Bower, G. H. (1981): Mood and memory. In: American Psychologist 36, S. 129–148.
Bowlby, J. (1975): Bindung. Stuttgart (Kindler).
Brazelton, B. T. & Als, H. (1979): Four early stages in the development of mother-infant interaction. In: The Psychoanalytic Study of the Child 34, S. 349–371.
Brazelton, B. T. (1983): Precursors of the development of emotion in early infancy. In: R. Plutchik & H. Kellerman (Hg.) (1983): Emotion: theorie, research and experience. New York (Academic Press), S. 35–55.
Bretherton, I. (1987): New perspectives on attachment relations: security, communication and internal working models. In: J. D. Osowsky (Hg.) (1987): Handbook of Infant Development. New York (Wiley), S. 1061–1100.
Buck, R. (1988): Human motivation and emotion. New York (Wiley).
Campos, J. J., Barrett, K. C., Lamb, M. E.; Goldsmith, H. H. & Stenberg, C. (1983): Socioemotional development. In: P. H. Mussen (Hg.) (1983): Handbook of child psychology, Vol. II. New York (J. Wiley & Sons), S. 783–915.
Condon, W. S. (1984): communication and empathy. In: M. Lichtenberg, M. Barnstein & D. Silver (Hg.) (1984): Empathy II. London (Lawrence Erlbaum Ass.), S. 35–58.
Demos, V. (1984): Empathy and affect: reflections on infant experience. In: J. Lichtenberg,, M. Brazelton & D. Silver (Hg.) (1984): Empathy II. Hillsdale (Lawrence Erlbaum Ass.), S. 9–33.
Eagle, M. N. (1988): Neuere Entwicklungen in der Psychoanalyse. München (Verlag Internationale Psychoanalyse).
Ekman, P. (1982): Emotion in the human face. Cambridge (Cambridge University Press).
Emde, R. N. & Robinson, J. (1979): The first two months: recent research in developmental psychobiology and the changing view of the newborn. In: J. Nosphitz & J. Call (Hg.) (1979): American Handbook of Child Psychiatry. New York (Basic Books), S. 72–105.
Emde, R. N. (1983): The prerepresentational self and its affective Core. In: The Psychoanalytic Study of the Child 38, S. 165–192.
Emde, R. N. (1988): Development terminable and interminable, I+II. In: International Journal of Psychoanalysis 69, S. 23–42 und S. 283–296.
Fairbairn, W. R. D. (1952): Psychoanalytic Studies of the Personality. London (Tavistock Publications).

Field, T. M., Woodson, R., Greenberg, R. & Cohen, D. (1982): Discrimination and imitation of facial expressions by neonates. In: Science 218, S. 179–181.

Field, T. M. (1985). Neonatal perception of people: maturational and individual differences. In: T. M. Field, & N. A. Fox (Hg.) (1985): Social perception in infants. Norwood (Ablex Publishing Corporation), S. 31–52.

Fonagy, P. (1999): Das Verständnis für geistige Prozesse, die Mutter-Kind-Interaktion und die Entwicklung des Selbst. In: P. Fonagy & M. Target (2003): Frühe Bindung und psychische Entwicklung. Gießen (Psychosozial), S. 31–49.

Fonagy, P. (2001): Bindungstheorie und Psychoanalyse. Stuttgart (Klett).

Fonagy, P. & Target, M. (2002): Neubewertung der Entwicklung der Affektregulation vor dem Hintergrund von Winnicotts Konzept des »falschen« Selbst. In: Psyche 9, S. 839–862.

Fonagy P. & Target M. (2003): Frühe Bindung und psychische Entwicklung. Gießen (Psychosozial).

Freud, S. (1912–13a): Totem und Tabu. GW IX.

Freud, S. (1914c): Zur Einführung des Narzißmus. GW X, S. 137–170.

Freud, S. (1915c): Triebe und Triebschicksale. GW X, S. 210–232.

Freud, S. (1915e): Das Unbewusste. GW X, S. 264–303.

Freud, S. (1926d): Hemmung, Symptom und Angst. GW XIV, S. 111–205.

Freud, S. (1939a): Der Mann Moses und die monotheistische Religion. GW XVI, S. 103–246.

Gaensbauer, T. (1982a): The differentiation of discrete affects. A case report. In: Psychoanalytic Study of the Child 37, S. 29–66.

Gaensbauer, T. (1982b): Regulation of emotional expression in infants from two contrasting caretaking environments. In: Journal of the American Academic Child Psychiatry 21, S. 163–170.

Ginsburg, H. & Opper, S. (1975): Piagets Theorie der geistigen Entwicklung. Stuttgart (Klett).

Green, A. (1993): Die tote Mutter. In: Psyche 47, S. 205–240.

Greenspan, S. (1982): Developmental morbidity in infants in multi-risk-factor families: clinical perspectives. In: Public Health Reports 97, S. 16–23.

Grossmann, K. E., August, P, Fremmer-Bombik, E., Friedl, A., Grossmann, K., Scheuerer-Englisch, H., Spangler, G., Stephan, Ch. & Suess, G. (1989): Die Bindungstheorie. Modell und entwicklungspsychologische Forschung. In: H. Keller (Hg.) (1989): Handbuch der Kleinkindforschung. Heidelberg (Springer Verlag), S. 32–55.

Guntrip, H. (1968): Schizoid phenomena, object-relations and the self. London (Hogard Press).

Klein M. (1972): Das Seelenleben des Kleinkindes und andere Beiträge zur Psychoanalyse. Hamburg (Rowohlt) Original: 1932

Krause, R. (1997): Allgemeine Psychoanalytische Krankheitslehre. Band 1. Stuttgart (Kohlhammer).

Laplanche, J. & Pontalis, J. B. (1980): Das Vokabular der Psychoanalyse. Band 1. Frankfurt/M. (Suhrkamp).

LeDoux, J. (1998): Das Netz der Gefühle. Wie Emotionen entstehen. München (Hanser).

Malatesta, C. Z. & Haviland, J. M. (1985): Signals, symbols and socialization – the modification of emotional expression in human development. In: A. Lewis & C. Saarni (Hg.) (1985): The Socialization of emotions. New York (Plenum Press), S. 89–116.
Malatesta, C. Z. (1985): Developmental course of emotion expression in the human infant. In: G. Zivin (Hg.) (1985): The development of expressive behavior. New York (Academic Press), S. 183–219.
Malatesta, C. Z. (1990): The role of emotions in the development and organization of personality. In: R. A. Thomson (Hg.) (1990): Socioemotional development. Lincoln (University of Nebraska Press), S. 1–56.
Meltzoff, A. N. (1985): The roots of social and cognitive development: models of man's original nature. In: T. M. Field & N. A. Fox (Hg.) (1985): Social Perception in Infants. Norwood, (Ablex Publishing Corporation), S. 1–30.
Moser, U. (1985): Beiträge zu einer psychoanalytischen Theorie der Affekte. In: Berichte aus der interdisziplinären Konfliktforschungsstelle der Universität Zürich, Nr. 14. Zürich.
Moser, U. (1989): Die Funktion der Grundaffekte in der Regulierung von Objektbeziehungen: Ontogenetische Gesichtspunkte. In: Berichte aus der interdisziplinären Konfliktforschungsstelle der Universität Zürich, Nr. 25, Zürich.
Moser, U. & von Zeppelin, I. (1995): Die Entwicklung des Affektsystems. In: Psyche 49, S. 32–84.
Oster, H. (1978): Facial expression and affect development. In: M. Lewis & L. Rosenblum (Hg.) (1978): The development of affect. New York (Plenum Press) S. 43–75.
Plessner, H. (1982): Lachen und Weinen. Eine Untersuchung der Grenzen menschlichen Verhaltens. Frankfurt/M./M. (Suhrkamp).
Roth, G. (2003): Fühlen, Denken, Handeln. Frankfurt/M. (Suhrkamp).
Sandler, J. (1982): Unbewusste Wünsche und menschliche Beziehungen. In: Psyche 36, S. 59–74.
Sandler, J. (1987): Projection, identification, projective identification. Madison (International Universities Press).
Scherer, K. R. (1984): On the nature and function of emotion: A component process research. In: K. R. Scherer & P. Ekman (Hg.) (1984): Approaches to emotion. Hillsdale (Lawrence Erlbaum Ass.), S. 293–317.
Searles, H. F. (1974): Der Psychoanalytische Beitrag zur Schizophrenieforschung. München (Kindler).
Singer, W. (1995): Development and plasticity of cortical processing architectures. In: Science 270, S. 758–764.
Spitz, R. (1974): Vom Säugling zum Kleinkind. Stuttgart (Klett).
Steimer-Krause, E. (1996): Übertragung, Affekt und Beziehung – Theorie und Analyse nonverbaler Interaktionen schizophrener Patienten. Bern (Peter Lang).
Stern, D. (1985): The interpersonal world of infant. New York (Basic Books).
Stern, D., Sander, L. W., Nahum, P., Harrison, A. M., Lyons-Ruth, K., Morgan, A. C., Bruschweiler-Stern, N. & Tronick, E. Z. (2002): Nicht-deutende Mechanismen in der psychoanalytischen Therapie. In: Psyche 9, S. 974–1006.

Strauß, B., Buchheim, A. & Kächele, H. (2002): Klinische Bindungsforschung – Theorien, Methoden, Ergebnisse. Stuttgart (Schattauer).
Sullivan, M. W. & Lewis, M. (1994): Anger in one year olds and its relation to earlier individual differences in frustration. Poster presented on the 9th International Conference on Infant Studies. Paris.
Talberg, G., Cuoto Rosa, J. A. A., De Lourdes, M. & O'Donnell, S. (1988): Early affect development: empirical research. In: International Journal of Psychoanalysis 69, S. 239–259.
Wilson, A. & Malatesta, C. (1989): Affect and the compulsion to repeat. In: Psychoanalysis and Contemporary Thought 12, S. 265–312.

Peter Fuchs
~~Das Unbewusste~~ in der Systemtheorie

Das Unbewusste (in dieser Fassung: als Subjekt eines Satzes, als Substantiv, das auch in die Objektstellung eintreten könnte[1]) ist eines der flirrendsten und zugleich oder deswegen wirkmächtigsten Wörter der Moderne. Es bezieht seinen Sinn aus der Opposition zum Bewusstsein, ist aber nicht einfach das, was das Bewusstsein nicht weiß, sondern scheint begriffen zu werden als das, was das Bewusstsein konstitutiv für es selbst nicht wissen kann und darf. Es wird als Strukturmoment des Psychischen aufgefaßt, ohne dass dies psychische Zugriffschancen hätte auf das, wodurch es ermöglicht wird. Das Flirrende des Wortes zeigt sich jedenfalls darin, dass die Psychoanalyse und die Psychotherapien, die auf sie zurückgreifen, ferner nicht unbeträchtliche Teile der Psychologie inklusive Psychiatrie eine ganze Menagerie von Deutungsmöglichkeiten entworfen haben, die die Orientierung außerordentlich erschweren und es einerseits wünschenswert machen, auf das Wort verzichten zu können. Andererseits kommt man kaum darum herum, dass das, was man mit dem Begriff des Unbewussten einhegen, vielleicht domestizieren wollte, nicht so einfach aus der Welt zu schaffen ist. Im Diskussionsraum steht die Behauptung jeder Menge empirischer Evidenzen für eine ›Macht‹, die Informationen verarbeitet, ohne selbst bewusst zu werden.[2] Der Ausfall oder die Perversion solcher Informationen führt offenbar zu massiven Irritationen bei den davon betroffenen Individuen.[3] Und schließlich: Seit Freud ist dieses Wort in einer psychisch reizbaren Gesellschaft alltäglich geworden, nicht nur darin, dass es allenthalben benutzt wird, sondern vor allem darin, dass das, was es bezeichnet, eine eigentümliche Beobachtungstechnik in der Gesellschaft ausgestreut hat, die bei jedem Beobachten von Beobachtern die Option bereithält, zu unterstellen, dass der beobachtete Beobachter sich so wenig vollständig beobachten kann wie derjenige, der ihn observiert. Es ist selbstverständlich und sozial evident geworden, dass niemand über einen perfekten Selbstzugriff verfügt und dass jeder aus dem heraus, worauf er nicht zugreifen kann, determiniert sein könnte.

Das bedeutet, dass das Wort (wenn es denn noch keinen Begriff bezeichnet) vorab nicht zu durchkreuzen ist. Oder doch? – Die Frage, die in den folgenden Überlegungen, als Leitfrage genommen wird, lautet: Was könnte die soziologische Systemtheorie der neueren Bauart zu dem sagen, was das Unbewusste genannt wird? Müßte es, von ihr aus gesehen, nicht zu einer Radierung, Durchstreichung oder wenigstens zu einer Durchkreuzung kommen? (Siehe zu Vorarbeiten Fuchs 1997, 1998, 1999).

I

Achtet man auf den wichtigsten Promoter der Theorie des Unbewussten, nämlich auf Sigmund Freud, so ist die Bezeichnung des Unbewussten tatsächlich an die Unterscheidung zwischen bewusst und unbewusst geknüpft. Formtheoretisch hat man es bei dieser Bezeichnungsleistung mit einer Unterscheidung zu tun, deren Einheitsbegriff der Unterscheidung selbst entnommen wird. Die Operation, die die Unterscheidung ausnutzt, um das Unbewusste zu bezeichnen, kann nur eine bewusste Operation sein, vergleichbar etwa der System/Umwelt-Unterscheidung, deren Einheit das System ist, oder der Immanenz/Transzendenz-Unterscheidung, die immanent in Betrieb gesetzt wird. Das Unbewusste kann sich nicht selbst in sich selbst vom Bewusstsein unterscheiden, und genau das konditioniert seinen Begriff: Es kann vom Bewusstsein her nur bezeichnet werden als *Indifferenz* (Freud 1911c, S. 285 ff.), als ein Bereich, in dem Unterschiede ihr Spiel spielen, nicht aber (an Zeichen gebundene) Unterscheidungen. Bezeichnet wird eine Welt quantitativer Kompromisse zwischen Kräften, die keinen Namen haben und sich selbst keine Namen, keine Bezeichnung zuteilen können, mithin weder sich selbst noch etwas anderes beobachten.

Folgt man Freud, bedeutet diese Indifferenz zugleich, dass der Bezirk des Unbewussten weder Negation noch Affirmation kennt. Es wird in ihm nicht verneint, nicht bejaht, weder bezweifelt noch versichert. Im psychischen Prozeß, wie ihn Freud sieht, wird Negation und Affirmation in den Nachtrag des Zensors verschoben. Aber das Unbewusste selbst ist nichts als ein Kompendium energetischer Verschiebungen und Verdichtungen, die das Medium Sinn nicht benötigen (vgl. Ricoeur 1974, S. 158 f.). Wo aber kein Sinn ist und keine Unterscheidung, ist auch keine Zeit. Das Unbewusste ist sinn- und deshalb *zeitfrei*. Es ist wie »ein Chaos, ein [...] Kessel voll brodelnder Erregungen« (Freud 1933a, S. 80, hier mit Bezug auf das Es). Deshalb bleibt keine andere Wahl als die Annahme, dass die Einheit der Unterscheidung von bewusst/unbewusst durch das Bewusstsein hergestellt wird, das sich damit zugleich unterscheidet von dem, was es niemals sein kann: eben unbewusst. Es konstatiert in seinem Medium (Sinn) eine *Unbezeichenbarkeit*, die es dennoch bezeichnet. Das kann es (als beobachtendes System) mühelos tun, aber serviert damit für Beobachter, die an Logik interessiert sind, eine schwer auflösbare und oft bemerkte Paradoxie, die nur aushaltbar ist und ausgehalten wurde durch die hypostasierende Referenz auf eine Realität (oder auf das Reelle), die ohne Beobachtung sinn- und zeichenfrei *gegeben* ist (vgl. zu dieser Hypostasierung Khurana 2002, S. 28 ff.). Eine solche Gegebenheit markiert eine aprioristische Ontologie, die mitzumachen oder zu verwerfen mittlerweile in Glaubenskriege verwickelt, denen differente Weltbilder zugrundeliegen. Man könnte auch sagen, dass das Unbewusste in der Fassungs Freuds keine (sonst wissenschaftsnormalen) Ablehnbarkeiten offeriert. Es ist kryptisch, weil sein zentrales Merkmal als ein ›Un‹auftritt, als Zeugnis einer Nichtbeobachtbarkeit, die das (bewußte) Beobachten strukturiert und nicht selten: heftig quält.

Jacques Lacans Reanimation dieses Unbewussten sabotiert (man müßte sagen: in einer Art barocken Weise des Kommentierens[4]) die Unterscheidung bewusst/unbewusst, indem sie das Unbewusste aus der Kontinenz (des sich Wechselseitig-Bestimmens der Unterscheidungsseiten) herauslöst und in einer sehr komplexen Weise an die Sprache bindet (vgl. Khurana 2002, S. 138 ff.). Es wird aus seiner Verknüpfung mit dem Bewusstsein (aus dieser bloßen Inversion) befreit.[5] Damit ist, und das dürfte eine der zentralen Einsichten Lacans sein, das Schema, in dem das Unbewusste situiert war, in dem es sich verstehen ließ als Gegenbegriff zum Bewusstsein, gesprengt, das Unbewusste aus seinem ›Gefilde-Dasein‹ erlöst, durch das es vor oder hinter oder neben oder über dem anderen Gefilde des Bewusstseins seine ›Stelle‹ einnimmt. Es ist nicht mehr das, was das Bewusstsein genau nicht ist, und das Bewusstsein ist nicht mehr das, was das Unbewusste genau nicht ist.

Damit allerdings wird, wenn wir diese Spur aufnehmen, das Unbewusste zum *schlechten* Term. Es ist, gesehen aus beobachtungs- bzw. differenztheoretischer Perspektive, nun ein Wort, das sein Gegenwort verloren hat, ein herumirrender Signifikant, der in dieser Form gar nicht theoriefähig wäre, wenn man unter einer Theorie (summarisch genommen) ein Webewerk konsistenter Begriffe (i. e. präziser Unterscheidungen) versteht. Lacan hat eine entschiedene Witterung für dieses Problem und vollzieht die Separation des Unbewussten aus seiner bloßen Kontradiktion zum Bewusstsein, indem er das *Subjekt* ins Spiel bringt – gegen eine mächtige

Zeitgeistströmung, die das Subjekt gerade zu eliminieren suchte.[6] Allerdings wird das Subjekt der Tradition extrem formalisiert und damit entleert: Es ist das *sujet barré*, das durchgestrichene Subjekt, das nicht appräsentierbar ist. Die mittlerweile kanonische Formulierung dafür: »Meine Definition des Signifikanten (es gibt keine andere) ist die folgende: ein Signifikant ist das, was das Subjekt für einen anderen Signifikanten repräsentiert« (zit. nach Dolar 2000, S. 72).

Für unsere weiteren Überlegungen ist wichtig, dass Lacan unter Rückgriff auf Saussure und Jakobson *das* Unbewusste differentialistisch entwickelt und es *sprechen* läßt (ça parle), ein sich von Freuds Modell erheblich unterscheidendes Konzept. Die Dimension des Sozialen kommt damit weitaus stärker ins Spiel als bei Freud.[7] Es ist die Dimension einer zutiefst wirksamen (scheinbaren) Alienation. Das Unbewusste ist nicht psychisch, es ist eine seltsame Alterität.[8] Hier ergeben sich dann Beziehungen zu dem, was sich systemtheoretisch allenfalls dazu sagen läßt.

II

Die erste Annahme ist, dass der Begriff des psychischen Systems eine eigentümliche Art der Informationsgewinnung (und der Verarbeitung von Informationen) bezeichnet: Es ist die Organisation von Wahrnehmung, die durch die Funktion des neuronalen Systems, nämlich Externalisierung, ermöglicht wird, und zwar so, dass die neuronalen Prozesse nicht selbst mitwahrgenommen (externalisiert) werden.[9] Als System ist es nicht der bloße Durchsatz von Wahrnehmungen, sondern, wenn man so sagen darf, ein zitierender Durchsatz, der in das kompakt gegenwärtige Hören, Sehen, Riechen etc. Wiedererkennbarkeiten, Muster, Strukturen einzieht, die zwar nicht beobachtet werden müssen, aber Verhalten orientieren können.[10] Wahrnehmungen, die das Medium dieses Systems darstellen (das es in die Form der Zitation) bringt, offerieren nur »geringe Analyseschärfe« und sind darüberhinaus kaum negierbar (Luhmann 1984, S. 561).[11] Außerdem sind Wahrnehmungen immer vollständig. Wahrgenommen wird nur, was wahrgenommen wird, nicht das, wovon später gesagt wird, es hätte auch wahrgenommen werden können.[12]

Es ist zunächst dieser Umstand, der im Zusammenhang mit der Organisation von Wahrnehmung den Systembegriff anwendbar macht, wenn man unter dem System die Reproduktion und Stabilisierung einer Differenz (System/Umwelt) versteht. Es ist offensichtlich so, dass Wahrnehmungen, die ein psychisches System hat, sich nicht austauschen lassen gegen die Wahrnehmungen anderer psychischer Systeme, so dass es seine ›Realität‹ auf der einen Seite der Unterscheidung, die es realisiert, erzeugt.[13] Es ist, obwohl in jedem Moment von seiner Umwelt (hier: inbesondere der neuronalen Umwelt) abhängig, ein absolutes Inside.[14] Die Grenze zu seiner Umwelt wird so scharf gezogen, dass das System keinerlei Zugriff auf die Bedingung seiner Möglichkeit hat: Es nimmt nicht wahr, wie es wahrnimmt.[15] Als Merkmal des Systemischen des Systems kann auch der Umstand herangezogen werden, dass die Strukturen, Wiedererkennbarkeiten, die Muster, die die Wahrnehmungen organisieren, durch Wahrnehmungen in Anspruch genommen werden. Auch das Wiedererkennen wird wahrgenommen.[16] Und in genau diesem Verständnis ist das System geschlossen.[17]

So gesehen, ist das psychische System noch unbelastet von Prozessen, die das Medium Sinn voraussetzen. Ob Säugling, Katze oder Wollschwein – in jedem dieser Fälle ist Wahrnehmung vorausgesetzt, die sich binden, die sich strukturieren läßt und im Zuge dieser Bindung ein jeweils typisches Ordnungsformat gewinnt, das nur im Sonderfall des Säuglings im Laufe der Sozialisation mit der Fähigkeit ausgestattet wird, sinn-orientiert zu operieren (vgl. grundlegend Luhmann 1971, S. 25–100; mit stärker operativem Zuschnitt Luhmann 1990a, S. 14–30). Die Form des Mediums Sinn ist in knapper Formulierung: selektive Verweisung (vgl. Fuchs 2003). Wenn das Medium Wahrnehmung von der Sinnform überzogen wird, bedeutet dies, wenn man so will, eine Art Zweitcodierung: Die Wahrnehmungen werden so eingerichtet, dass sie als bestimmte (notfalls bezeichenbare) Wahrnehmungen erscheinen, und diese Bestimmtheit (das je Identitäre) entsteht – in phänomenologischer Redeweise – durch die Appräsentation eines Horizontes, aus dem heraus das Bestimmte ›sich versteht‹: als dies und nicht als das. Weniger phänomenologisch: Die Form von Sinn nutzt Wiedererkennbarkeiten der Wahrnehmung dadurch, dass sie Varietät und Redundanz kombiniert. Sie parasitiert, wenn man so sagen darf, an der einfachen Tatsache, dass es keine identischen Wiederholungen gibt. Sie ballt (konfirmiert) Identitäten so, dass ein Spielraum des Anders-möglich oder des Ähnlich-wie entsteht.

Wir nehmen an, dass diese Ballungsmöglichkeiten erst im Zusammenhang mit Kommunikation und Sprache ins Spiel kommen. Erst in der differentiellen Bearbeitung des psychischen Systems durch etwas, was es selbst nicht ist, bildet sich die Funktion des Bewusstseins aus, die sich als ein System-im-System beschreiben läßt. Im Rahmen des psychischen Systems differenziert ein System aus, dessen Medium Wahrnehmungen sind und dessen einzige Operation darin besteht, Wahrnehmungen in die Form von Beobachtungen zu bringen, die dann – wiewohl sie immer noch und niemals etwas anderes als Wahrnehmungen sind – nur noch als Beobachtungen miteinander verkettet werden, die man Gedanken, Vorstellungen, Intentionen etc. nennen könnte.[18] Bewusstsein (als System) wäre demnach eine dezidierte Operativität, die Unterscheidungen und Bezeichnungen im Modus der autopoietischen Reproduktion benutzt, um seine Differenz zur Umwelt zu stabilisieren.[19]

Das Besondere dieses Systems läge darin, dass es in Kontrast zur Kompaktheit der Wahrnehmung mit ihrer geringen Analyseschärfe extreme Informationsraffung leistet (vgl. Günther 1969). Es operiert zwar auf Wahrnehmungen, aber reduziert und strapaziert dieses Medium bis an den Rand des Wahrnehmungsverzichtes.[20] Und es vollzieht diesen Verzicht durch die äußerst ›schlanke‹ Operation der Beobachtung, die zunächst nichts weiter ist als ein Bezeichnen, das – indem es geschieht – schon einen Unterschied macht, der sich unterscheiden läßt: durch eine weitere Bezeichnung. Das impliziert eine Art Spatialisierung oder Verlückung.[21] Der dichte Strom der Wahrnehmung wird diskontinuiert durch eine Auflösung in diskrete Elemente.[22] Er wird digitalisiert, und so schnurrt die Fülle des Mediums, dem dies geschieht, auf Beobachtungsleistungen zusammen, die – im Wortsinn – von der Wahrnehmung abstrahieren, also in ihrer Verkettung Sinnüberschüsse abziehen. Das Bewusstsein ist, so gesehen, ein Dauerabstraktor, ein ›Wahrnehmungsverschlucker‹, der von dem, was die sozusagen immer gesättigte Wahrnehmung appräsentiert, nur ein Minimum zurückbehält, gerade nur eben das, was notwendig ist, um die eigene, hoch asketische Autopoiesis fortzusetzen.[23] Darin kann man ein erstes Indiz dafür sehen, dass das Bewusstsein im Rahmen des psychischen Systems bestimmte Informationsüberschußmöglichkeiten restringiert. Das erkennt man noch deutlicher, wenn man die Form der Zeitbewandtnisse diskutiert, die das Bewusstsein realisiert.

III

Wenn man davon ausgeht, dass das Bewusstsein ein autopoietisches System ist, das Beobachtungen miteinander verknüpft, ist damit zugleich gesagt, dass dieses System keine ›identitären‹ oder abzählbaren Elemente kennt, auf die es im Fundus der Welt zugreifen könnte.[24] Solche Systeme verbinden nichts, was schon da ist, was man nur nehmen müßte, um es in eine Kette einzuschmieden, die aus vorgefundenen Kettengliedern besteht. Sie müssen stattdessen selbst die Ereignisse herstellen (produzieren), mit deren Hilfe sie sich von Moment zu Moment forthangeln. Diese Selbst-Herstellung (eben: Autopoiesis) sagt schon als Begriff, dass das, was hergestellt wird, von jemandem/etwas gemacht werden muß, dass es also an seiner Zeitstelle nichts ist, bevor es nicht (durch ein weiteres Ereignis, das auf gleiche Weise gemacht wird) in das Format gebracht wird, das es rechtfertigt, von einem Element des Systems zu sprechen, obwohl jedes Element nur Element ist durch ein anderes und nicht durch sich selbst.

Man gewöhnt sich mittlerweile daran, diese zeittechnische Verfertigung von Elementen, die nur im Nachtrag, dem selbst ein Nachtrag folgen muß, ermittelt werden, unter dem Gesichtspunkt der différance zu beschreiben (vgl. Derrida 1988, S. 29–52). Kein Element ließe sich festhalten als dasselbe Element, oder auch: Dasselbe Element ist verschieden (vgl. Glanville 1981, S. 61–78). Oder noch einmal anders: Systeme, die sich autopoietisch reproduzieren, können Sinn nicht fixieren, weil jeder Sinn erst im Aufschub seine flüchtige Epiphanie hat, und das nur dann, wenn auch dieser Sinn (die Epiphanie) von einem weiteren Ereignis identifiziert wird, wobei Identifizieren bedeutet: differieren. Das Bewusstsein, so gesehen, hat weder einen Kairos noch irgendeinen Bestand.[25] Es schließt Sinnfestigkeiten aus und ist deswegen auch nicht in ontologischer Manier erfaßbar. Ein alter Begriff dafür ist: creatio continua, die Zutat der Moderne dann: creatio ohne Schöpfer.

Die besondere Aufschubs- und Nachtragszeitlichkeit des Systems[26], durch die es ihm gelingt, den opaken Strom der Wahrnehmung zu digitalisieren, erzwingt die Annahme, dass das Bewusstsein keinen Ort, keine Ausdehnung hat. In klassisch cartesischer Weise: Es ist nicht res extensa, sondern, wenn man so sagen darf, ein Zeitzusammenzug von Ereignissen, die keineswegs in der Beziehung räumlicher Kontiguität stehen müssen und ebenfalls nicht in der Beziehung unmittelbarer zeitlicher Kontiguität. In anderen Worten: Das Bewusstsein ist für einen Beobachter nicht ständig angeschaltet. Man kann sehen (und von sich selbst wissen), dass Leute schlafen, träumen, dösen. Die operative Zeit des Systems dagegen stellt unentwegt zeitliche Nähen her, die die ›Fernen‹, die ein Beobachter konstatieren könnte, kollabieren lassen. Das System ist, wie wir sagten, die Reproduktion einer Differenz, aber damit ist nicht auch festgelegt, dass diese Differenz von Moment zu Moment reproduziert wird, sondern nur, dass sie für das System laufend in seiner Eigenzeit reproduziert wird – wenn es sein muß: über Zeitabgründe hinweg. Der Begriff Autopoiesis impliziert diese Eigenzeit.

Insofern ist das Bewusstsein kein Ding, vor dem Elemente auftauchen, die es (in der alten Lichtmetaphorik[27]) nur beleuchtet. »Ein dauernd vorhandener ›Inhalt‹, der in periodischen Intervallen vor den Rampenlichtern des Bewußtseins auftaucht, ist ein ebenso sagenhaftes Wesen wie der ewig wandernde Ahasver« (James 1920, S. 155, Sperrung im Original). Es ist stattdessen in jeder Aktualität der aufschiebende, nachtragende Verbindungsschlag zwischen dadurch hergestellten Elementen. Aus diesem Grund hat das System (wie jedes sinnorientierte autopoietische System) eine eigene Zukunft und eine eigene Vergangenheit[28] gegenüber einer Mehrheit von ›Außenzeiten‹, in diesem Fall etwa gegenüber der Zeit des psychischen Systems, das Wahrnehmungen auch organisiert, wenn das Bewusstsein (und wiederum für einen Beobachter) gerade keine, seine Zeit konstituierenden Verbindungsschläge vollzieht. Es selbst kann die Zwischenzeit nicht bemerken, da es nicht in der Lücke (die der Beobachter registriert) gewesen ist. Denn wenn es seine Aufmerksamkeit darauf ausrichtet, dass es gerade eben nicht bei sich war, ist es bei sich, arbeitet es in seiner Operativität. Pointiert gesagt: Das Bewusstsein ist schlaflos. Es kennt Zäsuren nur, wenn es sie bezeichnet.

Das Problem, das sich aus der Nicht-Dinghaftigkeit des Bewusstseins ergibt (aus seinem, wie ich es nennen würde: Unjekt-Status), ist sprachlicher Natur. Es dürfte nicht als Es auftauchen, nicht als Nomen verwendet werden, nicht (als Wort) der Name von Etwas sein. In einer seit längerer Zeit verfügbaren Schreibweise, die das Problem beibehält und nur mnemotechnisch markiert, müßte es (und hier sind wir wiederum nahe bei Lacan) gebarrt geschrieben werden: ~~Bewusstsein~~.[29] Entsprechend wäre dann auch (wie im Titel dieser Überlegungen) das Unbewusste, solange es als Kehrseite des Bewusstsein s verstanden wird, als ~~Unbewusstes~~ zu notieren.

Für unsere Diskussion genügt es aber, darauf zu achten, dass der hoch selektive Zeitzusammenzug, der das System Bewusstsein nur als durchkreuzte Einheit bezeichenbar macht, wiederum Informationsverluste impliziert, die genau durch die Form der Reproduktion anfallen, die die Differenz des Systems (seiner Zeit, seiner Konkatenation) immerzu und immer wieder neu herstellt. Das Bewusstsein operiert auf Wahrnehmungen, aber nicht: auf allen Wahrnehmungen.

All das ist aber nur möglich, weil sich das Bewusstsein in der Weise eines extimen Reproduktionsmodus inszeniert.

IV

Die Funktion der Informationsraffung, die die Wahrnehmungskomplexität reduziert, wird durch Beobachtungsoperationen exerziert. Das Bewusstsein schließt Beobachtungen an Beobachtungen an (ohne dabei auf räumliche oder zeitliche Kontiguität angewiesen zu sein). Die Operation der Beobachtung ist dabei niemals zeiteinstellig (vgl. Luhmann 2000, S. 152 ff.), sie kommt isoliert nicht vor, sie ist nur systemisch, nur als Connection machbar. Beobachtung wird formal definiert als Bezeichnungsleistung, die – schon qua Bezeichnung – einen Unterschied realisiert, der durch eine weitere Bezeichnungsleistung als Unterscheidung aufgefaßt werden kann, in der die eine oder andere Seite durch die Bezeichnung gewählt wurde. Genau dieses Zeitverhältnis haben wir mit dem von Derrida entlehnten Ausdruck différance bezeichnet. Bezeichnungen müssen aber in gewisser Weise ›Isolate‹ nutzen können. Sie müssen über eine Art Material verfügen, dessen Form digital ist, über ein Medium gebieten, das ›spatialisiert‹ ist und deshalb Intervalle zwischen diskrete Einheiten einschießt: als Bedingung der Möglichkeit des Bezeichnens von etwas und dessen Unterscheidbarkeit von anderem.

Wir wollen annehmen, dass die Form dieses Mediums das Zeichen ist, und deshalb formulieren, dass das Bewusstsein als ein zeichenprozessierendes System gelten kann, dessen Operativität dezidierte Operativität ist.[30] Es soll dabei hier nicht darum gehen, welche Form das Zeichen hat und wie es seine Aufgabe im Rahmen bewußter Autopoiesis erfüllen kann (vgl. Luhmann 1993), sondern vielmehr darum, dass Zeichengebrauch, wenn er an eine Sprache gebunden ist, an ein wie immer geartetes Register der Versteh- und Mitteilbarkeit, niemals privat sein kann.[31] Die Zeichen, die hier in Frage kommen, sind nicht von einem singulären Bewusstsein erfunden worden, sondern ausschließlich via Kommunikation an die bewussten Systeme gelangt.³² Die eigentliche Provokation dieser Überlegung ist dann die, dass das Bewusstsein, das wir üblicherweise als Signum von Individualität begreifen, insofern es immer singulär vorkommt, ein ›Material‹ prozessiert, das nirgends komplett individuell oder idiosynkratisch sein könnte. Was es sein kann, ist niemals es selbst, obwohl jedes empirisch vorkommende Bewusstsein mit einem singulären Körper strukturell gekoppelt ist, also immer es selbst zu sein scheint.³³

Diese eigentümliche Paradoxie kann man mit dem Ausdruck Extimität belegen.³⁴ Er bezeichnet ein Innerstes, das identisch ist mit einem Äußersten.³⁵ Dabei wird angenommen, dass das System, das extim ist, keine Möglichkeit hat, das Außen in sich selbst anders als innen zu erfahren.³⁶ Jedes Zeichen, das es einsetzt, stammt nicht von ihm und wird sozial angeliefert.³⁷ Es könnte gar keine Grenze zwischen Innen/Außen geben, und doch markiert sich das System als Inside.³⁸ Es ist sozial formatiert, obgleich es an keiner Stelle sozial ist. Als Bewusstsein ist es der Gegenspieler (die Umwelt) von Sozialsystemen, nicht deren Teil. Gleichwohl kann es nichts denken, ohne von den Zeichen und Zeichenkonstellationen Gebrauch zu machen, die seine soziale Umwelt anliefert.³⁹ Aber wenn es denkt, denkt es für sich ›innig‹, nicht außen.⁴⁰ Es kommt über seinen Rand nicht hinaus, kann ihn nicht einmal erreichen, da jede Operation, die den Rand bezeichnen will, interne Operation des Systems ist und es fortsetzt oder ›aufbläst‹.⁴¹

Im Sog dieser ›Innigkeit‹ verschwindet jede Einsicht in den Umstand, dass das System Bewusstsein in der Form der Extimität arbeitet. Es kann sich selbst nur bezeichnen, und die Idee des ›sich selbst‹ ausschließlich daraus ableiten, dass es als zeichengestütztes System auf körperbasierten Wahrnehmungen operiert, die immer wie von einem Ort her geschehen, insofern sie ersichtlich den Körper, der sie macht, nicht verlassen können. Das Bewusstsein ist mithin kein Original (auch wenn es sich so beschreibt), und insofern ist die alte Rede von seiner Alienation müßig: Da ist nichts, was seiner selbst entfremdet würde, nichts Doppeltes, sondern nur das ›Einfache‹ einer Reproduktionstechnik, die nicht-private Zeichen einsetzt.

Neben allen Informationsverlusten, die bisher genannt wurden, ist es dieser, der den (Lacan in gewisser Weise zustimmenden) Satz zuläßt: Das Unbewusste ist das Soziale, eingeschrieben in das psychische System, also in die Organisation von Wahrnehmungen. Man könnte auch sagen: Das Bewusste ist das Unbewusste. Oder noch anders: Das Unbewusste ist Extimität. Wenn man aber so formuliert und es nicht beim Witz paradoxer

Ausdrücke bewenden lassen will, in denen sowohl das Bewusste wie das Unbewusste in eine heillose Oszillation verstrickt werden, müßte ein Punkt geklärt werden, der sich daraus ergibt, dass sowohl die Rede vom Bewusstsein wie vom Unbewussten kaum auskommt ohne die Referenz auf einen Beobachter, der das Problem hat, annehmen zu sollen, dass er sowohl über das eine wie auch das andere verfügt. Da muß doch jemand sein, dessen Lebensarrangement von dieser Differenz her inszeniert wird, ein Ego, ein Ich, ein Subjekt, kurz: ein Betroffener und jemand, der ›wollen‹ und ›begehren‹ kann.[42] Warum sollte sich sonst eine ganze Profession auf die Interpretation des Unbewussten einlassen und von ihr zehren?

V

Wichtig ist, dass der Begriff des Unbewussten nicht einfach nur ein Begriff dafür ist, dass dem Bewusstsein etwas nicht zugänglich ist, dass es etwas nicht bezeichnen kann, dass es als zeichenprozessierendes System Informationen rafft und Informationsverluste produziert. Das wäre eine harmlose und triviale Begriffsvariante, die das (mögliche, nicht immer durchgehaltene) theoretische Niveau der Psychoanalyse verfehlt, insofern es dann einfach um ein Nicht-Wissen geht oder in der Sprache der Systemtheorie darum, dass jedes System an eine Umwelt gekoppelt ist, die es nicht vollständig kontrollieren kann. Es darf nicht übersehen werden, dass das Unbewusste seine begriffliche Prominenz dadurch gewinnt, dass dem Bewusstsein ein Bewohner unterstellt wird, ein Zentrum der Selbstrepräsentation, das massiv in seinem Schicksal und in seinen Lebensmöglichkeiten formiert und deformiert wird durch eine Instanz, auf die es schon deshalb keinen Einfluß hat, weil das Einflußnehmen selbst (der Wunsch dazu, der Versuch) durch dieselbe Instanz sozusagen vorreguliert wird.[43] Jener Bewohner (eben: Ego, Ich, Subjekt) hat es, wenn man es mit den Worten der Romantik ausdrückt, mit einer dämonischen Nachtseite zu tun.[44] Er ist nahezu ohnmächtig.[45]

Das Problem der Systemtheorie mit dieser Annahme liegt auf der Hand: Autopoietische Systeme verfügen nicht über Angelpunkte.[46] Sie sind Zeitsysteme, die sich – was immer sonst Zeit sein mag – auf der Basis einer eigenen Verzeitlichungstechnik konstituieren, also selbst das, was sie als zeitfest, als Dauer behandeln wollen, nur in der Zeit, die sie ausmacht, erwirtschaften (in einer Ökonomie unablässig sich ablösender Ereignisse), aber nichts davon zurückbehalten können wie ein Ding, wie eine unabhängige Gegebenheit.[47] Sie haben keinen Ort, in den ein Subjekt eingebettet werden könnte, keine Ruhestelle, von der aus ein Ich die Welt seiner vorüberflutenden Gedanken behaglich beschauen könnte.[48] »Wir können unseren Gedanken nicht zuvorkommen.« formuliert Paul Valery (1990, Bd. 4, S. 55), und das ist ein schöner Ausdruck dafür, dass das Ich nicht ›schon‹ da ist und sozusagen denkt, was es zu denken gibt.

Der einzige Begriff, der in der Systemtheorie als Äquivalent für einen Bewohner des Bewusstseins eingesetzt werden könnte, das ist der des Beobachters. Aber gerade für ihn gilt, dass er sich nicht zum Bild eines Subjektes ›aufwerfen‹ läßt.[49] Er ist allenfalls grammatisch ein Subjekt oder ein Objekt, aber von der Logik des damit Gemeinten her gesehen, ist das Zeichen, die Bezeichnung ›Beobachter‹ selbst Moment einer Beobachtungsoperation und nichts, was sich von ihr ablösen ließe oder sich zu ihr extern verhielte.[50] Für jede Operation des Beobachtens gilt, dass der Beobachter in ihr nicht erscheint.[51] Beobachtungen kommen zustande dadurch, dass sie (in der Gleitzeit der différance) sich selbst mit anderen Beobachtungen verketten, und wenn eine Beobachtung auf den Beobachter zielt, beobachtet sie wiederum Beobachtungen und nicht: ein Objekt oder Subjekt, das der Beobachter wäre. Insofern täuscht die Sprache nicht, wenn sie Beobachter (und äquivalente Ausdrücke) in die Subjekt/Objektstellung bringt. Sie sind nur dort, und den Fehler der Reifikation würde nur derjenige begehen, der das, was Zeichen bezeichnen, als zutreffende Repräsentation einer von der Bezeichnung unabhängigen Welt begreift.

Das heißt nicht, dass es autopoietische Systeme nicht fertigbrächten, sich selbst (und andere Einheiten des gleichen Typs) zu Beobachtern zu stilisieren. Der Beobachter ist eine Struktur im Sinne eines Kombinationsspielraumes für Ereignisse, die unterscheiden zwischen dem, was ein System sich zurechnet und was nicht. Das System nutzt, wenn wir uns hier auf das Bewusstsein konzentrieren, die Zitationsmöglichkeiten, die durch Zeichengebrauch offeriert werden. Der Beobachter ist dann ein Zitat, das Zitate zitiert. Er ist in diesem Sinne imaginär und wiederum: weder Ding noch Substanz.[52] Man könnte ihn als eine imaginäre Ballung, als zitierbare Zusammenfassung auffassen, die auf Zurechnungsstrategien beruht.[53]

Wenn man sich darauf verständigt, geht es darum, dass diese Ballung, diese Zusammenfassung möglich ist, weil das Bewusstsein in seiner Autopoiesis extim verfährt, so dass die Strategien der Attribution (der Zitationsfundus, den das System im Blick auf die Konstruktion des Beobachters hat) nicht von ihm stammen, sondern durch und durch sozial konditioniert sind. Der Beobachter hat keine bewusstseinsinterne Residenz, und wenn man diesen Umstand bezeichnen will, bietet sich der Term des Unbewussten an. Er markiert eine Differenz, die durch Extimität ausgedrückt ist. Es böte sich sogar an, ihn im systemtheoretischen Kontext durch dieses Wort zu ersetzen.

Hier festzuhalten bleibt nur, dass diese komplexe Differenz als Einfallstor des Sozialen angesehen werden kann. Das gestattet es, sich zu fragen, warum der Begriff des Unbewussten unter modernen gesellschaftlichen Bedingungen eine unglaubliche Ausbreitung gefunden hat, obwohl er so ausnehmend schwierig gebaut ist. Dass der Mensch ein zoon politicon sei, hat man schließlich zuvor auch schon, wenn auch nicht in dieser Radikalität, gewußt.

VI

Die Idee ist, dass die Erfindung des Unbewussten ein spezifisches gesellschaftliches Problem abfedert, das seit einiger Zeit unter dem Titel Polykontexturalität verhandelt wird.[54] Er bezeichnet einen zentralen Effekt der funktionalen Differenzierung des Gesellschaftssystems, nämlich die mit der Auflösung der stratifizierten Ordnung des Mittelalters und der Installation einer Mehrheit funktionsbezogener und autonomer Subsysteme wie Wirtschaft, Politik, Wissenschaft, Kunst, Erziehung, Religion, Recht etc. einhergehende Entmachtung aller Beobachter, die in dieser Gesellschaft die Welt in einem Fundamentalmodus beobachten wollen.[55] Auf einen Punkt gebracht: Alle Beobachtungen, die in dieser Gesellschaft kursieren, können prinzipiell gegenbeobachtet werden. Es gibt keinen cor et punctus, mit dessen Hilfe sich die Gesellschaft in der Gesellschaft korrekt und in Übereinstimmung mit einem überweltlichen Heilsplan, einer chain of being, einer universitas rerum abbilden könnte. Jede Art von Unbestreitbarkeit wird sabotiert. Alles, was sich als absolut gültig geriert, muß sich mühsam als inviolate level stabilisieren, bleibt aber dennoch (von jeweils anderen Kontexten in derselben Weltgesellschaft aus beobachtet) kontingent.[56] Sogar die Hexenverfolgungen und Dämonopathien, die in der beginnenden Neuzeit so vielen Menschen das Leben kosten, lassen sich beschreiben als zusammenhängend mit dem Versuch, gegen die einbrechende Kontingenz der Moderne Dämme aufzurichten.[57] Die Polykontexturalität der Gesellschaft münzt sich, wenn man so sagen darf, aus in Heterarchie und Hyperkomplexität.

Wenn es triftig ist, dass das Bewusstsein ein extimes System ist, dessen Selbst- und Weltbeobachtungsmöglichkeiten aus der Sphäre des Sozialen stammen, dann kann es sich nicht mehr umstandslos als eine sich mit sich selbst verständigende Einheit beschreiben. Es wird gleichsam ›überfüllt‹ mit kontingenten Beobachtungsmöglichkeiten, der horror vacui wird ersetzt durch den horror plenitudinis, dem Schrecken, der Angst vor der Fülle.[58] Mit der Frühromantik wird das Fragmentarische der Welt- und Selbstbeobachtungsmöglichkeiten entdeckt und in literarische/philosophische Form gebracht.[59] Die strukturell wirksame Imagination des Beobachters als Ich, Ego, als Subjekt, als ›wollen könnende‹ Singularität wird ausgehebelt. Das, was wir Extimität genannt haben, schleust in das Bewusstsein, das sich dadurch konstituiert, die Formen der Polykontexturalität und der Heterarchie ein, und für den Fall, dass dies noch mitbeobachtbar wird, Hyperkomplexität.

Das Konzept des Unbewussten liefert die passende Formel. Es ermöglicht dem Bewusstsein, sobald es damit konfrontiert wird, das Wegsortieren seiner massiven Irritation durch Zurechnung auf eine Instanz, die wie ein deus ex machina wirkt. Und: Das Konzept fungiert sozial genauso (vgl. Luhmann & Fuchs 1989). Das Unbewußte wird als Nichtnegierbarkeit eingeführt, deren Negation (Widerstand, Abwehr) sein ›Vorhandensein‹ bestätigt. Die Raffinesse besteht darin, dass ein inviolate level aufgebaut wird, der – wiewohl er durch und durch unerreichbar ist – nicht dementiert werden kann. Das Bewusstsein kann seine Einheit weiterhin geltend machen (die Adressabilität bleibt erhalten), und zugleich als Einheit alles, was nicht zu ihr paßt, abschieben in einen Bezirk, in dem Reflexion ausgeschlossen ist.[60] Im Moment, in dem das Nicht-Passende, das Ausgeschlossene seine Auftritte hat, erkennt das Bewusstsein die Störung daran, dass es denkt: »Das bin nicht ich« oder »ich war nicht dort« (Dolar 2000, S. 45 f.). Die Störung, die sich als Verstörung zeigen kann, erscheint als Alienation und kann den spätestens seit Freud mächtig aufblühenden Expertenkulturen überwiesen werden, die dann – unter dem Deckbegriff des Unbewussten – die Normalität polykontexturaler psychischer Systeme zurücktrimmen auf die Duokontexturalität des Bewusstseins und seines Unbewussten.[61]

Dass über diese gewaltige Anstrengung noch nicht das letzte Wort gesprochen ist, steht fest. Die Durchstreichung, die im Titel dieser Überlegungen zu finden ist, radiert nichts aus. Sie ist nur eine Hinzufügung.

Anmerkungen

1 Aber das dann doch nicht ohne erhebliche Genauigkeitsverluste kann, folgt man Lacan (1986, S. 64): »[...] das Fehlgehen, das ist das Objekt. [...] Das Objekt, das ist ein Verfehltes. Das Wesen des Objekts, das ist das Fehlgehen.« – Eine Überlegung, die auch in der Systemtheorie locker überzeugt.

2 Vgl. etwa Spieß (2002). Dass dies seinerseits nicht neu ist, wenn man auf die Traditionen der Philosophie zurückblickt, ist klar (vgl. Ellenberger 1973).

3 Deswegen werden diese Prozesse auch typisch an Störungen studiert. Ich nenne nur die Agnosien, die Amnesien, das Blindsight- und das Neglekt-Phänomen, ferner – hier unverzichtbar – das paradigmatische Split-Brain-Problem. Man muß nicht eigens hervorheben, dass auch Freud ein massives Interesse an der Behebung von Störungen hatte.

4 Vgl. zu dieser eigentümlichen Rhetorik, die sich dem Phänomen gleichsam anschmiegt, Pagel 1992, S. 33; Taureck, 1992, S. 7–31. Vgl. ferner zu einem dies exemplifizierenden und reflektierenden Text Lacan 1988, S. 94 f. Vgl. zur Funktion derart elliptischen Redens Vennemann 1995, S. 186 f.

5 Das führt dann in die Mathematisierung der Theorie des Unbewussten. Vgl. die instruktive, aber vor Metaphern im Stil des Meisters berstende Arbeit von Bitsch 2001.

6 Das Subjekt wird zum Epiphänomen symbolischer Konfigurationen. Levi-Strauss, Foucault, Althusser, Kristeva und Derrida wären etwa zu nennen. Vgl. dazu und zum Ausbau der These Dolar 2000, S. 44.

7 Der das Soziale zweifelsfrei nicht unterschätzt hat. Die Theoriestücke der Urphantasie und des Über-Ich stehen dafür ein.

8 »Aber selbst in Summa genommen reicht dieses Angebot (verschiedenster Denkrichtungen, P. F.) zur Bestimmung des psychoanalytischen Gegenstandes nicht aus, weil das, was alles eint, auf einer anderen Ebene liegt, weil das, was ein gemeinsamer Nenner sein könnte, gleichzeitig im Zähler eines Bruches erscheint, der seit jeher und für immer den Menschen von allen anderen Kreaturen trennt, eines Bruches, der tiefe Spaltung von Natur und Kultur kennzeichnet, wobei das, was zählt und nennt, Sprache ist« (Ruhs 1990, S. 80).

9 Freud reserviert dann für das Bewusstsein die Position, einen besonderen Typ von Wahrnehmung zu prozessieren. Das Bewusstsein spielt die Rolle »eines Sinnesorgans zur Wahrnehmung psychischer Qualitäten. Nach dem Grundgedanken unseres schematischen Versuchs können wir die Bewußtseinswahrnehmung nur als die eigene Leistung eines besonderen Systems auffassen, für welches sich die Abkürzungsbezeichnung Bw empfiehlt. Dies System denken wir uns in seinen mechanischen Charakteren ähnlich wie die Wahrnehmungssysteme W, also erregbar durch Qualitäten, und unfähig, die Spur von Veränderungen zu bewahren, also ohne Gedächtnis. Der psychische Apparat, der mit dem Sinnesorgan der W-Systeme der Außenwelt zugekehrt ist, ist selbst Außenwelt für das Sinnesorgan des Bw, dessen teleologische Rechtfertigung in diesem Verhältnisse ruht« (Freud 1900a, S. 620).

10 In dieser Form verfügen also auch Tiere über psychische Systeme. Meine Hunde zum Beispiel haben keine Sprache (genauer: keinen Zeichengebrauch), aber es

ist offensichtlich, dass ihre psychische Organisation bei iterierenden Vorgängen das Verhalten bestimmt. Ich muß nur das Wort »Hunde« sagen, und sie stürzen aus jeder erdenklichen Entfernung herbei. Dazu müssen sie keineswegs wissen, dass sie Hunde sind.

11 Dieser Gesichtspunkt ist nicht unwichtig. Da das psychische System (als Organisation von Wahrnehmungen in der Form der Zitation) sich weitaus früher entwickelt als das, was wir gleich Bewusstsein nennen werden, sind die früh erworbenen Zitiermuster tatsächlich prägend und werden dadurch verstärkt, dass sie aktuell nicht negierbar und nicht ignorierbar sind. Es ist klar, dass hier entscheidende Intuitionen und Inventionen Freuds zugrundeliegen.

12 Ein paralleles Argument für Bewusstsein (Bewusstsein ist immer vollständig) entfaltet Sartre (1973). Im übrigen werden sogenannte subliminale Wahrnehmungen nicht wahrgenommen, sind also paradox. Wahrgenommen wird der Durst, nicht die ultrakurze Sequenz in einem Film, die zu dieser Wahrnehmung den Anlaß hätte geliefert haben können. Wir werden weiter unten sehen, dass das Bewusstsein (und gänzlich unspektakulär) einfach nicht alle Wahrnehmungen des psychischen Systems bezeichnet.

13 Paul Valery (1990, Bd. 4, S. 33) sieht ebendies als Merkmal von Realität: Unaustauschbarkeit. In einer Variation einer Formulierung von Novalis: »Der Geist führt einen ewigen Selbstbeweis.« (1984, S. 5), könnte man sagen: Die Wahrnehmung ist ihr ewiger Selbstbeweis.

14 »In [...] auf Wittgenstein zurückgehender Formulierung kann man [...] sagen: Ein System kann nur sehen, was es sehen kann. Es kann nicht sehen, was es nicht sehen kann. Es kann auch nicht sehen, dass es nicht sehen kann, was es nicht sehen kann. Das verbirgt sich für das System ›hinter‹ dem Horizont, der für das System kein ›dahinter‹ hat. Das, was man ›cognized model‹ genannt hat, ist für das System absolute Realität. Es hat Seinsqualität, oder, logisch gesprochen: Einwertigkeit. Es ist, was es ist [...]« (Luhmann 1986. S. 52). In phänomenologischer Diktion: »Ich fülle meine Welt bis zum Rand aus; mein Gesichtsfeld als ›universales Seinsmilieu‹« (Merleau-Ponty 1993, S. 151).

15 »Das Lebewesen bezieht aus dem Milieu, was es in den Stand setzt, so zu handeln, als existierte dieses Milieu nicht«, formuliert Valéry 1989, Bd. 3, S. 313.

16 Man kann vielleicht sagen, dass bestimmte Strukturen nicht wiedererkannt werden und trotzdem Repetitionen von Mustern darstellen, die die Organisation der Wahrnehmung definieren, aber dann ist man schon mitten in der Theorie des Unbewussten, die annehmen muß, dass das Nicht-Wiedererkennen irgendwie auffallen muß. Das ist ein wichtiger Aspekt der Lacanschen Konzeption. Wollte man parallel zur Unterscheidung bewusst/unbewusst argumentieren, müßte man von *Unwahrnehmungen* sprechen.

17 Um es noch einmal zu sagen: Auch Tiere verfügen – sobald sie strukturierbare Wahrnehmung nutzen können – über ein geschlossenes psychisches System.

18 Vgl. zur Diskussion des Bewusstseins Luhmann 1985, S. 402–446, 1988a, S. 884–905; Baecker 1992, S. 217–268; Bergmann & Hoffmann 1989; Fuchs 1998, 1999, S. 14–29; 2002a, S. 150–175; 2002b, S. 333–351.

19 Statt dezidierter Operativität könnte man auch den schönen Ausdruck ›zerebrale Zelebrität‹ benutzen als Bezeichnung für das, was man zeichenförmig her

vorgehobene Gruppen der Wahrnehmung nennen könnte. Vgl. zu dem Ausdruck Bühl 2000, S. 67. Vgl. als Auswahl von Werken, die den Begriff Autopoiesis einführen bzw. ihn in Theorien des Sozialen und Psychischen einbauen: Varela, Maturana & Uribe 1974; Zeleny 1981; Zeleny & Pierre 1976; Maturana & Varela 1980; Benseler et al. 1980; Luhmann (1982a); siehe zur grundlegenden Ausarbeitung Luhmann 1984; zu soziologischer Kritik Lipp 1987. In unserem Kontext interessant ist Brocher & Sies 1986. Vgl. zu neueren Präzisierungen Fuchs 2002.

20 Vgl. zu dieser These, die den Wahrnehmungsverzicht zugleich als Eindringstelle für die soziale Konditionierung von Wahrnehmungen auffaßt, Baecker 1993, S. 3.

21 Man müßte sagen, für einen Beobachter, der sich sprachlich nicht zu helfen weiß. Der Gedanke der Sequentialität (hier: Autopoiesis) evoziert die Metaphorik des Intervalls, der Lücke, des Dazwischen. Siehe dazu umfangreich Fuchs 2001. Vgl. aber schon zur Entdeckung des Problems am Bewusstsein bereits William James 1920, S. 156 ff. Oder man könnte Klages zitieren: »[...] Bewußtsein ist potentiell zählendes Bewußtsein« (1981, S. 842).

22 Ein schöner Parallelfall ist die Sprache selbst und das Problem, wie eigentlich die Lücken zwischen das geschossen wird, was man Wörter nennt, und warum man eigentlich zu den Lücken nicht Wörter sagt. Vgl. jedenfalls Saenger 2000 und 1990. Siehe für die weitreichende Übernahme der Saengerschen Thesen Chartier 1989, etwa S. 125 et passim.

23 »Wer das Wort Gedanke erfand, der hat sicherlich damit ein Gefühl getilgt, einen inneren Vorgang begrenzt.« So jedenfalls Valery 1990, Bd. 4, S. 555.

24 In diesem Sinne gibt es nichts *Elementares*. Jede Wiederaneignung des Elementaren kann nur sein: ex-approbration – Ent-Aneignung. Vgl. Derrida 1998, S. 280.

25 »Reale Dauer ist jene, die sich in die Dinge einbeißt und ihnen das Mal ihrer Zähne zurückläßt. Ist aber alles in der Zeit, dann wandelt sich auch alles von innen her, und die gleiche konkrete Wirklichkeit wiederholt sich nie. Wiederholung also ist nur im Abstrakten möglich: was sich wiederholt, ist diese oder jene Ansicht, die unsere Sinne und mehr noch unser Verstand eben darum von der Wirklichkeit ablösen ...«, formuliert schon Henri Bergson (1912, S. 53).

26 Die mutatis mutandis auch für Soziale Systeme gilt.

27 »Mit dem Bewußtsein ist schlechthin Licht verbunden. Ich weiß mich im Licht; mein Wissen ist Licht; so weit Licht ist, so weit weiß ich; wo es aufhört, wo Undurchsichtigkeit angeht, da weiß ich nicht mehr« (Ritter 1946, S. 66).

28 Man könnte auch sagen: Es hat seine Zukunft durch die aktuelle Konstruktion seiner Vergangenheit. »Die Vergangenheit liegt *zwischen* der Gegenwart und der Zukunft [...]« (Valery 1990, Bd. 4, S. 86).

29 Zu erinnern ist an die kreuzweise Durchstreichung des Seins durch Heidegger (1953) oder an Derrida (1988). Vielleicht ist die Schwierigkeit auch durch die deutsche Sprache ins Spiel gekommen. *Consciousness* oder *conscience* erwecken weitaus weniger die Idee einer Dinghaftigkeit, eher die einer Mitwisserschaft, eines Mitwissens, einer Mitwissenschaft, einer Komplizenschaft, die auf Differenz verweist.

30 »Wir denken ausschließlich in Zeichen«, formuliert für unsere Überlegungen

günstig Peirce (1986. S. 200). Dass dies dann nur gelten könne unter der besonderen Bedingung der Verschiebung, macht Lacan deutlich: »Der Sinn des Sinns (the meaning of meaning), man hat sich gefragt, was das ist [...] der Sinn des Sinns in meiner Praxis begreift sich daraus, dass er flieht, rinnt: gleichsam aus einem Faß und nicht, indem er Reißaus nimmt. Dadurch, dass er rinnt (im Sinn: Faß) gewinnt ein Diskurs seinen Sinn, will sagen dadurch, dass seine Wirkungen unmöglich zu berechnen wären. Die Spitze am Sinn, man spürt es, ist das Rätsel [...] Wie zeigt es sich, dass ein Zeichen Zeichen ist. Das Zeichen des Zeichens, das besagt die Antwort, die der Frage zum Vorwand (pré-texte) dient, ist darin zu sehen, dass ein beliebiges Zeichen ebensogut die Funktion eines jeden anderen übernehmen kann, und zwar genaugenommen deshalb, weil es ihm substituiert werden kann. Denn Tragweite hat das Zeichen nur, weil es entziffert werden muß. Ohne Zweifel soll die Abfolge der Zeichen Sinn annehmen aus der Entzifferung. Nicht aber gibt diese Abfolge ihre Struktur preis, weil eine Di(t)mension der anderen ihren Term gibt« (Lacan 1991(3), S. 7).

31 Dass hier das Wittgensteinsche Privatsprachenargument anzitiert wird, liegt auf der Hand. Gedankenexperimentell kann man diese Überlegung prüfen, wenn man die Sprache auf Null fahren würde und sich fragte, was dann noch bliebe. So jedenfalls Valery 1991(2), S. 523: »Was einzig durch Sprache existiert, mit null gleichsetzen - - - die Sprache gleich null setzen. Die Sprache bildet die Gesamtperspektive des Geistes. Man ist verstört, gedemütigt, vernichtet, wenn man die Sprache annulliert denn man annulliert zugleich das ›Wiedererkennen‹, das Vertrauen, den Kredit, die Unterscheidungen von Zeiten und Zuständen, die ›Dimensionen‹, die Werte, die ganze Zivilisation, Schatten und Glanz der ›großen Welt‹, ja die Welt überhaupt, und es bleibt nur das, was mit nichts Ähnlichkeit hat: das Ungeformte.«

32 Man könnte ein bekanntes Nietzsche-Diktum so verstehen, dass die Kommunikation »Großmandatar« der Sinnproduktion sei (vgl. Nietzsche 1887–89, KSA 13, S. 599).

33 Im Innersten des Menschen residiert der *proton pseudos*, die Ursprungslüge, durch die die »Inkonsistenz der symbolischenOrdnung« verborgen/verdeckt wird (Zizek 1996, S. 11).

34 Lacan hat diesen Begriff aus dem Gegenbegriff Intimität entwickelt (vgl. Miller 1988, S. 121–130).

35 Schon bei Augustinus heißt es, dass Gott das interior intimo meo sei, also: innerer als das Innerste und zugleich das Äußerste, das Fremdeste. Die Figur wurde dann immer wieder von der Mystik aufgegriffen,. die ein starkes Innen-Interesse hat. Dieses Interesse führt zurück auf die paulinische homo interior/homo exterior-Unterscheidung (Röm 7,22; 2 Kor 4,16), die ihrerseits auf ähnliche antike Unterscheidungen zurückgreifen kann. Vgl. zu diesem Hinweis Keller 1997, S. 353. Vgl. ferner den Aufsatz über Mystik in: Luhmann & Fuchs 1989. Bei Derrida heißt diese Figur: Monstruosität, siehe Ansén 1993, S. 9. Siehe zu Konsequenzen für die Systemtheorie umfangreich Fuchs 2001.

36 Es müßte sterben, damit die Grenze kollabiert. Spencer-Brown (1971, S. 194): »We do exactly the same with ourselves. When we die the self-boundary eventually disappears. Before it did so, we ascribed a huge value to what we called

›inside‹ of ourselves, and comparativeley little value to what we called ›outside‹. The death experience is thus ultimately the loss of the selective blindness to see both sides of every distinction equally. This by definition is absolute knowledge or omniscience, which is mathematically impossible except as equated with no knowledge at all. In the ascription of equal values to all sides, existence has ceased altogether, and the knowledge of everything has become knowledge of nothing.«

37 Dieses sozial angelieferte Unterscheidungspotential ist das, was man mit Lacan ›connaissance‹ nennen könnte (vgl. Ragland-Sullivan 1989, S. 17).

38 Husserl formuliert entsprechend: »Ich, das reduzierte ›Menschen-Ich‹ (›psychophysische Ich‹), bin also konstituiert als Glied der ›Welt‹, mit dem mannigfaltigen ›Außer-mir‹, aber ich selbst in meiner ›Seele‹ konstituiere das alles und trage es intentional in mir. Sollte es sich gar zeigen lassen, dass alles als Eigenheitliches Konstituierte, also auch die reduzierte ›Welt‹ zum konkreten Wesen des konstituierenden Subjekts als unabtrennbar innere Bestimmung gehört, so fände sich in der Selbstexplikation des Ich seine eigenheitliche ›Welt‹ als ›drinnen‹, und andererseits fände das Ich, geradehin seine Welt durchlaufend, sich selbst als Glied ihrer ›Äußerlichkeiten‹ und schiede zwischen sich und ›Außenwelt‹« (Husserl 1992, S. 101).

39 Vgl. dazu, dass das Denken das Außen denkt und sich nicht selbst erreicht, Foucault 1971, S. 390 f.

40 Zu diesem commercium admirabile in Bezug auf Spencer-Brown vgl. Glanville 1981, S. 167–174. Häufig wird in diesem Kontext auch das Möbiusband zitiert. Zu einer Diskussion des Möbiusbandes im Kontext der Lacanschen Theorie siehe Ort 1998, S. 50 ff., S. 120 f. et passim, vgl. schon mit Referenz auf Gesellschaft Schmidt 1999.

41 Mit Blick auf die Philosophie: »Dies bedeutet nicht nur die Anerkennung des Umstandes, dass die Randzone sich drinnen und draußen befindet. Die Philosophie sagt das ja auch: drinnen, weil der philosophische Diskurs seine Randzone kennen und beherrschen, die Linie definieren, die Seite einrahmen, in seinem Volumen umfassen will. Draußen, weil die Randzone, seine Randzone, sein Draußen leer sind, draußen sind: ein Negativ, mit dem sie nichts anzufangen wüßte, ein Negativ ohne Wirkung im Text oder ein Negativ im Dienste des Sinns [...]« (Derrida 1988, S. 23).

42 Dazu, dass Volition eine begriffliche Schwachstelle der Systemtheorie sein könnte, siehe Ort 2003.

43 Daraus kann man schließen (und ist geschlossen worden), dass Kulturen, die diese Selbstrepräsentanz nicht so denken wie die unsere, das Konzept des Unbewussten nicht umstandslos auf ihre Verhältnisse übertragen können. Vgl. zu einem Fall, der dies deutlich macht, die Studie über Japan in Fuchs (1995).

44 Man kann sogar die These vertreten, dass die Aufklärung (und nicht erst die Romantik) das Problem des Unbewussten erschaffen hat, insofern sie aufklärungsförmiges Wissen (clare et distincte) abtrennen mußte vom dunklen Wissen, der (in Begriffen von Leibniz) *cognitio diffusa*. Es ist insbesondere Kant, der sich durchaus darüber bewusst war, der ein »Wissen zweiten Ranges« postuliert, eine Kenntnis, die nicht Wissen ist. Vgl. dazu Schöpf 2001, S. 30 f.

⁴⁵ Das wird sehr deutlich auch in Freuds zweitem Strukturmodell: »Ein Individuum ist nun für uns ein psychisches Es, unerkannt und unbewußt, diesem sitzt das Ich oberflächlich auf, aus dem W-System als Kern entwickelt. Streben wir nach graphischer Darstellung, so werden wir hinzufügen, das Ich umhüllt das Es nicht ganz, sondern nur insoweit das System W dessen Oberfläche bildet, also etwa so wie die Keimscheibe dem Ei aufsitzt. Das Ich ist vom Es nicht scharf getrennt, es fließt nach unten hin mit ihm zusammen. Aber auch das Verdrängte fließt mit dem Es zusammen, ist nur ein Teil von ihm. Das Verdrängte ist nur vom Ich durch die Verdrängungswiderstände scharf geschieden, durch das Es kann es mit ihm kommunizieren« (Freud 1923b, S. 246; die berühmte Skizze befindet sich auf S. 252).

⁴⁶ Anderenfalls müßte ein Element gefunden werden, das eine self-evident-unity wäre, »some case of an unity which develops its own differences out of itself.« Selbst-repräsentative Systeme müßten mindestens ein Element haben, das alle anderen Elemente des Systems vollständig spiegeln könnte oder sich wenigstens zu ihnen dominant verhalten müsste (vgl. Royce 1901). Vgl. auch einen Aufsatz von John C. Maraldo, der leider nur in japanischer Sprache (1990) erschienen ist und deshalb von mir nach der englischen Manuskriptfassung »Self-Mirroring and Self-Awareness: Dedekind, Royce and Nishida« zitiert wird.

⁴⁷ Sie verfügen also nicht über Remanenz, über etwas, das im System übrigbliebe, wenn seine Ereignisse wegfallen (vgl. Carstenjen & Avenarius 1894, S. 75).

⁴⁸ Ohne die Begriffe, die wir hier einsetzen, trifft damit zu, was Bitsch (2001, S. 14) sagt: Das Subjekt ist ›Prozedur‹ im Reellen, also nicht antreffbar. Siehe zur Unerreichbarkeit des Ich durch das Bewusstsein J. G. Fichte (1845/46, Bd. 1, S. 277): »Hier erst wird der Sinn des Satzes: das Ich setzt sich selbst schlechthin, völlig klar. Es ist in demselben gar nicht die Rede von dem im wirklichen Bewußtsein gegebenen Ich, denn dieses ist nie schlechthin, sondern sein Zustand ist immer entweder unmittelbar oder mittelbar durch etwas außer dem Ich begründet; sondern von einer Idee des Ich, die seiner praktischen unendlichen Forderung notwendig zu Grunde gelegt werden muß, die aber für unser Bewußtsein unerreichbar ist [...]«.

⁴⁹ Vgl. für die Formulierung Deleuze 1994, S. 30. Wenn dann doch jemand einen Bewohner des Bewusstseins unterstellt, dann muß er notwendig auf die Idee kommen, dass er die Qualität der ›opacité‹ habe. So jedenfalls Sartre 1973, S. 33 f.

⁵⁰ »Der Beobachter ist das Nicht-Beobachtbare«, formuliert bündig Serres (1991, S. 365).

⁵¹ In der Augenmetapher gesagt: »Das Auge ist schon in den Dingen, ist Teil des Bildes, es ist die Sichtbarkeit des Bildes [...] Das Auge ist nicht die Kamera, es ist die Leinwand.« So jedenfalls Deleuze 1993, S. 82. Das Subjekt als das »blose Blindlings« formuliert Schelling 1827/28 in einer Münchener Vorlesung (Vorlesung 7, S. 29) im Blick auf Spinoza.

⁵² Das Bewusstsein entwickelt Eigen-Geistbilder. Vgl. zu dieser Figur Piaget 1973, vor allem S. 333 ff. Hierhin gehört auch das Lacansche Spiegeltheorie.

⁵³ »[...] Die ganze Welt ist nur ein Ding. Welt und Ich sind nur mehr oder weniger willkürliche Zusammenfassungen«, Ernst Mach, Notizbuch 23 (26.1.1881), zit. nach Haller & Stadler 1988, S. 178.

54 Siehe zum Ausgangskontext des Begriffs Günther 1979, S. 283–306.
55 Siehe als einige Beispiele für die Analyse von Funktionssystemen Luhmann 1977; Luhmann & Schorr 1979; Luhmann 1988b; Luhmann 1982b; Luhmann 1990b. Siehe ferner Mayntz 1988, S. 11–44. Vgl. ferner Fuchs 1992.
56 Das kann dann als krisenhaft registriert werden und retrospektiv dem Übergang von Stratifikation zur funktionalen Differenzierung zugerechnet werden. Siehe etwa Koenigsberger 1982, S. 143–165. Vgl. Schilling 1985, S. 135–156; Schulze 1993, S. 289–309. Vgl. auch die Beiträge in Hagenmaier & Holtz 1992.; Häberlein 1999.
57 Alle drei großen Hexenverfolgungen fallen in die frühe Neuzeit fallen, obgleich das Hexenmuster schon weit früher verfügbar war. Der Malleus maleficorum (Hexenhammer) der Dominikaner Heinrich Institoris und Jakob Sprenger datiert vom Jahre 1486 (hier zit. nach der Ausgabe Berlin 1906). Und in die frühe Neuzeit hinein fällt auch die Cautio Criminalis Friedrich von Spees (1631), also die Registratur des Geschehens. Siehe dazu Battafarano 1987, S. 110–123.
58 Vgl. zum horror plenitudinis als Ausdruck der Kommunikationskrise im Übergang zur funktionalen Differenzierung (insbesondere Frühromantik) Frühwald 1986, S. 130 ff.
59 Siehe zum romantischen Fragmentarismus Neumann 1976; Mennemeier 1980, S. 229–250. Siehe zum Fragment als ästhetischen Leitbegriff der Moderne Ostermann 1991, S. 189–205. Vgl. aus eher soziologischer Perspektive Fuchs 1993, S. 199–222.
60 »Die Maschine, die Maschine des Unbewußten kann sich nicht selbst zählen«, formuliert, bezogen auf Lacans Einsichten, Bitsch 2001, S. 16.
61 Dass Lacan darüber hinausgegangen ist, haben wir erwähnt.

Literatur

Ansén, R. (1993): Defigurationen. Versuch über Derrida. Würzburg (Epistemata, Reihe Philosophie 140).
Baecker, D. (1992); Die Unterscheidung zwischen Kommunikation und Bewußtsein. In: W. Krohn & G. Küppers (Hg.): Emergenz: Die Entstehung von Ordnung, Organisation und Bedeutung. Frankfurt/M. (Suhrkamp).
Baecker, D. (1993): Kommunikation über Wahrnehmung. Thesenpapier zur Konferenz »Wahrnehmung und ästhetische Reflexion«, Berlin 28.–30. Oktober 1993.
Battafarano, I. M. (1987): Hexenwahn und Dämonopathie in der frühen Neuzeit am Beispiel von Spees Cautio Criminalis. In: A. Hahn & V. Kapp (Hg.): Selbstthematisierung und Selbstzeugnis: Bekenntnis und Geständnis. Frankfurt/M. (Suhrkamp) 1987, S. 110–123.
Benseler, F. et al. (1980) (Hg.): Autopoiesis, Communication and Society. The Theory of Autopoietic System in the Social Sciences. Frankfurt/M. (Campus).
Bergmann, W. & Hoffmann, G. (1989): Selbstreferenz und Zeit: Die dynamische Stabilität des Bewusstseins. In: Husserl Studies 6, S. 155–175.

Bergson, H. (1912): Schöpferische Entwicklung. Jena.
Bitsch, A. (2001): »always crashing in the same car«. Jacques Lacans Mathematik des Unbewußten. Weimar (Vdg-Verlag).
Brocher, T. & Sies, C. (1986): Psychoanalyse und Neurobiologie, Zum Modell der Autopoiese als Regulationsprinzip. In: Jahrbuch der Psychoanalyse, Beiheft 10, Stuttgart – Bad Cannstatt (frommann-holzboog).
Bühl, W. L. (2000): Das kollektive Unbewußte in der postmodernen Gesellschaft. Konstanz (Uvk).
Carstenjen, F. & Avenarius, R. (1894): Biomechanische Grundlagen der neuen allgemeinen Erkenntnistheorie. Eine Einführung in die »Kritik der reinen Erfahrung«. München.
Chartier, R. (1989): The Practical Impact of Writing. In: Ders. (Hg.): A History of Private Life, III, Passions of the Renaissance. Cambridge (Mass.).
Deleuze, G. (1993): Unterhandlungen 1972–1990. Frankfurt/M. (Suhrkamp).
Deleuze, G. (1994): Bartleby oder die Formel. Berlin (Merve).
Derrida, J. (1988): Randgänge der Philosophie. Wien (Passagen).
Derrida, J. (1998): Auslassungspunkte. Gespräche (hrsg. von Peter Engelmann). Wien (Passagen).
Dolar, M. (2000): Das Cogito als Subjekt des Unbewußten. In: J. Trinks (Hg.): Bewußtsein und Unbewußtes. Wien (Turia & Kant).
Ellenberger, H. F (1973); Die Entdeckung des Unbewussten. Bern – Stuttgart – Wien (Huber).
Fichte, J. G. (1845/46): Sämtliche Werke, hrsg. von I. H. Fichte. Berlin, Bd. 1.
Foucault, M. (1971): Die Ordnung der Dinge. Eine Archäologie der Humanwissenschaften. Frankfurt/M. (Suhrkamp)
Freud, S. (1900a): Die Traumdeutung. GW II/III.
Freud, S. (1911c): Psychoanalytische Bemerkungen über einen autobiographisch beschriebenen Fall von Paranoia (Dementia paranoides). GW VIII, S. 239–316.
Freud, S. (1923b): Das Ich und das Es. GW XIII, S. 237–289.
Freud, S. (1933a): Neue Folge der Vorlesungen zur Einführung in die Psychoanalyse. GW XV.
Frühwald, W. (1986): Die Idee kultureller Nationenbildung und die Entstehung der Literatursprache in Deutschland. In: O. Dann (Hg.): Nationalismus in vorindustrieller Zeit. München (Beck), S. 129–141.
Fuchs, P. (1992): Die Erreichbarkeit der Gesellschaft. Zur Konstruktion und Imagination gesellschaftlicher Einheit. Frankfurt/M. (Suhrkamp).
Fuchs, P. (1993): Die Form romantischer Kommunikation. In: E. Behler et.al. (Hg.): Athenäum, Jahrbuch für Romantik 3, S. 199–222.
Fuchs, P. (1995): Die Umschrift. Zwei kommunikationstheoretische Studien. Frankfurt/M. (Suhrkamp).
Fuchs, P. (1997): Die Dominanz der Verlautbarungswelt und die Erreichbarkeit des Bewusstseins. In: texte. psychoanalyse, ästhetik, kulturkritik 17, S. 58–66.
Fuchs, P. (1998): Das Unbewußte in Psychoanalyse und Systemtheorie, Die Herrschaft der Verlautbarung und die Erreichbarkeit des Bewußtseins. Frankfurt/M. (Suhrkamp).
Fuchs, P. (1999): The Modernity of Psychanalysis. In: Germanic Review 74, S. 14–29.

Fuchs, P. (2001): Die Metapher des Systems. Studie zur allgemein leitenden Frage, wie sich der Tanz vom Tänzer unterscheiden lasse. Weilerswist (Velbrück).
Fuchs, P. (2002a): Die konditionierte Koproduktion von Kommunikation und Bewußtsein. In: Ver-Schiede der Kultur. Aufsätze zur Kippe kulturanthropologischen Nachdenkens (hrsg. von der Arbeitsgruppe »menschen formen« am Institut für Soziologie der freien Universität Berlin). Marburg (Tectum Verlag).
Fuchs, P. (2002b): Die Form der autopoietischen Reproduktion am Beispiel von Kommunikation und Bewußtsein. In: Soziale Systeme 8, S. 333–351.
Fuchs, P. (2003): Der Sinn der Beobachtung. Unveröffentlichtes Manuskript. Travenbrück.
Glanville, R. (1981): Objekte, hrsg. und übersetzt von D. Baecker. Berlin 1988, S. 61–78.
Günther, G. (1969): Bewußtsein als Informationsraffer. In: Grundlagenstudien aus Kybernetik und Geisteswissenschaften 10, S. 1–6.
Günther, G. (1979): Life as Poly-Contexturality. In: Beiträge zur Grundlegung einer operationsfähigen Dialektik, Bd. II. Hamburg 1979, S. 283–306.
Häberlein, M. (Hg.) (1999): Devianz, Widerstand und Herrschaftspraxis in der Vormoderne. Studien zu Konflikten im südwestdeutschen Raum (15.–18. Jahrhundert). Konstanz (Uvk).
Hagenmaier, M. & Holtz, S. (Hg.) (1992): Krisenbewußtsein und Krisenbewältigung in der frühen Neuzeit. Festschrift für Hans-Christoph Rublack. Frankfurt/M.
Haller, R. & Stadler, F. (Hg.) (1978): Ernst Mach – Werk und Wirkung, Wien (Verlag Hölder-Oichler-Tempsky).
Heidegger, M. (1953): Einführung in die Metaphysik. Tübingen (Niemeyer).
Husserl, E. (1992): Cartesische Meditationen. In: Ders.: Gesammelte Schriften, hrsg. von E. Ströker), Bd. 8. Hamburg (Meiner).
James, W. (1920): Psychologie. Leipzig.
Keller, H. E. (1997): înluogen, Blicke in symbolische Räume an Beispielen aus der mystischen Literatur des 12.–14. Jahrhunderts. In: P. Michel (Hg.): Symbolik von Ort und Raum (Schriften zur Symbolforschung Bd. 11). Berlin u. a. (Peter Lang), S. 353–376.
Khurana, Th. (2002): Die Dispersion des Unbewußten, Drei Studien zu einem nicht-substantialistischen Konzept des Unbewußten: Freud – Lacan – Luhmann, Gießen (Psychosozial).
Klages, L. (1981): Der Geist als Widersacher der Seele. Bonn (Bouvier).
Koenigsberger, H. G. (1982): Die Krise des 17. Jahrhunderts. In: Zeitschrift für Historische Forschung 9, S. 143–165.
Lacan, J. (1986): Das Seminar XX, Encore, hrsg. v. Norbert Haas. Weinheim – Berlin (Quadriga).
Lacan, J. (1988): Radiophone Televisionen. Weinheim – Berlin (Quadriga).
Lacan, J. (1991): Schriften II, hrsg. von N. Haas & H.-J. Metzger. Weinheim – Berlin (Quadriga).
Lipp, W. (1987): Autopoiesis biologisch, Autopoiesis soziologisch. Wohin führt Luhmanns Paradigmawechsel? In: KZfSS 39, S. 452–470

Luhmann, N. (1971): Sinn als Grundbegriff der Soziologie. In: J. Habermas & N. Luhmann (Hg.): Theorie der Gesellschaft oder Sozialtechnologie. Frankfurt/M. (Suhrkamp).
Luhmann, N. (1975): Macht. Stuttgart (Klett-Cotta).
Luhmann, N. (1977): Funktion der Religion. Frankfurt/M. (Suhrkamp).
Luhmann, N. (1982a): Autopoiesis, Handlung und kommunikative Verständigung. In: ZfS 11, S. 366–379
Luhmann, N. (1982b): Liebe als Passion, Zur Codierung von Imtimität. Frankfurt/M. (Suhrkamp).
Luhmann, N. (1984): Soziale Systeme, Grundriß einer allgemeinen Theorie. Frankfurt/M. (Suhrkamp).
Luhmann, N. (1985): Die Autopoiesis des Bewusstseins. In: Soziale Welt 36, S. 402–446.
Luhmann, N. (1986): Ökologische Kommunikation, Kann die moderne Gesellschaft sich auf ökologische Gefährdungen einlassen? Opladen (Westdeutscher Verlag).
Luhmann, N. (1988a); Wie ist Bewußtsein an Kommunikation beteiligt? In: H. U. Gumbrecht & K. L. Pfeiffer (Hg.): Materialität der Kommunikation. Frankfurt/M. (Suhrkamp), S. 884–905.
Luhmann, N. (1988b): Die Wirtschaft der Gesellschaft. Frankfurt/M. (Suhrkamp).
Luhmann, N. (1990a): Identität – was oder wie? In: Ders.: Soziologische Aufklärung, Bd. 5. Konstruktivistische Perspektiven. Opladen (Westdeutscher Verlag).
Luhmann, N. (1990b): Die Wissenschaft der Gesellschaft. Frankfurt/M. (Suhrkamp).
Luhmann, N. (1993): Zeichen als Form. In: D. Baecker (Hg.): Probleme der Form. Frankfurt/M. (Suhrkamp), S. 45–69.
Luhmann, N. (2000): Organisation und Entscheidung. Opladen (Westdeutscher Verlag)
Luhmann, N. & Fuchs, P. (1989): Reden und Schweigen. Frankfurt/M. (Suhrkamp).
Luhmann, N. & Schorr, E. (1979): Reflexionsprobleme im Erziehungssystem. Stuttgart (Klett-Cotta).
Maraldo, J. M. (1990): Self-Mirroring and Self-Awareness: Dedekind, Royce and Nishida. In: U. Shizuteru (Hg.): Nishida Tetsugaku e no toi (Questioning Nishida's Philosophy). Tokyo 1990, S. 85–95.
Maturana, H. R. & Varela, F. J. (1980): Autopoiesis and Cognition: The Realization of the Living. In: Boston Studies in the Philosophy of Science 42. Boston – Dordrecht (Reidel).
Mayntz, R. (1988): Funktionelle Teilsysteme in der Theorie sozialer Differenzierung. In: Dies. et al.: Differenzierung und Verselbstständigung: Zur Entwicklung gesellschaftlicher Teilsysteme. New York – Frankfurt/M. (Campus), S. 11–44.
Mennemeier, F. (1980): Fragment und Ironie beim jungen Friedrich Schlegel. Versuch der Konstruktion einer nicht geschriebenen Theorie, in: K. Peter (Hg.): Romantikforschung seit 1945, Königstein/Ts., S. 229–250.
Merleau-Ponty, M (1993): Die Prosa der Welt, München (Fink).
Miller, J.-A. (1988): Extimité. In: Prose Studies 11, S. 121–130.

Neumann, G. (1976): Ideenparadiese. Untersuchungen zur Aphoristik von Lichtenberg, Novalis, Friedrich Schlegel und Goethe. München (Fink).

Nietzsche, F. (1887–89): Nachgelassene Fragmente. Kritische Studienausgabe in 15 Bänden (KSA), hrsg. von G. Collo & M. Montinari. München – Berlin – New York (dtv und de Gruyter) 1980, Bd. 13.

Novalis (Friedrich von Hardenberg) (1984): Fragmente und Studien. Die Christenheit oder Europa, hrsg. von Carl Paschek. Stuttgart.

Ort, N. (1998): Objektkonstitution als Zeichenprozeß, Jacques Lacans Psychosemiologie und Systemtheorie. Wiesbaden (Deutscher Universitäts-Verlag).

Ort, N. (2003): Volition – zu einem nicht-empirischen operativen Zeichenbegriff. In: O. Jahraus & N. Ort: Theorie – Prozess – Selbstreferenz. Systemtheorie und transdisziplinäre Theoriebildung. Konstanz (Uvk), S. 261–280.

Ostermann, E. (1991): Der Begriff des Fragments als Leitmetapher der ästhetischen Moderne. In: E. Behler et al. (Hg.): Athenäum, Jahrbuch für Romantik 1, S. 189–205.

Pagel, G. (1992): Lacan: Einführender Überblick über einen schwierigen Denker und Erörterung einiger Kritiken und Kontroversen, in: Taureck (1992), S. 32–59.

Peirce, Ch. S. (1986): Semiotische Schriften, Bd. 1: 1865–1903, hrsg. und übers. von Ch. Kloesel & H. Pape). Frankfurt/M. (Suhrkamp).

Piaget, J. (1973): Das Erwachen der Intelligenz beim Kinde. Stuttgart (Klett).

Ragland-Sullivan, E. (1989): Jacques Lacan und die Philosophie der Psychoanalyse I. Weinheim – Berlin (Quadriga).

Ricœur, P. (1974): Die Interpretation. Ein Versuch über Freud. Frankfurt/M. (Suhrkamp).

Ritter, J. W. (1946): Fragmente aus dem Nachlaß eines jungen Physikers. Stuttgart (Insel).

Royce, J. (1901): The World and the Individual. First Series. New York (Peter Smith Publishing) 1959.

Ruhs, A. (1990): Zur Materialität des psychoanalytischen Gegenstandes. In: L. Nagl, H. Vetter & H. Leupold-Löwenthal (Hg.): Philosophie und Psychoanalyse: Symposium der Wiener Festwochen. Frankfurt/M. (Nexus).

Saenger, P. (1982): Silent Reading: Its Impact on Late Medieval Script and Society. In: Viator 13, S. 367–414.

Saenger, P. (1990): The Separation of Words and the Order of Words. The Genesis of Medieval Reading. In: Scrittura e Civilta 14, S. 49–74.

Saenger, P. (2000): On Space between Words: The Origins of Silent Reading. Interview mit Jill Kitson. 4.1.2000, Radio National, lingua franca.

Sartre, J. P. (1973): Bewußtsein und Selbsterkenntnis, die Seinsdimension des Subjekts. Hamburg (Rowohlt).

Schelling, F. W. J. (1827/28): System der Weltalter. Münchener Vorlesung 1827/28 in einer Nachschrift von E. v. Lasaulx, hrsg. und eingel. von S. Peetz. 2. erw. Aufl. Frankfurt/M. (Suhrkamp) 1998.

Schilling, H. (1985): The European Crisis of the 1590s: The Situation in German Towns. In: P. Clark (Hg.): The European Crisis of the 1590s. Essays in Comparative History. London (Harper Collins), S. 135–156.

Schmidt, B. M. (1999): Die anderen Seiten der Realität – James Hoggs Doppelgänger und der Doppeltorus zwischen Unbewußtem undTranszendenz. In: I. Fichtner (Hg.): Doppelgänger. Von endlosen Spielarten eines Phänomens. Bern – Stuttgart – Wien, (Haupt), S. 31–58.

Schöpf, A. (2001): Unbewußte Kommunikation, Der interne Diskurs des Gewissens und der externe der Gesellschaft. Wien (Passagen).

Schulze, W. (1993): Untertanenrevolten, Hexenverfolgungen und »kleine Eiszeit«: eine Krisenzeit um 1600? In: B. Roeck et al. (Hg.): Venedig und Oberdeutschland in der Renaissance. Beziehungen zwischen Kunst und Wirtschaft. Stuttgart (Thorbecke Verlag), S. 289–309.

Serres, M. (1991): Der Parasit. Frankfurt/M. (Suhrkamp).

Spencer-Brown, G. (1971): Laws of Form, London (Allen & U).

Spieß, R. (2002): Unbewußte Informationsverarbeitung. Forschungsansätze, Ergebnisse und methodische Probleme unter besonderer Berücksichtigung des akustischen Bereichs. Hamburg (Kovac).

Taureck, B. H. F. (Hg.) (1992): Psychoanalyse und Philosophie, Lacan in der Diskussion, Frankfurt/M. (Junius).

Valery, P. (1988 ff.): Cahiers/Hefte. Frankfurt (Fischer).

Varela, F. J., Maturana, H. R. & Uribe, R. B. (1974): Autopoiesis: The Organization of Living Systems. Its Characteristics and a Model. In: Biosystems 5, S. 187–196.

Vennemann, J. (1995): Von Stil und Stilblüten. In: RISS – Materialien 1, hrsg. von M. Schmid. Zur Frage der Transmission (in) der Psychoanalyse, Zürich.

Zeleny, M. & Pierre, N. A. (1976): Simulation of Self-Renewing Systems. In: E. Jantsch & C. H. Waddington (Hg.): Evolution and Consciousness. Human Systems in Transition. London (Addison Wesley Longman Publishing), S. 150–165.

Zeleny, M. (Hg.) (1981): Autopoiesis. A Theory of Living Organization. New York – Oxford (Elsevier Science).

Zizek, S. (1996): Die Metastasen des Geniessens, sechs erotisch-politische Versuche. Wien (Passagen).

Auf den Spuren des kulturellen und gesellschaftlichen Unbewussten

Einführung der Herausgeber

Seit einigen Jahren haben sich die ehemals geisteswissenschaftlichen Fakultäten und Fachbereiche durchaus auch unter politischem Druck als Kulturwissenschaften reetabliert. Sie sind freilich nicht nur unter politischem Druck, sondern auch unter dem der erstarkenden Neurowissenschaften, die ganze Territorien des »Geistes« besetzen und dann etwa eine Neurowissenschaft der Theologie oder der Pädagogik propagieren. Bei den Historikern werden die neuen Befunde zum Erinnern und Gedächtnis vorgetragen und beginnen, die methodischen Inventare etwa im Bereich der Quellenkunde zu beeinflussen. Können die Neurowissenschaften mehr und Profunderes zu einer historischen Quelle als Momentum der Erinnerung sagen als die Geschichtswissenschaften selbst?

Und was ist, wenn sich der neurowissenschaftliche Determinismus durchsetzen würde? Also die Überzeugung einer Reduzierbarkeit von »mind« auf »brain«? Dann, so haben manche zu Recht gewarnt, stünde die Autonomie der Kulturwissenschaften insgesamt auf dem Spiel. Wenn sich tatsächlich zeigen ließe, dass ein solcher einseitiger Determinismus haltbar wäre, könnten die Kulturwissenschaften weder inhaltlich noch methodisch autonom agieren, sie wären in zentralen Hinsichten von den neurowissenschaftlichen Befunden abhängig.

Freilich, Hubert Markl hat als Biologe und ehemaliger Vorsitzender der Max-Planck-Gesellschaft auf dem Göttinger Kongress für Psychologie (September 2004) vor einer solchen Entwicklung gewarnt; evolutionstheoretisch müsse gerade berücksichtigt werden, dass mit Sprache und symbolischer Kooperation insbesondere ein Raum für Psychologie geschaffen worden sei, der nicht umstandslos dem Materialismus zugeschlagen werden könne. Auch dass evolutionäre Subjekte sich dahin entwickelten, zu antizipieren, wie der Andere – als Freund, Gegner oder Feind? – wohl reagieren werde und dass die eigene Entwicklung langfristig von solchen kognitiven Antizipationen abhängig sei, müsse als Beitrag gerade für die evolutionäre Entwicklung von Willensfreiheit aufgefasst werden.

Kulturwissenschaften, und zu ihnen kann man Psychologie und Psychoanalyse durchaus in weiten Bereichen zählen, erhalten damit einen autonomen Status zurück, den zu verteidigen sich auch ihre Vertreter in unserem Band anheischig machen. Einer der einflussreichsten Kulturwissenschaftler ist der Ägyptologe *Jan Assmann*, der sich hier mit Freuds Psycho-Lamarckismus auseinandersetzt. Freud war aus theorie-internen Gründen gezwungen, an irgendeiner Stelle seiner Theorie einen historischen Originalvorfall – sei es in der individuellen, sei es in der kollektiven Geschichte – anzunehmen, den er wie bekannt in seiner Konstruktion vom Urvater und dessen Ermordung vermutete. Und er musste weiter vermuten, dass dieser angenommene historische Vor- und Unfall gleichsam biologisch weiter vererbt wurde, von Generation zu Generation. Soweit man mittlerweile die Befunde von Bindungsforschung und Familientherapie und der psychodynamischen Erforschung des Alters kennt, muss es solche generationenübergreifende Thematisierungen und Tradierungen geben – aber kann man sie so erklären, wie Freud das tat?

Innerhalb einer kulturwissenschaftlichen Psychoanalyse tat sich immer ein biologischer Abgrund auf, zu dessen Überbrückung Jan Assmann nun ein neues Theorie-Angebot macht. Auch er bezweifelt nicht die viele Generationen übergreifende Tradierung, ja er denkt dabei durchaus an Zeiträume von mehreren tausend Jahren – aber die Tradierung erfolge nicht biologisch, sondern durch das »kulturelle Gedächtnis«. Gedächtnis und Erinnerung auch traumatischer Originalvorfälle werden in kulturellen Praktiken wie Riten und Feierlichkeiten bewahrt, in Dokumenten des Erinnerns in Stein gehauen – und überwinden damit gar lange Latenz-Zeiträume. Wenn man das episodische oder prozedurale Gedächtnis der Sphäre des Individuellen zurechnet, dann überschreiten semantisches und kulturelles Gedächtnis diese Begrenzung und schaffen eine Sphäre eigenständiger Kulturalität, die auf die Menschen und ihre Erinnerbarkeiten zurückwirkt. Dieses Theoriestück wird von Assmann hier ausführlich begründet und in der Auseinandersetzung mit dem »biologischen« Freud als Ersatz für eine kulturwissenschaftliche Lücke seiner Theorie angeboten. Es liegt übrigens auf der gleichen Linie, wenn Michael Tomasello, Direktor des Leipziger Instituts für evolutionäre Anthropologie, seinerseits in verschiedenen höchst einflussreichen Texten von »kultureller Vererbung« spricht und dies mit Argumenten, die mit denen von Assmann auf einer gleichen Linie liegen, auch wenn sie aus einer ganz anderen Disziplin entwickelt sind. Freuds Beobachtung einer mehrgenerationalen Tradierung wäre bestätigt und als theoretisch bedeutsam unterstrichen, seine lamarckistische Erklärung freilich nicht. Eben diese Rück- und Einwirkung zwischen dem Individuellen und dem Kollektiven einer Kultur ist auch das Thema des Beitrags von *Christina von Braun*, die wesentliche Beiträge zur kulturwissenschaftlichen Erkundung psychoanalytischer Topoi wie etwa der Hysterie vorgelegt hatte. Sie wendet sich der Schrift, insbesondere alphabetischen Schriften als einer Quelle des semantischen Gedächtnisses zu, aber es geht nicht nur um die »vertikale« Weiterreichung zwischen den Generationen, sondern um die »horizontale« Produktion von Gemeinschaftserlebnissen wie etwa Festlichkeiten. Aus solchen, beispielsweise dem Stierkampf, kann sie die Entstehung von Verschriftlichung und Gewinnung des Alphabets überzeugend rekonstruieren. Auch diese kulturelle Errungenschaft hat dann eine Rückwirkung auf die Formung des Unbewussten seit der Antike, die sie mit dem Stichwort der »Kastration« bezeichnet und sich hierbei deutlich der Freud'schen Theorieregister bedient. Die Schrift organisiert und hemmt die Erregung des Kollektiven zugleich und das ist ein ungewöhnlicher, kaum durchdachter Kulturzusammenhang, zu dem Christina von Braun hier einen substantiellen Beitrag liefert.

Vor zehn Jahren zeigte sich Reimut Reiche in dem »Psyche«-Artikel »Sackgassen im Diskurs über Psychoanalyse und Gesellschaft« (1995/H. 3) skeptisch im Hinblick auf die Zukunft der *psychoanalytischen Kulturtheorie*. Wir seien Zeugen eines »Kehraus der hochgespannten Idealisierungen der Psychoanalyse und ihrer überspannten Selbststilisierungen«. Die Öffentlichkeit wolle »die Aufklärung nicht mehr, die wir ihnen anzubieten haben, und von denen wir gewohnt waren, daß wir sie nicht anbieten *müssen*, sondern daß man nach ihnen verlangt wie nach einem kostbaren Gut, das wir nur zögernd aus der Hand geben«. Weiter heißt es: »Psychoanalytische Deutungsfiguren haben heute, soweit sie von den kulturwissenschaftlichen, pädagogischen und politischen Diskursen assimiliert wurden, ihren kritischen Gehalt verbraucht«. Und: »Was an Deutungsfiguren verwendet wird, liegt im Repertoire auf Abruf schon bereit und wird ebenso gut, und meist besser, von Philosophen, Dichtern und Literaturwissenschaftlern entwickelt, die mit unseren Deutungsfiguren inzwischen kreativer arbeiten als wir selbst – jedenfalls wenn es um deren Transformation vom klinischen ins ›äußere‹ Feld geht«. Tatsächlich ist der Erfolg, den die psychoanalytische Kulturtheorie bei der früheren Avantgarde der Schriftsteller und Künstler ereichte und der in der Studentenbewegung wieder auflebte und zu einem medialen Höhepunkt führte, passé. Zuzustimmen ist Reiche auch darin, dass manche Deutungsfiguren bzw. Erklärungsmuster als überholt erscheinen. Aber hat die psychoanalytische Kulturtheorie, wenn sie mehr Anschluss an die Kulturwissenschaften – und insbesondere an die »cultural studies« – gewinnen würde, nicht doch eine Zukunft? Die Kulturwissenschaften üben »eine Form der Moderation« aus, eine »Kunst der Multiperspektivität«, um »die heterogenen, hochspezialisierten, gegeneinander abgeschotteten Ergebnisse der Wissenschaften zu dialogisieren« (Böhme & Scherpe 1996).

Zunächst einige Worte zu Freuds Selbstverständnis als Kulturtheoretiker: Hatte er sich in den Anfängen der Psychoanalyse auf die Klinik der Neurosen und die Metapsychologie des Unbewussten konzentriert, so erwies er sich in seiner mittleren Schaffensperiode und im Spätwerk zunehmend als Prototyp eines kritischen Kulturtheoretikers. Schon seine ätiologischen Ausführungen zur modernen Nervosität als »Zivilisationskrankheit« lassen erkennen, dass für ihn die Psychologie des Unbewussten und die Kulturtheorie aufs engste zusammengehören. »Kultur« verstand er demgemäß als das Primäre, die gesamte Sozialisation Bestimmende und Durchdringende, nicht bloß als etwas Äußeres, als sekundär Hinzugedachtes. Im Kontext der »Frage der Laienanalyse« sprach er die später als »Medicozentrismus« (Parin) bezeichnete Gefahr an, dass die Psychoanalyse, wenn sie ihre Zukunft nur als klinische Spezialdisziplin sähe, »von der Medizin verschluckt werde«. Als Lehre vom Unbewussten hingegen könne sie »all den Wissenschaften unentbehrlich werden, die sich mit der Entstehungsgeschichte der menschlichen Kultur und ihren großen Institutionen wie Kunst, Religion und Gesellschaftsordnung beschäftigen. Ich meine, sie hat diesen Wissenschaften schon bis jetzt ansehnliche Hilfe zur Lösung ihrer Probleme geleistet, aber dies sind nur kleine Beiträge im Vergleich zu dem, was sich erreichen ließe, wenn Kulturhistoriker, Religionspsychologen, Sprachforscher usw. sich dazu verstehen werden, das ihnen zur Verfügung gestellte neue Forschungsmittel selbst zu handhaben. Der Gebrauch der Analyse zur Therapie der Neurosen ist nur eine ihrer Anwendungen; vielleicht wird die Zukunft zeigen, daß sie nicht die wichtigste ist. Jedenfalls wäre es unbillig, der einen Anwendung alle anderen zu opfern, bloß weil dies Anwendungsgebiet sich mit dem Kreis ärztlicher Interessen berührt« (GW XIV, S. 283).

Freuds erste kulturtheoretische Schrift aus dem Jahre 1908 galt der »kulturellen Sexualmoral« seiner Zeit, die den normalen Sexualverkehr nur noch im Rahmen der Ehe und zum Zwecke der Zeugung erlaubte. Durch die rigiden Einschränkungen der Sexualbetätigung würden Gesundheit und Lebenstüchtigkeit des Einzelnen gravierend beeinträchtigt. Im Kontrast dazu spricht der Sexualwissenschaftler Gunter Schmidt (1996) heute vom »Verschwinden der Sexualmoral« und führt diese Wandlung auf verschiedene Diskurse in den letzten Jahrzehnten zurück: den liberalen Diskurs in der Studentenbewegung der 60er und 70er Jahre (z. B. Neills antiautoritäre Schule »Summerhill«, den Kinsey-Report und die Untersuchungen von Masters & Johnson); die durch die Frauenbewegung ausgelöste Debatte über sexuelle Gewalt und den Selbstbestimmungsdiskurs der 80er Jahre, der den sexuellen Umgang friedlicher, kommunikativer, berechenbarer, rationaler verhandelbar und herrschaftsfreier machen wollte. Verurteilte die alte Sexualmoral bestimmte sexuelle Handlungen – z. B. Masturbation, voreheliche oder außereheliche Sexualität, Homosexualität – prinzipiell als unmoralisch, so werden bei der neuen »Interaktions- und Verhandlungsmoral« nicht die Handlungen und Praktiken bewertet, sondern die Art und Weise ihres Zustandekommens, also die Interaktionen. Trotz der unverkennbaren Liberalisierung der repressiven Sexualmoral herrscht in der westlichen Industriegesellschaft ein eher karges Sexualleben vor. Heute ist ebenso wenig von »sexueller Sünde« wie von »Leidenschaft« die Rede. Mit den Kategorien der klassischen Freudschen Kulturtheorie wie Verdrängung, Über-Ich-Bildung, unbewussten Schuldgefühlen, Verinnerlichung, Wendung gegen das eigene Selbst u. a. ist das »Verschwinden der Sexualmoral« und die mangelnde Leidenschaftlichkeit schwerlich zu erklären; hier kommt man nicht umhin, neue kulturwissenschaftliche Anschlussmöglichkeiten zu suchen.

Um eine Standortbestimmung der heutigen psychoanalytischen Kulturtheorie vornehmen und Möglichkeiten ihrer Erneuerung und Anschlussfähigkeit ins Auge fassen zu können, lassen sich verschiedene Entwicklungslinien der psychoanalytischen Kulturtheorie aufzeigen und zu ihren Anfängen historisch zurückverfolgen.

Günter Gödde und *Wolfgang Hegener* greifen vier Hauptpunkte der Freudschen Kulturtheorie auf: die Moral-, Religions- und Weltanschauungskritik sowie die Ursprungstheorie der Kultur. Ausgangspunkt ist der in Freuds Kulturschriften grundlegende Antagonismus zwischen menschlicher Triebnatur und Kultur, deren Entstehung nur möglich sei aufgrund permanenter Triebunterdrückung, so dass dem Trieb gewissermaßen eine a-soziale und der Kultur eine triebfeindliche Struktur zukomme. Die Kultur wird ungeachtet ihrer Verdienste kritisiert, weil sie das Individuum bis in seine Naturbasis unterdrücke und damit entscheidend schwäche. Diese Zivilisationskritik war sicherlich zeitbedingt; sie erlaubte es Freud aber, die psychoanalytische Theorie zur Kultur hin zu öffnen. Im weiteren suchte er Anschlüsse an die aufklärerische Religionskritik des 18. und 19. Jahrhunderts, an die evolutionistische Anthropologie und Ethnologie sowie an die Massenpsychologie, um nur einige Anknüpfungspunkte zu nennen. Gödde und Hegener setzen sich besonders auch mit jenen Freud-Texten auseinander, die sich weitreichender mit der anthropologischen Grundlegung von Kultur und der Frage nach den Ursprüngen von Gesellschaft und Religion beschäftigen und suchen nach neuen interpretatorischen Zugängen.

Hans-Jürgen Wirth widmet sich in aller Differenziertheit und Ausführlichkeit den Verbindungen zwischen Psychoanalyse und Politik. Hier handelt es sich um ein traditionell schwieriges und höchst umstrittenes Gebiet, weil schon Freud mit seinem Aufklärungsanliegen immer wieder auf Widerstand gestoßen ist, auch und gerade unter den Psychoanalytikern selbst. Die einen fordern eine »politische Psychoanalyse«, die andern treten dagegen für die Neutralität und Wertfreiheit der Psychoanalyse ein. Die Psychoanalyse hat sich von jeher schwer damit getan, die »politischen« Auseinandersetzungen und Machtkämpfe in den eigenen Reihen und Institutionen durchschaubar zu machen, um damit adäquater umgehen zu lernen. Andererseits hat sie durch Aufklärung unbewusster Motivationen und psychosozialer Arrangements wichtige Beiträge zur Analyse von Krieg, Faschismus, Antisemitismus geleistet. Wirth selbst hat mit der Analyse politischer Machthaber (wie z. B. Uwe Barschel, Helmut Kohl, Slobodan Milosevic und Joschka Fischer) in seinem Werk »Narzissmus und Macht« dazu beigetragen, dass eine psychoanalytische Politologie entstehen kann.

Johannes Reichmayr bietet einen groß angelegten Überblick über die Geschichte und die Forschungsprojekte auf den Gebieten von psychoanalytischer Ethnologie, Ethnopsychoanalyse und interkultureller Therapie. Schon die enge Zusammengehörigkeit der Erforschung von Märchen, Mythen und Träumen – Ähnliches gilt für religiöse Rituale, künstlerische Darstellungen und Symbolisierungen aller Art – ließ erahnen, dass es sich hierbei um Ausdrucksformen handelt, mittels derer nicht offen kommunizierbare Mitteilungen und Botschaften andeutungsweise und verschlüsselt weitergegeben werden. Die dazu verwendeten Symbole gehören nach Freud dem »Unbewußten des Volkes« an. Seine Folgerung war, dass die Menschen jenseits der Verschiedenartigkeit der Kulturen und Sprachen über eine aus unbewussten Chiffren bestehende »Grundsprache« verfügen. Das Gebiet, auf dem wir die tiefste Einsicht in jene Grundsprache nehmen können, ist »die Neurotik, sein Material die Symptome und andere Äußerungen der Nervösen« (GW XI, S. 171). Die Symboltheorie und insbesondere der Ödipusmythos bildeten wichtige Grundlagen, um den Gültigkeitsbereich der Psychoanalyse auf nicht-europäische Kulturen und auf die Ursprünge der kulturellen Entwicklung der Menschheit auszudehnen. Darin war allerdings ein »universalistisches« Deutungsmuster enthalten, das der Relativierung im Sinne eines bescheideneren »Kulturalismus« bedurfte. In der Ethnopsychoanalyse war denn auch von einem »ethnischen« (Devereux) oder »gesellschaftlichen« Unbewussten (Erdheim) die Rede. Andererseits gab es von dieser Seite die nicht minder anspruchsvolle Losung, dass die Psychoanalyse mit den ethnopsychoanalytischen Erfahrungen »neu« erfunden worden sei. Auf jeden Fall hat die ethnopsychoanalytische Forschung unseren kulturellen Horizont sehr erweitert und dazu beigetragen, unsere Angst vor dem Anderen und Fremden etwas zu vermindern. Beachtung verdient auch das relativ neue Projekt einer interkulturellen psychotherapeutischen Praxis.

Wir haben einiges zum »kulturellen und gesellschaftlichen Unbewussten« zusammengestellt, was uns gewichtig erscheint. Anderes fehlt, was die Aufnahme verdient hätte, z. B. die Zivilisations-, die Medien- und die gender-Theorie. Dies lässt sich in erster Linie auf den begrenzten Umfang eines solchen Buches zurückführen, aber auch wir als Herausgeber mussten unseren Gesichtskreis zunehmend erweitern und neue Bezüge herstellen, die von unserer eigenen Ausgangsposition her gesehen nicht selbstverständlich waren. Im dritten Band »Das Unbewusste in der Praxis« wollen wir noch weitere Beiträge zur kulturwissenschaftlichen Dimension des Unbewussten einbeziehen, vor allem in den beiden Abschnitten »Das Unbewusste in gesellschaftlichen und politischen Konfliktbereichen« und »Das Unbewusste in den Künsten und in der Lebenskunst«.

Michael B. Buchholz & Günter Gödde

Jan Assmann
Das Kulturelle Gedächtnis und das Unbewusste

I. Theoretische Ansätze eines »kulturellen Unbewussten«

1. Das kulturelle Gedächtnis als Gedächtnisform und kulturelle Funktion

Mit der Theorie des »kulturellen Gedächtnisses« verfolgen wir (ich referiere hier eine gemeinsam mit Aleida Assmann entwickelte Theorie) zwei Ziele. Erstens geht es darum, die Gedächtnisforschung über den von Maurice Halbwachs (1925, 1942, 1950) entwickelten Ansatz eines »kollektiven Gedächtnisses« hinaus in den Bereich der symbolisch objektivierten Überlieferungen (Texte, Bilder, Riten, Orte usw.) zu erweitern. Das kulturelle Gedächtnis steht dann am Ende einer Reihe verschiedener Gedächtnisformen, die mit dem strikt individuellen (episodischen, semantischen, prozeduralen ...) Gedächtnis beginnen und über die verschiedenen Formen eines sozialen (kommunikativen, generationellen) Gedächtnisses (Welzer 2002) und das politische Kollektivgedächtnis bis zum kulturellen Gedächtnis reichen (zusammenfassend: A. Assmann 2002). Damit schlagen wir nicht lediglich einen neuen Namen vor für das, was man bislang »Tradition« genannt hat, sondern fassen eine übergeordnete Instanz in den Blick, die neben dem Tradieren und dem Tradierten auch das Nicht-Tradieren und das Nicht-Tradierte umfasst. Zu den Wirkungsweisen des Gedächtnisses gehört ja das Vergessen ebenso wie das Erinnern.

Für die Frage nach dem Unbewussten in der Kultur ist diese Ausweitung des herkömmlichen Traditionsbegriffs auf den Bereich des kulturell Ab- oder Ausgeblendeten, Vergessenen oder gar Verdrängten, Marginalisierten, Dämonisierten und Perhorreszierten entscheidend. Weiterhin hat der Begriff des kulturellen Gedächtnisses gegenüber dem der Tradition den Vorteil, den Zusammenhang mit der Dynamik der Erinnerung und den anderen Gedächtnisformen sichtbar zu machen, der im Rahmen der herkömmlichen Terminologie unterbelichtet blieb. Während sich der Traditionsbegriff unabdingbar auf die *mémoire volontaire* (Proust 1921, S. 43) bewusster kultureller Überlieferungs- und Rezeptionsarbeit bezieht, erhebt der Begriff des kulturellen Gedächtnisses den Anspruch, auch Prozesse einer *mémoire involuntaire* in den Blick zu bekommen, die im Gegensatz zu den »Überlieferungen« der Tradition als »Übertragungen« im Sinne der psychoanalytischen Theorie bezeichnet werden können. Wir rechnen mit der Möglichkeit, dass eine Gegenwart sich nicht nur in bewusster Tradition und Rezeption in der Vergangenheit verankert, sondern auch von der bzw. *einer* und in einem emphatischen Sinne *ihrer* Vergangenheit heimgesucht werden kann.

Zweitens geht es bei der Theorie des kulturellen Gedächtnisses um die Gedächtnisfunktion der Kultur, um Kultur als Gedächtnis. Die Kultur, was immer wir darunter verstehen wollen, hat zweifellos viele Aspekte, Dimensionen und Funktionen; eine davon, und zwar eine sehr entscheidende, sehen wir in der Funktion eines Gedächtnisses, ohne das auf der Ebene des kollektiven, ebenso wie des individuellen Lebens Kontinuität, Entwicklung, Innovation und Identität nicht denkbar sind. Im Gegensatz zu Sigmund Freud und seinen Vorläufern im 19. Jahrhundert verstehen wir dieses Gedächtnis nicht als eine phylogenetische, in die Gene der Menschheit bzw. der Mitglieder einer Kultur einprogrammierte Erbschaft, sondern als »kulturelle Ausstattung, die weder vererbt noch von jeder Generation neu erfunden wird«, sondern »kodifiziert und stabilisiert werden« muss, »damit sie von Generation zu Generation weitergegeben, verändert, erneuert werden kann« (A. Assmann 2003, S. 183). Im Gegensatz zu dem sich alle 80 bis 100 Jahre erneuernden »kommunikativen« Gedächtnis der Gesellschaft stellt das »kulturelle« Gedächtnis eine Art »Langzeitgedächtnis« dar, dessen Horizont üblicherweise mehrere Jahrtausende umfasst.

Der Gegenstand dieses Beitrags ist nun jedoch nicht das kulturelle Gedächtnis als solches, sondern die Frage, ob und in welchem Sinne in diesem Zusammenhang von einem gesellschaftlichen bzw. kulturellen Unbewussten die Rede sein kann. In einer sehr sorgfältigen kritischen Auseinandersetzung mit verschiedenen Ansätzen eines gesellschaftlichen Unbewussten hat Hans-Joachim Busch (2001) überzeugend dargelegt, dass in allen von ihm behandelten Fällen strenggenommen nur von einem »deskriptiven Unbewussten« bzw. Vorbewussten, aber nicht von einem »dynamischen Unbewussten«, dem Unbewussten im eigentlichen psychoanalytischen Sinne, die Rede sein kann. Das deskriptive Unbewusste oder auch Vorbewusste ist nach Freud der Bereich des bis zur Selbstverständlichkeit Vergessenen, das aber jederzeit ins Bewusstsein zurückgerufen werden kann, das dynamische Unbewusste dagegen ist der Bereich des Verdrängten und der bewussten Erinnerungsarbeit nicht mehr Zugänglichen, das aus dieser Verborgenheit heraus seine pathogene Dynamik entfaltet. Eine dritte Form von Unbewusstheit neben oder zwischen dem Habitualisierten und dem Verdrängten entsteht durch einfaches Vergessen aufgrund von Veralten, Marginalisierung und Überholung. Verschiedentlich wurde postuliert, dass die postmoderne Informationsgesellschaft mit ihrem Kurzzeitgedächtnis, dessen gespeicherte Daten immer schneller veralten, das Langzeitgedächtnis der Kultur in den Hintergrund drängt (vgl. Esposito 2002, S. 287–368; Janson 2002, 2003), und durch die damit verbundenen Vergessensschübe die »Produktion gesellschaftlicher Unbewußtheit« (Erdheim 1984) fördert. Das deskriptive Unbewusste entspricht auf kultureller Ebene dem, was A. Assmann (1999, S. 130–145; 2003) als Speichergedächtnis bezeichnet. Innerhalb des kulturellen Gedächtnisses umfasst das »Funktionsgedächtnis« in Analogie zum Bewusstsein die von einer Gesellschaft in einer gegebenen Epoche tatsächlich gebrauchten, zirkulierten, »bewohnten« Überlieferungsbestände, das Speichergedächtnis dagegen die in Archiven und allen möglichen Deponien ab- und ausgelagerten Bestände des nicht mehr Gebrauchten, Apokryphen, Verschütteten und Vergessenen. Für all das kommt als Analogie nur der Begriff des deskriptiven, aber nicht des dynamischen Unbewussten in Betracht. Um dynamisch zu wirken, müssen solche Überlieferungsbestände Merkmale des Traumatischen aufweisen und dadurch traumatisierend auf die individuelle Seele wirken. Bei den von H.-J. Busch untersuchten Ansätzen eines gesellschaftlichen Unbewussten handelt es sich jedoch um verschiedene Formen einer gesellschaftlich bedingten »kognitiven Ausblendung« von Gegenwarts-Wahrnehmung, die zwar dem Einzelnen unbewusst, aber jederzeit einer sprachlichen Bewusstmachung zugänglich ist. Hier ist keine Verdrängung im strengen psychoanalytischen Sinne im Spiel. Allerdings geht es Busch und allen von ihm herangezogenen Positionen nur um Probleme der Gegenwart, ihrer Wahrnehmung und Bewältigung. In Bezug auf die Vergangenheit, als ein Problem des kollektiven, d. h. kommunikativen und kulturellen Gedächtnisses, ist die Frage des Unbewussten in der Kultur noch nicht behandelt worden. Unsere Frage ist daher nicht: Gibt es ein gesellschaftliches Unbewusstes, sondern: gibt es im kulturellen Gedächtnis eine Dimension des Unbewussten, und zwar nicht nur im deskriptiven, sondern auch im dynamischen Sinne?

2. Trauma und archaische Erbschaft: Sigmund Freud

Der Begriff des Unbewussten im dynamischen Sinne geht auf Freud zurück. Freud hat auch die entschiedensten und einflussreichsten Schritte zu seiner Anwendung auf kollektiver Ebene unternommen, vor allem in seinem letzten vollendeten Werk »Der Mann Moses und die monotheistische Religion«. Allerdings spricht er nicht von einem »kulturellen«, sondern von einem phylogenetischen Gedächtnis, das in seiner Anwendung auf die Entstehung des Judentums und der monotheistischen Religion sogar spezifischer als ein »ethnogenetisches« Gedächtnis bezeichnet werden muss, da es ja eine dem Judentum eigentümliche psychische Disposition geschaffen haben soll. Nach Freuds Theorie wird auch dieses »jüdische« Gedächtnis ebenso wie das phylogenetische Gedächtnis (die »archaische Erbschaft«) nicht durch kulturelle Sozialisation, sondern durch biologische Vererbung übertragen. Für diesen Lamarckismus ist Freud (wie ich meine, völlig zu Recht) von Yerushalmi (1991) scharf kritisiert worden. Allerdings haben Derrida (1995) und Bernstein (1998) gezeigt, dass und wie sich Freuds Theorie in die Richtung eines kulturellen Gedächtnisses (Derrida nennt es »Archiv«, Bernstein »Tradition«) ausweiten bzw. übersetzen lässt. Das geht zwar an Freuds Intentionen vorbei (J. Assmann 2004), weist aber die Richtung für eine fruchtbare kulturwissenschaftliche Auseinandersetzung mit Freuds Gedächtnistheorie.

Freud interessierte sich für Moses als den »Schöpfer des jüdischen Volkes«. Angesichts des anschwellenden Antisemitismus wollte er herausfinden, »warum der Jude wurde, was er ist, und warum er diesen unsterblichen Haß auf sich gezogen hat« (Freud & Zweig 1968, S. 102 f.). Seine Antwort war: das Judentum ist die Schöpfung des Mannes Moses, und zwar des erschlagenen und verdrängten Moses, dessen Lehre aus der Latenz heraus und in Form der Wiederkehr des Verdrängten die jüdische Seele formte. In diesem Buch unternimmt es Freud, seine auf der Ebene der Individualpsychologie entwickelte Neurosentheorie auf die Massenpsychologie anzuwenden. Die Geschichte des Monotheismus und das heißt: des Judentums, so meint Freud, kann man nur verstehen im Licht dieser Analogie. Einzig die Geschichte einer neurotischen Erkrankung in den fünf Phasen: Frühes Trauma – Abwehr und Verdrängung – Latenz – Ausbruch der neurotischen Erkrankung – Wiederkehr des Verdrängten ist in der Lage, eine überzeugende Erklärung zu liefern für die Phasen der Religionsgeschichte und der jüdischen Ethnogenese (Freud 1939, bes. S. 95–120). Freud rechnet also mit einer Dimension des Unbewussten, die sich auf die (Nicht-)Erinnerung der Vergangenheit, und nicht nur auf die (Nicht-)Wahrnehmung der Gegenwart (im Sinne kognitiver Ausblendung) bezieht.

Freud geht bekanntlich davon aus, dass Moses ein Ägypter war, der zur Zeit Echnatons lebte und dessen in Ägypten verfolgte monotheistische Lehre den Juden brachte. Diese hätten ihn aber erschlagen, weil sie die hohen Ansprüche dieser ethischen und abstrakten Religion nicht ertrugen. Der Mord an Moses hätte wiederum zu einer Traumatisierung der Täter geführt, denn in ihm sei eine andere, viel ältere Erinnerung ausagiert worden. Dafür greift Freud auf seine über 25 Jahre früher entwickelte Theorie von »Totem und Tabu« zurück. In der Urhorde herrscht der Vater uneingeschränkt über die Weibchen; die Söhne werden mit Tod oder Kastration bedroht, wenn sie dem Vater ins Gehege kommen. Schließlich aber, wenn seine Kräfte nachlassen, wird der Vater von den Söhnen erschlagen und verzehrt. Der Übergang von der Urhorde zur Kultur wird markiert durch die Verzichtleistung der Söhne, die Urvaterposition unbesetzt zu lassen und für alle Zeiten Vatermord und Inzest zu tabuisieren. In diesen Urerfahrungen der Menschheitsgeschichte empfing nach Freud die menschliche Seele ihre patri-ödipale Prägung. Mit der Erhebung des Urvaters in den Rang einer Gottheit entstanden Religion und Kultur, zuerst als Totemismus dann als Polytheismus, und legten sich als Deckerinnerungen über Urhorde, Urvater und Vatermord. Der Monotheismus ist nach Freud eine Vaterreligion und bedeutet insofern eine entscheidende Verschärfung dieser ursprünglichen ödipalen Prägung. Brachte schon die monotheistische Religion, die Mose verkündete, eine Wiederkehr des verdrängten Urvaters, dann bedeutete der Mord an Mose eine Wiederholung des ursprünglichen Vatermords, dessen Erinnerungsspuren sich der menschlichen Seele unauslöschlich eingeschrieben hatten. »Es wäre der Mühe wert, zu verstehen, wie es kam, dass die monotheistische Idee gerade auf das jüdische Volk einen so tiefen Eindruck machen und von ihm so zähe festgehalten werden konnte. Das Schicksal hatte dem jüdischen Volk die Großtat und Untat der Urzeit, die Vatertötung, näher gerückt, indem es dasselbe veranlaßte, sie an der Person des Moses, einer hervorragenden Vatergestalt, zu wiederholen. Es war ein Fall von ›Agieren‹ anstatt zu erinnern, wie er sich so häufig während der analytischen Arbeit am Neurotiker ereignet« (Freud 1939, S. 116). Dadurch wirkte dieser Mord übermächtig, traumatisierend auf die jüdische Seele. So erklärt Freud die Verdrängung der Tat und die folgende, jahrhundertelange Latenzzeit. Zwischen dem Akt der Religionsstiftung am Sinai, den Freud in die Jahrzehnte nach Echnatons Tod, also um 1300 v. Chr. ansetzt, und dem Beginn der prophetischen Bewegung Ende des 8. Jh. liegen 600 Jahre. Nachdem der Monotheismus schon einmal in voller Reinheit und Strenge da war, verschwand er für 600 Jahre aus dem religiösen Leben Israels, um sich dann mit dem Auftreten der Propheten allmählich wieder durchzusetzen, was noch einmal gut 300 Jahre dauert, bis zu Esra Ende des 5. Jhs. Diese 600 Jahre zwischen Mose und Jesaia deutet Freud als Latenzphase. Latenz in Freuds Sinne, jedenfalls im Rahmen der Moses-Studie, in der Freud auf frühere, inzwischen längst modifizierte oder aufgegebene Positionen zurückgreift, gibt es nur, wo etwas verdrängt wurde, und Verdrängung geschieht nur, wo ein Trauma vorherging.

Bei Freud sind diese Prägungen der menschlichen bzw. der jüdische Seele also nicht die Sache eines kulturellen, sondern eines phylogenetischen Gedächtnisses, das sich in Form der »archaischen Erbschaft«, vor aller Kultur und Sprache, der menschlichen Seele eingeprägt hat. Die ödipale bzw. mosaische Prägung im Sinne Freuds ist dem Bewusstsein unzugänglich. Die archaische Erbschaft gehört in das »dynamische« Unbewusste, das den Bereich des Verdrängten (und nicht des vergessenen, selbstverständlich gewordenen, Eingeschliffenen) bildet (vgl. Busch 2001, S. 415–418). Aus dem Verweilen in diesen Tiefenschichten des Unbewussten heraus bezieht die monotheistische Religion ihre zwingende Überzeugungskraft. Darin unterscheiden sich Religion und Tradition. Eine Tradition kann für Freud niemals die Kraft einer Religion entfalten.

Zwei Zitate bringen seine Konzeption dieser aus dem Unbewussten wirkenden Dynamik besonders klar zum Ausdruck: »Eine Tradition, die nur auf Mitteilungen gegründet wäre, könnte nicht den Zwangscharakter erzeugen, der den religiösen Phänomenen zukommt. Sie würde angehört, beurteilt, eventuell abgewiesen werden wie jede andere Nachricht von außen, erreichte nie das Privileg der Befreiung vom Zwang des logischen Denkens. Sie muß erst das Schicksal der Verdrängung, den Zustand des Verweilens im Unbewußten durchgemacht haben, ehe sie bei ihrer Wiederkehr so mächtige Wirkungen entfalten, die Massen in ihren Bann zwingen kann« (Freud 1939, S. 132 f.). »Es ist besonderer Hervorhebung wert, dass jedes aus der Vergessenheit wiederkehrende Stück sich mit besonderer Macht durchsetzt, einen unvergleichlich starken Einfluß auf die Menschenmassen übt und einen unwiderstehlichen Anspruch auf Wahrheit erhebt, gegen den logischer Einspruch machtlos bleibt. Nach Art des *Credo quia absurdum*. Dieser merkwürdige Charakter läßt sich nur nach dem Muster des Irrwahns der Psychotiker begreifen« (Freud 1939, S. 111).

Freuds Theorie des Monotheismus lässt sich heute nicht mehr halten, jedenfalls was seinen Ursprung in einer kollektiven Traumatisierung betrifft. Diese Deutung steht und fällt mit dem Postulat einer mehrhundertjährigen Latenzzeit (zwischen Moses und Jesaia), woran heute kein Historiker mehr glaubt. Diese Vorstellung einer Latenz ist vielmehr als eine Rückprojektion aus viel späterer Zeit zu deuten. Das radikal Neue, der Monotheismus, gibt sich als das in Vergessenheit geratene, aus der Vergessenheit wieder aufgetauchte Alte aus. Freud übernimmt diese Darstellung aus der biblischen Tradition, stellt sie aber seinerseits als Entdeckung einer »historischen« Wahrheit dar, die in der Bibel verschwiegen (weil verdrängt und unbewusst geworden) sei. Offenbar ist sich Freud selbst gar nicht der Tatsache bewusst, dass er mit dem Ansatz dieser Latenzphase nur der biblischen Darstellung folgt. Er glaubt vielmehr mit dem ganzen historisch-kritischen Pathos des Aufklärers, unter der tendenziösen Übermalung der biblischen Tradition die verdrängte »historische Wahrheit« aufzudecken. Damit illustriert sein eigener Fall sehr sinnfällig die unbewussten (oder vorbewussten) Prägungen, die vom kulturellen Gedächtnis – in diesem Falle der Bibel – ausgehen.

Die Frage ist aber, ob zugleich mit diesem Beispiel auch die ganze Theorie einer unbewussten Dimension des kollektiven Gedächtnisses aufgegeben werden muss oder ob sich nicht Teile der Freudschen Theorie bei einer Übersetzung seiner lamarckistischen Vorstellung einer biologisch-genetischen Übertragung in eine kulturwissenschaftliche Theorie des kulturellen Gedächtnisses retten und an geeigneteren Beispielen veranschaulichen lassen.

3. »Tiefe« und Unbewusstheit: Thomas Mann und das kulturelle Gedächtnis

Was wir bei Sigmund Freud vermissen, die eigentlich kulturellen Aspekte des kollektiven Gedächtnisses, finden wir bei Thomas Mann, der bisher noch nicht als Theoretiker eines kollektiven Gedächtnisses gewürdigt wurde (J. Assmann 1994). Zur gleichen Zeit wie Freud und unter vergleichbaren Umständen – auch er musste vor den Nazis fliehen und sein Werk im Exil vollenden – wandte sich Mann einem biblischen Stoff zu. Die beiden Projekte sind auch nicht ganz unabhängig voneinander zu sehen: Freud ließ sich von den ersten beiden, 1933 und 1934 erschienenen Joseph-Romanen so weit anregen, dass er seine Moses-Studie ursprünglich als »historischen Roman« konzipierte. Mann wiederum gab seiner Dankesschuld gegenüber Freud und der Psychoanalyse in einer Rede zu Freuds 80. Geburtstag Ausdruck (Mann 1936). Manns Joseph-Romane können als die bei weitem differenzierteste und anschaulichste Darstellung dessen gelten, was wir als kulturelles Gedächtnis bezeichnen. Auf der einen Seite vermeiden sie alle lamarckistischen, biologischen Vorstellungen, die Freuds und insbesondere auch Jungs Konzeption eines kollektiven, d. h. phylogenetischen Gedächtnisses bestimmen, und auf der anderen Seite spielt der Begriff des Unbewussten, unter expliziter Bezugnahme auf Freud, bei Mann eine zentrale Rolle. Während aber bei Freud damit eine der bewussten Reflexion und Bearbeitung entzogene seelische Schicht gemeint ist, in der alles das wurzelt, was unsere Überzeugungen und Motivationen mit geradezu zwanghafter Gewalt steuert, geht es Mann um die fließenden Übergänge zwischen dem Bewussten und dem Unbewussten in der Kultur. Für Thomas Mann ist der Mensch – wenn auch auf individuell unterschiedliche Weise – in der Vergangenheit verankert. Er lebt sein Leben nach mythischen Urformen und Urnormen, wandelt in Spuren. Sie bilden, ihm weitgehend unbewusst, doch der Bewusstmachung durch Reflexion zugänglich, eine Tiefenschicht seines geistigen Lebens. Der Einzelne lebt aus dem Fundus eines kulturellen Gedächtnisses, und besonders begabte Einzelne, Künstler, Philosophen, religiöse Lehrer arbeiten unablässig an der Überführung unbewusster Tiefenbilder oder Archetypen in Formen bewusster Anschauung.

Das kulturelle Gedächtnis, das Mann (ohne diesen Begriff zu verwenden) beschreibt, überschreitet nicht nur die Grenzen eines je individuellen Bewusstseins, sondern auch die Grenzen einer spezifischen Kultur. Es ist hybrid, vielschichtig, transkulturell. Diesen Aspekt veranschaulicht der Autor anhand eines Kleidungsstücks, der *kitonet passim*, die Rachel getragen und Jakob dem Joseph geschenkt haben soll. Sie dient Mann geradezu als eine Allegorie des kulturellen Gedächtnisses. Im ersten der Joseph-Romane »Die Geschichten Jaakobs« beschreibt er das Schleiergewand anlässlich der Vorbereitungen zu Jaakobs Hochzeit. Die in den Schleier eingesprengten Bildstickereien enthielten »die sinnigsten Zeichen und Bilder. Ischtar-Mami's Figur war oft und in verschiedener Ausführung dargestellt, nackt und klein, wie sie mit den Händen Milch aus ihren Brüsten preßt,

Sonne und Mond zu ihren Seiten. Überall kehrte vielfarbig der fünfstrahlige Stern wieder, der ›Gott‹ bedeutet, und silbern glänzte öfters die Taube, als Vogel der Liebes- und Muttergöttin, im Gewebe. Gilgamesch, der Held, zu zwei Dritteilen Gott und zu einem Mensch, war da zu sehen, wie er im Arm einen Löwen drosselt. Deutlich erkannte man das Skorpionmenschenpaar, das am Ende der Welt das Tor bewacht, durch welches die Sonne zur Unterwelt eingeht. Man sah unterschiedliches Getier, einst Buhlen der Ischtar, verwandelt von ihr, einen Wolf, eine Fledermaus, dieselbe, die einst Ischallanu, der Gärtner, gewesen. In einem bunten Vogel aber erkannte man Tammuz, den Schäfer, den ersten Gesellen ihrer Wollust, dem sie Weinen bestimmt hatte Jahr für Jahr, und nicht fehlte der feuerhauchende Himmelsstier, den Anu entsandte gegen Gilgamesch um Ischtars enttäuschten Verlangens und brünstiger Klage willen. Da Rahel das Kleid ließ durch ihre Hände gehen, sah sie einen Mann und ein Weib sitzen zu beiden Seiten eines Baumes, nach dessen Früchten sie die Hände streckten; aber im Rücken des Weibes bäumte sich eine Schlange. Und ein heiliger Baum wiederum war gestickt: an dem standen zwei bärtige Engel gegeneinander und berührten ihn zur Befruchtung mit den schuppigen Zapfen der männlichen Blüte; über dem Lebensbaum aber schwebte, von Sonne, Mond und Sternen umgeben, das Zeichen der Weiblichkeit. Auch waren Sprüche mit eingestickt, in breit-spitzen Zeichen, die lagen und schräg oder gerade standen und sich verschiedentlich kreuzten. Und Rahel entzifferte: ›Ich habe mein Kleid ausgezogen, soll ich's wieder anziehen?‹« (Mann 1933, S. 219f.).

Im zweiten Roman »Der junge Joseph« lässt er Joseph im Entziffern der Bilder seine mythologisch-literarische Bildung, seine Teilhabe am kulturellen Gedächtnis an den Tag legen: »Das ist Gilgamesch mit dem Löwen im Arm, ich erkenn' ihn von weitem! Und dort kämpft, wie ich sehe, einer mit einem Greifen und schwingt die Keule. [...] Ihr Zebaoth, was für Getier! Das sind die Buhlen der Göttin, Roß, Fledermaus, Wolf und der bunte Vogel! [...]. Ist das das Skorpion-Menschenpaar mit den Stachelschwänzen? [...] Was tun die bärtigen Geister am Baum? Sie befruchten ihn ... Und was steht geschrieben? ›Ausgezogen – hab' ich – mein Kleid, soll ich's – wieder anziehn?‹ Wunderbar! Immer die Nana mit Taube, Sonne und Mond ... [...] die Dattelpalme, aus der eine Göttin die Arme streckt mit Speise und Trank ...« (Mann 1934, S. 356f.).

So ein Gewand hat es natürlich nie gegeben, auf dem sich babylonische, hebräische (Sündenfall, Hl 5,3) und ägyptische (die »Baumgöttin«) Motive vermischen. Aber auf diesen hybriden Charakter des kulturellen Gedächtnisses kam es Thomas Mann in den Entstehungsjahren der Josephromane gerade an gegenüber den faschistischen Wahnvorstellungen von Arteigenheit und Rassenreinheit (vgl. Mann 1932). Natürlich bildet das kulturelle Gedächtnis kulturspezifische Horizonte aus und verläuft sich nicht in einem diffusen Menschheitsgedächtnis. Aber diese Grenzen sind fließend, sie nehmen in jedem individuellen Gedächtnis einen anderen Verlauf und natürlich gibt es Überlagerungen und Verbindungen. Gerade die Bibel mit ihren starken mesopotamischen, ägyptischen und ugaritischen Substraten veranschaulicht das auf eindrucksvollste Weise.

Normalerweise versinken solche Substrate in Tiefenschichten, die dem Einzelnen nicht mehr bewusst sind und erst durch historische Forschung wieder ins Bewusstsein gehoben werden müssen. Welcher europäische Sprecher macht sich klar, dass in unseren Wochentagen die Namen der sieben Planeten des antiken Weltbildes stecken: Sonne, Mond, Mars (= Tiu = Dienstag), Merkur (mercredi, mercoledi, = Wodan: Wednesday; im deutschen »Mittwoch« verschwunden), Jupiter (Giovedi, Jeudi = Thor: Thursday, Donnerstag), Venus (Venerdi, Vendredi = Freya: Friday, Freitag) und Saturn (Saturday)? Die Sprache transportiert ein multikulturelles Wissen bzw. Gedächtnis, das den Sprechern nicht mehr bewusst ist, jedoch jederzeit bewusst gemacht werden kann. Deshalb handelt es hier wohl weniger um das »dynamische« als um das »deskriptive« Unbewussten, d. h. das Vorbewusste, um Wissensbestände, die zu Selbstverständlichkeiten geworden und in ihrem Zustandekommen vergessen sind (vgl. Busch 2001). Es gibt zwei Formen solchen Wissens, und sie haben alle beide mit dem kulturellen Gedächtnis zu tun: 1. das bis zur Selbstverständlichkeit vergessene, habitualisierte Wissen, das aber in den Formen und Funktionen des kulturellen Lebens ständig präsent ist, also das, was auf der Ebene des persönlichen Gedächtnisses als »implicit memory« bezeichnet wird, 2. das marginalisierte, obsolet gewordene, von der Mehrheit tatsächlich vergessene Wissen, das nur noch in den Kellern der Archive und vielleicht in den Köpfen weniger Spezialisten ein Schattendasein führt (»Speichergedächtnis«, s. A. Assmann 1999, S. 130–145). Für beide Formen von »Unbewusstheit« gilt, dass sie der Bewusstmachung und Versprachlichung im Alltag entzogen, aber nicht prinzipiell unzugänglich sind.

Mit diesen beiden Formen von Unbewusstheit ist jedoch die Tiefendimension des kulturellen Gedächtnisses noch keineswegs ausgeleuchtet. Neben dem »bunten Kleid« der Rachel verwendet Thomas Mann noch ein anderes Bild für das kulturelle Gedächtnis, das auf eine andere Form von Unbewusstheit verweist. Es findet sich im selben Kapitel, das von der Aushändigung der *kitonet passim* an Joseph erzählt. Es geht um den Sinn eines Festes, bei dem ein Widder geopfert wird (in Stellvertretung des erstgeborenen Sohnes) und bei dem Jaakob geradezu übel wird, wenn er den religionsgeschichtlichen Hintergründen oder »Tiefenschichten« der Opfernacht nachgrübelt, »der Opfernacht, die herankommt, da wir das Schaf schlachten nach Sonnenuntergang und tauchen den Ysopbüschel ins Blut, um die Pfosten damit zu bestreichen, damit der Würger vorübergehe. Denn es ist die Nacht des Vorübergehens und der Verschonung um des Opfers willen, und ist das Blut an den Pfosten dem Umhergehenden eine Beschwichtigung und ein Zeichen, dass der Erstling geopfert ist zur Versöhnung und zum Ersatz für Menschen und Vieh, die es ihn zu würgen gelüstet. Darüber fiel ich mehrfach in Sinnen, denn der Mensch tut manches, und siehe, er weiß nicht, was er tut. Wüßte und bedächte er's aber, so möchte es sein, dass sich das Eingeweide ihm umwendete und ihm das Unterste zuoberst käme in Übelkeit«.

Jaakob trägt sich mit dem Gedanken, das Fest als überholt ganz abzuschaffen, aber Joseph versucht ihn mit einem Gleichnis davon abzubringen: »›Siehe, da ist ein Baum‹, rief er und wies mit ausgestreckter Hand ins Innere des Zeltes, als wäre dort zu sehen, wovon er sprach, ›prächtig in Stamm und Krone, von den Vätern gepflanzt zur Lust der Späten. Seine Wipfel regen sich funkelnd im Winde, da seine Wurzeln im Stein und Staube haften des Erdreichs, tief im Dunkeln. Weiß wohl auch der heitere Wipfel viel von der kotigen Wurzel? Nein, sondern ist mit dem Herrn hinausgekommen über sie, wiegt sich und denkt nicht ihrer. Also ist's, meines Bedünkens, mit Brauch und Unflat, und dass die fromme Sitte uns schmecke, bleibe das Unterste nur hübsch zuunterst‹«.

Mit der »kotigen Wurzel« ist nun in der Tat eine Tiefenschicht der kulturellen Erinnerung angesprochen, die sich dem bewusstmachenden Ausbuchstabieren entzieht. Das ist nicht mehr Vorbewusstes, sondern Unbewusstes. Was hier – in Thomas Manns Sicht – zugrundeliegt, ist ein Wissen, das nicht nur einfach obsolet, sondern zum Gegenstand kulturellen Abscheus geworden ist (das Opfer des Erstgeborenen). Joseph rät aber, »das Fest zu schonen und es nicht eifernd anzutasten um seiner Geschichten willen, für welche vielleicht mit der Zeit eine andere eintreten könnte«. Das Fest, das dieses Opfer an dem stellvertretenden Widder vollzieht, wird noch seinen Sinn erhalten: mit dem Auszug aus Ägypten und der Kreuzigung und Auferstehung Christi. Deshalb darf es nicht abgeschafft werden. Während Jaakob gewissermaßen die religiösen Untertöne dieses Festes hört und von ihnen abgestoßen ist, hört Joseph bereits die Obertöne zukünftiger Resemantisierungen. Dieses Pessachfest *avant la lettre* ist ein gutes, wenn auch natürlich erfundenes (oder zumindest rekonstruiertes) Beispiel für eine Tiefenschicht des kulturellen Gedächtnisses, die nicht einfach mit Vergessen, sondern geradezu mit Verdrängung zu tun hat. Insofern auch das christliche Abendmahl für Thomas Mann als eine Resemantisierung dieses Opferfestes im Blick steht, berührt sich seine Auffassung durchaus mit der Sigmund Freuds, der wiederholt auf die »kotige Wurzel« des Abendmahls in Gestalt der archaischen Totenmahlzeit aufmerksam gemacht hat. Immer wieder verweist auch Mann auf die Verbindung zwischen der Totenmahlzeit, dem Widder als Ersatztier für Isaak, dem Widderhaften in Isaaks Erscheinung und der allmählichen Sublimierung dieser Tiefenschichten des Festes bis hin zur Eucharistie. Wie A. Assmann in einem unpublizierten Vortrag gezeigt hat, brachte gerade der Abendmahlritus in Verbindung mit der im hohen Mittelalter aufkommenden Lehre von der Transsubstantiation kollektive Wahnvorstellungen hervor in Form der zahlreichen Blutwunderlegenden und antisemitischen Phantasien von Ritualmord und Hostienschändung, die sich aus dem dynamischen (und nicht nur dem deskriptiven) Unbewussten der Kultur zu speisen scheinen.

Der Begriff der »Tiefe« ist geradezu ein Leitmotiv der Josephromane, die ja mit dem Wort »tief« anfangen: »tief ist der Brunnen der Vergangenheit«. Dabei spielt Thomas Mann ständig mit der chronologischen und der psychologischen Bedeutung dieses Wortes. »In der Wortverbindung ›Tiefenpsychologie‹«, schreibt er, »hat ›Tiefe‹ auch zeitlichen Sinn: die Urgründe der Menschenseele sind zugleich auch *Urzeit*, jene Brunnentiefe der Zeiten, wo der Mythus zuhause ist und die Urnormen, Urformen des Lebens gründen« (Mann 1936, S. 493).

Das klingt zwar nach einem phylogenetischen Gedächtnis, vielleicht weniger im Sinne von Freud als von Jung und seiner Archetypenlehre, aber Thomas Mann denkt hier nicht an ein angeborenes, sondern ein erworbenes Gedächtnis. Er gibt sich große Mühe, die verschiedenen Wege klarzustellen, auf denen Joseph dieses Wissen im Zuge seiner kulturellen Sozialisation zugekommen ist. Dieser »babylonisch-ägyptisch gebildete Amurru-Knabe Joseph«, schreibt er in einem Brief an Horvitz, »weiß doch natürlich von Gilgamesch, Tammuz, Usiri, und er lebt ihnen nach. Eine weitgehend und eigentümlich hochstaplerische Identifikation seines Ich mit dem dieser Helden ist unterstellbar, und die Wiederverwirklichung des ja wesentlich zeitlosen Mythos ist ein Hauptzug der Psychologie, die ich dieser ganzen Welt zuzuschreiben geneigt bin« (Berger 1971, S. 58).

Joseph ist babylonisch-ägyptisch gebildet und seine »eigentümlich hochstaplerische Identifikation« ist ein Effekt dieser Bildung. Die Tiefenschicht, um die es geht, besteht nicht in irgendeiner angeborenen archaischen Erbschaft seines Seelenlebens, sondern in der Bildung, diesem komplexen kulturellen Gedächtnis selber, das er sich angeeignet hat. Die »kotige Wurzel«, bei der sich Jaakob der Magen umdreht, ist eine Sache der Kultur, nicht der individuellen Seele und daher Gegenstand mehr einer kulturellen »Tiefenhermeneutik« (Lorenzer 1986) als der Tiefenpsychologie, und ebenso steht es mit den Mythen, denen Joseph nachlebt.

Nicht die Tiefe der menschlichen Psyche, sondern die des kulturellen Gedächtnisses ist unauslotbar. Die menschliche Seele gewinnt aber an Tiefe nach Maßgabe ihrer Teilhabe an diesem Gedächtnis. Worum es Mann geht, ist die Unvordenklichkeit kultureller Erinnerungen und Prägungen und deren unauslotbare Tiefe. Von Urzeiten her kommen die Spuren, in denen wir gehen, die Prägungen, die unserer Seele Tiefe und unserem Leben Sinn geben. Die Zeit erscheint hier als psychisch verinnerlichte Dimension einer vertikalen Verankerung des menschlichen Lebens, wobei diese vertikale Achse in endlose Tiefen hinunterreicht. Historische Artikulationen wie etwa die biblische Josephsgeschichte oder das babylonische Gilgamesch-Epos erweisen sich nur als »Kulissen«, hinter denen sich weitere Räume der Erinnerung auftun. Niemand ergründet, wo diese Spuren oder eher Bahnen (zu dieser Unterscheidung s. A. Assmann 1992, bes. S. 93 f.) herkommen, in denen unser Leben verläuft. Das Prinzip dieser anfangslosen oder uranfänglichen vertikalen Verankerung des menschlichen Lebens nennt Thomas Mann »Mythos«. Die Mythen, in und aus denen wir leben, reichen in diese unvordenklichen Tiefen hinab, die sich jeder bewussten Reflexion entziehen.

Beide Autoren, Thomas Mann und Sigmund Freud, rechnen mit einer unbewussten Dimension der Kultur. Bei Mann aber ist das eine Dimension der Kultur, die sich aus der Überdeterminiertheit ihrer aus unvordenklichen Zeiten und verschiedenen Kulturräumen stammenden symbolischen Formen speist, während es sich bei Freud um eine Dimension der menschlichen Seele handelt, die aus phylogenetischen Traumatisierungen und ethno- bzw. ontogenetischen Retraumatisierungen folgt. Unsere Konzeption des kulturellen Gedächtnisses versucht beide Ansätze zu verbinden. Von Thomas Mann übernimmt sie den Gedanken einer unbewussten bzw. vorbewussten Dimension innerhalb der Kultur selbst, wofür das Gedächtnis der Sprache und der Riten das sinnfälligste Modell abgibt. Von Sigmund Freud übernimmt sie die Kategorien Trauma, Verdrängung und Latenz und damit den weitergehenden Begriff des Unbewussten im eigentlichen (»dynamischen«) Sinne. Wenn auch das von Freud bevorzugte Beispiel, die Entstehungsgeschichte des Monotheismus mit seiner vermeintlichen Latenzphase zwischen 1300 und 700 v. Chr. dafür kaum noch in Betracht gezogen werden kann, gibt es doch andere Beispiele, die die Annahme nahelegen, dass es auch auf kollektiver und kultureller Ebene Phänomene des Unbewussten gibt wie Traumatisierung und Verdrängung, Latenz, Übertragung und unwillkürliche bzw. ungesteuerte Erinnerungsschübe.

Von den unbewussten Tiefenschichten des jüdischen Seder und des christlichen Abendmahls war schon andeutungsweise die Rede. Einige weitere Beispiele wollen wir im Folgenden behandeln.

II. Fallbeispiele

1. Die »deutsche Neurose«

Für die mémoire involontaire einer Gesellschaft, die von ihrer Vergangenheit heimgesucht wird, gibt es vermutlich kein besseres Beispiel als den deutschen Umgang mit der NS-Vergangenheit, insbesondere mit Auschwitz, aber neuerdings auch mit den eigenen Leiden während der Bombardierungen, Vertreibungen und Vergewaltigungen. Wenn irgendwo, dann äußert sich in den eruptiven Erinnerungsschüben der letzten 20 Jahre eine Dynamik, die nachdrücklich auf das Unbewusste verweist (s. hierzu A. Assmann & Frevert 1999 und v. Schilling 2002 mit Diskussion der inzwischen überreichen Literatur zu diesem Thema). Dieser Fall stellt uns vor ein Dilemma: ihn in diesem Zusammenhang nicht zu erwähnen ist genau so unmöglich, wie ihn hier auch nur annähernd angemessen behandeln zu wollen. Daher müssen hier einige Andeutungen genügen. Die »deutsche Neurose«, die sich vor allem in einem tief gestörten Verhältnis zur eigenen Geschichte und zu allem, was mit dem Problem einer »nationalen Identität« zusammenhängt, äußert, hat schon früh die Psychoanalyse auf den

Plan gerufen (A. &. M. Mitscherlich 1967). Die Geschichte hat immer eine verborgene Dimension, die sich der bewussten Wahrnehmung auf kollektiver Ebene entzieht. Das betrifft z. B. den schleichenden Wandel in den tieferen Zeitschichten der longue durée, oder auch den Charakter einer sozialen Konstruktion, der jeder gemeinschaftlich bewohnten Sinnwelt eignet und der vergessen bzw. unbewusst werden muß, damit diese als unhinterfragte und quasi-natürliche Gegebenheit ihre normative Geltung entfalten kann. Etwas ganz anderes ist eine durch Geheimhaltung, Terror und Einschüchterung erzwungene Unbewusstheit durch kognitive Ausblendung, wie sie die Geschichte des Dritten Reichs kennzeichnet. Die Verbrechen des nationalsozialistischen Regimes und insbesondere der Mord an den europäischen Juden vollzogen sich in Deutschland, bis auf wenige Ausnahmen, unter schweigender Duldung der Bevölkerung, die teilweise auf wirklicher Unwissenheit, vor allem aber auf einer derartigen kognitiven Ausblendung beruhte. Man durfte und wollte nicht wissen und sehen, was hier geschah. Daher wurde den meisten auch die Schuld unterlassener Hilfeleistung, die das deutsche Volk dabei auf sich lud, und die Mithaftung für die in seinem Namen begangenen Verbrechen nicht bewusst. Nach 1945 führte die schockartige Konfrontation mit den nun offenbar gewordenen, unvorstellbaren Greueltaten in den Lagern daher in weitesten Kreisen zu Abwehrreaktionen, die sich ebenfalls als eine Form kognitiver Ausblendung verstehen lassen: verweigerte Auseinandersetzung, Beschweigen und die »Unfähigkeit zu trauern«. Die Rede von der »Stunde Null« verweist deutlich genug auf die unvermittelte Plötzlichkeit eines Neuanfangs, der die Vergangenheit verleugnet, verdrängt oder abspaltet, anstatt durch ihre Durcharbeitung hindurch einen wirklichen Wandel herbeizuführen. Die deutsche Re-education hatte mehr den Charakter einer (Zwangs-)Assimilation (bei der die Vergangenheit vergessen werden muss) als den einer Konversion (bei der sie erinnert werden muss). Natürlich müssen, wie Ernst Renan schon 1886 feststellte, bei der Gründung einer Nation »eine ganze Menge Dinge vergessen werden«, und das gilt auch für Neuanfänge wie in Deutschland nach 1945. Die Frage ist aber, ob es sich hier um echtes Vergessen, und nicht vielmehr um Verleugnen, Verdrängen und Abspalten gehandelt hat. Man könnte hier von einem »Schwerte-Syndrom« sprechen; der bekannte Fall des hohen SS-Funktionärs Hans Ernst Schneider, der nach 1945 unter dem Namen Hans Schwerte eine neue äußerst erfolgreiche Karriere machte, erscheint symptomatisch für weite Teile der deutschen Nachkriegsgesellschaft. Die eruptive Wucht, mit der seit der Mitte der 8oer

Jahre die »beschwiegene« Vergangenheit in Deutschland immer neue Debatten auslöst, läßt an die Wiederkehr des Verdrängten und damit an Phänomene eher des dynamischen als des deskriptiven Unbewussten denken. Gleichzeitig avancierte der Begriff »Trauma« zu einem Schlüsselbegriff auch auf sozial- und kulturwissenschaftlicher Ebene (Alexander et al. 2001; Eyerman 2001). So stellt sich die »deutsche Neurose« jetzt als ein »kulturelles Trauma« dar; die unbewohnbar und gerade dadurch übermächtig gewordene Vergangenheit führte in Deutschland zu einem gebrochenen Verhältnis zur gesamten deutschen Geschichte (Bohrer 2001 diagnostiziert diesen Befund als »Erinnerungslosigkeit«) und Identität. Diesen Phänomenen ist ohne den Ansatz einer *mémoire involontaire* und damit einer Dimension des Unbewussten im kollektiven und kulturellen Gedächtnis der Deutschen nicht beizukommen. Doch würde auch nur der oberflächlichste Versuch in dieser Richtung den Rahmen dieses Beitrags sprengen. Die folgenden Beispiele kehren zu der religionsgeschichtlichen Ebene zurück, auf die sich auch die theoretischen Ansätze Freuds und Thomas Manns beziehen.

*2. Echnaton: Trauma, Verdrängung und Krypta
im kulturellen Gedächtnis Ägyptens*

Echnaton, jener ägyptische Pharao, unter dem Thomas Mann seinen Joseph und Sigmund Freud seinen Moses ansetzte, hatte während der 17 Jahre seiner Regierungszeit (1360–1343) die traditionellen ägyptischen Kulte abgeschafft und eine neue Religion, die ausschließliche Verehrung der »Sonnenscheibe« (Aton) eingeführt (zu diesem Fall s. J. Assmann 1996). Nach seinem Tod war er aufgrund dieser ungeheuren Freveltat einer damnatio memoriae zum Opfer gefallen. Das allein wird man jedoch nicht als kulturelle »Verdrängung« bezeichnen wollen. Auf die Dynamik von Trauma, Verdrängung und Latenz verweist ein anderer, sehr merkwürdiger Umstand. Bei Manetho, einem ägyptischen, griechisch schreibenden Geschichtsschreiber des 3. Jh. v. Chr. findet sich ein Bericht, der nur auf Echnaton und die Amarnazeit bezogen werden kann, auch wenn Echnaton, dessen Name ja aus den Königslisten und anderen Quellen getilgt war, bei ihm nicht so heißt (sondern »Osarsiph« alias »Moses«) und ganz offensichtlich mit anderen Erinnerungen kontaminiert ist.

Manetho erzählt von einem ägyptischen Priester namens Osarsiph, der zu Zeiten Amenophis' III. (also des Vaters des aus den Königslisten gestrichenen Echnaton) sich zum Führer einer Gruppe Aussätziger machte. Der König hatte diese Aussätzigen in Konzentrationslagern interniert und zur Zwangsarbeit verpflichtet. Eine Weissagung hatte ihm mitgeteilt, die Aussätzigen würden das Land verunreinigen und dadurch verhindern, dass er, König Amenophis, die Götter schauen könnte. Osarsiph verhandelt mit dem König und erreicht freien Abzug in die alte Hyksosstadt Avaris im Ostdelta. Dort organisiert er seine Aussätzigen in einer Leprakolonie und gibt ihnen Gesetze. Das erste Gebot befiehlt: die Götter dürfen nicht angebetet werden. Das zweite befiehlt das Essen der heiligen Tiere und die Mißachtung sonstiger Speisetabus. Das dritte verbietet den Umgang mit Außenstehenden. Zuletzt, heißt es, nimmt Osarsiph den Namen »Moyses« an. Des weiteren befestigte Osarsiph alias Moyses die Stadt, eroberte Ägypten und terrorisierte das Land 13 Jahre lang in der schlimmsten Weise. Die Aussätzigen verbrannten die Städte und Tempel, zerstörten die Götterbilder, verwandelten die Sanktuare in Küchen und brieten die heiligen Tiere am Spieß. 13 Jahre entspricht ungefähr der Besiedlungsdauer von El-Amarna. Die Handlung spielt in der Amarnazeit. Offenkundig bewahrt diese Legende eine vage und verschobene Erinnerung an die monotheistische Episode der Amarnazeit, deren frevlerischen, ikonoklastischen Charakter sie deutlich genug zum Ausdruck bringt.

Zwei Umstände kamen hier zusammen, um diesen Fall einer kulturellen Verdrängung, Latenz und Wiederkehr des Verdrängten hervorzubringen: die Zerstörung der expliziten Erinnerung und eine schockartige kollektive Traumatisierung. Diese Traumatisierung bestand zum einen in dem radikalen Umsturz des traditionellen religiösen Weltbildes mit der Abschaffung und Zerstörung all dessen, von dem man den Fortbestand der Welt abhängig glaubte, ein Kulturschock, wie er nur mit der Zerstörung der heidnischen Religionen durch die Christen und der Zerstörung der eingeborenen Religionen durch die moderne, missionsgestützte Kolonisation verglichen werden kann, und zum anderen in einer schweren, jahrzehntelangen Pestepidemie, die zu Ende und im Anschluss an die Amarnazeit Ägypten und Vorderasien heimsuchte. Wir möchten annehmen, dass diese Erfahrung, verschärft durch mehrfache Retraumatisierungen, vor allem durch die vier assyrischen Eroberungen im 8. und 7. Jh. v. Chr. und die verhaßte Perserherrschaft, die spätägyptische Mentalität in einer Weise prägte, die sich in dem Feindbild des asiatischen Religionsfrevlers und einem phobischen Antimonotheismus ausdrückte. Echnatons Tat wirkte traumatisierend, weil ihr zerstörender Eingriff in die unbewusst weil selbstverständlich gewordenen Tiefenschichten gesellschaftlicher Semantik hinabreichte (vgl. Erdheim 1984, S. 220f.). Eine Reihe weiterer spätägyptischer Legenden und Kultbräuche weisen in die gleiche Richtung. Damit war der Boden bereitet für die bekannten »antisemitischen« Reaktionen der hellenistischen Ägypter auf den jüdischen Monotheismus. Echnaton war von den Ägyptern offenbar nicht vergessen, sondern *verdrängt* worden und aus der Tiefe dieser Verdrängung heraus wirksam geblieben. Der ägyptische Antisemitismus ist als eine Wiederkehr des Verdrängten zu verstehen. Unter den Bedingungen der Fremdherrschaft und des allgemeinen Hellenisierungsdrucks, also in einer hochsensiblen Situation, richtet er sich vor allem gegen den ikonoklastischen Impuls des jüdischen Monotheismus.

3. Lykanthropie: Kryptenbildung in »sekundären« Religionen

Das zweite Fallbeispiel bezieht sich einerseits auf den berühmten Fall des »Wolfsmannes« (Freud 1918b) und andererseits auf die Inkorporation »heidnischer« Bräuche in der vom Christentum dominierten abendländischen Religionsgeschichte. Robert Eisler, ein der Schule Aby Warburgs nahestehender Kulturwissenschaftler hat einen Komplex von Riten, Legenden und Vorstellungen erschlossen, die alle um das Motiv des Werwolfs kreisen und die er unter dem Begriff »Lykanthropie« zusammengefaßt hat (Eisler 1943). Als Lykanthropie bezeichnete man in der Antike die Tollwut sowie Anfälle von bis zum Wahnsinn gesteigerter Wut. Ausgehend von Stammes- und Völkernamen wie Luwier, Lyker, Lucanier, Dacier and Hyrcanier, die alle von Wörtern für »Wolf« und »Wölfin« abgeleitet sind, und die er als Erinnerungsspuren archaischer Verwandlungsriten interpretiert, rekonstruierte Eisler ein weltweit verbreitetes Ritual, das mit dem Übergang vom Sammler- zum Jägertum zusammenhängen soll. Durch die rituelle Identifikation mit besonders blutdürstigen Raubtieren soll sich der Mensch in grauer Vorzeit das Jägertum angelernt haben und gewissermaßen selbst zum fleischfressenden Raubtier mutiert sein. In seiner Entdeckerfreude schoss Eisler freilich weit über das Ziel hinaus und erhob genau wie Freud, der Entdecker des Ödipus-Komplexes, seinen Fund in den Rang einer anthropologischen Universalie. So deutet er die Werwolf-Überlieferungen als Archetyp im Sinne C. G. Jungs und präsentiert seine

Ergebnisse als den endgültigen Beweis für die Richtigkeit der Lamarckschen These von der biologischen Vererbbarkeit erworbener Eigenschaften: »The hereditary transmission of acquired characteristics is proved beyond the possibility of doubt« (Eisler 1943, S. 253). In Wirklichkeit handelt es sich bei den von Eisler erhobenen Funden um Spuren schamanistischer Riten, die weit vor das Christentum in antike und vielleicht sogar vorgeschichtliche Religionsformen zurückreichen und im Rahmen des Christentums nur in kulturellen Nischen überleben konnten. Die Kultur, und nicht die Biologie, ist hier das Medium der Übertragung. Die Kultur schleppt diese zur Folklore abgesunkene und vom Christentum verteufelte Vorstellungswelt eines vorchristlichen und zu grossen Teilen gewiss auch vorgriechischen Schamanismus durch die Jahrtausende bis in unsere Zeiten mit sich, in Krypten und Nischen, die sich dem Unbewussten vergleichen lassen. (Zum Begriff »Krypta« in individualpsychologischem Bezug s. Abraham & Torok 2001).

Das Christentum ruht auf einer Reihe älterer Religionen auf, die es einerseits als »Heidentum« ausgegrenzt, ja geradezu verteufelt hat. Andererseits hat es im Zuge der synkretistischen Einschmelzung entscheidende Formen und Bestände dieser heidnischen Religionen in sich aufgenommen. Die »heidnische« Herkunft dieser Elemente muss aber vergessen und unsichtbar gemacht werden. Man kann daher sagen, dass das Christentum und andere gestiftete Offenbarungsreligionen, die in einer zugleich synkretistischen und antagonistischen Akkulturation ältere Religionen beerben, eine neue Form von Unbewusstheit ausbilden, indem sie sich mit Beständen älterer Religionserfahrung und Religionsausübung anreichern, deren Semantik sie umdeuten und deren Formen sie umfunktionieren müssen, um sie im neuen Kontext lebensfähig zu erhalten. Diese Bestände bilden im Ganzen der neuen Religion eine Art »Krypta«, die vom Licht der bewusst gepflegten religiösen Semantik nicht mehr erhellt wird, aus deren Tiefen aber jederzeit neue bzw. uralte Impulse aufsteigen und die Menschen in ihren Bann zwingen können.

In einem ganz anderen Sinne als bei Freud könnte man die in »sekundäre« Religionen (J. Assmann 1998) eingeschmolzenen Formen primärer Religionserfahrung als »archaische Erbschaft« bezeichnen. Sie ist zwar nicht der menschlichen Psyche eingeschrieben, aber sie bildet eine Tiefendimension, eine »Krypta« der religiösen Tradition selbst, die, ebenso wie die Sprache, sehr viel mehr an Wissen und Erinnerung mit sich führt, als denen, die darin leben, jeweils zum Bewusstsein kommt. Sekundäre Religionen bzw. Gegenreligionen sind doppelbödig: sie tragen im Sinne einer vergessenen Krypta das verworfene Heidentum in sich. Um dynamisch zu wirken, müssen solche gewissermaßen »unbewohnten« Überlieferungsbestände Merkmale des Traumatischen aufweisen und dadurch traumatisierend auf die frühkindliche Seele wirken. Dieser Fall könnte bei Sergej Konstantinowitsch Panjekeff vorliegen, dem Freud den Decknamen »Wolfsmann« gegeben hat. Der ganze Überlieferungskomplex, der es mit der Verwandlung von Männern in Wölfe zu tun hat, ist wie andere Relikte des archaischen Schamanismus mit der Einführung des Christentums nicht einfach in Vergessenheit geraten und zur Folklore abgesunken, sondern er ist regelrecht verdrängt, verleugnet und mit den negativen Zügen des Satanischen ausgestattet worden. Erst dadurch gewinnen die Bilder und Erzählungen, denen der Wolfsmann in früher Kindheit durch seine Nanja ausgesetzt wurde, ihren tief beunruhigenden und traumatisierenden Charakter.

Carlo Ginzburg, der sich der Erforschung solcher Überreste eines prähistorischen Schamanismus im Gedächtnis des christlichen Abendlandes gewidmet hat, hat auf die Seltsamkeit aufmerksam gemacht, dass Freud in seiner Wolfsmann-Studie mit keinem Wort auf diese Hintergründe eingeht (Ginzburg 1986). Ginzburg zeigt, dass Werwolf-Legenden gerade in der russischen Heimat des Wolfsmannes eine große Rolle spielen. Die Erziehung des Kindes lag in den Händen einer Kinderfrau aus dem Volke, die ihm diese Legenden erzählt haben könnte. Dazu kommt ein Detail, das in diesem Zusammenhang zentrale Bedeutung hat, mit dem aber Freud wenig anfängt. Der Wolfsmann wurde, wie er ganz zum Schluss seiner Behandlung erwähnt, »mit dem Hemd« bzw. »in der Glückshaube« geboren. Mit der Glückshaube geboren zu sein, galt aber im Rahmen der Werwolf-Legenden als Zeichen schamanistischer Berufung. Wer mit der Haube geboren wurde, war dazu berufen, seinerseits Wolfsgestalt anzunehmen und an den Riten der Werwölfe teilzunehmen. »In der slavischen Volkstradition«, schreibt Ginzburg, »wurden den im Hemd Geborenen außergewöhnliche Fähigkeiten zugeschrieben, darunter in erster Linie die, ein Werwolf zu werden« (Ginzburg 1986, S. 190). Der Fall des Wolfsmannes zeigt, wie solche unbewusst gewordenen, kulturell verteufelten und phobisch besetzten Elemente der Überlieferung auf die frühkindliche Seele einwirken können. Zugleich zeigt er, bis zu welchem Grad kognitiver Ausblendung das kulturelle Gedächtnis bei Freud gegenüber dem phylo- und ontogenetischen Gedächtnis aus dem Blick geraten ist. Freud gibt zwar seinem Patienten den Namen »Wolfsmann« (was das Gleiche bedeutet wie »Werwolf«), ohne diesen Komplex auch nur mit einem Wort zu erwähnen. Freuds kulturtheoretische Arbeiten haben das unbestreitbare Verdienst, uns auf die unbewusste Dimension der Tradition im Sinne einer kollektiven »Übertragung« (im psychoanalytischen Sinne des Wortes) aufmerksam gemacht zu haben. Vollkommen zu Recht hat Freud schon 1926 auf die grosse Bedeutung hingewiesen, die der Psychoanalyse für die Kulturwissenschaften zukommt: »Als ›Tiefenpsychologie‹, Lehre vom seelisch Unbewußten, kann sie all den Wissenschaften unentbehrlich werden, die sich mit der Entstehungsgeschichte der menschlichen Kultur und ihren großen Institutionen wie Kunst, Religion und Gesellschaftsordnung beschäftigen« (Freud 1926, S. 283).

Wir müssen aber diese Dimension nicht in der individuellen Psyche, sondern im kulturellen Gedächtnis lokalisieren, in das jeder einzelne auf seine Weise hineingeboren und hineinsozialisiert wird. Nicht die Kultur ist Ausdruck oder Symptom einer psychischen Grundaustattung, sondern umgekehrt: in den je individuellen psychischen Strukturen prägen sich kulturell vermittelte Übertragungen aus. Das kulturelle Gedächtnis wird nicht phylogenetisch vererbt, sondern ontogenetisch erworben, aber nicht nur durch bewusstes Lernen, sondern über Spracherwerb, Kommunikation, komplexe interaktive Prozesse, die weit über das bewusst Erlebte und Verarbeitete hinausgehen.

4. Texte, Riten, Bilder – Medien kultureller Prägungen

Franz Maciejewski (2002) hat den jüdischen Ritus der Säuglingsbeschreibung als Beispiel einer kulturellen Prägung beschrieben, die traumatisierend wirkt und zwar als symbolische Kastration im Sinne und im Dienste der »ödipalen Verschärfung«, wie sie die monotheistische Vaterreligion fordert. Das Christentum hat die Beschneidung durch die Taufe ersetzt, die natürlich keinen irgendwie traumatisierenden körperlichen Eingriff darstellt. Dafür hat es aber eine Bilderwelt der Grausamkeit entwickelt, deren möglicherweise traumatisierenden Einfluss auf die frühkindliche und adoleszente Seele man nicht unterschätzen sollte. Wenn wir uns fragen, auf welchen Wegen und in welchen Formen kulturelle Prägungen denkbar sind, die bis in die Bereiche des Unbewussten reichen, dann gelangen wir zur Dreiheit von Handlungen, Erzählungen und Bildern bzw. pragmatischen, narrativen und ikonischen Prägungen. Zu *pragmatisch* bedingten kulturellen Prägungen gehören Riten und Sitten wie die Säuglingsbeschneidung bei Juden und Muslimen, die dreijährige enge Wickelung bei Russen und Indianern (Maciejewski 2002, S. 231–235), das dreijährige Tragen des Säuglings am Körper im Sinne einer verlängerten extrauterinen Schwangerschaft bei vielen afrikanischen Stämmen sowie zahllose andere kulturelle Konditionierungen, aber gerade nicht jene Handlungen wie Kindesmissbrauch, mit denen Freud rechnete; diese wirken zwar traumatisierend, aber nicht *kulturell* prägend, da ihnen jeder kulturelle Charakter abgeht. Zu *narrativen* Prägungen gehören z. B. die Märchen und sonstigen folkloristischen Überlieferungen von oftmals grausamem, schreckenerregendem Charakter wie z. B. die Werwolf-Folklore. Für die *ikonischen* Prägungen gibt es kein besseres Beispiel als die schon erwähnte christliche Bilderwelt, die bewusst zur Seelenformung und Affektmodellierung entwickelt wurde und in der realistischen Darstellung von sadistischen Folterungen und Hinrichtungen weltweit ihresgleichen sucht. Dagegen hat die Freudsche Urszene, d. h. die ungewollte aber in Kauf genommene Konfrontation des Kleinkindes mit dem Anblick des elterlichen Koitus, nichts mit *kultureller* Prägung (sondern nur mit persönlichem Erleben) zu tun.

Diese Dreiheit von Handlungen, Erzählungen und Bildern ist uns auch aus den antiken Mysterienweihen bekannt, die auf nichts anderes als eine maximale psychische Beeindruckung, ja Transformation des Initianden durch gezielt eingesetzte Schockwirkungen abzielen. Diese Initiationsriten verwendeten nach antiker Überlieferung Handlungen (*dromena*), Erzählungen (*legomena*) und Zeigbilder (*deiknymena*). Freilich waren es nicht Säuglinge und Kleinstkinder, sondern Jugendliche und Erwachsene, die diesem Ritual unterworfen wurden. Ausserdem sorgte der Mystagoge für die bewusste Deutung und Verarbeitung der erschreckenden, schmerzlichen und beglückenden Wirkungen des Rituals. Dasselbe gilt für alle anderen Initiationsriten, die mit Formen kultureller Traumatisierung arbeiten. Wo die Kultur bewusst traumatisierende Effekte einsetzt, da bildet sie in der Regel auch Formen aus, solche Traumen im Dienste der Persönlichkeitsbildung zu verarbeiten. Daher wäre es vollkommen unsinnig, die Kultur in Bausch und Bogen als eine traumatisierende Institution zu charakterisieren. Statt von Traumatisierungen sollten wir daher eher von Prägungen und Übertragungen reden, die normalerweise bis in den Bereich des deskriptiven Unbewussten und nur ausnahmsweise in den des dynamischen Unbewussten reichen.

Literatur

Abraham, N. & Torok, M. (2001): Trauer oder Melancholie. Introjizieren – inkorporieren. In: Psyche 55, S. 545–559.
Alexander, J., Giesen, B., Smelser, N., Sztompka, P. (2001): Cultural Trauma. Theory and Applications. Berkeley (UC Press).
Assmann, A. (1990): Nietzsche vs. Ritschl. Zwei Theorien impliziter Axiome. In: W. Huber, E. Petzold & Th. Sundermeier. (Hg.) (1990): Implizite Axiome. Tiefenstrukturen des Denkens und Handelns. München (Kaiser), S. 246–262.
Assmann, A. (1992): Schrift und Gedächtnis – Rivalität oder Allianz? In: M. Faßler & W. Halbach (Hg.), Inszenierungen von Information. Motive elektronischer Ordnung. Gießen (UTB), S. 93–102.
Assmann, A. (1999): Erinnerungsräume. Formen und Funktionen des kulturellen Gedächtnisses. München (Beck).
Assmann, A. (2002): Vier Formen des Gedächtnisses. In: Erwägen – Wissen – Ethik 13, S. 183–190.
Assmann, A. (2003): Speichergedächtnis und Funktionsgedächtnis in Geschichte und Gegenwart. In: P. J. Schneemann, »Die Geschichtlichkeit des Objektes«. In: P. Rusterholz & R. Moser (Hg.), Wir sind Erinnerung, Berner Universitätsschriften 47. Bern (Haupt), S. 181–196.
Assmann, A. & Frevert, U. (1999): Geschichtsvergessenheit, Geschichtsversessenheit. Vom Umgang mit deutschen Vergangenheiten nach 1945. Stuttgart (DVA), S. 19–150.
Assmann, A. & J. (in Vorb.): The Past in the Present. Dimensions and Dynamics of Cultural Memory. Cambridge (Harvard).
Assmann, J. (1994): Zitathaftes Leben. Thomas Mann und die Phänomenologie der kulturellen Erinnerung. In: Thomas Mann Jahrbuch Bd. 6, S. 133–158.
Assmann, J. (1996): »Ancient Egyptian Antijudaism – a case of distorted memory«. In: D. L. Shacter et al. (Hg.) (1996): Memory Distortion. Cambridge, MA (Harvard), S. 365–376.
Assmann, J. (1998): Moses der Ägypter. Entzifferung einer Gedächtnisspur. München (Hanser).
Assmann, J. (2002a): Das kulturelle Gedächtnis. In: Erwägen – Wissen – Ethik 13, S. 239–247.
Assmann, J. (2004): Sigmund Freud und das kulturelle Gedächtnis. In: Psyche 58, 2004, S. 1–25.
Berger, W. R. (1971): Die mythologischen Motive in Thomas Manns Roman »Joseph und seine Brüder«. Köln – Wien (Böhlau).
Bernstein, R. J. (1998): Freud und das Vermächtnis des Mose, Berlin/Wien (Philo) 2003.
Busch, H. J. (2001): Gibt es ein gesellschaftliches Unbewußtes? In: Psyche 55, S. 392–421.
Echterhoff, G. & Saar, M. (Hg.) (2002): Kontexte und Kulturen des Erinnerns. Maurice Halbwachs und das Paradigma des kollektiven Gedächtnisses. Konstanz (UVK).

Eisler, R. (1943): Men into Wolf: an anthropological interpretation of Sadism, Masochism, and lycanthropy, a lecture delivered at a meeting of the Royal Society of Medicine. With an Introduction by David K. Henderson, New York (Greenwood Press) 1969.

Erdheim, M. (1984): Die gesellschaftliche Produktion von Unbewußtheit. Frankfurt/M. (Suhrkamp).

Erdheim, M. (1988): Die Psychoanalyse und das Unbewußte in der Kultur. Frankfurt/M. (Suhrkamp).

Esposito, E. (2002): Soziales Vergessen. Formen und Medien des Gedächtnisses in der Gesellschaft. Frankfurt/M. (Suhrkamp).

Eyerman, R. (2001): Cultural Trauma. Slavery and the Formation of American African Identity. Cambridge (Cambridge UP).

Freud, S. (1918): Aus der Geschichte einer infantilen Neurose. GW XII, S. 27–157.

Freud, S. (1926): Die Frage der Laienanalyse. GW XIV, S. 207–286.

Freud, S. (1939): Der Mann Moses und die monotheistische Religion. Amsterdam (Allert de Lange).

Freud, S. & Zweig, A. (1968): Briefwechsel, Frankfurt/M. (Fischer).

Ginzburg, C. (1986): Freud, der Wolfsmann und die Werwölfe. In: Zeitschrift für Volkskunde 82, S. 189–199.

Halbwachs, M. (1925): Das Gedächtnis und seine sozialen Rahmenbedingungen. Frankfurt/M. (Suhrkamp) 1987.

Halbwachs, M. (1943): Stätten der Verkündigung im heiligen Land. Eine Studie zum kollektiven Gedächtnis. Konstanz (UVK) 2002.

Halbwachs, M. (1950): La mémoire collective. Édition critique par G. Namer. Paris (Albin Michel) 1997.

Huber, W., Petzold, E.& Sundermeier, Th. (Hg.) (1990): Implizite Axiome. Tiefenstrukturen des Denkens und Handelns. München (Kaiser).

Janson, U. (2002): Das Ende der Geschichte im Internet. In: P. Haber & C. Koller (Hg.): Geschichte und Internet. »Raumlose Orte – Geschichtslose Zeit. Zürich (Geschichte und Informatik 12), S. 11–21.

Janson, U. (2003): Kritik der Neuen Medien, München (Fink).

Maciejewski, F. (2002): Psychoanalytisches Archiv und jüdisches Gedächtnis. Freud, Beschneidung und Monotheismus. Wien 2002.

Mann, T. (1932): Die Einheit des Menschengeistes. In: Essays, Bd. 3. Frankfurt/M. (Fischer) 1994, S. 301–306.

Mann, T. (1933): Joseph und seine Brüder, Bd. 1: Die Geschichten Jaakobs. Frankfurt/M. (Fischer) 1964.

Mann, T. (1934): Joseph und seine Brüder, Bd. 2: Der junge Joseph. Frankfurt/M. (Fischer) 1964.

Mann, T. (1936): Freud und die Zukunft. In: Gesammelte Werke in Dreizehn Bänden. Bd. IX, Reden und Aufsätze I. Frankfurt/M. (Fischer) 1990, S. 478–501.

Mann, T. (1942): Joseph und seine Brüder. In: Essays, Bd. 4. Frankfurt/M. (Fischer) 1994, S. 183–200.

Mitscherlich, A. & M. (1967): Die Unfähigkeit zu trauern. Grundlagen kollektiven Verhaltens. München (Piper).

Namer, G. (1987): Mémoire et société. Paris (Klincksieck).

Proust, M. (1921): Du côté de chez Swann. Paris (Gallimard) 1987.
Schilling, K. v. (2002): Scheitern an der Vergangenheit. Das deutsche Selbstverständnis zwischen Re-Education und Berliner Republik. Berlin (Philo).
Shacter, D. L., Coyle, J. T., Fischbach, G. D., Mesulam, M. M. & Sullivan L. E. (Hg.) (1996): Memory Distortion. Cambridge, MA (Harvard).
Volkan, V. D. (2000): »Großgruppenidentität und auserwähltes Trauma«. In: Psyche 54, S. 931–953.
Welzer, H. (Hg.) (2001): Das soziale Gedächtnis. Geschichte, Erinnerung, Tradierung. Hamburg (HE).
Welzer, H. (2002): Das kommunikative Gedächtnis. Eine Theorie der Erinnerung. München (Beck).

Christina von Braun

Alphabet und Kastration

Die Quellen des Unbewussten sind einerseits die individuellen Erfahrungen, die durch eine Biographie bestimmt werden. Es sind andererseits aber auch die kollektiven Strömungen, die sich der Erfahrungswelt einer kulturellen Gemeinschaft verdanken und sich über diese dem Unbewussten des einzelnen einschreiben. Zwischen dem kollektiven und dem individuellen Unbewussten besteht eine Wechselbeziehung, deren Kanäle sich oft deutlich an den Ereignissen ablesen lassen, die zu tiefer Emotionalisierung führen – wie etwa internationale Fußballmeisterschaften oder der Unfalltod und die (weltweit von zweieinhalb Milliarden Menschen verfolgte) Bestattung von Lady Diana (vgl. von Braun 2002). Bei diesen hoch emotional aufgeladenen Ereignissen spielen die Medien eine wichtige Rolle. Durch sie werden Ereignisse zu einem Gemeinschaftserlebnis. Das heißt, bei den emotional aufgeladenen ›Events‹ geht es nicht nur um das Fußballspiel oder die ›Queen of Hearts‹ selbst, sondern um die Tatsache, dass diese Ereignisse – dank medialer Techniken – zu Gemeinschaftserlebnissen werden. Erst das verleiht ihnen ihr Erregungspotential. Die Medien sind die Röhren, durch die kollektive und individuelle Erfahrungen miteinander kommunizieren. Dabei ist es letztlich nebensächlich, um welche Art von Medium es sich handelt: Entscheidend ist nur, dass ein Ereignis zu einem Gemeinschaftserlebnis werden kann. Genauer: zur Erfahrung von Gemeinschaft wird (vgl. von Braun 2003). Im Folgenden möchte ich – am Beispiel des Stierkampfs und der kulturgeschichtlichen Hintergründe für die Symbolik des Stiers – darstellen, dass sich diese Rolle der Medien keineswegs nur auf die Moderne beschränkt, sondern dem westlichen Denken schon seit seiner Geburt in der Antike, das heißt, mit der Entstehung des Alphabets eingeschrieben ist. Mit dem Alphabet entwickelte sich eine spezifische Form des Unbewussten, das geprägt ist sowohl von einer mit diesem Schriftsystem einhergehenden symbolischen Kastration als auch von einer Kompensation für diese Verletzung. Es sind diese Kompensationen, die zu den kollektiven – synchronen – Erregungszuständen führen.

Die Corrida

Immer wenn sich der Termin der Corrida nähert, steigt in Pamplona und anderen spanischen Städten die psychische Fieberkurve. Die Faszination Spaniens mit dem Stierkampf, gegen den die Kirche Jahrhunderte lang, wenn auch vergeblich, vorgegangen ist, hängt damit zusammen, dass sich dahinter, kulturgeschichtlich noch erkennbar, eigentlich der Ritus des Menschenopfers verbirgt: Durch das Blut von geopferten Jünglingen oder Männern sollte die ›Mutter Erde‹ oder eine jungfräulich gebärende Muttergottheit befruchtet werden; weshalb vielleicht noch in der römischen und griechischen Antike der männliche Same als ein Derivat von Blut gedacht wurde. Später trat an die Stelle des männlichen Menschenopfers das männliche *Tier*opfer, vor allem der Stier. Er war das größte und wertvollste unter den Opfertieren und eignete sich, wie kein anderes Tier, als Symbol für Männlichkeit, Potenz und Fruchtbarkeit.

In archaischen Ritualen wurden Fruchtbarkeitsgöttinnen wie Artemis Stiere dargebracht. Artemis war die letzte der großen vor- und frühgeschichtlichen Muttergottheiten. Ihr Kult war über das ganze römische Reich verbreitet. Die Opferung von Stieren gehörte zum wichtigen Bestandteil ihres Kultes. Artemis war Mutter und Jungfrau zugleich: Das stellte, wie im Christentum, keinen Widerspruch dar, wurde aber anders begründet: Als Mutter war sie Lebensspenderin, und mit ihrer Jungfräulichkeit sollte ihre von der Natur abgeleitete Fähigkeit der eigenmächtigen Regeneration unterstrichen werden (vgl. Braun 1997, S. 76). Obgleich jungfräulich gebärend, war auch im Artemiskult ein männlich-zeugendes Element enthalten: Die Hoden des Stieres wurden der Göttin als Opfer dargebracht. Die berühmte Skulptur der ›vielbrüstigen‹ Artemis von Ephesos, die auf ihrem Oberkörper Gebilde trägt, die lange als Brüste, d.h. acht Symbole für weibliche Furchtbarkeit bzw. als Darstellung von Früchten – Trauben, Datteln, Eier – interpretiert wurden, zieren in Wirklichkeit die Hoden von Stieren, die ihr geopfert wurden (ebd., S. 77). »Den geopferten Stieren wurden die Hoden abgetrennt und der Göttin angeheftet. Die Reihe der Stiere, die geopfert wurden, vermehrten die Hoden am Brustpanzer der Göttin. [...] Im Anschluß an die Opferung zog die mit Stierhoden behängte Göttin in feierlicher Prozession durch die Stadt« (ebd., S. 78). Bei diesem Vorgang »wurde der Göttin das Zeichen männlicher Potenz sichtbar am Körper befestigt« (ebd., S. 78). Die Schädel der geopferten Stiere (Bukranien) wurden an geschmückten Pfählen oder an den Wänden des Tempels befestigt, »wobei die zunehmende Reihe der Bukranien der abnehmenden Reihe der zu opfernden Stiere entsprach« (ebd., S. 78). Insgesamt »könnte das Opfer der Stiere als symbolisch-komplexe Aufführung einer Art Heiligen Hochzeit, eines *hierós gamós*, als kulturelle Hilfestellung bei der Fruchtbarmachung der Göttin gesehen werden« (ebd., S. 79). Die Tatsache, dass diese ›Hochzeit‹ und Fruchtbarmachung mit einem Sterben beginnt, erinnert an christliche Vorstellungen, in denen der Tod des Erlösers am Kreuz mit der ›Geburt der Welt‹ verglichen wurde (vgl. Bynum 1991, S. 97).[1] Doch es gibt einen Unterschied: Während im Christentum Gott sich (in seinem Sohn) der Menschheit als Opfer anbietet, ist es im Kult der Artemis der Stier (stellvertretend für den Menschen), der der Göttin als Opfer dargebracht wird.

Viele Elemente dieser antiken Fruchtbarkeitsgöttinnen sind in die Gestalt der christlichen Muttergottes eingeflossen – eben deshalb die hohe emotionale Besetzung des Stierkampfes in Spanien. Keine Corrida, bei der nicht eine Muttergottes in der Nähe ist. Auch finden die Stierkämpfe meistens an Feiertagen statt, die dem Marianenkult geweiht sind. In den über Jahrhunderte sich hinziehenden Disputen der Kirche um das Dogma der Unbefleckten Empfängnis, durch das die Muttergottes einen Status erlangte, der sie fast ebenbürtig mit dem Sohn Gottes werden ließ, hatte Spanien eine Vorreiterrolle. Die ersten Formulierungen des Dogmas entstanden um 700 in der Ostkirche, um sich ab 1100 auch in der Westkirche auszubreiten, bevor das Dogma 1854 offiziell von Rom verkündet wurde. Das Dogma implizierte, dass Maria ohne Erbsünde geboren wurde, mithin der Erlösung durch Christus nicht mehr bedurfte, ja in gewisser Weise diese schon vorwegnahm. Kein anderes Land hat die Durchsetzung dieses Dogmas so nachhaltig betrieben wie Spanien, wo es schon lange vor der offiziellen Verkündung in Rom zu einem Teil der christlichen Lehre geworden war. Im 16. Jahrhundert war in manchen Gegenden Spaniens das ›Ave Maria Purissima‹[a] das mit ›sin pecado concebido‹[b] beantwortet wurde, Glaubensbekenntnis und Schlachtruf zugleich (vgl. Braun 1997, S. 116). »Die Universität Alcalá de Henares beschloß 1617, daß die Graduierung an einen Eid, der zur Verteidigung des Glaubenssatzes verpflichtete, gebunden war, und die Universität Salamanca stellte nur Lehrkräfte ein, die bereit waren, auf das Dogma zu schwören« (Braun 1997, S. 118). Auch Zünfte

---

[a] Grüßet sei die allerreinste Maria
[b] die ohne Sünde empfangen wurde

legten ihre Mitglieder auf das Bekenntnis zur Unbefleckten Empfängnis fest. Die Bedeutung, die das Bekenntnis zur ›Unbefleckten Empfängnis‹ in Spanien annahm, erklärt sich mit der Überlagerung des Bildes der christlichen Muttergottes mit einer vorchristlichen Verehrung der *magna mater*. Allerdings gibt es einen entscheidenden Unterschied zwischen den antiken Fruchtbarkeitsgöttinnen und der christlichen Muttergottes: Maria wird befruchtet durch das Wort, das in ihr Ohr eindringt oder das sie lesend empfängt. Nach der Erfindung des Buchdrucks mehren sich die Darstellungen der Verkündigung, bei denen Maria die Botschaft des Engels in ein Buch vertieft empfängt. Dies ist ein Hinweis unter vielen darauf, wie eng die Vorstellung einer Zeugung aus dem Geiste mit der Geschichte unseres Schriftsystems zusammenhängt – eine Geschichte, die von Stieropfer, symbolischer Kastration und einer wahren Bluttaufe erzählt.

Das phonetische Schriftsystem

Das erste Alphabet, das semitische Alphabet, entsteht um ca. 1000 v. Chr. – mit ihm entsteht auch zum ersten Mal der Glaube an einen unsichtbaren Gott, der sich einzig durch die Zeichen der Schrift offenbart. Es handelt sich um eine Religionsform, die es bis dahin noch nie gegeben hatte und die sich einerseits durch einen Gott auszeichnet, der sich nicht mehr – wie in allen Religionen zuvor – in der Welt zu erkennen gibt. Andererseits führt dieser Gott aber auch ein strenges Regelwerk ein, das die Welt und das irdische Leben des Gläubigen genau reglementiert. Die große Mehrheit der 630 jüdischen Zeremonialgesetze beziehen sich auf den menschlichen Körper: den Umgang mit Speisen, Krankheit, Hygiene oder auch Sexualität. Sie haben zur Folge, dass der einzelne die Zugehörigkeit zu seiner Gemeinschaft immer wieder bewusst praktizieren und rituell einüben muss. Die Ritualgesetze, so schreibt Mary Douglas in ihrem Standardwerk zu diesem Thema, sind als »Zeichen« zu lesen, »die in jedem Moment zum Nachdenken über die Einheit, Reinheit und Vollkommenheit Gottes anregen. Die Meidungsvorschriften verliehen der Heiligkeit bei jeder Begegnung mit dem Tierreich und bei jeder Mahlzeit einen physischen Ausdruck«. Die Einhaltung der Speisegesetze sei zu begreifen »als bedeutungsvoller Teil des großen liturgischen Aktes der Anerkennung und Anbetung, der im Tempelopfer kulminierte« (Douglas 1988, S. 78). Die Ritualgesetze stellen gewissermaßen die Einschreibung des Abstrakten oder

Imaginären in den Körper des Gläubigen dar, und darin haben sie auch eine gemeinschaftsbildende Funktion. In der jüdischen Religion geschieht das auf bewusste Weise. Im Christentum hingegen, wo der Glaube – nicht der Ritus – im Mittelpunkt steht, stellt sich der Gedanke einer ›Beleibung‹ des Geistes in ganz anderer Form dar: als das Fleisch gewordene Wort im Sohn Gottes. Als Prinzip des ›Glaubens‹ schreibt er sich dem Unbewussten ein.

Warum soll das Alphabet – oder sollen die Alphabete – eine solche Wirkung gehabt haben, die bis in die Entstehung einer neuen Religionsform, des Monotheismus, hineingeht? Das Alphabet ist ein phonetisches Schriftsystem – es überträgt Laute, Phoneme, auf visuelle Zeichen. Damit erlangen diese Zeichen eine Unabhängigkeit vom Körper, an den in oralen Kulturen das Sprechen gebunden ist. Andere Schriftsysteme, etwa die Piktogramme der altägyptischen Kultur, haben nicht dieselbe Wirkung. Sie bestehen unabhängig von und neben der gesprochenen Sprache. Das Alphabet hingegen stellt einen direkten Bezug zwischen Schriftsystem und Sprechen her. Das hat zur Folge, dass die mit dem menschlichen Körper so eng verbundene Sprache als ›unsterblich‹ gedacht wird und sich vom Körper löst. Es entsteht die Phantasie, dass der sprechende Mensch, zum Zeichen geworden, sich selbst überleben kann: in dem Gedanken, der auf dem Papyrus verewigt wird. So wird einerseits ein neuer Ewigkeitsgedanke geboren, der dem zyklischen Zeitdenken der vorangegangenen Kulturen fremd ist; und es entsteht andererseits ein unsichtbarer Gott, der sich einzig durch die Zeichen der Schrift offenbart.

Die Einführung des phonetischen Schriftsystems wird aber auch als tiefe Verletzung wahrgenommen. In oralen Kulturen – wie auch in Kulturen mit Piktogrammschriften – wird die Sprache als ein Lebenssaft erfahren, der eine Gemeinschaft zusammenhält und der – eben weil die gesprochene Sprache an den Körper gebunden ist – in den Körper des einzelnen eindringt. Die Bilder vom ›gemeinsamen Blut‹, das durch eine Gemeinschaft fließt, sind eine Metapher für diesen Lebenssaft der Sprache. Mit der Verschriftlichung der gesprochenen Sprache wird diese Zirkulation des Lebenssaftes unterbrochen, weil das gesprochene Wort, auf dem Papier verewigt, den Kreislauf der durch die Körper der Gemeinschaft zirkulierenden Sprache unterbricht, stillstellt. Um diesen Verlust zu kompensieren, versuchen die Gesellschaften und Religionen, die aus dem neuen Schriftsystem hervorgehen, in dem Regelwerk, dem der Körper unterworfen wird, sowie in neuen Bildern des Blutes eine Entschädigung zu schaffen. Ist das Blut in oralen Kulturen ein metaphorisches Spiegelbild für die Sprache und das Sprechen, so hat es in den Schriftkulturen die Funktion, den Zeichensystemen den Anschein von Wirklichkeit zu verleihen. Blut ist in den Schriftkulturen ein Code für die ›Leiblichkeit‹, die den Zeichen an sich fehlt. Ist es in den oralen Kulturen ein Signifikat, auf das Signifikanten wie Rituale, Mythen oder Worte verweisen, so wird Blut in den Religionen des Buches selber zu einem Signifikanten, das auf den seltsamsten aller Signifikate, das abstrakte Zeichen, verweist. Auf diese Weise kommt die immer wieder beschworene Analogie von Tinte und Blut oder von Kapital und Blut zustande, auf die ich noch zurückkomme. Die verschiedenen Gesellschaften und kulturellen Traditionen, deren Entstehung sich dem Alphabet verdankt, haben dem Verhältnis von Blut und Zeichen auf unterschiedliche Weise Rechnung zu tragen versucht.

Zeichen und Blut

Die Analogie von sozialem Körper und menschlichem Körper spielt in allen Gesellschaften – archaischen wie Schriftgesellschaften – eine wichtige Rolle. Durch diese Analogie soll dem Gemeinschaftskörper der Anschein von Geschlossenheit und Zusammengehörigkeit verliehen werden. In archaischen Gesellschaften zeigt sich die Vorstellung, dass die Gemeinschaft einen ›Körper‹ bildet, in den Opferriten – etwa dem gemeinsam erlegten Tier, dessen Blut und Fleisch die Gemeinschaft verzehrt. Oder sie drückt sich in den Riten der Blutsbrüderschaft aus, durch die etabliert werden soll, dass die vielen individuellen Körper in Wirklichkeit einen einzigen bilden, weil ein und dasselbe Blut durch alle Adern fließt. Davon leitet sich wiederum die Blutrache ab. Diese Vorstellungen greifen die Religionen des Buches auf, besetzen die Bilder jedoch auf neue und zugleich unterschiedliche Weise.

Das hebräische Wort *dam* bedeutet Blut. *Adam*, der Mensch, bedeutet »rot sein«. Sein Name verweist einerseits auf Leben und andererseits auf die Sterblichkeit des Menschen. In der jüdischen Religion ist der Genuss von Blut streng verboten, weil das Blut, Symbol für Leben und Tod, dem Schöpfer vorbehalten bleibt (Lev 17, 11a). Das Fleisch von warmblütigen Tieren darf erst verzehrt werden, nachdem der letzte Tropfen Bluts daraus entfernt wurde. Das Blut von Opfertieren wird auf dem Altar versprengt. Wird Blut versehentlich vergossen, so muss es mit Erde überdeckt, begraben werden, um dem rechtmäßigen Eigentümer, Gott, wieder übergeben zu werden. Ein solches Verbot von Blutgenuss gab es bis dahin in keiner anderen antiken Religion oder Kultur des Orients. Es handelt sich also nicht um ein archaisches Tabu, sondern um ein Kulturgesetz, das mit der Macht zusammenhängt, die einem Gott zugewiesen wurde, der, anders als alle anderen Götter, unsichtbar blieb und sich einzig in der Schrift offenbarte. Mit der jüdischen Religion entstand zum ersten Mal eine auf einer Schrift beruhende Glaubensgemeinschaft, in der die »virtuellen« Gemeinschaften der modernen medial vernetzten Gesellschaften präfiguriert sind. Aber anders als in den modernen Gemeinschaften spielen die Bilder des Blutes – als Eigentum Gottes – eine wichtige Rolle.

Auch im Christentum wird das Blut zu einem konstitutiven Element der Gemeinschaft. Doch das geschieht nicht durch das *Verbot*, sondern durch das *Gebot* des Blutverzehrs. Wird dem jüdischen Gläubigen durch das Verbot des Blutgenusses seine *Differenz* zu Gott vor Augen geführt, so vollzieht sich im Christentum beim heiligen Abendmahl die *Vereinigung* mit Gott. Durch die Eucharistie hat der Christ Anteil an Gottes Unsterblichkeit. Zugleich findet im vergossenen und geopferten Blut des Heilands auch die Menschwerdung Gottes ihren Ausdruck. Steht in der jüdischen Religion dem unsichtbaren Gott eine weltliche Gemeinschaft gegenüber, die durch die Ritualgesetze sichtbar wird, so wird in der christlichen Religion der Sublimation der Heiligen Schrift die Weltwerdung Gottes entgegengesetzt, die ihrerseits im Bild von der Gemeinschaft als Leib Christi ihren Ausdruck findet. Beides, Gottes Menschwerdung wie das Konzept der Gemeinschaft als Leib Christi, schlägt sich in wirkungsmächtigen Bildern des Blutes nieder: Dazu gehören neben den Kreuzigungsdarstellungen auch die »Blutwunder« – blutende Gnadenbilder, Hostien und das Kruzifix. Beides – die Vorstellung eines Gottes, der sich geopfert hat, sowie das Bedürfnis nach der ständigen »Re-Präsentation« des Opfers im Heiligen Abendmahl – ist der jüdischen Religion fremd, ja konträr und liegt am Ursprung vieler antijüdischer und antisemitischer Stereotypen christlicher Gemeinschaften, die mit Bildern des Bluts zusammenhängen: etwa die Ritualmordbeschuldigungen oder die Beschuldigung des Hostienfrevels. Nicht durch Zufall gehen viele der christlichen ›Blutwunder‹ mit Anklagen gegen Juden einher und häufen sich antijudaistische Ausschreitungen in der Karwoche und nach der Durchsetzung der Transsubstantiationslehre um 1215, bei der es um ein Zeichen geht, das nicht als Symbol, sondern als ›real‹ verstanden werden will.

Allgemein gilt, dass die sühnende Funktion des Blutes in den Schriftgesellschaften von einer zunehmenden Sublimierung des Blutopfers begleitet wird. In der jüdischen Religion – der ersten Religion, die das Menschenopfer ausdrücklich untersagte – tritt die Beschneidung an diese Stelle: Die Beschneidung ist Opferhandlung und zugleich Zeichen für den Bund Gottes mit seinem Volk. An die Stelle dieses Bildes tritt in der christlichen Religion die Kreuzigung: Durch das einmalige, für alle erbrachte Opfer wird der ›neue Bund‹ begründet. »Fast alles wird nach dem Gesetz mit Blut gereinigt, und ohne daß Blut vergossen wird, gibt es keine Vergebung«, schreibt Paulus im Hebräerbrief (9, 22). Doch seien durch das einmalige Opfer Jesu alle anderen Blutopfer überflüssig geworden (ebd. 9,13 f.). Zugleich verzichtet Paulus auf die Beschneidung. »Die wahre Beschneidung«, so sagt er, »ist die Beschneidung des Herzens im Geist, nicht nach dem Buchstaben« (Röm. 2, 29). Ganz generell kennt das Christentum, verglichen mit der jüdischen Religion, kaum Formen von äußerer Prägung des Körpers – durch Ritus, Speisegesetze oder auf andere Weise – weil Christus einen »neue(n) Bund in meinem Blute« (1 Kor. 11, 25) geschlossen hatte. Es ist ganz deutlich, dass die christliche Kreuzigungsmetapher die jüdische Beschneidung als Symbol des ›Bundes‹ mit Gott ablösen soll. Deshalb versuchten frühchristliche und mittelalterliche Kirchenväter auch die Beschneidung Jesu aus ihrem jüdischen Kontext herauszulösen und zu ›christianisieren‹: Bei Paulus wird die Taufe als eine ›geistige Beschneidung‹ umschrieben. Augustinus bezeichnete die Beschneidung Christi als einen Akt der Reinigung von der ›Erbsünde‹ (vgl. Steinberg 1996, S. 50) – eine Vorstellung, die der jüdischen Religion fremd ist, wohl aber auf die Taufe verweist. Bernhard von Clairvaux (12. Jahrhundert) sah in der Beschneidung den Beweis, dass Jesus der »wahre Sohn Abrahams« (zit. n. Steinberg 1996, S. 54 f.) sei (mithin die Christen das eigentliche ›Erwählte Volk Gottes‹). Bei anderen Autoren wurde die Beschneidung als Teil des Erlösungswerks interpretiert; sie stelle den Beginn der Passionsgeschichte dar. Deshalb, so erklärt der Heilige Ambrosius, erübrige sich dieser Ritus auch für den Christen. »Da sich Christus für alle geopfert hat, braucht der einzelne nicht mehr das Blutopfer der Beschneidung zu erbringen« (zit. n. Steinberg 1996, S. 51). Das heißt, die Beschneidung, die in der jüdischen Tradition – besonders deutlich in der verhinderten Opferung Isaacs – ausdrücklich *an die Stelle* des Blutopfers tritt, wird umgedeutet und im christlichen Zusammenhang zu einem *Teil des Blutopfers* erklärt.

Was aber haben Beschneidung und Kreuzigung mit dem Stieropfer und dem Alphabet zu tun? Auf diese Frage geben die Geschichte unseres

Schriftsystems und seiner Buchstaben eine Antwort. Ich werde zunächst darauf eingehen, bevor ich auf die Konsequenzen des Alphabets für die Geschlechtlichkeit selbst zurückkomme.

Das Alpha

In allen semitischen Sprachen rund ums Mittelmeer bedeutet das Wort *Aleph* (Alpha) oder *eleph* ›Stier‹ bzw. ›Ochse‹: Der erste und wichtigste Buchstabe des Alphabets – die Reihenfolge der Buchstaben ist nicht willkürlich, sondern entspricht einer Hierarchie der Zeichen, der sogenannten *Akrokratie* – verweist also auf das höchste der Opfertiere, das zugleich Symbol für Fruchtbarkeit und für Männlichkeit ist. (Nicht durch Zufall taucht es heute auch wieder im @ auf, *dem* Logo der modernen Speichersysteme). Der Buchstabe A oder ›Alpha‹ steht einerseits für den Stier, der männliche Fruchtbarkeit inkarniert, andererseits aber auch für das Haupt bzw. die Krone (oft dargestellt als Hörner), also für geistige Kräfte, sowie für alle Bedeutungen, die mit dem Begriff ›vorwärts‹- oder ›aufwärts‹-strebend zusammenhängen. In seinem Buch »Sign and Design« macht Alfred Kallir, der sich Jahrzehnte lang mit der Geschichte der Zeichen des Alphabets beschäftigte, auch auf die Tatsache aufmerksam, dass das A-L-P-H im Buchstaben ›Alpha‹ eine metatethische Umkehrung des P-H-A-L in Phallus darstellt (vgl. Kallir 2002, S. 50). Die Erzählungen und Ideogramme, die sich hinter der Geschichte der einzelnen Schriftzeichen verbergen, so Kallir, sind bis heute dem kulturellen Gedächtnis eingeschrieben. »Eine sich selbst und ihr Produkt (Rindersuppe) stilisierende Geschäftsfirma ›Bovril‹, die im Zentrum von London, in der Mitte einer hell erleuchteten Lichtreklame mit ihrem Namen, die fast genauen Linien des kretischen Oxkopfes zeigt, muß zumindest eine grobe Ahnung von dem festen Zugriff dieses uralten Symbols auf das Unbewußte der Öffentlichkeit haben« (Kallir 2002, S. 25).

Kallir geht bei der Entstehung des Alphabets von einer »progressiven Assimilation« (Kallir 2002, S. 23) verschiedener Bedeutungen durch ein Zeichen aus. So habe die Gestalt des *Alpha* viele Phasen durchlaufen, die von einem klar erkennbaren Stierkopf bis zu den drei uns bekannten abstrakten Zeichen führten. Die Schrägstriche liefen zunächst nach oben auseinander und stellten die Hörner des Stieres dar; rechts und links markierten zwei Punkte die Augen. Im Laufe seiner Geschichte (die sich über zweitausend Jahre hinzog) stellte sich das Zeichen quer, dabei u. a. die Bedeutung des Pfluges assimilierend,[2] um schließlich auf dem Kopf stehend durch einen Querstrich ergänzt zu werden. Der Querstrich verweist auf das Joch und damit auf den kastrierten Ochsen, der zu einer wertvollen Stütze des Ackerbaus wird. »Auf den frühen ägyptischen Darstellungen sind Kühe, nicht Ochsen vor dem Pflug zu sehen. Die Bezähmung des Ochsen ist die große Errungenschaft der sich entwickelnden Agrarzivilisation und stellt, wie die Erfindung des Alphabets, einen Meilenstein im Fortschritt des Menschen dar. Die beiden Ereignisse scheinen sich zeitgleich vollzogen zu haben: wahrscheinlich Anfang des zweiten vorchristlichen Jahrtausends« (Kallir 2002, S. 39). Dieser Bezähmungsvorgang wurde wiederum zur Voraussetzung für die weitere Entwicklung, denn allmählich wird sich das Alpha umdrehen, um die stehende Form anzunehmen, die wir kennen – ein Prozess der parallel zur allmählichen ›Vermenschlichung‹ der Götter verläuft: Dominieren in der ägyptischen Götterwelt noch viele Tiergottheiten oder Mischformen, so wird der griechische Olymp fast ausschließlich aus anthropomorphen Göttern bestehen, die sich nur gelegentlich als Tiere ›verkleiden‹: Zeus etwa, wenn er als Stier verkleidet Europa entführt.

Die Geschichte des *Alpha* erzählt also einerseits von der Kastration des Stiers und seiner Verwandlung in einen Ochsen. Auf der anderen Seite nimmt das Zeichen aber auch zunehmend anthropomorphe Gestalt an: Zwar hatten Semiten und Griechen dasselbe Design für ihren ersten Buchstaben; doch zeigte das (alte) semitische *aleph* seitwärts, während das griechische *alpha* aufwärts zeigte. Später wurden auch die semitischen Buchstaben senkrecht gestellt: »Erst als der Buchstabe beginnt, Mensch (bzw. Mann) zu symbolisieren, erscheint er von vorne und stehend. [...] Die Aufrichtung der semitischen Buchstaben um 90 Grad fällt zusammen mit dem Übergang von einem theriomorphischen zu einem anthropomorphischen Weltkonzept.; dies scheint uns die eigentliche Erklärung für das Phänomen zu sein. Der Übergang vom *aleph*, dem Stier, zum *alpha*, Abbild des Menschenwesens, typisiert dieses Ereignis« (Kallir 2002, S. 77).

Kurz: der Buchstabe *aleph* erzählt von einem Prozess, in dessen Verlauf nicht nur der Ackerbau entwickelt wird, sondern auch eine neue Religion entsteht, die mit der Phantasie einer Herrschaft über die Natur einhergeht. Vermutlich, so meint Kallir, waren alle alphabetischen Schriftzeichen zunächst Fruchtbarkeitssymbole. Dabei vollzog sich allerdings ein *Bedeutungswandel* des Begriffs ›Fruchtbarkeit‹, und dieser spiegelte sich wider im Wandel des Rituals und der Bedeutung des Stieropfers.

Das im Zeichen der *magna mater* stehende Stieropfer implizierte nicht nur das Opfer von Stierhoden, sondern auch die Kastration von Männern – im Priesterstaat Pessinus gab es *galloi*, die Eunuchenpriester, die sich zu Ehren der Muttergöttin selbst entmannt hatten (vgl. Burkert 1990, S. 13). Mit der Entwicklung des Alphabets nahm das Stieropfer jedoch allmählich eine Bedeutung an, durch die die Muttergottheiten ersetzt und Frauen allgemein aus dem Opferakt ausgeschlossen wurden. Der Prozess deutet sich auf vielfältige Weise schon in der kretisch-minoischen Kultur mit ihren unzähligen Stiermythen an – Mythen des Frauenraubes und der Stiertötung. Er setzt sich fort in der Gestalt des ›zweimal geborenen‹, d. h. ›auferstandenen‹ Dionysos, dessen Symboltier der Stier war (wobei nicht unwichtig ist, dass dieser ›zweimal geborene‹, also auferstandene Gott zeitgleich mit dem Alphabet seinen Einzug in Griechenland hält) und wird schließlich im Mithras-Kult seinen wichtigsten Niederschlag finden. Hier steht er im Zentrum der kultischen Handlung.

Über die Ursprünge des Mithras-Kultes weiß man relativ wenig. Er fand erst spät eine weite Verbreitung. Ursprünglich eine Gottheit Mittelasiens, vermischte sich die Gestalt von Mithras nach dem Tod Alexanders, durch den der Hellenismus und damit auch das griechische Alphabet prägend für viele Kulturen wurden, mit Zügen von Apoll und Helios. Seinen Höhepunkt erreicht der Kult des Mithras im letzten Drittel des 3. Jahrhunderts u. Z., als er, mit der orientalischen Sonnenreligion gleichgesetzt, unter Aurelian zur römischen Staatsreligion wurde. Dabei hatte sich ein Wandel vollzogen: Markierte einst der ›gellende Opferschrei der anwesenden Frauen‹ den emotionellen Höhepunkt des Stieropfers – »Leben übergellt den Tod« (Burkert 1977, S. 101 f.)[3] – so waren nun Frauen bei der Stiertötung nicht mehr zugelassen.

Walter Burkert beschreibt ein Ritual, das seit dem 2. Jahrhundert v. Chr. nachweisbar ist: »Der Myste kauert in einer balkengedeckten Grube, über der der Stier geschlachtet wird, so daß das ausströmende Blut auf ihn nieder fließt – eine Bluttaufe im vollen Sinne« (Burkert 1990, S. 13). Bei dieser Bluttaufe spielte das sexuelle Element eine wichtige Rolle, aber in einem ganz anderen Sinne als bei den Stieropfern der Artemis. In den Mithrasmysterien, so Burkert, scheint »kriegerische Männlichkeit alles Sexuell-Weibliche zu verdrängen. ›Mithras haßt Frauen‹, hieß es. Eine merkwürdige Aufmerksamkeit gilt nichtsdestoweniger in den bekannten Kultreliefs den Genitalien des sterbenden Stiers: Samen, der sich ergießt, wird in einem Krater aufgefangen, ein Skorpion greift nach den Hoden, der

Schwanz verwandelt sich in Getreideähren – Metamorphose der Zeugung noch im Tode. [...] In den Metermysterien wird die Kastration zum zentralen fascinosum; man hat den Eindruck, Besessenheit von Sexualität im Negativbild zu finden« (Burkert 1990, S. 90).

Mit anderen Worten: Im Mithras-Kult wird ein zentrales Opfersymbol antiker Fruchtbarkeitskulte aufgegriffen und neu gedeutet: An die Stelle des Kults der *mater magna* tritt ein Kult des Männlichen, begleitet von einem *neuen* Kult der Fruchtbarkeit, der einerseits den Untergang männlicher sexueller Fruchtbarkeit besagt, andererseits aber den Aufstieg eines neuen Bildes von Fruchtbarkeit beinhaltet, das *geistige* Fruchtbarkeit bedeutet. Diese wurde wiederum mit Männlichkeit gleichgesetzt.[4] Diese Gleichsetzung sollte bestimmend werden für die symbolische Geschlechterordnung des Abendlandes, in der ›Männlichkeit‹ als Verkörperung von Geistigkeit, Rationalität, Wissenschaftlichkeit – kurz: als Inkarnation des geschriebenen Wortes galt, während ›Weiblichkeit‹ als symbolische Form von Leiblichkeit, Sexualität, Irrationalität gedacht wurde – allesamt Eigenschaften, die der gesprochenen Sprache zugeordnet werden. Dieser Wandel, so hat Karl Braun dargestellt, wird im Stierkampf selbst augenfällig: Betritt der Stier zunächst als Symbol für Männlichkeit die Arena und erscheint der Torero – in seiner fragilen Gestalt und gekleidet, ausgeschmückt nach fast ›femininer‹ Art – so drehen sich die Verhältnisse im Laufe des Kampfes um. Zuletzt unterliegt der Stier der ›geistigen Potenz‹ des Stierkämpfers, der nun zur Inkarnation einer neuen Männlichkeit wird (vgl. Braun 1997, S. 216). In der Arena führt dieser Wandel – das Ereignis selbst – zu einem Erregungszustand, der durch die Tatsache erotisch aufgeladen wird, dass es sich um ein Gemeinschaftserlebnis handelt. Einst fand die Corrida auf den Straßen statt, am Stierlauf waren alle beteiligt. Seit dem Bau der Arenen in der Neuzeit – durch die der Stierlauf ›diszipliniert‹ werden sollte – ist es zu einem medialen Ereignis geworden. Der Zuschauer ist zu passiver Teilnahme gezwungen: »Der Stier läuft, die Masse des Volkes aber schaut diesem Lauf, den der Torero führen muß, zu. Diese Delegation in der modernen Corrida bewirkt, daß sich die Interaktion in der Corrida erotisch auflädt« (Braun 1997, S. 216). Der kollektive Erregungszustand wird also durch zwei Faktoren bewirkt: die Sexualsymbolik des Stieropfers und seine lange Geschichte sowie die mediale Kanalisierung des Ereignisses. Das heißt, durch die Disziplinierung wird die Erregung gesteigert: Eben darin besteht die Kompensation.

Die Fruchtbarkeit der Zeichen

Das Zeichensystem, unter dessen Gesetz wir noch heute leben, hat sich nicht nur in der symbolischen Geschlechterordnung niedergeschlagen, sondern auch auf die Sexualität selbst zurückgewirkt. Ich möchte das darstellen an den Parallelen zwischen der Geschichte des Geldes und der Geschichte der Prostitution. Dabei muss man sich zunächst klar machen, dass das Geld, Zeichensystem schlechthin, als eines der wichtigsten kompensatorischen Systeme zu begreifen ist für den Entkörperungsprozess, der mit dem Alphabet einherging. Daher der immer wieder bemühte Vergleich von Kapital und Blutkreislauf, wie er – schon lange vor Karl Marx – etwa bei Thomas Hobbes im »Leviathan« (1651) vorgenommen wird: Das Geld wandere »innerhalb des Staates von Mensch zu Mensch« und »ernähre« auf seinem Umlauf jeden Teil, den es berührt: »Insofern ist diese Verarbeitung gewissermaßen der Blutkreislauf des Staates, denn das natürliche Blut entstand auf die gleiche Weise aus den Früchten der Erde und ernährt durch Zirkulation unterwegs jedes Glied des menschlichen Körpers. [...] Und auch darin bleibt die Ähnlichkeit des künstlichen Menschen mit dem natürlichen bestehen, dessen Venen das Blut aus verschiedenen Teilen des Körpers erhalten und zum Herzen leiten, so es aus dem Herzen belebend gemacht und durch die Arterien ausgesandt wird, um alle Glieder des Körpers zu beleben und zur Bewegung fähig zu machen« (Hobbes 1999, S. 194).«

Zweifellos spielt bei dieser Analogie William Harveys Entdeckung des Blutkreislaufs, die nur wenige Jahrzehnte zurücklag (1628), eine wichtige Rolle. Doch spielt auch die christliche Metaphorik von der gemeinschaftsbildenden Funktion des Blutes – bzw. des Geldes – eine wichtige Rolle. So hängt Hobbes' Vorstellung, dass der Staat »*eine* Person« (Hobbes 1999, S. 279) darstelle und deshalb Gott auch nur »auf *eine* Art zu verehren« (ebd., S. 279) sei,[5] eng mit christlichen Vorstellungen zusammen. Bei diesem Vorgang tritt an die Stelle der Hostie das Geld, das eine ›Glaubensgemeinschaft‹ herstellt und ebenfalls über die Fähigkeit zur ›Transsubstantiation‹ verfügt. In dem Kapitel »Von Wundern, und wozu sie bewirkt werden« geht Hobbes mit eher spöttischem Ton auf Mirakel ein, führt aber das ›Wunder‹ der Eucharistie als Beispiel für die Autorität an, die dem Souverän zukommt: »Denn wenn zum Beispiel jemand behauptet, daß nach dem Aussprechen bestimmter Worte über einem Stück Brot dieses kein Brot mehr ist, sondern von Gott zugleich zu einem Gott, einem Menschen oder beidem gemacht wird und doch immer noch wie ein Brot aussieht, so hat niemand Grund zu der Annahme, dies sei wirklich geschehen, oder ihn deswegen zu fürchten, bis er Gott durch seinen Stellvertreter oder Statthalter befragt hat, ob dies geschehen ist oder nicht. [...] Bejaht er es, so hat man ihm nicht zu widersprechen« (ebd., S. 340).

Dieser Autorität, die Hostie zu einem ›realen Leib‹ zu erklären, entspricht die Autorität des Herrschers, über den Wert einer Münze zu entscheiden. Zweifellos war Hobbes eher Skeptiker als gläubig (und Gläubiger) und war sein Bekenntnis zum christlichen Staat mehr der Konvention als der Überzeugung geschuldet (vgl. Fetscher 1999, Einleitung zu Leviathan, S. XXXIV–XXXIX). Doch ist es unübersehbar, dass er Bilder aus dem kirchlichen Bereich in den des Staates überträgt, um sodann von einem ›natürlichen Reich Gottes‹ zu sprechen. Seit dem hohen Mittelalter, so schreibt Jochen Hörisch, der wiederholt auf die Nähe von Credo und Kredit hingewiesen hat, sind »Tendenzen unverkennbar, Gott und Geld zu versöhnen. [...] Den Platz der irdischen Realpräsenz Gottes in Brot und Wein, die die Versammlung von Sein und Sinn garantiert, hat Geld eingenommen« (Hörisch 1992, S. 19). Diese »erstaunliche Transsubstantiation« (ebd., S. 19), die vom Zeichen der Hostie zum nominalen Wert des Geldes geführt habe, sei schließlich – und paradoxerweise – eingemündet in die Auflösung des Substanzdenkens: »Je näher Geld sich noch zu religiösen Formationen und Epochen verhält, um so deutlicher treten Versuche hervor, realistische bzw. substantialistische Deckungen des Geldwertes (etwa durch Goldbestände bei Nationalbanken oder durch das Bruttosozialprodukt einer Volkswirtschaft) zu behaupten. Diese Geldwerttheorien sind nach dem Bild des Abendmahlsstreites entworfen. Wie die göttliche Realpräsenz in Brot und Wein, so ist jedoch auch die reale Deckung des Geldwertes immer unplausibler geworden« (ebd., S. 25).

Die Hobbes'sche Vorstellung einer einheits- und friedensstiftenden Rolle des Geldes wird sich lange halten und zum Beispiel um 1900 in der pazifistischen Bewegung eine Rolle spielen. Wenige Jahre vor dem Ausbruch des Ersten Weltkriegs bezeichnete Alfred H. Fried, einer der ersten Preisträger des Friedensnobelpreises, die »grossen Kapitalien« als »das rote Blut des internationalen Handels« (Fried 1905, S. 43). Er sah im Geld einen Garanten für eine neue friedliche Weltordnung. Bekanntlich wurde das Kapital aber hier – wie in den darauffolgenden Kriegen – auch zu einem der wichtigsten Faktoren einer Anheizung der Rüstungsindustrie.

Das Geld hat beide Seiten: eine zivilisatorische, einheits- und friedenstiftende Seite sowie eine Seite, die der aggressiven Aufrüstung dienen kann. Diese Paradoxie kann man nur begreifen, wenn man sich bewusst macht, dass das Geld – wie in der Geschichte des Alphas und des Stieropfers angelegt – einerseits für ›geistige Fruchtbarkeit‹ steht, andererseits aber auch eine symbolische Kastration beinhaltet. Durch das desinkarnierende Zeichen wird das geschlechtliche ›Vermögen‹ überführt in andere Formen von Vermögen. Damit wird aber auch deutlich, worin die eigentliche Beziehung zwischen der Geschichte des Geldes und der Geschichte der Prostitution bestehen könnte: Der Verlust der sexuellen Potenz verlangt nach einer Kompensation, vergleichbar den anderen medialen Kompensationsformen, die das Schriftsystem erfinden musste, um die Wunden zu schließen, die das Alphabet geschlagen hatte. Durch das Geld, d.h. eben jenes Zeichensystem, das die symbolische Kastration des Männlichen herbeigeführt hatte, soll die Potenz wiederhergestellt werden.

Geld und Prostitution

Ganz allgemein zeigt die Geschichte des Geldes, dass das Phantasma einer Materialisierung des Zeichens keineswegs nur dem religiösen, transzendenten Diskurs vorbehalten blieb und dass sexuelle Codierungen von Anfang an eine wichtige Rolle spielen. Das Geld, (lat. *pecunia*) leitet sich ab von ›pecus‹, lateinisch ›Vieh‹. Das Wort, der Name erinnert also an das Alpha, den Stier, und tatsächlich entsteht es auch aus dem Opferkontext. Das Geld hat seinen Ursprung im Tempeldienst. »Opfergeräte wie der Opferspieß (griech. *obelós*, vgl. dt. ›seinen Obolus entrichten‹) dienten vor dem 7. Jahrhundert v. Chr. den Griechen als eine Art ›Gerätegeld‹. Der ›Opferstock‹ entwickelte sich aus dem sakralen Getreidespeicher (griech. *thesaurós*). Noch das deutsche Wort ›Geld‹ leitet sich von althochdeutsch *gelt* = ›Götteropfer‹ her« (Metzler Lexikon Religion 1999, Bd. 2, S. 609). Auf frühen Münzen waren oft Stierhörner dargestellt, und das englische Wort für Münze, Coin, leitet sich ab von ›cuneus‹, spitz, schneidend. Dass sich dieser Ursprung des Geldes im kollektiven Gedächtnis erhalten hat, dafür spreche einerseits die Symbolik des Stiers an der Börse, andererseits aber auch die Geldzeichen selbst. Die beiden Striche im Geldzeichen des Dollars ($), des Englischen Pfunds (£) und nun auch des Euro (€) symbolisieren laut Alfred Kallir (vgl. 2002, S. 40) die Hörner des Stiers.

Geld heißt soviel wie ›geprägtes Zahlungsmittel‹. Es entstand aus dem Bedürfnis nach einem Wertmaßstab, der es gestattet, die quantitative Bedeutung z. B. von kultischen Opfern zu messen und zu vergleichen. Mit anwachsendem Tauschverkehr traten in den verschiedenen Kulturen einzelne Gegenstände oder ein Gut als bevorzugtes Tauschobjekt und Tauschmittel hervor. Dieses wurde stellvertretend für alle anderen Güter gegeben oder angenommen, etwa Sago, Fische, Töpfe, Steinbeile, Schmuck, Federn, Steine, Kleider (Pelze), auch Nahrungs- und Genussmittel. Im Bereich der Mittelmeer-Hochkulturen traten seit dem 17. Jahrhundert (also dort, wo sich das alphabetische Schriftsystem entwickelte) große genormte Kupferrohstoffstücke in verschiedenen Formen auf, die als Übergang von der Natural- zur Münzwirtschaft angesehen werden. Es kam schon im Lyder- und Perserreich zur Prägung von Münzen, d. h. von gewichtsgleichen, einheitlich geformten Metallscheiben mit Stempeln der Obrigkeit, die die Gewähr für Gewicht und Metallgehalt der Stücke übernahm. Die eigentliche Silberprägung begann jedoch erst im Griechenland des 7. Jahrhunderts, also unmittelbar nach der Einführung des Alphabets. Erst seither ist Geld ein Tausch- und Wertspeicherungsmittel, so wie die Schrift ein Kommunikations- und Speichersystem darstellt. Geld ist ein gesetzlich festgelegtes Zahlungsmittel, ein Zeichensystem, das, so wie das geschriebene Gesetz, auch Instanzcharakter hat, der von einer Autorität verliehen wird.

Auch die Prostitution nahm ihren Ausgang vom Tempel. Im Gegensatz zur verbreiteten Ansicht, dass es die Prostitution schon immer gegeben habe – »das älteste Gewerbe der Welt« – betonen neuere historische und sozialwissenschaftliche Theorien, dass die Prostitution ein historisches Phänomen sei, das in geldlosen und genossenschaftlich organisierten Stammesgesellschaften unbekannt war. Die historische Entwicklung der abendländischen Prostitution hat ihren Ursprung in der weiblichen, gelegentlich auch männlichen, sakralen Tempel-Prostitution, die sich seit dem 14. Jahrhundert v. Chr. entwickelte – sie entstand also zeitgleich mit den für den Tauschhandel wichtigen Kupferrohrstücken, die als Vorläufer der Münzwirtschaft gelten. Die sakrale Prostitution war, wie die Entstehung des Geldes, besonders bei den Völkern des Mittelmeerraums und des Vorderen Orients verbreitet und Bestandteil von Fruchtbarkeitskulten. Etwa zeitgleich mit der Einführung des Alphabets verließen die Prostitution wie das Geld den Tempel und nahmen eine Bedeutung an, die außerhalb des Opferkultes lag. Im 7. Jahrhundert v. Chr., als in Griechenland die ersten Silbermünzen geprägt wurden, begann die Prostitution so zu florieren, dass Solon im Jahre 594 v. Chr. in Athen die ersten staatlich lizensierten Bordelle einrichtete, in denen Sklavinnen für die Sexualbedürfnisse der Bevölkerung zur Verfügung standen. Die Aufsicht über die Bordelle oblag Beamten, die – wie bei der Münze auch – die Preise kontrollierten und die Gewerbesteuer einzogen.[6]

Im Rom, wo die Münzwirtschaft bestimmend war, gab es zur Kaiserzeit 46 Bordelle. Das Gewerbe galt als ebenso unehrenhaft, wie es verbreitet war. Wie schon in den griechischen Stadtstaaten war den freien männlichen Römern die Ausübung der Prostitution bei höchster Strafe untersagt, nicht jedoch den freien Römerinnen. Denn, so könnte man diese Regel interpretieren, der männliche Körper repräsentierte das Zeichen auf der Münze, nicht die Münze selbst, nicht das handfeste Edelmetall. Genau dies ist der Zusammenhang, den ich zu skizzieren versuche: Der Leib wurde zur Inkarnation der desinkarnierenden Geldzeichen; und Leiblichkeit war ihrerseits weiblich codiert. Durch die käufliche Sexualität wurde die kastrierende Wirkung des Zeichensystems Geld aufgehoben und zugleich in die Sexualität selbst überführt. Hatten die Zeichen symbolhaft am männlichen Körper die Kastration vollzogen, so wurde nun auch der Phallus zum Symbol dieser ›anderen‹ sexuellen Potenz. Der weibliche Körper dagegen – Weiblichkeit an sich – wurde in dieser Transaktion zur Münze, zum Wertobjekt des Tausches. War im römischen Kaiserreich die männliche Prostitution noch weit verbreitet, so erlebte Rom im Jahre 390, also nach der Etablierung des Christentums als Staatskirche zum ersten Mal die öffentliche Verbrennung von männlichen Prostituierten (vgl. Brown 1994). Danach sollte sich die Prostitution immer mehr auf das Geschäft mit dem weiblichen Körper einschränken. Immer dann, wenn sich die Geldwirtschaft ausbreitete, fand auch eine Zunahme der Prostitution statt.

Nach dem Zusammenbruch des Römischen Reichs und während der ersten Jahrhunderte des Christentums zirkulierten nur wenige Münzen. Doch nachdem sich die Kirche europaweit etabliert hatte, also ab etwa 1200, begann nicht nur die Wirtschaft, sondern auch die Prostitution erneut zu blühen. Mit der Entwicklung der Städte und des Geldwesens nahm sie kontinuierlich an Umfang zu und erreichte im 15. Jahrhundert ein Ausmaß, das demjenigen des ausgehenden 19. und beginnenden 20. Jahrhunderts entsprach. Ab dem 13. Jahrhundert bildete sich die Institution des ›Frauenhauses‹ heraus, die zunächst privat, dann auch zunehmend (zw. 1350 und 1450) von den Städten und sogar dem Klerus betrieben wurde. Zur gleichen Zeit schufen die Städte den wertbeständigen und überregionalen ›ewigen Pfennig‹, der die verschiedenen (oft unterwertigen Münzen) ersetzte. Der Entwicklung des Geldwesens, das neue Formen von Transaktion ermöglichte, war in der Kirchenlehre die Verkündung der Transsubstantiationslehre (1215) vorausgegangen. Und so wie in dieser Lehre aus einem Symbol (Hostie und Wein) Fleisch und Blut wurde, schien auch die Prostitution von der Macht des Geldes zu erzählen. Sie erbrachte den Beweis dafür, dass der homo oeconomicus über ähnliche Fähigkeiten verfügte, Wunder zu bewirken, wie der Priester beim Heiligen Abendmahl. Dank der Prostitution entwickelte das Geld seine eigenen Fruchtbarkeitsriten und einen sexuellen Opferkult. Je mehr das Geld abstrakten Charakter annahm, desto wichtiger wurde die käufliche Sexualität. Ab dem 14. Jahrhundert entwickelte sich der bargeldlose Verkehr mit seinen Wechseln, Schecks und Endossamenten, im 17. Jahrhundert führte Schweden das erste Papiergeld ein, eine Neuerung, die freilich erst sehr viel später, nach dem Ersten Weltkrieg, ihre wirkliche Bedeutung erlangte: Damals wurde mit dem Zusammenbruch der Goldwährungen die Bindung des Papiergeldes an das Gold aufgegeben; stattdessen begannen Papierwährungen zu zirkulieren. Diese allmähliche Verlagerung des Geldes zum reinen Zeichen wurde begleitet von einer Ausbreitung der Prostitution, die in den Städten der Industrieländer Ende des 19. und Anfang des 20. Jahrhunderts zu einem Massenphänomen wurde. Damit begannen der Zuhälter wie der Menschenhandel eine wichtige Rolle zu spielen. Der Zuhälter wurde zur Wechselstelle, an der der Körper gegen das Zeichen getauscht wurde und dieser sich in eine ›lebende Münze‹ verwandelte. Das 20. Jahrhundert beschleunigte die Entwicklung noch: Mit der Herausbildung des weltweit notierten elektronischen Geldes begannen die Industrieländer Frauen und Kinder aus der dritten Welt zu importieren; es entstanden die international operierenden Zuhälterringe. Zugleich setzte ein weltweit florierender Sextourismus ein: in die Philippinen, nach Thailand, Lateinamerika oder Afrika.

Kurz: Es lässt sich in dieser kurzen historischen Skizze eine Linie erkennen, bei der sich das Geld und die Prostitution wie Spiegelbilder zueinander verhalten. Die Entwicklung der ›profanen Prostitution‹ wird lesbar als ein groß angelegter Versuch, dem Geld, kastrierendes Zeichen schlechthin, eine quasi-physiologische, sexuelle Macht zu verleihen: der ›geistigen Fruchtbarkeit‹ ein materialisierendes Vermögen zuzueignen. Das Geld, für das einst (und noch heute im Islam) keine Zinsen genommen werden durften, weil – so schon Aristoteles – eine geschlechtslose Fortpflanzung und Vermehrung ›widernatürlich‹ sei, dieses Geld erbrachte den Beweis dafür, dass die Kastration nie stattgefunden hatte. Mehr noch: Dass das phallische

Zeichen zur ›Erektion‹ und zur Zeugung fähig sei, denn es vermag, wie Gott, aus dem Nichts – oder durch das reine Zeichen – materielle Wirklichkeit zu erschaffen. Und so wie das Kreuz, das sowohl Hinrichtung und Tod als auch Auferstehung symbolisiert, eine paradoxe Symbolik und Wirkungsmacht hat, so hat auch das Geld eine doppelte Bedeutung, die einerseits Entmachtung und Kastration, andererseits aber auch Selbstermächtigung besagt.

Fazit

Ich komme jetzt zum Schluss und möchte an diese kulturgeschichtlichen und theoretischen Skizzen zwei Gedanken anschließen, die vielleicht für die Psychoanalyse und die Frage des Unbewussten von Bedeutung sind. In beiden Überlegungen geht es um die Frage, ob sich ein Wissen um die Geschichte dieser Symbolik erhalten hat, und wenn ja, ob dieses Wissen im Bewusstsein erhalten blieb oder dem Unbewussten anvertraut wurde. Die erste Überlegung bezieht sich auf das Alphabet:

Es ist wichtig, sich klar zu machen, wie tief der Einschnitt war, den das Alphabet in den Körper und die Gemeinschaft vorgenommen hat. Dieser Einschnitt, der als tiefe Kastration empfunden wurde, ließ sich nur unter der Bedingung einer neuen Form von ›Fruchtbarkeit‹ ertragen: einer Fruchtbarkeit, die die Kastration selbst zur Voraussetzung für ›geistige Potenz‹ dachte. In diesem Sinne möchte ich eine ›historische‹ Lesart der Freud'schen Lehre vom Ödipus-Komplex anbieten, bei der die Schriftlichkeit selbst an die Stelle des Vaters rückt. Jacques Lacan (bei dem viele Anspielungen auf die Typographie und damit auch auf den Design der Zeichen, nicht jedoch auf deren Geschichte zu finden sind) machte aus dem kastrierenden, leiblichen ›Vater‹ die Fähigkeit zur Symbolisierung: Die Sprache, repräsentiert durch den Vater, sei das Gesetz, das die Aufhebung der frühkindlichen Symbiose mit der Mutter (bzw. der Welt) und den Eintritt in die ›symbolische Ordnung‹ zur Folge habe. Begreift man nun die Gestalt dieses ›Vaters‹ nicht als Sprache, sondern als eine Sprache, die von der Schrift erzeugt wurde, (und Lacan (vgl. 1991, S. 15–55), der durchaus vom ›Drängen des Buchstaben‹ im Unbewussten spricht, unterschlägt die *historische* Dimension dieser Veränderung), so erscheint das ödipale Dreieck wie eine ständige Re-Präsentation oder Vergegenwärtigung der Geschichte des *Alphas* mit den beiden Aspekten, von denen die Geschichte des Buchstabens erzählt: symbolische Kastration einerseits und Verwandlung von ›Männlichkeit‹ in ›geistige Fruchtbarkeit‹ andererseits. Mag sein, dass die Schnitte, die die Verschriftlichung des Denkens und der Sprache mit sich bringen – Schnitte, die ›Entkörperung‹ besagen und die Herauslösung der Zunge aus dem Leib beinhalten; Schnitte, die jedes Kind bei der ersten Begegnung mit der Schrift am eigenen Leibe erfährt – dass also diese von Generation zu Generation wiederholten Verwundungen dazu beitrugen, dass sich das *Secretum* der Zeichen des Alphabets im kollektiven Gedächtnis erhalten konnte.[7] Diese Interpretation impliziert freilich, dass die ›symbolische Kastration‹ keine Drohung von Außen darstellt, sondern, wie die Alphabetschrift selbst, als großartige Erfindung des abendländischen Menschen zu betrachten ist – als eine selbstgesetzte ›Drohung‹ also,[8] die zum Motor des abendländischen Erfindungsgeistes und der von ihm entwickelten Simulationstechniken wurde.

Die zweite Überlegung bezieht sich auf das Wissen um die paradoxe Wirkungsmacht des Geldes. Das Geld hat – wie das Alphabet, wie die Schriftlichkeit selbst – eine gar nicht zu überschätzende zivilisatorische Macht gehabt, durch die an die Stelle von Blut und Gewalt ein Zeichensystem rückte, dank dem Schuld und Entschuldung auf symbolischer Ebene abgehandelt werden konnten. Dieses Ziel implizierte freilich, dass das Geld an die Stelle sexueller Potenz rückte und diese gleichsam verdrängte. Das Wissen um diesen paradoxen symbolischen Vorgang scheint mir heute noch mehr untergegangen zu sein, als das bei den Zeichen des Alphabets der Fall ist. Jedes Kind erfährt, wenn es lesen und schreiben lernt, den Preis, den es für den Erwerb dieser Fähigkeit zu zahlen hat, am eigenen Leib. Die symbolische Kastration des Geldes hingegen vermittelt sich kaum. Die meisten Analphabeten können durchaus mit Geld umgehen, die verschiedenen Münzen und Scheine unterscheiden. Das heißt, das Geld ist ein machtvolles Zeichensystem, das – anders als das Alphabet – nichts über die Paradoxie des Symbols erzählt. Eben das scheint mir heute immer deutlicher in den Vordergrund zu rücken – keineswegs nur bei Analphabeten, sondern gerade in der modernen Wirtschaft und bei vielen gut ausgebildeten Leuten, die mit dem Geld zu tun haben und in deren Denksystem und Gefühlswelt oft Geld und Testosteron zu austauschbaren Faktoren geworden sind. Die Gleichsetzung liegt natürlich nahe: Symbolisiert Geld ›geistige Fruchtbarkeit‹ und ist diese wiederum ›männlich‹ codiert, so liegt die Gleichsetzung von Geld mit Hormonen nahe. Vergessen wird dabei freilich der Zwischenschritt der symbolischen Kastration, der erst dem Geld seine Wirkungsmacht verleiht. Man könnte, die Parallelen von Geld und Alphabet voraussetzend, heute von einem ›Kult der Schriftlichkeit ohne die Schrift‹ sprechen, bei dem an die Stelle der Schriftlichkeit oder des Symbols der *Träger* des Symbols – der männliche Körper – tritt. In eben dieser ›Konkretisierung‹ mag sogar die besondere Anziehungskraft dieser symbolischen Ordnung bestehen. Hier erkennt man nebenbei auch den historisch wirkungsmächtigen Impuls des Christentums, dessen Heilsbotschaft in der ›Fleischwerdung des Wortes‹ besteht, als einen Impuls, der sich in der Ökonomie niedergeschlagen hat: der wirtschaftlichen wie der psychischen Ökonomie.

Die Quellen des Unbewussten sind biographischer wie kollektiver Art. Aber mittlerweile scheint es immer schwieriger, zwischen diesen beiden Quellen zu unterscheiden. Denn die kulturellen Muster, die sich dem individuellen Unbewussten eingeschrieben haben, werden ihrerseits bestimmt von den Gemeinschaftserfahrungen, die der einzelne im täglichen Leben macht. Je größer das Gemeinschaftserlebnis, desto erregter die Psyche. Je erregter die Psyche, desto intensiver ist die Gemeinschaftserfahrung, die sich den anderen mitteilt. An der Funktionsweise (und Funktionsfähigkeit) dieser Wechselbeziehung haben die Medien einen entscheidenden Anteil, gleichgültig ob sie als Alphabet, als Geld oder als technisches Bild daherkommen. Man sollte nicht vergessen: Die Psychoanalyse wurde in demselben Jahrzehnt geboren wie der Film. Beide haben auf ihre Weise ein ›brennendes Interesse‹ an den Erregungszuständen des Unbewussten.

Anmerkungen

[1] Jesus spricht von ›Wehen‹, als er das Herannahen des Todes beschreibt (Mt 24,8) und die Mystikerin Marguerite von Oingt betet zu ihm: »Mein süßer Herr, (…) bist Du nicht meine Mutter und mehr als meine Mutter? (…) Denn als der Moment Deiner Niederkunft kam, wurdest Du auf das harte Bett des Kreuzes gelegt. (…) Und Deine Nerven und alle Deine Adern waren zerschlagen. Und wahrlich, es ist nicht erstaunlich, daß Deine Venen geplatzt sind, als Du an einem Tag die ganze Welt geboren hast« (zit. nach Bynum 1991, S. 97).

[2] In der »Traumdeutung« schreibt Freud: »Ganz unverkennbar ist es auch, daß alle Waffen und Werkzeuge zu Symbolen des männlichen Gliedes verwendet werden: Pflug, Hammer, Flinte, Revolver, Dolch, Säbel usw.« (Freud 1900a, S. 361).

[3] »Fromme Pflicht ist es, den Altar mit Blut zu benetzen. Die anwesenden Frauen haben beim tödlichen Schlag aufzuschreien, hoch und schrill; der ›griechischen

Brauch des Opferschreis< markiert den emotionellen Höhepunkt; Leben über gellt den Tod« (Burkert 1977, S. 101 f.).

4   Auf die Gründe für die Gleichsetzung von Geistigkeit und Männlichkeit kann ich hier nicht ausführlicher eingehen, habe das aber an anderer Stelle getan (vgl. von Braun 2001).

5   Carl Schmitt, der durchaus die christlichen Dimensionen in Hobbes' *Leviathan* gesehen hat, vergleicht diesen allerdings eher mit einer >Maschine< als mit einem Organismus (vgl. Schmitt 1938). Dabei übersieht er freilich, dass diese >Person< zwar durchaus einen Artefakt darstellt, aber einen Artefakt, der genau diese imaginären Eigenschaften >verschwindeln< zu machen versuchte – vergleichbar der christlichen Glaubensgemeinschaft und später den Nationalgemeinschaften.

6   Solon führte auch ein neues Gesetz ein, das die Trauer der Frauen und Mütter einschränkte und dem Staat vorbehielt. Durch dieses Gesetz wurde der Staat gleichsam zur >Mutter< der Verstorbenen und diese zu seinen >Kindern< (vgl. Loraux 1990; s. a. von Braun 2001, 2. Kap.).

7   »Man brennt etwas ein, damit es im Gedächtnis bleibt«, schreibt Nietzsche: »nur was nicht aufhört, wehzutun, bleibt im Gedächtnis« (Nietzsche 1887, S. 802).

8   Nicht durch Zufall ist man geneigt, an Fichtes selbst-gesetztes >Nicht-ich< zu denken.

Literatur

Braun, C. v. (2001): Versuch über den Schwindel. Religion Schrift Bild Geschlecht. Zürich – Frankfurt/M. (Pendo/Eichborn).
Braun, C. v. (2002): Die zwei Körper der Königin: Diana, Queen of the Media. In: R. Schulte (Hg.) (2002): Der Körper der Königin. Geschlecht und Herrschaft in der höfischen Welt seit 1500. Frankfurt/M. (Campus), S. 337–348.
Braun, C. v. (2003): Macht ist ein ganz besonderer Saft. Die Bilder des Kollektivkörpers. In: K. P. Liessman (Hg.) (2003): Die Kanäle der Macht. Herrschaft und Freiheit im Medienzeitalter. Wien (Paul Zsolnay), S. 214–238.
Braun, K. (1997): Der Tod des Stiers. Fest und Ritual in Spanien. München (C.H. Beck).
Brown, P. (1994): Die Keuschheit der Engel. Sexuelle Entsagung, Askese und Körperlichkeit im frühen Christentum, aus d. Englischen von M. Pfeiffer. München (DTV).
Burkert, W. (1977): Griechische Religion. In: C. M. Schröder (Hg.) (1977): Die Religion der Menschheit. Stuttgart (Kohlhammer), Bd. 15; S. 101 f.
Burkert, W. (1990): Antike Mysterien. Funktionen und Gehalt. München (C.H. Beck).
Bynum, C. W. (1991): Fragmentation and Redemption. Essays on Gender and the Human Body in Medieval Religion. New York (Zone Books).
Douglas, M. (1988): Reinheit und Gefährdung. Eine Studie zu Vorstellungen von Verunreinigung und Tabu. Frankfurt/M. (Suhrkamp).

Freud, S. (1900a): Traumdeutung. GW II/III.
Fried, A. H. (1905): Handbuch der Friedensbewegung. Wien, Leipzig (Verlag der Österreichischen Friedensgesellschaft).
Hobbes, T. (1999): Leviathan. Oder Stoff, Form und Gewalt eines kirchlichen und bürgerlichen Staates, Hg. und eingeleitet von I. Fetscher. Frankfurt/M. (Suhrkamp).
Hörisch, J. (1992): Brot und Wein. Die Poesie des Abendmahls. Frankfurt/M. (Suhrkamp).
Kallir, A. (1961): Sign and Design. Die psychogenetischen Quellen des Alphabets. Berlin (Kulturverlag Kadmos) 2002.)
Lacan, J. (1991): Das Drängen des Buchstabens im Unbewußten oder die Vernunft seit Freud. In: J. Lacan (1991): Schriften II. Weinheim, Berlin (Quadriga), 3. Aufl. S. 15–55.
Loraux, N. (1990): Die Trauer der Mütter. Weibliche Leidenschaft und die Exzesse der Politik. Frankfurt/M., New York (Campus).
Metzler Lexikon Religion (1999): Hg. v. C. Auffarth, J. Bernard, H. Mohr. Stuttgart, Weimar (Metzler).
Nietzsche, F. (1887): Zur Genealogie der Moral. Eine Streitschrift. In: Ders.: Werke in drei Bänden, hg. von K. Schlechta, Bd. 2. München (Hanser) 1954.
Schmitt, C. (1938): Der Leviathan in der Staatslehre von Thomas Hobbes. Hamburg (Hanseat. Verl. Anst.).
Steinberg, L. (1996): The Sexuality of Christ in Renaissance Art and in Modern Oblivion. 2. Erweiterte Aufl. Chicago, London (University of Chicago Press).

Günter Gödde & Wolfgang Hegener
Freuds Kulturtheorie und ihre Nachwirkungen

Freud hat bekanntlich nicht nur eine Theorie des individuellen Unbewussten, sondern auch eine Kultur- oder Zivilisationstheorie geschaffen, die die Weichen für eine Analyse des *kulturellen und gesellschaftlichen Unbewussten* gestellt hat. Dazu gehören einerseits auf die Kultur und ihre jeweiligen Ausprägungen bezogene Analysen, die die vielschichtigen Bedeutungen kultureller Phänomene in Religion, Kunst, Wissenschaft, Philosophie, Weltanschauung und Politik zu erfassen suchen. Andererseits geht es dabei um Analysen der im Subjekt verinnerlichten Kultur, d. h. um die Frage, wie sich die Kultur auf den Einzelnen – z. B. das kulturelle auf das individuelle Über-Ich – auswirkt (vgl. Lorenzer & Görlich 1994, S. 7 ff.).

Mit seiner Moral-, Religions-, Ideologie-, Autoritäts- und Massenkritik verband Freud eine Kampfansage an alle Formen von Irrtum, Illusion, Aberglauben, Vorurteil und Pathologie, wie sie im individuellen und kulturellen Über-Ich ihren Niederschlag gefunden haben. Um die von ihm angestrebte Über-Ich-Korrektur auf breiter Basis leisten zu können, entwarf er Grundzüge einer »wissenschaftlichen Weltanschauung« (Freud 1933a, S. 170 ff.), die vom Anliegen der Aufklärung in der wohlbekannten Kantschen Definition durchdrungen sind: »Aufklärung ist der Ausgang des Menschen aus seiner selbstverschuldeten Unmündigkeit. Unmündigkeit ist das Unvermögen, sich seines Verstandes ohne Leitung eines anderen zu bedienen. Selbstverschuldet ist diese Unmündigkeit, wenn die Ursache derselben nicht am Mangel des Verstandes, sondern der Entschließung und des Mutes liegt, sich seiner ohne Leitung eines anderen zu bedienen. Sapere aude: Habe Mut, dich deines eigenen Verstandes zu bedienen! ist also der Wahlspruch der Aufklärung«.

Das Aufklärungsanliegen hat Freud allerdings unter Einbeziehung der Idologiekritik und Entlarvungspsychologie des 19. Jahrhunderts (Feuerbach, Marx, Schopenhauer, Nietzsche u. v. a.) um die Dimension des Irrationalen erweitert. Das Konzept des Über-Ichs erwies sich als wichtiges Bindeglied, um die Konflikte zwischen triebhaft-vitalen und moralisch-kulturellen Kräften zu erfassen. Von materialistisch orientierten Philosophen ist dieser Faktor, wie Freud anmerkt, unterschätzt und mit der Bemerkung abgetan worden, dass »die ›Ideologien‹ der Menschen nichts anderes sind als Ergebnis und Überbau ihrer aktuellen ökonomischen Verhältnisse. Das ist die Wahrheit, aber sehr wahrscheinlich nicht die ganze Wahrheit. Die Menschheit lebt nie ganz in der Gegenwart, in den Ideologien des Über-Ichs lebt die Vergangenheit, die Tradition der Rasse und des Volkes fort, die den Einflüssen der Gegenwart, neuen Veränderungen, nur langsam weicht, und solange sie durch das Über-Ich wirkt, eine mächtige, von den ökonomischen Verhältnissen unabhängige Rolle im Menschenleben spielt« (1933a, S. 73f.).

Dass die Psychoanalyse mit ihrem Aufklärungsanliegen und ihrer Kulturkritik immer wieder auf massive Abwehr gestoßen ist, hat sich Freud selbst so erklärt: »Die Gesellschaft wird sich nicht beeilen, uns Autorität einzuräumen. Sie muß sich im Widerstande gegen uns befinden, denn wir verhalten uns kritisch gegen sie; wir weisen ihr nach, daß sie an der Verursachung der Neurosen selbst einen großen Anteil hat. Wie wir den einzelnen durch die Aufdeckung des in ihm Verdrängten zu unserem Feinde machen, so kann auch die Gesellschaft die rücksichtslose Bloßlegung ihrer Schäden und Unzulänglichkeiten nicht mit sympathischem Entgegenkommen beantworten; weil wir Illusionen zerstören, wirft man uns vor, daß wir die Ideale in Gefahr bringen« (1910d, S. 111).

Die kulturtheoretischen Schriften Freuds lassen sich in zwei große Gruppen unterteilen. Zum einen finden wir Texte, wie etwa »Die ›kulturelle‹ Sexualmoral und die moderne Nervosität« (1908d) oder »Das Unbehagen in der Kultur« (1930a), die sich mit dem fundamentalen Gegensatz, ja Antagonismus zwischen »Triebstruktur und Gesellschaft« (Marcuse 1955) beschäftigen. In ihnen behauptet Freud kurz gesprochen, dass Kultur nur möglich sei aufgrund permanenter Triebunterdrückung, dem Trieb also gewissermaßen eine a-soziale und der Kultur eine triebfeindliche Struktur zukomme. Zum anderen liegen uns im Freudschen Werk aber auch Texte vor, die sich weitreichender mit der anthropologischen Grundlegung von Kultur und der Frage nach den Ursprüngen von Gesellschaft und Religion beschäftigen. Gemeint sind hier vornehmlich die Arbeiten »Totem und Tabu« (1912–13a) und »Der Mann Moses und die monotheistische Religion« (1939a).

Im Folgenden werden wir vier Aspekte aus Freuds kulturtheoretischen Schriften aufgreifen und diese Traditionslinien bei seinen Nachfolgern weiterverfolgen.

Die Aufdeckung des kulturellen Unbewussten am Beispiel der Moral

Ein erster und maßgeblich bleibender Grund für die Notwendigkeit einer psychoanalytischen Kulturtheorie ergab sich für Freud, als er sich mit der Frage der sexuellen Ätiologie der Neurosen und insbesondere der Motive der sexuellen Verdrängung beschäftigte. In diesem Zusammenhang wurde er erstmals auf den für die Neurosenentstehung einflussreichen Faktor der »Moral« aufmerksam. Am 31. Mai 1897 schrieb er an Wilhelm Fließ: »Eine Ahnung sagt mir noch, als ob ich es schon wüßte – ich weiß aber gar nichts –, daß ich nächstens die Quelle der Moral aufdecken werde« (Freud 1985c, S. 266).

In der »Traumdeutung« (1900a) und in den »Drei Abhandlungen« (1905d), vor allem aber in »Die ›kulturelle‹ Sexualmoral und die moderne Nervosität« (1908d) setzte Freud mit einer dezidierten Moralkritik ein. Seine Kritik richtete sich zunächst in erster Linie gegen die aus der christlichen Religion abgeleiteten Einschränkungen der Sexualbetätigung. Nach christlicher Moral ist sexuelle Befriedigung nur im Rahmen der Ehe zum Zwecke der Zeugung zulässig. Diese Forderung nach möglichst weitgehender Triebbeherrschung wird als Mittel der Selbsterziehung legitimiert. Vom Standpunkt der Gesellschaft aus dient sie, so Freud, der Verschiebung der der Sexualität entspringenden Energien auf kulturelle Ziele. Durch eine solche »*Sublimierung*« würden »der Kulturarbeit außerordentlich große Kraftmengen zur Verfügung« (1908d, S. 150) gestellt. Die Sexualeinschränkung und Energieverschiebung fordere aber ihren Preis: »Ins Unbegrenzte fortzusetzen ist dieser Verschiebungsprozeß aber sicherlich nicht, so wenig wie die Umsetzung der Wärme in mechanische Arbeit bei unseren Maschinen. Ein gewisses Maß direkter sexueller Befriedigung scheint für die allermeisten Organisationen unerläßlich, und die Versagung dieses individuell variablen Maßes straft sich durch Erscheinungen, die wir infolge ihrer Funktionsschädlichkeit und ihres subjektiven Unlustcharakters zum Kranksein rechnen müssen« (ebd., S. 151).

Nur starke Individualitäten hält Freud für sublimierungsfähig. Bei schwächeren Menschen wirke die Unterwerfung unter die Sexualmoral hemmend auf die gesamte Entwicklung: sie absorbiere wertvolle Kräfte der Heranwachsenden, schwäche die Willenskraft und beeinträchtige die Genussfähigkeit. Daher könne die kulturelle Sexualmoral nicht kritiklos hingenommen werden: »Es ist eine der offenkundigen sozialen Ungerechtigkeiten, wenn der kulturelle Standard von allen Personen die nämliche Führung des Sexuallebens fordert, die den einen dank ihrer Organisation mühelos gelingt, während sie den anderen die schwersten psychischen Opfer auferlegt« (ebd., S. 155).

Die Idee, dass die moderne Zivilisation krank macht und dass die Neurasthenie *die* Zivilisationskrankheit par excellence sei, ist im Kontext der damaligen psychiatrischen Zivilisationskritik zu sehen. Mit der von ihm postulierten sexuellen Ätiologie der Neurasthenie eröffnete Freud aber die Möglichkeit, statt nur erblicher auch soziale und kulturelle Krankheitsfaktoren für die Entstehung der Neurasthenie einzubeziehen. Dabei erwies sich das Konzept der »*kulturellen Sexualmoral*«, das der mit Freud in langjähriger Korrespondenz stehende Philosoph Christian von Ehrenfels in seiner »Sexualethik« (1907) entwickelt hatte (vgl. Hemecker 1989), als »Schlüssel für Freuds soziogenetische Krankheitstheorie und die darin angelegte Zivilisationstheorie« (Roelcke 1999, S. 189). In diesem Theorie-Entwurf hat Freud individuelle und kulturelle Krankheit erstmals wechselseitig aufeinander bezogen: »Der theoretisch zentrale Begriff der Verdrängung wird dabei einerseits als Resultat kultureller Institutionen, nämlich von Sozialisationsvorgängen, gedacht; andererseits beruhen die kulturellen Institutionen ihrerseits auf Triebverzicht und der damit einhergehenden Verdrängung« (Roelcke 1999, S. 193 f.).

In Freuds Kulturtheorie erscheint »*Triebverzicht*« demnach als zweischneidiger Wertmaßstab: als wertvoll, insoweit er Voraussetzung jeglicher Kulturleistung sei, und als wertwidrig, insoweit er dem Einzelnen Zwang und Einschränkungen auferlege. Im ersteren Sinne habe er den kulturellen Fortschritt ermöglicht. Freud versteht darunter insbesondere die Beherrschung und Nutzung der Naturkräfte, die Kultivierung des Lebens durch Ausrichtung an den Werten der Schönheit, Reinlichkeit und Ordnung, die Schätzung und Pflege der intellektuellen, wissenschaftlichen und künstlerischen Leistungen sowie die Regelung der sozialen Beziehungen (vgl. Freud 1930a, S. 449 ff.). Die Kehrseite des kulturellen Fortschritts sei aber das weit verbreitete »Unbehagen« an unserer Kultur, der Freud einen großen Teil der Schuld am vorhandenen »psychischen Massenelend« anlastet. Offenbar ist es nur wenigen Menschen möglich, den Verzicht auf Triebbefriedigung ins Produktive zu wenden. Die große Mehrheit fühlt sich durch den ihnen abverlangten Triebverzicht überfordert. Sie erlebt die letztlich auf Anpassung, Unterordnung und Disziplin zielendenAnsprüche der Kultur als Einschränkungen ihrer individuellen Freiheits- und Glücksmöglichkeiten und gerät dadurch in eine auffällige kulturfeindliche Haltung, die im Widerspruch zu den großen Verdiensten der Kultur und Zivilisation steht.

Der Antagonismus zwischen Individuum und Kultur, triebhafter Natur und verdrängender Moral, Egoismus und Altruismus spielt in Freuds Kulturschriften von Anfang an eine große Rolle. Auch wenn man nicht hoffen dürfte, diesen Antagonismus je zu überwinden, so sei es doch eine wesentliche Aufgabe, »einen zweckmäßigen, d. h. beglückenden Ausgleich zwischen diesen individuellen und den kulturellen Massenansprüchen zu finden, es ist eines ihrer Schicksalsprobleme, ob dieser Ausgleich durch eine bestimmte Gestaltung der Kultur erreichbar oder ob der Konflikt unversöhnlich ist« (ebd., S. 456).

Während in »Die kulturelle Sexulmoral und die moderne Nervosität« die Auswirkungen des Triebverzichts auf den Einzelnen im Vordergrund stehen, wird in »Totem und Tabu« erstmals der gesellschaftlich-kulturelle Ursprung des Triebverzichts in einer phylogenetischen Perspektive zu ergründen versucht. Dabei beschränkt sich Freud, wie Roelcke (1999, S. 197) nachhaltig betont, »nicht auf eine einfache Unterscheidung ›außen‹ (Kultur) versus ›innen‹ (Psyche), sondern postuliert eine bis ins biologische Innere der Menschen hinreichende Auswirkung der gesellschaftlichen Zwangsinstitutionen. Das bedeutet für die Theorie Freuds, daß die historischen und gesellschaftlichen Konflikte sich nicht wie eine äußere Schale um den individualpsychologischen Kern der Psychoanalyse herumlegen, sondern konstitutiv zu diesem Kern gehören«.

Erwies sich der Aspekt der vom Einzelnen verinnerlichten Sexualverdrängungsmoral als wertvoll für Freuds Krankheitslehre, so war es eine weiteren Weichenstellung in seiner Analyse des kulturellen Unbewussten, als er den Gesichtspunkt des »Über-Ichs« als einer verinnerlichten moralischen Autorität einführte. Die Angst vor Liebesverlust und vor Bestrafung durch die äußere Autorität veranlassen das Kind, auf die Befriedigung bestimmter Triebwünsche zu verzichten und sich den Ge- und Verboten der Autorität zu unterwerfen. Wird die äußere Autorität verinnerlicht, so findet die soziale Angst ihre Fortsetzung in der Angst vor dem Über-Ich als innerer Autorität. Das durch Verinnerlichung der Eltern, Lehrer und sonstigen Erziehungsautoritäten entstandene Über-Ich fungiert gewissermaßen als *verlängerter Arm der Kultur* und vermittelt uns deren Maßstäbe und Ideale. Seine Bedeutung lässt sich auch daraus herleiten, dass es seine

Wirksamkeit an der Nahtstelle zwischen individuellen Bedürfnissen und kultureller Versagung entfaltet.

Wenn das Über-Ich die Nichteinhaltung kultureller Vorschriften mit Strafe bedroht, löst es »*Schuldgefühle*« aus. Der Zusammenhang zwischen Schuldgefühlen und der Kulturmoral ist für den einzelnen oft schwer zu erkennen und wird meist nur diffus als Unzufriedenheitsgefühl erlebt. Daher hält es Freud für angebracht, von mehr oder weniger *unbewussten* Schuldgefühlen zu sprechen. An einer Stelle in »Das Unbehagen in der Kultur« bezeichnet er das Schuldgefühl sogar als »das wichtigste Problem der Kulturentwicklung«, da die Glückseinbuße als Preis für den Kulturfortschritt vor allem durch die Erhöhung des Schuldgefühls bezahlt werde (1930a, S. 494).

Im Weiteren stellt Freud eine Verbindung zwischen dem Kulturprozess der Menschheit und dem Entwicklungsprozess des einzelnen Menschen dar. Beide Prozesse seien sehr ähnlich. Es gebe aber auch einen großen Unterschied: »in der individuellen Entwicklung fällt [...] der Hauptakzent meist auf die egoistische oder Glücksstrebung, die andere ›kulturell‹ zu nennende, begnügt sich in der Regel mit der Rolle einer Einschränkung. Anders beim Kulturprozeß; hier ist das Ziel der Herstellung einer Einheit aus den menschlichen Individuen bei weitem die Hauptsache, das Ziel der Beglückung besteht zwar noch, aber es wird in den Hintergrund gedrängt« (ebd., S. 500). Letztlich müssten die beiden Prozesse der individuellen und der Kulturentwicklung einander feindlich begegnen.

Die Analogie zwischen dem Kulturprozess und dem Entwicklungsweg des Individuums lässt sich noch »um ein bedeutsames Stück erweitern. Man kann nämlich behaupten, daß auch die Gemeinschaft ein Über-Ich ausbildet, unter dessen Einfluß sich die Kulturentwicklung vollzieht« (ebd., S. 501). Freud spricht in diesem Zusammenhang vom »*Kultur-Über-Ich*«. Die Gemeinschaft stelle bestimmte Idealforderungen auf, die das Verhalten der Menschen lenken und leiten sollen. Werden diese Forderungen nicht befolgt, so sucht die Gemeinschaft ihnen durch Erzeugung von Schuldgefühlen Nachdruck zu verleihen. Ideale, welche zur Regelung der sozialen Beziehungen dienen, werden als Ethik und Moral zusammengefasst. Die Ethik ist für Freud »als ein therapeutischer Versuch aufzufassen, als Bemühung, durch ein Gebot des Über-Ichs zu erreichen, was bisher durch sonstige Kulturarbeit nicht zu erreichen war« (ebd., S. 503).

Das Kultur-Über-Ich ist prinzipiell notwendig und sinnvoll. Seine pathologische Seite wird erst dann sichtbar, wenn es in seinem Anspruch,

Herrschaft über die sexuellen Triebe zu erlangen, überhöhte und unerreichbare Ideale von Selbstbeherrschung und Askese anvisiert. Für nicht minder schädlich und neurotisierend hält Freud das Kultur-Über-Ich in seinen aggressionshemmenden Auswirkungen. Dabei geht er von der Voraussetzung einer in der menschlichen Natur verwurzelten Aggressionsneigung aus. Um nicht vom Todestrieb vernichtet zu werden, müsse der Mensch einen Teil seiner zerstörerischen Energien nach außen lenken. Dem arbeite jedoch die Kultur entgegen. Wie sie zu ihrem Aufbau auf die Energien des Sexualtriebes angewiesen sei, so müsse sie sehr viel Kraft aufwenden, um den Aggressionstrieb zu kontrollieren. Für das Individuum ergäben sich aus diesen kulturellen Anforderungen schwere Konflikte und Belastungen.

Wenn Freud die »*Verinnerlichung*« als wichtigstes Mittel der Kultur ansieht, um die menschliche Aggression zu hemmen, so stimmt er darin mit Nietzsche überein: »Alle Instinkte, welche sich nicht nach Außen entladen, wenden sich nach Innen – dies ist das, was ich die Verinnerlichung des Menschen nenne: damit wächst erst das an den Menschen heran, was man später seine ›Seele‹ nennt« (Nietzsche 1887, S. 322). Nietzsche seinerseits war von seinem Freund Paul Rée beeinflusst, der die Gewissensentstehung darauf zurückgeführt hatte, dass der Mensch in einer bestimmten Geschichtsperiode seine Triebe nicht mehr frei ausleben konnte. Erst die Verinnerlichung habe das Auftreten von Schuldgefühlen und die Entwicklung eines moralischen Gewissens ermöglicht (vgl. Ellenberger 1973, S. 379).

Mit seiner Kritik an der übermäßigen Aggressionsverdrängung und insbesondere an der christlichen Moral der Nächstenliebe hat Freud ein erstrangiges Problem des kulturellen Unbewussten erfasst: »Das Gebot ›Liebe deinen Nächsten wie dich selbst‹ ist die stärkste Abwehr der menschlichen Aggression und ein ausgezeichnetes Beispiel für das unpsychologische Vorgehen des Kultur-Über-Ichs. Das Gebot ist undurchführbar; eine so großartige Inflation der Liebe kann nur deren Wert herabsetzen, nicht die Not beseitigen. Die Kultur vernachlässigt all das; sie mahnt nur, je schwerer die Befolgung der Vorschrift ist, desto verdienstvoller ist sie. Allein wer in der gegenwärtigen Kultur eine solche Vorschrift einhält, setzt sich nur in Nachteil gegen den, der sich über sie hinaussetzt. Wie gewaltig muß das Kulturhindernis der Aggression sein, wenn die Abwehr derselben ebenso unglücklich machen kann wie die Aggression selbst!« (1930a, S. 503 f.).

Insgesamt betrachtet, trug die These von der Pathologie des Kultur-Über-Ichs dazu bei, das Vertrauen in die Vernunft der Gesellschaft und ihrer Institutionen zu erschüttern. Wenn manche Kulturen oder Kulturepochen als »neurotisch« einzustufen sind, so hat jeder Mensch allein schon durch die kulturelle Über-Ich-Vermittlung eine potentielle Neurose. Darum wollte sich Freud nicht mit der Über-Ich-Analyse von Individuen begnügen. Soweit das kulturelle Über-Ich repressiv und unbewusst ist und diesen schädlichen Einfluss kollektiv ausstrahlt, muss dagegen angekämpft werden, um die fortschrittlichen Kräfte in der Kultur zu stärken. Von diesem Blickwinkel aus gelangte Freud zu der Frage, ob nicht nur Individuen, sondern auch »manche Kulturen – oder Kulturepochen – möglicherweise die ganze Menschheit – unter dem Einfluß der Kulturstrebungen ›neurotisch‹ geworden sind« (ebd., S. 504).

An dieser Stelle ließ Freud, auch hier eindeutig in der Nachfolge Nietzsches stehend, seine Kritik an der aggressionsverdrängenden Moral konsequent in Religionskritik einmünden. Damit rückte ein weiterer Hauptpunkt seiner Kulturtheorie ins Blickfeld.

Auseinandersetzung mit der Religion

Die Religionen – und insbesondere das im Abendland vorherrschende Christentum – sind nach Freud ein wesentlicher Teil des Kultur-Über-Ichs. Einerseits haben Religionsführer wie Moses und Jesus aufgrund ihrer mächtigen Persönlichkeiten Spuren in der Kulturgeschichte der Menschheit hinterlassen (1930a, S. 501 f.); andererseits enthält jede Religion ein ethisches System, das als allgemeingültige und unhinterfragbare Offenbarung ausgegeben wird (1933a, S. 174). Freuds Kritik an der sexual- und aggressionsfeindlichen Moral zielt letztlich auf eine Relativierung des gesamten ethischen Systems, wie es von der christlichen Religion mit Autorität vertreten wird.

Neben der Ethik ist die Lehre von der Weltentstehung ein regelmäßiger Bestandteil der Religionen. Die Welterschaffung wird einem – zumeist männlichen – Gott zugeschrieben. Auch der christliche Gott, der den Menschen nach seinem Ebenbilde gestaltet habe, tritt als Vaterfigur in Erscheinung. Demgegenüber hat sich Freud an Darwins Lehre von der natürlichen Abstammung des Menschen, die ohne einen göttlichen Schöpfungsakt auskommt, gehalten. Wenn er formuliert, dass der wissenschaftliche Geist aufgrund der im 19. Jahrhundert erzielten Fortschritte begonnen habe, »die Religion wie eine menschliche Angelegenheit zu behandeln und einer kritischen Überprüfung zu unterziehen« (1933a, S. 179), so spielt er aber auch auf Ludwig Feuerbachs Projektionstheorie an. In den beiden Schriften »Das Wesen des Christentums« (1841) und »Das Wesen der Religion« (1845) hat Feuerbach behauptet, dass außer der Natur und den Menschen nichts existiere. Das höhere Wesen, das unsere religiöse Phantasie erschuf, sei nur die Rückspiegelung unseres eigenen Wesens. Nicht Gott habe die Menschen nach seinem Ebenbilde geschaffen, sondern die Menschen hätten umgekehrt ihr eigenes Ideal von Allwissenheit, Allmacht und Allgüte auf den christlichen Gott projiziert. Sämtliche religiösen Phänomene seien Phantasiegebilde des Menschen, die seine tiefsten Ängste, Wünsche und Hoffnungen dokumentierten. In ihrem Spiegel könne sich der Mensch selbst wiedererkennen. Wenn er sein auf Gott projiziertes Ich-Ideal zurücknehme, biete sich ihm die Aussicht, seine »Selbstentfremdung« – die Entzweiung zwischen seinem konkreten Selbstsein und seinem abstrakten Vollkommenheitsideal – zu überwinden.

Stand Feuerbach in der Tradition der aufklärerischen Religionskritik (Voltaire, Lessing, Diderot, Hélvetius, d'Holbach, d'Alembert), so ging er doch einen entscheidenden Schritt über diese eher »intellektualistischen« Ansätze – z. B. die Annahme, dass die Religion auf »Priestertrug« beruhe – hinaus. Mit seiner anthropologischen Wendung bahnte er eine neue vornehmlich psychologisch orientierte Religionsanalyse an.

Wenn Freud die religiösen Lehrsätze als »Illusionen, Erfüllungen der ältesten, stärksten, dringendsten Wünsche« bezeichnete (1927c, S. 352), so verwandte er, wenn auch nicht explizit, zwei zentrale Begriffe der Feuerbachschen Religionsphilosophie. Der »*Wunsch*« im Sinne eines heftigen irrationalen Verlangens sei der Ursprung, ja das Wesen der Religion; als »*Illusion*« wirke die Religion sehr schädlich auf die Menschen, da sie sowohl ihren Wirklichkeits- als auch ihren Wahrheits- und Tugendsinn untergrabe (Feuerbach 1841–45, S. 189 ff. u. 242 ff.). Zu den im kindlichen Wunschdenken wurzelnden Illusionen der religiösen Menschen rechnen Feuerbach und Freud den Glauben an eine schützende Vaterfigur im Himmel, an eine gütige Vorsehung und gerechte Weltordnung sowie an ein Weiterleben nach dem Tode. Ihre Kehrseite sehen sie in der Abhängigkeit des Menschen von der äußeren Natur, der Ohnmacht gegenüber den eigenen Begierden, dem Leiden an den kulturellen Anforderungen und der Angst vor dem Tode. Das Mittel der illusionären Wunschbefriedigung diene der Angst- und Leidensverringerung. Ihre tröstende Wirkung wird mit der eines Narkotikums verglichen. Auf eine tatsächliche Erfüllung der religiösen Heilsversprechungen warteten die Gläubigen jedoch vergeblich: »Es scheint nicht zuzutreffen, daß es eine Macht im Weltall gibt, die mit elterlicher Sorgfalt über das Wohlergehen des Einzelnen wacht und alles, was ihn betrifft, zu glücklichem Ende leitet. Vielmehr sind die Schicksale der Menschen weder mit der Annahme der Weltgüte noch der mit der [...] einer Weltgerechtigkeit zu vereinen. Erdbeben, Sturmfluten, Feuerbrünste machen keinen Unterschied zwischen dem Guten und Frommen und dem Bösewicht oder dem Ungläubigen [...]. Dunkle, fühllose und lieblose Mächte bestimmen das menschliche Schicksal; das System von Belohnungen und Strafen, dem die Religion die Weltherrschaft zugeschrieben hat, scheint nicht zu existieren« (Freud 1933a, S. 180).

Gelinge es vielen Menschen mittels ihrer religiösen Illusion, sich eine individuelle Neurose zu ersparen, so erkauften sie dies nach Freuds Auffassung um einen teuren Preis: »durch gewaltsame Fixierung eines psychischen Infantilismus und Einbeziehung in einen Massenwahn« (Freud 1930a, S. 443 f.). Auch Feuerbach (1841–45, S. 96 ff.) hat die Religion als infantiles Stadium in der Menschheitsgeschichte eingestuft. Kann der Mensch aber den Trost der religiösen Illusionen überhaupt entbehren? Wird mit der Überwindung dieser Heilserwartungen nicht dem moralischen Nihilismus Tür und Tor geöffnet? Feuerbach und Freud haben diese Fragen letztlich verneint. Freud betont, dass der Mensch nicht ewig Kind bleiben und von einem Großgrundbesitz auf dem Mond träumen könne. Stattdessen komme es darauf an, dass er »seine Erwartungen vom Jenseits abzieht und alle freigewordenen Kräfte auf das irdische Leben konzentriert« (Freud 1927c, S. 373).

Auch wenn Freud der Religion als Feind der Wissenschaft den Kampf ansagt, glaubt man den Einfluss des kompromisslosen Religionsgegners Feuerbach zu spüren. Die Religion sei »eine ungeheure Macht, die über die stärksten Emotionen der Menschen verfügt. Es ist bekannt, daß sie früher einmal alles umfaßte, was als Geistigkeit im Menschenleben eine Rolle spielt, daß sie die Stelle der Wissenschaft einnahm, als es noch kaum eine Wissenschaft gab, und daß sie eine Weltanschauung von unvergleichlicher Folgerichtigkeit und Geschlossenheit geschaffen hat, die wiewohl erschüttert, heute noch fortbesteht« (1933a, S. 173). Der wissenschaftsfeindliche Charakter der Religion offenbare sich insbesondere in ihren Denkverboten, die sich auf das Interesse an der Welt, das Nachfragen und die Denkfähigkeit hemmend auswirken, zumal wenn sie den Kindern schon sehr früh eingepflanzt werden. Die Folge sei eine ausgeprägte Autoritätsgläubigkeit, die zum erwünschten »Kulturgehorsam« prädestiniert.

Von Friedrich Nietzsche kennen wir einen Aphorismus, der wie kein anderer Text die fundamentale und erschütternde Bedeutung des »Todes Gottes« in der nachmetaphysischen, durch Aufklärung, Diesseitigkeit und Verwissenschaftlichung gekennzeichneten Welt thematisiert. In »*Der tolle Mensch*« kleidet er diesen Vorgang, der uns in seinen kulturellen und gesellschaftlichen Folgen noch immer nachhaltig beschäftigt, in folgenden Aphorismus: »Habt ihr nicht von jenem tollen Menschen gehört, der am hellen Vormittage eine Laterne anzündete, auf den Markt lief und unaufhörlich schrie: ›Ich suche Gott! Ich suche Gott!‹ – Da dort gerade viele von denen zusammenstanden, welche nicht an Gott glaubten, so erregte er ein großes Gelächter. Ist er denn verlorengegangen? sagte der eine. Hat er sich verlaufen wie ein Kind? sagte der andere. Oder hält er sich versteckt? Fürchtet er sich vor uns? Ist er zu Schiff gegangen? ausgewandert? – so schrien und lachten sie durcheinander. Der tolle Mensch sprang mitten unter sie und durchbohrte sie mit seinen Blicken. ›Wohin ist Gott?‹ rief er, ›ich will es euch sagen! Wir haben ihn getödtet – ihr und ich! Wir Alle sind seine Mörder! Aber wie haben wir diess gemacht? Wie vermochten wir das Meer auszutrinken? Wer gab uns den Schwamm, um den ganzen Horizont wegzuwischen? Was thaten wir, als wir diese Erde von ihrer Sonne losketteten? Wohin bewegt sie sich nun? Wohin bewegen wir uns? Fort von allen Sonnen? Stürzen wir nicht fortwährend? Und rückwärts, seitwärts, vorwärts, nach allen Seiten? Gibt es noch ein Oben und ein Unten? Irren wir nicht wie durch ein unendliches Nichts? Haucht uns nicht der leere Raum an? Ist es nicht kälter geworden? Hören wir noch nichts von dem Lärm der Totengräber, welche Gott begraben? Riechen wir noch nichts von der göttlichen Verwesung? – auch Götter verwesen! Gott ist tot! Gott bleibt tot! Und wir haben ihn getödtet! Wie trösten wir uns, die Mörder aller Mörder? Das Heiligste und Mächtigste, was die Welt bisher besaß, es ist unter unsern Messern verblutet – wer wischt dies Blut von uns ab?« (Nietzsche 1882, S. 480f.)

Ähnlich wie für Nietzsche, der den »Tod Gottes« als eine mörderische und nicht zu sühnende Tat begreift, ist auch für Freud und die Psychoanalyse der Zusammenhang von Religion und Schuld zentral. Es mag manchen überraschen, aber für den erklärten Atheisten Freud ist die Religion »das vielleicht bedeutsamste Stück des psychischen Inventars einer Kultur«

(1927c, S. 335). Schon die früheste Form der Institutionalisierung von Religion, die Freud annimmt, nämlich die totemistische, versucht eine Lösung des kulturellen Grundproblems, der Schuldfrage nämlich. Wir werden gleich darauf ausführlich zurückkommen, wollen vorab aber noch eine andere Frage ansprechen.

In den religionstheoretischen Überlegungen der Psychoanalyse nach Freud wurde immer wieder festgestellt, dass dieser zu stark das »Väterliche« am Gottesbild betont und übertrieben sowie die frühe Mutter-Kind-Beziehung für die Entstehung des Glaubens vernachlässigt habe. Gott sei nicht nur durch strenge, quasi ödipale und Über-Ich-hafte Eigenschaften per Projektion behaftet, sondern mit einer Sehnsucht verbunden nach »mütterlichem« Schutz und Geborgenheit (vgl. Henseler 1995). In ähnlicher und doch auch anderer Weise zeigt Grunberger (1979 u. 2000) die Bedeutung des frühen Narzissmus für die Entwicklung des religiösen Glaubens. Dieser verdanke sich einer ganz frühen, nämlich vorgeburtlichen Erfahrung der nahezu unterschiedslosen Verschmelzung mit der Mutter, die als nachgeburtliche Suche nach dem verlorenen Paradies, das mit totalem Glück verbunden wird und von keiner Realität bedroht ist, wieder auftritt. Jeder Mensch hat nach Grunberger die Aufgabe, diesen frühen Narzissmus mit der Realität (des Generationen- und Geschlechterunterschiedes, der Arbeit etc.) zu verbinden. Entwicklungspsychologisch stellt die Pubertät eine Schaltstelle für das Gelingen oder Misslingen einer solchen Verbindung dar. Sie ist zugleich eine Phase narzisstischen Überschwangs (Jugendliche können sich nicht wirklich vorstellen, alt zu werden und zu sterben, halten sich zuweilen gar für unsterblich, wofür die erschreckenden Unfallstatistiken beredtes Zeugnis abliefern) und der sexuellen Reifung (Hinwendung zum anderen Geschlecht und zur außerfamiliären Welt). Misslingt die Integration, so suchen Jugendliche nicht selten ihr Heil im Glauben an Ideologien und religiöse Systeme (religiös motivierte Gewalt ist oft Gewalt, die von Jugendlichen, meist als Delegierte ihrer Eltern, ausgeübt wird), die die Aufspaltung in eine reine und paradiesische Welt des Glaubens einerseits und die bedrohliche und zu vernichtende Welt der Feinde (Juden, Ungläubige) betreibt. Diese Aufspaltung hat, so Grunberger, mit dem Hass auf alles Väterliche und die väterliche Ordnung überhaupt zu tun, die für den Verlust der frühen, noch nicht geschiedenen Einheit mit der Mutter verantwortlich gemacht wird. Zu fragen bleibt, ob es eine nicht so gewalttätige und reifere Form des Glaubens und der Religiosität gibt und an welche psychischen Voraussetzungen sie gebunden ist.

Zur anthropologischen Grundlegung von Kultur, Gesellschaft und Religion

In »Totem und Tabu«, der gleichsam ersten ethnopsychoanalytischen Schrift, hat Freud – und er greift dabei auf Autoren wie Darwin, Frazer, Robertson Smith, Wundt und andere zurück – die These vertreten, dass am Anfang der Geschichtsbildung der tyrannische »Urvater« gestanden habe, der durch den Clan der Söhne, die »Bruderhorde«, erschlagen worden sei. Freud behauptet genauer besehen einen hypothetischen »Urzustand der Gesellschaft«, der »nirgends Gegenstand der Beobachtung geworden« (Freud 1912–13a, S. 171) ist, in dem ein gewalttätiger und eifersüchtiger Urvater regiert habe, der alle Frauen für sich behalten und die Söhne vertrieben habe. Aus diesem Urzustand nun, so Freud weiter, sei das totemistische System hervorgegangen, die erste historisch feststellbare religiösgesellschaftliche Institution. Diese findet ihren »bedeutsamsten Zug« in einer regelmäßigen »Totemmahlzeit« (nach Robertson Smith): ein sonst verbotenes und verehrtes Opfertier wird von Zeit zu Zeit in »feierlicher Gemeinschaft« getötet. Nur so kann »das heilige Band hergestellt werden, welches die Teilnehmer untereinander und mit ihrem Gott einigt« (ebd., S. 167). Diese Mahlzeit sei ein »gebotener Exzeß«, ein »feierlicher Durchbruch eines Verbotes«, durch den sich die Totemgruppe in gemeinsamer »Teilnahme und Mitschuld« zusammenfinde.

Das Rätsel des Überganges vom »Urzustand der Gesellschaft« zur totemistischen Religion beantwortet Freud mit einer Konstruktion: Die ausgetriebenen Söhne bzw. Brüder hätten sich eines Tages zusammen getan, den Urvater erschlagen und ihn verzehrt. Durch diese mörderisch-kannibalistische Tat geschieht etwas psychologisch hoch Bedeutsames: Mit dem und im Akt des Verzehrens des Urvaters eignen sich die Brüder dessen vormals gefürchtete und beneidete Stärke an – eine erste und folgenschwere Identifizierung ereignet sich. In der Totemmahlzeit wird der begangene Mord rituell inszeniert und wiederholt – hier liegt der Anfang für »die sozialen Organisationen, die sittlichen Einschränkungen und die Religion« (ebd., S. 172), ja für Gesellschaft überhaupt.

Zur Aufrechterhaltung der gesellschaftlichen Institutionen ist ein entscheidender Verzicht notwendig. Die Söhne entdecken nach der Tat und der Befriedigung ihres Hasses, dass sie auch zärtliche Empfindungen dem Vater gegenüber hatten. Die Tat plagte die Brüder als ein ewig wiederkehrendes und nicht zu tilgendes schlechtes Gewissen. Aus der Reue und dem

Schuldbewusstsein heraus erwachsen schließlich die beiden fundamentalen Tabus des Totemismus, die mit den beiden verdrängten Wünschen des (positiven) Ödipuskomplexes (des Jungen) übereinstimmen. Zum einen muss das Totemtier geschont werden (der Vater darf nicht erneut erschlagen werden). Zum anderen wird das Inzestverbot errichtet, und zwar weniger aus ambivalenten Gefühlsmotiven dem Vater gegenüber als vielmehr aus einer praktischen Notwendigkeit heraus. Ohne dieses im Schuldgefühl gründende Verbot wäre ein Kampf aller gegen alle entstanden, der die Brüder nicht vereint, sondern entzweit hätte. Die Grundlage der gesamten Kultur wäre dadurch zerstört und eine eskalierende Gewaltspirale in Gang gesetzt worden, die zu nichts als Vernichtung führen würde. Insgesamt entstand ein Zustand »nachträglichen Gehorsams« dem Urvater gegenüber. »Der Tote wurde nun stärker, als der Lebende gewesen war« (ebd., S. 173).

Entscheidend an den Behauptungen Freuds über den Mord der Söhne am Urvater als religions- und kulturgründender Tat ist trotz oder vielleicht gerade wegen ihrer offensichtlichen und vielfach konstatierten historischen Unbelegbarkeit ein gewissermaßen struktural-anthropologischer Grundgedanke (vgl. Hegener 2001, Kap. 3): Der Vater wird sozialisierend wirksam und symbolisch mächtig erst in dem Moment, in dem er ermordet wird. Vaterschaft in diesem anderen Sinne bezeichnet einen durch den Tod geschaffenen Mangel und eine Leerstelle, an die sich kein anderer Mann mehr setzen darf. Würde sich ein Sohn an die Stelle des Urvaters setzen, würde sich in einer Art »symmetrischer Eskalation« die Spirale von Mord, Unterwerfung und Vernichtung endlos wiederholen. Durch diesen Gedanken wird Vaterschaft in einer neuen, nämlich symbolischen Dimension thematisch. Sie ist eben entschieden mehr und etwas anderes als bloße biologische Zeugung und Versorgung. Neben der uneinnehmbaren Stelle symbolischer Vaterschaft tritt der real zeugende bzw. »genitale« Vater zurück, der nur über eine geliehene und begrenzte Macht verfügt. Er befindet sich in einer positiven Abhängigkeit von einer transzendental zu nennenden Vaterschaft, die zu besetzen der ungeheuren Anmaßung gleichkäme, sich als allmächtig und gottähnlich aufzuspielen. Die so gefasste Vaterschaft ist für Freud das gesellschaftliche Strukturierungsprinzip schlechthin.

Die Freudsche Theorie der Entstehung von Kultur und Religion aus einer »Gründungsgewalt« heraus ist viele Jahrzehnte später durch den bedeutenden Kulturanthropologen und Religionsphilosophen René Girard (vor allem 1992 und, aus psychoanalytischer Perspektive, Haas 2002) aufgegriffen, bestätigt und weitergeführt worden. Nach Girard steht am

Anfang ursprünglicher gesellschaftlicher Prozesse stets eine *Krise*. Es ist im Kulturprozess insgesamt so wie bei der Ermordung des Urvaters (Girard bestreitet allerdings den Primat des Vaters, sondern glaubt, dass irgendein kollektives Verbrechen ausreicht): stets führt erst ein »Gründungsverbrechen«, ein kollektiver Mord, der im Gegensatz zu den späteren religiösen Riten, spontan und einmalig verläuft und dessen Spuren verwischt sind, im Akt des »nachträglichen Gehorsams« zur Errichtung eines Gesetzes bzw. einer kulturgründenden religiösen Ordnung. Der Hingemordete wird nachträglich zu einem Heilsbringer verklärt – wie überhaupt die ganze Sphäre des Sakralen auf einer »Ursprungsgewalt« aufbaut. »Wenn dem so ist, dann ist die Gründungsgewalt tatsächlich der Ursprung dessen, was zum Wertvollsten der Menschen gehört und was zu bewahren ihnen am meisten am Herzen liegt. […] Dieses Ereignis wird als Gründungsakt der kulturellen Ordnung wahrgenommen. Nicht nur die Riten, sondern auch die Heiratsregeln und die Verbote, ja Kulturformen insgesamt, die den Menschen ihre Menschlichkeit verleihen, leiten ihre Herkunft von dieser toten Gottheit her« (Girard 1972, S. 140).

Wie Freud geht auch Girard davon aus, dass die Präsenz des Religiösen im Ursprung aller menschlichen Gesellschaften grundlegend ist. Ihr zentraler Mechanismus sei der des »versöhnenden Opfers«. Dieses erfülle eine unverzichtbare protektive Funktion für die Kultur: durch das Opfer solle die Gewalt von der Gemeinschaft ferngehalten werden; im Opfer wird die Gewalt gleichsam gebannt. Die *Krise des Opferkultes*, die zu Eskalation, Zerstörung und Entdifferenzierung führt, stehe am Anfang eines neuen, versöhnenden Opferkultes – ja, das versöhnende Opfer bildet den Ursprung aller Strukturierung, sei sie nun individuell oder kollektiv. Die anschließende Mythen- und Ritualbildung verdunkelt diesen gewaltsamen Ursprung – allerdings auch zum Schutze der Menschen, denn sie ist »ein schöpferischer und verklärender Akt, der letztlich dazu führt, daß die Gewalt sich vom Menschen ablöst und vergöttlicht wird« (Haas 2002, S. 71).

Von entscheidender Bedeutung ist weiterhin, dass Freud den Grund und Ursprung der Gesellschaft mit einer fundamentalen Schuldfrage verbindet, deren Anerkennung er für das Gelingen des gesamten Kulturprozesses für entscheidend hält. Es geht hier um eine gleichsam objektive oder strukturelle Schuld, die subjektiv nicht zurechenbar ist, die aber trotzdem als »lebensgeschichtlich konstitutives Geschehen nicht getilgt werden kann und zu irgendeiner rekonstruktiven Bearbeitung drängt, die nachträglich, aus der Perspektive des ethisch verantwortlichen Subjekts diese objektive Schuld in eine subjektiv zu bearbeitende verwandelt« (Oevermann 1995, S. XV). Es handelt sich um eine notwendige Schuld, die wir gegen den unvordenklichen Anfang und den unbenennbaren Ursprung haben, der »nirgends Gegenstand der Beobachtung« werden kann. Sie wurzelt in einem ebenfalls strukturell begründeten Ambivalenzkonflikt, der konstitutiv für die Generationendynamik ist. Für den Prozess der Herausbildung der Differenz der Generationen und ihre genealogische Abfolge hat Pierre Legendre (1999) den so passenden Begriff des »symbolischen Platztausches« gefunden. Bezogen auf den Sohn meint dies, dass er den Vater symbolisch gemordet haben muss, um selbst Vater werden zu können. Platztausch heißt aber auch, dass der Sohn symbolisch gemordet wird, damit dieser Platz für den Neugeborenen frei gemacht werden kann (wenn der erzeugende Vater nämlich psychisch ein Sohn bleibt, dann kann er nicht anders, als seine Kinder als Konkurrenten um die Gunst der Mutter / Frau zu erleben, und die Familie verkommt zu einem Schlachtfeld). Jeder der Beteiligten hat in dieser Abfolge einen Verlust zu erleiden und eine Schuld einzugestehen. Der Vater, der sich damit nicht an die Stelle des allmächtigen Urvaters setzen darf, schuldet jedem seiner Kinder eine doppelte Begrenzung: Er muss sein Kind und sich selbst begrenzen. Psychoanalytisch formuliert: Der Vater muss seine eigene Kastriertheit (i. S. seiner Begrenztheit und Endlichkeit) akzeptieren. In dem so entwickelten Sinne ist die »Vatertötung« eine Grundtatsache des Generationenprozesses und ist nicht abhängig von einer »realen« Tat. Freud hat es treffend so ausgedrückt: »Es ist wirklich nicht entscheidend, ob man den Vater getötet hat oder sich der Tat enthalten hat, man muß sich in beiden Fällen schuldig finden, denn das Schuldgefühl ist der Ausdruck des Ambivalenzkonflikts« (Freud 1930a, S. 70).

Wie jedoch, so möchten wir sofort weiterfragen, wird dieses Ereignis, das Freud für die Kulturgeschichte als so ausschlaggebend erachtet, eigentlich im Prozess der Generationenabfolge weitergegeben? An dieser Stelle sei zuerst ein Einschub erlaubt, der den Freud oft vorgeworfenen *Lamarckismus* betrifft. Gemeint ist die Kritik, dass Freud in seinen Arbeiten zur Kulturgeschichte von der schon zu Lebzeiten umstrittenen und eigentlich widerlegten Annahme einer genetischen Weitergabe erworbener Eigenschaften ausgegangen sei, die auf den Evolutionstheoretiker Lamarck zurückgeht. Eickhoff (2004) hat klärend gezeigt, dass der Vorwurf, den jüngst auch Assmann (2004) erhoben hat, Freud behaupte, dass das phylogenetische Gedächtnis außerhalb der kulturellen Tradition und Weitergabe vererbt werde, unzutreffend ist (vgl. zum historischen Hintergrund auch Burkholz 1995). Vielmehr gibt es gute Gründe, die Eickhoff unter Verweis auf die einschlägige Literatur zusammenträgt, anzunehmen, dass der von Freud erschlossene phylogenetische Faktor dank unbewusster Kommunikation eine nicht-genetische generationsübergreifende kulturelle Transmission einbezieht und phylogenetische Schemata als Niederschläge der menschlichen Kulturgeschichte betrachtet werden können. Freud betont diese Art psychologischer Vererbung, wenn er in »Totem und Tabu« die Frage aufwirft, »wie viel man der psychischen Kontinuität innerhalb der Generationsreihen zutrauen kann, und welcher Mittel und Wege sich die eine Generation bedient, um ihre psychischen Zustände auf die nächste zu übertragen. Ich werde nicht behaupten, daß diese Probleme weit genug geklärt sind, oder daß die direkte Mitteilung oder Tradition, an die man zunächst denkt, für das Erfordernis hinreichen. [...] Dann dürfen wir aber annehmen, daß keine Generation imstande ist, bedeutsamere seelische Vorgänge vor der nächsten zu verbergen. Die Psychoanalyse hat uns nämlich gelehrt, daß jeder Mensch in seiner unbewußten Geistestätigkeit einen Apparat besitzt, der ihm gestattet, die Reaktionen anderer Menschen zu deuten, das heißt die Entstellungen wieder rückgängig zu machen, welche der andere an dem Ausdruck seiner Gefühlsregungen vorgenommen hat. Auf diesem Wege des unbewußten Verständnisses all der Sitten, Zeremonien und Satzungen, welche das ursprüngliche Verhältnis zum Urvater zurückgelassen hatte, mag auch den späteren Generationen die Übernahme jener Gefühlserbschaft gelungen sein« (1912–13a, S. 190f.).

Die hier aufgeworfenen Probleme von Tradition und kultureller Weitergabe hat Freud in seinem Buch »Der Mann Moses und die monotheistische Religion« erheblich vertieft. Auch hier sei kurz an die wesentlichen Aussagen erinnert, die, wie wir sehen werden, an die Gedanken aus »Totem und Tabu« direkt anknüpfen. Freud führt die Entstehung des Judentums, das er für die idealtypische monotheistische Religion hält, im ersten und zweiten Teil seiner Moses-Studie auf den Gründungs- und Schöpfungsakt des Ägypters Moses zurück, der ein vornehmer Mann, Beamter und Priester gewesen sei, ein eifriger Anhänger des monotheistischen Glaubens, den der Pharao Amenhotep IV. etwa um 1360 vor unserer Zeitrechnung zur herrschenden Religion gemacht habe. Nach dem Tod des Pharao, dem Zusammenbruch seiner Dynastie und Religion, der Moses zum Verlassen seines Vaterlandes gezwungen habe, habe er den Juden diese vergeistigte

Atonreligion gegeben und so ihren besonderen Charakter geschaffen. Was diese später an ihrem Gott Jahve gerühmt haben, träfe wörtlich auf ihn, auf Moses zu. Doch der semitische Stamm habe diese geistig hoch stehende Religion vorerst nicht verkraften können und – hier beruft sich Freud auf die Arbeiten des christlichen Altertumsforschers Sellin – Moses erschlagen. Dieser Mord sei die Wiederholung der Urvatertötung, genauer: die Wiederkehr dieser verdrängten Tat. Die Juden hätten, so schreibt Freud seinen »historischen Roman« weiter fort, nach dieser Mordtat die Verehrung des auf dem Berge Sinai hausenden Vulkangottes Jahve aufgenommen. Erst im Laufe von sechs bis acht Jahrhunderten habe sich die nie ganz ausgelöschte Moses- bzw. Atonreligion doch noch durchgesetzt und sei äußerlich mit dem Jahvekult verschmolzen worden. Freud hält diesen Vorgang für geradezu prototypisch: Religionen verdanken sich der zwingenden Macht der Wiederkehr des Verdrängten, das sich, analog zur individuellen Entwicklung und traumatischen Prozessen, nach einer Latenzzeit durchsetzt.[1]

In diesem seinem letzten und testamentarischen Buch zeigt Freud vor allem, und damit können wir einen Faden unserer Lektüre von »Totem und Tabu« wieder aufnehmen, dass Religion keine Sache der Tradition ist, die sich lediglich auf die bewusste kulturelle Weitergabe einer feststehenden Überlieferung bezieht, sondern vor allem eine der kulturellen Erinnerung, die das unbewusste Gedächtnis einer Gruppe umfasst. Nicht zuletzt aus diesem Grund beziehen sich wichtige Theorien des kulturellen Gedächtnisses in zentraler Weise auf Freuds »Mann Moses« (vgl. Assmann 1997, S. 226 f. u. 1998). Um Freuds Buch und die darin aufgeworfenen Fragen nach Tradition, Erinnerung und Schrift hat sich zudem eine wichtige kulturwissenschaftlich-philosophische Kontroverse entwickelt. Yerushalmi (1991) hat Freud in seinem Buch »Freuds Moses. Endliches und unendliches Judentum« vorgehalten, dass er mit seiner These der Verdrängung der Mosestötung das ungewöhnlichste Kennzeichen der jüdischen Tradition übersehen habe, »nämlich die geradezu penetrante Weigerung, die Missetaten der Juden zu vertuschen« (ebd., S. 125). Die »entscheidende Frage« sei nämlich, ob das, was Freud behauptet, wäre sie denn tatsächlich geschehen, hätte verdrängt und vergessen werden müssen. Die ganze Überlieferung sei aber voll von Mord und Totschlag, von Rache und Sühne: »Was das alles bedeutet, Herr Professor, läßt sich in wenigen Worten zusammenfassen: Wäre Moses tatsächlich von unseren Vorfahren getötet worden, so wäre der Mord nicht nur nicht verdrängt, sondern im Gegenteil erinnert und festgehalten worden, eifrig, unversöhnlich und in allen Einzelheiten, als unüberbietbares Extrembeispiel für Israels Sünde des Ungehorsams« (ebd., S. 127).

Fügen wir an dieser Stelle noch einen weiteren Punkt an. Schon in der zweiten Vorlesung seiner Arbeit hat Yerushalmi behauptet, dass der »eigentliche Dreh- und Angelpunkt des Buches, insbesondere der des entscheidenden dritten Teils, das Problem der Tradition« (ebd., S. 52) sei. Mit den Fragen nach Erinnerung und Tradition kommen wir tatsächlich zum wichtigsten Thema des »Mann Moses«. Mit Freuds eigenen Worten gesagt: »Erst dann ließe sich eigentlich das Interesse an unserer rein historischen Studie rechtfertigen. Worin die eigentliche Natur einer Tradition besteht und worauf ihre besondere Macht beruht [...]« (Freud 1939a, S. 154). Für Yerushalmi scheint klar zu sein, dass man entweder verdrängt oder erinnert, und er scheint sagen zu wollen: Wenn, wie im jüdischen Falle, die Überlieferung offen und unentwegt von Morden und Verbrechen spricht, so kann sie den unterstellten Mord an Moses nicht verdrängt haben. Diese Argumentation geht davon aus, wie Derrida (1997, S. 115 ff.) in einer profunden Kritik aufgezeigt hat, dass Schreiben ohne Verdrängung, ohne Konstruktion und Fiktion prinzipiell möglich ist und stellt damit nicht in Rechnung, dass die angeführten Berichte gewissermaßen »Deckerinnerungen« sein können, die auf noch andere, unbekannte und nur zu erratende Verbrechen verweisen. Yerushalmi übersieht weiterhin, dass gerade die Verdrängung eine besondere und besonders wirkungsvolle Form der Erinnerung sein kann, Verdrängen also gerade *nicht* »Vergessen« heißt. Hier ist Erinnerung allerdings anders zu nehmen: es ist nicht die bewusste, unentstellte und unbearbeitete Erinnerung, die durch mündliche Weitergabe tradiert wird.

Freud hat den Gegensatz zwischen einer mündlichen Überlieferung, er nennt sie »die Tradition«, und ihrer schriftlichen Fixierung klar herausgestellt. »Die Tradition war die Ergänzung und zugleich der Widerspruch zur Geschichtsschreibung« (Freud 1939a, S. 172). Er glaubt, dass die mündliche Tradition weniger entstellt ist als der schriftliche Bericht. Ihr Schicksal ist nun zum einen, dass sie in die Schrift aufgenommen wird, zum anderen aber, dass sie, wie Freud sagt, »von der Niederschrift *erschlagen* wird« (ebd., S. 173; Hervorhebung G. G., W. H.). Diese Textstelle lässt sich wie eine Erläuterung von Freuds Behauptung lesen, es sei bei der Entstellung eines Textes wie bei einem Mord, die Schwierigkeit liege nicht in der Durchführung der Tat, sondern in der Beseitigung der Spuren (ebd., S. 144). Damit Schrift entstehen kann, muss »erschlagen« werden, es muss ein »Mord« passiert sein. Die Schrift, so wie der Kulturbildungsprozess überhaupt (s. o.), verdankt sich ihrer grundlegenden Struktur nach somit der Verdrängung eines gründenden Verbrechens und, wie ergänzt werden muss, der nachträglichen Wiederkehr dieses Verdrängten. Denn merkwürdigerweise ist es so, dass die scheinbar weniger entstellte Tradition, so Freud, sich im Laufe der Zeit in die »offizielle Berichterstattung« wieder eingedrängt hat (ebd.) – das Verdrängte kehrt in der *Form* des Verdrängens wieder. In der »erschlagenden« Schrift bilden sich somit die Erschlagung des Urvaters resp. des Moses und dessen unheimliche Wiederkehr analogisch ab.

Yerushalmi hat noch eine zusätzliche Kritik erfahren, und damit nehmen wir einen weiteren Faden der bisherigen Argumentation wieder auf. Er hat Freud vorgeworfen, in keiner Schrift komme sein Lamarckismus deutlicher und radikaler zum Ausdruck als im »Mann Moses«. Bernstein (2003, S. 82 ff.) kann aber im Kontext seiner allgemeinen und so klärenden Überlegungen zu Freuds Theorien über Tradition und Gedächtnis im »Mann Moses« zeigen, dass diese Kritik an der Subtilität des Freudschen Arguments vorbeigeht. Nicht nur, dass Freud sich an keiner Stelle seines veröffentlichten Werkes direkt auf Lamarck bezieht (in den Briefen an Abraham und Ferenczi finden sich allerdings einige Hinweise), Freud sei darüber hinaus in der Frage des Lamarckismus sehr viel vorsichtiger als seine Kritiker. Unter dem Vorwurf eines radikalen »Psycho-Lamarckismus« (Yerushalmi) drohe Freuds entscheidender Beitrag zur Aufhellung des Wesens von Tradition und der geschichtlichen Weitergabe vollkommen verschüttet zu werden. Bernstein plädiert alternativ dafür, nicht von einem »radikalen« oder »starken«, sondern von einem »schwachen Lamarckismus« bei Freud zu reden. Freud habe nämlich gerade offen gelassen, *wie* die wichtigen historischen Ereignisse übermittelt werden. Vor allem sei zu beachten, dass Freud hervorgehoben habe, wie viel unbewusst Übermitteltes in der »direkten Mitteilung« stecke – gerade darin liege sein entscheidender und so fruchtbarer Beitrag zum Verständnis religiöser und kultureller Tradition.

Der »Ausgangspunkt« für den »Mann Moses« war nach Freuds eigenem Bekunden der Antisemitismus, und damit ist in vielfacher Hinsicht erneut das Thema der Schuld berührt. In einem Brief an Arnold Zweig vom 30. September 1934, also zu einem frühen Zeitpunkt der Textentstehung, erläutert Freud seinen »Ausgangspunkt« präzise: »Angesichts der *neuen Verfolgungen* fragt man sich wieder, wie der Jude geworden ist und warum er sich diesen *unsterblichen Haß* zugezogen hat« (Freud & Zweig

1968, S. 102; Hervorhebung im Original). Nicht also ein gleichsam »antiquarisches Interesse« (Nietzsche) an längst vergangenen historischen Ereignissen (so etwa die Frage, ob Moses ein Ägypter war) hat Freud am Ende seines Lebens, gezeichnet durch seine schwere Krebserkrankung und angesichts »neuer Verfolgungen«, dazu geführt, sich in die Geschichte der Entstehung des Judentums und des Übergangs vom Judentum zum Christentum zu vertiefen. Er interessiert sich brennend und geradezu obsessiv dafür, wie der »unsterbliche Haß« auf die Juden sich im kulturellen Gedächtnis unbewusst fortpflanzt und über Jahrhunderte Verfolgungen antreibt. Freud hat im »Mann Moses« in einer nachgerade klassischen Analyse des Antisemitismus gezeigt, wie sich im Christentum das Verhältnis zur Schuld gravierend verändert hat und damit die Voraussetzungen für die Entstehung der unsterblichen Judenfeindschaft geschaffen wurden (vgl. Grunberger & Dessuant 2000). Nach christlicher Lehre hat die Erlösung durch den Tod Jesu Christi bereits stattgefunden. Der Sohn Gottes nimmt alle Schuld auf sich, so dass nicht mehr, wie Freud kritisch anfügt, die Mordtat am Urvater und die Schuld erinnert werden muss, sondern ihre Sühnung und eine Erlösung (Evangelium) phantasiert werden kann. Die »wahnhaft« eingekleidete frohe Botschaft laute nun: »Wir sind von aller Schuld erlöst, seitdem einer von uns sein Leben geopfert hat, um uns alle zu entsühnen« (ebd., S. 244). Der neue Glaube werfe somit alle Hindernisse nieder. Anders als im Judentum, wo »für den direkten Ausdruck des mörderischen Vaterhasses kein Raum« (ebd., S. 243) sei, lasse das Christentum an »die Stelle der beseligenden Auserwähltheit« die »befreiende Erlösung« treten und ersetze das »unnennbare Verbrechen« durch eine »eigentlich schattenhafte Erbsünde« (ebd., S. 244). Der christliche Antisemitismus begründet sich aus dieser Schuldabwehr heraus, und der sich einer Projektion verdankende Vorwurf lautet nun: Ihr habt unseren Gott getötet! Und Freud meint, der Zusatz müsse heißen: »Wir haben freilich dasselbe getan, aber wir haben es zugestanden und wir sind seither entsühnt« (ebd., S. 196). Die Abwehr und »Beschwichtigung des Schuldbewußtseins« (Freud 1912–13a, S. 184) wurde erkauft durch die exzessive Projektion mörderischer Absichten und Taten auf und die Identifikation »der Juden« mit dieser Schuld. Es gilt allgemein: Unterbleibt das Eingeständnis der eigenen mörderischen Tat, so muss die Schuld exzessiv projiziert werden. Folge dieser Projektionen ist im Falle des christlichen Antisemitismus, dass »die Juden« eigentlich für alles Böse schuldig erklärt werden: in erster Linie natürlich sind sie schuld am Tod Jesu (der klassische, schon in der Patristik erhobene Vorwurf des »Gottesmordes«), aber auch, so will es Jahrhunderte lang die Volksfrömmigkeit, an allen möglichen Katastrophen (Hungersnöten, Brunnenvergiftungen, Kriegen, Ausbeutung etc.). »Die Juden« stehen gewissermaßen ganz auf der Seite der sündigen Welt, die erlöst, überwunden oder gar vernichtet werden muss. Dieses Projektions- und Spaltungsmuster, das auf einem »mörderischen Vaterhaß« gründet, ist grundlegend für die gesamte Geschichte des Antisemitismus geworden und spielt auch in den derzeit grassierenden religiösen Fundamentalismen aller Art und religiöser Provenienz eine entscheidende Rolle (insbesondere im islamischen Fundamentalismus, der ausgeprägt antisemitische Züge trägt). Es wird letztlich immer wieder mit einem apokalyptischen Schema gearbeitet, das eine Welt des Guten von einem »Reich des Bösen« absondert und der Zerstörung anheim gibt. Aus psychoanalytischer Perspektive lässt sich sagen, dass dadurch der verzweifelte Versuch unternommen wird, psychisch nicht integrierten Hass und mörderische Wut sowie auch heftige Neidgefühle zu bewältigen, ein »Bewältigungsversuch« allerdings, der zu totaler Vernichtung führen kann und nicht mehr nach dem oben beschriebenen Muster eines »versöhnenden Opfers«, das eben gerade eine Gewalteskalation verhindert, funktioniert.

Freud erkennt im »Mann Moses«, anders und deutlicher noch als in den kultur- und religionstheoretischen Schriften vorher, in denen der Ansatz einer Illusionskritik überwiegt, den eminent ethischen Wert der Religion an. Der »Fortschritt in der Geistigkeit« (Freud 1939a, S. 219–223) und Sittlichkeit wird aber nicht in jeder Religion gleichermaßen erreicht. Freud war zutiefst skeptisch gegenüber jeder Form triumphaler Überwindung im religiös-apokalyptischen oder messianischen Sinne. Diese Skepsis traf neben dem Christentum auch Nietzsche, der von sich in seinem Werk »Der Antichrist« meinte, er sei »der psychologische Typ des Erlösers« (1888, § 29). Freud schreibt in seiner Arbeit »Massenpsychologie und Ich-Analyse«: »Zu Eingang der Menschheitsgeschichte war er [der »Vater der Urhorde« – G. G., W. H.] der *Übermensch*, den Nietzsche erst von der Zukunft erwartete« (Freud 1921c, S. 138; Hervorhebung im Original). Der von Nietzsche mit einer Erlösungshoffnung versehene und erhoffte Bruch kann mit Freud als eine *falsche* »Überwindung des Christentums« durch einen dionysischen oder »arischen« (über die Figur des Zoroasters/Zarathustras) Neopaganismus angesehen werden, der zu einer schwerwiegenden kulturellen Regression führt (vgl. Le Rider 2004, S. 148 ff.[2]). Freud selbst schwebte ein anderer Weg vor, er sah ihn, nachdem er sich vor allem durch die Erfahrungen des Ersten Weltkrieges und das Aufziehen des Vernichtungsantisemitismus im Nationalsozialismus in den Hoffnungen auf eine Grundlegung der Kultur durch ein neuhumanistisches antikes Bildungsideal enttäuscht sah, in der Rückbesinnung auf den strengen mosaisch-jüdischen Monotheismus. Es erscheint hochbedeutsam, dass er sich diesem in seinem letzten und testamentarischen Buch am Ende seines Lebens intensiv zugewandt hat. Gegen alle christlichen Aufweichungen (Wiedereinsetzung einer Muttergottheit, von Heiligen, Aufspaltung und Vervielfältigung des Einen Gottes in der Trinitätslehre, Anknüpfung an heidnische Bräuche etc.) behauptet er die ethische Überlegenheit der »patri-ödipalen Struktur« des Judentums und der Psychoanalyse. Damit ist vor allem die in jeder menschlichen Entwicklung nur mühsam zu erringende Anerkennung der Generationen- und Geschlechterdifferenz gemeint, die es erst ermöglicht, den anderen als anderen und nicht nur als Verlängerung des eigenen Selbst wahrzunehmen und der drohenden Spirale von Projektion und Vernichtung Einhalt zu gebieten.

Weltanschauliche, gesellschaftliche und politische Problemstellungen

In Freuds Gesamtwerk finden sich Positionierungen einer »wissenschaftlichen Weltanschauung«, die er von religiösen, philosophischen und politischen Weltanschauungen abgegrenzt hat. So wandte er sich prinzipiell gegen »die Fabrikation von Weltanschauungen« und verglich sie mit einem Baedeker, der auf der Lebensreise über alles Auskunft geben solle. Selbst die modernsten dieser »Lebensführer« seien lediglich Versuche, »den alten, so bequemen und so vollständigen Katechismus zu ersetzen« (1933a, S. 123).

In der positivistischen Geschichtsphilosophie werden sowohl die Religion als auch die Philosophie als überholte Stadien in der Fortschrittsgeschichte des menschlichen Geistes eingeordnet. In »Totem und Tabu« griff Freud auf eine von Tylor modifizierte Version des Comteschen Dreistadiengesetzes zurück, wonach die Menschheit drei große Weltanschauungen im Laufe der Zeit hervorgebracht habe: die animistische, die religiöse und die wissenschaftliche (1912–13a, S. 96). Fehlt hier das metaphysische Stadium, so hat Freud doch an anderer Stelle klargestellt, dass er die Philosophie »als ›survival‹ aus der Periode der religiösen Weltanschauung« betrachte (1985c, S. 389). Freud ist der Auffassung, dass »viele Äußerungen des Animismus sich bis auf den heutigen Tag erhalten haben, meist als sogenannter Aberglaube, neben und hinter der Religion«. Aber selbst die Philosophie habe »wesentliche Züge der animistischen Denkweise bewahrt«, v. a. »den Glauben, daß die realen Vorgänge in der Welt die Wege gehen, die unser Denken ihnen anweisen will« (1933a, S. 178). Die Aufgabe des wissenschaftlichen Zeitalters sah Freud darin, der ›positiven‹ Methode, die empirisch, objektiv und antispekulativ sei, auf allen Gebieten zum Durchbruch zu verhelfen.

In der berühmten Programmschrift des »Wiener Kreises«, die 1929 von Rudolf Carnap, Hans Hahn und Otto Neurath verfasst und unter dem Titel »Wissenschaftliche Weltauffassung« veröffentlicht wurde, findet sich eine explizite Bezugnahme auf Freud: »Von der wissenschaftlichen Weltauffassung wird die metaphysische Philosophie abgelehnt. Wie sind aber die Irrwege der Metaphysik zu erklären? Diese Frage kann von verschiedenen Gesichtspunkten aus gestellt werden: in psychologischer, in soziologischer und in logischer Hinsicht. Die Untersuchungen in psychologischer Richtung befinden sich noch im Anfangsstadium; Ansätze zu tiefgreifender Erklärung liegen vielfach in Untersuchungen der Freudschen Psychoanalyse vor« (zit. nach Fischer 1995, S. 133).

Wenige Jahre später, in der letzten seiner »Neuen Folge der Vorlesungen zur Einführung in die Psychoanalyse«, hat Freud – sicher in Kenntnis der Programmschrift des Wiener Kreises – ein Plädoyer für die »wissenschaftliche Weltauffassung« gehalten, wobei er selbst überwiegend von »wissenschaftlicher Weltanschauung« sprach. Da die Psychoanalyse ungeeignet sei, eine eigene Weltanschauung zu bilden, müsse sie die der Wissenschaft annehmen. Dabei wird die wissenschaftliche Weltanschauung programmatisch von der Philosophie abgegrenzt: »Die Philosophie ist der Wissenschaft nicht gegensätzlich, sie gebärdet sich selbst wie eine Wissenschaft, arbeitet zum Teil mit den gleichen Methoden, entfernt sich aber von ihr, indem sie an der Illusion festhält, ein lückenloses und zusammenhängendes Weltbild liefern zu können, das doch bei jedem neuen Fortschritt unseres Wissens zusammenbrechen muß. Methodisch geht sie darin irre, daß sie den Erkenntniswert unserer logischen Operationen überschätzt und etwa noch andere Wissensquellen wie die Intuition anerkennt« (1933a, S. 173).

Freuds Kritik bezieht sich im Kern auf den mangelnden Erfahrungs- und Wirklichkeitsbezug der philosophischen Erkenntnisse. Dabei versieht er die Methode der »Intuition« durchgängig mit negativem Akzent, als ob sie bloß beiläufig und zufällig zustande käme, und kontrastiert sie mit der theoriegeleiteten Erkenntnis, die nur in mühsamer Detailforschung zu erringen sei. Da sich die Philosophen zudem der Eigendynamik abstrakt-logischen Denkens und (spekulativen) Theoretisierens überlassen, würden sie sich dadurch erst recht vom Boden der Realität entfernen.

Hinsichtlich der Philosophiekritik Freuds ist die damit verbundene Gefahr von Klischeebildungen nicht zu verkennen:

– Erkenntnistheoretisch gesehen wird die Philosophie mit negativen Konnotationen wie Intuition, Spekulation, Systembildung und Weltanschauung versehen, während die Wissenschaft der Sphäre von Wahrheit, Objektivität und empirischer Absicherung zugeordnet wird.

– Aus einer pathologisierenden Perspektive wird die Philosophie mit Krankheitsattributen wie narzisstischer Selbstbezogenheit, Grübelsucht und paranoider Projektion ausgestattet, während die Wissenschaft mit Besonnenheit, klarer Wahrnehmungs- und Denkfähigkeit sowie Realitätstüchtigkeit identifiziert wird (vgl. Gödde 2000, S. 92 ff.).

– Im Lichte der positivistischen Geschichtsphilosophie erscheint die Philosophie als rückständig, während allein die Wissenschaft als fortschrittlich gilt. Man muss sich in diesem Zusammenhang fragen, ob Freud »nicht in der Darstellung wissenschaftlicher Objektivität und ihrer praktischen Resultate zum Teil selbst eine Idealisierung unterlaufen ist, ob Wissenschaft nicht auch zum Gegenstand des Wunschdenkens und der Interessen werden und dann nur den Schein der Neutralität und wertfreien Objektivität wahren kann« (Schöpf 1978, S. 256).

Ein anderes wichtiges Thema der tiefenpsychologischen Kulturtheorie ist die *Kritik an der Autoritätsgläubigkeit*, der nicht nur Individuen, sondern auch Großgruppen und Massen unterliegen. In »Massenpsychologie und Ich-Analyse« (1921c) betont Freud im Anschluss an Le Bon, dass Menschen, die sich in der Masse einem Führer unterwerfen, auf das Kindheitsniveau regredieren. Sie verzichten auf eigene Verantwortung und begeben sich in die Obhut einer allmächtigen Vaterfigur. In der stark libidinös besetzten Autoritätsbeziehung manifestiert sich die Bereitschaft, den eigenen Willen aufzugeben und ihn dem des Stärkeren unterzuordnen. Eine derartige Selbstaufgabe liegt ganz im Interesse eines diktatorischen Regimes. So hatte die faschistische Propaganda ihr Zentrum in der Vorstellung eines machtvollen und idealisierten Führers. Der Mechanismus, durch den die

Libido in ein Bindemittel zwischen Führer und Geführten selbst verwandelt wird, ist für Freud die »*Identifizierung*«. Im Falle der Identifizierung der Deutschen mit Hitler gab es die Besonderheit, dass er als »Mann aus dem Volk« erscheinen musste, mit dessen Unzulänglichkeiten sich das Volk identifizieren und dessen gewaltigem sozialen Aufstieg vom Gefreiten zum Staatsoberhaupt es nacheifern konnte. Daher wurde die Idee des »großen kleinen Mannes« (Adorno 1951) – einer Person, die einer von den Geführten ist und doch die Vorstellung von Allmacht erweckt – zu einem Hauptkunstgriff der NS-Propaganda.

Je mehr der Führer idealisiert wird, desto größer ist die narzisstische Befriedigung der Gefolgsleute. Mit dieser Idealisierung entsteht eine Art verliebter Hörigkeit der Masse, die dem Führer sehr genehm ist. Dabei wird, wie Freud probeweise formuliert, das Objekt »von seiten und auf Kosten des Ichs übersetzt« (1921c, S. 125). Bei genauerer Betrachtung begreift er den psychischen Vorgang, welcher der fatalen Dialektik zwischen Führer und Mitläufer zugrunde liegt, als Ich-Ideal-Problem: In der Masse geben viele Menschen ihr Ich-Ideal auf und ersetzen es durch das Bild des idealisierten Führers.

Eine solche Identifizierung, wie sie Freud in »Massenpsychologie und Ich-Analyse« eingeführt hat, hat etwas zu tun »mit der lustvoll-regressiven Aufkündigung von Abgrenzungsarbeit« und impliziert »eine mächtige Verlockung zur Rückkehr zu einem Zustand der Undifferenziertheit, des fraglosen Einsseins« (Lohmann 1986, S. 71). Erich Fromm sprach von der »Furcht vor der Freiheit« (1941). Die Unterwerfung unter irrationale Autoritäten gehöre zu den besonders häufigen »Fluchtmechanismen« des modernen Menschen – Formen der bloßen Freiheit *von* ohne Freiheit *zu*. Der Fliehende gibt dabei seine Individualität auf, schüttelt die Last der Eigenverantwortlichkeit ab und versucht, Teil eines größeren, mächtigeren Ganzen zu werden, in ihm unterzutauchen und einzugehen.

Wenn viele Menschen dieselbe Führerfigur zu ihrem Ideal erheben, können sie sich nach Freud miteinander solidarisch fühlen. Je intensiver die Bindungen einerseits an den Führer und andererseits an die anderen Massenindividuen sind, desto geschlossener und schlagkräftiger ist eine Masse, desto eher ist eine emotionale und intellektuelle Gleichschaltung möglich. Daher ist es alles andere als zufällig, dass die von Hitler angestrebte Volksgemeinschaft genau der Freudschen Definition der Masse entspricht: »einer Anzahl von Individuen, die ein und dasselbe Objekt an die Stelle ihres Ich-Ideals gesetzt und sich infolgedessen in ihrem Ich miteinander identifiziert haben« (Freud 1921c, S. 128). An anderer Stelle prophezeit Freud, in den sozialistischen Massenbewegungen werde sich aufgrund ihres inneren Zusammenhalts durch libidinöse Bindungen »dieselbe Intoleranz gegen die Außenstehenden ergeben wie im Zeitalter der Religionskämpfe« (ebd., S. 108).

Die Schlussfolgerungen, die Freud aus seinen massenpsychologischen Überlegungen gezogen hat, können als hellsichtige Warnung vor den Gefahren des Totalitarismus verstanden werden: Der einzelne soll weder sein Ich-Ideal zugunsten des im Führer verkörperten Massenideals vertauschen, noch soll er sich mit der Masse identifizieren, sondern vielmehr seine Selbstständigkeit und Vernunft bewahren.

Freuds Beiträge zur Analyse von Kriegen gehören zur Tradition der »Antikriegsschriften«. Hatte er sich bei Ausbruch des Ersten Weltkrieges von der patriotischen Kriegsbegeisterung seiner Landsleute ergreifen lassen, so war er bereits wenige Monate später, wie der Essay »Zeitgemäßes über Krieg und Tod« zeigt, ernüchtert und kam zu dem Schluss, man dürfe sich keinen Illusionen über den »Kulturmenschen« hingeben: »Menschenkenner und Philosophen haben uns längst belehrt, daß wir Unrecht daran tun, unsere Intelligenz als selbständige Macht zu schätzen und ihre Abhängigkeit vom Gefühlsleben zu übersehen [...] Die psychoanalytische Erfahrung [...] kann alle Tage zeigen, daß sich die scharfsinnigsten Menschen plötzlich einsichtslos wie Schwachsinnige benehmen, sobald die verlangte Einsicht einem Gefühlswiderstand bei ihnen begegnet, aber auch alles Verständnis wieder erlangen, wenn dieser Widerstand überwunden wird« (1915b, S. 339).

Fast zwei Jahrzehnte später, in dem Antwortbrief an Albert Einstein »Warum Krieg?« suchte Freud dann die menschliche Kriegsbereitschaft in der Dialektik von Todestrieb und Eros zu erfassen: »Wir nehmen an, daß die Triebe des Menschen nur von zweierlei Art sind, entweder solche, die erhalten und vereinigen wollen, – wir heißen sie erotische, ganz im Sinne des Eros im Symposion Platos, oder sexuelle mit bewußter Überdehnung des populären Begriffs von Sexualität, – und andere, die zerstören und töten wollen; wir fassen diese als Aggressionstrieb oder Destruktionstrieb zusammen« (1933b, S. 20). Es habe deshalb keine Aussicht, die aggressiven Neigungen der Menschen abschaffen zu wollen, man könne nur »versuchen, sie so weit abzulenken, daß sie nicht ihren Ausdruck im Kriege finden muß. [...] Wenn die Bereitwilligkeit zum Krieg ein Ausfluß des Destruktionstriebes ist, so liegt es nahe, gegen sie den Gegenspieler dieses

Triebes, den Eros anzurufen. Alles, was Gefühlsbindungen unter den Menschen herstellt, muß dem Krieg entgegenwirken. Diese Bindungen können von zweierlei Art sein. Erstens Beziehungen wie zu einem Liebesobjekt, wenn auch ohne sexuelle Ziele. Die Psychoanalyse braucht sich nicht zu schämen, wenn sie hier von Liebe spricht, [...]. Die andere Art von Gefühlsbindung ist die durch Identifizierung. Alles, was bedeutsame Gemeinsamkeiten unter den Menschen herstellt, ruft solche Gemeingefühle, Identifizierungen, hervor. Auf ihnen ruht zum guten Teil der Aufbau der menschlichen Gesellschaft« (ebd., S. 23).

Während Freud die Irrationalität des Krieges durch den Aggressionstrieb erklärt hat, vertritt Stavros Mentzos (1993) die Gegenthese: Der Krieg sei nicht die Folge der Aggression, sondern die Aggression sei die Folge von Konflikten und werde als Instrument des Krieges benutzt. Die kriegerische Destruktivität resultiere nur selten aus spontanen aggressiven Affekten. Zumeist müssen die Soldaten und Völker erst in aggressive Stimmung (durch ad hoc konstruierte Pseudokonflikte) gebracht werden, damit überhaupt der Krieg durchgeführt werden könne. In der Vorbereitung und Durchführung des Krieges müssten die vorgegebenen Tötungshemmungen (innerhalb der Art) sowie die der Aggression ebenfalls entgegenwirkenden, Bindung stiftenden Tendenzen systematisch abgebaut sowie die automatisch einsetzenden, ebenfalls schon biologisch verankerten Versöhnungsmuster blockiert werden. Die These von der Aggressionsbedingtheit des Kriegs sei falsch, weil es andere Motivationen für das Mitmachen im Krieg gebe als die Aggression, vor allem narzisstische Kränkungen und die aus machtpolitischen Interessen hergeleitete und diese Kränkungen ausnützende Kriegspropaganda.

In neueren tiefenpsychologischen Theorien zur Erklärung von Kriegen spielen in erster Linie Konzeptionen der Narzissmustheorie eine Rolle, insbesondere die von Kohut (Größenselbst und idealisierte Objektimago, 1971), Mentzos (Narzissmus als eigenständiger Trieb, 1993), Altmeyer (Narzissmus als intersubjektiv vermittelte Selbstbeziehung, 2000) und Wirth (Narzissmus und Macht, 2002).

Auch in psychoanalytischen Konzepten, die den »Erfolg« des Nationalsozialismus erklären wollen, spielt die Suche nach narzisstischer Befriedigung eine eminent wichtige Rolle. Wie haben die Menschen im Dritten Reich ihre Welt erlebt? An welche Schnsüchte und Ängste konnte die nationalsozialistische Ideologie anknüpfen? Von diesen Fragen ausgehend sucht Gudrun Brockhaus in »Schauder und Idylle« (1997) den Nationalsozialismus als einen Teil unseres persönlichen Erbes zu begreifen und bei uns selbst »Verwandtschaften« zu nationalsozialistischen Weltanschauungsmustern zu erkennen. Der Nationalsozialismus habe grenzüberschreitende, intensive, selbstwertsteigernde Erfahrungen vermittelt, die über die Autobahnen, den BDM, die Fackelzüge, den Konsum von Romanen und Filmen u. v. a. möglich wurden. Dieses »Erlebnisangebot« war attraktiv, weil es alle schmerzhaften Antagonismen miteinander versöhnte: Ordnung und Ekstase, Sicherheit und Rausch, Idylle und Gewalt verschmolzen in einer imaginären Harmonie. Die Ästhetik des Alltags drehte sich im Kern um Begriffe wie Schlichtheit, Zweckmäßigkeit, Echtheit: Das Schöne war naturverbunden, Haltung bezeugend, bodenständig, heimisch, hell, strahlend, klar, sauber, rein, übersichtlich; die Frisur- und Kleidermode: die frische weiße Bluse, der praktische Schuh (in dem man laufen kann im Unterschied zu den verzärtelten Modepüppchen), die Strümpfe und Unterhosen aus Schafswolle (das Kratzen schützt vor Verweichlichung), der Schmuck aus dem »deutschen Gold« Bernstein (schlicht, natürlich, von Urzeiten kündend); und ein spezielles Angebot an Größenphantasien für Frauen: »Damals haben wir noch an etwas geglaubt.«.

In den nationalsozialistischen Texten von Goebbels, Rosenberg und Hitler wurde das deutsche Volk nach Eric Voegelin zum Zentralbegriff einer *»politischen Religion«*, in dessen Zentrum der Antisemitismus steht (Voegelin 1938; Bärsch 1998). Die gemeinsame Substanz des Volkes ergab sich aus der Rückbindung an Gott, der dieses deutsche Volk auserwählt habe, um von ihr die Erlösung der Welt ausgehen zu lassen. Hitler wurde vom Deutschen Volk als Messias ersehnt. Der kollektive Wahn, aus einer Substanz zu sein, begründete die Idee der arischen Rasse – als biologische Einheit, vor allem aber als religiöse Auserwähltheit. Die narzisstische Kompensation durch rassische Zugehörigkeit und Überlegenheit, verbunden mit dem Versprechen metaphysischer Gewissheiten, erwies sich als bestens geeignete Strategie, labile psychische Strukturen zu festigen. Daraus resultierte die Bereitschaft, das eigene Leben in einem quasi-religiösen Akt auf dem imaginären Altar des Volkes darzubringen und mit diesem »Opfer« zum »Heil« des Ganzen, von Volk und Rasse beizutragen (vgl. Buchholz 2001).

Aus der Überzeugung völkischer Auserwähltheit entsprang zugleich ein konkurrierender Hass auf das jüdische Volk, das eine solche Auserwähltheit seit Jahrtausenden für sich in Anspruch genommen hat. Rassischer Antisemitismus und religiöser Antijudaismus gingen im Nationalsozialismus Hand in Hand und verstärkten sich wechselseitig. Steht das Judentum für Vaterreligion, für Treue zum ödipalen Vater, der den Sohn aus dem narzisstischen Paradies vertrieben hat, so lässt sich der Nationalsozialismus und der damit eng verknüpfte Antisemitismus als »Sohnesreligion« verstehen. Die Idolisierung des jugendlichen und kriegerischen Helden-Sohnes – Hitler selbst hat sich ja immer wieder als rebellischen und trotzigen Jugendlichen, als »Vatermörder« inszeniert – war ein zentraler Topos der nationalsozialistischen Weltanschauung. Das verhasste Väterliche wird auf die Juden – das »Weltjudentum« – verschoben und zur Verfolgung frei gegeben (vgl. Hegener 2001, S. 128 ff.).

Von der Analyse des Nationalsozialismus her lässt sich eine Brücke zu aktuellen Phänomenen des Rechtsextremismus schlagen; auch in diesem Zusammenhang geht es um die »Anziehungskraft«, die der Rechtsextremismus für heutige Jugendliche besitzt.

Abschließende Betrachtungen

In seine Kulturkritik bezog Freud auch die Psychoanalyse selbst als gesellschaftliche Institution mit ein. »Die Frage der Laienanalyse«, die unter Analytikern seit jeher umstritten war, nahm er zum Anlass, das über das Therapeutische weit hinausreichende kulturanalytische und emanzipatorische Anliegen der Psychoanalyse zu unterstreichen. Die Psychoanalyse ist mehr als nur eine medizinische Spezialdisziplin, da ihre Erkenntnisse über den Einzelfall hinaus auf das Unbewusste in der Kultur und ihren Institutionen angewandt werden müssen.

Die psychoanalytische Praxis soll nicht nur den körpermedizinisch orientierten Psychiatern überlassen werden, da diese von ihrer Ausbildung her nicht genügend Interesse für die »seelischen Seiten der Lebensphänomene«, geschweige denn für die »höheren geistigen Leistungen« aufbringen (1927e, S. 263): »Die analytische Ausbildung überschneidet zwar den Kreis der ärztlichen Vorbereitung, schließt diesen aber nicht ein und wird nicht von ihm eingeschlossen. Wenn man, was heute noch phantastisch klingen mag, eine psychoanalytische Hochschule zu gründen hätte, so müßte [...] der analytische Unterricht auch Fächer umfassen, die dem Arzt ferne liegen und mit denen er in seiner Tätigkeit nicht zusammenkommt: Kulturgeschichte, Mythologie, Religionspsychologie und Literaturwissenschaft. Ohne eine gute Orientierung auf diesen Gebieten steht der Analytiker einem Großteil seines Materials verständnislos gegenüber. Dafür kann er die Hauptmasse dessen, was die medizinische Schule lehrt, für seine Zwecke nicht gebrauchen« (ebd., S. 280).

Bemerkenswerterweise zog Freud eine ähnliche Grenze wie gegenüber den Ärzten auch gegenüber den priesterlichen »Seelsorgern« (vgl. Buchholz 2003). In einem Brief an den analytisch orientierten Pfarrer Oskar Pfister aus dem Jahre 1928 stellte er eine Verbindung zwischen seinem Aufsatz über die Laienanalyse und seiner religionskritischen Schrift »Die Zukunft einer Illusion« her: »Ich weiß nicht, ob Sie das geheime Band zwischen der ›Laienanalyse‹ und der ›Illusion‹ erkannt haben. In der ersten will ich die Analyse vor den Ärzten, in der anderen vor den Priestern schützen. Ich möchte sie einem Stand übergeben, der noch nicht existiert, einem Stand von weltlichen Seelsorgern, die Ärzte nicht zu sein brauchen und Priester nicht sein dürfen« (Freud & Pfister 1963, S. 136).

Hatte Freud ursprünglich damit gerechnet, dass seine auf Befreiung von Kulturzwängen zielende Aufklärung in der aufklärungsbedürftigen Gesellschaft dankbare Aufnahme finden würde, so sah er sich bald mit heftigen »Widerständen gegen die Psychoanalyse« (1925a, S. 97) konfrontiert. Gegen die Aufdeckung des kulturellen Unbewussten wurden offenbar ähnliche Widerstände mobilisiert, wie Freud sie von einzelnen Patienten in der therapeutischen Praxis kannte. Auch eine Gesellschaft oder Kultur im Ganzen wehrt sich dagegen, ihre Illusionen und Vorurteile, auf die sie ihr Selbstgefühl, ihren Stolz und ihre Identität gründet, in Frage zu stellen: »Die Psychoanalyse deckt die Schwächen dieses Systems auf und rät zur Änderung derselben. Sie schlägt vor, mit der Strenge der Triebverdrängung nachzulassen und dafür der Wahrhaftigkeit mehr Raum zu geben. Gewisse Triebregungen, in deren Unterdrückung die Gesellschaft zu weit gegangen ist, sollen zu einem größeren Maß von Befriedigung zugelassen werden, bei anderen soll die unzweckmäßige Methode der Unterdrückung durch ein besseres und gesichorteres Verfahren ersetzt werden. Infolge dieser Kritik ist die Psychoanalyse als ›kulturfeindlich‹ empfunden und als ›soziale Gefahr‹ in den Bann getan worden« (ebd., S. 107).

Selbst innerhalb der Psychoanalyse und der tiefenpsychologischen Schulen kam es hinsichtlich der Kulturtheorie zu heftigen Auseinandersetzungen, vor allem zwischen »Klinikern« und »Kulturtheoretikern« (vgl. Gödde 1999, S. 593 und 2003). Die Kulturtheoretiker erscheinen aus der Sicht der Kliniker als »Schöngeister«, d. h. als Denker im Elfenbeinturm, oft auch als ideologische Weltverbesserer. Umgekehrt sind die Kliniker in den Augen der Kulturtheoretiker »Kleingeister«, d. h. sozial angepasst, vorwiegend am Geld und an ihrer Ruhe interessiert und in politischer Hinsicht engstirnig und indifferent (Kreuzer-Haustein 1992, S. 49 ff.). Die Kliniker glauben sich ein praxisfernes Theoretisieren nicht leisten zu können und beneiden ihre Gegenspieler insgeheim um den »Luxus« geistiger Entfaltungsmöglichkeiten. Umgekehrt fühlen sich die zumeist nicht therapeutisch tätigen Kulturtheoretiker gegenüber den Klinikern benachteiligt, weil sie von deren beruflichen Betätigungs- und Einnahmemöglichkeiten weitgehend ausgeschlossen sind. Für die Kliniker wäre wünschenswert, wenn sie den Streitdiskurs mit den Kulturtheoretikern als Herausforderung betrachteten, der auch ihrer klinischen Praxis zugute kommen könnte.

Freuds Kulturschriften bedeuteten eine Herausforderung für die Gesellschaft: Die Theorie von der frühkindlichen Sexualität und ihrer Verdrängung war ein massiver Angriff auf die herrschende Sexualmoral; durch die Analyse der Aggressionsverdrängung und ihrer Verinnerlichung im Über-Ich wurde das christliche Ideal der Nächstenliebe in ihrem überfordernden Aspekt sichtbar; die Neurosenlehre deckte die eklatanten Erziehungsmängel in Familie, Schule und Gesellschaft auf; die Kritik an der christlichen Religion, welche die Menschen durch illusionäre Wunschbefriedigung, anerzogene Autoritätsgläubigkeit und Denkhemmungen in emotionaler Abhängigkeit hält, schwächte die Macht der kirchlichen Institutionen; diese Kritik ließ sich z. B. auf »Ersatzreligionen« wie den Marxismus übertragen und verband sich mit der Kritik an totalitären Massenbewegungen wie dem Faschismus, die den einzelnen zur Aufgabe seines Ich-Ideals veranlassen.

Unseres Erachtens kommt es sehr darauf an, das kritische Potential der Freudschen Kulturanalyse wieder freizulegen und weiterzuentwickeln, um von dieser Basis aus zur Aufklärung über das psychische Massenelend, über die Hintergründe der religiösen Tröstungen, über Moral und Ethik, über Ideologien und Vorurteile beizutragen. Werden die im Zeichen des »*Medicozentrismus*« vernachlässigten kultur- und gesellschaftskritischen Intentionen Freuds nicht wieder verstärkt aufgegriffen, dann besteht die schon von Freud selbst heraufbeschworene Gefahr, dass »die Psychoanalyse von der Medizin verschluckt werde und dann ihre endgültige Ablagerung im Lehrbuch der Psychiatrie finde [...] Sie verdient ein besseres Schicksal und wird es hoffentlich haben. Als ›Tiefpsychologie‹, Lehre vom seelischen Unbewußten, kann sie all den Wissenschaften unentbehrlich werden, die sich mit der Entstehungsgeschichte der menschlichen Kultur und ihrer großen Institutionen wie Kunst, Religion und Gesellschaftsordnung beschäftigen« (1927c, S. 283).

Anmerkungen

1 Diese Kurzfassung lässt sich einem Brief Freuds an Lou Andreas-Salomé (Freud & Andreas-Salomé 1966, S. 222 ff.) entnehmen.
2 In seiner aufschlussreichen und anregenden Studie hat Jacques Le Rider (2004) den Weg Freuds von Wien über die Akropolis zum Sinai nachgezeichnet (vgl. Gödde & Müller-Buck 2005). Die griechischen Bezüge seien im Laufe der Jahre mehr und mehr zum Gegenstand kritischer Reflexion und schließlich im »Mann Moses« durch die Rückwendung zum Judentum des Sinaitischen Gesetzes abgelöst worden. Aus der Desillusionierung am neuhumanistischen Bildungsideal seit dem ersten Weltkrieg heraus habe er sich zunehmend dem mosaischen Gesetz zugewendet. Dies sei nicht eine Rückkehr zum Religiösen, sondern der Versuch einer Neubegründung einer Ethik. Als die europäische Kultur unter den zerstörerischen Schlägen des Nationalsozialismus zusammenbricht, erscheint Freud die Mosesreligion (im Sinne eines »Fortschritts in der Geistigkeit«) als das letzte noch intakte ethische Fundament.

Literatur

Adorno, Th. W. (1951): Die Freudsche Theorie und die Struktur der faschistischen Propaganda. In: H. Dahmer (Hg.): Analytische Sozialpsychologie, 1. Band. Frankfurt/M. (Suhrkamp), S. 318–342.

Altmeyer, M. (2000): Narzißmus und Objekt. Ein intersubjektives Verständnis der Selbstbezogenheit. Göttingen (Vandenhoeck & Ruprecht).

Assmann, J. (1997): Das kulturelle Gedächtnis. Schrift, Erinnerung und politische Identität in den frühen Hochkulturen. München (Beck).

Assmann, J. (1998): Moses der Ägypter. Entzifferung einer Gedächtnisspur. München (Hanser).

Assmann, J. (2004): Sigmund Freud und das kulturelle Gedächtnis. In: Psyche 58, S. 1–25.

Bärsch, C. E. (1998): Die politische Religion des Nationalsozialismus. München (Fink).

Bernstein, R. J. (2003): Freud und das Vermächtnis des Moses. Berlin, Wien (Philo-Verlagsgesellschaft).

Brockhaus, G. (1997): Schauder und Idylle. Faschismus als Erlebnisangebot. München (Kunstmann).

Buchholz, M. B. (2001): Andere, Fremde, Feinde. Zur politischen Theologie des Antisemitismus. In: Psychoanalyse. Texte zur Sozialforschung 5, H. 8, S. 51–77.

Buchholz, M. B. (2003): Psychoanalyse als »weltliche Seelsorge« (Freud). In: Journal für Psychologie 11, H. 3, S. 231–253.
Burkholz, R. (1995): Reflexe der Darwinismus-Debatte in der Theorie Freuds. Beiheft des Jahrbuchs der Psychoanalyse. Stuttgart (frommann-holzboog).
Derrida, J. (1997): Dem Archiv verschrieben. Eine Freudsche Impression. Berlin (Brinkmann & Bose).
Ehrenfels, Ch. v. (1907): Sexualethik. Wiesbaden.
Eickhoff, F.-W. (2004): Über die »unvermeidliche Kühnheit«, »Erinnerungsspuren an das Erleben früherer Generationen« anzunehmen. Wie unentbehrlich ist der von Freud erschlossene phylogenetische Faktor? In: Psyche 58 (5), S. 448–457.
Ellenberger, H. F. (1973): Die Entdeckung des Unbewußten. Zürich (Diogenes) 1985.
Feuerbach, L. (1841–45): Das Wesen der Religion. Ausgewählte Texte zur Religionsphilosophie. Eingel. u. hrsg. v. A. Esser. Köln (Hegner) 1967.
Fischer, K. R. (Hg.) (1995): Das goldene Zeitalter der Österreichischen Philosophie. Wien (WUV-Universitätsverlag).
Freud, S. (1900a): Die Traumdeutung. GW II/III, S. 1–642.
Freud, S. (1905d): Drei Abhandlungen zur Sexualtheorie. GW V, S. 33–145.
Freud, S. (1908d): Die »kulturelle« Sexualmoral und die moderne Nervosität. GW VII, S. 143–167.
Freud, S. (1910d): Die zukünftigen Chancen der psychoanalytischen Therapie. GW VIII, S. 104–115.
Freud, S. (1912–13a): Totem und Tabu. GW IX.
Freud, S. (1915b): Zeitgemäßes über Krieg und Tod. GW X, S. 324–355.
Freud, S. (1921c): Massenpsychologie und Ich-Analyse. GW XIII, S. 71–161.
Freud, S. (1925e). Die Widerstände gegen die Psychoanalyse. GW XIV, S. 99–110.
Freud, S. (1926e): Die Frage der Laienanalyse. GW XIV, S. 207–286.
Freud, S. (1927c): Die Zukunft einer Illusion. GW XIV, S. 325–380.
Freud, S. (1930a): Das Unbehagen in der Kultur. GW XIV, S. 419–506.
Freud, S. (1933a): Neue Folge der Vorlesungen zur Einführung in die Psychoanalyse. GW XV.
Freud, S. (1933b): Warum Krieg? GW XVI, S. 13–27.
Freud, S. (1939a): Der Mann Moses und die monotheistische Religion. Drei Abhandlungen. GW XVI, S. 103–246.
Freud, S. (1985c): Briefe an Wilhelm Fließ 1887–1904, ungekürzte Ausgabe, hrsg. v. J. M. Masson, Bearb. d. deutschen Fassung v. M. Schröter. Frankfurt/M. (Fischer) 1986.
Freud, S. & Pfister, O. (1963): Briefe 1909–1939., hrsg. v. E. Freud u. H. Meng. Frankfurt/M. (Fischer).
Freud, S. & Andreas-Salomé, L. (1966): Briefwechsel, hrsg. v. E. Pfeiffer. Frankfurt/M. (Fischer).
Freud, S. & Zweig, A. (1968): Briefwechsel, hrsg. v. E. L. Freud. Frankfurt/M. (Fischer).
Fromm, E. (1941): Die Furcht vor der Freiheit. 2. Aufl., Frankfurt/M. (Europäische Verlagsanstalt) 1968.
Girard, R. (1992): Das Heilige und die Gewalt. Frankfurt/M. (Fischer).

Gödde, G. (1999): Traditionslinien des »Unbewußten«. Schopenhauer, Nietzsche, Freud. Tübingen (edition diskord).
Gödde, G. (2000): Die Öffnung zur Denkwelt Nietzsches – eine Aufgabe für Psychoanalyse und Psychotherapie. In: Psychoanalyse. Texte zur Sozialforschung 4, H. 7, 2000, S. 91–122.
Gödde, G. (2003): Kulturtheorie I und II. In: E. Jaeggi, G. Gödde, W. Hegener & H. Möller: Tiefenpsychologie lehren – Tiefenpsychologie lernen. Stuttgart (Klett-Cotta), S. 248–272.
Gödde, G. & Hegener, W. (2004): Zur Bedeutung des Willens in Psychoanalyse und Psychotherapie. In: H. G. Petzold & J. Sieper (Hg.): Der Wille in der Psychotherapie, Bd. 1. Göttingen (Vandenhoeck & Ruprecht), S. 203–248.
Gödde, G. & Müller-Buck, R. (2005): Neue Beiträge zum Freud-Nietzsche-Diskurs. In: Nietzsche-Studien 34, S. 486–505.
Grunberger, B. (1979): Über den Glauben. In: Ders.: Narziss und Anubis. Die Psychoanalyse jenseits der Triebtheorie. Band 1. Stuttgart (Verlag Internationale Psychoanalyse) 1988, S. 215–236.
Grunberger, B. & Dessuant, P. (2000): Narzißmus, Christentum, Antisemitismus. Eine psychoanalytische Untersuchung. Stuttgart (Klett-Cotta).
Haas, E. (2002): ... und Freud hat doch recht. Die Entstehung der Kultur durch Transformation der Gewalt. Gießen (Psychosozial).
Hegener, W. (2001): Wege aus der vaterlosen Psychoanalyse. Vier Abhandlungen über Freuds »Mann Moses«. Tübingen (edition diskord).
Hegener, W. (2004): Erlösung durch Vernichtung. Zur Psychoanalyse des christlichen Antisemitismus. Gießen (Psychosozial).
Hegener, W. (Hg.) (2006): Antisemitismus – Judentum – Psychoanalyse. Gießen (Psychosozial), i. V.
Hemecker, W. (1989): »Ihr Brief war mir sehr wertvoll ...«. Christian von Ehrenfels und Sigmund Freud – eine verschollene Korrespondenz. In: J. Clair, C. Pichler & W. Pircher (Hg.): WUNDERBLOCK: Eine Geschichte der modernen Seele. Wien (Löcker), S. 561–570.
Henseler, H. (1995): Religion – Illusion? Eine psychoanalytische Deutung. Göttingen (Steidl).
Kohut, H. (1971): Narzißmus. Eine Theorie der psychoanalytischen Behandlung narzißtischer Persönlichkeitsstörungen. Frankfurt/M. (Suhrkamp).
Kreuzer-Haustein, U. (1992): Schöngeister und Kleingeister. Klischeebildungen im Dialog zwischen »Kulturtheoretikern« und »Klinikern«. In: Forum der Psychoanalyse 8, S. 47–62.
Legendre, P. (1998): Das Verbrechen des Gefreiten Lortie. Abhandlung über den Vater. Lektionen VIII. Freiburg i. Br. (Rombach Litterae).
Le Rider, J. (2004): Freud – von der Akropolis zum Sinai. Die Rückwendung zur Antike in der Wiener Moderne. Wien (Passagen).
Lohmann, H.-M. (1986): Freud zur Einführung. Hamburg (Junius).
Lorenzer, A. & Görlich, B. (1994): Einleitung. In: S. Freud: Das Unbehagen in der Kultur. Und andere kulturtheoretische Schriften. Frankfurt/M. (Fischer-Taschenbuch Verlag), S. 7–28.
Marcuse, H. (1955): Triebstruktur und Gesellschaft. Frankfurt/M. (Suhrkamp).

Mentzos, S. (1993): Der Krieg und seine psychosozialen Funktionen. Frankfurt/M. (Fischer).

Nietzsche, F. (1882): Die fröhliche Wissenschaft. In: Sämtliche Werke. Kritische Studienausgabe in 15 Bänden. KSA 3, S. 343–651.

Nietzsche, F. (1887): Zur Genealogie der Moral. KSA 5, S. 245–412.

Nietzsche, F. (1888): Der Antichrist. KSA 6, S. 165–254.

Oevermann, U. (1995): Vorwort. In: R. Burkholz: Reflexe der Darwinismus-Debatte in der Theorie Freuds. Beiheft des Jahrbuchs der Psychoanalyse. Stuttgart (frommann-holzboog), S. IX–XXI.

Roelcke, V. (1999): Krankheit und Kulturkritik. Psychiatrische Gesellschaftsdeutungen im bürgerlichen Zeitalter (1790–1914). Frankfurt/M.; New York (Campus).

Schöpf, A. (1978): Die psychoanalytische Philosophie Freuds am Philosophieren. In: Perspektiven der Philosophie, Bd. 3. Hildesheim/Amsterdam, S. 251–274.

Voegelin, E. (1938): Die politischen Religionen. 2. Aufl., München (Fink).

Yerushalmi, Y. H. (1991): Freuds Moses. Endliches und unendliches Judentum. Berlin (Wagenbach).

Wirth, H.-J. (2002): Narzissmus und Macht. Zur Psychoanalyse seelischer Störungen in der Politik. Gießen (Psychosozial).

Hans-Jürgen Wirth
Das Unbewusste in der Politik – der Beitrag der Psychoanalyse

Freud und die Politik

Die psychoanalytische Kulturpsychologie ist bis heute ein ungeliebtes Kind der Psychoanalyse geblieben, denn ihr haftet nicht nur ein spekulatives Element an, sondern sie kommt auch kaum umhin, zu den gesellschaftspolitischen Problemen, die sie untersucht, eine wertende Stellungnahme abzugeben, und eben dies bringt sie in den Ruch, unwissenschaftlich zu sein. Und doch hat die psychoanalytische Kulturtheorie zahlreiche Nachbardisziplinen inspiriert, von denen sich jedoch speziell die Politikwissenschaft als weitgehend verschlossen erwiesen hat. Nach wie vor ist der Klage Paul Parins zuzustimmen, dass Psychoanalytiker nur »ungern zu zeitpolitischen Fragen Stellung nehmen« (Parin 1978) und dass eine »psychoanalytische Politologie« und eine »Psychoanalyse der Machtverhältnisse« (Parin 2000) allenfalls in Ansätzen existiert. Ein Grund mag darin zu suchen sein, dass ein möglicher Missbrauch psychoanalytischer Argumente gefürchtet wird. Der Vorwurf einer Pathologisierung des politischen Gegners wiegt in der Tat schwer und könnte das Ansehen sowohl der Psychoanalyse als auch das des jeweiligen Autors schädigen.

Eben dies fürchteten offenbar auch die Herausgeber der »Standard Edition« und der »Gesammelten Werke«, als sie sich entschieden, das Buch von Freud und Bullitt über Wilson nicht in die – ansonsten um absolute Vollständigkeit bemühte – Gesamtausgabe der Freudschen Schriften aufzunehmen. Dieses Buch ging aus einer Zusammenarbeit mit dem amerikanischen Diplomaten William Christian Bullitt (1891–1967) hervor, der »von Präsident Wilson (Amtszeit 1913–21) ins nachrevolutionäre Russland entsandt worden [war], um mit den Führern der Revolution zu verhandeln. Seine Empfehlung, die Vereinigten Staaten sollten das Sowjetregime anerkennen und mit den neuen Machthabern einen Vertrag schließen, wurde von den großen Vier auf der Pariser Friedenskonferenz abgelehnt. Bullitt trat 1919 nach einer scharfen Kritik am Versailler Vertrag und am Völkerbund zurück« (Richards & Grubrich-Simitis 1987, S. 683). Später wurde er von Roosevelt zurückgeholt und zum ersten amerikanischen Botschafter in der Sowjetunion ernannt. Bullitts Intervention spielte 1938 bei Freuds

Emigration aus dem nationalsozialistisch besetzten Österreich nach England eine wichtige Rolle (vgl. Jones 1962, S. 261 f.; Schur 1973, S. 582 ff.). Das Buch über Wilson, das erst 1967 in englischer Sprache erschien, wurde von psychoanalytischer Seite heftig kritisiert und Freuds Mitautorenschaft wurde angezweifelt bzw. als marginal eingestuft. Erik H. Erikson (1975, S. 82 ff.) bezeichnete das Buch in einer ausführlichen Rezension als »miserabel« und »amateurhaft« und vertrat die Ansicht, die meisten Passagen seien »mit Freuds Stil völlig unvereinbar« (ebd., S. 83 f.). Auch die Herausgeber der »Standard Edition« und der »Gesammelten Werke« bezweifelten, dass die Zusammenarbeit zwischen Bullitt und Freud so eng gewesen sei, dass man von einer Mitautorenschaft Freuds sprechen könne. Nur Freuds Einleitung, bei der seine Autorenschaft verbürgt ist, da der deutsche Originalwortlaut von Freuds Niederschrift erhalten blieb (vgl. Richards & Grubrich-Simitis 1987, S. 684), wurde in den Nachtragsband der »Gesammelten Werke« aufgenommen (Freud 1966b).

Inzwischen sprechen neu zugänglich gewordene Dokumente dafür, dass Freuds Beitrag zu dem gemeinsamen Buch doch erheblich größer war als bislang angenommen. Man darf gespannt sein auf die deutsche Ausgabe, die – erweitert um eine aktuelle Einleitung von Paul Roazen – im Jahr 2006 erscheinen soll (vgl. Freud & Bullitt 2006).

Freuds Einleitung wurde bereits zu Beginn der Zusammenarbeit mit Bullitt im Jahre 1930 verfasst. Er beginnt seine Ausführungen mit dem Bekenntnis, »dass die Gestalt des Amerikanischen Präsidenten mir von Anfang an unsympathisch war, sobald sie am Horizont des Europäers auftauchte, und dass diese Abneigung sich im Laufe der Jahre immer nur steigerte, je mehr man über ihn erfuhr und je stärker man unter den Folgen litt, die sein Eingreifen in unser Schicksal gezeitigt hatte« (Freud 1966).

Kann man mit einer solchen Einstellung, die doch der gängigen wissenschaftlichen Forderung nach Neutralität, Unvoreingenommenheit, Unparteilichkeit und Sachlichkeit fundamental zu widersprechen scheint, eine psychoanalytische Studie durchführen? Schadet also die Anerkennung von Freuds Autorenschaft an diesem Buch dem Ruf des Autors und dem der Psychoanalyse? Dies sind offenbar die Befürchtungen von Erikson und Grubrich-Simitis.

Allerdings gilt nicht nur in klinischen Zusammenhängen, dass die bewusste Reflexion aller Gegenübertragungsgefühle – also auch solcher der Antipathie – gegenüber dem Patienten eine zentrale Voraussetzung psychoanalytischen Arbeitens darstellt. Negative Gegenübertragungsreaktionen werden nur dann zum Problem für den psychoanalytischen Prozess der Erkenntnisgewinnung, wenn sie sich zu einem Gegenübertragungsagieren verfestigen. Die ist aber bei Freud keineswegs der Fall, denn er reflektiert seine eigene Voreingenommenheit: »Allerdings, als ich durch den Einfluß von W. Bullitt veranlasst wurde, mich eingehender mit der Lebensgeschichte des Präsidenten zu befassen, blieb diese Gefühlseinstellung nicht unverändert. Es bildete sich ein Maß von Sympathie heraus, aber von besonderer Art, Sympathie mit Mitleid vermengt« (ebd., S. 688). Der Leser, so fährt Freud fort, solle die Analyse »nicht von vornherein wegen ihrer beabsichtigten Parteilichkeit« ablehnen, denn auch wenn sie »nicht ohne Beteiligung starker Affekte entstanden« sei, so hätten »diese Affekte doch eine ausgiebige Bändigung erfahren« (ebd., S. 689).

Freud beschreibt hier exakt den Prozess psychoanalytischen Verstehens, der sowohl in der psychotherapeutischen Arbeit mit Patienten als auch in der psychoanalytischen Durchdringung kultureller, gesellschaftlicher und politischer Zusammenhänge eine zentrale Rolle spielt: Analysanden – seien es nun Patienten, literarische Figuren oder historische Personen –, die wir beispielsweise wegen ihrer Destruktivität, der Arroganz, mit der sie uns entgegentreten, und der Rücksichtslosigkeit, die ihre Beziehungen charakterisieren, als unsympathisch empfinden, können uns vertrauter und sympathischer werden, wenn es uns gelingt, auch zu ihren schwachen Seiten Zugang zu gewinnen. Wir verstehen dann auch die emotionalen Hintergründe ihres unsympathischen Wesens besser.

Psychoanalyse und Politik

Wie das Freud-Bullitt-Beispiel zeigt, muss man bei der Analyse politischer Zusammenhänge mit starken Widerständen rechnen – von Seiten der Öffentlichkeit, aber durchaus auch aus den Reihen der psychoanalytischen Fachkollegen. Zudem sind im Verhältnis von Psychoanalyse und Politik mehrere Ebenen miteinander verschachtelt:

1. Als Wissenschaft, als soziale Bewegung und als gesellschaftliche Kraft ist die Psychoanalyse Teil des politischen Feldes und wird in ihrer theoretischen und praktischen Entwicklung von den jeweiligen politischen Umständen geprägt und mitbestimmt. Beispielsweise wurde die Psychoanalyse durch den Nationalsozialismus bedroht, teilweise vernichtet und in die Emigration gezwungen. Indem sie sich zu den politischen Einflüssen

Das Unbewusste in der Politik

gezielt verhält, ihnen ausweicht oder sie aktiv zu verändern trachtet, praktizieren ihre Standesvertreter eine aktive Berufspolitik. Sie kann sich aber auch in eine »splendid isolation« (Freud 1914d, S. 60) zurückziehen und die Bedeutung politischer Einflüsse verleugnen, wird damit aber um so leichter zum Objekt gesellschaftspolitischer Mächte und Kräfte. Die Neigung zur dogmatischen Erstarrung in der Orthodoxie, zur Ignoranz gegenüber dem wissenschaftlichen Diskurs in den Nachbardisziplinen, zur Realitätsverleugnung und zur Abkapselung von gesellschaftspolitischen Entwicklungen, die bis zum institutionellen Autismus reicht, hat eine lange Tradition in der Geschichte der Psychoanalyse (vgl. Richter 1995; Thomä 2004).

2. Auch die Institutionen der Psychoanalyse – die regionalen Ausbildungsinstitute, die nationalen und internationalen Gesellschaften, die interdisziplinären Fachgesellschaften, an denen Psychoanalytiker maßgeblich beteiligt sind (z. B. in der psychosomatischen Medizin), die psychoanalytischen Forschungsinstitute, Herausgebergremien von Zeitschriften und Buchreihen usw. – sind Prozessen unterworfen, die die Organisationspsychologie und -soziologie mit Begriffen wie Macht, Gruppendynamik, Rolle, Autorität, Leitung, Außenseiter usw. beschreibt. Beispielsweise existiert jeweils eine Führungsgruppe, die bestimmt, was Psychoanalyse lege artis sei, was an Abweichungen von der offiziellen Linie noch toleriert werden kann und welche Verhaltensweisen und theoretischen Auffassungen zum Ausschluss führen. Zu dieser institutionsinternen Politik gehört auch die Austarierung des Verhältnisses zwischen den regionalen Ausbildungsinstituten und der »Zentrale« der nationalen psychoanalytischen Gesellschaft, die Förderung oder Verhinderung von Schulengründung, Abspaltungen usw. Die zahlreichen Spaltungen in der Geschichte der Psychoanalyse (vgl. Hermanns 1995; Wittenberger 1995a, 1995b; Eisold 1994; Wirth 2000; Bos 2000) zeigen mit aller Deutlichkeit, dass die Psychoanalyse als Institution in ihrer nach innen gerichteten Politik von Anfang an mit erheblichen Problemen zu kämpfen hatte, für die sie bis heute keine befriedigenden Antworten gefunden hat.

3. Politische Bewegungen, insbesondere Teile der sozialistischen Jugendbewegung in den 20er und 30er Jahren (Siegfried Bernfeld, Otto Fenichel, Wilhelm Reich, Paul Federn sind hier beispielhaft zu nennen) und Teile der antiautoritären Jugendbewegung der 60er und 70er Jahre, haben sich der Psychoanalyse und psychoanalytischer Argumente bedient, um ihre Kritik der sexuellen Moral und ihre Gesellschaftskritik zu untermau-

ern. Mithilfe der Psychoanalyse sollten nicht nur das Individuum, sondern auch die Kultur, die Gesellschaft und die Politik besser verstanden und mittels psychoanalytischer Aufklärung verändert werden. Inwieweit hier psychoanalytische Argumente für politische Zwecke missbraucht und funktionalisiert wurden, oder ob die Psychoanalyse durch diese politischen Bewegungen neue Impulse bekommen hat, wäre im konkreten Fall jeweils zu untersuchen (vgl. Dahmer 1973; Wirth 1981, 1984; Richter 1995).

4. Schließlich kann sich die Psychoanalyse als Wissenschaft vom Unbewussten auch in wissenschaftlicher Absicht dem Feld der Politik zuwenden, um die dort stattfindenden Prozesse mit ihren Mitteln der Analyse zu durchdringen. Freuds »Massenpsychologie und Ich-Analyse« (1921c) und Wilhelm Reichs »Massenpsychologie des Faschismus« (1933) sind als wissenschaftliche Vorahnungen des nationalsozialistischen Massenwahns zu verstehen. Die Psychoanalyse einzelner Politiker-Persönlichkeiten geht von der Überlegung aus, dass die Führerfigur das Ich-Ideal, das Über-Ich, aber auch bedeutungsvolle Konflikte, Traumata und Identitäten der Großgruppe repräsentiert. Solche psychoanalytischen Studien wurden beispielsweise über Martin Luther (Erikson 1958), Mahatma Gandhi (Erikson 1975), Napoleon (Falk 2005), Adolf Hitler (Erikson 1950; Vinnai 2004; Victor 1998), Thomas Jefferson (Erikson 1974), Richard Nixon (Volkan 1997), Atatürk (Volkan 1999), Uwe Barschel, Helmut Kohl und Slobodan Milosevic (Wirth 2002) sowie über George W. Bush (Frank 2004) publiziert.

Simmel (1949), Fenichel (1946) und die interdisziplinären Studien der Frankfurter Schule (Adorno u. a. 1936) erforschten Genese und Struktur des Antisemitismus als soziale Krankheit und als Massen-Psychopathologie (van Gisteren 2000, S. 407f.). Die Auseinandersetzung der Psychoanalyse mit den Opfern und – mit Verzögerung – auch mit den Tätern des Holocaust eröffnete ein weites Feld sowohl für die klinische als auch für die politische und kulturkritische Anwendung der Psychoanalyse. Neben dem Völkermord an den Juden wurde auch der Genozid an den Tutsi in Ruanda zum Gegenstand psychoanalytischer Betrachtungen (Wirth 2004b, 2005a; Laub 2005). Der von Freud aufgeworfenen Frage »Warum Krieg?« (1933b) sind verschiedene Psychoanalytiker immer wieder nachgegangen (Richter 1982; Mentzos 1993; Ebrecht-Laermann & Modena 2001). In diesem Zusammenhang wurde auch die Bedeutung historischer Traumata (DeMause 2000; Seidler & Eckard 2005; Volkan 1999, 2005; Wirth 2005b) wieder neu entdeckt. Der 11. September 2001 veranlasste zahlreiche Psychoanalytiker, die psychoanalytischen Trauma-Konzepte neu zu überdenken und um die kollektive, historische und politische Dimension zu erweitern (Auchter u. a. 2003; Bender & Auchter 2004; Wirth 2004a; Hillebrand 2004). Einzelne Psychoanalytiker versuchten, ihre Erkenntnisse über die unbewussten Hintergründe gruppendynamischer Prozesse auch für nationale und internationale Konflikte und gewaltsame Auseinandersetzungen praktisch nutzbar zu machen, indem sie Politiker und Diplomaten berieten (Richter 1997, Volkan 1999).

5. Schließlich ist die Psychoanalyse noch auf eine eigentümliche Art mit der Sphäre der Politik verknüpft, insofern sie nämlich – wie Brunner (2001) gezeigt hat – Metaphern aus dem Feld der Politik, der Machtpolitik, des Militärs und der Kriegsführung benutzt, um die Dynamik der seelischen Kräfte zu beschreiben. Die Psychoanalyse formuliert mit ihren politischen Metaphern Menschenbilder und nimmt insofern eine politische Funktion wahr. Freuds Kriegsmetaphern formulieren ein illusionsloses pessimistisches Menschenbild, das seiner Erschütterung angesichts der Schrecken des Ersten Weltkrieges und des heraufziehenden Nationalsozialismus entsprach. Seine Aufklärungsmetaphern beschreiben ein Bild des Menschen, der sich aus seiner Unmündigkeit befreien kann, indem er sich der unbewussten Triebfedern seines Verhaltens bewusst und somit »Herr im eigenen Haus« wird. Freuds latente Anthropologie steht einerseits in der Tradition der modernen Naturwissenschaft, ihrem Rationalismus, ihrem Determinismus, ihrem Glauben an objektive Wahrheiten und an die Wertfreiheit der Wissenschaft und andererseits in der Tradition der Romantik (vgl. Janus & Wirth 2005; Wirth 2004c).

Alle fünf Ebenen sind miteinander verwoben und beeinflussen sich gegenseitig. Sie haben sich im Laufe der 100-jährigen Geschichte der Psychoanalyse entwickelt und verändern sich laufend weiter in Abhängigkeit von den jeweiligen spezifischen Bedingungen des politischen Umfeldes. Im Rahmen dieses Artikels können natürlich nur wenige Ausschnitte skizziert werden.

Massenpsychologie und Ich-Analyse

Weit über die Psychoanalyse im engeren Sinne hinaus hat Freuds Arbeit »Massenpsychologie und Ich-Analyse« einen tief greifenden Einfluss auf Philosophen, Sozialwissenschaftler und Intellektuelle ausgeübt, die sich mit den Auswirkungen des Unbewussten in der Politik beschäftigt haben. Freud hat seine Massenpsychologie nach dem Muster des Ödipuskomplexes konzipiert: Der Führer repräsentiert symbolisch den ödipalen Vater. Unter den Bedingungen einer Massenbewegung findet eine Regression statt, in deren Verlauf bei den Mitgliedern der Masse der Ödipuskomplex reaktiviert und gleichsam wieder rückgängig gemacht wird. Das Über-Ich – als »Erbe des Ödipuskomplexes« –, das in der Kindheit durch Identifikation mit den väterlichen Geboten entstanden war, wird auf den Führer (zurück-)projiziert. Indem die Masse ihr Über-Ich auf den Führer projiziert, idealisiert sie ihn und unterwirft sich gleichzeitig seinen Geboten. In einer psychologischen Masse findet eine gemeinsame Identifizierung aller ihrer Mitglieder untereinander und mit ihrem Anführer statt. Als Teil der Masse sind die Individuen deshalb bereit, dem Anführer zu folgen – wohin auch immer er sie führen mag. Die Projektion ihres Ich-Ideals und ihres Über-Ichs auf den Anführer befreit die Mitglieder der Masse von einschränkenden Normen, Werten und Schuldgefühlen, sodass sie unbelastet von Selbstvorwürfen ihre triebhaften Impulse, ihre aus unbewussten Konflikten stammenden Ressentiments und ihre aggressiven Bedürfnisse ausleben können. Im Namen des Führers lassen sich die Masse und auch die einzelnen Individuen, insofern sie Bestandteil der Massenbewegung geworden sind und damit ihren psychischen Status als autonome Individuen aufgegeben haben, bereitwillig zu impulsgesteuerten Handlungen, beispielsweise zu Übergriffen, Zerstörungen und Gewalttaten hinreißen, denen sie sich unter normalen Umständen verweigert hätten (vgl. Wirth 2001).

Hatte einst das Individuum durch die Verinnerlichung der väterlichen Gebote eine gewisse Autonomie erreicht, da die Inhalte und Strukturen seines Über-Ichs zwar von den Eltern und ihren gesellschaftlichen Vertretern geprägt wurden, als verinnerlichte Strukturen aber vom Subjekt selbst gesteuert und auch verändert werden konnten, so wird diese Autonomie unter den Bedingungen der Massenbewegung wieder rückgängig gemacht. Nun bestimmt wieder allein der Führer-Vater, was »gut« und was »böse« ist, und die Mitglieder der Masse befinden sich in der Position von Kindern, die zwar den Schutz der Autorität genießen, jedoch gezwungen sind, ihren Führer zu lieben, auch wenn er sie beschimpft, unterdrückt, demütigt und quält und unter rationalen Gesichtspunkten gar nicht liebenswert ist. Die mörderischen Impulse gegenüber diesem Führer-Vater werden von der Masse nach außen projiziert und gegenüber Außenfeinden, die der Führer vorgibt, ausagiert. Der Gehorsam gegenüber dem Führer, der das Gesetz repräsentiert, erlaubt der Masse, ihre Aggressionen frei auszuleben, ohne sich mit Schuldgefühlen auseinander setzen zu müssen. Freuds Theorie diente als theoretische Grundlage für eine Vielzahl psychologischer und sozialwissenschaftlicher Analysen, die sich vor allem mit den nationalistischen Massenbewegungen des 20. Jahrhunderts beschäftigten. Insbesondere die wahnhafte Begeisterung großer Massen für den Nationalsozialismus war Thema zahlreicher psychoanalytischer Studien (vgl. z. B. Reich 1933; Mitscherlich 1967).

Kernbergs Theorie der narzisstischen Persönlichkeitsstörung

Otto Kernberg hat einige wichtige Ergänzungen zu Freuds massenpsychologischer Theorie durch die Einbeziehung von Erkenntnissen aus der psychoanalytischen Gruppenforschung vorgenommen. Er verweist insbesondere auf die große Bedeutung, die »der Aggression in allen Gruppen zukommt, sofern diese unstrukturiert sind, das heißt ihnen vor allem eine gemeinsame Aufgabe fehlt« (Kernberg 2002, S. 141). Dies führe regelmäßig zu einem Ausufern von Aggressionen, die begleitet seien »von der Furcht vor den Konsequenzen dieser Aggression, die ihrerseits die charakteristischen narzisstischen oder paranoiden Abwehrmuster in Gang setzt« (ebd., S. 141 f.).

Die Regression in der unstrukturierten Gruppe, in der Großgruppe oder auch in der psychologischen Masse kommt dadurch zustande, dass es »aufgrund der Unstrukturiertheit zu einem Zusammenbruch der üblichen Status- und Rollenbeziehungsmuster kommt« (ebd., S. 142). Dieser Zusammenbruch kann allerdings auch in stark strukturierten Situationen, in denen es planmäßig zu Gewalt kommen soll, gezielt herbeigeführt werden, z. B. beim Militär, in terroristischen Gruppierungen oder auch in totalitären Staaten. Die im normalen Leben eingenommenen Rollen sind unter den neuen Bedingungen der »totalen Institution« (Goffmann 1977) nicht nur funktionslos, sondern sie werden zusätzlich einer systematischen Entwertung ausgesetzt. Beispielsweise wird dem Rekruten, von dem bekannt ist, dass er eine akademische Ausbildung hat, durch besondere Demütigungen demonstrativ klargemacht, dass er sich darauf nichts einzubilden brauche, dass hier ganz andere Fähigkeiten gefragt, ganz andere Wertmaßstäbe gültig seien, aber vor allem ganz andere Macht- und Befehlsverhältnisse herrschten, denen er sich bedingungslos unterzuordnen habe. Das planmäßige Schikanieren der »Neuen« in den ersten Monaten ihrer militärischen Grundausbildung dient dazu, ihren Willen zu brechen, ihre Identität zu zerstören und sie zu einer Identifikation mit denen, die die Befehlsgewalt ausüben, zu zwingen. Die Identifikationen, die in diesem Fall stattfinden, folgen dem Muster einer »Identifikation mit dem Aggressor«, wie es Anna Freud (1936) beschrieben hat.

Das Beispiel der »totalen Institution« macht deutlich, dass sich nicht nur in der Masse und der unstrukturierten Gruppe regressive und daran anschließend die weiteren massenpsychologischen Prozesse abspielen, sondern auch in Institutionen und Organisationen, wobei dem Ausmaß, in dem diese hierarchisch, autoritär, »total« oder gar totalitär strukturiert sind, differenzierende Bedeutung zukommt. Weil die Prozesse der Regression und der Delegation des Über-Ichs an den Führer bzw. an die Vorgesetzten und an die Institution als soziales Gebilde den massenpsychologischen Prozessen so ähnlich sind, hat Erdheim (1982, S. 189 f.) sogar die Auffassung vertreten, Freuds Massenpsychologie beziehe sich eigentlich nicht auf Massen, sondern stelle eine psychoanalytische Theorie der Institution dar, zumal Freud explizit die Beispiele »Kirche« und »Heer« als »künstliche Massen« (Freud 1921c, S. 101–108) anführt. Tatsächlich behandelte Freud in seiner Massenpsychologie »den einzelnen Menschen als Mitglied eines Stammes, eines Volkes, einer Kaste, eines Standes, einer Institution oder eines Menschenhaufens, der sich zu einer gewissen Zeit für einen bestimmten Zweck zu einer Masse organisiert« (ebd., S. 74). Freud fasst seine massenpsychologische Theorie so weit, dass sie sowohl zur Erklärung von Prozessen in der unstrukturierten Kleingruppe, in der Großgruppe, in Institutionen als auch in Massenbewegungen anwendbar ist. Konsequenterweise interpretiert Kernberg die Wirkungsweise der Massenmedien massenpsychologisch und Michael Lukas Moeller (1979) hat auf der anderen Seite des Spektrums gezeigt, wie man Freuds Massenpsychologie zum Verständnis von sektenartigen Zweierbeziehungen anwenden kann.

Zur Kritik der klassischen Massenpsychologie

Bei Freud – und noch ausgeprägter bei Kernberg – haben massenpsychologische Prozesse eine ausschließlich negative und pathologische Qualität. Freud (1921c, S. 88) stellt zwar im Rahmen einer allgemeinen Kritik an Le Bon fest, dass dieser in seiner Psychologie der Masse hauptsächlich »Abträgliches und Herabsetzendes über die Äußerungen der Massenseele« zusammengetragen habe, und er hält dem entgegen, dass »sich auch andere, geradezu entgegengesetzt wirkende Äußerungen der Massenbildung erkennen« ließen, »aus denen man dann eine weit höhere Einschätzung der Massenseele ableiten« müsse, aber letztlich konzentriert er sich selbst ebenfalls fast ausschließlich darauf, die pathologischen Prozesse der Massenbildung zu analysieren. Nur am Rande erwähnt er einige positive Qualitäten der Masse: So ermögliche das kollektive »Phänomen der Begeisterung […] die großartigsten Massenleistungen« (ebd., S. 89). Auch sei die Massenseele »genialer geistiger Schöpfungen fähig, wie vor allem die Sprache selbst beweist, sodann das Volkslied, Folklore und anderes« (ebd.). Zwar betont Freud, dass die »intellektuellen Leistungen […] die großen Entscheidungen der Denkarbeit, die folgenschweren Entdeckungen und Problemlösungen nur dem Einzelnen, der in der Einsamkeit arbeitet, möglich sind«, doch stellt er auch die Überlegung an, »wie viel der einzelne Denker oder Dichter den Anregungen der Masse, in welcher er lebt, verdankt, ob er mehr als der Vollender einer seelischen Arbeit ist, an der gleichzeitig die anderen mitgetan haben« (ebd.). Der einsame, in seiner Studierstube brütende Genius kann demnach bloßes Sprachrohr kultureller Strömungen, sozialer Bewegungen, politischer Massenbewegungen und des Zeitgeistes sein. Er formuliert nur die Gedanken, die in der Luft liegen und die andere durch ihr gesellschaftliches Handeln entwickelt und durch ihre kollektiven Tagträume vorbereitet haben.

Leider verfolgt Freud diesen Gedankengang jedoch nicht weiter, sondern betont fast ausschließlich die pathologischen Aspekte der Massenbildung, insbesondere die regressiven Prozesse und die Außerkraftsetzung des Über-Ichs durch die Masse. In dieser Tendenz, die pathologischen Aspekte der Masse hervorzuheben, übertrifft Kernberg die Ausführungen Freuds sogar noch, wenn er ausschließlich die Primitivität, Destruktivität und den paranoiden Charakter der Masse beschreibt. Nun kann man allerdings fragen, ob beispielsweise der Abbau von »üblichen moralischen Begrenzungen« zwangsläufig ein negativ zu bewertender Prozess sein muss, oder ob nicht die Infragestellung der konventionalistischen Moral und der Abbau von rigiden Über-Ich-Diktaten, von unbewussten Schuldgefühlen oder gar der »gefährlichen Krankheit Über-Ich«, wie Harald Lincke (1970) formulierte, nicht sogar ein Ziel der psychoanalytischen Therapie ist. Und so wie der Bedeutungsgehalt der Regression durch die Einführung des Begriffs der »Regression im Dienste des Ich« (Kris 1952) eine andere

Nuance bekommen hat, die in den letzten Jahren vor allem im Zusammenhang mit der Diskussion der Kreativität (vgl. Schlösser & Gerlach 2001) zunehmend an Bedeutung gewonnen hat (vgl. Geißler 2001), so müsste die psychoanalytische Theorie ihre Aufmerksamkeit auch dafür erweitern, dass massenpsychologische Prozesse nicht immer und nicht zwangsläufig zum Ausufern von Aggressionen und zu pathologischen Ergebnissen führen müssen.

So wenig, wie Freuds Religionskritik in ihrer Pauschalität heute noch haltbar ist (vgl. Henseler 2001) – auch wenn Freud einen Ausschnitt der neurotischen Religiosität treffend analysiert hat –, so wenig lässt sich die generelle Verdammung und Pathologisierung der psychologischen Masse, speziell nach der erfolgreichen und friedlichen Revolution in Ost-Europa, noch aufrecht erhalten. Freuds radikale Kritik der Religion ebenso wie seine vernichtende Kritik der Masse – und der psychischen Funktionsweise beider – wird auf dem Hintergrund der historisch-politischen Situation Europas zwischen den beiden Weltkriegen verständlich, als es noch keine funktionierenden Demokratien gab und die religiöse und quasi-religiöse Ideologisierung großer Volks-Massen zur Bedrohung von Individualität und kritischem Denken wurden. Nicht, dass solche Gefahren heute nicht mehr bestünden. Doch die Offenheit der Gesellschaft, religiöse Erfahrungen als eine grundlegende Modalität menschlicher Erlebensweisen zu verstehen und zu akzeptieren, ist heute größer als früher.

Aus diesen Entwicklungen lässt sich auch unmittelbar die Begründung für eine neue Einschätzung der Masse und ihrer psychologischen Funktionsweise ableiten. Wenn die Religion »Opium des Volkes« (Karl Marx) und »kollektive Neurose« war, so musste auch der Adressat und Träger dieser kollektiven Verirrungen, nämlich die Masse, eine Gesellungsform der Menschen sein, die sich per se durch einen pathologischen Charakter auszeichnete. Wir können heute eher sehen, dass Massenversammlungen von Menschen, beispielsweise im Zusammenhang mit (basis)-politischen Veranstaltungen der »Neuen Sozialen Bewegungen« – man denke an Demonstrationen der Ökologie- und der Friedensbewegung –, revolutionären Massen – man denke an die Leipziger Montags-Demonstrationen oder an die dreitägige Massendemonstration in Belgrad, die zum Sturz von Milosevic führte –, sportlichen Großveranstaltungen – man denke an die Olympischen Spiele –, religiösen Treffen – man denke an den Kirchentag –, kulturellen Veranstaltungen – man denke an Diskussionsveranstaltungen und Rockkonzerte – durchaus nicht immer den Charakter einer »folgsamen

Herde, die nie ohne Herrn zu leben vermag« (Freud 1921c, S. 86) annehmen muss, sondern dass unter Umständen sogar die Masse selbst einen »starken, imponierenden Willen« (ebd.) entwickeln kann, den Freud allein dem Führer zubilligt. In vielen Fällen muss man sogar anerkennen, dass die Massenversammlung einen höheren Grad an politischer Weitsicht, an gekonntem Umgang mit Aggression und an Konfliktfähigkeit aufweist als beispielsweise die politischen Führer oder die Führer der Polizei. Demonstranten oder Teilnehmer eines Rockkonzertes regredieren jedenfalls nicht automatisch zu aggressiven und dumpf-triebgesteuerten Monstern, und zwar selbst dann nicht, wenn sich leichte regressive Prozesse (im Dienste des Ichs), eine gewisse Auflösung von starren Ich-Grenzen und leichte »ozeanische Gefühle« einstellen mögen.

Kollektive Identitäten

Das Verhältnis des Individuums zu kleineren und größeren Kollektiven muss nicht nur nach dem Muster der Massenpsychologie verlaufen, sondern kann auch andere Formen annehmen, da doch jedes Individuum zur Herausbildung seiner Individualität auf den sozialen Kontakt mit anderen Menschen angewiesen ist. C. G. Jung hatte mit seiner Archetypenlehre vom kollektiven Unbewussten eine frühe Formulierung für diese Zusammenhänge gefunden, die jedoch ahistorisch konzipiert war. Es war Erik H. Erikson (1950 u. 1959), der mit seinem Begriff der »Gruppen-Identität« eine eingängige und höchst einflussreiche Konzeptualisierung der sozialen Natur des menschlichen Bewusstseins (einschließlich des Unbewussten) vorschlug. Erikson (1959, S. 18) betont ausdrücklich, dass sich die »persönliche Identität« nur in einem fortwährenden psychosozialen Austausch mit den Anderen konstituiert und festigt. Die unmittelbare Selbstwahrnehmung »der eigenen Gleichheit und Kontinuität in der Zeit« ist verbunden mit der Wahrnehmung, »dass auch andere diese Gleichheit und Kontinuität erkennen«. »Der Begriff ›Identität‹ drückt also insofern eine wechselseitige Beziehung aus, als er sowohl ein dauerndes inneres Sich-Selbst-Gleichsein wie ein dauerndes Teilhaben an bestimmten gruppenspezifischen Charakterzügen umfasst« (Erikson 1959, S. 124). Die individuelle Identität stellt eine Variante der »Gruppen-Identität« dar, wobei Erikson dabei sowohl den sozialen Nahbereich als auch Großgruppen und »historische Leitbilder« (ebd., S. 11) im Auge hat.

Folgt man der psychoanalytischen Entwicklungspsychologie, so bilden Kinder ihre Identität, indem sie sich mit ihren primären Bezugspersonen und der Beziehung zu diesen identifizieren. Die psychoanalytische Familientherapie geht jedoch noch einen Schritt weiter und sieht in der Identifikation des Kindes mit den Eltern als Paar und auch mit der Familie als Ganzes einen wesentlichen Baustein der Identität. Durch die Identifikation mit dem Elternpaar und dem Gesamt der Familiengruppe bildet sich im Kind eine »Familien-Identität« (Cierpka 1999, S. 91), ein bewusst und unbewusst strukturiertes Bild der »inneren Familie« (ebd.), das die eigene individuelle Identität prägt und insbesondere die »psychosexuellen Fähigkeiten zur Intimität« und die »psychosoziale Bereitschaft zur Elternschaft«, wie es Erikson (ebd., 137) formuliert hat, formt.

Einen wichtigen Schritt bei der Anwendung psychoanalytischer Erkenntnisse auf Bereiche außerhalb des klassischen Settings stellt die psychoanalytische Familientherapie dar, wie sie in Deutschland von Horst-Eberhard Richter (1963 u. 1970) und zeitlich parallel dazu in Amerika von Helm Stierlin (1973) entwickelt wurde. Auch wenn die Psychoanalyse bereits in ihrem Ursprung eine Interaktions- bzw. Beziehungs-Perspektive enthält, eröffnet erst die psychoanalytische Familientherapie wirklich konsequent den Blick auf die Beziehung zwischen mehreren Personen und entwickelt das theoretische Rüstzeug, um die Beziehungsdynamik zwischen Personen, Gruppen und auch Großgruppen zu verstehen (vgl. Buchholz 1993 u. 1995). Des Weiteren erlaubt die Familientherapie die Mehrgenerationen-Perspektive (vgl. Massing u. a. 1982), also den Blick auf die transgenerationale Weitergabe von Traumata oder auch von neurotischen Konflikten und Abwehrmustern von einer Generation an die nächste. Dies spielt, wie Volkan (1999) zeigt, auch bei politischen Zusammenhängen eine zentrale Rolle. Einen besonders wichtigen Anwendungsbereich familiendynamischer Forschungen stellt die transgenerationale Traumatisierung von Holocaustopfern dar (vgl. z. B. Rosenthal 1997; Wardi 1992).

Horst-Eberhard Richter hat die familiendynamische Perspektive auf Prozesse zwischen Ethnien, Nationen, Staaten und Großgruppen insbesondere unter dem Gesichtspunkt eines wechselseitigen Austauschs von psychosozialen Abwehrmechanismen erweitert und übertragen. Auch einige von Volkans theoretischen Konzepten lassen sich unter dem Abwehraspekt formulieren. Richter hat in seinem Buch »Zur Psychologie des Friedens« (1982) die Entstehung und die psychosoziale Funktion von Feindbildern untersucht. In »Russen und Deutsche« (Richter 1982) berichten Richter und seine Forschungsgruppe von einer unter psychoanalytischen Aspekten konzeptualisierten, aber mit Methoden der empirisch-statistischen Psychologie durchgeführten Studie, in der die wechselseitigen Selbst- und Fremdbilder von Russen und Deutschen untersucht wurden. Ein zentrales Ergebnis dieser Studie war, dass die Bereitschaft zur Aussöhnung zwischen diesen Völkern auf beiden Seiten wesentlich dadurch gestärkt wird, dass man sich mit der eigenen totalitären – im einen Fall nationalsozialistischen, im anderen Fall stalinistischen – Vergangenheit auseinander zu setzen bereit ist (vgl. Wirth & Schürhoff 1991).

Weitere zentrale Beiträge zur psychoanalytischen Aufklärung ethnischer Konflikte wurden von der Ethnopsychoanalyse entwickelt, deren wichtigste Vertreter George Devereux (1970, 1972 u. 1973), Paul Parin u. a. (1986), Fritz Morgenthaler (2005), Mario Erdheim (1982 u. 1988) und Johannes Reichmayr (2003, Reichmayr et al. 2003) sind. Von George Devereux stammt die Unterscheidung zwischen dem »*ethnischen*« und dem »*idiosynkratischen* Unbewussten«: Das idiosynkratische Unbewusste enthält verdrängte Inhalte, die aufgrund ganz spezifischer, individueller Umstände verdrängt wurden. Eine idiosynkratische Störung ist eine einzigartige, ganz individuelle Störung. Das ethnische Unbewusste ist demgegenüber der Teil des Unbewussten, den das Individuum gemeinsam mit der Mehrzahl der Mitglieder seiner Kultur teilt. Das ethnische Unbewusste ist das, was die Kultur zu verdrängen lehrt. Die Kultur bietet auch ethnische Abwehrmittel an, d. h. Abwehrmuster, die kulturspezifisch vorgegeben sind. Richter spricht in diesem Zusammenhang beispielsweise von der kollektiven Sündenbock-Projektion auf Außenfeinde, Volkan von der Externalisation nicht integrierter »böser« Selbst- und Objektbilder auf Großgruppen-Feinde. Den Begriff der ethnischen Störung definiert Devereux als eine psychische Störung, an der nicht nur vereinzelte Individuen, sondern eine große Zahl der Mitglieder eines Kollektivs leiden. In Anlehnung an Rolf Vogt (1995) könnte man die Unfähigkeit zu trauern und die kollektiven unbewussten Schuldgefühle als die ethnische Störung der Deutschen bezeichnen. Kollektive oder ethnische Abwehrmuster bieten dem Individuum kulturelle »Modelle des Fehlverhaltens« (Devereux 1970, S. 64) an, die es diesem ermöglichen, in sozial akzeptabler Weise normabweichend zu sein. Das Motto könnte lauten: »Tu es nicht, aber wenn du es doch tust, dann musst du es so und so machen«. In politischen Ausnahmesituationen kann daraus auch das Motto werden: »Eigentlich ist es nicht erlaubt, seine Mitmenschen zu misshandeln und zu töten, aber wenn die eigene Großgruppe ein solches Verhalten billigt oder gar als vorbildlich anpreist, kannst du alle deine Bedenken und Gewissensbisse über Bord werfen«.

Dieses Konzept hat Ähnlichkeit mit dem Konzept der »psychosozialen Abwehrmechanismen«, wie sie Richter (1963 u. 1970) in der Familientherapie entwickelt hat und auch mit der »interpersonellen und institutionalisierten Abwehr« von Mentzos (1976). Die bekannten intrapsychischen Abwehrmechanismen (vgl. A. Freud 1936) können ergänzt werden durch interpersonelle Abwehrmechanismen, bei denen die sozialen Beziehungen des Individuums so gestaltet werden, dass sie dessen Abwehr stabilisieren. Das neurotische Individuum weist den Beziehungspersonen oder auch Institutionen unbewusst eine Rolle zu, die seiner eigenen Konfliktabwehr dienen (Richter 1963). Umgekehrt ist es aber auch die Institution, die sich der neurotischen Bedürfnisse des Individuums bedient, um sich selbst zu stabilisieren und die Individuen an sich zu binden. Die Institution präsentiert dem Individuum »Lösungen« für seine neurotischen Konflikte, indem sie »formelle oder informelle institutionelle Verhaltensmuster als fertige Angebote eines Abwehrverhaltens anbietet« (Mentzos 1976, S. 22). Umgekehrt wiederum versucht das Individuum unter dem Druck seiner unbewussten Konflikte, seine schwache intrapsychische Abwehr zu verstärken bzw. zu entlasten, indem es eine »reale Untermauerung« seiner Abwehr (ebd., S. 124) sucht. Sein Ziel ist, seine »neurotische Abwehr in der Realität zu verankern und dadurch widerstandsfähiger zu machen« (ebd., S. 127). Hinzu kommt, dass »die von der Institution garantierte Sicherung der neurotischen Abwehr beim Einzelnen als eine Art Prämie (wirkt), die seine Motivation zur Unterstützung der Institution erhöht und somit zu ihrer Stabilisierung beiträgt« (ebd., S. 129). In diesem Sinne begreift Mentzos (1976 u. 1993) auch den »Krieg als Institution«, die bestimmte psychosoziale Funktionen erfüllt, zu denen u. a. die Kompensation von narzisstischen Defiziten, Identitätskrisen und Selbstwertkonflikten, die Stabilisierung von Wertesystemen und die Stärkung des Gemeinschaftsgefühls gehören.

Eine Weiterentwicklung von Freuds Massenpsychologie zu einer Psychologie der Großgruppe und deren Verbindung mit dem Trauma-Konzept hat der Psychoanalytiker und Konfliktforscher Vamik Volkan (1999 u. 2005) vorgelegt. Großgruppen und Nationen versuchen häufig, eine gemeinsame Identität dadurch zu erlangen, dass sie sich auf einen gemeinsamen Ursprung beziehen. Dieser Ursprung ist oft ein gemeinsam geteiltes Erfolgserlebnis, mit dem sich Triumphgefühle verbinden. Volkan spricht von »gewählten Ruhmesblättern«, deren in jährlich wiederkehrenden Feierlichkeiten gedacht wird und durch die ein generationsübergreifender Traditionszusammenhang hergestellt wird. Mit der Überlieferung der Ruhmesblätter wird zugleich die Großgruppen-Identität von einer Generation an die nächste weitergegeben. Solche nationalen Feiertage beziehen sich häufig auf die Befreiung von einer Vorherrschaft oder die Konstituierung als nationale Gruppe. In Krisen- oder gar Kriegszeiten werden die gewählten Ruhmesblätter aktiviert, um das Selbstwertgefühl der Gruppe zu stärken.

In seinen psychologischen Auswirkungen sehr weit reichend und destruktiv ist ein anderer Vorgang, den Volkan als »gewähltes Trauma« bezeichnet. Hier wählt die Gruppe nicht ein siegreiches, triumphales Ereignis als gemeinsamen Bezugspunkt ihrer Gruppenidentität, sondern eine Situation, in der die Gruppe schwere Verluste oder demütigende Verletzungen hinnehmen musste und sich als Opfer fühlte. Wenn die vorangegangenen Generationen unfähig waren, die erlittenen Verletzungen und Traumata zu verarbeiten, geben sie diese Erfahrungen an die nächste Generation weiter, und zwar mit dem Auftrag, dass diese die erlittenen narzisstischen Verletzungen des Selbstwertgefühls und die Demütigungen wiedergutmachen oder auch rächen soll. Dieses Vermächtnis führt in der Regel zur Perpetuierung der alten Konflikte.

Die Psychoanalyse und der Holocaust

Wie Freud (1925e) feststellte, »entfesselte« die Psychoanalyse nicht nur in der Anfangsphase ihrer Entwicklung »einen Sturm von entrüsteter Ablehnung« (ebd., S. 101). Vielmehr müsse man darauf gefasst sein, dass sich die Gesellschaft »im Widerstand« gegen die Psychoanalyse befände, da sie »andere als bloß intellektuelle Widerstände«, nämlich »starke affektive Mächte wachgerufen« (ebd., S. 104) habe. Die Psychoanalyse wurde angefeindet, weil sie der Gesellschaft einen Spiegel vorhielt, der für alle sichtbar machte, wie die gesellschaftliche Doppelmoral die Entstehung von psychischen Störungen mit verursachte. Insbesondere die Entdeckung und Thematisierung der frühkindlichen Sexualität wurde von breiten Teilen der Gesellschaft als Tabubruch empfunden und geahndet. Hinzu kam, dass in universitären Kreisen die Theorien Freuds und seine neue Forschungsmethode (die zugleich Behandlungsmethode war) als unwissenschaftlich und spekulativ abgelehnt wurde, da sie dem naturwissenschaftlichen Methodenideal nicht entsprachen.

Die Gemeinschaft der Psychoanalytiker konstituierte sich in einer offen oder latent feindlichen Umgebung und die Identität der Psychoanalytiker als Gruppe wurde von dem Bewusstsein, Außenseiter zu sein, bestimmt. Dass dabei der gesellschaftlich weit verbreitete Antisemitismus und Freuds Judentum, das er »nie verbergen wollte« (ebd., S. 110), eine zentrale Rolle spielten, war Freud von Anfang an klar, und dies war sogar ein Motiv für ihn, einen der wenigen nichtjüdischen Psychoanalytiker, den »Germanen« Carl Gustav Jung – so Freud in einem Brief an Ferenczi (zit. nach Gay 1987, S. 231) –, zum Präsidenten der Internationalen Psychoanalytischen Vereinigung zu machen.

Zum einen hofften die psychoanalytischen Vereinigungen, sich auf diese Weise aus den Auseinandersetzungen im politischen Feld heraushalten zu können. Sie wollten gleichsam die Wertneutralität der Wissenschaft nutzen, um sich vor Anfeindungen, Angriffen und Verfolgung aus dem politischen Feld zu schützen. Diese Strategie führte u. a. zum Ausschluss von solchen Mitgliedern, die sich nicht an die Vorgabe hielten, sich nicht an öffentlich exponierter Stelle politisch zu engagieren. Wilhelm Reich wurde vor allem aus diesen Gründen aus der psychoanalytischen Vereinigung ausgeschlossen (vgl. Fallend & Nitzschke 2002). Diese Strategie der Neutralität blieb jedoch erfolglos: Als die Nationalsozialsozialisten an die Macht kamen, wurden Freud und seine zu allermeist jüdischen Mitstreiterinnen und Mitstreiter aus ihrer Heimat vertrieben oder ermordet. Im Unterschied zu den meisten anderen Psychoanalytikern emigrierte Freud nicht in die Vereinigten Staaten. Zu groß waren seine Vorbehalte gegen dieses Land, das er in einem Brief an Arnold Zweig als »Anti-Paradies« (Freud & Zweig 1968, S. 186) und in einem Brief an Ernest Jones als »ein gigantischer Irrtum« (zit. nach Gay 1987, S. 633) bezeichnete.

Eine Strategie, mit dem Emigrationstrauma fertig zu werden, bestand darin, sich an den vertrauten Lebens- und Denkgewohnheiten aus der alten Welt festzuklammern und diese gegen jede Infragestellung durch die neuen kulturellen Erfahrungen vehement zu verteidigen. Die Idealisierung der Heimat und der verlorenen kulturellen Zusammenhänge stellen eine generelle Abwehrstrategie bei Emigranten dar, vor der auch Psychoanalytiker nicht gefeit waren. Dies leistete einer Entwicklung Vorschub, die Russell Jacoby (1985) als »Amerikanisierung der Psychoanalyse« (ebd., S. 166) und als »Triumph des Konformismus« bezeichnet hat. Damit ist vor allem die

Medizinalisierung und Psychiatrisierung der amerikanischen Psychoanalyse und der Verlust der psychoanalytischen kulturkritischen Tradition gemeint. Im Nachhinein bestätigte sich die Amerika-feindliche Einstellung Freuds, der »beinahe obsessiv« die Überzeugung verfochten hatte, »die amerikanische Zivilisation bedrohe seine Erfindung, da sie sie einer pragmatisch verfahrenden Psychiatrie unterordne« (ebd., S. 150). Paradoxerweise wurde aber die Dogmatisierung und theoretische Versteinerung der Psychoanalyse wesentlich von den Emigranten aus Europa getragen. Die theoretische Basis für diese Entwicklung hatte Heinz Hartmann bereits im Jahre 1937 gelegt.

Mit einem Vortrag am Wiener Psychoanalytischen Institut hatte Heinz Hartman 1937, also am Vorabend des Einmarsches Hitlers in Österreich (vgl. Richter 1995, S. 50), seine programmatische Arbeit »Ich-Psychologie und Anpassungsproblem« präsentiert, mit dem er die psychoanalytische Ich-Psychologie, die jahrzehntelang die Theorie-Diskussionen und das Selbstverständnis der Internationalen Psychoanalytischen Vereinigung bestimmen sollte, begründete.

Der aus Wien stammende Heinz Hartmann betrachtete die Psychoanalyse explizit als eine Naturwissenschaft. Er schuf mit den von ihm entwickelten neuen psychoanalytischen Konzepten von einer »konfliktfreien (autonomen) Ich-Sphäre«, den »autonomen Ich-Funktionen«, der besonderen Betonung der Notwendigkeit der »Anpassung« und der »adaptiven Funktionen« einen Gegenpol zum Horror des Holocaust, der gerade erst ins Bewusstsein der Menschheit gekommen war und dem sich niemand so recht stellen konnte und wollte, weder die Opfer, noch die Täter. In vielerlei Hinsicht war Hartmanns verleugnende Theoriebildung Symptom einer kollektiven Abwehr, die nicht nur die psychoanalytische Gemeinschaft, sondern die gesamte Intelligenzia und die Gesellschaft charakterisierte (vgl. Bergmann 2000; Richter 1995). Durch eine Konzentration auf die »konfliktfreie« Ich-Entwicklung konnte unter Verleugnung der konkreten politischen Zusammenhänge eine Abwehr der Nazi-Thematik etabliert werden.

In Folge der Hartmannschen Theoriebildung entwickelte sich in Amerika während der »Hartmann-Ära« (Bergmann 2000) ein Trend zum Konservativismus und zur Orthodoxie in der Psychoanalyse (vgl. Fürstenau 1964; Horn 1970; 1971; Richter 1995), der hauptsächlich von den Emigranten ausging. Die theoretische Rigidität vieler emigrierter Psychoanalytiker kann man mit Martin Bergmann (2000) als Abwehr gegen die Auseinandersetzung mit der nationalsozialistischen Verfolgung und speziell mit dem Holocaust verstehen. Harold Blum (2000, S. 90) weist auf das Paradox hin, dass Hartmann einerseits der Anpassung an die Realität besonderes Gewicht beimaß, sich andererseits aber seine gesamte Theorie durch eine Verleugnung zentraler Aspekte der politischen Realität seiner Zeit auszeichnet: »Nationalsozialismus, der Krieg und der Holocaust blieben unbeachtet« (ebd., S. 90). Nach Blum ist der Holocaust eines der beiden Ereignisse, die dieses Jahrhundert geprägt haben. Das andere ist Hiroshima und die Bedrohung durch einen »nuklearen Holocaust« (Blum 2000, S. 91). Nach Fürstenau führt Hartmanns Biologismus »einerseits zu einer Idealisierung des Ichs im Sinne konflikt- und affektfreien reinen Koordinierens, andererseits zur Idealisierung [und Reduzierung] der Gesellschaft im Sinne konstanter (normaler) sozialer Entwicklungsanreize« (1964, S. 152). Obwohl Hartmann die Bedeutung ökonomischer, politischer und gesellschaftlicher Faktoren nicht leugnete, bewirkte seine abstrakte und formale Art und Weise, diese Probleme zu thematisieren, dass die »konkrete zeitgenössische politische und soziale Situation in Mitteleuropa, die zu einer sozialen ›Umwelt‹ führte, an die selbst der anpassungswilligste Analytiker, ob Jude oder nicht, sich nicht mehr anpassen konnte« (ebd., S. 155), vollständig ausgeblendet blieb. Fürstenau bringt es auf den Punkt: »Anpassung führte für viele zu Tod und Untergang« (ebd.).

Nach dem Zweiten Weltkrieg näherte sich die Psychoanalyse nur sehr zögerlich dem Thema Holocaust. Sie unterlag den gleichen Verleugnungsmechanismen wie die übrige Gesellschaft. Zwar erschienen erste psychologische Annäherungen an die Welt des Konzentrationslagers schon Ende der 40er/Anfang der 50er Jahre, doch blieben diese Augenzeugen-Berichte, die »von psychiatrisch, psychologisch, und soziologisch geschulten Autoren, die selbst KZ-Häftlinge gewesen waren« (Grubrich-Simitis 1979, S. 992), geschrieben wurden, weitgehend unbeachtet und ihre Autoren Außenseiter. Bekannt geworden sind u. a. die Arbeiten von Bruno Bettelheim (1943 u. 1979) und Ernst Federn (1946 u. 1969). Da Bettelheim in den USA aber nicht »offiziell« als Analytiker anerkannt war, sondern als Psychoanalytischer Pädagoge am Chicagoer Institut nur einen Gaststatus innehatte, wurde er nicht als »richtiger« Psychoanalytiker angesehen. Sein unsicherer Status am Rande des etablierten psychoanalytischen Betriebes diente als Rationalisierung dafür, seine Ausführungen nicht beachten zu müssen. Ähnlich erging es dem Psychoanalytischen Pädagogen Federn.

Nicht nur in Deutschland, sondern auch international wurde das Thema »Holocaust« von der Psychoanalyse bis zum Beginn der 80er Jahre praktisch nicht aufgegriffen (Moser 1996, S. 65) und die wenigen Autoren, die darüber publizierten (vgl. Cocks 1985), fanden kaum Beachtung. Sich mit den Nachwirkungen der KZ-Haft bei Überlebenden und ihren Nachkommen zu beschäftigen, löste tiefe Ängste aus und auch Psychoanalytiker reagierten mit einer »Einfühlungsverweigerung« (vgl. Grubrich-Simitis 1979, S. 992). Erst gegen Ende der 70er Jahre wuchs das psychologische Interesse an den Folgen des Holocaust. In diesen Jahren gründeten Maria und Martin Bergmann eine Studiengruppe, die sich mit den Auswirkungen des Holocaust auf die Überlebenden und auf die Kinder der Überlebenden beschäftigte (Bergmann, Jucovy & Kestenberg 1982) und lösten damit eine bis heute andauernde Auseinandersetzung der Psychoanalyse mit diesem Thema aus.

Psychoanalyse in Deutschland nach 1945

Die Psychoanalyse in Deutschland hat sich hauptsächlich mit solchen politischen Problemen beschäftigt, die mit der nationalsozialistischen Vergangenheit in Verbindung stehen. Es ist das große Verdienst von Alexander Mitscherlich, dass die Psychoanalyse nach der Niederlage des Nationalsozialismus in Deutschland recht bald wieder Fuß fassen konnte und auch wieder internationales Ansehen erlangte. Dazu trug erheblich bei, dass sich Mitscherlich mit psychoanalytischen Mitteln kritisch mit der nationalsozialistischen Vergangenheit auseinander setzte. Mitscherlichs besonderes Anliegen bestand darin, die Psychoanalyse auf gesellschaftliche und politische Prozesse anzuwenden, wie beispielsweise sein Buch »Auf dem Weg zur vaterlosen Gesellschaft« (1963) zeigt. Zweifellos noch bedeutungsvoller ist das 1967 erschienene Buch »Die Unfähigkeit zu trauern. Grundlagen kollektiven Verhaltens« von Alexander und Margarete Mitscherlich, das einen ganz außergewöhnlich starken Einfluss auf die öffentliche Diskussion über den Nationalsozialismus hatte. Es gibt nur wenige psychologische Fachbücher, denen es vergönnt ist, sich über Jahrzehnte hinweg derart beständig in der öffentlichen Diskussion zu behaupten. Der Begriff von der notwendigen »Trauerarbeit« ist noch heute ein geflügeltes Wort in der öffentlichen Debatte über den Nationalsozialismus. Im übrigen bestätigen auch Vamik Volkans Forschungsergebnisse die Bedeutung von Trauerprozessen für die Aufarbeitung von kollektiven Traumata, wie er am Beispiel der Serben und der Armenier ausführt.

Innerhalb der Deutschen Psychoanalytischen Vereinigung kam es Mitte der 80er Jahre zu einer heftigen Kontroverse über die Haltung der nichtjüdischen Psychoanalytiker zu ihren jüdischen Kollegen und zur Geschichte der Vereinigung (vgl. Lohmann & Rosenkötter 1983; Psyche-Redaktion 1984; Lohmann 1984; Dahmer 1984; Lockot 1985; Richter 1986; Platta 1986). Im Laufe dieser Diskussion kam es zu heftigen und affektgeladenen Auseinandersetzungen, wechselseitigen Verdächtigungen, Schuldzuweisungen, Hassausbrüchen. Es wurde deutlich, dass die Destruktion des Nationalsozialismus sogar den Versuch der intellektuellen oder therapeutischen Aufarbeitung infiziert. »Auch in als wissenschaftlich intendierten Diskussionen kommt es zu Hass, wahnhafter Verdächtigung, seelischer und geistiger Infektion« (Moser 1996, S. 46). Die Psychoanalytiker mussten sich schließlich eingestehen, dass auch die Psychoanalyse als Wissenschaft, die Psychoanalytiker und die Berufsverbände das »Große Schweigen« mitgetragen hatten – und das, obwohl ihnen die Mitscherlichs den Weg der »Trauerarbeit« gewiesen hatten. »Das hängt mit der einseitigen Identifikation der deutschen Freudianer mit den Verfolgten zusammen, die einem selbstidealisierenden Familienroman gleicht« (ebd., S. 36), einem Familienroman, bei dem die – wenn auch ambivalente – Identifikation mit Mitscherlich eine zentrale Rolle spielt.

Schließlich existiert gerade unter gesellschaftskritischen Psychoanalytikern eine historisch bedingte, nicht einfach zu entwirrende Komplikation in Bezug auf die psychoanalytische Sozialpsychologie. Den Hintergrund bildet die unglückliche Auseinandersetzung der »Internationalen Psychoanalytischen Vereinigung« (IPV) mit den so genannten »Neo-Freudianern« Erich Fromm, Karen Horney, Harry Stack Sullivan und Clara Thomson (vgl. Conci 2005). Sie wurden in Amerika als Revisionisten beschimpft und aus der IPV ausgeschlossen. Sie gründeten daraufhin in New York City ein eigenes psychoanalytisches Institut, das »William-Alanson-White-Institute«, das von Ferenczi ausgehend den Traditionslinien von Balint, Winnicott und Fairbairn über Loewald und Sullivan folgte und schließlich zu Stephen Mitchell (2003, 2004 u. 2005) und der »relationalen Psychoanalyse« führte (Buchholz 2005; Wirth 2004c).

In Deutschland schlug das anfänglich starke Interesse, das die »Neue Linke« Ende der 60er Jahre an Fromm hatte, merkwürdigerweise schnell in eine verächtliche Diffamierung um. Die Vertreter der psychoanalytischen Sozialpsychologie jener Jahre – beispielhaft seien Alexander Mitscherlich, Klaus Horn und Alfred Lorenzer genannt – richteten ihr kritisches Instrumentarium zwar auf die Gesellschaft, kaum aber auf die orthodoxe Psychoanalyse und die Freudsche Triebtheorie. Fromm wurde vorschnell wegen seiner Kritik an manchen Aspekten der Freudschen Theorie als revisionistisch beschimpft und wegen seiner populären Arbeiten als seicht verachtet. Seine grundlegenden Arbeiten zu einer psychoanalytischen Theorie kollektiver Phänomene, die er mit den Begriffen »Sozialcharakter«, »Gesellschafts-Charakter«, »Gruppen-Identität« und »Gruppen-Narzissmus«, entwickelt hat (Fromm 1976), wurden weitgehend ignoriert. Den Gesellschafts-Charakter, der die Massenbegeisterung für den Nationalsozialismus ermöglichte, charakterisiert Fromm (1936) als »autoritär-masochistischen Charakter«. Für die spätkapitalistische Konsumgesellschaft sah Fromm (1976) im »Marketing-Charakter« den gesellschaftlich dominierenden Persönlichkeitstypus. Rainer Funk (2005) hat den Ansatz Fromms weiterentwickelt zu einer »Psychoanalyse des postmodernen Menschen«.

Die 68er-Generation und die Psychoanalyse

In der Aufbruchstimmung gegen Ende der 60er Jahre entdeckte die jugendliche Protestbewegung »die beiden großen kritischen Theorien des 19. Jahrhunderts« (Dahmer 1973, S. 22): die Psychoanalyse und den Marxismus. »*Lest Wilhelm Reich und handelt danach*«, hieß eine der Parolen, die Studenten an eine Wand der Frankfurter Universität malten. »Kollektives Leben mit politischer Arbeit verbinden!« lautete die Losung der Kommune II (1971) bei ihrem »Versuch der Revolutionierung des bürgerlichen Individuums«. In der »Kommune II« ging die Hoffnung auf die revolutionäre Kraft der Psychoanalyse so weit, dass ihre Mitglieder sich gegenseitig auf die Couch legten und »psychoanalysierten« (Kommune II 1971, S. 214–320). Solche Formen »wilder Psychoanalyse«, das heißt des inkompetenten Umgangs mit ihr, mussten zwangsläufig früher oder später umschlagen in Angst, Ablehnung, Verachtung, Hohn und Spott. Mal galt die Psychoanalyse als eine Art Wundermittel zur Selbstbefreiung und Selbstverwirklichung, mal als »besonders raffinierte Form von kleinbürgerlichem Psychologismus« (Knöll 1973, S. 7).

Freuds kulturkritische Schriften waren weitgehend in Vergessenheit geraten, wurden selbst in Fachkreisen nicht mehr diskutiert. Die Schriften von Psychoanalytikern, die schon in den 30er Jahren Psychoanalyse für gesellschaftsverändernde Praxis nutzbar machen wollten, wie die von Wilhelm Reich und Siegfried Bernfeld, waren im Buchhandel und auch in vielen von den Nazis »gesäuberten« Bibliotheken nicht mehr verfügbar; die Linken fertigten deshalb Raubdrucke von »Die Funktion des Orgasmus« (Reich 1927), »Der Einbruch der Sexualmoral« (Reich 1932), »Massenpsychologie des Faschismus« (Reich 1933b) usw. an. Die Linken rezipierten die Psychoanalyse im Zusammenhang mit der Faschismus- und Kulturtheorie der Frankfurter Schule. Sie verstanden Psychoanalyse nicht nur klinisch als Krankheitslehre und Therapiemethode, sondern als Sozialwissenschaft (vgl. Lorenzer u. a. 1971) und folgten damit dem originären Wunsch Freuds, der die Psychoanalyse weniger als Therapie unserem Interesse empfehlen wollte, »sondern wegen ihres Wahrheitsgehalts, wegen der Aufschlüsse, die sie uns gibt über das, was dem Menschen am nächsten geht, sein eigenes Wesen, und wegen der Zusammenhänge, die sie zwischen den verschiedensten seiner Betätigungen aufdeckt. Als Therapie ist sie eine unter vielen ...« (Freud 1933a, S. 169).

Die gesellschaftskritischen Intentionen der Psychoanalyse, auch ihre Außenseiterstellung innerhalb des etablierten Wissenschaftsbetriebes, ihre sozialwissenschaftlich-hermeneutische Methode im Unterschied zum naturwissenschaftlichen Positivismus der herrschenden Wissenschaften, ihr Charakter einer »Untergrundbewegung« (Bernfeld 1952, S. 444) – das alles machte sie für die Linken attraktiv. Sie konnten sich psychoanalytischer Argumente bedienen, um ihre Kritik der bürgerlichen Sexualmoral, der Familie und der autoritären Erziehung zu untermauern. Auch zur Bewältigung und Analyse der nationalsozialistischen Vergangenheit Deutschlands konnte die Psychoanalyse Wesentliches beitragen, obwohl sie ihre eigene Geschichte unter dem Faschismus zu diesem Zeitpunkt noch kaum bearbeitet hatte (Brainin & Kaminer 1982; Lohmann & Rosenkötter 1983).

Die Sprecher der Studentenbewegung haben immer wieder betont, dass revolutionäre Politik, dass Veränderung der Gesellschaft nur möglich ist, wenn sich die politischen Vorstellungen von einer freien Gesellschaft zugleich in den eigenen aktuellen Lebens- und Arbeitsformen niederschlagen. »Kein radikaler gesellschaftlicher Wandel ohne radikalen Wandel der Individuen, die seine Träger sind«, formulierte Marcuse (1973, S. 61) diese Intention. Die Psychoanalyse war deshalb für die Linken attraktiv, weil sie methodisches Vorbild war für die intendierten Prozesse »selbstreflektierender Veränderung menschlicher Beziehungen« (Horn 1979, S. 51).

Einzelne Psychoanalytiker wie Paul Parin begrüßten ausdrücklich die Anregungen für die Psychoanalyse, die von der Studentenbewegung ausgingen (Parin 1980, S. 9), die überwiegende Zahl der Psychoanalytiker war jedoch »überrascht« – wie Horn (1974) etwas verharmlosend schreibt –, blieb distanziert bis ablehnend und ohne tieferes Verständnis für die Anliegen, Bedürfnisse und Konflikte der protestierenden Studenten. Ein internationales Symposium über »Protest und Revolution« (Psyche) zeichnete sich durch die Anwendung psychoanalytischer Deutungsschablonen – beispielsweise »Studentenbewegung als Ausdruck ödipalen Protestes« – aus. Aber untergründig hatte die jugendliche Protestbewegung einen nachhaltigen Einfluss auf die Psychoanalyse: Die von den Linken initiierten sozialen Reformprojekte erweiterten den Anwendungsbereich der Psychoanalyse, und die politische Kritik beförderte das Selbstverständnis der Psychoanalyse als kritischer Sozialwissenschaft. Auch die erstaunliche Publizität einiger psychoanalytischer Autoren, die sogar Bestseller-Erfolge verzeichnen konnten, in der Psychoanalytic Community allerdings in eine Randposition gerieten – wie Horst-Eberhard Richter, Alice Miller und Tilmann Moser – ist ohne das Interesse der Studentenbewegung an der Psychoanalyse kaum vorstellbar. Die Wiederentdeckung der psychoanalytischen Kulturtheorie, die allerdings bislang nur von einer Minderheit der Psychoanalytiker nachvollzogen (Nedelmann 1982; Lohmann 1983 u. 1984) und von manchen gar als »Sackgasse« (Reiche 1995) bezeichnet wurde, ist den Anstößen der 68er-Bewegung zu verdanken. Parins Vorschlag, »Gesellschaftskritik im Deutungsprozeß« mit zu berücksichtigen und die »Anpassungsmechanismen« (Parin 1975 u. 1977) zu analysieren, läuft darauf hinaus, dass der Psychoanalytiker in seine therapeutische Arbeit relevante Aspekte der Realität miteinbezieht. Das kann er nur tun, wenn er sich über die gesellschaftliche Realität eine angemessene, d. h. sozialwissenschaftlich fundierte Orientierung angeeignet hat. Zu dieser kritischen Sicht der heutigen Psychoanalyse hat die Gesellschafts- und Wissenschaftskritik der Neuen Linken entscheidende Denkanstöße gegeben.

Die von der Studentenbewegung revitalisierte Kooperation zwischen Psychoanalyse und Gesellschaftswissenschaften wurde in dem von Klaus Horn gegründeten Arbeitskreis »Politische Psychologie« (POPSY) am Sigmund-Freud-Institut in Frankfurt am Main besonders gepflegt. Aus den jährlichen Arbeitstreffen gingen zahlreiche Publikationen hervor, die sich beispielsweise mit der »Medialen Inszenierung rechter Gewalt« (König 1995), »Adoleszenz und Rechtsextremismus« (van Gisteren 1996), »Politischer Psychologie« (Busch & Schülein 1999), »Krieg und Tod« (Ebrecht-Laermann & Modena 2001) und der »Intimisierung der Öffentlichkeit«

(Busch & Ebrecht-Laermann 2005) beschäftigten. Eine andere Forschungsgruppe, die Psychoanalyse mit der Untersuchung gesellschaftspolitischer Probleme verknüpfte, fand sich an der Universität Bremen zusammen. Hier entstanden beispielsweise Arbeiten »Zur Sozialpsychologie des Ost-West-Konflikts« (B. Volmerg, U. Volmerg & Leithäuser 1983), zur »Gewalt und Sicherheit im öffentlichen Raum« (Leithäuser u. a. 2002) und zum Verhältnis von »Sinnlichkeit, Kultur und Krankheit« (Reinke & Warrlich 2004).

Narzissmus, Macht und Politik

Obwohl Macht sowohl in Gesellschaft und Politik als auch im seelischen Erleben des Individuums eine zentrale Rolle spielt, hat Freud ihr nur eine untergeordnete Bedeutung beigemessen. Alfred Adler (1912) betrachtete den »Willen zur Macht« – einen Begriff, den er von Nietzsche übernahm – als den Versuch, das neurotische »Minderwertigkeitsgefühl« durch eine »Erhöhung des Persönlichkeitsgefühls« zu kompensieren. Freud hingegen betrachtete den Willen zur Macht »lediglich als ein Derivat des Aggressionstriebes« (Person 2000, S. 86) und warf Adler vor, er konzentriere sich zu sehr auf das Ich und die bewussten Vorgänge. Freud fürchtete, die Konzepte der Macht und des Willens, der Willenskraft oder auch des Willens zur Macht könnten den Primat des Unbewussten infrage stellen. Für Freud lag die Antriebskraft des Menschen nicht in seinem Willen, sondern in seinen Trieben. Das Konzept der Macht wurde deshalb in der Psychoanalyse lange Zeit nur »stiefmütterlich behandelt« (Person 2000, S. 76).

Die amerikanische Psychoanalytikerin Jessica Benjamin hat in ihrem Buch »Die Fesseln der Liebe« (1988) den Versuch unternommen, das Problem der Macht mit der existenziellen Abhängigkeit des Menschen einerseits und seinem ebenso existenziellen Bedürfnis nach Souveränität andererseits in Verbindung zu bringen. Der Mensch bleibt sein ganzes Leben lang auf die Anerkennung durch andere Menschen angewiesen. Schon der Säugling hat ein primäres Interesse am Kontakt mit anderen Menschen. Damit sich ein Gefühl der Identität entwickeln kann, bedarf es eines Gegenübers, das durch Liebe, Vertrauen und Anerkennung das Selbst-Gefühl bestätigt – oder genauer: überhaupt erst konstituiert.

Die Ausübung von Macht, der pathologische Narzissmus und der irrationale fanatische Glaube stellen Strategien dar, um die Abhängigkeit zu verleugnen. Indem man andere mithilfe der Macht unterjocht, versklavt oder sich in anderer Form gefügig macht, kann man sich die Illusion verschaffen, unabhängig zu sein. Der andere soll gezwungen werden, seine Anerkennung auszudrücken, ohne selbst Anerkennung zu ernten. Die Anhäufung von noch so viel Macht kann das menschliche »Urbedürfnis« nach Liebe und Anerkennung jedoch nicht ersetzen, sondern nur umformen. Wer Macht hat, kann sich Liebe und Anerkennung zwar erzwingen und erkaufen. Er verschleiert damit jedoch nur seine fundamentale Abhängigkeit, ohne sie wirklich aufheben zu können. »Damit beginnt ein *Circulus vitiosus*: Je mehr der andere versklavt wird, desto weniger wird er als menschliches Subjekt erfahren« (Benjamin 1988, S. 213) und desto mehr Gewalt muss das Selbst gegen ihn einsetzen, um die erhoffte Anerkennung zu erhalten. Denn je größer die Gewalt ist, mit der Anerkennung erzwungen wird, umso weniger ist sie wert. Aus dieser Dynamik leitet sich der suchtartige Charakter von Machtprozessen ab.

Das dynamische Wechselspiel zwischen Narzissmus und Macht wird auf der einen Seite durch die Machtgelüste des Herrschers geprägt, die auf der anderen Seite durch die Bedürfnisse der Beherrschten nach Unterwerfung, Schutz und blinder Gefolgschaft ergänzt werden und dessen Macht überhaupt erst ermöglichen (vgl. Wirth 2002). Gesellschaftliche Macht wird gesucht, um innere Gefühle von Ohnmacht, Hilflosigkeit und Minderwertigkeit zu kompensieren. Im fanatischen *Glauben* an eine übermenschliche Macht versucht das Subjekt, die eigene Omnipotenz zu sichern durch eine Unterwerfung, die mit der heimlichen Phantasie verbunden ist, durch die Über-Identifikation mit der als übermächtig erlebten Autorität an deren Macht zu partizipieren.

Macht übt deshalb gerade auf solche Personen eine unwiderstehliche Anziehungskraft aus, die an einer narzisstischen Persönlichkeitsstörung leiden. Ungezügelte Selbstbezogenheit, Sieger-Mentalität, Karriere-Besessenheit und Größenphantasien sind Eigenschaften, die der narzisstisch gestörten Persönlichkeit den Weg in die Schaltzentralen der Macht ebnen. Narzisstisch gestörte Persönlichkeiten finden sich unter sozial unangepassten und verwahrlosten Menschen ebenso wie unter gesellschaftlich höchst erfolgreichen Personen, die es verstehen, ihren Hunger nach Anerkennung und Bewunderung durch außergewöhnliche berufliche Leistungen und das daraus resultierende gesellschaftliche Ansehen zu stillen (vgl. Kernberg 2002).

Der Narzissmus ist nicht nur eine der zentralen psychischen Voraussetzungen zur Ausübung von Macht, sondern die Ausübung von Macht ist auch eine wirkungsvolle Stimulans für das narzisstische Selbsterleben. Wer erfolgreich seinen Willen durchzusetzen vermag, fühlt sich narzisstisch gestärkt. Menschen, die unter einem gestörten Selbstwertgefühl leiden, entwickeln häufig als Bewältigungsstrategie ein übersteigertes Selbstbild, das durch die Ausübung von Macht eine Stärkung erfährt. Narzisstische Persönlichkeiten fühlen sich häufig zur Übernahme von Machtpositionen und Führungsaufgaben getrieben, da sie sich davon Prestige und Bewunderung versprechen. Deshalb findet man in Führungspositionen gehäuft narzisstisch gestörte Menschen. Problematisch ist, dass die narzisstisch gestörte Persönlichkeit in der Machtposition weniger das Erreichen bestimmter sachlicher Ziele, die Bewältigung von inhaltlichen Aufgaben oder die Verwirklichung von Idealen anstrebt, sondern sie in der Machtausübung über andere die Befriedigung ihres Bedürfnisses nach Bewunderung oder Ehrfurcht sucht.

Beispielsweise kommt es in Paarbeziehungen häufig vor, dass der eine Partner – von untergründigen Selbstwertzweifeln geplagt – ständig versucht, den anderen zu dominieren. Er zwingt ihm seinen Willen auf, um sich selbst zu beweisen, dass er der Wertvollere, Klügere, Überlegene ist. Bei solchen paardynamischen Machtkämpfen tritt der inhaltliche Aspekt – welche Entscheidungen und Handlungen nun im Einzelnen durchgesetzt werden sollen – mehr und mehr in den Hintergrund zugunsten der bloßen Tatsache, den eigenen Willen wieder einmal durchgesetzt zu haben. Die Machtausübung dient der narzisstischen Gratifikation. Ein Mensch, der stark darauf angewiesen ist, sein labiles Selbstwertgefühl laufend durch demonstrative Beweise seiner Großartigkeit zu stabilisieren, wird sich an die einmal erreichten Positionen klammern, die ihm die Ausübung von Macht gestatten.

Konstellationen, die die Ausübung von Macht begünstigen, können u. a. darin bestehen, dass die Partner besonders bereitwillig sind, sich auf die Bedürfnisse eines pathologischen Narzissten einzulassen, weil dies ihren eigenen pathologischen Wünschen nach Anpassung und Unterwerfung entgegenkommt. Schon Reich (1922) hat in seiner kleinen Arbeit über »Zwei narzisstische Typen« folgende Unterscheidung getroffen: Der Typus des phallischen Narzissten zeichnet sich durch eine übersteigerte und demonstrativ zur Schau getragene Selbstsicherheit aus, um damit sein latentes Minderwertigkeitsgefühl zu kompensieren.

Beim zweiten Typus des Narzissten ist es genau umgekehrt: Er leidet unter einem manifesten Minderwertigkeitsgefühl, hinter dem sich latente Größenphantasien verbergen. Auf ihn trifft das Motto zu: »Mach dich nicht so klein, so groß bist du doch gar nicht.« In der Terminologie von Willi (1972) würde man vom phallischen Narzissten und vom Komplementär-Narzissten sprechen, die sich in einer Kollusion ergänzen können. Das Modell der Kollusion, also des unbewussten Zusammenspiels zweier sich unbewusst ergänzender Partner, trifft auch für die Interaktion zwischen Führer und Gruppe (Masse) zu. Beispielsweise ist der geltungsbedürftige Fanatiker nur dann als Führer erfolgreich, wenn er auf ein Publikum trifft, das bereits regrediert oder zur Regression bereit ist. Oder anders formuliert: Der pathologische Narzissmus des Führers verzahnt sich mit der wie auch immer gearteten Pathologie seiner Interaktionspartner.

Indem sich der narzisstisch gestörte Führer vorzugsweise mit Ja-Sagern, Bewunderern und gewitzten Manipulatoren umgibt, verschafft er sich eine Bestätigung seines Selbstbildes, untergräbt jedoch zugleich seine realistische Selbstwahrnehmung und verfestigt seinen illusionären und von Feindbildern geprägten Weltbezug. Fremdenhass und Gewalt gegen Sündenböcke zu schüren, die Spaltung in absolut böse und absolut gute Objekte und die Berufung auf einen allmächtigen Gott, in dessen Auftrag man handele, gehören zu den bevorzugten Herrschaftstechniken narzisstisch gestörter Führerpersönlichkeiten. Geblendet von seinen eigenen Größen- und Allmachtsphantasien und von der Bewunderung, die ihm seine Anhänger entgegenbringen, verliert der Narzisst den Kontakt zur gesellschaftlichen Realität und muss letztlich scheitern, auch wenn er zeitweise noch so grandiose Erfolge feiern kann. Häufig folgt nach glänzenden Siegen ein jäher und unerwarteter Absturz, weil der narzisstische Herrscher im Vollgefühl seiner Omnipotenz den Bogen überspannt hat.

Die Kehrseite der Omnipotenzphantasien sind die paranoiden Verfolgungsängste. Weil gut und böse aufgespalten sind, wird die eigene Großartigkeit ebenso überschätzt wie die Bösartigkeit der als feindlich wahrgenommenen Fremden (vgl. Wirth 2001). Die vollständige Dämonisierung des Gegners wird zur Rechtfertigung für den eigenen Hass, der als reine »Gegenaggression« rationalisiert wird. Typischerweise geht die projektive Identifizierung mit einer misstrauisch-wahnhaften Umgestaltung der Realität einher. Das Feindbild erhält eine paranoide Komponente, es wird zur überwertigen fixen Idee bzw. Ideologie, die fanatisch gegen alle Zweifler verteidigt wird. Schließlich kommt es zur »totalen Fixierung auf den

Kampf gegen den Verfolger bis zu blinder Selbstgefährdung« (Richter, 1982, S. 121 ff.), wie dies aus politischen Konflikten bekannt ist. Eng verknüpft mit dem Realitätsverlust der narzisstisch gestörten Führungspersönlichkeit ist ihre Abkehr von den Normen, Werten und Idealen, denen sie selbst und ihre Institution eigentlich verpflichtet sind. Skrupellosigkeit, Zynismus und Menschenverachtung können sich beim narzisstischen Despoten zu Auswüchsen steigern, die selbst ihre erklärten Gegner nicht erahnen. Der Verrat der kommunistischen Ideale durch die inzwischen gestürzten Despoten des real existierenden Sozialismus ist ein eindrucksvolles Beispiel für diese Tatsache.

Vom Nutzen der Psychoanalyse für die Politik

Welchen Nutzen haben solche psychoanalytischen Studien für die praktische Politik? Zunächst könnte die psychoanalytische Diagnose der psychischen Situation eines Führers, einer Regierung und eines ganzen Volkes dazu beitragen, diesen Teil der politischen Wirklichkeit realitätsangemessener wahrzunehmen. Politisches Handeln wird nicht ausschließlich durch wirtschaftliche Interessen und militärische Absichten, sondern auch durch bewusste und unbewusste psychologische Motive von Einzelnen und von Groß-Gruppen gesteuert. Die Erkenntnisse und Möglichkeiten der politischen Psychologie – speziell auf psychoanalytischer Grundlage – wurden sowohl in Politik und Diplomatie als auch in der öffentlichen Diskussion bislang weitgehend vernachlässigt oder fanden nur in Form einer unreflektierten Alltagspsychologie statt.

Sodann könnte die Einbeziehung individual-, familien-, gruppen- und kulturpsychologischer Faktoren bei der politischen Entscheidungsfindung und bei diplomatischen Initiativen wesentlich dazu beitragen, dass unbewusste und irrationale Einflüsse, die manch gut gemeinte politische Absichten durchkreuzen, erkannt und berücksichtigt werden. Diplomatie ist keine Psychotherapie, aber diplomatische Prozesse haben in gewisser Hinsicht Ähnlichkeit mit gruppendynamischen und psychotherapeutischen Prozessen und könnten durch eine psychoanalytisch fundierte Mediation unterstützt werden.

Natürlich darf sich die psychoanalytische Untersuchung nicht auf eine Partei beschränken, sondern muss alle beteiligten Parteien einbeziehen und auch ihre Interaktion betrachten. Die Einbeziehung der so genannten »Gegenübertragung«, d. h. die Reflexion all der gefühlsmäßigen Reaktionen auf politische Führer, auf politische Ereignisse und Konflikte, die sich bei den Beteiligten einstellen, kann dazu beitragen, dass sowohl die Einschätzung des politischen Gegenübers als auch der eigenen Handlungen realitätsangemessener werden. Einerseits sollte man Gefühlsreaktionen durchaus als ein wichtiges Element des politischen Prozesses anerkennen, sich aber andererseits nicht seinen spontanen Gefühlsreaktionen unkritisch ausliefern. Psychoanalytiker sind Spezialisten im Umgang mit heftigen Gefühlen – sowohl ihren eigenen als auch denen ihrer Patienten – und könnten insofern Hilfestellungen bei der »Auswertung« von emotionsgeladenen Reaktionen auf politische Prozesse geben.

Otto Kernberg (1975) weist darauf hin, dass man im Kontakt mit Menschen, die eine Borderline-Persönlichkeit aufweisen, fast unweigerlich vom Denken und Fühlen des so Gestörten affiziert wird und infolge dessen zu Abwehrmaßnahmen greift, die die eigene Realitätswahrnehmung beeinträchtigen. »Gegenübertragungs-Analysen« können zwar keine *zwingenden* Begründungen für oder gegen bestimmte politische Entscheidungen liefern, weil diese auch andere Gesichtspunkte berücksichtigen müssen. Wohl aber kann sie unbewusste und irrationale Hintergründe sowohl der Argumentationen *für* als auch *gegen* bestimmte politische Strategien erhellen und damit zu einer reflektierteren Argumentation verhelfen.

In jedem Krisen- oder Kriegsgebiet der Welt kann Frieden dauerhaft nur dann eintreten, wenn er nicht nur durch militärische Macht erzwungen wird, sondern wenn auch auf psychologischer und kultureller Ebene Trauerprozesse und Versöhnungsarbeit zwischen den verfeindeten Gruppen initiiert werden. Die Menschen in Nachkriegsgebieten benötigen nicht nur militärischen Schutz, nicht nur wirtschaftliche Wiederaufbauhilfen, sondern auch psychologische Anleitung zur Bewältigung ihrer erlittenen Traumata und zur Aussöhnung mit ihren ehemaligen Peinigern. Hierbei könnte man sicherlich von den Erfahrungen der Wahrheitskommissionen in Südafrika oder auch von den Aussöhnungsversuchen in Ruanda, die unter dem Motto »die Wahrheit heilt« stehen, sehr viel profitieren. Auch psychoanalytische Erfahrungen und psychoanalytisch und gruppendynamisch geschulte Multiplikatoren könnten mithelfen, solche konstruktiven Prozesse der Trauerarbeit und der Versöhnung auf individueller, vor allem aber auf kollektiver Ebene zu initiieren und zu unterstützen.

Psychoanalyse und Politik heute

Die heutige Psychoanalyse befindet sich in einer paradoxen Situation: *Auf der einen Seite* kann sie auf eine 100-jährige Erfolgsgeschichte zurückblicken, in der es ihr gelungen ist, sich nicht nur als eigenständige Wissenschaft und als weltweit anerkanntes psychotherapeutisches Verfahren zu etablieren, sondern in der sie auch zahlreiche Nachbardisziplinen inspiriert hat, von der Psychiatrie, Psychosomatik und Pädagogik, über die Philosophie und Ethnologie bis hin zu den Literatur-, Sozial- und Kulturwissenschaften. Freuds Psychologie des Unbewussten ist aus den Wissenschaften vom Menschen, aber auch aus der Geistesgeschichte und dem Bewusstsein der Moderne, nicht mehr wegzudenken. Und auch auf ihrem ureigensten Gebiet, der psychotherapeutischen Behandlung seelischer, psychosozialer und psychosomatischer Störungen, hat sich Freuds Befürchtung, die Psychoanalyse könnte dereinst ein Schattendasein als »Dienstmagd der Psychiatrie« (Freud) fristen, nicht bestätigt. Tatsächlich hat sich das Anwendungsgebiet der Psychoanalyse enorm ausgeweitet. Wurden zur Zeit Freuds vor allem Neurosen therapiert, widmen sich Psychoanalytiker heute u. a. der Behandlung von Psychosen, psychosomatischen Krankheiten, schweren Persönlichkeitsstörungen, Süchten und sexuellen Störungen und haben sich zudem Anwendungsgebiete in der Paar-, Familien- und Sozialtherapie, der Gruppentherapie, der Psychoanalytischen Pädagogik, der Supervision, der Mediation und der Institutions- und Organisations- bis hin zur Politikberatung erschlossen. Schließlich existiert heute keine psychotherapeutische Schule, die nicht psychoanalytische Gedanken in ihr eigenes Konzept integriert hätte. Viele psychotherapeutische Verfahren haben gar einzelne Elemente aus der Psychoanalyse herausgelöst – teilweise verabsolutiert – und zum zentralen Bezugspunkt gemacht, um den herum sie ihr eigenes Theoriegebäude aufgebaut haben.

Auf der anderen Seite bringt diese Erfolgsgeschichte auch zahlreiche Probleme mit sich, vor allem für das Selbstverständnis der Psychoanalyse als Wissenschaft, für ihre Organisationsform und für die Identität der Psychoanalytiker. Wie Helmut Thomä (2004, S. 136) schreibt, war es der Erfolg der psychoanalytischen Ideen, insbesondere ihre unerwartete Ausbreitung in der dynamischen Psychiatrie Amerikas, der Ängste vor »Verwässerung« und »Identitätsverlust« bei den Psychoanalytikern aufkommen ließ. Viele Psychoanalytiker folgten dem Vorbild Freuds, der sich zu seiner Identifikation mit der Gestalt des einsamen Helden Robinson bekannte und sich in einer »›splendid isolation‹ behaglich einrichtete«, wie er (Freud 1914d, S. 59f.) über sich selbst schreibt. Sie kultivierten ihren Außenseiterstatus in Gesellschaft und Wissenschaft. Auch wenn die gesellschaftliche Ächtung der Psychoanalyse eine historische Tatsache ist, kann man nicht übersehen, dass es innerhalb der psychoanalytischen Bewegung eine starke Tendenz gibt, ihren Außenseiterstatus zu kultivieren und zur Identitätsbildung zu benutzen – genauer gesagt zu missbrauchen. Freuds »splendid isolation« – und die seiner Nachfolger – war Ausdruck einer Grandiositätsphantasie, die zwar einerseits durch die realen Erfolge der Psychoanalyse eine »Untermauerung in der Realität« (Mentzos 1976) erfuhr, andererseits aber zu einer Realitätsverkennung, mindestens aber zu einer Realitätsuntüchtigkeit führte. In Amerika konzentrierte sich das politische Interesse der institutionalisierten Psychoanalyse, der American Psychoanalytic Association (APsaA), jahrzehntelang auf den Kampf gegen die »Laienanalyse«. Dieser auch juristisch ausgetragene Streit lähmte die amerikanische Psychoanalyse (vgl. Hardt 2005) und endete schließlich 1985 mit einer Niederlage der APsaA und der Zulassung der Psychologen zur psychoanalytischen Ausbildung, die zuvor nur für Ärzte zugänglich war. In Deutschland verschlief die Psychoanalyse beinahe die Veränderungen, die mit dem Psychotherapeutengesetz einhergingen, weil sie sich zu sehr in die scheinbar identitätsstiftende Frage verrannte, ob die psychoanalytische Identität in erster Linie an der 4-Stündigkeit festzumachen sei. Das, was die Psychoanalyse inhaltlich zu bieten hat an Erkenntnissen über die Anthropologie des Menschen – Erkenntnisse, über die keine andere psychologische Theorie in dieser differenzierten Weise verfügt –, drohte dabei fast in Vergessenheit zu geraten.

Auch im Kontakt mit den Nachbarwissenschaften manifestierte sich dieser Hang vieler Psychoanalytiker zur »splendid isolation«. Manche Psychoanalytiker strebten keinen gleichberechtigten wissenschaftlichen Austausch an, sondern betrachteten sich im Besitz der reinen psychoanalytischen Wahrheit, die sie gnädigerweise auch den Nachbardisziplinen zukommen ließen. Anregungen und Erkenntnisse von dort in psychoanalytisches Denken aufzunehmen oder psychoanalytische Theorien mit den gesicherten Erkenntnissen anderer Wissenschaften selbstkritisch zu konfrontieren, wurde von vielen als Verrat an der psychoanalytischen Identität angesehen. Noch heute spielen auf den Kongressen der Internationalen Psychoanalytischen Vereinigung (IPV) und der Deutschen Psychoanalytischen Vereinigung (DPV) die zahlreichen Felder, in denen Psychoanalytiker heutzutage tätig sind – in der tiefenpsychologisch fundierten Psychotherapie, der Gruppentherapie, in der stationären Psychiatrie und Psychosomatik, in der Paar-, Familien- und Sozialtherapie usw. – praktisch keine Rolle, obwohl – und das ist das Paradoxe – die meisten Psychoanalytiker den größten Teil ihrer täglichen Arbeitszeit nicht mehr im klassischen Setting der 4-Stunden-Analyse verbringen.

Die wenigen Psychoanalytiker, die als Wissenschaftler an den Universitäten forschten und qualitative und quantitative Methoden der Psychologie und der Sozialwissenschaften in die psychoanalytische Wissenschaft einfließen ließen, wurden lange Zeit von den Gralshütern der reinen psychoanalytischen Lehre verachtet und angegriffen und es wurde ihnen häufig abgesprochen, »richtige Analytiker« zu sein. Diese arrogante und ignorante Haltung kennzeichnete jahrzehntelang die Politik der IPV und auch der DPV, ihr psychoanalytisches Ausbildungssystem und auch das Verhältnis zu den Nachbarwissenschaften. Beispielsweise wurden die Erkenntnisse der Säuglingsforschung, der Bindungsforschung und der empirischen Psychotherapieforschung schlichtweg als irrelevant für die Psychoanalyse, als »analysefremd«, gar als »analysefeindlich« abgetan. Auch die internen psychoanalytischen Diskussionen waren von der Orthodoxie, den verkrusteten hierarchischen Strukturen innerhalb der psychoanalytischen Ausbildungsinstitute und vom Dogmatismus der inhaltlichen Debatten, die insbesondere durch die Kleinianer geprägt waren, bestimmt. In den USA kam es erst mit der Zulassung der Psychologen zur psychoanalytischen Ausbildung zu einer gewissen Aufweichung der psychoanalytischen Orthodoxie – nach einem Gerichtsprozess, den die IPA verlor und in dessen Folge alle bislang vorgebrachten »fachlichen« Bedenken gegen Nichtärzte plötzlich wie weggeblasen schienen. In Deutschland führte das Psychotherapeutengesetz dazu, dass sich die Psychoanalytiker plötzlich einer spürbaren Konkurrenz mit anderen psychotherapeutischen Verfahren und einem stärkeren Legitimationsdruck ausgesetzt sahen, mit dem Ergebnis, dass sie sich beispielsweise nicht mehr so vehement gegen eine wissenschaftliche Erfolgskontrolle der Psychoanalyse als Therapie sträubten. Die nun seit einigen Jahren bemerkbare Öffnung der Psychoanalyse ist vor allem durch diese Konkurrenz mit den anderen psychotherapeutischen Schulen und Verfahren in Gang gesetzt worden. Die Öffnung ist also keine freiwillige und insofern mit Vorsicht zu genießen. Dies ist die *eine* Seite der Entwicklung der Psychoanalyse als psychotherapeutischer Behandlungsmethode und als Wissenschaft vom Menschen. Die *andere* Seite besteht in der Lebendigkeit der Psychoanalyse, die sich vor allem in ihrer Fähigkeit zum Wandel und zur stetigen Weiterentwicklung erweist. Man kann sogar den radikalen Standpunkt vertreten, dass die Psychoanalyse in jeder psychoanalytischen Behandlung, ja in jeder einzelnen psychoanalytischen Sitzung, gleichsam neu erfunden wird, da kein menschliches Schicksal dem anderen gleicht. Aber natürlich finden diese Neuentdeckungen des einzigartigen Schicksals eines jeden individuellen Patienten auf dem Hintergrund der psychoanalytischen Theorien (und der Lebenserfahrungen des Analytikers) statt. Die Neuerfindung der Psychoanalyse in jeder Behandlungsstunde besteht darin, aus der Vielzahl der möglichen psychoanalytischen Theorien, Konzepte und Modelle dasjenige oder diejenigen auszuwählen, die für die je spezifische Situation am angemessensten sind. In unserer psychoanalytischen Arbeit benötigen wir immer Theorien, um unsere Wahrnehmungen vorzustrukturieren und unsere Aufmerksamkeit auf die Aspekte zu lenken, die sich schon in tausenden von Behandlungsstunden erfahrener Analytiker vor uns als relevant erwiesen haben. Die psychoanalytischen Theorien sind allerdings nicht voraussetzungslos, sondern gründen sich auf bestimmte Annahmen über das Wesen des Menschen. Sie basieren auf einer »latenten Anthropologie« (Kunz 1975). Wie jede Psychologie verfügt auch die Psychoanalyse einerseits schon über ein latentes Menschenbild – eine latente Anthropologie –, und zugleich auch über ein latentes Welt- und Gesellschaftsbild, bevor sie überhaupt eine psychologische Frage stellt oder ein psychologisches Problem formuliert. Andererseits bringen die psychoanalytische Praxis und die psychoanalytischen Theorien Menschenbilder hervor, die sich dann wieder auf die Vorstellungen auswirken, die sich die Menschen von sich selbst und ihrer Stellung in der Gesellschaft machen. Insofern sind Psychoanalyse und Politik untrennbar miteinander verwoben.

Literatur

Adler, A. (1912): Über den nervösen Charakter. Göttingen (Vandenhoeck & Ruprecht).
Adorno, Th. W. (1936): Studien über Autorität und Familie. Gesammelte Werke. Frankfurt/M. (Suhrkamp).
Auchter, T., Büttner, C., Schultz-Venrath, U. & Wirth, H.-J. (Hg.) (2003): Terror und Trauma vor und nach dem 11. September 2001. Psychoanalytische, psychosoziale und psychohistorische Aspekte. Gießen (Psychosozial-Verlag).

Bender, T.& Auchter, T. (Hg.), (2004): Destruktiver Wahn zwischen Psychiatrie und Politik. Forensische, psychoanalytische und sozialpsychologische Untersuchungen. Gießen (Psychosozial-Verlag).

Benjamin, J. (1988): Die Fesseln der Liebe. Psychoanalyse, Feminismus und das Problem der Macht. Frankfurt/M. 1996 (Fischer).

Bergmann, M. S. (Hg.), (2000): The Hartmann Era. New York (Other Press).

Bergmann, M. S., Jucovy, M. E. & Kestenberg, J. S. (Hg.) (1982): Kinder der Opfer, Kinder der Täter. Psychoanalyse und Holocaust. Frankfurt (Fischer).

Bernfeld, S. (1952): Über die psychoanalytische Ausbildung. In: Psyche 38, 1984, S. 437–459.

Bettelheim, B. (1943): Individual and Mass Behavior in Extreme Situations. In: J. Abnorm. Soc. Psychol. 38, 417–542.

Bettelheim, B. (1979): Erziehung zum Überleben. Zur Psychologie der Extremsituation. München (dtv) 1990.

Blum, H. P. (2000): The Idealization of Theory and the Aim of Adaptation: The Passing of the Hartmann Enterprise and Era: In: Bergmann 2000, S. 89–104.

Bos, J. (2000): Erkenntnis und Autorität in der Psychoanalyse. Gießen (Psychosozial-Verlag).

Brainin, E. & Kaminer, R. (1982): Psychoanalyse und Nationalsozialismus. In: Psyche 36, S. 989–1012.

Brunner, J. (2001): Psyche und Macht. Freud politisch lesen. Stuttgart (Klett-Cotta).

Buchholz, M. B. (1993): Dreiecksgeschichten. Göttingen (Vandenhoeck & Ruprecht).

Buchholz, M. B. (1995): Die unbewusste Familie. Lehrbuch der psychoanalytischen Familientherapie. Stuttgart (Pfeiffer).

Buchholz, M. B. (2004): Stephen Mitchell und die Perspektive der Intersubjektivität. In: M- B. Buchholz & G. Gödde (2005). Macht und Dynamik des Unbewussten, Band I. Gießen (Psychosozial-Verlag), S. 627–649.

Busch, H.-J. & Ebrecht-Laermann, A. (Hg.) (2005): Intimisierung der Öffentlichkeit. Zur Psychologie und Politik eines Strukturwandels. In: Psychosozial 28, Nr. 99, 2005, Heft I.

Busch, H.-J. & Schülein, J. (Hg.) (1999): Politische Psychologie. In: Psychosozial 22, Nr. 75, 1999, Heft I.

Cierpka, M. (1999): Das geschiedene Familiengefühl in Scheidungsfamilien. In: A. Schlösser & K. Höhfeld (Hg.): Trennungen. Gießen (Psychosozial-Verlag), S. 85–100.

Cocks, G. (1985): Psychotherapy in the Third Reich. The Göring Institute. New York (Oxford University Press).

Conci, M. (2005): Sullivan neu entdecken. Leben und Werk Harry Stack Sullivans und seine Bedeutung für Psychiatrie, Psychotherapie und Psychoanalyse. Gießen (Psychosozial-Verlag).

Dahmer, H. (1973): Libido und Gesellschaft. Studien über Freud und die Freud'sche Linke. Frankfurt/M. (Suhrkamp).

Dahmer, H. (1984): »Psychoanalyse unter Hitler« – Rückblick auf eine Kontroverse. In: Psyche 38, S. 927–942.

DeMause, L. (2000): Was ist Psychohistorie? Eine Grundlegung. Gießen (Psychosozial-Verlag).

Devereux, G. (1970): Normal und anormal. Frankfurt/M. 1974 (Suhrkamp).
Devereux, G. (1972): Ethnopsychoanalyse. Frankfurt/M. 1978 (Suhrkamp).
Devereux, G. (1973): Angst und Methode in den Verhaltenswissenschaften. München (Hanser).
Ebrecht-Laermann, A. & Modena, E. (Hg.) (2001): Zeitgemäßes über Krieg und Tod. In: Psychosozial 24, Nr. 84, 2001, Heft II.
Eisold, K. (1994): The Intolerance of Diversity in Psychoanalytic Institutes. In: Int. J. Psychoanal. 75, S. 785–800.
Erdheim, M. (1982): Die gesellschaftliche Produktion von Unbewußtheit. Eine Einführung in den ethnopsychoanalytischen Prozeß. Frankfurt/M. (Suhrkamp).
Erdheim, M. (1988): Die Psychoanalyse und das Unbewußte in der Kultur. Frankfurt/M. (Suhrkamp).
Erikson, E. H. (1950): Kindheit und Gesellschaft. Stuttgart (Klett) 1971.
Erikson, E. H. (1958): Der junge Mann Luther. Eine psychoanalytische und historische Studie. Frankfurt/M. (Suhrkamp) 1975.
Erikson, E. H. (1959): Identität und Lebenszyklus. 3 Aufsätze. Frankfurt/M. (Suhrkamp).
Erikson, E. H. (1971): Kindheit und Gesellschaft. Stuttgart (Klett).
Erikson, E. H. (1974): Dimensionen einer neuen Identität. Frankfurt/M. (Suhrkamp).
Erikson, E. H. (1975): Lebensgeschichte und historischer Augenblick. Frankfurt/M. (Suhrkamp).
Falk, A.: (2005): A Psychobiography of Napoleon Bonaparte. Charlottesville, Virginia (Pitchstone Publishing).
Fallend, K. & Nitzschke, B. (Hg.) (2002): Der »Fall« Wilhelm Reich. Beiträge zum Verhältnis von Psychoanalyse und Politik. Gießen (Psychosozial-Verlag).
Federn, E. (1946): Versuch einer Psychologie des Terrors. In: Psychosozial 37, 1989, S. 53–73.
Federn, E. (1969): Einige klinische Bemerkungen zur Psychopathologie des Völkermords. In: Psyche 23, S. 629–639.
Fenichel, O. (1946): Elemente einer psychoanalytischen Theorie des Antisemitismus. In: Ders.: Aufsätze. Gießen (Psychosozial-Verlag).
Frank, J. A. (2004): Bush auf der Couch. Wie denkt und fühlt George W. Bush? Gießen (Psychosozial-Verlag).
Freud, A. (1936): Das Ich und die Abwehrmechanismen. München o. J. (Kindler).
Freud, S. & Zweig, A. (1968): Briefwechsel. Hg. von E. L. Freud. Frankfurt/M. (Fischer).
Freud, S. (1914d): Zur Geschichte der psychoanalytischen Bewegung. GW X, S. 43 bis 113.
Freud, S. (1921c): Massenpsychologie und Ich-Analyse. GW XIII, S. 71–101.
Freud, S. (1925e): Die Widerstände gegen die Psychoanalyse. GW XIV, S. 97–110.
Freud, S. (1927c): Die Zukunft einer Illusion. GW XIV, S. 323–380.
Freud, S. (1930a): Das Unbehagen in der Kultur. GW XIV, S. 419–506.
Freud, S. (1933a): Neue Folge der Vorlesungen zur Einführung in die Psychoanalyse. GW XV.
Freud, S. (1933b): Warum Krieg? GW XVI, S. 11–27.

Freud, S. (1966b[1938]): Einleitung zu S. Freud und W. C. Bullitt: Thomas Woodrow Wilson. GW Nachtrags, S. 683–692.
Freud, S. & Bullitt, W. C. (1967): Thomas Woodrow Wilson. Twenty-eight President of the United States. A Psychological Study. London (Weidenfeld & Nicolson).
Freud, S. & Bullitt, W. C. (2006): Thomas Woodrow Wilson. 28. Präsident der Vereinigten Staaten von Amerika. Eine psychologische Studie. Mit einer Einleitung von Paul Roazen. Gießen (Psychosozial-Verlag), in Vorbereitung.
Fromm, E. (1936): Studien über Autorität und Familie. Sozialpsychologischer Teil. Erich Fomm Gesamtausgabe, Bd. I, S. 139–187.
Fromm, E. (1976): Haben oder Sein. Die seelischen Grundlagen einer neuen Gesellschaft. Erich Fomm Gesamtausgabe, Bd. II, S. 393–483.
Funk, R. (2005): Ich und Wir. Psychoanalyse des postmodernen Menschen. München (dtv).
Fürstenau, P. (1964): Ich-Psychologie und Anpassungsproblem. Eine Auseinandersetzung mit Heinz Hartmann. In: Jahrbuch der Psychoanalyse 3, S. 30–55.
Gay, P. (1987): Freud. Eine Biographie für unsere Zeit. Frankfurt/M. (Fischer).
Geißler, P. (2001): Mythos Regression. Gießen (Psychosozial-Verlag).
Gisteren, L. van (Hg.) (1996): Adoleszenz und Rechtsextremismus. In: Psychosozial 19, Nr. 64, 1996, Heft II.
Gisteren, L. van (2000): Kultur(theorie, -kritik). In: W. Mertens & B. Waldvogel (Hg.): Handbuch psychoanalytischer Grundbegriffe. Stuttgart (Kohlhammer), S. 405–410.
Goffman, E. (1977): Asyle. Über die soziale Situation psychiatrischer Patienten und anderer Insassen. Frankfurt/M. (Suhrkamp).
Grubrich-Simitis, I. (1979): Extremtraumatisierung als kumulatives Trauma. In: Psyche 33, S. 991–1023.
Hardt, J. (2005): Einleitung. In: H. Sachs (2005): Wie Wesen von einem fremden Stern. Der philosophische Hintergrund der Psychoanalyse. Gießen (Psychosozial-Verlag).
Hartmann, H.: (1937): Ich-Psychologie und Anpassungsproblem. Stuttgart (Klett) 1960.
Henseler, H. (2001): Religion, Illusion. Göttingen (Steidl).
Hermanns, L. M. (Hg.) (1995): Spaltungen in der Geschichte der Psychoanalyse. Tübingen (edition diskord).
Hillebrand, R. (2004): Das Trauma in der Psychoanalyse. Eine psychologische und politische Kritik an der psychoanalytischen Traumatheorie. Gießen (Psychosozial-Verlag).
Horn, K. (1970): Aspekte der Ich-Psychologie Heinz Hartmanns. In: Psyche 24, S. 157–187.
Horn, K. (1971): Insgeheime kuturistische Tendenzen der modernen psychoanalytischen Orthodoxie. Zum Verhältnis von Subjektivem und Gesellschaftlichem in der Ich-Psychologie. In: Psychoanalyse als Sozialwissenschaft. Mit Beiträgen von A. Lorenzer, H. Dahmer, K. Horn, K. Brede, E. Schwanenberg. Frankfurt/M. (Suhrkamp), S. 93–151.
Horn, K. (1974): Der überraschte Psychoanalytiker. In: Psyche 28, S. 395–430.

Horn, K. (1979): Die gesellschaftliche Funktion der Psychoanalyse. In: E. Englert (Hg.) (1979): Die Verarmung der Psychoanalyse. Frankfurt (Campus) S. 47 bis 78.
Jacoby, R. (1985): Die Verdrängung der Psychoanalyse oder Der Triumph des Konformismus. Frankfurt/M. (Fischer).
Janus, L. & Wirth, H.-J. (2005): »Otto Rank und das Unbewusste«. In: M. B. Buchholz & G. Gödde (Hg.), (2005): Macht und Dynamik des Unbewussten. Auseinandersetzungen in Philosophie, Medizin und Psychoanalyse, Bd. 1. Gießen (Psychosozial-Verlag), S. 425–463.
Jones, E. (1962): Das Leben und Werk von Sigmund Freud, Bd. 1–3. Bern und Stuttgart (Huber).
Kernberg, O. F. (1975): Borderline-Störungen und pathologischer Narzißmus. Frankfurt/M. (Suhrkamp) 1980.
Kernberg, O. F. (2002): Affekt, Objekt und Übertragung. Aktuelle Entwicklungen der psychoanalytischen Theorie und Technik. Gießen (Psychosozial-Verlag).
Knöll, D. R. (1973): Die Gesunden und das Normale. Kritik der Psychoanalyse. Lollar (Achenbach).
Kommune II (1971): Versuch der Revolutionierung des bürgerlichen Individuums. Kollektives Leben mit politischer Arbeit verbinden! Köln (Kiepenheuer & Witsch).
König, H.-D. (1995): Medialen Inszenierung rechter Gewalt. In: Psychosozial 18, Nr. 61, 1995, Heft III.
Kris, E. (1952): Die ästhetische Illusion. Phänomene der Kunst in der Sicht der Psychoanalyse. Frankfurt/M. (Suhrkamp) 1977.
Kunz, H. (1975): Grundfragen der psychoanalytischen Anthropologie. Göttingen (Vandenhoeck & Ruprecht).
Laub, D. (2005): Der Genozid in Ruanda – das Kaleidoskop der Diskurse aus psychoanalytischer Sicht. Psyche 59. Beiheft 2005, S. 106–125.
Leithäuser, T., Exner, M., Haack-Wegner, R., Schorn, A., v. d. Vring, E. (2002): Gewalt und Sicherheit im öffentlichen Raum. Eine sozialpsychologische Untersuchung. Gießen (Psychosozial-Verlag).
Lincke, H. (1970): Das Über-Ich – eine gefährliche Krankheit? In: Psyche 24, S. 375–402.
Lockot, R. (1985): Erinnern und Durcharbeiten. Zur Geschichte der Psychoanalyse und Psychotherapie im Nationalsozialismus. Gießen (Psychosozial-Verlag).
Lohmann, H. M. & Rosenkötter, L. (1983): Psychoanalyse im Hitlerdeutschland. Wie war es wirklich? Ein Nachtrag. In: Psyche 37, S. 1107–1115.
Lohmann, H. M. (Hg.) (1983): Das Unbehagen in der Psychoanalyse. Eine Streitschrift. Frankfurt/M. (Qumran).
Lohmann, H. M. (Hg.) (1984): Die Psychoanalyse auf der Couch. Frankfurt/M. (Qumran).
Lorenzer, A., Dahmer, H., Horn, K., Brede, K. Schwanenberg, E. (1971): Psychoanalyse als Sozialwissenschaft. Frankfurt/M. (Suhrkamp).
Marcuse, H. (1973): Konterrevolution und Revolte. Frankfurt/M. (Suhrkamp).
Massing, A., Reich, G. & Sperling, E. (1982): Die Mehrgenerationen-Familientherapie. Göttingen (Vandenhoeck & Ruprecht).

Mentzos, S. (1976): Interpersonale und institutionalisierte Abwehr. Frankfurt/M. (Suhrkamp).
Mentzos, S. (1993): Der Krieg und seine psychosozialen Funktionen. Frankfurt/M. (Fischer).
Miller, A. (1979): Das Drama des begabten Kindes und die Suche nach dem wahren Selbst. Frankfurt/M. (Suhrkamp).
Miller, A. (1980): Am Anfang war Erziehung. Frankfurt/M. (Suhrkamp).
Miller, A. (1981): Du sollst nicht merken. Variationen über das Paradies-Thema. Frankfurt/M. (Suhrkamp).
Mitchell, S. (2003): Bindung und Beziehung. Auf dem Weg zu einer relationalen Psychoanalyse. Gießen (Psychosozial-Verlag).
Mitchell, S. (2004): Kann denn Liebe ewig sein? Psychoanalytische Erkundungen über Liebe, Begehren und Beständigkeit. Gießen (Psychosozial-Verlag).
Mitchell, S. (2005): Psychoanalyse als Dialog. Einfluss und Autonomie in der psychoanalytischen Beziehung. Gießen (Psychosozial-Verlag).
Mitscherlich, A. & Mitscherlich-Nielsen, M. (1967): Die Unfähigkeit zu trauern. Grundlagen kollektiven Verhaltens. München (Piper).
Mitscherlich, A. (1963): Auf dem Weg zur vaterlosen Gesellschaft. Ideen zur Sozialpsychologie. München (Piper).
Moeller, M. L. (1979): Zwei Personen – eine Sekte. In: Kursbuch 55, S. 1–37.
Morgenthaler, F. (2005): Psychoanalyse, Traum, Ethnologie. Vermischte Schriften. Hrsg. v. J. Valk. Gießen (Psychosozial-Verlag).
Moser, T. (1996): Dämonische Figuren. Die Wiederkehr des Dritten Reiches in der Psychotherapie. Frankfurt/M. (Suhrkamp).
Nedelmann, T. (1982): Zur Vernachlässigung der psychoanalytischen Kulturtheorie. In: Psyche 36, S. 385–400.
Parin, P. & Parin-Matthèy, G. (1986): Subjekt im Widerspruch. Erweiterte Neuausgabe, Gießen 2001 (Psychosozial-Verlag).
Parin, P. (1975): Gesellschaftskritik im Deutungsprozeß. In: Psyche 29, S. 97–117.
Parin, P. (1977): Das Ich und die Anpassungsmechanismen. In: Psyche 31, S. 481 bis 515.
Parin, P. (1978): Warum die Psychoanalytiker so ungern zu brennenden Zeitproblemen Stellung nehmen. In: Psyche 32, S. 385–399.
Parin, P. (1980): Psychoanalyse und Politik. In: links 12, H. 120, S. 9–13.
Parin, P. (2000): Die Machtlosigkeit der Psychoanalyse und das Versagen der Diplomatie: Von Harold Dwight Lasswell bis zu Vamik D. Volkan. In: Frankfurter Rundschau vom 22. 1. 2000, Nr. 18, S. ZB 3. Auch in: Parin, P., Parin-Matthèy, G. (1986).
Person, E. S. (2000): Über das Versäumnis, das Machtkonzept in die Theorie zu integrieren: Ziel und Konflikt in der psychoanalytischen Bewegung. In: Schlösser & Höhfeld (2000), S. 73–98.
Platta, H. (1986): Der Kampf um Erinnerung. Anmerkungen zur Psyche-Kontroverse über die Rolle der Psychoanalyse im Nationalsozialismus. In: psychosozial 28, S. 92–104.
Psyche-Redaktion (1984): Psychoanalyse unter Hitler. Dokumentation einer Kontroverse. Psyche 38.

Reich, W. (1922): Zwei narzisstische Typen. In: Ders.: Frühe Schriften I. Aus den Jahren 1920 bis 1925. Frankfurt/M. (Fischer) 1977, S. 144–152.
Reich, W. (1927): Die Funktion des Orgasmus. Zur Psychopathologie und zur Soziologie des Geschlechtslebens. Amsterdam 1965. (Raubdruck).
Reich, W. (1932): Der Einbruch der Sexualmoral. Zur Geschichte der sexuellen Ökonomie. (Raubdruck).
Reich, W. (1933): Massenpsychologie des Faschismus. (Raubdruck).
Reiche, R. (1995): Von innen nach außen. Sackgassen im Diskurs über Psychoanalyse und Gesellschaft. In: Psyche 49, S. 227–258.
Reichmayr, J. (2003): Ethnopsychoanalyse. Geschichte, Konzepte, Anwendungen. Gießen (Psychosozial-Verlag).
Reichmayr, J., Wagner, U., Ouederrou, C. & Pletzer, B. (2003): Psychoanalyse und Ethnologie. Biographisches Lexikon der psychoanalytischen Ethnologie, Ethnopsychoanalyse und interkulturellen psychoanalytischen Therapie. Gießen (Psychosozial-Verlag).
Reinke, E. & Warrlich, C. (Hg.) (2004): Sinnlichkeit, Kultur und Krankheit. In: Psychosozial 27, Nr. 98, 2004, Heft IV.
Richards. A & Grubrich-Simitis, I. (1987): Sigmund Freud. Gesammelte Werke. Nachtragsband. Texte aus den Jahren 1885–1938. Frankfurt/M. (Fischer).
Richter, H.-E. (1963): Eltern, Kind und Neurose. Zur Psychoanalyse der kindlichen Rolle in der Familie. Reinbek (Rowohlt).
Richter, H.-E. (1970): Patient Familie. Entstehung, Struktur und Therapie von Konflikten in Ehe und Familie. Reinbek (Rowohlt).
Richter, H.-E. (1982), Zur Psychologie des Friedens. Neuausgabe Gießen (Psychosozial-Verlag) 1998.
Richter, H.-E. (Hg.) (1982): Russen und Deutsche. Alte Feindbilder weichen neuen Hoffnungen. Hamburg (Hoffmann und Campe).
Richter, H.-E. (1986): Die Chance des Gewissens. Erinnerungen und Assoziationen. Neuausgabe Gießen 2002 (Psychosozial-Verlag).
Richter, H.-E. (1995): Psychoanalyse und Politik. Neuausgabe Gießen 2002 (Psychosozial-Verlag).
Richter, H.-E. (1997): Als Einstein nicht mehr weiter wußte. Ein himmlischer Krisengipfel. Düsseldorf, München (Econ).
Rosenthal, G. (Hg.) (1997): Der Holocaust im Leben von drei Generationen. Gießen (Psychosozial-Verlag).
Schlösser, A.-M. & Gerlach, A. (Hg.) (2001): Kreativität und Scheitern. Gießen (Psychosozial-Verlag).
Schur, M. (1973): Sigmund Freud – Leben und Sterben. Frankfurt/M. (Suhrkamp).
Seidler, G. H. & Eckart, W. U. (2005): Verletzte Seelen. Möglichkeiten und Perspektiven einer historischen Traumaforschung. Gießen (Psychosozial-Verlag).
Simmel, E. (Hg.) (1949): Antisemitismus. Neuaufl. Frankfurt/M. (Fischer) 1993.
Stierlin, H. (1973): Von der Psychoanalyse zur Familientherapie. Stuttgart (Klett-Cotta).
Thomä, H. (2004): Ist es utopisch, sich zukünftige Psychoanalytiker ohne besondere berufliche Identität vorzustellen? In: Forum der Psychoanalyse 20, S. 133–157.

Victor, G. (1998): Hitler. The Pathology of Evil. London, Washington (Brassey's).
Vinnai, G. (2004): Hitler – Scheitern und Vernichtungswut. Gießen (Psychosozial-Verlag).
Vogt, R. (1995): Rainer Werner Fassbinders »Der Müll, die Stadt und der Tod« – eine deutsche Seelenlandschaft. In: Psyche 49, S. 309–372.
Volkan, V. D. (1997): Nixon R.: A Psychobiography. New York (Columbia University Press).
Volkan, V. D. (1999): Das Versagen der Diplomatie. Zur Psychoanalyse nationaler, ethnischer und religiöser Konflikte. Gießen (Psychosozial-Verlag).
Volkan, V. D. (2005): Blindes Vertrauen. Großgruppen und ihre Führer in Krisenzeiten. Gießen (Psychosozial-Verlag).
Volmerg, B., Volmerg, U. & Leithäuser, Th. (1983): Kriegsängste und Sicherheitsbedürfnis. Zur Sozialpsychologie des Ost-West-Konflikts im Alltag. Frankfurt/M. (Fischer).
Wardi, D. (1992): Memorial Candles: Children of the Holocaust. London/New York (Routledge).
Willi, J. (1972): Die Zweierbeziehung. Spannungsursachen – Störungsmuster – Klärungsprozesse – Lösungsmodelle. Analyse des unbewußten Zusammenspiels in Partnerwahl und Paarkonflikt: Das Kollusions-Konzept. Reinbek (Rowohlt).
Wirth, H.-J. (1981): Die Linken und die Psychoanalyse. In: Psychosozial 4, Heft III, S. 93–117.
Wirth, H.-J. (1984): Die Schärfung der Sinne. Jugendprotest als persönliche und kulturelle Chance. Frankfurt/M. (Syndikat).
Wirth, H.-J. (2000): Spaltungsprozesse in der psychoanalytischen Bewegung und ihre Auswirkungen auf die Theoriebildung. In: A.-M. Schlösser & K. Höhfeld (Hg.) (2000): Psychoanalyse als Beruf. Gießen (Psychosozial-Verlag), S. 177 bis 192.
Wirth, H.-J (2001): Fremdenhass und Gewalt als psychosoziale Krankheit. In: Psyche 55, S. 1217–1244.
Wirth, H.-J. (2002): Narzißmus und Macht. Zur Psychoanalyse seelischer Störungen in der Politik. Gießen (Psychosozial-Verlag).
Wirth, H.-J. (2004a): 9/11 as a Collective Trauma and other Essays on Psychoanalysis and Society. Gießen (Psychosozial-Verlag).
Wirth, H.-J. (2004b): Genozid und kollektives Trauma. Zu Jean Hatzfeld: »Nur das nackte Leben. Berichte aus den Sümpfen Ruandas«. In: Psychosozial 27, Nr. 96, 2004, Heft II.
Wirth, H.-J. (2004c): Zur »latenten Anthropologie« in der Psychoanalyse und anderen psychotherapeutischen Traditionen. In: Psychosozial 27, Nr. 97, S. 11–28.
Wirth, H.-J. (2005a): »Genozid und seelischer Schmerz Psychoanalytische Überlegungen zum Völkermord in Ruanda.«. In: A. Karger & R. Heinz (Hg.) (2005): Trauma und Schmerz. Psychoanalytische, philosophische und sozialwissenschaftliche Perspektiven. Gießen (Psychosozial-Verlag).
Wirth, H.-J. (2005b): »Gruppenidentität, kulturelles Gedächtnis und kollektives Trauma.« In: W. U. Eckart & G. H. Seidler (Hg.) (2005): Verletzte Seelen. Möglichkeiten und Perspektiven einer historischen Traumaforschung. Gießen (Psychosozial-Verlag), S. 259–289.

Wirth, H.-J. & Schürhoff, R. (1991): Können sich Deutsche und Russen aussöhnen? Ergebnisse einer vergleichenden sozialpsychologischen Studie. In: psychosozial 14, Nr. 45, Heft I, S. 129–136.
Wittenberger, G. (1995a): Das »Geheime Komitee« Sigmund Freuds. Tübingen (edition diskord).
Wittenberger, G. (1995b): Gruppendynamik und Spaltungsprozesse im »Geheimen Komitee«. Versuch einer Analyse zur Rolle Otto Ranks. In: Hermanns 1995, S. 80–93.

Johannes Reichmayr

Psychoanalytische Ethnologie, Ethnopsychoanalyse und interkulturelle psychoanalytische Therapie

Sigmund Freud hat in seiner Arbeit »Totem und Tabu« (1912/13) den ersten Versuch unternommen, psychoanalytische Ideen und Erkenntnisse über das Unbewusste auf das Gebiet der Ethnologie anzuwenden. Dieser Anstoß hat eine bis heute andauernde Auseinandersetzung zwischen Psychoanalyse und Ethnologie in Gang gebracht. Die dabei gewonnenen praktischen Erfahrungen, das gesammelte Wissen und die damit verknüpften Vorstellungen zur Wechselwirkung von Individuum, Unbewusstem, Kultur und Gesellschaft haben zur Veränderung von Psychoanalyse und Ethnologie beigetragen und haben auf benachbarte Disziplinen eingewirkt. In dieser Arbeit unterscheiden wir drei Bereiche: Psychoanalytische Ethnologie, Ethnopsychoanalyse und interkulturelle psychoanalytische Psychotherapie. Eine ähnliche Gliederung schlägt Patrick Fermi (2000) vor.[1]

Die psychoanalytische Ethnologie umfasst Personen, die theoretische und praktische Bemühungen unternommen haben, Psychoanalyse und Ethnologie zu verbinden. Vor allem werden dabei in der ethnologischen Literatur gesammelte oder in der Feldforschung erhobene ethnologische Daten psychoanalytisch interpretiert. Andere haben die Psychoanalyse als Methode und Technik der Feldforschung entwickelt und sie Ethnopsychoanalyse genannt. Eine weitere Gruppe von Personen hat eine Praxis entwickelt, die wir interkulturelle psychoanalytische Therapie nennen. Sie beruht auf Erkenntnissen der Ethnopsychoanalyse, auf ethnologischem Wissen und auf Erfahrungen mit Patienten, deren kultureller Hintergrund sich von dem des Psychoanalytikers oder Psychotherapeuten unterscheidet.

Mehr als ein halbes Jahrhundert galt in der psychoanalytischen Bewegung, dass mit Angehörigen außereuropäischer Völker eine Psychoanalyse nicht möglich sei. Dieses Vorurteil hat die Auseinandersetzung mit der Ethnologie behindert. Erst als sich Psychoanalytiker und psychoanalytisch aufgeklärte Psychiater und Ethnologen in fremde Kulturen begeben haben, wurde das Vorurteil als »eurozentrisch« erkannt und aufgegeben. Mit dem Ende des Kolonialismus auf dem afrikanischen Kontinent entstanden zwei ethnopsychoanalytische Schulen, eine deutschsprachige und eine frankophone. Die in Praxis und Theorie über ihren Ethnozentrismus aufgeklärte Psychoanalyse nannte sich Ethnopsychoanalyse.

Psychoanalytische Ethnologie

Seit dem Beginn der psychoanalytischen Bewegung wurden psychoanalytische Erkenntnisse über das Unbewusste für ein Verständnis kultureller Phänomene eingesetzt. Die ersten psychoanalytischen Untersuchungen zu Mythen, Ritualen und Symbolen, zu Märchen und Folklore, zur Religion und Kunst gehören zum Bestand der angewandten Psychoanalyse in der Zeit vor dem Ersten Weltkrieg und haben dazu beigetragen, dass die Ethnologen auf die Psychoanalyse aufmerksam wurden (Róheim 1921). Sigmund Freud versuchte, einen umfassenden Entwurf einer Kulturtheorie vorzulegen, in dem das Unbewusste als determinierende Kraft in Gestalt des Ödipuskomplexes hervortritt. Die Konstrukte einer Urhorde und die der Ermordung eines Urvaters bilden den Kern seiner phylogenetischen Kulturtheorie, mit der er im letzten Kapitel von »Totem und Tabu« den Zusammenhang zwischen Totemismus und Ödipuskomplex herstellte. In »Totem und Tabu« ist Freuds Vorgehen vergleichend-spekulativ. Er setzte seine Methode zur Erforschung des unbewussten Seelenlebens nicht ein, um – etwa durch die Analyse Angehöriger fremder Kulturen – Daten zu gewinnen. Es handelt sich weitgehend um eine Interpretation ethnologischer Materialien auf der Grundlage psychoanalytischer Einsichten in unbewusst wirksame Mechanismen, mit dem ödipalen Konflikt als Angelpunkt.

Mit der Anwendung und Bestätigung psychoanalytischer Ideen auf dem Gebiet der Ethnologie sollte der Gültigkeitsbereich der Psychoanalyse räumlich auf nicht-europäische Kulturen und zeitlich auf die Ursprünge der kulturellen Entwicklung der Menschheit ausgedehnt werden. Die universelle Geltung psychoanalytischer Konzepte, insbesondere des Ödipuskomplexes und die Bedeutung der Psychoanalyse als Kulturtheorie, wurden dabei hervorgehoben. Um diesen Universalitätsanspruch ging es auch in der Auseinandersetzung zwischen Ernest Jones, dem Präsidenten der Internationalen Psychoanalytischen Vereinigung, und dem Ethnologen Bronislaw Malinowski in den 20er Jahren des vergangenen Jahrhunderts. Malinowski konnte mit seinen Untersuchungen bei den Trobriandern belegen, dass der Bruder der Mutter in der ödipalen Konstellation dominierte, während Jones den in der Trobriandkultur nicht wichtigen biologischen Vater als ödipales Objekt verteidigte. Wie Anne Parsons und andere Autoren darlegten, sind die Debatten über die universelle Gültigkeit des Ödipuskomplexes und die Form der Fragestellung als überholt anzusehen (Parsons 1974; Spiro 1982; Edmunds & Dundes 1984). »In der Retrospektive zeigt sich uns im Übrigen recht deutlich, dass Jones eigentlich nur das Vorhandensein einer infantilen Sexualität verteidigen wollte. Auf der anderen Seite sind Malinowskis wichtige Beobachtungen heute ebenfalls wissenschaftliches Gemeingut geworden, so dass keinerlei Polemik zu ihrer Verteidigung mehr notwendig ist. Niemand wird heute mehr bestreiten, dass es Gesellschaftsformen mit ganz unterschiedlichen Familienstrukturen und voneinander abweichenden Inzest-Verboten gibt, die sich auf keinen Fall allein aus den biologischen Tatsachen der Paarung und Fortpflanzung erklären lassen« (Parsons 1974, S. 209).

Der Ethnologe und Psychoanalytiker Róheim, der als Pionier der psychoanalytischen Ethnologie anerkannt ist, versuchte bei seinen Feldforschungen »psychoanalytisch« zu arbeiten, konnte sich aber von der Feldforschung, wie sie damals üblich war, nicht distanzieren und fiel in zum Teil geistreiche Spekulationen der Psychoanalytiker zurück, die in jeder ethnologischen Untersuchung nach der Bestätigung psychoanalytischer Hypothesen, vorweg des »Ödipus«, gefahndet haben. Im deutschsprachigen Raum wurde durch die Vertreibung der Psychoanalyse, 1933 aus Deutschland und 1938 aus Österreich, die Auseinandersetzung zwischen Psychoanalyse und Ethnologie unterbrochen. Der Psychoanalytiker Otto Fenichel, der die kulturgeschichtliche Bedeutung der Psychoanalyse in ihrer Anwendung auf die Gesellschaftswissenschaften sah, gab den entsprechenden Veröffentlichungen in seinen geheimen Rundbriefen breiten Raum und fasste auch den Stand der Diskussion über die Anwendung der Psychoanalyse auf dem Gebiet der Ethnologie zusammen (Fenichel 1998). Es gelang ihm, eine marxistische Gesellschaftstheorie mit der Psychoanalyse zu vereinbaren und die Verbindung von Psychoanalyse und Ethnologie auf dieser Basis theoretisch zu klären. Eine Anwendung der Psychoanalyse als Methode der Feldforschungspraxis stand aus. Fenichel war mit Freud der Meinung, dass bei Angehörigen anders organisierter Gesellschaften und uns fremder Kulturen die psychoanalytische Methode und Technik nicht anwendbar sei. Er vermerkte in diesem Zusammenhang: »Die psychoanalytische Ethnologie kann aber nicht in gleicher Weise Einzelindividuen studieren wie die psychoanalytische Klinik« (Fenichel 1998,

S. 1233). Dies entsprach auch noch zur Zeit der ersten ethnopsychoanalytischen Untersuchungen in Westafrika am Beginn der 50er Jahre des letzten Jahrhunderts dem Common Sense innerhalb der internationalen psychoanalytischen Gemeinschaft.

Anfänge der Ethnopsychoanalyse in den USA

Georges Devereux ging 1932 in die Vereinigten Staaten und war nach seinen Feldforschungen als Kulturanthropologe in verschiedenen psychiatrischen Institutionen als Mitarbeiter, Lehrer und Forscher angestellt. Seine ethnographische Arbeit bei den Mohave-Indianern, in deren Kultur Träume hoch bewertet wurden, seine Auseinandersetzungen mit Vertretern der »Culture and Personality«-Forschung, die Entwicklungen der dynamischen Psychiatrie und seine klinischen Erfahrungen in verschiedenen psychiatrischen Institutionen hatten ihn veranlasst, sich nach dem Zweiten Weltkrieg der Psychoanalyse zuzuwenden. Seine Fragestellungen entwickelten sich in Verbindung mit Themen der Akkulturation, den Fragen der Anpassung und der geistigen Gesundheit und der Bestimmung der Grenzen zwischen dem Normalen und Anormalen in der Kultur. Viele von Devereux' Patienten stammten aus einer indianischen Kultur und hatten in der amerikanischen Kultur, in der sie lebten, unterschiedliche Störungen entwickelt. Devereux veröffentlichte 1951 das Buch »Dream and Reality«, in dem er über die Psychotherapie eines Prärie-Indianers berichtete. In ihrer Einleitung hatte Margaret Mead darauf hingewiesen, dass mit der von Devereux gebotenen Falldarstellung, in der sich ethnologische und psychoanalytische Auffassungen ergänzen, ein neuer Akzent für die Verbindung von Ethnologie und Psychoanalyse gesetzt wurde. Bisher konnte dies nur durch »die parallele Erfahrung von Feldarbeit in einer fremden Kultur und psychoanalytischer Praxis als Patient und Therapeut« vermittelt werden (Mead 1985, S. 16).

Devereux' Bezugsrahmen blieb ein klinisch-psychiatrischer und sein wissenschaftliches Interesse war auf die Entwicklung von diagnostischen und therapeutischen Werkzeugen einer kulturell »neutralen« Therapie im Rahmen einer kulturübergreifenden Psychiatrie und allgemeingültigen Psychopathologie gerichtet. Bei seinem Persönlichkeitsmodell unterscheidet er zwischen einem ethnischen und einem individuellen oder idiosynkratischen Unbewussten. Das »*ethnische Unbewusste*« resultiert aus kulturtypischen Verdrängungsprozessen, die von ethnotypischen Traumen ausgehen und jeden Angehörigen der Kultur betreffen. Die jeweiligen schicksalsmäßigen traumatischen Situationen des Einzelnen bestimmen sein individuelles Unbewusstes. Devereux' Ideen bildeten in Frankreich die Grundlage für ethnopsychoanalytische Praxiskonzepte, die sich in den 70er Jahren im Bereich der interkulturellen Psychotherapie zu entwickeln begannen und mit Tobie Nathan und Marie Rose Moro auch in der Öffentlichkeit bekannte Vertreter fanden.

Werner Muensterberger hatte sein Studium der Ethnologie in Basel beendet, wo er auch einen Teil seiner psychoanalytischen Ausbildung absolvierte. Er übersiedelte 1947 nach New York, wo er mit Róheim in Verbindung stand, dessen Schriften er herausgab und dessen wissenschaftlichen Nachlass er betreute. Mit seinen eigenen Untersuchungen und seiner editorischen Arbeit an den Reihen »Psychoanalysis and the Social Sciences« und »The Psychoanalytic Study of Society« trug Muensterberger dazu bei, dass sich eine kontinuierliche Beschäftigung mit Fragen der Anwendung der Psychoanalyse im Bereich der Sozialwissenschaften und im besonderen auf dem Gebiet der psychoanalytischen Ethnologie herausbildete. Er praktizierte als Psychoanalytiker und nutzte die psychoanalytische Behandlung von Patienten, die als Einwanderer aus nicht-europäischen Gesellschaften in die Vereinigten Staaten kamen, für Forschungszwecke, um über das Wechselverhältnis von psychoanalytisch erschlossenen Triebkonflikten und ihrer Verarbeitung in verschiedenen Kulturen Aufschluss zu gewinnen. Verschiedene methodische Elemente der Psychoanalyse hatte Muensterberger bei einem Forschungsprojekt über eine Gruppe südchinesischer Einwanderer benutzt. Neben der Verwendung von psychoanalytischen Befragungstechniken über einen längeren Zeitraum mittels der Methode der freien Assoziation und der Traumdeutung wurde auch projektives Material aus Volksmärchen, Legenden, Filmen, Tests, moderner Literatur und Umfragen einbezogen (Muensterberger 1974, S. 170f.).

Die Forschungen des ethnologisch ausgebildeten amerikanischen Psychoanalytikers L. Bryce Boyer und seiner Frau, der Ethnologin Ruth M. Boyer, und Mitarbeitern begannen 1957 mit einer Voruntersuchung bei den Apachen des Mescalerostammes. Von 1959 bis 1964 wurde ein Projekt durchgeführt, während dessen die Boyers über zwei Jahre lang Feldforschungen betrieben, davon durchgehend 15 Monate zwischen 1959 und 1960 (Boyer 1999). Zur Absicherung der Beobachtungen wurden projektive Testverfahren, in der Regel das Rorschach-Verfahren, angewandt. Ruth

Boyer hat sich neben der Erforschung der sozialen Struktur und der Überlieferungen mit der Sozialisationsforschung befasst. Das Ziel der laufenden Forschungen war, die Wechselwirkungen von Sozialstruktur, Sozialisationsmustern und der Persönlichkeitsorganisation nachzuzeichnen und die Nützlichkeit der Zusammenarbeit zwischen Kulturanthropologen, Psychologen und Psychoanalytikern für die Förderung des Verständnisses dieser Zusammenhänge hervorzuheben. Boxberg fasst die von Bryce Boyer und ihren Mitarbeitern genannten Faktoren zusammen, die dieser für den Erfolg ihrer forschenden und therapeutischen Tätigkeiten bei den Apachen verantwortlich machte: das wissenschaftliche Interesse und die Bereitschaft, über längere Zeit unter den Apachen zu leben; die Notwendigkeit einer eigenen Analyse, welche die Vorurteilslosigkeit fördert; die Kenntnisnahme der zur Verfügung stehenden Literatur über die Gesellschaften vor Beginn der Feldforschung; die Berücksichtigung der individuellen Lebensgeschichte jedes Informanten; die bewusste Vermeidung jeglicher Tätigkeiten, die ein Mitagieren bedeutet hätten (Boxberg 1976, S. 1126; Boyer 1999).

Psychoanalytische Ethnologie wird auch heute noch von Ethnologen und Psychoanalytikern betrieben, die ihre bei ethnologischen Feldforschungen gesammelten Daten unter psychoanalytischen Gesichtspunkten aufgenommen haben, bearbeiten und interpretieren. Unter ihnen finden wir Ethnologen wie Bernard Juillerat, Gananath Obeyesekere und Thoden van Velzen, psychoanalytisch ausgebildete Ethnologen wie Robert A. LeVine und David H. Spain und Psychoanalytiker wie Marcelle Geber, André Green und Lilia Labidi (Spain 1992; Heald & Deluz 1994; Lioger 2002).

In den Ansätzen von Devereux, Muensterberger und Boyer in den 50er und 60er Jahren wurde das methodisch-technische Instrumentarium der Psychoanalyse in der interkulturellen Psychotherapie genutzt und parallel dazu in der Feldforschung verstärkt eingesetzt. Mit diesem Schritt in die psychoanalytische Praxis wurde eine genuin psychoanalytische Auseinandersetzung mit Angehörigen nicht europäischer Gesellschaften und Kulturen als Subjekten möglich. Bei allen Verbindungen von Psychoanalyse und Ethnologie vor diesem Schritt kann »nicht von einer Anwendung der Psychoanalyse gesprochen werden [...] sondern davon, dass das vorliegende ethnologische Material auf der Basis psychoanalytischer Erfahrungen und Theorien neu interpretiert wurde« (Zinser 1984, S. 103 f.). In demselben Sinne merkte Robert LeVine (1973) an, dass nur Individuen einer Psychoanalyse unterzogen werden können. Mythen, Bräuche, Institutionen und andere kulturelle Phänomene seien davon ausgeschlossen. Wende man das Verfahren dennoch an, eliminiere man alle Elemente der Methode, die der Psychoanalyse Validität geben.

Ethnopsychoanalyse in Europa und in Westafrika

Der Ausdruck »Ethnopsychoanalyse« wurde erstmals von Georges Devereux bei seinen theoretischen Bemühungen verwendet, eine kulturübergreifende Psychiatrie und Psychotherapie zu konzipieren. Im deutschsprachigen Raum ist der Begriff mit den psychoanalytischen Untersuchungen der Zürcher Psychoanalytiker Paul Parin, Goldy Parin-Matthèy und Fritz Morgenthaler verbunden.

Die Entstehung der deutschsprachigen wie auch der französischen Tradition der Ethnopsychoanalyse ist im zeitgeschichtlichen und politischen Kontext der Kämpfe und Bewegungen gegen den Kolonialismus und der Zeit der Dekolonisierung auf dem afrikanischen Kontinent zu sehen. »Das kolonisierte Ding wird Mensch« schrieb Frantz Fanon (Fanon 1986).

Die Schweizer Psychoanalytiker haben bei ihren Feldforschungen bei den Dogon und Agni in Westafrika in den 50er und 60er Jahren erstmals die psychoanalytische Technik als Forschungsmethode angewandt. Es gelang der Nachweis, dass sich die Psychoanalyse praktisch und theoretisch eignet, Angehörige eines außerhalb unserer europäischen Zivilisationsgeschichte stehenden traditionsgeleiteten Gesellschaftsgefüges im psychoanalytischen Sinne zu verstehen und mit ihnen einen psychoanalytischen Prozess einzuleiten. Mit der Ethnopsychoanalyse wurde ein neues methodisches Paradigma geschaffen. Die psychoanalytische Technik wurde aus ihrem klinischen Setting gelöst und auf ethnologischem Untersuchungsgebiet als Forschungsmethode eingesetzt. Die Hauptinstrumente der Psychoanalyse, Übertragung und Gegenübertragung, die Bearbeitung der Widerstände und die Deutung wurden erstmals bei den Gesprächen zur Einleitung von Psychoanalysen mit den Dogon in Mali in Westafrika auf der dritten Forschungsreise (vom Dezember 1959 bis zum Mai 1960) genutzt. 1963 erschien die Studie »Die Weißen denken zuviel; Psychoanalytische Untersuchungen bei den Dogon in Westafrika« (Parin, Morgenthaler & Parin-Matthèy 1993). Das Forschungsziel bestand darin, »zu prüfen, ob sich die Technik der Psychoanalyse dazu eignet, das Innenleben von

Menschen zu verstehen, die in einem traditionsgeleiteten westafrikanischen Gesellschaftsgefüge leben« (Parin 1965, S. 342), sowie Kenntnisse darüber zu erwerben, in welcher anderen Art und Weise sich bei ihnen das »Ich« aus dem »Es« entwickelt hat. »Der Sinn der Untersuchung ist der, Afrikaner so zu uns sprechen zu lassen, wie sie selber fühlen und denken, und sie dabei zu verstehen« (Parin, Morgenthaler & Parin-Matthèy 1993, S. 34).

Paul Parin und Fritz Morgenthaler führten zusammen während mehrerer Monate mit dreizehn Dogon Serien von psychoanalytischen Gesprächen durch, pro Person zwischen 20 und 40 Sitzungen, insgesamt 350 Stunden. Von den Sitzungen wurden stenographische Protokolle verfasst, welche die »freien Assoziationen« der Analysanden wiedergaben. Um diese richtig verstehen zu können, wurden neben den in der Literatur zugänglichen Kenntnissen über die Kultur und Gesellschaft der Dogon die Ergebnisse von 25 psychiatrischen Untersuchungen und die von Goldy Parin-Matthèy bei 100 Personen aufgenommenen Deutungen der Rorschach-Tafeln als nichtsprachliches projektives Erhebungsverfahren berücksichtigt. »Wir hofften, Afrikaner auf diese Weise besser zu verstehen, als es sonst möglich ist. Die psychoanalytische Methode kann geradeso auf Gesunde wie auf Menschen mit seelischen Störungen angewandt werden. In täglich wiederholten einstündigen Gesprächen und mit der besonderen Art, solche Gespräche zu führen, die man psychoanalytische Technik nennt, ist es oft möglich, das Innenleben eines Menschen in wenigen Wochen kennenzulernen. Die Deutungen, die ein Mensch den Farbklecksen auf den zehn Kartontafeln des Rorschachtests gibt, lassen, wenn man sie nach den Regeln der Kunst verarbeitet, Züge seiner Persönlichkeit erraten, die sonst nur eine lange Bekanntschaft und eine vertiefte Beobachtung enthüllen würden« (Parin, Morgenthaler & Parin-Matthèy 1993, S. 23). Aus diesen Erfahrungen mit der Anwendung der psychoanalytischen Methode bei den Dogon konnte abgeleitet werden, »dass die Psychologie des abendländischen Menschen nur einen Spezialfall der Möglichkeiten beschreibt, wie das menschliche Seelenleben beschaffen sein kann« (Parin, Morgenthaler & Parin-Matthèy 1993, S. 534).

Das umfangreiche Material, das bei den Agni, die im tropischen Regenwald an der Elfenbeinküste leben, von Dezember 1965 bis Mai 1966 erhoben werden konnte, wurde in dem 1971 veröffentlichten Buch »Fürchte deinen Nächsten wie dich selbst; Psychoanalyse und Gesellschaft am Modell der Agni in Westafrika« verarbeitet (Parin, Morgenthaler & Parin-Matthèy 1971). Im Unterschied zur Untersuchung über die Dogon, in deren

Mittelpunkt die Erfassung der psychischen Struktur einzelner Personen stand, wird in der Studie über die Agni die Wechselwirkung zwischen individuellen und gesellschaftlichen Strukturen besonders beachtet und die Stellung des Individuums im Rahmen seiner Kultur hervorgehoben. Ausgehend von den unterschiedlichen Bedingungen bei den Agni im Vergleich zu den Dogon kamen die Forscher zu der Annahme, dass sich auch bei der Psychologie der Agni tiefgreifende Unterschiede ergeben würden, und sie sahen darin auch eine »Herausforderung an die direkte Anwendung der psychoanalytischen Methode: Kann sie dazu beitragen, Menschen aus matrilinear organisierten Sozietäten zu verstehen, obzwar sie aus der Psychologie patrilinear geordneter entstanden ist und eine ihrer Grundkonzeptionen, der ödipale Konflikt – angeblich oder wirklich – ausschließlich der patriarchalen Familienorganisation entstammt?« (Parin, Morgenthaler & Parin-Matthèy 1971, S. 13). Diese Fragestellung wurde in ein übergeordnetes Forschungsziel eingebettet: Mit Hilfe der Ethnopsychoanalyse bei den Agni sollte ein Beitrag zum Verhältnis von Psychoanalyse und Sozialwissenschaften geleistet werden, indem das Ineinandergreifen individueller und gesellschaftlicher Kräfte mit den technischen und methodischen Mitteln der Psychoanalyse aufgezeigt wird, unter Einbeziehung eines dialektisch-materialistischen Gesellschaftsmodells. Die Verschränkung gesellschaftlicher und individueller Faktoren wird deutlich, wenn die historische Dimension seelischer Erlebnisse aufgezeigt, die Beziehung zwischen der Art der Ökonomie und der psychischen Struktur hergestellt oder die Art der Objektbeziehungen zum Gesellschaftsgefüge in Relation gesetzt wird.

Die ethnopsychoanalytischen Beobachtungen und Untersuchungen, die in den Jahren 1954 bis 1971 in Westafrika gemacht wurden, haben zu »Einsichten über bis dahin unerkannte oder zu wenig beachtete Zusammenhänge gesellschaftlicher Einrichtungen mit unbewussten Prozessen« geführt, die sich »geradezu aufdrängten« (Parin 1989, S. 103). Das Ergebnis war, dass vor allem die Wirkungen der gesellschaftlichen Kräfte im Individuum zum Ausdruck kommen und im Vordergrund stehen und dass die biologischen Momente gegenüber den kulturellen Bedingungen zurücktreten. Die Wirkung der gesellschaftlichen Kräfte im Individuum wurde mit den Begriffen des »Gruppen-Ich« und des »Clangewissens« theoretisch gefasst, mit denen eine spezifische Ich- und Über-Ich-Entwicklung beschrieben wurde. Auch bei der Formierung der ödipalen Konflikte und der Aggression zeigten sich wesentliche Unterschiede zu Erfahrungen in der europäischen psychoanalytischen Praxis (Parin 1992; Parin & Parin-

Matthèy 1988). Die Erfahrungen der Psychoanalytiker in Westafrika standen im Wechselverhältnis mit der psychoanalytischen Tätigkeit in der eigenen Gesellschaft. Die Erfahrung bei den Dogon und den Agni hat die Wahrnehmung für die Verhältnisse in der eigenen Gesellschaft geschärft. Diese Einsichten schufen die notwendige Distanz, um bei der psychoanalytischen Arbeit in der eigenen Kultur komplexe gesellschaftliche Prozesse zu erfassen und in die psychoanalytische Theorie und Praxis miteinzubeziehen. Auf der theoretischen Ebene wurde diesen Erfahrungen mit dem Modell der »Anpassungsmechanismen« des Ichs Rechnung getragen. Die Anpassungsmechanismen entlasten »das Ich in ähnlicher Weise von der ständigen Auseinandersetzung mit der Außenwelt [...] wie die Abwehrmechanismen das gegenüber den abgewiesenen Triebansprüchen leisten« (Parin 1977, S. 485). Damit konnte die soziale Umwelt, nicht mehr wie bisher bei Freud und in den Modellen der psychoanalytischen Ich-Psychologie als unveränderliche Größe angesetzt werden, sondern es war möglich, unterschiedliche soziale und gesellschaftliche Gegebenheiten und Verhältnisse in der Struktur und für die Funktion des Ichs zu studieren und so die Leistungen des Ichs in einer sich verändernden und auf es einwirkenden Umwelt zu bestimmen.

Die Hindernisse bei der Ausarbeitung des Verfahrens lagen nicht auf der theoretischen Ebene oder in den Grundannahmen der psychoanalytischen Theorie, die in ihren Ansätzen (etwa dem Konzept der Verdrängung oder der Auffassung des Über-Ichs), die Wirkung gesellschaftlicher Kräfte immer berücksichtigt hatten, sondern vielmehr in den Umständen, unter denen die psychoanalytische Forschung in der eigenen Kultur betrieben wurde: »Der psychoanalytische Beobachter gehörte immer der gleichen Gesellschaft und oft der gleichen Klasse an wie sein Analysand, den er untersuchte, und beide hatten mehr oder weniger die gleiche Sozialisation durchgemacht. Die nötige Distanz zur Erfassung gesellschaftlicher Prozesse war kaum zu gewinnen. Zumindest diese eine Schwierigkeit fällt weg, wenn man das Instrument der Psychoanalyse auf Angehörige eines anderen Volkes anwendet, besonders wenn man sich damit außerhalb dessen begibt, was man den ›abendländischen Kulturkreis‹ genannt hat. Dann tritt der Zusammenhang gesellschaftlicher Einrichtungen und Prozesse mit psychischen Strukturen und Funktionen ungleich klarer hervor« (Parin 1976, S. 2). Der Ansatz, über die Anpassungsmechanismen des Ichs zur Psychoanalyse gesellschaftlicher Prozesse zu gelangen, hebt sich von anderen Versuchen dieser Art dadurch ab, dass er es mit den Mitteln der

Psychoanalyse selbst, ihrer Methode und Theorie, unter Beibehaltung des Trieb- und Konfliktmodells der Psychoanalyse, leistet. Die Psychologie des Ichs wurde so ausgebaut, dass das Wirken gesellschaftlicher Prozesse dort aufgeklärt werden konnte, »wo sie sich jedenfalls bemerkbar machen: im Seelenleben des Einzelnen« (Parin & Parin-Matthèy 1978, S. 412). Die »ethnpsychoanalytische« Erweiterung der Psychoanalyse ermöglichte eine umfassendere psychoanalytische Untersuchung des Einzelnen in seiner Gesellschaft, Phänomene der Macht und Herrschaft rückten ins Blickfeld. Um diese einbeziehen zu können, verwendet Mario Erdheim in seinem Ansatz den Begriff des »*gesellschaftlichen Unbewussten*«. In den Mittelpunkt seiner Untersuchungen rückt er die Bedeutung der Adoleszenz für die Aneignung kultureller Werte und Verhaltensweisen in Verbindung mit der Unbewusstmachung durch gesellschaftliche Institutionen (Erdheim 1982).

Ethnopsychoanalyse in der eigenen Kultur

Die Zürcher Psychoanalytiker haben ihre ethnopsychoanalytischen Erfahrungen mit ihrer psychoanalytischen Praxis in der eigenen Kultur verbunden, theoretisch verarbeitet und eine ethnozentrische Kritik und Selbstaufklärung der Psychoanalyse in Theorie und Praxis geleistet; in ihrer Kritik des »Medicozentrismus« in der Psychoanalyse ist dies zum Ausdruck gekommen. »Als Psychoanalytiker sind wir wegen der lebendigen Erfahrung mit Afrikanern freier und mutiger geworden, besser im Stande, auf die sozialen Beziehungen unserer Analysanden in Europa einzugehen, und weniger geneigt, ein Verhalten, das von unserem eigenen abweicht, als krankhaft anzusehen. Das hat auch auf unsere theoretischen Anschauungen zurückgewirkt« (Parin, Morgenthaler & Parin-Matthèy 1993, S. 18). Für die ethnopsychoanalytischen Erfahrungen ist es charakteristisch, dass mit ihnen die Grenzen zum Verständnis von Individuen in fremden Kulturen überwunden und in eine Pendelbewegung zwischen der eigenen und der fremden Kultur eingebunden wurden. Diese Leistung ist mit der von Freud vergleichbar, mit der er erstmals in der »Traumdeutung« die starre Abgrenzung zwischen dem, was als psychisch normal und krank in Psychiatrie, Psychopathologie und Psychologie gegolten hatte, auflöste. Die Psychoanalyse erweiterte sich von einer psychopathologischen Theorie zu einer allgemeinen Psychologie. Mario Erdheim meint, dass die Psychoanalyse mit den ethnopsychoanalytischen Erfahrungen »neu« erfunden wurde und dass die Verwendung der psychoanalytischen Technik im Bereich der Ethnologie ein für den Entstehungsprozess der Psychoanalyse wichtiges Szenario der Verfremdung wiederholte, in dessen Rahmen sich die Erschließung des Unbewussten vollzog. »Durch die Versetzung der psychoanalytischen Tätigkeit in eine dem Analytiker fremde Kultur kommt ein ähnlich verblüffender Effekt zustande wie einst bei der Einführung der bekannten Anordnung: Analysand auf der Couch, Analytiker dahinter. Damals brachte sie Freud die nötige Entlastung, um auf die Unbewusstheit schaffenden, durch den Blickkontakt aufrechterhaltenen Konventionen zu verzichten und seine gleichschwebende Aufmerksamkeit auf die freien Assoziationen des Analysanden zu richten. Das Setting entlastete Freud von den Rollen des Hausarztes, Priesters, Vertrauten usw. Das ethnologische Setting hat nun eine ähnlich entbindende Funktion, und zwar von der therapeutischen Aufgabe, die in unserer Kultur die wichtigste Legitimation abgibt, um sich im Rahmen einer sozialen Beziehung mit dem Unbewussten auseinanderzusetzen [...] Die (wie einst in Wien) zeitlich auf einige Monate beschränkten Analysen in der fremden Kultur erweisen sich als ein Gegenmittel gegen die Routinisierung der Psychoanalyse in der eigenen Kultur. Die Situation der Feldforschung löst zuerst einmal die Identifikation mit der Rolle des Analytikers auf« (Erdheim 1986, S. 204).

Die ethnopsychoanalytischen Erfahrungen der Zürcher Wissenschaftler haben zu weiteren Untersuchungen angeregt, die sich die neuen methodischen und technischen Errungenschaften mit der Psychoanalyse in der Feldforschung zu nutze machten. Für die Entwicklung von genuin psychoanalytischen Methoden und Techniken, die bei der ethnologischen Anwendung der Psychoanalyse in der Feldforschung eingesetzt werden können, plädiert auch der psychoanalytisch geschulte Ethnologe Andras Zempléni; er forschte über lange Jahre in Westafrika und gehörte der Gruppe um den Ethnopsychiater Henri Collomb an, der in den 60er Jahren in Dakar ein gemeindenahes psychiatrisches Behandlungs-Forschungs- und Ausbildungs-Zentrum schuf (Zempléni 1977, S. 87 f.).

Zusammenfassend kann gesagt werden, dass die Kontroverse zwischen dem Ethnologen Malinowski und dem Psychoanalytiker Jones zur Weiterentwicklung der psychoanalytischen Ethnologie führte: Die Psychoanalytiker waren gezwungen, eigene Feldforschung zu betreiben und sich an den Stand der qualitativ empirischen ethnologischen Feldforschung anzupassen, wie er von Bronislaw Malinowski gefordert wurde (»teilnehmende

Beoabachtung«). Erst nach und nach wurden die dabei angewandten Forschungstechniken aus dem Instrumentarium der Psychoanalyse selber zusammengesetzt, bis hin zur Verwendung der psychoanalytischen Methode und Technik in der Feldforschung. Heute können wir beobachten, dass sich die Forschungsparadigmen in der Ethnologie, den Kultur- und Sozialwissenschaften den wissenschaftstheoretischen und methodischen Positionen der Ethnopsychoanalyse annähern. »Dies hängt auf methodologischer Ebene mit der psychoanalytischen Technik zusammen, die dem Unbewussten, der Subjektivität, dem Beziehungsverlauf und dem spezifischen Kontext (Rahmen/Setting) eine grosse Bedeutung beimisst, mit der Methode der freien Assoziation an konflikt- und prozesshafte Verläufe anknüpft und an orts- und situationsspezifische Bedingungen und Beziehungen gebundenes Material erhebt und deutet. Je eindeutiger Parin, Morgenthaler und Parin-Matthèy diesen methodischen Ansatz in ihren ethnopsychoanalytischen Untersuchungen praktizierten, umso präziser nahmen sie damit die Konkretisierung poststrukturalistischer Forschungspostulate vorweg. Mit dem systematischen Einsatz der Technik der Psychoanalyse als Forschungsmethode im Feld wurde das sozialwissenschaftliche Tabu gegenüber der kontext-, zeit- und standortbezogenen Interpretation gebrochen« (Nadig & Reichmayr 2000, S. 78 f.).

Interkulturelle psychoanalytische Therapie

Im Verlauf unseres Überblicks zur psychoanalytischen Ethnologie sind wir bei Georges Devereux, Werner Muensterberger und L. Bryce Boyer auf erste Anwendungen der Psychoanalyse in der interkulturellen psychotherapeutischen Praxis gestoßen. Auch die Erfahrungen von Pionieren der transkulturellen Psychiatrie wie Frantz Fanon und Henri Collomb sind für die Entwicklungen in diesem Bereich grundlegend. Im deutschsprachigen Raum geht die Bezeichnung »interkulturelle psychoanalytische Therapie« auf die gleichnamige Publikation von Peter Möhring und Roland Apsel aus dem Jahr 1995 zurück. Spätestens zu diesem Zeitpunkt hat sich ein neues Anwendungsfeld der deutschsprachigen Psychoanalyse abgezeichnet, in das Erfahrungen und Wissen aus der psychoanalytischen Ethnologie und Ethnopsychoanalyse eingeflossen sind. Diese klinisch-praxisbezogene ethnopsychoanalytische oder ethnopsychiatrische Richtung wird vor allem von Psychoanalytikern, Ethnologen, Psychotherapeuten, Psychiatern und

Klinischen Psychologen getragen, die psychotherapeutische und beraterische Erfahrungen mit Migranten gesammelt haben. Es werden Techniken und Settings entwickelt und erprobt, die der kulturellen Vielfalt und den oft unaussprechlichen traumatischen Erfahrungen von Flüchtlingen und Asylsuchenden Raum schaffen und eine prozesshafte gemeinsame Wahrnehmung ihrer Bedeutung ermöglichen sollen. In der Literatur finden sich Beschreibungen, wie bei dieser Arbeit ethnomedizinisches, soziologisches und psychotherapeutisches Wissen in einer Verbindung mit psychoanalytischen und ethnologischen Konzepten umgesetzt wird (Möhring & Apsel 1995; Ninck Gbeassor et al. 1999; Pedrina et al. 1999; Moser et al. 2001; Bell et al. 2002; Bazzi et al. 2000; Rodewig 2000; Kronsteiner 2003; Saller 2003 u. a.). Veröffentlichungen zur interkulturellen und transkulturellen Psychotherapie, die sich nicht explizit auf die Psychoanalyse berufen, sowie zu kulturvergleichenden und ethnomedizinischen Fragestellungen sind im selben Praxisfeld entstanden (Hoffmann & Machleidt 1997; Heise 1998, 2000; Gottschalk-Batschkus & Rätsch 1998; Kiesel & Lüpke 1998; Haasen & Yagdiran 2000; Verwey 2001; Hegemann & Salman 2001; Ottomeyer & Peltzer 2002 u. a.).

Ein weiterer Sammelband zur interkulturellen psychoanalytischen Therapie wurde unter dem Titel »Kultur, Migration, Psychoanalyse« von Fernanda Pedrina, Vera Saller, Regula Weiss und Mirna Würgler vorgelegt (Pedrina et al. 1999). Die Beiträge basierten auf einem Vortragszyklus am »Psychoanalytischen Seminar Zürich«, der von den vier Herausgeberinnen 1997/1998 organisiert wurde. Ihr Interesse an der Beschäftigung mit diesem Thema entsprang der therapeutischen Arbeit mit Migranten und deren Familien, aus den »Schwierigkeiten und Überraschungen, die wir mit ihnen in der therapeutischen Arbeit erleben« und aus der sich daraus ergebenden Reflexion der Praxis und ihrer theoretischen Implikationen, in die auch ethnologisches Wissen einbezogen wird. In diesem Zusammenhang wurde auf die im deutschsprachigen Raum kaum rezipierten Erfahrungen der französischen Ethnopsychoanalyse verwiesen, deren Bedeutung mit Beiträgen von Tobie Nathan und Marie Rose Moro unterstrichen wurde. Im Jahr 2003 erschienen zwei Publikationen, deren Basis die psychotherapeutische Arbeit mit türkischen Migrantinnen bildet. Die Zürcher Ethnologin und Psychoanalytikerin Vera Saller setzt in ihrem Buch »Wanderungen zwischen Ethnologie und Psychoanalyse. Psychoanalytische Gespräche mit Migrantinnen aus der Türkei« (Saller 2003) die Auseinandersetzung mit der französischen Ethnopsychoanalyse fort und beschäftigt sich insbesondere mit dem Ansatz von Tobie Nathan. Sie analysiert die von ihr erfahrenen und dokumentierten psychotherapeutischen Prozesse mit Hilfe der Denkansätze des pragmatischen Philosophen Charles S. Peirce und des Psychoanalytikers Wilfred R. Bion. Auf der Basis von psychoanalytischen und systemischen Psychotherapien mit türkischen Migrantinnen in Wien legt die Ethnologin und Psychotherapeutin Ruth Kronsteiner in ihrem Buch »Kultur und Migration in der Psychotherapie. Ethnologische Aspekte psychoanalytischer und systemischer Therapie« (Kronsteiner 2003) einen kultur- und migrationsspezifischen Ansatz in der Psychotherapie vor, in dem die Analyse von Übertragung und Gegenübertragung in der von ihr als »ethno-therapeutisch« bezeichneten interkulturellen Beziehung individuelle als auch kollektive Konflikte sichtbar macht. Sie berücksichtigt in ihrer Analyse die Macht- und Herrschaftsverhältnisse, die mit Hilfe von Konstrukten wie »Geschlecht«, »Rasse«, »Klasse« und »Ethnie« oft bereits beim ersten Kontakt virulent werden. Individuelle, geschlechtliche und kollektive Identitäten, Diskriminierungen, sowie psychosomatische Symptombildungen diskutiert Kronsteiner theoretisch und an Fallbeispielen aus ihrer Praxis, als Bearbeitungsversuche von Konflikten, die in diesen Verhältnissen entstehen.

Die interkulturelle psychoanalytische Psychotherapie hat in Frankreich andere historische, kulturelle und sozial-politische Rahmenbedingungen und andere Traditionen und Modelle ausgebildet und insgesamt ein breiteres Betätigungsfeld im Bereich der psychosozialen Versorgung gefunden als dies in deutschsprachigen Ländern der Fall war und ist (Nathan 2001; Fermi 2002). In Frankreich entstand schon Ende der 70er Jahre, bedingt durch die Zuwanderung nach dem Ende der kolonialen Herrschaft Frankreichs in Nord- und Westafrika und durch seine »Integrationspolitik«, ein Bedarf an einer psychosozialen und psychotherapeutischen Arbeit mit Migranten (Cissé 2002). Dieser bildete den klinischen Erfahrungshintergrund für die Entwicklung von ethnopsychiatrischen und ethnopsychoanalytischen Ansätzen. Die theoretischen Arbeiten von Georges Devereux und die Untersuchungen und sozialpsychiatrischen Innovationen von Henri Collomb und Mitarbeitern im Senegal bildeten Grundlagen für die verschiedenen Richtungen der französischen ethnopsychoanalytischen Therapiepraxis. Bezeichnend für diese neue Situation der psychotherapeutischen Arbeit mit einer »multikulturellen« Patientenschaft ist, dass Kultur und Migration einen prominenten Stellenwert in der psychotherapeutischen Praxis erhalten. Der Psychoanalytiker war nun gezwungen, ähnlich wie es der Ethnopsychoanalytiker als Forscher in der fremden Kultur tat, sein Setting an neue Bedingungen anzupassen, um den Zugang zu seinen Patienten zu erleichtern. Dazu kommt, dass die meisten interkulturellen Psychotherapeuten eigene Migrationserfahrungen hatten, welche auch die Wahl ihres Praxisfeldes mitbestimmt haben. Die Veränderungen des psychotherapeutischen Settings können wie Sigmund Freuds technische Ratschläge für die psychoanalytische Behandlung verstanden werden. In einer vergleichbaren Lage befindet sich der Ethnopsychoanalytiker als Feldforscher, denn er hat die Anordnung seiner psychoanalytischen Untersuchung mit den örtlichen, sozialen und kulturellen Gegebenheiten abzustimmen.

Der psychoanalytisch ausgebildete Ethnologe Georges Devereux wirkte ab 1963 in Paris und lehrte das von ihm als »Ethnopsychiatrie« bezeichnete Fach. Devereux gab mit Tobie Nathan die erste in Frankreich erschienene ethnopsychiatrische Zeitschrift »Ethnopsychiatrica« heraus, von 1983 bis 1998 hat Nathan die »Nouvelle Revue d'Ethnopsychiatrie« ediert. Tobie Nathan, der 1991 das »Centre Georges Devereux« an der Universität Paris 8 gründete, arbeitete zuvor am Krankenhaus Avicenne in Bobigny bei Paris, wo er sich in seiner klinisch-psychotherapeutischen Praxis vor allem mit Migranten beschäftigte. Nathan übertrug Devereux' Idee der Komplementarität auf die Psychotherapie und unterscheidet bei seiner Tätigkeit eine psychologische und eine kulturelle Ebene, die voneinander getrennt bleiben sollten (Nathan 1986, 1988). Er entwickelte ein psychotherapeutisches Setting, bei dem die Herkunftskultur durch ein multikulturelles Team, die Einbeziehung von Übersetzern und den Einsatz von Elementen aus traditionellen Heilverfahren besonders akzentuiert wurde. Die Arbeiten von Nathan sind umstritten, die Kritik trug ihm den Vorwurf der Scharlatanerie und des kulturalistischen Rassismus ein (Rechtman 1995; Fassin 2000). In Frankreich sind psychotherapeutische Teams an verschiedenen Orten damit beschäftigt, die interkulturelle Psychotherapiepraxis weiterzuentwickeln. Marie Rose Moro leitet nun in der Nachfolge von Nathan die psychiatrische Kinder- und Jugendambulanz am Krankenhaus Avicenne und entwickelte ein eigenes ethnopsychoanalytisches Gruppensetting. Die von Moro herausgegebene Zeitschrift »L'autre. Cliniques, cultures et sociétés. Revue transculturelle« und eine von ihr gegründete »Association Internationale d'Ethnopsychanalyse« unterstreichen die institutionelle Präsenz des Ansatzes von Moro. Sie hat sich vor allem mit den psychologischen Problemen der zweiten Generation und mit der transkulturellen Eltern-Kind-Therapie beschäftigt (Moro 1999, 2000, 2001). Bei den ethnopsychiatrischen Gruppentherapien wird in einem multikulturellen Team gearbeitet, das meist aus einem leitenden Therapeuten, Übersetzern und Co-Therapeuten besteht und bei einer großen Gruppe insgesamt 15 Personen umfassen kann. Die Sitzungen, die in der Regel mit der ganzen Familie durchgeführt werden, dauern zwei Stunden und finden zweimonatlich statt, parallel können auch Einzeltherapien angeboten werden. Der transkulturelle Psychotherapeut muss in der Lage sein, sich von den Normalitätsvorstellungen seiner eigenen Kultur distanzieren zu können, um das Fremde aus seinem eigenen kulturellen und sozialen Kontext heraus verstehen zu können. Aus den Erfahrungen an der Ambulanz von Marie Rose Moro entstand der Sammelband »Manuel de psychiatrie transculturelle«, der einen Einblick in die klinischen und sozialen Aspekte der interkulturellen psychotherapeutischen und beraterischen Arbeit gibt (Moro, De La Noë & Mouchenik 2004).

Anmerkungen

[1] Einen Einblick in die Verbindung von Psychoanalyse und Ethnologie, die mittlerweile einen Zeitraum von knapp hundert Jahren umspannt, bietet das biographische Lexikon »Psychoanalyse und Ethnologie« (Reichmayr, Wagner, Ouederrou & Pletzer 2003), in dem Leben und Werk von 113 Repräsentanten der Verbindung von Psychoanalyse und Ethnologie beschrieben werden. Berücksichtigt werden auch Vertreter der transkulturellen Psychiatrie, transkulturellen Psychotherapie, Ethnomedizin und Medizinanthropologie sowie der kulturvergleichenden Psychologie. Eine laufend aktualisierte Website zum biographischen Lexikon bietet: www.chambre.at/lex-epsa – mit den vollständigen Bibliographien der vorgestellten Personen, weiteren Kurzbiographien, Inhaltsverzeichnissen wichtiger fachspezifischer Zeitschriften und Hinweisen auf Institutionen, die sich mit Psychoanalyse und Ethnologie befassen. Die meisten in diesem Text genannten Personen sind mit Einträgen im biographischen Lexikon sowie in der Online-Ergänzung vertreten. Einen Einblick in die Wissenschaftsgeschichte und Modelle der Verbindung von Psychoanalyse und Ethnologie bietet der Band »Ethnopsychoanalyse. Geschichte, Konzepte, Anwendungen« (Reichmayr 2003).

Literatur

Bazzi, D., Schär Sall, H., Signer, D., Wetli, E. & Wirth, D. P. (Hg.) (2000): Fluchten, Zusammenbrüche, Asyl. Fallstudien aus dem Ethnologisch-Psychologischen Zentrum in Zürich. Mit einem Vorwort von David Becker. Zürich (Argonaut).

Bell, K., Holder, A., Janssen, P. & van de Sande, J. (Hg.) (2002): Migration und Verfolgung. Psychoanalytische Perspektiven. Gießen (Psychosozial-Verlag).

Boyer, L. B. (1999): Countertransference and Regression. Ed. by L. L. Doty. Northvale, London (Jason Aronson).

Boxberg, F. von (1976): Analytische Feldforschungen. In: D. Eicke (Hg.) (1976): Die Psychologie des 20. Jahrhunderts, Bd. 2. Freud und die Folgen (I). Zürich (Kindler), S. 1103–1132.

Cissé, M. (2002): Papiere für alle. Die Bewegung der Sans Papiers in Frankreich. Berlin (Assoziation A).

Edmunds, L. & Dundes, A. (Hg.) (1984): Oedipus. A Folklore Casebook. New York, London (Garland Publishing).

Erdheim, M. (1982): Die gesellschaftliche Produktion von Unbewußtheit. Eine Einführung in den ethnopsychoanalytischen Prozeß. Frankfurt/M. (Suhrkamp).

Erdheim, M. (1986): Fritz Morgenthaler und die Entstehung der Ethnopsychoanalyse. In: F. Morgenthaler: Der Traum. Fragmente zur Theorie und Technik der Traumdeutung. Mit Zeichnungen des Autors. Frankfurt/M., New York (Campus), S. 187–211.

Fanon, F. (1986): Das kolonisierte Ding wird Mensch. Ausgewählte Schriften. Leipzig (Reclam).

Fassin, D. (2000): Les politiques de l'ethnopsychiatrie. La psyché africaine, des colonies britanniques aux banlieues parisiennes. In: L'Homme 153, S. 231–250.

Fenichel, O. (1998): 119 Rundbriefe. Bd. 1. Europa (1934–1938), hrsg. von J. Reichmayr und E. Mühlleitner. Bd. 2. Amerika (1938–1945), hrsg. von E. Mühlleitner und J. Reichmayr. Frankfurt/M. (Stroemfeld).

Fermi, P. (2002): Ethnopsychoanalyse. Esquisse d'un roman familial. In: L'autre. Cliniques, cultures et sociétés 3, Nr. 2, S. 329–344.

Freud, S. (1912–13a): Totem und Tabu. GW IX.

Gottschalk-Batschkus C. E. & Rätsch, C. (Hg.) (1998): Ethnotherapien – Therapeutische Konzepte im Kulturvergleich. Ethnotherapies – Therapeutic Concepts in Transcultural Comparison. Berlin (VWB-Verlag für Wissenschaft und Bildung).

Haasen, C. & Yagdiran, O. (2000): Beurteilung psychischer Störungen in einer multikulturellen Gesellschaft. Freiburg/Br. (Lambertus).

Heald, S. & Deluz, A. (Hg.) (1994). Anthropology and Psychoanalysis. An encounter through culture. London, New York (Routledge).

Hegemann, T. & Salman, R. (2001): Transkulturelle Psychiatrie. Konzepte für die Arbeit mit Menschen aus anderen Kulturen. Bonn (Psychiatrie-Verlag).

Heise, T. (Hg.) (1998): Transkulturelle Psychotherapie. Hilfen im ärztlichen und therapeutischen Umgang mit ausländischen Mitbürgern. Berlin (VWB).

Heise, T. (Hg.) (2000): Transkulturelle Beratung, Psychotherapie und Psychiatrie in Deutschland. Berlin (VWB).

Hoffmann, K. & Machleidt, W. (1997): Psychiatrie im Kulturvergleich. Beiträge des Symposiums 1994 des Referats Transkulturelle Psychiatrie der Deutschen Gesellschaft für Psychiatrie, Psychotherapie und Nervenheilkunde im Zentrum für Psychiatrie Reichenau. Berlin (VWB).

Kiesel, D. & Lüpke, H. v. (Hg.) (1998): Vom Wahn und vom Sinn. Krankheitskonzepte in der multikulturellen Gesellschaft. Frankfurt/M. (Brandes & Apsel).

Kronsteiner, R. (2003): Kultur und Migration in der Psychotherapie. Ethnologische Aspekte psychoanalytischer und systemischer Therapie. Frankfurt/M. (Brandes & Apsel).
LeVine, R. (1973): Culture, Behavior and Personality. Chicago (Aldine).
Lioger, R. (2002): La folie du Chaman. Histoire et perspectives de l'ethnopsychanalyse théorique. Paris (Presses Universitaires de France).
Mead, M. (1985): Vorwort. In: G. Devereux (Hg.): Traum und Realität. Psychotherapie eines Prärie-Indianers. Frankfurt/M. (Suhrkamp), S. 11-21.
Möhring, P. & Apsel, R. (Hg.) (1995): Interkulturelle psychoanalytische Therapie. Frankfurt/M. (Brandes & Apsel).
Moro, M. R. (1999): Aufwachsen im Exil. Ethnopsychoanalyse mit Eltern und Kindern. In: F. Pedrina et al. (Hg.) (1999): Kultur, Migration und Psychoanalyse. Therapeutische Konsequenzen theoretischer Konzepte. Eine Vortragsreihe des psychoanalytischen Seminars Zürich. Tübingen (edition diskord), S. 149-186.
Moro, M. R. (2000): Psychothérapie transculturelle des enfants et des migrants. 2. Aufl. Paris (Dunod).
Moro, M. R. (2001): Parents en exil. Psychopathologie et migration. 2. Aufl. Paris (PUF).
Moser, C., Nyfeler, D. & Verwey, M. (Hg.) (2001): Traumatisierung von Flüchtlingen und Asyl Suchenden. Einfluss des politischen, sozialen und medizinischen Kontextes. Zürich (Seismo).
Moro, M. R., De La Noë, Q. & Mouchenik, Y. (Hg.) (2004): Manuel de psychiatrie transculturelle. Travail clinique, travail social. Grenoble (La Pensée sauvage).
Muensterberger, W. (1974): Oralität und Abhängigkeit. Charakterzüge unter Südchinesen. In: Ders. (Hg.): Der Mensch und seine Kultur. München (Kindler), S. 170-205.
Nadig, M. & Reichmayr, J. (2000): Paul Parin, Fritz Morgenthaler und Goldy Parin-Matthèy. In: U. Flick, E. v. Kardorff & I. Steinke (Hg.): Qualitative Forschung. Ein Handbuch. Reinbek bei Hamburg (Rowohlt Taschenbuch Verlag), S. 72 bis 84.
Nathan, T. (1986): La folie des autres. Traité d'ethnopsychiatrie clinique. Paris (Dunod).
Nathan, T. (1988): Psychoanalyse païenne. Essays ethnopsychoanalytiques. Paris (Dunod).
Nathan, T. (2001): Préface à la 2e édition. Vingt ans après. Développement de l'ethnopsychiatrie clinique en France – espoirs et embûches. In: Ders. (2001): La folie des autres. Traité d'ethnopsychiatrie clinique. Paris (Dunod).
Ninck Gbeassor, D., Schär Sall, H., Signer, D., Stutz, D. & Wetli, E. (Hg.) (1999): Überlebenskunst in Übergangswelten. Ethnopsychologische Betreuung von Asylsuchenden. Berlin (Reimer).
Ottomeyer, K., Peltzer, K. (Hg.) (2002): Überleben am Abgrund. Psychotrauma und Menschenrechte. Klagenfurt (Drava).
Parin, P. (1976): Das Mikroskop der vergleichenden Psychoanalyse und die Makrosozietät. In: Psyche 30, S. 1-25.
Parin, P. (1977): Das Ich und die Anpassungs-Mechanismen. In: Psyche 31, S. 481 bis 515.

Parin, P. (1989): Zur Kritik der Gesellschaftskritik im Deutungsprozeß. In: Psyche 43, S. 98–119.
Parin, P. (1992): Der Widerspruch im Subjekt. Ethnopsychoanalytische Studien. Hamburg (Europäische Verlagsanstalt).
Parin, P. & Parin-Matthèy, G.: Der Widerspruch im Subjekt. Die Anpassungsmechanismen des Ichs und die Psychoanalyse gesellschaftlicher Prozesse. In: S. Drews et al. (Hg.): Provokation und Toleranz. Festschrift für Alexander Mitscherlich zum siebzigsten Geburtstag. Frankfurt/M. (Suhrkamp), S. 410 bis 435.
Parin, P. & Parin-Matthèy, G. (1988): Subjekt im Widerspruch. Frankfurt/M. (Athenäum).
Parin, P., Morgenthaler, F. & Parin-Matthèy, G. (1971): Fürchte deinen Nächsten wie dich selbst. Psychoanalyse und Gesellschaft am Modell der Agni in Westafrika. Frankfurt/M. (Suhrkamp).
Parin, P., Morgenthaler, F. & Parin-Matthèy, G. (1993): Die Weissen denken zuviel. Psychoanalytische Untersuchungen bei den Dogon in Westafrika. Mit einem neuen Vorwort von Paul Parin und Goldy Parin-Matthèy. Hamburg (Europäische Verlagsanstalt).
Parsons, A. (1974): Besitzt der Ödipuskomplex universelle Gültigkeit? Eine kritische Stellungnahme zur Jones-Malinowski-Kontroverse sowie die Darstellung eines süditalienischen Kernkomplexes. In: W. Muensterberger (Hg.): Der Mensch und seine Kultur. Psychoanalytische Ethnologie nach »Totem und Tabu«. München (Kindler), S. 206–259.
Pedrina, F., Saller, V., Weiss, R. & Würgler, M. (Hg.) (1999): Kultur, Migration und Psychoanalyse. Therapeutische Konsequenzen theoretischer Konzepte. Eine Vortragsreihe des psychoanalytischen Seminars Zürich. Tübingen (edition diskord).
Rechtman, R. (1995): De l'ethnopsychiatrie à la psychiatrie culturelle. À propos de »Fier de n'avoir ni pays, ni amis quelle scottise c'était« de Tobie Nathan. In: L'évolution psychiatrique 60, S. 637–694.
Reichmayr, J. (2003): Ethnopsychoanalyse. Geschichte, Konzepte, Anwendungen. Gießen (Psychosozial-Verlag).
Reichmayr, J., Wagner, U., Ouederrou, C. & Pletzer, B. (2003): Psychoanalyse und Ethnologie. Biographisches Lexikon der psychoanalytischen Ethnologie, Ethnopsychoanalyse und interkulturellen psychoanalytischen Therapie. Gießen (Psychosozial-Verlag).
Rodewig, H. (Hg.) (2000): Identität, Integration und psychosoziale Gesundheit. Aspekte transkultureller Psychosomatik und Psychotherapie. Gießen (Psychosozial-Verlag).
Róheim, G. (1921): Ethnologie und Völkerpsychologie. In: S. Freud (Hg.): Bericht über die Fortschritte der Psychoanalyse in den Jahren 1914–1919. Internationale Zeitschrift für Psychoanalyse, Beiheft Nr. III. Leipzig, Wien, Zürich (Internationaler Psychoanalytischer Verlag), S. 163–194.
Saller, V. (2003): Wanderungen zwischen Ethnologie und Psychoanalyse. Psychoanalytische Gespräche mit Migrantinnen aus der Türkei. Tübingen (edition diskord).

Spain, D. H. (Hg.) (1992): Psychoanalytic Anthropology after Freud. Essays Marking the Fiftieth Anniversary of Freud's Death. New York (Psyche Press).
Spiro, M. E. (1982): Oedipus in the Trobriands. Chicago (Univ. of Chicago Press).
Verwey, M. (Hg.) (2001): Trauma und Ressourcen. Trauma and Empowerment. Curare. Sonderband 16. Berlin (VWB – Verlag für Wissenschaft und Bildung).
Zempléni, A. (1977): From Symptom to Sacrifice. The Story of Khady Fall. In: V. Crapanzano & V. Garrison (1977): Case Studies in Spirit Possession. New York, London, Sydney, Toronto (John Wiley & Sons), S. 87–139.
Zinser, H. (1984): Die Wiedereinsetzung des Subjektes. Von der psychoanalytischen Ethnologie zur Ethnopsychoanalyse. In: E. W. Müller et al. (Hg.): Ethnologie als Sozialwissenschaft. Kölner Zeitschrift für Soziologie und Sozialpsychologie, Sonderheft 26/1984. Opladen (Westdeutscher Verlag), S. 101–112.

Das Unbewusste in übergreifenden Denkhorizonten: Phänomenologie, Existenzphilosophie, Diskursanalyse, Ethik

Einführung der Herausgeber

Der folgende überwiegend philosophisch orientierte Teil, der sich an wichtigen Punkten auch mit der Psychoanalyse und den Sozial- und Kulturwissenschaften berührt, konzentriert sich neben Heidegger auf wichtige Vertreter der französischen Nachkriegsphilosophie, namentlich auf Sartre, Merleau-Ponty, Foucault und Lacan. Dadurch rücken einige Etappen der jüngeren französischen Theoriegeschichte und wichtige Richtungen wie Phänomenologie, Existenzphilosophie, Diskursanalyse und Ethik ins Blickfeld. Sie sind im Rahmen der aktuellen Diskurse über die verschiedenen Sichtweisen des Unbewussten virulent.

Wie in unserem ersten Band »Macht und Dynamik des Unbewussten« gezeigt wurde, hat sich die Auseinandersetzung über das Unbewusste auf *philosophischem* Terrain und speziell in der Dialektik von Aufklärung und Romantik entwickelt. Selbst der Rationalist Descartes, der im 17. Jahrhundert die Weichen für die einseitige Ausrichtung am Denken und Bewusstsein gestellt hat, räumte dem, was »*nicht gedacht*« ist, implizit einen Platz ein. Leibniz war es dann, der dem Unbewussten den Weg gebahnt hat, vor allem durch seine Konzeption der »pétites perceptions«, jener unmerklichen Vorstellungen, die ganz am Rande des Bewusstseins liegen und doch in Summe große Wirkungen erzielen. Auch der große Aufklärer Kant hat sich jenen Bereichen gegenüber, die wir als das Unbewusste auszeichnen, keineswegs verschlossen. Er verfügte über eine »Landkarte des Gemüts«, die umfangreich war und seelische Vermögen jenseits der Vernunft einschloss. Die Aufklärung musste aber erkennen, dass es Kräfte gibt, die sich der rationalistisch definierten Vernunft entziehen, und hier setzte die Romantik als Gegenbewegung ein. Große Unterschiede zwischen Romantik und Aufklärung ergeben sich nicht nur daraus, was geglaubt oder gewusst wird, sondern auch daraus, wie Glaube und Wissen bewertet werden. Und da erscheinen die Romantiker mitunter realistischer als die Vertreter der exakten Wissenschaft. Der verborgene Realismus der Romantik ist genauso beachtenswert wie der verborgene Mystizismus der sog. exakten Wissenschaft.

Im späten 18. und im 19. Jahrhundert kam es zu einer epochalen Wende von einer idealistischen Philosophie der Geistvernunft (Plato, Fichte, Hegel u. a.) hin zu einer antiidealistisch konzipierten Leibvernunft (Schopenhauer, Feuerbach, Nietzsche u. a.). Schellings Beitrag zu diesem Umbruch im anthropologischen Denken kann man darin sehen. dass er der Natur eine grundlegend neue Bestimmung gab, nämlich als Drang, Trieb, Begierde und Sucht, und diese irrationale Kraft als »*Wille*« bezeichnete, ganz im Gegensatz zum traditionellen Verständnis des freien Willens. Schopenhauers Leitidee war, dass die Welt des Willens – und damit auch das Leibliche, das Affektive und die Sexualität – das Primäre, Ursprüngliche und eigentliche Reale sei, während die Welt der »Vorstellung« nur von sekundärer Bedeutung sei. Auch Nietzsche wandte sich vehement gegen die idealistischen Postulate der Vernunft, des freien Willens und der Vorrangstellung des Bewusstseins. Man kann bei ihm von einer Anthropologie der unbewussten triebhaft-vitalen Bedürfnisse, Leidenschaften und Affekte sprechen.

Ausgehend von seinen klinischen Erfahrungen in der Neurosentherapie rückte auch Freud das Triebhafte und Irrationale ins Zentrum seiner Konzeption des Unbewussten. Thomas Mann hat ihn deshalb jenen Denkern zugerechnet, die »entgegen dem Rationalismus, Intellektualismus, Klassizismus, mit einem Worte: dem Geistglauben des achtzehnten und etwa auch noch des neunzehnten Jahrhunderts, die Nachtseite der Natur und der Seele als das eigentlich Lebenbestimmende und Lebenschaffende betonen, kultivieren, wissenschaftlich hervorkehren«. Aber Thomas Mann hat auch klar ausgesprochen, dass Freud zu keiner »Verherrlichung seines Gegenstandes auf Kosten der intellektuellen Sphäre« tendiere. Er konstatiert bei Freud »die Einsicht in die tatsächlich-machtmäßige Überlegenheit des Triebes über den Geist, nicht aber »das bewunderungsvolle Auf-dem-Bauch-Liegen vor dieser Überlegenheit«.

Zwar kam es im 19. und 20. Jahrhundert zu einer bedeutsamen »Umbuchung« (Assmann) des Unbewussten von den philosophischen Disziplinen der Metaphysik, Ästhetik und Ethik in die Psychologie, Medizin und Psychotherapie. Aber auch Freuds Nachfolger – angefangen bei Adler, Jung, Rank, Ferenczi und Groddeck über Melanie Klein, Bion, Balint und Winnicott bis hin zu Kohut, Schafer und Stephen Mitchell – haben sich weiter in der Dialektik von Aufklärung und Romantik und in den Bahnen der Willensmetaphysik bewegt. Sie konnten allerdings auch an neueren Diskursen wie der Kritischen Theorie (siehe dazu den Beitrag von Görlich und Walter), der Sprachphilosophie (siehe dazu die Beiträge von Zepf, Soldt und Buchholz) und der Kulturphilosophie (siehe die Beiträge von Assmann und von Braun) partizipieren. Dass es hier fließende Übergänge zwischen Philosophie, Sozial- und Kulturwissenschaften gibt, liegt auf der Hand.

Von den »übergreifenden Denkhorizonten«, in denen die Rationalitätskritik des 18. und 19. Jahrhunderts und damit die Auseinandersetzung über das Unbewusste weitergeführt wurde, berücksichtigen wir im folgenden
– die Phänomenologie, Hermeneutik und Existenzphilosophie, zu deren Repräsentanten Heidegger, Sartre und Merleau-Ponty gehören,
– die Diskursanalyse Foucaults und
– die Ethik Lacans (in Auseinandersetzung mit Aristoteles, Kant und Freud).

Heidegger, Sartre und Merleau-Ponty lassen sich der von Husserl begründeten »phänomenologischen Bewegung« zuordnen, die den materialistisch-positivistischen Erklärungen des Seelenlebens den Kampf angesagt hat. In seiner bewusstseinsphilosophisch orientierten Lehre von der »Intentionalität« betont Husserl im Anschluss an seinen Lehrer Franz Brentano (der auch der Philosophielehrer Freuds war), dass Bewusstsein mit Notwendigkeit auf einen Gegenstand in der Welt ausgerichtet sei. Bewusstsein sei stets Bewusstsein *von* etwas. In der Vorstellung werde immer etwas vorgestellt, im Urteil etwas bejaht oder verworfen usw. In allen Bewusstseinsarten sei immer ein Gegenstand immanent. Wenn Bewusstsein und Gegenstand eine unauflösliche Einheit bilden, so wird die in der »innengewendeten«, kritisch auch als »weltlos« bezeichneten Psychologie bestehende Grenzziehung zur materiellen Welt wie auch zur leiblichen Sphäre aufzuheben versucht. Der Mensch soll weder nur als denkendes Wesen (Descartes) noch als nur erlebend-gefühlsmäßiges Wesen (Dilthey), sondern in seiner auf Leiblichkeit begründeten Weltbezogenheit erforscht werden.

Husserls Anliegen war die Freilegung eines Weges zu den Phänomenen in ihrer Ursprünglichkeit. Sein bleibendes Verdienst ist die Begründung der phänomenologischen Methode. Um bei dem anzusetzen, was tatsächlich gegeben ist, und nicht bei dem, was Tradition, Theorien, Vorurteile usw. vorgeben, muss zunächst eine Enthaltung von einer theoretischen Einstellung geübt werden, die den Blick auf »die Sache selbst« verstellt. Es geht prinzipiell darum, von einer Welt »aus zweiter Hand« (der theoretischen Welt) auf eine Welt »aus erster Hand« (natürliche oder Lebenswelt) zurückzugehen. Mit Lebenswelt ist die Welt gemeint, in der wir ganz naiv (im positiven Sinne) und spontan, unbefangen und vorurteilsfrei existieren. In einem zweiten methodischen Schritt wird versucht, das jeweils Gegebene so genau wie möglich zu beschreiben, ohne die Grenzen der Phänomengegebenheit zu überschreiten. Der Sinn dieser phänomenologischen »Deskription« liegt darin, wie Heidegger es später formulieren wird, »das, was sich zeigt, so wie es sich von ihm selbst her zeigt, von ihm selbst her sehen zu lassen«. In weiteren Schritten geht es um die Ausschaltung des Subjektiven und des Unwesentlichen. Für Husserl war entscheidend, den Blick auf das »Wesen« der zugrunde liegenden Erlebnisse und ihrer Gegenstände zu richten: auf das jenseits des individuellen Bewusstseins liegende Allgemeine, Ideelle, das an Tatsachen der Natur, an Personen, an geistigen Objektivationen u. a. erschaut werden kann. Er nahm an, dass sich letztlich alle Phänomene in einer »*Wesensschau*« erfassen lassen.

Eine besondere Akzentuierung erhielt die Phänomenologie in der Fokussierung auf das menschliche »Dasein«. In seinem frühen Hauptwerk »Sein und Zeit« (1927) vollzog Martin Heidegger eine Wende von der Phänomenologie zur Fundamentalontologie, um den Sinn des menschlichen Daseins zu erschließen. In der Durchführung einer solchen Daseinsanalytik wird für ihn an der menschlichen Existenz eine Struktur erkennbar, deren Elemente er als »Existenzialien« bezeichnet. Dazu gehören beispielsweise In-der-Welt-Sein, Mit-Sein, das Man und das eigentliche Selbst, Befindlichkeit, Stimmung, Verstehen, Rede, Angst, Sorge, das Sein zum Tode, Zeitlichkeit und Geschichtlichkeit.

Der Begriff des »Verstehens« wird in diesem Kontext nicht im Sinne der geisteswissenschaftlichen Methode, sondern im Hinblick auf die menschliche Daseinsverfassung gebraucht: Da der Mensch primär verstehend in seiner Welt existiere, eröffne sich ihm die Sicht auf die Faktizität seiner selbst und der Welt, aber auch auf die Möglichkeiten seines Existierens. Demnach steht der Einzelne vor der Entscheidung, sein eigentliches Selbst zu wählen und den Mut zur entschlossenen Daseinsbewältigung aufzubringen oder aber im uneigentlichen Man stecken zu bleiben. Wie kann der Mensch aber zu einem existenziellen Verstehen gelangen? Jedes Verstehen, das dem eigentlichen Selbst entspringt, vollzieht sich nach Heidegger immer als »Wegräumen der Verdeckungen und Verdunkelungen, als Zerbrechen der Verstellungen, mit denen sich das Dasein gegen es selbst abriegelt«. Zur »Sorge« um sich selbst fühlt sich der Einzelne immer dann aufgerufen, wenn ihm sein Dasein im Ganzen fraglich wird und vor allem, wenn er in die Grundbefindlichkeit der »Angst« gerät. Am ausgeprägtesten ist die Herausforderung zum Selbst-sein in der Angst vor dem Tod. Diese Herausforderung gilt es im vorlaufenden Enthüllen anzunehmen. Dazu ist aber nur derjenige fähig, der den Ruf des »Gewissens« als eine Erweckung aus der Selbstvergessenheit und ein Vorrufen in die »Situation« zu hören vermag.

Wie *Johannes Oberthür* aufzeigt, steht Heidegger – ähnlich wie im 19. Jahrhundert Schelling und Nietzsche – in einem ambivalenten Verhältnis zur Aufklärung. Einerseits bleibt das Denken und die Vorrangstellung der ratio im Brennpunkt seines Philosophierens. Andererseits stellt er sich der Herausforderung, das Nicht-Denkbare, das sich dem Denken Entziehende, in den Denkhorizont einzubeziehen. Dieses Phänomen des »verbergenden Entzugs« kommt dem, was wir als Unbewusstes ansprechen, nahe; Heidegger spricht in diesem Zusammenhang aber nicht vom Unbewussten, sondern vom »Sein«. Als wesentlichen Zugang betrachtet Oberthür jenes Verstehen, zu dem das Prärationale, Stimmungsmäßige und damit der vorgängige Bezug zum Unbewussten unmittelbar gehören.

Bemerkenswert ist, wie sich Heidegger in einem am 28. Oktober 1945 geschriebenen Brief an Jean-Paul Sartre über dessen frühes Hauptwerk »Das Sein und das Nichts« (1943) äußerte: »Hier begegnet mir zum ersten Mal ein selbständiger Denker, der von Grund aus den Bereich erfahren hat, aus dem heraus ich denke. Ihr Werk ist von einem so unmittelbaren Verstehen meiner Philosophie beherrscht, wie es mir noch nirgends begegnet ist«. Tatsächlich hat Sartre eine Reihe von Anschlüssen an Heideggers Existenzialontologie hergestellt. Auch er sieht im »vorontologischen Verständnis« das Fundament aller höheren Verstehensleistungen: Der Mensch besitze Seinsverständnis, noch bevor er daran gehe, ontologische Aussagen zu machen. Auf der Grundlage eines solchen vorontologischen Verständnisses erwächst das psychologische Verstehen. Dem muss aber eine ontologische Bestimmung dessen vorausgehen, was das strukturelle Wesen des Menschen ist. Für diese Strukturanalyse verwendet Sartre Kategorien wie das (Hegelsche) An-sich-Sein und Für-sich-Sein, Nichts, Freiheit, Verantwortlichkeit, Wahl, Entwurf, der Blick des Anderen, Faktizität und Transzendenz, Sadismus und Masochismus.

Die Methode des Verstehens, die den einer ursprünglichen »Wahl« entstammenden Daseinsentwurf eines Menschen zu bestimmen sucht, bezeichnet Sartre als »existenzielle« im Unterschied zur »empirischen« Psychoanalyse. Eine grundsätzliche Übereinstimmung mit der Freudschen Psychoanalyse sieht er darin, dass alle Bekundungen des Seelenlebens Beziehungen wie von Symbolisiertem zu Symbol mit den grundlegenden und umfassenden Strukturen unterhalten, die die Person im eigentlichen Sinne ausmachen. Den Begriff Symbol benutzt er hier im Sinne einer verschlüsselten Botschaft, die aus den Tiefen des Seelenlebens stammt, nicht jedoch als Chiffre des Unbewussten, denn er verwirft die Lehre vom Unbewussten ausdrücklich. Der existenzielle Entwurf sei dem Erleben und Bewusstsein durchaus zugänglich. Im Grunde wisse jeder um seine grundlegenden Ziele im Leben. Was man auf diese Weise bereits verstanden hat, habe man aber nicht unbedingt erkannt. Bewusst sei nicht gleichbedeutend mit gewusst. Kurz gefasst, kann die existenzielle Psychoanalyse als eine Methode definiert werden, die dazu bestimmt ist, in streng objektiver Form die subjektive Wahl ans Licht zu ziehen, durch die jede Person sich zur Person mache.

Günter Zurhorst setzt sich in seinem Beitrag mit den sehr subtilen erkenntnistheoretischen, vor allem hermeneutischen Überlegungen Sartres auseinander, wobei in erster Linie die Kategorien des Individuellen, des Entwurfs, der Person, des Anderen, des Werdens bzw. der Verzeitlichung und des Allgemeinen ins Spiel kommen. Was der »empirischen« Psychoanalyse das Unbewusste sei, sei der existentiellen Psychoanalyse das *präreflexive Cogito*, und was in der empirischen Psychoanalyse mit dem System Bewusstsein bestimmt werde, sei in der existentiellen Psychoanalyse das *erkennende* Bewusstsein *von etwas*.

Auch Maurice Merleau-Ponty, der langjährige Freund und Weggenosse Sartres, hat die phänomenologischen Schriften Husserls und Heideggers frühzeitig rezipiert und sich bereits in seiner Dissertation »Phänomenologie der Wahrnehmung« (1945) mit einer Kritik an der als naturalistisch betrachteten Anthropologie Freuds und mit dem Entwurf einer »existenziellen Psychoanalyse« beschäftigt. *Stephan Günzel* und *Christof Windgätter* betrachten den das Bewusstsein tragenden »Leib« und den diesen umgebenden »Raum« als Hauptkonzeptionen in Merleau-Pontys Werk. Die bereits im Frühwerk begonnene Thematisierung der leiblichen Erfahrung sei im Kontext einer Auf- und Umwertung der sinnlich-sinnhaften Bezüge des Menschen zur Welt zu sehen. Der Rückgang auf ein untergründiges und vorobjektives Leibwissen diene dazu, ein noch Unreflektiertes der Reflexion zugänglich zu machen und könne als eine Hinwendung zum

Unbewussten verstanden werden. Hat Merleau-Ponty schon in seiner Philosophie der Leiblichkeit betont, das Unbewusste sei »nicht in unserem Innersten zu suchen, hinter dem Rücken unseres ›Bewusstseins‹, sondern vor uns als Gliederung unseres Feldes«, so erhält die Räumlichkeit in seinem Spätwerk unter dem Stichwort »Fleisch« einen noch stärkeren Akzent. Mit diesem Begriff wird eine Seinsstruktur bezeichnet, durch die sich Leib, Welt und Dinge als »chiasmatisch« miteinander verflochten erweisen. Wenn die Psychoanalyse zu einer anthropologischen Neuorientierung an der »Philosophie des Fleisches« bereit sei, könne sie, wie Merleau-Ponty hoffte, »echte« Psychoanalyse werden. Bemerkenswert ist der Hinweis von Günzel und Windgätter, dass der Begriff des Raumes als ›Fleisch‹ der Welt eine so immense Rezeption wie kein anderes Konzept Merleau-Pontys erfahren hat.

Auch Michel Foucault war in seinen philosophischen Lehrjahren durch die Phänomenologie und Existenzphilosophie geprägt. Er studierte an erster Stelle die Schriften Heideggers und Hegels, aber auch die Husserls und Sartres und gehörte zu den Hörern Merleau-Pontys. Man kann Sartre, Beauvoir, Merleau-Ponty und andere Existentialisten der Generation der »3 H« von Hegel, Husserl und Heidegger zurechnen, da die Dialektik, die Geschichte und der Einzelne als Subjekt für sie die entscheidende Sinndimension bildeten.

Zu den »Vätern« der neuen Generation – der Strukturalisten und Poststrukturalisten – gehörten vor allem Nietzsche und Freud, die sowohl den Glauben an die Vorrangstellung des Bewusstseins im Seelenleben als auch den Glauben an ein einheitliches Ich als Subjekt allen Denkens, Fühlens und Wollens radikal in Frage gestellt hatten. Als der alte »Diskurs über das Subjekt« in den 60er Jahren abgelöst wurde, war Foucault maßgeblich daran beteiligt. Ein Zeugnis für die Brisanz der damaligen Auseinandersetzungen ist der mit Leidenschaft geführte Disput zwischen Sartre und Foucault. Worum es bei dieser »Transformation der Phänomenologie« ging, hat Bernhard Waldenfels in seiner grundlegenden Arbeit »Phänomenologie in Frankreich« (1983) verdeutlicht: »Worte wie Subjekt, Mensch, Erlebnis, Bewußtsein, Intention, leibhaftige Gegenwart, Sinn, Auslegung, Konstitution, Teleologie, Ursprung, Kontinuität, Totalität, Dialektik, Freiheit und Entfremdung, die bisher weithin im Schwange waren, werden überprüft, beargwöhnt und im äußersten Falle liquidiert. An ihre Stelle treten Ausdrücke wie Prozeß, Mechanismus, Unbewußtes, Begehren, Topik, Abwesenheit, Signifikantenkette, Sinneffekt, Konstruktion, Rekonstruktion,

Einschnitt, Transformation, Diskurs und – als pars pro toto – die *Struktur*«.

Zum Strukturalismus blieb Foucault zwar auf Distanz. Bei der Untersuchung der herrschenden Diskurse über Wahnsinn, Recht, Erziehung, Sexualität u. a. teilte er aber dessen Parole vom Verschwinden des Subjekts zugunsten unbewusster anonymer Strukturen. In seinem ersten Hauptwerk »Die Ordnung der Dinge« (1966) sieht er das Ziel der von ihm entwickelten *Diskursanalyse* gerade darin, zu untersuchen, was dem wissenschaftlichen Bewusstsein entgehe, nämlich »das Unbewusste der Wissenschaft«. Dieses sei »immer die negative Seite der Wissenschaft – das, was ihr Widerstand leistet, sie vom Wege abbringt oder sie stört. Was ich jedoch erreichen wollte, war, *ein positives Unbewusstes* des Wissens zu enthüllen: eine Ebene, die dem Bewusstsein des Wissenschaftlers entgleitet und dennoch Teil des wissenschaftlichen Diskurses ist«.

In Foucaults Verhältnis zur Psychoanalyse erkennt *Wolfgang Hegener* eine Ambivalenz. In einer frühen Phase habe Foucault die Psychoanalyse als »Gegenwissenschaft« zu den gängigen Humanwissenschaften profiliert, da sie sich in Theorie und Praxis unmittelbar mit der Macht des Unbewussten konfrontiere. Im Spätwerk hingegen treten zunehmend die repressiven Tendenzen in der Psychoanalyse als »Biomacht« und »Pastoralmacht« (»Geständnistechnik«) in den Brennpunkt seiner Untersuchungen. Bei aller berechtigten Kritik darf aber, so Hegener, der emanzipatorische Impetus der Psychoanalyse, der seine Wirkungen individuell über die Bewusstmachung des Unbewussten, aber auch überindividuell über die Gesellschafts- und Kulturanalyse entfaltet, nicht verkannt werden.

Die Erfahrungen des Pariser Aufstands im Mai '68 führten bekanntlich zu einer nachhaltigen Politisierung vieler französischer Philosophen. Dass Foucault zwei Jahre später in seiner Antrittsvorlesung am berühmten »Collège de France« die These vom Primat des Diskurses durch jene vom Primat der *Macht* ersetzt, muss in diesem Kontext gesehen werden. Auffällig ist, dass er dabei gar nicht an die marxistische Theorie der Macht als äußerlichem Unterdrücker anknüpft, sondern in erster Linie Anschluss an Nietzsches Philosophie sucht, wonach der »Wille zur Macht« das gesamte Weltgeschehen auf subtile und weitgehend verdeckte Weise durchwirkt.

Von Foucault ausgehend widmet sich *Klaus-Jürgen Bruder* diesem Diskurs der Macht und entfaltet ihn in verschiedene Richtungen. Als Machtstreben und Leiden unter der Macht durchziehe dieser Diskurs in seinen vielfältigen Erscheinungsformen unser ganzes Leben. In psychoanalytischer Perspektive ist das Unbewusste die Macht, die unser Verhalten, Denken, Fühlen, Wahrnehmen und Sprechen bestimmt. Immer spielt dabei die Unbewusstmachung von Herrschaft, von gesellschaftlicher Macht eine Rolle. Dass diese Dimension in der psychoanalytischen Theoriebildung vernachlässigt worden ist, erscheint als schwerwiegendes Defizit. Die fällige Integration des Machtbegriffs in die Psychoanalyse, ihre Bearbeitung dahingehend, dass er in seinen verschiedenen Aspekten als psychologischer und psychoanalytischer Begriff tauglich wird, hält Bruder für dringend geboten und für eine Konsequenz des sozialpsychologischen und intersubjektiven Ansatzes, den sie bereits verfolgt.

In seinem Spätwerk hat sich Foucault nach der Diskurs- und Machtanalyse einem dritten großen Problem zugewandt: der individuellen Lebensführung, der *Sorge um das Selbst*. Damit war eine Hinwendung zur spätantiken Philosophie der Lebenskunst und zu einer Erneuerung der Ethik verbunden. In seinem Entwurf einer neuen Ethik und Ästhetik stellt er sich der Herausforderung, die in der Disziplinargesellschaft trotz aller Normen und Zwänge bestehenden Freiheitsspielräume für den Einzelnen näher zu bestimmen. In einem Interview von 1982 erklärt er, er habe sich vorgenommen, »den Menschen zu zeigen, dass sie weit freier sind, als sie meinen; [...] Alle meine Untersuchungen richten sich gegen den Gedanken universeller Notwendigkeiten im menschlichen Dasein. Sie helfen entdecken, wie willkürlich Institutionen sind, welche Freiheit wir immer noch haben und wie viel Wandel immer noch möglich ist«. Zu der in den 80er Jahren einsetzenden »Wende zu einer neuen Ethik«, bei der es über die erwähnte Selbstsorge hinaus zentral um Fragen der Gerechtigkeit und der Verantwortung um den/die Anderen geht, hat neben Foucault auch der Philosoph und Psychoanalytiker Jacques Lacan maßgeblich beigetragen.

Alfred Schöpf, seines Zeichens Philosoph und Psychoanalytiker, widmet sich einem Vergleich der großen ethischen Entwürfe von Aristoteles, Kant, Freud und Lacan. Den Ausgangspunkt bildet dabei die Frage, was es für unsere heutige Orientierung zu bedeuten hat, dass die von Aristoteles begründete Ethik der Sittlichkeit und die autonome Vernunftethik Kants das Widerständige, das die Lehre des Unbewussten ins Spiel brachte, noch nicht berücksichtigt haben. Schon Nietzsche spricht von der »ganzen unbewußten Seite unserer Moralität«; dass selbst hinter den Philosophen »eine ihnen oft unbewußte Absichtlichkeit« arbeite; und dass die Verschiedenheit ihrer Denkwelten sich auf die »unbewußte Führung durch moralische Hinterabsichten« zurückführen lasse, so dass »das moralische Problem radikaler ist als das erkenntnistheoretische«. In der »Genealogie der Moral« erklärt er die christliche Moral für lebensfeindlich, da sie beim Individuum eine schwerwiegende Triebunterdrückung bewirke, die zu einer »Verinnerlichung« der nach außen gehemmten Affekte und damit zu einer »Wendung gegen die eigene Person« führe. Mit seinen Ausführungen zum »schlechten Gewissen« und zu den »asketischen Idealen« dringt er in einen Themenbereich vor, den Freud später als Pathologie des individuellen und kulturellen »Über-Ichs« behandelt. Im Spannungsfeld von Trieb und Vernunft, Natur und repressiver Kultur hat Freud eine der Grundtendenz nach ähnliche moralkritische Position wie Nietzsche bezogen.

Eine künftige Ethik kommt ohne eine strukturelle Einbeziehung unbewusster Prozesse nicht aus. Während Freud aufgrund seines Wissenschaftsverständnisses im Sinne von Wertfreiheit auf eine explizite Erarbeitung einer psychoanalytischen Ethik verzichtete, schließt Lacans strukturalistischer Zugang zum Unbewussten eine ethische Dimension ein. Lacan hat sich lange Zeit in der Nähe der Phänomenologie bewegt, bis er sich in den 50er Jahren der Linguistik de Saussures und Jakobsons zuwendet, wonach die Sprache eine überpersönliche Struktur darstellt, deren Regeln vom Sprechenden unbewusst angewandt werden. In einem seiner Seminare hat er sich dann explizit der »Ethik der Psychoanalyse« (1986) gewidmet und dabei die Verantwortung für das eigene Begehren herausgestellt. Da darin die Verantwortung für die Beziehung zum Anderen nur ansatzweise zum Tragen kommt, sind der Lacanschen Ethik jedoch Grenzen gezogen, die es nach Auffassung Schöpfs zu überschreiten gilt.

Michael B. Buchholz & Günter Gödde

Johannes Oberthür

Wiedergefundener Verlust
Heidegger und die radikale Selbstkritik des Denkens

Aus der Tradition des Rationalismus

Der nachfolgende Aufsatz gehört in den Kontext einer fächerübergreifenden Untersuchung zum Thema des ›Unbewussten‹. Dies Motiv steht im Zentrum des Forschungsinteresses von Psychologie und Psychoanalyse. Die Philosophie begegnet diesen Wissenschaften, seit sie aufkamen, mit abweisender Distanz. Darin spiegelt sich die tief verankerte und stillschweigend tradierte Prämisse, der gemäß die abendländische Philosophie seit ihren Anfängen darum bemüht ist, ihre Vorrangstellung gegenüber allen anderen und besonders gegenüber den ihr verwandten Disziplinen zu behaupten. Gegen jede Thematisierung so unwägbarer Phänomene, wie es das Unbewusste darstellt, hat sie sich einer Instanz verschrieben, die gerade nicht unwägbar sein und als solche die oberste Vormachtstellung im Gesamtgefüge des Menschenwesens innehaben soll: der menschlichen *Ratio*. Logos und Vernunft, Denken und Verstehen kennzeichnen die Dimension, in der sich die Philosophie seit Plato zur obersten Wissenschaft erklärt. Insofern ist sie von früh an durch radikalen Rationalismus bestimmt. Dieser jedoch wird im Zuge geschichtlicher Entfaltung nicht nur zur herrschenden Haltung innerhalb der Philosophie, er wird zum Fundament der auf wachsende Macht bedachten Stellung des Menschen in der Welt überhaupt. Diese Vormacht des Rationalismus verfestigt sich in der Weltstellung des Menschen sogar umso tiefgreifender, je mehr die ursprüngliche Philosophie dabei an Bedeutung verliert. Entscheidende Weichen zu entscheidenden Entwicklungen sind damit gestellt, Entwicklungen, die sich in ihren zerstörerischen Konsequenzen seit der Mitte des 19. Jahrhunderts immer deutlicher abzuzeichnen beginnen.

Als Reaktion auf diese Entwicklungen gebiert der Rationalismus aus sich selbst heraus gegenläufige Tendenzen. Mit maßgeblicher Stoßkraft geschieht dies ebenfalls im 19. Jahrhundert. Schelling ist hier zu nennen, ebenso Nietzsche, um den Blick auf zwei wesentliche Konzeptionen zu beschränken. Beide Denker stehen, wie nachfolgend auch Heidegger, in ambivalentem Verhältnis zur Tradition. Auf höchstem Punkt beginnt mit

Schelling und Nietzsche die im Rationalismus sich gründende Philosophie in sich selber einzubrechen. Dies geschieht, indem beide Denker die Tradition des Rationalismus bis zur letzten Konsequenz des Denkens, bis zur äußersten Spitze der Formulierbarkeit treiben; beide nämlich reißen gerade damit die rationalistisch verengte Perspektive auf für Motive, die elementarer, umfassender als die Ratio dem menschlichen Wesen zugehören und als solche quer stehen zum rationalistischen Anspruch. *Wille* und *Trieb*, *Gefühl* und *Rausch*, *Leib* und *Materie*, *Seele* und *Instinkt* rücken ins Zentrum des Interesses. Bestimmend werden sie als Phänomene, die keineswegs nur beiher die monotone Melodie der menschlichen Ratio begleiten, sondern diese vielmehr fundamental bestimmen.

Heideggers Denken entwächst einerseits jener im Rationalismus gegründeten Tradition.[1] Andererseits aber treibt gerade Heidegger die von Schelling und Nietzsche angestoßene Bewegung des Aufreißens voran. Entsprechend sind »*Destruktion*«[2], »Auflockerung der verhärteten Tradition«[3], »Ablösung der durch sie gezeitigten Verdeckungen«[4] Anliegen, die bereits im frühen Hauptwerk »Sein und Zeit« vorrangig verfolgt werden. Produktive Übernahme der auf Rationalismus gegründeten Tradition auf der einen, entschlossene Destruktion dieser Tradition auf der anderen Seite, durch diese denkwürdige Ambivalenz ist Heideggers Denken von Anfang bis Ende bestimmt. Sie kennzeichnet aber keinesfalls ein latentes Problem lediglich im Denken Heideggers. In Wahrheit gehört jene Ambivalenz zu den Konsequenzen des Rationalismus selber:

Die Grenze der Ratio, das erfährt sie von Anfang an, kann durch die Ratio allein nicht bestimmt sein. Die Grenze der Ratio *entzieht* sich der Verfügungsgewalt der Ratio. Der Rationalismus, um sich zur absoluten Machtstellung in globaler Dimension auszubauen, gründet sich entsprechend auf die *Ausblendung* seiner eigenen Grenze, auf die Ausblendung zugleich der *Frage* nach dieser Grenze. Der Absolutheitsanspruch, der wesenhaft zum Rationalismus gehört, drängt ihn zugleich dazu, immer weiter und bis zum äußersten die Verfügungsgewalt der Ratio zu erweitern und abzusichern. Diese dringt dergestalt nicht nur auf das absolute Erfassen der Welt, sondern, um *sich* als dieses absolute Erfassen auch absolut zu sichern, auf das absolute Erfassen ihrer selbst. Etwas zu erfassen, heißt, es in seinen Grenzen zu bestimmen. Insofern gelangt schließlich auf dem Weg, sich selber in ihrer absoluten Machtstellung zu bestimmen und zu festigen, die Ratio unweigerlich in Konfrontation mit dem Phänomen ihrer eigenen Grenze. Ihr, so erkennt endlich die Ratio, gilt es unbedingt nachzugehen. Zunächst diese *trans*-rationale Aufgabe nur auf rationalistischem Weg verfolgen zu können und zugleich einsehen zu müssen, dass die Ratio im Verfolg dieses Weges zu kurz greifen und insofern zu anderen Weisen des Erfahrens führen muss, dies eben ist Ausdruck der genannten Ambivalenz, die sich bereits in Schellings und Nietzsches, schließlich in Heideggers Vorstoß niederschlägt.

Die Ambivalenz, die zum Wesen des Rationalismus gehört, manifestiert sich auch und zumal in dem, was von Anfang an entscheidendes Organ rationalistischer Welthaltung darstellt: im *Denken*. So nimmt es nicht wunder, dass Heidegger im Zuge seiner *Destruktion* der Tradition einerseits das Denken – ineins mit der Vorrangstellung der Ratio – ins Zentrum der kritischen Auseinandersetzung stellt. Und doch sieht Heidegger andererseits sich vor die Notwendigkeit gestellt, diese kritische Auseinandersetzung *gerade* auf dem Feld des Denkens zu leisten. Die den Rationalismus durchziehende Ambivalenz fordert, das Denken als entscheidende Tätigkeit des Menschen anzuerkennen, derart jedoch, dass dieses Denken selber an seine Grenze und damit von ihm aus – in der radikalen Konfrontation mit ihm selber – zum Wandel, zum »Umschlag des Denkens«[5] geführt wird. Eine »große Umkehrung«[6] ist angezeigt, eben im Denken, und so erklärt sich die hohe Bedeutung, die das Denken, also *die* tragende Achse rationalistischer Welthaltung, auch noch und gerade im Vorstoß Heideggers durchgehend behält.

Sich zu wandeln vermag das Denken nur im Zuge seines eigenen konsequenten Vollzugs, d. h. nur, »wenn wir selber denken.«[7] In der Unumkehrbarkeit dieser Einsicht liegt das eigentliche Erbe des Rationalismus und seiner letzten großen Epoche, der Aufklärung, die bestimmend ist auch noch für das gegenwärtige Zeitalter. Sich zu wandeln vermag das Denken nur, indem es denkt. Denn nur im Denken offenbart sich die Möglichkeit, sich selber denkend bis zum Äußersten führen zu lassen, bis zu dem, was die Grenze des Denkens ausmacht. Nur im Rationalen und in der vollen Entfaltung des Rationalen liegt das geheime Vermächtnis, die Macht der Ratio zurückzubinden in die Anerkenntnis jener Ohnmacht[8], die als Unverfügbarkeit dessen, was durch die Ratio für lange ausgeblendet wurde, ständig und überall deren unermesslichen Hintergrund bildet. Unverfügbar ist dieser, indem er durch das Denken nicht einzuholen ist. Und doch sieht sich das Denken und gerade das Denken gefordert, dieses *Nicht*-Denkbare zu bedenken. Das Denken hat das Nicht-Denkbare einzubeziehen als eines, das sich ihm entzieht, aber als so Entzogenes gerade seinen eigentlichen Horizont, die Umfassung seines eigensten Wesens ausmacht. »So Entzognes ist am meisten dein«, dichtet Rilke 1922.⁹ Und Heidegger sagt in einer Vorlesung, die den Titel »Was heißt Denken?« trägt: »Was sich uns entzieht, zieht uns dabei gerade mit [...]. Wenn wir in den Zug des Entziehens gelangen, sind wir [...] auf dem Zug zu dem, was uns anzieht, indem es sich entzieht.«¹⁰

Indem das Denken einzubeziehen beginnt, was sich ihm entzieht, durchläuft es seinen Wandel vom rationalistischen zu einem *anderen* Denken. Dieses ist als ein *erweitertes* zu fassen, als eines, in dem sich der Wesensbezug des Menschen zu sich und zur Welt *weiter gefasst* entfaltet. Dieserart »verwandelt sich der Mensch«¹¹. Das Denken weiß sich weiter verfasst, indem es sich – als neues, »als *anfängliches* Denken«¹² – erstmals »*gefaßt*«¹³ und *umfasst* weiß von einem Hintergrund, den es weder selber macht noch jemals im Zuge rein rationalistischen Zugriffs zu fassen bekommt. In diesem Sinn ist zu verstehen, dass das Denken – vor allem in der Spätphilosophie Heideggers – groß geschrieben wird als diejenige Tätigkeit, die als eigentliches und wesentliches »Handeln«¹⁴, als maßgebliches »Tun [...] zugleich alle Praxis übertrifft«¹⁵. Alle Praxis, d. h. alles Praktikable, alles Handhabbare und mit Händen Fassbare wird durch das von Heidegger angemahnte Denken übertroffen, indem dieses die Dimension des Unfasslichen, das, was das Denken zwar umfasst, aber sich diesem zugleich entzieht, einzubegreifen lernt. Einzubegreifen lernt das Denken den Entzug als einen, ohne den es Denken gar nicht gäbe.

Wir können, so die These des vorliegenden Aufsatzes, das, was Heidegger als Phänomen des »verbergenden Entzugs«¹⁶ thematisiert, durchaus mit dem Begriff des *Unbewussten* in sachgemäßen Zusammenhang bringen. Dabei muss allerdings dieser Begriff seinerseits bedacht werden in einer Weise, die der erweiterten Fassung des Denkens, seiner wesenhaften *Umfassung* durch ein Entzogenes gerecht zu werden bereit ist. Der Begriff des Unbewussten ist damit ebenfalls in erweiterter Fassung zu thematisieren. Er ist herauszustellen in einer Bedeutung, die mehr umfasst als die bloße Kehrseite des Rationalismus, mehr als das Irrationale, das – als Rudiment, als rational kontrollierbare Wurzelschicht des Bewusstseins – dem Bewusstsein des Menschen untergeordnet bliebe.

Die Berechtigung, in Auseinandersetzung mit Heideggers Denken den Begriff des Unbewussten zu thematisieren, sehe ich, auch ohne dass Heidegger diesen Begriff in seine eigene Denkbewegung ausdrücklich aufgenommen hätte.¹⁷ Diese Berechtigung ergibt sich bereits aus der Tatsache, dass das Denken – nach Maßgabe rationalistischer Tradition – den eigentlichen Ort, den unaufhörlichen Manifestationsakt des *Bewusstseins* darstellt.[18] Entsprechend erscheint die Erörterung des Verhältnisses zwischen dem Bewusstsein, das im Denken sich manifestiert, und dem Unbewussten als einem, das dem Denken entzogen und so doch wesenhaft zugehörig bleibt, nachgerade dazu prädestiniert, den angezeigten Wandel innerhalb des Denkens aufzuweisen.

Aufbruch der Ratio zum Ursprung ihrer selbst

Dass der Rationalismus, dass das Denken der Ratio sich wandelt, dazu ist vorausgesetzt, dass dieses sich mit sich selber vorbehaltlos konfrontiert. Das Denken wird sich selbst gegenüber *kritisch*. Hierin folgt es dem Vorstoß Kants. Aber es sieht sich gezwungen, entschiedenere Konsequenzen zu ziehen, als dies im Zuge von Aufklärung und zugehöriger Vernunftkritik der Fall war. Das Denken, wie es sich bei Schelling, Nietzsche, dann bei Heidegger neuen Ausdruck verschafft, beginnt von Grund auf, seine eigene Bedeutung und Machtstellung in Frage zu stellen. Die kartesianische Tradition, die sich seinerzeit aus abgründigen Zweifeln konsolidierte, geriet selber in den Sog unkalkulierbarer Zweifel. Kaum einer sah dies klarer als Heidegger. Kaum einer konstatierte bedachter, wie das ›sichere und unumstößliche Fundament‹, das Descartes im ›Ich denke‹ triumphierend gefunden zu haben glaubte[19], radikaler Fragwürdigkeit wich. Kaum einer markierte bedrängender, wie das selbstgewisse Fundament der menschlichen Ratio sich löste und schließlich mündete in die fundamentale Frage nach Grund und Hintergrund der Ratio selber.

Das animal rationale, der auf Rationalismus sich gründende Mensch gewahrt im Denken der Ratio das höchste Vermögen, weil er *in* dem und *durch* das Denken allererst die *Gegebenheit* der Welt gegründet und dieserart hergestellt sieht. Diese zentrale Prämisse gewinnt der Rationalismus aufgrund zweier Voraussetzungen, die er macht, ohne ihre Wahrheit irgend in Zweifel zu ziehen. Danach ist erstens alles, was es gibt, alles, was irgendwie in der Welt ist, prinzipiell *denkbar*. Und zweitens erweist sich damit die Denkbarkeit, so das Denken selber als alleiniger Maßstab, als »Leitfaden« und »Vorgriff«[20] hinsichtlich der Frage, was ist und was nicht. Dies gilt für das Sein der Welt insgesamt. Nach Maßgabe der rationalistischen Grundüberzeugung ist nur, indem die Welt im Denken sich zeigt, auch mit voller Gewissheit verbürgt, dass diese in Wahrheit *ist*. Das Denken der Ratio entscheidet mithin nicht nur darüber, *was* in der Welt ist und was nicht; die Ratio wird darüber weit hinaus zum einzigen Beweisträger dafür, *dass* Welt überhaupt ist.

Hier liegt der Anlass für die spezifische Grundhaltung des Rationalismus, gemäß derer er sich in die höchste Machtstellung erhoben sieht. Ohne Denken, so seine leitende Überzeugung, käme Welt, d. h. alles, was *in* der Welt und *als* Welt ist und *dass* Welt überhaupt ist, gar nicht ans Licht. Im Denken einzig sieht der Rationalismus dieses Licht entfaltet. Descartes nannte es – im Rekurs auf zurückliegende Überlieferung – das ›lumen naturale‹, das ›natürliche Licht‹.[21] Er sprach damit nichts anderes an als das *Bewusstsein* im Denken der menschlichen Ratio. Im Licht des Bewusstseins menschlichen Denkens sah er die Gewissheit der Gegebenheit alles dessen verankert, was *in* der Welt und *als* das Ganze der Welt besteht. Aus diesem kartesianischen Leitgedanken – dem Kernpunkt rationalistischer Welthaltung – entsprang die nachfolgende Tradition, die über Kant und Hegel bis zu Marx und Husserl führte.

So enthüllte sich im Zuge der Geschichte des modernen Rationalismus die unauflösliche Zusammengehörigkeit von Denken und Bewusstsein. Für das Denken der Moderne wird in der Folge nicht nur, wie immer schon, das Ganze der Welt thematisch. Ins Thema rückt vielmehr maßgeblich die *Gegebenheit* dieser Welt selber und vornehmlich das, was für sie unabdingbar ist: das lumen naturale, das Licht des Bewusstseins. Was jetzt – im Denken der Moderne – erscheint und sofort das Denken bedrängt, ist das Licht der Welt *als* Bewusstsein, das Licht als eines, das einzig *im* menschlichen Denken und *vermöge* dieses Denkens sich voll entfalten kann.

Entsprechend öffnet sich mit dem Vorstoß des Descartes ein neuer Fragehorizont, der das Denken immer eindringlicher beansprucht und es schließlich – mit dem Aufkommen des Deutschen Idealismus – vollkommen in Bann zieht. Hinsichtlich des Befundes, dass einzig im Bewusstsein die Welt ans Licht gelangt, musste dieses Licht, musste das Fragwürdige des Bewusstseins selber ans Licht treten, in dasjenige Licht, *als* das es und *in* das hinein es sich selber entfaltet.[22] Im Denken und vermöge des Denkens der Ratio wird sich dieserart das menschliche Bewusstsein *seiner selbst bewusst*. In der Folge gewinnt das *Selbstbewusstsein* menschlichen Bewusstseins wachsende Bedeutung.[23] In der Begegnung mit sich selber findet das menschliche Bewusstsein zu der bedrängenden Frage, wie es zu ihm, zu dem Licht seiner selbst kommt als zu einem, vermöge dessen allererst die Gegebenheit der Welt ans Licht tritt. Im konsequenten Verfolg des Selbstbewusstseins menschlichen Bewusstseins entfaltet sich mithin die Frage nach dem *Ursprung* des Bewusstseins, nach demjenigen Ursprung nämlich, aus dem das Licht des Bewusstseins sich entfaltet als Grund der Möglichkeit der Gegebenheit der Welt.

Das Licht des Bewusstseins, das sich im Licht, welches es selber darstellt, selber erscheint, wird sich – im Zuge der Geschichte dieser *Lichtung* seiner selbst, d. h. im Zuge fortschreitender Aufklärung – der Tatsache bewusst, dass der Ursprung des Lichtes weder bereits geklärt noch aus der Gegebenheit des Lichtes, d. h. aus dem Bewusstsein selber heraus zu erklären ist. Die Frage, warum und woher es dieses Licht gibt, führt das Bewusstsein, das sich über sich selbst aufzuklären sucht, immer konsequenter vor Dunkelheiten, denen es, gerade indem es sich seiner selbst bewusst wird, weder auszuweichen noch gerecht zu werden vermag. Das Bewusstsein erscheint sich zwar in dem Licht, das es darstellt, selber, aber so, dass es dabei mit dem Dunkel seiner unfasslichen Herkunft immer dringlicher in Konfrontation gerät. So zeichnet sich – im Zuge und als Konsequenz der von Descartes angestoßenen Aufklärung – wachsende Verunsicherung und schließlich ein neuer radikaler Bruch ab, den das Denken Heideggers maßgeblich markiert.

Das Licht des Bewusstseins stößt, indem es selbstbewusst dem Ursprung seiner selbst nachgeht, auf Dunkel. Dies Dunkel wird umso bedrückender, je deutlicher es sich enthüllt als eines, das *zum* Licht des Bewusstseins, das also zum *Denken* selber unmittelbar gehört. Mit Schelling und Nietzsche kommt dieses Dunkel zum Vorschein, mit Heidegger wird es zum zentralen Thema.

Das im Licht des Bewusstseins Erscheinende, durch dieses Licht allererst Gegebene ist das *Bewusste*. Bewusst ist auch – als Selbstbewusstsein – das Bewusstsein, das Licht selber. Das, was – als Ursprung des Lichtes – nicht in diesem Licht erscheint und doch unmittelbar zu ihm gehört, ist – als das Nicht-Bewusste – *ohne* Bewusstsein. Wir nennen, was ohne Bewusstsein bleibt, weil es von dessen Licht nicht erreicht wird, das *Unbewusste*. Heidegger vermied für sein eigenes Denken den Begriff des Unbewussten so gut wie den des Bewusstseins.[24] Und doch ist, wie wir sehen werden, das, was wir in einem erweiterten Sinn das Unbewusste nennen wollen, eigentliches Movens in Heideggers Denken. Dieses vollzieht die mit Descartes ansetzende Geschichte der Aufklärung, d. h. die Geschichte der Erhellung, der Lichtung des seiner selbst bewusst werdenden Bewusstseins im Denken weiter. Mit Heideggers Denken beginnt diese Geschichte, maßgeblich denjenigen Konsequenzen gerecht zu werden, die sich aus ihr selbst ergeben.

Vor diesem Hintergrund kann der tiefere Grund für die Distanz, die Heidegger zu Theorien der Psychologie und Psychoanalyse suchte, darin vermutet werden, dass nach Einschätzung des Philosophen jene Theorien – gerade mit Blick auf das Phänomen des Unbewussten – *zu kurz* greifen und viel zu kurz greifen *müssen*. Denn wenn in der Tat das Unbewusste die unzugängliche Dimension am Bewusstsein und dieses die eigentliche Sphäre des Denkens darstellt, dann haben wir es beim Unbewussten mit einem Phänomen zu tun, das bewusstseinsmäßig, d. h. auf dem Weg rationalistischen Denkens gar nicht einzuholen ist. So muss das Denken Wege suchen, das, was an ihm selber ungreifbar und unbegreifbar bleibt, gleichwohl entschieden in den Blick zu bringen. Das Licht des Denkens muss sich auf das ihm unmittelbar zugehörende Dunkel hin ausrichten, es muss an sich selber der eigensten »Abgründigkeit«[25] gewahr und gerecht werden. Es muss, gerade indem es immer lichter zu werden dringt, das an ihm selber sich bekundende Unerhellte ans Licht heben und dabei den Anspruch verabschieden, das Unerhellte des Unbewussten selber irgendwann in das Licht des Bewussten überführen zu können.

Vielleicht ist nachvollziehbar, dass Heidegger den befriedigenden Verfolg dieser fundamentalen Aufgabe den Psycho-Wissenschaften nicht zutraute und auch heute den modernen Neurowissenschaften nicht zutrauen würde, sofern diese ihre sichere Verankerung in rationalistischer Denktradition nicht aufgaben und, wie es scheint, niemals aufzugeben vermögen.[26] Das Unbewusste gehört zwar, so dürfen wir vermuten, zum Denken unmittelbar und bildet insofern die umfassende und eigentliche Sphäre der menschlichen Ratio. Aber als derart umfassendes Phänomen ist es eben umgekehrt gerade nicht vom Bewusstsein zu umgreifen, von diesem niemals begrifflich einholbar. Das Unbewusste bleibt das dem Bewusstsein Entzogene. *Entzug* gehört – wie *Verweigerung* und *Sichverbergen* – zu den zentralen Termini im Denken Heideggers.[27] In ihnen ist zwar nicht dem Wort, sehr wohl aber der Sache nach angesprochen, was im Verfolg des vorliegenden Aufsatzes als das Unbewusste, das im Licht des Bewusstseins sich zeigt, thematisch bleibt.

Die Vorherrschaft der Ratio bestimmt die Geschichte der Philosophie. In ihr spiegelt sich die Geschichte des Verhältnisses des Menschen zu sich und zur Welt. Die Ratio entfaltet ihr Wesen im Bewusstsein, das sich im Denken niederschlägt. Dass Heidegger der Überwindung des Rationalismus zuarbeitet, zeigt sich entsprechend bereits an einer terminologischen Entscheidung in »Sein und Zeit«: Heidegger stellt hier den Begriff des Denkens zurück und einen anderen ins Zentrum der Untersuchung: den des *Verstehens*. Mit dessen Thematisierung soll Anschluss an jene ursprünglichere Dimension gewonnen werden, aus der das Denken der Ratio allererst entspringt. Damit setzt jene *Destruktion* an, die für das gesamte Vorgehen Heideggers von zentraler Bedeutung ist.

Im Licht des Verstehens zum Dunkel seiner Herkunft

Der Mensch kann nur denken, was ihm vorab bekannt ist. Der Mensch denkt immer und überall *etwas*, solches, was er kennt. Heidegger nennt alles, was etwas ist und was der Mensch kennen kann, *Seiendes*, das »All des Seienden«[28]. Seiendes wird dem Menschen nicht durch das Denken, nicht durch logisches Verknüpfen kenntlich. Sondern dem Menschen muss Seiendes sich zuvor *gezeigt* haben, *damit* er es in der Folge überhaupt kennen, so schließlich in logische Zusammenhänge des Denkens bringen kann. Dieses vorgängige Sichzeigen von Seiendem vollzieht sich nicht auf rein sinnlicher Ebene, wenngleich den Sinnen wesentliche Bedeutung zukommt. Das Sichzeigen von Seiendem bedarf genauer einer Instanz, die nach Heidegger einzig ein besonderes Seiendes, den Menschen, auszeichnet. Nur dem Menschen zeigt sich Seiendes, und zwar so, dass er dieses Seiende *als* dieses Seiende *versteht*.[29]

Das Verstehen, wie Heidegger es in »Sein und Zeit« einführt, geht allem Denken und aller Logik voraus. Das Verstehen ist mehr als Denken, derart, dass letzteres bereits eines der entfernten »Derivate des Verstehens«[30] darstellt. Das Besondere im Wesen des Menschen liegt vorgängig darin, *dass* er versteht. Nur weil der Mensch versteht, vermag er zu denken, nicht umgekehrt. Das Dasein des Menschen ist wesenhaft ausgezeichnet durch Verstehen. Dieses ist gleichwohl kein genuines Vermögen des Menschen, sondern seinerseits zurückzuführen auf eine Sphäre, die sich nicht unmittelbar dem Menschen verdankt. Heidegger entfaltet diesen Gedanken wie folgt.

Was der Mensch stets und überall versteht, ist stets und überall *Seiendes*. Alles, was irgendwie Seiendes ist, ist von jedem anderen, was ebenfalls Seiendes ist, verschieden. Verschieden ist z. B. der Tisch vom Stuhl, das Tier vom Menschen. Aber so verschieden alles, was irgendwie Seiendes ist, von jedem anderen Seienden ist, in *einem* kommt doch alles, was überhaupt jeweils Seiendes ist, überein: eben darin, dass es *ist*. Dies bedeutet, dass alles, was irgendwie Seiendes ist, so verschieden es sein mag, der Stuhl so gut wie der Tisch, das Tier so gut wie der Mensch, *Sein* hat. Indem der Mensch Seiendes versteht, versteht er es *als* ein Seiendes, als eines nämlich, dem *Sein* zukommt. Zu jedem Seienden gehört Sein, was umgekehrt bedeutet, dass »Sein [...] jeweils das Sein eines Seienden«[31] ist. Folgerichtig thematisiert Heidegger dieses Phänomen in unmittelbarer Anbindung an das Verstehen. Das Sein wird für Heidegger zum Grundbegriff seines Denkweges.

Verstehen, so Heidegger, ist stets und überall Sein-Verstehen[32]; denn es versteht nicht allein Seiendes, sondern Seiendes *in seinem Sein*, d. h. Seiendes bezüglich der Tatsache, dass es *ist*, dass ihm *Sein* zukommt. Was aber, so fragt Heidegger in »Sein und Zeit«, *versteht* der Mensch, indem er *Sein* versteht? Augenscheinlich versteht er dies ominöse Sein stets und überall und immer bereits, sonst würde er nicht permanent vom Sein sprechen können, indem er immer wieder und in vielerlei Hinsicht ›ist‹ sagt. Der Mensch erklärt z. B.: ›Das Haus ist groß‹, oder: ›Die Vögel sind gefiedert‹ usw. Mit jedem Satz sagt der Mensch etwas vom Sein eines Seienden. Was versteht also der Mensch unter diesem alltäglich verwendeten Begriff des ›Seins‹? Die Frage, mit der »Sein und Zeit« einsetzt, lautet entsprechend: Was ist der »*Sinn von Sein*«[33]?

Die Frage nach dem Sinn von Sein muss nach Heidegger gestellt und geklärt werden, weil sie betrifft, was der Mensch als das *Seiende* versteht. Hinter dieser formalen Aussage verbirgt sich ein wesentlicher Befund, der in zwei Argumentationsschritten vor Augen zu führen ist: 1. Darin, dass der Mensch Seiendes versteht, vollzieht sich der entscheidende Bezug des Menschen zu sich und zu allem anderen Seienden in der Welt, d. h. der wesentliche Selbst- und Weltbezug des Menschen. 2. Weil aber dies Verstehen genauer dadurch charakterisiert ist, dass der Mensch sich und alles andere Seiende *in seinem Sein* versteht, deshalb muss, so Heidegger, die Frage nach dem *Sinn* von Sein, d. h. die Frage, was wir unter dem »Ausdruck ›Sein‹« eigentlich »verstehen«[34], geklärt werden, um so allein den Selbst- und Weltbezug des Menschen, d. h. den Bezug zum Seienden auf ein tragfähiges Fundament zu stellen.

Heidegger stellt in Abrede, dass der Mensch den Sinn von Sein bereits versteht. Gerade deshalb, so der zeitkritische Befund, ist der Bezug des

Menschen zu sich und zu allem anderen Seienden in fundamentaler Weise gestört. Diese Störung manifestiert sich in einem zerstörerischen Verhältnis zum Seienden, konkret in Weltzerstörung und Selbstzerstörung des Menschen.[35] Wenn aber der Bezug des Menschen zu sich und zu allem anderen Seienden in der Welt nicht nur gestört, sondern zerstörerisch ist und dieser Bezug maßgeblich mit dem Verstehen des Seins von Seiendem zusammenhängt, dann muss der Klärung dieses Verstehens oberste Priorität zugesprochen werden. Der Mensch muss sich dringend darüber aufklären, was sich ihm, indem er Seiendes *in seinem Sein* versteht, eigentlich zu verstehen gibt, um den Bezug des Menschen zu sich und zum Seienden auf ein neues Fundament zu stellen, das nicht der Störung und nicht dem Hang zur Zerstörung unterliegt. Keine andere und keine geringere Aufgabe verfolgt Heidegger in »Sein und Zeit« unter dem Begriff der »Fundamentalontologie«[36].

Das Sein-Verstehen des Menschen steht im Zentrum der Untersuchung. Heidegger stellt zunächst heraus, dass dies Sein-Verstehen einen wesentlichen Zug ausmacht am Sein des Menschen.[37] Dieses ist in besonderer Weise ausgezeichnet, nämlich *durch* Sein-Verstehen[38]. Das Besondere am Sein des Menschen liegt mithin darin, dass in diesem Sein jene Dimension des *Verstehens* gründet, in der überhaupt jegliches Sein sich bekundet. So ergibt sich ein wesentlicher Befund: Im Verstehen des Menschen offenbart sich Sein; aber dies Verstehen gründet selber im Sein, in demjenigen Sein, das für den Menschen bestimmend und das durch Verstehen ausgezeichnet ist. Das Verstehen entspringt dem Sein, so nämlich, dass dieses Sein selber im Verstehen ans Licht kommt. Das Verstehen geht zurück auf das, was in ihm, im Verstehen, immer schon sich zu verstehen gibt.

Das Verstehen steht demnach in Berührung mit dem, worin es seinen Ursprung hat. Es versteht, dass ein anderes als es selbst diesen Ursprung ausmacht, eines, das in ihm, im Verstehen, ans Licht kommt. Ans Licht kommt das Sein als Ursprung des Verstehens. Versucht aber das Verstehen, sich und andere darüber aufzuklären, *was* es eigentlich versteht, indem es Sein versteht, dann gerät das Verstehen in Schwierigkeiten. Das ist nicht verwunderlich. Das Verstehen kann ja nur Zugang finden, indem es versteht; insofern kann es solches nicht verstehen, was seinen Ursprung, also eine Sphäre ausmacht, die vorab noch nicht von Verstehen gezeichnet war. Denn das Verstehen müsste Zugang haben zu einer Epoche, in welcher das Verstehen noch nicht bestand. Jedoch, wenn das Verstehen in eine Epoche zurückgehen könnte, in welcher Verstehen noch nicht gegeben war, wenn also das Verstehen auch nur für einen Augenblick in eine Dimension vordringen könnte, die ohne Verstehen gegeben war, dann gäbe es für diesen Augenblick tatsächlich keinerlei Verstehen. Dann bliebe das, was das Verstehen als seinen eigenen Ursprung im Sein zu verstehen trachtete, erst recht im Dunkel. Denn es gäbe in diesem Augenblick überhaupt kein Licht. Das Sein selber – als der Ursprung des Verstehens – kommt zwar im Verstehen ans Licht, jedoch als eines, das gerade in *dem* Augenblick, *da* es ans Licht kommt, seinem vorgängigen Ursprungscharakter nach dunkel und so dem Verstehen entzogen bleibt.

Bei der Frage nach dem, was den Ursprung des Verstehens ausmacht, darf, so die Konsequenz, das Verstehen gleichwohl nicht bei sich selber stehenbleiben. Es muss sich zurückwenden zu jener Dimension von Sein, die als Ursprung des Verstehens nicht im Verstehen selber liegt und doch im Verstehen unmittelbar sich anzeigt. Eine Dimension muss für das Verstehen zum »Anklang«[39] kommen, in der die unaufhörliche Herkunft des Verstehens zur Bekundung gelangt. Anderenfalls würde es von seiner eigenen Herkunft gar nichts zu verstehen vermögen, nicht einmal dies, dass überhaupt solche Herkunft bestehen muss. Das Verstehen muss in eine Dimension zurückreichen, die nicht genuin auf das Verstehen zurückzuführen ist und die sich als solche zugleich zu verstehen gibt als sich verbergender Ursprung des Verstehens. Um diese Dimension in den Blick zu bringen, muss, so Heidegger, das Verstehen in seinem Vollzug weiter analysiert werden.

Das Verstehen, wie Heidegger aufweist, versteht Seiendes in seinem Sein. Für dieses Geschehen ist zweierlei bestimmend: Erstens muss das Verstehen *Zugang* finden; und zweitens muss Seiendes in seinem Sein *zugänglich* werden. Beide, Zugang und Zugänglichkeit, gehören unmittelbar zusammen, und zwar als gemeinsame Voraussetzung des Verstehens. Beide also *verursacht* das Verstehen nicht selber, so wenig wie es Ursprung seiner selbst ist. Seiendes wird in seinem Sein zugänglich, nicht primär deshalb, weil das Verstehen Seiendes versteht. Sondern umgekehrt: Weil Seiendes in seinem Sein vorgängig zugänglich ist, deshalb allein kann Verstehen dazu kommen, es zu verstehen. Und auch nur weil die Möglichkeit des *Zugangs* zu Seiendem in seinem Sein gegeben ist, kann das Verstehen solchen Zugang finden. Es realisiert eine Möglichkeit, die nicht eigens von ihm, vom Verstehen bewirkt wurde. Das Verstehen findet sich vielmehr immer schon vor in dieser Möglichkeit des Zugangsfindens *zu* und Zugänglichwerdens *von* Seiendem. Die gemeinsame Möglichkeit von Zugang und Zugänglichkeit liegt in demjenigen Phänomen, das Heidegger als zentrales Motiv der »Erschlossenheit«[40] in »Sein und Zeit« einführt. Mit diesem Begriff ist diejenige Dimension namhaft gemacht, in die das Verstehen zurückreicht, die also im Verstehen erfahrbar wird, nämlich als eine, in der und als die sich der sich verbergende Ursprung des Verstehens bekundet. Die Erschlossenheit wird durch das Zugangfinden des Verstehens so wenig bewerkstelligt wie durch das Seiende, das für das Verstehen zugänglich wird.

Analog zu den beiden zusammengehörenden Phänomenen – Zugänglichkeit des Seienden einerseits und Zugang des Verstehens andererseits – betrifft auch die Erschlossenheit zweierlei: Sie ist nach Heidegger erstens Erschlossenheit von Seiendem in der Welt, d. h. »Erschlossenheit von Welt überhaupt«[41] und zweitens »Erschlossenheit des Verstehens«[42]. Diese zweifach bestimmte Erschlossenheit und damit die Möglichkeit von Zugang und Zugänglichkeit überhaupt muss gegeben sein, wo und was immer Verstehen versteht. Die Erschlossenheit ist der Sache nach vorgängig, *vor* dem Vollzug des Verstehens. Sie allererst und einzig erbringt die Möglichkeit des Zugangs durch das Verstehen und der Zugänglichkeit von Seiendem. Wäre Seiendes nicht erschlossen und wäre Verstehen nicht erschlossen, dann gäbe es weder Zugänglichkeit noch Zugang. Die Erschlossenheit meint dieserart ein Sich-Erschließen, ein Sich-Aufschließen[43] für die Möglichkeit des Zugangs und des Zugänglichwerdens, die nicht genuin auf das Verstehen zurückzuführen ist. Die Erschlossenheit gehört demjenigen Phänomen zu, dem das Verstehen selber entspringt: dem Sein. Entsprechend geht es in »Sein und Zeit« von Anfang an um die »Erschlossenheit von Sein«[44].

Verstehen kann durch sich selber, durch das logische Verknüpfen der Ratio weder in Gang gebracht noch aufgehoben werden. Im Sein vielmehr liegt der Ursprung des Verstehens. Denn zum Sein selber, so zeigt sich jetzt, gehört Erschlossenheit. Was erschlossen und dieserart aufgeschlossen ist, impliziert ein *Auseinander*. Dieses schlägt sich nieder als *Raumhaftigkeit*. Zum Sein gehört Erschlossenheit im Sinne der »Aufgeschlossenheit«[45]. Das Sein selber erstreckt sich nicht anders denn aufgeschlossen, *raumhaft*. Die Erschlossenheit, die zum Sein gehört, ist durch Raumhaftigkeit bestimmt. Raumhaftigkeit liegt im Wesen der Erschlossenheit und ist als solche durch das Verstehen des Menschen so wenig bewirkt wie die Erschlossenheit selber. Das Verstehen bedarf des Raumes, aber es bewirkt diesen nicht, stellt ihn nicht her. Das Verstehen findet sich vorgängig in jener Raumhaftigkeit vor, die wesentlicher Zug ist der Erschlossenheit.

Zum Sein gehört unmittelbar Erschlossenheit, d.h. Raum. Nur als raumhaftes erstreckt sich Sein. Dass Sein sich erstreckt, darin liegt zugleich, dass es sich vollzieht. Es vollzieht sich aber *zeithaft*. Zum Sein gehört Erschlossenheit nicht nur im Sinne des Raumes, sondern auch im Sinne von Zeithaftigkeit. Würde Sein sich nicht zeithaft, d.h. in Zukunft, Vergangenheit und Gegenwart erstrecken, dann wäre es niemals erschlossen, d.h. es gäbe kein Sein. Aber auch die Zeit ist nicht, so wenig wie der Raum, vom Verstehen bewirkt. Das Verstehen findet sich immer bereits in der Zeit vor. So findet es sich vorgängig in der Erschlossenheit.

Die Erschlossenheit, die zum Sein gehört, ist durch Raum und Zeit gleichermaßen konstituiert.[46] Das Raumhafte und das Zeithafte der Erschlossenheit sind mithin ebenso Voraussetzungen für das Verstehen, wie sie darauf verweisen, dass das Verstehen die Erschlossenheit nicht selber verursacht. Nur weil es Raum und weil es Zeit gibt, gibt es Erschlossenheit und damit die Möglichkeit des Zugangs *zu* und der Zugänglichkeit *von* Seiendem. Als Zeit und Raum manifestiert sich die Erschlossenheit von Sein als vorgängig gegebene und für das Verstehen vorausgesetzte Dimension, in welcher sich der Ursprung des Verstehens, der nicht im Verstehen selber liegt, unmittelbar bekundet.

Mit dem hier nachgezeichneten Vorstoß unterzieht Heidegger bereits implizit die rationalistische Grundüberzeugung, dass einzig und allein die menschliche Ratio die Gegebenheit alles Seienden trägt, grundsätzlicher Kritik. Er weist auf, dass die Erschlossenheit des Seienden nicht auf ein bloßes Vermögen des Menschen zurückzuführen ist, heiße dies nun Logik oder Vernunft oder Denken oder Ratio. Allein deshalb, weil der Ursprung des Verstehens nicht im Verstehen liegt, ist dieser Ursprung nicht aus dem Verstehen und durch dieses Verstehen selber zu erklären. Was für das Verstehen gilt, betrifft bei genauerem Hinsehen auch und erst recht die Erschlossenheit. Auch diese ist nicht aus ihr selbst herzuleiten. Genauer bleibt der Ursprung des Verstehens für das Verstehen so unverstehbar, *weil* der Ursprung der Erschlossenheit selber sich als ein *verschlossener* erweist. Zum Verstehen von Seiendem in seinem Sein mithin gehört »Dunkel«[47], gehört *Nicht*-Verstehen unabdingbar, und zwar deshalb, weil zur Erschlossenheit von Sein, die für das Verstehen vorausgesetzt ist, »*Verschlossenheit*«[48] unwiderruflich gehört.

Es folgt, dass die Erschlossenheit von Sein nicht an der Ratio des Menschen hängt, so als hätte *diese* zu bestimmen, ob Seiendes in seinem Sein erschlossen ist oder nicht. Mit dem Begriff der Erschlossenheit sucht Heidegger nichts anderes in den Blick zu bringen, als dass überhaupt Sein von Seiendem aufgeschlossen, d. h. »gelichtet«[49] ist. Der Begriff der Erschlossenheit ist zu identifizieren mit dem, was Heidegger später entsprechend auch *Lichtung*[50] nennt. Auch mit diesem Begriff ist gemeint jene vorgängig gegebene Dimension zeithaft-raumhafter Aufgeschlossenheit, die zum Sein gehört, die das Sein *ausmacht* und die als solche für das Verstehen immer schon vorausgesetzt ist. Heidegger sagt in diesem Sinn: »Die Lichtung selber [...] ist das Sein.«[51] In ihr, »in der Lichtung des Seins«[52], d. h. in der zeithaft-raumhaften Aufgeschlossenheit von Sein gründet und entfaltet sich das Verstehen des Menschen.

Erweiterung des Bewusstseins

Erschlossenheit gehört zum Sein, manifest als Raum und Zeit. Erschlossenheit ist derjenige Begriff in Heideggers »Sein und Zeit«, den wir – unter bedachtsamem Vorgehen – mit dem des *Bewusstseins* identifizieren können. Dass Heidegger darauf verzichtet, lässt sich nach der vorangehenden Erörterung nachvollziehen. Das Phänomen des Bewusstseins verorten wir gewohntermaßen in der »Subjektivität«[53] des Menschen, als dessen Eigenschaft oder genuines Vermögen. Danach läge im menschlichen Bewusstsein der eigentliche Grund dafür, dass Seiendes in seinem Sein, dass auch der Mensch sich selber in seinem Sein zugänglich wird. Gerade die Ansetzung dieses Kausalzusammenhangs zwischen menschlicher Subjektivität, d. h. subjektivem Bewusstsein einerseits und Objektbezug, d. h. Zugang zum Seienden in seinem Sein andererseits will Heidegger in »Sein und Zeit« destruieren. So findet er zu neuen und ungewohnten Begriffen.

Gleichwohl lässt sich der Begriff der Erschlossenheit in den des Bewusstseins bedachtsam zurückübersetzen. Die radikale Abkehr Heideggers von der voraufgegangenen Tradition deutlich vor Augen zu führen, ist der Begriff des Bewusstseins sogar besonders geeignet, nämlich dann, wenn – über alle Vorgaben Heideggers hinaus – der Versuch zugelassen wird, einen Wandel innerhalb dieses Begriffes selber aufzuspüren. Am Begriff des Bewusstseins lässt sich, wie sich genauer zeigt, eine *Erweiterung* seiner Bedeutung konstatieren. Für andere Begriffe hat Heidegger immer wieder eine solche Bedeutungserweiterung fruchtbar zu machen gewusst. Dies gilt für den Begriff des *Verstehens* ebenso wie für den des *Denkens*, für den der *Wahrheit* und des *Wesens* ebenso wie für den des *Daseins* und des *Seins*.

Auch wenn für Heideggers Denken der Begriff des Bewusstseins weitgehend ohne Relevanz blieb, liegt es nahe, jenen geschichtlichen Umbruch, der im Gang ist, gerade an einem Phänomen zu vergegenwärtigen, das für die voraufgegangene Geschichte von entscheidender Bedeutung gewesen ist[54]. Mit Heidegger ist der Aufgabe beizukommen, gerade an der Erweiterung desjenigen Begriffs, der die rationalistische und anthropozentrische Grundhaltung des Menschen gegenüber sich und der Welt über Jahrhunderte bestimmte, jene geschichtliche Entwicklung aufzuzeigen, die sich als gewandelter Selbst- und Weltbezug des Menschen niederschlägt. Danach erweitert sich die Bedeutung, die die rationalistische Tradition mit dem Wort Bewusstsein verband, in Richtung auf eine Sicht, die der Ratio weiterhin wesentliches Gewicht, nicht aber das oberste Primat zuspricht. Mit der Erweiterung, die für das Bewusstsein zu verzeichnen ist, wandelt sich auch und zumal das, was im Begriff des ›Unbewussten‹ angesprochen ist. Genauer lässt sich vermuten, dass, indem am Bewusstsein das Unbewusste erweiterte Relevanz gewinnt, eben damit das, was Bewusstsein besagt, eine Erweiterung erfährt.

Wenn für die gegenwärtige Auseinandersetzung der Begriff des Bewusstseins fruchtbar gemacht wird, dann meint dieser jetzt mehr, als die kartesianische Tradition mit ihm verband. Danach ist Bewusstsein nicht auf die Rationalität des Menschen zu reduzieren, es gründet nicht in der Subjektivität des Menschen. Das Licht des Bewusstseins als eines, das zum Sein gehört, ermöglicht die Subjektivität und das Vermögen der Ratio, nicht umgekehrt. Bewusstsein meint dieserart selber soviel wie Erschlossenheit, Aufgeschlossenheit. Es folgt, dass Bewusstsein unmittelbar mit Raum und Zeit zusammenhängt. Bewusstsein entfaltet sich ineins mit Raum und Zeit. Wir gelangen jetzt sogar zu der provokanten These: Bewusstsein entfaltet sich *als* Raum und Zeit. Diese gehören, wie wir sahen, zum Sein. Sein aber zeigt sich, genau besehen, eigens an im Wort ›Bewusst-Sein‹.[55] So ergibt sich, dass das ursprünglich Zusammengehörende – die raumhaft-zeithafte Erschlossenheit von Sein – in dem einen Wort ›Bewusst-Sein‹ tatsächlich zusammengebracht ist. Bewusst-Sein meint jetzt die zeithaft-raumhafte Aufgeschlossenheit von Sein. Bewusst-Sein in diesem Sinn stellt so wenig ein genuines Eigentum oder Vermögen der menschlichen Ratio dar, dass vielmehr das Vermögen menschlichen Verstehens auf die vorgängig gegebene Aufgeschlossenheit von Sein, auf Bewusst-Sein zurückzuführen ist.

Bewusst-Sein ist nicht an die Subjektivität des Menschen gebunden.

Vielmehr manifestiert sich die Aufgeschlossenheit von Sein selber als Bewusst-Sein. Als solches ist es, wie oben angezeigt, betroffen von *Verweigerung* und *Entzug*. Am Bewusst-Sein entzieht sich, worin es selber seinen Ursprung hat. Am Bewusst-Sein entzieht sich der Ursprung dafür, wie es zu ihm, zur Aufgeschlossenheit von Sein kommt. Indem das Bewusst-Sein sich in seinem eigenen Licht erscheint und so zum Verstehen des Menschen gelangt, gewahrt dieses jenen Entzug. Eben dieser Entzug zieht das menschliche Verstehen mit in die Richtung jenes Ursprungs, der sich als Verschlossenheit in der Aufgeschlossenheit von Sein zu verstehen gibt.

Wir sehen eben an dieser Stelle die Möglichkeit, uns mit dem Phänomen des Unbewussten neu und in erweiterter Fassung zu konfrontieren. Als durch Bewusst-Sein Ermöglichtes ist das Verstehen der Ratio allererst im Licht. Dieses Im-Licht-Sein des Verstehens seinerseits weist zurück in seinen Ursprung. Der Ursprung für das Licht des Bewusst-Seins zeigt sich an im Licht des Bewusst-Seins, aber als einer, der, indem dieses Licht sich entfaltet, dunkel bleibt. Das Dunkle des Ursprungs könnte als solches nicht einmal zur Sprache kommen, wenn es nicht selber im Licht – aber stets nur *als* Dunkel – erschiene. *Im* Licht des Bewusstseins selber ist erschlossen das Unerhellte dessen, *woher* das Licht als Bewusst-Sein, das Licht, in dem das Verstehen sich entfaltet, stammt.

Das Licht kennzeichnet das, was am Sein als Bewusst-Sein das ›Bewusst-‹ ausmacht. Entsprechend bleibt das Unerhellte seines eigenen Ursprungs für das Licht des Bewusst-Seins das *Unbewusste*. Zu seinem eigenen Ursprung im Unbewussten dringt das Verstehen nicht zurück. Der Ursprung des Bewusstseins bleibt *ohne* Bewusstsein. Der Ursprung des Lichtes bleibt *ohne* Licht. Aber im hellen Schein des Lichtes einzig offenbart sich dieses ›Ohne‹. Heidegger verwendet in späteren Texten die Formulierung »lichtende Verbergung«[56]. Mit ihr ist eben dies gemeint: Im Licht ist auch und zumal das, was sich verbirgt, nämlich *als* dieses Sichverbergen gelichtet. Im Licht offenbart sich das Ohne-Licht, in der Klarheit des Bewusstseins das Unbewusste, in das alles Bewusst-Sein sich – als in das Dunkle seines unaufhörlichen Ursprungs – zurückgebunden weiß.

Die Möglichkeit für das Licht des Bewusstseins entspringt im Unerhellten des Unbewussten. Sofern aber das Bewusst-Sein als das Sein selber und dieses, wie wir sahen, als raumhaft-zeithafte Aufgeschlossenheit zu kennzeichnen ist, muss das Unbewusste soviel wie Nicht-Sein, wie Un-Aufgeschlossenheit darstellen. Nicht-Sein heißt auch Nichts. Dieses Nichts meint im vorliegenden Fall sehr viel, auch wenn vom Nichts, wie es scheint, nichts weiter zu sagen ist. Denn dem, was im Begriff des Nichts sich dem Verstehen und damit auch der Sprache versagt, kommt doch für das Sein als Bewusst-Sein konstitutive Bedeutung zu. Dies zeigt sich gerade darin, *dass* das Nichts eben *nicht* zu verstehen ist; denn hierin bekundet sich nichts anderes, als dass der *Ursprung* nicht zu verstehen ist. Der Ursprung für das Licht des Bewusst-Seins bleibt unaufgeschlossen und unaufschließbar. Diese Unaufgeschlossenheit als eine, die *für* das und *im* Verstehen manifest ist, ist angezeigt im Begriff des Nichts.

Wie das Sein als raumhaft-zeithafte Aufgeschlossenheit, als Bewusst-Sein sich manifestiert, so ist das Nicht-Sein im Sinne des Nichts zeit- und raumlose Unaufgeschlossenheit, d. h. Nicht-Bewusst-Sein. Wäre Nichts in der Aufgeschlossenheit, dann wäre Nichts nicht nur nichts, sondern etwas, sei es auch nur die Aufgeschlossenheit selber in Raum und Zeit. Aber Nichts bleibt nichts, d. h. es bleibt außer der Reichweite der Aufgeschlossenheit von Bewusst-Sein. Das Nichts bleibt un-bewusst, unerreichbar für das Verstehen. Nur was als Bewusst-Sein sich entfaltet, ist zu verstehen. Das Nicht-Bewusst-Sein hingegen, d. h. das Nichts ist Inbegriff dessen, was *nicht* zu verstehen ist. Allein *nur deshalb* ist das Nichts nicht zu verstehen, weil Verstehen nur Zugang hat zu Aufgeschlossenem. Verstehen ist stets und überall zeithaft und raumhaft, es ist einzig und allein in der Aufgeschlossenheit, anders kann es nicht verstehen. Verstehen kann sich nur bewegen im entfalteten Licht des Bewusst-Seins. Das Verstehen bewegt sich ausschließlich in jener Dimension, die Heidegger *Lichtung des Seins* nennt. Die Unaufgeschlossenheit des Nichts bleibt als in Raum und Zeit nicht zu fassendes Nicht-Bewusst-Sein für das Verstehen verschlossen oder, wie Heidegger auch sagt, verborgen. Dabei behält dieses Verborgene jedoch seine eigene Präsenz, nämlich *als* verborgenes, unaufgeschlossenes Nicht-Bewusst-Sein *in* der Aufgeschlossenheit des Bewusst-Seins. Genau in diesem Sinn ist Heideggers Wort »Lichtung des Sich-Verbergens«[57] zu deuten. Es meint zweierlei:

Zum einen ist das Sichverbergen selber gelichtet, d. h. das Nicht-Bewusst-Sein, das Nichts, ist manifest im Bewusst-Sein, die Unaufgeschlossenheit in der Aufgeschlossenheit von Sein. Zum anderen *verdankt* sich die Lichtung allererst jenem Sichverbergen. Die Lichtung bleibt gebunden an das Sichverbergen, sie gehört in dieses als in ihren eigenen unaufhörlichen Ursprung. Im Bewusst-Sein, in der Lichtung des Seins gelangt das Nichts, das Nicht-Bewusst-Sein ans Licht, nämlich *als* dieses Nicht-Bewusst-Sein, als welches sich der verborgene Ursprung der Lichtung anzeigt.

Der Ursprung für die Lichtung bekundet sich im Sichverbergen nicht lediglich als ein zurückliegender Grund, der in irgendeiner verborgenen Wurzelschicht des Bewusst-Seins zu suchen wäre. Sondern das Sichverbergen, die Unaufgeschlossenheit von Nicht-Bewusst-Sein *erbringt* in jedem Augenblick die Aufgeschlossenheit von Sein, das Bewusst-Sein. Als solches ist und bleibt im Licht des Bewusst-Seins das Nicht-Bewusst-Sein *gegenwärtig*. Es ermöglicht jederzeit die Lichtung, indem es jederzeit den *Horizont* der Lichtung, d. h. das Dunkel des Hintergrundes bildet, ohne welches keinerlei Licht sich entfaltet oder auch nur entfalten könnte. Das Nichts im Sinne des Nicht-Bewusst-Seins *erwirkt* dieserart in jedem Augenblick das Sein als Bewusst-Sein. Dies besagt auch: Nur in der unaufhörlichen Absetzung vom Nichts, nur in der unablässigen Loslösung vom Nicht-Bewusst-Sein, das sich mit dem Licht des Bewusst-Seins stets und überall konsolidiert, entfaltet sich unaufhörlich das Licht des Bewusst-Seins als die zeithaft-raumhafte Aufgeschlossenheit von Sein.

Weil aber das Nichts als Nicht-Bewusst-Sein in jedem Augenblick gegenwärtig bleibt, so dass überhaupt das Licht des Bewusst-Seins sich entfalten kann, deshalb sieht sich auch der Mensch, indem er sich im Licht des Bewusst-Seins findet, zugleich elementar betroffen vom Nicht-Bewusst-Sein, vom Nichts. Der Mensch mithin ist in der Dimension des Bewusst-Seins nicht allein mit Aufgeschlossenem konfrontiert, nicht nur mit raumhaft-zeithafter Entfaltung des Seins, sondern stets zugleich mit der Unaufgeschlossenheit des Nicht-Bewusst-Seins, mit Nichts. In diesem Nichts verbirgt sich der Ursprung für das Sein, aber so, dass er *als* dieses Sichverbergen, als unerschöpfter Ursprung in jedem Augenblick gegenwärtig und auch unentbehrlich bleibt. Das Verstehen kann allerdings diesen Ursprung nicht verstehen, weil es nicht Nichts verstehen kann. Mithin gehören Verstehen und Nicht-Verstehen, d. h. genauer: Sein-Verstehen und Nicht-Nichts-Verstehen unmittelbar zusammen, und zwar deshalb, weil das Entspringen des Bewusst-Seins, dem das Verstehen, und sein Ursprung im Nicht-Bewusst-Sein, dem das Nicht-Verstehen entspricht, eine unmittelbare Einheit bilden.

Will also der Mensch überhaupt eine Erfahrung mit dem Ursprung seines Verstehens machen, dann sieht er sich zurückverwiesen in das Licht des Bewusstseins und auf die Frage nach dem Ursprung dieses Lichtes. Der Mensch muss, um dem Ursprung seines Verstehens, der Herkunft seiner Ratio nahe zu kommen, den Ursprung für das Licht des Bewusst-Seins ins Auge fassen. Die Frage nach dem Ursprung für das Licht des Bewusst-

Seins führt sodann noch weiter zurück zum Nicht-Bewusst-Sein, zum Nichts. Nicht-Bewusst-Sein zeigt an die Dimension des gegenwärtig bleibenden Ursprungs, die *ohne* Bewusst-Sein, dieserart – in einem grundsätzlichen Sinn – *un*-bewusst bleibt. Das Unbewusste bleibt *ohne* Bewusstsein, aber *im* Bewusst-Sein. Dieses Unbewusste kann der Mensch nicht verstehen, sofern er nicht Nichts verstehen kann. Das Unbewusste – als der *im* Licht des Bewusst-Seins gegenwärtig bleibende Ursprung *für* das Licht des Bewusst-Seins – kann niemals mittels logischer Funktionen der Ratio eingeholt werden.

Der Mensch muss, um gleichwohl eine Erfahrung mit dem Ursprung für das Licht des Bewusst-Seins und damit für seine eigene Rationalität in diesem Unbewussten zu machen, eine Dimension von Erfahrung wiederentdecken, für die nicht das Verstehen, d. h. nicht das Rationale die primäre Instanz darstellt. Soll der Mensch überhaupt zur Berührung mit dem Nichts, mit dem gegenwärtig bleibenden Ursprung im Unbewussten zurückfinden können, dann im Bereich *prä*-rationaler menschlicher Erfahrung, die ebenfalls im Licht des Bewusstseins sich entfaltet und die zugleich ursprünglicher ist als das menschliche Verstandesvermögen. Eben solche prä-rationale Erfahrung mit dem Nichts wird für Heidegger zum zentralen Thema im unmittelbaren Anschluss an »Sein und Zeit«. Am eindrucksvollsten schlägt sich dies nieder in der Freiburger Antrittsvorlesung von 1929 »Was ist Metaphysik?«. Hier gewinnt zentrale Bedeutung ein Phänomen, das unter den Begriffen »Gestimmtsein« und »Stimmung«[58] bereits in »Sein und Zeit« eingeführt wird.

Stimmung

Das Verstehen stellt nicht die *primäre* Instanz dar für die Begegnung des Menschen mit dem gegenwärtig bleibenden Ursprung im Unbewussten. Schon dafür, dass der Mensch überhaupt im Licht des Bewusst-Seins, d. h. in der Aufgeschlossenheit von Sein sich hält und bewegt, bildet das Verstehen nicht die entscheidende Voraussetzung. Dies zeigt Heidegger einmal mehr, indem er in »Sein und Zeit« eine leicht zu übersehende Struktur vor Augen führt. Danach steht der Mensch immer schon in einem *Verhältnis* zu jener Aufgeschlossenheit von Sein, noch *ehe* dieses für ihn zum expliziten Thema des Verstehens wird. Das alltägliche Selbst- und Weltverhältnis des Menschen, das wesentlich als Sichbefinden in der Aufgeschlossenheit von Sein, im Licht des Bewusst-Seins geschieht, vollzieht sich mithin *primär* auf einer Ebene, die dem Verstehen *vor*-geordnet und sonach als *vorontologisches*[59], wir können nun auch sagen: als prä-rationales Seinsverhältnis anzusprechen ist. Eben dieses manifestiert sich im Gestimmtsein des Menschen. Stimmung und Gestimmtsein erweisen sich als prärationale Phänomene schlechthin. Diese sind für das Sichhalten des Menschen in der Aufgeschlossenheit des Bewusst-Seins ebenso tragend wie für die Konfrontation des Menschen mit dem gegenwärtig bleibenden Ursprung im Unbewussten.[60]

Das Phänomen der Stimmung, das Heidegger ins Auge fasst, ist so wenig wie das Bewusst-Sein genuines Vermögen des Menschen. In Stimmungen, in *jede* Stimmung wird der Mensch gebracht, *sieht* sich der Mensch gebracht. Er hat gar keinen Einfluss darauf, ob er gestimmt ist oder nicht. Heidegger stellt heraus, dass der Mensch stets und überall, d. h. alltäglich »durchstimmt«[61] ist. Einzig in diesem grundsätzlichen »Gestimmtsein«[62] liegt die Möglichkeit für den Menschen, mit dem Nichts eine Erfahrung zu machen; und nur vor dem ständigen Hintergrund dieser Erfahrung hält er sich im Licht des Bewusstseins, vermag er entsprechend zu verstehen. Heidegger verficht genau in diesem Sinn die harte These, »der Verstand« hinge »vom Nichts ab«[63], nicht umgekehrt. Dies will nach der vorliegenden Interpretation besagen: Die allein nach Maßgabe der Stimmung, d. h. »stimmungsmäßig«[64] sich vollziehende Konfrontation mit dem Unbewussten *braucht* der Mensch, um sich in der Aufgeschlossenheit, d. h. im Licht des Bewusstseins, wo allein die Ratio, das Verstehen sich entfalten kann, zu halten.[65] Dass in diesem fundamentalen Sinn einige Stimmungen *grundlegend* das menschliche Existieren bestimmen, veranlasst Heidegger dazu, solche Stimmung als »Grundstimmung«[66] zu kennzeichnen. Die von Heidegger wie von seinen Interpreten meistbeachtete Grundstimmung ist die der »Angst«[67]. Sie insbesondere, so der zugespitzte Befund, »offenbart das Nichts.«[68] Entsprechend wird sie zunächst in »Sein und Zeit«, dann vor allem in der Freiburger Antrittsvorlesung einer tiefgreifenden Analyse unterzogen.[69]

Das Verstehen, so hatte sich gezeigt, vollzieht sich einzig im Licht des Bewusstseins. Dieses ist *vorausgesetzt* für das Verstehen, nicht umgekehrt. Wenn nun die Stimmung, die Heidegger thematisiert, ihrerseits bestimmend ist für das Verstehen, dann liegt die Vermutung nahe, dass die Stimmung auf elementarer Ebene mit dem Licht des Bewusstseins zusammenwirkt. Die sich aufdrängende These lautet: Ursprünglich hält die Stimmung den Menschen im Licht des Bewusstseins, so dass der Mensch überhaupt versteht. Noch schärfer gefasst bedeutet dies: Die Stimmung, indem sie den Menschen im Licht des Bewusstsein ursprünglich hält, *erhält* mit dem Menschen die Helle dieses Lichts, in welchem das Verstehen, die Ratio sich allererst entfalten kann.

Wenn aber die Stimmung den Menschen im Licht hält und damit die Helle dieses Lichtes erhält, wenn zugleich in diesem Licht des Bewusst-Seins dessen Ursprung im Unbewussten gegenwärtig bleibt, dann wird jetzt erkennbar, dass die Stimmung dem Ursprung im Unbewussten näher stehen muss als das Verstehen, die Ratio. Wenn also Heidegger aufweist, dass und wie vornehmlich in der »Grundstimmung der Angst«[70] der Mensch in eine ursprüngliche Konfrontation mit dem Nichts gerät, dann zeigt sich hier genau dies: in der Grundstimmung der Angst berührt der Mensch, indem er mit dem Nichts in Konfrontation gerät, die Dimension des gegenwärtig bleibenden Ursprungs für das Licht des Bewusst-Seins im Unbewussten; diese stimmungsmäßige Berührung mit dem Ursprung im Unbewussten, d. h. eben die mit dem Nichts konfrontierende Stimmung *erhält* unaufhörlich das Licht des Bewusst-Seins, das als raumhaft-zeithafte Aufgeschlossenheit von Sein jegliches Verstehen einzig und allein ermöglicht.

Die Möglichkeit, zu verstehen, wird durch die Grundstimmung der Angst, wird durch die Konfrontation mit dem Unbewussten, dem Nichts allererst erbracht. Heidegger expliziert diesen Befund[71]: Die Angst, sagt er, betrifft nicht irgendein Seiendes, kein vereinzeltes Etwas, bezüglich dessen man sich zuweilen fürchtet; die Angst vielmehr betrifft das Seiende insgesamt. In der Angst sieht sich der Mensch mit der Bedrohung konfrontiert, dass das Seiende, dass das *Ganze* des Seienden hinschwindet und damit insgesamt zu-nichte, zu Nichts wird. Wo Seiendes insgesamt zunichte wird, da ist *Nichts*, kein Sein. Das Nichts taucht hier – in der Grundstimmung der Angst – auf als die konkrete Möglichkeit des *Fehlens* jeglicher Aufgeschlossenheit von Sein, d. h. als Möglichkeit vollkommener Unaufgeschlossenheit. Aber gerade vor dem Hintergrund dieser Bedrohung von Sein überhaupt durch das unerdenkliche Nichts zeigt sich das Sein in seinem eigensten Licht. Es zeigt sich eben *als* Aufgeschlossenheit, *als* Licht des Bewusst-Seins, als »die ursprüngliche Offenheit«[72], nämlich dadurch, dass es auf die in ihm selber unaufhörlich drohende Gefahr der Unaufgeschlossenheit, auf die gegenwärtig bleibende Möglichkeit, dass nur Nichts sei, verweist. In der Stimmung der Angst und der in ihr auftauchenden Möglichkeit des Nichts zeigt damit das Sein an ihm selbst, dass es auch *nicht* gegeben sein könnte[73], d.h. dass es nicht *unbedingt*, nicht *voraussetzungslos*, nicht *absolut* und *unendlich* gegeben ist. Konsequent fasst Heidegger die »Endlichkeit [...] des Seyns«[74] in den Blick.

Die soeben herausgestellte Angststruktur lässt sich auf der Ebene des Selbstbezuges des Menschen noch klarer fassen. Als solche wird sie bereits im frühen Hauptwerk »Sein und Zeit« an zentraler Stelle thematisch. Dort zeigte sich: Der Mensch steht im verstehenden Verhältnis zu seinem eigenen Sein. Allein deshalb trägt er *Sorge* um dieses Sein. Der Begriff der »Sorge«[75] kennzeichnet – in enger Bindung an den der Angst – ein zentrales Thema von »Sein und Zeit«. Genauer ergibt sich folgender Zusammenhang: Der Mensch nämlich sorgt sich um sein Sein und sorgt für dieses Sein, weil mit dessen Erschlossenheit immer auch seine fundamentale *Bedrohung* bereits erschlossen ist. Das Sein des Menschen vollzieht sich, indem der Mensch *verstehend* permanent auf sein Ende hin existiert. Das Sein des Menschen ist in diesem Sinn ein »Sein zum Tode«[76]. Der Mensch lebt, indem er wissentlich auf seinen Tod zu geht. Indem er überhaupt versteht, versteht der Mensch unbedingt dieses: Mit dem Tod endet die Aufgeschlossenheit, die raumhaft-zeithafte Entfaltung des eigenen Seins, unwiderruflich. Mit dem Tod geht das Sein über in die Dimension des Nichts, der Unaufgeschlossenheit. Aber gerade und nur angesichts der *Konfrontation* mit dieser unausweichlichen Möglichkeit seines Nichtseins, nur in der *vorlaufenden*[77] Begegnung mit dem Ende der Aufgeschlossenheit seines Seins ist dem Menschen die *Gegebenheit* dieses seines Seins offenbar, nämlich als eines solchen, das auch *nicht* gegeben sein könnte und das mit Sicherheit einmal nicht mehr gegeben sein wird. Diese Konfrontation mit dem sicheren Ende seines Seins vollzieht sich maßgeblich in der Stimmung der Angst, jener Stimmung, die wir in dieser konkreten Bedeutung als Todesangst ansprechen können. Heidegger hat dem Phänomen des Todes in »Sein und Zeit« ebenso umfangreiche Analysen gewidmet wie dem der Angst.[78]

Wiedergefundener Verlust

Für die Möglichkeit, dass der Mensch sich *verstehend* im Licht des Bewusst-Seins zu sich und zur Welt verhält, ist vorausgesetzt, dass er *prärational*, d.h. nach Maßgabe der Stimmung in diesem Licht vorgängig steht. Nicht nur dieses Licht jedoch, sondern zugleich das Sichverbergen, der gegenwärtig bleibende Ursprung im Unbewussten, dem das Licht des Bewusst-Seins sich verdankt, offenbart sich in der prä-rationalen, in der stimmungsmäßigen Sphäre menschlicher Existenz. Einzig aus ihr gewinnt der Mensch die Erfahrung jenes Sichverbergens, des Unbewussten im Licht des Bewusst-Seins, um sie unaufhörlich mit in den Bereich der Ratio, des Verstehens hinüberzunehmen.

Das Licht des Bewusst-Seins ist von Unaufgeschlossenheit, vom Dunkel des Unbewussten umfasst. Dieses manifestiert sich als permanenter Hintergrund für das Licht des Bewusst-Seins. Das Dunkel des Hintergrundes, das Unbewusste, bildet für das Licht des Bewusst-Seins den entscheidenden Gesichtskreis, das, was Heidegger in »Sein und Zeit« »Horizont«[79] nennt. Der Horizont des Unbewussten ermöglicht und erschließt dieserart zwar das Licht des Bewusst-Seins, er selber jedoch bleibt unaufgeschlossen und unaufschließbar, d.h. er ist weder jemals in den Gesichtskreis des Rationalen einzuholen noch von diesem aus zu übersteigen.

Hier genau findet das in der Ratio gegründete Verstehen seine Grenze. Wir kennzeichneten diese oben als eine, von der die Ratio sich vormals abzusetzen suchte und die sie nun – im Zuge der Aufklärung ihrer selbst – in fundamentaler Weite wiedergewinnt. Diese Grenze bekundet sich primär auf der Stufe des Prärationalen, d.h. im Bereich der Stimmung, um als entscheidendes Phänomen im Gesichtskreis der Ratio immer aufs neue hervorzubrechen. Das in der Ratio gegründete Verstehen stößt an seine Grenze, indem es seines eigenen Ursprungs im Licht des Bewusst-Seins gewahr, so zugleich mit der Tatsache konfrontiert wird, dass der umfassende Horizont dieses Lichtes unbewusst, d.h. unaufgeschlossen bleibt. Der Horizont bildet die definitive Grenze der Ratio. Das, was die Grenze bestimmt, bleibt als das Unbewusste dem Verstehen im Licht des Bewusst-Seins entzogen. Im umfassenden Unbewussten ist angesprochen genau dasjenige Phänomen des Entzugs, dessen *Einbezug* in das Licht des Bewusst-Seins die oben angezeigte *Erweiterung* des Bewusstseins bestimmt.

Mit dem Vorstoß, den Heideggers Denken darstellt, arbeitet der Rationalismus – in der Tradition kritischer Selbstaufklärung – der eigenen Überwindung zu, derart, dass die Ratio hinüberfindet in den Bereich ihres ursprünglichen, weiter zu fassenden Horizontes. Danach sieht die Ratio sich gefordert, ihren Absolutheitsanspruch aufzugeben. Je radikaler dies geschieht, desto sicherer gelangt sie in das Licht des Bewusst-Seins. Allein darin, *dass* sie in dieses Licht vordringt, vollzieht sich die Erweiterung des Bewusstseins, d. h. die erweiterte Fassung des Sinnes, der sich in diesem Begriff anzeigt.

Oben wurde auf die Ambivalenz verwiesen, die einen Grundzug im Wesen des Rationalismus ausmacht. Diese Ambivalenz, die für das Rationale dahingehend bestimmend ist, dass es einerseits im Licht des Bewusst-Seins beheimatet, damit andererseits von dem Befremdlichen des Unbewussten jederzeit umfasst ist, eben diese Ambivalenz kommt zur Sprache im Verstehensbegriff, wie er von Heidegger in »Sein und Zeit« expliziert wird, als einer nämlich, zu dem das Prä-rationale, Stimmungsmäßige und damit der vorgängige Bezug zum Unbewussten unmittelbar gehört. Dieselbe Ambivalenz bekundet sich drastischer in späteren Texten Heideggers. Hier rückt der Begriff des Denkens, also der Zentralbegriff rationalistischer Tradition in den Vordergrund.

Der genannten Ambivalenz gemäß wird die Bedeutung des Denkens, wie eingangs vermerkt, von Heidegger einerseits immer wieder unter dem Gesichtspunkt radikaler Kritik erörtert, und zwar immer dann, wenn dieser Begriff als genuiner Terminus der rationalistischen Tradition thematisch wird; andererseits mahnt aber gerade Heidegger unaufhörlich das Denken an; er spricht davon, dass wir noch nicht eigens denken, dass wir das Denken noch zu lernen hätten, dass alles auf das rechte Denken ankommt, und er fragt entsprechend danach, was eigentlich Denken heißt, was eigentlich *uns* denken heißt![80] Heidegger lehnt also den Zentralbegriff der rationalistischen Tradition keineswegs rundheraus ab; er will vielmehr diesem Begriff in erweiterter Fassung neues Gewicht verschaffen. Im Durchgang durch eine radikale Kritik des Denkens, die bereits in »Sein und Zeit« mit der Favorisierung des Verstehensbegriffes anhebt, soll das Denken allererst als diejenige Tätigkeit des Menschen herausgestellt werden, die durch *Entzug* bestimmt und dieserart in einen weiteren Horizont zurückzubinden ist.

Dem Entzug trägt nach Heidegger das Denken Rechnung, sofern es sich mitziehen lässt durch ihn. Schon in diesem Sich-mit-ziehen-lassen des Denkens kommt die Einsicht zum Tragen, dass in ihm, im Denken, nicht die einzige, nicht die ursprüngliche und nicht die oberste Instanz zu sehen ist. Im Zuge dieser kritischen Auseinandersetzung mit sich selber findet das Denken dasjenige wieder, was als entscheidender Verlust für es unmittelbar bestimmt ist. Das Denken vollzieht sich überhaupt nur auf der Grundlage dieses Verlustes. Der Verlust, der sich im *Entzug* anzeigt, ist sonach von grundsätzlicher Natur. Zu dieser Einsicht gelangte das im Rationalismus gegründete Denken gerade nicht.

Was sich dem neu beginnenden Denken im Entzug, d. h. als Verlust anzeigt, ist die sich verlierende Spur seiner Herkunft, die unaufhörlich auf den Ursprung für das Licht des Bewusst-Seins im Unbewussten verweist. Dieser Verlust stellt sich ein und muss sich einstellen in jedem Augenblick, da das Denken überhaupt im Licht sich findet. Das Denken *kann* sich überhaupt nur finden auf der Grundlage jenes Verlustes. Es vollzieht sich nur, indem es *zum* Vollzug seiner selbst *durch* den Entzug unablässig gezogen wird. Demnach *gründet* das Denken in jenem ursprünglichen Verlust. Ihm *dankt* das Denken, dass es sich überhaupt vollzieht, derart, dass es sich diesem Verlust *ver*dankt. Heidegger bringt in diesem Sinn Danken und Denken in unmittelbaren Zusammenhang. In »Was heißt Denken« (WhD), also in derjenigen Vorlesung, bei der die Thematisierung des Entzugsphänomens im Zentrum steht, sagt er: »Der ursprüngliche Dank ist das Sichverdanken. Erst in ihm und nur aus ihm erfolgt jenes Denken«, das von sich wissen lernt, dass es ursprünglich dem Verlust »zugehört«[81]. Der Verlust, dem das Denken sich verdankt, ist angezeigt in dem, was für den Zugang des Denkens im Licht des Bewusstseins entzogen bleibt. Darin liegt die in das Wesen der Ratio gehörende Ambivalenz des Denkens: dass es Zugang zu sich und zum Seienden in der Welt findet, aber so, dass dieses Sichfinden und Finden einzig durch die gegenwärtig bleibende Instanz einer fundamentalen Unzugänglichkeit ermöglicht ist.

Was das Denken der Ratio gewinnt, ist rationaler Zugang des Menschen zu sich und zu allem anderen Seienden in der Welt. Was damit das Denken der Ratio immer schon verlor, ist Zugang zum Unbewussten, d. h. die Möglichkeit denkender Erfahrung derjenigen Dimension, welche die Möglichkeit des Denkens allererst erbringt. Dieser Verlust lässt das Denken der Ratio nicht mit leeren Händen zurück, indem er sich als notwendig erweist für das Sichhalten des Denkens im Licht des Bewusstseins. Das Denken findet sich im Horizont des Verlustes und *einzig* in ihm. So kommt der Verlust, dem sich das Denken verdankt, auch nur *im* Denken zum Vorschein, nämlich als Ermöglichung desjenigen Geschehens, das *als* Denken sich im Licht des Bewusst-Seins einzig findet. Im Licht des Bewusst-Seins bekundet sich ohne Unterlass das Unbewusste als grundsätzlicher, nämlich das Licht und damit auch das Denken unablässig begründender Verlust für das Denken. Das Denken macht dieserart – im Licht des Bewusst-Seins – die Erfahrung der »Verlassenheit«[82] von dem, woraus in jedem Augenblick jenes Licht des Bewusst-Seins entspringt als eigentliche Sphäre des Denkens. Solche Erfahrung macht der Mensch, indem er denkt, d.h. jetzt: indem er seines eigenen Hintergrundes im Unbewussten eingedenk bleibt.

Was also – auf dem von Heidegger vorgezeichneten Weg – das Denken der Ratio wiederfindet, das ist der mit ihm selber sich anzeigende Verlust, der auf den Reichtum im Entzug verweist. Als solchen verbürgt der Verlust, den das Denken im Zuge radikaler Selbstkritik wiederfindet, das Unversiegte seines im Entzug – und nur in ihm! – gegenwärtig bleibenden Ursprungs. Heidegger spricht, um auf diesen Reichtum, der sich allein in Entzug und Verlust offenbart, hinzuweisen, von Rätsel[83], von Geheimnis. »Wir stehen«, sagt er, »im Bereich dessen, was sich uns verbirgt und zwar verbirgt, indem es auf uns zukommt. Was auf solche Weise sich zeigt und zugleich sich entzieht, ist der Grundzug dessen, was wir das Geheimnis nennen. Ich nenne die Haltung, kraft deren wir uns für [dieses Verborgene] offen halten: *die Offenheit für das Geheimnis.*«[84] Was als Entzug und Verlust anzusprechen ist, meint hier gerade nichts Negatives, sondern – als der Ursprung des Lichtes des Bewusst-Seins – das geheimnisvoll *bleibende* Entspringen dieses Lichts.

Einzig mit dem sich wandelnden Denken der Ratio, sofern dieses – den eigenen Absolutheitsanspruch überwindend – im Licht des Bewusst-Seins sich wiederfindet, manifestiert sich das Unbewusste, und zwar jederzeit und alltäglich. Das Denken ist jetzt nicht mehr bloßer Manifestationsakt der Ratio, sondern eigene Bekundung des Unbewussten. Als solches zeigt das Denken an und ist so eigenster Ort für die unmittelbare Verbindung zwischen Licht des Bewusst-Seins und Dunkel des Unbewussten, genauer: beide manifestieren sich *als* diese Verbindung, nämlich in jedem Augenblick des Denkens. Dieserart bestehen beide, Bewusst-Sein und Unbewusstes, nur in ihrer Verbindung, die mit dem Denken des Menschen gegeben ist. Die Verbindung, die als Denken der Ratio geschieht, zeigt sich im Licht des Bewusst-Seins als einem, das vom Unbewussten umfasst und so ermöglicht ist. Um diese Verbindung in jedem Augenblick neu zu vollziehen, muss das Denken immer neu beginnen. Es beginnt aber immer neu, indem es den Verlust, dem es entspringt, und in diesem sich selber stets wiederfindet.

Anmerkungen

1. Heidegger sah dies ohne Frage selbst: »Was immer und wie immer wir zu denken versuchen, wir denken im Spielraum der Überlieferung.« IuD (Der Satz der Identität), S. 30.
2. SuZ, S. 22.
3. SuZ, S. 22.
4. SuZ, S. 22.
5. BzPh, S. 83.
6. BzPh, S. 184.
7. WhD, S. 1.
8. Vgl. BzPh, S. 47, wo die »Ohnmacht des Denkens« bedacht wird.
9. R. M. Rilke: »Die Sonnte an Orpheus«, Zweiter Teil, XXIII, a. a. O., S. 57.
10. WhD, S. 5.
11. BzPh, S. 230.
12. BzPh, S. 237.
13. Vgl. BzPh, S. 233
14. Vgl. »Brief über den Humanismus« (WM, S. 311 ff.).
15. Ebda., S. 191. Insgesamt heißt es hier: »So ist das Denken ein Tun. Aber ein Tun, das zugleich alle Praxis übertrifft. Das Denken durchragt das Handeln und Herstellen«.
16. So bereits 1929 in »Vom Wesen der Wahrheit (WM, S. 199).
17. Vgl. hierzu auch die Studien von Bartels (1976).
18. Heidegger selber thematisiert in diesem Sinne das Phänomen des Bewusstseins intensiv, und zwar im Zuge der Auseinandersetzung mit denjenigen Denkern, für die der Begriff des Bewusstseins zu den tragenden gehört, mit Hegel und Husserl. Vgl. »Hegels Begriff der Erfahrung« (HW, S. 111–204). Zu Heideggers Husserl-Interpretation vgl. EpF, S. 52 ff. u. 270 ff.
19. Vgl. Heidegger: »Überwindung der Metaphysik« (VuA, S. 70): »Das ego cogito ist für Descartes in allen cogitationes das schon […] Fraglose, das Unbezweifelbare […], das eigentlich Gewisse«. Zu Heideggers Auseinandersetzung mit Descartes vgl. auch EpF, S. 109 ff. Descartes' Vorstoß selber ist nachzuvollziehen in den »Meditationes« (1986), hier insbesondere Med. II, S. 82 f., desweiteren in »Die Prinzipien der Philosophie« (1965), S. 2 f.
20. BzPh, S. 180 u. a. Zum Verhältnis von ratio und Denken vgl ebda.
21. Rene Descartes (1986), S. 106 u. a.
22. Genau dieses Geschehen hat Heidegger im Auge, wenn er anlässlich der Auseinandersetzung mit Hegel (»Hegels Begriff der Erfahrung«, HW, S. 174) sagt, in »diesem Geschehen« sei »das Bewußtsein sein eigenes Sicherscheinen im Erscheinen.«. Er spricht entsprechend ebda., S. 180 vom »Sicherscheinen des Erscheinens selbst.«
23. Vgl. hierzu Heidegger, VS, S. 119 f. sowie ZS, S. 283 ff.
24. Zu Heideggers Absetzung vom Begriff des Bewusstseins vgl. VS, S. 119 ff., ZS, S. 283 ff. u. a.
25. BzPh, S. 85 u. a.

26 Wir werden Zeugen eines bemerkenswerten Schauspiels, wenn wir gegenwärtig in High-Tech-Kliniken, in Tier- und Menschenlabors der westlichen Welt Hundertschaften von Hirnforschern und Neurophysiologen an hochkomplexen Rechnernetzen und Elektronenmikroskopen, an digitalen Messinstrumentarien und Computersimulatoren neurologische Reize aussenden und Hirnströme verfolgen sehen; mit hausgemachten Errungenschaften rationalistischer Methodik glauben sie fassen zu können, was dem rationalistischen Zugriff gerade sich entzieht, umso entschiedener, je ausgefeilter die technischen Möglichkeiten der Messung und Berechnung werden. Man fühlt sich im großen Maßstab erinnert an Heisenbergs Entdeckung, dass bei einer bestimmten Dimension mikrophysikalischer Prozesse die Beobachtungsapparatur der Wissenschaftler so entscheidenden Einfluss auf das zu Beobachtende ausübt, dass dieses sich seiner eigentlichen Natur nach dem Blick des Beobachters entzieht. Aufregend werden die wissenschaftlichen Taten in allen Bereichen der Naturwissenschaft immer dann und erst dann, wenn die Augen für das einzige Wunder aufgehen, das sich gerade und einzig im stillen, nämlich im *Entzug* offenbart. Gewiss, in den Hochburgen des Rationalismus sind solche Augen selten. Heideggers vielkritisierter Satz.»Die Wissenschaft denkt nicht« (WhD, S. 4), gehört hierher. Vgl. hierzu auch das Interview, das Richard Wisser mit Heidegger 1969 geführt hat, vgl. Wisser (1970), S. 71 f. In ZS., S. 271 heißt es:: »Die Berechtigung der Psychologie besteht nur in ihrem Ansatz und im Ernstnehmen des Nicht-körperlichen, aber dann hört ihre Berechtigung schon auf, weil sie dann dieses Nicht-körperliche mit nicht gemäßen Methoden erforscht. Es ist eine ins Unberechtigte verkehrte Berechtigung.«

27 Der Begriff des *Entzuges* taucht – als zentraler Terminus – in vielen Textes Heideggers auf. Vgl.»Vom Wesen der Wahrheit (WM, S. 199), WhD, S. 5 ff., BzPh, S. 81 u. a., ZSD, S. 23 u. a. Zum Begriff der *Verweigerung* vgl. BzPh, S. 91 u. a., zum Begriff des *Sichverbergens* ebda., S. 123.

28 SuZ, § 3, S. 9.

29 Vgl. SuZ, § 4, S. 11 f.: Der Mensch (das Dasein) »ist [...] vor anderem Seienden ausgezeichnet.« Diese Auszeichnung beruht darin, dass der Mensch »ontologisch *ist*«, d. h. dass einzig er Seiendes in seinem Sein *versteht*.

30 SuZ, § 31, S. 147.

31 SuZ, § 3, S. 9.

32 Vgl. SuZ, § 83, S. 437. Heidegger spricht auch von Seinsverstehen, § 65, S. 325 u. a., desweiteren von Seinsverständnis, so bereits auf S. 1 u. a.

33 SuZ, S. 1 ff.

34 SuZ, S. 1 ff.

35 In »Die Frage nach der Technik« (VuA, S. 31) untersucht Heidegger, was »den Menschen in seinem Verhältnis zu sich selbst und zu allem, was ist«, gefährdet. Weiter heißt es hier: »Die Bedrohung des Menschen kommt nicht erst von den möglicherweise tödlich wirkenden Maschinen und Apparaturen der Technik. Die eigentliche Bedrohung hat den Menschen bereits in seinem Wesen angegangen« (ebda., S. 32).

36 SuZ, § 4, S. 13 u. a.

37 Vgl. SuZ, § 4, S. 12: »*Seinsverständnis ist selbst eine Seinsbestimmtheit*« des Menschen.

38 Vgl. SuZ, § 4, S. 12: »Die ontische Auszeichnung des Daseins liegt darin, daß es ontologisch *ist*.«
39 Vgl. BzPh, S. 107 ff.
40 Als expliziter Terminus von SuZ eingeführt wird dieser Begriff in § 16, S. 75.
41 SuZ, § 40, S. 186.
42 SuZ, § 31, S. 143, § 44, S. 223.
43 In SuZ, § 16, S. 75 heißt es entsprechend: »Erschließen« und »Erschlossenheit« werden im folgenden terminologisch gebraucht und bedeuten »aufschließen« – »Aufgeschlossenheit«.
44 SuZ, § 7, S. 38 u. a.
45 SuZ, § 16, S. 75.
46 Ohne Raum könnte Sein sich weder erstrecken noch vollziehen. Ohne Zeit könnte der Raum des Seins nicht als ein »im Auseinander *Offenen*« (BzPh, S. 88) bestehen. Diese Zusammengehörigkeit von Raum und Zeit, manifest als Erschlossenheit von Sein, fasst Heidegger zunächst im Begriff »der ekstatisch-horizontalen Verfassung« (SuZ, § 69, S. 365), später im Begriff des »Zeit-Raums« als der »*ursprünglichen Einheit* von Raum und Zeit« (BzPh, S. 379). Die Zeit selber impliziert das Ek-statische im Sinne des raumhaften Herausstehens in Zukunft, Vergangenheit, Gegenwart und damit das Horizonthafte, das zum Raum gehört und für das Verstehen, d. h. den Zugang zum Seienden konstitutiv ist.
47 Vgl. SuZ, § 1, S. 4.
48 In SuZ, § 44, wird dieser Begriff systematisch mit dem der Erschlossenheit in Zusammenhang gebracht; »sofern Dasein erschlossen ist, ist es auch verschlossen«, heißt es S. 222, und ebda.: »Zur *Faktizität* des Daseins gehören Verschlossenheit und Verdecktheit.« Eingeführt wird der Begriff bereits an früherer Stelle. Vgl. § 40, S. 184.
49 »Brief über den Humanismus (WM, S. 320) u. a.
50 Lichtung ist ein zentraler Terminus in der Spätphilosophie Heideggers. Vgl BzPh, S. 76, 88 u. a.
51 »Brief über den Humanismus« (WM, S. 329).
52 »Brief über den Humanismus« (WM, S. 321).
53 Vgl. hierzu VS, S. 120
54 Vgl. ZS, S. 284: »So ist der Titel ›Bewußtsein‹ zu einer Grundvorstellung der neuzeitlichen Philosophie geworden.« Vgl. zur Bedeutungsgeschichte des Begriffs ›Bewusstsein‹ ebda., S. 283 ff.
55 Heidegger hat auf diesen Sachverhalt mehrfach hingewiesen. Er knüpfte die Frage daran, was denn mit diesem *Sein* im Wort Bewusstsein eigentlich gemeint sei. Vgl. bereits EpF, S. 271: »Demnach muß allererst, sofern die Aufgabe, Bewußtsein zum Thema zu machen, zu Recht besteht, gefragt werden: Welches ist das spezifische Sein, das hier zu einem Sachgebiet gemacht wird?« Vgl auch VS, S. 118: »Bewußtsein und Dasein; – in beiden Worten ist das Verbum »Sein« enthalten«. Aber »welchen Sinn hat Sein in Bewußtsein und Dasein?«
56 Vgl. etwa BzPh, S. 70. u. a.
57 BzPh, S. 91 u. a.
58 SuZ, § 29, S. 134 ff. u. a. Die Begriffe werden dann vor allem thematisch in WiM, S. 110 ff.

59 Vgl. SuZ, § 4, S. 12; »Wenn wir daher den Titel Ontologie für das explizite theoretische Fragen nach dem Sein des Seienden vorbehalten, dann ist das gemeinte Ontologisch-sein des Daseins als vorontologisches zu bezeichnen«. Ebda., S. 15 heißt es: »Die Seinsfrage ist [...] nichts anderes als die Radikalisierung einer zum Dasein selbst gehörigen wesenhaften Seinstendenz, des vorontologischen Seinsverständnisses«.
60 In diesem Sinne heißt es (WiM, S. 110): Das »Gestimmtsein, darin einem so und so ›ist‹, läßt uns – von ihm durchstimmt – inmitten des Seienden im Ganzen befinden. Die Befindlichkeit der Stimmung enthüllt nicht nur je nach ihrer Weise das Seiende im Ganzen, sondern dieses Enthüllen ist zugleich – weit entfernt von einem bloßen Vorkommnis – das Grundgeschehen unseres Daseins«. Dass wir uns »vor das Nichts« gestellt sehen, dergleichen, so Heidegger ebda. weiter, kann »entsprechend ursprünglich nur in einer Stimmung geschehen, die ihrem eigensten Enthüllungssinne nach das Nichts offenbart«.
61 WiM, S. 110. Vgl. auch f.
62 WiM, S. 110.
63 WiM, S. 108.
64 WiM, S. 110.
65 Heidegger spricht demgemäß in SuZ, § 29, S. 135 vom »phänomenalen Tatbestand der stimmungsmäßigen Erschlossenheit des Seins«.
66 WiM, S. 110.
67 WiM, S. 110.
68 WiM, S. 111.
69 Vgl. SuZ, § 39, S. 182 ff. u. a. sowie WiM, S. 110 ff.
70 WiM, S. 110.
71 Vgl WiM, S. 110 ff.
72 WiM, S. 113.
73 »Warum ist überhaupt Seiendes und nicht vielmehr Nichts?« Dieser in Frageform gehaltene Schlussatz von WiM (S. 121) gibt in erster Konsequenz eben der Verwunderung darüber Ausdruck, dass es überhaupt Sein des Seienden, dass es überhaupt Aufgeschlossenheit von Sein und nicht vielmehr nur Unaufgeschlossenheit, nicht nur Nichts gibt.
74 BzPh, S. 118 u. a.
75 Vgl. SuZ, §§ 39 ff., S. 180 ff.
76 SuZ, § 51, S. 252 u. a.
77 *Vorlaufen* ist einer der zentralen Termini in SuZ. Vgl. ebda., § 53, S. 262: »Das Sein zum Tode ist Vorlaufen in ein Seinkönnen *des* Seienden, dessen Seinsart das Vorlaufen selbst ist. Im vorlaufenden Enthüllen dieses Seinkönnens erschließt sich das Dasein ihm selbst«.
78 Vgl. SuZ, §§ 46 ff., S. 235 ff.
79 Vgl. SuZ, § 5, S. 17 u. a. Ebda., § 45, S. 231 heißt es: »Die Freilegung des Horizontes aber, in dem so etwas wie Sein überhaupt verständlich wird, kommt gleich der Aufklärung der Möglichkeit des Seinsverständnisses überhaupt, das selbst zur Verfassung des Seienden gehört, das wir Dasein nennen«.
80 Vgl. WhD, S. 1 ff.
81 WhD, S. 93. Zum Verhältnis von Denken und Danken vgl. ebda. S. 91 ff.

[82] Vgl. BzPh, S. 100 u. a.
[83] Zum Begriff des Rätsel vgl bereits SuZ, § 75, S. 392, desweiteren WhD, S. 5: Die »Betroffenheit durch das Wirkliche kann den Menschen gerade gegen das absperren, was ihn angeht, angeht in der gewiß rätselhaften Weise, daß es ihm entgeht, indem es sich ihm entzieht. Das Ereignis des Entzugs könnte das Gegenwärtigste in allem jetzt Gegenwärtigen sein und so die Aktualität alles Aktuellen unendlich übertreffen.«
[84] G, S. 24. Vgl. auch ff.

Literatur

Schriften Heideggers

SuZ	(1927): *Sein und Zeit*. 17. Aufl., Tübingen (Niemeyer) 1993.
HW	(1950): *Holzwege*. 6. Aufl., Frankfurt/M. (Klostermann) 1980.
VuA	(1954): *Vorträge und Aufsätze*. 6. Aufl., Pfullingen (Neske) 1990.
WhD	(1954): *Was heißt Denken?* 4. Aufl., Tübingen (Niemeyer) 1984.
IuD	(1957): *Identität und Differenz*. 9. Aufl., Pfullingen (Neske) 1990.
G	(1959): *Gelassenheit*. 8. Aufl., Pfullingen (Neske) 1985.
WM	(1967): *Wegmarken*. 2. Aufl., Frankfurt/M. (Klostermann) 1978.
ZSD	(1969): *Zur Sache des Denkens*. 2. Aufl., Tübingen (Niemeyer) 1976.
VS	(1977): *Vier Seminare*. Frankfurt/M. (Klostermann).
ZS	(1987): *Zollikoner Seminare*. Protokolle, Gespräche, Briefe. Frankfurt/M. (Klostermann).
BzPh	(1989): *Beiträge zur Philosophie (Vom Ereignis)*. GA Bd. 65. 2. Aufl., Frankfurt/M. (Klostermann) 1994.
EpF	(1994): *Einführung in die phänomenologische Forschung*. GA Bd. 17. Frankfurt/M. (Klostermann).
WiM	*Was ist Metaphysik?* In: WM. S. 103–121.

Vom Wesen der Wahrheit. In: WM, S. 175–199.
Hegels Begriff der Erfahrung. In: HW, S. 111–204.
Brief über den Humanismus. In: WM, S. 311–360.
Überwindung der Metaphysik. In: VuA, S. 67–95.
Die Frage nach der Technik. In: VuA, S. 9–40.
Der Satz der Identität. In: IuD, S. 9–30.

Sonstige Literatur

Bartels, M. (1976): Selbstbewußtsein und Unbewußtes. Studien zu Freud und Heidegger. Berlin-NewYork (de Gruyter).
Condrau, G. (1992): Sigmund Freud und Martin Heidegger. Daseinsanalytische Neurosenlehre und Psychotherapie. Freiburg/Schweiz (Univ.-Verlag) 1992.

Descartes, R.: Die Prinzipien der Philosophie. Hamburg (Meiner) 1965.
Descartes, R.: Meditationes de Prima Philosophie – Meditationen über die Erste Philosophie. Übs. und hrsg. von G. Schmidt. Stuttgart (Reclam) 1986.
Gründer, K. (1962): M. Heideggers Wissenschaftskritik in ihren geschichtlichen Zusammenhängen. In: Archiv für Philosophie. Bd. 11, 1962, S. 312–335.
Guzzoni, U. (Hg.) (1980): Nachdenken über Heidegger. Eine Bestandsaufnahme. Hildesheim (Gerstenberg).
Hagestedt, J. (1993): Freud und Heidegger. Zum Begriff der Geschichte im Ausgang des subjektzentrischen Denkens. München (Fink) 1993.
Haucke, K. (1998): Anthropologie bei Heidegger. Über das Verhältnis seines Denkens zur philosophischen Tradition. In: Philosophisches Jahrbuch 1998, S. 321 bis 345.
Kettering, E. & Neske, G. (Hg.) (1988): Antwort. Martin Heidegger im Gespräch. Pfullingen (Neske).
Löwith, K. (1978): Von Hegel zu Nietzsche. Der revolutionäre Bruch im Denken des neunzehnten Jahrhunderts. Hamburg (Meiner).
Löwith, K. (1984): Heidegger – Denker in dürftiger Zeit. In: Ders.: Sämtliche Schriften, Bd. 8. Stuttgart (Metzler).
Marx, W. (1961): Heidegger und die Tradition. Eine problemgeschichtliche Einführung in die Grundbestimmungen des Seins. Stuttgart (Kohlhammer).
Oberthür, J. (2002): Seinsentzug und Zeiterfahrung. Die Bedeutung der Zeit für die Entzugskonzeption in Heideggers Denken. Würzburg (Königshausen & Neumann) 2002.
Platon: Werke in acht Bänden. Hg. Gunther Eigler. Darmstadt (Wissenschaftliche Buchgesellschaft) 1990.
Pöggeler, O. (1983): Der Denkweg Martin Heideggers. 2. Aufl., Pfullingen (Neske).
Pocai, R. (1996): Heideggers Theorie der Befindlichkeit. Freiburg-München (Alber).
Richardson, W. J. (1974): Heidegger. Through Phenomenologie to Thought. 3. Aufl., Den Haag (Nijhoff).
Richardson, W. J. (1980): Phenomenologie and Psychoanalys. In: Guzzoni (1980), S. 232–252.
Rilke, R. M. (1979): Die Sonette an Orpheus. Frankfurt/M. (Suhrkamp).
Römpp, G. (1989): Verstehen von Sein. Heidegger und die Frage eines philosophischen Anfangs. In: Allg. Zeitschrift für Philosophie 14/3, S. 35–56.
Stallmach, J, (1987): Seinsverstehen – Martin Heidegger. In: Ders.: Ansichsein und Seinsverstehen. Neue Wege der Ontologie bei Nicolai Hartmann und Martin Heidegger. Bonn (Bouvier), S. 45–143.
Sternberger, A. (1981): Der verstandene Tod. Eine Untersuchung zu Martin Heideggers Existentialontologie. In: Ders.: Über den Tod. Frankfurt/M. (Suhrkamp).
Strube, C. (1994): Das Mysterium der Moderne. Heideggers Stellung zur gewandelten Seins- und Gottesfrage. München (Fink) 1994.
Strube, C. (1996): Die existential-ontologische Bestimmung des *lumen naturale*. In: Heidegger-Studies 12, 1996. S. 109–119.
Tugendhat, E. (1970): Der Wahrheitsbegriff bei Husserl und Heidegger. Berlin-NewYork (de-Gruyter).
Wisser, R. (Hg.) (1970): Martin Heidegger im Gespräch. Freiburg/München (Alber).

Günter Zurhorst

Sartre contra Freud: Die Theorie der »gelebten Erfahrung« (le vécu)

1. Aspekte einer komplizierten »Beziehungsgeschichte«

Bei einer genaueren Betrachtung des Sartreschen Werkes stösst die Leserin bzw. der Leser bald auf das Paradox, dass hier »einer der schärfsten und relevantesten Kritiker der Theorie des Freudschen Werkes zugleich eines der bleibenden Werke der psychoanalytisch inspirierten Literaturkritik verfasst hat« (Wanninger 1990, S. 29).

Von diesem Paradox zeugen vor allem auch die freimütigen Selbstaussagen Sartres. So meinte er z. B. rückblickend in einem Interview im Jahre 1969: »Zunächst muß ich sagen, dass ich in meiner Jugend eine tiefe Abneigung gegen die Psychoanalyse hegte [...] Man darf nämlich nicht vergessen, welches Gewicht der kartesianische Rationalismus in Frankreich hat [...] und wenn man dann *Zur Psychopathologie des Alltagslebens* von Freud aufschlägt und auf die berühmte Signorelli-Episode stößt mit ihren Ersatznamen, Assoziationen und Verschiebungen, die daher rühren, dass Freud gleichzeitig an den Selbstmord eines Patienten, an gewisse Sitten der Türken und noch vieles andere gedacht hat – dann verschlägt es einem die Sprache. [...] Ich will sagen, dass es mir als Franzose echter cartesianischer Tradition und rationalistischer Prägung unmöglich war, ihn zu verstehen, dass mich die Idee des Unbewußten völlig schockierte. Aber das war nicht alles; noch heute schockiert mich etwas, was für das Freudsche Denken unvermeidlich ist: die biologische und physiologische Sprache, in der er Gedanken ausdrückt, die anders nicht mitteilbar waren. Das Ergebnis ist, dass seine Beschreibung psychoanalytischer Phänomene nicht frei ist von einer Art mechanistischen Krampfes [...] Aber meist bringt seine Sprache eine *Mythologie des Unbewußten* hervor, die für mich unannehmbar ist« (Sartre 1977c, S. 147f.).

Aber wie passt dies damit zusammen, dass derselbe Sartre ein paar Jahre zuvor (1957) emphatisch klingend ausführte: »Allein die Psychoanalyse ermöglicht heute ein wirklich eingehendes Studium der ersten Versuche, in denen ein Kind noch ganz im Dunkeln tappend – ohne es zu begreifen – die ihm von den Erwachsenen auferlegte gesellschaftliche Rolle zu spielen sucht; nur die Psychoanalyse kann uns zeigen, wie es an dieser Rolle erstickt, wie es sie abzustreifen versucht oder wie es gänzlich in sie hineinwächst. Und nur sie allein ermöglicht, den ganzen Menschen im Erwachsenen zu finden« (Sartre 1964, S. 51).

Das sich hier andeutende komplexe, ambivalente Verhältnis Sartres zur Psychoanalyse und speziell zur Theorie des Unbewussten kann nach Wanninger (1990, S. 26) in vier Perioden – relativ überschaubar – gegliedert werden:

Eine *erste Phase* ist die von Sartres Studienzeit bis etwa Mitte der 1930er Jahre, in der er sich zusammen mit einigen Freunden (z.B. Paul Nizan) zwar Kenntnisse über die Psychoanalyse aneignete, aber im Grunde desinteressiert und gleichgültig blieb.

Eine *zweite Phase* kann von 1938 bis ca. 1952 datiert werden, in der Sartre sich literarisch (»Kindheit eines Chefs«) und philosophisch (»Das Sein und das Nichts«) stark mit der »empirischen Psychoanalyse« Freuds auseinandersetzte und seine eigene »existentielle Psychoanalyse« entwickelte, die – damals – »ihren Freud noch nicht gefunden« (Sartre 1943, S. 986) hatte, jedoch ihren ersten Niederschlag in den literaturkritischen Biographien über Baudelaire (1946) und Genet (1952) fand.

Eine *dritte Phase* kann ab Mitte der 1950er Jahre datiert werden, als Sartre in erneuter Auseinandersetzung mit der Psychoanalyse sein Drehbuch zum Freud-Film John Hustons schrieb (Sartre 1993) und sich mit dem Regisseur überwarf, weil dieser »nicht begriff, was das Unbewußte ist« (Sartre 1977c, S. 146) und wie es filmisch darstellbar ist. Zugleich schrieb Sartre in dieser Zeit an seiner Autobiographie »Jean sans Terre« (1954), die später als »Die Wörter« erschien. Sie brachte ihm den Nobelpreis für Literatur ein, den er jedoch ablehnte. In dieser Autobiographie formulierte er den für Psychoanalytiker hochprovokanten Satz, dass er aufgrund seiner Kindheitsbedingungen »kein Überich« habe (Sartre 1968, S. 12).

Eine *vierte Phase* kann schließlich durch die Publikation der monumentalen Flaubert-Studie »Der Idiot der Familie« Anfang der 1970er Jahre markiert werden, in der sich Sartre stark mit den Theorien von Jacques Lacan auseinandersetzte. In diese Periode fällt auch die Veröffentlichung von »Der Narr mit dem Tonband« (Sartre 1969). Dabei handelt es sich um die Tonbandaufzeichnung des gescheiterten Gesprächs eines Patienten mit seinem Psychoanalytiker, in dem der Patient nach 14-jähriger Analyse, die er gegen den Willen des Behandlers abbrach, diesen wegen mangelnder

Behandlungserfolge zur Rede stellte. Die Veröffentlichung in Sartres Zeitschrift »Les Temps Modernes« führte zum Austritt des berühmten französischen Psychoanalytikers J. B. Pontalis aus der Redaktion und zu dessen öffentlicher Gegenrede.

Kann angesichts dieser Beziehungsgeschichte von einer »Hassliebe« Sartres zur Psychoanalyse gesprochen werden? Es hat – wie meist in solchen Fällen – nicht an psychoanalytischen Untersuchungen gefehlt, Sartres Haltung und theoretische Positionen zur Psychoanalyse auf seine unbewussten neurotischen Trieb-Abwehr-Konflikte zu reduzieren (Robert 1973). Doch sollen in diesem Beitrag derartige altbekannte Immunisierungsstrategien beiseite gelassen werden. Vielmehr werde ich im Folgenden den Versuch machen, in äusserster Konzentration auf das Thema des Unbewussten herauszuarbeiten, wieso Sartre von einer »Mythologie des Unbewußten« spricht und welche Theorie er in seiner »existentiellen Psychoanalyse« an diese Stelle setzt. Dabei wird es mir hier nicht darauf ankommen zu untersuchen, ob Sartre Freud im Einzelnen richtig verstanden hat, woran es durchaus berechtigte Zweifel geben mag (Lévy 2002, S. 262 f.; Cremonini 2003, S. 161 ff.).

2. Sartres Ansatzpunkt: Die Person als einzelnes Allgemeines

Im Vorwort seiner Flaubert-Studie formuliert Sartre sein Anliegen mit der Frage: »Was kann man heute von einem Menschen wissen?« und fügt sogleich hinzu: »Diese Frage beantworten heißt, die Informationen, die wir über ihn [Flaubert, G. Z.] haben, zu *totalisieren*. Nichts beweist zunächst, ob eine solche Totalisierung *möglich* und ob die Wahrheit einer Person nicht plural ist« (Sartre 1977a, S. 7). Diese Überzeugung, dass der Mensch eine *Totalität* und keine Kollektion ist, hatte Sartre bereits in seinem Frühwerk »Das Sein und das Nichts« (1943) im Rahmen seiner Theorie des existentiellen, ganzheitlichen »Grundentwurfs« ausführlich begründet. Und mit dem Begriff der Totali*sierung* wird zudem angezeigt, dass jeder Mensch dazu verurteilt ist, ständig etwas aus dem zu machen, was man aus ihm gemacht hat: »Ein Mensch ist nämlich niemals ein Individuum; man sollte ihn besser ein *einzelnes Allgemeines* nennen: von seiner Epoche totalisiert und eben dadurch allgemein geworden, retotalisiert er sie, indem er sich in ihr als Einzelnheit wiederhervorbringt. Da er durch die einzelne Allgemeinheit der menschlichen Geschichte allgemein und durch die allgemeinmachende Einzelnheit seiner Entwürfe einzeln ist, muß er zugleich von beiden Enden her untersucht werden. Dazu ist eine geeignete Methode notwendig« (Sartre 1977a, S. 7).

Im Schnittpunkt beider jeweiliger Kraftlinien – des Allgemeinen und des Einzelnen, bzw. der Sprache und der Rede, bzw. des Systems und des Ereignisses – bildet sich also die *Person*. Sie ist niemals bloß ein Individuum, aber stets mehr als ein Exemplar: »Die *Person* ist nämlich weder ein reines Widerfahrnis (gegen das sie nichts tun kann); noch ganz und gar das Werk eines souveränen Entwurfs. Im Grunde *ist* sie gar *nicht*, oder vielmehr: sie ist in jedem Augenblick nur das seinerseits *überschrittene* Resultat aller zu einem Ganzen strebenden Verfahren, durch die wir ständig versuchen, das Nichtassimilierbare zuzueignen, also zunächst einmal unsre Kindheit: das bedeutet, dass [unsere Person, G. Z.] das abstrakte und ständig wieder retuschierte Produkt einer Person*werdung* vorstellt, die einzig wirkliche – das heißt *erlebte* Tätigkeit des Lebenden. Oder noch besser: sie ist das Erlebte selbst als Vereinigung [beider Momente, G. Z.], insofern es sich nämlich aus Anlass neuer Bestimmungen wieder zu den Ausgangsbedingungen zurückwendet, um sich deren Nichtintegrierbarkeit zu integrieren. [...] In jedem Fall ist die Personwerdung beim Individuum nichts anderes als ein Überwinden und Wiederholen (ein Aufsichnehmen und Verneinen) dessen, was die Welt aus ihm gemacht hat – und immerfort macht –, im Rahmen eines aufs Ganze abzielenden Entwurfs« (Sartre 1977b, S. 14 f.).

Eine Person ist in Sartres Verständnis also nichts Substanzhaftes oder naturhaft bzw. transzendent Vorgegebenes/Aufgegebenes, sondern der unaufhörliche Lebensprozess der Selbsthervorbringung eines Menschen unter seinen vorgefundenen Lebensverhältnissen in Form einer unregelmäßigen Spiralbewegung, die die Ebenen der Konstitution, Personalisation und Sozialisation umfasst. Wir »müssen die zirkulare Bewegung in einem dreidimensionalen Raum als eine Spirale mit mehreren Zentren betrachten, die sich ständig von ihnen entfernt und sich über sie erhebt, indem sie eine unbestimmte Anzahl von Umdrehungen um ihren Ausgangspunkt [der »Urszene«, G. Z.] herum vornimmt: so verläuft die personalisierende Entwicklung zumindest bis zu dem bei jedem verschiedenen Augenblick der Sklerose oder der regressiven Zurückdrehung. In diesem Falle wiederholt sich die Bewegung entweder bis ins Unendliche, indem sie die gleichen Orte durchschreitet, oder aber es ist der plötzliche Sturz von der obersten Umdrehung zu irgendeiner der unteren« (Sartre 1977b, S. 14 f.).

Die »geeignete Untersuchungsmethode« für diese Prozesse erfordert zunächst eine (Erkenntnis-)Haltung der »Empathie [...], die einzige zum Verständnis angemessene Haltung« (Sartre 1977a, S. 8). Damit ist keinesfalls eine naive Einfühlungshermeneutik gemeint, der zufolge ein unmittelbarer Zugang zu den Gefühlen eines Menschen möglich und für das Verständnis hinreichend wäre. Sartre ist sich sehr klar darüber, dass alles Fremd- und Selbstverstehen immer auch über den Zeichengebrauch der gesamten Weltansicht der Epoche sowie der jeweiligen sozialen Lage des Interpreten vermittelt ist. Er spricht hier von einer »unmöglichen Bewusstwerdung«: »Um *sich* [...] *sehen* [...] zu können, müsste (man) sich fremde Augen ausborgen können: aber die Praktiken der Eltern haben (uns) bis in unsere reflexive Sicht hinein strukturiert; was die objektivierende Reflexion im Reflektierten erfassen will, ist bereits in ihr und entscheidet darüber, was sie sehen kann und wie sie es sieht« (Sartre 1978, S. 732). Den Weg einer »Selbsterkenntnis« in Form einer »Selbst-Empathie« schließt Sartre aus: »Man hat immer etwas Sympathie oder Antipathie in den Beziehungen zu sich selbst. Aber Empathie wendet sich nur an den anderen« (Sartre 1979a, S. 159).

Die »geeignete Untersuchungsmethode« bezeichnet Sartre als »progressiv-regressive Methode«, die er bereits im Vorwort seines zweiten Hauptwerkes »Kritik der dialektischen Vernunft« (1959) ausgeführt hatte. Sie besteht darin, in jeder Phase seiner Flaubert-Interpretation das relativ allgemeine oder strukturale Moment – in Form einer regressiven Analyse – als Ausgangspunkt einer modifizierenden Verinnerung/Rückentäußerung durch das Individuum zu betrachten und umgekehrt – in Form einer progressiven Synthese – im individuellen *Stil* des Autors die Spuren der aufgehobenen symbolischen Ordnung nachzuweisen.

Mit Manfred Frank (1980, S. 84 ff.) kann dabei von einer Vierzahl bzw. von je zwei einander überlagernden Untersuchungsebenen gesprochen werden. Auf der ersten ist das Verhältnis der epochalen Umstände zur Lebenstotalität des Autors Flaubert (Biographie), auf der zweiten das Verhältnis seines Grundentwurfs zur Gesamtheit aller seiner einzelnen Entwürfe (Dokumente, Lebensbekundungen, Werke usw.) zu untersuchen. In beiden Fällen liegt der hermeneutische Akzent auf dem Bruch, auf der Differenz, durch welche das Individuum über das Vorgegebene hinausgeht, das heißt auf seinem *Stil*. So wie der ›Stil‹ als eigentümliche Kombinationsweise eines Autors – regressiv-analytisch – unmittelbar auf eine bestimmte Weltansicht und – progressiv-synthetisch – mittelbar auf eine Lebensgeschichte zurückverweist, so verweist die Lebensgeschichte ihrerseits – regressiv-analytisch – auf umfassendere soziale Strukturen der Epoche, von denen sie wiederum – progressiv-synthetisch – durch verstehende Unterscheidung abgehoben werden muss, damit hinter der Allgemeinheit des Entwicklungsstandes der intellektuellen und materiellen Produktivkräfte bzw. Sinnschöpfungsenergien sowie der epochenspezifischen Interaktionsformen in Gesellschaft und Familie das einzigartige Drama einer Kindheit und schließlich eines ganzen Lebens sichtbar werden kann (Zurhorst 1986, 1987, 1988).

Motiviert von Fragen, die das Werk an das Leben stellt, sucht die regressive Analyse in ständiger Ausdehnung ihres Fragehorizontes die *Situation* freizulegen, in welcher das Universelle mit dem Einzelnen sich auseinandersetzt. Die regressive Analyse wird durch die Biographie hindurch Schritt um Schritt zu den sozial- und endlich universalgeschichtlichen Zusammenhängen vordringen und sich dabei der objektivierenden Hilfsmittel der Wissenschaften bedienen (können). Doch hinzukommen muss das progressiv-synthetische Verstehen des Individuellen, des Stils oder des Entwurfs, das sich der Methodologie der objektivierenden Wissenschaft völlig entzieht.

Dieses Widerspiel von struktumaler Kausalität und individueller Sinnschöpfung ist für eine szientistische Wissenschaftsauffassung ein Skandal. Es zwingt die Wissenschaft vom Menschen auf die Bahn einer komplexen, aber einsichtigen Dialektik: die unverwechselbare Individualität Flauberts kann zunächst nur aus der Art und Weise verstanden werden, wie sie das Zeichensystem ihrer Epoche und in letzter Instanz die Dressur eines familiären Systems verinnert. Insofern gibt es eine klare Unselbständigkeit des individuellen Faktors gegenüber dem, was Sartre mit Lacan den *ordre symbolique* nennt. Die Ordnung der Zeichen ist so etwas wie der Seinsgrund, die ratio essendi, des Individuums. Doch nun geschieht das Unversehene: der Verneinung des Subjekts durch die ›Ordnung des Diskurses‹, in dem es sozialisiert wird, folgt die Negation dieser Verneinung durch das Individuum. Frank führt aus: »Sie mag minimal sein. Es genügt, dass sie niemals gleich Null ist, um eine wissenschaftliche Grundvoraussetzung sowohl des deduktionistischen und totalitären Marxismus wie des Regelfetischismus der analytischen Philosophie und des in Code-Modellen vernarrten ›Ultrastrukturalismus‹ ins Wanken zu bringen« (Frank 1980, S. 93).

Es geht Sartre also um nichts Geringeres, als dass die Kategorie des Individuellen in der Logik der Forschung Daseinsrecht erhält. Der Ausschluss und die Ächtung des Individuellen verdanken sich u. a. dem Aufblühen des Szientismus im 19. Jahrhundert, dem die gleichmässige Wiederholbarkeit des Wissens über seine Gegenstände wesentlich ist. Dies gilt sowohl für die Psychologie als empirische Wissenschaft im Allgemeinen wie für die Freudsche Psychoanalyse im Besonderen. Dagegen ist das Individuelle »das Unsagbare« (Frank 1980a), das Unteilbare und Unmitteilbare, dasjenige, das ohne Doppel und folglich unbezüglich existiert. »Für das wissenschaftliche Denken ist das ein unerträglicher Übelstand: Das Individuelle bringt sich – im Gegensatz zum Besonderen, welches vom Allgemeinen immer wie ein Fall von einer Regel beherrschbar bleibt – von dem All der wißbaren, der signifikanten und also innerhalb einer differentiellen Ordnung mit sich identischen Sachverhalte gleichsam in Abzug. Darum entspricht ihm kein Wissen, sondern die Bewusstseinsstellung des Nicht-Wissens« (Frank 1980, S. 90). Darum nennt Sartre die Hermeneutik, die das individuelle Moment in Form einer Nacherschaffung zu »erraten« versucht, eine »Hermeneutik des Schweigens« (Sartre 1979b, S. 31).

Damit habe ich in aller Kürze den Rahmen skizziert, innerhalb dessen sich für Sartre das Problem des Unbewussten einer Person stellt. Es sind in erster Linie die Kategorien des Individuellen, des Entwurfs, der Person, des Anderen, des Werdens bzw. der Verzeitlichung und des Allgemeinen.

3. Person und Deutungsnotwendigkeit

Ich habe bereits mehrfach anklingen lassen, dass Sartre eine gelingende Selbsterkenntnis in Form einer vollständigen Selbsttransparenz prinzipiell ausschließt. So z. B. auch bei Flaubert: »Wenn Flaubert Ich (je) sagt, ist er niemals aufrichtig, er spielt, er arrangiert, er arrangiert sich […] wenn er die Wahrheit sagt, so geschieht das ohne sein Wissen; was nicht gesagt wird und was *fehlt*, ist viel aufschlussreicher als das öffentliche Bekenntnis oder die privaten Mitteilungen. Spricht er dagegen von einer fremden Figur […], so geht alles in sie ein; […] Sicher ist auf jeden Fall, dass das *ego* in ihm immer unsichtbar, ungreifbar bleibt und immer Gegenstand eines Glaubensaktes ist« (Sartre 1977a, S. 176f.). Es sind also Nichtgreifbarkeit und Nichtausschöpfbarkeit der individuellen Subjektivität, die jede Person einer hermeneutischen Frag-Würdigkeit aussetzen.

Doch welche Gründe gibt es im Einzelnen für die prinzipielle Nicht-Identität der Person? Dazu benötigen wir wenigstens ein paar Grundlagen der Sartreschen Bewusstseinstheorie, die uns zugleich die Gründe für die Ablehnung und Überschreitung des Freudschen Unbewussten aufzeigen. Ausgangspunkt ist der von Brentano und Husserl übernommene und überschrittene phänomenologische Begriff der Intentionalität des Bewusstseins, der jede Vorstellung des Bewusstseins als eines Raumes oder Behälters (z. B. von Triebansprüchen) zurückweist. Bewusstsein und Begehren gehen bei Sartre überein: »Aber wenn ich ein Haus, ein Glas Wasser, einen Frauenkörper begehre, wie könnten dann dieser Körper, dieses Glas, dieses Gebäude in meiner Begierde liegen, und wie kann meine Begierde etwas anderes sein als das Bewusstsein von diesen Objekten als begehrenswerten. Hüten wir uns also, diese Begierden als kleine psychische Entitäten anzusehen, die das Bewusstsein bewohnen: sie sind das Bewusstsein selbst in seiner ursprünglichen projektiven und transzendenten Struktur, insofern es grundsätzlich Bewusstsein *von* etwas ist« (Sartre 1943, S. 956f.). Will man also die »substantialistische Täuschung« vermeiden, so ist davon auszugehen, dass Bewusstsein immer Bewusstsein *von etwas* ist, das sich »draussen«, mitten unter den Dingen befindet. »Ein Tisch ist nicht *im* Bewusstsein, nicht einmal als Vorstellung« (Sartre 1943, S. 19). Stets ist es vorstellendes Bewusstsein *von* einem Tisch. Das gilt auch für Gefühle, die nicht in der »Lauge des Bewusstseins« wie tätige Quasi-Personen umherschwimmen, dort »hochsprudeln« und »überlaufen«, sondern stets Bewusstsein *von* … sind; so z. B. ist der Ekel »Bewusstsein einer ekelhaften Speise« und keine subjektive Ekel-Zutat des Bewusstseins zu einem an sich neutralen Essens-Gegenstand.

Dieses Bewusstsein *von etwas* charakterisiert Sartre in Absetzung von Descartes' reflexivem Cogito des Näheren als »prä-reflexives Cogito«. Denn ineins mit der Struktur des thetischen bzw. setzenden Bewußtseins *von etwas* ist das Bewusstsein zugleich nicht-thetisches, nicht-setzendes Bewusstsein *(von)* sich: »Mit anderen Worten, jedes objektsetzende Bewusstsein ist gleichzeitig nicht-setzendes Bewusstsein von sich selbst. Wenn ich die Zigaretten in dieser Schachtel zähle, habe ich den Eindruck der Enthüllung einer objektiven Eigenschaft dieser Zigarettenmenge: *es sind zwölf.* Diese Eigenschaft erscheint meinem Bewusstsein als eine in der Welt existierende Eigenschaft. Ich muß nicht unbedingt ein setzendes Bewusstsein davon habe, dass ich sie zähle. Ich ›erkenne mich nicht als zählend‹ […] Und doch habe ich in dem Moment, da sich mir diese Zigaretten als zwölf enthüllen, ein nicht-thetisches Bewusstsein meiner Additionstätigkeit. […] So hat die Reflexion keinerlei Primat gegenüber dem reflektierten Bewusstsein: dieses wird sich selbst nicht durch jene offenbart. Ganz im Gegenteil, das nicht-reflexive Bewusstsein ermöglicht erst die Reflexion: es gibt ein präreflexives Cogito, das die Bedingung des kartesianischen Cogito ist. Gleichzeitig ist das nicht-thetische Bewusstsein, zu zählen, eben die Bedingung meiner Additionstätigkeit. [...] Dieses Bewusstsein (von) sich dürfen wir nicht als ein neues Bewusstsein betrachten, sondern als den *einzig möglichen Existenzmodus für ein Bewusstsein von etwas*« (Sartre 1943, S. 22 f.).

Es ist eine unbestreitbare philosophische Glanzleistung Sartres, diese grundlegende präreflexive Bewusstseinsstruktur, die er das Für-sich nennt, aufgewiesen zu haben. Sie ist für ihn irreduzibel. Es gibt kein Bewusstsein hinter diesem Bewusstsein, da sonst ein Zirkelschluss bzw. ein unendlicher Regress entstünde. Von daher ist für ein zweites Bewusstsein, und sei es ein »Un-Bewusstsein«, kein Platz.

Das präreflexive Cogito verweist des Näheren auf den Seinstypus der Existenz als einer Distanz zu sich selbst, so dass Sartre schließlich formuliert: »Der Existierende ist das, was er nicht ist, und ist nicht das, was er ist« (Sartre 1947, S. 7). Die existentielle Rede von »ich bin« meint also zugleich meine Vergangenheit (»nicht sein, was ich gewesen bin«) und meine Zukunft (»sein, was ich noch nicht bin«). Und am Beispiel der Analyse der Unaufrichtigkeit, die auf die Möglichkeitsbedingungen dafür zielt, dass ein Mensch eine undurchsichtige, negative, entfremdende Haltung zu sich selbst einnehmen kann, heißt es dann: »Die Möglichkeitsbedingung der Unaufrichtigkeit ist, dass die menschliche Realität in ihrem unmittelbarsten Sein, in der Innenstruktur des präreflexiven Cogito das ist, was sie nicht ist, und nicht das ist, was sie ist« (Sartre 1943, S. 153). Die Unaufrichtigkeit (»mauvaise foi«) ist für Sartre jenes »mittelfeste« psychische Gebilde zwischen Wahrheit und Lüge/Zynismus, mit der ein Mensch sich über sich selbst täuscht, indem er seine Faktizität und Transparenz, seine Vergangenheit und seine Zukunft sowie sein Für-sich-sein und Für-andere-sein gegeneinander ausspielt: immer kann ich mich z. B. gegen mein von den Anderen beurteiltes Selbst auf den berufen, der ich dereinst sein werde und zugleich gegen dieses zukünftige Selbst mein durch meine Vergangenheit festgelegtes Selbst ins Feld führen. Es gibt keine Notwendigkeit, diesen Zustand der Unaufrichtigkeit durch eine »reinigende Reflexion« zu verlassen. Damit ist für Sartre klargestellt, dass der Normalfall menschlichen Lebens die Entfremdung ist, allerdings aufgrund ihm später hinzugefügter historisch-gesellschaftlicher Lebensbedingungen, die er im Rahmen seiner historisch-strukturellen Anthropologie genauer untersuchte (Sartre 1967).

Stets also bin ich in entfremdeter Weise das, was ich nicht bin, und bin nicht das, was ich bin. Immer schon bin ich mir selbst vorweg, entwerfe mich in eine uneinholbare Zukunft, lasse meine Vergangenheit hinter mir. Das Für-sich ist ständige Nichtung seiner selbst, es kann niemals mit sich zur Deckung kommen, sonst wäre es vom Seinstyp des An-sich, wie ein Ding.

Aus der umschriebenen Verzeitlichungs- bzw. Temporalitätstruktur des präreflexiven Cogito ergibt sich ein weiterer Aspekt der Deutungsnotwendigkeit der Person.

Sartre arbeitet am Widerspruchsverhältnis von objektivem Vergehen der linearen Zeit und der subjektiven Verzeitlichung dieses Vergehens in Form der Dimensionierung der Zeit heraus, dass von den drei zeitlichen Ekstasen (Vergangenheit, Gegenwart und Zukunft) der Zukunft die entscheidende Bedeutung zukommt: Wir verzeitlichen das objektive Vergehen der linearen Zeit, indem wir uns zunächst *nach vorn* in eine Zukunft entwerfen, um uns sodann *von vorn*, von der Zukunft her, über unsere Vergangenheit im Augenblick der Gegenwart zusammenzuschließen. Doch ist diese ständige synthetisierende Bewegung höchst störanfällig.

Zunächst gilt für Sartre auch hier, dass diese Temporalitätstruktur irreduzibel ist. Theunissen unterstreicht dies, wenn er mit seiner These von der Herrschaft der Zeit ausführt: »Die Zeit herrscht über uns, über uns Menschen ebenso wie über die Dinge. Und zwar richtet sie eine entfremdende, keine befreiende Herrschaft über uns aus. Wohl herrscht sie so über uns, dass sie zugleich in uns und durch uns herrscht. Dass die Zeit *über* die Dinge herrsche, besagt: Sie überantwortet die Dinge dem Nichtsein. Dass sie *in* ihnen herrsche, kann dann nur heißen: Es sind die Dinge selbst, die ihren Weg ins Nichtsein gehen; ihr Sein ist ein Sein zum Ende. Dass die uns beherrschende und durchherrschende Zeit auch *durch* uns herrscht, haben wir Menschen den Dingen zwar voraus. Aber das Subjekt, durch das die Zeit ihre Herrschaft ausübt, ist sich entfremdet«, womit gesagt ist, »dass unser aller Leben grundsätzlich misslingen *muß*« und dass menschliches Leben, wenn es denn gelingen soll, »nicht dank der Zeit, sondern trotz ihrer« gelingt (Theunissen 1991, S. 41 u. 55 f.).

Aus diesem Grund ist es für Sartre inakzeptabel, wenn Freud im Rahmen seiner Theorie des Unbewussten und in deutlicher Absetzung gegen Kant ausführt: »Das Unbewußte ist überhaupt zeitlos« (Freud 1901a,

S. 305) oder genauer: »Die Vorgänge des Systems *Ubw* sind zeitlos, d. h. sie sind nicht zeitlich geordnet, werden durch die verlaufende Zeit nicht abgeändert, haben überhaupt keine Beziehung zur Zeit. Auch die Zeitbeziehung ist an die Arbeit des *Bw*-Systems geknüpft« (Freud 1915e, S. 286). Für Sartre gibt es nichts ausser der Zeit. Alle Vorgänge, auch des Psychischen, weisen eine Temporalitätsstruktur auf und können auch nur auf dieser Grundlage verständlich gemacht werden, auch wenn es sich um subjektive Erfahrungsmomente von »Zeitlosigkeit« handelt. Der Psychoanalyse fehlt also ein angemessenes zeittheoretisches Fundament des Psychischen.

Zudem verkennt sie die Bedeutung der Zukunft: Sie konstituiert ihre Gegenstände im Modus der Vergangenheit und ist der Überzeugung, dass der Vergangenheit die entscheidende Priorität zukommt. Freud zufolge hat die analytische Kur nur dann Sinn und Wirkung, wenn sie den grundlegenden Elementen der menschlichen Existenz und deren Bewegung der Verzeitlichung entgegenkommt. Doch geht er dabei von folgendem Zeitigungs-Modell des Triebwunsches aus: Die Gegenwart weckt einen vergangenen Wunsch, der versuchen wird, sich in der Zukunft zu erfüllen.

Die psychoanalytische Kur tut nach Freud nun nichts anderes, als dieser Bewegung zu folgen. Sie löst die gegenwärtigen Gefüge auf, um jenseits von ihnen Kraftlinien, Wünsche, Gefüge, die der Vergangenheit angehören, wiederherzustellen, so dass eine Neustrukturierung möglich wird. Wir haben es hier also mit einer Bewegung der rückläufigen Ent-Übersetzung und der vorläufigen Neu-Übersetzung zu tun, bei der das Selbst bzw. Ich als ständiger Ort der Verkennung erscheint: Denn auch die Neu-Übersetzung des unbewussten Triebwunsches kann nicht vollständig sein.

In zeittheoretischer Hinsicht bedeutet diese Auffassung: Die Bewegung folgt dem Schema: Gegenwart-Vergangenheit-Zukunft. Zuerst erfolgt im neurotischen Leben wie in der psychoanalytischen Behandlung die Regression, dann die Progression; erst muss der Abbau des Vergangenen, dann der Aufbau/Neubau des Zukünftigen erfolgen; erst muss die Auflösung alter Bindungen vollzogen werden, bevor neue eingegangen werden können. Gemeint ist hier die »Freisetzung von Triebenergie für Neues«.

Kurzum: Für Freud existiert eine Notwendigkeit der Bewegung des Zerlegens/Auflösens des Aktuellen und Gegenwärtigen in Elemente der Vergangenheit, so dass es möglich wird, spontan eine bessere, neue Synthese, eine weniger verdrängende Neu-Übersetzung zu unternehmen.

Für Sartre ist diese Vorstellung vom zeitlichen Werden der Person eine Absurdität. Für ihn steht, wie bereits ausgeführt, nicht die Vergangenheit, sondern die Zukunft im Zentrum menschlicher Praxis, da anders keine menschliche Freiheit existieren kann. Das Schema der Verzeitlichung lautet stets: Gegenwart-Zukunft-Vergangenheit. Aus der gegenwärtigen Situation entwerfen wir uns in die Zukunft und schliessen uns über die Vergangenheit kommend wieder mit unserer Gegenwart zusammen.

Dies sei – äusserst verkürzt – am Beispiel des Melancholie-Affektes verdeutlicht: Ein gegenwärtiger Verlust einer geliebten Person wird von mir überschritten auf eine trostlose Zukunft, in deren Licht die Vergangenheit als »goldene Zeit« der Beziehung erscheint, in welche ich mich gegenwärtig vergraben möchte. Dieses Vergraben erfolgt, indem die Zukunft zu einer »sinnlosen« Zukunft gemacht wird durch *Abwandlung des Futur I in ein Futur II*: Ich spüre dann endlich nur noch die Gewissheit, dass alles nur noch schlimmer *geworden sein wird* und dass jede Aktivität zur Gestaltung neuer Beziehungen folglich »nichts bringt«.

Diese Kritik gilt nicht nur für das zeittheoretische Fundament. Überhaupt muss Sartre zufolge geklärt werden, was denn »das Psychische« sein soll. Bereits in seiner Schrift »Die Transzendenz des Ego« (Sartre 1936) hat er seine Position hierzu dargelegt: Das Psychische, d. h. das Ego, seine Zustände, seine Eigenschaften und seine Akte, wird *auf der Grundlage des präreflexiven Cogito* durch das reflektierende Bewusstsein konstituiert und hat den Status eines *transzendenten Quasi-Objektes*. Das Ich bzw. das Psychische ist ein *Quasi-Objekt*, das – jenseits aller Immanenzillusionen – vor uns erscheint, indem wir im Akt der Selbstreflexion uns selber zum Gegenstand der Erkenntnis machen. Es ist ein *Quasi*-Objekt, weil zwar einerseits wie bei jedem Erkenntnisvorgang Subjekt und Objekt in einem Negationsverhältnis zueinander stehen (»omnis determinatio est negatio«), andererseits aber nicht unterschlagen werden kann, dass *ich selbst* das Objekt der Erkenntnis bin und nicht jener dinghafte Gegenstand dort. Das Ego als Quasi-Objekt ist also weder gleichzusetzen mit einem dinghaften Gegenstand, noch der vollkommenen Selbstdurchsichtigkeit des präreflexiven Cogito zuzurechnen. Das Psychische steht gewissermassen »zwischen« beiden und wird durch das konstituiert, was Sartre eine »unreine Reflektion« oder – wie oben bereits angedeutet – eine »unmögliche Bewusstwerdung« nennt: »Die unreine Reflexion ist ein mißlungener Versuch des Für-sich, der *Andere* zu sein [d. h. derjenige, der mich objektiv betrachten kann, G. Z.] und zugleich es *selbst zu bleiben*« (Sartre 1943, S. 227).

Damit gelangen wir an den entscheidenden Ansatzpunkt für Sartres

Verständnis des »Unbewussten«: Es geht um die Differenz zwischen dem präreflexiv ge-/erlebten Grundentwurf eines Menschen und dem aufgrund der »unreinen Reflexion« notwendig scheiternden Versuch, sich selbst, d. h. seinen eigenen Grundentwurf zu erkennen, ihn zum Gegenstand der Selbstreflexion zu machen. Diese unaufhebbare Differenz macht den Kern der Deutungsnotwendigkeit der Person aus. Wesentlich ist, dass jeder Person ihre *eigene* Verfasstheit fraglich ist und sie insofern *gedeutet* werden muss, nicht *gewusst* werden kann. Sartre: »Die existentielle Psychoanalyse verwirft das Postulat des Unbewußten: das psychische Faktum erstreckt sich für sie auch auf das Bewußtsein. Aber wenn der grundlegende Entwurf vom Subjekt vollkommen *gelebt* wird und als solcher total bewußt ist, bedeutet das keineswegs, dass er von ihm zugleich *erkannt* werden muss« (Sartre 1943, S. 978).

Da nun das Ego bei Sartre in der Doppelung von »Ich« und »Selbst« erscheint (»Das Ich (je) ist das Ego als Einheit der Handlungen. Das ICH (moi) ist das Ego als Einheit der Zustände und der Qualitäten«, Sartre 1936, S. 59), wobei das »Ich« gewissermaßen den inneren Subjektpol und das »Selbst« den äusseren, rollenbezogenen Objektpol darstellt, entsteht eine weitere Deutungsnotwendigkeit. Hierzu führt Zimmermann aus: »Wenn das Selbst also die nach aussen gerichtete Selbstrepräsentation übernimmt, dann ist das Ich für die nach Innen gerichtete zuständig. Denn ich bin auch wesentlich *als individuelles Ich*, doch meine Selbstkonfiguration tritt permanent mit diesem Ich in eine gegenseitig prägende Wechselwirkung. Als ein Ich kann ich mich nur (präreflexiv) empfinden, als ein Selbst rekonstruiere ich mich reflexiv und kommuniziere das Ergebnis in das Kollektiv hinein. Deshalb ist das Selbst *propositional* strukturiert und in der Hauptsache über Sprache vermittelt. Aber das Ich verweist auf das *Unsagbare* und scheint als solches immer auch im sprachlichen Diskurs vor. Das Verhältnis beider zueinander ist es, welches im Detail meine soziale Vermittlung als gelungene oder als misslungene charakterisiert. Und dieses Erlebnis prägt wiederum mein Ich« (Zimmermann 2003, S. 20).

Das – passive – Selbst kann also nur Gegenstand wahrscheinlichen bzw. hypothetischen Wissens sein, es erreicht niemals den Status einer absoluten Selbstgewissheit oder Selbsttransparenz und bedarf der ständigen Synthetisierungsleistungen eines – aktiven – Ichs. Alle diese Versuche werden jedoch ständig unterhöhlt und überschritten durch den präreflexiven Entwurf, die lebendige, verstehende Praxis des Menschen. Man kann ein Leben nicht in Erkenntnis auflösen, die Erkenntnis kommt gegenüber der verstehenden Praxis immer schon zu spät, eine Einsicht, die Sartre mit dem romantischen, an Dilthey erinnernden Begriff des »vécu« (Erlebnis/Erlebtes) zu konzeptualisieren versuchte. Ich komme darauf zurück.

Auf dem bisher skizzierten Hintergrund wird nun die Aufgabe von Sartres »existentieller« Psychoanalyse im Unterschied zur Freudschen Psychoanalyse, die Sartre auch als »empirische« Psychoanalyse bezeichnet, verständlich: »Sie ist eine Methode, in streng objektiver Form die subjektive Wahl ans Licht zu bringen, durch die jede Person sich zur Person macht, das heißt sich selbst anzeigen lässt, was sie ist« (Sartre 1943, S. 985). Der »empirische« Psychoanalytiker unterliegt wie der empirische Psychologe einer »substantialistischen Täuschung«, wenn er glaubt, die Person in Kombinationen von Trieben, Begierden, Eigenschaften, traits oder Dimensionen auflösen zu können bzw. das Individuelle als Schnittpunkt allgemeiner Schemata erfassen zu können und dabei etwa so vorgeht wie ein Chemiker bei seinen Analysen. Was Sartre vermisst, ist entgegen solcher szientistischer Reduktionismen ein »wirklich Irreduzibles«, das zeigen würde, dass in jeder einzelnen Begierde, in jedem einzelnen Trieb die ganze Person zum Vorschein kommt: »Was wir verlangen – und man versucht nie, es uns zu geben –, ist also ein *wirklich* Unreduzierbares, das heißt ein Unreduzierbares, dessen Unreduzierbarkeit für uns *evident* wäre und nicht als das Postulat eines Psychologen und das Ergebnis seiner Weigerung oder seiner Unfähigkeit, weiterzugehen, dargeboten würde [...] Und dieses Verlangen entsteht bei uns nicht aus der unaufhörlichen Jagd nach der Ursache, aus diesem infiniten Regreß [...] sondern es ist im Gegenteil ein Verlangen, das auf einem vorontologischen Verständnis der menschlichen Realität fußt und auf der damit zusammenhängenden Weigerung, den Menschen als analysierbar und auf primäre Gegebenheiten reduzierbar zu betrachten, auf bestimmte Begierden (oder ›Triebe‹), die vom Subjekt getragen werden wie Eigenschaften von einem Objekt. [...] Die unreduzierbare Vereinigung, der wir begegnen müssen, die Flaubert *ist* und die uns zu enthüllen wir von den Biographen verlangen, ist also die Vereinigung eines *ursprünglichen Entwurfs*, eine Vereinigung, die sich als ein *nichtsubstantielles Absolutes* enthüllen muß« (Sartre 1943, S. 962 f.). Denn ohne die Enthüllung dieses ursprünglichen, in der Kindheit entwickelten Entwurfs »baut der Biograph nicht nur auf Sand, er baut mit Nebel auf Dunst« (Sartre 1977a, S. 55).

Was aber ist der »ursprüngliche Entwurf«, der von Sartre im Ausgang seiner früheren phänomenologisch-ontologischen Studien nunmehr im

Rahmen einer historisch-strukturellen Anthropologie neu verankert worden ist und der die Grundstrukturen der lebendigen menschlichen Praxis bezeichnet? »Die *Praxis* ist nämlich ein Übergang des Objektiven zum Objektiven durch Verinnerung; der Entwurf, der sich als subjektive Überschreitung der Objektivität auf Objektivität hin zwischen den objektiven Verhältnissen des Milieus und den objektiven Strukturen des Möglichkeitsbereiches erstreckt, stellt *an sich* die bewegende Einheit der Subjektivität und Objektivität, dieser Grundmomente der Aktivität, dar [...] Es handelt sich darum, die *Spannung* zu finden, die zwischen Objektivität und Objektivität waltet, das Aufbaugesetz zu entdecken, demgemäß eine Bedeutung *durch* die folgende überschritten wird und das diese in jener fortleben lässt. Es handelt sich nämlich darum, eine Bewegung zu erfinden, sie wieder zu erschaffen: doch die Hypothese ist unmittelbar verifizierbar; denn nur diejenige kann gültig sein, die in einer schöpferischen Bewegung die transversale Einheit *aller* heterogenen Strukturen verwirklicht« (Sartre 1964, S. 118).

Wir können nun folgende vorsichtige Vergleichungen von »empirischer« und »existentieller« Psychoanalyse vornehmen: Was der »empirischen« Psychoanalyse das *Unbewusste* ist, ist der »existentiellen« Psychoanalyse das *präreflexive Cogito* (Entwurf, Ich, das Individuelle, das Erlebte), und was in der »empirischen« Psychoanalyse mit dem *System Bewusstsein* bestimmt ist, ist in der »existentiellen« Psychoanalyse das *erkennende Bewusstsein von etwas*.

Zur weiteren Bestimmung der Strukturen und der Deutungsnotwendigkeit der Person gehört nun unabweisbar auch *der Andere*. Ich hatte bereits bei der Erläuterung der Möglichkeiten der Selbsterkenntnis, die Sartre als eine »unmögliche Bewusstwerdung« charakterisiert, auf die konstitutive Bedeutung des Anderen hingewiesen. Denn »Selbsterkenntnis« heißt, sich objektivierend mit den Augen des Anderen zu sehen und dabei doch sich selbst zu bleiben. Nun aber gilt es, die Radikalität der Bedeutung des Anderen genauer zu umreißen: »Was ich einfach leugne, ist, dass es eine Erkenntnis des Subjekts durch sich selbst gibt« (Sartre 1947, S. 72). Der Andere ist also *Grund* und *Bedingung* meiner Selbsterkenntnis. Schon in »Das Sein und das Nichts« hatte Sartre mit seiner Blick- und Scham-Analyse wesentliche Bestimmungsmerkmale der Bewusstseinsstruktur des Für-andere-Seins herausgearbeitet und den Prozess der »Veranderung« (Theunissen 1977) des Bewusstseins detailliert dargelegt. Ohne den Anderen gäbe es z. B. gar kein Schamgefühl, weil erst durch den Blick des Anderen das Selbst konstituiert wird, über das ich mich schämen kann. Es muss also die passive Grundstellung des Selbst beachtet werden, da sie der wesentlichen Orientierung am Anderen entstammt. Dazu Sartre: »Ich erkenne an, dass ich bin, wie andere mich sehen« (Sartre 1943, S. 406).

In seiner Flaubert-Studie radikalisiert Sartre seinen Ansatz, indem er das Rimbaudsche »Ich ist ein Anderer« aufgreift und die Alteritätserfahrung Flauberts folgendermaßen umschreibt: »Er geht vom ›Ich ist ein Anderer‹, jener Realität, die ihn derealisiert, zum ›Der Andere ist ich‹ über, eine irreale Reflexion über das Bewusstsein der Anderen und die Art und Weise, in der er, sie durch seine Gesten umgarnend, sich von ihnen bezeichnen läßt« (Sartre 1977b, S. 132). Mag Sartre hier bereits die hysterische Störung Flauberts im Blick haben, so gilt für ihn doch generell, dass jede Person allein über das Für-Andere-Sein zu vermitteln ist und die einzige Möglichkeit des eigenständigen Personseins darin besteht, die Vermittlung selbst, also das entmächtigende Für-Andere-Sein, als das Personsein zu statuieren und anzunehmen. Ich muss also den Anderen zu meinem mich begründenden Selbst machen, da ich ansonsten in die Fallstricke »neurotischer« Lebensformen gerate.

Wenn aber meine Selbsterkenntnis, ja mein Selbstsein derart an den Anderen gebunden ist, geradezu von ihm abhängig ist und ich durch die Sprache, den Anderen und die Allgemeinheit meiner Lebensbedingungen durch und durch bestimmt bin, und all dies vor aller Selbstreflexion konstituierender Bestandteil meines grundlegenden, präreflexiven Entwurfs ist, dann zeigt dies nochmals an, wie uneinholbar die Differenz von verstehender Lebenspraxis und erkennendem Selbstbewusstsein ist.

Von hier aus wäre weiterzugehen und Sartres Theorie der Gruppe bzw. der Sozialität und seine »Psychoanalyse der Dinge« bzw. der Kontrafinalität der Materie einzubeziehen, die zur Komplexität des Erlebten und der Schwierigkeiten seiner Erhellung unabdingbar gehören. Aus Platzgründen kann ich hier jedoch nicht darauf eingehen (s. z. B. Weismüller 1999a, 1999b).

4. Sartres Konzeption des Erlebten (le vécu)

Wie ich bereits angedeutet habe, versucht Sartre mit seinem Begriff des Erlebten (le vécu), die für ihn unhaltbare psychoanalytische Opposition von bewusst-unbewusst zu überschreiten. 1971 führte er in einem Interview mit Michel Contat und Michel Rybalka aus: »Für mich stellt [das Erlebte, G. Z.], wenn Sie so wollen, das Äquivalent für bewusst-unbewusst dar, das heißt, daß ich nicht immer an das Unbewußte in bestimmten Formen glaube, obwohl die Auffassung des Unbewußten bei Lacan interessanter ist« (Sartre 1979a, S. 165).

Während also die Psychoanalyse der Einheit von Bewusstsein und Erkenntnis das Unbewusste entgegensetzt, sieht Sartre die entscheidende Differenz zwischen erkennendem Bewusstsein und präreflexivem Bewusstsein, ohne jedoch die Einheit des Bewusstseins und dessen Subjektqualitäten wie Spontaneität, Vertrautheit mit sich und Kontinuität aufzugeben. Er wirft der Psychoanalyse Freuds eine ruinöse Widersprüchlichkeit vor, da sie das Unbewusste stets sowohl als *etwas anderes als* das Bewusstsein als auch als ein *anderes* Bewusstsein definiert: Zum einen wird eine kausale Wirkung unbewusster Triebregungen von aussen auf das Bewusstsein behauptet, und zum anderen wird zugleich den Triebregungen ein Motiv, d. h. eine Subjektqualität, wie sie nur einem Bewusstsein zukommen kann, unterstellt. Kausalität und Finalität werden unzulässig vermischt.

Bei Sartre tritt nun der Begriff des »vecú« systematisch an die Stelle des prä-reflexiven Cogito. Er fährt fort: »Ich habe die Vorstellung von etwas geben wollen, von dem die Oberfläche ganz bewusst, alles übrige aber diesem Bewußtsein undurchsichtig und für einen verborgen ist, ohne doch Unbewußtes zu sein. Wenn ich zeige, wie sich Flaubert selbst nicht kennt und sich zugleich doch ausgezeichnet versteht, gebe ich an, was ich das Erlebte nenne, das heißt das Leben im Einverständnis mit sich selbst, ohne daß eine Erkenntnis, ein thetisches Bewußtsein angegeben wäre« (Sartre 1979a, S. 165).

Dazu möchte ich aus der Flaubert-Studie etwas ausführlicher eine Passage zitieren, die die Komplexität des Gemeinten deutlich macht. Es geht hier um das Problem, dass Gustave Flaubert als unerwünschtes Kind (die Mutter wollte nach der Geburt von zwei Söhnen, von denen einer frühzeitig starb, unbedingt ein Mädchen) keine ausreichende Zärtlichkeit und damit eine unzureichende Valorisierung erfahren hat, dass weiterhin Flaubert von seinem Vater verflucht wurde, weil er seinen Sohn für eine Missgeburt und einen Idioten hielt und dass Flaubert gegenüber seinem älteren Bruder immer als der Zweitklassige galt. Dadurch bildete Flaubert eine »passive Konstitution« aus.

Sartre versucht, sich an das Erlebte bzw. an die gelebte Erfahrung Flauberts, sein unstillbares »Verlangen«, bis hin zum »Unsagbaren« empathisch heranzutasten: »Ohne *Wert*, empfindet Gustave das Bedürfnis als eine Lücke, als eine Beunruhigung oder – (138) im besten Fall, der auch der häufigste ist – als Ankündigung einer angenehmen und bevorstehenden Sattheit, aber diese Störung löst sich nicht von der Subjektivität, um zu einer *Forderung* in der Welt der Anderen zu werden: sie bleibt in ihm, eine träge und lärmende Regung [...] Ein bis zum äussersten getriebenes Bedürfnis wird bekanntlich aggressiv, bringt sein eigenes Recht hervor; aber ein Kind der Flauberts hat niemals Hunger: das von einer aufmerksamen und kalten Mutter vollgestopfte Kind wird nicht einmal diesen Anlaß haben, durch Revolte den magischen Kreis der Passivität zu durchbrechen (139). [...] Sofern der Organismus von selbst auch nur im geringsten dazu veranlagt ist, wird dieses Kind ohne Liebe und ohne Rechte, ohne Aggressivität noch Angst, ohne Schrecken, aber ohne Wert sich den flinken Händen, die es kneten, und den subjektiven Regungen einer ›pathetischen‹ Sensibilität überlassen. (139) [...] Aber zunächst muß sich das Verlangen selbst valorisieren, das heißt vom Zustand eines Faktums zum Zustand des Anspruchs übergehen. Das kann in Wirklichkeit nur geschehen, wenn das Kind ihm den Status eines Bedürfnisses verleiht. [...] Halten wir im Augenblick nur fest, daß das Bedürfnis ganz allgemein notwendig zum Anspruch übergeht, wenn seine Nichtbefriedigung den Tod einschließt. Wenn es sich nämlich in dem Moment behauptet, da die objektive Situation die Befriedigung unmöglich macht, so wird es durch diese Unmöglichkeit keineswegs verringert [...], sondern es wird nur um so stürmischer und dringender. Die Negation des Bedürfnisses durch die Welt führt zur blinden und totalen Negation der Welt – so wie sie ist – durch das Bedürfnis. Die unmögliche Befriedigung offenbart nämlich die Welt als Unmöglichkeit zu leben: auf der Grundlage dieser *empfundenen* Unmöglichkeit (die Offenbarung geschieht wortlos durch das Scheitern der Versuche einer Befriedigung) behauptet sich das Leben im Bedürfnis selbst als unbedingter Anspruch. Die Welt *muß* so sein, daß ich in ihr zu essen und zu trinken finde. Andernfalls muß man sie verändern können. Und wenn im präzisen Moment des Hungers sich diese Veränderung als unmöglich erweist, so wird der Tod *im Entsetzen* erlebt, das heißt als der Triumph des Anti-Wertes, des Bösen. [...] Allein und schlecht geliebt, von seinen wahren Richtern für ein *minus habens* gehalten, verzehrt er sich in Begehrlichkeit, wünscht er leidenschaftlich den Status des Älteren, die Verdienste und Ehrungen, die mit ihm verbunden sind, die Liebe seines Vaters. Das ist absurd, er weiß es: dazu müßte man die Familie Flaubert zerschlagen ... (438) ... Wenn Gustave, da er seine Ohnmacht empfindet, durch eben diese Ohnmacht in Begehrlichkeit gestürzt wird, so deshalb, weil der Mensch sich als ein *Recht auf das Unmögliche* definiert. In dieser merkwürdigen Bestimmung ist weder Missverständnis noch Laune: es ist unsere ›Menschenrealität‹, die sich für Gustave auf diese Weise definiert. Eigentlich hätte er nicht unrecht, wenn er nicht das Verlangen an die Stelle des Bedürfnisses gesetzt hätte: der Mensch des Bedüfnisses definiert sich durch einen Mangel, der zu einem grundlegenden Recht *auf die anderen Menschen* wird; auf dieser Postulation wird sich ein Humanismus aufbauen. Aber Flaubert wendet sich nicht an seinen Nächsten: durch erhabene Behauptungen schreibt dieser Gescheiterte, bevor er untergeht, dem Himmel eine metaphysische Rechtsprechung zu, deren erstes Prinzip es ist, daß die verzweifelte Liebe des Unmöglichen ihrem Wesen nach die Grundlage *des Rechtes*, es zu erhalten, ist. Natürlich geschieht in dieser satanischen Welt alles umgekehrt: die Rechte existieren zwar, aber nur um verletzt zu werden. [...] Gleichviel: er beharrt darauf, es zu behaupten und ist sich dabei der Leiden bewußt, die er sich dadurch bereitet: denn diese Hypothek *ist nichts anderes als er selbst* [...] Wenn Gustave behauptet, das Wesen des Verlangens liege in der Unerfüllbarkeit, so hat er ja keineswegs unrecht. Aber sehen wir genau hin. Ausserhalb aller Verbote, die das Verlangen verstümmeln oder bremsen, ist es in dem Maße unerfüllbar, wie sein *Begehren* keiner korrekten Aussage fähig ist, ohne gemeinsames Mass mit der artikulierten Sprache bleibt, wie es versucht, was auch immer das von ihm begehrte gegenwärtige Objekt sein mag, durch es hindurch ein bestimmtes (439) Innenverhältnis zur Welt herzustellen, das niemals denkbar und folglich niemals realisierbar ist. [...] Gleichviel: er versteht sich. Wenn man in Sprache übersetzen könnte, was ihm unsagbar erscheint und was er uns durch einen Dialog zwischen Allegorien zu verstehen gibt, so müsste man sagen: [...] da ich verflucht bin, mußte ich vor Schande verbrennen oder den Fluch verinnern, den Stoff meiner Seele aus ihm machen [...] ich halte mich in der Luft, ohne Wurzeln, über den Menschen, als einziger verdammt, weil ich das einzige Geschöpf bin, das den Dreh gefunden hat, daß das Unendliche *sein* Bedürfnis und *seine* Unmöglichkeit ist; aber ich bin nicht ein Gott: ich bin der Herold des Schweigens, der *tödliche* Feind des Allmächtigen in allen Bedeutungen des Wortes, ein Feind, der immer verliert und stolz darauf ist, weil seine Niederlagen ihn jedesmal seine All-Ohnmacht erdulden lassen ...« (Sartre 1977a, S. 138–572).

Wir sehen hier die Bewegung von Flauberts Praxis bzw. Elemente seines Grundentwurfs: Die objektiven Familienverhältnisse (kalte Mutter, verfluchender Vater, unerreichbarer Bruder etc.) verinnert und überschreitet Flaubert in Form einer passiven Konstitution, die u. a. einschließt, dass er keine Bedürfnisse, die sich in Form sprachlicher Artikulation an die Anderen wenden würden, ausbildet, sondern dass er stattdessen ein »unstillbares Verlangen« produziert, jenen Übergang vom »Faktum« des passiv gepflegten Organismus zum »Anspruch«, der das »Recht auf das Unmögliche« bedeutet und das sich schließlich in der imaginären Haltung des »tödlichen Feindes des Allmächtigen in allen Bedeutungen des Wortes« objektiviert.

Sartres Konzept der »gelebten Erfahrung« bzw. des »Erlebten« meint hier, dass Flaubert zwar sein »Verlangen« spürt und es in tausend Wendungen zum Vorschein bringen kann, sich somit also »versteht«, dennoch aber kein Wissen, keine reflektierte Erkenntnis davon haben kann, weil es sich, wie Sartre sagt, um eine »unmögliche Bewußtwerdung« handelt: Das Verlangen entzieht sich seiner Erkenntnis, weil Flaubert von sich selbst nicht loskommt, er sich nicht als der empathische Dritte begegnen kann und er sich in seine unaufrichtigen Maskeraden verheddert hat. Deswegen bleibt das Verlangen für Flaubert »unsagbar«. Im Falle einer Erkenntnis, würde sich das »Verlangen« in ein »Bedürfnis« verwandeln, das sich an die Anderen richtet und »ein gemeinsames Maß mit der artikulierten Sprache« findet.

Der Unterschied zur Psychoanalyse Freuds ist unübersehbar: Sartre lehnt es ab, bei Flaubert etwa von unbewussten oralen Triebansprüchen zu reden, die sich – wegen der unbewussten Zensur – maskiert in das Bewusstsein einschleichen und dort in Form eines Kompromisses das Ich zu Ersatzhandlungen verleiten. Diese Aufspaltung der Person in lauter Teil-Personen, die zugleich als kausal wirkende Ursachen und finale Motivationen von Freud begriffen werden, ist für Sartre unhaltbar. An die Stelle des objektivistischen Triebes, der eine Erfindung des »empirischen Psychologen« ist, setzt Sartre das »wirklich Irreduzible«, nämlich den in Flauberts Begehren sich zeigenden Grundentwurf, der das Individuelle, das »Unsagbare« thematisiert und nicht durch Reduktionismen vernichtet. Doch sind damit erhebliche Schwierigkeiten verbunden, die Manfred Frank so zusammenfasst: »Von Bewußtseinseinstellungen des Typs *Erlebnis* – das ist das wichtigste – kann es also [...] kein Wissen oder keine Erklärung geben, weil diese Formen dem reflexiven Bewußtsein angehören und einen nicht zu tilgenden Index von Vergangenheit tragen: sie erfassen nur den allgemeinen, das heißt den bislang geltenden Charakter der Rede, die sie objektivieren. In der Sprache der Sartreschen Bewußtseinstheorie müsste man sagen, daß die Praxis das Wissen immer wieder in die Schwebe bringt durch jenen ›Aufschub des Sinns‹ [...] oder durch jenes ›Nichts‹, das die konstituierten Terme einer sprachlichen Weltansicht im Akt ihrer individuellen Interpretation aufspaltet und von sich trennt. [...] Der Vorteil des unmittelbaren Sichverstehens ist also mit dem Preis erkauft, daß er sich niemals einer distanzierten und verallgemeinerbaren Erkenntnis darbietet, folglich auch nicht dem anderen mitgeteilt werden kann. Das ist ein Mangel an Wahrheit, wie Sartre zugibt; doch keiner, der dem hermeneutischen Verfahren anzulasten wäre« (Frank 1980, S. 96).

Hiermit hängt dann aufs engste auch Sartres Haltung zu szientistischen Unternehmungen klassifizierender Diagnostiksysteme zusammen, obwohl er selbst in seiner Flaubert-Studie den Begriff der subjektiven und objektiven Neurose (Sartre 1979a) – eigentlich entgegen seinen eigenen Intentionen (Dörner 1980) – verwendet. Im Vorwort zu Coopers und Laings Buch über die – vermeintliche – Geistesverwandtschaft von Antipsychiatrie und Sartres existentieller Psychoanalyse schrieb Sartre an die beiden Autoren: »Ich bin wie Sie der Meinung, daß man psychische Störungen nicht von *außen*, aufgrund eines positivistischen Determinismus verstehen noch durch eine Kombination von Begriffen rekonstruieren kann, die außerhalb der erlebten Krankheit bleiben [...] ich halte [...] Geisteskrankheit für den Ausweg, den der freie Organismus in seiner totalen Einheit erfindet, um eine unerträgliche Situation ertragen zu können« (Sartre 1973, S. 5).

5. Abschließende Bemerkungen: Sartres Verhältnis zu Adler

Es hat – wie könnte es anders sein – nicht an heftiger Kritik gegenüber Sartre gefehlt. Bernard-Henri Lévy spricht von Sartres »wahnwitzigem«, »verrücktem Projekt« und urteilt: »Man vergleiche die schwerfällige, mühsam zusammengebastelte existentielle Psychoanalyse mit dem Freudschen Erschließen eines neuen Kontinentes der Wissenschaft. Kann man das überhaupt ernst nehmen?« (Levy 2002, S. 265). »Sartre geriert sich als ein neuer Freud, lässt an die Stelle der Fälle Dora und Schreber die Fälle Genet und Flaubert treten und kontrastiert die Prinzipien seiner Psychoanalyse Wort für Wort mit jener autoritären, schlecht begründeten und verabscheuungswürdigen Variante: zu meiner Rechten (gemäß der Freudschen Psychoanalyse) das Unbewusste, der Komplex, die unheimliche Libido, das Gestrüpp der Ursachen, die Undurchdringlichkeit des Verhältnisses zum eigenen Selbst, die Bindung des Subjekts an dunkle Kräfte, das Gesetz der Vergangenheit, die Unterwerfung unter das Gegebene, vielleicht die Unterwerfung schlechthin; zu meiner Linken (gemäß der Sartreschen Psychoanalyse) der Traum von der Transparenz, der fundamentale Entwurf und die Wahl, die Klarheit und die Unaufrichtigkeit, die unhintergehbare Freiheit des Subjekts, ein Von-Angesicht-zu-Angesicht zwischen Analytiker und Analysand, möglicherweise das Ende der Couch, kurzum: eine klare, transparente Psychoanalyse, ein fröhliches Stimmengewirr – ...« (Lévy 2002, S. 264 f.). Immerhin kann Lévy sich auch zu einer anderen Lesart durchringen, die – unter Beiseitelegung aller Polemik – eher zutreffen könnte: »Und wenn er [Sartre, G. Z.] aussagt, dass er ›nicht an das Unbewusste‹ glaube, dann zielt er in Wirklichkeit auf die Ablehnung jener neurophysiologischen, mechanistischen, psychobiologischen Lektüre, die Freud selbst autorisiert hat. Sartre versucht, Freud gegen Freud, den guten gegen den schlechten Freud auszuspielen« (ebd.).

Es wäre nun – wie ich schon mehrfach angedeutet habe – zur weiteren Klärung der Positionen Sartres sicher hilfreich, die Theorie Lacans heranzuziehen, da dieser in der Flaubert-Studie Sartres eigentlicher Gesprächspartner ist, zumal dann, wenn es um die Themen Begierde, Begehren, Ich, das Imaginäre, das Symbolische etc. geht. Hierzu existieren bereits exzellente Studien wie z. B. von Verweyst (2000).oder von Cremonini (2003), der Sartre eine »holzschnittartige Verflachung des freudschen Denkens« (Cremonini 2003, S. 179) vorwirft, welche schließlich in einer blossen »Hermeneutik des Selbst« ende (ebd., S. 180 ff.).

Lässt man die Sartreschen Begriffe jedoch einmal anders als in psychoanalytischer Färbung auf sich wirken, so tut sich eine neue, bisher wenig beachtete Verbindung auf: Weisen nicht Begriffe wie Entwurf, Zukunft, Totalität, Imaginäres, Individuelles etc. auf ähnliche Begriffe wie Lebensplan, Finalität, Ganzheit, Fiktionalismus, Lebensstil etc. hin, wie sie von Alfred Adler für seine Individualpsychologie in Anspruch genommen und mehr oder minder theoretisch konzeptualisiert worden sind? Und hat nicht Adler ebenso wie Sartre in der Differenz von Verstehen und Erkennen das Problem des Unbewussten gesehen? »Das Unbewußte ist weiter nichts als das, was wir nicht fähig waren, in klare Begriffe zu formulieren«, so hielt Adler fest (1932, S. 326). Doch wenn er zugleich sagt: »Der Mensch weiß mehr als er versteht« (1933, S. 170), dann vertauscht er offensichtlich die Begriffe Wissen und Verstehen, jedenfalls im Verständnis Sartres. Denn hier müsste es heissen: »Der Mensch versteht (von) sich mehr, als er über sich weiss bzw. erkennt«.

Sartre hat Adler gekannt. Davon zeugen nicht zuletzt seine häufigen Verweise auf Adlers Schriften in »Das Sein und das Nichts«. Dennoch stellt er Adlers Individualpsychologie mit demselben, allgemein verbreiteten Missverständnis dar, wenn er schreibt, »daß die Libido und der Wille zur Macht für die existentielle Psychoanalyse weder als allen Menschen gemeinsame Merkmale noch als unreduzierbar erscheinen« (Sartre 1943, S. 981). Freuds »Libidotheorie« und Adlers »Wille zur Macht« verfallen nach Sartre der Kritik der existentiellen Psychoanalyse. Adlersche Zentralbegriffe jedoch wie Lebensplan, Lebensstil, Einmaligkeit und Einheit der Persönlichkeit sowie Gemeinschaftsgefühl werden hier offensichtlich ignoriert.

Er erschiene durchaus lohnend, eine genauere Untersuchung beider Theorien durchzuführen, und dies trotz des Sachverhalts, dass Adlers Theorie sich einer spärlichen neukantianischen »Philosophie des Als-Ob« (Vaihinger 1910) verpflichtet sieht, während Sartres Theorie einer historisch-strukturellen Anthropologie auf der Grundlage der »Kritik der dialektischen Vernunft« folgt.

Literatur

Adler, A. (1932): Der Aufbau der Neurose. In: Int. Z. Indiv. Psychol. 10 (1932), S. 321–328.
Adler, A. (1933): Der Sinn des Lebens. Wien – Leipzig (Passer).
Cremonini, A. (2003): Die Durchquerung des Cogito. Lacan contra Sartre. München (Fink).
Dörner, K. (1980): Die Wiedergeburt der Psychiatrie aus der Philosophie in Sartres *Flaubert* und die Kritik an Sartre daraus. In: König (1980), S. 60–83.
Frank, M. (1980): Das Individuum in der Rolle des Idioten. Die hermeneutische Konzeption des *Flaubert*. In: König (1980), S. 84–108.
Frank, M. (1980a): Das Sagbare und das Unsagbare. Frankfurt/M. (Suhrkamp).
Freud, S. (1901a): Zur Psychopathologie des Alltagslebens. GW IV.
Freud, S. (1915e): Das Unbewußte. GW X, S. 264–303.
König, T. (Hg.) (1980): Sartres Flaubert lesen. Reinbek (Rowohlt).
Lévy, B.-H. (2002): Sartre. München – Wien (Hanser).
Robert, M. (1973): Le tribunal ou l'analyse. In: Lecarme 1973, S. 124–126.
Sartre, J. P. (1936): Die Transzendenz des Ego (1936). Reinbek (Rowohlt) 1982.
Sartre, J. P. (1943): Das Sein und das Nichts. Reinbek (Rowohlt) 1991.

Sartre, J. P. (1947): Bewusstsein und Selbsterkenntnis. Reinbek (Rowohlt) 1973.
Sartre, J. P. (1964): Marxismus und Existentialismus. Reinbek (Rowohlt).
Sartre, J. P. (1967): Kritik der dialektischen Vernunft. Reinbek (Rowohlt).
Sartre, J. P. (1968): Die Wörter. Reinbek (Rowohlt).
Sartre, J. P. (1969): Der Narr mit dem Tonband oder Die psychoanalysierte Psychoanalyse. In: P. Knopp & V. v. Wroblewsky (2001): Jean-Paul Sartre. Carnets 2000. Berlin/Wien (Philo), S. 131–147.
Sartre, J. P. (1973): Statt eines Vorworts. In: D. G. Cooper & R. Laing, R.: Vernunft und Gewalt. Drei Kommentare zu Sartres Philosophie 1950–1960. Frankfurt/ M. (Suhrkamp) 1973.
Sartre, J. P. (1977a): Der Idiot der Familie. Bd. 1. Reinbek (Rowohlt).
Sartre, J. P. (1977b): Der Idiot der Familie. Bd. 2. Reinbek (Rowohlt).
Sartre, J. P. (1977c): Sartre über Sartre. Autobiographische Schriften Bd. 2. Reinbek (Rowohlt).
Sartre, J. P. (1978): Der Idiot der Familie. Bd. 3. Reinbek (Rowohlt).
Sartre, J. P. (1979a): Was kann Literatur? Reinbek (Rowohlt)
Sartre, J. P. (1979b): Der Idiot der Familie. Bd. 5. Reinbek (Rowohlt).
Sartre, J. P. (1993): Freud. Das Drehbuch. Reinbek (Rowohlt).
Theunissen, M. (1977): Der Andere. Berlin/New York (de Gruyter).
Theunissen, M. (1991): Negative Theologie der Zeit. Frankfurt/M. (Suhrkamp).
Vaihinger, H. (1910): Die Philosophie des Als-Ob. Berlin (Reuter und Reinhard).
Verweyst, M. (2000): Das Begehren der Anerkennung. Frankfurt/M. (Campus).
Wanninger, R. (1990): Sartres Flaubert. Zur Misanthropie der Einbildungskraft. Berlin (Reimer).
Weissmüller, C. (1999a): Jean-Paul Sartres existentialistische Wendung der Psychoanalyse und die Folgen. In: Psychoanalyse und Philosophie 2, Heft 1.
Weissmüller, C. (1999b): Jean-Paul Sartres Philosophie der Dinge. Düsseldorf (Psychoanalyse und Philosophie).
Zimmermann, R. E. (2003): Ob Geburt oder Tod: Freiheit als Irreduzibilität. In: P. Knopp & V. v. Wroblewsky (2003): Die Freiheit des Nein. Jean-Paul Sartre. Carnets 2001/2002. Berlin/Wien (Philo), S. 15–40.
Zurhorst, G. (1986): Zur Methodologie der historischen Rekonstruktion des Psychischen. In: G. Jüttemann (Hg.) (1986): Die Geschichtlichkeit des Seelischen. Weinheim – Basel (Beltz), S. 79–97.
Zurhorst, G. (1987): Die Dimension der Subjektivität in der Biographieforschung. In: G. Jüttemann & H. Thomae (Hg.) (1987): Biographie und Psychologie. Berlin – Heidelberg (Springer), S. 97–107.
Zurhorst, G. (1988): Die Existenzphilosophie von Kierkegaard und Sartre und die Historische Psychologie. Die Verzeitlichung psychischer Funktionen und Strukturen. In: G. Jüttemann (Hg.) (1988): Wegbereiter der Historischen Psychologie. München – Weinheim (Beltz), S. 417–429.

Stephan Günzel & Christof Windgätter
Leib / Raum: Das Unbewusste bei Maurice Merleau-Ponty

Einleitung

Der Versuch, Maurice Merleau-Pontys Begriff *des* Unbewussten zu bestimmen, ist weder einfach noch führt er zu einheitlichen Ergebnissen. Denn nicht nur kann man in seinem Werk eine Früh- und eine Spätphase unterscheiden, die das Unbewusste in je verschiedener Weise thematisieren, es kommt erschwerend noch hinzu, dass der Begriff des ›Unbewussten‹ bei ihm selbst wenig Verwendung findet. Die Auseinandersetzung verläuft eher implizit, ohne gesonderte, thematische Kapitel und erst recht ohne darüber eine eigene Schrift verfasst zu haben. Zur besseren Orientierung seien deshalb vorab *drei ›Arten‹ des Unbewussten* unterschieden, die den Horizont der Auseinandersetzung im positiven wie negativen Sinne abstecken werden:

Erstens, für Merleau-Ponty ist es der sinnlich-sinnhafte Bezug des Menschen zur Welt, der (positiv besetzt und deshalb für ihn primär) als ›unbewusst‹ bezeichnet werden kann: im Sinne von ›außerhalb des‹ oder ›vor‹ dem Bewusstsein liegend. Dieser Bezug wird im Folgenden von seinen beiden Seiten aus, als der das Bewusstsein tragende *Leib* und diesen wiederum umgebenden *Raum*, rekonstruiert. In Merleau-Pontys Frühwerk, das sich um seine Dissertation zur *Phänomenologie der Wahrnehmung* von 1945 gruppiert, wird vor allem der erste Aspekt behandelt, in den Schriften, Vorlesungen und seinem Nachlass der zweite. Zusammen genommen beschreiben sie den vorgängigen Horizont menschlichen Daseins, dessen Modellierung dann in Konkurrenz tritt zu klassisch rationalistischen und transzendentalen Positionen, insbesondere von Descartes und Kant. Waren es dort reine Bewusstseinsinstanzen (Denkvollzüge, Selbstgewissheit, geistige Vermögen), die als Bedingung der Möglichkeit von Wissen fungierten, sind es für Merleau-Ponty unsere jeweils konkreten Erfahrungen der *wirklichen* und nicht länger nur *vorgestellten* Gegenstände, die uns umgeben. So ist die Phänomenologie zugleich eine »Philosophie der Existenz« (Merleau-Ponty 1988, S. 129): Sie vertritt die These vom Primat sowohl der Leiblichkeit des Menschen als auch der unhintergehbaren Faktizität der Welt.

Zweitens, das ›Unbewusste‹ wird von Merleau-Ponty auch gegen die Freudsche Psychoanalyse bzw. ihre (post)strukturalistische Variante bei Jacques Lacan abgegrenzt; und zwar im Sinne einer Transformation dieser Theorieformen in Phänomenologie.[1] Für Merleau-Ponty nämlich ist das Unbewussten eine »Materie möglicher Erkenntnis« (Merleau-Ponty 1966, S. 282), sodass es weder als (individuelle) psychische Angelegenheit behandelt werden kann, die selbst hinter ihren Wirkungen verborgen bleibt, noch man es mit (kollektiven) sprachlichen Strukturen gleichsetzen darf, in denen sich ›Sinn‹ bloß relational bestimmt. – Aus phänomenologischer Perspektive ist vielmehr das Unbewusste ein »Unreflektierte[s]« (Merleau-Ponty 2003e, S. 39), welches durch Reflexion thematisch wird.

Drittens, die Phänomenologie beschreibt nicht nur ein Unreflektiertes, sondern wird auch selber durch eines bestimmt: als ihr gleichsam ›historisches Unbewusstsein‹, welches vor allem das phänomenologische Frühwerk Merleau-Pontys begleitet. – Anders ausgedrückt: Merleau-Ponty weiß seine Begriffe zwar jederzeit ideengeschichtlich herzuleiten, über seine eigene historische Situiertheit aber gibt er keine Auskunft. Die zeitgeschichtlichen Reflexionen, die Merleau-Ponty in seinen politischen Texten durchaus anstellt, bleiben von seinen phänomenologischen Arbeiten getrennt, was insofern ein Problem darstellt, als er darin den Anspruch erhebt, sich restlos auf ›Welt‹ zu beziehen, welche wir erleben und die uns fraglos prägt. Sein Spätwerk wird dann vor allem um diese Restgröße kreisen, die es jedoch nurmehr im Topos des Geheimnisvollen zu bannen vermag. Als Phänomenologe lebensweltlicher Bezüge verkennt Merleau-Ponty das »gewisse[] Apriori« (1966, S. 370) der eigenen Theorie: die Jahre von Krieg, Vertreibung und Vernichtung. Es bleibt ihm vielmehr eine unbewusste Faktizität, in der er sich aufhält, die von ihm aber nicht mehr zum Thema gemacht, geschweige denn auf das phänomenologische Vorgehen bezogen wurde.

Biographische Anmerkungen

Am 14. März 1908 als zweiter (gleichwohl unehelicher) Sohn im südfranzösischen Rochefort-sur-Mer geboren, wächst Maurice Jean-Jacques Merleau-Ponty in einem traditionell katholisch geprägten Elternhaus auf. Durch den frühen Tod des Vaters veranlasst, zieht die Familie nach Le Havre, wo Merleau-Ponty das Gymnasium besucht und 1924 mit dem

Baccalauréat abschließt. Die folgenden zwei Jahre widmet er der Vorbereitung für die Zulassungsprüfung an der Elitehochschule *École normale supérieure*, die er 1927 besteht und in einen Jahrgang mit Simone Weil und Simone de Beauvoir aufgenommen wird. Es ist dies auch die Zeit, in der seine Freundschaft mit Jean-Paul Sartre sowie dem späteren Hegel-Übersetzer und -Kommentator Jean Hyppolite beginnt. Merleau-Pontys wichtigste Lehrer sind zunächst die Philosophen Leon Brunschvicg und Aron Gurwitsch. Durch letzteren kommt er mit der damals populären Gestaltpsychologie in Berührung. Gegen Ende seines Studiums wird er außerdem zu den Hörern Wolfgang Köhlers gehören. Noch größere Bedeutung allerdings dürfte Merleau-Pontys Besuch der Husserl-Vorlesungen 1929 an der Sorbonne gehabt haben. So wurde er Zeuge jener Initiation der Phänomenologie in Frankreich, die sein deutscher Urheber als ›europäisches‹ Projekt verstanden wissen will. Im Oktober 1930 schließlich erhält Merleau-Ponty seine Aggrégation in Philosophie. Während er in den darauf folgenden Jahren an verschiedenen Gymnasien unterrichtet, beginnt er zugleich mit der Arbeit an seiner Dissertation. Sie erlangt unter dem Titel »Phänomenologie der Wahrnehmung« ab 1945 Berühmtheit. Außerdem hört er nebenbei die Vorlesungen von Alexandre Kojève an der »École pratique des Hautes Etudes« und sammelt in der Zeitschrift »L'Esprit« erste journalistische Erfahrungen. Noch vor Kriegsausbruch 1939 besucht Merleau-Ponty das soeben im Belgischen Löwen gegründete Husserl-Archiv. Seine Unterredungen mit den dort tätigen Nachlassverwaltern Ludwig Landgrebe und Eugen Fink, sowie die Einsicht in bis dahin noch unveröffentlichte Manuskripte prägen in entscheidender Weise sein Husserl-Bild. Anschließend verbringt Merleau-Ponty die Kriegsjahre als Philosophie-Lehrer in Paris, wo er sich im Gefolge Sartres in der Widerstandsgruppe »Socialisme et Liberté« engagiert. Ebenso, wie er 1945 mit seinem Freund zu den Gründungsmitgliedern der Zeitschrift »Les Temps Modernes« gehört; jenem legendären Diskussionsforum kritischer Intellektueller, die nach den Erfahrungen des Nationalsozialismus linke Alternativen zum dogmatischen Kommunismus suchten. Noch im Jahr des Kriegsendes erfolgt Merleau-Pontys Promotion zum Docteur dès Lettres, worauf hin er als Lehrbeauftragter an der Universität von Lyon unterrichtet, bevor er 1949 den Lehrstuhl für Kinderpsychologie und Pädagogik an der Sorbonne übernimmt. Eine Tätigkeit, die Merleau-Ponty bis 1952 ausüben wird, um dann dem Ruf ans »Collège de France«, dem Pantheon der französischen Wissenschaft, zu folgen. Trotz seines persönlichen Umgangs mit Lacan und Lévi-Strauss folgt Merleau-Ponty den kühnen und gleichfalls kühlen Thesen des in den 60er Jahren zunehmend die Diskurslandschaft bestimmenden Strukturalismus nicht mehr. Am 3. Mai 1961, eine Woche vor seiner geplanten Reise zu Martin Heidegger nach Freiburg, stirbt Merleau-Ponty.

1. Der Leib als Unbewusstes

Leib vs. Körper

Ein Thema, um das sich Merleau-Ponty sein Leben lang bemüht hat, ist die »Aufwertung der ›Sinne‹« (Good 1998, S. 87), so dass diese nicht länger als Außenseite eines reinen Bewusstseins – einer »Äußerlichen ohne Innerlichkeit« – oder gar Organe in einem physiologisch-biologischen Mechanismus – einem »Innerlichen ohne Äußerlichkeit« (Merleau-Ponty 1966, S. 79) – betrachtet werden: »Wir müssen die Alternative des Für-sich und des An-sich in Frage stellen, welche die ›Sinne‹ der Welt der Gegenstände zuteilt und die Subjektivität als absolutes Nichtsein von aller leiblichen Verkörperung loslöst« (ebd., S. 251).

Einen ersten Schritt in diese Richtung unternimmt Merleau-Ponty, indem er die mit Descartes inaugurierte Trennung von (unausgedehntem) rein kognitivem, d. h. unsinnlichen ›Innenraum‹ des Denkens (*res cogitans*) und purem Ausdehnungsraum reiner, d. h. sinnentleerter Äußerlichkeit (*res extensa*) ablehnt. Stattdessen unterscheidet er zwischen »objektivem« und »phänomenalem Leib« (ebd., S. 490). Nicht, um historische Lehrmeinungen zu vervollkommnen, sondern um das ›Sein‹ auch derjenigen Bereiche zu erschließen, in denen sich unser konkretes Leben abspielt. Der objektive Leib ist der zum Gegenstand reduzierte Körper: als »Summe von Teilen ohne Inneres« (ebd., S. 234), als »Gebilde von Knochen, Muskeln und Fleisch« (ebd., S. 117), das die Wissenschaft analysiert und quantifiziert, das den Gesetzen der Kausalität unterworfen wird, für das man Reiz-Reaktions-Verhältnisse annimmt und das deshalb ein Ding ist unter Dingen, »partes extra partes« (ebd., S. 97). Der phänomenale Leib bezeichnet den von Innen belebten Körper: als »beseelte Evidenz« (ebd., S. 370), als ein dynamisches Ganzes, in dem die »Sinne miteinander kommunizieren« (ebd., S. 273), der nicht verdinglicht ist, festgestellt durch äußere Koordinaten, sondern eingelassen in Situationen, der Welt selbst zugewendet, offen für ihre Ansprüche und interessiert, sie zu erschließen, sensibel und engagiert zugleich, als »sichtbarer Ausdruck eines konkreten Ich« (ebd., S. 79). – Mit anderen Worten: Es ist der Begriff des ›phänomenalen Leibes‹, den Merleau-Ponty, als Antwort bereit hält auf die Frage, »wie für uns etwas an sich zu sein vermag« (ebd., S. 96). Denn der Leib, schreibt er an einer späteren Stelle, ist nicht nur »unsere Verankerung in der Welt« (ebd., S. 174), sondern vor allem »unser Mittel überhaupt eine Welt zu haben« (ebd., S. 176).

Ein solches Mittel jedoch ist der Leib nicht als bloßes Organ bzw. Werkzeug, das wir beliebig gebrauchen oder gar verweigern können, das uns zwar gute Dienste leistet, im Grunde aber ersetzbar ist, sondern als der ebenso notwendige wie tatsächliche »Durchgangsort« (ebd., S. 175) unserer Weltbezüge. – Soll heißen: Nach phänomenologischer Auffassung bildet er das Womit und Worinnen für jedes Was, das wir wirklich erfahren. Er ist sowohl dessen »nächste Quelle und das letzte Richtmaß« (ebd., S. 43) als auch diejenige Faktizität, durch die wir immer schon in einer »Lebenswelt« (ebd., S. 4) existieren, als »Konstellation von Ich, Anderen und Dingen« (ebd., S. 80f.). – Oder: »Der eigene Leib ist in der Welt wie das *Herz im Organismus*: er ist es, der alles sichtbare Schauspiel unaufhörlich am Leben erhält, es innerlich ernährt und beseelt, mit ihm ein einziges System bildend« (ebd., S. 239; Hervorhebung durch die Verf.). Stellt der ›objektive Leib‹ ein Nebeneinander seiner Elemente dar und wird auf diese Weise zum Gegenstand von Wissenschaft; meint ›phänomenaler Leib‹ genau umgekehrt ein »natürliches Ich« (ebd., S. 243), das hier als Subjekt der Wahrnehmung anerkannt wird: Weil meine »Existenz als Subjektivität eins ist mit meiner Existenz als Leib« (ebd., S. 464).

Das »Ich kann« (ebd., S. 166) ist dafür die von Husserl entlehnte Kurzformel Merleau-Pontys, mit der gegen die Rückführung evidenter Existenz auf das pure ›Ich denke‹ (Descartes) angegangen wird: Sie macht es möglich, »dem Begriff der ›Sinne‹ einen Wert zurückzuerstatten, den der Intellektualismus ihm verweigerte« (ebd., S. 249). Indem wir existieren, sind wir sowenig reiner Geist wie bloßer Körper und erst recht nicht deren Gegenüberstellung; vielmehr »inkarnierte Subjekt[e]« (ebd., S. 239): je unser Bewusstsein eingebunden in Sinnlichkeit. Also steigt der Leib für die Phänomenologie zum Agenten unserer Weltverhältnisse auf. Mit seinen sämtlichen Sinnen ist er nicht länger eingeschränkt auf ein rezeptives, bloß empfangendes Vermögen, sondern lebendige Vermittler-Tätigkeit, »im Mittelpunkt der Welt selbst« (Merleau-Ponty 1966, S. 106). Zur Dezentrierung des Bewusstseins gehört daher phänomenologisch eine Rezentrierung um die Sinne: Dass unser Denken nur »durch den Leib hindurch auf die Dinge abzielt«, dass es »beim Ding« nur »durch das Mittel des Leibes« (ebd., S. 168) sein kann.

Unsere Sinne als Durchgangsort – moderner gesprochen: als »Medium« (Merleau-Ponty 1994, S. 51; vgl. Bermes 2002) – leisten dann aber auch das, »wodurch es Gegenstände überhaupt erst gibt« (Merleau-Ponty 1966, S. 117). Vor sämtlichen Analysen nämlich sind sie schon da, haben bereits einen Anfang gemacht, der alles Weitere, insbesondere die Wissenschaft, zum »bloß sekundären Ausdruck« (ebd., S. 4) relativiert. Zunächst nehmen wir Gegenstände mit dem Leib wahr, der deswegen für uns zu deren Voraussetzung wird; immer hier und jetzt, da er »stets bei mir und ständig für mich da ist« (ebd., S. 115), da er mich nicht verlässt, ohne dass ich gleichzeitig mich selber und meine Welt verlieren würde. So hat jeder Leib seine singuläre Perspektive, die sich jeglichem Perspektivismus als deren Relativierung entzieht. Merleau-Ponty nennt das die »Ständigkeit des Eigenleibes« (ebd.); ein Terminus, der Dreierlei impliziert: Erstens, dass mein Leib (als der Ort, der sich durch mich bestimmt und der ich damit bin) meinen Blickwinkel auf die Welt festlegt, weshalb er für mich, zweitens, etwas »absolutes« ist und also, drittens, den »transzendentalen Gesichtspunkt schlechthin« (ebd., S. 117; vgl. Boehm 1966, S. V) vorstellt, inhaltlich und systematisch zugleich: als grundlegendes Thema und Bedingung jeder möglichen Wahrnehmung.

Im Unterschied wohlgemerkt zur Kant, der seine Transzendentalphilosophie um das »meditierende[] ego« (Merleau-Ponty 1966, S. 86) Descartes' zentriert hat, welches per Definition (als reines, unausgedehntes Selbstverhältnis) »losgelöst« (ebd., S. 5) war »von seiner Bindung an ein individuelles Subjekt« und dessen tatsächliche »Weltbezüge« (ebd.). Folglich begegnete sie auch »niemals der Frage: Wer meditiert?« (ebd., S. 86), die sich Merleau-Ponty ja gerade als Leitfrage wählt. Als Phänomenologen kommt es ihm darauf an, mit ›transzendental‹ keine formale oder logische Entität auszuzeichnen: »diesseits von Sein und Zeit« (ebd., S. 6), »überall und nirgends situiert« (ebd., S. 87), vielmehr unsere leibhaftige Existenz: wie wir uns selbst und die Welt jeweils erleben, als »direkte Beschreibung aller Erfahrung« (ebd., S. 3). Statt einen überweltlichen Standpunkt zu verteidigen oder sich auf die Intimität eines Bewusstseins zu berufen, spricht deshalb die Phänomenologie »als einzige Philosophie von einem transzendentalen Feld« (ebd., S. 85).

Aber warum Feld? Den Begriff übernimmt Merleau-Ponty zunächst von seinem Lehrer Aron Gurwitsch, der mit ›Feld‹ das »Randbewußtsein« (Gurwitsch 1929, S. 366), die jeweilige Mit-Wahrnehmung des Um-Feldes eines gegebenen Objektes bezeichnet (vgl. Melle 1983, S. 82–97). Gurwitsch wiederum hat den Begriff der Physik entlehnt: Dort sind »Gravitationsfelder für die lokalen Phänomene der Gravitation verantwortlich. Entsprechend lässt sich der physikalische mit dem psychologischen Feld-Begriff vergleichen, der dann auf ein Medium von Kräfte-, Spannungs- und Reaktionsverhältnissen hindeutet, durch welches wir menschliches Verhalten zu verstehen vermögen« (Merleau-Ponty 1973, S. 198). Ebenso, wie er für die Phänomenologie ausdrücken soll, dass wir als Leib-Wesen nurmehr Ausschnitte und niemals das Ganze der Welt in den Blick bekommen können, wir also wahrnehmungspsychologisch von einem »begrenzten Gesichtskreis und einem beschränkten Vermögen« (Merleau-Ponty 1966, S. 85) ausgehen müssen. Schon deshalb führte die Abwesenheit einer solchen Begrenzung oder Beschränkung zu keinem unbegrenzten oder unbeschränkten Blickfeld, sondern im Gegenteil, »die Sicht erblindete und alles Sehen würde aufhören« (Boehm 1966, S. VI). ›Transzendentales Feld‹ meint eben an dieser Stelle unsere Bindung an den Leib als die Bedingung unserer Weltbezüge, gleichermaßen wirklich und unbewusst: »Dieses Unbewußte ist nicht in unserem Innersten zu suchen, hinter dem Rücken unseres ›Bewusstseins‹, sondern vor uns als Gliederung unseres Feldes« (Merleau-Ponty 1994, S. 233). Eine Auffassung, die »weder die Rationalität noch das Absolute zerstört. Sie versucht vielmehr beides auf die Erde herabzubringen« (Merleau-Ponty 2003e, S 27).

In einem weiteren Schritt unterscheidet sich dann der Leib vom bloßen Körper durch seine ›Intentionalität‹ – einem Kerngedanken der gesamten Phänomenologie (vgl. Waelhens 1959; Frostholm 1978, S. 11 ff.) –, bei Merleau-Ponty verstanden als diejenige Betätigung und Bewegung, durch die wir jeweils auf die Dinge abzielen, durch die sie uns in der lebendigen Erfahrung und keineswegs nur in der Vorstellung gegeben sind: als »die einzigartige Weise des Seins, die je sich ausdrückt in den Beschaffenheiten des Kiesels, des Glases oder des Wachsstücks« (Merleau-Ponty 1966, S. 15). Merleau-Ponty spricht an anderer Stelle auch vom »ekstatische Wesen der Erfahrung« (ebd., S. 94): Dass wir nicht verschlossen sind in unserem Leib, weder für uns noch an sich, dass wir die Welt auch nicht »passiv registrieren« (ebd., S. 429), ihre Phänomenalität nicht erleiden, sondern sie das »Ziel unserer leiblichen Teleologie« (ebd., S. 373) bedeutet. Wahrnehmung ist stets Wahrnehmung von etwas und also niemals leer: Indem wir aus uns selbst heraus auf die Dinge zugehen, uns erweitern, indem wir ihnen durch unsere Handlungen konkret begegnen und mit ihnen vertraut werden, »die ursprüngliche Bewegung des Transzendierens, die mein Sein selbst ist, die gleichursprüngliche Berührung mit meinem Sein und mit dem Sein der Welt« (ebd., S. 430).

Das aber sind zwei Richtungen von Intentionalität in einem Satz: zunächst als Selbst- und dann als Welterfahrung. Unter ersterer versteht Merleau-Ponty die »Entdeckung des eigenen Leibes« (ebd., S. 235). Nicht dass er für uns je absent gewesen wäre, irgendwie verloren oder gar überwunden, durch seine zunehmende Verwissenschaftlichung und Verdinglichung jedoch haben wir aufgehört, ihn so zu beschreiben, wie wir ihn selbst empfinden, haben ausgeblendet, dass auch der Leib in der Versuchsanordnung für jemanden zuallererst ›mein Leib‹ ist. Als solcher nämlich steht er »nicht vor mir, sondern ich bin in meinem Leib, oder vielmehr ich bin mein Leib« (ebd., S. 180). Auf diese Erfahrung gilt es zurückzugehen, will man wie Merleau-Ponty, eine »Theorie des Leibes als Grundlegung einer Theorie der Wahrnehmung« (ebd., S. 239) etablieren. Seine Phänomenologie jedenfalls findet ihren Anfang nicht in der Durchsichtigkeit eines Selbstbewusstseins, vielmehr in der Dichte lebendiger Selbstempfindungen: Dass unser Leib »eine Art Reflexion‹ auf sich selbst« (ebd., S. 118) zu sein vermag, als Intendierender und Intendierter zugleich, bezogen auf ein Objekt, von dem er selber Subjekt ist.

Bloße Körper dagegen haben phänomenologisch betrachtet keine Intentionalität. Sie sind Dinge unter Dingen, festgelegt auf eine objektive Raum-Zeit-Stelle; unfähig nicht nur zu spontaner Bewegung und Selbstempfindung, sondern auch zu »jener Offenheit für die Welt« (ebd., S. 144), durch die sich inkarnierte Subjekte auszeichnen. »Der Leib«, kann Merleau-Ponty (ebd., S. 106) deshalb schreiben, »ist das Vehikel des Zur-Weltseins, und einen Leib haben heißt für den Lebenden, sich einem bestimmten Milieu zugesellen, sich mit bestimmten Vorhaben identifizieren und darin beständig sich engagieren«. Wobei der Begriff des ›Zur-Welt-seins‹ (être-au-monde) an Martin Heidegger angelehnt ist, der von einem »In-der-Welt-sein« (Heidegger 1986, S. 52 f.) des Menschen gesprochen hat (vgl. Boehm 1966, S. 7, Anm. d, und Maier 1964, S. 35).

Anders aber als beim »In sein« (Heidegger 1986, S. 53), das vor allem durch ›Angst‹, ›Sorge‹ und unsere ›Geworfenheit‹ in das Außen charakterisiert ist, geht es Merleau-Ponty darum, unsere Weltzugehörigkeit als das

Erleben ihrer Vorgaben und Herausforderungen zu begreifen, als den natürlichen Spielraum unseres Handelns. ›Zur-Welt-sein‹ heißt für ihn, dass wir die Dinge »eher praktisch gegenwärtig« (Merleau-Ponty 2003e, S. 27) haben – mit all unseren Sinnen, die dann freilich nicht nur »eingelassen« sind »in ein konkretes Milieu« (Merleau-Ponty 1966, S. 134), nicht nur herausgefordert werden durch »wirkliche Situationen, die [sie] gleichsam an sich ziehen« (ebd.), sondern die auch »aktiv den Reizen [der Dinge] sich zuwenden können« (ebd.). Kurz, unsere jeweiligen Weltbezüge sind das doppelte Verhältnis, diese Welten sowohl zu empfangen als auch zu verändern, sie ebenso zu übernehmen wie zu gestalten: als »Sedimentationen« (ebd., S. 158), die wir durch Erfahrung erworben bzw. angelagert haben, und als »Spontaneität« (ebd.), die »die Gegenstände gleich Spuren unserer eigenen Akte sein läßt« (ebd., S. 165).

Sinn und Sinnlichkeit

So schließen Mensch und Welt in ihrem doppelten Verhältnis einen »ersten Bund« (Good 1998, S. 24): Nicht als Subjekt auf der einen und Objekt auf der anderen Seite, ein Für-sich hier und ein An-sich dort, auch nicht als deren Dialektik oder Reziprozität, vielmehr in der Weise einer »ursprünglichen Kommunikation« (Merleau-Ponty 1966, S. 379). Der Leib des Menschen und die Physiognomie der Dinge sind »Partner in einem Gespräch« (ebd., S. 370); sie »sympathisieren« (ebd., S. 251) miteinander, indem »[u]nsere Sinne die Dinge befragen, und diese ihnen antworten« (ebd., S. 369); ja mehr noch, denn für Merleau-Ponty ist unser Zur-Welt-sein »buchstäblich eine Kommunion« (ebd., S. 249) im Sinne des gleichzeitigen Ein- und Aufgehens in die bzw. der Welt.

Zum Beispiel »lausche oder blicke ich in Erwartung einer Empfindung« – und »plötzlich ergreift das Sinnliche mein Ohr oder meinen Blick und ich liefere einen Teil meines Leibes oder gar meinen ganzen Leib jener Weise der Schwingung und Raumerfüllung aus« (ebd., S. 249). Der Vergleich mit dem »Sakrament« ist dabei kein Zufall, meint es doch weder Verweisungszusammenhänge, die etwas Abwesendes nur »demonstrieren«, noch symbolische Handlungen, bei denen ein »›innerer Zustand‹ in die Äußerlichkeit übertragen« (ebd., S. 193) würde, sondern ganz im Gegenteil und »darüber hinaus die *wirkliche Gegenwart* Gottes« (ebd., S. 249; Hervorhebung durch die Verf.). Statt auf etwas nur zu zeigen, sind die Gebärden oder Worte des Priesters »selbst von ihrer Bedeutung durchdrungen, sind in gewisser Weise das selbst, was sie bedeuten« (ebd., S. 193) (vgl. Wiesing 2003, S. 113 f.).

Mit Rückgriff auf Husserl, dessen Pariser Vorträgen (»Cartesianische Meditationen«) er 1929 beiwohnte, kann Merleau-Ponty deshalb auch schreiben, dass Wahrnehmung als Kommunikation »gleich einer Paarung unseres Leibes mit den Dingen« (Merleau-Ponty 1966, S. 370) funktioniert. So überträgt er, mitsamt seinen erotischen Untertönen, das damals von Husserl als Intersubjektivitätsgrundsatz verkündete Leib-Leib-Verhältnis auf die Leib-Welt-Beziehung: Wahrnehmender und Wahrgenommenes gehen eine »Symbiose« ein, »als je eigene Weise des Äußeren, auf uns einzudringen, als je eigene Weise unsererseits, es aufzunehmen« (ebd., S. 367); bzw. umgekehrt: »[I]ch überlasse mich ihm, ich versenke mich in dieses Geheimnis [...]« (ebd., S. 252).

Unter der Voraussetzung jedoch, dass in dieser Paarung oder Kommunikation der Leib kein bloßes Instrument und die Dinge nicht einfach sein Material sind, man also weder der Sinnlichkeit unserer Wahrnehmung noch der Physiognomie der Welt ihren jeweiligen Eigensinn verweigert. Phänomenologisch nämlich gilt es, die intellektualistische These, dass ein Sinn nur dort ist, wo wir die Sinne übersteigen, außer Kraft zu setzen – und zwar auf beiden Seiten der Gleichung: Vom Leib her, dessen Intentionalität bereits einen »Bedeutungskern« (Merleau-Ponty 1966, S. 177) enthält, »ohne erst den Durchgang durch ›Vorstellungen‹ machen zu müssen«, (ebd. S. 170), und von der Welt her, die seine Bewegungsintentionen immer schon »erweckt« (ebd., S. 367), als »vertrauter Aufenthaltsort unseres Lebens« (ebd., S. 76). So kommt es phänomenologisch nach jener Aufwertung der Sinne auch zu deren Neubewertung: Durch sie geschieht mehr und anderes, als man ihnen bisher zugestehen wollte. In dem Maße nämlich, in dem sie unsere Wahrnehmung bestimmen und unsere Lebensvollzüge selber sind, in dem Maße stehen sie auch einer Welt offen, die sehr wohl für sich existiert, zugleich aber für uns da ist, sich als Umgebung an uns wendet. Mit anderen Worten: Schon der Leib geht »mit einem Sinn schwanger« (ebd., S. 183), ebenso wie die Gegenstände keine »stummen Impressionen« (ebd., S. 23) mehr sind, sondern eine »von selbst sich mitteilende Sprache« (ebd., S. 369). Weshalb unsere Wahrnehmung, um etwas als wahr nehmen können, jederzeit auf eine »Gabe der Natur« (ebd., S. 254; Hervorhebung durch die Verf.) angewiesen ist. Nicht setzt oder konstruiert sie die Dinge, in einem Akt souveräner Enthobenheit, durch ein ›Ich denke‹

als ihren Urheber, vielmehr »lebt sie mit ihnen« (ebd., S. 372) und hält sich bereit, von deren Seinsweise »durchdrungen« zu werden (ebd., S. 254).

Leiblichkeit und Transzendentalität

Die ›Kommunion‹ unseres Leibes mit den Dingen stiftet ein erstes Sinnfundament. Aber nicht derart, wie wir es von der Bewusstseinsphilosophie her kennen, als Verstandesurteil oder logische Bedeutung, vielmehr indem Merleau-Ponty (1966, S. 177) auf »einen neuen Sinn des Wortes ›Sinn‹« abzielt, der sich im Umgang unseres inkarnierten Daseins mit den Dingen konstituiert. Denn schon das Sein-zur-Welt heißt »›Sein-zur-Wahrheit‹« (ebd., S. 449); oder: Es gibt phänomenologisch jeweils einen Sinn vor dem Sinn zu entdecken, der deshalb »kein geringerer Sinn ist« (ebd., S. 336), sondern Zeugnis, dass unser Leib und seine Außenwelt auf »implizite Weise sich verschlingen« (ebd., S. 234).

Noch anders gesagt: Man muss im und als Verhältnis des Menschen zur Welt von einer Struktur des ›immer schon‹ ausgehen, davon, dass dem expliziten Wissen unseres Intellekts bereits ein »geheimes Wissen der Sinne zugrunde liegt« (Good 1998, S. 87): bedeutsam und unbewusst zugleich. »*[E]s* ›denkt sich in mir‹«, kann Merleau-Ponty (1966, S. 252; Hervorhebung durch die Verf.) deshalb erklären, soll nämlich meine Wahrnehmung »in aller Strenge zum Ausdruck gebracht werden, müsste ich sagen, daß man in mir wahrnimmt« (ebd., S. 253). Demzufolge trägt solches Wissen in sich den Kern einer »Entpersönlichung«; ist nicht angesiedelt auf der Ebene selbstbewusster Subjektivität, vielmehr das Ergebnis und also das »›Es gibt‹« (Merleau-Ponty 2003d, S. 277) einer »vorgängigen Kommunikation« (Merleau-Ponty 1966, S. 371). Genau dorthin, »auf den Boden der wahrnehmbaren Welt [...] wie sie in unserem Leben, für unseren [gegenwärtigen] Leib da ist«, will sich die Phänomenologie »zurückversetzen« (Merleau-Ponty 2003d, S. 277).

Dazu ihre Methode: Ein »neuer Stil der Reflexion«, die wir dann aber nicht nur zu einer der Möglichkeiten unserer Existenz ausbilden, als Teil eben jener Welt, die sie selber kommuniziert, sondern durch die wir auch und insbesondere unsere »unreflektierte Welterfahrung wiederentdecken« (Merleau-Ponty 1966, S. 282). So wird Reflexion »radikal« im etymologischen Sinne des Wortes: ein »Rückgang auf das Unreflektierte« – was an dieser Stelle wenigstens Zweierlei bedeutet:

Erstens, dass die Phänomenologie als Transzendentalphilosophie deren klassische Variante unterläuft (vgl. Geraets 1971). Soll heißen, ihre Rezentrierung des Wissens um unser jeweiliges Zur-Welt-sein beansprucht, eine noch fundamentalere Dimension als jenes ›Cogito‹ erschlossen zu haben: die leibhaftige Wahrnehmung; diesseits aller Formalismen und jederzeit abhängig vom Wahrnehmungsgegenstand. Den Vollzug dieses »perceptual turn« (Wiesing 2003, S. 114) wird Merleau-Ponty bis in seine späten Aufsätze hinein verteidigen. Nicht immer gegen die Weltlosigkeit der Rationalisten, die Mitte des 20. Jahrhunderts keine ernsthafte Herausforderung mehr darstellten, immer öfter aber gegen die linguistischen Implikationen des Strukturalismus – dessen Verbreitung er in Frankreich gleichwohl befördert hat (vgl. Dosse 1998, S. 70f.) Unsere Wahrnehmung nämlich ist »vor aller Sprache« (Merleau-Ponty 1966, S. 61) bzw. es ist der Leib, der »schweigend hinter meinen Worten und Handlungen steht« (Merleau-Ponty 2003d, S. 277). Mit der Konsequenz, dadurch nicht nur eine weitere Wahrnehmungstheorie geliefert zu haben, sondern »philosophia prima in einem neuen Gewand« (Bermes 2003, S. XXI).

Zweitens, der phänomenologische Rückgang auf Unreflektiertes kann als eine Hinwendung zum Unbewussten gelesen werden. Nicht im Sinne Freuds, als das Fremde in unserer eigenen Seele (vgl. Frostholm 1978), auch nicht, wie schon 1942 gegen die Psychoanalyse polemisiert, als »Verzeichnis von Anomalien« (Merleau-Ponty 1976, S. 205; vgl. Waldenfels 2000, S. 182), vielmehr buchstäblich als Unter- und Vorbewusstsein:[2] Indem unser leibliches Zur-Welt-sein das Fundament unserer Reflexionen als deren Voraussetzung bildet; indem also Merleau-Ponty für jedes ›Ich denke‹ ein zugleich »untergründiges«, »vorobjektives« und »nicht-thetisches« (Merleau-Ponty 1966, S. 282) Leibwissen ausmacht. An anderer Stelle ist daher vom »anonymen Wesen unseres Leibes« (ebd., S. 110) die Rede: »Man sagt, der Leib habe verstanden« (ebd., S. 177), denn es gibt ein ›Es gibt‹, das wir je schon »›in den Händen‹ oder in ›den Beinen‹ haben und von dem eine Vielzahl intentionaler Fäden« (ebd., S. 158) ausgeht.

So gewährt uns die Erfahrung des Leibes »Einblick in eine Form der Sinnstiftung, die nicht die eines universalen konstituierenden Bewußtseins ist […]. In ihm lernen wir eine Verknüpfung von Wesen und Existenz kennen« (ebd., S. 177) Zwar glaubt Merleau-Ponty (2003e, S. 41) noch, wir seien im Allgemeinen »die Herren über den Ablauf unserer Zustände«, durch seine Anerkennung eines ›Es denkt‹ jedoch weist er »die Idee des sich selbst völlig transparenten Bewußtseins« (Merleau-Ponty 1966, S. 434) in die Schranken des Leibes. Dabei gilt es jenen doppelten Irrtum zu vermeiden: »[D]er eine besteht darin, nach Art der Philosophie des Bewußtseins keinen anderen Inhalt der Existenz anzuerkennen als den manifesten, in distinkten Vorstellungen ausgebreiteten Inhalt; der andere darin, nach Art der Psychologie des Unbewußten diesem manifesten Inhalt einen latenten, doch ebenfalls aus Vorstellungen bestehenden Inhalt zur Seite zu stellen« (ebd., S. 201).

Phänomenologie und Moderne

Merleau-Pontys Phänomenologie der Leiblichkeit also stellt den Versuch dar, das Verhältnis von »Mensch und Welt in der ›Faktizität‹« (Merleau-Ponty 1966, S. 3) neu zu bestimmen, wobei sie »den Menschen« hinter den »objektivistischen Schemata« der Erkenntnistheorie »wieder zu erfassen« sucht (Lyotard 1993, S. 163) und sich im Anschluss an Husserl zu »den Sachen selbst« (Merleau-Ponty 1966, S. 4) auf den Weg gemacht hat: »Zurückgehen auf die ›Sachen selbst‹ heißt zurückgehen auf diese aller Erkenntnis vorausliegende Welt, von der alle Erkenntnis spricht und bezüglich deren alle Bestimmung der Wissenschaft notwendig abstrakt, signitiv, sekundär bleibt, so wie die Geographie gegenüber der Landschaft, in der wir allererst lernten, was dergleichen wie Wald, Wiese und Fluß überhaupt ist« (Merleau-Ponty 1966, S. 5).[3] So will sie sich frei machen vom szientifisch-intellektualistischen Paradigma, das nur Vorstellungen kennt und deren Korrelate, um eine ebenso »primordiale« (ebd., S. 489) wie »vertraute« (ebd., S. 345) Begegnung mit den Dingen selbst einzuleiten, will uns von der Welt nicht entfernen, damit wir sie beobachten oder beurteilen können, sondern Anleitung sein, das »Faktum meiner Subjektivität und das Objekt in statu nascendi wiederzufinden« (ebd., S. 257). An anderen Stellen heißt es auch, wir müssen zum »natürlichen Feld« (ebd., S. 7) all unserer Wahrnehmungen und Gedanken zurückkehren, in welchem wir als Welt, dem »Horizont aller Horizonte« (ebd., S. 381), jeweils und unhintergehbar »wohnen« (ebd., S. 169).

Dabei hält Merleau-Ponty für ›natürlich‹ bzw. ›primordial‹ nicht die Teile, sondern das Ganze: jene »gründende Einheit« (ebd., S. 4), die wir selber in der Welt sind, nicht die Differenzierung unserer Lebenswelten samt der dazugehörigen »Trennung [...] und Autonomie der Sinne« (Crary 1996, S. 99f.), vielmehr die »Synthese des Leibes« (Merleau-Ponty 1966,

S. 179): indem dieser ein »synergisches System« (ebd., S. 273) bildet, das zugleich »beseelt« (ebd., S. 370) ist und dadurch »Ausdruck (unserer(gesamten Existenz« (ebd., S. 198). Entsprechend geht es Merleau-Ponty um Integration statt um Separation (vgl. Gondek 2000, S. 183), um natürliche Voraussetzungen statt um künstliche Welten; sein Interesse gilt zumindest im Frühwerk nicht der Mediatisierung des Beobachtens, sondern der Wahrnehmung des Menschen (Genitivus subiectivus et obiectivus) (vgl. Windgätter 2004), nicht den Erfolgen von Naturwissenschaft und Technik, sondern dem Standhalten, auch Dagegenhalten der Philosophie. Und so scheint auch hier zu gelten, was schon Walter Benjamin über Merleau-Pontys lebensphilosophischen Vorläufer Bergson geschrieben hat: Dass dieser nämlich »vermeidet vor allem und wesentlich derjenigen Erfahrung näherzutreten, aus der seine eigene Philosophie entstanden ist oder vielmehr gegen die sie entboten wurde. Es ist die unwirtliche, blendende Epoche der großen Industrie« (Benjamin 1977, S. 187.)

Ja mehr noch, denn ausgerechnet die »Phänomenologie der Wahrnehmung« trägt das Erscheinungsjahr 1945: Merleau-Ponty versucht das ›Wohnen‹ und ›Vertrauen‹ zu einem Zeitpunkt ins anthropologisch Fundamentale zu wenden (Maier 1964, S. 69 ff.), als Kriegsfolgen, Exil und Vertreibung den europäischen Alltag beherrschen. Woraus an dieser Stelle kein moralischer Vorwurf abgeleitet werden soll, als vielmehr der Verdacht, dass zentrale Kategorien der Phänomenologie eine kompensatorische Funktion erfüllen: Sie also Reaktionen auf unsere modernen Erfahrungswelten sind, um deren Krisenhaftigkeit und die damit einhergehenden Orientierungsschwierigkeiten begrifflich abzufedern, um gegen den Prozess einer »Entzauberung« der Welt »Bewahrungs«- und »Orientierungsgeschichten« (Marquard 1988, S. 13) zu erzählen. Die Phänomenologie, will das besagen, ist weder antimodern noch durch moderne Lebensweisen einfach überholt worden, vielmehr hat sie sich im Schatten des Modernisierungsprozesses konstituiert; als dessen ausgleichender Zwilling, vergeblich nahe und doch nicht fremd.

So aber wird aus ihrer Erneuerungsabsicht zugleich eine Wiederholungsbewegung – freilich ohne davon Rechenschaft abzulegen, zeigt sich Merleau-Ponty doch in seiner Phänomenologie von fernen Traditionen beeinflusst, während er seine nächste Gegenwart verschweigt; leistet er doch die ideengeschichtliche Verankerung seiner Theorie nur um den Preis, ihren zeitgeschichtlichen Boden nicht explizit zu betreten. »Die Welt ist das, was wir wahrnehmen.« (Merleau-Ponty 1966, S. 13) – Dieser phänomenologische Leitsatz fällt auf die Phänomenologie als Disziplin zurück. Für die Welt von 1945, aus der sie stammt, ist sie merkwürdig blind geblieben, gleichsam weltlos: ohne Selbstthematisierung; dafür mit einer »Umkehrung vor Augen«, die ihr, wie Merleau-Ponty 1946 vor der »Société française de Philosophie« erklärt, »sogar manche Christen zugestehen würden« (Merleau-Ponty 2003e, S. 54). Seine frühen Schriften, kann man von daher behaupten, verstehen sich immer auch als Sehnsuchtsfiguren. Sie nehmen Herausforderungen (Krisen, Umbrüche, Veränderungen usw.) als Anlass zur Rückbesinnung: auf der Suche nach einer Welt, der abermals das »Vermögen der Bezauberung von gleichsam sakramentaler Bedeutung« (Merleau-Ponty 1966, S. 251) eigen ist.

Was wiederum nicht dazu führen sollte, ihre Bücher einfach ad acta zu legen, sie von oben herab, mit einem abgeklärten Lächeln, beiseite zu schieben, sondern ganz im Gegenteil, ihnen jene Aufmerksamkeit entgegenzubringen, die auch Benjamin für Bergson gefordert hat: »Dem Auge, das sich vor dieser [zunächst industriellen] Erfahrung schließt, stellt sich eine Erfahrung komplementärer Art als deren gleichsam spontanes Nachbild ein. Bergsons Philosophie ist der Versuch, dieses Nachbild zu detaillieren und festzuhalten« (Benjamin 1977, S. 187). – Nichts anders gilt für Merleau-Ponty, der dadurch in seinen (für ihn unbewussten) historischen Kontext gestellt wird, um gleichwohl aus seiner Phänomenologie Theoreme des Unbewussten herauszulesen.

2. Der Raum als Unbewusstes

Im Spätwerk Merleau-Pontys tritt die Frage nach den sinnlichen Voraussetzungen des Bewusstseins zugunsten eines erweiterten Projektes zurück. Dabei tritt mit dem Eingeständnis, an die Grenzen jener Leib-Kategorie gestoßen zu sein, erst einmal und paradoxerweise die Hinwendung zur Geschichte der Philosophie (als Geschichte ihrer Begriffe) in den Vordergrund: Nach seinem Ruf ans *Collège de France* jedenfalls steht Merleau-Ponty seit 1953 unter dem Erwartungsdruck, eine ›eigene‹ Philosophie zu präsentieren. Die Sekundärliteratur spricht von jenen späten Jahren gerne und leider etwas undifferenziert als von einer Hinwendung zur ›Ontologie‹, d. h. zur Lehre vom Seienden selbst, und nicht mehr einer bloßen Theorie seines Erkennens. Tatsächlich aber ist diese Hinwendung eine Grundintention des ganzen Werkes.

Merleau-Ponty will nicht mehr nur dem Individuum seine konkreten Bedingungen aufzeigen, sondern eine Schablone des Ganzen entwerfen, in dem jede leibliche Wahrnehmung ihrerseits eingebettet ist: der Raum. Hinreichend viele Ansätze gab es dazu bereits in den ersten Hauptschriften, sodass von einer strikten thematischen Trennung nicht die Rede sein kann. Eher kommt es nun zu einer Akzentverschiebung, durch die es dem Phänomenologen jedoch gelingt, sich mit einem eigenen Begriff in die Philosophiegeschichte einzuschreiben, in der er meist nur als Epigone behandelt worden war. Es ist der Begriff des Raumes als dem ›Fleisch‹ der Welt, der wie kein anderes Konzept Merleau-Pontys eine immense Rezeption erfuhr (vgl. Günzel 2004a.).

Zur »Psychoanalyse der Natur«

Im November 1960, ein halbes Jahr vor seinem Tod, notiert Merleau-Ponty: »Eine Philosophie des Fleisches ist die Bedingung, ohne welche die Psychoanalyse Anthropologie bleibt« (Merleau-Ponty 1994, S. 335). Eine Psychoanalyse aber, die um jene »Philosophie des Fleisches« bereichert ist, durch die sie ›echte‹ Psychoanalyse werden soll, kann hier durchaus im Sinne der Kritik des wohl berühmtesten Hörers von Merleau-Ponty, Michel Foucault (vgl. Eribon 1998, S. 118), verstanden werden. Foucault warf den Humanwissenschaften sämtlich vor, nur eine historische Fiktion – das Bild des Menschen – perpetuierend zu generieren (vgl. Foucault 1994, S. 367–462). Die Psychoanalyse als »Anthropologie« wiederholt in diesem Sinne nur die Vorurteile über den Menschen im Sprachspiel der Seelenökonomie.

Damit ist dezidiert der Vorwurf an Aspekte der Freudschen Lehre formuliert, die Merleau-Ponty zu reformieren trachtet (vgl. Merleau-Ponty 1994, S. 294 und 307). Nicht aber hält dieser das normative Modell des ›Über-Ich‹ als Verkörperung repräsentativer Machtstrukturen daran für bedenkenswert, sondern allein deren »unerbittliche[] Hermeneutik« (Merleau-Ponty 2000a, S. 330), in der sie mit dem Anliegen der phänomenologischen Methode gleichzieht: »Die Übereinstimmung von Phänomenologie und Psychoanalyse ist nicht so zu verstehen, als ob ›Phänomen‹ klar ausspräche, was die Psychoanalyse verworren ausgedrückt hätte. Die Phänomenologie steht im Gegenteil im Einklang mit der Psychoanalyse durch das, was sie an ihrer Grenze untergründig andeutet oder enthüllt – durch ihre *latenten Inhalte* oder ihr *Unbewußtes«* (ebd.).[4] Es ist also der Begriff des ›Unbewussten‹, den Merleau-Ponty für die wichtigste Entdeckung der Psychoanalyse hält und mithin als »[d]as Okkulte in der Psychoanalyse« (Merleau-Ponty 1994, S. 244) bezeichnet (vgl. Mayer-Drawe 1992 und Kapust 2000).

Die Methode aber, mit der das ›Fleisch‹ bzw. das ›Unbewusste‹ zu analysieren sei, ist die von Freud wie von Husserl – voneinander unabhängig – so genannte *»Archäologie«*. Für Merleau-Ponty stellt sie eine der »kostbarsten [Intuitionen] des Freudianismus« (Merleau-Ponty 2000a, S. 330) dar. So nutzte der begeisterte Sammler archäologischer Repliken, Sigmund Freud, nicht nur Metaphern der archäologischen Grabung oder geologischen Schichtfreilegung zur Spezifizierung des psychoanalytischen Vorgehens, sondern ließ seine Patienten im Angesicht antiker Statuen und Figuren, *ihre* Geschichte erzählen. Husserl auf der anderen Seite, war vor allem von der Idee einer *Ursprungslehre* (*arche-logia* oder ›Ur-Kunde‹) fasziniert, die von Seiten der a-historischen Phänomenologie weit besser zu bewältigen sei, als von einer historisch orientierten Facharchäologie (vgl. Günzel 2004).

Als wegweisend erweise sich Husserls phänomenologische »Archäologie des Bewußtseins« (Merleau-Ponty 1973b, S. 249) deshalb auch für die Psychoanalyse, da sie – nicht zuletzt im Fahrwasser der Transzendentalphilosophie – auf Bedingungen des Bewusstseins rückschließen will, die – und das ist der maßgebliche Unterschied zu Freud – selbst *nicht* Teil desselben sind: Das ›Unbewusste‹ im Sinne der Phänomenologie liegt nicht *im* Bewusstsein verschüttet oder wird *in* diesem verdrängt, sondern ist im wahrsten Sinne des Wortes *unter* ihm angesiedelt und ›trägt‹ es: Hierbei evoziert Merleau-Ponty einen Begriff des ›Unbewussten‹ zum einen im Sinne Leibniz' als subkutane bzw. physiologische Vorgänge der Wahrnehmung im ›Leib‹, zum anderen als universaler Horizont aller möglichen Welterfahrung auf dem ›Boden‹ des Erdkörpers (vgl. Günzel 2005).[5] – Und um dieses freizulegen, bedarf es daher zunächst nicht etwa einer Psychoanalyse des Bewusstseins, sondern einer ausgesprochenen »Psychoanalyse der Natur« (ebd., S. 335).

Die *Analyse* der ›Natur‹ (2.2) erfolgt bei Merleau-Ponty zweigleisig: Zum einen anhand der *Begriffsgeschichte*, beginnend mit der Konzeption der idealistischen Naturphilosophie Schellings, in der die Natur als das vordifferenzierte ›Absolute‹, d. h. als der Urgrund des Kosmos angesprochen wird (vgl. Merleau-Ponty 2000, S. 60 ff.). Für diesen ersten Strang sind jene Mitschriften zu den Vorlesungen über den Naturbegriff der Jahre 1956–60 am »Collège de France« relevant, in denen Merleau-Ponty die Genese des Umweltgedankens im 20. Jahrhundert aus dem Naturbegriff rekonstruiert. Dazu greift er auf Ergebnisse vorausgegangener Vorlesungen über die Kritik des Leib-Seele-Dualismus bei den Nachcartesianern (Merleau-Ponty 1978) sowie über Kinder- und Entwicklungspsychologie (Merleau-Ponty 1984 und 1994a) zurück.

Zum anderen versucht sich Merleau-Ponty parallel dazu an einer ontologischen Bestimmung der Wahrnehmung (2.3), deren »wilde[s] Sein« (Merleau-Ponty 1994, S. 215) – verstanden als unverstellter Blick auf die »rohe Welt« (ebd., S. 73), – er zu ergründen sucht. Zu deren Wesenscharakterisierung wählt er den offenbarungstheologisch inspirierten Terminus ›Fleisch‹. Die betreffenden Überlegungen zu diesem Strang finden sich vor allem in seinem letzen Essay »Das Auge und der Geist« (Merleau-Ponty 2003d) sowie in Arbeitsnotizen, die der postumen Publikation seiner unvollendet gebliebenen Abhandlung über »Das Sichtbare und Unsichtbare« (Merleau-Ponty 1994) beigegeben sind.

Je nach Kontext aber geben deutsche Übersetzungen an vielen Stellen den entsprechenden französischen Terminus für ›Fleisch‹ – *(la) chair* – missverständlich mit ›Leib‹ wieder. Gerade die Übersetzungen aus den körperfixierten Dekaden der zweiten Hälfte des letzten Jahrhunderts haben sich darauf verlegt. So umgehen sie jedoch die im Französischen fehlenden Unterscheidungsmöglichkeit von ›Leib‹ als beseeltem Körper gegenüber ›Körper‹ (franz. *corps*, von lat. *corpus*, gr. *soma*, wiederum der Gegenbegriff zu gr. *psyche* für Seele) als bloßem ›Körper‹ im physikalischem Sinne oder gar als ›Leiche‹ (vgl. Waldenfels 2000, S. 14 ff.) Merleau-Ponty allerdings nutzt an den Stellen, an welchen er den ›Leib‹ im Sinne des wahrnehmenden, mehr als bloß vorhandenen Körpers bezeichnet, den Ausdruck *corps propre*, ›Eigenleib‹. (Dieser Begriff geht auf den katholischen Existentialisten und geistigen Ziehvater Merleau-Pontys, Gabriel Marcel (1992), zurück, der das ›Leib-Haben‹‹ als notwendige Voraussetzung für das ›Leib-Sein‹ ansieht und damit die negativ besetzte Idee des possessiven Besitzes in eine implizierende Habe umwandelt.)

Im Gegensatz hierzu meint *chair* bei Merleau-Ponty das Umfeld jenes Leibes, in dem dieser qua Sinnlichkeit ein- und aufgeht (vgl. Günzel 2006). Es ist dies der »bevölkerte[] Raum« (Merleau-Ponty 2000, S. 47), der sich stets nur qualitativ darbietet und keinesfalls auf seine bloße Geometrie reduziert werden darf. Entgegen der seit Kant, Hegel und spätestens Husserl üblichen Syntheseversuche von Empirismus und Rationalismus strebt Merleau-Ponty mit seinem erweiterten Raumbegriff dabei vielmehr nach einer empirischen Begründung des rationalistischen Denkbildes (vgl. Priest 1998, S. 101).

In Anlehnung an die Genesis-Interpretation des Johannesevangeliums drückt ›Fleisch‹ (gr. *sarx*) die Inkarnation des (göttlichen) ›Wortes‹ (gr. *logos*) aus; ist also der (immaterielle) Sinn in (materieller) Sinnlichkeit. Von dieser inkludierenden Differenzialität, deren Struktur Merleau-Ponty vielerorts als Chiasma (gr. für ›Kreuz‹) beschreibt, weil sich so die beiden Bereiche im Unbewussten überlagern und ineinander verwinden (vgl. Boehm 1981 und Herkert 1987), zeugt auch der zärtliche Klang des Wortes ›chair‹ (als homophon zu *cher*, franz. für ›lieb‹) – im Gegensatz zum Denotatfreien, nicht nur seiner Kleidung, sondern auch seiner Haut beraubten Leibes, der nun seine Begrenzung verloren hat und sich im Umraum auflöst (vgl. Carvalho 2000, S. 295).

Dieses Bild steht zuletzt dafür, dass die zuvor verborgenen und geschützten Nerven nun blank liegen und direkt in Kontakt mit der Außenwelt stehen. Merleau-Pontys diesbezüglicher Lieblingsausdruck von Bergson besagt, dass der Leib »bis zu den Sternen [reicht]« (zit. n. Merleau-Ponty 1994, S. 83). Im Kontext der Phänomenologie drückt dies wiederum aus, dass Wahrnehmung einerseits zwar intellektuell vermittelt sein mag sowie auf der Gegenseite auch biologisch erklärbar ist, sich aber für den Wahrnehmenden doch immer *direkt* in Unmittelbarkeit ereignet. – Insofern ›existiert‹ (lat. *ex-sistere*, hinausstehen) das sinnliche Substrat des ›Fleisches‹ tatsächlich: Es ist das ausgedehnte »*Zwischen*« (Waldenfels 1994, 69), das Innen und Außen trennend verbindet. An die Stelle des Dualismus von Denken und Sein tritt nun »[d]as Fleisch der Welt« als eine »Ungeteiltheit«, die sowohl »das ich bin« als auch »de[n] ganzen Rest[]« (ebd., S. 321) umfasst.

Von der ›Natur‹ zur ›Umwelt‹: Das Unbewusste virtuell

War es eine Errungenschaft des 17. Jahrhunderts, von ›Welt‹ als dem Diesseits zu sprechen, so vollzog sich die Wende von der Neuzeit zur Moderne mit der Bewusstwerdung des ›Umweltcharakters‹ jener Welt. Das Wort selbst gibt im Deutschen seit Anfang des 19. Jahrhunderts, etwa bei Goethe, das französische *milieu* wieder, auf welches Merleau-Ponty nach anfänglichem Gebrauch schließlich bewusst verzichtet (vgl. Boer 1978, S. 81–101). In diesem Verzicht schwebt ihm weniger die Idee der ›Mitte‹ vor, in der er den Leib als Medium gerade angesiedelt sieht (und in welchem Sinne er ›milieu‹ in seinen frühen Texten verwendet), sondern die despektierliche Assoziation eines homogenen Gemenges. – ›Welt‹ ist immer Welt *für* ein Bewusstsein, Raum aber zunächst nur ein Behältnis. ›Umwelt‹ ist seinerseits ein Lehnwort aus dem Dänischen *omverden*, ›umgebendes Land‹ oder ›umgebende Welt‹. (Bezeichnenderweise tritt der Begriff der ›Umwelt‹ an die Stelle nicht nur des Begriffs ›Milieu‹, sondern auch desjenigen der ›Welt‹ – lat. *mundus* –, wobei dieser Ausdruck seiner Etymologie nach gerade den Umstand der Öffnung hervorkehrt. Die Betonung der ›Umwelt‹ markiert so auch einen ›Verschleiß‹ des Welt-Begriffs.)

Die Einführung als wissenschaftlicher Begriff lässt sich dezidiert auf eine Person zurückführen: den Biologen Jakob Johann von Uexküll (1909). Er versteht die Biosphäre als ausgeprägten Zeichenraum, in dem sich die Lebewesen interpretierend einfügen und bewegen. – Dass ›ich‹ mich im Raum befinde, ja, dass überhaupt ›Ich‹ einen Raum *hat*, ist ein ›Effekt‹ des somatischen Koordinatensystems, des menschlichen Gleichgewichtsorgans (Vestibularapparat), das im Innenohr lokalisiert ist und die drei Dimensionen des Raumes über die Richtungsbewegung erfühlen kann. Damit ist der orientierte, geographische Raum auch der Ursprung des geometrischen Raumes: »Mein Leib ist ein Ding-Ursprung, ein Nullpunkt der Orientierung. Er gewährt mir stets eine Art von Bezugspunkt. […] Er ist das Maß aller räumlichen Bedingtheiten« (Merleau-Ponty 1973b, S. 245).

Merleau-Ponty greift also unter Beibehaltung des deutschen Begriffs auf das ›Umwelt‹-Konzept Uexkülls zurück: »Die Umwelt markiert den Unterschied zwischen der Welt, so wie sie an sich als Welt existiert, und der Welt von diesem oder jenem Lebewesen. Sie ist eine intermediäre Wirklichkeit zwischen der Welt, so wie sie für einen absoluten Beobachter existiert, und einem rein subjektiven Bereich« (Merleau-Ponty 2000, S. 232). – Schon in »Phänomenologie der Wahrnehmung« schrieb Merleau-Ponty: »Der Raum ist kein (wirkliches oder logisches) Milieu, in welches die Dinge sich einordnen, sondern das *Mittel*, durch welches eine Stellung der Dinge erst möglich wird.« (Merleau-Ponty 1966, S. 284; Kursivierung durch Verf.) Und analog dazu »[ist] die Orientierung im Raum […] nicht ein lediglich kontingenter Charakter des Gegenstandes, sie ist selber *Mittel*, vermöge dessen wir ihn erkennen und seiner als Gegenstand bewusst sind« (ebd., S. 295; Kursivierung durch die Verf.).

Zur Untermauerung seiner Thesen eines wahrnehmungsspezifischen Raumes greift Merleau-Ponty auch auf gestaltpsychologische Versuche Max Wertheimers zurück, in denen Probanden mit umfassenden Sehtäuschungen konfrontiert werden, diese aber ihren ›Leib‹ (als zentrale Wahrnehmungsinstanz) in die neue Situation einpassen können: So ›sehen‹ Versuchspersonen, die eine Brille tragen, welche ihnen die Welt auf dem Kopf stehend präsentiert, oder die in Räume geführt werden, welche durch eine Spiegelinstallation als geneigt erscheinen, die Räume nach einer Zeit der Adaption ›richtig‹ herum bzw. den Boden ›gerade‹. Dies ist eine wesentliche Leistung des Unbewussten als Prinzip der ›Umwelthaftigkeit‹: Künstliche Räume werden vermittels der leiblichen Orientierung zur ›zweiten Natur‹: Der »›virtuelle[] Raum‹ überlagert« nun »den objektiv punktuellen Raum« der Cartesianischen Geometrie (Merleau-Ponty 2003a, S. 105). – Dies führt zu einer Differenzierung zwischen geographischer und leiblicher Umwelt: »Während die geographische Umwelt die eine und selbe bleibt, ändert sich jeweils die Verhaltensumwelt« (Merleau-Ponty 1973, S. 196).

Mit Wertheimer spricht Merleau-Ponty deshalb von einem »*Raumniveau*« (Merleau-Ponty 1966, S. 290), von dem der Körper *als* Leib ausgeht. Diese entspricht in etwa der Nordung des Kompasses oder der Eichung einer Waage, insofern sich der Mensch im Raum ausrichtet: ›Niveau‹ bezeichnet dabei die *Lage* des ursprünglichen, d. h. herkömmlichen Raumes. Dazu gehört aber nicht nur die Lage des leiblichen Koordinatensystems, sondern genauso, ob der Raum überhaupt eine solch geradlinige Messung zulässt (und natürlich die ›Erdschwere‹ – der Einfluss der Gravitationskraft). Denkbar wären auch Räume, die im Sinne nicht-euklidischer Geometrie gekrümmt sind und den Orientierungsverlauf in ›Bögen‹ fordern.

So gibt es Kulturen, in denen die Innenseiten von gebauten Räumen keine Ecken haben, sondern nur Rundungen. Ein distinktes ›vorn‹ und ›hinten‹ ist damit nicht zu bezeichnen, da man keinen Punkt anvisieren oder anzeigen kann, sondern nur gekrümmte Flächen, die sich vor oder hinter dem Körper befinden. – Dennoch ist diese Lebenswelt nicht weniger vollkommen als diejenige des Mitteleuropäers: »Die Konstitution eines Raumniveaus ist nichts anderes als eines der Mittel zur Konstitution einer vollen Welt [...].« (ebd., S. 292) Doch auch innerhalb einer Kultur kann es verschiedene ›Räume‹ geben, die verschieden sind von anderen, aber dennoch absolut gelten: so hat der Nachtraum andere Qualitäten, d. h. ein anderes (Raum-)›Niveau‹ als der Tagraum. Dies liegt zunächst daran, dass im Dunklen andere Sinne stärker benötigt werden als im Hellen. Das Sehen tritt zurück und stattdessen wird das Fühlen (des Untergrunds oder von Gegenständen) relevant, um sich im Raum bewegen zu können. Andersartig ist der ›Nachtraum‹ aber auch durch seine spezifische Bedeutung, die nicht der unmittelbaren Wahrnehmung geschuldet ist: Ein Kind, dem Märchen erzählt wurden, in denen in dunklen Räumen Böses lauert, wird einen schlecht beleuchteten Keller anders betreten und sich anders in ihm fortbewegen als ein Erwachsener oder auch ein Altersgenosse, der die Geschichten nicht kennt, vergessen oder überwunden hat.

All dies gehört zur Rede von ›mythischen Räumen‹, die Merleau-Ponty im Anschluss an Arbeiten von Ethnologen und Psychologen sowie von Ernst Cassirers Phänomenologie symbolischer Weltordnungen aufnimmt (vgl. Merleau-Ponty 1966, S. 76 u. 152). – ›Mythisch‹ wird ein Raum nicht durch seine ›objektive‹ Gestaltung, sondern durch zugehörige Bedeutungen: Kindern spricht Merleau-Ponty demgemäß zu, dass sie in ihrem besonderen Entwicklungszustand einen unverstellten Zugang zur symbolisch-mythischen Ebene erschließen: »Das Kind lebt in der Welt nicht mit zwei Polen, so wie sie für den wachen Erwachsenen gegliedert ist; es bewohnt vielmehr eine Zone der Ambiguität, in der das Oneirische haust« (Merleau-Ponty 1994a, S. 235).

Mit diesem ungewöhnlichen Terminus (von gr. *oneiron*, Traum), welcher eigentlich den kulinarischen Aspekt, den ›Gefühlsanteil‹ halluzinogener Stoffe, von Tabak bis zu Opiaten, bezeichnet, will Merleau-Ponty abermals auf die umfassende Bedeutung der in diesem Bereich vorhandenen »›*Ultra-Dinge*‹« (ebd., S. 251) abheben; so genannt nach dem französischen Psychologen Henri Wallon, der von Merleau-Ponty als ein Gegenspieler zum Entwicklungsdenken Jean Piagets ins Spiel gebracht wird: Dinge dieser Art sind (begrifflich) nie vollständig bestimmbar, da sie »durch kontrollierte Ortsveränderung seines [*sc.* des Kindes] Leibes nicht willkürlich variier[t]« (ebd.) werden können.

Die extreme Präsenz dieser ›Dinge‹ aber fordert notwendig eine unbewusste, symbolische Verarbeitung, mittels derer Kinder eine – ihnen entwicklungspsychologisch zumeist vorenthaltene – Sozialität zugesprochen wird, die von geradezu ›kosmischem‹ Ausmaß ist: »Himmel und Erde sind z. B. ›Ultra-Dinge‹, die vom Kind immer in unvollständiger Weise bestimmt sind« (ebd.). Deren »Anwesenheit [setzt]«, so Merleau-Ponty, einen »vorobjektiven Raum voraus«, mithin ein Raumverständnis, das anders als die objektive Geometrie ein Weltbild über die Grenzen einer gegebenen Umwelt hinaus, unmittelbar ansichtig werden lässt. Die Welt des Kindes ist deshalb von Ultra-Dingen bevölkert, die ihm die Welt als eine große Erzählung erscheinen lassen.

Bei Erwachsenen hat sich die Zahl der ›Ultra-Dinge‹ in ihrer Lebenswelt durch eine Komplexitätssteigerung der begrifflichen Welterfassung zu Lasten deren sinnlich-emotionaler Wahrnehmung vermindert: einzig der »*Tod*« (ebd., S. 252) als das letzte ›Mythem‹ mag in der Erwachsenenwelt noch ein ›Ultra-Ding‹ geblieben sein. Was dem entwickelten Kind aber aus jener Zeit erhalten bleibt, ist der »›virtuelle Raum‹«, wie ihn Merleau-Ponty hier wörtlich mit Wallon bezeichnet, der erst den »stabilen Raum« (1976, S. 105), in dem der Mensch konkret lebt, möglich macht und ihn durch die »mythische[n] und oneirische[n] Komponenten« (1994, S. 43) mit strukturiert (vgl. Métraux 1976).

Entgegen Piagets (protestantisch geprägter) Vorstellung einer kontinuierlichen Rationalitätsentwicklung (vgl. Meyer-Drawe 1986 und Liebsch 1992, S. 381 ff.), sind nach Wallon in jeder Entwicklungsstufe andere Weltsichten und damit zueinander inkompatible Deutungsmuster vorhanden, in denen jeweils eine komplette Reorganisation des Bewusstseinsfeldes stattfindet. Nach Merleau-Ponty bildet sich schon beim Kind ein vorgängiger, »gemeinsame[r] Lebensblock« (1994, S. 28) zwischen dem erst im Erwachsenenleben getrennten ›Innen‹ und ›Außen‹ heraus, wobei das Kind in einer »Kommunikation mit der Welt« lebt, »die älter ist als alles Denken« (1966, S. 296). Hier tritt nun das Unbewusste nicht nur als Raumbeziehung, sondern zugleich als übergeschichtliches Faktum zu Tage: »Alles verweist uns zurück auf die organische Beziehung des Subjektes und des Raumes, auf jenen Anhalt des Subjekts an seiner Welt, der der Ursprung des Raumes ist« (ebd., S. 293). »Da nun jedes erdenkliche Sein sich direkt oder indirekt auf die Wahrnehmungswelt zurückbezieht, diese aber nur zu erfassen ist durch ihre Orientierung, sind also Sein und Orientiert-Sein nicht voneinander trennbar; der Raum ist nicht mehr zu ›begründen‹, die Frage nach einem Grundniveau liegt am Horizont all unserer Wahrnehmungen, der grundsätzlich nie in ausdrücklicher Wahrnehmung zu erreichen und thematisieren ist.« (Merleau-Ponty 1966, S. 296) Merleau-Pontys These von 1945, wonach es keine räumliche Verankerung des Seins als diejenige Tatsache des (orientierten) Räumlich-Seins gibt, wird im Spätwerk unter dem Einfluss von Husserls phänomenologischer Archäologie (vgl. Merleau-Ponty 1973b, S. 248 ff. u. 2000, S. 116 ff.) dahingehend konkretisiert, dass der sich stetig verschiebende Horizont des Orientierungsraums seinerseits in einer Sinnlichkeit des Erdkörpers wurzelt: »Wie die Erde per definitionem einzig ist, jeder Boden, den wir betreten, sogleich zu einer Heimstätte wird, so werden die Lebewesen, mit denen die Kinder der Erde zukünftig kommunizieren werden, zu Menschen – oder, wenn man will, die Erdenmenschen zu Varianten einer allgemeineren Menschheit, die einzig bleiben wird. Die Erde ist die Matrix unserer Zeit wie unseres Raumes: Jeder konstruierte Zeitbegriff setzt unsere Urgeschichte als leibliche Wesen voraus, die mit einer einzigen Welt kompräsent sind« (Merleau-Ponty 2003c, S. 273). – So wird, noch einmal in romantisch-ganzheitlicher Tradition, der Planet selbst zum universal(en) ›Unbewussten‹; will sagen: *Chair* steht bei Merleau-Ponty nicht länger nur für den menschlichen Leib, sondern für die Erde als Ur(sprungs)raum aller möglichen Umwelten, die in die Wahrnehmung ›hineinstehen‹ (vgl. Podoroga 1995, S. 134).

Sichtbarkeit und Unbewusstes

Entlang der Arbeiten Paul Cézannes (1839–1906) erläutert Merleau-Ponty in seinem letzten Essay die Vorstellung vom Raum als dem ›Fleisch der Welt‹ anhand dessen, was sich dem Auge ›zu sehen gibt‹. Vor allem Cézannes späte Werke lassen sich als Darstellungen entschlüsseln, in denen jeder einzelne Bildausschnitt so gearbeitet ist, als ob er im Zentrum des Sehfeldes liegt (vgl. Crary 2002, S. 225–283). (Physiologisch ist geordnetes Sehen auf die Bewegung der Augen – das ›Abtasten‹ des Blickfeldes – angewiesen, um zunächst das ›Ganze‹ in den Blick zu bekommen und erst dann sich auf Details zu konzentrieren. Bilder sind in diesem Sinne – gleich der Wirklichkeit – immer erst zu ›lesen‹ und können, je nach Detailreichtum, nicht intuitiv erfasst werden.) Das sehstarke Zentrum des Auges muss über die relevanten (d. h. auffälligen und für die Struktur entscheidenden) Punkte geführt werden, da an seinen Rändern die Sehleistung gering ist: Es kommt dort zu Verzerrungen und Farbabschwächungen.

Die »mathematisch völlig [...] rationalisier[te]« (Panofsky 1998, S. 739) Raumdarstellung der Zentralperspektive seit der Renaissance geht dagegen von einem unmöglichen Auge aus, das an jedem Punkt die gleiche Sehkraft besitzt, zugleich aber ›fixiert‹ ist – ein idealisiertes Raumschen: »Der Raum ist an sich, oder vielmehr, er ist das Ansich par excellence, seine Bestimmung ist, an sich zu sein. Jeder Punkt des Raumes ist, und er wird dort gedacht, wo er ist, der eine hier, der andere dort, der Raum ist die Evidenz des Wo. Orientierung, Polarität, Umhüllung sind in ihm abgeleitete Phänomene [...]« (Merleau-Ponty 2003d, S. 294). Tatsächlich aber würde eine solche Stillstellung über die Zeit hinweg zunächst zu einem Verblassen des Randes und schließlich gar zu einem Verlust auch der Deutlichkeit im Zentrum führen.

Cézanne nun will beide Varianten vereinen, ideales und reales Sehen: Er »verankert« in seinen Bildern »zwei unvereinbare Arten der Raumbehandlung ineinander« (ebd., S. 263), welche direktes Schauen auf ein Zentrum an jeder Stelle des Bildes realisiert, d. h. alle Momente intensiven Sehens durch die Zeit hindurch in der Gegenwart eines Bildes vereinigt. Damit evoziert er in manchen seiner Stilleben nicht nur einen beunruhigenden Seheindruck (ähnlich dem Sehen mit Stereoskop), da deren Gegenstände zwar als erkennbare Objekte, aber entgegen der Einheitsperspektive aus dem jeweils direkten Blickwinkel eines leicht variierten Beobachterstandpunktes gezeigt werden, sondern lässt in anderen Gemälden auch eine überbordende Farbintensität zu Tage treten, die mit der traditionellen Bildkonvention der größten Helligkeit in thematischen Bildzentrum bricht.

Dass die »Natur«, Cézannes Äußerung zufolge, »im Inneren« (zit. n. ebd., S. 281) (des Seins) ist, heißt, dass sich »das Sehen aus der Mitte der Dinge heraus vollzieht oder ereignet« (ebd., S. 280). Zwar sind die Gegenstände in unserem Bewusstsein, es selbst aber ist – aufgrund des Intentionalitätsgrundsatzes – die Wahrnehmung eines Außens. Entsprechend verlagern Cézannes Gemälde die subjektive Sicht der Gegenstände, ihr Wahrgenommen-Sein zurück ins Außen; dorthin, wo die Eindrücke ihren (phänomenologisch-archäologischen) Ursprung haben: »Es gibt [...] zwei Arten von räumlicher Darstellung: In der einen Art wird der Raum von außen her gesehen, wobei der Künstler dann selbst den Raum zu überfliegen scheint. [...] Er schwebt über ihm wie ein ›Geist‹. Demgegenüber ist der Raum in der anderen Art [...] zum größten Teil bloß angedeutet. [...] In diesem Fall steht der Künstler mitten im Raume oder in der Landschaft. Genauer besehen [...] schließt sich der Raum hinter uns zu, er umschließt uns« (Merleau-Ponty 1973a, S. 229 f.).

Die (Ultra)Dinge »umgeben« (Merleau-Ponty 2000, S. 182) dabei den Betrachter: »Das Sichtbare um uns scheint in sich selbst zu ruhen. Es ist so, als bildete sich unser Sehen inmitten des Sichtbaren, oder so, als gäbe es zwischen ihm und uns eine so enge Verbindung wie zwischen Meer und dem Strand« (ebd., S. 172 f.). So verschränken sich in Cézannes Landschaftsdarstellungen ›Natur‹ und ›Bild‹ (im zweifachen Sinne von Vor- und Darstellung), indem beide einander inkludieren (vgl. Boehm 1986). Cézanne malt die vom Menschen wahrgenommene, aber gerade um diesen reduzierte Natur, die somit »verwurzelt« ist »in einem Grunde unmenschlicher Natur« (Merleau-Ponty 1966, S. 374), dem ›rohen‹ oder ›wilden Sein‹. Dieser ›Impressionismus‹ stellt damit letztlich nicht mehr Natur dar, sondern zeigt das ›Denken‹ selbst, welches »stumm[]« ist (Merleau-Ponty 2003d, S. 316).

Was Cézanne damit nach Merleau-Ponty zuletzt erschließt, ist die ureigene ›Tiefe‹ des Raumes, die mit der Cartesianischen Geometrie getilgt wurde: Der eigentliche Leitsinn, auf dessen Grundlage er den Raum als *res extensa* bestimmte, war weniger das Sehen denn das Tasten: Im Anschluss an Johannes Keplers Darlegung der optischen Gesetze hat Descartes (u. a. in seiner *Dioptrik* von 1637 – sie soll aufgeschlagen neben Merleau-Pontys Sterbebett gelegen haben) das ›Sehen‹ des Raumes als ein *Begreifen* desselben, im wörtlichsten Sinne, konzipiert: Als Analogie dient Descartes (1954, S. 70 ff.) ein Blinder, der die Welt mittels eines Stocks ertastet. Die Widerständig- bzw. Gegenständlichkeit der Objekte übersetzt sich mit seiner Hilfe in Nervenreize, die von seiner Hand aus Impulse ans Gehirn übermitteln, wo dann Vorstellungen der Gegenstände erzeugt werden, die mit ihrem Aussehen nicht übereinzustimmen brauchen, sie aber dennoch repräsentieren. Auf das ›gesunde‹ Sehen übertragen, ist in Descartes Analogie ein angenommener Sehstrahl des Auges jener Tast-Stock: In der haptischen Optik des Cartesianischen Paradigmas wird deshalb jeder Gegenstand zur Oberfläche und jede Entfernung zur messbaren Distanz. Doch das Auge des Menschen sendet keine Strahlen aus, welche die Dinge in einem geometrischen Raster erfassen.

Dem ›eigentlichen‹ Sehen ist nach Merleau-Ponty dagegen vielmehr eigen, dass es Distanzen überwinden, zugleich Vordergrund wie Hintergrund wahrnehmen kann, die Dinge in ihren Ausdehnungen wahrnimmt und verdeckte Stellen im Sehfeld oder gänzlich Abwesendes ergänzt. Gemälde des haptischen Paradigmas machen jedoch alle Gegenstände ›flach‹. Sie wirken trotz oder gerade wegen der Zentralperspektive ›leblos‹. Die perspektivische Malerei wie auch die Photographie verfehlen die ursprüngliche Räumlichkeit, da sie die Objekte im Raum rein verfahrenstechnisch auf eine Fläche projizieren, um sie zweidimensional abbilden zu können. Cézanne gibt den Raum dadurch wider, dass die Gegenstände auf der Oberfläche der Leinwand den Betrachter zwingen, eine originäre Ansicht zu sehen (und zu denken), wodurch die ursprüngliche Räumlichkeit in den Bildern quasi *zwischen* den Gegenständen auftaucht, welche die »Wiederentdeckung der primordialen Tiefe« (Merleau-Ponty 1966, S. 310) ermöglicht. »Die Tiefe ist das Mittel, das die Dinge haben, fasslich zu bleiben, Dinge zu bleiben [...] Ohne sie gäbe es keine Welt und kein Sein [...].« (Merleau-Ponty 1994, S. 279) – Cézanne bringt so die von der Tradition vergessene »natürliche[] Welt« (Merleau-Ponty 2003, S. 10) ins Bewusstsein zurück.

Merleau-Ponty ist geradezu besessen von der Überwindung des Galileisch-Cartesianischen Raumentwurfs (vgl. Jay 1994, S. 267). Sein originärer Schachzug bestand in dem Nachweis, dass der absolute Raum der Repräsentation im wesentlichen ›blind‹ ist, da er nach einer Metrisierung des Raumes strebt: Descartes' Raum ist »jenseits jedes Gesichtspunktes, jeder Verborgenheit und aller Tiefe, ohne jede wirkliche Dichte« (Merleau-Ponty 2003d, S. 295). – Der vermessende »Blick besiegt die Tiefe nicht, er umgeht sie« (Merleau-Ponty 1994, S. 279). Diese Tiefe ist denn auch für Merleau-Ponty identisch mit dem eigentlichen Bewegungsraum des Menschen als Möglichkeit, die der Raum bietet, sich orientierend in der Welt zu bewegen. Oder in Rückübertragung auf die ›Archäologie des Bewusstseins‹ bzw. die ›Psychoanalyse der Natur‹: *Der Raum ist das Unbewusste des Leibes ebenso wie der Leib das Unbewusste des Denkens ist.* Descartes' Bestreben war es, das Bewusstsein aus jenem Raum herauszulösen. Merleau-Ponty möchte nicht nur den Raum als eigentlichen Ort leiblicher Wahrnehmung rehabilitieren, sondern dem Raum damit auch das Bewusstein zurückerstatten.[6]

Anmerkungen

[1] Merleau-Pontys namentliche Auseinandersetzung mit Freuds Arbeit ist in seinen Texten zunächst nur recht spärlich auszumachen. Zudem variiert ihr Schwerpunkt über die Jahre hinweg (vgl. Frostholm 1978 und Gondek 2000). – Gerade aber Merleau-Pontys zentrale Konzeptionen zeugen von einer intensiven Auseinandersetzung mit der Psychoanalyse, deren zeitgenössische Dominanz die direkte Erwähnung offensichtlich überflüssig machte.

[2] Nicht zu verwechseln freilich auch mit einer Art *Nicht-Bewusstsein*, das Merleau-Ponty als »›nicht-relationalen Hintergrund‹« (Merleau-Ponty 2003e, S. 40) unseres Bewusstseins beschreibt: Eine »dunkle Grenze« (ebd.), von der wir zwar selber wissen, die wir aber zu keinem Zeitpunkt überschreiten können. Denn sie zeigt uns kein Etwas, keinen positiven Inhalt, noch nicht mal eine Abwesenheit, sondern einzig, dass wir uns vom »Götzenbild des absoluten

Wissens« (ebd., S. 42) verabschieden müssen: »Das wahrgenommene Ereignis kann niemals völlig in der Gesamtheit der durchsichtigen Beziehungen aufgehen« (ebd., S. 40). – Kurz, es gibt für Merleau-Ponty außer einem Unreflektierten, das ein noch-nicht-Reflektiertes ist, auch ein Nicht-Reflektierbares.

3   Die Bestimmung des Verhältnisses von Geographie zu Landschaft entlehnt Merleau-Ponty einer Analogie von Erwin Straus, wonach »[wir] [n]ormalerweise [...] im Durchbrechen der landschaftlichen Horizonte zur Geographie hin [leben] [...] [und] unsere private Welt [...] der allgemeinen Welt ein[ordnen]« (Straus 1935, S. 290). Schizophrene hingegen »durchbrechen nicht den Horizont, sie bleiben in der Landschaft und ziehen die in der Alltagssprache ausgelegte geographische Welt in den Horizont ihrer Landschaft« (ebd.).

4   Nicht von ungefähr datieren die jeweiligen Hauptwerke der beiden Strömungen – Husserls »Logische Untersuchungen« und Freuds »Traumdeutung« –, in denen eine neue Entzifferung des Realen angestrengt wird, auf das Datum der Jahrhundertwende. In beiden schlägt sich zugleich ein und derselbe Umbruch des Denkens nieder (vgl. Foucault 1992, S. 28 f.).

5   Foucault, der die Psychoanalyse ausdrücklich als Gegendiskurs zu den ›anthropologisch‹ strukturierten Humanwissenschaften hervorhebt (siehe den Beitrag von Hegener, Abschnitt: »Die Psychoanalyse als ›Gegenwissenschaft‹«), entscheidet sich für den ›Archäologie‹-Begriff als Auszeichnung seiner Diskursanalyse im Ausgang von der phänomenologischen Idee als philosophische Wissenschaft von den ›Ursprüngen‹, wissend, dass diese vorgängig und nicht absolut ist. (Foucault spricht statt dessen mit Nietzsche auch lieber von ›Herkunft‹ statt von ›Ursprung‹). Phänomenologie, Diskurs- und Psychoanalyse verfolgen dennoch ein gemeinsames Ziel: das (leiblich) Unreflektierte, das (historische) Apriori und das (seelisch) Unbewusste sind allesamt frühphänomenologische, nämliche Hegelianische Figuren, dass es etwas Größeres gibt, als wir es sind, das wir nicht überblicken können, aber dennoch an ihm mitarbeiten, so dass es ohne uns nicht ist. – Nach außen hin betont Foucault dagegen die tiefe Kluft, die ihn von der Phänomenologie trenne (vgl. Lebrun 1991).

6   Auf einer Tagung in Bonneval übte Merleau-Ponty 1960 von hier aus nun scharfe Kritik an der Gleichsetzung des Freudschen Unbewussten mit dem Sprachgefüge nach Saussure bzw. an der Totalisierung der Struktur, durch welche der (Lebens-)Raum völlig in den Hintergrund tritt: »Ich empfinde Unbehagen, wenn ich sehe, daß die Kategorie der Sprache den ganzen Platz einnimmt« (Merleau-Ponty zit. n. Dosse 1998, S. 190). – In Reaktion auf diese Kritik stellte Lacan postwendend in seinem Nachruf für den kurz darauf verstorbenen Freund dessen Ansatz als eine uneingestandene strukturalistische Theorie dar, in der es weniger um Wahrnehmungsfragen gehe, als um »eine Kollation von Erfahrungen« (Lacan 1994, S. 240), d. h. um die Frage, wie dem Wissen widersprechende Wahrnehmungen das Bewusstsein sich fragwürdig werden lassen. Gleich nach dem postumen Erscheinen der letzten Notizen aus dem Problemkreis von »Das Auge und der Geist« widmet sich Lacan im Februar und März 1964 in einer Reihe von Seminarsitzungen der Phänomenologie des Sehens unter strukturalistischen Gesichtspunkten (vgl. Baas 1994). Merleau-Pontys letzte Arbeiten stellen für Lacan »deutlich den Punkt heraus, an dem die philoso-

phische Tradition angelangt ist« (Lacan 1987, S. 77); nämlich erkannt zu haben, dass das »Sichtbare« von dem abhängig ist, »was das Auge des Sehenden« (ebd., S. 78) ›sieht‹. Das ›Auge‹ bei Merleau-Ponty sei letztlich »nur eine Metapher« für etwas, was Lacan »lieber das Sprießen des Sehenden [la pousse du voyant] nennen« (ebd.) möchte: Was das Auge sieht, ist die vorobjektive Landschaft in Cézannes Bildern, ein Raum, der aus den Dingen hervorgeht. Der ›Blick‹ dagegen vertritt für Lacan die Kastrationsangst, den »Fehl [manque]« (ebd., S. 79). Er tastet das »Gesichtsfeld« nach Cartesianischer Manier ab, trifft jedoch nur auf »Kontingenz«, d. h. wieder nur auf eine fragmentierte, vorreflektierte »Erfahrung« (ebd., S. 79) der Welt. ›Auge‹ und ›Blick‹ sind entsprechend ›gespalten‹. – Raum ist für Lacan mit Merleau-Ponty stets ›Cartesianisch‹ und ›Cézannisch‹ zugleich, d. h. vergesellschaftet und ursprünglich.

Literatur

Baas, B. (1996): Die phänomenologische Ausarbeitung des *Objekts a*: Lacan mit Kant und Merleau-Ponty. In: *RISS* 33/34, S. 19–60.
Benjamin, W. (1977): Über einige Motive bei Baudelaire. In: Ders.: Illuminationen. Ausgewählte Schriften. Frankfurt/M. (Suhrkamp), S. 185–229 [1939].
Bermes, C. (2002): Medialität – anthropologisches Radikal oder ontologisches Prinzip? Merleau-Pontys Ausführungen der Phänomenologie. In: Ders., J. Jonas, & K.-H. Lembeck (Hg.) (2002): Die Stellung des Menschen in der Kultur. Würzburg (Königshausen & Neumann), S. 41–58.
Bermes, C. (2003): Wahrnehmung, Ausdruck und Simultanität. Merleau-Pontys phänomenologische Untersuchungen von 1945 bis 1961. In: M. Maurice Merleau-Ponty: Das Auge und der Geist. Philosophische Essays. Hamburg (Meiner), S. XI–LIII.
Boehm, G. (1986): Der stumme Logos, in: A. Métraux & B. Waldenfels (Hg.) (1986): Leibhaftige Vernunft. Spuren von Merleau-Pontys Denken. München (Fink), S. 287–304.
Boehm, R. (1966): Vorrede des Übersetzers. In: M. Merleau-Ponty: Die Phänomenologie der Wahrnehmung. Berlin (de Gruyter), S. V–XX.
Boehm, R. (1981): Χηιασμα. Merleau-Ponty und Heidegger. In: Ders. (1981): Vom Gesichtspunkt der Phänomenologie. Den Haag (Nijhoff), S. 191–215 [1970].
Boer, K. (1978): Maurice Merleau-Ponty. Die Entwicklung seines Strukturdenkens. Bonn (Bouvier).
Crary, J. (1996): Techniken des Betrachters. Sehen und Moderne im 19. Jahrhundert. Dresden, Basel (Verlag der Kunst) [1990].
Crary, J. (2002): Aufmerksamkeit. Wahrnehmung und moderne Kultur. Frankfurt/M. (Suhrkamp) [1999].
Descartes, R. (1954): Dioptrik. Meisenheim/G. (Hain) [1637].
Dosse, F. (1998): Geschichte des Strukturalismus. Bd. 1: Das Feld des Zeichens, 1945–1966. Hamburg (Junius) [1991].
Eribon, D. (1998): Michel Foucault und seine Zeitgenossen. München (Boer) [1994].

Foucault, M. (1992): Einleitung, In: L. Binswanger (1992): Traum und Existenz, Bern/Berlin (Gachnang & Springer), S. 7–93 [1954].
Foucault, M. (1994): Die Ordnung der Dinge. Eine Archäologie der Humanwissenschaften. Frankfurt/M. (Suhrkamp) [1966].
Frostholm, B. (1978): Leib und Unbewußtes. Freuds Begriff des Unbewußten interpretiert durch den Leib-Begriff Merleau-Pontys. Bonn (Bouvier).
Geraets, T. F. (1971): Vers une nouvelle philosophie transcendentale. La genèse de la philosophie de Maurice Merleau-Ponty jusqu'à la Phénoménologie de la perception. La Haye (Nijhoff).
Gondek, H.-D. (2000): Der Leib, das Unbewußte und das Fleisch. In: R. Guiliani (Hg.) (2000): Merleau-Ponty und die Kulturwissenschaften. München (Fink), S. 179–198.
Good, P. (1998): Maurice Merleau-Ponty. Eine Einführung. Düsseldorf/Bonn (Parerga).
Günzel, S. (2004): *Zick-Zack* – Edmund Husserls phänomenologische Archäologie. In: S. Altekamp & K. Ebeling (Hg.) (2004): Die Aktualität des Archäologischen in Wissenschaft, Künsten und Medien. Frankfurt/M. (Fischer), S. 98–117.
Günzel, S. (2004a): Zur Rezeption von Merleau-Pontys Raumbegriff in Ästhetik, Film-, Gender- und Wahrnehmungstheorie, Philosophie, Psychologie und Psychoanalyse sowie Kultur-, Medien-, Politik- und Sozialwissenschaften. Ein Literaturbericht. In: E. W. Orth & K. H. Lembeck (Hg.) (2004): Phänomenologische Forschungen, Hamburg (Meiner), S. 253–315.
Günzel, S. (2005): Zur Archäologie von Erde, Leib und Lebenswelt – Grenzbestimmungen der Phänomenologien Husserls und Merleau-Pontys nach Nietzsche. In: H. R. Sepp (Hg.) (2005): Friedrich Nietzsche und die Phänomenologie. Würzburg (Königshausen & Neumann) (im Erscheinen).
Günzel, S. (2006): Maurice Merleau-Ponty, Darmstadt (WBG) (im Erscheinen).
Gurwitsch, A. (1929): Phänomenologie der Thematik und des reinen Ich. Studie über Beziehungen von Gestalttheorie und Phänomenologie, in: Psychologische Forschung. Zeitschrift für Psychologie und ihre Grenzwissenschaften 12 (4), S. 279–382.
Heidegger, M. (1986): Sein und Zeit. Tübingen (Niemeyer) [1927].
Herkert, P. (1987): Das Chiasma. Zur Problematik von Sprache, Bewußtsein und Unbewußtem bei Maurice Merleau-Ponty. Würzburg (Königshausen & Neumann).
Jay, M. (1994): Downcast Eyes. The Denigration of Vision in Twentieth-Century French Thought, Berkeley/Los Angeles (UCP) [1993].
Kapust, A. (2000): Der sogenannte ›barbarische Rest‹ der Natur und sein heimlicher Logos. Zum Projekt einer ›Psychoanalyse der Natur‹. In: R. Guiliani (Hg.) (2000): Merleau-Ponty und die Kulturwissenschaften. München (Fink), S. 243–264.
Lacan, J. (1987): Vom Blick als Objekt Klein *a*. In: Ders. (1994): Die vier Grundbegriffe der Psychoanalyse. Das Seminar. Buch XI (1964). 3. Aufl., Berlin (Quadriga) [1973], S. 71–126.
Lacan, J. (1994): Maurice Merleau-Ponty. In: Ders. (1994): Schriften III. 3. Aufl., Berlin (Quadriga) [1966], S. 237–249 [1961].

Lebrun, G. (1991): Zur Phänomenologie in der *Ordnung der Dinge*, In: F. Ewald & B. Waldenfels (Hg.) (1991): Spiele der Wahrheit. Michel Foucaults Denken. Frankfurt/M. (Suhrkamp), S. 15–38 [1989].

Liebsch, B. (1992): Spuren einen anderen Natur. Piaget, Merleau-Ponty und die ontogenetischen Prozesse. München (Fink).

Lyotard, J-F. (1993): Die Phänomenologie. Hamburg (Junius) [1954].

Maier, W. (1964): Das Problem der Leiblichkeit bei Jean-Paul Sartre und Maurice Merleau-Ponty. Tübingen (Niemeyer).

Marquard, O. (1988): Verspätete Moralistik. Bemerkungen zur Unvermeidlichkeit von Geisteswissenschaften. In: Kursbuch 91. Wozu Geisteswissenschaften? Berlin (Rotbuch), S. 13–18.

Marcel, G. (1992): Entwurf einer Phänomenologie des Habens (1933). In: Ders. (1992): Hoffnung in einer zerbrochenen Welt? Vorlesungen und Aufsätze. Paderborn/München/Wien/Zürich (Schöningh), S. 87–103 [1935].

Melle, U. (1983): Das Wahrnehmungsproblem und seine Verwandlung in phänomenologischer Einstellung. Untersuchungen zu den phänomenlogischen Wahrnehmungstheorien von Husserl, Gurwitsch und Merleau-Ponty. Den Haag/Boston/Lancaster (Nijhoff).

Merleau-Ponty, M. (1966): Die Phänomenologie der Wahrnehmung. Berlin (de Gruyter) [1945].

Merleau-Ponty, M. (1973): Die Humanwissenschaften und die Phänomenologie (Vorlesung 1950/51 und 1951/52). In: Ders. (1973): Vorlesungen I. Berlin – New York (de Gruyter), S. 129–226 und 354–388 [1952].

Merleau-Ponty, M. (1973a): Cartesianische und zeitgenössische Ontologie. In: ebd., S. 229–236 und 389 f.

Merleau-Ponty, M. (1973b): Xavier Tilliete: Husserl und der Naturbegriff (Nachschrift aus einer Vorlesung von Merleau-Ponty am 14. und 25. März 1957). In: ebd., S. 241–254 und 392 [1965].

Merleau-Ponty, M. (1976): Die Struktur des Verhaltens. Berlin – New York (de Gruyter) [1942].

Merleau-Ponty, M. (1978): L'union de l'ame et du corps chez Malebranche, Biran et Bergson. Notes prises au cours de Maurice Merleau-Ponty à l'École Normale Supérieure (1947–1948). Paris (Vrin) [1968].

Merleau-Ponty, M. (1984): Die Prosa der Welt. München (Fink) [1969].

Merleau-Ponty, M. (1988): The Philosophy of Existence (17. Nov. 1959). In: H. J. Silverman (Hg.) (1988): Philosophy and Non-Philosophy Since Merleau-Ponty. New York/London (Routledge), 129–139 [1966].

Merleau-Ponty, M. (1994): Das Sichtbare und das Unsichtbare gefolgt von Arbeitsnotizen. München (Fink) [1964].

Merleau-Ponty, M. (1994a): Keime der Vernunft. Vorlesung an der Sorbonne 1949–1952. München (Fink) [1964/88].

Merleau-Ponty, M. (2000): Die Natur. Aufzeichnungen von Vorlesungen am Collège de France 1956–1960. München (Fink) [1968/95].

Merleau-Ponty, M. (2000a): Vorwort (zu Angelo Hesnard, *L'œuvre de Freud et son importance pour le monde moderne*). In: R. Guliani (Hg.) (2000): Merleau-Ponty und die Kulturwissenschaften. München (Fink), S. 325–331 [1960].

Merleau-Ponty, M. (2003): Der Zweifel Cézannes. In: M. Merleau-Ponty (2003): Das Auge und der Geist. Philosophische Essays. Hamburg (Meiner) S. 3–27 [1945].

Merleau-Ponty, M. (2003a): Schrift für die Kandidatur am ›Collège de France‹ (1951/52). In: ebd., S. 99–110 [1962].

Merleau-Ponty, M. (2003b): Das indirekte Sprechen. In: ebd., S. 111–175 (1952).

Merleau-Ponty, M. (2003c): Der Philosoph und sein Schatten. In: ebd., S. 243–274 [1959].

Merleau-Ponty, M. (2003d): Das Auge und der Geist. In: ebd., S. 275–317 [1961].

Merleau-Ponty, M. (2003e): Das Primat der Wahrnehmung und seine philosophischen Konsequenzen (1946). In: Ders. [2003], Das Primat der Wahrnehmung. Frankfurt/M. (Suhrkamp) [1996], 26–84 [1947].

Métraux, A. (1976): Über Leiblichkeit und Geschichtlichkeit als Konstituenten der Sozialphilosophie Merleau-Pontys (1973). In: R. Grathoff und W. Sprondel (Hg.) (1976): Maurice Merleau-Ponty und das Problem der Struktur in den Sozialwissenschaften. Stuttgart (Enke), S. 139–152.

Meyer-Drawe, K. (1986): Zähmung eines wilden Denkens? Piaget und Merleau-Ponty zur Entwicklung der Rationalität. In: A. Métraux und B. Waldenfels (Hg.) (1986): Leibhaftige Vernunft. Spuren von Merleau-Pontys Denken. München (Fink), S. 258–275.

Meyer-Drawe, K. (1992): Θ und Okkultismus. Reflexionen zu Merleau-Pontys Arbeitsnotizen. In: B. Niemeyer & D. Schütze (Hg.) (1992): Philosophie der Endlichkeit. Würzburg (Königshausen & Neumann), S. 168–181.

Panofsky, E. (1998): Die Perspektive als ›symbolische Form‹ (1924/25). In: Ders. (1998): Deutschsprachige Aufsätze, Bd. 2. Berlin (Akademie), S. 664–757 [1927].

Podoroga, V. A. (1995): Metaphysik der Landschaft. In: A. Ackermann, H. Raiser & D. Uffelmann (Hg.) (1995): Orte des Denkens. Neue russische Philosophie. Wien (Passagen), S. 117–140 [1993].

Priest, S. (1998): Merleau-Ponty. London/New York (Routledge).

Straus, E. (1935): Vom Sinn der Sinne. Ein Beitrag zur Grundlegung der Psychologie. Berlin (Springer).

Uexküll, J. J. (1909): Umwelt und Innenwelt der Tiere. Berlin (Springer).

Waldenfels, B. (1994): In den Netzen der Lebenswelt. Frankfurt/M. (Suhrkamp) [1985].

Waldenfels, B. (2000): Das leibliche Selbst. Vorlesungen zur Phänomenologie des Leibes. Frankfurt/M. (Suhrkamp).

Waelhens, A. de (1959): Die phänomenologische Idee der Intentionalität. In: Husserl und das Denken der Neuzeit. Den Haag (Nijhoff), S. 129–142.

Wiesing, L. (2003): Merleau-Pontys Entdeckung der Wahrnehmung. In: M. Merleau-Ponty (2003): Das Primat der Wahrnehmung. Frankfurt/M. (Suhrkamp), S. 85–124.

Windgätter, C. (2004): Wie nicht simulieren oder Gibt es ein Jenseits der Medien? In: A. Lagaay & D. Lauer (Hg.) (2004): Medientheorien. Eine philosophische Einführung. Frankfurt/M. – New York (Campus), S. 89–103.

Windgätter, C. (2005): Medienwechsel. Vom Nutzen und Nachteil der Sprache für die Schrift. Berlin (Kadmos).

Wolfgang Hegener

Zwischen Gegenwissenschaft und Unterwerfungsmacht – Foucault, die Psychoanalyse und das Unbewusste

Foucaults Äußerungen und Stellungnahmen zur Psychoanalyse sind nur verstreut zu finden und nie zusammenfassend vom Autor formuliert worden[1]. Gleiches gilt *mutatis mutandis* auch für die Zentralkategorie der Psychoanalyse, das Unbewusste. Foucaults Verhältnis zur Psychoanalyse ist zudem ein höchst ambivalentes gewesen: In den 60er Jahren erklärte er sie zu der »Gegenwissenschaft« schlechthin, da sie das Unbewusste aus der Repräsentationslogik herausgelöst habe. In den 70er Jahren hingegen wurde dieselbe Psychoanalyse einer radikalen Kritik unterzogen. Sie erschien Foucault nun als ein, wenn nicht der Stützpunkt der modernen, um die Sexualität zentrierten Machtformen, die mit ihrer permanenten Anreizung des Redens über den Sex wesentlich zur Unterwerfung des Menschen beitrage. Bevor die Positionen Foucaults zur Psychoanalyse und zum Unbewussten in den verschiedenen Phasen seines Werkes im einzelnen vorgestellt werden sollen, möchte ich jedoch einleitend eine eher randständige Anmerkung Foucaults zu Freud wiedergeben, die dessen zentrale Stellung in seinem Denken dokumentiert. In einer 1969 vor der französischen Gesellschaft für Philosophie gehaltenen Rede »Was ist ein Autor?« nennt Foucault Freud einen »Diskursivitätsbegründer« (Foucault 1969, S. 24). Er hebt hervor, daß das 19. Jahrhundert einen besonderen Autorentypus hervorgebracht habe, der weder mit den großen literarischen Autoren dieser Zeit (wie etwa Dostojewski oder Flaubert), noch den Gründern von Einzelwissenschaften (Galilei oder Newton), aber auch nicht mit den Verfassern kanonischer Texte des Mittelalters (Augustinus und Thomas von Aquin) verwechselt werden dürfe. Die beiden »transdiskursiven Autoren«, die das 19. Jahrhundert hervorgebracht habe, seien Sigmund Freud und Karl Marx. Sie hätten weit mehr als Bücher geschrieben und nicht nur einen singulären Corpus an Werken verfaßt, sondern vielmehr und vor allem einen Ordnungs- und Diskursbereich geschaffen, in dem andere Autoren und Gedanken einen Platz finden würden. Sie hätten, um es noch anders zu sagen, die fast unbegrenzte Möglichkeit und die Bildungsgesetze für andere Diskurse und Texte hervorgebracht. »Sie haben Raum gegeben für etwas anderes als sie selbst, das jedoch zu dem gehört, was sie begründet haben« (ebd., S. 25).

Es sei dabei ein besonderer Unterschied zu der Begründung einer beliebigen Wissenschaft festzuhalten. Denn im Falle einer einzelwissenschaftlichen Disziplin gebe es keine prinzipielle Differenz zwischen dem Akt, der sie begründe, und den späteren Transformationen und Abweichungen. Sie seien alle gleichermaßen auf einer Ebene anzusiedeln, jener könne in diese hineingenommen werden. Gänzlich anders verhalte es sich da bei Freud. Er habe in der und für die Psychoanalyse die primären Koordinaten abgesteckt, auf die wir uns, so sehr wir auch glauben, uns von ihnen absetzen, ja sie überwinden zu können, immer wieder zurückbeziehen müssen. Die »Rückkehr zu Freud« ist also in Freud selbst und dem von ihm geschaffenen diskursiven Ordnungsraum schon angelegt und in ihm mitgegeben. Wir alle sprechen, denken und empfinden gewissermaßen mit Freud. Das Vergessen der Diskursivitätsbegründung, das der Rückkehr vorausgeht und sie geradezu erzwingt, ist ein besonderes. Es ist nicht einfach ein zufälliges, das sich aus Unverständnis oder Ignoranz herleitet, sondern ein essentielles. Der Akt, der die Psychoanalyse begründet hat, macht sich immer wieder selbst vergessen: »Die Diskursivitätsbegründung, die in Vergessenheit geriet, ist zugleich die Begründung für den Riegel und der Schlüssel, mit dem man ihn öffnen kann, so daß das Vergessen und sogar die verhinderte Rückkehr nur durch die Rückkehr aufgehoben werden können« (ebd., S. 28).

Zu klären bleibt, was es genau ist, was die Psychoanalyse in dieser Weise gegenüber den anderen Humanwissenschaften privilegiert und Freud von anderen Autoren grundlegend unterscheidet. Der Durchgang durch Foucaults Werk und seine Befragung wird uns helfen können, den Akt der Diskursivitätsbegründung, der durch Freud eingeleitet wurde, aus seiner Vergessenheit herauszulösen sowie am Ende mit und gegen Foucault eine bestimmte »Rückkehr zu Freud« zu formulieren.

Das cogito und der Wahnsinn

Sowohl in »Psychologie und Geisteskrankheit« (1954) als auch, wesentlich genauer noch, in »Wahnsinn und Gesellschaft« (1961) kreisen die Gedanken unseres Philosophen um die Frage des institutionellen wie diskursiven Ausschlusses des Wahnsinns, der dabei unter der Hand zum Anderen und Verdrängten der Vernunft gerät. Foucault zeigt im einzelnen, dass durch umfassende disjunktive Operationen – dazu gehört sowohl die Errichtung der großen Asyle seit Mitte des 17. Jahrhundert als auch die Etablierung eines rationalistisch-philosophischen Diskurses – der noch in der Renaissance als ein »göttliches Schauspiel« (ebd., S. 46) gepriesene und als das »vertraute Fremde« geltende Wahnsinn im von Foucault so genannten »Klassischen Zeitalter«[2] zur sprachlosen Unvernunft wird. In »Wahnsinn und Gesellschaft«, der groß angelegten Studie über »die Geschichte des Wahns im Zeitalter der Vernunft« lesen wir im Kapitel »Die große Gefangenschaft« folgenden Satz: »Durch einen eigenartigen Gewaltakt bringt dann das Zeitalter der Klassik den Wahnsinn, dessen Stimmen die Renaissance befreit, dessen Heftigkeit sie aber bereits gezähmt hat, zum Schweigen« (ebd., S. 68).

Der Wahnsinn verschwindet nun als eine mögliche Form der *Erfahrung*. Und für Foucault ist genau dieses Verschwinden und Zum-Schweigen-Bringen des Wahns die historische Voraussetzung für die Entstehung der modernen Psychologie und des modernen (psychologischen) Subjekts. Er schließt wie zur Erläuterung an das zuletzt wiedergegebene Zitat unmittelbar eine nur drei Seiten lange Interpretation Descartes' und dessen Theorie des Subjekts an. Der allenthalben als Begründer der neuzeitlichen Philosophie geltende französische Denker wird als Kronzeuge vorgeführt für den radikalen und gewaltsamen Bruch mit der Erfahrung des Wahnsinns, der in der historischen Folge erst zur Unvernunft (17. Jahrhundert) und dann zunehmend zur Geisteskrankheit (18. und 19. Jahrhundert) erklärt wird. Descartes trennt das vollkommen körperlose und gänzlich monologische »Ich« bzw. »Ich denke« (*cogito*) von einer unintelligiblen, also geistlosen leiblichen Substanz ab. So wie sich das *cogito* vom scheinbar anderen seiner selbst losmacht, so erklärt es das Irresein, die Verrücktheit zur Bedingung der Unmöglichkeit seiner Existenz. Mit dem Beginn der Neuzeit, und für diese mit bleibenden Folgen, tut sich ein Riss, ein Spalt auf zwischen dem »Ich« und dem »Nicht-Ich« (Wahnsinn, Natur, »Unbewusstes«), der unüberbrückbar scheint und tief eingelassen ist in die Formation der Moderne. Erst durch die radikale Trennung von Vernunft und Wahnsinn, so Foucault, kann sich das moderne Subjekt als »Pseudo-Souverän«, der selbstreflexiv in sich alle Wahrheit versammeln will und darüber einen wesentlichen Teil von Erfahrung als und ins Unbewusste(s) abspaltet, und mit ihm die moderne Psychologie überhaupt konstituieren.

Foucault, seiner Ausbildung nach Philosoph und Psychologe (er arbeitete nach seinem Psychologie-Diplom etwa ein Jahr lang als Klinischer Psychologe in einer Psychiatrie und in einem Gefängnis), nahm zu dieser

Zeit die Psychoanalyse noch weitgehend aus von diesem Urteil. Er beschäftigte sich in den 50er Jahren viel mit Phänomenologie, Existenzphilosophie (Heidegger) und der Daseinsanalyse Binswangers. 1954, in dem Jahr, in dem auch »Psychologie und Geisteskrankheit« erschien, veröffentlichte Foucault eine lange Einleitung zu Binswangers Buch »Traum und Existenz« (Binswanger 1992). Er nimmt hier recht positiv Bezug zur Psychoanalyse, von der er glaubt, sie eröffne die Chance, den Dialog mit der Erfahrung der Unvernunft, die die übrige Psychologie gerade verstelle, wieder möglich zu machen[3]. Auch in »Wahnsinn und Gesellschaft« lesen wir, dass er die Psychoanalyse von dem allgemeinen Urteil über die Psychologie ausnimmt: »Deshalb müssen wir Freud Gerechtigkeit widerfahren lassen. [...] Freud kehrte zum Wahnsinn auf der Ebene seiner Sprache zurück, rekonstruierte eines der wesentlichen Elemente einer Erfahrung, die vom Positivismus zum Schweigen gebracht worden war; er fügte der psychologischen Behandlungsliste des Wahnsinns nichts Wesentliches hinzu, sondern stellte im medizinischen Denken die Möglichkeit eines Dialogs mit der Unvernunft wieder her. [...] Bei der Psychoanalyse handelt es sich nicht um Psychologie, sondern um die Erfahrung der Unvernunft, deren Maskierung die Aufgabe der Psychologie in der modernen Gesellschaft war« (Foucault, zit. nach Whitebook 1998, S. 515; in der deutschen Ausgabe nicht enthalten).

Doch Foucaults Versuch, »nicht die Geschichte der Psychiatrie, sondern des Wahnsinns selbst in seinen Aufwallungen vor jedem Erfaßtwerden durch die Gelehrsamkeit« (Foucault 1961, S. 13) zu schreiben, hat mit einer fundamentalen und von ihm nicht eingestandenen Aporie zu kämpfen – das mußte sich Foucault von Derrida (1967, S. 53–101), der auch seine Descartes-Interpretation kenntnisreich kritisiert hat, zu Recht vorhalten lassen. Will man sich nämlich, wie es Foucault glaubt zu können, gänzlich von der vernunftbestimmten Sprachform lösen, die den Ausschluß des Wahnsinns bewirkt hat, so bleiben letztlich nur zwei Möglichkeiten übrig: Entweder man schweigt über das wahnsinnige Schweigen oder man folgt den Irren in den Wahnsinn. Foucault träumt in dieser frühen Zeit seines Werkes noch den romantisch zu nennenden Traum, den er später selbst als repressionshypothetisch verwerfen sollte, es gäbe einen Ort außerhalb der alles vermittelnden Totalität der institutionellen Macht und des vernünftigen Diskurses. Der Wahnsinn ist jedoch kein äußerliches Gegen zur Macht der Vernunft, sondern von ihr per Ausschluß hervorgebracht. Der Versuch, sich der Ordnung der Vernunft radikal zu entziehen, ist in gewisser Hinsicht zum Scheitern verurteilt und verwickelt sich heillos in den zahlreichen »performativen Selbstwidersprüchen«. Der Protest gegen die Vernunft kann sich nämlich nur auf dem Boden der Vernunft selbst vollziehen und beschert ihr gegebenenfalls nur einen neuen Triumph (etwa in Form eines erweiterten Rationalismus). Das Bemühen, einer »wahnsinnigen« Erfahrung, die Psychiatrie und Psychologie als das Andere der Rationalität und Normalität zum Schweigen zu bringen, eine Sprache jenseits der Vernunft zu geben, droht in eine Art »negative Theologie« zu verfallen, denn diese Erfahrung lässt sich schlechthin nicht positivieren, will sie nicht sofort wieder der Ordnung verfallen, der sie doch zu entrinnen sich anschickte.

Foucault kämpfte erkennbar immer wieder mit dieser grundlegenden Schwierigkeit, die dem erkenntnistheoretischen Problem des Unbewussten sehr ähnlich ist: Dieses ist nämlich auch entweder im strikten Sinne ein wirklich Unbewusstes, über das man folgerichtig nichts weiter sagen sondern nur schweigen kann, oder es ist potentiell bewusstseinsfähig und deshalb ein bloß Ungewusstes oder Vorbewusstes (s. u.). Foucault suchte in den 60er Jahren nach Ablagerungen einer möglichen (eher poetischen) Sprache, die nicht durch eine solch totale Form der Vernunft und Dialektik bestimmt ist und beschäftigte sich mit Autoren wie Nietzsche, Bataille, Klossowski, Blanchot und Flaubert. Aufschlußreich ist in diesem Zusammenhang seine Bemerkung, dass seine Generation, die Generation der Strukturalisten und Poststrukturalisten, bemüht gewesen sei, »sei es mit Marx oder mit Nietzsche, *Hegel zu entkommen* [...]: Aber um Hegel wirklich zu entrinnen, muß man ermessen, was es kostet, sich vom ihm loszusagen; muß man wissen, wie weit uns Hegel insgeheim vielleicht nachgeschlichen ist« (Foucault 1971, S. 50; Hervorhebung W. H.). Foucault rang mit der theoretischen Frage, wie ein nicht-dialektisches Denken der Überschreitung, ein »Denken des Außen« möglich ist, in dem das Außen nicht als das bloß komplementär Andere gegenüber einem Innen auftaucht, oder wie, mit noch anderen Worten, die Möglichkeit einer »nicht positiven Bejahung« (Foucault 1963, S. 75) erreicht werden kann. Die Bejahung, ein »Ursprung ohne Positivität«, soll keine Position sein, die in einer dialektischen Bewegung zu einer Negation und sodann zu einer aufhebenden bzw. totalisierenden Negation der Negation führt. Foucault fragt nach der Offenheit einer Erfahrung an den Grenzen der Vernunft, die nicht wieder durch die anthropologische Fragestellung nach ihren transzendentalen Voraussetzungen verschlossen wird.

Die Psychoanalyse als »Gegenwissenschaft«

Seit Anfang der 60er Jahre, mit seinen Arbeiten zur Archäologie der Humanwissenschaften, radikaler aber noch in seinen genealogischen und machtanalytischen Schriften wird im Denken Foucaults eine einschneidende Verschiebung bemerkbar. Erschien ihm das »Verrückt-Sein« als eine ursprüngliche, gleichsam mit ontologischer Dignität ausgestattete vordiskursive und heterogene »Erfahrung«, eben als das Andere und Vorgängige der Vernunft und des Diskurses, gibt es für ihn nun keinen prädiskursiven Referenten mehr, nichts mehr außerhalb der diskursiven und Macht-Totalität. Das Andere ist immer schon hervorgebracht, eingegliedert in einen Ordnungsraum, also nicht Ursprung, sondern Produkt und Effekt. Um erfassen zu können, wie etwas überhaupt zum Gegenstand von Wissen und Macht werden kann, entwickelt Foucault nun in seinem Denken zwei ineinander verschränkte analytisch-methodische Achsen: die der *Archäologie des Wissens* und die der *Genealogie der Macht*. Während die erste in einer Art Innensicht die Regelhaftigkeit, das anonyme und formalstrukturale Funktionieren der Diskurse in ihrer Diskontinuität, also die »Formen der Problematisierung« (Foucault 1984a, S. 19) einer bestimmten Zeit zu ergründen versucht, analysiert jene das Verhältnis und die Verkoppelung von Wissen, Macht und Körper, die Wirkungsweise gesellschaftlicher Praktiken, die Formierung von Diskursen durch nicht-diskursive Praktiken, mit einem Wort: »die Formierung der Problematisierungen« (ebd.).

Kommen wir zuerst zur Achse der Archäologie des Wissens. Schon in »Psychologie und Geisteskrankheit« hatte Foucault bemerkt, dass mit dem Ausschluß des Wahnsinns seit dem 17. Jahrhundert ein *homo psychologicus* auf den Plan getreten sei, »dem es aufgegeben ist, die innere fleischlose, ironische und positive Wahrheit alles Selbstbewusstseins und aller möglichen Erkenntnis in sich zu versammeln«, der das »Recht auf sich versammelt hat [...], *die (menschliche) Wahrheit der Wahrheit (des Menschen)* zu sein« (Foucault 1954, S. 131 f.; Hervorhebung W. H.). In der etwa 10 Jahre später veröffentlichten Arbeit »Die Ordnung der Dinge. Eine Archäologie der Humanwissenschaften« (Foucault 1966) griff Foucault diesen Gedanken auf einer anderen Ebene wieder auf und zeigte, dass ab Mitte des 18. Jahrhunderts ein gänzlich neuer Wissenszweig entsteht und mit ihm ein völlig neues *episteme*, eine grundlegend neue und die ganze Epoche prägende Erkenntnis- und Ordnungsfigur auf den Plan tritt: *der Mensch*. Das cartesianische Subjekt bzw. *cogito* taucht nun gleichsam wieder auf in der

Idee vom Menschen. Entscheidend an dieser neuen Figur ist, dass sie als ein *transzendental-empirisches Doppelwesen* entworfen wird. Der Mensch ist in der gewagten Konstruktion der Moderne einerseits Objekt der Erkenntnis, empirisch vorfindbar und endlich, andererseits jedoch auch Subjekt dieser seiner eigenen Erkenntnis. Er entdeckt in sich die »menschliche Wahrheit der Wahrheit des Menschen«. Er findet, wiewohl er sich als endlich und sterblich zu begreifen beginnt, in sich und seiner Endlichkeit die unendliche Bedingung der Möglichkeit seiner selbst. Seine Endlichkeit ist somit eine nur scheinbare, sie ist eine indeterminierte Endlichkeit. Der Mensch als so gekennzeichnetes doppelgesichtiges Wesen, das sowohl Subjekt als auch Objekt ist, richtet sich in der epistemischen Konfiguration gleichsam als ein »unterworfener Souverän« ein (das lateinische Wort *subjektum* reflektiert diese Doppelbedeutung). Doch der Preis für diese Privilegierung im Bereich der Erkenntnis ist eine gewisse Instabilität und Verdoppelung, die ihn nunmehr auszumachen beginnt: »Wenn der Mensch also in der Welt der Ort einer empirisch-transzendentalen Reduplizierung ist, wenn er jene paradoxe Gestalt sein muß, in der die empirischen Inhalte der Erkenntnis die Bedingungen, aber von sich aus, liefern, die sie möglich gemacht haben, kann der Mensch sich nicht in der unsichtbaren und souveränen Transparenz eines Cogito geben. Aber er kann ebensowenig in der objektiven Untätigkeit dessen ruhen, was nicht zum SelbstBewusstsein kommt und nie kommen wird. Der Mensch ist eine solche Seinsweise, daß sich in ihm jene stets offene, nie ein für allemal begrenzte, sondern unendlich durchlaufende Dimension begründet, die von einem Teil seiner selbst, den er nicht in einem Cogito reflektiert, zum Denkakt verläuft, durch den er sie erfaßt: und die umgekehrt von jenem Erfassen zur empirischen Überfülle, zum ungeordneten Hinaufsteigen der Inhalte, zum Überhang der Erfahrungen, die sich selbst entgehen, also zum ganzen stummen Horizont dessen verläuft, was sich in der sandigen Weite des Nicht-Denkens ergibt. Weil er empirisch-transzendentale Dublette ist, ist der Mensch auch der Ort des Verkennens, jenes Verkennens, das sein Denken stets dem aussetzt, daß es durch sein eigenes Sein überbordet wird, und das ihm gleichzeitig gestattet, sich von ihm Entgehenden aus zu erinnern« (ebd., S. 389).

In noch anderen Worten: Mit der Konstruktion des »Menschen«, die das Feld des Wissens in der Moderne prägt, ergibt sich nicht nur ein selbstbewusstes Wesen, das sich bruchlos erkennt, sondern auch eines, das sich notwendig verkennen und verfehlen muss. Der Mensch ist nicht nur auf das *Cogito*, sondern auch auf ein Ungedachtes und Implizites, mithin also auf ein spezifisch Unbewusstes verwiesen. Von diesem Unbewussten als Ungedachten aus, das, so Foucault weiter, zwar stumm, aber dennoch virtuell und sprachbereit ist, wird der Mensch aufgefordert, sich in einer unendlichen Arbeit an sich selbst zu erkennen. Der Mensch und das Cogito einerseits sowie das Ungedachte andererseits sind somit in historischer Hinsicht »Zeitgenossen«. »Der Mensch hat sich nicht als eine Konfiguration in der *episteme* abzeichnen können, ohne daß das Denken gleichzeitig, sowohl in sich und außerhalb seiner, an seinen Rändern, die aber ebenso mit seinem eigenen Raster verwoben sind, ein Stück Nacht, eine offensichtliche untätige Mächtigkeit, in die es verwickelt ist, ein Ungedachtes, das voll im Denken enthalten, in dem das Denken ebenso gefangen ist, entdeckt« (ebd., S. 393; Hervorhebung im Original).

In dieser gewissermaßen kognitiven Fassung ist das Unbewusste ein »brüderliches Anderes« im Verhältnis zum Gedachten. Da es nur als etwas Komplementäres verstanden wird, kann es angeeignet werden und wird als Anderes zunehmend zum Gleichen, es steht unter dem Vorzeichen des Noch-Nicht. Vom 18. bis Ende des 19. Jahrhunderts, bis zum Auftauchen der Psychoanalyse, diente dieses Andere, das im emphatischen Sinne eben kein Anderes ist, sondern immer nur das komplementär Andere des identisch Gleichen, als eine stumme Begleitung des über das *cogito* bestimmten Subjekts: bei Hegel als An sich gegenüber dem Für sich, bei Marx als entfremdeter Mensch, der seine eigentliche Gattungsbestimmung emanzipativ zu erfüllen hat, und bei Husserl als die nicht einholbare fungierende Intentionalität, das Mitgemeinte und Implizite. Insgesamt, trotz aller Unterschiedlichkeit der einzelnen Positionen, so Foucault, geht es immer darum, dass der Mensch sich aus seiner Entfremdung befreien und gleichsam die Schleier seines Unbewussten lüften soll, um die Einheit seiner Person herzustellen.

Interessant ist nun, wie Foucault die Psychoanalyse in diese Entwicklung einordnet. Er grenzt sie gegenüber den gängigen Humanwissenschaften ab und bezeichnet sie als eine »Gegenwissenschaft« (ebd., S. 454). Sie ziele »direkt mit Überlegung auf das Unbewußte und nicht auf das, was sich allmählich in dem fortschreitenden Beleuchten des Impliziten aufhellt, sondern auf das, was da ist, sich *entzieht*, was mit der stummen Festigkeit einer Sache, eines in sich selbst abgeschlossenen Textes oder einer *freien Stelle in einem sichtbaren Text* existiert und was sich dadurch verteidigt [...]. Das heißt: im Unterschied zu den Humanwissenschaften, die, indem sie den Weg zum Unbewußten rückwärts zurücklegen, stets im

Raum des Repräsentierbaren bleiben, geht die Psychoanalyse vorwärts, um die *Repräsentation zu überschreiten*« (ebd., S. 447f.; Hervorhebung im Original).

Um zu verstehen, was Foucault mit der These des »Überschreitens der Repräsentation«[4] meinen könnte, seien hier einige erklärende Gedanken angefügt. Für Freud, er stimmt hier einer Formulierung des Philosophen und Psychologen Theodor Lipps zu, war die Frage des Unbewussten nicht irgendeine psychologische Frage unter anderen, sondern *die* Frage der Psychologie schlechthin (Freud 1900a, S. 616). Sie in radikal neuer Weise gestellt und beantwortet zu haben, rechnete sich Freud stets und zu Recht als sein entscheidendes Verdienst an. Doch worin liegt das radikal Neue seines Erklärungsansatzes? Um »*die* Frage der Psychologie« neu aufgreifen zu können, musste Freud ein überkommenes Dilemma lösen, das das Unbewusste, das als Topos über eine lange Tradition im neuzeitlichen Denken verfügt (vgl. Gödde 1999, insbesondere S. 23–80) und das er als das »eigentlich reale Psychische« (Freud 1900a, S. 617) aufzuklären versuchte, der psychoanalytischen Metapsychologie aufgibt. Wir haben schon weiter oben vom erkenntnistheoretischen Problem des Unbewussten gesprochen. Es besteht darin, dass einerseits das Unbewusste nur in seiner »Entstellung ins Bewusstsein« und nie als solches erkannt werden kann, andererseits jedoch seine Bestimmung, wenn sie nicht auf der Ebene reiner Deskription stehen bleiben will, über die »Oberflächlichkeit« des Bewusstseins hinaus gehen muss. Freud versucht dieser falschen Alternative zu entraten und eine dritte Möglichkeit ins Spiel zu bringen – und genau damit formuliert er tatsächlich eine »Gegenwissenschaft« bzw. eine »Wissenschaft zwischen den Wissenschaften« (Modell). Er will das Unbewusste nicht *rationalisieren*, indem er es als bloß Ungedachtes versteht, und dennoch einer (anderen Art) wissenschaftlicher Erkenntnis zugänglich machen, und er will es zugleich nicht als das »ganz Andere« *ontologisieren*, das sich jeglicher Bestimmung entzieht, ohne es dabei jedoch einer positivistischen Erfassung und Abstufung auszusetzen (vgl. Hegener 1997, S. 127–152).

Am besten wohl lässt sich die Dynamik des Unbewussten, die die doppelte Gefahr der Rationalisierung und der Ontologisierung vermeidet, mit dem von Freud vielfach verwendeten Begriff der *Entstellung* fassen. Um dessen Sinn zu verstehen, sei zuerst an eine, in einer der späteren Auflagen hinzugefügte Fußnote in der »Traumdeutung« erinnert. Nachdem Freud konstatiert hat, dass ein lange Zeit verbreitetes Missverständnis, die Nichtbeachtung des Unterschieds nämlich zwischen den latenten Traumgedanken und dem manifesten Trauminhalt, wenigstens unter Psychoanalytikern beseitigt werden konnte, moniert er, dass sich nun viele seiner Kollegen »einer anderen Verwechslung schuldig [machen], an der sie ebenso hartnäckig festhalten. Sie suchen das Wesen des Traumes in diesem latenten Inhalt und übersehen dabei den Unterschied zwischen latenten Traumgedanken und Traumarbeit. Der Traum ist im Grunde nichts anders als eine besondere *Form* unseres Denkens, die durch die Bedingungen des Schlafzustandes ermöglicht wird. Die *Traumarbeit* ist es, die diese Form herstellt, und sie allein ist das Wesentliche am Traum, die Erklärung seiner Besonderheit« (Freud 1900a, S. 510f.; Hervorhebung im Original).

Das Entscheidende des Traumes ist also nicht im semantischen Inhalt der Traumgedanken, sondern in der besonderen Form seines Denkens zu suchen. Und genau dafür findet Freud den Begriff der Entstellung[5]. Dieser wiederum wird, wie Samuel Weber (1989, S. 20 und 68) zutreffend herausgearbeitet hat, nur verständlich, wenn er dem der *Darstellung* gegenüber gesetzt wird. Würde das Wesen des Traumes mit den latenten Traumgedanken identifiziert werden, so wäre der Traum tatsächlich nicht mehr als eine mehr oder minder verzerrte Weise der Darstellung, eine *Repräsentation*, die schlicht einen selbstidentischen Gedanken durch einen anderen, ihn vertretenden ersetzen würde. Der Traum in seiner Arbeitsweise sprengt jedoch diese einfache Repräsentationslogik und gehorcht eher einer Logik der *Depräsentation*. Von hier aus lässt sich eine Verallgemeinerung vornehmen: Die entstellende Tätigkeit des Traumes ist die des Unbewussten selbst, das weder einfach etwas Implizites oder Latentes ist noch eine alogische, vorsprachliche und jenseitige Unter- oder Hinterwelt. Es lässt sich, und genau hier liegt die angesprochene dritte Möglichkeit, als die Artikulation und Arbeitsweise einer Differenz (so die zwischen dem Latenten und Manifesten) verstehen. Das Unbewusste entsendet zwar (Vorstellungs- und Affekt-) Repräsentanten (Freud 1915e), doch es »ist« nirgendwo als solches präsent. Das Unbewusste existiert nicht an sich (es ist auch nicht, wie Freud fälschlich meinte, ein »Ding an sich«), sondern nur in der und durch die Arbeit der Entstellung; es ist nur in seinem Entzug anwesend.

Zur Kritik der Politischen Technologie

In den Schriften vor allem der 70er Jahre hat Foucault die auf der Ebene der Wissensformationen angesiedelte Kritik am *homo psychologicus* um eine machtanalytische Dimension erweitert. Er versuchte jetzt den Ausgangspunkt der modernen Psychologie und des ihm zugeordneten psychologischen Subjekts historisch genauer zu erfassen und richtete nun seine Aufmerksamkeit erneut auf gewisse »totale Institutionen« (Goffman), insbesondere auf das Gefängnis. Er wollte zeigen, wie in diesen Einrichtungen durch das Zusammenspiel von Wissen und Macht, von Humanwissenschaft und Technologie das moderne Individuum als ein gelehriger und folgsamer Körper hervorgebracht wird. Foucault hat damit ein Forschungsprogramm initiiert (man könnte es »Zur Kritik der politischen Technologie« nennen), das aufzeigen möchte, wie sich gewissermaßen unterhalb der Ebene der bürgerlichen Vertragsgesellschaft in den Disziplinarinstitutionen soziale Regulierungsformen ausgebildet haben, die sich allmählich (vor allem im Zuge von Entinstitutionalisierungsprozessen) auf die gesamte moderne Gesellschaft ausdehnen und diese dominant prägen.

Alle Humanwissenschaften, insbesondere aber all die verschiedenen Psychologien finden nun ihren Ausgangspunkt in einer historischen Wende, in einer »Umkehrung der politischen Achse der Individualisierung« (1975, S. 248). Während noch in den feudalen Gesellschaften die Individualisierung »ihren höchsten Grad in den höchsten Bereichen der Macht, am Ort der Souveränität« (ebd.) und im Körper des Königs erreichte, also aufsteigend verlief und ein Privileg darstellte, verläuft sie im System der neuen Disziplinarmacht absteigend: Je anonymer, körperloser und funktioneller die Macht wirkt, um so mehr werden die dieser Macht Unterworfenen der Isolierung und Individualisierung preisgegeben. Foucault hält uns damit an, genauer zwischen Herrschaft, die stets vertikal von oben nach unten verläuft, und den eher diffusen und lokalen Machtmechanismen zu unterscheiden, die kein eindeutiges Zentrum mehr haben. In vielen Machtanalysen ist gleichsam, so können wir mit Foucault sagen, der Kopf des Königs noch immer nicht gerollt.

Das idealtypische, kompakte und architektonisch geronnene Modell dieser Umkehrung und der neuen *Disziplinarmacht* ist Foucault zufolge Jeremy Benthams »Panoptikon« aus dem Jahre 1787. Es stellt eine Anstalt dar, an deren Peripherie konzentrisch Einzelzellen um einen Überwachungsturm angeordnet sind, von dem aus zu jeder Zeit jede Zelle eingesehen werden kann. Die Zelleninsassen sind ständig sichtbar, ohne jedoch selbst sehen zu können. Zwei Effekte eines solchen Modells sind wesentlich. Zum einen führt es zur Selbstüberwachung: Da der Wächter nicht gesehen werden kann – der Überwachungsturm braucht folglich auch nicht besetzt zu werden –, müssen sich die Zelleninsassen so verhalten, als seien sie permanenter Kontrolle ausgesetzt. Eine so perfektionierte Macht macht damit ihre eigene Ausübung überflüssig. Zum anderen führt gerade ein so automatisiertes, entindividualisiertes, anonymes und unkörperliches Regime zu einer vollkommenen Individualisierung und zu einer Verinnerlichung von Kontrolle, die sich von dem jeweiligen institutionellen Raum unabhängig macht. Allmählich wird aus der noch institutionell gebundenen panoptischen Anlage des Gefängnisses und der Anstalten eine sich überhaupt panoptisch strukturierende Gesellschaft, in der alle einem »zwingenden Blick« ausgesetzt sind und das Verhältnis von Wächter und Überwachtem nach Innen wenden und gegen sich selbst ausspielen. Die archäologische Bestimmung des Menschen als transzendental-empirische Dublette, als »unterworfener Souverän« (1966, S. 377) kehrt nun auf der Machtebene in der Wirkung der panoptischen Anlage / Gesellschaft wieder. Auch hier spielt der (moderne) Mensch gleichzeitig zwei Rollen: Er ist Gefangener (Objekt) und Überwacher (Subjekt) zugleich, er wird zu seiner eigenen Zelle, zum Subjekt seiner eigenen Unterwerfung.

Die im Panoptikum Benthams materialisierte Disziplinarmacht steht am Ende eines Strukturwandels bzw. einer Transformation der Machtformen, die von der Bestrafung zur (Selbst-)Überwachung und (Selbst-)Kontrolle führt. Die juridisch verfaßte und in den feudalen Gesellschaften vorherrschende Verbots-, Straf- und Gesetzesmacht wird nicht abgeschafft, sondern vielmehr integriert in die Disziplinarmacht und ihr mehr und mehr untergeordnet. Diese wirkt im Gegensatz zu jener nicht mehr »über den Gesellschaftskörper [...], sondern in ihm« (1975, S. 27). Eine besondere Bedeutung für die neuen Wissens- und Machtformen kommt der *Norm* zu. All die verschiedenen Verfahren: Überwachungen, Beobachtungen, vergleichende Messungen und Prüfungen finden in ihr einen neuen Bezugspunkt, eine neue Bemessungs-, Korrektur- und Regulierungsgrundlage. Mit ihrer Hilfe können die Subjekte hierarchisiert, sortiert, ausgerichtet, sanktioniert, korrigiert und therapiert werden. Das lückenlose Disziplinarregime »wirkt *normend, normierend* und *normalisierend*« (ebd., S. 236; Hervorhebung im Original). Die Subjekte werden nicht mehr grob in subalterne Untertanen und Feinde des Souveräns aufgeteilt (feudale Gesetzesmacht), sondern an einer Norm ausgerichtet, die eher ein- als ausschließend funktioniert. Die Grenze verläuft von nun an nicht mehr zwischen dem Erlaubten und dem Verbotenen, sondern wesentlich zwischen der Norm und der für ihre Einrichtung notwendigen Abweichungen. An der Norm kann sich nun das Gesunde als normal entwerfen. Über die Norm organisiert sich um die Individuen herum ein minutiöser humanwissenschaftlicher Dokumentationsapparat: Sie werden, jeder für sich, zu einem Fall. Es kommt darüber gleichsam zu einer »epistemologischen Enthemmung«, der Mensch wird Gegenstand neuer Wissensformen, tritt in ihr Feld ein. Nach Foucault haben wir uns von der Vorstellung zu verabschieden, »daß es Wissen nur dort geben kann, wo die Machtverhältnisse suspendiert sind« (ebd., S. 216). Wissen und Macht sind vielmehr untrennbar miteinander verbunden. Dies gilt in besonderer Weise für die Humanwissenschaft Psychologie: »Alle *Psycho*logien, -graphien, -metrien, -analysen, -hygienen, -techniken und -therapien gehen von dieser historischen Wende der Individualisierungsprozeduren aus« (ebd., S. 249; Hervorhebung im Original).[6]

Dem Komplex von Wissen und Macht sind zwei ineinander verschränkte Mechanismen eingeschrieben: Die Menschen, als Objekte der Macht, werden gründlich sichtbar gemacht, isoliert und zur Schau gestellt (»objektivierende Vergegenständlichung«) sowie als solche gleichzeitig mit Hilfe von Geständnis- und Selbsttechnologien zu Subjekten gemacht, zu Subjekten ihrer eigenen Unterwerfung (»subjektivierende Unterwerfung«). Diesen beiden Dimensionen korrespondieren zwei unterschiedliche Formen von Human- bzw. Sozialwissenschaft. So läßt sich einerseits eine Parallele ziehen zwischen dem Anwachsen der Disziplinartechnologien und der Entwicklung »objektivierender« Untersuchungs-, Meß- und Prüftechniken (Beispiel: die Verfeinerung körperbezogener therapeutischer und diagnostischer Verfahren – des »medizinischen Blicks«). Diese »objektivierenden Sozialwissenschaften« (Dreyfus & Rabinow 1987, S. 210 ff.) haben ihr »Muster in der kleinlichen und boshaften Gründlichkeit der Disziplinen und ihrer Nachforschungen« (Foucault 1975, S. 290). Auf der anderen Seite entwickeln sich die »interpretativen«, »hermeneutischen«, sprich: die »subjektivierenden Sozialwissenschaften« (Dreyfus & Rabinow 1987, S. 210 ff.), die sich vor dem Hintergrund der Beicht- und Geständnispraktiken gebildet haben (Foucault findet dafür später den Begriff der »Patoralmacht«). Schon in »Überwachen und Strafen« erscheint unter dieser Perspektive das Unbewusste als ein von der Disziplinarmacht eingerichteter Mechanismus, der die Subjekte anhält, sich von einem imaginären und spekulativen Punkt aus zu (v)erkennen und auszulegen. So können subjektiv wie objektiv »Wahrheiten« produziert werden. Vorzüglich gilt dies für die Sexualität. Sie wird im Zuge des 18. und 19. Jahrhunderts zum herausgehobenen Maß psychologischer Wahrheit und zu einer zentralen Technologie der Moderne. Und genau an dieser historischen Stelle verortete Foucault die Psychoanalyse neu, um sie nun, wenn auch, wie wir sehen werden, in einer gebrochenen Weise, einer harten und grundsätzlichen Kritik zu unterziehen.

Psychoanalyse als Begehrenshermeneutik

Foucault beginnt seine in der Mitte der 70er Jahre geschriebene Geschichte der Sexualität (Foucault 1976) mit einer fundamentalen Kritik. Er moniert, dass die von ihm sogenannten Repressionshypothetiker (hier sind wohl vor allem die in dieser Zeit sehr populären Autoren Wilhelm Reich und Herbert Marcuse gemeint) den Zusammenhang von Wissen, Macht und Sexualität immer nur unter dem Vorzeichen von Unterdrückung und Verbot abgehandelt und darüber auch eine bestimmte Vorstellung von Befreiung und Emanzipation vorgeschlagen hätten. Analytisch würden sie die Unterdrückung der Sexualität nämlich mit der Entstehung und Durchsetzung des Kapitalismus zusammenfallen lassen. Entsprechend sei dann die Befreiung des Sexes an die von allgemeiner Unterdrückung gebunden. Die Sexualität wird in der Repressionshypothese zumeist als etwas Ursprüngliches und Vorgesellschaftlich-Natürliches gedacht, als ein Reservoir überschäumender und subversiver Triebhaftigkeit. Erst der sekundäre Ein- und Zugriff bestimmter repressiver gesellschaftlicher Instanzen, vorzüglich der der Familie, über- und verforme sie demnach, mache aus ihrer subversiven Kraft ein nützliches Instrument der gesellschaftlichen Integration und Synthese.

Foucault hat diese Behauptung umgekehrt. Er behauptet, dass die Sexualität im wesentlichen nicht über ihre Unterdrückung an Macht gebunden werde, sondern über ihre Produktion und ihre diskursive An- und Ausreizung. Sie stellt für ihn nicht das äußerliche Gegen zur bürgerlichen Gesellschaft dar, sondern ist selbst »in ihrem historischen Ursprung bürgerlich« (ebd., S. 153). Die Sexualität wird in seiner Analyse zu einem durch und durch geschichtlich ableitbaren Phänomen, nichts »Natürliches« haftet ihm mehr an. Foucault hat in seiner Analyse bestimmte Koordinaten ihrer Herausbildung und ihres Funktionierens ausmachen können, die nun knapp zusammengefaßt werden sollen.

Was die Funktionalität des Diskurses über die Sexualität angeht, so ist entscheidend, dass sich mit ihm ein idealer Punkt der Selbstauslegung herausbildet, auf den die ganzen Techniken der »Begehrens-Hermeneutik« abzielen: In ihm sollen wir die Wahrheit über uns selbst finden, vorausgesetzt natürlich, dass wir uns beständig genug und institutionell gestützt inquirieren. Was hier als Befreiung auftritt, vertieft indessen die Wirkungen von Macht. Garantiert wird damit sowohl der Zugriff auf den einzelnen Körper (die »Disziplinen des Körpers«) als auch der auf den Gattungskörper (»Biopolitik der Bevölkerung«). Foucault fasst diese beiden Achsen im Begriff der *Bio-Macht* zusammen, die sich vor allem im Laufe des 19. Jahrhunderts etabliert habe. Mit ihr tritt gleichsam das Leben in die Geschichte ein und überschreitet die »biologische Modernitätsschwelle«. Keine der nun entstehenden Bio-Wissenschaften kann ohne den Wandel in den Machtformen zureichend verstanden werden.

Foucault unterscheidet noch genauer zwischen dem *Sex* und der *Sexualität*. »Der Sex ist das spekulativste, das idealste, das innerlichste Element in einem Sexualitätsdispositiv [...]. Jeder Mensch soll nämlich durch den vom Sexualitätsdispositiv fixierten imaginären Punkt Zugang zu seiner Selbsterkennung haben, zur Totalität seines Körpers, zu seiner Identität« (ebd., S. 185). Die Sexualität hingegen ist das Wissen über den Sex. Er wird als ein »Erkenntnisbereich« beschrieben, der sich über dieses Wissen organisiert, als ein flexibles und veränderliches wissens- und wissenschaftsförmiges Geflecht, das um den Sex herum explodierende Diskurse zündet und ihn in eine diskursive Existenz treibt. Interessant ist nun, dass Foucault das Verhältnis von Sex und Sexualität dekonstruktiv umkehrt. Für ihn ist die Bezeichnung, der Signifikant Sexualität nicht in ein Abbildverhältnis zu einem als ursprüngliche Natur gedachten Sex (als bezeichneter originärer Sinn, als Signifikat) zu bringen. Der Sex ist keine »autonome Instanz«, nicht Natur oder Instinkt, er ist vielmehr Effekt einer historisch variablen Bezeichnung bzw. der verschiedenen diskursiven Praktiken. Um es bündig zu sagen: Der Sex existierte nicht, würde er nicht gewusst.

Es fällt auf, dass Foucault die Herausbildung der Psychoanalyse unmittelbar an die moderne Thematisierung der Sexualität knüpft. In ihrer Theorie und Praxis soll sich nämlich ein bestimmtes pastorales Beicht- und Geständnismodell mit einer psychologisierten und wissenschaftlichen Codierung der Sexualität verlöten. Foucault kommt gar zu dem weitreichenden Schluß: »Die Geschichte des Sexualitätsdispositivs seit dem klassischen Zeitalter kann als Archäologie der Psychoanalyse gelten« (ebd., S. 156). Er hat die Psychoanalyse wohl auch im Sinn, wenn er von den vier strategischen Komplexen dieses Dispositivs spricht. Gemeint sind: die »Hysterisierung des weiblichen Körpers«, die »Pädagogisierung des kindlichen Sexes«, die »Sexualisierung des Fortpflanzungsverhaltens« und schließlich die »Psychiatrisierung der perversen Lust« (ebd., S. 126 f.). Hysterie, infantile Sexualität, Perversionen und das Fortpflanzung garantierende Paar müssen als die zentralen Themen der Psychoanalyse Freuds gelten. Auch als therapeutisches Verfahren, so scheint es, wird die Psychoanalyse bei Foucault ganz in die Linie der pastoralen Geständnis- und Beichtpraktiken eingeordnet, die zu einer »subjektivierenden Unterwerfung« des modernen Menschen so wesentlich beigetragen haben. Mit ihrem Aufkommen nehme der Druck zum Geständnis einen neuen Inhalt an. Das Gebot zur Beichte könne sich nun in die emanzipatorisch gemeinte Gestalt der Aufhebung der Verdrängung kleiden.

Allerdings hält Foucault ebenso fest, dass die Psychoanalyse eine ungleichzeitige und »einzigartige Stellung« (ebd., S. 143) innerhalb der Geschichte des Sexualitätsdispositivs einnimmt (vgl. Hegener 1992, insbesondere S. 33–38, 43–68 und 91–99). Er hält fest, dass »die Psychoanalyse bis in die vierziger Jahre des 20. Jahrhunderts diejenige [ist], die sich den politischen und institutionellen Auswirkungen des Systems Perversion-Vererbung-Entartung hartnäckig widersetzt hat« (Foucault 1976, S. 144). Sie hat einen radikalen Bruch gegenüber der Vorstellung der Entartung vollzogen und ihren Begriff von »Sexualität« von allen Rassismen und Eugeniken frei gehalten. Die Lehre Freuds nimmt zwar die begriffliche Freisetzung der Sexualität, die seit dem letzten Drittel des 19. Jahrhunderts zu einem selbständigen Wissensbereich geworden ist und sukzessive in ihren abweichenden Formen normalisiert wurde, sie trägt jedoch nachträglich in die anfänglich polymorph-perverse infantile Sexualität das väterlich-ödipale Gesetz ein und verpflichtet sie auf das Inzestverbot. Foucault bringt das Gesetz, das dem Regime der Norm gegenübersteht, mit dem »Allianzdispositiv« in Verbindung, dem historisch überkommenen absolutistisch-feudalen »System des Heiratens, der Festlegung und Entwicklung der Verwandtschaften, der Übermittlung der Namen und der Güter«. Zu einer Zeit also, als das Sexualitätsdispositiv das Allianzdispositiv schon nahezu abgelöst hat, verleiht Freud diesem eine zentrale Position in seiner Theorie der menschlichen Entwicklung.

Kritik und Ausblick: Foucault und der Ödipus-Komplex

Foucault schwebte gewissermaßen die Utopie der Befreiung der Lust aus dem Gefängnis der Sexualität vor, ihrer Herauslösung aus »den Hinterhältigkeiten der Sexualität und der ihr Dispositiv stützenden Macht« (ebd., S. 190). Gegen die moderne Disziplinar-, Pastoral- und Bio-Macht »kann der Stützpunkt des Gegenangriffs nicht das Sex-Begehren sein, sondern *die Körper und die Lüste*« (ebd., S. 187; Hervorhebung W. H.). Diese recht diffuse und theoretisch nicht weiter geklärte Hinwendung Foucaults zum Körper und zu den Lüsten jenseits der Sexualität erklärt vielleicht die Kehre, die er nach dem ersten Band von »Sexualität und Wahrheit« (dem weitere Bände zur Geschichte der neuzeitlichen Sexualität folgen sollten, die aber ungeschrieben blieben) für viele überraschend vollzogen hat. Sein Interesse richtete sich in den 80er Jahren zunehmend auf alternative Formen des Selbstverhältnisses, speziell auf die »Selbstpraktiken« des antiken Griechenland und Italien (Foucault 1984a u. 1984b). Jenseits der abendländischen christlichen (Macht-)Praktik, sich als Begehrenssubjekt bzw. als Subjekt einer »Sexualität« anzuerkennen, will er Selbstpraktiken ins Spiel bringen, die eine neue Ethik und »Ästhetik der Existenz« begründen können. Foucault fragte jetzt nach einem souveränen Subjekt, das sich durch seine ethische und ästhetische Lebensführung den Unterwerfungsmechanismen der modernen Macht entziehen kann.

Focault richtete seine Kritik nun vehement gegen die Psychoanalyse, von der er, ganz im Gegensatz zu seinen Urteilen in den 50er und 60er Jahren, nicht mehr glaubte, dass sie mit der gängigen Psychiatrie und ihren Praktiken radikal breche. Sein zentraler Kritikpunkt an der Psychoanalyse wurde die Ödipalität und die repressive Struktur der Familie[7]. Der Einfluss des Anfang der 70er Jahre erschienenen Buches von Deleuze und Guattari »Anti-Ödipus«, das Foucault geradezu hymnisch gefeiert hat, ist hier unverkennbar. Foucault erklärte 1974: »Ödipus ist demnach keine Wahrheit der Natur, sondern ein Zwangsmittel, das die Psychoanalytiker seit Freud einsetzen, um dem Begehren Schranken zu setzen und in eine von unserer Gesellschaft zu einer bestimmten Zeit festgelegte Familienstruktur zu integrieren. Für Deleuze und Guattari ist Ödipus also nicht der geheime Inhalt unseres Unbewußten, sondern die Form des Zwangs, den die Psychoanalyse unserem Begehren und unserem Unbewußten in der Analyse aufzuerlegen versucht. Ödipus ist ein Machtinstrument, mit dessen Hilfe Ärzte und Psychoanalytiker Macht über das Begehren und das Unbewußte auszuüben versuchen« (Foucault 1974, S. 687). Wie Deleuze und Guattari schwebte Foucault in seiner Suche nach einer ästhetisch orientierten Ethik der Existenz jenseits des Regimes der Sexualität ein frei bewegliches Begehren, ein Körper und eine Lust ohne die übliche familiäre und ödipale Zentrierung und Zurichtung vor.[8] Foucault spricht dabei vom Körper und den Lüsten, als seien sie gestaltlose Materie (Wunschmaschinen), die sich beliebig ästhetisch-souverän formen und umformen lasse. Versteckt sich in diesem theoretischen Schwenk zum Voluntarismus, den Foucault in den letzten Jahren seines Lebens vollzogen hat, nicht aber eine infantile Allmachtsvorstellung und die Verleugnung von Endlichkeit? Whitebook (1998) hat zu recht, wie ich finde, darauf verwiesen, dass bei Foucault das Aufdecken der Sinnlosigkeit und Grundlosigkeit unserer Existenz den Höhepunkt seiner Demonstration darstellt. Er konstatiert lachend zuerst den Tod des Menschen und sodann den der Sexualität, des Ödipus und der Psychoanalyse, um sich schließlich recht beliebigen Selbstpraktiken jenseits aller Unterwerfungsmechanismen hinzugeben. Und wir können hinzufügen: Foucault lobt das Unbewusste auch nur deshalb, weil es hilft, diese vielfältigen Tode zu beschleunigen. Es gilt ihm als das unüberschreitbare Außen, das sich jedem Macht- und Wissenszugriff entzieht und die »Opferung des Erkenntnissubjekts« beschleunigt. Der Psychoanalyse aber, bei aller Zustimmung zur Dekonstruktion des sich autonom dünkenden Subjekts, geht es um etwas anderes: »Für Freud dagegen stellt die Begegnung mit Vergänglichkeit und Notwendigkeit einen Ausgangspunkt dar. In der Psychoanalyse kann sie einen Prozeß der Trauer und des Durcharbeitens in Gang setzen, der die infantile Allmacht dezentrieren und unsere Energien zugunsten eines erotischeren und kreativeren Lebens freisetzen soll« (Whitebook 1998, S. 535).

Ich möchte abschließend noch eine weitere, damit zusammenhängende Kritik formulieren. Folgen wir Foucault in seiner Analyse im ersten Band von »Sexualität und Wahrheit«, so nimmt die Psychoanalyse eine durch und durch ungleichzeitige und anachronistische Position in der Geschichte des Sexualitätsdispositivs ein: Zu dem geschichtlichen Zeitpunkt, als die gesamte Entwicklung auf die Abschaffung des ödipalen Gesetzes und die Etablierung einer »Normalisierungsgesellschaft« zuläuft, erhebt Freud das Gesetz zum zentralen Bezugspunkt der Entwicklung des Triebes, der Generationenabfolge und der Struktur des Unbewussten. Foucault sieht diese Ungleichzeitigkeit und steht zugleich aufgrund eines spezifisch verengten Machtbegriffs in der Gefahr, das Gesetz und die Psychoanalyse überhaupt als reine Unterwerfungspraktik zu verdammen. Foucault entwickelt gleichsam eine anale Vorstellung von Macht, in der es nur um die (homosexuelle) Unterwerfung unter entweder das väterliche Gesetz oder die moderne normierende Macht geht. Aufgrund dieser, man möge mir die psychologisierende Wendung nachsehen, analen Fixierung kann es immer nur (in wechselnden Rollen) Unterworfene und Unterwerfende geben. Daraus ergibt sich dann der vergebliche Versuch, dieser Macht zu entkommen und ein Jenseits zu finden, sei es nun in der Erfahrung des Wahnsinns oder in anderen, scheinbar souveränen Selbstpraktiken. Es ist Foucault unmöglich zu denken, dass es bei der gelingenden Ödipalität nicht um die Einnahme einer Machtposition zum Zwecke der Unterwerfung geht, sondern gerade um Ent-Unterwerfung. Nur wenn der Vater (Entsprechendes gilt für die Mutter und die Tochter) den Platz für den Sohn freimacht und ihn nicht in der analen Unterwerfung hält, kann sich ein Generationenverhältnis bilden, das sich wiederholende und tradierende Gewalt verhindert (vgl. Hegener 2001). Hierin liegt die von Foucault verkannte (utopische) Bedeutung des Ödipalen in der Psychoanalyse, von der auch die Dimension des Unbewussten nicht getrennt werden kann.

Anmerkungen

[1] Zum Thema »Foucault und die Psychoanalyse« ist noch immer das von Marques (1990) herausgegebene gleichnamige Buch empfehlenswert (darin vor allem der Aufsatz von Lagrange 1990).
[2] Foucault folgt hier, wie auch in anderen Werken, einer französischen Tradition und unterscheidet zeitlich zwischen der *Renaissance*, dem *Klassischen Zeitalter* und der *Moderne*.
[3] Auf die beiden Texte des Jahres 1954 wird Foucault in seinen späteren Schriften nicht mehr zurückkommen.
[4] An anderer Stelle hat Foucault die von der Psychoanalyse aufgedeckte Bedeutung des Unbewussten so formuliert: »Die Stärke der Psychoanalyse besteht darin, das was sie als Logik des Unbewußten ausgemacht hat, auf alle anderen Gegenstände ausgedehnt zu haben« (Foucault 1978, S. 149).
[5] Fast 40 Jahre später, in seinem (letzten) Buch »Der Mann Moses und die monotheistische Religion« kommt Freud auf diesen Begriff zurück und erklärt: »Man möchte dem Worte ›Entstellung‹ den Doppelsinn verleihen, auf den es Anspruch hat, obwohl es heute keinen Gebrauch davon macht. Es sollte nicht nur bedeuten: in seiner Erscheinung verändern, sondern auch: an eine andere Stelle bringen, anderswohin verschieben« (1939a, S. 143).
[6] Bei Adorno können wir einen ähnlichen Gedanken lesen: »Die vorbürgerliche

Welt kannte Psychologie noch nicht, die total vergesellschaftete nicht mehr« (Adorno 1972b, S. 83).
7   Dies steht im offensichtlichen Gegensatz zu Positionen Foucaults in den 60er Jahren. Besonders aufschlussreich ist in diesem Zusammenhang eine Lektüre seiner Rezension des 1961 erschienen Buches von Laplanche: »Hölderlin und die Suche nach dem Vater« (1975), in der er sich äußerst zustimmend auf die bei Laplanche zugrunde gelegte Freudsche und insbesondere Lacansche Fassung des Ödipuskomplexes bezogen hat.
8   Foucault schreibt in einer Rezension des Buches, es bekämpfe die »armseligen Techniker des Wunsches – Psychoanalytiker und Semiologen jedes Zeichens und Symptoms –, die die Vielheit des Wunsches unter das Joch des doppelten Gesetzes der Struktur und des Mangels zwingen wollen« (Foucault 1978, S. 227).

Literatur

Adorno, Th. W. (1972): Zum Verhältnis von Soziologie und Psychologie. In: Soziologische Schriften. Band 1. Frankfurt/M. (Suhrkamp).
Binswanger, L. (1992): Traum und Existenz. Mit einem einleitendem Text von Michel Foucault. Berlin, Bern (Gachnang & Springer).
Deleuze, G. & Guattari, F. (1972): Anit-Ödipus. Kapitalismus und Schizophrenie I. Frankfurt/M. (Suhrkamp) 1977.
Derrida, J. (1967): Cogito und die Geschichte des Wahnsinns. In: Die Schrift und die Differenz. Frankfurt/M. (Suhrkamp) 1972, S. 53–101.
Dreyfus, H. L. & Rabinow, P. (1987): Michel Foucault. Jenseits von Strukturalismus und Hermeneutik. Frankfurt/M. (Athenäum).
Foucault, M. (1954): Psychologie und Geisteskrankheit. Frankfurt/M. (Suhrkamp) 1968.
Foucault, M. (1961): Wahnsinn und Gesellschaft. Eine Geschichte des Wahns im Zeitalter der Vernunft. Frankfurt/M. (Suhrkamp) 1973.
Foucault, M. (1962): Das »Nein« des Vaters. In: Dits et Ecrits. Schriften. Band I: 1954–1969. Frankfurt/M. (Suhrkamp) 2001, S. 263–281.
Foucault, M. (1963): Zum Begriff der Übertretung. In: Schriften zur Literatur. Frankfurt/M. (Fischer) 1988, S. 69–89.
Foucault, M. (1966): Die Ordnung der Dinge. Eine Archäologie der Humanwissenschaften. Frankfurt/M. (Suhrkamp) 1971.
Foucault, M. (1969): Was ist ein Autor? In: Schriften zur Literatur. Frankfurt/M. (Fischer) 1988, S. 7–31.
Foucault, M. (1971): Die Ordnung des Diskurses. Frankfurt/M., Berlin, Wien (Ullstein) 1977.
Foucault, M. (1974): Die Wahrheit und die juristischen Formen. In: Dits et Ecrits. Schriften. Band II: 1970–1975. Frankfurt/M. (Suhrkamp) 2002, S. 669–792.
Foucault, M. (1975): Überwachen und Strafen. Die Geburt des Gefängnisses. Frankfurt/M. (Suhrkamp) 1976.

Foucault, M. (1976): Sexualität und Wahrheit. Der Wille zum Wissen. Erster Band. Frankfurt/M. (Suhrkamp) 1977.

Foucault, M. (1978): Dispositive der Macht. Michel Foucault über Sexualität, Wissen und Wahrheit. Berlin (Merve).

Foucault, M. (1984a): Der Gebrauch der Lüste. Sexualität und Wahrheit. Zweiter Band. Frankfurt/M. (Suhrkamp) 1986.

Foucault, M. (1984b): Die Sorge um sich. Sexualität und Wahrheit. Dritter Band. Frankfurt/M. (Suhrkamp) 1986.

Freud, S. (1900a): Die Traumdeutung. GW II/III.

Foucault, M. (1915e): Das Unbewußte. GW X, S. 264–303.

Gödde, G. (1999): Traditionslinien des »Unbewußten«. Schopenhauer – Nietzsche – Freud. Tübingen (edition diskord).

Hegener, W. (1992): Das Mannequin. Vom sexuellen Subjekt zum geschlechtslosen Selbst. Tübingen (Konkursbuch Verlag).

Hegener, W. (1997): Zur Grammatik Psychischer Schrift. Systematische und historische Untersuchungen zum Schriftgedanken im Werk Sigmund Freuds. Tübingen (edition diskord).

Hegener, W. (2001): Wege aus der vaterlosen Psychoanalyse. Vier Abhandlungen über Freuds »Mann Moses«. Tübingen (edition diskord).

Lagrange, J. (1990): Lesarten der Psychoanalyse im Foucaultschen Text. In: M. Marques (Hg.): Foucault und die Psychoanalyse. Zur Geschichte einer Auseinandersetzung. Tübingen (edition diskord).

Laplanche, J. (1975): Hölderlin und die Suche nach dem Vater. Stuttgart (frommann-holzboog).

Marques, M. (Hg.) (1990): Foucault und die Psychoanalyse. Zur Geschichte einer Auseinandersetzung. Tübingen (edition diskord).

Weber, S. (1989): Freud-Legende. Vier Studien zum psychoanalytischen Denken. Graz, Wien (Passagen Verlag).

Whitebook, J. (1998): Freud, Foucault und der »Dialog mit der Unvernunft«. In: Psyche 52, S. 505–544.

Klaus-Jürgen Bruder
Das Unbewusste, der Diskurs der Macht

I. Unbewusstmachung, das Phantasma der Macht

In psychoanalytischer Perspektive ist das »Unbewusste« die Macht, die unser Bewusstsein, Wahrnehmen, Vorstellen, Denken, Fühlen, Handeln, Wünschen bestimmt. Der Zusammenhang dieser Macht mit der »gesellschaftlichen« Macht, ihr eigener gesellschaftlicher Charakter wird meist geleugnet (s. Bruder-Bezzel & Bruder 2001). Gleichwohl ist dieser im psychoanalytischen Diskurs nicht unauffindbar versteckt und kann ohne große Schwierigkeit wieder zum Vorschein gebracht, aus ihm expliziert werden (vgl. Brückner 1972; Lichtman 1986; Brunner 2001). So können wir z. B. Freuds Theorie der »libidinösen« Bindung an den Führer (1921) als eine der »Unbewusstmachung« der gesellschaftlichen Macht lesen. So betrachtet würde sie aufzeigen, dass die »Führer«, die Mächtigen, Macht(in)haber nicht als das wahrgenommen und behandelt werden, was sie sind, sondern so, als wären sie etwas anderes, nämlich Familienmitglieder, – gute – Väter (und Mütter) – die manchmal auch »böse« werden können. Die auch ihre »menschliche Seite« haben, ihre Schwächen, Vorlieben, ihren »Narzissmus«, die auch kämpfen müssen, die nicht immer bekommen, was sie wollen, die auch scheitern können, usw. kurz: »Menschen wie Du und Ich«.

Mario Erdheim (1982) bezeichnet diese Übertragung als »Unbewusstmachung« der (Bedingungen von) Herrschaft: die Beherrschten sehen die Macht (und Machthaber) im Phantasma des (guten) Vaters (oder Mutter), in den Gestalten der familiären Vorstellungswelt. Auf diese Weise machen sie sich ihre Situation erträglich: durch Abwehr der »Realität«, mit Hilfe des »Phantasmas«. Das familiale Vorstellungs-Modell der Macht ist für die Beherrschten ein Modell des Sich-Abfindens mit der Realität der (Über) Macht, mit ihrer Realität der Ohnmacht.

Es handelt sich deshalb um ein »Phantasma«, weil gesellschaftliche Macht und Herrschaft nicht im familialen Modell abzubilden ist. Sie ist vielmehr nur als eine Struktur, ein Verhältnis angemessen zu beschreiben, als »ein Ensemble von Mechanismen und Prozeduren, deren Rolle oder Funktion und Thema darin besteht, die Macht zu gewährleisten, selbst wenn sie dies nicht erreichen«. (Foucault 1977–1978, S. 14). Die familiale

Vorstellungswelt stellt keine realistische (nicht-phantasmatische) Darstellung der Realität der Strukturen und Mechanismen der Machtausübung zur Verfügung: die Gesellschaft ist keine Familie, der Staat ist keine Hausgemeinschaft. Aber die familiale Welt ist die bekannte, die Welt der Erfahrung, des Erlebens, die Welt, in der man sich zu Hause fühlt, die »erste« Welt der frühesten Erfahrung, in die man immer wieder zurück flieht, angesichts der unerträglichen, unüberschaubaren, fremden Welt des Erwachsenen. Der Traum von der frühen Kindheit, der »verlorenen Zeit«, nach der man immer wieder auf der Suche ist, in deren Bann man immer noch steht.

Unbewusstmachung von Herrschaft wäre: die fremde Welt eingemeinden, die Fremdheit der Realität der Macht ausblenden, verleugnen, dem Blick, dem Bewusstsein entziehen. Aber das ist es nicht ganz, was Erdheim mit Unbewusstmachung meint. Nicht: die Realität der Macht durch den Schleier des Vaters verdecken – so phantastisch war der Vater der Kindheit nie, im Gegenteil, gerade weil der Vater der Kindheit enttäuscht hat, schwach war, suchte man nach dem starken Vater jenseits der erfahrenen Realität, im Phantasma. Nicht, weil die Familie ein Paradies gewesen wäre, sondern weil es dort nicht so zugeht, wie man es sich wünscht, gewünscht hatte, träumt man von der Rettung durch den »großen« Vater, weil der Alltag unerträglich, frustrierend bis demütigend gewesen war – und ist. Diese Suche richtet sich auf den als Vater imaginierten Herrscher, das Bild des guten Vaters wird auf die Figur des Herrschers projiziert.

Unbewusstmachung: dem Blick entzogen wird die Realität des erfahrenen Lebens, der Enttäuschung und an seine Stelle tritt das Phantasma, die Hoffnung auf den »Vater« jenseits des Erlebten, den Mächtigen. Warum aber wird diese Hoffnung auf die Herrschenden projiziert? Warum nicht auf einen guten Freund, Partner, Kollegen? Warum werden diejenigen in das Phantasma eingesetzt, die für diesen Alltag verantwortlich sind? Aber sehen wir sie denn als verantwortlich? Wir erleben es ja anders. Wir erleben nicht die Herrschenden als die Verantwortlichen, sondern unsere Mitmenschen, die Familie, die Arbeitskollegen, die Vorgesetzten, Lehrer, Freunde. In ihnen sehen wir den Grund, die Ursache oder den Anlass für unser »gemeines Elend«. »Die Hölle: das sind die Anderen« (Sartre).

Das Paradox der doppelten Unbewusstmachung: sie besteht nicht nur in einer Unbewusstmachung der Herrschaft (durch deren »Familiarisierung«), sondern zugleich in einer Unbewusstmachung der realen Familie. Flucht aus der Gegenwart, nicht in die Vergangenheit, sondern in das

Phantasma, in den »Tagtraum« (vgl. Sartres Analyse der Tagträume der Fließbandarbeiterin). Man träumt sich nicht nur weg aus der Gegenwart in die Kindheit, sondern man träumt sich auch hinaus aus dem engen Kreis des Lebens in die Phantasiewelt, Märchenwelt, in eine »heile« Welt, die es auch in der Kindheit nicht gegeben hat und gerade deshalb erträumt man sich Rettung, Erlösung von den Figuren der Phantasiewelt.

Etwas scheint in dieser Erklärung zu fehlen. Ein Graben wird einfach übersprungen – »in der Regression« sagt Erdheim, damit den Graben eher vernebelnd, indem ein besonderer Bewusstseinszustand, ein Zustand eingeschränkten Bewusstsein dafür herangezogen wird. Und doch erfasst Erdheim (die Psychoanalyse) etwas ganz gut, nämlich den Graben, der uns von der Macht trennt.

II. Das Medium zwischen Macht und Subjekt

Die Sphäre der Macht ist immer schon »jenseits« unserer Erfahrung, unzugänglich, unserem Blick entzogen, den sie zugleich immer wieder in ihren Bann zieht, durch ihre Inszenierungen, Paläste, Rituale, hinter denen sie sich zugleich versteckt. Wir können nicht anders, als sie mit den Figuren unserer Phantasie zu bevölkern, mit dem Phantasma, dem diese Inszenierung die Vorlage gibt.

Nachdem die Tuillerien gestürmt worden waren, hat man nichts von dem gefunden, was man gesucht hatte. Das Schloss war leer (Kafka). Man hat entdeckt, dass die Macht nicht die Machthaber sind – nicht weil der Fürst, König geflohen war, sondern weil die Macht aus dem Schloss vertrieben worden war, in dem Moment, wo es gestürmt wurde. Sie war auf die Seite der Insurgenten übergegangen – für einen Augenblick. Die Macht, das ist ein Verhältnis, das sich in den Machthabern (nur) personifizierte, ein Verhältnis gerade zwischen diesen und den Beherrschten. Das »Geheimnis«, in das sich die Machthaber gehüllt hatten, war das Geheimnis ihrer »Nacktheit«. Das Faszinierende und Blendende war ihre Verhüllung, der Prunk, die Inszenierung.

Aber nicht nur, gar nicht wesentlich: Das Geheimnis ist das der Macht selbst: sie wird von Menschen ausgeführt und doch kann man sie nicht (nicht ausschließlich) konkreten einzelnen Menschen zuschreiben, wie einen Besitz, eine Eigenschaft – nicht einmal einer »Klasse«. Die einzelnen können ihrer Macht verlustig gehen, aus der Macht herausfallen, andere können zu Macht kommen, die Grenzen zwischen den Klassen sind fließende, was die Auf- und Abstiegsmöglichkeiten betrifft. Die Nähe / Ferne zur Macht ist nicht für jede einzelne Klasse starr. Und selbst bei den Mächtigsten kann man immer wieder beobachten, dass nicht sie es sind, die die Macht haben, die sie über uns ausüben. Man kann, wie Foucault feststellt, die Macht nur an ihrer Wirkung erfassen. Und diese Wirkungen sind solche, dass sie auch die Machthaber wiederum bestimmen, dass sie nicht (nicht vollkommen) vorhersehbar, geplant sind.

Die Macht: ein vorzüglicher Kandidat, der ideale Kandidat für das »Unbewusste«, nachdem Gott, die Götter und Könige abgedankt haben. Marx: das Geheimnis der Verhältnisse: dass sie von niemandem anders als »von Menschen gemacht«, sich gegen sie wenden (können), das »Mysterium«, dass sie die Menschen bestimmen, »hinter ihrem Rücken«: das »Unbewusste«.

Das Freudsche Unbewusste steht durchaus in dieser Tradition der Erklärungsversuche dessen, was das Verhalten der Menschen, ihr Denken, Fühlen bestimmt und gleichwohl ihrem Bewusstsein entzogen ist, obgleich vom Menschen »gemacht«, aber »ohne ihren Willen und Bewusstsein« (»Zweite Natur«). Das Freudsche Unbewusste hat aber nicht nur Gott und Kaiser ersetzt, sondern das Geheimnis der Macht »in« uns selbst gesucht: das Unbewusste als psychische Struktur. Mit der Folge, dass die gesellschaftlichen Verhältnisse dem Blick entzogen werden, bzw. genauer: durch die Brille der Psychoanalyse zur Projektion dieser psychischen Struktur (des Subjekts) erklärt werden, in der Gestalt des Vaters phantasmagorisiert.

Tatsächlich erleben, erfahren wir die Macht in der frühesten Kindheit, das Einbrechen der Macht in die »idyllischen Verhältnisse« als Macht des Erwachsenen. Freud und viele nach ihm mögen sie als die Macht des Vaters erlebt haben. Und sie mögen oft erlebt haben, dass sich die Macht der Mutter hinter dem Rücken des Vaters versteckt hatte. Aber das reicht nicht aus, dass wir – noch heute – diese Erfahrung in der Person des Vaters personifizieren. Der »Vater« ist zugleich die Metapher für die Macht, die von außen einbricht. Die frühe Erfahrung ist (wird) bereits metaphorisiert. Wir übertragen die früheren (metaphorisierten) Erfahrungen auf spätere Situationen, mit anderen Subjekten, Individuen. Daher die Versuchung der Psychoanalyse, die »Übertragung« nur von dieser Seite her zu betrachten: wir seien es, die übertragen – nicht umgekehrt.

Laplanche (1991) hält dagegen, dass das Unbewusste, bevor es beim Kind da ist, dies bei den Eltern, den Anderen ist. Die Eltern bereits »übertragen« ihre (früheren) Erfahrungen mit der Macht auf das Kind, »unbewusst« und ohne zu wissen, was sie tun, dass sie den Wirkungen der Macht unterliegend handeln. Und zwar nicht (nicht nur) der Macht der eigenen Eltern, sondern gerade derjenigen der Verhältnisse, ihrer Arbeits- und Lebensbedingungen. Das Geheimnis der Macht personifiziert sich immer nur in den anderen, wir erfahren, erleben die Macht immer als die anderer Personen, die Macht, die unser Handeln bestimmt. Unser Bewusstsein begleitet dieses unser Handeln, »deutet« es, interpretiert, rechtfertigt es – vor den – anwesenden oder imaginierten – anderen, im Medium des Diskurses mit den anderen.

Diesem Diskurs haben wir die Argumente der Rechtfertigung entnommen, den »Botschaften« der anderen, auf die wir antworten, die wir »übersetzt« haben, übersetzen mussten, denn es waren »rätselhafte Botschaften« (Laplanche) – das Rätsel des Unbewussten, bereits in der Botschaft selbst, das Geheimnis der Macht, das durch die Übersetzung »gedeutet« wird. Laplanche dreht nicht einfach die psychoanalytische Blickrichtung um. Vielmehr versucht er, den »Graben« zwischen der Erfahrungswelt des Subjekts und dem strukturellen Verhältnis der Macht zu überspannen: durch die Einführung einer »3. Dimension« (Realität), derjenigen des *Diskurses*. Das machte erst die Psychoanalyse aus (im Unterschied zur Analyse der Verhältnisse, Soziologie usw.).

Der Diskurs der Macht ist das Medium der Vermittlung zwischen Subjekt und Macht. Es ist kein stringenter Diskurs. Und er wird nicht von einem einzigen Subjekt geführt, sondern von einer Position: der Position der Macht. Und zugleich: von den vielen weitergeführt, die als Subjekte angesprochen sind, von denen er aufgenommen wird, wiederholt, »übersetzt«, als eigener ausgegeben. D. h. er ist überall, weil von vielen gesprochen, in den Medien im Wesentlichen, von den Politikern und Mächtigen, aber in den Wohnzimmern von uns selbst weitergeführt, auf der Arbeit, in der Freizeit, ebenso wie in Schule und Kultur. Er ist wie eine Einfärbung unseres Sprechens, ein Schleier, der sich über unsere Aussagen legt. Er besetzt unser Sprechen, Denken, er kolonisiert es. Aber weil wir ihn selber sprechen, erleben wir dies nicht als Besetzung. Er unterdrückt nicht, er »stachelt an«, »gibt ein«, »lenkt ab«, verführt zur Zustimmung. Und zwar immer so, dass er das Individuum als »Subjekt« anspricht (Foucault 1982, S. 255).

Die Macht erscheint in der rätselhaften Botschaft, sie tritt uns mit ihren Botschaften entgegen. Diese bestehen aus der dem Subjekt angebotenen und seinem Bewusstsein zugänglichen »Bedeutung« einerseits und jener (unbewusste) Wirkung erzeugenden »Bedeutung«, dem rätselhaften »Sinn«. Das Subjekt greift in den Diskurs ein, indem es die seinem Bewusstsein zugängliche Botschaft »übersetzt«, die angebotene Bedeutung aufgreift und zugleich der (dem Bewusstsein entzogenen) Wirkung der Botschaft folgt. Bei dieser Übersetzung fällt also der – unbewusste – Teil der Botschaft heraus, gerade derjenige, der unser Verhalten lenkt, bestimmt, und damit dem Bewusstsein entzogen bleibt: das Geheimnis der Macht.

Das Geheimnis der Macht: ihre Wirkung, die ohne unseren Willen und ohne dass unser Bewusstsein davon etwas registriert, hinter unserem Rücken zustande kommt. Wir versuchen, diesem Geheimnis eine Erklärung zu geben. Eine Erklärung des – aus der Perspektive des Subjekts – Unerklärlichen, weil Unzugänglichen, nur in ihren Wirkungen Erfahrbaren, Faszinierenden und zugleich Blendenden, des in die Erfahrungswelt des Subjekts Einbrechenden, Gewaltsamen oder Überwältigenden. Gleichzeitig ist unsere Antwort an die Erfahrungswelt des Subjekts gebunden, deren erste Gestalt die (der symbiotischen, »imaginären«) Dyade von Mutter und Kind gewesen war, in die die Macht einbricht, als einbrechende erfahren worden war, aus dem »Jenseits« der Dyade, dem »Symbolischen«, in den Gestalten des Vaters personifiziert. Deshalb besteht unsere »Erklärung« des Geheimnisses der Macht in einem Rückgriff auf das »Phantasma«, ebenso wie bereits unsere Frage nach dem, was »hinter« dem Geheimnis steckt, »hinter« der Wirkung der Macht eine gewesen war, die an die Perspektive der Erfahrungswelt des Subjekts gebunden war.

Zugleich aber ist die Erklärung nicht unabhängig vom außerhalb laufenden Diskurs, sie greift zugleich auf dessen Argumente, Metaphern zurück, sie bewegt sich im Medium des Diskurses. Der Diskurs der Macht aber bietet uns wiederum nichts anderes an als die Phantasmen der Macht: Das Phantasma des »Landes-Vaters« (der »Landes-Mutter«) gehört zu seinem Standardvokabular, auch wenn dieses auch noch andere Bilder umfasst (dazu später). Die Herrschenden stellen sich selbst gern als der gute Vater dar, das war zu Freuds Zeiten so (Kaiser Franz Josef) und ist heute so anders nicht, wenn sie die Schulkinder tätscheln, bei Katastrophen im Friesennerz auftreten usw. Sie selbst bringen die »Phantasmen« der Herrschaft – des guten Vaters – in Umlauf. »Alles was im privaten Leben richtig ist, ist in der Politik richtig, und alles was im privaten Lebens nichts taugt, taugt auch in der Politik nicht« (Exkanzler Kohl in der ARD-Dokumentation »Im Rausch der Macht – die süße Droge Politik« vom 16.2.05). »Das Politische ist persönlich«: das führen uns die Medien tagtäglich vor, es ist die wichtigste Botschaft der Inszenierungen der Beckmanns, Kerners, Maischbergers. Durch die »Phantasmen« des »Persönlichen« verstecken sie die nicht-phantastische Realität der Macht – was sie, die Machthaber, nicht davon abhält, sich dann wiederum hinter den Verhältnissen, ihren »Zwängen« zu verstecken, angesichts derer sie »machtlos« seien. »Unbewusstmachung« wäre also nicht nur auf Seiten der Beherrschten anzusiedeln, sondern ebenso (oder zuerst) auf Seiten der Herrschenden.

Sicher: wir müssen die angebotenen Phantasmen benützen, hervorbringen – als unsere. Aber sie sind vor uns da. Unser Teil ist die Übersetzung der Botschaft, die Übernahme der Parole (der Macht) und damit: die Übernahme des »Unbewussten« (der Macht), dessen, was die Macht »unbewusst« gemacht hat, versteckt hat in der Parole. Wir werden verwiesen auf die andere Seite der Relation, die Botschaft (Laplanche). Wir müssen also die Prozesse der Unbewusstmachung nicht nur auf der Seite der Beherrschten untersuchen, sondern auch – zuerst – auf der Seite der Macht. Sie, die Mächtigen sind es, die die familiale Vorstellungswelt am Leben halten, das Phantasma. Sie halten unsere Vorstellung in den Fesseln der imaginären Welt der Dyade gefangen. »Unbewusst gemacht« wird das »Jenseits« der Dyade, der – gesellschaftlichen – Struktur der Macht. Sie geschieht durch deren Reduzierung auf die Erfahrungswelt der Dyade. Das »Geheimnis« der Macht wird so durch das Phantasma »erklärt«, »gedeutet«.

III. Die dyadische Struktur des Phantasmas der Macht

Das familiale Modell der Macht ist aber nur eines der möglichen Phantasmen der Macht. Auch die Vorstellung der Macht in der Figur eines Königs, eines Herrn, der über seine »Untertanen« seine Herrschaft ausübte, des »Souveräns«, die die Vorstellungen der Macht vom Mittelalter bis zum 16. Jh. bestimmt haben, ist nicht weniger phantastisch. Sie entspricht nicht (nicht mehr) der Wirklichkeit der – modernen – Macht.

Wie Foucault gezeigt hat, versuchen die Mechanismen der modernen Macht nicht (in erster Linie), wechselseitig ein »Gehorsamsverhältnis« zwischen einem höheren »Willen« (des Souveräns) und den Einzelwillen, die ihm »unterworfen« sind, in Gang zu setzen (Foucault 1977–1978, S. 101). »Die Relevanzebene für das Handeln einer Regierung ist nicht die tatsächliche Totalität der Untertanen, sondern das, was man die ›Bevölkerung‹ nennt mit ihren eigenen Phänomenen und Vorgängen« (ebd., S. 102). »Und die Regierung der Bevölkerungen ist etwas völlig Verschiedenes von der Ausübung der Souveränität« (S. 103). Die Mechanismen dieser Macht streben nicht nach einer Aufhebung der Phänomene in der Form des »Verbots«, sondern »nach einer fortschreitenden Aufhebung der Phänomene durch die Phänomene selbst. Es geht eher darum, sie in akzeptablen Schranken zu halten, als ihnen ein ›Gesetz‹ aufzuerlegen« (S. 102). Das ist nicht die Idee einer Macht, welche die Form einer erschöpfenden Überwachung der Individuen annähme [Panoptikum] (S. 103). Im Gegenteil handelt es sich darum, »jene Ebene erscheinen zu lassen, auf der das Handeln der Regierenden notwendig und hinreichend ist, um auf dieser die Elemente der Realität wechselseitig in Gang zu setzen« (S. 102). Heute geht es nicht mehr um Machiavellis Problem der »Sicherung des Souveräns, der über das Territorium herrscht« (S. 100). Es geht um ein ganz anderes Problem: »die Zirkulation gewähren lassen«, kontrollieren, nicht mehr das der Sicherung des Fürsten und seines Territoriums, sondern der »Sicherheit der Bevölkerung« und infolgedessen derer, die es regieren (S. 101). Es handelt sich um »zwei Machtökonomien, die völlig verschieden« sind (S. 103).

Trotzdem werden uns die Politiker, die Präsidenten und Minister als die (neuen) Herrscher vorgeführt, in das Kostüm des Souveräns gesteckt: Es ist Bush, der Krieg führt, es ist Schröder, der ihm die Gefolgschaft – vorsichtig, halbherzig – verweigert. In ihnen wird nach wie vor die Macht personifiziert.

Wir mögen nicht mehr daran glauben, wir haben das Gefühl, dass etwas nicht stimmt an dieser Inszenierung, aber gleichwohl werden wir damit unterhalten: die Fragen nach der »Psychologie« der Mächtigen haben nach wie vor Konjunktur, die »Tränen der Heide Simonis« (taz 18.3.05, S. 3), das »blöde Grinsen« des George W. Bush (Frank 2004). Die Medien personifizieren die Macht, »psychologisieren« die Verhältnisse, die Maske mit dem Charakter verwechselnd, setzen sie die vermeintlichen »Gesetze« des Psychischen an die Stelle der gesellschaftlichen Gesetze, der Gesetze des Marktes, des Geldes, des Kapitals, verstecken die Macht hinter dem phantasmatischen Bild, das sie uns stattdessen bieten.

Personifizierung der Macht ist eine Form, gesellschaftliche Macht nach dem Modell der Dyade als personale darzustellen. Die Medien bieten uns diese Bilder (Personifizierung), weil sie an unsere alltägliche Erfahrungswelt anschließen sollen. Wieder haben wir den Versuch, die gesellschaftliche Macht (Struktur) auf die Ebene der Erfahrung zu holen, das Phantasma an ihre Stelle zu setzen, um den Preis ihrer »Unbewusstmachung«.

Für Freud war die Gleichsetzung von Kaiser und Vater nur »in der Regression« denkbar, wie Erdheim ihm zugute hält. Aber die Personifizierung der Macht hat er auch außerhalb der Regression, in seinen theoretischen Schriften aufrechterhalten. Was die Gleichsetzung ermöglicht, ist das dyadische (Vorstellungs-)Modell. Es erlaubt den Kurzschluss vom Vater auf den Kaiser und umgekehrt, denn es ist das Modell der (primären) Erfahrung. Macht es einen Unterschied, ob die Macht in der Gestalt des Vaters oder der des Königs dargestellt wird?

Das »feudale« Modell der Macht als »persönlicher« »Beziehung« des Souveräns über seine Untertanen, von »Grundherr« und »Hörigen«, war bereits im Feudalismus ein »Phantasma« gewesen. Denn der »Herr« war (ebenso wie der »Hörige«) bereits dort eine Position innerhalb eines gesellschaftlichen Verhältnisses, seine Macht war eine geliehene, ein »Lehen«. Das Phantasma »abstrahierte« von diesem feudalen »Verhältnis« und brachte es auf die Ebene der persönlichen »Bande« zwischen Vater und Kind, Hausherr und Familie. Selbst der Hausherr des Feudalismus bezog seine Macht nicht aus sich selbst, innerhalb der Beziehung zum Kind, sondern aus seiner gesellschaftlichen Stellung innerhalb der größeren Gemeinschaft, die ihm diese Macht (wieder) entziehen konnte, die seine Macht relativierte, beschränkte, seiner Macht Grenzen setzte, auch innerhalb des eigenen Hauses, auch gegenüber dem Kind.

Das Phantasma »erklärt« gesellschaftliche Realität, abstrakte Verhältnisse durch den Rekurs auf die Vorstellungswelt der »Erfahrung«, bindet jene an diese und eskamotiert damit zugleich dasjenige, was die Welt der Erfahrung übersteigt, was mit den Vorstellungen dieser nicht erfassbar, begreifbar ist. Diese dyadische Struktur – des Phantasmas – finden wir auch (noch) in der Theorie Max Webers, dessen klassische Definition der Macht dem personalen Modell folgt: Macht als »Chance«, »innerhalb einer sozialen Beziehung« den »eigenen Willen« »(auch) gegen Widerstreben des anderen durchzusetzen« (1922, S. 28). Es stehen sich zwei Protagonisten gegenüber mit einer Chance, ihren »Willen« gegenüber dem anderen durchzusetzen und einem (möglichen) »Widerstreben« gegen den Willen des ersten: das (Vorstellungs-)Modell der Dyade. Max Weber verallgemeinert die dyadische Struktur zur Struktur der unterschiedlichen historischen Macht-Formen. Diese »Abstraktheit« der Macht wird konkretisiert durch

Figuren aus der Erfahrungswelt der Dyade, die phantasmatisch die Abstraktheit der Struktur »personifizieren« oder der Vorstellungswelt des Phantasmas (des Herrscher-Vaters), die dyadisch strukturiert ist.

Diese dyadische Vorstellung der Macht(-Struktur) als »persönliche« »Beziehung« überhaupt (nicht nur in der Form des familialen Modells) kann die Struktur der gesellschaftlichen Macht nicht erfassen, ist dieser nicht angemessen – dem »unpersönlichen« (»sachlichen«: Marx) Charakter der gesellschaftlichen Verhältnisse, es blendet diese vielmehr aus. Darin liegt seine »unbewusst machende« Funktion, im »Phantasma« – nicht nur des guten Herrschers, sondern – des »anderen«, der Ebene von »Ich und Du«. Die Macht ist nur zu erfassen, wenn man sie als eine Struktur in den Blick nimmt, als ein »Verhältnis«, als »ein Ensemble von Mechanismen und Prozeduren« (Foucault), nicht als »Beziehung«, nicht als Verallgemeinerung der dyadischen Struktur der Beziehung, der Struktur unserer Erfahrung.

Foucault hat die Struktur der Macht aus dem theoretischen Diskurs der sich entwickelnden »Gouvernementalität« rekonstruiert, der »politischen Ökonomie« (aus der auch Marx seine Rekonstruktionen gewonnen hatte). Er hat nicht die Konkretion (der persönlichen Beziehung) verallgemeinert. Der Diskurs (der Merkantilisten, dann der Physiokraten, schließlich der politischen Ökonomie) ist nicht das tatsächliche Handeln der Herrschenden, sondern der Versuch (von Mitgliedern der herrschenden Klasse), sich die Wirkungen der Macht zu erklären (um eingreifen zu können), um ihre Macht zu erhalten, zu vergrößern, also von diesem Interesse an der Erhaltung der Macht bestimmt. Insofern ist der Diskurs vergleichbar dem Phantasma, als Versuch zu erklären: die Wirkungen der Macht, das Geheimnis der Macht, mit dem Unterschied: dass dieser Erklärungsversuch geleitet ist von dem Interesse an der Aufrechterhaltung (Vergrößerung) der eigenen Macht.

Deshalb geht dieser Diskurs von den Wirkungen der Macht aus, (ist »positivistisch«), fragt nach den Techniken der Effektivierung dieser Wirkungen, nach den Möglichkeiten der Intervention in den Wirkungszusammenhang. Positivistisch ist er auch in der Erfindung der Interventionen: sie werden an ihren (möglichen) Wirkungen beurteilt. Positivistisch darin, dass er nicht nach dem Subjekt (hinter) der Macht fragt, die Machtwirkungen nicht als Ausdruck eines »Willens« des (eines) Subjekts (eines Mächtigen) interpretiert, ihrer psychischen Struktur, die Machtstruktur nicht nach dem Modell der persönlichen Beziehung, (Dyade), sondern abstrakter

Verhältnisse, deren »Gesetze« als unpersönliche Mechanismen verstanden werden (darin stecken allerdings die Ideen, Ideologien der Zeit).

Die Beziehung zwischen dem Diskurs und dem Handeln ist nicht streng. Wir können deshalb von der Möglichkeit ausgehen, dass der neue Diskurs zumindest zu Teilen auch eine Beschreibung bereits beobachtbaren Handelns war, ebenso wie es alte Formen der Machtökonomie weiterhin gegeben haben wird. Zugleich hat der Diskurs eine eigene Macht-Wirkung (die die Wirkung der Machtökonomie selbst allerdings nicht außer Kraft setzt), insofern er der Phantasie Wirklichkeit verschafft, indem er behauptet, es sei so, was erst realisiert werden soll. Er »sagt, was nicht ist, weil er will, dass die Dinge verschieden von dem sind, was sie sind, d. h. er will die Welt verändern«. In diesem Sinn vergleicht Hannah Ahrendt (1971) den Politiker mit dem Lügner als »Mann der Tat«. Der Lügner sei der Politiker par excellence, denn er »verändert, mit der bewussten Verdrehung der Tatsachen die Welt« (zit. n. Derrida 1996).

Lacan ordnet den Diskurs dem »symbolischen Register« zu, »jenseits« des »Imaginären«, der Erfahrungswelt des Subjekts, der Dyade, dem Ort (der Entstehung) unserer Phantasmen. Die symbolische Ordnung ist nur »phantasmatisch« in die Erfahrung, auf die Ebene der Erfahrung zu holen, denn sie ist »absolut irreduzibel auf das, was man die menschliche Erfahrung nennt« (Lacan 1954–55, S. 405). Sie wirkt allerdings, man kann sie an ihren Wirkungen erkennen (Foucault 1982). Und der Diskurs kann als der Versuch verstanden werden, sich die Wirkungen zu erklären. Er ist selbst Teil der »symbolischen Ordnung«.

Das Phantasma ist ebenfalls ein Versuch, die Wirkungen (der Macht) zu erklären. Aber aus einer anderen Perspektive, mit anderem Ziel: nicht aus der Perspektive der Machthaber, nicht mit dem Ziel, die Macht zu erhalten und zu vergrößern, sondern aus der Perspektive des Leidens an der Macht, die einbricht in die Erfahrungswelt des Subjekts, die deshalb mit den Mitteln, Vorstellungen dieser Welt zu »erklären«, versucht wird, gedeutet im Sinn der Erfahrung: eine »magische«, beschwörende, phantasmatische »Erklärung«. Sie bevölkert die Mechanismen der Macht mit den – phantastischen – Figuren des »Imaginären« der Dyade. Das Phantasma ist das Bild, das man an die Stelle der »Realität« der Mechanismen und Strukturen der Macht setzt, das diese versteckt. Seine Wirkung liegt im Verbergen (der Realität), im Verleugnen.

IV. Verstecken durch Zeigen

Der Diskurs der Macht bietet uns diese Phantasmen an, vermittelt durch die Medien. Die Medien erklären uns damit gerade nicht die Techniken und Mechanismen der Macht, klären uns nicht auf über ihre Wirkung, ihre Funktion: die Macht zu gewährleisten, sondern setzen sie ins Werk, »agieren« sie, stellen sie her. Die »Unmittelbarkeit der Bilder«, die »direkt unter die (Netz-)Haut gehen« (Meyer 2001, S. 107), lässt die Differenz zwischen Zeigen und Gezeigtem verschwinden (Baudrillard 1976), damit den »Graben« zwischen uns und der Macht. In seiner Wirkung liegt die Funktion des Diskurses der Macht, den die Medien uns vermitteln: die Verhältnisse von Herrschaft, die Funktion der Techniken und Mechanismen der Macht, die Macht selbst »unbewusst« zu machen, die Macht, die er versteckt, indem er etwas anderes zeigt (z.B das Phantasma der Macht, oder auch ein vielleicht durchaus »realistisches« Bild, aber ein Bild, das nichts erklärt, in die Irre führt). Bourdieu (1996) nennt das »Verstecken durch Zeigen«.

Der Diskurs der Macht erzählt nicht, was er herstellen will, sondern versteckt dies. Seine Herstellung von Realität liegt in der Herstellung von Zustimmung – durch die, denen er die Bilder bietet, denen sie Zustimmung nicht versagen können. Dies ist das Ziel: Herstellung der Zustimmung zum Diskurs der Macht. »Manufactoring consent« (Chomsky 2002) ist immer auch dessen Reproduktion, damit zugleich die ständige Reproduktion dessen, was man die »Bevölkerung« als »imagined community« (Anderson 1991) nennt. Die Medien stellen diese her, als die Gemeinschaft der von den berichteten Ereignissen zugleich Betroffenen.

Der Diskurs der Macht arbeitet mit den Bildern, Vorstellungen, Phantasmen, die der konkreten Erfahrungswelt des Individuums zugänglich sind, anschlussfähig dem Imaginären. In ihrer Untersuchung der »Inszenierungsweisen politischer Ereignisse« in den Medien unterscheiden Meyer & Kampmann (1998) neun »Grundmodelle«, die »meist dem Fundus des Bühnentheaters entnommen« seien: u. a. Inszenierung politischer Konflikte als mythischer Heldenkonflikt; Inszenierung von Personen als Verkörperungen von Eigenschaften, Kräften, Tendenzen, Tugenden, Programmen oder Mächten; oder als Verkörperungen archetypischer Figuren (der Vater, die Mutter, der Freund, der Feind, der Gute, der Böse, der Verräter, der Unschuldige, der Weise, der Streber, der Intrigant, der Mächtige oder der Ohnmächtige usw.). Indem der Diskurs der Macht die Bilder des Imaginären zeigt, versteckt er die Wirklichkeit der Macht. Dadurch »wirkt« er, bestimmt unser Denken, Wahrnehmen, Verhalten, Fühlen. Denn wir haben nichts anderes. Wir haben von der Macht nur, was sie uns zeigt, sagt. Wir kommen mit der Macht nur über ihre Wirkungen in Kontakt. Ihre Wirkungen »erklären« wir uns mit Vorstellungen, Begründungen, die wir unserer Erfahrungswelt entnehmen und die uns der Diskurs anbietet, mit denen er sich an unsere Erfahrungswelt anlehnt. Je mehr die Medien in die Sphäre des Privaten eindringen, sich in unserem Wohnzimmer einrichten, umso unmittelbarer, unvermittelter entfalten sie ihre Wirkung. Die Übermittler der Bilder und Diskurse, die sich bei uns mit an den Tisch gesetzt haben, werden zum Familienmitglied, zum »Quasi-Freund« (Bühl 2000, S. 219).

Der Diskurs der Macht bestimmt uns, indem wir in ihn eintreten, seine Bilder, Argumente, Erklärungen übernehmen, »übersetzen«. Allein, weil der Mensch das sprechende Wesen ist, weil sich das Subjekt erst konstituiert mit seinem Eintritt in den Diskurs (des Anderen) – es ist die Wirkung seines Sprechens – deshalb kann die Macht sich dieses »Mediums« »bedienen«, indem sie dem Subjekt die notwendigen Begründungen für sein Tun anbietet, die es überzeugen, die es zur Zustimmung zu bringen vermögen.

Die Abwehr von »Ungerechtigkeit« ist ein gegenwärtig breiter untersuchtes Beispiel (Montada 1995). Die Vorstellung, es gehe trotz allem gerecht zu, scheint den Untersuchten so stark, dass die Verletzung dieser Vorstellung abgewehrt werden muss, und sei es durch die Übernahme der »Schuld« durch das Opfer selbst. Dies ist allerdings nicht erstaunlich, wenn wir berücksichtigen, dass beide Überzeugungen – »Wir leben in einer gerechten Welt, in einer Demokratie« ebenso wie »Du bist selber schuld an Deiner Lage« – Vorstellungen sind, die der Diskurs der Macht vermittelt. Das Individuum bleibt im Diskurs der Macht gefangen, dessen Parolen nicht in Frage gestellt werden, sogar dann nicht, wenn sie der »Erfahrung« widersprechen. Vielmehr wird die Erfahrung sofort gedeutet, vor der Folie des »Es geht gerecht zu« und der Widerspruch zur Realität der Ungerechtigkeit kann ertragen werden, indem man ein »Gegenargument« wählt, das ebenfalls dem Diskurs der Macht entnommen wird.

Die Entstehung des Subjekts ist (für Lacan) gebunden an das Einbrechen des Diskurses, des Symbolischen in das Imaginäre, das die narzisstische Verstrickung des Ich in die Phantasmen der Dyade aufbricht. Wenn aber der Diskurs (als der Diskurs der Macht) selber die Phantasmen bereitstellt, mit denen wir im Imaginären eingeschlossen bleiben? Wir »müssen«

sie nicht übernehmen. Wir übernehmen sie nicht einfach. Wir übersetzen sie. Aber diese Übersetzung selbst bleibt im Register des Imaginären unserer Erfahrungswelt. Und das, was unser Denken, Verhalten usw. bestimmt, fällt aus dieser Übersetzung heraus, ist unserem Bewusstsein entzogen: das Unbewusste.

Wir können es uns bewusst machen. Aber dafür müssten wir »wissen«. Und das wird uns durch die Macht ja gerade vorenthalten: die »arcana imperii«, die »Geheimnisse der Macht« (Foucault 1977–1978, S. 397). Sie sind eine Bedingung (der Wirkung) der Macht: sie können nicht preisgegeben werden, wie die aktuelle Diskussion über das sog. »Informationsfreiheitsgesetz« bestätigt. Der zu Beginn 2005 im Bundestag behandelte Gesetzentwurf regelt in seinem größten Paragrafen die »Ausnahmen« vom »Anspruch der Bürger auf Auskunft und Akteneinsicht« bei den Bundesbehören: Keine Information soll es weiterhin geben, wenn dies »nachteilige Auswirkungen« auf internationale Beziehungen, Belange der Bundeswehr oder die innere wie äußere Sicherheit haben »könnte«. Was gehört nicht dazu? »Betriebs- und Geschäftsgeheimnisse« – auch zu diesen dürfe Zugang nur gewährt werden, »soweit der Betroffene eingewilligt hat«. Und schließlich: andere Gesetze gehen vor, »wenn sie schlechtere Zugangsregeln enthalten« (Steffen Grimberg, taz vom 17.12.04, S. 6).

Was wir wissen können: dass es etwas gibt, was wir nicht wissen, was unserem Wissen vorenthalten ist. Deshalb die Notwendigkeit der Aufklärung, Gegen-Aufklärung, des Gegen-Diskurses, der Gegen-Öffentlichkeit. Diese aber hat ihre Grenzen, stößt an Grenzen, die wiederum die Grenzen der Macht sind, des Monopols auf Verbreitung der Phantasmen der Macht.

Gleichzeitig ist der Diskurs selbst in ständiger Veränderung – die auch durch den Gegen-Diskurs provoziert wird – aber auch durch die Veränderungen, die der Kapitalismus ständig produziert, die zu seiner Selbsterhaltung notwendigerweise produziert werden müssen: neue Produkte, um die Zirkulation zu erhalten, neue Formen der Ausbeutung, um dem Fall der Profitrate entgegenzuarbeiten, neue Diskurse, um »Begeisterung« für die »ganz andere« Form der Herrschaft des Kapitals zu entfachen, wie Boltanski & Chiapello (1999) dies am Beispiel des sogen. »Management-Diskurses« der 90er Jahre gezeigt haben. Sie bezeichnen damit jene Literatur, die sich an das Führungspersonal von Unternehmen richtet. Ihnen, die zugleich Angestellte und – gegenüber den Untergebenen – Repräsentanten des Kapitalismus sind (S. 52), müsse diese Literatur »Deutungsmuster der sozialen Wirklichkeit anbieten und Argumente für die Rechtfertigung ihres eigenen Handelns liefern, um dem Handeln und den Strukturen Sinn zu geben« (S. 147).

Dazu müsse ihnen diese Literatur die Möglichkeit bieten, ihre Mitwirkung am kapitalistischen Akkumulationsprozeß zur »Quelle der Begeisterung zu machen« (S. 54), und zugleich »das Engagement für den Kapitalismus rechtfertigen zu können« (S. 43): Sie müsse ihnen »einerseits attraktive und aufregende Lebensperspektiven bieten« (S. 64) andererseits »Sicherheitsgarantien für sich und ihre Kinder« (S. 54), sowie »sittliche Gründe für das eigene Tun« (S. 64). Insofern dürfe sie sich nicht ausschließlich am Profitstreben orientieren, müsse vielmehr begründen, wie der Profit zustande kommt, weshalb die empfohlene Art der Gewinnerwirtschaftung überhaupt wünschenswert, spannend und moralisch vertretbar ist (S. 93). Um der Forderung nach Selbstrechtfertigung gerecht werden zu können (S. 65), müsse dieser Diskurs eine Gemeinwohlorientierung bieten (S. 93): das Engagement für den Kapitalismus müsse »gegenüber dem Allgemeinwohl gerechtfertigt und gegenüber dem Vorwurf der Ungerechtigkeit verteidigt« werden können (S. 54), den Führungskräften müsse dieser Diskurs »Argumente liefern, mit denen sich die antikapitalistische Kritik entkräften lässt«. Das heißt: »er muss Begriffe benützen, die – unabhängig von ihm – Legitimität besitzen, die einer bisher unerfüllten Forderung oder Hoffnung Ausdruck verleihen, die Artikulation der Unzufriedenheit mit den bestehenden Zuständen, der Kritik an diesen« (S. 93).

So sei es erklärbar, dass dieser Diskurs wie das »Echo der antiautoritären Kritik der 68er« (S. 143), wie eine »Überwindung des Kapitalismus« erscheine (S. 257). Die Forderungen nach »Selbstbestimmtheit«, »Autonomie«, »Kreativität« und »Authentizität« wurden aufgenommen in die Selbstdarstellung des Kapitalismus als einer Organisation des Lebens und der Produktion, die diese Forderungen nicht nur zu erfüllen in der Lage ist, sondern sie geradezu selber fordert, von den einzelnen Individuen. Gefordert wird nun die »Fähigkeit, Netzwerke zu bilden, auf andere zuzugehen, Offenheit gegenüber Anderem und Neuem, visionäre Gabe, Gespür für Unterschiede, Rücksichtnahme auf die je eigene Geschichte, Akzeptanz der verschiedenartigen Erfahrungen, Neigung zum Informellen, Spontaneität, Mobilität, Disponibilität, Plurikompetenz, Streben nach zwischenmenschlichem Kontakt« (S. 143). Statt mit »Fortschrittsbegeisterung« und »Karrieresicherheit« – wie in den 60er Jahren – wurde in den 90er Jahren die »Selbstentfaltung« durch »Projektvielfalt« (S. 147), die Begeisterung und das Engagement für den »Neuen« Kapitalismus hervorgerufen.

Die Möglichkeit dazu, dass diese Begriffe auf die »Notwendigkeit der Kapital-Akkumulation« (S. 58) bezogen werden konnten, liegt (allerdings) in ihrem epistemologischen Status, ihrer Allgemeinheit (Abstraktheit), aus der sie ihre »Allgemeingültigkeit« beziehen. Sie legen nicht fest, für wen, zu welchem Zweck – im Gegenteil, sie abstrahieren davon, abstrahieren von dem konkreten Interesse, das sich '68 in ihnen zum Ausdruck gebracht hatte. Ebenso, wie dieses daraus getilgt ist, kann das andere Interesse, das sich an dessen Stelle setzt, seinen Platz einnehmen. Deshalb ist die Rede von »Freiheit«, »Selbstentfaltung« »Autonomie«, »Kreativität« nicht einfache Lüge, »Ideologie«. Ideologie ist sie vielmehr durch die implizierte Behauptung der Allgemeingültigkeit ihrer Begriffe, der Abstraktion von ihrer konkreten (Diskursspezifischen) Bedeutung.

Die Veränderung des Diskurses – neue Begriffe, Theorien und Theoretiker, neu entdeckte Zusammenhänge, neue Lösungen alter Probleme – verdeckt, dass wir durch den Diskurs bestimmt werden, unser Denken, Argumentieren, Wahrnehmen, Fühlen. Die Veränderung des Diskurses tritt als »Überwindung der alten Vorurteile, Irrtümer« auf, als »Aufklärung«, als »neue Erkenntnisse der Wissenschaft«, »neuer wissenschaftlicher Forschung, oder gar »neuer Wissenschaft«. Wir greifen sie auf, wir sind »frei«, dies zu tun, niemand scheint uns zu zwingen, unsere selbstbestimmte Entscheidung. Die Entgegensetzung von Neu und Alt schielt auf die Jugend. Den »quasi-biologischen Skandal«, dass »neue Generationen geboren werden, über deren Gang und Entwicklung trotz aller institutionellen Absicherung von Herrschaft nicht ausreichend vorentschieden werden kann« (Brückner 1978, S. 150), versuchen die »Restauratoren«, die durch ihn beunruhigt sind, für sich dienstbar zu machen. Dafür setzen sie, die Restauratoren, auf die »Spaltung der Generationen«, die Diffamierung »der Alten«, das »Methusalem-Komplott« (FAZ-Schirrmacher). Diese Diffamierung schielt auf Zustimmung – nicht nur die Nazis haben »die Jugend« zu gewinnen versucht, und dafür den »Alten«, den Eltern zu entfremden. Denn »die Alten« sind »den Jungen« oft genug im Weg.

Wieder haben wir die Ebene der »Erfahrung« (in der Dyade, der Familie), die die Ebene der Macht verschwinden lässt, unbewusst macht. Dass es der Diskurs ist, von dem wir bestimmt werden, dass es der Diskurs ist, der die »Wahrheit« produziert, merken wir nicht, erleben wir nicht bewusst, wenn und solange wir begeistert in ihn eintreten. Das merken (vielleicht eher) diejenigen, deren Diskurs durch den neuen abgesetzt wird, die Vertreter des »alten Diskurses«: »die alten 68er« – die »Abrechnung«

mit ihnen, »Emanzipation« genannt, füllt noch immer die Medien: der »Generationen«-Konflikt als die Inszenierung des politischen Konflikts.

V. Repräsentation

»Verstecken durch Zeigen« ist auch eine Form der »Selbst-Darstellung« der Macht. Es gibt auch andere Formen. Sie arbeiten nicht mit dem Zeigen der Phantasmen der – guten – Macht oder dem Phantasma der Macht der Dyade, sondern mit anderen »Botschaften«: durch Einschüchterung, durch Androhung oder Vorführung von Zwang, Gewalt, durch Beeindruckung, durch ihren »Erfolg«, Performance, Inszenierungen aller Art, Architektur, Rituale, Zeremonien, Insignien. Auch sie können verstanden werden als »Verstecken durch Zeigen«: sie »machen unbewusst« durch die Affirmation, Zurschaustellung der Ungleichheit, »der feinen Unterschiede«, des Geschmacks, der »Kultur«: die »Ästhetik«, »Ästhetisierung« der Macht.

Wir können sie am Beispiel der »postmodernen« Architektur der letzten Jahre besonders eindrücklich sehen (s. Bruder 1993). Ihre alte Funktion der Repräsentation der Macht erfüllt diese Architektur, indem sie uns einschließt in ihre Inszenierung der Stein und Glas gewordenen Illusion, in die »Hyperrealität« (Baudrillard 1986), die uns unsere banale Realität vergessen läßt. Es ist keine Täuschung, keine Lüge (ebd., S. 122), es ist die Fortsetzung der televisionären Simulation in den Alltag der Straße, in den öffentlichen Raum, die Fortführung der Auflösung der Politik in das Spektakel (S. 137).

Diese Architektur erdrückt uns nicht, sie löst uns einfach auf, irrealisiert uns, so wie sie die Geschichte auslöscht, indem sie mit den Zitaten der unterschiedlichsten Stilepochen spielt (Jameson 1986, S. 63). In ihren unteren Geschossen öffnen sie sich dem Publikum, scheinbar zwecklos, spielerisch, verschwenderisch. Unter Palmen und zwischen Wasserspielen schlendernd kann man klassische Musik hören, in teure Boutiquen sehen oder einfach seinen Burger essen. Wer hier eintritt, verlangsamt unwillkürlich seinen Schritt. Der verschwenderische Überfluß von Chrom, Glas, Blendgranit, Lichtern und gedämpften Geräuschen löscht jeden empörenden Gedanken aus und hebt den Flaneur in die Hochstimmung eines Siegers. Darin »betreibt die Gesellschaft unablässig ihre eigene Apologie« (Baudrillard 1986, S. 123), die Apologie ihres »Lebensstils«: dabei sein wollen/müssen, nicht rausfallen.

Auch hier haben wir wieder Verstecken durch Zeigen, »Unbewusstmachung« auch hier insofern, als die Macht sich versteckt hinter der Kultur, Kultiviertheit, »Intelligenz«, auch Schönheit usw. Diese Architektur enteignet den öffentlichen Raum, indem sie ihn besetzt. Ihr Spiel bringt nicht mehr die Verhältnisse zum Tanzen, sondern die Menschen, indem sie sie durch Faszination benebelt und ihre Desorientierung weitertreibt. Ihr Spiel ist das der Herren. Ihre Behauptung: »Wir können spielen. Wir haben die Geschichte beerbt, die Öffentlichkeit, ihre Kritik und ihre Kultur. Wir eignen uns alles an, was sie hervorgebracht hat«. Damit löschen sie Geschichte nicht nur aus, sie benützen sie zur Selbstinszenierung – des »Siegers«, des »Conquistadors«.

Die Rückeroberung des öffentlichen Raumes für die Repräsentation der Macht räumt ihn zugleich frei für die Ausstellung des »Neuen Luxus«, der die Enteignung kompensiert – für die, die es sich leisten können, d. h. für die zahlungsfähige »Neue Mittelschicht«. Sie wird in die Städte zurückgeholt, für sie werden die verfallenen Viertel saniert und mit dem Zierrat der »postmodernen« Architektur kandiert, ganz in der Nähe jener Glastürme, in denen diese neue Mittelschicht angestellt ist.

Indem sie mitspielt, stellt sie die Affirmation durch Konsum, die nicht erzwungene, sondern freiwillig gegebene Zustimmung im Freiheitsspielraum der Konditionierung durch Belohnung und Entzug von Belohnung, die Marcuse (1964) »sozialen Behaviorismus« genannt hatte, erneut her, allerdings auf einer neuen Ebene: auf der Grundlage des demonstrativen Ausschlusses derer, die nicht mithalten können. Es ist insofern ein »politisierter« Sozialer Behaviorismus, – ein Behaviorismus, in dem die Affirmation nicht durch bloßes Mitmachen praktiziert, sondern in Szene gesetzt wird, und durch den die Beunruhigung durch die Existenz der Ausgeschlossenen überschrieen werden muß und der die ständige Versicherung geben muß, nicht zu diesen zu gehören.

Der neue Luxus ist nicht einfach mehr Werbung für den ›american way of life‹, sondern die provokative Darstellung des Reichtums, die Arme unglaubwürdig macht, jegliche Verantwortung ihnen gegenüber zurückweist, sie dem Vergessen preisgibt. »Schluß mit dem schlechten Gewissen. Die Utopie ist Wirklichkeit geworden, alle, die nicht daran teilhaben wollen, mögen verschwinden: »poor people must exit« – die Durchsetzung gesellschaftlicher Gewalt nach der »Logik« von Verkehrsregeln. (Baudrillard 1986) Die »Evidenz des Reichtums« (Baudrillard, S. 158) – eine Provokation angesichts der gerade in den USA ungeheuren Armut – zeigt nicht nur, dass die Reichen es sich leisten können, ihren Reichtum zur Schau zu stellen, dass sie keine Angst zu haben brauchen vor der berechtigten Empörung. Sie zeigt vielmehr auch, dass sie es »an der Schwelle ihres moralischen und ökonomischen Bankrotts« (Frampton 1986, S. 154) nötig haben, sich als reich und mächtig darzustellen, als Triumphierende.

Der notwendigerweise theatralische Charakter der Selbstdarstellung der Macht zeigt sich auch oder gerade dort, wo sie Gesetze und Legalität suspendiert. Foucault hat dies am Beispiel des »Staatsstreichs« erläutert, wie er in der Literatur der Gouvernementalität zu Anfang des 17. Jahrhunderts diskutiert wurde. Der »Staatsstreich« – nicht verstanden als die Konfiszierung des Staates durch einen auf Kosten der anderen, sondern im Namen des »Heils« des Staates – als »die Affirmation der Staatsräson«, die bekräftigt, dass der Staat »auf jeden Fall gerettet werden muss, ganz gleich, welches die Formen sind, die zu seiner Rettung angewandt werden« (Foucault 1977–1978, S. 379). »Um Zustimmung zu erlangen«, so Foucault, müsse der Staatsstreich »in aller Öffentlichkeit losbrechen und auf der Bühne, auf die er sich stellt, die Staatsräson, die ihn geschehen lässt, erscheinen lassen« (S. 383). Die inzwischen zum Alltagsgeschäft gewordene Suspendierung von Verfassung und Rechtsnormen, der Abbau des »Sozialstaats« und Aufbau der »inneren Sicherheit«, der Überwachungsapparate, die Aufrüstung der Polizei, die von Agnoli (1968) analysierte »Involutionstendenz der parlamentarischen Demokratie zu einem autoritären Staat rechtsstaatlichen Typus« (S. 10), der »Staatsstreich« in Permanenz braucht die Medien als seine allabendliche »Bühne.«

Aber auch die Selbstdarstellung der Macht in ihren Inszenierungen, der große Auftritt auf der Bühne, das Gepränge der Staatskarossen, die Bankette, die Theatralik ist zugleich ein Verbergen. Auch hier haben wir wieder Verstecken durch Zeigen: Gewiss muss der Staatsstreich »in seinen Wirkungen und in den Ursachen, die ihn tragen, feierlich hervortreten«, doch er setze, um zu gelingen, einen »geheimen Anteil« voraus, er muss »seine Verfahren und seine Vorstöße verbergen« (Foucault 1977–1978, S. 383).

Unbewusstmachung auch hier: die Strategien der Produktion von Unbewusstheit (von Seiten der Macht) bestehen hier nicht im Verstecken der Realität der Macht durch die Phantasmen – der guten Herrschaft, sondern in der Affirmation der Macht, durch Zeigen ihrer Gewalt-Fähigkeit, in ihrer Selbstdarstellung, Inszenierung, Performance, durch Beeindruckung, Einschüchterung, Spaltung der Realität in »Gut« und »Böse«, durch Herstellung und Vorführung von Verlierern, deren Beschämung, durch Desinformation, Täuschung, Lüge, durch den – durch die Medien vermittelten – Diskurs der Macht. Produziert wird damit »Unbewusstheit« i. S. des Nichtwissens, ein (Un-)Wissen, das gleichwohl unserem Handeln den Horizont vorgibt, unser Handeln »wahrscheinlich macht« (Foucault). Wir füllen die Lücken der uns vorenthaltenen Information mit »Phantasmen«: »Verschwörungstheorien« – wenn wir skeptisch sind, Phantasmen der guten Herrschaft – wenn wir gutgläubig sind.

Die Macht, sie entzieht etwas unserem Bewusstsein, unserem Blick, verbirgt, versteckt, verheimlicht, (auch indem sie uns etwas anderes zeigt), sie spricht es nicht aus, bringt es nicht zur Sprache (auch indem sie über etwas anderes spricht), enthält es uns vor, sperrt es vor uns weg, schneidet es unserem Kontakt ab, gibt »Erklärungen«, denen wir nicht widersprechen, die wir nicht widerlegen können, »Feinderklärungen«, gibt der Wut (der Beherrschten) ein Objekt. Worauf wir »antworten« (können / müssen), »reagieren«, und zwar entsprechend den Regeln des Diskurses der Macht (s. Lyotard 1993), also: zustimmend. Die Macht zeigt uns, wem wir zustimmen (müssen), nicht anders können, als zuzustimmen. Wir können nicht anders, weil wir nicht »verstehen«, was läuft, welche Deutung zutreffend ist. Daher unsere »Hilflosigkeit«.

Der Diskurs bietet die »Argumente«, denen wir zustimmen können, zustimmen müssen, denn sie sind durch uns nicht überprüfbar, denn wir wissen es nicht anders, es wird uns verdammt schwer gemacht, andere Informationen zu bekommen, als die, die die Macht uns liefert. Die verschiedenen Gestalten des »Unbewussten«: das Nicht-Bewusste – das dem Bewusstsein Entzogene, das Nicht-Beachtete – das der Beachtung Entzogene, dem Blick Versperrte, das Verborgene, welches auf uns einwirkt, das Unverstandene – das dem Verstehen Unzugängliche, Unbegriffliche, Unerklärte (die Zusammenhänge), das Unausgesprochene, nicht zur Sprache Gebrachte, Unbekannte, Fremde – das dem Kontakt Entzogene: sie sind Produkt der Strategien des Diskurses der Macht.

VI. Zustimmung und Verleugnung

Der Diskurs ist der Ort der Vermittlung: zwischen Subjekt und Macht. Die Macht tritt uns mit ihren Botschaften entgegen, – rätselhaften Botschaften, wie Jean Laplanche sie nennt, die wir durch unsere »Übersetzung«

zu eigenen machen. Das Unbewusste (der »Botschaft«): das, was bei dieser Übersetzung fallen gelassen wird: die »Parole«, der wir Folge leisten, der Befehl, dem wir gehorchen. Das Unbewusste »zeigt sich« in unserem Handeln: wir folgen, gehorchen. Aber wir verleugnen, dass wir fremden Befehlen gehorchen, indem wir so tun, als hätten wir »die Parole des Bedrückers« selbst ausgegeben, wie Adler (1919) in seiner Studie über die »Kriegsfreiwilligen« des Ersten Weltkrieges schreibt: »Nicht aus Sympathie, oder aus kriegerischen Gelüsten« seien sie in den Krieg gezogen, sondern als »Opfer einer falschen Scham« (S. 13): »Zur Schlachtbank gezerrt, gestoßen, getrieben sah es [das Volk] sich in tiefster Schande aller Freiheit und Menschenrechte beraubt« (S. 15). In diesem Gefühl tiefster menschlicher Erniedrigung und Entwürdigung (S. 14) versuchte es aus der Schande seiner Entehrung sich unter die Fahne seines Bedrückers zu retten« (S. 16) »und tat so, als ob es die Parole zum Krieg selbst ausgegeben hätte« (S. 15). Nun »waren sie nicht mehr gepeitschte Hunde, die man gegen ihren Willen dem Kugelregen preisgab, nein, Helden waren sie, Verteidiger des Vaterlandes und ihrer Ehre!« »In diesem krampfhaften Versuch, sich selbst wieder zu finden, wichen sie scheu der Erkenntnis aus, nur armselige Opfer fremder Machtgelüste zu sein, und träumten lieber von selbst gewollten und selbst gesuchten Heldentaten ...« (ebd., S. 14). »Nun hatte er [der Träumer] wenigstens einen Halt und war der Schande und des Gefühls seiner Erbärmlichkeit ledig« (S. 15). Er hat den »Gott des Generalstabs« »geschluckt«. Und der »spricht nun aus ihm« (ebd., S. 14).

Mit der »Übernahme der Parole des Bedrückers«, der Zustimmung zum Diskurs der Macht machen wir uns zu »Subjekten« in jenem Doppelsinn, den Foucault in diesem feststellt: »Subjekt« seines »eigenen Handelns« zu sein und »jemandes Subjekt« sein, »jemandem unterworfen sein«, »durch »Bewusstsein« und »Selbsterkenntnis« seiner eigenen Identität verhaftet sein« (1982, S. 246). Wenn Deleuze & Guattari (1980) von der Sprache behaupten, sie sei dazu da, »um zu gehorchen und Gehorsam zu verschaffen«, denn die »Parole«, das Kennwort, der Befehl sei die »Grundeinheit der Sprache« (S. 106f.), so vergessen sie diesen Doppelsinn der »Subjektivierung«, indem sie das Befehlsverhältnis »ontologisieren«. Wir müssen die Parole erst als eigene gegeben haben, um gehorchen zu können, und wir müssen das Gehorchen verleugnen, indem wir so tun, als folgten wir dem eigenen Befehl.

Sicher ist es der Diskurs, der uns die Parolen bietet, denen wir Folge leisten sollen. Insofern wir ihre Begründungen nicht überprüfen können, wirkt die Parole wie ein Befehl, der Diskurs übt einen »tort« auf die Subjekte aus (Lyotard): entsprechend den Regeln des Diskurses zu antworten. Indem wir folgen (antworten), tun wir etwas, nämlich den Regeln des Diskurses folgen, dessen Grund, Sinn wir nicht verstehen, der uns nicht bewusst ist, dem wir einen anderen Sinn zugrunde legen: wir wählen unsere Antwort, wir handeln selbstbestimmt. Indem wir folgen, affirmieren wir die Macht. Indem wir reagieren, folgen, nach »Macht« streben, machen wir (uns) dies selber unbewusst (sekundär). Und deshalb ist dieses Machtstreben selbst eine Zustimmung zum Diskurs der Macht, zu den Vorgaben der Macht, die zugleich verleugnet werden, eine Verleugnung der Abhängigkeit. Es ist uns nicht bewusst, dass wir der Parole der Macht folgen. Wir denken, wir streben nach – eigener – Macht. Wir machen uns den Grund unseres Machtstrebens unbewusst. Es ist dies keine aktive Anstrengung des Unbewusst-Machens, es ist ein »Im-Diskurs-Bleiben«.

Aber: wir müssen der Parole nicht folgen (Lyotard), wir haben immer die Möglichkeit, nicht zuzustimmen, die Parole der Macht nicht zu übernehmen, die »rätselhafte Botschaft« »anders« zu übersetzen: die Diskursart zu wechseln – Parodie, provokative Affirmation, – den Befehl zu verweigern – wenn auch mit Konsequenzen, – zu schweigen. Und weil diese Möglichkeit besteht, ist auch die Zustimmung nur eine Möglichkeit, nicht unausweichlich, sondern gewählt, absichtsvoll, intentional, eine Entscheidung des Subjekts – wenn auch unbewusst (gemacht). Darin ist die Grenze der Macht gesetzt: erst indem wir ihr Folge leisten, kann die Parole der Macht ihre Wirkung ausüben. Diese Grenze der Macht lässt zugleich den Bereich der Psychologie sichtbar werden: die Möglichkeit des Subjekts, (der Parole der Macht) nicht Folge zu leisten, sich ihr zu verweigern. Diese zeigt zugleich, dass auch das Folgen eine Möglichkeit ist, die das Subjekt erst realisieren muss.

Adlers Analyse galt einer weiteren, entscheidenden Möglichkeit: zu verleugnen, dass man der Parole der Macht folgte, indem man diese als eigene ausgibt. So wichtig ist uns das Gefühl von Selbstbestimmtheit, dass wir es um jeden Preis suchen, um jeden Preis zu finden glauben, selbst um den der Selbsttäuschung, der Verleugnung – unserer Ohnmacht, der Verkennung unserer Abhängigkeit. Der Grund: die unerträglichen Lebensbedingungen erträglich zu machen, gilt auch hier, aber dies geschieht nicht durch das Phantasma der – guten – Macht, sondern durch Affirmation der Macht. Die Beschämung, die aus der Erkenntnis erwächst, nichts als Opfer fremder Machtgelüste zu sein, wird durch das Gefühl von eigener Macht abzuwehren versucht, die die Zustimmung zur Parole der Macht verschafft – Macht über sich selbst, über die eigene Entscheidung. Macht, die aus der Position kommt, von der aus die Parole ausgegeben wird, die man illusorisch einnimmt, indem man sich ihre Parole zu eigen macht.

Die Parolen der Macht bieten die Rechtfertigungsgründe für die Zustimmung zu ihr, selbst zu ihrem Krieg. Sie geben die Möglichkeit, nicht nur die Ohnmacht zu verleugnen, die Erniedrigung, Entrechtung, Demütigung, sondern zugleich auch das Streben nach Macht und Überlegenheit, die Möglichkeit, dieses als Streben nach Ehre, Recht und Vaterland darzustellen – so 1914 – und heute als Kampf für Freiheit, Demokratie und Selbstbestimmung. Diese »Flucht vor der beschämenden Erkenntnis« in die Fiktion von eigener Macht, Souveränität und Selbstbestimmung ist es, die durch die Kriegsrhetorik ausgebeutet wird, durch die Rhetorik des Diskurses der Macht, heute die Rhetorik der »Demokratie für den Irak«, der »Befreiung der Frauen von der Burka«, der »Reform« des Sozialstaats. Deshalb können wir ihr zustimmen. »Geglaubt« wird ihr, insofern die Zustimmung verleugnet wird: die Möglichkeit, die die Intellektuellen bevorzugen, ihre Zustimmung als eigene Meinung und Überzeugung zu rationalisieren als selbstbestimmten Akt. »Unbewusstmachung« liegt hier in der Verleugnung, dass wir (nur) die Vorgaben der Macht übernehmen, die Macht nachahmen, uns auf die Macht-Spiele einlassen; in der Verkennung, dass wir damit »Macht« gewinnen würden, »so tun als ob« wir Macht hätten, an ihr teilhätten; in der Verschiebung des Kampfes, der Feindseligkeit auf den anderen. Über den anderen kann ich (u. U.) Macht gewinnen, ausüben, ebenso wie es tatsächlich der andere sein kann, der Macht über mich ausübt. Wir erleben den anderen als Bedrohung unseres Selbstwertgefühls, unserer »Macht«, als Kränkung unseres Narzissmus. Wir erleben uns selbst als Quelle unserer »Macht« und unsere Überlegenheit als deren Erhöhung, Verwirklichung, Befriedigung unseres Narzissmus.

Dieses Machtstreben orientiert sich an den Vorspiegelungen der Macht, versucht diese zu erreichen, hängt also im Versuch der Überwindung der Machtlosigkeit schon wieder in den Fängen der Macht, ihrer Vorgaben, richtet sich aber an den »Neben-«Menschen, gegen diesen, über den sich das Subjekt erheben will (indem es diesen entwerten will). Diese (personale) »Macht« – Macht innerhalb der Dyade – lenkt uns ab von jener (gesellschaftlichen) Macht, die uns unterdrückt, demütigt, »minderwertig« macht, subaltern, marginalisiert, ausschließt, stigmatisiert, die die Position der Unterlegenheit produzierte, in die sie uns hineingestellt hat und deren

Vorgaben wir übernehmen. Unbewusst ist dabei die Macht als Ursache, Bedingung selbst. Sie wird »unbewusst« gemacht, indem sie aus dem Blick gerät, in den der andere getreten ist, geschoben worden ist. Deshalb kann man Machtstreben in allen Beziehungen finden, es durchdringt diese, wir erkennen sie in den Figurationen des »Nervösen Charakters« (Adler 1912). Und: es gibt sie tatsächlich: die Türsteher der Macht, (gate-keeper), Handlanger, die Teilhabe an der Macht – und das Herausfallen aus der Teilhabe.

Götz Aly hat mit der These provoziert: »Der Holocaust geschah zum Vorteil aller Deutschen« (Interview, taz 15./16.1.05, S. 4). Hitler habe die Deutschen nicht »verführt« – das »Charisma« (eine Argumentationsfigur Hans-Ulrich Wehlers, gegen die Aly sich wendet) – er habe sie korrumpiert: die materielle Versorgung sei im NS-Staat gesichert gewesen. Das Geld stammte aus dem Massenraubmord an den Juden und den Völkern, die Deutschland besetzt hatte. Abgesehen davon, dass es Widerspruch gegen diese These gibt: der Wirtschaftshistoriker J. Adam Tooze bestreitet (taz 16.3.05, S. 16), dass »die Deutschen« im Krieg »geschont« wurden, vielmehr seien es »rosige Versprechungen auf die Nachkriegszeit« gewesen, mit denen sie »bei Laune gehalten« worden seien. »Die realen Kosten des Krieges« habe Hitlers Regime nicht »verzögern« können. »Sie fielen im Krieg an und mussten in der Hauptsache von der deutschen Volkswirtschaft getragen werden. Kompensation sollte nachträglich folgen«. Also keine »materiellen Stimuli«, mit denen »die Deutschen« »korrumpiert« worden sein sollen, sondern Vertröstungen auf später, »Stimuli« des Diskurses der Macht. Abgesehen davon, dass Götz Aly diesen Diskurs des Nazi-Regimes ausblendet, affirmiert er mit seiner These den herrschenden Diskurs über das NS-Regime, wenn er fordert: »Wenn man die Gründe für Auschwitz wirklich verstehen will, soll man endlich aufhören, plakativ mit Namen wie »Flick«, »Krupp« oder »Deutsche Bank« zu operieren«. Gewiss sollte man die Handlanger der Macht nicht aus den Augen verlieren, und das waren nicht wenige – trotzdem nicht: »alle Deutschen«. Die Behauptung der »Kollektivschuld« gehört vielmehr zur Strategie des Versteckens durch Zeigen: die Macht wird hinter der Zustimmung versteckt.

Neben der expliziten Zustimmung, sei es aus Zynismus, sei es aus der Hoffnung, dazu zu gehören, wenn man zustimmt, von der Macht anerkannt zu werden, sei es aus »Idealisierung«, aus Hilflosigkeit, sich nach der »starken Hand sehnen«, keine Chance haben (sehen), seine (Geltungs-)Ansprüche selbst durchzusetzen, erfolgt Zustimmung auch implizit – ist das das »Schutzbedürfnis der Beherrschten«? Das Defizit an Lebensfreude,

Entfremdung, lässt die Sehnsucht entstehen, aus dem Alltag auszubrechen, der Traum vom Abenteuer, das die Herrschenden versprechen. Wir glauben »gerne« ihren Versprechungen, wir lassen uns »gerne« – von ihren guten Absichten, Argumenten – überzeugen. Der »Diskurs der Macht« bietet uns die »Rationalisierungen«, »Argumente«, die Parolen. Aber: gefangen im imaginären Register (des Narzissmus) der Dyade verkennen wir das »Jenseits« des gesellschaftlichen Zusammenhangs, in den wir eingebunden sind, der Struktur, in der wir einen vorgegebenen Platz einnehmen.

Wieder: »Unbewusstmachung« durch Ausblendung der gesellschaftlichen Dimension der Macht, durch ihre Reduzierung auf die Erfahrungswelt der Dyade. Und: Diese Reduzierung auf die Erfahrungswelt der Dyade wird durch den Diskurs der Macht selbst vorgeführt – und durch jene, die diesen Diskurs kommentieren, wie z. B. Dirk Baecker, wenn er behauptet: »Wir brauchen die Androhung von Gewalt durch die Politik, um uns gegenseitig an der Ausübung von Gewalt hindern zu können« (taz vom 18.1.05, S. 17).

VII. Auslöschen der Geschichte

»Unbewusstmachung«, »Verstecken durch Zeigen«: Das ist nicht nur Ergebnis von »Manipulationen« durch die Macht, des Diskurses der Macht, sondern das ist bereits in den Strukturen des Diskurses »inkorporiert« (Lyotard 1983), ja bereits in den Strukturen der Organisation der Macht, der Gesellschaft, den Machtstrukturen, die die Gesellschaft durchziehen, in den »Sachzwängen«, »Zwängen« des Procedere, der Wahlmodalitäten des »Führungspersonals«. Sie machen bereits die Macht unsichtbar – nicht nur die Phantasmen des »guten Führers«, sondern auch die der »parlamentarisch-demokratischen« Form der Ausübung staatlicher Gewalt (Agnoli 1968). Diese Strukturen sind von der Macht hergestellt, angeeignet, werden von ihr aufrechterhalten. Anerkennung dieser Strukturen verdeckt die Anerkennung der Macht, die sie zugleich ermöglicht. »Die westliche Gesellschaft weist ihren demokratischen Charakter nach: an den Normen und Organen des sie organisierenden Staats und nicht am Prozess ihrer – kapitalistischen – Produktionsweise« (S. 12).

Umgekehrt wirkt die Macht im Verborgenen – nur solange sie es sich leisten kann, solange die Mechanismen der Unbewusstmachung funktionieren, solange diese nicht bewusst gemacht werden, nicht »aufgedeckt«, solange ihnen zu folgen nicht verweigert wird, solange kein Widerstand dagegen auftritt. Dann – im Notfall – taucht sie wieder auf (im »Grenzfall«).

Macht wird sichtbar, tritt aus dem Verborgenen, aus dem »Unbewussten« heraus, wenn sie auf Widerstand trifft. »Fesseln spürt, wer sich bewegt«. Deshalb definiert Foucault Macht durch den Widerstand (1982). Sie zeigt sich (wieder). Aber auch dieses Zeigen ist keine Aufhebung der Unbewusstheit, der Strategie der Unbewusstmachung, sondern nur eine andere Form, eine durch den Widerstand provozierte und mit dem Ziel, diesen Widerstand zu brechen, zu demoralisieren. Selbst die Macht, die mit der Gewalt droht, oder sie einsetzt, verzichtet nicht auf (den Diskurs der) Rechtfertigung: »Krieg für Freiheit, Gerechtigkeit und Demokratie« – so nicht nur Bush. Sie schielt noch immer auf Zustimmung. Und, was immer wieder vergessen wird, sie stützt sich auf die Spaltung der Bevölkerung in Feinde und Freunde oder die Spaltung zwischen der »eigenen« Bevölkerung und der der »feindlichen« Macht.

Unbewusstmachung ist also eine notwendige Bedingung der (Zustimmung zum Diskurs der) Macht. Darin »erkennt« die Macht uns als Subjekte an. Deshalb »muss« sie einen legitimierenden Diskurs führen: Macht als »vom Volke kommend«, Macht als zu legitimierende, vorübergehende, zu kontrollierende. Und indem sie alles versteckt, was dieser Legitimation widerspricht, sich ihr entzieht: unbewusst macht. »Manufactoring consent« (Chomsky) ist keine Frage des Narzissmus der Herrschenden, ihrer Machtgelüste, ebenso wenig der Unterwerfungsbedürfnisse der Beherrschten, des komplementären narzisstischen Defizits der Beherrschten (Mentzos 1993). Vielmehr ist der »Narzissmus« selbst Teil ihrer (Selbst-)Darstellung, Inszenierung, zentral vermittelt durch die Medien, Teil des Diskurses der Macht.

Auch hier haben wir die Momente des »Anstachelns«, der Verführung. Und deshalb auch hier wieder das Mitmachen, Mitspielen, Dabei sein wollen, die Zustimmung zum Diskurs der Macht und gleichzeitige Verleugnung, »Unbewusstmachung«. So immer wieder, wenn die »Gewalt der Demonstranten« breit ins Bild gerückt wird, die Gründe und Begründungen aber nicht; sie werden dort belassen, wo sie gut versteckt sind: in der »strukturellen Gewalt«. Unbewusst gemacht werden soll, dass die Macht sich gezeigt hat. Und sie hat sich gezeigt, weil sie herausgefordert worden war durch den Widerstand. Es geht also auch (oder in allererster Linie) um Unbewusstmachung des Widerstands gegen die Macht, die »in Erscheinung« getreten, aus dem Unbewussten heraus getreten war. Damit treffen wir auf eine letzte Volte (der Unbewusstmachung): die Rückgängigmachung der Bewusstwerdung (des Unbewussten), die »Auslöschung der Geschichte« (des Widerstands) – gegen die »konkrete«, »personifizierte« Macht (s. Bruder 1988) – heute als die »Emanzipation von den Mythen um 68« beschönigt (Dirk Knipphals, Taz 23.2.05, S. 15).

Das Auslöschen von Geschichte und Erinnerung, die Einebnung von Widerspruch und Kritik in den allgemeinen Konsens der Zustimmung zur Macht hatte Herbert Marcuse (1964) lange vorher als Sieg der »eindimensionalen Gesellschaft« über ihre Opposition gekennzeichnet. Seine Analyse der »fortgeschrittenen Industriegesellschaft« bezog sich auf die USA der 60er Jahre als ihre am weitesten entwickelte Ausprägung. In ihr sind alle geschichtlichen Alternativen einer befreiten Gesellschaft geschluckt im Surrogat des allgemeinen Wohlstands und in neuen Formen der Kontrolle: der »repressiven Entsublimierung« und »Toleranz« – einer Toleranz, die unterdrückt durch ihre Gleichgültigkeit gegenüber Unrecht und Benachteiligung. Auf diese Weise sind Widerspruch und Opposition auf »technischem Wege« ausgeschaltet. Vom Konformismus des gesellschaftlich Geforderten werden sie einfach ignoriert. Marcuse nannte das die »Abriegelung des Politischen«, Bell das »Ende der Ideologien« (1960). Es gibt nur noch »positives Denken«, bis in die Sprache hinein ist die »Logik des Protests« besiegt.

Das hatte sich in den 60er Jahren geändert: mit der Bürgerrechtsbewegung, den Ghetto-Revolten und den Emanzipationsbewegungen der Frauen und der Minderheiten waren der eindimensionalen Gesellschaft Gegner erwachsen, deren Aufmüpfigkeit und Selbstbewusstsein weite Teile der Bevölkerung bis zu den Gewerkschaften erfasste. Sie klagten nicht nur die Versprechen des Wohlfahrtstaats – für die Benachteiligten – ein, sie lehnten sich gegen diesen selbst als Herrschaftssystem auf. Sie verweigerten nicht nur ihre Teilnahme am Vietnam-Krieg, sondern sie solidarisierten sich mit den Befreiungskämpfern des Vietkong, den »Feinden Amerikas«.

Der Protest gegen den Krieg in Vietnam, gegen die Repression durch das »Establishment« war zugleich ein Protest gegen die Fesselung des Individuums, seiner Sinnlichkeit und Lebendigkeit durch die repressiven Lebensformen, die entfremdete Arbeit und den »Konsumterror«. »Die Bewegung nahm von Anfang an die Gestalt einer ›Kulturrevolution‹ an, in der außer politischen und ökonomischen Forderungen auch andere Wünsche und Hoffnungen laut wurden: das Interesse an einer neuen Moral, an einer menschenwürdigen Umwelt, an einer vollständigen ›Emanzipation der Sinne‹ (Marx), d. h. an einer Befreiung der Sinne von dem Zwang, Menschen und Dinge als bloße Objekte von Tauschbeziehungen wahrzunehmen. ›Phantasie an die Macht‹ [...] Gegen die Allianz von Realismus und Konformismus wurde die Losung ausgegeben: ›Seien wir realistisch, verlangen wir das Unmögliche!‹« (Marcuse 1975).

Diese Politisierung aller Verhältnisse »politisierte« auch das »Establishment«. Sollte zunächst noch durch sozialstaatliche Programme (Johnsons »Great Society«) der »Riss im harmonistischen Bild des Wohlfahrtstaates« gekittet werden (Habermas 1982, S. 32; s. a. Marcuse 1969), so wurde, als die Studenten aus dem Konsens des Wohlfahrtstaates ausbrachen und sich mit den revoltierenden Schwarzen zu verbünden begannen, offen die Abschaffung der – »unregierbaren« (Brzezinski) – Demokratie vorgeschlagen: Die politischen Entscheidungen des Staates seien der Kontrolle durch die »nachsichtige Gesellschaft« (Kristol 1972) zu entziehen. Die »Anspruchshaltung« der Massen auf »Partizipation« und Kompensation sozialer Ungleichheit sei Produkt des »Zwangs zur Massenlegitimation demokratischer Regierungen« und belaste nur den Staatshaushalt. Deshalb seien die Sozialausgaben drastisch zu kürzen (Huntington 1975) und so der Staat zu »entpolitisieren«.

Doch es war erst in den 90er Jahren soweit, dass Fancis Fukuyama (1992), damals stellvertretender Direktor des Planungsstabs im US-amerikanischen Außenministerium, den Sieg der »endgültigen menschlichen Regierungs- und Wirtschaftsform« als das »Ende der Geschichte« feiern konnte. Der Abbau des Sozialstaats, der unter Carter durchgesetzt werden sollte, scheiterte allerdings zunächst am Widerstand der Arbeiter (Lucas 1982, S. 131). Ihre Zustimmung musste durch die Krisenrhetorik erzwungen werden, die sie von dessen »Scheitern« überzeugten, und von der »Notwendigkeit« der »Zurücknahme seiner Versprechungen« – angesichts der Krise. Er erschien ihnen nicht mehr als »Garantieinstitution zur Sicherung des Wohlstands«, sondern im Gegenteil als »Belastung der Realeinkommen« (Altvater 1981, S. 8), als parasitäre »Bürokratie«. Damit wurde es möglich, mit einer »Politik der Stärke« an Stelle der keynesianisch begründeten Politik des Klassen-Kompromisses (Galbraith 1981) die »nötige« Härte gegenüber den betroffenen Teilen der Bevölkerung durchzusetzen.

Die Arbeiter, die sich von Carter verraten gefühlt hatten, waren zu Reagan übergelaufen – wie vor ihnen bereits viele »liberale« Intellektuelle, die sich als »Neo-Konservative« entdeckt hatten und sich, wie Bell und Kristol in der Kampagne der Neuen Rechten zur Unterstützung der Wahl Reagans zusammengefunden hatten. Sie hatten der »Erosion der amerikanischen Werte« und der »Periode des Niedergangs der amerikanischen Macht ein Ende setzen« sollen (Podhoretz 1980). In ihrer Kritik an der »Gegenkultur« hatten sie (in ihrer Mehrzahl) die offensive Affirmation des Kapitalismus der Konservativen (Kristol 1972, 1978; Friedman 1962, 1980) übernommen. Der »new egalitarism« der counter-culture sei »just meritocracy« (Bell 1972), ihr »Hedonismus«, selbst nur »ein Produkt der profanisierten Kultur der Moderne, die die religiös verankerten Leistungs- und Gehorsamsbereitschaften außer Kraft gesetzt« habe (Bell 1976), bedrohe die Stabilität des kapitalistischen Gesellschaftssystems. Darin bestehe die »Krise des Kapitalismus«.

Die Krisenrhetorik begleitet seitdem den unaufhaltsam erscheinenden Siegeszug des Kapitalismus. Gebetsmühlenartig werden die zwei Phrasen des »Neoliberalismus« gedroschen: »Erst wenn die Wirtschaft wieder wächst, läuft überhaupt etwas« und: »Es werden harte und unpopuläre Maßnahmen ergriffen werden müssen, wenn wir wollen, dass unser Land wieder vorankommt« – und das bei ständig und ins Unermessliche steigenden Gewinnen dieser Wirtschaft – die die Krisenrhetorik Lügen strafen. Aber das wird in Kauf genommen, denn alle wissen, es geht um eine andere »Krise«: um die »Krise der Gehorsamsbereitschaft« (Bell), eine Krise der Zustimmung zur Macht. Und deshalb ist auch die Abrechnung mit »'68« noch nicht zu Ende, sie wird vielmehr als – bundesrepublikanischer – Teil des »Krieges gegen den Terrorismus« fortgeführt: Die »militanten« Protestformen der Studentenbewegung der 68er Jahre werden den Aktionen der RAF zugerechnet und unter dem gemeinsamen Label »Terrorismus« mit den Selbstmordattentaten gleichgesetzt.

Klaus Meschkat (taz vom 1.3.05, S. 15) nennt dies »eine Geschichtsfälschung«, zum einen weil jene Gewalt, gegen die damals eine weltweite Protestbewegung aufstand, keine Erwähnung finde, weil die Erinnerung daran ausgelöscht werde, dass »damals die US-amerikanische Militärmaschine mit äußerster Brutalität gegen ein kleines Volk vorging«. Oskar Negt hatte 1972 diejenigen »Heuchler« genannt, die von »Gewalt« sprechen und sie mit Entrüstung verurteilen, ohne gleichzeitig und in erster Linie von den »mörderischen Aktionen der angeblich fortgeschrittensten Demokratie der Welt« in Vietnam zu sprechen. Geschichtsfälschung aber auch deshalb, weil aus dem Gedächtnis gestrichen werde, was »Militanter Protest« damals bedeutet habe, nämlich »noch andere Formen zu finden als wenig beachtete Beschlüsse von Studentenparlamenten« und deshalb

»notwendigerweise Regelverletzung und damit in vielen Fällen das Überschreiten der Grenze zur Illegalität«, in jedem Fall aber sei die Grenze klar gewesen, keine »Gewalt gegen Menschen« anzuwenden oder »Aktionen, die Todesopfer wissentlich in Kauf nahmen«. Es seien »fantasievolle Überraschungen« gewesen. Und es war »die dauernde Konfrontation mit dieser zunehmend militanten Protestbewegung im eigenen Land gewesen, die für die Herrschenden unerträglich wurde und die sie deshalb zur Beendigung des barbarischen Krieges in Vietnam gezwungen hatte, ohne dass die USA militärisch unterlagen«.

Dies alles vergessen zu machen, »unbewusst« zu machen, ist der Zweck der Auslöschung der Geschichte. An ihre Stelle werden »Geschichten« gesetzt. Ihres Kontextes entkleidet, lassen sie mit diesem die Verbrechen ebenso wie den Widerstand »im Zeichen einer falschen Universalisierung des Leids im Jahrhundert der Barbarei« untergehen, wie Norbert Frei (2005) in Bezug auf die gegenwärtige Geschichtsdarstellung des Nationalsozialismus in den Medien feststellt. Das »Ende der Geschichte«: die ungehemmte Ausbreitung der »neuen Weltordnung« der Pax Americana, zum gegenwärtigen Zeitpunkt »Demokratie-Export« genannt. Der Krieg, der in ihrem Namen im Januar 1991 begonnen worden war, der Golf-Krieg, ist noch immer nicht beendet. Für Klaus Meschkat stellt der »Krieg gegen den Terrorismus« heute den Versuch dar, »nahtlos an die Vietnamkriegstradition schrankenloser militärischer Intervention anzuknüpfen«. Und damit zugleich die Zustimmung der Bevölkerung nicht nur im eigenen Land, sondern weltweit zu erpressen: Fortsetzung des Krieges gegen die Bevölkerung (Virilio & Lotringer 1983). Parallel dazu entzieht die Krisenrhetorik die Macht zugleich der Kritik, indem sie sie hinter den – unangreifbaren – »Gesetzen« der »Globalisierung« versteckt. Auch das ist eine Weise ihrer »Unbewusstmachung«.

Aber: müssen wir dann nicht die Beschränkung der Analyse der Macht auf ihre abstrakten Strukturen und Mechanismen – die Vorstellung einer Macht ohne »Subjekt« – ebenso als eine Weise der Unbewusstmachung betrachten, die die Macht dadurch unangreifbar macht, dass sie sie dem Blick der Kritik, dem Widerstand entzieht. »Es ist sehr merkwürdig, dass man sich nicht mehr bei der Tatsache aufhält, dass das, was den Diskurs des Herrn einrichtet, installiert, unterhält [...], dass das die Gewalt ist, weil diejenigen, auf die dieser Diskurs angewandt wird, trotz allem die übergroße Mehrheit bilden. Es ist absolut nicht zu sehen, warum der Diskurs des Herrn dem standhalten sollte« (Lacan 1969–1970, S. 172).

Wir haben »Unbewusstmachung« als die Haltung des Subjekts im Angesicht der Macht dargestellt: Unbewusstmachung der Verhältnisse von Herrschaft und Macht durch Übernahme der Parolen des Diskurses als eigene. Damit zugleich: Unbewusstmachung dieser Zustimmung zum Diskurs der Macht, Verleugnung. Wir haben gleichzeitig gesehen, dass Unbewusstmachung durch die (Strategien der) Macht selbst produziert wird, durch den Diskurs der Macht, hinter dem die Macht selbst unsichtbar wird. Indem wir die Macht-Wirkungen, von denen der Diskurs »durchzogen« ist (Foucault), diesem Diskurs selber zuschreiben, stehen wir in Gefahr, diese Macht selbst unserem Blick zu entziehen, auszublenden, sie »unbewusst« zu machen. Das Geheimnis der Macht wird zum Geheimnis des Diskurses, zur »Gewalt des Diskurses«, als dem »Zwang«, entsprechend den Regeln des Diskurses in diesen sich einzubringen – oder zu schweigen (Lyotard). Das Unbewusste ist der »Diskurs des Anderen« (Lacan), aber dieser ist »kolonisiert« vom Diskurs der Macht: das »kollektive Unbewusste«, der ununterbrochen weiterlaufende gegenwärtige Diskurs ebenso wie der in der Vergangenheit des Subjekts gehörte und gesprochene – in der Familie, in der Schule, in der Arbeit und der »Freizeit«, der »Kultur«, der im gerade gesprochenen aktuellen Diskurs ständig »zitiert« wird.

Literatur

Adler, A. (1912): Über den nervösen Charakter: Grundzüge einer vergleichenden Individual-Psychologie und Psychotherapie. Wiesbaden (J. F. Bergmann) [Kommentierte textkritische Ausgabe, Hg. K. H. Witte, A. Bruder-Bezzel & R. Kühn. Göttingen (Vandenhoeck und Ruprecht) 1997].
Adler, A. (1919): Die andere Seite. Eine massenpsychologische Studie über die Schuld des Volkes. Wien. [Reprint (Faksimile) 1994, neu hrsg. und mit einem Vorwort versehen von Almuth Bruder-Bezzel].
Agnoli, J. (1968): Die Transformation der Demokratie. In: J. Agnoli & P. Brückner: Die Transformation der Demokratie. Frankfurt/M. (Europäische Verlagsanstalt), S. 5–87.
Ahrendt, H. (1971): Die Lüge in der Politik. (wieder abgedruckt in: Vorgänge 2004).
Altvater, E. (1981): Der gar nicht diskrete Charme der neoliberalen Konterrevolution. In: Prokla 44, S. 5–23.
Anderson, B. (1991): Imagined Communities. London (Verso).
Baudrillard, J. (1986): Amerika. München (Matthes & Seitz) 1987.
Baudrillard, J. (1976): Der symbolische Tausch und der Tod. München (Matthes & Seitz) 1982.
Bell, D. (1972): On Meritocracy and Equality. In: The Public Interest, Fall 1972.

Bell, D. (1976): Die Zukunft der westlichen Welt. Frankfurt/M. (Eichborn).
Boltanski, L. & È. Chiapello (1999): Der neue Geist des Kapitalismus. Konstanz (UVK Verlagsgesellschaft) 2003.
Bourdieu, P. (1996): Über das Fernsehen. Frankfurt/M. (Suhrkamp) 1998.
Bruder, K. J. (1988): Reagan's Amerika? Zur politischen Psychologie der USA. In: Leviathan-Sonderheft ›Politische Psychologie heute‹, hrsg. von Helmut König, S. 368–385.
Bruder, K. J. (1993): Subjektivität und Postmoderne. Der Diskurs der Psychologie. Frankfurt/M. (Suhrkamp).
Bruder, K. J. (2003): Psychoanalyse und Semiotik In: R. Posner, K. Robering & T. A. Sebeok (Hg.): Handbuch Semiotik. Berlin, New York (de Gruyter), S. 2483–2510.
Bruder, K. J. (2004): Zustimmung zum Diskurs der Macht. Prolegomena zu einer Theorie der Subjektivierung. In: Psychologie und Gesellschaftskritik 111/112, 2004, S. 7–37.
Bruder, K. J. (2004): Annäherung an einen psychoanalytischen Begriff von Macht. Vortrag auf der 55. Jahrestagung der DGPT vom 5. bis 7. 11. 2004 in Berlin (im Druck).
Bruder-Bezzel, A. (1985): Das Spannungsverhältnis von Macht und Ohnmacht als Grundproblem der Persönlichkeitstheorie Alfred Adlers. In: Zeitschrift für Individualpsychologie 1/85, S. 11–17.
Bruder-Bezzel, A. & Bruder, K. J. (1984): Jugend. Psychologie einer Kultur. München (Urban & Schwarzenberg).
Bruder-Bezzel, A. & Bruder, K. J. (2001): Auf einem Auge blind: die Verleugnung der Macht in der Psychoanalyse. ZfIP 26, 1/2001, S. 24–31.
Bruder-Bezzel, A. & Bruder, K. J. (2004): Kreativität und Determination. Studien zu Nietzsche, Freud und Adler. Göttingen (Vandenhoeck & Ruprecht).
Brückner, P. (1978): Versuch, uns und anderen die Bundesrepublik zu erklären. Berlin (Wagenbach).
Brückner, P. (1972): Marx, Freud. In: H. P. Gente (Hg.): Marxismus, Psychoanalyse, Sexpol. Frankfurt/M. (Fischer), S. 360–395.
Brunner, J. (2001): Psyche und Macht. Stuttgart (Klett-Cotta).
Bühl, W. L. (2000): Das kollektive Unbewußte in der postmodernen Gesellschaft. Konstanz (Universitätsverlag).
Butler, J. (1997): Psyche der Macht. Das Subjekt der Unterwerfung. Frankfurt/M. (Suhrkamp) 2001.
Chomsky, N. (2002): Media Control. Hamburg (Europa Verlag) 2003.
Deleuze, G. & Guattari, F. (1980): Tausend Plateaus – Kapitalismus und Schizophrenie. Berlin (Merve) 1992.
Derrida, J. (1993): Marx' Gespenster: Der verschuldete Staat, die Trauerarbeit und die neue Internationale. Frankfurt/M. (Fischer) 1995.
Derrida, J. (1996): Prolegomena zu einer Geschichte der Lüge. Vortrag in der Berliner Staatsbibliothek (9. Juni) in der Reihe: »Erbschaft dieser Zeit«.
Erdheim, M. (1982): Die gesellschaftliche Produktion von Unbewußtheit. Frankfurt/M. (Suhrkamp).

Foucault, M. (1977–1978): Geschichte der Gouvernementalität I: Sicherheit, Territorium, Bevölkerung. Vorlesung am Collège de France. Frankfurt/M. (Suhrkamp) 2004.
Foucault, M. (1982): Das Subjekt und die Macht. In: H. L. Dreyfus & P. Rabinow (Hg.): Michel Foucault: Jenseits von Strukturalismus und Hermeneutik. Frankfurt/M. (Athenäum), S. 241–261.
Frampton, K. (1986): Kritischer Regionalismus – Thesen zu einer Architektur des Widerstands. In: A. Huyssen & K. R. Scherpe (Hg.): Postmoderne. Zeichen eines kulturellen Wandels. Reinbek (Rowohlt).
Frank, J. A. (2004): Bush auf der Couch. Wie denkt und fühlt George W. Bush? Gießen (Psychosozial-Verlag).
Frei, N. (2005): 1945 und wir. Das Dritte Reich im Bewusstsein der Deutschen. München (C. H. Beck).
Freud, S. (1915b): Zeitgemäßes über Krieg und Tod. GW X, S. 323–355.
Freud, S. (1921c): Massenpsychologie und Ich-Analyse. GW XIII, S. 71–161.
Freud, S. (1930a): Das Unbehagen in der Kultur. GW XIV, S. 419–506.
Freud, S. (1933b): Warum Krieg? Brief an Albert Einstein (Sept. 1032). GW XVI, S. 11–27.
Friedman, M. (1962): Capitalism and Freedom. Chicago & London (Univ. of Chicago Press).
Friedman, M. (1980): Free to Choose. London (Harcourt Brace).
Fukuyama, F. (1992): Das Ende der Geschichte. München (Kindler).
Galbraith, J. K. (1981): Angriff der Konservativen. In. Die Zeit vom 27.2.1981.
Habermas, J. (1982): Die Kulturkritik der Neokonservativen in den USA und in der Bundesrepublik. In: Ders.: Die neue Unübersichtlichkeit. Frankfurt/M. (Suhrkamp) 1985.
Huntington, S. (1975): The United States. In: S. Huntington, M. Crozier & J. Watanuki: The Crisis of Democracy. Report on the Governability of Democracies to the Trilateral Commission. New York.
Huyssen, A. (1986): Postmoderne – eine amerikanische Internationale? In: A. Huyssen & K. R. Scherpe (Hg.): Postmoderne. Zeichen eines kulturellen Wandels. Reinbek (Rowohlt).
Jameson F. (1986): Postmoderne – Zur Logik der Kultur im Spätkapitalismus. In: A. Huyssen & K. R. Scherpe (Hg.) Postmoderne. Zeichen eines kulturellen Wandels. Reinbek (Rowohlt).
Knipphals, D. über W. Kraushaar: Rudi Dutschke und der bewaffnete Kampf, in: Rudi Dutschke, Andreas Baader und die RAF, Hamburger Institut für Sozialforschung. In: Taz vom 23.2.05, S. 15.
Kristol, I. (1972): About Equality. In: Commentary, Nov. 1972.
Kristol, I. (1978): Two Cheers for Capitalism. In: Commentary, July 1978.
Lacan, J. (1953): »Funktion und Feld des Sprechens und der Sprache in der Psychoanalyse«. Bericht auf dem Kongreß in Rom am 26. und 27. September 1953. [dt. von K. Laermann in: J. Lacan: Schriften I. Weinheim (Quadriga) 1986, S. 71–169].
Lacan, J. (1954–55): Das Seminar, Buch II. Das Ich in der Theorie Freuds und in der Technik der Psychoanalyse. Weinheim, Berlin (Quadriga) 1991.

Lacan, J. (1969–70): Das Seminar, Buch XVII. Die Kehrseite der Psychoanalyse. [dt. von Gerhard Schmitz, 1997].
Laplanche, J. (1991): Deutung zwischen Determinismus und Hermeneutik. Eine neue Fragestellung. In: Psyche 46, 1992, S. 467–498.
Lichtman, R. (1986): Die Produktion des Unbewussten. Die Integration der Psychoanalyse in die marxistische Theorie. Hamburg (Argument Verlag) 1990.
Lucas, M. (1982): Die Vereinigten Staaten von Amerika und die Krise des Kalten-Kriegs-Systems. In: Prokla 48, S. 119–155.
Lyotard, J.-F. (1983): Der Widerstreit. München (Fink) 1987.
Marcuse, H. (1964): Der eindimensionale Mensch. Neuwied & Berlin (Luchterhand) 1967.
Marcuse, H. (1969): Das Individuum in der »Great Society«. In: Ders.: Ideen zu einer kritischen Theorie der Gesellschaft. Frankfurt/M. (Suhrkamp), S. 157–184.
Marcuse, H. (1975): Zeitmessungen. Frankfurt/M. (Suhrkamp).
Mentzos, S. (1993): Der Krieg und seine psychosozialen Funktionen. Frankfurt/M. (Fischer).
Meyer, T. (2001): Mediokratie. Die Kolonisierung der Politik durch die Medien. Frankfurt/M. (Suhrkamp).
Meyer, T. & Kampmann, M. (1998): Politik als Theater. Die neue Macht der Darstellungskunst. Berlin (Aufbau-Verlag).
Montada, L. (1995): Empirische Gerechtigkeitsforschung. In: Berlin-Brandenburgische Akademie der Wissenschaften (Hrsg.), Berichte und Abhandlungen (Band 1), Berlin (Akademie Verlag), S. 67–85.
Podhoretz, N. (1980): The Present Danger. New York (Simon & Schuster).
Virilio, P. & Lotringer, S. (1983): Pure War. New York (Semiotext(e)).
Weber, M. (1922): Wirtschaft und Gesellschaft. Tübingen (Mohr).

Alfred Schöpf

Die Bedeutung des Unbewussten in der Ethik: Von Aristoteles und Kant zu Freud und Lacan

Die großen klassischen Konzeptionen der Ethik – die Ethik des Guten und des Glücks bei Aristoteles und die Moral der Pflicht und der vernünftigen Selbstbestimmung bei Kant – kennen keine Lehre vom Unbewussten. Sie stellen den groß angelegten Versuch dar, die alltäglichen und ummittelbaren Ansätze und Richtlinien für gutes oder moralisch richtiges Handeln unter die Herrschaft bewusster Überlegung und Entscheidung zu bringen. Antike und Mittelalter standen unter dem Zeichen aristotelischen Glücks- und Tugendstrebens. Die Moderne ist wesentlich durch die Kantische Aufklärungsmoral der Pflicht und des Autonomiestrebens bestimmt. Aus der Krise der Aufklärung und des Deutschen Idealismus entsteht im 19. Jahrhundert die Psychoanalyse mit ihrer Theorie des Unbewussten. Schelling, Schopenhauer und Nietzsche sind ihre philosophischen Wegbereiter. Die gesellschaftlichen und seelischen Konflikte und Zwiespälte des modernen Subjekts und der modernen Gesellschaft haben sie heraufbeschworen. Wenn dies richtig ist, dann kann sich das Subjekt des 20. und 21. Jahrhunderts in seinem gesellschaftlichen Umfeld bezüglich der Frage richtigen und verantwortungsvollen Handelns nicht mehr ohne weiteres orientieren, indem es die aristotelische Frage nach dem Guten und dem Glück wiederholt und in ihrer alten Form in die Gegenwart verpflanzt, so als seien keine wesentlichen Veränderungen im seelischen und gesellschaftlichen Umfeld des Handelns passiert, womit die Frage des Unbewussten als nur randständig und nicht essentiell für die Bestimmung des Ethischen und der Moral betrachtet wird. Dasselbe gilt für die unerschütterte Rehabilitierung der Kantischen Pflichtmoral nach den Erfahrungen der beiden Weltkriege, als ob man es sich leisten könne, über die destruktiven Wirkungen in der Tiefe des Seelischen und der Gesellschaft hinweg zu sehen und als ob man sie mit der alten Vernunft- und Pflichtordnung moralisch bewältigen könnte.

1. Die Aristotelische Ethik

Wir werden uns fragen, warum eine unvermittelte Rehabilitierung der Aristotelischen und der Kantischen Vernunfttradition in der Gegenwart an den seelischen Nöten und gesellschaftlichen Konflikten des gegenwärtig Handelnden vorbeigeht, warum ihre Motivationskräfte nicht greifen, warum diese Konzepte in der Gegenwart so aufgesetzt und leblos wirken, bei allem was man an Problembewusstsein aus ihnen lernen kann. Warum ist die aristotelische Ethik nicht mehr nach der Theorie des Unbewussten unverändert erneuerbar? Werfen wir einen Blick in die aristotelische Glücks- oder Eudaimonie-Auffassung. So nennt Aristoteles glücklich den, der gemäß der vollendeten Tugend tätig ist, der mit äußeren Gütern hinreichend versehen ist, nicht nur im Augenblick, sondern bis ans Lebensziel (Aristoteles 1972, I 1101 a 14). Zweimal wird in dieser Bestimmung die Zielorientierung angesprochen, einmal als zielgerichtete Tugend, das andere Mal als Zielbezogenheit auf das Lebensganze. Einmal wird das Tätigsein oder Ins-Werk-Setzen genannt, welches die Zielstruktur aktiviert. Das richtige Ziel zu verwirklichen, ist für Aristoteles ebenso entscheidend, wie das Durchhalten dieses Bogens bis ins Lebensziel, also die Lebensplanung. Auch die Güterorientierung von den äußeren Gütern bis zu den seelischen Gütern fällt ins Auge.

Woher aber nimmt der Handelnde die Zielrichtung, die für die Glücksgewinnung unerlässlich ist und seine Tugend lenkt? Diese Frage erschöpfend zu beantworten, würde nichts Geringeres erfordern, als die gesamte aristotelische Handlungslehre und Psychologie zu entwickeln. Für unser Argumentationsziel reicht es allerdings, wenn wir auf einige wesentliche Punkte eingehen. So verrät uns die Definition der Tüchtigkeit oder Tugend im II. Buch der »Nikomachischen Ethik«, dass es sich bei ihr um eine Gewohnheit des Vorziehens handelt (Aristoteles 1972, II 1106 b 36), d.h. dass die Zielorientierung aus Gewöhnung und überlegter Wahl entsteht, die sich wechselseitig voraussetzen und bedingen. Gewöhnung setzt überlegte Akte des Handelns voraus und begründet ein Lernen richtigen Handelns und die überlegte Wahl stützt sich auf bereits Gewohntes und Erlerntes. Modern würden wir sagen, dass bewusste Entscheidungen aus vorbewussten Erfahrungen herauswachsen und auf sie zurückwirken. Woher aber nehmen vorbewusste Erfahrung und bewusste Entscheidung ihr Maß? Wie werden sie zielorientiert bzw. teleologisch? Die Handlungslehre im III. Buch der »Nikomachischen Ethik« verrät dazu mehr. Lernen durch

Gewöhnung ermöglicht es, einen Spielraum des Freiwilligen und Unfreiwilligen im Handeln zu entwickeln. Dabei spielen die unvernünftigen Leidenschaften eine große Rolle, nämlich der Mut und die Begierde (Aristoteles 1972, III 1111 b 1). In ihnen drängt etwas Naturhaftes in die Seele, ein vegetatives und sensitives Leben, welches die Antriebskraft des Seelischen darstellt. Die Zielrichtung des Handelns ergibt sich also einerseits durch eine gerichtete Bewegung aus Natur, welche in den Bedürfnissen des Leibes zum Ausdruck kommt. Diese müssen durch Güter befriedigt werden. Aristoteles lässt allerdings offen, ob sich diese Bedürfnisse unvernünftig in Form der Begierde durchsetzen, also die Zielrichtung des Handelns erzwingen, oder sich muthaft in Form eines vernünftigen Strebens gestalten lassen. Damit hat auch die praktische Vernunft ihre Hand im Spiel. Diese wird von Aristoteles Besonnenheit oder Klugheit genannt. Sie konstituiert sich aus einer Mitte-Überlegung zwischen extremen Möglichkeiten des Begehrens, um diese zu einem vernünftigen Streben oder einer strebenden Vernunft zu formen. Die Zielvorgabe der natürlichen Bedürfnisse bekommt hier eine Korrektur und Führung durch eine überlegte Wahl, welche auf einer Mitte-Überlegung beruht.

Aber dies ist noch nicht alles. Wie die aristotelische Handlungslehre im Buch III. zeigt, bezieht sich die vernünftige Überlegung und Entscheidung nicht auf das letzte Ziel des Handelnden. Dieses ist durch das Glück und das Gute festgeschrieben. Es kann sich nur auf die Mittel dazu beziehen. Diese aber sind in Lebensbildern festgehalten, welche in der Gemeinschaft der Stadt tradiert werden (Aristoteles 1972 I 1095 b 15). Man kann sein Glück als Staatsmann, als Arzt, als Handwerker oder Bauer machen. Diese Lebensbilder geben eine Zielrichtung an, welche im Gedanken der Gemeinschaft enthalten sind und jedem seinen Platz anweisen. Lernen durch Gewöhnung und überlegte Wahl stützen sich also drittens auf diese Lebensbilder, durch welche die politische Gemeinschaft ihre Hand im Spiel hat und Zielvorgaben für das Handeln entwirft.

Die Zielfindung für den ethisch Handelnden ist bei Aristoteles also ein diffiziles Bewegungsganzes von vorgegebenen Zielen des Organismus gemäß der Natur, von selbständig überlegten Zielen der Vernunft und Zielvorgaben der Stadt gemäß der Aufgabenbereiche, welche der Organismus der Gemeinschaft darstellt und sie in Lebensbildern normativ entwickelt. Hier werden auch die Grenzen einer Ethik des Guten bzw. des Glücks in ihrer Übertragbarkeit auf die Gegenwart sichtbar. Eine objektive Zielstruktur als Maßstab richtigen Handelns ist für die Menschen der Gegenwart nicht zu rechtfertigen und verbindlich zu machen. Weder ist in biologischen Strukturen des Organismus eine solche Zielstrebigkeit als Anlage ablesbar, wenngleich wir dynamisch sich entwickelnde Sinnzusammenhänge erkennen können. Noch lässt sich die Gesellschaft und der Staat als ein solcher objektiver Sinnzusammenhang organischer Art bestimmen, der den Menschen ihre Rollen in Form von Lebensbildern autoritativ zuordnet. Das Organismusmodell der Antike und des Mittelalters als Repräsentant einer vorgegebenen Ordnung ist zusammengebrochen. Dies hat seine Konsequenzen für die Bestimmung des Verhältnisses von Lernen durch Gewöhnung und überlegtes Entscheiden durch Vernunft. Die Antike kennt kein Unbewusstes im modernen Sinn. Die Erfahrungen aus Natur und politischer Wirklichkeit sind vorbewusste Übernahmen tradierter Erfahrungen. Diese werden durch eine Vernunft reflektiert, deren Bewusstheit auf die Mittelwahl zu vorgegebenen Zwecken des Guten und des Glücks eingeschränkt ist. Das Gute ist sozusagen als objektiver Zweck des Menschen fraglos gegeben und in seinem allgemeinen Inhalt festgelegt.

Welches sind dann die Konsequenzen für die Bestimmung des Ethischen, wenn es aus diesem Rahmen eines organischen Geflechts von Zielen herausgelöst wird, wenn sich das neuzeitliche Subjekt emanzipiert? Dies bedeutet, dass sich das Streben des Menschen nach Gütern nicht mehr an einem allgemein menschlichen Guten orientieren kann, vielmehr wird es jetzt zu einem subjektiven Wünschen und Streben. Jeder will etwas anderes, den Wünschen und Phantasien sind keine Grenzen gesetzt. Die gefragten Güter sind solche des Essens und des Trinkens, der Kleidung und Wohnung, der Sexualität, der Fahrzeuge und Maschinen, des Geldes, der Kunst und der Wissenschaft usw. Es gilt das »laissez faire laissez aller«. Der Sinn des Strebens und Verlangens ist das Konsumieren und Genießen. Anstelle des Guten tritt das Gefühl von Lust und Unlust in den Mittelpunkt. Wir haben es also mit einem menschlichen Handeln zu tun, das von Bedürfnissen angetrieben subjektive Weisen der Befriedigung sucht und lust-unlust-reguliert ist. Damit aber ist es aus dem Kontext der alten Ethikvorstellung herausgefallen, weil die Selbstbehauptung im Mittelpunkt steht. Jeder sorgt für sich allein. Die Selbstbehauptung des Einzelnen steht gegen die Selbstbehauptung des Anderen. Dies schließt Kampf, Verletzung, Tötung und Krieg ein. Das Problem der Aggression steht im Raum und wirft verschärft das Problem des richtigen Handelns auf.

2. Die Kantische Moralphilosophie

Dies ist die Situation in der praktischen Philosophie, die Immanuel Kant antrifft. Das menschliche Handeln ist nach Kant vom Begehrungsvermögen bestimmt. Dieses ist »das Vermögen durch seine Vorstellungen Ursache der Gegenstände dieser Vorstellungen zu sein« (Kant 1788, S. 3 f.) Die Natur verlangt in und durch den menschlichen Körper die Befriedigung ihrer Triebbedürfnisse. Der Mensch ist von innen heraus kausal durch sie bestimmt und von Gegenständen der Befriedigung angezogen und von denen der Versagung abgestoßen. Er strebt nach dem Gefühl von Lust und vermeidet Unlust. Die Erfahrung lehrt ihn, welche Gegenstände immer wieder enttäuschen und welche befriedigen, und so bilden sich innerseelisch durch Gewöhnung Neigungen heraus. Dieses Feld zu erforschen, stellt für Kant eine empirische Aufgabe dar. Für das begehrende Subjekt liegt das Feld seiner Neigungen in einem vorbewussten Bereich unklarer und undeutlicher Vorstellungen. Aber der Handelnde kann ja bekanntlich »Ich« sagen, d. h. er kann das Feld seiner Vorstellungen beobachten und sich reflektierend Klarheit verschaffen. Damit treten wir ein in die Dimension eines Begehrungsvermögens, welches die Wahl hat zwischen verschiedenen Vorstellungen seiner Befriedigung. Dies ist der den Menschen vorzüglich auszeichnende Bereich der Willkürfreiheit, der es ihm erlaubt, seine Neigungen bewusst weiter zu entwickeln. Kant definiert die Willkür als »arbitrium sensitivum, non brutum sed liberum«, als sinnliches Entscheidungsvermögen nicht roher sondern freier Natur (Kant 1797, S. 213). Jetzt stellt sich die Frage richtigen Handelns in einem ethikfreien Raum für jedes Subjekt neu. In der äußeren Welt tritt sie als Frage nach dem Recht auf. Was kann gemäß den Grundsätzen von Recht und Staatlichkeit als Anspruch an jeden Bürger erwartet werden? Da die Ansprüche jedes empirischen Staates an die Bürger und die Rechtsvorstellung und Ansprüche jedes Bürgers an den Staat sehr verschieden sind, macht Kant einen radikalen Schnitt zwischen den positiven Rechtsvorstellungen einzelner Staaten und dem, was man aus Vernunft grundsätzlich und allgemein vom Recht erwarten kann. Vernunftprinzipien müssen dem Kriterium der allgemeinen notwendigen Gesetzmäßigkeit folgen. Daher zählen zu ihnen solche übergeordnete Regeln wie: »Jeder ist vor dem Gesetz gleich« oder »Verletze niemanden«.

Entsprechend sucht Kant den ethikfreien Raum durch Rückgriff auf die Vernunft neu zu vermessen. Er macht hier einen Schnitt zwischen den Wünschen und Ansprüchen der Menschen auf Güter und Glück und dem, was an Grundsätzen für richtiges Handeln aus der Vernunft folgt. Da jeder Handelnde in seiner Innerlichkeit seine Maximen auf Übereinstimmung mit diesen Vernunftprinzipien überprüfen kann, zielt der Kantische Begründungsversuch auf die Etablierung einer Moral im Gewissen. Es überrascht nicht, dass der Begründungsansatz parallel zum Recht im Prinzip der Gesetzmäßigkeit als dem zentralen Vernunftkriterium gesucht wird. Bekanntlich ist der Kerngedanke des kategorischen Imperativs die Forderung, dass alle Handlungsregeln ihre Richtigkeit dadurch erweisen, dass sie als gesetzmäßig und verbindlich für alle Vernunftwesen erkannt werden können (Kant 1788, S. 42). Damit erhält das Gutsein eine neue Bestimmung: Es ist nicht mehr das Glück, das sein soll, sondern die Selbstverpflichtung auf Vernunft, die den Rang des Gutseins bestimmt. Bekanntlich beginnt Kant seine Grundlegung zur Metaphysik der Sitten mit dem berühmten Satz »Es ist überall nichts in der Welt, ja überhaupt auch außerhalb derselben zu denken möglich, was ohne Einschränkung für gut könnte gehalten werden, als allein ein guter Wille« (Kant 1797, S. 393).

Es mag so erscheinen, als habe Kant nach der Auflösung der aristotelischen Ethik, die Antike und Mittelalter gesellschaftlich und philosophisch beherrscht hat, für die Neuzeit eine definitive Grundlage der Moral neu geschaffen. Und in diesem Sinne begrüßt sie auch Jacques Lacan als unerlässlich für die Bestimmung der Ethik der Psychoanalyse nach der Auflösung der Güterethik aristotelischer Prägung, die er in sein Konzept des Genießens einmünden lässt (Lacan 1986, S. 267 u. 531). Ist also die Pflichtmoral Kants die Lösung, auf die man sich in der Gegenwart stützen kann? Auf den ersten Blick muss man Lacan zustimmen, denn die psychoanalytische Beziehung muss zweifelsohne dem Grundprinzip der Gesetzmäßigkeit entsprechen, aus dem inhaltlich folgt, dass jeder Handelnde verpflichtet ist, die Würde des Menschen in jedem Menschen zu respektieren, d. h. dass der Grundsatz der gegenseitigen Achtung die Basis auch der analytischen Beziehung darstellt (Lacan 1986, S. 90 f. u. 376 f.). Aber wann und unter welchen Bedingungen ist diese Achtung einzulösen? Sobald wir im Hinblick auf die Bestimmung dessen, was moralische Ansprüche der Psychoanalyse im Sinne einer Ethik bedeuten können, inhaltlich werden, zeigt die Kantische praktische Philosophie ihre Schwächen. Dies hat zu tun mit ihrer zeitgebundenen und unzureichenden Anthropologie, ihrer Sichtweise des Seelischen und der Gesellschaft und den unaufgelösten Widersprüchen, in welche sie dadurch mit ihrer Moralbegründung gerät. Dadurch wurde sie ja auch zum Stein des Anstoßes für die Entwicklung romantischer Ansätze bei Schelling (1807, S. 400) und lebensphilosophischer bei Schopenhauer (1844, II, S. 361 f.) und Nietzsche (1886, I, S. 17; vgl. Gödde 1999, S. 468 ff.). Deshalb versuchte ja Nietzsche im Rückgang auf die unbewussten Antriebe eine neue Grundlage für die Moral zu schaffen (vgl. Gödde 2002, S. 172 ff. u. 181 f.).

Um welche Art von Widersprüchen geht es denn im Gesamtkonzept von Kants praktischer Philosophie? Wie wir gesehen haben, ergibt sich ein erstes Spannungsfeld aus dem Verhältnis von Begehren und moralisch bestimmtem gutem Willen. Dieser Begriff des Begehrens, den Lacan zu seinem zentralen Theorem strukturaler Psychoanalyse machte, ist einerseits so weit gefasst, dass er alle menschlichen Strebungen umfasst, vom sinnlichen Begehren (Kants unterem Begehrungsvermögen) bis zum guten Willen (Kants oberem Begehrungsvermögen). Andererseits ist er so konstruiert, dass er auf der anthropologischen Grundlage eines von allen ethischen Bindungen freigesetzten Strebens aufgebaut ist: Er bezeichnet ein unbegrenztes, daher maßloses Streben und ein vom Grundsatz der Selbstbehauptung her gedachtes, egozentrisches Verlangen. Die Dimension des Wünschens ist als selbstbezogenes Genießen nach dem Lustprinzip konzipiert. Damit aber gerät es in strikten Gegensatz zu dem, was der gute Wille als höheres Streben beinhalten soll, nämlich Einschränkung der Selbstbehauptung auf wechselseitige Achtung vor der Würde des Anderen oder ein Begehren nach der Anerkennung durch das Begehren des Anderen. Dies bedeutet aber, dass das Konzept das Begehrens in sich zweigeteilt und zwiespältig ist. Dies diagnostizierte ja schon Thomas Hobbes, indem er sinngemäß sagte: »Men are dissociated« (Hobbes 1652, III, S. 113).

Aber dies hat noch mehr Widersprüche zur Folge, in denen Kant sich als scharfsinniger Analytiker der Zeit erweist, der ihre psychosozialen Widersprüche in seine Analyse mit aufnimmt. Für ein und das nämliche Begehren gilt nämlich, dass es als dasjenige des Körperwesens Mensch gedacht wird, welches kausal durch die Gegenstände der Lust angezogen und durch solche der Unlust abgestoßen wird. Damit aber wird einer Apparatevorstellung des Seelischen das Wort geredet, wie sie noch in Freuds frühem Konzept im »Entwurf einer Psychologie« von 1895 (Freud 1950c, S. 405 f.) oder im VII. Kapitel der »Traumdeutung« nachklingt (Freud 1900a, S. 541). Vor allem aber wird als Zentrum des Physischen und Psychischen ein Triebbegriff in Ansatz gebracht, welcher in seiner reduziertesten Form schon bei Kant mit einer mechanischen Kraftvorstellung verknüpft ist. Allerdings ist Kant klar, dass diese am Anorganischen abgelesene Kraft nicht ausreicht, um die Äußerungen der »Lebenskraft« eines Organismus zu begreifen. Das mechanistische Triebkonzept im Begriff des Begehrens gerät also in Widerspruch zum Organischen der Lebenskraft. Kant beschreibt die Lebenskraft: »Ein organisiertes Wesen ist nicht bloß Maschine, denn die hat lediglich bewegende Kraft, sondern besitzt in sich bildende Kraft« (Kant 1790, S. 374). Vollends gerät das Triebkonzept in Widerspruch zu seinen mechanistischen Wurzeln, wenn Kant den entwickelten Begriff eines Ichs einführt, dem Wahlfreiheit zugesprochen wird. Hier auf dem Niveau der Willkürfreiheit haben wir das höchste Triebniveau des Menschen erreicht, denn hier überschreitet er den Bereich dunkler und unklarer Vorstellungen, die im Vorbewussten verbleiben. Die mechanischen Reaktionen des Gefühls der Lust und Unlust und die vitalen der Lebenskraft zählen also bei Kant zu diesem dunklen Vorbereich der Körperlichkeit und des psychophysischen Lebens. In der Willkür gewinnt das Ich ein Bewusstsein von sich, kann die klaren und deutlichen Vorstellungen abscheiden und unter ihnen wählen. Es gewinnt Wahlfreiheit.

Aber schon ist der nächste Widerspruch auszumachen. Dieses Ich ist primär bestimmt vom Gesichtspunkt der Selbstbehauptung, es ist ein rohes Ich im Sinne des Vulgärsinnes (sensus vulgaris), kein mit Gemeinsinn ausgestattetes Ich. Natürlich kennt Kant Zwischenstufen zwischen dem Egoismus der Willkürfreiheit und der Vernunft, z. B. die Ausbildung eines Gemeinsinnes (sensus communis), vor allem ästhetischer Art. Aber die volle Gemeinschaftsfähigkeit muss erst über die Vernunft hergestellt werden, welche die Willkür des Ichs zum guten Willen eines die Mitmenschen achtenden Ichs bildet. Willkür-Ich und guter Wille widerstreiten also einander. Dies hat gesellschaftliche Konsequenzen. Auch hier gilt, dass Willkür-Ich gegen Willkür-Ich steht und die Menschen entzweit sind. Aber der gute Wille bindet sie wieder aneinander. Diesen Widerspruch fasst Kant in die berühmt gewordene Formel von der »ungeselligen Geselligkeit« des Menschen (Kant 1784, S. 20).

Überblicken wir diese Widersprüche, so hat es die praktische Vernunft schwer, sich durchzusetzen. Der Trieb steht gegen das Ich, die Determination gegen die Freiheit, der Willkür-Wille gegen den Gemein-Willen, die dunklen Vorstellungen gegen die klaren. Kant versucht bekanntlich, die Befähigung des Menschen zu moralischem Wollen durch eine Psychologie im Sinne einer Vermögenslehre abzusichern gemäß dem Grundsatz: »Ultra posse nemo obligatur«, was sinngemäß heißt: »Du kannst, denn Du sollst« (Kant 1795, S. 370). Aber dies ist ein Optimismus wider besseres Wissen.

Die Kantische Moralphilosophie bleibt mit diesem Konzept eines zerrissenen Menschen in einer zerrissenen Gesellschaft problematisch. Ihre Rehabilitierung in der Gegenwart ist aufgrund der ungelösten Probleme im Konzept des Menschen und der Gesellschaft nicht möglich. Der erste Anlauf der Aufklärung bleibt daher im Widerspruch von Idealismus und Realismus stecken.

3. Die implizite Ethik der Psychoanalyse Freuds

Dies ist die Ausgangslage für die Wissenschaften und die Philosophie des 19. Jahrhunderts. Alle ihre Theorien sind Antwortversuche auf diese Problemvorgaben der Kantischen Philosophie als Höhepunkt der Ersten Aufklärung. Dies gilt bis hin zur Entdeckung des Unbewussten und Begründung der Psychoanalyse durch Freud. Kant hatte noch versucht, die Widersprüche im Diskurs dadurch zu überdecken oder über Vernunft zu meistern, dass er ein unaufgeklärtes Erfahrungsfeld der dunklen und unklaren Vorstellungen unterschied, in welchem er die sinnlichen Begierden, vor allem die heftigen Affekte und Leidenschaften, unterbrachte. Die Affektstürme hielt er für nicht aufklärbar. Man muss warten, bis sie vorüber sind. Die Leidenschaften gar hielt er für so resistent, dass sie der Aufklärung widerstehen. Im Übrigen müsse man sie einem Seelenarzt anvertrauen (Kant 1798, S. 251). Von diesem dunklen Bereich hob er die klaren und deutlichen Vorstellungen ab, in denen das Ich sich selbst reflektiert und aufklärt. Dadurch wird es prinzipiell zur Vernunft befähigt. Diese müsse dann mit Disziplin (disciplina) über den dunklen Bereich wachen und ihre Herrschaft ausüben. Mit Freud tritt der »Seelenarzt« auf, der sich den resistenten Leidenschaften zuwendet, sie als Sexualität offen legt und die Herrschaft des Ichs im Seelenleben in Frage stellt. Damit verbunden ist die Entdeckung des Unbewussten, welche zunächst und zuerst das Gefüge der traditionellen gesellschaftlichen Moral erschütterte.

Die frühen Texte von Freud zeigen, dass die Kantischen Widersprüche im Seelischen nebeneinander bestehen, dass der einfache Versuch der Aufklärung, durch Auflösung und Überwindung der Gegensätze die Welt wieder in Ordnung zu bringen, zum Scheitern verurteilt ist. Dies bedeutet, dass eine Grundannahme der bürgerlichen Welt erschüttert wird, nämlich dass dieser Welt eine Normalität zugrunde liegt, welche nur an ihren Rändern die Anormalität, die Verrücktheit, die Doppelmoral etc. kennt, die man einfach ausgliedern kann. Vielmehr zeigt Freud, dass sie sich in ihrem Zentrum eingenistet hat, ja dass unsere gesamte Erfahrungswelt von Zweideutigkeiten, Widersprüchen und Paradoxien geprägt ist. Im Zentrum der ärztlich-therapeutischen Aufmerksamkeit der frühen Zeit stehen die Krankheiten und gesellschaftlichen Strömungen, in denen Moral und Leidenschaft kollidieren, insbesondere die neurotischen Strukturen von Hysterien, Phobien und Zwangsneurosen. Der frühe Freud zieht aus der mit Breuer reflektierten Behandlung von Hysterikern die Konsequenz, dass »sie an Reminiszenzen leiden« (Freud 1895d, S. 86), welche sie verdrängt haben. Hier wird die entscheidende theoretische Neuerung eingeführt, nämlich das Konzept der Hemmung und des Ausschlusses von Vorstellungen aus dem Bewusstseinsleben aufgrund ihres unerträglichen Affektgehaltes. Die heftigen Affekte bei Kant tauchen hier wieder auf. Die Seelenlandschaft ist aber nicht mehr in dunkle vorbewusste Strömungen und bewusste klare Bereiche gegliedert, sondern erhält zusätzlich zu diesen beiden Dimensionen eine neue, nämlich die unbewusste Dimension. Kriterium dafür ist die Hemmung und der Ausschluss von Vorstellungen – in der Anfangszeit der Psychoanalyse mit dem theoretischen Terminus ›Verdrängung‹, dann auch wieder mit dem der ›Abwehr‹ bezeichnet. Der Begriff der Abwehr setzt sich durch und bezeichnet einen Vorgang an den Vorstellungen und Affekten, nämlich den Ausschluss der Vorstellungen und damit den Entzug der unerträglichen Affekte. Letzteres ist jedoch nur möglich, indem ein Affekt gegen einen anderen mobilisiert wird. Ganz zu Anfang spricht Freud in Schopenhauerscher Terminologie vom Kampf zwischen ›Wille‹ und ›Gegenwille‹ (Freud 1892–93a, S. 10f.). Damit ist die Doppelstruktur des seelischen Erlebens begründet.

Im Gegensatz zu Kant muss also die Folgerung gezogen werden: Die dunklen und unklaren Vorstellungen sind inhaltlich nicht wirklich aufklärbar, sondern nur durch eine formale Prozedur klar und deutlich zu machen. Ihre Dunkelheit und Unklarheit besteht nicht in erster Linie im Mangel an formaler begrifflicher Klarheit, sondern in ihrer Zweideutigkeit, Konflikthaftigkeit und Anormalität, darin dass sie sinnverschoben, verrätselt oder ver-rückt sind. Dies ist die Kernannahme des Unbewussten. Aufklären der Dunkelheit bedeutet inhaltliches Verstehen der unbewussten Konfliktstruktur. Die Widersprüche der Kantischen Anthropologie, Erkenntnislehre und Gesellschaftsstruktur lassen sich nicht auf dem Wege theoretischer Vereinheitlichung lösen, wie der Deutsche Idealismus meinte, sondern durch Aufdeckung der ihnen zugrunde liegenden unbewussten

Konfliktstruktur, die sich in der neurotischen Erkrankung destruktiv verklammert und im kulturellen Kompromiss eine kreative Lösung finden kann. Ebenso wenig lassen sich die Probleme moralischen Handelns auf dem Weg ihrer Formalisierung in eine Gesetzmäßigkeit der Vernunft und Einsicht in deren Pflichtcharakter auflösen; nur auf dem Weg des Aufdeckens und Austragens der Konflikte lassen sich Verhältnisse wechselseitiger Achtung wiedergewinnen. Insofern ist die Kantische Pflichtethik nach der Entdeckung des Unbewussten in der alten Form nicht rehabilitierbar, sondern bedarf des Durchgangs durch die Lehre vom Unbewussten.

Dieser Ansatz hat natürlich seine Konsequenzen. Erstens steht nunmehr die Frage zur Disposition: Welche Wünsche, Absichten und Begehrungen liegen dem menschlichen Handeln zugrunde? Wir wissen um die Absichten, die Aristoteles als Streben nach dem Glück beschrieben hat. Wir wissen um die Absichten, die Kant der Willkürfreiheit (liberum arbitrium) zuschreibt, welche den Genuss anstreben und den Inhalt von Maximen bilden. Aber was begehrt der Mensch wirklich? Das, was er als Lippenbekenntnisse und in offizieller Sprache als seine Absichten verkündet? Oder was er als geheime Absichten in petto trägt? Oder was an Wünschen seine Absichten durchkreuzt? »Che vuoi«? Was willst du? legt Lacan als Frage seinem Graphen des Begehrens zugrunde (Lacan Sch II 1975, S. 190 f.) Die Lehre von den Absichten im Sinne der sprachanalytischen Handlungstheorie oder die Lehre von der Intentionalität im hermeneutischen Sinn erscheint reduziert vor dem Hintergrund der psychoanalytischen Lehre der Konstitution des Begehrens. Es reicht nicht aus, Intentionen aus ihrem sprachlichen Zusammenhang von Glaubens- und Absichtshypothesen oder ihrem phänomenalen Zusammenhang von Affektionen des Ichs und Sinndeutungen durch das Ich zu erklären. Wie Freud im VII. Kapitel der »Traumdeutung« zeigt, müssen wir lebensgeschichtlich einen Ursprung des Wunsches unterstellen, der in einer Art Urphantasie unbewusst festgeschrieben ist und unser Suchen in der Wahrnehmung und im Denken bestimmt. Warum bist du bei deiner Suche nach einem Liebespartner gerade von diesem Bild geleitet und nicht von einem anderen? Freud bezeichnet es als das Bild vom »ursprünglichen Befriedigungsereignis«, welches wir im Leben wiederzufinden trachten, bis es zu einer Wahrnehmungsidentität oder auf Umwegen zu einer Denkidentität mit ihm kommt (Freud 1900a, S. 571 f.). Aber ebenso treten einschränkend, hemmend und verhindernd Eindrücke von Versagung, Traumen und Kastrationserfahrungen dazwischen, welche uns veranlassen, unsere Wünsche unkenntlich zu machen, zu blockieren und zu verstümmeln. Was schließlich als Handlungsintention hervortritt, entspricht nicht schlicht einem Umwelteindruck und einer Ich-Vorstellung, sondern ist psychogenetisch gesehen das Resultat eines komplizierten Aufbaus von Wegen der Befriedigung und Versagung, hat also den Charakter eines abgewehrten Wunsches. Allein schon die diversen Abwehrmodalitäten zu erfassen, aus denen die aktuelle Handlungsintention geformt ist, bedeutet ein entwicklungsgeschichtliches Geflecht von Motivationen aufzudecken, das dem Handeln zugrunde liegt. Wenn daher Ethikhandbücher Begriffe und Terminologien weiterverwenden wie z. B. den Begriff Abulie (Willensschwäche), so zeigen sie, dass sie noch im Bezugssystem alter Vermögenslehren des Seelischen denken, die auf der naiven Annahme basieren: »Du kannst, wenn du nur willst«. Auf dem Hintergrund dieser Annahmen müsste sich z. B. ein Suchtkranker einen inneren Impuls geben können, um seinem Suchtdrang abzuschwören. Einem solchen Denken fehlt die Vorstellung, dass die Willensschwäche selbst das Ergebnis eines innerseelischen Kampfes ist, in dem sich Wunsch und Abwehr in ein Motivationspatt verrannt haben. Hier zeigt die Lehre vom Unbewussten, dass sie prinzipiell in der Lage ist, ungeklärte Motivationsbedingungen psychogenetisch zu erhellen.

Zweitens steht in diesem Ansatz zur Disposition, von welchen moralischen Vorschriften wir uns leiten lassen. Welches ist das maßgebliche »Du sollst«, das für unser Handeln bestimmend ist? Welche Vorschriften wirken auf unser Handeln ein? Wir kennen die Wege der Gewissenserforschung, die wir abschneiden, wenn wir auf der Flucht vor dem Gewissen sind, oder die wir extensiv beschreiben, sodass sie uns nächtelang quälen, ohne dass wir zu einem Ergebnis kommen. Wieder scheint es so, dass sich die Gewissensprüfung gemäß dem Formalismus der Kantischen Überprüfung der Maximen effektiv vollziehen könnte. Bezüglich einer Maxime lässt sich in der Tat die Prüfung auf Gesetzmäßigkeit gedanklich durchziehen. Aber ob diese Maxime irgendetwas mit den in der Person wirksamen Lebensregeln, Normen etc. zu tun hat oder nur die berühmte Spitze des Eisbergs darstellt, unterhalb derer ganz andere Forderungen wirksam sind, ist mit diesem Verfahren nicht zu entscheiden. Häufig haben Maximen Alibi-Funktion und können durch Bestätigung ihrer Gesetzmäßigkeit dazu verhelfen, das Gesicht zu wahren. Das Problem der Aufrichtigkeit ist jedenfalls auf diesem Wege nicht zu lösen. Dies hat schon Hegel in seiner Rechtsphilosophie erkannt, indem er zeigte, dass die Prüfung des Gewissens gemäß dem Prinzip der Allgemeinheit umschlagen kann in die Eitelkeit und Heuchelei einer Rechtfertigung subjektiver Strebungen (Hegel 1821, § 140, S. 125 f.). Doch Hegels Kritik hat selbst etwas vom Moralisieren eines Besserwissers. Sie kennt nicht die Möglichkeit, dass sich hinter den Normen von der Art des »Du sollst«, »Du darfst«, »Du darfst nicht« oder »du musst« anderslautende unbewusste Verbote und Schuldgefühle aus der wirklichen und phantasierten Übertretung dieser Verbote verbergen. Insbesondere sind es die tiefverwurzelten Rachegefühle, mörderischen Impulse und Phantasien, welche ebenso schwere Schuldgefühle hervorrufen und eine Fülle von Vermeidungs- und Verleugnungsstrategien auslösen. Freud hat darauf hingewiesen, indem er hinter der Dimension bewusster Schuldgefühle die Abgründe unbewusster Schuldgefühle aufgedeckt hat (Freud 1923b, S. 254 f.).

Spätere Entwicklungen der Psychoanalyse deckten die Fülle von unbewussten Abwehrmaßnahmen auf, die diesen hartnäckigen und so schwer zu lösenden Knoten von Hass bzw. Wut und Schuld unkenntlich zu machen versuchen. Eine erste Strategie ist die Externalisierung von Schuld. Die eigenen unbewältigten Rache- und Schuldgefühle lassen sich dadurch vermeiden, dass man den Hass am anderen erlebt. Dadurch kommt man in die Opferposition und kann den anderen als Täter brandmarken. Eine andere Strategie besteht darin, zu jedem schuldhaft erlebten Hassimpuls einen guten menschenfreundlichen Impuls zu entdecken und dadurch den anderen zu neutralisieren. Allerdings zwingt dies zu einer ständigen, extensiven und selbstquälerischen Beschäftigung mit der Frage: Bin ich schuldig oder nicht? Eine dritte Strategie der Verleugnung besteht darin, den Platz des Guten, Sanftmütigen und Friedliebenden zu besetzen und alle bösen Impulse auszuradieren. Auch diese Strategie setzt den anderen ins Unrecht und schlägt auf den Guten zurück, weil er die Aggression und Wut des anderen provoziert hat. Eine vierte Strategie besteht in der Innenlenkung von Hass, Rache und Schuld in Form der Selbstzerstörung in Krankheit und Selbstmord. Auf diesem Wege kann der Hass als Selbsthass wüten und die Schuld wird in der Selbstbestrafung befriedigt. Die Thematik unbewusster Schuldgefühle ist also zur Klärung der Frage der Aufrichtigkeit oder Wahrhaftigkeit des Fühlens, Denkens und Handelns unerlässlich.

Drittens steht in diesem Ansatz zur Disposition, von welcher Art das Ich selbst ist, das sich als moralisches Subjekt ins Zentrum ethischen und moralischen Handelns stellt und welche Art seine Beziehungen zum anderen (im Sinne von Mitmenschen und Natur) sind. Weiß die linke Hand, was die rechte tut? Ist das Ich in all seinen Vorstellungen und Absichten sich selbst gegeben? Schließt es sich autonom in sich ein? Selbst Kant war sich darüber im Klaren, dass das endliche Ich das eigene Vorstellungsleben nicht umfasst, dass ihm der Reichtum seiner Erfahrungen und Vorstellungen entgeht. Aber er war der Meinung, dass das Ich bestimmte Vorstellungen ins Licht des Bewusstseins heben, sie einer Prozedur der begrifflichen Klärung im Sinne des clare et distincte unterwerfen könnte. Dann wären diese Vorstellungen und Absichten aufgeklärt. Das endliche Ich hätte sich zum unendlichen erhoben und würde an der höheren Autonomie der Vernunft teilhaben. Aber die Fragestellung der Psychoanalyse untergräbt auch diese Selbstgewissheit und Selbstbestimmung des Subjekts (Freud 1923b, S. 253). Natürlich stellt sie nicht in Abrede, dass das Ich solche Seiten hat, in denen es sich begrifflich reflektiert und selbst bestimmt. Aber die Frage setzt tiefer an, ob genau dieses Herausheben bestimmter Vorstellungen und Setzen bestimmter Absichten selbst schon wieder unbewussten Prozeduren des Zulassens und Ausschließens von Reflexion und Selbstbestimmung entspringt. Dann würden im Ich selbst unbewusste Abwehr- und Auswahlvorgänge eine fundamentale Rolle spielen, selbst beim Vollzug selbstbewusster Reflexions- und Bestimmungsakte. Wir wissen z. B. um die selektive Funktion der Angst, dass sie als mäßige Angst Wahrnehmung und Denken schärft, dass sie aber als lähmende Angst Ausblendungen in der Wahrnehmung, der Phantasie und im Denken vornehmen kann, wodurch bestimmte Erfahrungen verschleiert und Handlungsmöglichkeiten gar nicht zur Erwägung kommen. Eine solche Perspektive hat eine einschneidende Veränderung im Subjektbegriff zur Folge. Die überlegene Stellung des Subjekts in der Aufklärung und im Deutschen Idealismus, welche sich durch die Behauptung der Unparteilichkeit der Vernunft gegen Endlichkeit, Verletzlichkeit und Sterblichkeit abzusichern versuchte und dadurch eine gottähnliche Stellung einnahm, geht jetzt verloren zugunsten der Anerkennung seiner Begrenztheit und Gebrochenheit. Freud, der dem Ich die drei Bestimmungen des bewussten, des vorbewussten und des unbewussten Tätigseins zuerkannte, kam aus diesem Grunde zu der Auffassung, dass der Mensch sich eher als Prothesengott ausnehme (Freud 1930a, S. 451). Auch Judith Butler sieht keine Möglichkeit mehr, die Souveränität des neuzeitlichen Subjekts aufrecht zu erhalten. Eher sei es als ein in sich geteiltes, seiner Souveränität beraubtes Subjekt vorzustellen und anzuerkennen (Butler 2003, S. 12 f.). Genau diese Position aber sei die Voraussetzung, im moralischen Sinne Verantwortung zu übernehmen für eine endliche Natur, endliche Körperlichkeit und irreversible menschliche Geschichte.

Die Anerkennung von vorbewussten und unbewussten Dimensionen des Ichs über die bewussten hinaus hat natürlich Konsequenzen für das Verhältnis des Ichs zum anderen. Ebenso wie es sich selbst nicht im Vorstellen erfassen und in den Absichten selbst bestimmen kann, entgeht ihm auch die Möglichkeit, den mitmenschlich anderen zu erfassen und zu kontrollieren. Die Versuche der Einfühlung und des Verstehens des anderen stoßen auf das Problem der Spiegelbildlichkeit von Ego und Alter Ego, das Doppelgängerproblem oder den Gebrauch des anderen als Objekt für das Selbst. Das andere Ich entzieht sich dem direkten Zugriff. Das Subjekt findet im direkten Bezug auf den anderen nur sich selbst im anderen wieder. Die bewussten Zugangsweisen zum Mitmenschen laufen daher alle zuerst in die imaginäre Falle der Spiegelbildlichkeit. Hier haben Lacan und die Poststrukturalisten einen entscheidenden Schritt der Öffnung auf den anderen hin getan, indem sie deutlich gemacht haben, dass unbewusst in der Beziehung zum anderen die Übertragung von eigenen Bildern und Gefühlen stattfindet, ohne dass das Subjekt dessen gewahr wird (Lacan 1973, S. 68). Das Beharren in dieser Einstellung wird in der Psychoanalyse als Narzissmus bezeichnet. Der Schritt von Lacan und den Poststrukturalisten besteht darin, das Bild vom anderen als Projektion zu erfassen, indem man sich dem Prozess der Klärung von eigenem und anderem in der Sprache überlässt. Im Öffnen für die Anrede des anderen kann sich dessen Andersheit zu erkennen geben. Im Resultat zeigt sich: Der andere ist anders, als ich ihn mir vorgestellt und phantasiert habe. Diese Erfahrung hat jedoch noch eine Kehrseite. Indem ich mich auf dieses Anderssein einlasse, bekomme ich eine andere Seite meines Selbst zu Gesicht, die mir bisher unbekannt und verborgen war. Wir kennen alle die schon von Sartre in seiner Theorie des Blicks (1943) vorgedachten Positionen, in denen sich zwischenmenschliche Auseinandersetzungen und Konflikte festfahren. Der Eine bezieht die Position der strengen Ordnung und Prinzipientreue, der Andere die der chaotischen und spontanen Impulsivität. Der Eine bezieht die Position des Tüchtigen, der alles im Griff hat und beherrscht, der Andere die Position des Versagers, der sich hilflos und ohnmächtig fühlt. Der Eine stellt sich auf den Standpunkt von Härte und Grausamkeit, der Andere auf den der Nachgiebigkeit und des Leidens. Daraus entstehen zerstörerische Konflikte, sofern nur diese bewussten Seiten zugelassen und durchgezogen werden. Alle Korrekturen über abstrakte Anerkennungsmodelle und kommunikative Diskurse können hier keine Abhilfe schaffen. Eine Öffnung wird erst möglich, wenn etwas von der anderen Seite als unbewusste Kehrseite des eigenen Standpunktes erfasst und anerkannt werden kann (Lacan 1980, S. 142).

4. Die Ethik bei Lacan

Wir sind jetzt an dem Punkt, an dem wir zu überprüfen haben, was es mit Lacans Ethik der Anerkennung der Realität auf sich hat. Er führt seine Position an einer Stelle der »Ecrits« mit dem emphatischen Titel einer »Vernunft seit Freud« ein (Lacan 1975, S. 15 f.). Diese Aussage ist nach dem Gang unserer Argumentation nachvollziehbar, denn erstens tragen die klassischen Vernunftkonzepte nach Aristoteles und Kant unter den gegenwärtigen Bedingungen nicht mehr. Nicht dass sie als sinnlos entwertet würden. Aber weder die klassische Tugendlehre noch die Pflichtethik geben hinreichende Möglichkeiten der Orientierung für das Handeln in der gegenwärtigen Gesellschaft. Insofern ist hier eine Neufassung des Vernunftverständnisses notwendig und unerlässlich. Selbst Gerechtigkeitsmodelle wie das von Rawls oder Modelle der Anerkennung in der Diskursethik bleiben zu abstrakt und damit von den wirklichen Motiven und Situationen abgehoben. Die Fragestellung der Andersheit eröffnet hier eine bessere Möglichkeit, zu einem triangulierten und somit vernunftorientierten Verständnis der eigenen Motive zu führen. Insofern bedeutet die Einsicht, dass die Andersheit des anderen die unbewusste Kehrseite des Eigenen darstellt, in der Tat die Schwelle zu einer Vernunftauffassung nach Freud.

Durch Freuds Entdeckung des Unbewussten und sein Konzept von Psychoanalyse ist also klar geworden, dass eine künftige Ethik ohne eine strukturelle Einbeziehung unbewusster Prozesse auf Sand gebaut ist. Weder die Thematik des eigenen Wünschens oder Begehrens ist hinreichend zu klären noch die der Verstrickung in Schuld und Schuldgefühle ist aufzulösen. Die Frage der Beziehung zu den Mitmenschen bleibt in wesentlichen Bestimmungen unterbelichtet, aber auch die Konzeption der Vernunft muss zwangsläufig zu einer abstrakten und kraftlosen Gegeninstanz im Sinne der Klugheit oder der Pflicht werden und sich im unlösbaren Dauerkonflikt mit den Begehrungen aufreiben.

Wie sieht die Einbeziehung unbewusster Prozesse nach Freud und die Anerkennung ihrer Bedeutung für die Ethik aus? Was bei Freud nur in

Form impliziter Bestimmungen des analytischen Prozesses herausgearbeitet wurde, wird bei Lacan explizit gemacht und in seinen wissenschaftstheoretischen und philosophischen Grundannahmen offen gelegt. Das Problem dabei ist, dass die strukturalistische Deutung der Psychoanalyse nur eine mögliche und zudem problematische philosophische Deutung des psychoanalytischen Prozesses darstellt. Eines ist klar bei Lacan: Der strukturalistische Zugang zum Unbewussten schließt explizit eine *ethische* Dimension ein. Wer sich auf die unbewusste Dimension des eigenen Lebens und Erlebens einlässt, übernimmt damit eine Verantwortung für sich, für die Anderen und die Realität. Insofern hat die Psychoanalyse eine explizit ethische Dimension. Dies hat Lacan unterstrichen, indem er ein Jahr lang in einem eigenen Seminar (Se VII) über dieses Problem referierte. Umgekehrt gilt aber auch, dass wer sich der Verantwortung für seine menschliche Existenz stellt, dem Problem des Unbewussten nicht ausweichen kann, weil sonst die Ethik nicht über den alten fruchtlosen Gegensatz einer Herrschaft der abstrakten Ideale gegen das konkrete Begehren hinaus kommt. Die Auseinandersetzung mit dem Unbewussten impliziert Ethik und die mit der Ethik impliziert das Unbewusste. So strikt und explizit hat vor Lacan niemand den Zusammenhang behauptet.

Was schließt diese Übernahme der Verantwortung für sich und die Anderen nach Lacan ein? Er differenziert in die Verantwortung für den Analysanden und den Analytiker. Da alle, die sich auf das Unbewusste einlassen, Analysanden waren und zeitlebens sein werden, stellt sich die Frage der Verantwortung zunächst von dieser Seite. Wir werden sofort in das Zentrum der Lacanschen Ethik gestoßen, wenn wir seine ethische Grundfrage aufgreifen, die seine Version eines Kategorischen Imperativs impliziert: »Hast du gemäß dem Begehren, das in dir ist, gehandelt?« (Lacan 1986, S. 362 f.). Dass Achtung oder Respekt vor der Würde des Menschen im Kantischen Sinne sich zunächst und primär auf das eigene Begehren richtet, stellt eine Lacansche Wendung in der Ethik dar, welche ebenso überrascht wie Missverständnissen Tür und Tor öffnet. Ein erstes Missverständnis könnte entstehen, wenn man Begehren schlicht mit dem Lustprinzip gleichsetzt. Diese Auffassung würde zu einer »hedonistischen« Lesart der Lacanschen Ethik verleiten oder doch zu einer gemäßigten epikuräischen. Die Maximierung der eigenen Lust ins Zentrum der Ethik zu stellen, bedeutet aber eine grundsätzliche Verkennung der Ethik des Begehrens, weil Lacan 1. den ganzen Bogen der Lust vom Anschwellen bis zum Erlöschen betont, 2. aber den eigenen Wunsch ins Feld der Auseinandersetzung mit dem Wunsch des anderen stellt. Er bezieht also das intersubjektive oder soziale Schicksal des Wunsches mit ein, der Wunsch nach dem Wunsch des anderen ist und hier auf den fundamentalen Mangel der Versagung stößt. Der von Lacan entwickelte Terminus »Genießen« schließt, wie uns das Wörterbuch der Lacanschen Psychoanalyse belehrt, gerade die Dimension von intersubjektiv erfahrener Freude und Schmerz ein. Begehren heißt also – ähnlich wie bei Nietzsche – Freude und Schmerz, Sieg und Niederlage auszuhalten. Damit wird 3. die Frage des Verfehlens der Verantwortung für das Begehren deutlich. Lacan bestimmt das Schuldigwerden des Analysanden im Leben und in der Analyse als Ausweichen vor dem Begehren, als Sich-Verschleiern des Begehrens, als Zerstörung des eigenen Begehrens. »Aus analytischer Sicht ist sein Begehren aufzugeben, das einzige, dessen man schuldig werden kann« (Lacan 1986, S. 368). Verfehlen des Begehrens als Seinsverfehlung aber hängt zusammen mit der pathogenen Überich-Last, mit den Phantasien von Verfolgung, Strafe, sadistischem Quälen und Gequält-Werden, welches sich dem Begehren in den Weg stellt. Das Begehren ist also im alltäglichen Lebenskontext verschüttet durch imaginäre Angstphantasien, durch irrationale Schuldgefühle und Racheszenarien, welche die Unterscheidung wirklicher Schuld von gefühlter verunmöglichen. Man sieht an dieser Stelle, wie unerlässlich die Auseinandersetzung mit dem Unbewussten zur Klärung der Schuld ist. Lacans Instrumentarium im Hinblick auf die Klärung der Frage wirklichen Begehrens ist die der Unterscheidung des Imaginären vom Symbolischen oder des In-die-Sprache-Hebens der Phantasien. Die Verantwortung für das Begehren kann sich also keinesfalls auf die imaginären Wünsche und Schuldgefühle beziehen, noch auf den neurotischen Konflikt zwischen ihnen, sondern auf das »wirkliche Begehren« und die »wirkliche Schuld«. Damit aber kommt eine Frage des Wirklichen ins Spiel, wie sie Freud mit seinem Realitätsprinzip aufgeworfen hat, und wie sie Lacan im Begriff des Symbolischen zu fassen versuchte, welcher als Grenzbegriff das Reale (im Sinne des Kantischen Ding an sich) hat.

4. ist also die Frage der Klärung des wirklichen Begehrens aufgeworfen. Diese wird jetzt zu einer Frage der Klärung von Signifikanten und Signifikantenketten, in denen sich das Begehren ausspricht. Welche Bezeichnung hat dein Begehren in der Sprache? Zum Beispiel was die Geschlechterdifferenz betrifft: Ist es als männliches oder weibliches Begehren bezeichnet und was heißt dies? Zum Beispiel was die Frage der Generationendifferenz betrifft: Ist es als männliches Begehren gegenüber der Mutter oder als weib-

liches Begehren gegenüber dem Vater bezeichnet? Damit kommt mit der Frage der Signifikanz des Begehrens die Frage des Gesetzes, der Sprache und der Gesellschaft hinzu, an dem sich das Begehren bricht. Es sieht sich dem Inzestverbot konfrontiert. Die Achtung vor dem Begehren schließt also gleichzeitig die Achtung vor dem Gesetz ein. Lacan schlägt hier den Bogen zum Gesetzesbegriff eines Paulus wie eines Kant, die er in diesem Kontext mit neuem Sinn erfüllt.

Die Verantwortung für das Begehren schließt also seine Befreiung aus imaginären Verkennungen ein. Diese Öffnung auf Realität hin erfolgt mittels der symbolischen Funktion der Sprache. Diese konfrontiert es mit dem Gesetz. Das Gesetz aber ist der Platzhalter des großen Anderen. Wir sind also 5. mit der Dimension des Begehrens konfrontiert, in der es sich durch das imaginäre Objektsein des Anderen (a) hindurch arbeitet und in der Begegnung mit dem Gesetz der Sprache sich auf den Anderen (A) hin entwirft: Kurz, es ist Begehren nach dem anderen der Wahrheit. Da diese Wahrheit aufgrund der Zeitlichkeit der Sprache erst im Tode zu haben ist, ist das Begehren nach dem Leben zutiefst auch Begehren nach dem Übergang vom Leben in den Tod. Der Genuss der Existenz schließt somit Lust- und Schmerz-Mangel, Einschränkung durch das Gesetz und den Tod ein. Lacan greift in der letzten Bestimmung des Begehrens als Auflösung im Tod auf die Existenzialienlehre Heideggers zurück, für den die Existenz ein »Lauf zum Tode« ist. Die Verantwortung für die eigene Existenz schließt also unbewusst auch den inneren Zusammenhang von Leben und Tod ein. Damit nimmt die Ethik des Realen bei Lacan eine Wendung ins Tragische. Das Begehren ist einerseits gebunden an das eigene Schicksal, welches es im ursprünglichen Befriedigungsereignis (Freud 1900a, S. 571) auf die Suche nach dem Objekt der Befriedigung (a) festgelegt hat. Auf der anderen Seite sind Enttäuschung, Mangel, Schmerz und Tod sein äußeres Schicksal. Die griechischen Tragiker stehen für diese Ethik, Antigone wird im Unterschied zu Freuds Ödipus-Figur der Prototyp psychoanalytischer Ethik bei Lacan.

Bisher haben wir die Bedeutung des Unbewussten für die Ethik bei Lacan von Seiten des Analysanden beschrieben. Offen ist die Verantwortung, welche der Analytiker für das Aufrechterhalten des analytischen Prozesses zu tragen hat. Freud hat bekanntlich diesen Einsatz für die Wahrung der Würde des Analysanden und der eigenen Würde beschrieben durch die Stichworte: Abstinenz des Analytikers, Neutralität und gleichschwebende Aufmerksamkeit. Damit sind innere Haltungen bezeichnet, welche in analytischer Aufrichtigkeit einzuhalten sind und ethische Forderungen an den Analytiker darstellen. Lacan bezieht sich darauf, wenn er die Frage nach dem Begehren des Analytikers aufwirft. Natürlich hat dieser auch sein höchstpersönliches, schicksalhaftes Begehren, mit dem er sich als Analysand auseinandersetzen muss. Jetzt aber hat er (ex officio) eine Funktion wahrzunehmen, nämlich den analytischen Prozess aufrecht zu erhalten und die Öffnung auf den großen Anderen offen zu halten. Dies setzt Abstinenz im Hinblick auf das eigene Begehren voraus zum Schutze des Patienten und des Prozesses. Abstinenz für Lacan impliziert auch Neutralität, nämlich das Zurücknehmen des Eigenen im Hinblick auf die Öffnung zur Sprache. Nicht das Ich des Analytikers ist wichtig, was dieses sagen möchte, sondern das »Es spricht« der Sprache. Die Polemik gegen die Ich-Psychologie zieht sich bei Lacan durch. Das Ich des Analytikers muss zurücktreten gegenüber seiner Aufgabe des Hörens auf die Sprache. Alle technischen Vorschläge Lacans haben mit diesem Zurücktreten des persönlichen Begehrens des Analytikers gegenüber dem Begehren des Anderen in der Sprache zu tun.

Hier setzen unsere Bedenken gegenüber der Psychoanalyse-Interpretation Lacans und seiner Ethik ein. Sie alle hängen mit einem grundlegenden Bedenken zusammen, nämlich der systematischen Abwertung von persönlicher Beziehung auf emotionaler Grundlage. Diese ist in Lacans Verständnis allemal imaginär, d.h. aus Verkennungen gewoben. Letztlich sind die Subjekte beziehungslos in ihren Gefühlen und nur durch die Klammer der Sprache zusammen gehalten. Daraus folgt für die Ethik unbewussten Begehrens, dass jeder Verantwortung für sein Begehren hat, nicht aber für die Wirkungen seines Begehrens auf das Begehren des Anderen, d.h. nicht für die Beziehung. Selbst das Begehren des Analytikers soll ausschalten, was es an persönlichen emotionalen Auswirkungen auf den Anderen einschließt, statt Verantwortung dafür zu übernehmen. Es soll sich zurücknehmen in ein anonymes Hören auf das »Es spricht«. Das Berechtigte an dieser ethischen Forderung, sich auf die reine Sprachstruktur zurückzuziehen, liegt darin, dass sie den Analytiker davor schützen soll, seine persönlichen Begehrensziele in der Analyse zu verfolgen, also Kantisch gesprochen den Analysanden als Mittel zu eigenen Zwecken zu benützen. Ein besonders schwerer Missbrauch dieser Macht ist ja das Aufnehmen einer sexuellen Beziehung zum Analysanden. Der Verletzung ethischer Grundhaltungen in der Analyse kann jedoch auch dadurch vorgebeugt werden, dass der Analytiker zu unterscheiden lernt zwischen dem impulsiven Ausagieren eigener Gefühle und der Fähigkeit, Verantwortung übernehmen und aushalten zu können. Daher ist sehr wohl eine Abstinenz möglich, die nicht auf einer Neutralität beruht. Lacan teilt aber die Auffassung Freuds, der den Analytiker als neutralen wissenschaftlichen Schirm verstanden wissen wollte. Er begründet die Neutralität dadurch, dass er den Analytiker als Repräsentanten des großen Anderen verstanden wissen will. Aber diese Rückbindung auf die Sprachstruktur (language) ist immer eingebettet in das historisch bestimmte emotional expressive Sprechen (parole). Selbst wenn der Analytiker seine Gefühle neutralisieren wollte, sie verraten sich dennoch durch mimischen Ausdruck, Intonierung der Sprache, Gebärde etc. Daher entspricht es vielmehr der ethischen Forderung, die Würde des Menschen zu achten, wenn der Analytiker eine aufrichtige Haltung zu seinen eigenen Gefühlen einnimmt und zu ihnen steht, anstatt sie zu verstecken oder der Offenlegung grundsätzlich auszuweichen.

Die schwierige und einseitige Bestimmung der Verantwortung bei Lacan zeigt sich auch in seiner Einstellung zur Aggression. Einerseits fordert Lacan den Analytiker auf, möglichst früh den Analysanden auf negative Gefühle ihm gegenüber hinzuweisen und mit seiner Frustration zu konfrontieren. Dies spricht dafür, dass Lacan großen Wert darauf legt, dass sich der Analysand mit seinen aggressiven Gefühlen auseinandersetzt. Lacan spricht von der notwendigen Abfolge von Mangel, Frustration, Aggression. Denn es ist sicher wahr, dass das Ausweichen vor den negativen Gefühlen eine Klärung der Probleme erheblich behindert. Auf der anderen Seite verkennt Lacan die Schwierigkeit jedes Analysanden, Verantwortung für die eigenen negativen Gefühle zu übernehmen und diese auszuhalten. Er diskutiert nicht die Hindernisse, die dem Zugang zu dieser unbewussten Seite im Wege stehen. Er setzt in seiner Auffassung von Aggression so an, dass er eine allgemeine mit der menschlichen Existenz gegebene Aggressivität von der besonderen unterscheidet, welche aus erheblicher Frustration erfolgt. Hier operiert er mit einer Unterscheidung, welche der von Winnicott ähnelt, der den menschlichen Lebewesen eine Tendenz zur Entfaltung eigener expansiver Kräfte und Motoritätswünsche bescheinigt, welche eine notwendige und gutartige Aggressivität einschließen. Davon unterscheidet er eine aus der Erfahrung von Traumen resultierende massive zerstörerische Form von Aggression, die er pathologisch nennt, und welche die ganzen Probleme von schwerer Wut und Hass nach sich zieht. An der Stelle wird das Zu-kurz-Greifen der Aggressionsauffassung von

Lacan deutlich, weil sie nicht die unbewussten Wurzeln der Aggression ausreichend beleuchtet, noch wirklich zu einer intersubjektiven Theorie der Entwicklung von Aggression vordringt. Zum ersten Punkt ist hier entscheidend, dass sowohl der aggressionsgehemmte Mensch ein Aggressionsproblem hat wie der impulsive, welcher seine Aggressionsausbrüche nicht beherrschen kann. Bei beiden Personen ist es entscheidend, die unbewussten Wurzeln der Aggressionsentwicklung genau zu orten und zu klären, warum in einem Fall die Abwehr so rigide ist, dass sie die Aggression scheinbar unter der Oberfläche hält, während sie im anderen Fall versagt und zerstörerische Wirkungen nach außen freisetzt. Zum zweiten Punkt des Lacanschen Ansatzes ist zu sagen, dass er ein Analytiker des Begehrens ist, der zwar die Richtung des Begehrens auf den Anderen hin studiert und die Abhängigkeit von der Antwort des Anderen betont, aber die intersubjektive Entwicklung von aggressiven Gefühlen nicht wirklich untersucht, etwa dass Aggression ein unbewusstes Zirkulieren zwischen Subjekten darstellt, dass es daher zur Eskalation der Gefühlsentwicklung und zu zerstörerischen Konsequenzen kommt. Hier zeigt sich die Lacansche Sichtweise als eine, die Verkennung und Sackgassen des Begehrens detailliert studiert, aber die Wirkungen des wirklichen Anderen wie ein Grenzphänomen des Realen irgendwo am Horizont auftauchen sieht. Letztlich sind die Subjekte bei ihm getrennt und sich ferne. Ihr Begehren macht zwar den Anderen zum Objekt (a), aber letztendlich ringen die Subjekte darum, einen Zugang zum wirklichen Anderen zu finden. Daher ist in ethischer Perspektive zwar die Verantwortung für das eigene Begehren gefordert, aber nirgendwo erscheint in der ethischen Grundformel die Verantwortung für die Beziehung zum Anderen.

Verantwortung für die eigenen unbewussten aggressiven Gefühle zu übernehmen bedeutet jedoch ein Einstehen für die zerstörerischen Wirkungen auf die Beziehung zu anderen, aber auch auf die gesellschaftlichen und politischen Entwicklungen; und dies sowohl im Falle der verdrängenden Aggressionshemmung wie der ausagierenden Aggressionsentladung. Was dieses Verantwortung-Übernehmen für die Auseinandersetzung mit den eigenen aggressiven Gefühlen bedeutet, wird in der Lacanschen Theorie keinesfalls konkretisiert. Insbesondere wird der innere Zusammenhang von Angst mit Wut und Hass, nämlich dass Angst vor der Aggression den Weg zur ihr versperrt, nicht entwickelt. Aber auch die Beziehung von Schuld und Wut bzw. Hass wird nicht untersucht, dass Schuld eine Blockade gegen das Eingeständnis von Wut und Hass bildet. Daher bleibt auch die

Möglichkeit einer Öffnung der Gefühle im Durcharbeiten von Wut und Hass mit Blick auf die Wiedergewinnung von Mitgefühl, Zuneigung oder Liebe rätselhaft.

Vor allem aber gibt es ein weiteres schweres Hindernis in dieser Theorie, sich der historischen Verantwortung für die unbewussten aggressiven Gefühle zu stellen. Dies ist die Verknüpfung der aggressiv-zerstörerischen Gefühle (Destrudo) mit dem Todestrieb (Thanatos). Darin bewegt sich Lacan in der Tradition von Freud und Melanie Klein, deren Grundannahmen er übernimmt und sprachlich struktural interpretiert. Diese enthalten eine Sichtweise der Aggression, welche sie in einen größeren Zusammenhang biologisch-psychologisch-kosmologischer Art einreiht, nämlich unter die Kräfte, welche dem Aufbau des Lebens entgegenwirken und seinen Abbau in Richtung auf den Tod betreiben. Die zerstörisch unbewusste Aggressivität erscheint als Spezialfall des allgemeinen Prinzips der Zersetzung und Auflösung des Lebens. Für Freud und Klein gewinnt sie eine biologisch-psychologische Notwendigkeit. Für Lacan reiht sie sich ein in die notwendige Abfolge des Strukturaufbaus der Sprache und der menschlichen Existenz. Diese Ineinssetzung von Auflösung des Lebens und Zerstörung ist jedoch philosophisch höchst fragwürdig, unterstellt sie doch ein Bild der Natur und der Sprache, in dem Zerstörung periodisch notwendig wird. Statt dessen vertreten wir die Auffassung, dass die Phänomene des Abbaus und der chemischen Umwandlung in den Zellen (Freud) sowie das Auf und Ab des Begehrens (Lacan) von qualitativ verschiedener Art gegenüber der menschlichen Zerstörungskraft sind. Daher ist die Psychologie der Zerstörung des menschlichen Lebens von der Psychologie des Seins zum Tode strikt zu unterscheiden. Auch die tragische Weltsicht, die Lacan im Anschluss an die griechischen Tragiker entwickelt, stellt keine biologische oder sprachlich strukturale Notwendigkeit dar, sondern ein historisch gestaltbares Schicksal der Gesellschaft.

Literatur

Althans, B. & Zirfas, J. (2005): Die unbewusste Karte des Gemüts – Immanuel Kants Projekt der Anthropologie. In: M. B. Buchholz & G. Gödde (Hg.): Macht und Dynamik des Unbewussten. Gießen (Psychosozial), S. 70–94.
Aristoteles (1972): Nikomachische Ethik, übs. v. O. Gigon. Zürich (dtv).
Butler, J. (2003): Kritik der ethischen Gewalt. Frankfurt/M. (Suhrkamp).
Evans, D. (2002), Wörterbuch der Lacanschen Psychoanalyse. Wien (Turia & Kant).

Freud, S. (1892–93a): Ein Fall von hypnotischer Heilung nebst Bemerkungen über die Entstehung hysterischer Symptome durch den »Gegenwillen«. GW I, S. 3–17.
Freud, S. (1895d): Studien über Hysterie, GW I, S. 75–312.
Freud, S. (1900a): Traumdeutung. GW II/III.
Freud, S. (1914c): Zur Einführung des Narzißmus. GW X, S. 137–170.
Freud, S. (1923b): Das Ich und das Es. GW XIII, S. 237–289.
Freud, S. (1930a): Das Unbehagen in der Kultur. GW XIV, S. 419–506.
Freud, S. (1950c): Entwurf einer Psychologie [1895]. GW Nachtr., S. 387–477.
Fromm E. (1974): Anatomie der menschlichen Destruktivität. Reinbek (Rowohlt) 1996.
Gödde, G. (1999): Traditionslinien des »Unbewußten«. Schopenhauer, Nietzsche, Freud. Tübingen (edition diskord).
Gödde, G. (2002): Nietzsches Perspektivierung des Unbewußten. In: Nietzsche-Studien 31, S. 154–194.
Gondek, H.-D. (2005): Jacques Lacan: Von der sprachlichen zur ethischen Verfasstheit des Unbewussten. In: M. B. Buchholz & G. Gödde (Hg.): Macht und Dynamik des Unbewussten. Gießen (Psychosozial), S. 501–527.
Jonas, H. (1979): Das Prinzip Verantwortung. Frankfurt/M. (Suhrkamp).
Heidegger; M. (1927): Sein und Zeit, Tübingen (Niemeyer) 1949.
Hegel, G. W. F. (1821): Grundlinien der Philosophie des Rechts, hrsg. v. J. Hoffmeister. Hamburg (Meiner) 1955.
Hobbes, Th. (1651), Leviathan. English Works, Vol. III. Aalen (Scientia) 1962.
Kant, I. (1785): Grundlegung zur Metaphysik der Sitten. In: Kants Schriften, Band IV. Akademieausgabe, Berlin 1913.
Kant, I. (1788): Kritik der praktischen Vernunft. In: Kants Schriften, Band V. Berlin 1913.
Kant, I. (1790): Kritik der Urteilskraft. In: Kants Schriften, Band V. Berlin 1913.
Kant, I. (1797): Metaphysik der Sitten. In: Kants Schriften, Band VI. Berlin 1914.
Kant, I. (1798): Anthropologie in pragmatischer Hinsicht. In: Kants Schriften, Band VII. Berlin 1917.
Kant, I. (1784): Idee zu einer allgemeinen Geschichte in weltbürgerlicher Absicht. In: Kants Schriften, Band VIII. Berlin 1923.
Kant, I. (1795): Zum ewigen Frieden. In: Kants Schriften, Band VIII. Berlin 1923.
Lacan, J. (1973): Schriften I. Olten (Walter).
Lacan, J. (1975): Schriften II. Olten (Walter).
Lacan, J. (1980): Das Seminar Buch II: Das Ich in der Theorie Freuds und in der Technik der Psychoanalyse. Olten (Walter).
Lacan, J. (1986): Das Seminar Buch VII: Die Ethik der Psychoanalyse. Weinheim-Berlin (Quadriga) 1996.
Nietzsche, F. (1886): Jenseits von Gut und Böse. Studienausgabe 3, Frankfurt/M. (Fischer).
Sartre, J.-P. (1943): Das Sein und das Nichts. Reinbek (Rowohlt).
Schelling, F. W. J. (1807): Werke, hrsg. v. M. Schröter, 3. Erg. Band. München (Beck) 1968.

Schopenhauer, A. (1844): Die Welt als Wille und Vorstellung, Bd. II. Zürich (Diogenes) 1969.
Schöpf, A. (1992): Psychologische Ethik. In: A. Pieper (Hg.): Geschichte der neueren Ethik, Bd. 2, Gegenwart. Tübingen (Francke), S. 210–234.
Schöpf, A. (1998): Psychologische Ethik. In: A. Pieper & U. Thurnherr (Hg.): Angewandte Ethik. München (Beck), S. 110–132.

Die Psychoanalyse im Dialog
mit den modernen Naturwissenschaften

Einführung der Herausgeber

Wenn ein Abschnitt unseres Buches unter dem Titel eines psychoanalytischen Dialogs mit den Naturwissenschaften steht, so wird das die meisten Leser überraschen. Dass es einen solchen Dialog überhaupt gibt, ja dass er überhaupt möglich sein könnte, liegt vermutlich außerhalb der Wahrnehmung der meisten Leser – mit einer Ausnahme: angesichts der boomenden Neurowissenschaften wird die Vermutung, unsere Leser könnten überrascht sein, selbst wiederum überraschen.

Zwischen Neurowissenschaften und Psychoanalyse wird die Kooperation von den meisten als unproblematisch angesehen. Hier gibt es auch öffentlich eine Wiederkehr der verdrängten Psychoanalyse zu feiern, wenn ein Massenmedium wie der SPIEGEL eine Abkehr von seiner bisherigen Politik der Lächerlichmachung der Psychoanalyse vornimmt und im Heft vom 18.4.2005 titelt: »Hatte Freud doch recht?« Der Anschluß an die Neurowissenschaften wird dann im Heft gefeiert und bestätigt, dass renommierte Neurowissenschaftler mittlerweile die Leistungen Freuds nachträglich und nachhaltig anerkennen. Nicht anders das Dezember-Heft 2004 von GEO, das im Titel fragt, ob das Unbewusste eine heimliche Macht darstelle und ebenfalls höchst anerkennend über die Anerkennung führender Neurowissenschaftler für die psychoanalytischen Leistungen berichtet. Und selbst die ZEIT brachte positive Aufsätze über Psychoanalyse und Neurowissenschaften – alles in der gleichen Zeit, so dass man den Eindruck bekommen konnte, hier vollzögen die Medien nach jahrelangen »Widerlegungen« Freuds nun plötzlich eine Art gleichgeschalteter Wende, deren Motive nicht ganz einsichtig waren.

Ist es denn nur die naturwissenschaftliche Fundierung, die endlich gefunden wurde? Oder handelt es sich um einen weiteren Schritt auf dem Weg zu jener »self-elimination«, wie das letzte Wort im Buch des Londoner Psychoanalytikers Christopher Bollas (»I have heard the mermaids singing«, 2005) lautet? Immerhin bietet sich die Denk-Möglichkeit, dass der Leib-Seele-Dualismus, den manche für konzeptuell unüberwindbar halten, ein Produkt der akademischen Spaltung zwischen Natur- und Geisteswissenschaften ist, die beide in kulturelle Kämpfe verstrickt. Wir lesen dann sozusagen Siegesmeldungen in den genannten Tagesthemen – Sieg der Neurowissenschaften über die Seele. Unter solchen Bedingungen könnte die Psychoanalyse akzeptiert werden, aber es wäre eine Akzeptanz, die sie um etwas brächte, das doch in ihrem Zentrum steht. Nicht umsonst hatte Freud im »Nachwort zur Frage der Laienanalyse« die psychoanalytische Aufgabe als »weltliche Seelsorge« beschrieben und diese Formel in einem Brief an seinen Freund Oskar Pfister vom 25.11.1928 wiederholt; an beiden Stellen zeichnet er diese Formel als Kern der psychoanalytischen Haltung aus. So schreibt er: »Mit der Formel ›Weltliche Seelsorge‹ könnte man überhaupt die Funktion beschreiben, die der Analytiker, sei er nun Arzt oder Laie, dem Publikum gegenüber zu erfüllen hat« (GW XIV, S. 293).

Uns will scheinen, über diese Formel ist noch nicht genügend gestaunt worden, denn sie lässt im Wort von der »Seelsorge« ohne jeden Zweifel religiöse oder auch spirituelle Dimensionen mit anklingen, verweltlicht sie aber sogleich. Das ist nicht anders, als wenn Freud an vielen Stellen seines Werkes nicht etwa quasi-naturwissenschaftlich von der »Psyche«, sondern von der »Seele« spricht. Auch hier sind die theologischen Assoziationen unüberhörbar, während er sie zugleich dem naturwissenschaftlichen Zugang übergeben will.

Ohne Frage verstand Freud sich selbst als Naturwissenschaftler der Seele und manche haben ihm daraus einen Vorwurf gemacht. Aber Freud, so zeigt die brillante wissenschaftshistorische Studie von Patricia Kitcher (»Freuds Dream«, 1992), wandte sich etwa ab 1906 in seinen theoretischen Bezugnahmen mehr und mehr von naturwissenschaftlichen Grundierungen wie etwa dem Energieerhaltungssatz oder dem Konstanzprinzip ab und unterlegte seine klinischen Befunde mit Bildgebungen aus der Kultur, wovon der Ödipuskomplex nur die bekannteste ist. Fraglos ist Ödipus eine kulturelle Gestalt, die durch Freud eine Rangerhöhung zur Pathosformel der Moderne fand. Aber wie verwendete Freud seine Bildgebungen? Im »Jenseits des Lustprinzips« formuliert er erstaunt über die Lebens- und Todestriebe, die einander »herausdrängen« oder sich hierin und dorthin »wenden«, als könne man gar nicht anders reden als in diesen figurativen Sprachformen, und stellt dann zur Erklärung fest, »daß wir genötigt sind, mit den wissenschaftlichen Terminis, das heißt mit der eigenen Bildersprache der Psychologie (richtig: der Tiefenpsychologie) zu arbeiten. Sonst könnten wir die entsprechenden Vorgänge überhaupt nicht beschreiben, ja, würden sie gar nicht wahrgenommen haben«.

Dann fügt er scheinbar hoffnungsvoll an: »Die Mängel unserer Beschreibung würden wahrscheinlich verschwinden, wenn wir anstatt der psychologischen Termini schon die physiologischen oder chemischen einsetzen könnten«.

Doch diesen kleinen Optimismus auf die Zukunft einer psychoanalytischen Chemie zerstört er sogleich wiederum im nächsten Satz: »Diese gehören zwar auch nur einer Bildersprache an, aber einer uns seit längerer Zeit vertrauten und vielleicht auch einfacheren« (GW XIII, S. 65).

Freud schwankt zwischen den beiden schon genannten Tendenzen und entscheidet sich an dieser Stelle dafür, auch den chemischen Naturalismus – *als Metapher* aufzufassen. Er will das Potential der Metapher, ein Verweisungsnetzwerk jenseits ihrer selbst aufzubauen, nutzen. Einem »Diesseits der Bildersprache« steht Freud skeptisch gegenüber. Wovon er handelt, das kann nur in Bildern, nicht positivierend gesagt werden. Dieser Topos ist ihm schon in früheren Schriften klar geworden. In der wenig gelesenen Arbeit über den »Witz« (1907) findet sich dazu eine erhellende Bemerkung: »Die Begriffe ›psychische Energie‹, ›Abfuhr‹ und die Behandlung der psychischen Energie als einer Quantität sind mir zur Denkgewohnheit geworden, seitdem ich begonnen habe, mir die Tatsachen der Psychopathologie philosophisch zurechtzulegen …«. Und ein paar Zeilen weiter spricht er davon, er müsse eine »Verbildlichung für das Unbekannte« versuchen (GW VI, 165; siehe die ganz ähnliche Formulierung in der »Traumdeutung« (GW II/III, 541). Seine außerordentliche methodische Bewusstheit des Metaphernproblems formuliert er in der »Laienanalyse«: »In der Psychologie können wir nur mit Hilfe von Vergleichungen beschreiben. Das ist nichts Besonderes, es ist auch anderwärts so. Aber wir müssen diese Vergleiche auch immer wieder wechseln, keiner hält uns lange genug aus« (GW XIV, 222). Das ist nicht nur ein Hinweis auf die kompensatorische Funktion multipler Metaphern; sondern auch auf deren anthropologische Aufgabe: Die Metaphern müssen uns aushalten und wir sie. Ohne sie können wir in der Psychologie nichts beschreiben, ohne sie können wir sogar gar nichts wahrnehmen.

Wenn das nun stimmt, dass wir in der Psychologie nur mit Vergleichungen, figurativen Sprechformen und Metaphern (was hier kurzerhand einmal gleichgesetzt werden soll) beschreiben können, dann wäre das Interessante am Gespräch zwischen Psychoanalyse und Naturwissenschaften nicht unbedingt der materiale Rekurs auf das Gehirn, sondern dass die

Neurowissenschaften uns neue Bildgebungen zur Verfügung stellen, um etwas zu verstehen, was jenseits ihrer eigenen Möglichkeiten liegt. So etwa argumentiert der angesehene Neurobiologe *Gerald Hüther* in seinem Beitrag zu unserem Band. Er zeigt im Detail, warum die Neurowissenschaften das mehr als 120 Jahre alte Versprechen in ihrer Programmatik solange nicht werden einlösen können, als sie sich ausschließlich auf das individuelle Gehirn beziehen. Schon beim Psychiater Griesinger hieß es in der Mitte des 19. Jahrhunderts, Geisteskrankheiten seien Gehirnkrankheiten, und das Versprechen lautete, das alsbald einzulösen. Solche Versprechungen auf die Zukunft, die bald entsprechende Ergebnisse erbringen werde, finden sich selbst in neuesten Texten der Neurowissenschaften. Popper nannte solche Versprechen einen »Schuldscheinmaterialismus«; diese Art von Materialismus stellt einen bislang uneingelösten Schuldschein aus.

Demgegenüber vertritt Hüther eine andere Sicht: Gehirne brauchen interaktive Umwelt und kulturelle Anregung. Das ist die neurowissenschaftliche Grundeinsicht. Aber damit, gesteht er zu, ist auch schon deren Grenze erreicht, alles Weitere liegt im Bereich der Kulturwissenschaft und Sozialtheorie menschlicher Bezogenheit und fürsorglicher Gegenseitigkeit. Das hat ein anderer Biologe, der ehemalige Vorsitzende der Max-Planck-Gesellschaft, Hubert Markl, im Dezember-Heft 2004 der Zeitschrift »Merkur« (Heft-Nr. 668) unter dem Titel »Gehirn und Geist. Auf der Suche nach dem ganzen Menschen« so formuliert: »Sprache schafft ein Weltmodell aus Symbolen, in dem und mit denen der Sprecher und die Zuhörer zusammen agieren können. Das ist wahrhaft menschlich. Spätestens hier hört Biologie auf und fängt Psychologie an«.

Das ist wissenschaftspolitisch von nicht zu überschätzender Bedeutung, denn der Biologe räumt hier der Psychologie einen autonomen Status ein, während man manchmal den Eindruck haben muss, die Neurowissenschaften untergraben diese Autonomie und die Psychologie willige gerne in ihre Selbstabdankung ein. Das freilich wäre das Ende jedes Gesprächs, dem auf der einen Seite gleichsam das Personal entzogen wäre. Markl anerkennt die Leistungen von Verhaltensgenetik und Verhaltensevolution: »Aber was vermögen sie uns über die psychische Menschwerdung zu sagen?«, fragt er dann präzise. Genetisch vorbereitet ist die »Entfaltungsmöglichkeit durch individuelles Lernen und soziale Tradition«, »genetisch ist dem Menschen vor allem kreative Freiheit zur individuellen und sozialen Verhaltensverwirklichung angeboten«, heißt es prägnant. Und dann, wie ein Geschenk an die Selbständigkeit und relative Unabhängigkeit der

Psychologie: »Das ist das eine. Das andere hat mit dem uns letztlich nur introspektiv aus eigenem Erleben wirklich unmittelbar zugänglichen Phänomen des menschlichen, seiner selbst bewussten Bewusstseins zu tun«.

Und wie um klar zu stellen, dass er nicht nur Bewusstsein und Introspektion rehabilitiert, sondern auch das Unbewusste mitmeint, sagt er eine Seite später: »Wir wissen auch – und zwar keineswegs erst seit Carl Gustav Carus oder Sigmund Freud –, daß ständig genug Unbewußtes in uns, sozusagen im Maschinenraum, rumort [...] Unser bewußtes Dasein schwimmt wie eine Insel auf einem Strom der Möglichkeiten. Geist ist nicht einfach, ›was das Gehirn tut‹, sondern eher das, was wir bewußt davon erfahren«.

Geist hat materiale Voraussetzungen unbestreitbar im Gehirn, aber der Geist kommt nicht allein von dort. Sondern schon in die Evolution ist, wie man mit mathematischer Spieltheorie zeigen kann, etwas eingebaut, das uns erlaubt, die eigenen »Spielzüge« und die des Anderen mit kalkulierbarer Unsicherheit einzukalkulieren in einer Haltung, die eine gegebene Situation sowohl aus meiner als auch aus der Perspektive des Anderen aufzufassen erlaubt (was die Unsicherheit etwas reduziert): »Ob ich angreifen oder fliehen oder vielleicht auch nur drohen oder bluffen soll, hängt eben außer von meinem Handlungspotential auch von dem Gegenhandlungspotential des Partners ab«. Das ist die Begründung desjenigen Standpunktes, der über das individuelle Gehirn hinausgeht: der Biologe sieht, dass eine Situation »interpretiert« werden muss, um auf sie reagieren zu können, und solche Interpretation ist abhängig von der Einschätzung des »Gegenhandlungspotentials«. Bei uns Menschen, so Markl nun weiter, gehe es v. a. um kommunikative Handlungen – hier fehlt nicht viel und er könnte Habermas zitieren! – und die Interpretationsrahmungen nehmen »in diesem Welttheater gerne die Form von Erzählungen, von Geschichten als Kern aller Kultur« an. Von hier aus wäre es wieder nur noch ein Schritt, um anzuerkennen, dass Freud mit dem Ödipus-Mythos *eine*, wenn auch nicht *die* Erzählung fand, mit deren Hilfe wir ein Gutteil unserer Situationen deutend rahmen. Das räumt ein erhebliches Maß an Willensfreiheit ein, wenn Situationen »so *oder* so« interpretiert werden können und Markl scheut sich nicht, die evolutionstheoretische Begründung dafür zu liefern, in deftiger Formulierung: »Wozu wir über diese Bewußtseinseigenschaft ›Entscheidungsfähigkeit‹ verfügen, dies ergibt sich sozusagen fast zwingend aus den evolutionsspieltheoretischen Überlegungen, die ich vorher zum Bewußtsein herangezogen habe. Hart gesagt: Das wäre doch ein Scheißspiel, bei dem man selber keinen Zug machen dürfte!«

Einschränkung der Willensfreiheit aus Hirn-Determinismus macht also, so die starke These, evolutionsbiologisch keinen Sinn. Dass ein biologischer Autor mit solchen Positionen sich klar gegen die populäre und von prominenten Neurowissenschaftlern vertretene These stellt, Menschen hätten keine Willensfreiheit, diese sei vielmehr eine vom Gehirn erzeugte Illusion, liegt nahe.

Liest man die hier viel zitierten Äußerungen von Benjamin Libet nach, kommt man auch zu einem andern Schluss, als meist nahegelegt wird. Libet machte in den 1980er Jahren eine Reihe von Experimenten, in denen er zeigte, dass Sekundenbruchteile vor dem verbal mitgeteilten Entschluss zu einer Handlung das Gehirn bereits ein Bereitschaftspotential aufbaut; der eigentliche Willensimpuls, so ist das dann interpretiert worden, sei also nur ein Epiphänomen eines vorauslaufenden Vorgangs im Gehirn. Libet äußert sich jedoch viel vorsichtiger in seinem auf Deutsch vorliegenden Buch »Mind Time« (2005, S. 274): »Selbst diese begrenzten Entdeckungen, die sich um den Zeitfaktor zentrieren, scheinen eine tief gehende Wirkung auf unser Selbstverständnis zu haben. Wenn jedem Bewusstsein unbewusste Prozesse vorausgehen, sind wir zu der Schlussfolgerung gezwungen, dass wir tatsächlich nicht in der Gegenwart leben und dass unbewusste Prozesse eine vorherrschende Rolle bei der Erzeugung unseres bewussten Lebens spielen. Wir haben gefunden, dass diese Vorstellung sogar auf die unbewusste Einleitung eines Willensaktes ausgedehnt werden kann und die Rolle der Willensfreiheit auf die Kontrolle des Vollzugs von Handlungen zu beschränken scheint. Wir haben ebenfalls gesehen, dass subjektive Erlebnisse aller Art eine subjektive Referenz der verantwortlichen Hirnaktivitäten auf Bilder oder Gedanken beinhalten, welche den komplizierten neuronalen Aktivitäten, durch die sie ausgelöst werden, eine bewusste Ordnung und Bedeutung geben«.

Willensfreiheit im Sinne des Markl'schen »selber einen Zug machen dürfen« kann deshalb nicht unter Hinweis auf nachgewiesenen Hirn-Determinismus angezweifelt werden; Willensfreiheit kann aber als auf unbewussten Prozessen basierend angenommen werden. Diese können das Unbewusste der Psychoanalyse sein, sie können auch die »hardware« der neurobiologischen Verschaltungen sein. Das Subjekt hat immer eine Entscheidung, den Impuls zu hemmen oder nicht. Die so heiß gehandelte These selbst widerspräche dann psychoanalytischen Grundeinsichten, wonach das den Willensentschluss exekutierende Ich sich über seine Gründe und Motive gelegentlich recht massiv täusche, in keinster Weise!

Nun gibt es darüber hinaus ein Gespräch zwischen Psychoanalyse und Naturwissenschaft, das jenseits der neurowissenschaftlichen Thematisierungen auf einem ganz anderen Terrain geführt wird. Herausragende Vertreter dieses Gesprächs sind *Brigitte* und *Thomas Görnitz*, Autorin und Autor in unserem Band. Brigitte Görnitz ist Psychoanalytikerin in München, Thomas Görnitz ist Professor der Physik in Frankfurt am Main, exzellenter Mathematiker und, als Freund und Schüler von Carl-Friedrich von Weizsäcker, heute Vorsitzender der Weizsäcker-Gesellschaft. Beide sind versierte Kenner der physikalischen Quantentheorie in ihren verschiedenen Verzweigungen, aber sie präsentieren hier nicht komplexe mathematische Formeln, sondern wollen deren philosophischen Gehalt mit Bezug auf die Frage nach dem Unbewussten explizieren.

Weizsäcker war nicht nur herausragender Philosoph und Physiker gleichermaßen, sondern er war seinerseits von einer mystik-nahen Haltung inspiriert, der die Welt als Einheit erscheint. In kenntnisreicher Weise nimmt der Heidelberger Psychoanalytiker *Herbert Stein* in seinem Beitrag diese Einheits-Sicht der Welt auf und verbindet sie einerseits mit einer Philosophie des »wahren Selbst«, die nicht von Winnicott stammt, sondern von dem Neuplatoniker Plotin, andererseits mit klinischen Erfahrungen, für die er eindrucksvolle Beispiele bereit hält. Einer solchen Inspiration, bei Stein wie bei Weizsäcker, ist es ganz fremd, von einer Subjekt-Objekt-Trennung auszugehen und es ist ihr auch fremd, wissenschaftliche Problemlösung ausschließlich in der immer weiteren Zerlegung in kleine und kleinste Teilchen zu suchen. Beides sind aber Grundannahmen eines naturwissenschaftlichen Denkens, die hier nun in Zweifel gezogen werden. Stein fordert eine Quantenpsychologie, Weizsäcker sprach bereits in seinem Buch »Der Aufbau der Physik« von einer »Quantentheorie des Subjekts« (1985, S. 535), zu der er erste Schritte unternahm und die für alle, die an »Subjektivität« interessiert sind, von nachhaltiger Bedeutung ist. Gegenüber der Subjekt-Objekt-Trennung anerkannte er bereits, was Görnitz und Görnitz die »henadische«, die ganzheitliche Struktur der Quantentheorie nennen. Das bedeutet, dass auch die Gehirnvorgänge eines wissenschaftlichen Beobachters Teil jener Theorie sind, deren Ergebnisse beobachtet werden sollen. Hier handelt es sich um nicht weniger als um eine grundlegende Verschiebung der Koordinaten dessen, was wir unter Naturwissenschaft verstehen wollen, weshalb Görnitz und Görnitz in ihren Beiträgen auch zwischen klassischer Physik und moderner Quantenphysik unterscheiden. Die Quantenphysik zwingt dem experimentell beobachtenden

Physiker gewissermaßen den hermeneutischen Zirkel auf, eine Denkbewegung, die Weizsäcker als »Kreisgang« bezeichnet hatte. Jede Untersuchung macht danach nicht nur Aussagen über einen »Gegenstand«, sondern immer auch über den »Interpreten«, zwingt ihn zur Revision der Vorannahmen, mit denen er an den »Gegenstand« herangetreten war. Kann aber die Physik mit so »weichen« Positionen leben? Muß es nicht etwas »Härteres« geben, etwas was »dort draußen« in der Welt ausgemacht und physikalisch bestimmt werden kann? Görnitz und Görnitz bejahen dies und bestimmen einen Begriff der Quanteninformation, der von allen subjektiven Bedeutungen abstrahiert wird und zur besseren Unterscheidung vom umgangssprachlichen Informationsbegriff als »Protyposis«, als »Einprägung« bezeichnet wird. Mutschler (2005, S. 46) hatte in seinem Buch über »Physik und Religion« Weizsäckers Positionen einer nachhaltigen Kritik unterzogen und unter anderem die Frage aufgeworfen: »Das Grundproblem ist aber: Läßt sich der Informationsbegriff von allen Subjektvollzügen so ablösen, daß er objektivierbar wird auf die Art der übrigen physikalischen Begriffe wie ›Temperatur‹, ›Entropie‹, ›Spin‹ oder ›Feldstärke‹?«

Mutschler hat diese Frage verneint und darin ein Scheitern des Weizsäcker'schen Unternehmens gesehen; Görnitz und Görnitz unternehmen es, den Gegenbeweis anzutreten und damit das Weizsäcker'sche Programm zu salvieren. Aber Protyposis ist nicht »subjektfeindlich«, sondern das Subjektive steckt gerade in dieser Quanteninformation. Denn das Subjekt, der Beobachter des Experiments, ist davon so geprägt wie das »Objekt«. Wie auseinandergelegte Teile eines Diphoton können Subjekt und Objekt zwar getrennt gedacht werden (die Ebene der klassischen Physik), sind aber auf der Ebene der Quanteninformation auf eine nicht-deterministische Weise verbunden; der Untersucher eines Experimentes beobachtet und untersucht so immer: sich. Das »tua res agitur« der lateinischen Mystik könnte einem hier in den Sinn kommen; selbst in den entferntesten Spiralnebeln untersucht der Mensch seine Welt.

Es wird natürlich weitere Diskussionen brauchen, ob ein solcher quantentheoretischer Begriff der Information angenommen wird, aber immerhin entstehen hier neue Gesprächsmöglichkeiten zwischen Naturwissenschaft und Psychoanalyse, die sich weit erstrecken. Freud riet dazu, etwa der Skepsis gegenüber telepathischen Phänomenen gegenüber skeptisch zu sein und diese Sympathie für die genaue klinische Beobachtung, die das Telepathische nicht vollständig leugnen kann, bewahrte er sich bis ins Alterswerk. Seine Nachfolger haben sich an den Rat der Skepsis gegenüber der Skepsis nicht gehalten und im Namen der klassischen Physik die Möglichkeit der Telepathie grundsätzlich bestritten; aber jetzt könnte Freud Recht bekommen, weil die quantentheoretische Auffassung der Bewusstseinsprobleme Telepathie nicht grundsätzlich mehr ausschliessen muß. Steins Beitrag liefert dafür psychoanalytische Beispiele, wie man sie versteckt in der psychoanalytischen Literatur zuhauf findet, und verbindet sie mit der Quantenphysik. Dass die Physiker in der Person eines der ihren, des Nobelpreisträgers Wolfgang Pauli, jemanden kannten, der die Telepathie sozusagen geradezu verkörperte, ist nur wenigen bekannt. Dass in seiner Gegenwart Laboreinrichtungen auf geheimnisvolle Weise zu Bruch gingen, Wecker zur Begrenzung seiner Redezeit ausfielen oder andere ominöse Dinge geschahen, war so sehr gefürchtet, dass er von manchen befreundeten Physikern direkt Laborverbot erhielt! Seine Freundschaft mit C. G. Jung und sein Briefwechsel mit ihm erhellen manche Aspekte des hier wieder aufgenommenen Gesprächs.

Das alles wird hier neben vielen anderen Fragen für das Gespräch zwischen Naturwissenschaft und Psychoanalyse eröffnet und wir sind sicher, dass die Beiträge in diesem Abschnitt unseres Buches diskussionsfähige Anregungen dafür liefern.

Michael B. Buchholz und Günter Gödde

Gerald Hüther

Die vergebliche Suche der Hirnforscher nach der Region im menschlichen Gehirn, in der das Bewusstsein entsteht

Die Ausgangspunkte für die Erforschung der verborgenen Mechanismen, die das Denken, Fühlen und Handeln von Menschen steuern, könnten – wenn man die Entwicklung der psychologischen und psychoanalytischen Disziplinen einerseits, und der neurobiologischen Forschungsrichtungen andererseits miteinander vergleicht – gegensätzlicher kaum sein:

Für all jene, die sich bereits im vorigen Jahrhundert mit psychischen Phänomenen befassten, war von Anfang an klar, dass das Bewusstsein dabei eine entscheidende Rolle spielt und der Mensch mit Hilfe seines Gehirns bewusste Entscheidungen trifft. Erst die von Sigmund Freud und der psychoanalytischen Schule entwickelten Vorstellungen, dass das Denken, Fühlen und Handeln von Menschen in erheblicher Weise durch völlig unbewusst funktionierende Mechanismen bestimmt wird, lenkten den Blick auf diese andere, unbewusste Ebene. Diese Entdeckung löste eine Debatte und eine bis heute noch nicht abgeschlossene Suche nach dem aus, was dieses Unbewusste ist, auf welche Weise es entsteht, wie es wirkt und wo im Hirn es lokalisiert ist.

Völlig unberührt von diesem Streit, den die verschiedenen Psychotherapieschulen untereinander und in der Öffentlichkeit ausfochten, näherten sich die biologisch orientierten Hirnforscher der Frage, was das Denken und das Verhalten von Menschen bestimmt, von der genau entgegen gesetzten Seite, also gewissermaßen von unten her. In mühevoller Kleinarbeit suchten sie ihren Zugang zum Verständnis der Funktionsweise des Gehirns über die Analyse von Reiz-Reaktions-Mustern, synaptischen Verbindungen, Rezeptoren und Transmittern, von neuronalen Netzwerken und inneren Repräsentanzen. Ihre wichtigsten Erkenntnisse gewannen diese Forscher aus der Analyse der Gehirne von Fadenwürmern, Fruchtfliegen, Nachtschnecken, Labormäusen und -ratten, gelegentlich auch Affen. Die schon bei sehr einfachen Tieren beobachteten basalen Mechanismen der synaptischen Signalübertragung und der Organisation neuronaler Netzwerke erwiesen sich als prinzipiell identisch und auch auf komplexer aufgebaute Gehirne übertragbar. Wo immer sich Gelegenheit bot, Untersuchungen an menschlichen Gehirnen vorzunehmen, fanden sich diese

Grundprinzipien wieder und bestätigten damit das, was die Forscher aus ihren Tierversuchen bereits kannten. Auf der Ebene, auf der sich die Hirnforscher mit ihren Untersuchungen bewegten, ließ sich nur feststellen, dass das Ausmaß an Komplexität der neuronalen Netzwerke und synaptischen Verschaltungen in den assoziativen Rindenfeldern des menschlichen Kortex größer als bei anderen Primaten ist, dass sich aber alle älteren Bereiche, wie das Stammhirn, der Hypothalamus oder das limbische System nicht wesentlich von dem anderer Primaten und nur unwesentlich von dem anderer Säugetiere unterscheiden. Wo immer es mit Hilfe dieser neurobiologischen Verfahren gelang, Aufschluss über die Funktionsweise eines bestimmten Teilbereiches des Gehirns, etwa das Atemzentrum, einzelne thalamische Strukturen, den Hippokampus oder der primären sensorischen und motorischen Rindenfelder zu erlangen, so handelte es sich dabei um Wissen über Vorgänge, Prozesse und Reaktionen, die sich dadurch auszeichnen, dass sie bei jedem Menschen normalerweise immer so und nicht anders ablaufen, eben weil sie gänzlich unbewusst sind.

Aber es kam, wie es kommen mußte: Viele dieser Prozesse erwiesen sich bei genauerer Betrachtung dann doch nicht als so autonom, wie man das anfangs vermutet hatte. Schon in Tierversuchen ließ sich feststellen, dass die Feuerungsrate einzelner Zellen und die Aktivität ganzer neuronaler Netzwerke davon abhängig war, ob man mit wachen oder betäubten Versuchstieren arbeitete. Das Gleiche galt auch für EEG-Ableitungen bei wachen oder bewusstlosen Menschen. Der entscheidende Durchbruch kam aber mit der Einführung der sog. funktionellen bildgebenden Verfahren (PET, SPECT, f-NMR und f-MEG). Die mit Hilfe dieser Techniken gemessenen Veränderungen des regionalen Glukoseverbrauchs oder der regionalen Sauerstoffsättigung konnten genutzt werden, um die Veränderungen der neuronalen Aktivität in einzelnen Hirnregionen, insbesondere im Cortex bei Probanden darzustellen, wenn diese sich etwas ganz Bestimmtes vorstellten, wenn sie ihre Aufmerksamkeit auf die Lösung bestimmter Aufgaben richteten oder wenn sie sich eine früher gemachte Erfahrung bewusst in Erinnerung riefen. Dabei wurde deutlich, dass das, was im Hirn passierte, welche physiologischen Prozesse in einzelnen Hirnregionen und den dort befindlichen neuronalen Netzwerken in Gang gesetzt wurden, davon abhing, worauf die betreffende Versuchsperson ihre Aufmerksamkeit bewusst hinlenkte.

Jetzt hatten auch die Hirnforscher ein Problem: Sie waren gezwungen, sich mit dem Phänomen zu beschäftigen, das sie bisher kaum beachtet hatten: dem Bewusstsein. So wie die psychologisch orientierten Disziplinen – von der Analyse bewusst ablaufender Prozesse ausgehend – anfangs große Mühe hatten, die Bedeutung, den Einfluss und die Entstehung des Unbewussten zu erkennen, zu akzeptieren und näher zu untersuchen, genauso bereitete es den Hirnforschern – nachdem sie fast ein Jahrhundert lang mit der Aufklärung unbewusst ablaufender Prozesse beschäftigt waren – nun zumindest ebenso große Schwierigkeiten zu verstehen und zu klären, wie und wo das Bewusstsein im Hirn entsteht und auf welche Weise es die von ihnen bisher als völlig autonom betrachteten Prozesse im Gehirn zu beeinflussen, durcheinander zu bringen oder in eine bestimmte Richtung zu lenken imstande ist.

Schon das Unbewusste war für die neurobiologisch orientierten Wissenschaftler ein sehr schwer akzeptierbarer Begriff. Suggerierte er doch, dass sich dahinter etwas verbirgt, was sich empirisch nur schwer fassen, geschweige denn in reproduzierbaren Versuchsanordnungen kontrollieren läßt. Wenn nun aber auch noch all das, was sich im Gehirn eines Menschen abspielt, und was mit Hilfe bildgebender Verfahren (aber auch schon durch einfache Verhaltensbeobachtungen, Befragungen und Aufmerksamkeitstests) messbar ist, davon abhängt, worauf der betreffende Mensch gerade sein Bewusstsein richtet oder gar in welchen Bewusstseinszustand er sich (wenn er das kann) versetzt hat, so gerät jeder orthodoxe Naturwissenschaftler in ein unlösbares Dilemma: Weil es nicht möglich ist, subjektiv gesteuerte Prozesse zu objektivieren, muss er sich entscheiden, was er messen will. Um die Objektivierbarkeit seiner Befunde sicher zu stellen, kann er verhindern, dass bewusste subjektive Phänomene in seine Messungen eingehen. Dann freilich kann er keine Aussagen über die vom individuellen Bewusstsein beeinflussten bzw. gelenkten Prozesse machen. Geht es ihm aber darum zu untersuchen, was Bewusstsein ist, wie es entsteht und wie es wirkt, so ist er gezwungen, den Anspruch auf Objektivierbarkeit seiner naturwissenschaftlichen Untersuchungen über Bord zu werfen.

Noch müht sich die Mehrzahl der Hirnforscher darum, subjektiven Bewusstseinsphänomenen mit den bisherigen objektiven naturwissenschaftlichen Vorgehensweisen auf die Spur zu kommen, doch die bisherigen Ergebnisse dieses Spagats sind entsprechend fragwürdig bzw. nichtssagend. Der folgende Abschnitt zum Erkenntnisstand der Hirnforschung über die neurobiologischen Grundlagen des Bewusstseins mag das verdeutlichen.

1. Neurobiologische Korrelate bewusster Prozesse

Die Erkenntnisse der Hirnforscher über neurobiologische Korrelate bewusster Zustände beruhen zum einen auf Beobachtungen über die Aktivierung bzw. Inaktivierung einzelner Hirnregionen bzw. neuronaler Systeme bei Versuchspersonen, die bestimmte Aufgaben zu lösen hatten, zu deren Bewältigung eine bewusste Reaktion oder Entscheidung erforderlich war. Zum anderen ließen sich bei Patienten nach neurochirurgischen Eingriffen oder im Verlauf neurodegenerativer Erkrankungen Ausfälle oder Störungen einzelner, an bewusst gesteuerten Prozessen beteiligter Hirnbereiche beobachten, die Aufschluss über die Bedeutung der in den betreffenden Arealen lokalisierten Netzwerke für die Steuerung bewusster Zustände lieferten. All diese Befunde sind als Originalarbeiten weit verstreut publiziert und nur in wenigen Übersichtsarbeiten zusammengestellt worden (Eccles 1993; Metzinger 2000; Roth 2001). Wie immer, ist auch hier die Art dieser Zusammenstellungen in hohem Maß durch die Vorstellungen der jeweiligen Autoren über das bestimmt, was Bewusstsein ist und wie die jeweiligen Einzelbefunde in diese Vorstellungswelt einzuordnen sind. Die folgende, wörtlich übernommene Textpassage aus einem Übersichtsbeitrag von Roth (1999) mag das verdeutlichen: »Es gibt kein einzelnes, klar abgrenzbares Hirnzentrum für Bewusstsein. Vielmehr entstehen die unterschiedlichen Formen von Bewusstsein durch eine sehr spezifische Interaktion von verschiedenen Zentren im ganzen Gehirn. Alle Arten von Bewusstsein sind zwar an die Aktivität der sogenannten assoziativen Großhirnrinde gebunden; jedoch ist der assoziative Kortex nicht der alleinige ›Produzent‹ von Bewusstsein. Vielmehr sind subkortikale Teil des Gehirns, deren Aktivität selbst niemals von Bewusstsein begleitet ist, wesentlich an der Entstehung von Bewusstsein beteiligt.

Dies gilt vor allem für die retikuläre Formation (FR), denn ihre Zerstörung führt zu einem generellen Verlust des Bewusstseins, das heißt zu dem Koma. Die retikuläre Formation besteht aus drei langgestreckten Kerngebieten, einem medianen, das heißt an der Mittellinie liegenden, einem medialen und einem lateralen Kerngebiet, die vom vorderen Mittelhirn durch die Brücke zur Medulla oblongata und zum vorderen Rückenmark ziehen.

Die mediane FR erhält Eingänge von allen Sinnesmodalitäten und vom Kleinhirn. Sie bildet das ›aufsteigende aktivierende retikuläre System‹. Dieses System projiziert direkt oder indirekt zu den intralaminaren thalamischen Kernen, die ihrerseits zum Striatum und mit einer gewissen räumlichen Ordnung zur Großhirnrinde projizieren. Die Funktion der medialen FR ist die Kontrolle des Schlaf-Wach-Rhythmus und des generellen kortikalen Aktivitätszustandes.

Die mediane retikuläre Formation wird durch die Raphekerne gebildet. Diese Kerne, vor allem der dorsale Raphekern, senden serotonerge Fasern zu allen Gebieten des limbischen Systems, die mit kognitiven Funktionen zu tun haben, das heißt Hippocampus, Amygdala, basales Vorderhirn, limbische thalamische Kerne, cingulärer und entorhinaler Kortex, frontaler, parietaler und temporaler Kortex.

Die laterale FR enthält als wichtigsten Kern den noradrenergen Locus coeruleus (LC), der ebenfalls zu allen limbischen Bereichen projiziert, die mit kognitiven Funktionen zu tun haben. Die Funktion des LC hat offenbar mit der Kontrolle von Aufmerksamkeit zu tun und mit der ›Überwachung‹ äußerer und innerer Ereignisse. Die Projektionen des LC, insbesondere zum präfrontalen Kortex, können Informationen über die Bedeutung komplexer sensorischer Ereignisse und Situationen übertragen. Während das aufsteigende System der medialen retikuläre Formation und der Locus coeruleus eine eher aktivierende Funktion hat, scheinen die Raphekerne eine dämpfende Wirkung zu haben. In Kombination könnte dies zu einer starken Fokussierung von Erlebniszuständen führen.

Weitere wichtige Gehirnzentren für die allgemeine Kontrolle des Bewusstseins sind die intralaminaren Kerne des Thalamus. Sie erhalten Eingänge vom gesamten Kortex und projizieren mit einer gewissen Topographie dorthin zurück, vor allem zum präfrontalen Kortex. Zusätzlich sind sie mit dem gesamten limbischen System verbunden. Die meisten Anteile des limbischen Systems tragen in spezifischerer Weise als die zuvor genannten Hirnteile zu den verschiedenen Bewusstseinszuständen bei. Das cholinerge basale Vorderhirn beziehungsweise die septalen Kerne haben mit der Kontrolle der Aufmerksamkeit zu tun. Der dopaminerge Nucleus accumbens und das ventrale tegmentale Areal (VTA) sind mit der Bildung positiv eingefärbter Gedächtnisinhalte, mit Lust und – offenbar in diesem Kontext – mit Aufmerksamkeit befasst. Die Amygdala (Mandelkern) hat unter anderem mit der Bildung von negativ eingefärbten Gedächtnisinhalten zu tun und mit der Ausbildung von Angst und Furcht. Die Hippocampus-Formation ist wichtig für die Organisation des bewusstseinsfähigen deklarativen Gedächtnisses, insbesondere was kontexthaftes, episodisches Gedächtnis betrifft. Die dorsalen Anteile der Basalganglien, das heißt Putamen, Nucleus caudatus, Globus pallidus, Nucleus subthalamicus und Substantia nigra, sind eng verbunden mit dem präfrontalen und parietalen Kortex. Sie haben zu tun mit der Planung von Handlungen und der Kontrolle von Willkürhandlungen, aber auch mit der unbewussten Bewertung von Handlungen.

All diese subkortikalen Gehirnzentren tragen ganz wesentlich zu den verschiedenen Erscheinungsformen des Bewusstseins bei, während die Vorgänge in ihnen selbst völlig unbewusst bleiben. Entsprechend führen Verletzungen in diesen subkortikalen Bereichen entweder zu völliger Bewusstlosigkeit oder zu schweren Beeinträchtigungen bewusster kognitiver und emotionaler Funktionen, wie zum Beispiel zu der Unfähigkeit, die Konsequenzen des eigenen Handelns festzustellen, zu Aufmerksamkeitsstörungen, zu dem Verlust des deklarativen Gedächtnisses und anderes. Typischerweise sind die Patienten sich dieser Defizite nicht bewusst. In der gleichen Weise sind wir uns der Vorgänge in den primären und sekundären sensorischen und motorischen Kortexarealen nicht bewusst, sondern bewusst sind nur diejenigen Prozesse, die in assoziativen Kortexgebieten ablaufen, und diese Prozesse nehmen wir auch nur unter bestimmten Bedingungen bewusst wahr.

Der assoziative Kortex umfasst unter anderem den hinteren Scheitellappen (PP). Der linke PP hat mit symbolisch-analytischen Leistungen zu tun, der rechte ist befasst mit realer und vorgestellter räumlicher Orientierung und entsprechender räumlicher Aufmerksamkeit. Der obere und mittlere Schläfenlappen umfasst komplexe auditorische Wahrnehmung einschließlich des Wernicke-Sprachzentrums, das für die Erfassung der Bedeutung von Worten und Sprache sowie der Produktion bedeutungshafter Sprache zuständig ist.

Der untere Schläfenlappen (IT) ist wichtig für die Verarbeitung von komplexen visuellen Informationen, wie zum Beispiel das Erfassen der Bedeutung und der korrekten Interpretation von Objekten, Gesichtern oder Szenen. Der präfrontale Kortex (PFK) wird eingeteilt in einen dorsolateralen und einen orbitofrontalen Teil. Der dorsolaterale präfrontale Kortex hat zu tun mit Aufmerksamkeit und selektiver Kontrolle von sensorischer Erfahrung, Handlungsplanung, der zeitlichen Kodierung von Ereignissen, Spontaneität des Verhaltens und Arbeitsgedächtnis. Er ist vornehmlich ausgerichtet auf Ereignisse in der Außenwelt und deren Relevanz. Der orbitofrontale präfrontale Kortex hat demgegenüber zu tun mit inneren Abläufen, wie zum Beispiel ethischen Aspekten, der Einschätzung von Konsequenzen, die das eigene Verhalten hat, Gefühlsleben und der emotionalen Kontrolle des Verhaltens. Der assoziative Kortex trägt mit den oben genannten Funktionen zu einer großen inhaltlichen Vielfalt der Bewusstseinszustände bei. Er tut dies unter dem starken Einfluß der unbewusst arbeitenden primären und sekundären sensorischen und motorischen Kortexareale sowie der zu vor erwähnten subkortikalen Zentren des Gehirns« (Zitat aus Roth 1999).

Diese zusammenfassende Darstellung der bisherigen Ergebnisse der Hirnforschung auf der Suche nach dem Ort im Gehirn, an dem das Bewusstsein entsteht, ließe sich noch durch weitere Einzelheiten erweitern und vertiefen. Aber die Auflistung all dieses inzwischen angesammelten Detailwissens ändert wenig an dem Eindruck, dass die Hirnforscher bei ihrer Suche nicht so recht weiterkommen. Bewusstsein, so scheint es, entsteht nicht an einem bestimmten Ort im Hirn, sondern eher durch eine bestimmte Art des Zusammenwirkens verschiedener Teilsysteme. Manche dieser Teilsysteme, wie die retikuläre Formation, die Amygdala oder die Basalganglien sind stammesgeschichtlich uralt und bereits bei Tieren ausgebildet, denen wir die Fähigkeit zur bewussten Handlungsplanung normalerweise nicht zuschreiben. Andere, insbesondere die multimodalen assoziativen Bereiche der Großhirnrinde, speziell des Parietal- und Frontallappens werden erst im menschlichen Gehirn in dieser hochkomplexen Weise herausgebildet, aber – und dass ist in diesem Zusammenhang besonders wichtig – nicht von allein, sondern nutzungsabhängig, d.h. durch Lernen, oder genauer: durch die transgenerationale Weitergabe von Erfahrungen. Ohne diese Überlieferung von Wissen, von Fähigkeiten und Fertigkeiten, von Welt- und Menschenbildern (in deren Folge sich dann auch so etwas wie ein Selbstbild entwickeln kann) wäre also weder die Herausbildung dieser multimodalen kortikalen Assoziationsareale noch deren spezifische Art der Verknüpfung mit den o.g. subkortikalen Bereichen möglich. Die Fähigkeit, Bewusstsein zu entwickeln und seine Aufmerksamkeit bewusst auf etwas Bestimmtes zu lenken, scheint also eher das Ergebnis eines durch soziale Erfahrungen vermittelten Lernprozesses als ein vom Gehirn aus sich selbst hervorbringbares Phänomen zu sein.

Ein aufsteigendes retikuläres System, das durch die Wahrnehmung von etwas bedeutsam Neuem aktiviert wird und die Aufmerksamkeit auf diese betreffende Wahrnehmung lenkt, besitzen auch schon die Vögel und Säugetiere. Aber auch schon sie müssen das, worauf sie ihre Aufmerksamkeit richten und was für sie bedeutsam ist, erst erlernen. Nur der Mensch verfügt über einen so komplex vernetzbaren assoziativen Kortex, mit dessen Hilfe er in der Lage ist, eigene Erfahrungen (zusammen mit dem dabei erlebten Gefühl) in Form charakteristischer Verschaltungsmuster zu verankern, und nur er ist imstande, aus der Gesamtheit dieser Erfahrungen so etwas wie im Gehirn verankerte Metarepräsentanzen für das herauszubilden, was wir Selbstwirksamkeitskonzept, Selbstbild oder Selbstbewusstsein nennen.

2. Phänomenologie bewusster mentaler Zustände

Weil das Bewusstsein ein Zustand ist, der nur aus der Perspektive des Subjekts wahrnehmbar und beschreibbar ist, unterscheidet es sich auch für die Neurowissenschaften so grundsätzlich von allen anderen Forschungsobjekten. Nur wenn Bewusstsein nicht als selbständige Entität, sondern als Eigenschaft mentaler Prozesse verstanden wird, lassen sich Zustände definieren und messen, die sich durch diese Eigenschaft auszeichnen. Dann erst können Hirnforscher versuchen, jene Zustände zu beschreiben, die mit bewusst ablaufenden mentalen Prozessen einhergehen.

Im Allgemeinen werden zu diesem Zweck verschiedene Teilaspekte bewusster Zustände unterschieden, die einzeln oder gemeinsam auftreten oder ausfallen können, und für deren Aktivierung in der Regel unterschiedliche neuronale Systeme, Bereiche oder Netzwerke zuständig sind (vgl. Übersichten in: Metzinger 1995; Dretske 1998; Dörner 1999; Pauen 1999; Roth 2001). Hierzu zählen:

– das bewusste Erleben von Ereignissen (wahrnehmen, fühlen),
– das bewusste Erleben der eigenen Identität,
– das bewusste Erleben des Ichs in Raum und Zeit,
– das bewusste Erleben der autobiographischen Identität,
– das bewusste Erleben des Unterscheidens zwischen Realem und Erträumten oder Fantasiertem,
– das bewusste Erleben des eigenen freien Willens,
– das bewusste Nachdenken über sich selbst,
– das bewusste Fokussieren der Aufmerksamkeit auf Objekte, Vorgänge, Gedanken,
– das bewusste Erleben der eigenen Urheberschaft,
– das bewusste Einnehmen der Perspektive eines anderen.

Erschwert wird die Untersuchung dieser unterschiedlichen, mit Bewusstsein verbundenen Zustände aber durch den Umstand, dass viele der dabei messbaren Phänomene normalerweise auch mit völlig unbewusst ablaufenden mentalen Leistungen einhergehen. So empfinden wir einen kontinuierlichen Fluss unseres Daseins auch dann, wenn wir uns das nicht bewusst machen. Die Mehrzahl unserer Reaktionen und Handlungsabläufe sind durch unbewusste Prozesse gesteuert und alle lebensnotwendigen Funktionen unseres Körpers laufen normalerweise unbewusst ab. Auch Stimmungen und Ängste entstehen oft unbewusst. Viele Eindrücke verarbeiten und bewerten wir ebenfalls völlig unbewusst, selbst Lernprozesse können gänzlich unbewusst ablaufen.

Alle unbewussten Entscheidungen und Reaktionen werden durch die automatische, reflexartige Aktivierung strukturell verankerter, genetisch angelegter oder durch individuelle Erfahrungen gebahnter neuronaler Verschaltungsmuster gesteuert. Erst mit Hilfe des Bewusstseins wird es möglich, eigene Handlungsweisen und deren Folgen zu simulieren und somit eine weitere, übergeordnete Entscheidungsebene zu erschließen. Dieser Umstand dürfte ausschlaggebend für die Entwicklung der Fähigkeit gewesen sein, bewusst gesteuerte Entscheidungen zu treffen. Wenn aber Bewusstsein an neuronale Aktivitäten gebunden und erst durch komplexe assoziative Prozesse ermöglicht wird, dann kann es erst ab einer bestimmten Entwicklungsstufe entstehen. Dann muss es sich aber auch mit der Ausbildung und Entwicklung der entsprechenden neuronalen Netze verändern und sich – wenn diese Netze komplexer werden – entsprechend weiterentwickeln. Die Fähigkeit, sich etwas bewusst zu machen, wäre dann zwangsläufig das Ergebnis eines kognitiven Lernprozesses. Angeboren oder gar vererbt wäre lediglich die Fähigkeit, Bewusstsein herauszubilden. Wenn Bewusstsein aber erworben ist, muss es Menschen mit unterschiedlich entwickelten Bewusstseinsgraden geben, wobei die Ausbildung der Fähigkeit, bewusste Entscheidungen zu treffen, davon abhängig ist, wie vorteilhaft sich die gedankliche Simulation von Handlungsweisen und deren Folgen im praktischen Lebensvollzug eines Menschen erweist (vgl. Übersichten in: Wilber 1991; Jaynes 1993; Edelmann 1995).

3. Aussagekraft neurobiologisch messbarer Korrelate bewusster Entscheidungen

Das im Gehirn erzeugte Selbstmodell vom »Ich« läßt sich als eine Eigenrepräsentation verstehen, bei der die so generierte Vorstellung des »Ich« nicht als Metarepräsentanz und somit als Modell, sondern als eigenständiges Objekt wahrgenommen und interpretiert wird. Entscheidungen zwischen verschiedenen zur Verfügung stehenden, abrufbaren Handlungsmöglichkeiten werden auf der Ebene dieser Metarepräsentanz im Hinblick auf dort ebenfalls repräsentierte subjektive Zielvorstellungen und mögliche Folgen des eigenen Handelns getroffen. Wir empfinden uns in unseren Entscheidungen als frei, weil das Modell unserer Wirklichkeit ein autonomes »Ich« enthält, das zwischen verschiedenen Handlungsoptionen wählen kann (vgl. Pauen 1999).

Solche freien Entscheidungssituationen lassen sich experimentell herbeiführen und zur Messung der im Verlauf einer bewussten Willensentscheidung auftretenden neuronalen Aktivierungsprozesse nutzen. Wird eine Versuchsperson – wie in den sog. Libet-Experimenten – aufgefordert, spontan eine Hand zu bewegen und sich dabei die Zeigerstellung einer vor ihm ablaufenden Uhr zu merken, so läßt sich anhand gleichzeitig durchgeführter EEG-Ableitungen nachweisen, dass bereits eine halbe Sekunde vor der ausgeführten Bewegung das vollständige Bereitschaftspotential zur Steuerung dieser Handbewegung aufgebaut ist. Der bewusste Entschluss, die Hand zu bewegen, folgt erst 300 msec. später, also 200 msec. vor der tatsächlich ausgeführten Bewegung. Der bewusst erlebte Akt hingt also den neuronalen Aktivitäten hinterher. Das subjektive Bewusstsein scheint nur noch zu bestätigen, was im Gehirn bereits initiiert worden ist.

Libet leitete aus diesen Befunden die Schlussfolgerung ab, dass ein bewusstes Selbst den Prozess einer willkürlichen Handlung nicht initiiert. Seine Untersuchungen ergaben jedoch auch, dass 100 msec. vor dem Handlungsakt – trotz des bereits aufgebauten Bereitschaftspotentials – eine Unterbrechung der so vorbereiteten Bewegung möglich ist. Der bewusste Wille kann also entscheiden, ob der bereits eingeleitete Handlungsimpuls tatsächlich ausgeführt wird (Übersicht in: Libet 2004).

Bei der Interpretation dieser Libetschen Experimente wird jedoch ein Aspekt meist vergessen, nämlich der nicht zu unterschätzende Einfluss des Untersuchers auf das Untersuchungsergebnis. Die Probanden bewegen ihre Hand ja nicht aus einem von ihnen selbst gefassten Entschluss heraus, sondern weil sie dazu aufgefordert wurden. Der Grund dafür, dass in ihrem Gehirn das betreffende motorische Bereitschaftspotential generiert worden ist, war also die bewusste, an sie gerichtete Aufforderung von Libet. Offenbar ohne sich dessen bewusst zu sein, steht der Experimentator in der von ihm gewählten experimentellen Anordnung in einer das Untersuchungsergebnis beeinflussenden Beziehung. Die Gehirne von Libet und seines Probanden sind also intentional miteinander verkoppelt. Das Bewusstsein des Untersuchers beeinflusst das Bewusstsein des Probanden durch den von ihm verbal kommunizierten, also bewußt zum Ausdruck gebrachten Wunsch. Und falls die Probanden für ihre Teilnahme auch noch bezahlt wurden, ist dieser Einfluß durch den zusätzlichen Belohnungseffekt noch verstärkt worden.

4. Bewusstsein als Ergebnis und Triebfeder der kulturellen Evolution des Menschen

Bewusste Zustände, nicht nur bewusste Willensentscheidungen wie im Fall der geschilderten Libetschen Untersuchungen, sondern auch bewusste Wahrnehmungen, Unterscheidungen, ja selbst das bewusste Erleben der eigenen Identität sind in hohem Maß durch andere Personen beeinflussbar. Das gilt nicht nur für Erwachsene, sondern in noch viel stärkerem Maß für Kinder. Hier, im kindlichen Gehirn, werden die für bewusste Zustände aktivierten Metarepräsentanzen nicht nur durch andere Menschen beeinflusst, sondern unter dem Einfluss der im Zusammenleben mit anderen Menschen gemachten Erfahrungen herausgeformt. Um diese komplexen Vernetzungen herauszubilden, braucht jeder Mensch eine bestimmte Sequenz und Qualität von Erfahrungen. Diese Erfahrungen können nur dann gemacht werden, wenn er bereits als Kind von Anfang an Gelegenheit geboten bekommt, mit den Objekten seiner Lebenswelt – und das sind in erster Linie höchst lebendige Subjekte in Form von Eltern, Geschwistern, von Mitgliedern der eigenen Sippe, der dörflichen oder städtischen Gemeinschaft und letztlich des Kulturkreises, in den ein Kind hineinwächst – in Beziehung zu treten, sich auszutauschen, sich an andere Menschen anzuschließen oder sich von ihnen abzugrenzen, Wissen, Fähigkeiten und Fertigkeiten von anderen zu übernehmen, und dabei immer wieder neue, eigene Erfahrungen zu machen. Damit wird auch verständlich, weshalb der Grad an Bewusstheit oder die Bewusstseinsstufe, die ein Mensch entwickeln kann, von dem Bewusstsein abhängig ist, das in der Welt der Erwachsenen herrscht, in die er als Kind hineinwächst. Aus dieser Perspektive betrachtet erweist sich also die Fähigkeit von Menschen, bewusst zu handeln, sich ihrer selbst bewusst zu werden, ihr Bewusstsein zu schärfen und zu erweitern, als eine Kulturleistung. Der Ort, an dem das Bewusstsein entsteht, wäre dann freilich nicht im Hirn, sondern in der Gesellschaft zu suchen. Bewusstsein wäre dann auch nicht eine Fähigkeit, die automatisch entsteht, weiter wächst und sich vom anfänglichen mythischen Bewusstsein über das personale Ich-Bewusstsein bis hin zum transpersonalen oder transzendentalen Bewusstsein entwickelt. Es könnte ebenso gut – wenn die transgenerationale Weitergabe von Erfahrungen in einem bestimmten Kulturkreis behindert oder gestört wird – wieder von bereits erreichten höheren Stufen auf die niederen zurückfallen.

In gewisser Weise läßt sich die Suche der Hirnforscher nach dem Ort im Hirn, wo das Bewusstsein sitzt, mit der Suche nach jenem Ort vergleichen, wo die menschliche Sprache entsteht. Zwar bilden sich bei jedem Kind, das in einer menschlichen Gemeinschaft aufwächst, in der Menschen gelernt haben, sich verbal zu verständigen (wenn es nicht taubstumm ist), die von den Hirnforschern lokalisierbaren Sprachzentren aus. Aber die Fähigkeit zu sprechen und Gesprochenes zu verstehen, verdanken wir weniger der Tatsache, dass es in unserem Gehirn ein von den Hirnforschern lokalisierbares und analysierbares Brocca-Areal oder ein Wernicke-Zentrum gibt, sondern vielmehr dem Umstand, dass Eltern normalerweise mit ihren Kindern sprechen. Je nachdem, wie viel und wie komplex dieser verbale Austausch ist, werden auch die betreffenden Hirnregionen mehr oder weniger komplex herausgeformt. Die Feststellung, dass die durchschnittliche Dauer verbaler Kommunikation zwischen Eltern und ihren Kindern in unserem Land inzwischen auf weniger als 10 Minuten pro Tag gesunken ist, kann für die Ausformungen dieser Hirnregionen so wenig folgenlos geblieben sein, wie das, was in diesen durchschnittlich 10 Minuten verbal ausgetauscht wird, folgenlos für die Herausbildung derjenigen Strukturen im Gehirn dieser nachwachsenden Generation bleiben wird, in denen das Bewusstsein im Gehirn strukturell verankert wird.

Aus rein biologischer Sicht wäre es allerdings auch keine allzu bedenkliche Entwicklung, wenn den Menschen die Fähigkeit, sich ihrer selbst bewusst zu werden, ihre Handlungen bewusst zu planen und sich der Folgen ihrer Handlungen bewusst zu werden, allmählich (noch stärker) abhanden käme. Als biologischer Organismus muss ein Mensch nur das wahrnehmen und auf das reagieren, was für sein Überleben und gegebenenfalls auch für seine Reproduktion bedeutsam ist. Und was davon muss er sich bewusst machen? Nichts! Denn zum nackten Überleben und zur bloßen Fortpflanzung braucht ein Organismus kein Bewusstsein. Beides funktioniert nicht nur bei uns von allein – also gänzlich unbewusst – sondern auch bei allen Tieren bis hinunter zu den Einzellern. Letztere benötigen dazu noch nicht einmal ein Nervensystem, die Schwämme und Medusen können das auch ohne Gehirn, und die Tiere ohne das, was wir Bewusstsein nennen. Auch beim Menschen wird alles, was im Organismus geschieht, und was entweder der Lebenserhaltung oder der Reproduktion direkt dient, unbewusst gesteuert. Bewusstsein, so scheint es, ist ein Luxus, den sich nur ein menschliches Gehirn leisten kann. Für alles, was der Sicherung des eigenen Überlebens und der Reproduktion dient (und womit das Hirn tagein tagaus beschäftigt ist), braucht es kein Mensch. Vielleicht bedeutet Mensch-Sein aber auch mehr, als nur lebendig und fortpflanzungsfähig zu sein. Wenn man das in Betracht zieht, wäre Bewusstsein, also auch die Bewusstwerdung eigener Handlungsantriebe, Bedürfnisse und Wünsche durchaus etwas Sinnvolles. Das geht dann allerdings weit über die Biologie hinaus.

Die Genetiker haben herausgefunden, dass sich der heutige Mensch in seiner genetischen Ausstattung nicht im Geringsten von seinen vor einhunderttausend Jahren lebenden Vorfahren unterscheidet. Das muss auch so sein, denn sonst könnten nicht beide Mitglieder derselben Art »*Homo sapiens*« sein. Aber dasselbe Gehirn wie wir heutzutage hatten unsere frühen Vorfahren mit Sicherheit noch nicht, denn die haben ihr Hirn damals zeitlebens für ganz andere Aufgaben benutzt. Dadurch hat es sich zwangsläufig auch anders strukturiert. Das gilt nicht nur für die Sprachverarbeitung, sondern auch für viele andere Leistungen und die diesen Leistungen zugrunde liegenden neuronalen synaptischen Verschaltungen. Sogar noch heute unterscheiden sich die Hirnleistungen von Menschen unterschiedlicher Kulturen beträchtlich. Wir Europäer können beispielsweise nur 5–6 Zahlen im Kurzzeitgedächtnis speichern, die Chinesen aber 9, allerdings nur dann, wenn sie unter Chinesen aufgewachsen sind und die komplizierte chinesische Schriftsprache von ihnen gelernt haben. Bei uns können viele Erwachsene heutzutage nur noch wenige Grüntöne unterscheiden, die Eingeborenen des amazonischen Regenwaldes haben über 100 verschiedene Bezeichnungen für über 100 verschiedene Grüntöne. Wenn also ein solcher Amazonasindianer etwas Grünes betrachtet, dann wird er das wesentlich bewusster und differenzierter tun, als wir, wenn wir einen grünen Baum anschauen. Was mag noch vor wenigen Generationen den meisten Menschen bewusst geworden sein, wenn sie sich gegenseitig ihre Ahnengeschichten, ihre Sagen und Märchen erzählten? Und was würde diesen gleichen Menschen wohl bewusst, wenn sie heute mit uns eine Stunde lang durch eine Großstadt gehen könnten? Es wäre mit Sicherheit weder qualitativ noch quantitativ mit dem zu vergleichen, was wir dabei bewusst erleben. Wahrscheinlich würde jemand, der in einer ganz anderen Welt groß geworden ist, durchdrehen, wenn es ihm nicht gelänge, das meiste von dem, was er dort wahrnimmt, genau dort zu lassen, wo auch wir es immer dann lassen, wenn uns etwas zu viel wird – im Unbewussten.

Ins Bewusstsein kann eine Wahrnehmung oder ein Gedanke, der einem durch den Kopf schießt, offenbar nur dann kommen, wenn dieses Neue an irgendetwas angeknüpft (mit etwas assoziiert) werden kann, was bereits vorhanden (als Wissen, als Erfahrung, als »inneres Bild« im Gehirn abgespeichert) ist. Deshalb ist das, was zwar wahrgenommen und erlebt werden kann, aber dabei nicht ins Bewusstsein gelangt (und dann eben »unbewusst« bleibt) bei all jenen Menschen besonders groß, die bisher nur sehr wenig von dem bereits kennen, was sie in der Welt erleben – also bei kleinen Kindern. Genauso wenig können neue Wahrnehmungen ins Bewusstsein eines Menschen gelangen, wenn sie für ihn zu fremd sind, zu plötzlich auftauchen, zu überwältigend oder einfach nur zu zahlreich sind – also immer dann, wenn sie Furcht auslösend sind und im Gehirn eine Notfallreaktion in Gang gesetzt wird, die zunächst nichts weiter als das nackte Überleben sichern hilft. In solchen Situationen ist bewusstes Reflektieren und langes Nachdenken nicht nur wenig hilfreich, sondern »hirntechnisch« gar nicht möglich.

Die Fähigkeit, sich das, was man erlebt, auch bewusst zu machen, scheint also eine Leistung zu sein, die sich erst im Lauf sowohl der phylogenetischen wie auch der ontogenetischen Entwicklung des Menschen allmählich entwickelt. Es ist eine Fähigkeit, die das Gehirn gewissermaßen erst dann herausbilden kann, wenn in den assoziativen Arealen bereits ein einigermaßen tragfähiges Fundament an Wissen und Erfahrungen verankert werden konnte, und wenn sich die betreffende Person damit in der Welt einigermaßen angstfrei zu bewegen gelernt hat (dazu darf sich diese Welt aber auch nicht allzu schnell verändern). Bewusstsein wäre dann die wiederholt von einem Menschen gemachte und als innere Überzeugung verankerte Erfahrung, dass er als Person in der Lage ist, seine Wahrnehmungen und Gedanken aus eigener Kraft und eigenem Antrieb so zu ordnen, dass sie in die Welt und zu der Welt, auch der Vorstellungswelt passen, in der diese Person lebt. Da die Welt, in der Menschen leben, Erfahrungen machen und Wissen erwerben, in erster Linie und von Anbeginn eine Welt sozialer Beziehungen ist, ist davon auszugehen, dass es ohne Sozialisation kein Bewusstsein gibt, dass also unser Bewusstsein (wie auch unser hochentwickeltes Gehirn überhaupt) ein soziales Produkt ist. Deshalb ist Bewusstsein wohl auch etwas, was nur Menschen herausbilden können. Dazu müssen diese Menschen aber innerhalb einer menschlichen Gemeinschaft aufwachsen, die ihnen die Möglichkeit bietet, sich als Urheber ihrer individuellen Vorstellungen und Handlungen zu verstehen.

Damit sind wir bei der Frage angekommen, was den Menschen eigentlich zum Menschen macht. Und das ist wohl die spannendste Frage, die heute überhaupt gestellt werden kann und die wohl auch irgendwann beantwortet werden muss. Denn davon, wie diese Frage beantwortet wird, hängt schließlich der künftige Entwicklungsweg ab, den Menschen einschlagen, jeder für sich allein und wir alle gemeinsam. Der Verhaltensbiologe und Nobelpreisträger Konrad Lorenz hat uns unsere gegenwärtige Stellung in der Natur so drastisch wie bisher kaum ein anderer vor Augen geführt: »Der Übergang vom Affen zum Menschen, das sind wir«. Bis zum Affen und ein wenig darüber hinaus ging es auch ohne Bewusstsein. Aber für den Rest des Weges bedarf es offenbar einer bewussten Entscheidung – und zwar nicht in Form einer Hirn- sondern einer Kulturleistung.

Literatur

Dörner, F., (1999): Bauplan für eine Seele. Reinbek (Rowohlt).
Dretske, F., (1998): Naturalisierung des Geistes. Paderborn u. a. (Schöningh).
Eccles, J., C., (1989): Die Evolution des Gehirns – die Erschaffung des Selbst. München (Piper).
Edelmann, G., (1995): Göttliche Luft – Vernichtendes Feuer. Wie der Geist im Gehirn entsteht. München (Piper).
Jaynes, J., (1993): Der Ursprung des Bewußtseins. Reinbek (Rowohlt).
Libet, B., (2004): Mind Time. The Temporal Factor in Cosciousness. Cambridge/Mass. –London (MIT Press).
Metzinger, T., (1995):Bewußtsein. Beiträge aus der Gegenwartsphilosophie., Paderborn u. a. (Schöningh).
Metzinger, T., (2000): Neural Correlates of Consciousness. Empirical and conceptual Questions. Cambridge/Mass. – London (MIT Press).

Pauen, M., (1999): Das Rätsel des Bewußtseins. Mentis. Paderborn (Schöningh).
Roth, G., (1999): Entstehen und Funktion von Bewußtsein. In: Dt. Ärzteblatt 96, S. 1574–1576.
Roth, G., (2001): Fühlen, Denken, Handeln. Wie das Gehirn unser Verhalten steuert. Frankfurt/M. (Suhrkamp).
Wilber, K. (1991): Das Spektrum des Bewußtseins. Reinbek (Rowohlt).

Thomas und Brigitte Görnitz

Das Bild des Menschen im Lichte der Quantentheorie

Mit einem physikalisch fundierten Ansatz zeigen wir, wie das Dilemma aufzulösen ist, dass einerseits jedem gesunden Erwachsenen und den Wissenschaften, die sich mit dem Menschen befassen, das Bewusstsein die unbezweifelbarste Tatsache überhaupt ist und dass andererseits für weite Bereiche der Naturwissenschaften, die sich mit Bau und Funktion des Gehirns befassen, das Bewusstsein keine reale Existenz zu besitzen scheint. Die Lösung dieses Problems kann nicht darin liegen, dass die Humanwissenschaften lernen, sich auf die eine oder andere Weise mit solchen naturwissenschaftlichen Behauptungen zu arrangieren, sondern dass die Naturwissenschaften sich von Irrtümern und Vorurteilen befreien müssen, die aus dem 19. Jahrhundert stammen. Der entscheidende Schritt zu einer neuen Sicht wurde von der Quantentheorie getan. Die Quantentheorie ermöglicht es, Geist und Materie, als etwas Äquivalentes ansehen zu können. Die tatsächlich fundamentale Substanz sind damit nicht irgendwelche Elementarteilchen wie Quarks und Leptonen, sondern in der Tiefe der Erscheinungen findet die Quantentheorie eine abstrakte, kosmologisch begründete Quanteninformation, die wir als »*Protyposis*« bezeichnen, als *etwas, das zu einer »eingeprägten Gestalt« werden kann.* »Abstrakt« meint hierbei, alles wegzudenken, was nicht zum Wesenskern des Begriffes »Information« gehört. Dies betrifft vor allem die Gleichsetzung von Information mit Bedeutung. Bedeutung ist etwas, das erst für ein Lebewesen existiert und was stets einen subjektiven Anteil umfasst. *Protyposis meint Abstraktion von Sender und Empfänger und vor allem auch von Bedeutung.* Während in ihrer Verkörperung als Materie oder Energie von ihrem Informationscharakter evidenterweise nichts zu bemerken ist, *kann* sie in ihrer Form als Information im eigentlichen Sinne einen Sender, einen Empfänger und schließlich auch eine Bedeutung hinzuerhalten, um *erst dann Information auch im Sinne der Alltagssprache* zu werden. *Materie erweist sich* mit unserem Ansatz *als gestaltete Quanteninformation*, die noch nicht notwendig Bedeutung trägt. Daher geschieht eine Wechselwirkung zwischen Psychischem – das offensichtlich Information ist – und Materiellem nicht mehr wie zwischen zwei grundverschiedenen Substanzen. Ein Teil der Protyposis kann zu Information im üblichen Sinne und schließlich auch zu Bedeutung werden, wenn sie vom Materiellen abgegrenzt wird, welches dann lediglich als Träger von Information erscheint. Dass die Grenzen zwischen dem, was als Bedeutung, was als Information und was als Träger der Information anzusehen ist, nicht starr sind und von einem Beobachter verschoben werden können, kennen wir aus der Alltagspraxis. Neu aber ist die von der Quantentheorie ermöglichte Vorstellung, dass *auch das Materielle selbst* aus bedeutungsfreier, sender- und empfängerloser abstrakter Information konstituiert werden kann. Mit einer quantentheoretischen Fundierung wird es möglich, das Mentale – das Bewusstsein und das Unbewusste – naturwissenschaftlich als so real aufzufassen, wie es jedem gesunden Erwachsenen tatsächlich erscheint. Die allseits bekannte Wirkung des Psychischen auf das Körperliche wird damit auch naturwissenschaftlich fassbar.

1. Strukturen von Wissenschaft

1.1 Die Wahrnehmung des Unsichtbaren

Von allen uns bekannten Lebewesen scheint der Mensch das einzige zu sein, das sowohl zu einem Ich-Bewusstsein fähig ist – dies teilt er, wie der Spiegelversuch zeigt, auch mit einigen anderen Primaten – und das zugleich auch seine Sozialpartner als intentionale Wesen verstehen kann. Wir Menschen konnten die komplexeste aller Sozialstrukturen aufbauen, weil wir erkennen können, dass es bei unseren Mitmenschen mit deren Motiven und Intentionen mehr gibt, als lediglich vor Augen steht und was von außen als Verhalten sichtbar ist. Wenn eine solche Erkenntnis aus dem sozialen Bereich auf die Natur übertragen wird, so kann sich die Vorstellung von Kräften entwickeln, die ebenfalls unsichtbar sind, aber oft genau so wichtig sind wie das Sichtbare und eine Zweiteilung des Wirkenden in Sichtbares und Unsichtbares legt sich nahe. Speziell die abendländischen Weltbilder wurden von einer begrifflichen und vorstellungsmäßigen Unterscheidung der Wirklichkeit in Kraft und Stoff begleitet. In der aristotelischen Physik war die Ursache für die erzwungenen Bewegungen die »Psyche«. Mit der Entwicklung der Naturwissenschaften wurde die Seele immer mehr aus deren Gegenstandsbereich hinausgedrängt. Nach Descartes erreichte der Gedanke einer fundamentalen Trennung von Leib und Seele in zwei verschiedene Entitäten eine begriffliche Klarheit, die auch in einer zunehmenden Trennung zwischen hermeneutischer Geisteswissenschaft und gesetzesförmiger Naturwissenschaft einen Ausdruck fand. In der Gegenwart wird in weiten Bereichen der Naturwissenschaften die Realexistenz des Seelischen geleugnet. Spiegelbildlich dazu verdrängen manche Humanwissenschaftler die Bedeutung von naturwissenschaftlichen Kategorien für ihren Gegenstand und meinen, dass das Seelische nichts zu tun hat mit dem, was die Physik untersucht.

Die Psychoanalyse weiß um die Einzigartigkeit eines jeden Patienten, dessen Konflikte nur in der Verbindung mit einem hermeneutischen Verstehen durch den Therapeuten bearbeitet werden können. Damit bringt sich die Psychoanalyse in eine unmittelbare Nähe zu anderen verstehenden Geisteswissenschaften und in einen größeren Abstand zu denjenigen unter den Psychologen, die ihre Wissenschaft als einen Teil der Naturwissenschaften begreifen möchten. Andererseits wird neben der hermeneutischen Orientierung auch eine Klassifizierung ähnlicher Fälle genutzt, um ebenfalls Regeln zu finden, die die Psychoanalyse aus dem Bereich einer reinen Kunst zu einer auch regelgeleiteten Wissenschaft werden ließen.

Aber genau dieses, dass aus der Empirie ähnlicher Fälle Regeln oder sogar aus fast gleichen Fällen Gesetze abgeleitet werden, ist eine mögliche Kennzeichnung von Naturwissenschaft. Beobachtung und wenn möglich Experimente und der Übergang vom Einzelfall zu einer Klasse von vielen Fällen, die unter dem betrachteten Aspekt alle als gleich angesehen werden, ermöglicht eine gesetzesartige Erfassung von Teilbereichen der Wirklichkeit.

1.2 Die Rolle der Physik für den Blick auf die Natur

Bei der Entwicklung der Naturwissenschaften hat sich im Abendland die Entfaltung der zerlegenden, analysierenden Methode als äußerst erfolgreich gezeigt. Mit dieser Methode wird das Verstehen von komplexen Systemen auf ein Verstehen ihrer einfacheren Bestandteile und der Wechselwirkung zwischen diesen zurückgeführt. Die Vorstellung von Atomen als »kleinsten Bausteinen der Materie«, die die abendländische Philosophie fast von ihren Anfängen an begleitet, macht dies am deutlichsten sichtbar. Der übergroße Erfolg der Naturwissenschaften hat dazu geführt, nahezu alle Bereiche der Wirklichkeitserfassung mit naturwissenschaftlichen Methoden anzugehen. Im Zusammenwirken von Evolutionsbiologie und Medizin ist auch der Mensch in diese Entwicklung einbezogen worden, die auf wichtige Erkenntnisse und Erfolge verweisen kann. Wenn man naturwissenschaftliches Denken für relevant hält, dann muss man auch eingestehen, dass die Basis aller Naturwissenschaften, die Physik, zumindest implizit immer am Erkenntnisprozess beteiligt ist, denn die zerlegende Methode führt dazu, dass die kleinsten Teilsysteme auch als die fundamentalsten angesehen werden, so dass die bei ihnen geltenden Gesetze eine universelle Auswirkung haben. Speziellere Wissenschaften, wie Chemie oder Biologie, besitzen in weiten Bereichen des Universums keinen Geltungsbereich, so kann es in den Sternen keine Moleküle geben, und Lebensformen kennen wir bisher nur von der Erde.

Wenn die Physik des 19. Jahrhunderts mit ihren Erfolgen zu der Vorstellung geführt hat, dass man das Stoffliche, die Materie, als das einzig Reale anzusehen hat, dann hat eine solche Sicht auf die Welt natürlich Auswirkungen auf alle Bereiche – nicht zuletzt auch auf die, denen sich die Psychologie zuwendet. Bereits Freud versuchte den Zusammenhang zwischen dem materiellen Geschehen in den Nervenzellen und dem Entstehen des Psychischen zu klären. *Wenn allerdings die Materie in Form von Atomen oder heute als Quarks und Leptonen für die letzte und einzige Realität genommen wird, ist es nicht möglich, die Brücke zu den psychischen Erscheinungen und deren Wirkungen zu schlagen, die von der Psychoanalyse dargestellt werden.* Falls nur die Zellen im Gehirn real wären und es somit das Seelische in einem ontologischen Sinne – als eine eigenständige Realität – nicht gäbe, dann wäre eine Arbeit am Seelischen gewiss viel unzweckmäßiger als eine, die direkt an den Zellen ansetzt. Unter einem solchen Weltverständnis ist natürlich Pharmakotherapie sinnvoller als Psychotherapie. Die Argumentation mit den Heilungserfolgen an Patienten, die ohne Psychopharmaka erzielt werden, und die wegen der Arbeit am jeweiligen Einzelfall mit den nivellierenden Methoden der Statistik natürlich schwerer zu belegen sind, hat trotz der desolaten Lage des Gesundheitssystems noch wenig Chancen, gegen ein konkurrierendes, fest eingewurzeltes Weltbild ankämpfen zu können. Auch wenn man durch die eigenen Erfahrungen zu der Überzeugung gelangt ist, dass eine solche verkürzte Weltsicht, die die Realität auf das Materielle beschränkt, unzureichend ist, so hat man gegenüber der empirisch und methodisch so sehr erfolgreichen Naturwissenschaft nur geringe Aussichten, ohne naturwissenschaftliche Argumente Kritik an einer überholten Weltsicht wirksam vorbringen zu können. Wenn Naturwissenschaft in der Gestalt mathematisch formulierter Gesetze auftritt, so bedeutet dies eine riesige, aber trotzdem gut handhabbare Machtfülle. Kritik an Aspekten dieses Naturverständnisses wird oft als Aufforderung zum Verzicht auf diese Macht verstanden, und der möchte man nicht nachkommen, denn Systeme, deren künftiges Verhalten mit sehr großer Sicherheit vorherberechnet werden können, erlauben heute Zwecke zu erreichen, die in den vorhergehenden Menschheitsgenerationen undenkbar waren.

Die streng deterministische mathematische Struktur der Naturgesetze der nichtquantischen Physik lässt den Zufall lediglich als einen Ausdruck von subjektiver Unkenntnis zu, da gemäß der Theorie das Verhalten aller Systeme vollständig vorherbestimmt ist. Hier erscheint die Welt wie ein fertig abgedrehter Film, in dem es nichts Zufälliges gibt. Die Anhänger dieser Weltsicht reichen von den Materialisten des 18. und 19. Jahrhunderts über Einstein bis zu manchen zeitgenössischen Hirnforschern. An dieser grundsätzlichen mathematischen Struktur ändern auch moderne Teilbereiche der klassischen Physik nichts, zu denen die in der Öffentlichkeit auf großes Interesse stoßende Theorie des deterministischen Chaos oder die Relativitätstheorie gehören. Auch für diese Theorien gilt, dass auf Grund ihrer mathematischen Struktur der Zufall lediglich als Folge von Unkenntnis verstanden werden kann und deshalb nur rein subjektiv sein könnte. Wenn dieser totale Determinismus eine zutreffende Beschreibung der Welt liefern würde, dann – so der zweite und für das Menschenbild wichtigere Aspekt – wären Schuld und Scham vollkommen unsinnige Geisteshaltungen und kein Mensch wäre für seine Taten verantwortlich, denn die philosophische Idee eines freien Willens wäre dann aus naturwissenschaftlicher Sicht eine totale Illusion. Dies ermöglicht natürlich eine sehr entlastende Weltsicht. Vermutlich deshalb wird die Diskussion darüber oft recht leidenschaftlich geführt, wobei dieser zweite Aspekt fast immer unbewusst bleibt.

Wenn man an einem solchen Weltbild Kritik üben möchte, weil man eigene Erfahrungen besitzt, die damit nicht zu vereinbaren sind, so wird eine Kritik nur dann erfolgreich sein können, wenn ihre Argumente aus dem Bereich der Naturwissenschaft selbst kommen. Da grundlegende ontologische Aussagen über die Realität für alle Bereiche des Seins heute nur noch mit Bezug auf deren physikalische Basis überzeugend vorgebracht werden können, ist die Physik gefragt, dazu Stellung zu nehmen.

1.3 Neue Horizonte durch die Quantentheorie

Es ist besonders interessant, dass die bedeutsamsten und auch zwingenden Argumente gegen eine zu mechanistische und damit zu simple Weltsicht aus der modernen Physik selbst erwachsen sind. Die Quantentheorie eröffnet aus innerphysikalischer Sicht eine fundierte Kritikmöglichkeit an einer zu sehr vereinfachenden Weltbetrachtung, die besonders im Bereich des Menschen und seiner Psyche ihre Unzureichendheit aufgezeigt hat. Bisher wird in der öffentlichen Wahrnehmung der Quantentheorie vor allem über deren Unverträglichkeit mit manchen Vorstellungen über Raum und Zeit gesprochen, die wir im Laufe der naturwissenschaftlichen Entwicklung als so natürlich verinnerlicht haben, dass uns Abweichungen davon als unverstehbar erscheinen. Der Tunneleffekt, bei dem ein Teilchen eine Energiebarriere überwindet, obwohl der Satz von der Erhaltung der Energie dies verbietet, oder der Doppelspaltversuch, bei dem ein Teilchen gleichzeitig durch zwei nebeneinander liegende Spalte zu gehen scheint, verdeutlichen die Unterschiede zwischen den Vorstellungen unseres äußeren Alltages und der Quantentheorie. Dass die Quantentheorie jedoch geeignet ist, vor allem unser wissenschaftliches Menschenbild wieder mit unseren eigenen Erfahrungen zu versöhnen, wird bislang in der öffentlichen Diskussion kaum erörtert. Hierzu trägt das weit verbreitete Missverständnis bei, dass die Quantentheorie lediglich im atomaren und subatomaren Bereich von Bedeutung sei. Der zweite große öffentliche Irrtum über die Quantentheorie ist, dass sie mit dem irreführenden Begriff der »Unschärfe« in Verbindung gebracht wird, der dem Außenstehenden keine Möglichkeit für die Erkenntnis lässt, dass die Quantentheorie die beste und vor allem die genaueste Theorie der Physik ist, die heute bekannt ist.

Außerhalb der Physik wird die Quantentheorie oftmals als ein esoterisches Konstrukt betrachtet, das in einem von der Alltagswirklichkeit himmelweit entfernten Bereich – dem des submikroskopisch Kleinen allein – und ohne praktischen Belang wirkt. Eine solche Sicht verkennt nicht nur, dass wir ohne Quantentheorie keinen einzigen der Gegenstände und keines der Systeme verstehen könnten, deren Verhalten wir mit der klassischen Physik erfolgreich beschreiben können, wie Planeten, Tische, Stühle, Zellen oder Gene, sondern auch, dass bereits heute in den Industrienationen etwa ein Viertel des Bruttosozialproduktes aus Anwendungen der Quantentheorie stammt.

2. Das Neue der Quantentheorie

2.1 Kurze Charakterisierung der klassischen Naturwissenschaften

Um das Neue der Quantentheorie zu verdeutlichen soll zuerst eine kurze Charakterisierung der klassischen Physik gegeben werden. Die klassische Physik beginnt mit Newton, der die Kraft mit der Änderung der Momentangeschwindigkeit verbindet. Das begründet die fundamentale Rolle der Differentialrechnung in der klassischen Physik und daraus folgte eine Beschreibung der faktischen Zustände der Systeme durch Differentialgleichungen, d. h. durch eine absolut deterministische Struktur. Die Kombination von Teilsystemen zu einem Gesamtsystem ergibt sich dabei in einer additiven Weise, was bedeutet, dass diese Teile auch unter dem Einfluss der Wechselwirkungskräfte ihre Eigenheit behalten.

Nachdem man in der Chemie und dann in der Thermodynamik etwas naiv aber sehr erfolgreich den Atombegriff eingeführt und verwendet hatte, zeigte es sich, dass bei einer strengen (und nicht lediglich genäherten) Gültigkeit der Gesetze der klassischen Physik sowohl die Existenz der Atome als auch die der Gase, Flüssigkeiten und Festkörper prinzipiell unmöglich wäre. Durch die Entdeckung der Quantentheorie wurde aber eine solche fiktive strenge Geltung der klassischen Physik aufgehoben, die sich damit als eine nur näherungsweise gültige Beschreibung der Natur erweist. Sobald eine sehr große Genauigkeit erforderlich wird, und dies war historisch zuerst bei den Atomen der Fall, muss eine quantentheoretische Erfassung vorgenommen werden.

2.2 Wesentliche Aspekte der Quantentheorie

In unserem Zusammenhang ist von der *quantentheoretischen Struktur* das Folgende wichtig: *Erstens korrigiert sie die zerlegende Methode der klassischen Physik und zeigt auf, dass bei hinreichend genauer Erfassung ein Gesamtsystem wesentlich mehr Zustandsmöglichkeiten besitzt, als aus den Teilsystemen allein ableitbar wären.* Daraus folgt, dass jeder zerlegende Eingriff, so wie ihn die klassische Physik zur Erkenntnisfindung voraussetzen muss und der aus einem Ganzen solche Teile erzeugt, damit zugleich Möglichkeiten vernichtet, die zuvor präsent gewesen waren. Der zweite wichtige Aspekt betrifft die *Wirklichkeitsauffassung der Quantentheorie*.

Sie beschreibt einen Zustand in der Fülle der Möglichkeiten, die aus ihm erwachsen können. Dieses Ernstnehmen der Möglichkeiten führt dazu, dass an einem Quantenzustand, der mit Gewissheit vorliegt, bei einer Nachprüfung dennoch andere Zustände gefunden werden können, die von diesem verschieden sind. Dies ist in der vorquantischen Physik vollkommen unmöglich. In dieser sind Zustände als faktisch zu verstehen und für Fakten gilt selbstverständlich das »tertium non datur«, dass nämlich ein Zustand entweder vorliegt oder nicht vorliegt und ein Drittes ausgeschlossen ist. *Zwar ändern sich auch in der Quantentheorie die Zustände streng gesetzmäßig, aber da diese nur Möglichkeiten beschreiben, bleiben die Tatsachen, die sich daraus ergeben können, unbestimmt – und keineswegs »unscharf«, wie in vielen Darstellungen der Quantentheorie behauptet wird.* Damit wird auch die Vorstellung einer klassischen Kausalität, die zwischen den Fakten selbst bestehen soll, relativiert. Die Kausalität der klassischen Physik darf veranschaulicht werden wie ein Eisenbahngleis ohne jede Weiche, so dass die gesamte Bewegung fest vorprogrammiert ist. Die Unbestimmtheit der Quantentheorie führt in diesem Bilde dazu, dass es Weichen gibt, deren Stellung bei der Abfahrt noch nicht festgelegt ist.

Die klassische Physik kennt keine Möglichkeiten (außer subjektiver Unkenntnis), die Quantentheorie kennt keine Fakten.

Die Fakten entstehen erst an der Nahtstelle dieser beiden Theorien, wenn ein Quantenvorgang durch einen klassisch zu beschreibenden Vorgang unterbrochen wird und somit etwas Irreversibles geschieht. In der Physik wird solches Geschehen als »Messprozess« bezeichnet. Dieser kann

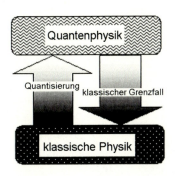

Abb. 1: Veranschaulichung der Schichtenstruktur von klassischer und Quantenphysik

dann im Gleis-Bild verstanden werden als die Nötigung für das Stellen einer Weiche, allerdings ohne dass eine bestimmte Richtung dieser Weiche bereits festgelegt wäre. Aus dem soeben Gesagten wird deutlich, dass eine handhabbare Beschreibung der Welt auf beide Theorien, auf die »*Schichtenstruktur*« von ihnen angewiesen ist (Görnitz Quanten, 1999).

Da die begrifflichen und mathematischen Strukturen dieser beiden Theoriebereiche verschieden sind, führt dies bis heute zu Irritationen unter den Physikern, die zumeist dem Idealbild einer durchgängig logisch-konsistenten Weltbeschreibung anhängen. Dass eine solche Idealvorstellung nicht einmal in der Mathematik durchgehalten werden kann, wurde bereits in den 1930er Jahren von Kurt Gödel bewiesen.

2.3 »Objektives« Wissen?

Noch sehr viel wichtiger sind die Konsequenzen aus der Quantentheorie für das Selbstverständnis aller derjenigen Wissenschaften und Professionen, die, wie beispielsweise die Psychoanalyse, auch hermeneutische Aspekte umfassen und die sich oft mit dem Argument mangelnder wissenschaftlicher Objektivität auseinanderzusetzen haben. Das klassische Ideal objektiver Kenntnis beruht auf der Vorstellung eines objektiven, weil außenstehenden Beobachters, der durch jeden anderen seiner Art ersetzt werden kann, und dem daraus abgeleiteten Manko der Nichtobjektivität des »inneren Beobachters«, wie er beispielsweise für das Erfassen von »Erleben« unverzichtbar ist. Die Quantentheorie zeigt, dass die bisherigen Vorstellungen über Objektivität nur bei einem hinreichend ungenauen Arbeiten (d. h. nur außerhalb der Quantentheorie) haltbar bleiben. Dies geschah gegen die Intentionen der meisten Naturwissenschaftler und macht deshalb diese Theorie für viele der Akteure so unbeliebt. Immer dann, wenn ein sehr genaues Erfassen der Wirklichkeit, einer Wirklichkeit, die vom atomaren bis zum kosmischen Bereich reichen kann, die Quantentheorie notwendig werden lässt, muss das Ideal der Objektivität eingeschränkt werden. Ein Quantenzustand, der gemäß der Theorie »objektiv« vorliegt, der also bei allen Nachprüfungen mit 100 % Gewissheit gefunden werden wird, kann von keinem äußeren, keinem »abgetrennten« Beobachter festgestellt werden. Nur derjenige, der ihn selber hergestellt hat, ist auch in der Lage, den Messprozess so zu gestalten, dass sich der Zustand mit Gewissheit unter jeder Messung unverändert zu erkennen gibt. Dies könnte ein anderer Beobachter lediglich dann erreichen, wenn er sich auf die Aussage des Produzenten verlässt.

Die Zusammenhänge, auf die die Physiker gestoßen sind, als sie die Näherung der klassischen Vorstellungen überwinden konnten, erweisen sich somit als eine starke Abweichung vom Objektivitätsgedanken. Lediglich unter der – wiederum unbeweisbaren – Voraussetzung, dass ein Versuch mit dem gleichen Ausgangszustand unendlich oft wiederholt werden kann, kann dieser unbekannte Zustand von einem äußeren Beobachter objektiv festgestellt werden. Da die Physik nur die einfachsten Strukturen im Kosmos untersucht, Strukturen, die so einfach sind, dass sie mit der heutigen Mathematik vollständig modellierbar sind, hat sich in diesem Erfahrungsbereich die Annahme der gleichartigen Wiederholbarkeit empirisch recht gut bewährt. In anderen Bereichen, wo es um wesentlich Komplexeres geht, klingt diese Hypothese einer beliebig häufigen und identischen Wiederholbarkeit des Ausgangszustandes reichlich absurd. Die identische Wiederholbarkeit erfordert Systeme, die entweder keinerlei Form von Gedächtnis besitzen, so dass sie ohne weiteres immer wieder in den selben Ausgangszustand zurückversetzt werden können, oder dass man absolut identische Objekte vorliegen hat – wie beispielsweise Elektronen oder Photonen –, von denen man beliebig viele nacheinander in den gleichen Zustand versetzen kann.

2.4 Quantentheorie relativiert ontologische Differenzen

Im vorliegenden Kontext einer Beschreibung von Bewusstsein und Unbewusstem sind neben den Fragen von Kausalität und Logik, die durch die Quantentheorie in neuem Licht aufscheinen, noch weitere Gesichtspunkte besonders bedeutsam. Die Einsteinsche Äquivalenz von Masse und Energie, die in der berühmtesten Formel der Physik, in – »$E = mc^2$« – ihren Niederschlag gefunden hat, stellt in ihrer mathematischen Form wohl nur für die wenigsten Menschen ein philosophisches Problem dar. Wenn man aber durch eine Übersetzung in die Alltagssprache ihren Bedeutungsgehalt aufzeigt, dass nämlich »Energie« zumeist als »Bewegung« zu verstehen ist, dann muss sie mit der Behauptung einer »Umwandlung von Bewegung in Materie« ein ungeheures philosophisches Ärgernis darstellen. Die gegenseitige Verwandlung von Materie und Bewegung kommt in der Alltagserfahrung nicht vor, – wenn man von der Tatsache absieht, dass alles Leben auf der Erde darauf beruht, dass einige wenige Prozent der Sonnenmasse, die in Strahlungsenergie umgewandelt werden, bereits ausreichen, um die energetischen Voraussetzungen dafür zu liefern, dass es seit etwa 3,5 Mrd. Jahren auf der Erde Leben geben kann. In den großen Beschleunigerzentren, wie z. B. am DESY in Hamburg oder der GSI in Darmstadt, geschehen solche Umwandlungen unter der Regie der Physiker täglich und gehören zu den empirisch am besten bestätigten Erfahrungen der Physik. Obwohl im Rahmen der speziellen Relativitätstheorie entdeckt, gehört doch die tatsächliche experimentelle Umwandlung wegen des damit verbundenen Auftretens von »Antimaterie« unbedingt in den Bereich der Quantenphysik. Ebenfalls von der Quantentheorie aufgehoben wurde der gedanklich schwerwiegende Unterschied von Kraft und Stoff. Kraftfelder werden heute verstanden als in Quanten zerlegbare Entitäten. Die Lichtquanten (Photonen) sind das Beispiel dafür aus der elektromagnetischen Wechselwirkung. Ebenfalls in den großen Beschleunigern geschehen Umwandlungen zwischen diesen und denjenigen Elementarteilchen, die die ruhmassebehaftete Materie konstituieren. Damit hat die Quantentheorie einen Unterschied relativiert, der bislang unter philosophischen Gesichtspunkten als grundlegend verstanden wurde.

Seit Descartes wurde auch die Unterscheidung von Leib und Seele als fundamental angesehen. Unter der Herrschaft der Denkweise der klassischen Naturwissenschaft wurde dann der Leib als das Materielle zum einzig Realen und das Seelische, wie erwähnt, zu einer nicht realen, höchstens »emergenten« Größe. Der Begriff »Emergenz« lässt leicht vergessen, dass mit ihm darauf verzichtet wird, das »Auftauchen« des Bezeichneten zu erklären. Wir wollen zeigen, dass die Konzepte der Quantentheorie geeignet sind, die oben dargestellte zu simple »naturalistische« Sicht auf den Menschen wieder in Ordnung zu bringen.

3. Quanteninformation und ihre Beziehung zum Geistigen

3.1 Quanteninformation als »die« Weltsubstanz

Über die soeben dargelegten und bereits schwer genug zu akzeptierenden philosophischen Zumutungen hinaus ermöglicht es die Quantentheorie auch noch, den Begriff der Information in die Physik einzuführen und ihn sogar als fundamental für die Naturbeschreibung zu begreifen. (Görnitz &

Görnitz »Der kreative Kosmos«, 2002) Damit erhält ein Begriff, der seiner Bedeutung nach eher dem Geistigen als dem Materiellen verwandt ist, auch in den Naturwissenschaften eine grundlegende Tragweite. Mit den mathematischen Methoden der modernen Quantentheorie kann gezeigt werden, in welcher Weise ruhmassebehaftete Materie als gestaltete Quanteninformation verstanden werden kann.

Die Vision einer solchen Vereinheitlichung hatte Carl Friedrich v. Weizsäcker mit seiner Hypothese der Ur-Alternativen entwickelt. Im »Aufbau der Physik« (Weizsäcker 1985) wurde der damalige Entwicklungsstand dargestellt. Für diesen Ansatz muss ein sehr großes Maß an abstrakter Denkweise eingefordert werden, die den in der Physik normalerweise benötigten Umfang weit übersteigt. Werner Heisenberg, der Entdecker der Quantenmechanik, hat einmal zu Weizsäcker über diesen Ansatz gesagt, dass die Durchführung dieses Programms »ein Denken von so hoher Abstraktheit erfordert, wie sie bisher, wenigstens in der Physik, nie vorgekommen ist«. Ihm, Heisenberg, »wäre das sicher zu schwer«, aber Weizsäcker solle es mit seinen Mitarbeitern unbedingt versuchen (Heisenberg 1969, S. 332). Seitdem ich (T. G.) 1979 das Glück hatte, aus der DDR kommend, mit Weizsäcker zusammenarbeiten zu können, habe ich mich für diese Idee begeistert. Ich habe das Konzept der Ur-Alternativen so weiter entwickelt, dass ein Anschluss dieses vor allem philosophisch begründeten Konzeptes an die bereits bewährten Theorien der Physik möglich wurde. Dazu war vor allem die Unvereinbarkeit mit der Allgemeinen Relativitätstheorie zu beheben. Dies gelang mit einem kosmologischen Modell (Görnitz 1988), welches nicht mehr im Widerspruch zur Einsteinschen Theorie stand. Im Zusammenwirken dieses Modells mit der Quantentheorie der Schwarzen Löcher ließ sich auch das Konzept einer abstrakten, kosmologisch begründeten bedeutungsfreien Information entwickeln, das im nächsten Abschnitt erklärt werden wird.

Der Prozess der Abstraktion führt zum Wesen des Untersuchten, hier also in die Tiefe dessen, was mit dem Begriff »Information« bezeichnet wird. In diesem Prozess wird die Information all dessen entkleidet, was lediglich ein Aspekt von ihr ist, aber nicht das Wesen ausmacht. In den letzten Jahrzehnten hat es sich herausgestellt, dass für die Durchführung des hier dargelegten Programms neben umfangreichen mathematischen Strukturen der Gruppentheorie und Funktionalanalysis auch Konzepte der Quanteninformatik, der Theorie der Schwarzen Löcher und der Kosmologie berücksichtigt werden müssen. Die Behandlung der mathematischen Probleme stellt aber gewiss die kleinere Hürde dar, wenn sie mit der Notwendigkeit verglichen wird, von Begriffen wie Teilchen, Welle oder Raum zu abstrahieren, die für die Physiker auf den ersten Blick unverzichtbar erscheinen.

3.2 »Protyposis«

Bei unseren Überlegungen sind wohl die Schritte am schwierigsten nachzuvollziehen, die man für die Einsicht benötigt, dass bei dem hier bisher von uns verwendeten Begriff von »*abstrakter, kosmologisch fundierter Quanteninformation*« noch immer von »Information« gesprochen werden kann, auch wenn sowohl von konkreten Sendern und Empfängern als auch von einer Bedeutung abstrahiert worden ist. Um eine Abgrenzung dieser abstrakten potentiellen Information von der Alltagsvorstellung der »Information« zu erleichtern, haben wir philologischen Rat (R. Schüßler) aufgegriffen und sie mit dem griechischen Begriff »Protyposis« bezeichnet. Dabei verweist »pro« auf das zeitlich Vorausgehende und »typosis« ist eine strukturelle Einprägung (typeo = ich präge), eine Gestaltung, die der Möglichkeit nach eine Information ist.

Wie darf man sich solche Abstraktionsprozesse vorstellen? Wenn wir eine Nachricht in einer uns unbekannten Sprache – z. B. eine Postkarte auf Chinesisch – erhalten, dann kann sie für uns keine Bedeutung haben, solange niemand uns den Inhalt übersetzt. Trotzdem ist die Information auf der Karte bereits zuvor vorhanden, auch wenn wir sie noch nicht deuten können. Die Astronomen empfangen heute Licht, das seit Milliarden von Jahren unterwegs ist, von Galaxien, die heute so nicht mehr existieren, und welches gestartet ist, lange bevor die Erde entstand. Sie entnehmen daraus viel Information über die Entwicklung des Kosmos und der Sterne – wen wohl sollte man als »Sender« dieser Information bezeichnen? Und wenn eine Flaschenpost im Ozean untergeht und niemals einen Empfänger erreicht – ist ihr Inhalt dann deswegen keine Information? Die »Informationstheorie« der Technik lässt bereits eine mögliche Bedeutung unberücksichtigt und betrachtet nur die »Menge« der Information, so wie beim Telefonieren nur die Zeit und nicht der Bedeutungsgehalt bezahlt wird. Für den Computernutzer kann die Informationsmenge einfach die Größe einer Datei sein, ohne Rekurs auf deren Inhalt. Eine Datei erhält eine erste Bedeutung durch das Programm, mit dem sie bearbeitet werden kann, z. B.

Bild oder Text, darüber hinaus wird dann in der Regel ein menschlicher Empfänger darüber entscheiden, was sie für ihn bedeuten soll, denn die *Bedeutung* einer Information ist nicht abstrakt und objektiv definierbar. Sie entsteht vielmehr erst in einem konkreten Lebewesen. In diesem als Empfänger erwächst sie durch die Verbindung der einkommenden Information mit derjenigen Information, die in diesem Lebewesen bereits gespeichert ist. Bei einfachen Lebewesen wird eine Speicherung von Information hauptsächlich im Genom geschehen, die in dieser Form an die Nachkommenschaft weiter gegeben werden kann. Darüber hinaus ist Information auch in den Proteinen und Zuckern gespeichert und gewiss auch in anderen Zellstrukturen. Bei den mehrzelligen Tieren und bei Pflanzen dürfen wir darüber hinaus eine Informationsspeicherung sogar zwischen den Zellen annehmen. So werden beispielsweise innerhalb der Pflanzen hormonähnliche Stoffe transportiert. Bei den höher entwickelten Tieren haben sich darüber hinaus Zellen spezialisiert, die als Nervensystem einer sehr schnellen Informationsverarbeitung dienen. Wenn wir biologische Sender und Empfänger von Information im allgemeinen und das menschliche Unbewusste und das Bewusstsein im speziellen erklären wollen, dann darf dieses zu Erklärende nicht bereits vorausgesetzt werden.

Protyposis, die kosmologische Quanteninformation, ist trotz aller Abstraktheit und Bedeutungsfreiheit bereits schon Information in dem Sinne, dass sie etwas ist, was seiner Möglichkeit nach gewusst werden und mit Bedeutung versehen werden kann. Andererseits wird sie im Rahmen unserer quantentheoretischen Beschreibung zu »der« – und das meint »der einzigen« – fundamentalen Substanz, auf die letztendlich alle Gegenstände der Naturwissenschaften zurückgeführt werden können. Dazu muss sie als eine absolute Größe definiert werden. Für die Materie existierte immer die Vorstellung einer absoluten Größe, als solche wird die Masse eines im Ruhezustand vorliegenden Objektes verstanden. Für die Energie ist es heute im Rahmen von spezieller Relativitäts- und Quantentheorie ebenfalls möglich geworden, sie als eine absolute Größe zu verstehen, während bisher z. B. für die potentielle Energie eines Körpers nur deren Änderung und nicht deren Absolutwert eine physikalisch sinnvolle Größe war. Auch für die Information bzw. die Entropie galt bisher, dass nur deren Änderung einen physikalischen Sinn besitzt »Protyposis« meint also etwas, was noch keine bedeutungstragende Information ist, aber möglicherweise eine solche werden könnte. Genau darauf zielen wir mit unserem Begriff einer abstrakten, noch nicht bedeutungstragenden kosmologisch begründeten

Quanteninformation ab, einer Information, die eventuell mit Bedeutung versehen werden kann, wenn ein lebendiger Empfänger ihr eine solche zuzuschreiben vermag. Das Neue und Besondere an der Protyposis aber ist, dass sie nicht nur Bedeutung erhalten kann, sondern dass sie auch zu Energie oder sogar zu Materie gestaltet werden kann, so wie es die Physik durch »$E=mc^2$« für die Konkretisierung von Energie zu Materie bereits seit längerem akzeptiert hat.

Wir können die physikalischen Überlegungen hier nur sehr kurz schildern, glauben aber, sie nicht gänzlich unterlassen zu sollen. Für das Verstehen dessen, was mit Protyposis gemeint ist, benötigen wir die Schwarzen Löcher, denn sie sind durch zwei Eigenschaften ausgezeichnet. Zum einen bilden sie einen »Horizont« aus, aus dessen Innerem über den dortigen Zustand keinerlei Information entnommen werden kann. Damit ist gesichert, dass sämtliche Information aus dem Inneren als »Entropie«, als unbekannte Information erscheint. Zum anderen haben Bekenstein und Hawking eine Formel gefunden, die die Entropie eines Schwarzen Loches angeben kann. Bei den »normalen« thermodynamischen Systemen ist immer vorstellbar, dass man durch eine gezielte Untersuchung ein noch genaueres Modell der inneren Teile erstellen kann. Betrachtet man Gasmoleküle als Punkte, so fehlt die Information über Orte und Geschwindigkeiten, stellt man sie sich genauer aus Atomen aufgebaut vor, so fehlt zusätzlich deren Ort und Bewegung um den Molekülschwerpunkt. Allein durch diese Modellverbesserung wird die nicht bekannte Information und damit die Entropie vergrößert.

Bei den Schwarzen Löchern sind solche inneren Modellverbesserungen nicht möglich und damit wird die Entropie in Bezug auf deren Inneres absolut. Wenn also ein Objekt in ein Schwarzes Loch fällt, so misst dessen Entropiezuwachs die Gesamtmenge an Information, die ich außen durch diesen Vorgang verliere. Allerdings bleibt außen noch die Information über den Ort und die Ausdehnung des Schwarzen Loches im Kosmos zugänglich. Die Informationsrelation des Schwarzen Loches zum Kosmos bleibt also noch immer veränderlich. In einem letzten Schritt kann man nun in einem Gedankenexperiment das Schwarze Loch so weit anwachsen lassen, dass es so gut wie alle Masse des Kosmos umfasst. Da wird seine Ausdehnung so groß wie die des Kosmos werden (der Schwarzschild-Radius wird gleich dem Friedmann-Radius) und eine »Außenraum-Information« ist nicht mehr vorstellbar. Lässt man dann in dem Gedankenversuch noch ein weiteres Teilchen in dieses maximale Schwarze Loch fallen, so ist dann sämtliche theoretisch vorstellbare Information verloren, und der Entropiezuwachs des Schwarzen Loches zeigt, wie viel Information maximal mit einem solchen Teilchen verloren werden kann. Damit wird ein Absolutwert für die Information eines Objektes definierbar und auf diese Weise kann eine Äquivalenz von Materie, Energie und Quanteninformation physikalisch abgeleitet werden. An die Stelle von $m=E/c^2$ tritt dann für ein Elementarteilchen der Masse m die Formel $m=N \cdot m_{Pl} \cdot l_{Pl}/6pk_B R$, dabei ist N die Zahl der Bits (Protyposis), die das Teilchen gestalten, k_B ist die Boltzmann-Konstante, m_{Pl} ist die Planckmasse und l_{Pl}/R ist das (vom Weltalter abhängige) Verhältnis von Plancklänge zum kosmischen Radius. Ebenso wie die Einsteinsche Formel ist auch dies eine im Kosmos nur lokal gültige Formel. Die noch notwendige Anbindung der Quanteninformation an die Teilchenphysik kann über den Prozess einer mehrfachen Quantisierung geschehen, bei dem mit mathematischen Methoden gezeigt werden kann, wie aus einer unbegrenzten Zahl von Quantenbits die Elementarteilchen der relativistischen Physik als irreduzible Darstellungen der Poincarégruppe modelliert werden können. (Görnitz, Graudenz & v. Weizsäcker 1992).

3.3 Logischer Atomismus

Weizsäcker hatte mit seinen naturphilosophischen Überlegungen zur Urtheorie zum ersten Mal davon gesprochen, dass ein tatsächlicher Atomismus nicht »in Kleinen«, sondern im logisch Einfachen gefunden werden muss. Das Einfachste, an dem man überhaupt noch etwas feststellen kann, ist ein Bit, das lediglich zwei verschiedene Zustände besitzt. Ein Bit ist tatsächlich »unteilbar«, denn etwas Einfacheres als ein Bit, an dem aber etwas zu entscheiden wäre, ist nicht vorstellbar. Dies ist auch der Grund, warum man über »das Eine«, das bei Platon der Grund des Seins ist, nichts aussagen kann. In einer genialen, aber aus physikalischer Sicht nicht leicht nachvollziehbaren Überlegung hatte Weizsäcker die maximal mögliche Information für ein Proton auf 10^{40} Bits und die der Welt insgesamt auf 10^{120} Bits abgeschätzt. Die gedankliche Zerlegung von Materie- und Energiequanten in Quantenbits begründet einen Atomismus, der nicht mehr wie die klassischen Atomvorstellungen auf das räumlich Kleine zielt. Außerdem zeigt die Elementarteilchenphysik, dass der Übergang zu Strukturen von immer kleinerer Ausdehnung keineswegs mit einer zunehmenden Einfachheit, sondern stattdessen mit wachsenden mathematischen Problemen verbunden ist.

Die Erkenntnis, dass die Weizsäckerschen Abschätzungen sich mit Hilfe der Entropie der Schwarzen Löcher und der Kosmologie physikalisch begründen lassen, hat die Möglichkeit eröffnet, diesen naturphilosophischen Entwurf an die moderne Physik anzuschließen. Wenn wir die Quantenbits kosmologisch definieren, so kann man sich diese veranschaulichen wie eine über den ganzen Kosmos ausgebreitete »Schwingung«, deren Wellenlänge dem kosmischen Radius entspricht. Eine solche Struktur würde lediglich erlauben, den Kosmos in »zwei Hälften« zu teilen. Erst im Zusammenwirken von vielen elementaren Quantenbits kann so viel Information zusammengefasst werden, dass damit ein kleiner Raumbereich (eine »kleinere Wellenlänge«) eingegrenzt werden kann. Auf diese Weise kann man zum Beispiel einen Volumenbereich festlegen, den man einem Elementarteilchen zuordnen kann. Die Quantentheorie zeigt nämlich, dass ein gegebenes Teilchen einer festen Masse nicht beliebig scharf lokalisiert werden kann. Die Grenze, die sogenannte Comptonwellenlänge, gibt an, wie genau die Lokalisierung dieses Quantenteilchens sein darf, ohne allein durch den Akt der Eingrenzung bereits neue Teilchen zu erzeugen.

Um das Substanzartige und zugleich auch die noch vorausgesetzte Bedeutungsfreiheit dieser Quantenbits zu verdeutlichen, haben wir dafür den Namen »Protyposis« gewählt. Das Protyposis-Modell zeigt den Kosmos als ein sich entwickelndes dynamisches System, das mit einem hypothetischen Anfang von einem Qubit startet und durch das Wachstum von deren Anzahl bis zum heutigen Wert von ca. 10^{122} eine immer größere Fülle an Strukturen ermöglicht. Wenn diese abstrakte Quanteninformation sich in der Form von Energie- oder Materiequanten organisiert, dann ist der Aspekt der Information bei diesen Gebilden genauso verdeckt wie der Aspekt der Bewegung bei einem ruhenden materiellen Objekt. Um einem möglichen Missverständnis vorzubeugen, soll klargestellt werden, dass hierbei nicht von der Bewegung gesprochen wird, die man einem materiellen Objekt zu seiner Masse noch hinzufügen kann, indem man es beispielsweise anstößt. Die Bewegungsenergie z. B. eines Stoßes ist unter realistischen Verhältnissen um mindestens 12 bis 15 Zehnerpotenzen kleiner als die Energie, die die Materie nach der Gleichung $E=mc^2$ »ist«. Wenn beispielsweise zwei Lkw's mit hoher Geschwindigkeit auf einer Straße zusammenstoßen, so ist die Energiemenge, die dabei als Wärmestrahlung ausgesendet wird, etwa der 10.000.000.000.000. Teil von der Energie, die nach der Formel $E=mc^2$ beim Zusammenstoß eines Lkws aus normaler Materie mit einem aus Antimaterie freigesetzt werden würde. Wir sehen an diesem Beispiel, dass an der ruhenden Materie deren Charakterisierung als »reine Bewegung« überhaupt nicht aufzufinden ist. Für das Verschwinden des Informationscharakters bei der »Auskondensation« der Quanteninformation zu Energie- oder Materiequanten ist das zahlenmäßige Verhältnis noch sehr viel größer. So ist die Information, die im Alltag mit einem Proton, dem Kern des Wasserstoffatoms, verbunden werden kann (z. B. dadurch, dass man es durch physikalische Manipulationen in einen wohldefinierten Zustand versetzen kann, der dann wieder als ein Zeichen einer Botschaft interpretiert werden darf) nicht nur um 15, sondern etwa um 40 Zehnerpotenzen kleiner als die Information, die mit seinem Verschwinden in einem Schwarzen Loch im Außenraum desselben maximal verloren gehen kann.

3.4 Die philosophische Bedeutung von »Protyposis«

Die Überlegungen zur Quanteninformation sind für eine philosophische Reflexion des Verhältnisses von Geistigem und Materiellem grundlegend. Protyposis eröffnen die Möglichkeit, die Atome und alle andere Materie auf einem sehr fundamentalen Niveau nicht nur als Energie wie bisher bereits, sondern darüber hinaus sogar als Information verstehen zu dürfen. Die Wechselwirkung und Beziehung z. B. eines Körpers oder eines Gehirns zu »richtiger, bedeutungstragender« Information geschieht damit zwischen ontologisch äquivalenten Entitäten.

Während in einer mechanischen Uhr die Zahnräder im Inneren tatsächlich »zu sehen sind«, können die Gedanken im Gehirn durch Hinschauen nicht gefunden werden. Manche meinen daher irrtümlich, dass die Gedanken im Gehirn nicht real seien und keinen ontologischen Status besäßen, sondern nur Epiphänomene wären. Wenn hier von »Realität« gesprochen wird, so hilft, dass die Quantentheorie wegen ihrer henadischen Struktur es nicht einmal erlaubt, davon zu sprechen, dass das Gehirn aus Atomen »besteht«. Ein Lego-Haus besteht tatsächlich aus bunten Plastiksteinen, die Atome im Gehirn geben aber, wie auch sonst in Flüssigkeiten oder Festkörpern, ihre eigenständige Existenz auf. Das Gesamtsystem wird zumeist in solchen Zuständen sein, in denen überhaupt nicht davon gesprochen werden kann, dass bestimmte Atome in bestimmten Zuständen wären und damit bestimmte Eigenschaften hätten. Im Bilde des Lego-Hauses hätten die Steine im Quantenfall nicht mehr die Farbe rot oder gelb, sondern wären nur noch »bunt«. Eine wohldefinierte Farbe würden sie erst dann wieder erhalten, wenn sie aus dem Gesamtverband herausgelöst würden. Für den Nichtphysiker mag dies sehr verwunderlich klingen, aber die Vorstellung einer »Lego-Realität« ist mit der Quantentheorie meist unvereinbar. Nur dann, wenn z. B. ein einzelnes Atom in einer Atomfalle über Wochen isoliert gehalten wird, würde man wohl nicht zögern, es als real anzusehen. Zu den »Atomen im Gehirn« könnte man höchstens sagen, dass die Physiker Atome aus ihm isolieren können und dass erst durch den Einsatz der entsprechenden Untersuchungsmittel deren Realität belegt werden kann. Ähnlich ist es aber auch mit den Inhalten unseres Bewusstseins. Über die Informationen, die in meinem Bewusstsein vorliegen, kann mich ein Anderer befragen. Wenn ich ihm dann antworte, dann sind sie für ihn ebenfalls vorhanden, obwohl er sie von außen auch nicht »sehen« kann. Mit Hilfe von quantentheoretischen Überlegungen ist also den Gedanken im Gehirn – auch wenn sie masselos sind – der gleiche Realitätsstatus zuzubilligen wie den Atomen.

Mit der Äquivalenz von Materie, Energie und Quanteninformation wird der fundamentale ontologische Status des Geistigen neu bestimmt, der auf der Basis der klassischen Physik gänzlich bestritten werden musste oder der gegenüber der Materie zumindest als ein nachrangiger behauptet wurde. Auch die psychosomatische Medizin kann von daher problemlos in einen naturwissenschaftlichen Zusammenhang gestellt werden. Wenn die bewussten und unbewussten Gedanken im Gehirn genauso real sind wie die Atome, dann ist es auch aus einer naturwissenschaftlichen Sicht keineswegs mehr seltsam, dass bei einem Patienten mit einer Psychotherapie u. U. sogar bessere Ergebnisse erzielt werden können als mit Pharmakotherapie.

3.5 Information – hier und jetzt

Soll die kosmologische Quanteninformation in Raum oder Zeit lokalisiert werden, dann ist es aus mathematischen und physikalischen Gründen notwendig, dass sie mit einem energetischen, d. h. im wesentlichen elektromagnetischen Träger, den Photonen, oder einem materiellen Träger (z. B. Proteinmolekülen) verbunden wird. Somit werden wir Information, die mit den heutigen Messgeräten nachweisbar ist, stets an einen solchen Träger gebunden vorfinden. Diese Träger, wie z. B. die Photonen, sind bereits heute mit physikalischen Methoden im lebenden Gehirn nachzuweisen. Heute stellt das Erlöschen jeglicher elektromagnetischer Aktivität im Gehirn das Todeskriterium dar, wenn durch künstliche Einflüsse das Herz-Kreislauf-System eines Patienten weiter intakt gehalten wird.

In modernen Experimenten werden Quantenganzheiten erzeugt, die Ausdehnungen von vielen Kilometern besitzen können und die sich dennoch unter einer Messung als Einheit momentan, d. h. sofort und nicht nur mit Lichtgeschwindigkeit, verändern können. Möglicherweise sind einige der Erfahrungen, die Menschen machen können und die nach den Vorstellungen der klassischen Physik notwendig als Illusion oder Schwindel charakterisiert werden müssen, wegen der nichtlokalen Struktur der Quantenphysik aus naturwissenschaftlicher Sicht nicht mehr zwingend verboten.

4. Das Bewusstsein und das Unbewusste aus Sicht der Naturwissenschaften

4.1 Information – Gestalt – Selbstbezüglichkeit

Wenn wir eine bildliche Darstellung suchen und die Quanteninformation mit etwas uns bereits Bekanntem verbinden wollen, so kann man beispielsweise ein Parmenides-Zitat (540 v. Chr.) »Das Selbe nämlich ist Wissen und Sein« abändern und neu interpretieren: »Information« ist einerseits alles, was es gibt, und andererseits alles, was möglicherweise gewusst werden könnte, ist also potentielles Wissen. Was man aber wissen oder erkennen kann, sind im weitesten Sinne Gestalten. An dieser einfachen Überlegung wird deutlich, dass Information mit dem verbunden ist, was bei Platon als »Idee«, in Goethes Sprache als »Gestalt« oder in den modernen Naturwissenschaften als »Struktur« bezeichnet wird. Die Quantentheorie erlaubt es damit, Konzepte der klassischen Philosophie in einem neuen Lichte zu sehen. Hier liegen Anknüpfungspunkte an eine philosophische Tradition vor, die von Platon bis zu Schelling und Carus reicht, die im 20. Jahrhundert u. a. von C. F. v. Weizsäcker aufgegriffen wurde und die heute als »structural realism« diese historischen Wurzeln verbirgt. Alles, was erkannt werden kann, jedes Objekt, ist Gestalt, aber auch alles, was erkannt ist, jeder Gedanke, ist Gestalt und alles das, was erkennt, das erkennende

Subjekt, ist ebenfalls Gestalt. Wir charakterisieren Quanteninformation als ein Maß für mögliche Gestalt. Der Gestaltcharakter lässt deutlich werden, dass Information ein Begriff ist, dem eine reflexive Struktur zu Grunde liegt, denn die Gedanken in uns sind nach unserem Modell als Quanteninformation zu verstehen – und als Gestalten über Gestalten können sie von ihrem Wesen her natürlich auch selbstbezüglich sein. Diese mögliche Selbstbezüglichkeit von Quanteninformation ist für das Verstehen von Erleben, von Unbewusstem und Bewusstem sehr wesentlich.

4.2 Modellierung von Selbstbezüglichkeit

Selbstbezüglichkeit meint eine in jeder Richtung – d. h. wechselseitig – eindeutige Abbildung eines Ganzen auf einen echten Teil von sich. Eine solche selbstbezügliche Abbildung bedeutet, dass jedem Startwert aus der ganzen Menge genau ein Zielwert in der Teilmenge entspricht und dabei nichts ausgelassen und nichts doppelt belegt wird. Eine solche Forderung führt für endliche Mengen notwendig zu Widersprüchen, da für solche Mengen eine solche eineindeutige Abbildung auf eine echte Teilmenge nicht existieren kann. Quantensysteme hingegen haben wegen ihres Möglichkeitscharakters immer eine im mathematischen Sinne potentiell unendliche Zustandsmenge und für potentiell unendliche Mengen kann es eineindeutige Abbildungen auf echte Teilmengen ohne weiteres geben. Das trivialste Beispiel dafür ist es, die natürlichen Zahlen 1, 2, 3, 4, ..., von denen es unendlich viele gibt, auf die geraden Zahlen 2, 4, 6, 8, ... abzubilden, von denen es natürlich ebenfalls unendlich viele gibt. Eine mögliche Regel dafür könnte sein: 1→2, 2→4, 3→6, usw. Die geraden Zahlen sind ersichtlich eine echte Teilmenge der natürlichen. Wie man an der Prozedur sieht, tritt jede natürliche Zahl als Startpunkt auf und keine gerade Zahl wird doppelt angezielt.

Wenn ein Teil das Ganze reflektieren kann, ist die Möglichkeit für Selbstbewusstsein und Selbstreflexion gegeben. Die von uns aufgezeigte ontologische Realität der Information, die dann auch für Gedanken gegeben ist, und die durch die Quantentheorie ermöglichte Unendlichkeit erlaubten es daher, die Selbstbezüglichkeit des reflektierten Bewusstseins zu erfassen.

4.3 Andere Konzepte

Nur verkürzt kann hier auf andere Konzepte eingegangen werden. Aus dem bisher Ausgeführten wird deutlich, dass wir der These eines »nichtreduktionistischen« Physikalismus (wie ihn Roth 2001; Giampieri-Deutsch 2002 vorgeschlagen haben) keineswegs zustimmen können. Die Geräte, mit denen die betreffenden Forschungen durchgeführt werden, wie fNMR, PET usw., beruhen auf quantenphysikalischen Erscheinungen und man erhält mit diesen physikalische Ergebnisse. Schon allein diese Tatsache spricht gegen die Annahme, dass die Messergebnisse, die natürlich klassisch sein müssen, nichts mit dem darunter liegenden Wirken der Quantentheorie zu tun hätten. Ein Verzicht auf eine Reduktion des Unbekannten auf Bekanntes, von Unverstandenem auf Verstandenes, der Verzicht auf eine Reduktion von komplexen Strukturen auf einfache und damit auf fundamentale Strukturen bedeutet zugleich den Verzicht auf naturwissenschaftliches Verstehen.

Eine pauschale »Ablehnung des theoretischen Physikalismus« (Giampieri-Deutsch 2002, S. 59) verkennt die Theoriegeleitetheit einer jeden empirischen Wissenschaft, da jede wissenschaftliche Empirie immer auch durch die zugrunde gelegte Theorie mit bestimmt wird. Einstein formuliert knapp und treffend: »Erst die Theorie entscheidet darüber, was man beobachten kann« (Heisenberg 1969, S. 92). Verständlich ist die Ablehnung des »Physikalismus«, wenn dieser meint, das Bewusstsein durch eine Simulation mit Computern oder neuronalen Netzen, d. h. letztendlich durch viele gekoppelte Schalter, erfassen zu können. Hinreichend viele Schalter können zwar jede formulierbare Handlungsanweisung ausführen, aber ohne dass dabei so etwas wie ein Bewusstsein oder reflexionsfähiges Erleben vorhanden ist. Eine Existenz von Bewusstsein kann durch die Beobachtung eines Handlungsablaufes nicht erschlossen werden.

Wenn die Materie – so wie von uns dargestellt – als gestaltete Quanteninformation angesehen werden kann, werden die Vorstellungen überflüssig, man müsse an einem »minimalen Materialismus« (Bieri 1994) oder umgekehrt an einem konsequenten Dualismus (Eccles 1989) festhalten. Masselose Quanteninformation – wie Photonen oder Gedanken – ist genauso real wie massebehaftete Atome.

Lehmann (2002) stellt einen der wenigen Versuche vor, das Phänomen des Bewusstseins ernst zu nehmen und zugleich eine konkrete Anbindung an naturwissenschaftliche Sachverhalte vorzuschlagen. Seine »Funktionellen Mikrozustände« sind elektrische Feldkonfigurationen, denen er einen »Innenaspekt« zuschreibt. Wir interpretieren sie als die Träger von Quanteninformation.

Das Konzept der Emergenz richtet sein Augenmerk auf das Auftreten von neuen qualitativen Stufen. Im Rahmen der klassischen Physik kann es durch deren strengen Determinismus nichts »Neues« geben. Bei genauer Betrachtung erscheint das Neue in Übergängen, die nicht scharf sein müssen, so vom Unbelebten zum Belebten oder vom Unbewussten zum Bewusstsein. Die Quantentheorie zeigt, wie in der Welt Neues, Kreatives möglich wird und kann erklären, wie emergente Eigenschaften entstehen, indem sich Systeme verknüpfen und dann in ganz andere Teile mit ganz anderen Eigenschaften zerlegt werden.

In Wissenschaftsbereichen, in denen man mit der Mathematik weniger vertraut ist, wird oft eine sogenannte »Meta-Repräsentation« vorgeschlagen. Im Felde des Nachdenkens über das Bewusstsein entspricht diesem Vorgehen die Einführung eines »Homunkulus«, der das Gehirn beobachtet und die Bewusstseinsinhalte aus den Nervenzuständen ausliest. Der Begriff des Homunkulus, der z. B. auch in Goethes Faust vorkommt, bezeichnet ein künstliches Menschlein, welches alchemistisch erzeugt wird. In der Hirnforschung wurde dieser Begriff eingeführt (z. B. erneut von Crick & Koch 2003), um die Erklärungslücke zwischen den biologisch-chemischen Vorgängen im Nervensystem und dem Bewusstsein zu überbrücken. Mit Recht wenden sich viele wie z. B. Edelman (1995) gegen den damit notwendigen infiniten Regress einer nicht abbrechenden Kette solcher Homunkuli, bei denen jeweils der nächste für das Bewusstsein des vorhergehenden notwendig ist. Wie in 4.2 ausgeführt, wird durch die mathematischen Strukturen, die Quanteneigenschaften beschreiben können, Selbstreflexion möglich ohne das Hilfskonstrukt einer Metarepräsentation und damit ohne infiniten Regress.

Mit dem Konzept der Protyposis ist es auch nicht mehr notwendig, eine naturgesetzliche Erkennbarkeit des Unbewussten auszuschließen und es als »Ding an sich« anzusehen (Solms 1998, S. 424).

Von den neueren Arbeiten, die sich mit dem Zusammenhang von Psychoanalyse und Hirnarbeit befassen, soll hier das Buch von Solms und Turnbull (2004) erwähnt werden. Sie beschreiben sehr gut und anschaulich die Funktionsabläufe im Gehirn und das Zusammengehen von äußerer Wahrnehmung und innerer Repräsentation des Körpers. Sie vertreten einen »Doppelaspekt-Monismus« (S. 70 ff.) und fragen, »aus welchem Stoff sind wir nun wirklich gemacht?« Sie suchen einen »Stoff«, der die beiden Seiten, das von außen materiell Erscheinende und das von innen sich geistig Zeigende, erfassen kann. Genau dieses wird mit dem Protyposis-Konzept geleistet.

4.4 Monismus ohne Materialismus

In Anbetracht der erörterten Argumente plädieren wir für einen ontologischen Monismus, weil dies die einzige Weise ist, die Einheit der Wirklichkeit naturwissenschaftlich zu modellieren. Auch im Rahmen der Naturwissenschaften wird sich die Vorstellung von Materie verändern, denn der Begriff der Materie war in der Physik der bisher am wenigsten verstandene. Wir erachten es *für das wichtigste Ergebnis der Quantentheorie*, dass sie es erlaubt, eine Reduktion des Materiellen auf »Protyposis«, auf etwas, das seiner Möglichkeit nach auch Mentales sein kann, auf so etwas wie »Geist«, mit mathematisch und physikalisch begründeten Modellen aufzuzeigen. Materie kann nun als gestaltete Quanteninformation aufgezeigt werden.  Da andererseits eine jegliche Beschreibung irgendeines Phänomens von einem wachen Bewusstsein ausgeht, und dieses nun ebenfalls naturwissenschaftlich fassbar wird, schließt sich damit der Kreis der Erkenntnis.

Information im Alltagssinne, d.h. mit Bedeutung, ist selbstverständlich nur ein Bruchteil aus der abstrakt verstandenen Information, die Bedeutung haben kann oder auch nicht.

Um einem möglichen Missverständnis vorzubeugen, weisen wir darauf hin, dass wir selbstverständlich nicht behaupten, dass die Wirklichkeit aus unseren menschlichen Gedanken besteht. Ein solcher Solipsismus wäre im Rahmen der Naturwissenschaften unsinnig. Aber wir sagen, dass die Grundstruktur der Wirklichkeit – der Realität, in die wir hineingeboren werden und die wir wieder verlassen müssen – von der gleichen Art ist wie auch unsere Gedanken, die wir unmittelbar kennen, und dass diese zugrundeliegende Wirklichkeit mit »Protyposis« – mit abstrakter Information, die Bedeutung erhalten kann – am besten bezeichnet wird.

Ein solcher Monismus betrachtet das Physische, die Materie, als eine aus dieser abstrakten Quanteninformation *abgeleitete* Größe. Der Informationscharakter ist allerdings in Materie und Energie lediglich in einer verborgenen Weise vorhanden, so wie im ruhenden Stein sein Charakter als »reine Bewegung« vollkommen verborgen ist.

Naturwissenschaft und Freiheit

Die Evolution von Protyposis, der abstrakten Quanteninformation, die vom Beginn des Kosmos bis heute zum Menschen geführt hat, ist in ihren faktischen Realisierungen nicht deterministisch vorgegeben. Die Zurückweisung des Determinismus, wie er aus der mathematischen Struktur der klassischen Physik folgen würde, eröffnet die Chance für Freiheit und damit auch für Verantwortung. Allerdings folgt aus der Quantentheorie eine determinierte Entwicklung der *Möglichkeiten*, die den Fakten den Weg ebnen, sie aber nicht eindeutig festlegen. Damit zeichnet sich ein weites Feld für eine regelgeleitete und teilweise gesetzesförmige Entwicklung auch des tatsächlichen Geschehens und damit auch für eine ziemlich gute Vorhersagbarkeit des menschlichen Verhaltens ab, das – wie alle wissen – weitgehend aus dem Unbewussten gesteuert wird. Diese Steuerung aber ist nicht total, so dass im Bewusstsein Raum bleibt für bewusste und freie Entscheidungen und sogar für Veränderungen des Unbewussten mit Hilfe des Bewusstseins. Diese physikalischen Erkenntnisse decken sich mit den seit langem bekannten psychoanalytischen Erfahrungen.

Danksagung

Wir danken Herrn Dr. Roland Schüßler, Jena und Frankfurt, für philologischen Rat und Herrn Prof. Michael B. Buchholz, Göttingen, für anregende Hinweise.

Literatur

Bekenstein, J. (1973): Black Holes and Entropy. In: Physical Review D 7, S. 2333–2346.
Bieri, P. (1999): Das Rätsel des Bewusstseins. In: Gehirn und Bewusstsein. Heidelberg (Spektrum).
Crick, F. & Koch, Ch. (2003): A framework for consciousness. In: Nature Neuroscience, Vol. 6, S. 119–126
Eccles, J., (1989): Die Evolution des Gehirns – die Erschaffung des Selbst. München (Piper).
Edelman, G. M. (1995): Göttliche Luft, vernichtendes Feuer: wie der Geist im Gehirn entsteht. München (Piper).
Freud, S. (1950 [1895]): Entwurf einer Psychologie. GW Nachtr., S. 386–477.

Freud, S. (1952): Gesammelte Werke (GW). Frankfurt/M. (Fischer) 1999.
Giampieri-Deutsch, P. (Hg.) (2002): Psychoanalyse im Dialog der Wissenschaften, Bd. 1. Stuttgart (Kohlhammer).
Giampieri-Deutsch, P. (2002): Die Psychoanalytische Theorie des Mentalen und die analytische Philosophie des Geistes. In: Dies. (Hg.): Psychoanalyse im Dialog der Wissenschaften, Bd. 1. Stuttgart (Kohlhammer).
Görnitz, Th., (1988a): Abstract Quantum Theory and Space-Time-Structure, Part I: Ur-Theory, Space Time Continuum and Bekenstein-Hawking-Entropy. In: Intern. Journ. Theoret. Phys. 27, S. 527–542; (1988b): On Connections between Abstract Quantum Theory and Space-Time-Structure, Part II: A Model of cosmological evolution. In: Intern. Journ. Theoret. Phys. 27, S. 659–666.
Görnitz, Th. & Ruhnau, E. (1989): Connections between Abstract Quantum Theory and Space-Time-Structure, Part III: Vacuum Structure and Black Holes. In: Intern. Journ. Theoret. Phys. 28, S. 651–657.
Görnitz, Th. (1991): The Role of Parabose-Statistics in Making Abstract Quantum Theory Concrete. In: B. Gruber (Hg.): Symmetries in Science V. New York, London (Plenum).
Görnitz, Th., Graudenz, D. & Weizsäcker, C. F. v. (1992): Quantum Field Theory of Binary Alternatives. In: Intern. J. Theoret. Phys. 31, 1929–1959.
Görnitz, Th. (1999): Quanten sind anders. Heidelberg (Spektrum).
Görnitz, Th. & Görnitz, B. (2002): Der kreative Kosmos. Heidelberg (Spektrum).
Hawking, S. (1975): Particle Creation by Black Holes. In: Comm. math. Phys. 43, S. 199–220.
Heisenberg, W.(1969): Der Teil und das Ganz. München (Pieper).
Koukkou, M. et al. (Hg.) (1998): Erinnerung von Wirklichkeit, Psychoanalyse und Neurowissenschaft im Dialog. Stuttgart (Verlag Internationale Psychoanalyse).
Lehmann, D. (2002): Das Mentale und die funktionellen Zustände des Gehirns: zu den Atomen des Denkens. In: Giampieri-Deutsch (2002), S. 123–142.
Roth, G. (2001): Denken, Fühlen, Handeln«, Suhrkamp, Frankfurt/M.
Solms, M., (1998): Auf dem Weg zu einer Anatomie des Unbewussten. In: M. Koukkou et al. (1998).
Solms, M. & Turnbull, O. (2004): Das Gehirn und die innere Welt. Düsseldorf (Walter).
Weizsäcker, C. F. v. (1985): Aufbau der Physik. München (Hanser).

Herbert Stein

Quantenphysik und die Zukunft der Psychoanalyse

Die Quantenphysik ist zusammen mit der Relativitätstheorie die Grundlage der Naturwissenschaften. Die Quantentheorie beschäftigt sich zunächst mit Vorgängen im subatomaren Bereich, die Relativitätstheorie mit solchen in kosmischen Größenordnungen. Deshalb spielten beide bei der Erforschung unserer den Sinnen unmittelbar zugänglichen Welt früher keine Rolle. Beide Theorien sind heute mathematisch gesichert und empirisch vielfach bestätigt. Insbesondere die Quantenphysik ist inzwischen in ihren Anwendungen (Laser, Transistoren, Computer, Raumfahrt, Atombomben, die Reihe ließe sich beinahe beliebig fortsetzen) Teil unserer Alltagswelt. Über philosophische Konsequenzen herrscht allerdings keine Einigkeit. Physiker und Techniker wagen sich traditionell nicht gern auf dieses Gebiet, bleiben am liebsten beim mathematischen Formalismus und dessen praktisch-technischen Anwendungen stehen. Auch das allgemeine Bewusstsein hat noch sehr unzureichend Kenntnis von solchen Konsequenzen genommen.

M. E. handelt es sich hier um ein neues Paradigma i. S. Thomas Kuhns (1993). Zwar ist die Quantentheorie, gezählt von der Entdeckung der Energiequanten durch Max Planck, etwas über hundert Jahre alt, und Heisenberg war mit Kuhns Theorie der wissenschaftlichen Revolutionen für die Physik nicht einverstanden (Görnitz 1999, S. 182), für die philosophisch-soziokulturelle Rezeption scheint sich jedoch abzuzeichnen, dass es Generationen braucht, bis ihre Konsequenzen das allgemeine Bewusstsein erreichen. Das gilt u. a. auch für die dringend notwendige Rezeption in der Psychoanalyse. Es mag damit zusammenhängen, dass die Quantentheorie uns mit Ergebnissen konfrontiert, die gegen unser bisheriges Weltbild und gegen den »gesunden Menschenverstand« verstoßen. Abschreckend mag auch wirken, dass die moderne Esoterikszene sich allzu schnell auf die Quantentheorie berufen hat. Gesicherte Fakten, und erst recht deren Konsequenzen, mögen dann als unglaubhafte Spinnereien einiger »seltsamer Käuze« beiseite geschoben werden.

Im Folgenden sollen, außer einem kurzen Wort zur Relativitätstheorie, einige ausgewählte Fixpunkte der Quantentheorie herausgehoben, soweit ohne Mathematik möglich beschrieben und in ihren (möglichen) Konsequenzen erörtert werden. Das sind die Konstanz der Lichtgeschwindigkeit, die Verschränkung von Teilchen, die Unbestimmtheitsrelation, die Nichtlokalität und letztlich die »henadische« (Görnitz & Görnitz 2002) Struktur der Theorie und Weltsicht.

Die Relativitätstheorie sagt keineswegs einfach »alles ist relativ«. Die Geschwindigkeit des Lichts beträgt im Vakuum ca. 300 000 km/sec. Wenn ich nun mit einem Raumschiff mit halber Lichtgeschwindigkeit neben dem Lichtstrahl hersausen könnte, und zwar in entgegengesetzter Richtung, müsste ich, vom Raumschiff aus gemessen, eine Lichtgeschwindigkeit von 450 000 km/sec feststellen. Umgekehrt, wenn ich in der gleichen Richtung mit dem Lichtstrahl reiste, dann müsste ich eine Lichtgeschwindigkeit von 150 000 km/sec messen. Ich müsste also die Eigengeschwindigkeit des Raumschiffs zu der Lichtgeschwindigkeit addieren bzw. von ihr subtrahieren. Die Lichtgeschwindigkeit erweist sich aber in beiden und allen vergleichbaren Fällen als konstant 300 000 km/sec. Diese Geschwindigkeit kann nicht überschritten werden. Das ist für die sogleich zu beschreibende, mindestens ebenso sonderbare Nichtlokalität der Quantenvorgänge von Bedeutung.

Ich übergehe hier die neueren Einwände gegen die Lichtgeschwindigkeit als Naturkonstante (Magueijo 2003), weil sie im Zusammenhang unserer sehr allgemeinen Überlegungen zunächst keine entscheidende Rolle spielen dürften. Dass jüngere Forscher wie Magueijo (2003, S. 276f.) Einsteins Vorliebe für Symmetrie und Ästhetik in den Formeln skeptisch bis ablehnend gegenüberstehen, hat seine Berechtigung in der Physik wie in der Psychoanalyse dort, wo vorschnelle Harmonisierungen den Fortschritt behindern können.

Um die *Nichtlokalität* im Experiment zu demonstrieren, *verschränken* wir zwei Lichtteilchen, Photonen zu einem »Diphoton«. *Verschränkung* ist ein Grundbegriff der Quantentheorie, den der Nobelpreisträger Erwin Schrödinger eingeführt hat. Ein solches Diphoton kann über eine Glasfaser eine Ausdehnung von 15 km besitzen. Der Gesamtspin (einer Drehung um die eigene Achse vergleichbar) ist Null. Jedes einzelne Photon an den entgegengesetzten Enden der Glasfaser hat dann einen unbestimmten Spin. Erst durch eine Messung, eine Beobachtung, wird der Spin nicht nur festgestellt, sondern manifest. Die Quantenebene ist eine Ebene der Möglichkeiten, bis eine Messung oder Beobachtung stattfindet. Das ist eine Verallgemeinerung der berühmten *Unschärfe-* oder richtiger *Unbestimmtheitsrelation*. Ist der Spin des einen Photons gemessen, dann steht augenblicklich auch der Spin des anderen Photons fest, nämlich als dem ersten Photon entgegengesetzt, da beide zusammen Null ergeben. Augenblicklich heißt in solchen Fällen »schneller als das Licht«. Dies widerspricht der Relativitätstheorie. Und schlimmer noch: Der gesunde Menschenverstand würde annehmen, dass im für den Forscher Verborgenen doch irgendwie festgelegt wäre, welcher Spin bei einer Messung sich zeigen würde; woher sonst könnte das zweite Photon sofort »wissen«, zu welchem Spin sich das erste Photon aus der völligen Unbestimmtheit heraus »entscheiden« würde. Natürlich werden damit den Photonen weder Bewusstsein noch Willensfreiheit zugeschrieben, aber solche Begriffe verdeutlichen vielleicht am besten, um welchen Tatbestand es sich hier handelt. Er ist vor allem auch mathematisch gesichert (durch die Verletzung der Bellschen Ungleichung). Prinzipiell gelten diese Verhältnisse über beliebige Entfernungen. Das eine Photon könnte in der mehr als 2 Millionen Lichtjahre entfernten Andromedagalaxie sein, trotzdem »wüsste« es augenblicklich, was mit seinem Partnerphoton auf Erden geschehen ist. Einstein wollte das nicht glauben, hielt die Quantentheorie, an der er selbst maßgeblich mitgearbeitet hatte, für mindestens unvollständig und sprach von »geisterhafter Fernwirkung«. Dies gehört aber der Geschichte an. Heute ist die sogenannte *Nichtlokalität* allgemein anerkannt. Der uns vertraute Raum existiert auf der Quantenebene in solchen Zusammenhängen nicht.

Der letzte Gesichtspunkt, den ich hervorheben möchte, ist die »*henadische*«, d. h. ganzheitliche Struktur der Quantenphysik. Dieser ist, wie alles Vorherige, mathematisch begründet, leitet aber über zu einer neuen Weltsicht. Hen ist griechisch und heißt eins. Görnitz und Görnitz (2002) wählten diesen Ausdruck, um die in besonderer Weise auf Einheit hin bezogene Quantenwelt deutlich abzuheben von modisch gewordenen Worten wie holistisch oder Sätzen wie »alles ist eins«. Die Vorstellung, dass die Objekte der Welt aus Atomen bestehen, ist zwar die Krönung der klassischen Physik, drückt aber beinahe das Gegenteil der Quantenphysik aus. Kraft und Stoff sind beides sowohl Felder als auch Teilchen. Kraftteilchen haben einen ganzzahligen Spin, normale Materie einen halbzahligen. Zwei Materieteilchen können sich zu einem Kraftteilchen zusammentun. Bewegung kann in Materie umgewandelt werden, was in den großen Zentren der Elementarteilchenphysik tagtäglich passiert. Und schließlich sind Information einerseits und Materie und Energie andererseits wesensgleich. Information wird zur »Grundsubstanz« (Görnitz & Görnitz 2002, S. 312). Die Quantenebene ist die mathematisch bestimmte Ebene reiner Möglichkeiten und Wahrscheinlichkeiten. Durch Messung oder Beobachtung »bricht« die »Wellenfunktion« der vielen Möglichkeiten »zusammen«, wie wir am Beispiel des Photonenspins gesehen haben. Dies wird Dekohärenz genannt. So entstehen Fakten der klassischen Physik. Beide Ebenen, die der Quantenphysik und die der klassischen Physik und Naturwissenschaften sind notwendig, um die Natur zu beschreiben. Entsprechend kann auch die Funktion des Gehirns als geschichtet verstanden werden. Die Quantenebene bleibt im Gehirn nur so lange aktiv, bis vom klassischen Teil der Gehirnfunktionen oder des Bewusstseins aus eine Beobachtung, Entscheidung oder Bewertung – physikalisch werden diese mit einer Messung gleich gesetzt – erfolgt. Gedanken, bewusste oder unbewusste Inhalte, können auf der Quantenebene zumindest zeitweilig ohne Wechselwirkung mit dem klassisch funktionierenden Gehirn sein. »Dabei kann Information allein, d. h. sogar ohne Träger, oder auch gemeinsam mit ihrem energetischen Träger, z. B. einem Photon, quantenphysikalisch vom Rest des Gehirns getrennt sein« (Görnitz & Görnitz 2002, S. 298). Als reine Quanteninformation ist der Gedanke »vom Rest der Welt« (Görnitz & Görnitz 2002, S. 303) isoliert, aber zugleich doch über die henadische Struktur mit allem verbunden und »eins«.

Der Leser wird bei manchen Formulierungen bemerkt haben, dass die Physik sich damit Ebenen nähert, die sonst der Psychologie oder Philosophie zugeteilt werden. Ich möchte dafür zunächst zwei Beispiele aus der Psychologie im weitesten Sinne nennen. Es ist allgemein bekannt, dass in Kriegszeiten manche Mütter augenblicklich wussten, wenn ihr Sohn im fernen Land ums Leben gekommen war. Die Nachricht erreichte die Mutter später und bestätigte den Zeitpunkt. Die Analogie zu den oben beschriebenen »verschränkten« Photonen liegt auf der Hand. Auf Experimente und mathematische Formeln eingeschworene Physiker mögen skeptisch bleiben. Wir können aber auch davon ausgehen, dass diese Vorfälle mehr sind als bloße Analogien zum Geschehen auf der Quantenebene. Mutter und Sohn sind dann in besonderer Weise »verschränkt«. Wir können noch einen Schritt weiter gehen. Nicht nur können solche Vorfälle quantenphysikalisch interpretiert werden, auch umgekehrt. Sie könnten helfen, die sonst rein auf der klassischen materiellen Ebene betrachteten und darum als sehr seltsam erscheinenden Phänomene der Quantenebene nun von unseren aus dem Alltag bekannten Erfahrungen her zu verstehen. In der Psychosomatischen Klinik sah ich eine Mutter mit einer solchen Erfahrung im Interview, es wurde damals eine Herzphobie diagnostiziert, und ich fragte mich, ob ihre Struktur zu dieser Erfahrung beigetragen haben könnte. Dies gibt mir Anlass, auf die unterschiedlichen Ebenen hinzuweisen, mit denen wir es im Alltag und auch in der klinischen Praxis einerseits zu tun haben – in diesem Fall ging es um Separation und ein Stück Ichautonomie – und andererseits Verschränkung und »henadische« (Einheits-)-Struktur auf der Quantenebene. Wir werden darauf zurückkommen.

Wir sollten uns aber darauf einstellen, dass nicht nur Sonderfälle wie die telepathischen Phänomene, die auch Freud beschreibt, oder Phänomene von Synchronizität, die Jung in Zusammenarbeit mit dem Physiknobelpreisträger Pauli bearbeitet hat, quantentheoretisch verstanden werden können, sondern auch ganz gewöhnlich anmutende Kommunikationsvorgänge etwa zwischen Patient und Therapeut oder in Gruppen.

Ich erinnere mich an einen Besuch Balints in der Heidelberger Psychosomatischen Klinik. Der Seminarraum war bis auf den letzten Platz besetzt, denn Balint war etwas wie unser Gründervater, für mich in der Sukzession der Lehranalytiker der »Großvater«. Wir waren alle miteinander »verschränkt«, wie die Physiker sagen, mit bedeutsamen Konsequenzen. Balint hielt keinen Vortrag, sondern ließ sich einen Fall vorstellen, brach diesen aber nach den ersten Sätzen ab und bat uns, unsere Einfälle, also Deutungen, dazu mitzuteilen. Alle waren wie elektrisiert, jeder meldete sich, jeder hatte einen besonderen anderen Einfall, den er einbringen wollte, was mir besonders eindrucksvoll im Gedächtnis blieb. Damit verging die ganze Sitzung, ohne dass Balint eingriff, er bestätigte nur die vielen Möglichkeiten. Nach dem oben Angeführten zögere ich nicht, von einem kräftigen Impuls, einer kräftigen, zunächst »unbestimmten« »Möglichkeitswelle« zu sprechen, die von Balint für uns ausging, und die in jeder der vielen Deutungen als Welle »zusammenbrach« oder über »Wahrscheinlichkeitsamplituden« zu einer oder eben vielen Deutungsperspektiven sich verbalisierte. Jedenfalls ist das wiederum eine mögliche Deutung und vielleicht keine bloße »Analogie« zu Feynmans »vielen Geschichten«, wobei Feynman (1985, S. 69) ohne Unschärferelation auskommt. Der Quantenzustand, der den Bereich aller möglichen Deutungen umfasst, »kann nun von einem anderen, einem klassischen Teil meines Bewusstseins befragt werden« (Görnitz & Görnitz 2002, S. 343). – Übrigens schrieb Balint von einer »harmonischen Verschränkung der Person mit den für sie wesentlichsten Teilen ihrer Umwelt« als dem »Bestreben der ganzen Menschheit« (Balint 1960, S. 31; vgl. 1959, S. 93 zur Kunst; 1970, S. 166 zu Regression und Neubeginn; Stein & Stein 1984, S. 79 f.).

Es ergibt sich nun die Frage, wie sich das quantentheoretische Konzept in der psychoanalytischen Theorie niederschlagen könnte. Ich greife dafür auf frühere Arbeiten (Stein 1974, 1979, Stein & Stein 1984) zurück. Ich ging aus von Winnicotts »Übergangsphänomenen«, dem »dritten Bereich« und kennzeichnete diesen durch eine Linie (1979, S. 29 u. 44), die von links unten nach rechts oben verläuft, womit ein Fortschritt der Integration im therapeutischen Prozess, aber auch in der kulturellen Evolution angedeutet sein sollte. Der Beginn links unten konnte so den Anfang des kindlichen Lebens des Individuums, aber auch den der kosmischen Evolution darstellen. Rechts von der Linie ordnete ich die Instinkte, Triebe, Affekte, das Es, das Vitale (V) an, links die Rationalität, das Ich, das Mentale (M). Die klassische Bewegung verläuft vom Es zum Ich. »Wo Es war, soll Ich werden«. Eine Linie, die diese Bewegung darstellen würde, verliefe also rechtwinklig zu der vorgenannten.

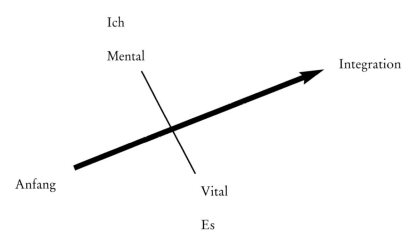

Abb.: Der mittlere Bereich

Der »mittlere Bereich« der ersten Linie bezeichnet keinen bloßen »Übergang« zum Ich, zur Realität, zur Wissenschaft. Er hat eine eigenständige Entwicklung, aus der rechts und links die »Fakten« des Es und des Ich hervorsprießen. Buchholz (1977, 1985, 1992) hat diesen Bereich als den der Profession von der Wissenschaft abgegrenzt und im therapeutischen Prozess von wechselnder Metaphernbildung bestimmt beschrieben. Dem

»mittleren Bereich« eignet eine Unbestimmtheit, als kreativer Bereich enthält er sozusagen das Keimzentrum der vielen Möglichkeiten. Wir können diesen Bereich in Anlehnung an Görnitz und Görnitz (2002), auf deren Arbeiten sich meine Überlegungen zu Quantentheorie und Psychoanalyse stützen, den Quantenanteil des Bewusstseins und des Unbewussten, kurz das »Quantenbewusstsein« (Görnitz & Görnitz 2002, S. 344), nennen. Vom Ich oder von der Wissenschaft aus gesehen mag dieser Bereich als regressiv anmuten, im Vollsinn ist nur eine Rückkehr zum Ausgangspunkt der ersten Linie »Regression«. Dieses Schema differenziert also den Begriff der Regression und auch den der Ich-Autonomie als Ziel von Therapie und kultureller Evolution, wenn wir Verschränkung und Verbundenheit nicht als regressiv ansehen. Es ist kritisch bemerkt worden, dass Metaphernbildung nicht wissenschaftlich genug sei. Aber das ist gerade der Vorzug der Metaphernbildung in der Profession. Sie hat psychoanalytische Wissenschaft und jede Wissenschaft, die hilfreich ist, »zur Seite«. Wenn wir unter den Psychoanalytikern zwei Gruppen unterscheiden, die Anhänger einer Naturwissenschaft vom Seelischen und die einer hermeneutischen Interpretation, so ist die hier vorgeschlagene Sicht eine Hermeneutik auf naturwissenschaftlicher Grundlage. »Die Gedanken sind so real wie Atome« (Görnitz & Görnitz 2002, S. 304). Und wenn Materie »kondensierte Information« ist, wobei »von dem Informationsaspekt vordergründig nichts mehr zu bemerken ist« (Görnitz & Görnitz 2002, S. 349), dann liegt es möglicherweise nahe, die Psychosomatik im Rückgriff auf die ursprünglichen Konzepte Viktor von Weizsäckers neu zu durchdenken. – Es ist vielleicht auch erwähnenswert, dass der Deutsche Idealismus und die romantische Philosophie »Sinnlichkeit« und »Verstand« integrieren wollten in einem »Schweben zwischen den Extremen«, worin nach Auffassung der Dichterphilosophen die schöpferische Einbildungskraft begründet liegt. Die Psychoanalyse steht mit ihrer gleich»schwebenden« Aufmerksamkeit in dieser Tradition. Und diese Tradition setzt sich nun in der Quantentheorie fort.

Die Linie des »mittleren Bereichs« hat eine Zielrichtung auf Integration hin, wir könnten diese auch ein Ideal oder eine Utopie nennen. Letztlich, besonders mit Blick auf die henadische Struktur der Quantentheorie, scheint die absolute Einheit am Ende zu stehen. Als Idee wäre das platonische Philosophie, die die Quantentheoretiker seit Heisenberg beschäftigt hat. Die Einheit betrifft dann auch das Bewusstsein, das, wie Schrödinger, der neben Heisenberg maßgeblichste Quantenphysiker, anmerkt, nur in der Einzahl existiert. Das ergibt eine Schwierigkeit mit dem Gottesbegriff der drei großen Buchreligionen. Gott ist ein dialogisches Gegenüber, das setzt Zweiheit bzw. Vielheit voraus. Schrödinger beschreibt dazu seine »notwendigerweise subjektive Ansicht« (1993, 148): »Wenn man einem Kulturkreis angehört, in dem gewisse Begriffe, die bei anderen Völkern einen weiteren Sinn hatten oder haben, eingeengt und spezialisiert worden sind, so ist es gewagt, diesen Schluss in so einfachen Worten auszudrücken, wie es die Sache erfordert. Es klingt gotteslästerlich und wahnsinnig, wenn man sich der christlichen Ausdrucksweise bedient und erklärt: ›Also bin ich der Liebe Gott‹. Setzen wir uns aber für einen Augenblick darüber hinweg [...]. An sich ist die Einsicht nicht neu. Die frühesten Aufzeichnungen datieren meines Wissens mindestens 2500 Jahre zurück. Seit den frühen großen Upanischaden betrachtet die indische Philosophie die Gleichsetzung *Atman = Brahman* (das persönliche Selbst ist dem allgegenwärtigen, allumfassenden ewigen Selbst gleich) keineswegs als Gotteslästerung, sondern ganz im Gegenteil als die tiefste Einsicht in das Weltgeschehen. Das Streben aller Vedanta-Schüler war, kaum dass ihre Lippen Worte zu formen vermochten, darauf gerichtet, sich diesen größten aller Gedanken wirklich einzuverleiben. Auch die Mystiker vieler Jahrhunderte haben unabhängig voneinander und doch in vollkommener Harmonie (den Partikeln eines Idealgases vergleichbar) die einzigartige Erfahrung ihres Lebens in Worten beschrieben, die sich zu dem Satz verdichten lassen: *Deus factus sum* (›Ich bin Gott geworden‹). Dem westlichen Denken ist diese Vorstellung fremd geblieben, trotz Schopenhauer und anderen ...« (Schrödinger 1993, S. 149 f.). Die Upanischaden und in deren Gefolge Advaita Vedanta (Potter 1981) (Nicht Zweiheits-Veden- oder Wissensende) sahen in der Vielheit nur bloßen Schein, Maja, eine Illusion (Schrödinger 1993, S. 152). Der moderne Advaita Vedanta, wie Sri Aurobindo ihn vertrat, vollzog dazu eine wichtige Wende. Vielheit, und damit die Evolution, sind nicht bloßer Schein, Täuschung, sondern werden ernst genommen, erscheinen aber für das gewöhnliche Bewusstsein mit Unwissenheit, Ignoranz bezüglich des Gesamtzusammenhanges, des Sinns und der Einheit verknüpft. Die Nicht-Zweiheits-Erfahrung findet sich ebenso in der islamischen Mystik (Stein 1993, S. 236 f.).

Mit dieser Einheit ist platonisch Schönheit verbunden. Die »wunderbare Symmetrie« (C. F. von Weizsäcker 1985, S. 560) des mathematischen Formalismus hat auch eine weitere Korrektur für die Psychoanalyse zur Folge. Idealbildungen sind dann nicht nur Abkömmlinge regressiver Wünsche und durch das Realitätsprinzip zu korrigieren, sie sind vielmehr selbst Realität und so im Prinzip, wenn auch nicht in jedem praktischen Falle für die Psychoanalyse rehabilitiert. Vielleicht wird trotz der Revisionen an der Theorie die Frage im Raum bleiben: Was bedeutet das alles konkret für die Praxis? Wenn man sofort mit dieser Frage an die vorliegende Arbeit herangeht, wird man sich den Weg zur Erfahrung der beschriebenen Zusammenhänge verbauen. Die Arbeit gibt Antworten auf ganz andere Fragen, auf Fragen, die die Grundhaltung des Therapeuten bestimmen können. Viele Missverständnisse sind möglich – und unausweichlich, besonders wenn wir von der herkömmlichen Psychoanalyse ausgehen. Z. B. sind nicht voreilige und oberflächliche Harmonisierungen gemeint. Wir müssen auf vielen Ebenen denken und vor allem mit unseren Patienten arbeiten. Die vorliegende Arbeit ist gegen das Tabu der großen Zusammenhänge gerichtet.

Folgen wir Aurobindos aus dem Yoga sich ergebenden Einsichten, die durchaus heute mit den aus der Quantenwelt entnommenen Überlegungen übereinstimmen, wie Görnitz und Görnitz sie formulieren, so gewinnt diese Weltsicht eine Bedeutung, die mit dem Überleben der Menschheit verbunden ist: Aurobindo schrieb nach dem ersten Weltkrieg: »Only when man has developed not merely a fellow-feeling with all men, but a dominant sense of unity and commonalty, only when he is aware of them not merely as brothers, – that is a fragile bond –, but as part of himself, only when he has learned to live, not in his separate personal and communal ego-sense, but in a large universal consciousness, can the phenomenon of war, with whatever weapons, pass out of his life without the possibility of return« (Aurobindo 1920, S. 587).

Niemand weiß so gut wie Psychoanalytiker, dass Brüderlichkeit seit Kain und Abel ein fragiles Band ist. Aber diese Konzepte haben, wie Arbeitsgruppen, Tagungen und Kongresse, die es seit einiger Zeit zum Thema »Psychoanalyse und Religion« gibt, zeigen, keine Chance bei der etablierten Psychoanalyse.

Für die kulturelle Evolution ist entscheidend, dass sich die Quantenphysik nur aus westlicher, von den Griechen her stammender Tradition entwickeln konnte, dass aber gerade dadurch ein Weg zu östlichen Welten sich eröffnet hat. Umgekehrt haben asiatische Physiker aus ihrer Tradition weniger Schwierigkeiten mit den Konzepten der Quantentheorie als wir durch unsere. *Wir stehen am Ende vor der Schwierigkeit, die henadische Struktur der Quantentheorie zu verstehen.* Das fordert eine andere Einstellung und Haltung als die, die der Wissenschaft primär zugrunde liegt. »Damit können auch die verschiedenen Versuche von philosophischer und religiöser Seite eine Chance erhalten, wiederum ein breiteres Gehör für ein Weltbild finden zu können, das über den Materialismus des 19. Jahrhunderts hinauswächst. [...] Unsere Hoffnung ist, dass ein *naturwissenschaftliches Wissen um die henadische Struktur der Welt* (kursiv von mir, St.) dazu beitragen wird, dass wir Menschen bei unserem Tun mit einem tiefen inneren Wissen begreifen, welche Auswirkungen unser Handeln auf die anderen Glieder der Gesellschaft, nicht nur im eigenen Land, sondern auf der ganzen Erde und auf die Ökosysteme hier und anderswo haben kann« (Görnitz & Görnitz 2002, S. 360). Solche Hoffnung kann sich nicht darauf gründen, dass alle Welt die Quantenphysik begreift. »Unsere individuellen Fähigkeiten sind begrenzt. Jedem ist erlaubt, sich dort einzuordnen, wohin seine Fähigkeiten ihn weisen«, resümiert Carl Friedrich von Weizsäcker (1985, S. 640).

Aber: »Wir sind zuversichtlich, dass sich die materialistische Tendenz, die aus dem 19. Jahrhundert überkommen ist und die noch immer unser gesellschaftliches und ökonomisches Denken beherrscht, wieder umkehren kann und wird. Eine neue geistige Orientierung ist notwendig und möglich. Für sie wird es darauf ankommen, auch im Denken der Öffentlichkeit den henadischen Charakter zu stärken. Es ist notwendig, dass wir den *einen Kosmos, die eine Welt,* wieder als *Einheit* wahrnehmen. Die Trennung unserer Kultur, des öffentlichen Denkens, in einen technisch-naturwissenschaftlichen und einen geistig-kulturellen Bereich und die Illusion, es sei ein Fortschritt und ein Ausdruck von Liberalität, die Welt wie eine Ansammlung zusammenhangloser Fakten zu betrachten, hat lang genug unheilvoll gewirkt« (Görnitz & Görnitz 2002, S. 360). Es sind nicht nur zusammenhanglose Fakten, sondern – den Reifevorstellungen der Psychoanalyse entsprechend – »getrennte Objekte« (gemeint sind Subjekte), die als grundlegendes Konzept die Psychoanalyse daran hindern, einen wesentlichen Beitrag zur notwendigen kulturellen Evolution, darunter dem gefährlichen Dissens der Religionen (Stein 1997, S. 274 f.), zu leisten.

Literatur

Aurobindo, Sri (1920): War and Self-Determination. In: Sri Aurobindo Birth Centenary Library, Vol. 15, S. 587. Pondicherry 1972.

Balint, M. (1959): Angstlust und Regression. Beitrag zur psychoanalytischen Typenlehre. Stuttgart (Klett).

Balint, M. (1960): Primärer Narzißmus, primäre Liebe. In: Jahrbuch der Psychoanalyse I Köln und Opladen (Westdeutscher Verlag).

Balint, M. (1970): Therapeutische Aspekte der Regression. Die Theorie der Grundstörung. Stuttgart (Klett).

Buchholz, M. B. (Hg.) (1993): Metaphernanalyse. Göttingen (Vandenhoeck & Ruprecht).

Buchholz, M. B. (1996): Metaphern der Kur. Qualitative Studien zum therapeutischen Prozess. Opladen (Westdeutscher Verlag).

Buchholz, M. B. (1999): Psychoanalyse als Profession. Gießen (Psychosozial Verlag).

Buchholz, M. B. (2001): Lehren aus der Psychoanalyse. In: Forum der Psychoanalyse 17, S. 271–286.

Feynman, R. P. (1985): QED. Die seltsame Theorie des Lichts und der Materie. 8. Aufl., München (Piper) 2002.

Freud, S. (1922a): Psychoanalyse und Telepathie. G.W. XVII, S. 25–44.

Freud, S. (1933a): Neue Folge der Vorlesungen zur Einführung in die Psychoanalyse. G.W. XV.

Görnitz, Th. (1999): Quanten sind anders. Die verborgene Einheit der Welt. Heidelberg, Basel (Spektrum Akademischer Verlag).

Görnitz, Th. & Görnitz, B. (2002): Der kreative Kosmos. Geist und Materie aus Information. Heidelberg, Berlin (Spektrum Akademischer Verlag).

Kuhn, Th. (1993): Die Struktur wissenschaftlicher Revolutionen. Frankfurt/M. (Suhrkamp).

Magueijo, J. (2003): Schneller als die Lichtgeschwindigkeit. Der Entwurf einer neuen Kosmologie. München (Bertelsmann).

Potter, K. H. (1981): Encyclopedia of Indian Philosophies, Vol. III. Advaita Vedanta. Up to Samkara and his pupils. Delhi (Motilal Banarsidass).

Schrödinger, E. (1993): Was ist Leben? München, Zürich (Piper).

Stein, A. & Stein, H. (1984): Kreativität. Psychoanalytische und philosophische Aspekte. 2. Aufl., Fellbach-Oeffingen (Bonz) 1987.

Stein, H. (1979): Psychoanalytische Selbstpsychologie und die Philosophie des Selbst. Meisenheim am Glan (Anton Hain).

Stein, H. (1993): Freuds letzte Lehre oder Eros und die Linien des Affen Aziut. Heidelberg (Wunderhorn).

Stein, H. (1997): Freud spirituell. Das Kreuz (mit) der Psychoanalyse. Klein Königsförde / Krummwisch (Königsfurt) 2001.

v. Weizsäcker, C. F. (1985): Aufbau der Physik. München – Wien (Hanser).

v. Weizsäcker, V. (1988): Gesammelte Schriften. Frankfurt/M (Suhrkamp).

Brigitte und Thomas Görnitz

Das Unbewusste aus Sicht einer Quanten-Psycho-Physik – ein theoretischer Entwurf

Die Psychologie ist die Wissenschaft, die zwischen einer Erste-Person-Perspektive und einer Dritte-Person-Perspektive bzw. zwischen Subjektivität und Objektivität zu vermitteln hat. Ein naturwissenschaftlicher Zugang zur Psyche konnte bisher nicht erstellt werden, auch weil Voraussetzungen von Seiten der Physik nicht geliefert worden waren. Um das Psychische mit Begriffen zu erfassen, hatte man bisher den »am wenigsten materiellen« Begriff aus der Physik gewählt, den der Energie, so ist von »psychischen Energien« oft die Rede. Der naturwissenschaftliche Begriff, der heute verwendet werden sollte, um Mentales zu erfassen, ist der der »Information«. Die Quantentheorie zeigt zwar, dass die Substanzen, die hinter den Begriffen Materie, Energie und Quanteninformation stehen, auf einem fundamentalen Niveau äquivalent sind, aber bereits auf der nächsten Stufe der Differenzierungen kann man formulieren: *Energie ist das, was Materie gegen Kraftfelder in Bewegung versetzen kann, Information ist das, was Energien auslösen kann.*

Quanteninformation stellt die reflexive Struktur bereit, die für eine Modellierung von Erleben erforderlich ist und ermöglicht damit eine naturwissenschaftliche Beschreibung des Unbewussten und des Bewussten, wobei auch deutlich wird, dass die Grenze zwischen beiden um so weniger scharf wird, je genauer man die Phänomene untersucht. Mit diesem Konzept wird das Bindungsproblem lösbar, wird ein Homunkulus überflüssig und erweist sich das Ich als ausgedehnt. Soweit das Unbewusste als Quanteninformation zu charakterisieren ist, wird es all die »Merkwürdigkeiten« zeigen, die als Quanteneigenschaften in der Physik bekannt sind und die das Unbewusste von dem an die Realität gebundenen Bewussten unterscheiden: eine Nichtgebundenheit sowohl an Raum- und Zeit-Strukturen als auch an kausale Bedingtheiten und das Übersteigen der Gesetze der klassischen Logik.

1. Das Ziel einer naturwissenschaftlichen Modellierung für das Unbewusste und das Bewusstsein

Die Frage, was das Unbewusste ist, kann nur von einem Bewusstsein gestellt werden. Während in der Evolution aus dem Unbelebtem das Leben und aus dem Unbewussten das Bewusstsein erwächst, muss man für das Verstehen dieser Phänomene in der umgekehrten Richtung aktiv werden. Wenn man das Unbewusste verstehen will, dann ist es unabdingbar, mit etwas Bekanntem, mit dem bekannt gewordenem Unbewussten, d. h. mit dem Bewusstsein zu beginnen. Mit dem Bewusstsein beziehen wir uns auf einen Begriff, zu dem sich jeder etwas vorstellen kann. Selbst wer diese Einsicht bestreiten wollte, zeigt bereits schon damit, dass er Bewusstsein hat und es anwendet. Bewusstsein ist zu allererst Information, es ist ersichtlich reflexiv und es hat Erlebnischarakter, ferner ist es nicht vollständig objektivierbar. Diese Kennzeichen teilt es mit dem Unbewussten, während logische Reflexion und Sprache doch wohl ihm allein zukommen.

Dass die Psychologie nicht nur das Bewusstsein, sondern auch das Unbewusste zum Gegenstand hat, wird von Freud zu seinen großen Entdeckungen gerechnet. Er hat das Unbewusste als psychisches Phänomen wissenschaftlich erforscht und hat die biologisch-physikalischen Aspekte als zu seiner Zeit nicht lösbar zurückgestellt, auch wenn er einen naturwissenschaftlichen Zugang stets als notwendig erachtet hatte. Der Versuch einer naturwissenschaftlichen Fundierung der Psychologie erstreckt sich durch Freuds wissenschaftliches Lebenswerk. Er beginnt mit dem »Entwurf einer Psychologie« aus dem Jahre 1895 (1950) und reicht bis zu den unvollendet gebliebenen »Vorlesungen über Psychoanalyse« aus dem Jahre 1933. Die Physik, die ihm damals zur Verfügung stand, war ungeeignet, Wesentliches beizutragen. Freud sprach dem Begriff der »Energie« eine so bedeutsame Rolle im Psychischen zu, denn die Informationsverarbeitung im Bewusstsein oder im Unbewussten geschieht nicht durch etwas »Sand-Ähnliches« – wie man sich Materie oft verbildlicht. Damit blieb lediglich diejenige Realität übrig, die für die damalige Physik am wenigsten materiell erschien, die Energie.

Die voranschreitenden Verbesserungen der Untersuchungsmethoden haben heutzutage gezeigt, dass die Kommunikation zwischen den Nervenzellen sowohl elektrische als auch chemische Vorgänge umfasst. Man hat bereits vielfältige Kenntnisse über chemische Prozesse, u. a. an den Synapsen sammeln können, aber im wesentlichen werden alle diese Vorgänge im

Nervensystem bis heute mit dem Modell des Schalters – An-Aus – beschrieben. Werden solche Schalter vielfach miteinander verknüpft, so dass das Schaltverhalten eines Schalters von dem anderer Schalter abhängt, spricht man von »neuronalen Netzen«. In technischer Realisierung stellen sie eine Simulation von Neuronennetzen in Gehirnen dar. Werden die Verknüpfungen zwischen den Schaltern variierbar gestaltet, so wird sich das Verhalten des Netzes als veränderbar erweisen. Solche Vorgänge von »Selbstorganisation« werden als Modell für die Herausbildung von »intelligenten« Strukturen herangezogen, wie sie an biologischen Neuronennetzen gefunden werden. Technische neuronale Netze können heute bereits vielfältige »vernünftige« Handlungen durchführen, die bereits Sprach- und Bilderkennung umfassen, ohne dass die Erbauer diese Prozesse im einzelnen hätten programmieren müssen, was die Verwendung des Begriffes der »Selbstorganisation« erklärlich macht. Eine wichtige Besonderheit bei neuronalen Netzen im Unterschied zum klassischen Computer ist deren Fähigkeit, Daten auch auf assoziative Weise verarbeiten zu können. Diese Eigenschaft teilen sie mit der Quanteninformationsverarbeitung. Das Phänomen der Selbstorganisation wurde zuerst an Systemen beschrieben, die in Zuständen fern vom thermodynamischen Gleichgewicht sind und sich in einem Fließgleichgewicht befinden. Dabei findet ein ständiger Material- und Energiedurchsatz statt. An Fließgleichgewichten kann man oft die spontane Herausbildung von Strukturen beobachten. Eine dynamische Ordnung scheint aus dem Nichts zu entstehen. Wir erkennen sie oft direkt oder manchmal als Muster, die wir in das Wahrgenommene hineindeuten. Beispiele sind »chemische Uhren«, d. h. rhythmisch ablaufende chemische Prozesse, die beispielsweise mit regelmäßigen Farbänderungen einhergehen können, aber auch Lebewesen, die mit Hilfe ihres Stoffwechsels ihre Gestalt bewahren können. Stromschnellen in einem Gebirgsfluss bilden von weitem gesehen ruhige Muster. Der Vergleich solcher Strukturbildung mit den neuronalen Netzen zeigt, dass in technischen neuronalen Netzen keine spontanen Strukturen entstehen, denen man einen vernünftigen Sinn zuschreiben könnte. Solcher »Selbstorganisation« fehlt die Zielrichtung, die Systeme müssen trainiert werden, damit sie »vernünftig arbeiten«. Ihr Erbauer, ein Mensch, gibt die Kriterien dafür vor, welche Ordnung vom Netz durch interne Umorganisation angestrebt werden soll, damit die von ihm erwünschten Handlungen resultieren.

Wenn wir die gegenwärtige Forschung betrachten, die den Zusammenhang zwischen dem Gehirn und dem Mentalen erfassen möchte, so zeigt sich, dass sie sich vor allem auf das »Wie« des Entstehens dieser Erscheinungen konzentriert und auf das »Wo« im Gehirn, was sich heute leicht ermitteln lässt. Dafür ist es wichtig, dass man die biologischen Vorgänge immer detaillierter versteht, und auch die Zusammenhänge zwischen physiologischen und psychologischen Funktionen immer weiter aufklärt. Hierzu gibt es eine stetig wachsende Zahl von Erkenntnissen und reiche experimentelle Befunde.

Aus unserer Sicht ist allerdings die Frage, »Was ist das Mentale?«, bisher im wesentlichen ausgelassen worden. In unserem vorhergehenden Artikel haben wir deutlich gemacht, dass dies keine Frage ist, die in erster Linie von der Biologie oder der Hirnforschung beantwortet werden kann. Die Biologie ist allerdings gefragt, wenn es um die Aufklärung der Informationsverarbeitungsvorgänge in Lebewesen geht, um das Verstehen der Abläufe in den Nervenzellen und Gehirnen. Bewusstsein ist Information, die sich selbst kennt und erlebt. Wie ausgeführt kann Information als ein Begriff der Physik jetzt sinnvoll erfasst und verstanden werden und als Zentralbegriff der Quantentheorie deklariert werden. Um die Inhalte des Psychischen naturwissenschaftlich zu erfassen, hat man bisher die Wirkungsweise des Nervensystems biologisch beschrieben (Zellen, Moleküle, Ausschüttung von Neurotransmittern usw.). Bei der bisherigen Beschreibung werden daher lediglich die allein für »real« gehaltenen Transporte von Materie und Energie erfasst. So verwendet man bei der Erläuterung und für das Verstehen dieser Vorgänge Bilder, die der klassischen Logik und der klassischen Physik genügen, indem z. B. Moleküle wie kleine Kugeln hin- und hergeschoben werden und Ionenpumpen wie eine Wasserpumpe arbeiten.

Auch in der Physik kann man über weite Bereiche mit solchen klassischen Vorstellungen die Natur erfolgreich beschreiben, allerdings nur, solange man weder grundsätzliche Fragen stellt noch sehr genau arbeitet. Im ersten Artikel wurde vor allem aus naturphilosophischer Sicht aufgezeigt, dass das wirkliche Fundament eines Verstehens der Welt – z. B. warum die Objekte unserer Umwelt überhaupt existieren können – erst durch die Quantentheorie gelegt wird. Vielleicht, weil unsere von der äußeren Alltagswirklichkeit übernommenen Vorstellungen nicht mehr zutreffend sind und hinter der Quantenstruktur eine schwierige und abstrakte Mathematik steht, rufen die quantentheoretischen Konzeptionen noch vielfach Ablehnung hervor. Die Quantentheorie zeigt die Realität des Möglichen in der Welt, von Möglichkeiten, die nicht allein aus Unwissen resultieren wie in der vorquantischen Wissenschaft. Die Gewissheit der deterministischen Weltbeschreibung des 19. Jahrhunderts, die nach dem Verzicht auf Transzendenz einen Halt bieten konnte, wird von der Quantentheorie aufgehoben, die einen Aspekt von Unsicherheit selbst in die theoretischen Vorstellungen über die Welt bringt.

Bevor wir aber den Stellenwert der Quantentheorie für das Psychische erörtern, sollen die grundlegenden Strukturen dieser Theorie an Hand der wesentlichen experimentellen Ergebnisse erläutert und verdeutlicht werden. Dabei geht es natürlich um Quanteninformation und keineswegs um den Aufbau der Atome und Elementarteilchen.

2. Wichtige Ergebnisse der Quantentheorie und deren experimentelle Basis

Für das Verstehen des Mentalen als der am höchsten entwickelten Informationsverarbeitung in der Natur ist es notwendig, die Quantentheorie einzubeziehen, die stets die genaueste Beschreibung der Natur liefert. Überall dort, wo die vorquantische Naturwissenschaft eine zutreffende Beschreibung der Vorgänge und Strukturen bietet, werden diese durch die Quantentheorie bestätigt. Wenn aber die Quantentheorie zu wesentlich anderen Aussagen gelangt, so darf man sicher sein, dass die klassische Naturwissenschaft nicht nur keine ausreichend gute, sondern vielmehr eine falsche Darstellung geliefert hat.

Das, was die Experimente in der Gehirnforschung bisher an empirischen Tatsachen offenbart haben, wird gewiss seine Gültigkeit soweit behalten, als es nicht mit zu weit überhöhten Interpretationen befrachtet worden ist. Deshalb ist es nicht notwendig, hier ausführlich auf alle interessanten Einzelheiten einzugehen, die bereits über die Arbeit des Gehirns und seiner Untereinheiten gefunden worden sind. Wir wollen uns vielmehr zuerst auf die grundlegenden Strukturen der Quantentheorie konzentrieren, die für das Verstehen des Mentalen wesentlich sind und dabei diejenigen Aspekte hervorheben, die mit den bisher verwendeten naturwissenschaftlichen Methoden und Begriffen nicht deutlich gesehen werden können.

Obwohl es die Physik bisher mit einfacheren Strukturen als die Hirnforschung zu tun hatte, zeigt ihre Geschichte, wie schwierig es ist, den Grad an Genauigkeit zu erreichen, an dem die Quanteneffekte nicht mehr ignoriert werden können. So waren über ein halbes Jahrhundert die Fachleute davon überzeugt, dass EPR-Experimente lediglich Gedankenexperimente sind, die zur Verdeutlichung der theoretischen Struktur der Quantentheorie dienen, die sich aber nicht realisieren lassen. Auch wir verweisen auf Folgerungen, die sich aus vielbewährten physikalischen Theorien ziehen lassen, ohne dass wir dafür sofort eine unwiderlegliche experimentelle Bestätigung erwarten würden.

2.1 Die Quantentheorie erzeugt Ganzheiten

Im Gegensatz zur klassischen Physik hat die Quantentheorie eine auf Ganzheit zielende mathematische Grundstruktur. Solche Ganzheiten widerstreben der in unserer Kultur als gültig angenommenen Vorstellung, dass die Welt im Grunde aus einzelnen Teilen aufgebaut ist, die ihre Eigenständigkeit behalten, auch wenn selbstverständlich zwischen ihnen durch Kräfte Wechselwirkungen geschehen.

Als Ganzheiten aber nehmen wir uns selbst in sehr guter Näherung wahr. Die Ganzheiten, die die Quantentheorie beschreibt, müssen nicht »mikroskopisch klein« sein, sie können auch sehr weit ausgedehnte Objekte sein. Heute erstrecken sich experimentelle Quantengesamtheiten bereits über viele Kilometer. Eine Einwirkung an einer beliebigen Stelle einer solchen Ganzheit verändert diese augenblicklich und über ihre gesamte Ausdehnung. Als den Gründervätern der Quantentheorie dieser Sachverhalt deutlich zu werden begann, erregte dies verständlicherweise den Widerwillen von Albert Einstein. Eine sofortige Zustandsänderung in einem großen Raumbereich scheint mit der Relativitätstheorie nicht vereinbar zu sein. So ersann Einstein ein Gedankenexperiment, an dem die Widersinnigkeit deutlich werden sollte, die er in den quantentheoretischen Konzepten sah.

2.2 Quanten-Nichtlokalität für Raum und Zeit

So wie die Physik über die Mechanik hinausgelangt ist, ist auch die Quantentheorie über die Quantenmechanik hinausgewachsen. Ein wichtiger neuer Bereich ist der des »Quantencomputings«, der sich mit technischen Verfahren zur Nutzung von Quanteninformation befasst. Die Quantenmechanik untersucht das Verhalten von Quantenteilchen. Die nächste Stufe, die Quantenfeldtheorie, ist entstanden als eine Quantentheorie für die Felder der klassischen Physik. Sie kann auch als eine Theorie unendlich vieler Quantenteilchen behandelt werden. Durch die »zweite Quantisierung« wird beispielsweise das klassische elektromagnetische Feld durch Photonen beschrieben, durch die Quanten des Lichtes. Während Felder als etwas Ausgedehntes angesehen werden, sind Teilchen dadurch definiert, dass mit diesem Begriff automatisch ein konkreter »Ort« mitgedacht wird. Daher wird die Frage von Nichtlokalität natürlich dann besonders kontrovers gesehen, wenn es um den Teilchenaspekt der Quantentheorie geht.

Doppelspaltexperiment

Die philosophische Relevanz der Quantentheorie wurde zuerst am Doppelspaltexperiment erkannt. Bei diesem läuft ein einzelnes Elektron *zugleich* durch zwei nebeneinander liegende Löcher auf einem Schirm. Bei einer oftmaligen Wiederholung dieses Experiments werden dort Interferenzmuster

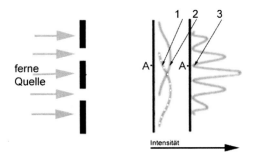

Abb. 1: Doppelspaltexperiment
Die Teilchen kommen von einer fernen Quelle und treffen deshalb parallel zueinander auf die beiden Spalten. Am Schirm dahinter kann man die Verteilung der Intensität messen. Die Bildschirmstelle (A), die etwas näher am oberen Spalt liegt, erhält die Bestrahlungsstärke (1), wenn allein der untere Spalt geöffnet ist (Intensitätskurve gepunktet), und die etwas größere Stärke (2), wenn nur der obere geöffnet ist. Die schwer zu akzeptierende Realität zeigt sich in der Intensität Null (3) an dieser Stelle (A), wenn beide Spalte gleichzeitig offen stehen. (Zum Zwecke der Übersichtlichkeit ist diese dritte Kurve nicht in das gleiche Diagramm gezeichnet worden.) Dies ist nur dann erklärlich, wenn die Quantenteilchen nichtlokale Eigenschaften besitzen und somit »Information über die Situation der beiden Spalte« auswerten können.

erzeugt, wie sie von Wellen wohlbekannt sind. Das Interferenzmuster verschwindet, wenn der Versuch so gestaltet wird, dass niemals beide Löcher gleichzeitig offen sind. Die naheliegende Alltags-Vorstellung, dass »eigentlich« das Teilchen immer nur durch ein Loch geht und man dies nur wegen der Kleinheit der Objekte nicht erfassen kann, scheitert daran, dass es bei zwei offenen Löchern Bereiche auf dem Schirm gibt, die nie von einem Teilchen getroffen werden, an die aber Teilchen gelangen, wenn stets nur eines von beiden Löchern geöffnet ist.

Dass die Quantenphänomene nicht auf den mikroskopischen Bereich von Elektronen und Atomkernen beschränkt sind, wird daran deutlich, dass Fulleren-Moleküle (Buckyballs), die immerhin 60 Kohlenstoffatome umfassen, bereits erfolgreich solchen Streu- und Interferenzversuchen unterworfen worden sind. Die Arbeitsgruppe, der diese Experimente gelungen sind, plant sogar mit Viren solche Doppelspaltexperimente durchzuführen. (A. Zeilinger, mündl. Mitteilung).

Verzögerte Wahl – delayed choice

Carl Friedrich v. Weizsäcker hat (1931) als erster eine Klasse von Experimenten beschrieben, die von A. Wheeler später mit dem sehr werbewirksamen Titel »delayed choice« – verzögerte Wahl – bezeichnet worden sind. An ihnen wird deutlich, dass ein Quantenprozess vor einer Messung keine innere Zeitordnung besitzt. Falls man diesem Prozess die Zeitvorstellungen der klassischen Physik überstülpt und ihn damit beschreibt, dann müsste man sagen, dass in diesen Experimenten zu einem späteren Zeitpunkt rückwirkend festgelegt werden kann, welchem Einfluss das Quantenobjekt – dieser Vorstellung gemäß – zuvor ausgesetzt gewesen war. Wenn man den Vorgang besser darstellen will, so muss man deutlich machen, dass ein individueller Quantenprozess sich wie ein einziger Augenblick darstellt, für den alles gleichzeitig geschieht und für den eine Einteilung in »früher« und »später« nicht gerechtfertigt ist. Bei diesen Experimenten bildet die räumliche und zeitliche Ungeteiltheit eines Quantenprozesses die Grundlage für diese Merkwürdigkeiten, die in der äußeren Alltagsumgebung keine Entsprechung besitzen, wohl aber in manchen Zuständen unserer Psyche, in denen wir uns von der äußeren Zeit abgekoppelt erleben.

Tunneleffekt

Der Tunneleffekt ist vielleicht das bekannteste Beispiel der Quantenmerkwürdigkeiten. Er ist ein weiterer Ausdruck für die Nichtlokalität der Quantenwelt, die sich nicht an die Begrenzungen hält, die von der Alltagsumgebung und der klassischen Physik vorgegeben werden. Wenn ein Quantenobjekt durch eine Barriere eingeschlossen ist, so kann dennoch wegen der Nichtlokalität eine Wahrscheinlichkeit dafür bestehen, es außerhalb vorfinden zu können. Nimtz & Haibel (2004) zeigen, dass das Quantenobjekt den verbotenen Bereich ohne Zeit durcheilt, sozusagen mit unendlicher Geschwindigkeit. Während für eine Breite von einer Wellenlänge dafür noch eine Wahrscheinlichkeit von etwa 30 % zu erwarten ist, nimmt die Wahrscheinlichkeit für ein solches Verhalten mit wachsender Breite der verbotenen Zone und vor allem mit wachsender Masse des Quantenobjektes extrem schnell ab, so dass für makroskopische Objekte oder Entfernungen davon nichts zu merken ist.

Es ist bedenkenswert, dass die Photonen, die im EEG zu den 25–42 Hz-Schwingungen gehören, die z. B. bei geübter Meditation verstärkt auftreten (Davidson et al. 2004), eine Wellenlänge besitzen, die von der Größenordnung des Erddurchmessers ist.

Das Einstein-Podolski-Rosen-Experiment

Dass die Quantentheorie die Vorstellungen von Raum und Zeit grundlegend in Frage stellt, wird an dem EPR-Phänomen besonders deutlich sichtbar. Die Physik des 20. Jahrhunderts hatte verinnerlicht, dass sich »nichts schneller als mit Lichtgeschwindigkeit« verändern kann. Die Quantenkorrelationen innerhalb einer Ganzheit halten sich an diese Vorstellung nicht. Wenn für solche Korrelationsänderungen eine Gleichzeitigkeit für räumlich entfernte Bereiche vorliegt, so folgt aus der Relativitätstheorie, dass in einem dazu bewegten Bezugssystem sich diese Korrelation als eine Korrelation zwischen Späterem und Früherem erweist. Die mathematischen Strukturen von Quantentheorie und Relativitätstheorie ermöglichen also Korrelationen zwischen der Gegenwart und der Zukunft. Allerdings sind dies Korrelationen zu künftigen Möglichkeiten und keineswegs zu zukünftigen Fakten. Eine kausale Einflussnahme des einen Ereignisses auf das andere ist nicht möglich. Auch Gewissheit, wie bei den Berechnungen der klassischen Physik, kann hier keinesfalls erwartet werden, aber dennoch kann eine gegenwärtige Wahrnehmung einer künftigen oder räumlich entfernten Möglichkeit sich später als zutreffend erweisen. Die Möglichkeit von zeitüberbrückenden Korrelationen führt dazu, dass ein »individueller Quantenprozess« dem normalen Zeitablauf nicht unterliegt. Ein solcher Prozess besitzt keine interne Zeit, er verläuft, so lange er ungestört bleibt, gleichsam »außerhalb von Zeit und Raum«, und erst bei einer Messung wird er wieder an die Zeit seiner Umgebung angekoppelt.

Das EPR-Experiment war ein Gedankenexperiment, das die Konsequenzen darstellte, die aus der mathematischen Struktur der Quantentheorie abgeleitet werden mussten. In der üblichen Beschreibung besteht das System aus zwei Teilchen, die aus einem gemeinsamen Quantenzustand in den Raum hinauslaufen. Durch eine Messung an einem der beiden Teilchen wird der Gesamtzustand und somit der Zustand des anderen Teilchens sofort verändert. Das erlaubt, so EPR, sofort eine Aussage über den Zustand des anderen Teilchens, ohne dass man etwa eine mit Lichtgeschwindigkeit eintreffende Botschaft abwarten müsste. Alle Fachleute »wussten«, dass dies lediglich ein Gedankenexperiment sei. Jetzt, 50 Jahre später, werden aber Experimente zu EPR-Phänomenen tatsächlich durchgeführt und sie gehen immer so aus, wie Einstein nicht gewünscht hatte. Sie sind bereits technisch soweit ausgereift, dass die ersten Patente für Quantenverschlüsselungsverfahren beantragt worden sind, die auf diesen quantentheoretischen Zusammenhängen beruhen.

Sind EPR-Phänomene tatsächlich so widersinnig, wie Einstein dachte? Um sie zu verstehen, müssen wir sie in einer zutreffenden Sprache beschreiben. Die größte Verstehensschwierigkeit erwächst aus »zwei Teilchen«. Zwar soll mit dem von Schrödinger stammenden Begriff der »Verschränkung« deutlich gemacht werden, dass diese beiden in ihrem »verschränkten Zustand« sich gänzlich anders verhalten als klassische Objekte. Aber nur dem Fachmann wird dabei bewusst sein, dass der Sinn dieses Ausdrucks darin besteht, dass es sich dabei auch um etwas gänzlich anderes handeln könnte als diese beiden konkreten Quantenteilchen. *Die Verschränkung meint sozusagen die gleichzeitige Existenz aller möglichen Zerlegungen, die an dem ganzen System vorgenommen werden könnten.* Wenn wir ein aus zwei Objekten zusammengesetztes System betrachten, so verschwinden die Ausgangsteile in der Zusammensetzung und es kann nicht deklariert werden, in welchem Zustand sich die Teilobjekte befinden. Der Zustand des einen hängt von dem des anderen ab. Wenn man beispielsweise in der

Vorstellung den Menschen in Leib und Seele aufteilt, so hängt dennoch der Zustand des einen Teils von dem des anderen ab. *Richtig und wohl auch wesentlich anschaulicher wäre es, bei EPR von einem einzigen, ausgedehnten Quantenobjekt zu sprechen, welches erst im Vorgang der Messung durch die dabei stattfindende Wechselwirkung mit einem anderen Objekt, dem »Messapparat«, in zwei Teilchen zerlegt wird.* Und diese Zerlegung geschieht dabei natürlich sofort an dem ganzen ausgedehnten Quantenobjekt. An dem ersten Teilchen wird durch die Messung ein faktischer Zustand erzeugt, das andere wird dabei in einen entsprechenden Quantenzustand versetzt, aber selbst noch nicht gemessen.

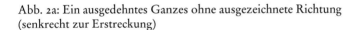

Abb. 2a: Ein ausgedehntes Ganzes ohne ausgezeichnete Richtung (senkrecht zur Erstreckung)

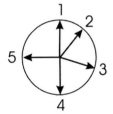 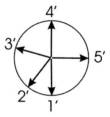

Abb. 2b: Eine Messung zerlegt das Ganze in zwei Teile, deren Richtungswerte sich gegenseitig aufheben.
Findet man bei einer Messung links z.B. den Zustand 3, so wird man bei der in der *gleichen* Weise vorgenommenen Messung rechts den Zustand 3' finden. Nimmt man statt dessen links eine Messung vor, zu der die *möglichen Resultate* 1 oder 4 gehören und findet man 4, so wird man rechts beim *gleichen* Messvorgang den Zustand 4' finden.

Der zweite Aspekt, an dem deutlich wird, dass kein Widerspruch zur Relativitätstheorie behauptet wird, offenbart sich daran, dass das Wissen um den Zustand des anderen Teilchens ein Wissen über einen Quantenzustand, d.h. über eine Möglichkeit und kein Wissen über ein Faktum ist. Wenn an dem anderen Teilchen ein Kollege eine (zweite) Messung in der abgesprochenen Weise durchführt, so kann ich – wie dargelegt – auf Grund meines Messergebnisses sofort und mit 100 % Gewissheit dessen Messergebnis vorhersagen. Was ich aber nicht sofort wissen kann, sondern erst, nachdem mich eine Nachricht mit maximal Lichtgeschwindigkeit erreicht hat, ist, ob tatsächlich die abgesprochene Messvornahme stattgefunden hat oder ob eine andere Messung am anderen Ende des Ausgangsquantenzustandes vorgenommen wurde. Dann wird mein sofortiges Wissen über das möglich gewesene Ergebnis wertlos sein, weil zu einer anderen Messung, also einer anderen Fragestellung, als Ergebnis auch andere Fakten, d. h. Antworten, gehören.

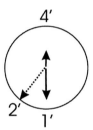

Abb. 2c: Eine Messung zerlegt das Ganze in zwei Teile, deren Richtungswerte sich gegenseitig aufheben.
Führt man links eine Messung durch, die den Zustand 2 als Messergebnis aufzeigt, so würde man bei der *gleichen* Messung rechts den Zustand 2' finden. Nimmt man aber statt dessen rechts eine *andere* Messung vor, zu der die möglichen Resultate 1' oder 4' gehören, so wird man nicht 2' finden, sondern mit einer größeren Wahrscheinlichkeit findet man 1' und mit einer kleineren 4'.

Die hier geschilderten Vorgänge werden sich in ähnlicher Weise im Körper selbst und zwischen dem Körperlichen und dem Mentalen abspielen. Die damit gegebene Verschränkung zwischen diesen Bereichen erklärt einen wesentlichen Aspekt der psychosomatischen Erscheinungen. Für die Fragen des Bewusstseins sind die EPR-Phänomene auch deshalb wichtig, weil sie zeigen, zu welch merkwürdigen und für den Alltagsverstand schwer akzeptablen Konsequenzen die Nichtlokalitäten der Quantentheorie führen können und weil sie deutlich machen, auf was für einen langen Zeitraum die theoretischen und mathematischen Konsequenzen aus der Quantentheorie oft angewiesen sind, bis sie experimentell bestätigt werden können.

2.3 Quantentheorie und klassische Logik

Die geschilderten Phänome werden jemanden, der bisher wenig über Quantentheorie gehört hat, merkwürdig vorkommen. Bis zum Auffinden von immer umfangreicheren experimentellen Bestätigungen der quantenphysikalischen Theoreme und sogar bis heute gab und gibt es selbst unter den Physikern viele, die mit der durch die Quantentheorie aufgedeckten Tiefenstruktur der Wirklichkeit genauso unzufrieden sind wie Einstein. Allerdings erweist sich die Natur als vollkommen unbeeindruckt von dem Wunsch, dass sie doch anderen Gesetzen folgen möge. Wenn man sich klar macht, dass die vorquantische Naturwissenschaft ihre Gegenstände wie Fakten beschreibt, die Quantentheorie aber die ihren wie Möglichkeiten, dann ist sofort einsichtig, dass im Rahmen der Quantentheorie auch nicht darauf gehofft werden kann, dass dort mit der uneingeschränkten Gültigkeit der klassischen Logik gerechnet werden kann, die bekanntlich für Fakten gilt. Mit der Quantentheorie werden einige der Grundregeln der Logik außer Kraft gesetzt.

Ungültigkeit des »tertium non datur«

Am bekanntesten ist wahrscheinlich, dass im Rahmen der Quantentheorie das Gesetz vom ausgeschlossenen Dritten, das »tertium non datur«, keine Gültigkeit besitzt. In der klassischen Physik und auch im materiellen Bereich des täglichen Lebens liegt entweder ein Zustand vor oder er liegt nicht vor – ein Drittes ist ausgeschlossen. Wenn aber ein Quantenzustand mit 100 % Gewissheit vorliegt, so kann dennoch bei einer Nachprüfung ein anderer gefunden werden. Der Grund dafür ist leicht einsehbar: Wenn Quantenzustände Möglichkeiten beschreiben, und ich frage nach genau der vorliegenden, dann werde ich diese mit Gewissheit finden. Frage ich aber nach einer anderen Möglichkeit, so wird sie sich auch als möglich erweisen und ich werde auf Grund der mathematischen Struktur der Quantentheorie eine Antwort erhalten, die zu dieser Frage gehört. Ich werde also finden, dass nach der Befragung einer der Zustände vorliegt, die als Antwort zu dieser Frage gehören, obwohl vor der Befragung ein anderer Zustand vorhanden gewesen sein mag.

Die mathematischen Zusammenhänge der Quantentheorie erlauben, die Wahrscheinlichkeit für die verschiedenen Antworten auf diese zweite

Frage sehr genau auszurechnen. Allerdings, so lange es sich nur um einen einzigen Fall handelt, wird dann doch eine von allen möglichen Antworten faktisch werden und somit überraschend sein. Kann aber immer wieder der gleiche Zustand hergestellt werden, dann wird sich die Fülle der Antworten auf die immer wieder gleich gestellte zweite Frage sehr genau nach den Wahrscheinlichkeiten verteilen, die gemäß der Quantentheorie berechnet werden.

Ambivalenz in der Quantenwelt: Schrödingers Katze

Beim Vorliegen eines beliebigen Quantenzustandes können viele andere Zustände, die im Sinne der klassischen Logik mit diesem Quantenzustand unverträglich sind, dennoch als zugleich vorfindbar angesehen werden. Das gleichzeitige Vorliegen von einander Widerstreitendem wird in psychischen Zusammenhängen als Ambivalenz bezeichnet. Dieser Sachverhalt liefert eine Verdeutlichung der »Unbestimmtheit«, die mit jedem Quantensystem verbunden ist. »Schrödingers Katze« ist eine populäre Verdeutlichung eines solchen Quantenverhaltens. Schrödinger, der wie Einstein wesentliche Beiträge zur Entwicklung der Quantentheorie geleistet hatte, gehörte wie dieser zu den Physikern, die über die Konsequenzen dieser Theorie unglücklich waren. Um diese Konsequenzen zu verdeutlichen, die man mit der Quantentheorie zu akzeptieren hatte, hat er ebenfalls ein Gedankenexperiment vorgestellt, das unter dem Namen »Schrödingers Katze« berühmt geworden ist. Es bezieht sich darauf, dass, solange keine Messung an einem Quantensystem vorgenommen worden ist, d. h. so lange kein irreversibler Prozess stattgefunden hat, in diesem System die Zustände, zwischen denen die Messung unterscheiden würde, weiterhin alle möglich und präsent bleiben. Um das für den Alltagsverstand Absurde zu verdeutlichen, wählte er als Beispiel eine Katze in einem abgeschlossenen System, die durch den Zerfall eines radioaktiven Atoms über den Umweg einer Höllenmaschine vergiftet wird, wenn der Zerfall stattgefunden hat. Solange man den Kasten, der alles enthält, nicht öffnet, hat man – so Schrödinger – eine quantentheoretische Überlagerung der toten und der lebenden Katze. Erst beim Hineinschauen, beim Messprozess, wird die Katze in einen der beiden Ergebniszustände übergehen.

Nachdem dies für lange Zeit als ein irreales Gedankenexperiment angesehen wurde, sind in den 1990er Jahren analoge Versuche gemacht worden, allerdings nicht mit Katzen. Diese »Schrödingers Kätzchen« waren speziell präparierte atomare Zustände, die allerdings ebenfalls gleichzeitig in zwei widersprechenden Zuständen waren und erst unter der Messung in einen der beiden übergingen. Damit eine solche Superposition möglich ist, ist es notwendig, das Quantensystem von seiner Umwelt zu isolieren. Dies war in den beschriebenen Experimenten möglich, da eine Isolierung umso leichter gelingen kann, je masseärmer das betreffende System ist, denn die erforderliche Energie für eine Wechselwirkung wird kleiner, wenn dass System massiver wird. Somit wechselwirken massereiche Systeme leichter als massearme oder gar masselose. Ist das System aber vorgegeben, dann kann die Wechselwirkung dadurch kleiner werden, dass man es mit seiner Umgebung abkühlt. Dann werden die Quanteneigenschaften deutlich. Um ein Objekt von der Struktur einer Katze so von seiner Umwelt zu isolieren, dass Quanteneigenschaften am ganzen Objekt sichtbar werden können, wäre es bis in den Milli-Kelvin-Bereich abzukühlen. Die Frage, ob die Katze noch lebt oder bereits tot ist, ist dann bereits entschieden. Man beachte, dass allerdings masselose Objekte in geeigneter Umgebung auch bei normalen Temperaturen ohne jede Wechselwirkung laufen können, wie z. B. Photonen in einem Nichtleiter.

2.4 Quanteninformationsverarbeitung

Die Quanteninformationsverarbeitung ist ein gegenwärtig schnell wachsender Zweig der Quantentheorie. In ihm werden mit dem Blick auf mögliche technische Anwendungen die Eigenschaften von Qubits und deren physikalische Realisierung untersucht. Für unsere Überlegungen ist von besonderer Wichtigkeit, dass Quanteninformation sogar einen ontologischen Aspekt besitzt, also fundamental für das Sein ist.

Die Nichtexistenz eines Quanten-Nein

Das »Informations-Atom« der klassischen Informationstheorie ist das Bit, eine einfache Ja-Nein-Alternative. Dafür ist die Operation der Verneinung einfach zu definieren: aus »Ja« wird »Nein« und umgekehrt. In der Quantentheorie wird dies komplizierter. Die Zustände eines Qubits sind nicht mehr zwei Punkte, sondern sie können dargestellt werden durch alle Punkte auf der Oberfläche einer Kugel. Die Operation einer exakten Verneinung müsste jeden Punkt auf dieser Oberfläche in seinen Antipoden abbilden. Ein solcher Operator kann in der Quantentheorie aus mathematischen Gründen nicht existieren. Die Quantentheorie kennt kein universelles »Nein«!

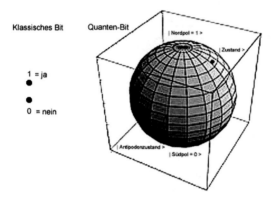

Abb. 3: Die zwei Zustände eines klassischen Bits und die unendlich vielen Zustände eines Quantenbits, die durch die unendlich vielen Punkte auf der Oberfläche der »Poincarékugel« dargestellt werden.

Was man theoretisch höchstens erreichen kann, ist eine Wahrscheinlichkeit von maximal 66,6 %, um einen *beliebigen* Eingangszustand in seinen Antipoden zu überführen. Experimentell hat man sich diesem Wert bereits sehr gut genähert (DeMartini et. al. 2002), dies ändert aber nichts an der prinzipiellen Situation. Erst wenn man so ungenau wird, dass man diese 66 % als 100 % ansehen will, erst unter dieser Vergröberung wird die klassische Logik mit ihren Gewissheiten zuständig.

Die unendlichfache Parallelität des Quantencomputings

Da ein gegebener Quantenzustand zugleich unendlich viele andere Zustände mit beinhaltet, führt ein Rechnen mit solchen Entitäten dazu, dass in einem Vorgang unendlich viele Aufgaben – der Möglichkeit nach – zugleich behandelt werden können. Daher können Such- oder Probieraufgaben, wie das Finden einer »Nadel im Heuhaufen« oder das Auffinden von Primfaktoren, mit »Quantencomputing« wesentlich schneller gelöst werden als mit herkömmlichen, klassischen Computern. Ein Quantencomputer kann veranschaulicht werden wie eine Parallelschaltung von unendlich vielen solcher klassischer Rechner. Auch wenn er nur »wahrscheinliche Resultate« liefert, kann dies einen ungeheuren Zeitgewinn bedeuten, da die Prüfung eines möglichen Resultates auf wahr oder falsch meist sehr einfach zu bewerkstelligen ist. Die Geschwindigkeit, mit der das Gehirn komplexe Aufgaben lösen kann, ist ohne das Wirken auch von quantischen Prozessen nicht zu verstehen.

Kohärenz-Purifikation

Ein verbreitetes Argument gegen eine Quanteninformationsverarbeitung liefert die These, dass wegen der unausweichlichen »Dekohärenz« ein Quantenzustand als solcher sehr schnell zerstört werden würde und nur ein klassisches Verhalten vorfindlich bleiben würde. Dagegen ist einzuwenden, dass gerade die makroskopischen Quantenphänomene zeigen, dass ein Quantensystem keine Kohärenzverluste erleidet, so lange es nicht mit seiner Umgebung irreversibel wechselwirkt. Dabei muss die durch die Wechselwirkungsfreiheit bedingte Abtrennung keineswegs eine räumliche Trennung sein, wie die Versuche mit EPR-korrelierten Lichtquanten in Glasfaserleitungen überzeugend gezeigt haben. Auch wenn das Licht sich über mehr als 15 km innerhalb des Glases (und nicht etwa in einem röhrenförmigen Hohlraum) fortgepflanzt hat, blieb bei diesen Versuchen seine Quantenkohärenz erhalten, obwohl natürlich das Licht im Glas seine Geschwindigkeit vermindert. Dieser Vorgang ist allerdings reversibel, d. h. umkehrbar, da bei dem Wiederaustritt aus dem Glas die alte Geschwindigkeit wieder angenommen wird. Da eine gewisse Wechselwirkung mit der Umgebung nie ganz auszuschließen ist, würde das soeben vorgestellte Beispiel nicht sehr überzeugend sein, wenn nicht mögliche Störeinflüsse korrigiert werden könnten. Der sogenannte »Purifikationsprozess« ist ein technisches Modell für eine Umkehrung des Vorganges der Dekohärenz. Dabei werden Kohärenzverluste dadurch ausgeglichen, dass man auf Kosten von einigen Quantenbits, die dabei verloren gehen, andere in ihrem Kohärenzgrad verbessert, natürlich ohne zu messen, denn das würde die Kohärenz, also den Quantenzustand als solchen, völlig zerstören.

Die Experimente zu diesen Quantenphänomenen werden bisher hauptsächlich in der Quantenoptik, d. h. mit den masselosen Teilchen des elektromagnetischen Feldes durchgeführt. Im menschlichen Gehirn ist ebenfalls die elektromagnetische Informationsverarbeitung wesentlich. So kann mit dem EEG eine recht gute Übersicht über elektrische Hirnaktivitäten gewonnen werden. Die Photonen, die Quantenteilchen des elektromagnetischen Feldes, wozu auch Licht und Radiowellen gehören, können so gut wie unbeeinflusst durch lange Glasleitungen laufen. Im Hirngewebe sind wesentlich kürzere Strecken zurückzulegen. Es wäre seltsam, wenn die Natur sich nicht solche universellen Quantenphänomene zunutze gemacht haben sollte, um auch im Gehirn Quanteninformation störungsfrei laufen zu lassen.

2.5 Anhalten von Licht

Eine interessante Frage ist es, ob mit jeder Informationsspeicherung bereits ein Faktum geschaffen ist. Auf den ersten Blick möchte man dies bejahen, aber die entscheidende Frage ist dabei, ob die betreffende Speicherung ein Faktum erzeugt, eine Tatsache begründet. Wird ein Messergebnis abgespeichert, so ist durch den irreversiblen Vorgang der Messung die zuvor bestehende Quantenkohärenz zerstört worden. Wenn aber ohne Messung eine Speicherung als »reversibler Prozess« verstanden werden kann, dann lässt diese sich ohne jede bleibende Folge rückgängig machen. In diesem Fall wäre kein Faktum begründet und der Quantenzustand könnte in der ursprünglichen Form weitergeleitet werden.

Derartige Versuche sind tatsächlich bereits durchgeführt worden. Experimentalphysikern ist es durch eine extrem subtile Anordnung gelungen, Licht in einer entsprechend präparierten Atomwolke anzuhalten und es nach einiger Zeit ohne Veränderung seines Quantenzustandes wieder weiterlaufen zu lassen (Bajcsy et al. 2003). Wichtig ist hierbei, dass keinerlei Kenntnis über die gespeicherte Information abgerufen wird. Dies wäre ein Messprozess, der zu einer irreversiblen Veränderung führen würde.

Solche Speichervorgänge von Quantenzuständen eröffnen die Denkmöglichkeit von einem »Quantengedächtnis« im Gehirn, einer Zwischenspeicherung der vollen Quanteninformation. Für ein naturwissenschaftliches Verstehen von »Erleben«, das als Selbstgewissheit des Kurzzeitgedächtnisses bezeichnet werden kann, wird man auf derartige Quantenprozesse nicht verzichten können und wird sie wie andere Formen der Quanteninformationsverarbeitungen berücksichtigen müssen.

2.6 »Welcher-Weg-Experimente« und »Quantenradierer«

Die Meinung, die Unbestimmtheit der Quantenphänomene würde aus einer unkontrollierten oder unkontrollierbaren Wechselwirkung zwischen Quantenobjekt und Messgerät herrühren, konnte durch sogenannte »Welcher-Weg-Experimente« aufgeklärt werden. Dies sind raffinierte Doppelspaltexperimente, bei denen man entweder die Information darüber erhalten kann, durch welches Loch das Quantenobjekt gelaufen ist, oder darüber, welchen Impuls es besessen hat, was am Interferenzmuster zu erkennen ist. Es zeigte sich dabei, dass der wesentliche Vorgang für einen Messprozess die tatsächliche Entnahme von Information über das Quantenobjekt darstellt, und dass die Entscheidung darüber, welche Information man gewinnen will, sogar nachträglich getroffen werden kann. Bei diesen Experimenten wurde sichtbar, dass man »im nachhinein« – nachdem also gemäß der Vorstellungen der klassischen Physik bereits alles passiert war – entscheiden konnte, ob man diejenige Information entnehmen wollte, »welchen Weg« das Objekt genommen hatte, oder ob man stattdessen die Interferenz-Information gewinnen wollte. Das bedeutet, dass der fertige Datensatz, das unausgewertete Messergebnis, entweder die eine oder die andere Auswertung zulässt, aber mit der einen Auswertung die Möglichkeit der anderen zerstört wird. Je nachdem, wie diese spätere Entscheidung gefällt wird, wird das Quantensystem in einem entsprechenden Zustand gefunden werden.

Der sogenannte »Quantenradierer« beruht darauf, dass eine Messinformation zwar bereitgestellt wird, aber nicht tatsächlich entnommen, sondern u. U. in das System wieder zurückgeführt wird. Dann erweist sich die Vorstellung, man hätte eine Messung durchgeführt, nachträglich als unzutreffend. Da der Prozess ohne Messung reversibel ist, ist kein Faktum eingetreten. Die »mögliche Messung« ist mit all ihren wahrscheinlichen Folgen wieder »ausradiert« worden.

2.7 Quanten-Zenon-Effekt

Ein anderer berühmt gewordener Quanteneffekt ist nach dem antiken Philosophen Zenon benannt worden. Zenon hatte behauptet, dass der zehnmal schnellere Achill die Schildkröte nicht überholen könne, wenn dieser ein Vorsprung von 10 m eingeräumt würde. Wenn nämlich Achill diese 10 m gelaufen sei, ist die Schildkröte einen Meter weiter. Hat Achill diesen Meter geschafft, ist die Schildkröte 10 cm weiter. Zenon erklärte nun, dass dieser Vorgang unbegrenzt so weiter ginge, immer habe die Schildkröte einen, wenn auch abnehmenden Vorsprung. Heute würde man darauf entgegnen, dass der mathematische Grenzwert natürlich existiert, und wenn Achill die zweiten 10m gelaufen sei, die Schildkröte weit hinter ihm zurückgeblieben sei. Zenon würde allerdings Recht behalten, wenn nach jeder dieser immer kürzer werdenden Teilstrecken innegehalten würde und nachgeprüft, ob Achill bereits an der Schildkröte vorbeigekommen sei. Jeder dieser Aufenthalte würde eine gewisse Zeit dauern und diese Dauer wird nicht kürzer, wenn der Abstand zwischen den beiden kleiner wird. Mit solchen (unendlich vielen eingeschobenen) Messungen würde Achill tatsächlich die Schildkröte nie überholen können, da eine unendliche Zeit benötigt werden würde, bis er sie unter dieser Prozedur tatsächlich eingeholt hätte.

Der Quanten-Zenon-Effekt beschreibt das Phänomen, dass ein Quantensystem durch fortwährende Messungen des bestehenden Zustandes daran gehindert werden kann, diesen durch eine normale zeitliche Entwicklung so zu verändern, wie es gemäß der Schrödinger-Gleichung ohne Messung tatsächlich und gesetzmäßig geschehen würde. Wenn ich ein Quantensystem darauf überprüfe, ob der soeben gemessene Zustand noch vorhanden ist, dann wird bei hinreichend kurzem zeitlichem Abstand die Wahrscheinlichkeit dafür beliebig nahe bei Eins sein, da das System noch keine Zeit hatte, sich wesentlich zu verändern. Auf die Frage »bist du noch da?« muss es jedes Mal mit »ja, noch hier« antworten, so dass ein Weitergehen unmöglich wird. An diesem Beispiel zeigt sich, dass ein Quantenzustand durch bloßes Beobachten angehalten werden kann. Dies wird verstehbar, wenn man sich klar macht, dass jede Entnahme von Information aus einem System, auch ein »bloßes Beobachten«, d.h. eine Wechselwirkung mit dem Photonenfeld, auch eine Wechselwirkung bedeutet wie andere Wechselwirkungen sonst. Die »Beobachtung« unterscheidet sich von anderen Wechselwirkungen dadurch, dass bei ihr Information über Quantenphasenbeziehungen dem System irreversibel entnommen wird, dadurch ein Faktum konstituiert wird und deshalb die künftigen Wahrscheinlichkeiten verändert werden und somit das System in einen geänderten Zustand gelangt.

Der Vollständigkeit halber soll noch erwähnt werden, dass man auch einen Quanten-Anti-Zeno-Effekt kennt. Bei manchen Systemen, die auf

Grund des Tunneleffektes leicht zerfallen können, kann durch ein wiederholtes Beobachten ein schnellerer Zerfall bewirkt werden als ohne.

2.8 Non-Cloning-Theorem

Oft werden im Zusammenhang mit der künstlichen Modellierung von Intelligenz Überlegungen angestellt, ob man die Inhalte der Psyche eines Menschen auf einen künstlichen Speicher übertragen könnte, der in etwa die Eigenschaften einer Festplatte haben sollte. Wenn dann dem Betreffenden etwas zustoßen würde, könnte auf das Gespeicherte zurückgegriffen werden.

Solche Überlegungen übersehen, dass bereits in ganz gewöhnlichen Quantensystemen eine derartige Vorstellung durch die Theorie verboten wird. Die Quantentheorie verbietet es nämlich, einen unbekannten Quantenzustand zu verdoppeln. »So ungefähr« ist es zwar möglich, ähnlich wie beim Quanten-Nein, aber eine universelle Vorrichtung, die einen unbekannten Quantenzustand dupliziert, kann es nicht geben. Wenn man sich aber durch eine Messung Kenntnis verschaffen will, damit der Zustand dann bekannt ist, wird durch den dabei stattfindenden Messprozess der vorherige Zustand irreparabel verändert und ist damit verloren.

Vervielfachung von Information wie am Kopierer wird lediglich dann möglich, wenn das »ungefähr« des Quanten-Nein mit »genau« gleichgesetzt wird, wenn also die klassische Information und Logik als gültig genommen werden. Die Science-Fiction-Vorstellung, ein Bewusstsein vollständig zu scannen, ist aus naturwissenschaftlicher Sicht unmöglich, mehr als den klassischen Anteil kann ein Dritter nicht erfahren.

Um Missverständnissen vorzubeugen, soll hervorgehoben werden, dass das Clonierungsverbot sich lediglich auf unbekannte Zustände bezieht und man daher – da man nicht weiß, wie der Sachverhalt ist – einen universellen Prozess benötigen würde, der jeden beliebigen Zustand (d. h. jede von der Theorie erlaubte Möglichkeit) in gleicher Weise behandeln müsste. Kennt man jedoch einen Zustand, so ist kein universeller Prozess notwendig, sondern dieser bekannte Zustand ist lediglich wieder zu präparieren. Und dass die Präparation eines Quantenzustandes mit beliebiger Genauigkeit möglich sein soll, gehört zu den Grundpostulaten der Quantentheorie. Daher wird das Non-Cloning-Theorem für bewusste Zustände, die notwendigerweise bekannt sind, keine Anwendung finden.

2.9 Beamen

Beim sogenannten Beamen wird ein Quantenzustand exakt von einem Ort an einen anderen Ort übermittelt. Z. B. kann man einen unbekannten (!) Zustand eines Elektrons mit unendlicher Genauigkeit auf ein anderes Elektron übertragen. Wenn man meint, dass man dazu eigentlich nur das Elektron an den Ort des zweiten zu bringen brauche, dann wird dabei übersehen, dass ein solcher Transport wegen der elektrischen Ladung des Elektrons außerordentlich schwierig wäre. Durch die Wechselwirkung mit der Transportumgebung würde sicherlich dieser Zustand unterwegs verändert werden, so dass ein anderer ankommen würde als am Beginn vorhanden gewesen wäre. Eine Messung, um genaue Daten für eine rein klassische Weiterleitung zu erhalten, würde den Anfangszustand ebenfalls irreparabel verändern. Beim Beamen wird deshalb die Zustandsinformation vom Elektron auf ein Photon übertragen, das sich sehr viel leichter ungestört bewegen lässt. Am Zielort wird dann diese Information auf das zweite Elektron übermittelt. Für diesen Vorgang wird aber neben dem Quantenkanal noch ein zweiter für eine klassische Informationsübertragung benötigt.

2.10 Résume

Nach unserer Darstellung von Quantenexperimenten sei betont, dass es sich hierbei nicht um etwas Konstruiertes, etwas Menschengemachtes handelt. Wir wollen vielmehr deutlich machen, welche Strukturen allem Geschehen in der Natur zugrunde liegen und was sich daher auch mit Gewissheit in unseren Gehirnen abspielt. Auch unser Bewusstsein ist in einem evolutionären Prozess entstanden und hat dabei all die Effekte nutzen können, die die Naturwissenschaft erst jetzt an weniger komplexen Strukturen entdeckt. Die Kunst der Experimentatoren besteht darin, durch eine geschickte Abblendung äußerer Einflüsse die einfachen Strukturen deutlich werden zu lassen. An deren Modellierung können wir dann lernen, wie die dort gewonnenen Erkenntnisse auf komplexe Strukturen zu übertragen sind. Die Mathematik liefert uns dafür die notwendigen Denkhilfen, um diese Strukturen in symbolischer Weise bearbeiten zu können.

3. Naturwissenschaft vom Bewussten und Unbewussten

3.1 Zur Rolle der Quantentheorie im Gehirn

Quantenphänomene bei der Wahrnehmung

Wie alle Lebewesen sind auch wir Menschen darauf angewiesen, Informationen aus unserer Umgebung aufnehmen und diese verarbeiten zu können. Die Empfindlichkeit unserer Sinnesorgane ist sehr beeindruckend. Die Retina des Auges reagiert bereits auf wenige Photonen. Wenn sie bereits auf ein einzelnes Photon ansprechen würde, so wäre eine sichere Wahrnehmung in Unterscheidung zu bloßen Zufälligkeiten nicht möglich, und wenn unser Ohr noch um ein Weniges empfindlicher wäre, so könnten wir bereits die durch die Raumtemperatur verursachten Stöße der Luftmoleküle auf das Trommelfell wahrnehmen. Auch das Riechsystem reagiert bereits auf wenige Moleküle. Somit gelangen wir bei der Wahrnehmung in einen Genauigkeitsbereich, bei dem die Quantentheorie nicht mehr vernachlässigt werden kann.

Für den Sehprozess im Auge sind die Quantenvorgänge bisher bereits sehr gut untersucht worden, für die Weiterleitung der gesehenen Information zur Sehrinde im Gehirn werden jedoch zumeist noch Vorstellungen der klassischen Physik verwendet. Viele Hirnforscher sehen noch keinerlei Grund darüber hinaus zu gehen. Allerdings wird in der Biophysik bereits bemerkt, dass ohne Quantentheorie keiner ihrer Vorgänge tatsächlich verstanden werden kann.

Früher ist der Transport von Ionen in Flüssigkeiten, z. B. in der Nervenzelle oder einer Autobatterie, als eine Brownsche Zitterbewegung dargelegt worden. Nach dieser Vorstellung läuft das Ion wie eine Kugel im Flipper von einer Elektrode zur anderen und wird dabei durch die Moleküle der Flüssigkeit behindert. Die Quantentheorie ersetzt dieses Bild eines klassischen Transportes von Materie durch das wesentlich effizientere eines Informationstransportes. Genauso, wie heute die Banken nicht mehr Gold oder Geld durch reitende Boten hin- und hertragen lassen, sondern lediglich über eine Datenleitung die Information über das Geld weitervermitteln, wird bei genauer Untersuchung deutlich, dass im Elektrolyt tatsächlich lediglich die Information über die Ionen weitergeleitet wird. Ein solcher Informationstransport auf Quantenbasis ist natürlich sehr viel effizienter als ein klassischer Materietransport. Dies ist möglich, da im

Quantenbereich alle Atome oder Ionen der *gleichen* Sorte identisch sind. Mit der Quantentheorie kann die Dynamik der Änderung von Wasserstoffbrücken, die in der Zelle Molekülgruppierungen begründen, aber auch der Signalaustausch zwischen den Zellen tatsächlich verstanden werden. Es sei darauf hingewiesen, dass auch im Rahmen einer strengen quantentheoretischen Beschreibung klassische Eigenschaften auftreten können, für die es keinerlei Unbestimmtheit gibt. So können die Unterschiede zwischen den *verschiedenen* chemischen Elementen auch aus der Sicht der Quantentheorie wie Fakten behandelt werden. Dass es im Rahmen der Kernphysik und bei extrem hohen Energien möglich wird, Elemente ineinander umzuwandeln – was den faktischen Charakter ihres Unterschiedes aufheben würde –, kann bei allen biologischen Betrachtungen außer Acht gelassen werden. Eine klare Unterscheidung beispielsweise zwischen Kalium- und Natriumionen ist daher trotz deren gleicher Ladung vollkommen berechtigt.

Wichtig ist uns, dass die Quantenvorgänge überall im lebenden Gewebe eine Rolle spielen, innerhalb der Zellen und zwischen diesen, und nicht nur in den Mikrotubuli, deren Rolle in Penroses Modell (1995) so bedeutsam ist.

Quanteninformation und ihr Träger

Wir haben in unserem vorangehenden Artikel verdeutlicht, dass wir eine vollkommen abstrakte Quanteninformation definieren, die wir mit dem Begriff »Protyposis« vom Spezialfall einer bedeutungstragenden Information unterscheiden wollen. So lange diese nicht in Raum und Zeit lokalisiert ist, ist es nicht einmal notwendig, dass sie einem energetischen oder materiellen Träger zugeordnet wäre. Lokalisierte Information ist jedoch aus physikalischen Gründen notwendigerweise an einen solchen Träger gebunden.

Dass der bedeutungsvermittelnde Teil der Quanteninformation seinen Träger ändern kann, ohne seine Bedeutung zu ändern, ist im Zeitalter des Fax eine triviale Aussage. Zuerst fasst jemand den Entschluss, eine Information mit einer bestimmten Bedeutung an eine Person auf einem anderen Kontinent weiterzugeben. Dann wird dies in Schriftsprache verwandelt und aufgeschrieben. Das Papier wird im Fax mit Lichtstrahlen abgetastet, die Helligkeitsschwankungen werden in Stromschwankungen überführt, zur Sendeantenne der Funkstrecke gelangt die Botschaft als elektromagnetische Welle in einer Leitung (dabei ist die Welle das klassische Bild, die quantische Beschreibung wäre Photonen), durch das Vakuum des Weltraumes werden dann Photonen zum Nachrichtensatellit gesendet und gehen schließlich den Weg zurück zum Empfänger-Fax. Dort wird die Nachricht wieder auf Papier aufgebracht und kann dann vom Empfänger in dessen Bewusstsein übernommen werden. Bei all diesen Vorgängen wird laufend die bedeutungsvolle Information auf verschiedene Träger aufgebracht, ohne dass dabei ihre Bedeutung verändert werden würde.

Es gehört zur Alltagserfahrung, dass für eine strenge Trennung zwischen einer bedeutungstragenden Information und ihrem Träger keine scharfe Grenze besteht, man denke beispielsweise an die Ergänzung eines Textes durch eine Ansichtskarte. Einen Chemiker könnte auch die chemische Zusammensetzung des Papiers interessieren und er könnte dieser ebenfalls eine Bedeutung beimessen. Diese Erfahrung wird von der Quantentheorie zu einem naturwissenschaftlichen Sachverhalt erweitert. Sie verdeutlicht, dass beide, die bedeutungsvolle Information und der Träger, dieselbe Substanz sind Zuletzt sei auch daran erinnert, dass es Informationen gibt, deren Bedeutung nicht von ihrem Träger getrennt werden kann. Das trivialste Beispiel dafür ist der Geldschein, dessen Kopie keinesfalls die gleiche Bedeutung wie das Original besitzt. Ähnlich dürfte es sich mit manchen chemischen Botenstoffen im Gehirn verhalten, die als Molekül die Bedeutung haben, die man an ihnen entdeckt hat und wo man sich nicht vorstellen kann, wie die Bedeutung in einem solchen konkreten Fall vom Träger getrennt werden könnte. Es kann also beispielsweise sein, dass die Bedeutung eines Hormons nicht von seinem Molekül getrennt werden kann. Allerdings sind wir auch offen dafür, dass sich dies in Zukunft noch differenzierter darstellt, so wie heute die Bedeutung eines Geldscheines zwar nicht durch seine Kopie, wohl aber durch eine Überweisung ersetzt werden kann. Dazu sei daran erinnert, das Pharmakotherapie (Geldschein) und Psychotherapie (Überweisung = reine Information) dieselben, sogar molekularbiologisch nachweisbaren Veränderungen bewirken können.

Messprozesse im Gehirn

Ein Lebewesen muss zu Bewertungen der von außen und aus dem Körper eingehenden Information gelangen, um daraufhin Handlungen auslösen zu können. Ohne Bewertung würde man sich ohne jede Klarheit wie im Nebel vorkommen. Eine Bewertung überführt Quanteninformation in klassische Information, in Fakten, physikalisch gesprochen müssen also Messprozesse stattfinden. Die Festlegung, was Messgerät und was Quantensystem ist, ist situationsabhängig. Als ein Messgerät kann in bestimmten Momenten bereits eine einzelne Nervenzelle auftreten, die »feuert«. Wenn solche Messprozesse an Quanteninformation aus der Psyche durch größere Anzahlen von Nervenzellen ausgeführt werden, werden sich diese bei Betrachtung des Gehirns von außen als Areale darstellen, die aktiv sind. Wenn diese Areale nur bestimmten Aufgaben (»bestimmten Messprozessen«) zugeordnet sind, ist es dann auch verständlich, dass mit dem Ausfall eines solchen Gebietes, z. B. durch einen Schlaganfall, auch die Fähigkeit verloren geht, bestimmte Informationen aufzunehmen und zu verarbeiten.

3.2 Quantenstrukturen des Psychischen

Noch wichtiger ist uns, dass neben den Messungen durch das Körperliche, z. B. Nervenzellen, auch Information selbst, wenn sie im Gedächtnis als klassische Information vorliegt, als Messgerät wirken kann. Gedanken sind so real wie die Nervenzellen und können daher wie diese »messen«. Allerdings ist die Herausbildung von »messender Information« ein Entwicklungsprozess. Die Information im Bewusstsein kann bei einem ausgereiften Gehirn so umfangreich sein, dass Teile von ihr klassische Eigenschaften zeigen und somit – weil selbst ohne quantische Genauigkeit – dann andere, quantische Information messen können. Dann entsteht aus dieser gemessenen Quanteninformation neue klassische Information, z. B. ausformulierte Gedanken. Der Vorgang einer Selbstbeobachtung liefert ein jedermann bekanntes Beispiel dafür.

Die Schichtenstruktur in der Psyche

Dass man notfalls die Welt als Ansammlung von Tatsachen verstehen kann, begründet die große Akzeptanz der vorquantischen Physik, deren Beschreibung ist aber nur »so ungefähr« gültig und für ein genaues Arbeiten sind Quantenphänomene zu beachten. Die »Schichtenstruktur« (Görnitz 1999) erklärt, dass beide Theoriebereiche gleichzeitig zu berücksichtigen sind – und das auch bei der Beschreibung des Psychischen. Auch hier verweben sich klassische (faktische) Erscheinungen mit solchen Prozessen, für die die Quanteneigenschaften nicht vernachlässigt werden dürfen. Ein bekannter Effekt ist die Tatsache, dass jedes »Benennen«, d. h. die Umwandlung von Gedanken in gesprochene Fakten, quantische Möglichkeiten verloren gehen lässt, die zuvor präsent gewesen sein können. Als Quanteninformation kann ein Gedanke noch all die Möglichkeiten beinhalten, die mit ihm mitschwingen, im gesprochenen Faktum werden diese hingegen verschwunden sein. Gruber (2005) stellt dar, dass sich daraus auch interessante neue Gesichtspunkte für Literatur und Literaturrezeption ergeben.

Die von den Sinnesorganen einlaufende Information unterliegt bis zu einer Speicherung im Gedächtnis mehrfachen Umcodierungsvorgängen, die auch Umwandlungen zwischen Quanteninformation und klassischer Information betreffen. Bis heute wird die von den Sinnesorganen zum Gehirn gelangende Information als klassisch beschrieben, da unabhängig von der Reizquelle die Weiterleitung der Daten ins Gehirn elektromagnetisch geschieht. Der Informationsfluss wird besser mit Photonen als durch ein klassisches elektromagnetisches Feld dargestellt. Nach einer ersten Codierung erfolgt eine umfangreiche Verarbeitung, wobei chemische Träger für die Information vor allem an den Synapsen zwischen den Neuronen eine wesentliche Rolle spielen. Codierung ist die Übertragung einer Information von einer Form in eine andere. Triviale Beispiele, die zumeist nicht als solche angesehen werden, sind die Übertragung einer gesprochenen Rede in geschriebenen Text und wiederum auch ein späteres Vorlesen des Textes. In codierter Form ist der Bedeutungsgehalt einer Information in der Regel ohne Hilfsmittel nicht erkennbar – man denke z. B. an die ASCII-Form einer Graphik-Datei – weshalb die Methode der Codierung auch zum Verschlüsseln von Nachrichten verwendet wird.

Unser Langzeitgedächtnis muss über große Zeiträume relativ stabil bleiben und außerdem besitzt es fast nie die Genauigkeit, die für Quanteneigenschaften charakteristisch ist. Daher wird die Datenspeicherung dafür hauptsächlich auf klassische Weise erfolgen. Makromoleküle, vor allem Proteine und wohl auch Zucker, werden die dafür geeigneten Träger sein. Deren Gestalt darf sehr oft wie eine klassische Größe angesehen werden, die – wie beim Schalter – zwischen klar unterschiedenen Stufen (z. B. Proteinfaltungen) wechseln kann. Es sei hier noch einmal daran erinnert, dass der Übergang zwischen bedeutungsvoller Information und Träger fließend ist, dass es also keine scharfe Trennung zwischen Psyche und Körper geben kann.

Das Kurzzeitgedächtnis wird z. T. auf einer rein quantischen Zwischenspeicherung von Quanteninformation beruhen und hat daher einen stärker quantischen Charakter als andere Gedächtnisteile. Die physikalischen Vorbilder dafür liefern das »Anhalten von Licht« und die »Welcher-Weg-Experimente« (siehe 2.5 und 2.6).

Für den Vorgang des Erinnerns sind verschiedene Abläufe vorstellbar. Da das im Gedächtnis Gespeicherte noch gesucht wird und somit dem Bewusstsein noch nicht bekannt ist, ist ein universeller Vorgang nötig, um die Information sowohl im Gedächtnis zu belassen als auch ins Bewusstsein zu kopieren. Das Non-Cloning-Theorem erlaubt etwas Derartiges nur für klassische Information. Für Begriffe und andere Klassifizierungen wird beim Erinnern diese Information auch im Gedächtnis bleiben.

Eine Aktivierung eines Gedächtnisinhaltes kann auch einem Vorgang entsprechen, den man in der Physik gewöhnlich als »Präparation« bezeichnet. Dabei wird ein Quantenzustand aus einer klassischen Vorgabe erzeugt. Dies geschieht, indem das zu produzierende Quantenobjekt von seiner Umwelt getrennt wird und dadurch die Möglichkeit erhält, Quanteneigenschaften zu zeigen.

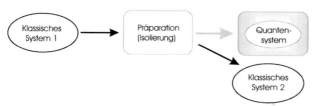

Abb. 4: Zustandspräparation durch Isolierung eines Quantensystems

In einem solchen Fall kann einer klassisch gespeicherten Erinnerung eine Fülle von Quantenmöglichkeiten zugeordnet werden. Diese würden allerdings nicht der Situation bei der Abspeicherung entsprechen, sondern vielmehr derjenigen der neuen Kreation. Damit wird verständlich, wieso wir uns manchmal in einer sehr lebhaften Weise an ein Geschehen erinnern, das in dieser Form nicht stattgefunden haben konnte.

Wenn Quanteninformation aus dem Gedächtnis ins Unbewusste als »Arbeitsspeicher« oder direkt ins Bewusstsein bewegt wird, kann sie dann dort geprüft werden. Quanteninformation wurde so populär, weil für diese extrem effiziente Suchalgorithmen möglich sind, die klassische Verfahren um ein Vielfaches übertreffen. Nur mit Quantenmethoden kann in kurzer Zeit eine »Nadel im Heuhaufen« gefunden werden. Der Auswertungsvorgang entspricht einem Messprozess und wird daher eine Veränderung der Information verursachen. Diese Veränderung wird davon abhängen, wie sich die zu prüfenden Quantenzustände zu der Fragestellung verhalten. Stellen sie bereits mögliche Antworten dar, so werden sie überhaupt nicht geändert. Im anderen Fall ergibt sich als Resultat ein Zustand, der eine der möglichen Antworten repräsentiert. Welche unter diesen Antworten konkret erhalten wird, liegt dann nur mit einer gewissen Wahrscheinlichkeit fest. Ist die Information im Bewusstsein bekannt geworden, kann sie verdoppelt, z. B. ausgesprochen werden. Dann kann der eine Teil weiter verarbeitet werden und eine Kopie kann zurückgespeichert werden.

Mit den Methoden der Hirnforschung ist experimentell bestätigt worden, dass bei Erinnerungsprozessen die Hirnregionen einbezogen werden, die Gefühle und Affekte verarbeiten. Der Abgleich mit Gefühlen, der mit der erinnerten Information vorgenommen wird, erlaubt deren Bewertung und wird zugleich einen Messvorgang darstellen. Es war gewiss ein großer Entwicklungsschritt der Menschheit in Richtung einer »objektiven Realitätsprüfung und -erkundung«, als es den Menschen gelang, bestimmte Wahrnehmungen nicht mehr offensichtlich mit Gefühlen zu verbinden. Damit wird es möglich, manche Fakten gefühlsunabhängig feststellen zu können. So ist 2 x 3 = 6, gleichgültig, wie ich mich im Moment auch fühlen mag. Allerdings ist bei mathematischen Denkprozessen – zumindest für die komplexeren unter ihnen – eine unterschwellige Gefühlseinbindung immer mit vorhanden, schon weil dafür stets Motivation und Interesse vorhanden sein muss.

Bei vielen Fragen geht es oft nicht um eine »objektive Bewertung«. Dann sind meist die Gefühle wesentlich stärker eingebunden. In einer Therapie kann eine dauerhafte Veränderung und eine Neubewertung von konfliktbeladener Erinnerung nur unter Einbeziehung der Gefühle erreicht werden. Wird das Erinnerte sprachlich ausgedrückt und durchgearbeitet, so finden dabei an der Information Veränderungen statt, die sowohl durch verschiedene Messprozesse – z. B. neue Sichtweisen und Fragestellungen – als auch durch eine klassische Informationsbearbeitung – wie logische Schlüsse und Folgerungen – bewirkt werden. Da das Psychische mit dem Körperlichen weitgehend als quantenphysikalisch verschränkt anzusehen ist, werden Veränderungen der Gefühlszustände auch Auswirkungen auf die körperlich gespeicherte Information haben und dort sowohl quantische als auch klassische Anteile betreffen.

Das Quantenhafte des Unbewussten

Die bisherige Naturwissenschaft hat die Vorgänge in Gehirn und Bewusstsein noch weitgehend allein wie Fakten beschrieben, was folgerichtig auch zur Unmöglichkeit eines freien Willens führt. Das Einbeziehen der Quantenphänomene erlaubt eine der Wirklichkeit besser angepasste Darstellung des menschlichen Bewusstseins als einer sich selbst kennenden und erlebenden Quanteninformation, die selbstverständlich auch klassische Anteile umfassen kann. Aber klassische Information allein kann den Erlebnischarakter nicht erfassen. Die Reflexivität des Erlebens erfordert eine potenzielle Unendlichkeit, die nicht in einem religiösen, sondern im mathematischen Sinne gemeint ist, und die durch die Quantenkonzepte ermöglicht wird.

Wenn das Unbewusste als Quanteninformation verstanden wird, dann gibt es zwischen dieser bedeutungsvollen Information und dem Körper, der als »geronnene Protypose« nach außen überhaupt nicht als Information in Erscheinung tritt, dennoch keine substanzielle Unterscheidung. Beide, der Körper und das Unbewusste, bilden ein System von Quanteninformation. Körper und Psyche treten zwar völlig unterschiedlich in Erscheinung, beruhen aber auf dem gleichen physikalischen Urgrund.

Natürlich bleibt es sehr zweckmäßig, im Unbewussten in erster Linie eine Informationsverarbeitung zu sehen, die Vorgänge im Körper weitgehend steuert. Dies beginnt mit der Atmung, die wir zwar in gewissem Maße bewusst beeinflussen können, fast immer aber ohne bewusste Einflussnahme geschehen lassen. Beim Herzschlag und besonders bei der Verdauung scheint eine bewusste Beeinflussung schwieriger zu sein, allerdings wirken bekanntlich auch bewusste Probleme in einer schwer kontrollierbaren Weise auch auf diese beiden zurück. Der Volksmund drückt dieses oft sehr drastisch aus.

Die Notwendigkeit, für das Verstehen des Unbewussten auch Quantenkonzepte zu berücksichtigen, wird dadurch verstärkt, dass viele der Eigenschaften, die wir von ihm kennen und die unter dem Gesichtspunkt des rationalen Denkens merkwürdig erscheinen, sich als zu erwartende und notwendige Eigenschaften erweisen. Wir sehen die Übereinstimmung der

Begriffe Unräumlichkeit, Unzeitlichkeit und A-Logizität, mit denen Erscheinungsweisen der Quantenphysik beschrieben werden, mit gleichartigen Eigenschaften des Unbewussten als weiteren Hinweis darauf, dass die Beschreibung von Bereichen des Unbewussten als Quanteninformation zutreffend ist.

Die Unabhängigkeit von den realen Raum- und Zeitrelationen der Außenwelt ist wohl die markanteste Eigenschaft des Unbewussten. Dort kann die Zeit angehalten werden und ein Augenblick kann sich ausdehnen über eine größere Dauer, Vergangenes kann präsent erscheinen und so wirksam sein wie Gegenwärtiges. Auch räumliche Distanzen können weitgehend ignoriert werden. Wenn das Bewusstsein sich von der Realität abkoppelt und sich in die Phantasie begibt, ist ähnliches möglich. Ein derartiges Verhalten ist mit den räumlichen und zeitlichen Strukturen unvereinbar, die die klassische Physik zugrunde legt und beschreibt. Dass ein solches Überschreiten der klassischen Raum-Zeit-Struktur bereits in unbelebten Quantensystemen deutlich werden kann, wird sicher manchen überraschen, aber »individuelle Quantenprozesse« ignorieren sowohl zeitliche als auch räumliche Ordnungen recht weitgehend. Das Doppelspaltexperiment und die verzögerte Wahl (delayed choice) sowie EPR-Phänomene machen deutlich, dass diese Eigenschaft des Unbewussten aus einer Quantenstruktur sofort erklärlich wird.

Das Unbewusste, aber auch das Bewusstsein in manchen Situationen, z. B. bei Vorstellungen wie im Tagtraum, ist außerdem nicht an die Regeln der klassischen Logik gebunden. Wie die Quantentheorie gehören auch sie zum Bereich des Möglichen und überschreiten den des Faktischen. Diese A-Logizität des Unbewussten ist ebenfalls wohlbekannt. Freud spricht von der »Widerspruchslosigkeit« des »Systems Ubw«. (GW X, S. 285 f.) Eine von der Werbewirtschaft weidlich genutzte Erkenntnis (»Clevere Kids rauchen nicht«) besagt, dass das Unbewusste keine strenge Verneinung kennt, wie es sich auch beim »Quanten-Nein« zeigt. Das Unbewusste ignoriert vielmehr die Verneinung und muss auch für eine Selbstsuggestion stets auf positive Weise angesprochen werden. Eine weitere wichtige Charakterisierung des Unbewussten ist seine Fähigkeit, einander widersprechende Ziele gleichzeitig anzustreben oder widerstreitende Gefühle zu haben. Solche Ambivalenz ist aus einer rationalen Sicht schwer auszuhalten, aber gewiss jedermann bekannt. Solches gleichzeitige Vorhandensein verschiedener Möglichkeiten zeigt sich auch im Quantenbereich.

Eine besonders intensive unbewusste Verarbeitung geschieht im Traum.

Bei der »Verdichtung« werden Inhalte, die zu verschiedenen Wahrnehmungen oder Erinnerungen gehören, miteinander zu etwas Neuem komponiert. Dieser Vorgang gemahnt besonders an Quanteneigenschaften. Für Quantenzustände ist es kennzeichnend, dass ein Zustand in andere – von ihm verschiedene – zerlegt oder dass er aus solchen gebildet werden kann.

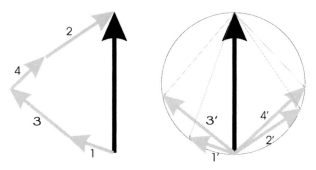

Abb. 5a: Möglicher Aufbau eines Quantenzustandes (schwarz) aus anderen (1–4), von ihm verschiedenen Quantenzuständen (grau),
Abb. 5b: Projektion eines Quantenzustandes (schwarz) auf je einen anderen (1–4'), von ihm verschiedenen Quantenzustand (grau), der bei einer entsprechenden Messung an ihm gefunden werden kann. (Die unterschiedlichen Pfeillängen (bei gleicher Richtung) verdeutlichen die jeweiligen Wahrscheinlichkeiten dafür.)

Wenn wir die beiden Quantenbilder in den Bereich des Psychischen übersetzen, so kann die Abbildung 7a den Vorgang der Verdichtung verdeutlichen, bei dem verschiedene psychische Inhalte zu einer neuen Vorstellung komponiert werden. Die Abb. 7b kann als Veranschaulichung einer Verschiebung dienen, bei der z. B. ein bestimmter Affekt einer Vorstellung von dieser gelöst und auf einen anderen Zustand projiziert wird.

Im phantastischen Felde der Möglichkeiten scheint der Mensch nicht den Naturgesetzen unterworfen zu sein, während für das realitätsverpflichtete Bewusstsein diese Möglichkeit nicht besteht. Die Rationalität des Bewusstseins kann uns aber helfen, der Unausweichlichkeit der Naturgesetze so zu begegnen, dass sie auf die beste Weise genutzt werden können.

Die große Rolle, die der Möglichkeitsaspekt im Unbewussten spielt, ist die Voraussetzung dafür, dass wir auch von der Existenz freier Willensentscheidungen sprechen dürfen. Die Offenheit der Zukunft, die sich im Rahmen der naturwissenschaftlichen Weltbeschreibung als Schichtenstruktur aus der mathematischen Gestalt der Quantentheorie im Verein mit klassischer Beschreibung ergibt, liefert die Voraussetzung dafür, dass ein reflektionsfähiges Bewusstsein in der Tat freie Entscheidungen fällen kann. (Görnitz & Görnitz 2002)

Warum scheint die Psyche so oft festgelegt zu sein?

Wenn freie Entscheidungen möglich sind, wieso kommen Freud und andere Psychoanalytiker ebenso wie viele der Hirnforscher dazu, so oft von »Determiniertheit« zu sprechen?

Dazu ist der Begriff der »Determiniertheit« genauer zu betrachten. Während Determiniertheit in der klassischen Physik und in derjenigen Philosophie, die deren Strukturen aufgegriffen hat, eine sehr scharfe Bedeutung besitzt, wird er in der Psychoanalyse lediglich pragmatisch oder metaphorisch benutzt. Man meint damit, dass sich für ein bestimmtes Handeln bei hinreichendem Nachforschen unbewusste Beweggründe finden lassen, die diese Handlung plausibel erscheinen lassen.

Obwohl im Unbewussten eine starre faktische Festlegung im Sinne des Determinismus, der ja eine exakte mathematische Bedeutung hat, überhaupt nicht gegeben ist, ergibt sich der Grund für diese Behauptung daraus, dass die Wahrscheinlichkeiten für sehr viele Vorgänge und Erscheinungen, die durchaus von der Quantentheorie erklärt werden, nicht wesentlich von Null und Eins verschieden sind. »Fakten« in mathematischer Strenge kennen lediglich Wahrscheinlichkeiten von exakt Null und Eins, sie sind entweder so, wie behauptet, oder nicht so. Sind die Wahrscheinlichkeiten nahe bei 1 oder 0, so bedeutet das, dass in vielen Fällen die Ereignisse so erscheinen, als ob sie Fakten wären. Wenn man also nicht sehr genau arbeitet, dann erscheint das beschriebene Verhalten »ziemlich gut« vorherbestimmt zu sein. Ein solcher Tatbestand ist aber in einem philosophischen oder mathematischen Sinne kein Determinismus, da dieser keine solche Abschwächung zulässt. Wie immer, wenn man nicht sehr genau vorgeht (wenn man z. B. den Unterschied zwischen 67 % und 100 % wie beim Quanten-Nein ignoriert) kann auf die Quantentheorie verzichtet werden. Unter diesem groben Raster erscheint menschliches Verhalten ziemlich festgelegt zu sein.

Für weitere Untersuchungen müssen wir auf das Bewusstsein, das Unbewusste und den Körper genauer eingehen und ihre gegenseitigen Beziehungen beleuchten. Dabei ist zuerst darauf zu verweisen, dass es in einem physikalischen Sinne keine »psychische Energie« gibt, denn das Mentale liefert nicht die Energien, die der Körper für Handlungen benötigt. Aber über Signale aus dem Bewusstsein oder dem Unbewussten kann die im Körper gespeicherte und bereitgehaltene Energie auslöst werden, die dann etwas bewegen oder auch blockieren kann. Der besser treffende Begriff ist also Information.

Wichtig ist, dass sich die Bedeutung einer Information wesentlich leichter verändern lässt als deren Träger. Während die Information im Bewusstsein *ausschließlich als »Bedeutung«* auftritt und von ihren verschiedenen Trägern, wie Photonen, Molekülen und Synapsenverbindungen, nichts zu bemerken ist, ist andererseits der Körper vor allem der *Träger* von Bedeutungen. Sein eigener Bedeutungsaspekt wird in der Regel erst dann deutlich, wenn er erkrankt ist. Da er aber – im Sinne von Protyposis – auch »Information ist«, sind Wechselwirkungen mit dem Bewusstsein möglich, die von der Psychosomatik erkundet werden. Diese Wissenschaft nimmt den *Bedeutungsaspekt des Körpers* ernst, dennoch kann man manche Beschwerden des Körpers bis zu einem gewissen Grade auch behandeln, wenn man den Informationsaspekt unberücksichtigt lässt. Wenn ein entzündeter Blinddarm zuerst lediglich operiert wird, so wird bei der Operation wahrscheinlich der Informationsanteil am Körperlichen ausgeblendet. Wenn dieser Informationsaspekt des Körpers allerdings danach, bei der Pflege des Kranken, weiter ausgeklammert bleibt, so kann dies negative Folgen für den Heilungsprozess haben.

Das Unbewusste ist verwoben mit den beiden Extremen, zwischen Bewusstsein und Körper, und für das Unbewusste ist neben der Bedeutung auch der Träger der Information und dessen Befindlichkeit wesentlich. Die unauflösliche Verbindung mit Affekten und Emotionen lässt aus der Sicht des Unbewussten keine Trennung zwischen dem Körperlichen und dem Psychischen zu. Obwohl bekanntlich das Unbewusste nicht vollkommen im Zugriff des Bewusstseins liegt, kann das Bewusstsein auf das Unbewusste einwirken. Wenn alle diese Beziehungen berücksichtigt werden, sind auch die Reaktionen des Körpers viel besser verstehbar. Fakire haben seit langem Effekte vorgeführt, dass durch langes Training die unbewussten Steuerungsvorgänge im Körper willentlich aus dem Bewusstsein heraus stark verändert werden können. In unserer Kultur werden beispielsweise mit dem autogenen Training Einwirkungen des Bewusstseins auch auf solche unbewussten Steuerungsvorgänge erzielt, die ohne Training nicht spontan und gezielt beeinflusst werden können. Mit Methoden des »Biofeedbacks« lässt sich eine solche Einflussnahme selbst für solche Körpervorgänge erreichen, für die uns keine unmittelbare Wahrnehmung zur Verfügung steht.

Dass aus Entscheidungen im Bewusstsein – d. h. aus faktischen Entschlüssen – ein festgelegtes Geschehen folgt, ist auch evolutionsbiologisch gesehen sehr sinnvoll. Die Wahrscheinlichkeiten für die »Befehle« aus dem Bewusstsein sind daher oft so, dass damit meist eine fast perfekte Kausalität und ein nahezu deterministisches Verhalten gegeben sind. Damit wird sicher gestellt, dass Ursache-Wirkungs-Beziehungen für Willens-Handlungen – wenn ich mir vornehme, das Bein zu heben, geht nicht der Arm in die Luft – für die physiologischen Vorgänge in der Regel gegeben sind.

Auf den ersten Blick erscheint es aber merkwürdig, dass das Unbewusste, dessen quantische Eigenschaften wir dargelegt haben, oft festgelegter erscheint als das Bewusstsein, während das Bewusstsein mit Kausalität und Logik klassisch-physikalische Aspekte hinzufügt und zugleich wesentlich weniger vorbestimmt auftritt. Da Bedeutungszuordnungen, die das Bewusstsein vornimmt, leicht zu verändern sind – auch im Fall klassischer Information, wird die Beweglichkeit des Bewusstseins erklärlich. Andererseits lässt die enge Verbindung des Unbewussten zum Körper das Unbewusste weniger flexibel sein. Die Emotionen liefern dem Unbewussten wichtige Anhaltspunkte für eine Bewertung seiner Zustände. Ein solches Bewerten ist im physikalischen Sinne eine Messung, die relativ stark auf die Dualität positiv oder negativ hinausläuft (man könnte z. B. auch mit Freud Lust oder Unlust sagen) und daher Wahrscheinlichkeiten in der Nähe von 1 oder 0 zur Folge hat. Zugleich ist damit eine Sortierung der Daten in wichtig/unwichtig möglich, damit das Bewusstsein nicht in einer Flut irrelevanter Information untergeht. Die emotionalen Zustände können so wie EPR-Zustände verstanden werden, als deren beide »Messpartner« der Körper und das Unbewusste auftreten. Damit wird eine sehr enge Beziehung zwischen beiden hergestellt und den körperlichen Fragestellungen entsprechen dann analoge im Unbewussten. Da die Wahrscheinlichkeiten für das Körperliche in der Regel nahe bei Null bzw. bei Eins liegen werden, wird ein ähnliches Resultat für die entsprechenden unbewussten Zustände erklärlich.

Anders wird es, wenn die enge Kopplung zwischen Unbewusstem und Körper und das funktionierende äußere Handeln aufgehoben sind, z. B. im Schlaf. In diesem Falle werden die Quanteneigenschaften des Unbewussten in aller Deutlichkeit hervortreten können und unbeschwert von der klassischen Logik ihre kreativen Fähigkeiten entfalten. Die dabei stattfindenden Messprozesse werden vermutlich jetzt weniger mit dem Körper verbunden sein und stattdessen eine in großem Maße quantenhafte Verarbeitung der Tagesreste mit Inhalten bewerkstelligen, die aus dem Gedächtnis aktiviert werden. Das Quantenhafte dabei ermöglicht den intensiven Erlebenswert des Traumes.

3.3 Vom Unbewussten zum Bewusstsein

Das Bindungsproblem

Als »Bindungsproblem« wird die Schwierigkeit bezeichnet, zu verstehen, wie die in den einzelnen Hirnarealen verarbeiteten Teilinformationen im Bewusstsein zu einem einheitlichen Objekt der Aufmerksamkeit verbunden werden. Solange allein die Nervenzellen als real verstanden werden und damit lediglich eine Bottom-Up-Erklärung möglich ist, ist dies unlösbar. Erkennt man, dass die Inhalte des Bewusstseins auch in einem naturwissenschaftlichen Sinne real sind, dann wird auch eine Top-Down-Erklärung möglich, so dass ausgehend von Inhalten des Bewusstseins – von Gestalten in Form von Gedanken – nach den dazugehörigen Aspekten gesucht werden kann, die von den einzelnen Sinnesorganen geliefert werden, und die unter dem Dach der Gestalt zu einem einheitlichen Objekt zusammengebunden werden.

Bewusstes Erleben

Im Tierreich und auch beim Menschen übernimmt zumeist das Unbewusste die gesamte Informationsverarbeitung, denn der Luxus des Bewusstseins, das zum Unbewussten zusätzlich hinzukommt, kostet Extra-Energie für seine Erzeugung und Verarbeitung, so dass von Natur aus, wo Energie ein knappes Gut ist, Bewusstsein nur für Wichtiges vorbehalten bleibt. Von den Computern ist bekannt, dass es sinnvoll und energiesparend ist, zeitweilig nicht benötigte Information abzuspeichern. Ähnliches gilt für Lebewesen. Das menschliche Gehirn umfasst nur 2 % der Körpermasse, benötigt aber 20 % des Energiebedarfes des Menschen. Daher ist zu erwarten, dass nur soviel Information im Bewusstsein präsent gehalten wird, wie unbedingt notwendig ist, und dass ein Großteil der Informationsverarbeitung in einem Lebewesen unbewusst geschehen wird. Wir hatten gezeigt, dass das Unbewusste vorwiegend quantisch arbeitet, das bedeutet aus Sicht der Thermodynamik, es arbeitet weitgehend reversibel (ohne Fakten und damit umkehrbar) und daher mit der minimal möglichen Wärmeproduktion. Würde das Gehirn hingegen wie ein klassisches neuronales Netz arbeiten, würde wahrscheinlich das Eiweiß durch die Hitze gerinnen.

Einen weiteren Aspekt stellt die Geschwindigkeit der Informationsverarbeitung dar. Da das Bewusstsein als »nachgeschaltet« auftritt, wird es mehr Zeit benötigen. So geschehen wichtige, manchmal lebensrettende Handlungen oft automatisch, ohne ein vorheriges Einschalten des Bewusstseins. Dies ist aus evolutionsbiologischer Sicht sinnvoll.

Lediglich soweit es sich bei der Informationsverarbeitung auf die aus der Dritte-Person-Perspektive bewertbaren Vorgänge und die sichtbaren Handlungen erstreckt, liefern Computer, neuronale Netze und damit gebaute Roboter gute Modelle für »vernünftiges« Verhalten ohne Bewusstsein. Damit kann man erklären, wieso für viele Entscheidungs- und Bewertungsprozesse, die mit Handlungen verbunden sind, ein Mitwirken des Bewusstseins nicht notwendig ist. Computer und neuronale Netze arbeiten bis heute lediglich mit der klassischen Information. Dass sie dennoch Lebewesen simulieren können, kann damit erklärt werden, dass an der Quanteninformation des Unbewussten durch die enge Verbindung zum Körperlichen fortwährend »Messprozesse« stattfinden, so dass für Handlungsabläufe in den höheren Steuerungseinheiten im wesentlichen nur Fakten zu verarbeiten sind.

Bei den einfachen Lebensformen dürfen wir davon ausgehen, dass die Informationsverarbeitungskapazität für eine zusätzliche bewusste Verarbeitung unzureichend ist. Mit der Entwicklung des Nervensystems wird der Anteil der bewussten Verarbeitung größer und mit der Fähigkeit zu einem reflektierten Bewusstsein stellt sich beim Menschen schließlich die Frage nach dem Verhältnis zwischen dem Bewusstsein und dem Unbewussten und nach der gegenseitigen Wirkung aufeinander. Zwar kann mit neuronalen Netzen und Selbstorganisation eine Beschreibung der Evolution von biologischen Datenverarbeitungsprozessen modelliert werden, aber damit werden nur einige der Aspekte des Bewusstseins verstehbar, denn für biologische Wesen ist eine Trennung in Hard- und Software – so wie bei den technischen Systemen – nicht möglich. Diese Untrennbarkeit ist eine notwendige Voraussetzung für den Erlebensaspekt des Bewusstseins, bei dem die Verwobenheit des Körpers mit dem von ihm getragenen Bewusstsein offensichtlich wird. Deshalb können die Analogien zwischen Technik und Biologie nicht sehr weit reichen.

Eine Modellierung mit Schaltern kann den Erlebensaspekt des Bewusstseins nicht erklären. Solange der Unterschied zwischen Nervenzellen und Schaltern nicht beachtet wird, der dem zwischen einer quantischen und einer klassischen Verarbeitung der Information entspricht, kann Bewusstsein nicht erfasst werden. Erlebnisfähige und bewusste Information ist nur als Quanteninformation vorstellbar. *Wir können daher das Bewusstsein als Quanteninformation ansehen, die sich selber unmittelbar kennen kann, die also stets auch ihre eigene Repräsentation beinhaltet.* Das bewusste Erleben hat damit aus naturwissenschaftlicher Sicht zwei Seiten. Zum einen haben wir eine innere Darstellung der äußeren Umwelt, die in wesentlichen Punkten für alle Lebewesen – auch wegen ihrer gemeinsamen evolutionären Basis – gleichwertig sein wird. Lebewesen, für die die innere Darstellung völlig verschieden wäre, hätten sich an der Realität den »Kopf eingestoßen«. Der Abstand zwischen Bäumen, den die Fledermaus wahrnimmt, ist der gleiche, den wir sehen. Andererseits sorgt der subjektive Charakter der Quanteninformation dafür, dass Teile meines Erlebens verschieden sind von dem aller anderen Menschen, geschweige denn dem einer Fledermaus.

Ganzheit und Nichtlokalität des »Ichs«

Nach unserem Konzept ist zu erwarten, dass das Ich sich sowohl über den Körper ausgebreitet erweisen wird als auch an eingegrenzten Orten erscheint, die wechselnden Schwerpunkten der reflektierenden Aktivität entsprechen. Ein und dasselbe Quantensystem kann sich je nach Untersuchungsprozedur ausgedehnt wie eine Welle oder an einem Ort wie ein Teilchen zeigen. Das Wechselspiel von quantischer und klassischer Information hilft zu verstehen, wie man sich solch ein »ausgedehntes Ich« vorstellen kann, das zugleich alles reflektieren bzw. repräsentieren kann, und dennoch keine feste »Metarepräsentanz« darstellen muss. Die das Ich umfassende reflexive Struktur wird oft als »Selbst« bezeichnet, der Sprachgebrauch ist hier noch nicht einheitlich. Spontane Selbstwahrnehmung zeigt eine Ganzheit, an der man zwar wichtigere und weniger essentielle Teile unterscheiden kann, aber wenn man nicht psychisch krank ist, ist für das »Ich« die Ganzheit fundamental. Wir haben gezeigt, dass die Inhalte des Bewusstseins auch Quanteninformation beinhalten und daher bereits aus physikalischen Gründen eine solche Ganzheit zu erwarten ist. Es wird also einen Quanteninformationsprozess geben, der als ein »Kernprozess« die Identität eines Menschen während seines gesamten Lebens repräsentiert. Zu diesem Prozess kommen ständig neue Teilprozesse hinzu und ebenso werden ständig andere Teilprozesse abgespalten, so dass sich ein Bild sowohl von stetem Wechsel als auch von überdauernden Anteilen ergibt. Es ist für das Verstehen diese Teilprozesse wichtig daran zu erinnern, dass Quantensysteme selbst dann voneinander getrennt sein können, wenn sie sich räumlich durchdringen.

Eine verbreitete Vorstellung ist es, das Ich, als zentralen Organisator des Psychischen (OPD, 1996), allem Bewusstsein hierarchisch übergeordnet anzusehen. Da in unserer Umwelt in der Regel Ganzheiten als lokalisiert erscheinen, denken wir zumeist das Ich als lokalisiert im Zentrum des Kopfes. Die Vorstellungen von Hierarchie und Lokalität erschweren es, sich mit der Vorstellung eines nichtlokalisierten Ichs anzufreunden, das außerdem ein *integraler Teil* des Bewusstseins und *kein Metaobjekt* ist. Es wird anschaulicher, wenn man sich den reflektierenden Teil des Bewusstseins wie eine abgetrennte Teileinheit vorstellt. Dies wäre ein Pseudo-Homunkulus, der zeitweilig wie abgesondert erscheinen würde. Dieser reflektierende Teil bleibt nicht dauerhaft mit sich identisch, denn z. B. bei einer Reflexion über das Reflektierte verschieben sich naturgemäß diese Grenzen, und im zeitlichen Verlauf werden sich die reflektierenden und die reflektierten Anteile des Bewusstseins verändern. Und wenn nicht reflektiert wird, dann ist alles wieder bruchlos ins Ganze eingegliedert. Ähnlich ist es mit der Lokalisation. Auch dabei ist es durchaus erlaubt, sich vorzustellen, dass das Ich vor allem in denjenigen Hirnarealen verankert ist, bei deren Ausfall die selbstbewusste Person nicht mehr vorzufinden ist. Aber auch dieses Bild sollte nur als eine pragmatische Hilfe verwendet werden und darf nicht mit der Wirklichkeit verwechselt werden, in der das Ich, bzw. das Selbst, wesentlich umfassender mit dem gesamten Lebewesen verbunden ist. Die Ganzheit des Ichs wird keineswegs ständig reflektiert, allerdings besteht ständig die Möglichkeit dafür, sich jederzeit dieser Ganzheit zu versichern. Die Struktur des Bewusstseins erlaubt natürlich auch, dass sich die Aufmerksamkeit auf einzelne Aspekte richtet. Als physiologische Basis scheint einem solchen »Objekt der Aufmerksamkeit« eine »Koalition« (so z. B. Malsburg 1981; Singer et al. 1997; Crick & Koch

2003) von Nervenzellen zugeordnet zu sein, die zeitweilig zusammenarbeiten, und die sich danach getrennt wieder anderen Aufgaben widmen können.

Da Bewusstsein »teuer« ist, ist es sehr sinnvoll, Daten nicht unaufbereitet an dieses weiterzuleiten. Wenn Entscheidungskriterien für die Bearbeitung der Daten festliegen, dann ist das Vorhandensein von Bewusstsein für eine darauf beruhende Verarbeitung überflüssig. Jeder Schachcomputer legt dafür ein Zeugnis ab. Auch in jeder größeren wirtschaftlichen oder politischen Institution ist es notwendig, dass die Entscheider optimal aufbereitete Daten erhalten und keineswegs alle Einzelheiten zur Kenntnis erhalten müssen – es ist unerlässlich, die Primärdaten zu filtern. Allerdings weiß man, dass dies nicht immer ohne Probleme abläuft und gegebenenfalls diese Filter angepasst werden müssen. Wie in Institutionen wird es beim einzelnen Menschen philosophisch und vor allem existenziell erst dann problematisch um seine Freiheit bestellt sein, wenn das Bewusstsein in diesen Prozess nicht mehr eingreifen kann und auch, wenn die Bewertungskriterien nicht mehr verändert werden können. Erscheinungen von zwanghaftem Verhalten zeichnen sich auch dadurch aus, dass diese Möglichkeit beschnitten ist. Obwohl von Seiten des Bewusstseins eine Einsicht vorhanden sein kann, ist es nicht möglich, eine geänderte Bewertung der Situation vornehmen zu können.

Da die Struktur unseres Bewusstseins wesentlich mit von der Struktur unseres Gehirns beeinflusst wird, z. B. von den synaptischen Verbindungen, und diese hauptsächlich in der Zeit des Heranwachsens festgelegt wird, spielen die frühen Erfahrungen für die unbewusste Informationsverarbeitung eine große Rolle. Da sie mit der Topographie des Gehirns verbunden sind und diese eine klassische Struktur darstellt, werden damit Vorgänge geschaltet, die wie Messprozesse verstanden werden müssen. Auch im Bewusstsein findet teilweise eine klassische Informationsverarbeitung statt. Da diese aber »nur« die Information selbst betrifft und kaum den materiellen Bereich, kann diese Information durch eine andere Information leichter verändert werden. Klassisch zu verstehende Anteile im Unbewussten, die mit körperlichen Merkmalen verkoppelt sind, sind dagegen sehr viel schwerer zu verändern. Dies erklärt mühelos, warum Psychotherapie nicht durch Rationalität und Einsicht allein zu ersetzen ist. Da die Verbindung zum Körperlichen über Affekte und Emotionen geschieht, kann wie gesagt keine Verbesserung erreicht werden ohne diese einzubeziehen. Sigmund Freud (1915d, 1926d) und später Anna Freud (1936) haben mit den Abwehrmechanismen die geschilderten Vorgänge sehr gut erfasst. Diese in hellsichtiger Weise als Filtermechanismen vom Unbewussten ins Vorbewusste oder Bewusste beschriebenen Vorgänge wirken auf quantische und klassische Informationen wie ständig wiederholte Messverfahren oder klassische Filter ein. Das Abwehrsystem unterdrückt, was einmal sehr störend für die Homöostase gewesen war und was aus der Sicht der damaligen Bewertungskriterien jetzt als störend erscheint. Dieses unbewusste Regelsystem, das für ein Gleichgewicht und das Beibehalten der Struktur früher einmal nützlich gewesen sein mag, kann später unter anderen Bedingungen nachteilig wirken. Die »zensorische Instanz« (1914c, S. 163 ff.) erscheint in der Tat fast wie etwas »Mechanisches« und wirkt auch später bei der Unterdrückung oder Weiterleitung von Wahrnehmungen ins Bewusstsein mit.

Die Herausformung des reflektierten Bewusstseins

In der kindlichen Entwicklung kommt es mit etwa 18 Monaten zur Herausbildung eines Ich-Bewusstseins. Eine größere Reflexionsfähigkeit, die auch darin zu erkennen ist, dass man sich in die Gedanken eines anderen hineindenken und empathisch dessen Standpunkt erkennen kann, entwickelt sich etwa ab dem 4. Lebensjahr. Den anderen mit dessen Augen sehen zu können, ermöglicht zugleich, sich selbst mit den Augen eines anderen wahrnehmen zu können. Für eine solche Reflexion muss das eigene Bewusstsein in zwei Teile zergliedert werden. Dies wird nur möglich sein, wenn es umfangreich genug entwickelt ist, so dass jeder dieser beiden Bereiche so etwas wie eine zeitweilige Teilpersönlichkeit darstellen kann. Wenn dies beim heranwachsenden Menschen erreicht ist, kann ein Teil des Bewusstseins in zureichender Näherung als klassisch erscheinen und beschrieben werden. Das Entstehen klassischer Eigenschaften wird in der Physik als eine »Mittelung über im betreffenden Kontext nicht interessierende Quanteneigenschaften (»partielle Spurbildung«)« dargestellt. Das Ergebnis wird umso deutlicher klassische Züge annehmen, je mehr Zustände für eine solche Mittelung im betreffenden System zur Verfügung stehen. Mathematisch streng wird das Ergebnis, wenn unendlich viele Zustände für einen solchen Mittelungsprozess verwendet werden können.

Wenn das Bewusstsein umfangreich genug ist, kann schließlich es selbst und nicht nur der Körper wie ein »Messgerät« wirken und an den quantischen Anteil des Bewusstseins und an das Unbewusste »Fragen« stellen. Antworten auf solche Fragen stellen Fakten im Sinne der Physik dar und können zugleich als Ausgangspunkt für neue Quantenzustände dienen. Fakten unterliegen den Gesetzen der klassischen Logik. Somit kann auf dieser Entwicklungsstufe des reflektierten Bewusstseins für das Denken eine klassisch-logische Struktur erreicht werden. Für das Unbewusste hingegen gelten wie erwähnt Regeln, die dieser Logik nicht unterliegen und die wesentlich durch dessen Quantencharakter bestimmt werden. Dies darf allerdings nicht so verstanden werden, als ob es im Unbewussten keine Vorgänge geben würde, die der klassischen Logik genügen. Selbstverständlich müssen auch dort Realitätsprüfungen und Entscheidungen vorgenommen werden, die zu faktischen Ergebnissen führen und als Grundlage für Handlungen dienen können.

Der wichtigste Unterschied zwischen dem Bewusstsein und seinen technischen Simulationen wird in der gegenwärtigen Diskussion vor allem am Begriff der »Qualia« festgemacht. Der Qualiabegriff soll verdeutlichen, dass ein bewusster Vorgang immer auch einen Erlebensaspekt beinhaltet, dass also ohne Vermittlung einer weiteren Instanz stets präsent ist, wie es ist, dieses Erleben zu empfinden. Mit dem »Erleben« wird eine reflexive Struktur erfasst, die aber nicht unbedingt den Grad des reflektierten und klassisch-logischen Bewusstseins erreichen muss. Bereits dies erfordert eine Quantenstruktur, da Selbstreflexion eine potentielle Unendlichkeit benötigt, die bekanntlich bei der Quantentheorie gegeben ist. Die Quanteninformation in einem Lebewesen kann sich selbst kennen und kann sich in Verbindung mit dem Körper, zu dem sie gehört, selber erleben. Wie wir dargelegt haben zeigt die Quantentheorie auch auf, dass es *auch aus naturwissenschaftlichen Gründen* eine unerfüllbare Forderung wäre, das mit den Qualiabegriff bezeichnete Erste-Personen-Gefühl aus einer Dritte-Personen-Perspektive erfassen zu wollen.

3.4 Ausblick: Spektakuläre mentale Quantenphänomene

Zum Abschluss möchten wir noch auf Phänomene eingehen, die in Vier-Augen-Gesprächen häufig erwähnt werden und bei denen man äußerst misstrauisch werden muss, wenn man sie in der Presse ausgebreitet findet. Nur Weniges liegt derart im Grenzbereich zwischen Aberglauben und Scharlatanerie einerseits und höchst bedeutungsvollen und wegweisenden

Geschehnissen für ein Individuum andererseits wie einige durchaus erklärbare mentale Quantenphänomene.

Wie wir beschrieben haben, ist die Mitteilung eines Quantenzustandes, z. B. durch Aussprechen, einem Messprozess vergleichbar, denn damit wird ein Faktum begründet. Beim Sprechen wird ein interner Zustand nach außen getragen und dies allein stellt bereits eine Tatsache dar. Allerdings kann ich meinen inneren Zustand kennen, daher ist es nicht notwendig, dass ich diesen in mir klassisch werden lasse, um ihn für ein Aussprechen zu verdoppeln. Das Non-Cloning-Theorem beweist ja lediglich die Unmöglichkeit eines universellen Quantenclonierungsverfahrens für beliebige und unbekannte Zustände. Auf den Bereich des Psychischen übertragen bedeutet dies, ich muss nicht unbedingt Gefühle verlieren, wenn ich darüber spreche. Es ist eine bedenkenswerte Vorstellung, dass vielleicht ein Künstler fähig ist, einen Gefühlszustand in seiner vollen quantischen Ambivalenz auf die Rezipienten seiner Kunst übertragen zu können.

Die EPR-Phänomene wiederum laden ein, darüber zu spekulieren, ob nicht eine enge Wechselwirkung einen gemeinsamen, verschränkten Quantenzustand zwischen Teilen von zwei verschiedenen Psychen erzeugen kann. Damit könnten Zugänge zu Quantenmöglichkeiten erhalten werden, die aus klassischer Sicht verboten sind. Hierzu passt als Illustration ein Vorfall, den Gaddini (1998, S. 271) vom Ende einer Sitzung beschreibt. Der Patient berichtete ihm zu diesem Zeitpunkt, dass er die Empfindung eines ungeheuren Stoßes auf seine linke Seite habe. In der folgenden Sitzung erfuhr Gaddini, dass der Pkw der Mutter des Patienten im selben Moment von einem Autobus von links erfasst und zerquetscht worden war. Es gelang Gaddini nicht, den Patienten dazu bringen zu können, dass er sich in dieser Stunde an die Empfindung aus der letzten erinnern konnte. Hier haben wir die Schilderung eines Vorganges, der innerhalb der Denkweise der klassischen Physik als purer Zufall oder als Schwindel verstanden werden müsste. Ein effektheischender Betrug des Patienten scheidet aus, da dieser selbst das Faktum des Unfalls bei der Schilderung noch nicht bewusst kennen konnte und er danach die Angelegenheit verdrängt hatte. Gaddini gehörte zu der Minderheit unter den Psychoanalytikern, die für solche Fragen aufgeschlossen sind, während viele – Freud eingeschlossen – solche Vorgänge verabscheuen. Freud war allerdings Wissenschaftler genug, um auch selbst ähnliche Ereignisse zu untersuchen, obwohl sie seinen Vorstellungen von einer naturwissenschaftlich erfassbaren Realität entgegenstanden (1941d, S. 27–44). Wir können feststellen, dass ein solches

Ereignis, wie Gaddini es schildert, zu keinem Gesetz der Physik im Widerspruch steht. Dazu muss man sich allerdings klar machen, dass aus einer solchen Wahrnehmung – wie bei sonstigen EPR-Vorgängen auch – in keinem Falle mit Sicherheit auf die Realität des Wahrgenommenen geschlossen werden kann, dass sich aber trotzdem später die Richtigkeit des Wahrgenommen erweisen kann.

Die nichtlokalen Quanteneigenschaften der Information können eine naturwissenschaftliche Vorstellung für das ermöglichen, was man als einen henadischen verschränkten Zustand von mentalen Teilbereichen verschiedener Personen bezeichnen kann. Z. B. durch ein Gespräch oder eine enge persönliche Bindung können Teile der Psyche zweier Personen in Wechselwirkung treten. Wird dann dieser gemeinsame Quantenzustand einer weiteren Wechselwirkung unterworfen, so können sich verschränkte Zustände ausbilden. Diese ermöglichen dann zwischen den betroffenen Persönlichkeitsteilen einen henadischen, d. h. einheitlichen Quantenzustand. Wird dieser von einer der Personen »gemessen«, so wird in einem EPR-Prozess der Zustandsteil in der anderen Person dadurch ebenfalls sofort in einen dazu passenden Quantenzustand übergehen. Es sei aber daran erinnert, dass dabei beim anderen noch kein Faktum begründet wird, allerdings werden die Quantenwahrscheinlichkeiten verändert.

Bischof (1996) zieht Parallelen zwischen Mythologie und Entwicklungspsychologie und sieht die Psyche des Säuglings und Kleinkindes als noch nicht von der Umgebung getrennt an. Zwar erlebt sich der Säugling durchaus bereits als körperlich von der Mutter getrenntes Wesen, aber dies gilt noch nicht für die Psyche. Hier scheint für längere Zeit eine enge Verbindung bestehen zu bleiben, deren Träger von Bischof als das »Mediale« bezeichnet wird. Wir würden es als Ausdruck einer Erscheinungsweise für die Nichtlokalität der Quanteninformation betrachten. Auch bei der von Margaret Mahler beschriebenen »Zweieinheit« des Säuglings mit seiner Mutter (Mahler, Pine & Bergman 1975) wird ein gemeinsamer verschränkter psychischer (Quanten-)Zustand vorliegen, der sich über Teile der beiden Psychen erstreckt.

Ein anderes wichtiges psychisches Phänomen ist die Meditation. In ihr tritt das rational-diskursive Denken immer mehr in den Hintergrund und zugleich steigt der Grad der Aufmerksamkeit an. Dem Bewusstsein wird es dann möglich, dass in ihm quantische Eigenschaften deutlich werden. Diese können z. B. in der Wahrnehmung einer nur vordergründig in Objekte zerlegten Umwelt und einer »Entgrenzung des eigenen Körpers« bestehen, und/oder auch in einer anderen Wahrnehmung von Zeitlichkeit. Das Phänomen der Zeit erscheint durch die Quantentheorie noch einmal mit einer neuen Facette, die die Unterschiede zwischen Zeitlichkeit und Ewigkeit in ein neues Licht setzt. Wenn das Bewusstsein in einen solchen meditativen Quantenprozess eintritt, so hat dies zur Folge, dass es in dieser Zeit nicht zu Handlungen fähig ist, die als irreversible Akte einen individuellen Quantenzustand »messen« und damit beenden würden. Subjektiv kann dabei ein Eintritt in eine »zeitlose« Situation erreicht werden, die dem entspricht, was man sonst von der »Ewigkeit« auszusagen versucht (Görnitz 2004).

Ein weiteres schwieriges Problem liefern die Fragen, die mit Placebo und mit Homöopathie zusammenhängen. Aus einer Beschreibung der Wirklichkeit, in der lediglich Moleküle real sind, muss Homöopathie ein reiner Placebo-Effekt sein und Placebowirkungen dürfte es erst recht nicht geben. Werden hingegen Quantenphänomene bei der Wechselwirkung zwischen dem Bewusstsein, dem Unbewussten und dem Körperlichen akzeptiert, so dürfen wir auch vor der Quanteninformation und vor deren möglicher Nichtlokalität und Trägerungebundenheit nicht die Augen verschließen. Wie bei allen Phänomenen, in denen der Einzelfall bedeutsam ist und dieser nicht in beliebiger Anzahl und Güte reproduzierbar erscheint, ist auch hier die Vorstellung einer »evidenzbasierten« Abklärung unwissenschaftlich, da sie lediglich für den Bereich des gut Wiederholbaren sinnvoll sein kann. Andererseits hat die kritiklose Verwechslung derartiger Phänomene mit kausal erklärbaren Erscheinungen ebenfalls keinen Anspruch darauf, als wissenschaftlich seriös gelten zu dürfen.

Schlussbemerkung

Zusammenfassend sei noch einmal betont, dass die Information – Arbeitsmittel und Arbeitsgegenstand der Therapeuten – nicht nur genauso wichtig, sondern auch genau so real ist wie das Körperliche und dass damit die Information einen neuen – naturwissenschaftlichen – Status bekommt.

In der sich ereignenden therapeutischen Beziehung wird das bloße Nebeneinander der beteiligten Psychen überschritten und es entsteht Neues. So wird auch im Sinne der Naturwissenschaften erklärbar, warum die Arbeit an der bewussten und unbewussten Information und an ihrer Veränderung heilend wirken kann. Die Quantentheorie liefert die Methoden und Strukturen, um ein Verstehen dieser Vorgänge auch naturwissenschaftlich zu ermöglichen und dem Psychischen den ihm gebührenden Platz einzuräumen.

Literatur

Arbeitskreis OPD (Hrsg.) (1996): OPD, Grundlagen und Manual. Bern (Huber).
Bajcsy, M., Zibrov, A. S. & Lukin, M. D. (2003): Stationary pulses of light in an atomic medium. In: Nature 426, S. 638–641.
Bischof, N. (1996): Das Kraftfeld der Mythen. München (Piper).
Crick, F. & Koch, Ch. (2003): A framework for consciousness«. In: nature neuroscience 6, No 2, S. 119–126.
Davidson, R. et al. (2004): Long-term mediators self-induce high-amplitude gamma synchrony during mental practices, PNAS 101 (46), p. 16369–16373.
DeMartini, F., Buzek, V., Sciarrino, F. & Sias, C. (2002): Experimental realization of the quantum universal NOT gate. In: Nature 419, S. 815–818.
Domany, E., Hemmen, H.-J. & Schulten, K. (Hg.) (1994): Models of Neural networks II. Berlin (Springer).
Freud, A. (1936): Das Ich und die Abwehrmechanismen. München (Kindler) 1964.
Freud, S. (1914c): Zur Einführung des Narzißmus. GW X, S. 137–170.
Freud, S. (1915d): Die Verdrängung. GW X, S. 248–261.
Freud, S. (1926d): Hemmung, Symptom und Angst. GW XIV, S. 111–205.
Freud, S. (1941d) [1921]: Psychoanalyse und Telepathie. GW XVII, S. 27–44.
Freud, S. (1950c [1895]): Entwurf einer Psychologie. GW Nachtr., S. 387–477.
Gaddini, E. (1998): Das Ich ist vor allem ein körperliches: Beiträge zur Psychoanalyse der ersten Strukturen. Tübingen (Edition diskord).
Görnitz, Th. (1999): Quanten sind anders. Heidelberg (Spektrum).
Görnitz, Th. & Görnitz, B. (2002): Der kreative Kosmos. Heidelberg (Spektrum).
Görnitz, Th. (2004): Zeit und Ewigkeit aus Sicht der Physik. In: O. Reinke (Hg.): Ewigkeit? – Erklärungsversuche aus Natur- und Geisteswissenschaft. Göttingen (Vandenhoeck & Ruprecht) 2004.
Gruber, C. (2005): Literatur, Kultur, Quanten. Der Kampf um die Deutungshoheit und das naturwissenschaftliche Modell. Würzburg (Königshausen & Neumann).
Mahler, M. S., Pine, F. & Bergman, A. (1975): Die psychische Geburt des Menschen. Symbiose und Individuation. Frankfurt/M. (Fischer) 1978.
Malsburg, Ch. von der (1981): The correlation theory of Brain Function. In: E. Domany, H.-J. Hemmen & K. Schulten (Hg.) (1994): Models of Neural networks II. Berlin (Springer).
Nimtz, G. & Haibel, A. (2004): Tunneleffekt – Räume ohne Zeit. Weinheim (Wiley-VCH).
Penrose, R. (1995): Schatten des Geistes. Heidelberg (Spektrum).
Reinke, O. (Hg.) (2004): Ewigkeit? – Erklärungsversuche aus Natur- und Geisteswissenschaft. Göttingen (Vandenhoeck & Ruprecht).

Singer, W., Engel, A. K., Kreiter, A. K., Munk, H. J., Neuenschwander, S. & Roelfsema, P. R. (1997): Neuronal assemblies: necessity, signature and detectability. In: Trends in Cognitive Sciences 1, S. 252–261.

Weizsäcker, C. F. v. (1931): Ortsbestimmung eines Elektrons durch ein Mikroskop. In: Zeitschrift für Physik 70, S. 114–130.

Weizsäcker, C. F. v. (1972): Die Einheit der Natur. München (Hanser).

Autorinnen und Autoren

Jan Assmann, Prof. em. Dr. phil., Dr. h. c. mult., Professor für Ägyptologie an der Universität Heidelberg. Forschungsschwerpunkte: Ägyptologie, Kulturtheorie, Religionsgeschichte. Letzte Buchveröffentlichungen: »Das kulturelle Gedächtnis. Schrift, Erinnerung und politische Identität in den frühen Hochkulturen« (1997); »Moses der Ägypter. Entzifferung einer Gedächtnisspur« (1998); »Religion und kulturelles Gedächtnis« (2000): »Die Mosaische Unterscheidung oder der Preis des Monotheismus« (2003); »Ägyptische Geheimnisse« (2004); »Die Zauberflöte. Oper und Mysterium« (2005); »Der Ursprung der Geschichte« (mit Klaus E. Müller, 2005) u. a.

Christina von Braun, Prof. Dr. phil., Kulturtheoretikerin, Autorin und Filmemacherin. Professorin für Kulturwissenschaft an der Humboldt-Universität zu Berlin. Forschungsschwerpunkte: Gender, Medien, Religion und Moderne, Geschichte des Antisemitismus. Letzte Buchveröffentlichungen: »Gender Studien. Eine Einführung« (mit Inge Stephan, 2000); »Versuch über den Schwindel. Religion, Schrift, Bild, Geschlecht« (2001); »Gibt es eine ›jüdische‹ und eine ›christliche‹ Sexualwissenschaft? (2004); »Das bewegliche Vorurteil« (mit Eva-Maria Ziege, 2005); Gender@Wissen (Hg., mit Inge Stephan, 2005).

Klaus-Jürgen Bruder, Prof. Dr. phil., Dipl. Psych., Professor für Psychologie an der FU Berlin, Psychoanalytiker in eigener Praxis, Mitherausgeber der Zeitschrift »Geschichte der Psychologie«. Forschungsschwerpunkte: Theorie und Geschichte der Psychologie, Subjektivität und Postmoderne. Buchveröffentlichungen: »Subjektivität und Postmoderne. Der Diskurs der Psychologie« (1993); »Monster oder liebe Eltern. Sexueller Mißbrauch in der Familie« (mit Sigrid Richter-Unger, 2. Aufl., 1997); »›Die biographische Wahrheit ist nicht zu haben‹. Psychoanalyse und Biographieforschung« (Hg., 2003); »Kreativität und Determination. Studien zu Nietzsche, Freud und Adler« (mit Almuth Bruder-Bezzel, 2004).

Michael Buchholz, Prof. Dr. phil., Dipl. Psych., apl. Prof. am FB Sozialwissenschaften der Universität Göttingen und o. Univ.-Prof. für Psychotherapiewissenschaft an der Sigmund-Freud-Privat-Universität in Wien, Psychoanalytiker in privater Praxis, Lehranalytiker (DGPT). Forschungsschwerpunkte: Qualitative Forschung in der Psychotherapie, Metaphernanalyse, Familientherapie, Probleme der psychoanalytischen Profession. Zuletzt erschienen »Psychotherapie als Profession« (1999), »Metaphern der Kur« (2. Aufl. 2003); »Neue Assoziationen – Psychoanalytische Lockerungsübungen« (2003); »Psycho-News. Briefe zur empirischen Verteidigung der Psychoanalyse« (2004); Macht und Dynamik des Unbewussten (Hg. mit Günter Gödde, 2005).

Peter Fuchs, Prof. Dr. rer soc., Studium der Sozialwissenschaften und Soziologie, Professor für Allgemeine Soziologie und Soziologie der Behinderung an der FH Neubrandenburg. Forschungsschwerpunkte: Systemtheorie in der Tradition Luhmanns, Kommunikationstheorie, Theorienvergleich. Auswahl an Buchveröffentlichungen: »Das Unbewusste in Psychoanalyse und Systemtheorie. Die Herrschaft der Verlautbarung und die Erreichbarkeit der Gesellschaft« (1998); »Der Eigen-Sinn des Bewusstseins« (2003); »Der Sinn der Beobachtung« (2004); »Das System Terror« (2004); »Das Gehirn ist genauso doof wie die Milz« (2005).

Günter Gödde, Dr. phil., Dipl.-Psych., jur. Assessor, psychologischer Psychotherapeut in eigener Praxis, Dozent, Supervisor und Lehrtherapeut an der Berliner Akademie für Psychotherapie. Forschungsschwerpunkte: Geschichte der Psychoanalyse und Tiefenpsychologie, Verhältnis von Psychoanalyse und Philosophie, von Therapeutik und Lebenskunst, Kulturtheorie. Letzte Buchveröffentlichungen: »Traditionslinien des ›Unbewussten‹. Schopenhauer, Nietzsche, Freud« (1999); »Tiefenpsychologie lehren – Tiefenpsychologie lernen« (mit E. Jaeggi, W. Hegener, H. Möller 2003); »Mathilde Freud, die älteste Tochter Sigmund Freuds in Briefen und Selbstzeugnissen« (2003, TB-Ausgabe 2005); »Macht und Dynamik des Unbewussten« (Hg. mit Michael B. Buchholz, 2005).

Bernard Görlich, PD Dr. phil., Privatdozent für Soziologie mit dem Schwerpunkt Analytische Sozialpsychologie am Fachbereich Gesellschaftswissenschaften der Universität Frankfurt am Main. Studienrat an Kooperativer Gesamtschule in Bad Schwalbach. Wichtige Publikationen: »Der Stachel Freud« (mit Alfred Lorenzer und Alfred Schmidt, 1980). »Die Wette mit Freud. Drei Studien zu Herbert Marcuse« (1991). Zuletzt: »Zur Erkenntnis des Unbewußten. Alfred Lorenzers Forschungen zu Freud und zur Psychoanalyse als Wissenschaft«, in: A. Lorenzer: »Die Sprache, der Sinn, das Unbewusste« (2002).

Brigitte Görnitz, Dr. med. vet., Dipl. Psych., Erststudium der Veterinärmedizin und Tätigkeit als Tierärztin, ab 1990 Studium der Psychologie in München, anschließend Ausbildung zur Psychoanalytikerin, Arbeit im sozialpsychiatrischen Dienst, eigene Praxis in München. Mit Thomas Görnitz Workshops über Psychologie und Naturwissenschaft. Buchveröffentlichung: »Der kreative Kosmos – Geist und Materie aus Information« (mit Thomas Görnitz, 2002).

Thomas Görnitz, Prof. Dr. rer. nat., Preisträger bei internationaler Mathematikolympiade, Studium der Physik und Mathematik in Leipzig, Promotion in mathematischer Physik, Forschungstätigkeit an der Universität. Von 1979 bis 1992 Arbeit bei und mit Carl Friedrich v. Weizsäcker über Quantenphysik und Kosmologie, ab 1994 Professur für Didaktik der Physik an der Universität Frankfurt am Main. Vorsitzender der C. F. v. Weizsäcker-Gesellschaft. Buchveröffentlichungen: »C. F. v. Weizsäcker, ein Denker an der Schwelle zum neuen Jahrtausend« (1992); »Quanten sind anders« (1999); »Der kreative Kosmos – Geist und Materie aus Information« (mit Brigitte Görnitz, 2002).

Stephan Günzel, Dr. phil., M. A., wissenschaftlicher Mitarbeiter im Fachbereich Medienwissenschaft der Universität Jena, Lehrbeauftragter am Institut für Kultur- und Kunstwissenschaften der Humboldt-Universität zu Berlin. Buchveröffentlichungen: »Immanenz. Zum Philosophiebegriff von Gilles Deleuze« (1998); »Geophilosophie. Nietzsches philosophische Geographie« (2001); »Anteile. Analytik, Hermeneutik, Politik« (2002); »Friedrich Nietzsche, Schreibmaschinentexte« (Hg., mit Rüdiger Schmidt-Grépály, 2. Aufl. 2003); »Friedrich Nietzsche: Von Wille und Macht« (Hg., 2004); »Maurice Merleau-Ponty« (2005, i. V.); »Raumtheorie« (Hg., mit Jörg Dünne, 2006, i. V.).

Wolfgang Hegener, Dr. phil., Dipl. Psych., Psychoanalytiker und Psychotherapeut in eigener Praxis, Dozent, Supervisor und Lehrtherapeut an der Berliner Akademie für Psychotherapie. Forschungsschwerpunkte: Verhältnis von Psychoanalyse und Philosophie, psychoanalytische Kulturtheorie,

Geschichte der Sexual- und Geschlechterverhältnisse. Letzte Buchpublikationen: »Zur Grammatik psychischer Schrift« (1997); »Wege aus der vaterlosen Psychoanalyse. Vier Abhandlungen über Freuds ›Mann Moses‹« (2001); »Erlösung durch Vernichtung. Zur Psychoanalyse des christlichen Antisemitismus« (2004); »Antisemitismus – Judentum – Psychoanalyse« (Hg., 2006, i. V.).

Gerald Hüther, Prof. Dr. rer. nat., Leiter der Abteilung für Neurobiologische Grundlagenforschung an der Psychiatrischen Klinik der Universität Göttingen. Mitbegründer von Win-future.de (Netzwerk Erziehung und Sozialisation) und Mitorganisator der »Göttinger Kinderkongresse«. Forschungsschwerpunkte: Einfluss psychosozialer Faktoren und psychopharmakologischer Behandlungen auf die Hirnentwicklung, Auswirkungen von Angst und Stress und Bedeutung emotionaler Bindungen. Wichtige Buchveröffentlichungen: »Biologie der Angst« (1997); »Die Evolution der Liebe« (1999); »Bedienungsanleitung für ein menschliches Gehirn« (2001); »Die Macht der inneren Bilder« (2004).

Ludwig Janus, Dr. med., Psychoanalytiker und ärztlicher Psychotherapeut in eigener Praxis, Lehranalytiker am Institut für Psychoanalyse Heidelberg/Mannheim. Zahlreiche Veröffentlichungen vor allem zur pränatalen Psychologie und zur Psychohistorie. Zuletzt: »Die Wiederentdeckung Otto Ranks für die Psychoanalyse« (Hg., Zeitschrift »Psychosozial« Nr. 73, 1998); »Die Psychoanalyse der vorgeburtlichen Lebenszeit und der Geburt« (2000); »Der Seelenraum des Ungeborenen« (2000); »Pränatale Psychologie und Psychotherapie« (Hg., 2004).

Vera King, Prof. Dr. phil., Dipl. Soz., Prof. für Sozialisations- und Entwicklungstheorien am Fachbereich der Universität Hamburg. Forschungschwerpunkte: Jugend- und Adoleszenzforschung, soziale Wandlungen und Sozialpsychologie der Geschlechter- und Generationenverhältnisse, Sozialisations- und Bildungsprozesse, Migration und Adoleszenz, kulturelle Wandlungen von Leib- und Körperbedeutungen, qualitative Sozialforschung. Buchveröffentlichungen: »Weibliche Adoleszenz« (Hg., mit Karin Flaake, 1992); »Die Urszene der Psychoanalyse. Adoleszenz und Geschlechterspannung im Fall Dora« (1995); »Die Entstehung des Neuen in der Adoleszenz« (2002); »Männliche Adoleszenz« (Hg. mit Karin Flaake, 2005).

Wolfgang Mertens, Prof. Dr. phil, Dipl. Psych., Prof. für Klinische Psychologie/Psychoanalyse an der Universität München, Psychoanalytiker, Supervisor und Lehranalytiker. Zahlreiche Buchveröffentlichungen, zuletzt: »Erinnerung von Wirklichkeiten, 2 Bde.« (mit Martha Koukkou und Marianne Leuzinger-Bohleber, 1998); »Traum und Traumdeutung« (1999); »Handbuch psychoanalytischer Grundbegriffe« (mit Bruno Waldvogel, 2000). »Psychoanalyse: Geschichte und Methoden« (2004); »Was Freud und Jung nicht zu hoffen wagten« (mit Willy Obrist und Herbert Scholpp, 2004).

Johannes Oberthür, Dr. phil., Philosoph und Künstler, Lehrtätigkeit an der Freien Universität Berlin und an der Lessing Hochschule zu Berlin, Leitung von wissenschaftlichen Tagungen. Buchveröffentlichung: »Seinsentzug und Zeiterfahrung. Die Bedeutung der Zeit für die Entzugskonzeption in Heideggers Denken« (2002).

Johannes Reichmayr, Dr. phil., Dozent für Psychologie mit besonderer Berücksichtigung der Psychoanalyse in Klagenfurt. Forschungsschwerpunkte: Wissenschaftsgeschichte der Psychologie, Ethnopsychoanalyse und Geschichte der psychoanalytischen Bewegung. Buchveröffentlichungen: »Spurensuche in der Geschichte der Psychoanalyse« (1994); »Otto Fenichel: 119 Rundbriefe« (Hg., mit Elke Mühlleitner, 1998); »Ethnopsychoanalyse. Geschichte, Konzepte, Anwendungen« (2. Aufl. 2003); »Psychoanalyse und Ethnologie. Biographisches Lexikon der psychoanalytischen Ethnologie, Ethnopsychoanalyse und interkulturellen psychoanalytischen Therapie« (mit Ursula Wagner, Caroline Ouederrou und Binja Pletzer, 2003).

Alfred Schöpf, Prof. em. Dr. phil., Professor für Philosophie an der Universität Würzburg, psychologischer Psychotherapeut, Lehranalytiker am Würzburger Institut (DGPT). Schwerpunkte: Praktische Philosophie, Grundlagen der Psychoanalyse, Aggressionstheorie, psychoanalytische Gesellschaftstheorie, Ethik. Buchveröffentlichungen: »Freud und die Philosophie der Gegenwart« (2. Aufl. 1995); »Unbewußte Kommunikation« (2001); »Die Wiederkehr der Rache. Eine Hermeneutik der Macht« (2005).

Gerhard Schüßler, Prof. Dr. med., Vorstand der Univ.-Klinik für Medizinische Psychologie und Psychotherapie, Med. Universität Innsbruck, Arzt für Neurologie und Psychotherapie, Psychotherapie und Psychoanalyse. Seit 1986 Tätigkeit im Bereich der Psychosomatischen Medizin und Psychotherapie; Mitarbeit im Arbeitskreis OPD. Buchveröffentlichungen: »Psychosomatik/Psychotherapie systematisch« (1995/2005); »Coping« (mit Eric Leibing, 2002).

Inge Seiffge-Krenke, Prof. Dr. phil., Dipl. Psych., Professorin für Entwicklungspsychologie an der Universität Mainz, Psychoanalytikerin, in der Ausbildung von Kinder- und Jugendlichentherapeuten tätig. Zahlreiche Buchveröffentlichungen über Stress, Beziehungsentwicklung (Bindungsforschung, Vaterforschung) und Psychopathologie im Jugendalter. In ihrem neuesten Buch »Psychotherapie und Entwicklungspsychologie. Beziehungen: Herausforderungen, Ressourcen, Risiken« (2004) integriert sie entwicklungspsychologische Befunde für die therapeutische Praxis.

Philipp Soldt, Dr. phil., Dipl. Psych, wissenschaftlicher Mitarbeiter am Bremer Institut für Theoretische und Angewandte Psychoanalyse (BITAP) der Universität Bremen. Promotion zum Thema »Denken in Bildern« (2005), weitere Arbeitsschwerpunkte: Psychoanalytische Neurosenlehre und Sozialisationstheorie, psychologische Ästhetik, Reformulierung metapsychologischer Konzepte.

Evelyne Steimer, Dr. biol. hum., Dipl. Psych., Psychoanalytikerin (DGPT), Forschungs- und Lehrtätigkeit am Lehrstuhl für klinische Psychologie der Universität des Saarlandes. Forschungsschwerpunkte: Nonverbales dyadisches Interaktionsverhalten von Patienten (schizophren und psychosomatisch erkrankt) und gesunden Probanden unter Anwendung mikroanalytischer Verfahren, Affekte, frühe Kindheit in Verbindung mit psychoanalytischen Konzepten. Publikations-Auswahl: »Übertragung, Affekt und Beziehung« (1996); »Ein Beitrag emotions- und entwicklungspsychologischer Forschung zum Verständnis schizophrener Erkrankungen« (2000).

Herbert Stein, Dr. med., Internist, Nervenarzt, Facharzt für psychotherapeutische Medizin, Psychoanalytiker in privater Praxis in Heidelberg. Buchveröffentlichungen: »Psychoanalytische Selbstpsychologie und die Philosophie des Selbst« (1979); »Kreativität. Psychoanalytische und philosophische Aspekte« (mit Angelika Stein, 1984); »Freuds letzte Lehre oder Eros und die Linien des Affen Aziut« (1993); »Freud spirituell. Das Kreuz (mit) der Psychoanalyse« (1998/2001).

Robert Walter, M.A. Soziologie, Promotion zum Thema »Kulturindustrie und Subjektivität« am Fachbereich Gesellschaftswissenschaften an der Universität Frankfurt am Main. Thema der Magisterarbeit: »Fernsehen als Sozialisationsagentur. Eine tiefenhermeneutische Analyse der täglichen Talkshow ›Andreas Türck‹« (2002). Letzte Veröffentlichung (gem. mit B. Görlich): »Unfähigkeit zu trauern«. Psychoanalyse und Zeitkritik im Werk von Alexander und Margarete Mitscherlich. In: Lectures d'une œuvre: Die Unfähigkeit zu trauern. Le deeuil impossible. Hg. v. F. Lartillot. Nantes (editions du temps). 2004.

Christof Windgätter, Dr. phil., M. A., Philosoph, Lehrbeauftragter am Institut für Kultur- und Kunstwissenschaften der Humboldt-Universität zu Berlin. Aufsätze zur Ästhetik, Sprachphilosophie und Medientheorie: Zuletzt: »Jean Baudrillard: Wie nicht simulieren oder Gibt es ein Jenseits der Medien?« In: A. Lagaay & D. Lauer (Hg.): »Medientheorien. Eine Philosophische Einführung« (2004); »Rauschen – Nietzsche und die Materialitäten der Schrift« (Nietzsche-Studien 2004). Buchveröffentlichung: »Medienwechsel. Vom Nutzen und Nachteil der Sprache für die Schrift« (2005).

Hans-Jürgen Wirth, Prof. Dr. rer. soc., Dipl.-Psych., Psychologischer Psychotherapeut, Psychoanalytiker in eigener Praxis in Gießen, Apl. Prof. an der Universität Bremen, Verleger des Psychosozial-Verlages. Letzte Buchveröffentlichungen: »Hitlers Enkel oder Kinder der Demokratie« (Hg., 2001); »Narzißmus und Macht« (2002); »Der 11. September« (Hg., mit Thomas Auchter, Christian Büttner, Ulrich Schultz-Venrath, 2003); »9/11 as a Collective Trauma and Other Essays on Psychoanalysis and Society« (2004).

Siegfried Zepf, Prof. em. Dr. med., ehemaliger Direktor des Instituts für Psychoanalyse, Psychotherapie und Psychosomatische Medizin der Universität Homburg/Saar, Facharzt für Innere Medizin und Psychotherapeutische Medizin, Lehranalytiker (DPG, DGPT). Zahlreiche Publikationen zu epistemologischen, psychosomatischen, sozialpsychologischen und psychoanalytischen Themen. Zuletzt: »Allgemeine psychoanalytische Neurosenlehre, Psychosomatik und Sozialpsychologie« (2000); »Bindungstheorie und Psychoanalyse – Einige grundsätzliche Anmerkungen« (Forum Psychoanal. 2005); »›Empirical‹ research on psychoanalytic therapy –

Some epistemological and methodological remarks« (Psychoanal. Quart. 2006).

Günter Zurhorst, Prof. Dr. phil., Dr. rer. pol., Dipl.-Psych., Dipl.-Polit., Psychologischer Psychotherapeut, Hochschullehrer für Klinische Sozialarbeit und Gesundheitswissenschaften an der Hochschule Mittweida-Rosswein, Leiter eines staatlich anerkannten Ausbildungsinstituts für Kinder- und Jugendlichenpsychotherapie an der Hochschule Mittweida (SIMKI e.V.). Buchveröffentlichungen: »Gestörte Subjektivität. Einzigartigkeit oder Gesetzmäßigkeit« (1982); »Gesundheit und Soziale Arbeit« (mit Stephan Sting, 2000). Letzte Veröffentlichung: Eine Gesundheitspsychologie für Leib und Seele. In: G. Jüttemann (Hg., 2004): Psychologie als Humanwissenschaft. Ein Handbuch. Göttingen, S. 254–271.

Michael B. Buchholz & Günter Gödde (Hg.)
Band III: Das Unbewusste in der Praxis – Erfahrungen verschiedener Professionen

Teil 1: Der Umgang mit dem Unbewussten in der Psychotherapie
(Autoren: Ulrich Berns, Günter Gödde, Hilde Kronberg-Gödde, Werner Knauss, Jutta Menschik-Bendele, Herbert Will)

Teil 2: Das Unbewusste in der Erziehung, Kinder- und Jugendpsychotherapie
(Autoren: Birgit Althans, Brigitte Müller-Bülow, Dieter Rau-Luberichs, Jörg Zirfas)

Teil 3: Das Unbewusste in der Psychosomatik und Psychiatrie
(Autoren: Burkard Brosig, Franziska Lamott, Stavros Mentzos, Thomas Müller, Friedemann Pfäfflin, Roland Voigtel)

Teil 4: Das Unbewusste in Coaching, Supervision und Organisationsberatung
(Autoren: Michael B. Buchholz, Günter Gödde, Matthias Lohmer, Heidi Möller, Edith Püschel)

Teil 5: Das Unbewusste in gesellschaftlichen und politischen Konfliktbereichen
(Autoren: Wolfgang Hegener, Peter Jüngst, Hartmut Kraft, Hans-Jürgen Wirth)

Teil 6: Das Unbewusste in den Künsten und in der Lebenskunst
(Autoren: Michael B. Buchholz, Günter Gödde, Eva Jaeggi, Wolfgang Maaz, Johannes Oberthür, Achim Würker, Jörg Zirfas)

2005
720 Seiten · gebunden
EUR (D) 36,– · SFr 62,–
ISBN 3-89806-363-1

Band II: *Das Unbewusste in aktuellen Diskursen – Anschlüsse*
ISBN 3-89806-448-6 | € 36,–.

Band III: *Das Unbewusste in der Praxis – Erfahrungen* (Frühjahr 2006)
ISBN 3-89806-449-2 | € 36,–.

Subskriptionspreis: € 29,– pro Band bei Abnahme aller 3 Bände (gilt bis zum Erscheinen aller drei Bände).
ISBN bei Suskription: 3-89806-472-7

»Das Unbewusste« ist keine Erfindung Freuds, sondern wurde von ihm im 19. Jahrhundert aus anderen Feldern in die Medizin und Psychologie »umgebucht« (Assmann). Durch Freud wurde es zum Zentralbegriff der Psychoanalyse und der Tiefenpsychologie. Seitdem ist es als solches unbestritten, aber wie und ob es überhaupt »gedacht« werden kann, ist Gegenstand heftiger Kontroversen – auch wieder zunehmend in anderen Disziplinen.

Die Beiträge zeigen, welche vor-freudschen Wurzeln das Unbewusste in der (auch außereuropäischen) Philosophie, Medizin und Psychologie hat, beschreiben die Entwicklungen des Begriffs durch und nach Freud und zeigen, wie sehr das Unbewusste in den Nachbarwissenschaften und längst in der empirischen Psychotherapieforschung als selbstverständlich angenommen wird.